LAW AND PRACTICE OF INTERNATIONAL FINANCE

국제금융의 법과 실무

Philip R Wood 저 | 전우정 번역
정순섭 · 김용재 감수

박영사

머 리 말(제1판 2쇄)

초판 1쇄를 출판한 이후에 많은 분들이 의견과 가르침을 주셔서 번역을 보다 완벽하게 수정할 수 있었습니다. 코로나 19의 영향으로 집에 있는 시간이 늘어서 차분히 원고를 다시 보고 퇴고할 수 있었습니다. 단순히 원문의 번역만 보아서는 이해하기 어려운 부분에는 각주를 대폭 추가하였습니다.

서울대학교 법학전문대학원의 석광현 교수님께서 2020년 1학기에 이 번역서의 원서인『Law and Practice of International Finance』를 교재로 대학원 수업을 하시면서 이 번역서를 꼼꼼하게 감수해 주셨습니다. 특히 제7편 국제사법(Conflict of Laws)에서는 석광현 교수님과 공저로 번역했다고 해도 과언이 아닐 정도로 많은 가르침을 주셨습니다. 이러한 작업이 얼마나 눈이 아프고 지난한 작업인지 잘 알기에 석광현 교수님께 깊이 감사드립니다. 석광현 교수님의 가르침으로 많은 부분의 번역이 명확해졌습니다.

초판 1쇄에서는, 바젤Ⅲ의 도입을 앞두고 있는 상황이었기 때문에 바젤Ⅰ과 바젤Ⅱ에 대하여 설명하고 있는 제25장(금융감독과 자본적정성)에 대한 번역을 생략하였습니다. 이번에 초판 2쇄에서는 바젤Ⅲ를 이해하시는 데에 도움이 되시도록 제25장의 번역까지 완성하였습니다. 바젤Ⅲ는 바젤Ⅱ에서 위험자산의 가중치를 더욱 높이고, 자본보전 완충자본(capital conservation buffer) 요건 등을 추가하였습니다.

코로나19의 영향으로 일부는 시행이 연기되었지만, 우리나라에도 바젤Ⅲ가 시행되기 시작하면서 은행과 보험회사 등 금융기관이 자기자본 비율을 높여야 하게 되었습니다. 은행은 점차 가계 대출의 비중을 낮추어야 하고, 보험회사는 PF 등 고위험성 대출 비중을 낮추어야 하는 과제를 안게 되었습니다. 가계 대출과 고위험성 대출이 축소되게 되어 시장에 미치는 파급효과가 클 것으로 예상됩니다.

『Law and Practice of International Finance』책에는 법률적인 내용뿐만 아니라 자산유동화, 파생상품, 대안투자 등 금융 기법에 관한 내용도 포함되어 있습니다. 이 책을 번역하면서 금융투자협회에서 주관하는 투자자산운용사 시험에 관심을 가지게 되었고 제26회 투자자산운용사 시험에서 100점 만점에 93점으로 합격했습니다.

아무쪼록 이 책이 국제금융의 법과 실무를 이해하는데 조금이나마 도움이 되시기를 바랍니다. 이 책을 출판하는 데에 많은 도움을 주신 박영사의 안종만 회장님, 안상준 대표님, 조성호 이사님, 우석진 위원님께 진심으로 감사드립니다.

2020년 10월
전우정

머 리 말(제1판)

이 책은 Philip R Wood 교수님께서 쓰신 명저, 『Law and Practice of International Finance』의 번역서입니다. 『Law and Practice of International Finance』는 로펌에서 국제 금융 실무를 시작하는 신입 변호사들에게 꼭 읽어 보기를 권유하는 금융법 분야의 필독서 바이블입니다.

이 책은 Philip R Wood 교수님께서 그동안 영국 로펌 Allen & Overy에서 쌓은 실무 경험과 옥스포드, 캠브리지, 런던 대학교 등에서 국제금융법을 강의하며 연구한 내용을 바탕으로 쓰신 책입니다. 원래 각 금융 분야별 시리즈로 7권의 책을 쓰셨는데, 이 책은 그 7권의 내용 중에서 핵심 엑기스만 뽑아서 한 권으로 요약 정리한 책입니다. 그 7권은 다음과 같습니다.

제1권 『국제도산의 원리(Principles of International Insolvency)』
제2권 『담보권과 소유권이전형 금의 비교법(Comparative Law of Security Interests and Title Finance)』
제3권 『국제 대출, 債券, 보증 및 법률의견들(International Loans, Bonds, Guarantees and Legal Opinions)』
제4권 『상계, 네팅, 파생상품, 청산시스템(Set-Off and Netting, Derivatives, Clearing Systems)』
제5권 『프로젝트 파이낸스, 자산유동화, 후순위채(Project Finance, Securitisations and Subordinated Debt)』
제6권 『국제사법과 국제금융(Conflict of Laws and International Finance)』
제7권 『국제금융의 규제(Regulation of International Finance)』

이에 따라, 이 책의 편 구성은 다음과 같습니다.

제1편 "서론 및 法系"("Introduction and Legal Families")에서는 금융자산 및 신용, 금융법 등의 의미, 그리고 전 세계 法域(jurisdiction)의 의미 및 이를 法系로 분류하는 기준을 제시하였습니다.

제2편 "도산 정책과 국제 금융"("Insolvency Policies and International Finance")에서는 도산정책 및 그 개별적인 주제들(도산의 우선순위, 이사의 책임, 계약의 해제 등)과 같은 도산법에 관련된 내용을 설명하였습니다.

제3편 "국제 대출과 債券"("International Loans and Bonds")에서는 신디케이티드 은행 대출, 대출채권의 양도 및 참가, 국제 債券 발행, 특수목적금융 등 실제 국제 대출계약서와 債券 발행에 대하여 실무적인 내용을 설명하였습니다.

제4편 "위험 완화"("Risk Mitigation")에서는 상계 및 네팅, 담보권, 소유권이전형 금융, 국제금융에서의 신탁 등 주로 민법에 관련된 내용을 설명하였습니다.

제5편 "국제 금융 규제"("Regulation of International Finance")에서는 금융규제의 범위와 정책, 영업행위, 투자설명서에 관한 규제, 시장남용 및 내부자거래, 금융감독과 자본적정성 등 금융시장 규제에 관한 내용을 다루고 있습니다. 우리나라에서는 자본시장 및 금융투자업에 관한 법률에서 규율하고 있는 사항과 관련된 내용도 포함됩니다.

제6편 "특수 주제들"("Special Topics")에서는 금융상품 거래(transaction)로서 파생상품(derivatives)과 자산유동화(securitisation) 등 그리고 지급 및 증권결제 시스템에 관한 내용을 설명하였습니다. 우리나라에서는 자본시장 및 금융투자업에 관한 법률, 자산유동화에 관한 법률 등에서 규율하고 있는 사항과 관련된 내용도 포함됩니다.

제7편 "국제사법"("Conflict of Laws")에서는 금융계약의 준거법, 재판관할, 도산법의 국제사법(일반 및 개별주제들) 등에 관하여 설명히였습니다.

　역자(譯者)는 영국 옥스포드 법대(University of Oxford, Faculty of Law)에서 석사과정 및 박사과정 중에 공부할 때에 저자이신 Philip R Wood 교수님의 "Global Comparative Financial Law" 강의를 들었습니다. 이때 『Law and Practice of International Finance』 책을 교재로 강의하셨습니다. 역자(譯者)는 이 강의를 듣고 『Law and Practice of International Finance』를 읽으면서 역자(譯者)의 박사학위 논문 "Establishing an International Registration System for the Assignment and Security Interest of Receivables"의 주제와 관련하여 많은 영감을 얻을 수 있었습니다. Philip R Wood 교수님은 국제거래의 신속성을 위하여 모든 종류의 공시(publicity) 요건을 없애야 한다는 입장이셨습니다.

　역자(譯者)는 옥스포드 법대 박사학위 논문에서 국제 채권 거래의 신속성과 안정성을 위하여 효율적인 국제채권양도 등기시스템을 구축하여야 한다고 주장하고, 이를 위한 국제협약안(案)을 제안하였습니다. 최대한 많은 국가에서 가입하려고 하는 국제협약안(案)을 제안하기 위하여 가능한 많은 국가의 채권 담보 및 양도 법제를 연구하려고 노력하였습니다. 박사논문에서는 우리나라, 일본, 중국, 영국, 미국, 캐나다, 뉴질랜드, 호주, 독일, 오스트리아, 프랑스, 벨기에, 네덜란드, 싱가포르, 홍콩 15개 국가의 법률 그리고 관련 국제협약 및 소프트 로(soft law) 등을 연구하였습니다. 이 중 박사논문을 완성하기 위하여, 캐나다, 호주를 제외한 나머지 13개 국가를 실제로 방문하였습니다. 우리나라에 국제 채권 양도 및 담보 등기소를 유치할 수 있다면 우리나라가 동북아 금융의 허브가 되는 데에 일조할 수 있을 것이라고 생각합니다. 역자(譯者)는 박사학위논문을 보다 발전시켜서 Hart Publishing 출판사에서 『Cross-border Transfer and Collateralisation of Receivables: A Comparative Analysis of Multiple Legal Systems』라는 책을 출판하였습니다.

　역자(譯者)는 2007년 가을학기부터 1년 동안 옥스포드 법대에 있는 금융법 연구 학회인 'Financial Law Discussion Group'의 회장으로 봉사하였습니다. Philip R Wood 교수님께서 이 학회의 지도교수 중에 한 분이셨습니다. 이 학회에서는 거의 매주 영국의 변호사, 교수, 금융인, 당시 FSA(Financial Services Authority)[1]의 관료들을 초청하

---

　1) 영국은 2013년 4월 통합형 감독기구인 금융감독청(FSA)을 해체하고, 건전성감독원(Prudential Regulation Authority, "PRA")와 영업행위감독원(Financial Conduct Authority, "FCA")으로 분리했다. PRA는 영국의 중앙은행인 영란은행(Bank of England)의 산하 기관으로 편입되어, 대형은행, 투자은행, 보험사 관련 미시 건전성 감독 기능을 담당한다. 아울러 영란은행 내에 거시 건전성을 담당하는

여 특강 및 세미나를 개최하였고 다양한 인사들과 교류할 기회를 가졌습니다. FSA의
원장님(President)을 만날 기회가 있었는데, 그분의 태도가 시장을 규제하려고 하는 것
이 아니라, 시장이 실패하지 않는 한 금융회사들에 유리한 환경을 조성해 주어서, 유
럽 등 외국의 금융회사들을 가능한 한 많이 영국으로 유치(誘致)하려고 노력하는 것
을 보고, 우리나라와 다르다는 것을 느꼈습니다. 영국의 런던, 미국의 뉴욕, 룩셈부
르크, 독일, 벨기에, 싱가포르, 두바이 등이 자국에 국제적인 금융기관의 본사를 많
이 유치하기 위해서 경쟁하고 있었습니다.

런던에서 각계 각 분야에서 실무를 하는 사람들이 초청강연을 하러 옥스포드 대
학으로 자주 왔습니다. 초청하는 학생들의 그룹이 큰 경우도 있지만 작은 경우에도
기꺼이 학교로 와서 실무의 경험을 공유하였습니다. 각 학회 세미나도 많이 있었습
니다. 방문학자, 방문연구원으로 오신 분들도 발표를 많이 하셨습니다.

역자(譯者)는 원저자이신 Philip R Wood 교수님으로부터 이 책의 한국어 번역본
출간을 허락받았습니다. 영국에서 판권을 가지고 있는 출판사는 Sweet & Maxwell
출판사입니다. 박영사는 Sweet & Maxwell 출판사와 판권에 관한 계약을 체결하였
습니다.

이 책의 중국어 판은 역자의 오랜 친구인 姜丽勇 변호사와 许懿达 변호사가 번역
하였습니다.[2] 姜丽勇 변호사와 许懿达 변호사는 2007년에 옥스포드 대학교의
Magister Juris(MJur) 법학석사과정에 입학하여, 역자와 함께 Philip R Wood 교수님
의 "Global Comparative Financial Law" 강의를 들었습니다.

이 책의 일본어 판은 奧井 誠 변호사가 번역하였습니다.[3] 역자가 이 책을 한국어
로 번역하는 데에 이 책의 일본어 판이 많은 도움이 되었습니다.

금융정책위원회(Financial Policy Committee)도 설치했다. FCA는 독립기구로 존속하면서, 브로커, 헤
지펀드, 자산운용사 등 금융기관에 대하여 소비자보호 및 영업행위 규제감독을 총괄한다. 또한 은행
들 간의 담합이나 범죄행위 등 시장경쟁 또는 공정거래와 관련된 감독업무도 담당한다. PRA와 FCA는
위원회 구성원 일부가 중복되어 상호 의견 교환이 원활하다.

2) 菲利普·伍德(Philip R Wood) 著, 姜丽勇, 许懿达 译, 『国际金融的法律与实务』, 法律出版社, 2011年

3) フィリップ·R. ウッド(Philip R Wood) 著, 奧井 誠 訳, 『国際金融の法と実務』, 東北大学出版会, 2015年

영국 금융 관련 법률 서적을 한국어로 번역함에 있어서, 국제적으로 통용되고 있는 금융용어 중에 한국어로는 상용되고 있는 용어가 없어서 발음 그대로 번역할 수밖에 없는 경우도 많았습니다. 한국어로 뜻을 맞추어서 번역하더라도 국제 영문계약서에서 실제로 통용되고 있는 영어 원어를 아는 것이 실무적으로 중요할 것으로 생각하여 괄호 안에 영어 원어를 병기하여 표시하였습니다.

역자의 번역 원고 전체를 감수해 주시고 영미법 및 금융법 용어들을 정확하게 이해할 수 있도록 많은 가르침을 주신 서울대학교 법학전문대학원의 정순섭 교수님께 깊이 감사드립니다. 역자는 서울대학교 법과대학원 석사과정에 재학 중 2006년 1학기에 정순섭 교수님의 '기업금융법 연구' 수업을 수강하였습니다.

역자의 번역 원고를 감수하여 주시고 귀한 가르침을 주신 고려대학교 법학전문대학원의 김용재 교수님께도 깊이 감사드립니다. 역자는 고려대학교 법학전문대학원 재학 중 2011년 1학기에 김용재 교수님의 '자본시장법' 강의를 수강하였습니다.

김용재 교수님께서는 2018년 1학기에 대학원 '금융거래법' 수업에서 『Law and Practice of International Finance』를 교재로 사용하면서 역자의 번역 원고를 감수해 주셨습니다. 많은 분들이 현직으로 실무를 하면서 야간에 대학원 수업을 들으셨습니다. 역자는 그 대학원 수업에 참여하면서 수강하셨던 많은 분들과 이 책의 내용에 대하여 토론할 수 있는 기회를 가졌습니다. 그러한 과정을 통하여 이 책의 번역에 많은 도움을 받을 수 있었습니다. 번역 수정에 많은 도움을 주신 강민우 님(제1장, 제2장, 제3장), 김정은 님(제4장, 제5장, 제6장), 최원정 님(제7장, 제8장), 장명훈 님(제9장, 제10장, 제11장), 윤민석 님(제12장, 제13장), 이수진 님(제14장, 제15장), 이재헌 님(제16장, 제17장), 이지백 님(제18장, 제19장, 제21장), 오영탁 님(제22장, 제23장, 제24장), 이창순 님(제26장, 제27장, 제28장), 신지은 님(제29장, 제30장), 윤철환 님(제31장, 제32장), 나해인 님(제33장, 제34장)께 깊이 감사드립니다.

실무적인 관점에서 제3편과 제6편에 대하여 많은 가르침을 주시고 추천사를 써 주신 허범 변호사님께 깊은 감사의 마음 전해 드립니다. 제3편과 제6편의 번역을 봐 주시고 실무적 관점에서 참조할 수 있는 관련 국내법과 판례의 연결에 도움을 주신 이정민 변호사님께도 깊이 감사드립니다.

꼼꼼하게 교정을 도와준 김태하 변호사, 이혜림 변호사 그리고 연세대학교 언더우드국제대학 제자였던 박은진 양과 박성수 군에게도 깊은 감사의 마음을 전해 드립니다.

끝으로, 이 책이 출간될 수 있도록 배려해 주시고 지원을 아끼지 않아 주신 박영사 안종만 회장님, 안상준 대표님, 조성호 이사님, 헌신적인 노력을 쏟아 주신 우석진 위원님, 그리고 섬세하고 애정 어린 편집으로 본서의 완성도를 크게 높여주신 박송이 대리님께도 깊이 감사드립니다.

2019년 10월
전우정

원저자 Philip R Wood의 한국어판 서문

It seems to me that the legal systems of the world are together the largest and most compressive moral codes which we have for our survival and there is no question that modern societies would not be able to survive without their laws. For this reason, the pursuit of law is in my opinion the foundation of the enquiry into our fundamental moral philosophies.

The law relating to international finance is itself a large and important aspect of our legal systems and codes of conduct. Finance plays an important role in helping guide our destiny but at the same time it can also create dangers for our way of life. The law in this area in particular underlines the need for jurisdictions to make choices of legal policy. It is often not difficult to tell the difference between right and wrong but it is frequently very difficult to make choices between policies where each of them seems legitimate and reasonable. But the choices have to be made.

In addition, the world is now highly integrated. Finance is a citizen of one world which knows few boundaries.

In this area of law, Korea possesses a legal system which is exceptionally sound, sophisticated and reasonable. It makes its legal choices with convincing credibility. I hope that this work will make some contribution to the role which Korea will play in answering some of the issues which are posed by financial law.

This work deals with the law in many jurisdictions since it is my view that, although the world needs lawyers of all kinds, the world especially needs lawyers who can comprehend the law internationally and understand the underlying themes and concepts.

I am very grateful to Dr Woo-jung Jon who is a superb and internationally- minded legal scholar, for the work and dedication which he has put into this translation and for his great achievement in bringing my work before the people in Korea. Dr Jon attended my "Global Comparative Financial Law" class at the University of Oxford, Faculty of Law for two consecutive years from 2006 to 2007. Dr Jon assisted me a lot in researching Korean insolvency law. From 2007 to 2008, Dr Jon served as Convenor of the Financial Law Discussion Group (FLDG), of which I was the mentor.

I am almost most appreciative of the work of the publishers in Korea Pakyoungsa in producing this Korean version of the University edition of Law and Practice of International Finance.

Sir Professor Philip R Wood CBE, QC (Hon)

London

1 April 2019

원저자 Philip R Wood의 한국어판 서문

세계의 법체계는 우리의 생존을 위한 가장 크고 가장 압축적인 도덕법이라고 생각합니다. 현대 사회는 법률 없이는 생존할 수 없다는 점에는 의문의 여지가 없습니다. 이러한 이유로, 법의 추구는 우리의 근본적인 도덕 철학에 대한 기초적인 물음이라고 생각합니다.

국제금융 관련 법은 그 자체로 우리의 법률시스템 및 행동규범의 크고 중요한 측면입니다. 금융은 우리의 운명을 안내하는 데에 중요한 역할을 하지만, 동시에 우리 삶의 방식에 위험을 초래할 수도 있습니다. 특히 이 분야의 법은 국가가 법 정책을 선택할 필요가 있음을 강조합니다. 흔히 옳고 그름의 차이를 말하기는 어렵지 않습니다. 그러나 모두 합법적이고 합리적으로 보이는 정책들 사이에서 선택을 하는 것은 많은 경우 매우 어렵습니다. 그러나 선택을 해야 합니다.

세계는 이제 고도로 통합되었습니다. 금융은 경계가 거의 없는 전 세계의 시민입니다.

이 법 분야에서, 한국은 매우 건전하고, 정교하며, 합리적인 법률시스템을 보유하고 있습니다. 한국은 설득력 있는 신뢰성으로 법을 선택합니다. 이 번역서가, 금융법에서 제기되는 문제에 대응함에 있어서 한국이 중요한 역할을 하는 데에 기여할 수 있게 되기를 희망합니다.

이 책은 수많은 국가의 법령을 다루고 있습니다. 제 소견으로, 세계에는 다양한 종류의 변호사가 필요하지만, 세계에는 특히 법률을 국제적으로 폭넓게 종합적으로 이해하고 기본적인 주제와 개념에 대하여 통관하여 이해하는 변호사도 필요하다고 생각하기 때문입니다.

저는 전우정 박사에게 깊이 감사드립니다. 전우정 박사는 매우 우수하고 국제적인 감각을 가진 학자입니다. 저는 전우정 박사가 이 책을 번역하면서 쏟은 노력과 헌신에 깊이 감사드립니다. 전우정 박사는 옥스포드 법대에서 저의 "Global Comparative Financial Law" 수업을 2006년과 2007년 연속으로 2년 동안 들었습니다. 전우정 박사는 제가 한국 도산법을 연구하는 데에 많은 도움을 주었습니다. 전우정 박사는 2007년부터 2008년까지 옥스포드 법대의 'Financial Law Discussion Group'의 회장으로 봉사하였는데, 제가 그 학회의 지도교수였습니다.

저의 책을 한국 분들이 쉽게 보실 수 있도록 한국어로 번역한 것은 큰 업적입니다. 저는 *Law and Practice of International Finance*(University edition)의 한국어판을 출판해 주신 한국의 출판사 박영사에 대하여도 더없이 깊이 감사드립니다.

필립 R 우드 CBE, QC (Hon)

런던

2019년 4월 1일

추 천 사

필립 우드(Philip R Wood) 변호사가 저술한 국제금융의 법과 실무(Law and Practice of International Finance)의 한국어판 출판을 환영합니다.

미지의 영역에 대해 흥미와 매력을 느끼면서 1992년부터 국제금융 분야를 전문으로 하는 변호사의 길을 시작하였습니다. 그러나 첫걸음을 뗀 지 얼마 되지 않아서 여러 가지 난관에 부딪치게 되었습니다. 국제금융에서 사용하는 용어나 개념이 익숙하지 않았고 법적 개념을 영어로 표현한 국제금융 계약서를 올바로 이해하기가 쉽지 않았습니다. 한국 변호사의 입장에서 영국법이나 뉴욕법을 준거법으로 하는 국제금융계약서를 영어로 읽으면서 피상적으로는 이해하였지만 그 뒤에 담긴 깊은 의미를 제대로 알기는 어려웠습니다. 실무를 하면서 보니 국제금융의 중심지에서 실제로 작동하는 과정이나 메커니즘(mechanism)이 반영되고 국제금융 시장에서 일어나는 생생한 거래나 분쟁 해결의 실제 사례를 토대로 쉴 새 없이 법리가 발전해 가고 있었습니다. 혁신적 금융상품과 새로운 규정에 대한 해석과 판결에 관한 논의들이 취합되면서 국제금융 계약서의 조항들이 정교하게 다듬어지고 만들어진다는 것을 알게 되었습니다. 국제금융 중심지가 아닌 곳에서 실무를 하는 경우에는 충분한 사전 지식 없이 새로운 조항들을 접하는 경우가 많았습니다.

당시 주어진 여건과 한계에도 불구하고 국내에서 국제금융거래를 하던 기업이나 금융기관에 종사하던 실무자들을 고객으로 하여 업무를 처리하면서 아름아름 익히고 관련 자료들을 찾아보던 생각이 납니다. 당시 자본자유화의 추세에 따라 국제금융 시장에서 자금 조달을 하려는 국내 기업들이나 금융기관들이 늘어나면서 새로운 유형의 상품과 거래에 대한 다양한 경험을 하게 되었습니다. 그렇지만 이렇게 얻어진 단편적 지식의 축적만으로는 국제금융의 법과 실무에 대하여 체계적이고 통전적인 이해를 하기가 쉽지 않았습니다. 그런데 해외출장 중 국제금융에 관한 전문 서적들이 즐비한 서점에서 마치 숨겨진 보화를 찾듯이 필립 우드가 저술한 본서의 영문본을 발견하고 가슴 뛰었던 생각이 납니다. 이 책을 통해 막연히 알고 있었던 국제금융에 관한 법과 실무에 관한 내용들을 보다 정확하게 이해하고 확인할 수 있었습니다.

1997년부터 국제금융 분야를 주로 하던 해외 법률사무소에서 근무를 하게 되었는데 그 사무실은 마침 필립 우드가 변호사로 재직 중인 사무실(Allen & Overy)이었습니다. 그러한 인연으로 필립 우드 변호사가 이끄는 다수의 변호사들이 국제금융 거래의 중심지에서 지속적으로 나오는 복잡한 질문들에 대하여 명쾌한 이론을 토대로 실질적 답변을 제공하고 창의적인 통찰력과 지혜로운 멘토링을 통해 문제를 해결하며 거래를 만들어 가거나 분쟁을 해결하는 과정을 지켜볼 수 있었습니다. 이러한 실무 경험을 집대성하여 만들어진 책이 바로 번역본의 원저인 국제금융의 법과 실무이고 많은 수의 국제금융 관련 변호사들이 가까이에서 바이블처럼 참고하는 것을 알게 되었습니다.

영국 법률사무소에 근무하면서 필립 우드 변호사가 강의하는 대학원 수업을 통해 저자로부터 직접 배울 수 있는 귀중한 기회가 있었습니다. 런던을 중심으로 국제금융 시작이 태동하던 1970년대 후반부터 쏟아져 나왔던 수많은 질문과 이슈들을 현장에서 처리해 왔던 필립 우드 변호사의 강의를 통해 이 책에 담긴 내용은 국제금융에 대한 법과 실무에 관한 문제 해결의 살아 숨 쉬는 역사라는 것을 깨달았습니다. 언젠가 이 책을 잘 이해하는 분을 통해 우리말로 번역되면 좋겠다는 바람이 있었습니다.

필립 우드로부터 직접 강의를 들으며 가까운 발치에서 학문적 훈련을 받은 전우정 변호사께서 영국법의 내용을 다룬 논문으로 법학박사 학위를 취득하고 젊은 시절 쏟아부었던 학문적 열정을 다시 일으켜서 이 책을 번역하기로 결심하게 되었습니다. 그리하여 오랜 시간 많은 준비를 거쳐 시간과 노력을 들여서 마침내 그 결실로 번역본이 출판되었습니다. 또한 국제금융에 관하여 후학들에게 학문적 토대를 제공해 오고 계신 서울대학교 정순섭 교수와 고려대학교 김용재 교수께서 감수하셔서 한국어 번역본의 격은 더욱 높아졌습니다. 몇 넌 전 이 책을 번역하기로 결정하는 과정에 참여해서 논의를 하였는데 향후 진행될 번역의 방향에 관해 전우정 변호사에게 조언과 격려를 하게 되었습니다. 이와 함께 국제금융에 실무 경험이 있는 이정민 변호사께 국내에서의 실무와 현장 경험이 포함될 수 있게 전우정 변호사를 지원하도록 부탁하였습니다.

　돌아보면 아무것도 모르고 첫걸음을 떼었던 국제금융 변호사의 여정이 27년 넘게 지속되고 있습니다. 실무로 경험했던 내용들이 전문성을 가지고 체계적으로 번역되어서 국제금융에 관심을 가진 이들에게는 새로운 이정표가 세워진 것으로 생각됩니다. 이 책에는 국제금융에 관한 실무를 바탕으로 잘 정돈된 이론과 실질적 문제해결에 관한 지침이 담겨 있습니다. 또한 수많은 난관과 시장의 실패와 시행착오를 뚫고 정착한 국제금융 시장의 정합적 시스템에 관한 체계적이면서도 실용적인 내용들이 보화와 같이 숨겨져 있습니다. 독자들께서도 보화를 찾는 여정에 동참하시기를 기대합니다. 다시 내용을 보아도 여전히 이 책의 진가는 빛납니다. 국제금융을 하는 많은 실무가들에게 오아시스 같은 시원함을 제공했던 책이 지금 이 순간 아직 국제금융의 분야에서 새로운 도전을 꿈꾸며 국제금융의 중심지와의 간격을 좁히기 염원하는 한국의 독자들에게 제공된 것만으로 행복함을 느낍니다. 주저 없이 본서를 추천하며 일독을 권합니다.

허 범 변호사

세계 변호사 협회 증권법 위원회 겸 아시아 태평양 지역 임원

(International Bar Association, Securities Law Committee Officer & APAC Regional Officer)

주요 번역 용어

특히 한국어로 번역하는 데에 고심하였거나 주의하였던 용어들에는 다음과 같은 것들이 있습니다. 법률용어는 가능하면 우리나라 법률에서 사용하고 있는 용어로 번역하려고 노력하였습니다.

결정화(crystallisation) (← 浮動담보권에 관련하여)

결제시스템(settlement system)

경합하는 채권자(competing claimant)

개인적 책임(personal liability)

계약상 상계(contractual set-off)

계좌대체기재 시스템(book-entry system)

계좌대체기재 증권(book-entry securities)

공모제안서(offering memorandum)

공시(publicity)

관리인(administrator)

기한이익 상실(acceleration)

금전채권(receivable)

내부자거래(insider dealing)

담보관리제도(receivership)

담보관리인(receiver)

담보제공금지 조항(negative pledge)

담보패키지(security package)

당좌대월(overdraft)

대주단 구성(syndication)

대주단모집안내서(information memorandum)(← 신디케이티드 대출에 관련하여) 또는 투자

정보안내서(information memorandum)(← 債券에 관련하여)

대출계약(loan agreement)

대출금인출 선행조건(conditions precedent)

대출참가(sub-participation)

도산(bankruptcy)

도산(insolvency)

도산관리인(insolvency administrator)

도산재단(insolvent estate, bankrupt estate)

도산법상의 상계, 도산절차에서의 상계(insolvency set-off)

도산절차 밖에서의 상계(solvent set-off)

등기(registration)

등기 또는 등록(filing)

등기부(registry)

맨데이트(mandate)

法域 또는 국가(jurisdiction) 또는 관할(jurisdiction)(← 국제사법에 관련하여)

법률상 이해관계자(intervener)

법원의 경매(judicial public auction)

보장(warranties)

浮動담보권(floating charge)

浮動담보물(floating collateral)

부속 채권설명서(pricing supplement)

부실표시(misrepresentation)

분리 절연된(ring-fenced)

사해적 편파행위(fraudulent preference)

상당한 주의 항변(due diligence defence)

상환(repayment)

상환기한 연장(rescheduling)

소유권 등기부(title register)

소유권이전형 금융(title finance)

신규모집(primary offering)

신규 신용공여(new money)(← 은행의 입장에서) 또는 신규차입자금(new money)(← 채무

자의 입장에서)

信認의무(fiduciary duty)

신주인수권, 워런트(warrant)

실질적 소유권(beneficial ownership)

실질적 소유자(beneficial owner)

시세조종(market manipulation)

시장교란(market disruption)

신디케이티드 대출(syndicated loan)

쌍방향성(mutuality)(← 상계에 관련하여)

압류채권자(attaching creditor)

여신계약(credit agreement)

영업행위규칙(conduct of business rule)

오리지네이터(originator)(← 자산유동화에 관련하여) 또는 지급인(originator)(← 지급시스템
　　에 관련하여)

우선권이 있는 채권자(preferential creditor)

우선순위 채권자(priority creditor)

운전자본(working capital)

유통증권(negotiable instrument)

이해상충행위(conflicts of interest)

익스포저(exposure)

인수은행(new bank)

인적편성주의 등기부(debtor−indexed registry)

인적편성주의 등기제도(filing system indexed by debtor)

일반적 신탁(universal trust)

의심기간(suspect period)

재판상 상계(judicial set−off)

적용 제외(carve−out)

정보공개, 공시(disclosure)

조정(co−ordination)

수간사(lead manager)

주선인(arranger)

중개업자(broker)

중대한 부정적인 변경(material adverse change)

증권신고서(registration statement)

지급, 변제(payment)

지급시스템(payment system)

지급불능, 도산한(insolvent)

지식재산권(intellectual property right)

집단행동 조항(collective action clause)

집합투자기구(collective investment scheme)

청산시스템(clearing system)

債券 또는 社債(bond)

債券(note) 또는 유동화증권(note)(← 자산유동화에 관련하여)

債券소지인(bondholder)

채무불이행 사유(event of default)

채무불이행, 채무상환 불이행(default)

채무재조정(restructuring)

채무증서(debenture)

최고의 공적 권원(best public title)

추급(trace)

커스터디 업무(custodianship)

커스터디 은행, 커스터디언(custodian)

투자설명서(offering circular)

투자설명서(prospectus)

특수목적법인(special purpose vehicle)

싸산(liquidation)

파산(winding-up)

파산관재인(liquidator)

파산절차상 상계(liquidation set-off)

편파행위(preference)

포괄적 사업담보권(general business charge)

허위의 富(false wealth)

화의에 의한 면책(composition discharge)

확약(covenant)

회생(reorganisation)

insolvency, bankruptcy

채무자 회생 및 파산에 관한 법률 제2편은 회생절차, 제3편은 파산절차 입니다. 청산절차는 상법에 규정되어 있습니다. 청산절차는 법원의 관여 없이 상법에 규정한 절차에 따라서 스스로 잔무나 재산 관계 등을 정리하는 소멸 절차입니다.

영국에서는 법인도산은 "insolvency", 개인도산은 "bankruptcy"라고 합니다. 그런데 미국에서는 법인도산 및 개인도산을 모두 "bankruptcy"라고 합니다. "bankruptcy"와 "insolvency"는 모두 파산절차(liquidation, winding up)뿐만 아니라 회생절차(reorganization, administration)도 포함하는 뜻입니다.

영국 "Insolvency Act" 및 미국 "Bankruptcy Code"는 파산법이라고 번역을 하면 파산절차(liquidation, winding up)만을 규정하는 것으로 오해할 수 있으므로, 파산절차와 회생절차를 모두 포함한다는 의미에서 "도산법"으로 번역하는 것이 바람직할 것입니다.

영국 도산법(Insolvency Act 1986)은 제2편(Part II)에서 법정관리(administration), 그리고 제4편(Part IV)에서 파산(winding up)을 규정하고 있습니다. 미국 도산법(Bankruptcy Code)은 Chapter 11에서 회생(reorganization), 그리고 Chapter 7에서 파산(liquidation)을 규정하고 있습니다. Chapter 7의 표제가 "liquidation"입니다. "liquidation"은 영어 사전에서는 "청산"이라고 많이 번역되어 있습니다만, 여기서는 법원에 의한 "파산" 절차를 뜻합니다.

채무자 회생 및 파산에 관한 법률에서는 "파산재단"과 "개인회생재단"이라는 용어를 사용하고 있습니다. 파산이 선고되면, 압류금지재산과 면제재산 등 일부 재산을 제외하고 그 시점에서 채무자의 모든 재산이 파산재단을 구성하게 됩니다. 여기서 "재단"은 "estate"를 번역한 것인데 두 가지 의미를 가집니다. 첫째, 파산재단은 개별적인 재산의 새로운 소유지가 되어서, 파산재단이 구성되기 이전에는 채무자의 재산으로 인식되던 것이 이제는 파산재단의 소유물로 인식됩니다. 즉 파산선고 이후에는 채무자 소유의 재산과 파산재단 소유의 재산을 구별할 수 있게 됩니다. 둘째, 파산재단은 독립된 법적 주체로서, 법률행위의 주체가 되기도 하고 소송의 당사자가 되기도 합니다. 파산재단이라는 개념은 채무자의 재산 중에서 파산절차에 들어오는 것과 그렇지 않은 것을 구별하는 역할을 합니다.[1]

이론적으로는 회생절차에서도 "회생재단"이라는 개념을 사용할 수 있습니다. 그런데 채무자 회생 및 파산에 관한 법률에서 회생절차에서는 "회생재단"이라는 개념을 사용하지 않고 있습니다. 채무자의 재산 중에서 회생재단의 구성에 포함되는 것과 포함되지 않는 것을 구별할 실익이 파산재단의 경우처럼 크지는 않습니다.[2]

영미의 도산법에서는 파산절차나 회생절차의 구분 없이 도산재단(insolvent estate, bankrupt estate)이라는 개념을 사용하고 있습니다.[3]

receivable, bond

한국어로 번역을 하면서 혼동의 우려가 있었던 것이 "債權"과 "債券"입니다. "receivable"을 채권으로 번역하고, "bond"도 채권으로 번역하면 구분이 바로 되지 않는 경우가 있어서, "receivable"은 "금전채권"이라고 번역하였고, "bond"는 가능하면 한자로 "債券"이라고 표기하였습니다. bond의 경우 會社債뿐만 아니라 國債도 있을 수 있는데, 회사가 발행한 會社債임이 명백한 경우에는 "사채"라고도 번역하였습니다.

이에 따라 "bondholder"는 "債券소지인"으로 표기하였습니다. "bondholder"를 "사채권자"라고도 하는데, "사채권자"라고 표기하면 社債權者인지 私債權者인지 혼동의 우려가 있어서, "bondholder"는 영어 단어의 의미에 충실하게 "債券소지인"이라고 번역하였습니다. 다만, "bondholder meeting"의 경우 "사채권자집회"라는 용어가 많이 쓰이고 있으므로, "사채권자집회"라고 번역하였습니다. 자산유동화에 관련하여 "noteholder"라는 용어가 많이 나오는데, 여기서 "note"는 유동화증권을 뜻하므로, "noteholder"를 "증권소지인"이라고 번역하였습니다. "securityholder" 또한 "증권소지인"이라고 번역하였습니다.

---

1) 오수근, 『도산법의 이해』, 이화여자대학교출판부, 2008년, 92~93면.
2) 오수근, 『도산법의 이해』, 이화여자대학교출판부, 2008년, 93면.
3) 오수근, 『도산법의 이해』, 이화여자대학교출판부, 2008년, 93면, 각주 61번.

"receivable"은 정확하게는 금전채권보다는 협의의 뜻을 가지고 있는데, 광의로 금전채권이라고 번역하였고, "trade receivable"은 "매출채권", "consumer credit receivable"은 "소비자금융채권", "credit card receivable"은 "신용카드 채권"으로 번역하였습니다. "bulk receivable"은 "집합금전채권", "commercial receivable"은 "상사 금전채권", "business receivable"은 "사업금전채권"으로 번역하였습니다.

termination, cancellation

"termination", "cancellation" 등과 관련하여 "해제" 또는 "해지"로 번역을 해야 할지, "취소"로 번역을 해야 할지는 문맥에 따라서 정하였습니다. 해제는 일반적으로 채무불이행의 경우에 계약을 해제할 수 있습니다. 취소는 우리나라 민법상 행위무능력자의 법률행위(민법 제5조), 착오(민법 제109조), 사기, 강박(민법 제110조), 사해행위(민법 제406조) 등 법률에 특별한 규정이 있는 경우에 그 법조문에 근거하여 취소할 수 있습니다.

계약당사자 중 일방이 도산한 경우 상대방이 가지는 권리는 "취소"가 아니라 "해제"로 번역하였습니다. 민법상 파산은 소비대차 실효(민법 제599조), 사용대차 해지(민법 제614조), 임대차 해지(민법 637조), 고용 해지(민법 제663조), 도급 해제(민법 제674조), 위임 종료(민법 제690조)의 사유가 됩니다. 계속적 계약의 경우 "해지"라고 규정하고 있습니다. 파산절차에서는 채무자의 영업이 정지되기 때문에 기존 계약이 해제, 해지 또는 종료됩니다.

회생절차에서는 영업을 계속해야 하므로 기존 계약이 해제되지 않는 것이 중요합니다. 법원은 필요하다고 인정하는 때에는 회생절차에서 관리인이 계약의 해제 또는 해지를 하고자 하는 때에는 법원의 허가를 받도록 할 수 있습니다(채무자 회생 및 파산에 관한 법률 제61조 제1항 제4호). "stay on contract cancellation"은 "계약 해제권 행사의 중지"로 번역하였는데, 해제뿐만 아니라 해지도 포함하는 뜻으로 이해해 주시기 바랍니다.

차   례

제1편 서론 및 법계
(Introduction and Legal Families)

제1장
서   론

제2장
세계의 法域과 분류기준

제 **3** 장

주요 법계

제2편 도산 정책과 국제 금융
(Insolvency Policies and International Finance)

제4장
도산 정책

제 5 장

도산 정책: 개별 주제 I

제 6 장

도산 정책: 개별 주제 Ⅱ

제3편 국제 대출과 債券
(International Loans and Bonds)

제 7 장
신디케이티드 은행대출 I

제 8 장

신디케이티드 은행대출 II

제9장
신디케이티드 은행대출 III

제10장
대출채권 양도 및 참가

제11장
국제 채권 발행 I

대출기관(lenders)

차주(borrowers)

투자자의 통일성(identity of investors)

모집 문서(offering documents)

관련서류(documentation)

유통성(transferability)

자금의 교부(advance of funds)

통화의 변환(currency conversion)

이자(interest)

상환(repayment)

자발적인 조기상환(voluntary prepayment)

이익 보호(margin protections)

지급(payments)과 평등(equality)

보장(warranties)

확약(covenants) 일반

채권자 동등대우(pari passu) 조항

담보제공금지 조항(negative pledge)

회사합병(mergers)

자산처분(disposals)

정보(information)

지배권의 변경(change of control)

채무불이행 사유(events of default)

기한이익 상실(accelerations)

변경(modification)

제12장
국제 채권 발행 II

제13장

특수목적금융(Special Purpose Finance)

제4편　리스크 완화(Risk Mitigation)

제14장
상계 및 네팅: 일반

제15장
상계 및 네팅: 쌍방향성과 법률상 이해관계자

제17장

담보권 Ⅱ

제18장
소유권이전형 금융

제19장
국제금융에서의 신탁

제5편 국제 금융 규제
(Regulation of International Finance)

제20장
금융규제의 범위와 정책 I

제21장

금융규제의 범위와 정책 II

제22장

영업행위

제23장

투자설명서에 관한 규제

제24장

시장남용 및 내부자 거래

투자사기(investment frauds) 요약 ································· 605

시세조종(market manipulation) ································· 606

시세조종(market manipulation)이란 무엇인가? ································· 606

시세조종(market manipulation)의 예 ································· 606

매점(corners), 거래타이밍(market timing), 허위시장(false market) ········ 611

제25장
금융감독과 자본적정성

제6편　특수 주제들(Special Topics)

제26장
파생상품 I

제27장

파생상품 Ⅱ

제 28장

자산유동화 I

제29장
자산유동화 II

제30장
지급 및 증권결제 시스템

제7편 국제사법(Conflict of Laws)

제31장
금융계약의 준거법

제32장

재판관할

제33장
도산법의 국제사법: 일반

제34장
도산법의 국제사법: 개별 쟁점들

축 약 어

Art = Article

BA = Bankruptcy Act

BC = Bankruptcy Code

BGB = German Civil Code

BL = Bankruptcy Law

CC = Civil Code

CO = Code of Obligations (스위스)

ComC = Commercial Code

Comi = Centre of main interests

IA = Insolvency Act

IC = Insolvency Code

IL = Insolvency Law

IR = Insolvency Rules (영국)

LPIF = Law and Practice of International Finance series by Philip R Wood (Sweet & Maxwell, 2007)

Ohada = Organisation for the Harmonisation of Business Law in Africa

Ord = Order

S = Section

Sch = Schedule

UCC = Uniform Commercial Code (미국)

Uncitral = United National Commission on International Trade Law

BIS = Bank for International Settlements

Basel I = Basel Capital Accord of the BIS of 1988

Basel II = Basel Revised Capital Accord of 2005

BIS = Bank for International Settlements

FSA = Financial Services Authority (영국)

IMF = International Monetary Fund

ISDA = International Swaps and Derivatives Association, Inc

Fisma = Financial Services and Markets Act 2000 (영국)

Mad 2003 = Market Abuse Directive 2003 (2003/6/EC)

Mifid = Markets in Financial Instruments Directive 2004 (2004/39/EC)

OECD = Organisation for Economic Co-operation and Development

SEC = Securities and Exchange Commission (미국)

UCITS = Undertaking for Collective Investment in Transferable Securities

제**1**편

서론 및 법계

Introduction and Legal Families

제 1 장

서 론

주제

국제금융법은 낭만적이고 흥미로운 주제이다. 이 주제가 낭만적이고 흥미로운 것   1-01
은 거래 방법(means of exchange)과 금융자산들을 다루고 있기 때문이다. 이 자산들은
그것들을 만드는 데 있어 두 명의 당사자를 요하기 때문에 자산 그 자체가 아닌 그
자산의 양 끝에 있는 두 당사자에 관한 법이다.

이 주제는 몇몇 부정적인 요소들(adverse factors)에 의해 침범되어 왔는데, 그중 몇
몇은 역사적인 것이 되었고, 몇몇은 지금도 우리와 함께 있다. 실제로 모든 것이 논
의의 대상이 된다.

자산의 세 가지 종류

근본 자산(fundamental assets)들은 다음과 같다.   1-02

- 부동산(immovables) (토지, 건물 등 실물자산(real property))

- 유체동산(tangible moveables) (물품)

- 무형자산(차용금채권(debt claims), 상사금전채권(commercial receivables), 투자상품,
  지식재산권 등)

금융자산(financial assets)이란 무엇인가?

1-03   금융자산은 무형자산의 하위 범주에 속한다. 간략한 분류는 다음과 같다.

- 실제 통화와 동전. 실제 법정통화(actual legal tender)는 전체 유통 자본(overall amount of money in circulation) 중에서 아주 작은 비율만을 차지한다.

- 은행 예금(bank deposit). 거래 방법에 있어서 가장 주요한 자본의 형태이다. 이 "은행화폐"("bank money")의 양은 지폐와 동전 형태의 법정통화보다 훨씬 많다.

- 상업은행 대출(commercial bank loans).

- 債券(bonds), 주식(shares), 집합투자기구(collective investment schemes)의 지분(units) 등 유가증권(securities).

금융리스(financial leases) 청구권, 레포 계약(sale and repurchase agreements)상 청구권 및 그 밖의 특별한 부류 등 다른 금융자산도 있다.

금융자산(financial assets)의 주요한 특징

1-04   금융자산의 주요한 특징들은 다음과 같다.

- 금융자산은 오직 현물로 교환되는 경우에만 사람에게 직접적으로 유용하다. 그렇기 때문에 가치의 저장소(store of value)가 된다. 은행예금을 직접 먹을 수는 없고, 債券(bond) 위에서 소풍을 즐길 수도 없다.

- 금융자산은 최소한 두 당사자 — 채권자와 채무자 — 없이는 존재할 수 없다. 은행과 예금자, 대주와 차주, 회사와 주주가 반드시 있어야 한다. 따라서 정치, 富(wealth), 재분배(redistribution)가 충돌하고, 자산 그 자체에 감정이 쌓이게 된다. 사람과는 상관없이 존재하는 부동산(토지 또는 건물), 유체동산(물품)과 비교해 보자. 이러한 자산은 우리가 여기에 있든 없든 존재한다. 금융자산의 낭만과 매력은 관련법이 자산 그 자체에 대한 것이 아니라, 법규(statute) 또는 계약(contract)이라는 수갑으로 함께 묶여 있는, 자산의 양 극단에 있는 두 사람에

관한 것이라는 사실에 있다. 이 수갑은 오직 한쪽 당사자가 상대방 당사자에게 변제를 할 때에만 풀린다. 예를 들어, 은행이 예금자에게 반환할 때, 차주가 대주에게 상환할 때, 회사가 주주에게 지급할 때를 의미한다. 여기서 채무자가 약속된 바를 이행하지 못할 수도 있다는 채권자의 우려와, 변제기가 되었을 때 채무자의 채무이행을 담보하려고 하는 채권자의 시도(attempts)로부터 긴장(tension)이 야기된다. 채무자는 이러한 채권자의 통제에 분개(resent)한다.

- 무형자산[1]이 그 가치와 質(qualities)을 확인하기가 용이하지 않고 복잡한 경우, 금융자산은 이것을 간접적으로 표시한다. 어떤 회사가 빚지고 있는 대출 등이 그 예이다. 이 때문에 자산을 다루는 데 있어서는 더욱 강화된 규제 준수(intense regulatory interest)와 높은 전문성(sophistication)이 요구된다.

- 금융자산은, 그것을 설명하는 기술(description)에 의해서만 판매될 수 있다. 이것은, 예를 들어 바나나 또는 자동차의 경우 물리적으로 전시(physical display)를 하는 것과 대조된다. 그렇기 때문에 재무제표(financial statement)와 투자설명서(prospectuses)가 중요하다.

- 금융자산은 국경 너머로 쉽게 거래될 수 있고, 영토에 귀속되거나 지리적인 것에 제한받지 않는다. 금융자산은 이러한 점에서 물품이나 사람과 비교된다. 따라서 경제적인 부를 굉장히 빠르게 이전시킬 수 있다. 수 초(seconds), 또는 심지어 1,000분의 1초 안에도 가능하다.

- 금융자산은 형태가 없기 때문에, 법률상의 목적을 위해서 그 지리적 소재지를 1-05 정확하게 특정하는 것이 쉽지 않다. 그 자산에의 법률의 적용, 규제(regulate), 압류(attach), 수용(expropriate), 도산절차에서 현지의 채권자에게 변제하는 데 있어서 어느 국가(state)가 관할권(jurisdiction)을 갖느냐 등의 문제를 해결하기 위해서는, 자산의 지리적 소재지의 특정이 중요하다. 금융자산의 소재지는 채무자가 있는 곳 또는 채권자가 있는 곳, 둘 중 한 곳으로 할 수 있다. 채무변제를 위해서 현금(cash)을 지급하는 것은 채무자이므로, 채무자의 소재지를 금융자산의 소재지로 보는 것이 통상의 접근방법이다. 현금(cash)은 채무자가 있는 곳에 있고, 그러니까 그 자산(asset)은 채무자가 있는 곳이 소재지가 된다. 따라서 은행계좌(bank account)의 경우, 소재지는 예금계좌가 있는 은행지점의 주소라고 보

---

1) 역자 주) 원서에서는 "visible assets"라고 쓰여 있는데, 이것은 "invisible assets"의 오타로 보인다.

는 것이 보통이다. 그러나 이것은 실은 본말이 전도된 것이다. 왜냐하면 자산의 실제 소유자는 채권자이기 때문이다.

- 대부분의 금융자산은 과거에는 포장(packaged)되어 있었다. 즉, 종잇조각으로 포장되어 있었다. 예를 들면, 株券(share certificate), 무기명채권(bearer bond), 보험증서(insurance policy) 등이 그렇다. 무기명채권의 인도와 같이, 이러한 종잇조각을 인도하면 자산의 이전이 이루어지기도 한다. 이것은 무형자산의 동산화(chattelised intangibles)이다. 즉 무형자산을 마치 손에 인도하는 물건처럼 취급할 수 있게 한 것이다. 그러나 권면의 교부만으로는 자산의 이전이 생기지 않는 경우도 있다. 주권(share certificates)과 같이 양도인과 양수인의 배서가 필요한 경우도 있다. 근래에는, 이러한 종이 포장(paper wrapping)을 없애, 금융자산을 완전하게 눈에 보이지 않게 해 버리는 경향이 있다. 요즘에는 예금을 나타내는 통장(bank passbooks)을 아무도 가지고 다니지 않는다. 상업은행은 대출을 나타내는 약속어음에 서명을 하라고 차입자에게 요구하지 않는다. 株券이나 채무증권(debt securities)은, 어떤 내용이고 누가 소유자인지에 대하여, 거의 대부분 청산시스템(clearing system)으로 관리되는 계좌에의 기재로 대체되고 있다. 새로운 소유자의 계좌에 대체기재 하는 것에 의해서 자산을 이전하는 것이 실제로 물리적으로 교부하는 것보다 훨씬 간단하기 때문에, 증서(certificates)라고 하는 것이 전혀 없어졌다.

1-06
- 금융자산은 일반적으로 도산 시 그 자산의 계급(hierarchy), 계층(ladder)에 따라 청구가 가능하다.

  - **금전채권**(debt). 금전채권(debt)은 도산절차에서 우선된다. 채권자는 계약 규정에 의하여, 여신계약상의 확약(covenant) 또는 채무불이행에 관하여 일정한 "의결권"("vote")을 갖는 경우가 있다. 이 경우 금전채권(debt)의 가격 상승은 별로 보이지 않는다. 또한 원금과 이자의 변제에 대해 확정적 권리를 갖는다. 그리고 도산절차 전에 변제가 가능하다. 통상, 고정된 액면가(fixed nominal value)를 갖고 있고, 장래 가치도 거기에 따라서 계산된다.

  - **하이브리드**(hybrids). 후순위 채권(subordinated debt), 전환사채(convertibles), 우선주(preference shares) 등을 포함한다.

- **회사의 주식**(shares in a company). 주식은 도산절차에서 후순위로 밀린 다(subordinated). 주식은 잠재적으로 큰 부(large wealth)를 통제할 수 있는 의결권을 갖는다. 잠재적으로 가치가 크게 증대될 수 있는 동시에 온전한 손실(total losses)에 노출될 수도 있다. 배당금(dividends)에 대한 고정된 권리가 없기 때문에 수입이 투기적(speculative)이다. 파산절차(liquidation) 이전에는 상환이 불가능하다 — 주주들은 주식의 매각(sale)을 통해서만 가치를 실현(realise)할 수 있다. 주식의 미래 가치는 특정하기 어렵거나 또는 아예 불가능하다. 예를 들어, 자동차의 경우, 장래의 감가상각(depreciation)이 예상가능한 것과 대조된다.

금융자산의 측정(measurement)과 규모(quantity)

백만(10^6), 십억(10^9), 일조(10^{12}) 이해하기 금융법 연구는 흔히 일련의 '0'(noughts)으로 이루어진 굉장히 큰 수치에 대한 장황한 설명을 수반한다. 어떤 것이 큰 수치인지, 어떤 것이 굉장히 큰 수치인지 또 어떤 것이 정말 엄청나게 막대한 수치인지를 알기 위해서 이러한 것에 익숙해지는 것이 유용하다.   1-07

한 변이 1미터인 정사각형 형태의 모눈종이 한 장이 백만을 나타낸다. 말하자면, 세로로 늘어선 천 개의 작은 사각형과 가로로 늘어선 천 개의 작은 사각형을 곱한 것이다. 이것이 바로 10^6이자 '0'이 6개 붙은 1,000,000이다.

십억은 이 같은 1미터짜리 정사각형 모눈종이가 가로로 1킬로미터 펼쳐져 있는 것이다. 이것이 바로 10^9이자 '0'이 9개 붙은 1,000,000,000이다.

일조는 이 같은 1미터짜리 정사각형 모눈종이가 가로로 1킬로미터 그리고 세로로 1킬로미터 펼쳐져 있는 것이다. 이것이 10^{12}이자 '0'이 12개 붙은 1,000,000,000,000이다.   1-08

십억은 백만보다 훨씬 크고, 일조는 백만보다 훨씬 훨씬 더 큰 것이다.

이 차이를 나타내는 다른 방법은 이 페이지를 가로지르는 십억을 나타내는 선을 긋는 것이다. 만약 당신이 그 선 위에 백만이 어디에 있는지를 표시한다면, 그것은 선의 왼쪽 위에 있을 텐데, 시작점으로부터의 길이가 너무나도 작아서 당신은 그것을 거의 볼 수 없을 것이다.

일반적으로 사용되는 경제적 척도는 한 국가의 국내총생산(GDP)이다. 이 척도는 정확하지도 않고 어떤 통계적 기준을 사용하는지에 따라 달라진다. (즉, "너무 심한 오해를 주는 산물"("grossly deceptive product")이다.) 그러나 비록 이 기준이 완전한 것   1-09

은 아니라고 해도, 대부분의 사람들은 그것에 의해서 국가의 경제 규모를 대략적으로 파악하고 있다.

국내총생산은 한 국가에서 1년 동안 예를 들어 농업, 광업, 에너지, 가공 상품, 서비스(건설, 은행, 보험, 교통, 물류 등) 등에서 생산된 모든 생산량의 합이다. 한 국가의 (전체 자산 가치가 아니라) 매해 생산량, 또는 부가가치(added value)를 측정한 값이고, 그 국가가 각 해마다 생산해 낸 것의 가치(value)이다. 일인당 국내총생산(per capita GDP)은 선진국에서 연간 4만 달러부터(가장 높은 곳은 룩셈부르크인데 7만 달러이다) 빈곤국에서 3백 달러 또는 그 이하까지 이른다.

전 세계 국내총생산은 2000년대 중반에 (비록 다른 산정 방법을 따르면 50조 달러 또는 그 이상이 도출되기도 하지만) 40조 달러를 넘었다고 한다. 각각 약 10조 달러를 나타내는 네 개의 축구장을 상상해 보자.

미국, 유럽(넓은 의미에서 EU 27개국과 스위스, 노르웨이, 발칸3국, 그리고 몇몇의 작은 국가. 그러나 벨라루스, 러시아, 우크라이나, 터키는 제외), 일본은 세 개의 축구장을 차지한다. 아주 대략적으로, 그들의 국내총생산은 반올림하여 미국 달러로 미국이 12조 달러, 유럽이 14조 달러, 그리고 일본이 5조 달러였다.

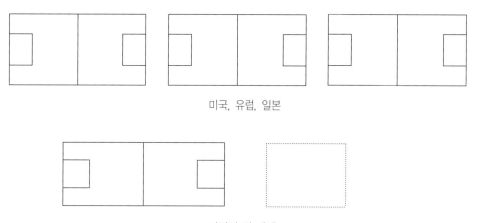

미국, 유럽, 일본

나머지 전 세계

네 번째 축구장의 절반은 중국(2조 달러)과 다른 주요한 아시아 국가들(홍콩, 대한민국, 대만, 태국, 싱가포르) 그리고 호주와 캐나다가 차지한다. 나머지 절반은 이들을 제외한 세계의 모든 국가들이 차지하게 된다. — 아프리카 전체, 중동, 중남미, 러시아, 중앙아시아, 인도를 포함한다. 이 네 번째 축구장은 곧 다섯 번째 축구장까지 넓어질 것으로 보이는데, 2007년에는 그 다섯 번째 축구장의 중앙선까지 거의 도달했다고 볼 수 있다.

비교적 수치 수치에 대해서 너무 과장해서는 안 되지만, 그것들은 정말 크다. 몇 1-10 개의 실례가 되는 수치들이 관련된 액수가 얼마인지를 보여준다.

- 주요 거래소들(major exchanges)에서의 외환거래액(foreign exchange turnover)은 거의 연간 1000조 달러를 넘는다. 일일 거래량은 모든 국가의 공식 외화준비액을 합친 것에 상응한다. 세계에서 가장 큰 외환시장은 런던이다. 은행 하나가 약 7%를 차지하는 것으로 알려져 있고 총 거래의 절반은 상위 10개 은행에 의해 행해진다.

- 지급시스템(payment system)들의 총매출액은 연간 1500조 달러를 넘는다. 이 시스템들이 전 세계 국내총생산을 매 2주일마다 채우는 것과 같다.

- 금융자산의 유동량이 무역 물품의 유동량보다 훨씬 크다. — 아마 30배에 이를 것이다.

- 2002년 IMF의 브라질 구제금융 지원 패키지는 약 300억 달러로, 현재까지 가장 큰 규모였다. 어떤 신디케이티드 대출(syndicated credits)은 이 규모를 초과했다.

- 세계 최대 규모의 도산에서 회사의 자산은 약 1000억 달러였다(Worldcom, 2002년 7월). 2002년에 도산한 Enron의 자산은 600억 달러 이상이었다. 2002년 세계 최대 규모였던 아르헨티나의 채무위기는 80종류 이상의 국채 발행, 합계 약 1320억 달러가 문제되었다.

- 대부분 중요한 거래소들이 포함된 세계증권거래소연맹(World Federation of Stock 1-11 Exchanges) 소속의 증권거래소 회원들의 시가총액 합계는 2000년대 중반의 전 세계 국내총생산보다 조금 모자랐다. — 약 5만 개의 상장회사. 거래된 주식들의 가치는 전 세계 국내총생산의 거의 두 배에 달했다.

- 세계 최대 규모의 증권 결제시스템(securities settlement system)은 23조 달러 이상의 가치가 있는 증권을 보유하고 있다. 이는 전 세계 국내총생산의 약 절반가량이

다. 이것은 Depository Trust Corporation[2]라 불리며, 기술적으로는 Cede & Co.가 모든 증권의 소유권을 가지고 있다. (브뤼셀에 있는 증권 결제기관인) 유로클리어 (Euroclear)는 EU 27개국의 국내총생산 정도 규모의 증권을 보유하고 있다. 결제시스템은 실질적으로 신탁의 형태다.

- 전 세계적으로 뮤추얼펀드(mutual funds)에 투자된 금액은 약 20조 달러에 달한다. 2006년에 헤지펀드에 투자된 금액은 약 1.4조 달러였다.

- 이자율스왑(interest swap), 신용디폴트스왑(credit default swap)처럼, 기본적으로 담보와 같은 파생상품 계약에 연관된 금액의 명목상 총합계는 2006년 말에 전 세계 국내총생산의 8배 정도로, 약 327조 달러였다.

- 2005년에는 7개의 은행이 1조 달러보다 큰 대차대조표를 갖고 있었다. — 이는 미국 국내총생산의 약 10%에 달하는 수치다.

우리는 거래 잔고(outstandings)와 총매출액 수치 사이의 차이에 주의를 기울여야 한다. (어떤 시점에서 채무를 지고 있는 금액인) 잔고(outstandings)는 일반적으로 총매출액(turnover)의 작은 일부이다. 예를 들어, 결제시스템을 거치는 지급금의 총액(총매출액(turnover))은 굉장히 크지만, 어떤 특정한 시점에 은행들 간에 실제로 드러나는 금액(actual exposure)(잔고(outstandings))은 비교적 훨씬 작다. 이것은 파생상품에서도 마찬가지다. 그런데도 임의의 어떤 한 시점(at any one time)에 측정되는 잔고(outstanding) 금액은 상당히 큰 규모이다.

금융자산은 무엇을 위한 것인가?

1-12   인류는 참으로 놀라운 발명가이다. 대부분의 주요한 과학적 발명은 갈릴레오 시대 이후에 있어왔다. 갈릴레오는 1642년에 사망했는데, 이 해에 아이작 뉴턴 경이 태어났다. 그가 만유인력의 법칙을 발표한 저서 프린키피아(Principia)는 1687년 등장했다. 아이슈타인은 에너지, 질량 그리고 빛을 연계하는 방정식을 1905년에 발표했다.

갈릴레오, 뉴턴, 그리고 아인슈타인 훨씬 이전에, 그것이 없었다면 현대 사회를

---

2) 역자 주) Depository Trust Corporation는 미국 증권예탁결제원 Depository Trust & Clearing Corporation (DTCC)의 자회사이다.

운영하는 것이 불가능했을 또 다른 발명품이 있었다. 바로 화폐(money)의 발명이었다. 실생활에서 화폐(money) 없이는 빵 한 덩어리 같은, 가장 기본적인 것을 구입하는 것조차 사실상 불가능했을 것이다. 빵 한 덩어리를 몇 개의 달걀, 또는 누군가가 전날 밤 짠 양말로 매일 교환할 수는 없을 것이기 때문이다.

화폐(money)의 기능은 다음과 같다.

- 화폐는 **교환의 수단**(means of exchange)이다. 예를 들어, 화폐를 빵 한 덩어리와 교환할 수 있다.

- 화폐는 **가치의 저장소**(store of value)이다. 예를 들어, 화폐가 필요해질 때까지 은행에 보관할 수 있다.

- 화폐는 **가치의 척도**(measure of value)이다. 사실 이것은 형편없는 척도이다. 왜냐하면 정부에 의해 용인된 물가상승(inflation) 때문이다. 이러한 관리의 결여와 낭비가 너무나도 심했기 때문에 현재의 화폐는 선진국에서 1900년에 가진 가치와 비교했을 때 아주 작은 퍼센트에 해당되는 가치만을 지닌다. 비교적으로 한 세기 동안 화폐는 매우 가치가 없어졌으며, 몇몇 경우에는 이보다 훨씬 짧은 기간 동안에, 1~2년 동안에 그렇게 되었다.

정확하게 위와 같은 기능이 다른 금융자산에도 적용된다. 은행 예금은 실제 동전, 지폐와 매우 유사하여 교환의 수단, 가치의 저장수와 척도가 되고 있다. 선진국의 국채처럼 매우 유동성이 높고 안전한 債券(bonds)의 경우에도 마찬가지이다. 금융자산의 리스크가 클수록, 그리고 다른 사람들에 의해서 교환의 수단으로 받아들여지기 힘들수록, 그 금융자산과 화폐의 유사성은 줄어든다. 그 예로 회사의 주식을 들 수 있는데, 주식은 아무리 그것이 공개적으로 거래되고, 굉장히 큰 규모의 회사의 주식이라고 하더라도, 빵 한 덩어리와 교환하는 대가로서 받아들여지기는 힘들다.

화폐는 처음에 귀금속의 형태였지만, 17세기 이후로는(몇몇 국가들에서는 그보다 훨씬 이전부터) 귀금속과 연계되어 있는 지폐를 발행했다. 이 연계는 브레튼우즈 체제(Bretton Woods system)가 무너지고 미국 달러의 금 태환이 중지된 1971년에 비로소 끊겼다. 화폐는 주로 19세기에, 국가통화를 발행함에 따라, 또한 오직 국가통화에 의해서만 채무가 변제될 수 있다는 법정 통화 원칙(legal tender rules)을 고수함에 따라 국영화됐다. 화폐는 그러므로, 국가의 정체성을 고취시키는 권위 있는 정치적 상징이 되었다. 국가통화는 국가를 외국의 영향으로부터 지키기 위한 수단이 되었다. 거의 대부분의 정부들은 세입을 증진시키고 화폐의 가치를 조정하기 위하여 국내통화(territorial currency)를 사용할 수 있었다. 화폐의 공급을 늘리거나 줄임으로써, 또는 통화(currency)를 사거나 팔아서 외환시장의 환율에 개입함으로써 그렇게 했다. 수십 년 동안의 혼란 이후, 주요한 중앙은행들이 정치인들로부터 자유로워지고, 최상의 목표로서 화폐의 가치를 유지(가격 안정)할 권한을 부여받은 것은 고작 최근 몇 년 사이의 일이다.

은행과 신용의 역할(banks and the role of credit)

1-13   화폐(money)가 발명되자, 특히 안전한 보관(safe custody)을 위해서 그리고 타인에게 지급하기(paying) 위해서 화폐를 둘 곳이 필요해졌다. 이러한 기능을 하는 은행이 필요해졌다.

은행은 또 다른 주목할 만한 발명품이다. 은행이 설립되어 예금(savings)을 보유하게 되면, 은행은 그 돈을 차주에게 빌려줌으로써 사용할 수 있게 된다. 은행은 개개인의 예금자들이 스스로 할 수 없는 일을 하기 때문에, 예금자들이 이러한 업무를 은행에 위임한다.

누군가가 전등을 켜면, 전등에 불이 들어온다. 이 불은 발전소가 있고 전기를 운반하는 전선망이 있기 때문에 들어오는 것이다. 발전소와 전선망은 대개 은행자금으로 지어졌다. 은행자금은 예금자들, 즉 시민들이 저축한 돈에서 나온다. 그러므로 전등을 켜는 것이 가능하도록 하는 것은 바로 시민들의 돈인 것이다.

1-14   은행의 장점은 다음과 같다.

- 은행은 사람들의 저축을 보관하는 곳(depositories)으로서 필수적이다. 안전한 은행이 없다는 것은 곧 저축이 없다는 것이다. 저축이 없으면, 경제도 없으며, 잘 사는 것도 불가능하다.

- 은행은 많은 예금자들의 예금(saving)을 모아서 신용대출(credit)이 가능하도록 한다.

- 은행은 예금(saving)을 차주(borrower)에게 조달(channel or funnel)해 준다.

- 은행은 돈을 빌리려고 하는 자와 돈을 빌려주려고 하는 자를 연결해 준다. 이러한 연결(linking)은 중개기관(intermediaries)인 은행을 통하면 더 저렴하고 빠르며 접근 가능성이 높아진다. 이러한 과정은 탐색 비용, 정보 문제, 수요의 불일치를 감소시킨다.

- 은행은 자금 운용처를 다각화함으로써 리스크를 줄일 수 있다.

- 은행은 보다 전문적인 관리(expert management)를 제공한다. 예를 들면 심사(evaluation)와 모니터링 등이 그것이다. 이것은 훈련과 경험(은행은 다양한 채무자들을 상대한다), 그리고 규모의 경제(economies of scale)(은행은 많은 노하우와 전문지식을 축적했다) 때문에 가능한 것이다.

- 은행은 채무자가 채권자에게 변제할 수 있도록 지급 편의(payment facilities)를 제공한다. 이것은 지급시스템(payment systems)에 의해 가능하다.

신용공여를 하는 것은 은행만이 아니다. 신용공여의 다른 형태로서 債券 발행(bond issue)이 있다. 이 때 대주(lenders)는 보험회사, 연기금, 투자신탁(mutual funds)과 같은 기관투자자다. 국가에 따라서는 채권 자본시장(debt capital markets)이 은행보다 많은 신용공여를 하는 경우도 있다. 예를 들어, 미국이 그렇다. 은행 이외의 저축(savings)의 중개자는 주로, 보험료를 모으는 보험회사, 출자금을 모으는 연기금, 사람들의 저축을 모으는 투자신탁(mutual funds), 그것과 유사한 헤지펀드 등이 있다. 이들은 債券(bonds) 등 시장성 있는 채무증권(marketable debt securities)과 주식 등에 투자하기 위해서 저축을 맡아두고 있다. 이들은 보통 상업은행 대출(commercial bank loans)은 하지 않는다.

신용공여의 장점(advantages of credit)

신용공여(credit)의 주요한 장점은 다음과 같다.   1-15

- 신용공여(credit)는 가난한 국가의 빈곤(poverty)을 완화시켜 준다.

- 신용공여(credit)는 장래가 아닌, 현재의 발전을 가능하게 해 준다. 이것은 조기에 신속한 발전과 경제적 안정(economic security), 그리고 더 나은 삶의 질을 가

져다 준다. 발전소, 교량, 수도설비(water treatment plants)를 그 예로 들 수 있다. 만약 누군가가 집을 갖고 싶어 한다면, 두 개의 선택지가 있다. 하나는 강가의 갯벌(mudflats)에 텐트를 치고, 그곳에서 씻고, 비록 어느 정도의 불편이 있을지라도, 대략 20년 이후에 그가 집 한 채를 사기에 충분한 돈을 축적할 때까지 지내는 것이다. 다른 하나는, 그는 동일한 액수의 돈을 은행에서 즉시 빌려서 언덕 위에 있는 쾌적한 대저택(chateau)을 한 채 살 수도 있다. 물론 빌린 돈은 금리와 함께 갚아야 하고, 갚지 않으면 집을 잃게 된다. 원래 대저택(chateau)을 매수하기 위해 빌린 것은 남의 돈이기 때문에 이것은 불합리하다고 할 수 없다. 도로, 발전소, 관개시설(irrigation), 수도설비의 경우에도 이와 마찬가지다.

- 신용공여(credit)는 투자, 생산, 구매력, 경제성장을 촉진하고, 결과적으로 생산성 향상과 혁신(innovation)을 가져온다.

- 신용공여(credit)는 예금자(savers)와 그 잉여자금(idle capital)에 수입(revenue)을 가져와, 그것을 위한 저축이 장려되고 은행 등 중개기관(intermediaries)을 통한 자본의 풀(pooling)이 증대된다.

- 신용공여(credit)는 그것을 필요로 하는 곳으로 자원을 할당(allocate)하고 이전(funnel)시킨다. 실질적으로 신용공여(credit)는 부(wealth)를 재분배한다.

- 신용공여(credit)는, 예를 들어 생산이 시작되기 이전에, 또는 침체기를 무사히 헤쳐 나갈 수 있도록 브릿지 금융(bridging financing)을 제공한다.

신용의 위험성(dangers of credit)

1-16   대부분의 유용한 발명품이 그러하듯, 신용공여(credit) 또한 어두운 면(dark side)이 있다.

- 많은 신용공여(credit)가 의미 없는 프로젝트에 낭비된다("자본의 비효율적 배분"("misallocation of capital")). 무엇이 낭비(what is wasted)되었는가에 대한 질문은 행복과 효용(utility)에 대한 개인의 가치관에 따라 달라진다. 거대한 액수가 낭비된다고 해도 (이는 충분히 가능한 일인데), 하지만 그것이 반드시 나쁜 일(wicked)만은 아니다. 많은 사람들이 자기 인생(lives)을 낭비하지만 그것이 불합

리(unreasonable)하다고 생각하지 않는 것과 같다.

- 신용공여(credit)는 도산 위험(insolvency risks)을 야기하고, 일반 국민에게 손실을 초래할 수 있다. 은행이 예금자(depositers)로부터 예금을 받는 것은 신탁(trust)이 아니라서, 예금이 은행의 채권자들로부터 안전하게 보호되지 않기 때문이다. 은행은 예금을 대출(on-lending)을 위해서 사용하고 있어 예금자에 대해서 채무자가 된다. 만일 은행이 대출 이외에 돈을 사용하지 않는다고 가정하면, 은행이 예금자에게 예금을 반환(repay)해 줄 수 있는지 여부는, 오로지 은행이 차주(borrowers)로부터 대출금을 회수(collect)할 수 있는지 여부에 달려 있다.

- 신용공여(credit)는 돈의 공급을 증가시키며, 잠재적으로 인플레이션(inflation)을 야기한다.

- 단기융자(short-term credit)는 국제 금융 흐름의 변동성(volatility) 증가를 유발하여, 단기부채(short-term debt) 의존도가 높은 은행과 정부를 급작스러운 도산(sudden insolvency) 위기로 내몰 수 있다.

상업은행에 영향을 미치는 리스크(risks)

은행은 특별한 리스크(special risks)에 직면하고 있다. 이는 은행의 본래적인 약점이다.   1-17

자산과 채무 불일치(mismatch of assets and liabilities)   이 문제 중 일부는 은행 자산과 채무의 본질적 특성에 의해 유발된다.   1-18

채무(liabilities)의 측면에 있어서, 은행은 장기 대출을 하기 위해 단기 차입을 한다. 이 "기한의 변환"("maturity transformation") 또는 미스매치(mismatch)는 유동성 문제를 발생시킨다. 즉, 예금을 즉시 인출해 줄 만한 현금이 부족한 사태가 발생한다. 이런 미스매치는 은행업에는 불가피한 것이기도 하다. 저금리의 단기 자금으로 자금 조달을 하여(예금자는 유동성(liquidity)을 필요로 하기 때문에 예금이란 단기 예금이거나 요구불(on demand)이다), 고금리의 장기 자금으로 대출하는 것이 은행업이기 때문이다(대출을 받는 자는 안정적 자금이 필요하다). 은행이, 대출채권의 가액

(value)과 상관없이, 예금을 전액 인출해 주어야 할 경우도 있다. 즉, 금액 면에서도 미스매치가 생길 수 있다. 이러한 점에서 투자자들이 투자액에 따라서 안분비례하여(pro rata) 배당을 받는 투자펀드와 다르다.

　　자산(assets)의 측면에 있어서, 대출채권(loans)은 양도하기 어렵고, 시장성 있는 증권에 비해 가치 평가도 어렵기 때문에, 예기치 않은 예금 인출 요구에 직면하더라도 즉시 자산으로서 팔 수 없다. 오히려 서둘러서 매각(forced sale)하면 가격하락을 초래한다. 따라서 지급불능 리스크는 높아진다. 투자펀드는, 투자자의 투자금 회수 요구를 충족시키기 위해서 시장성 있는 투자상품(marketable investments)을 빠르게 판매할 수 있는 것과 비교된다.

　　따라서 은행은 신용의 상실에 대해 취약하다. 은행은, 완전히 순조로운 은행에 대해서도 공황(panic) 상태가 퍼질 수 있다는 감염 리스크, 그리고 익스포저(exposures)를 서로 안고 있기 때문에 도미노가 쓰러지는 것과 같이 연쇄적으로 파탄에 빠진다는 시스템 리스크에 노출되면서 업무를 수행하고 있다. 평상시라면 은행은 예금인출 비율(rate of deposit withdrawals)을 예상할 수 있다. (그리고 충분한 지급준비금이나 차입선을 유지할 수 있다.) 그러나 위기시에는 할 수 없게 된다.

1-19　**은행에게 있어 다른 위험 요소들**　　은행에 영향을 미치는 다른 위험 요소들은 다음과 같다.

- 상업 대출은 **마진**(margins)이 매우 작다. 마진이란 은행의 자금조달 금리의 차액으로 은행의 총수익이 되지만 투자적격등급 기업(investment grade corporate)에 대출을 할 경우 그 마진은 0.25% 정도까지로 매우 작을 수 있다. 만약 은행이 자금조달 비용으로 0.25%의 마진(margin) 또는 스프레드(spread)를 지출한 1,000만 달러($ 10,000,000) 규모의 대출에서 손실을 입는다면, 그 작은 대출의 손실을 보충하기 위하여 40억 달러($ 4,000,000,000) 규모의 대출 포트폴리오를 갖고 있어야 한다.

- 은행업은 **예언**(prophecy)의 사업에 속한다. 즉, 생명보험 회사처럼 그들은 미래에 대하여 베팅(bet)을 해야 한다. 만약 역사에서 어떤 부분이든 십 년간을 떼어 본다면, 심지어는 아주 가까운 과거라도, 사건들이 발생하기 전에 미리 예

측하기는 불가능했다. 경악스러울 정도다. 1980~1990년, 1990~2000년, 그리고 2000년에서 현재까지의 역사를 보자. 이 세 시대에 일어난 대변동(cataclysmic events) 중 일부는 그것들이 일어난 바로 그 시점까지도 겨우 몇몇의 천재들을 제외하고는 아무도 예상하지 못했던 일들이었다. 중기 상업은행 대출은 7년 정도이지만, 프로젝트 대출은 14년 정도로 훨씬 길다. 장래를 예언하는 것은 과거의 역사를 배우는 것보다 더욱 어렵다.

- 은행과 금융시장의 다른 기관들 사이에는 높은 수준의 **상호연결성**(interconnectiveness)이 있다. 한 기관의 채무상환 불이행(default)이 다른 기관들에게 도미노처럼 영향을 미칠 수 있다. 이 때문에 은행들은 지급시스템(payment systems)과 서로에게 단기로 큰 금액을 빌려주는 은행 간 예금 시장(interbank deposit market)에서 연결되어 있다.

은행은 다량의 유동성 있는 현금(liquid cash)의 저장소(repositories)이다. 이 때문에 역사적으로 (예금자들의 돈을 정치적인 목적에 강제적으로 사용하는) 정부의 남용에 취약했고, 법치(rule of law)가 정착되지 않은 국가에서는 아직까지도 그러하다.

국가부도(state insolvency)는 일반적으로 국가의 은행시스템(national banking system)을 붕괴시킨다. 국내통화가 급격히 평가절하 됨에 따라 민간부문 회사들이 그들의 외채를 상환할 수 없게 되기 때문이다. 또한 은행들은 일반적으로 대규모의 국채(government securities)를 보유하고 있는데, 정부가 인플레이션 없이는 그 국채를 상환할 수 없기 때문이다.

세계화 리스크(globalisation risks) 세계화는 리스크도 발생시킨다. 이에는 다음과 같은 리스크가 있다. 1-20

- 급작스럽고 때로는 비합리적인 이유 때문에 투자자의 신뢰가 추락하여 특정 국가에의 대출 라인(credit lines)이 회수(withdrawals)되어 그 국가 내의 은행들에 문제가 발생하는 리스크다. 특히 해외로부터 단기로 자금 조달이 행해진 경우 리스크가 높아진다.

- 예상외의 법제도나 국제적인 부조화로부터 오는 예상치 못한 법률(legal ambush)의 리스크다. 특히 도산법상의 상계(insovelcny set-off), 담보권 그리고 신탁 부문

에서 그러하다.

1-21 **잘못된 운용과 대출 결정**(bad management and credit decisions)　　몇몇의 은행들은 잘못된 운용과 대출 결정 때문에 실패했다(failed). 이것은 항상 존재하는 리스크다. 경영인(managers)이 본인의 소유가 아닌 돈을 처분하기 때문에, 본인 소유의 돈을 다뤘을 경우 감수했을 것보다 더욱 큰 리스크를 감수하는 것이다. 잘못된 운용이란 은행의 형편없는 자본전입(poor capitalization), 현재 일어나고 있는 일에 대한 불충분한 통제(inadequate control), 그리고 형편없는 유동성을 포함한다. 잘못된 여신판단은 대출의 다양성의 부족 또는 신용리스크를 무시한 대출 등이다. 대출에 대한 경쟁이 심하기 때문에 또는 단기적으로 은행이 많은 수수료를 벌 수 있고 담당자들이 많은 보너스를 받을 수 있는 동기 때문에 발생한다.

중개기관(intermediaries)으로서 은행과 금융기관

1-22　　금융기관은 근본적으로 중개기관이다. 그들은 실질적으로 예금자로부터 차주에게로 돈을 전달해 주는 전달자(conduits)이다.

진정한 채권자는 궁극적으로는 예금자(depositor)이다. 궁극적으로 은행에 예금을 한 개인들 또는 은행에 예금을 한 기업의 주식을 가지고 있는 개인들이 은행 저편에 비쳐 보인다(see‒through). 이것은 債券(bonds)과 주식에 있어서도 마찬가지다. 그 보유자인 기관투자자, 연기금(pension funds) 등을 통과해서 본다면 궁극의 수익자로서의 개인이 있다.

따라서 개인은 ① 주요한 채권자(은행)의 예금자 또는 ② 주요한 채무자(기업)의 주주가 될 수 있다. 국가 또한 대규모의 채권자이자 채무자다. 그러므로 금융법에서 나타나는 진정한 갈등은 명목상의(nominal) 채무자와 채권자 간의 갈등이 아니라, 궁극적으로는 명목상의 채권자 및 채무자에게 이해관계를 가지고 있는 집단들 간(between the groups of people ultimately interested in the nominal creditors and debtors)의 갈등이다.

은행은 많은 국가들에서 자금의 유일한 원천이다. 은행의 도산(bank failures)은 막대한 공적 비용을 초래하고, 이 비용은 주로 예금자나 납세자, 또는 둘 모두에 의해 지불되거나 아예 지불되지 않는다. 1980년 이후 심각한 은행공황(banking crisis)을 모면할 수 있었던 국가는 거의 없었다. 신흥(emerging) 국가들은 물론 선진국들도 은행

공황을 모면하지 못했다. 이 선진국들에는 일본, 미국, 그리고 스칸디나비아 국가의 대부분이 포함된다. 인도네시아의 한 사례에서 이러한 공적 비용은 GDP의 약 55%였다. 일본의 경우 비용이 1990년대와 그 이후 GDP의 20% 이상이었다. 결과적으로 정부가 복지(well being)에 사용할 수 있을 것이라 생각했던 예산의 급격한 삭감(sharp reduction)이 있었고, 대규모 실직으로 이어지는 불황이 시작되었다. 충격적이고 암울한 은행 도산(bank insolvencies)의 모습에 관하여는, LPIF 시리즈 중 『세계 금융법의 지도(Maps of World Financial Law)』 참조. 이 책에는 같은 기간 동안에 부도가 났던 국가들의 지도 또한 실려 있는데, 역시 암울하다.

신용경제(credit economies)에서 도산법의 중요성

도산법(insolvency law)은 신용 사회에서 핵심적인 역할을 수행한다. 도산은 막대한 손실을 야기할 수 있고 경제 상태에 큰 타격을 줄 수 있다.   1-23

규제제도는 주로 기관들의 도산 위험을 줄이고자 하는 바람(desire)에서 비롯된다. 이론적으로 도산에 대한 통제는 사기(fraud)에 대한 통제보다 더 중요하다. 그 이유는 만약 아무도 지급불능 상태(insolvent)에 빠지지 않았다면, 사기꾼에게 돈을 내도록 강제할 수 있으므로, 엄밀히 말해, 사기는 문제되지 않을 것이기 때문이다. 그러나 현실에서 사기는 그 자체로 종종 사기 친 회사(fraudulent firms)를 도산으로 이끌기 때문에, 사기를 예방하는 것이 곧 도산을 예방하는 것이 된다고 할 수 있다.

도산법은 금융법의 근간(root)이 된다. 도산은 법에 선택을 의무 지우기 때문이다. 즉, 모두에게 돌아갈 충분한 돈이 없기 때문에 법은 반드시 누가 지불할 것인지를 선택해야만 한다. 여기서 도산법이 가장 무자비해진다. 도산법은 누가 리스크를 부담할지 결정해야 하기 때문에 항상 승자와 패자가 있고, 승리자와 희생자가 있다. 그렇기 때문에 도산(bankruptcy)은 상업적 측면에서 법제도의 태도를 보여주는 가장 중요한 지표이며, 도산법(insolvency law)에서 선진화된 법제도들 사이에 주된 의견 충돌이 생긴다.

채무자를 보호하는가 채권자를 보호하는가에 대해서는 법제도 간에 큰 차이가 있다. 실은 이 문제 설정 그 자체가 애매하다. 왜냐하면 채권자에게도 채무자에게도 그들의 채권자가 또 있기 때문이다. 전 세계의 法域(jurisdiction)3)을 뚜렷이 나누는

---

3) 역자 주) "jurisdiction"에는 '관할'이라는 뜻과 '法域'이라는 뜻이 있다. 어느 특정 지역의 법원이 구체적인 사건에 대하여 현실적으로 재판을 할 수 있는 권한을 법원의 관할권(管轄權)이라고 한다. 우리

채권자 보호(creditor protection)의 예시로는 도산법상의 상계(insolvency set-off) 및 네팅(netting), 담보권(security interests) 그리고 일반적 신탁(universal trust)에 대한 이용가능성 여부가 있다. 이것들은 리스크를 완화시킨다(mitigate risks). 또한 이 기술들은 규제제도에서도 중요한 역할을 수행한다.

금융법의 목표(aims of financial law)는 무엇인가?

1-24　　금융법의 지향점은 효율성과 윤리성의 혼합이다. 사실상 이 원칙들의 세부적인 적용에 대해서는 매우 논란의 여지가 있다. 금융법의 목적(objectives)에는 다음과 같은 것이 있다.

- **리스크와 비용의 절감**(reduction of risks and costs). 금융법은 신용의 이용으로부터 비롯되는 리스크와 비용, 특히 도산과 시스템 리스크(systemic risks)를 낮추는 것을 추구(seek)해야 한다. 그 예로 상계(set-off)와 네팅(netting), 담보권(security interests) 그리고 신탁(trust)이 있다.

- **안정성**(stability)**과 예측가능성**(predictability). 채권자 및 채무자에게 법제도는 합리적인 범위에서(reasonably) 안정적이고 예측 가능한 것이어야 한다. 고액(large amounts)은 합당한 법적 안정성을 요한다. 그 예로 합의된 조건(agreed terms)에 따른 계약 해석과 담보권의 집행가능성(enforceability)이 있다. 이는 결국 법률, 법원, 그리고 변호사에 관한 법적 인프라(legal infrastructure)를 필요로 한다. 정부의 개입이 임의적(arbitrary)이어서는 안 된다. 법은 변덕스럽거나 일시적

나라 민사소송법은 제1편 제1장 제1절에서 관할에 대하여 규정하고 있다. 보통 訴는 피고의 보통재판적이 있는 곳의 법원이 관할한다(민사소송법 제2조). 이외에도 사물관할(법원조직접 제32조, 제40조, 민사소송법 제26조, 제27조), 지정관할(민사소송법 제28조), 합의관할(민사소송법 제29조), 변론관할(민사소송법 제30조), 전속관할(민사소송법 제31조) 등의 관할을 정하는 규정이 있다. 이 책의 '제7편 국제사법'에서는 "jurisdiction"이 대부분 '관할'의 뜻으로 쓰였다. 그러나 '제1편 서론 및 법계'에서는 "jurisdiction"이 대부분 '法域'의 뜻으로 쓰였다. 法域은 같은 법령의 효력이 미치는 지역적 범위를 뜻한다. 우리나라는 국회에서 제정한 법률이 대한민국 전역에 효력을 미친다. 따라서 단일한 하나의 法域이다. 대부분의 국가에서 국가의 단위와 法域이 일치한다. 그런데 각 州별로 독립된 입법권을 부여한 연방국가에서는 法域이 국가 단위와 일치하지 않고 州 단위와 일치한다. 연방법이 있고, 각 州별로 州법이 따로 있는 이원적 법체계이기 때문이다. 예를 들어, 미국은 연방국가로서 50개의 州로 이루어져 있는데, 각 州마다 법이 약간씩 다르다. 각 州마다 州의회가 있어서 제정법도 다르고, 각 州마다 최고법원이 있어서 판례법도 다르다. 따라서 미국에는 50개의 法域이 있다. 영국(United Kingdom)에서도 잉글랜드(England)와 스코틀랜드(Scotland)의 법이 많이 다르다. 따라서 잉글랜드와 스코틀랜드는 法域이 다르다.

이면 안 된다. 법제도는 투명해야 하며 법의 집행이 예상 가능해야 한다.

- **계약**(contract)**과 물권**(property rights). 금융법은 계약과 물권을 합리적인 범위 내에서 존중해야 한다. 단순히 부의 재분배(redistributive)를 지향하는 것이어서는 안 된다. 재분배 정책의 주요 수단은 조세제도(taxation)여야 한다.

- **비례적인 도덕성**(proportionate morality). 법률은 위반(non-compliance)에 대해서 극단적으로 징벌적(punitive)이거나 불합리한 벌칙을 부과해서는 안 된다. 私法上 잘못(civil wrongs)을 범죄화(criminalise)해서는 안 된다. 거래의 무효화(nullity), 私法上의 책임(civil liabilities), 형법상의 책임은, 위반의 정도(gravity of the offence)에 따른 것이어야 한다. 법제도가 냉정함을 잃거나 편협한 시각(bigotry)으로 당사자의 평판을 위험(reputational risks)에 빠뜨려서는 안 된다. **1-25**

- **정직성**(honesty)**과 자격능력**(competence)**의 규제**. 규제제도(regulatory regime)는 ① 정보에 근거한 선택(informed choices)을 용이하게 하고, 자금의 배분을 개선하며, 위험부담(risk-taking)을 개선하기 위해서 투자자들의 정보력을 향상시켜야 한다. ② (사기와 도산으로 인해 약화된) 투자자의 신뢰(confidence)를 향상시켜야 한다. ③ 은행의 도산 리스크를 완화시켜야 한다.

- **법제도의 합리적인 간단함**(reasonable simplicity of legal regime). 불필요하게 복잡한 제도로 거래가 무효화(nullified)되지 않도록 법제도는 이해 가능(comprehensible)한 것이어야 한다.

- **거래의 다양성의 개선**(improvement of range of transactions). 신용과 자본의 효과적인 이용을 확대하기 위해서, 법은 거래의 종류의 확대(widening)를 가능하게 하는 것이어야 한다. 그 때문에 법률은 항상 업데이트(up-to-date)되어 있을 필요가 있으며, 자의적인 속박(arbitrary restraint)이나 낡은 신조(outworn dogma)에 구애되어서는 안 된다.

- **외국인 혐오증**(xenophobia). 법은 법적 부족주의(legal tribalism)를 삼가야(eschew) 한다. 외국인들은 차별적이지 않은(non-discriminatory) 방식으로 대우받 **1-26**

아야 한다. 법은 국가 간의 거래(interchange)를 독려해야 한다.

- **자유**(freedom). 법은 보호에 대한 확실한 필요(convincing need)가 있는 경우를 제외하고는, 근본적인 정책(fundamental policies)과 일관되게 자유롭고 진보적이어야 한다. 사람들이 자율적으로 결정할 수 있도록 허용해야 한다. 법은 그렇게 해야만 하는 강력한 이유(compelling reason)가 있는 경우를 제외하고는 보통 평범한(ordinary) 사람 또는 평범한 기업을 구속하거나 족쇄를 채워서는 안 된다. 원칙을 뒤집을 만한 이유(overriding reason)가 없는 한, 어떤 사람도 기업도 자유로워야 한다.

위에 언급한 모든 것들은 상당한 일반론으로서 누구에게나 어떠한 의미도 될 수 있다. 일반적인 방향성(general orientation) 제시에 있어서는 이러한 원칙론이 도움이 될 수 있지만, 결국 중요한 것은 세부적인 사항들이다.

질문과 세미나 주제는, 제3장의 마지막 부분 참조.

제 2 장

세계의 法域과 분류기준

세계의 法域(jurisdiction)

전 세계의 법제도의 도산법을 분류하는 가장 첫 번째 단계는 法域(jurisdiction)을 확인해보는 것이다. 전 세계에는 약 320개의 法域(jurisdiction)이 있다. 중국이나 브라질 같이 인구나 지리적 규모에 있어서 거대한 法域(enormous jurisdictions)에서부터 태평양의 니우에(Niue)섬 같이 아주 작은 국가(microstates)까지 다양하다.

2-01

法域(jurisdiction)들은 『*세계 금융법의 지도(Maps of World Financial Law)*』에 수록된 "*지도: 法域의 주요 지도(Map: Key Map of Jurisdictions)*"에 수록되어 있다.

法域(jurisdiction)이란 무엇인가?

法域(legal jurisdiction)은 국민국가(nation‒state)와 다르다. — 가장 최근에 추가된 동티모르와 몬테네그로를 포함하여 현재 193개의 주권국가(sovereign States)가 있다. 많은 국민국가는 여러 개의 法域을 갖고 있다. — 미국은 51개, 영국은 7개를 갖고 있다. 법적인 구분(legal distinctness)에 대한 문제는 누가 종합적인 主權(overall sovereignty)을 갖고 있는가와 아무 상관이 없다.

2-02

하나의 영토가 별개의 法域에 속하는지에 대한 기준은 별개의 조사를 필요로 할 정도로 법이 충분히 다른가(sufficiently different) 여부에 달려 있다. 이는 정도의 문제(matter of degree)라고 할 수 있다. 예를 들어 에콰도르와 퀸즐랜드처럼 몇몇 法域들은, 그 근본(fundamentals)이 완전히 다르다. 다른 法域들은 조금 더 유사한데, 예를 들어 나폴레옹계(Napoleonic group)에 속한 여러 국가들, 또는 영국이나 미국 보통법계에 속한 국가들이 그렇다. 이 유사성은 캐나다나 미국 같은 큰 연방 영토의 경우에 더욱 분명히(apparent) 나타나지만, 그렇다고 하더라도 개별적인 영토(territories)를 서로 다른 法域으로 취급할 만큼의 차이(divergence)는 충분히 존재한다. 호주의 경우에는 이 책의 목적상 실질적으로 하나의 法域(unified jurisdiction)으로 본다.

한편, 이 책에서는 스위스의 州들(cantons) 사이에, 그리고 브라질의 州들(federal territories) 사이에 아주 작은 차이만 존재한다고 본다. 그래서 그들은 하나의 法域(single jurisdiction)으로 취급한다. 몇몇의 경우에는 국가의 州들(states)이 분리된 法域을 갖고 있다고 주장할 수 있는 여지(arguable)가 있지만, 여기에서는 여러 이유로 하나의(unitary) 法域으로 취급하고자 한다. 그 예로 중국, 러시아, 아랍에미리트가 있다.

세계의 法域(jurisdiction)의 법계(legal families)

2-03 **세 가지 주요한 그룹**(groups)　역사적으로, 전 세계 320개의 法域(jurisdiction) 중 대부분은 서구 유럽의 몇몇 국가들의 법을 바탕으로 만들어졌다. 이 法域들은 대략 세 개의 주요한 계열로 나뉠 수 있다.

- 영미 보통법계 그룹(Anglo-American common law group)은 본래 영국으로부터 유래하며 전 세계 法域의 45% 이상을 차지한다. 이러한 총 개수(gross number)는 미국, 캐나다, 호주의 여러 法域들 덕분에 상당히 증가한 것이다. 만약 이러한 法域들이 국가별로 하나로 취급된다면, 영미법계는 나폴레옹계와 비슷한 규모일 것이며 전 세계 法域의 개수는 252개가 될 것이다.

- 나폴레옹계 그룹(Napoleonic group)은 본래 프랑스에 의해 발달되었으며 전 세계 法域의 25% 정도를 차지한다.

- 로마-게르만계 그룹(Roman-Germanic group)은 원래 네덜란드, 오스트리아, 스위스의 큰 기여와 함께 주로 독일에서 발달되었으며 전 세계 法域의 약 10% 정도를 차지한다.

320개의 法域 중 나머지는 ① 채널 제도(Channel Islands)와 같은 혼합 법제도(5%), ② 사우디아라비아 같은 이슬람계(3%), ③ 베트남과 같이 새롭지만 불완전(incomplete)

한 체제(6%), ④ 남극 같이 분류되지 않은 체제(2%) 등이 있다.

만약 우리가 더욱 큰 그림을 염두에 두고 미국, 캐나다, 호주를 단일 法域들로 취급하고, 대륙법/영미법의 혼합 법제도와 새로운 체제들 또한 그들에게 근본적인 영감을 준 법계로 분류한다면, 아주 대략적(crude terms)으로 30%가 영미 보통법계(English-American common law), 30%가 나폴레옹계(Napoleonic), 30%가 로마-게르만계(Roman-Germanic) 그리고 나머지 10%가 관련성이 덜한 법계(not be too far out)로 분류될 수 있을 것이다. 2-04

시간을 거슬러 올라가보면, 이 세 개의 주요한 법계는 그 정도가 많든 적든 로마법의 영향을 받았는데, 로마법은 6세기 콘스탄티노플(현재 이스탄불)에서 유스티니아누스 황제에 의해 제정되었고 1100년경 이후부터 유럽에 받아들여졌다. 그 기원은 더욱 먼 원천(founts)까지 추적 가능한데(traceable), 특히 고대 그리스 그리고 '비옥한 초승달 지대'(Fertile Crescent)[1]까지 거슬러 올라갈 수 있다.

로마인이나 서유럽 국가들이 법을 발견(discover)한 것은 아니다. 그들은 법을 표현(expressed)하고 체계화시켰으며, 또한 그 영역(ambit)을 확장시켰다.

법제도의 전파(transmission of legal systems)

세 가지 주요 법계에 속하는 대부분의 法域(jurisdiction)들은 그 母法(mother legal system)의 핵심적인 원리(tenets)를 정착민, 식민지배, 모방(emulation) 또는 차용을 통해 도입했다. 2-05

식민 지배에 의해 법제도를 받아들인 국가들의 예로는 영국, 프랑스, 네덜란드의 과거 지배 영토들(dominians)이 있다. 모방을 통해서 도입한 法域(jurisdiction)들의 예로는 중남미(나폴레옹계)와 터키(로마-게르만계, 스위스로부터 도입)가 있다. 영국의 법제도는 성문법전(mega codes)이 없기 때문에 주로 제국주의(imperialism)와 정착민들에 의해 퍼져나갔다. 나폴레옹계 그룹(Napoleonic group)에서는 절반 이상이 제국주의를 통해 그들의 법제도를 받아들였고, 나머지는 모방(copying)으로 받아들였다. 로마-게르만계 法域(Roman-Germanic jurisdictions)의 대부분은 자발적으로 그 체제를 도입했다. 전체적으로 보았을 때, 법제도를 자발적으로 도입한 국가들은 가장 최신식

---

1) 역자 주) 티그리스·유프라테스 강 유역의 메소포타미아에서 시작하여 시리아, 이스라엘의 동지중해 연안 지역을 거쳐 이집트의 나일 강 삼각주 유역에 이르는 초승달 모양의 땅. 이 지역은 비옥하여 일찍부터 인류 문명이 발생했다. 수메르, 함무라비 법전을 만든 바빌로니아, 페르시아의 아케메네스 왕조가 이 지역에서 발달했다.

모델을 도입했다. 예를 들어, 중남미는 19세기에 프랑스로부터(부분적으로 스페인으로부터), 일본은 20세기 초에 독일로부터, 터키는 1920년대에 스위스로부터 도입했다.

유럽의 體制移行國(transition countries)의 경우, 1990년대에 많든 적든 비록 상당한 개선(upgrading)이 있기는 했지만, 공산주의 등장 이전에 그들이 옹호하던 법제도로 회귀했다. 발트해 국가들(Baltics)과 폴란드 등이 그 예이다. 일부는 여러 원천(sources)으로부터 차용하기도 했고 또한 그들 자신만의 법을 발전시키기도 했다. 러시아의 경우, 담보권은 미국 UCC (Uniform Commercial Code)2) Article 9의 영향을 받았으나 등기제도(filing system)는 없으며, 계약은 (가장 최신식 법을 가진) 네덜란드의 영향을 받았다. 그러나 러시아의 도산법은 대체로 자체 제정한 것(home-grown)이다. 1980년 이후 중국의 법은 다양한 법의 혼합물(amalgam)이다.

2-06   위 그룹들을 우리의 목적을 위해 여덟 개의 주요 그룹으로 나눌 수 있다.

(1) 미국 보통법계 法域(American common law jurisdictions)

(2) 영국 보통법계 法域(English common law jurisdictions)

(3) 나폴레옹계 法域(Napoleonic jurisdictions)

(4) 로마-게르만계 法域(Roman-Germanic jurisdictions)

(5) 대륙법/영미법의 혼합적 法域

---

2) 역자 주) 미국 통일상법전. 미국에서는 각 州가 입법권을 가지고 독립적인 법을 제정하기 때문에 각 州마다 법이 약간씩 다르다. 그런데 각 州마다 상법이 달라서 상거래에 방해가 되었다. 이에 거래의 신속화, 안전화를 도모하기 위하여 통일주법 전국위원회(National Conference of Commissioners on Uniform State Laws, "NCCUSL")와 미국법률협회(American Law Institute, "ALI")가 상법의 통일 작업을 하여 1952년에 공포한 것이 Uniform Commercial Code ("UCC")다. 이후 여러 번의 개정을 거쳐 1978년에 완성되었으며, 몇 차례 개정되어 오늘에 이른다. UCC가 미국의 각 州에서 바로 직접적으로 법률적 효력을 발생하지는 않는다. UCC는 미국의 각 州 의회가 상법을 제정할 때에 참고할 수 있는 모범 표준안을 제시한 것이다. 각 州 의회가 州法으로 제정해야 그 州에서 법률적 효력이 생긴다. 각 州에서 州法으로 제정할 때에 UCC를 그대로 주법으로 제정하기도 하고, 각 주의 사정에 맞게 약간씩 수정하여 주법으로 제정하기도 한다. 편제는 Article 1 부터 Article 9까지 모두 11편으로 구성되어 있다. Article 1 General Provisions 총칙, Article 2 Sales 매매, Article 2A Leases 리스, Article 3 Negotiable Instruments 유통증권, Article 4 Bank Deposits and Collections 은행 예금 및 추심, Article 4A Funds Transfers 펀드 양도, Article 5 Letters of Credit 신용장, Article 6 Bulk Transfers and Bulk Sales 일괄양도 및 일괄매매, Article 7 Warehouse Receipts, Bills of Lading and Other Documents of Title 창고증권, 선하증권 및 기타의 권원증권, Article 8 Investment Securities 투자증권, Article 9 Secured Transactions 담보부거래.

(6) 이슬람계 法域

(7) 새로운 法域

(8) 분류되지 않은(unallocated) 法域

이들은 『세계 금융법의 지도(Maps of World Financial Law)』에 수록된 "지도: 전 세계 法域(Map: Global Jurisdictions)"에 나타나 있다.

몇몇의 法域(jurisdiction)은 그 경계(borderline)에 존재하여 다른 법계로 분류될 논란의 여지가 있다. 이 法域들을 구획(compartment)으로 분류하는 것은 개념상으로 유용하나, 사실 그 인위적인 구분선이 모호하고 현실에서는 스펙트럼의 연속(continuum)이다.

아래의 표는 도산법에서 법계(legal groups)에 대한 일부 통계치를 보여준다. 다음의 분류는 다른 법 영역에서도 적용 가능하다.

법계에 대한 통계

전 세계적 비율   2-07

법계(Group)	법역의 개수 %	인구 %	면적 %	국내총생산(GDP) %
미국 보통법계 (American common law)	20	5	7	33
영국 보통법계 (English common law)	27	30	21	13
나폴레옹계 (Napoleonic)	26	23	34	19
로마-게르만계 (Roman-Germanic)	10	11	18	16
대륙법/영미법의 혼합 (Mixed civil/common law)	5	25	11	18
이슬람법계 (Islamic)	3	1	3	1
새로운 법역 (New jurisdiction)	6	5	6	0.5
분류되지 않음 (Unallocated)	2	1	0.2	0.2

반올림에 의해 총합이 100이 아닐 수 있음. 인구, 면적, 국내총생산은 "Pocket World in Figures" (The Economist, 2005), "The Statesman's Yearbook 2005" (편집자 Barry Turner)

만약 우리가 이슬람법계, 새로운 法域, 분류되지 않은 法域(jurisdiction)을 빼고 보면, 이 표는 흥미로운 결과를 보여준다.

전 세계 인구의 약 35%는 순수한 영미법제도(pure pure common law system)하에 살아가며, 거의 비슷한 34%의 인구는 순수한 대륙법제도(pure civil law system)(나폴레옹계 또는 로마-게르만계)하에서 살고 있다.

순수한 영미법계의 지역적인 제국(territorial empire)은 전체의 약 28%인 반면 순수한 대륙법계는 총 52%를 지배한다.

2-08   순수한 영미법계의 국내총생산은 총 46%이며 순수한 대륙법계의 국내총생산은 총 35%이다.

이러한 비율은 혼합된 집단을 어떻게 나누고 분류하는지에 따라 달라질 수 있다. — 여기서 포함된 중국과 일본은 두 국가 모두 로마-게르만계가 본래 영감(original inspiration)을 준 체제였다. 이 숫자들은 순수하게 역사의 결과물이다.

다섯 가지 주요 지표(key indicators)

2-09   분류(taxonomy and classification)는 증명 가능한 객관적 기준을 적용해야 한다. 수십 가지의 가능성 있는 후보들 중, 그 장점을 바탕으로 다섯 가지 주요 지표를 선택했다.

그 장점들은 다음과 같다.

- 이 다섯 가지 지표는 화학에서 리트머스 종이, 외륜의 電子(electrons in the outer ring)의 개수, 천문학에서의 적색편이(red-shift)와[3] 같이 효과적인 기준(tests)이다. 근본적으로, 이 지표들은 법제도가 어느 쪽으로 향할 것인지 결정해야 할 때 신용공여(credit)와 도산에 대한 근본적인 태도를 드러내게 된다. 이때 원칙들 간에 충돌을 수반한다.

- 이 다섯 가지 지표는 상당히 정밀하게 측정이 가능하다. 일반적인 스타일이나

---

3) 역자 주) 일반적으로 파원과 관측자가 서로 멀어지면 적색편이, 가까워지면 청색편이가 일어난다. 전자기파의 가시광선 영역에서 파장이 길수록 (진동수가 작을수록) 붉게 보이기 때문에, 멀어지는 은하에서 오는 별빛의 스펙트럼을 분석해보면, 우리 은하에서 오는 별빛보다 흡수선이 빨간색 쪽으로 치우쳐 있다. 은하기 멀어질 때 빛외 파장이 길어져서 스펙트럼의 흡수선이 빨간색 쪽으로 이동하는 것이다. 이것을 적색편이(赤色偏移)라고 한다. 반대로 은하가 다가올 때에는 빛의 파장이 짧아져서 스펙트럼의 흡수선이 파란색 쪽으로 이동한다.

문화와 관련된 다른 기준들이 그렇지 않고 일시적이라는 것을 감안하면, 이 지
표들은 분류학상으로 유용하다.

- 이 지표는 개수가 다섯 가지로 제한되어 있기 때문에 지나치게 상세한 분류를
  하는 경우에 비해서 명확한 구분이 가능하다.

- 한 가지를 제외하고 나머지는 엄청나게 큰 액수를 수반하는데, 일반적으로 전
  세계 국내총생산보다도 큰 수치이다. 이 지표들은 각각 금융법과 거래에 있어
  엄청나게 중요하다.

- 각각의 지표가 확정적인 힘을 갖고 있기 때문에, 그들의 조합이 금융법의 다
  른 측면들 또한 예측할 수 있게 도와준다.

이 지표들은 실증적인 경성법(hard law)이다.

이러한 기준들의 목적은 법제도를 어디에 위치시켜야 할지(position) 도움을 주기
위한 것이다. 다른 중요한 기준으로 선별된 것들은 뒤에서 열거했다.

처음 세 가지 지표들은 리스크 감소라는 측면에서 경제적으로 매우 중요하다. 주
요한 트리오(major trio)이다. 나머지 두 지표는 전문가 듀오(specialist duo)로서, 하나는
경제적으로 중요하고, 다른 하나는 경제적으로는 아니지만 중요한 이념 기준(test)
이다.

세 가지 중요한 지표들은 다음과 같다.

(1) **도산절차에서 상계**(insolvency set-off)[4] 가능 여부. 상계와 그 친구 네팅   2-10
    (netting)은 상호 채권채무 관계가 있는 둘 이상의 당사자가 존재할 경우에는

---

4) 역자 주) 도산법에 따른 도산절차 중에 채권자가 노산한 채무자에 대하여 가지고 있는 채권(자동채
   권)으로 도산한 채무자가 그 채권자에게 가지고 있는 채권(수동채권)을 상계할 수 있는지 여부가 쟁
   점이다. 회생절차에서 채권자의 채권액은 일정 부분 탕감될 가능성이 있고, 파산절차에서 채권자는
   채권 전액을 변제받지 못하고 다른 채권자들과 안분비례하여 일부만 변제받게 된다. 그런데 채권자
   의 상계가 가능하다면, 상계로 그 채권자가 도산한 채무자에게 지고 있는 채무(수동채권)가 면제되
   어, 그 면제된 채무의 금액만큼 채권자는 자기 채권(자동채권)을 변제 받는 효과가 된다. 이와 반대
   로, 도산절차 중에 채권자의 상계가 인정되지 않으면, 회생절차에서는 채무자는 그 채권자에 대한 채
   권(수동채권)을 행사해서 기업의 회생을 위해서 사용할 수 있고, 파산절차에서는 채무자의 그 채권자
   에 대한 채권(수동채권)을 파산한 채무자의 다른 채권자들이 안분비례하여 배당받을 수 있다. 도산절
   차에서 채권자의 상계가 허용되는지 여부는 도산법에 규정되어 있어야 한다. 우리나라 채무자회생 및
   파산에 관한 법률은 제144조에서 회생절차에서의 상계, 제416조에서 파산절차에서의 상계를 규정하
   고 있다. 이 때문에 "insolvency set-off"를 "도산법상의 상계"라고 번역했다.

언제든지 연관이 있다. 이런 상황은 상법과 금융법 곳곳에 스며들어 있다. 일 반적인 매매(trade sales), 보험, 토지임대차, 건설, 상업흥신소(commercial agency) 는 물론 은행예금과 같은 금융계약(financial contracts)도 포함된다. 상계와 네팅 은 지급과 증권 결제시스템, 파생상품에 있어서 핵심적이다.

이 지표는 정책 간에 첨예한 갈등을 유발하고 막대한 금액을 수반하기 때 문에 선택되었다. 도산법상의 상계는 채권자에게 이익이 된다. 도산절차에서 상계가 인정되지 않으면 채무자에게 유리하다. 양단간의 선택(straight choice)인 것이다. 전 세계 지급시스템(payment systems)에서 연간 유통되는 금액(annual flows)은 전 세계 국내총생산의 30배를 훌쩍 넘는다. 예를 들어, 런던 외환시 장의 자금량은 전 세계 국내총생산의 거의 20배에 달한다. 그에 상응하는 일 일 익스포저(daily exposures)는 어마어마하다. 중앙청산소(central counterparty)를 이용하는 상계와 네팅 시스템이 외환시장에서의 익스포저(exposures)를 95% 이상까지 줄일 수 있다고 계산되고 있다. 금융시장은 가장 눈에 잘 띄는 상계 의 주창자(exponents of set-off)지만, 사실 상계는 상업 거래의 모든 분야에 (everywhere) 존재한다.

상계는 제14장과 제15장에서 살펴보았다.

2-11 **(2) 담보권**(security interests)의 이용가능성과 범위. 담보권은 현대 신용경제의 모든 측면에 스며들어 있다. 예를 들어, 시중 상업은행(house commercial bank) 에 의해 공급된 회사의 운용자본 조달, 프로젝트 파이낸스(project finance), 부 동산 금융(property finance), 인수재원 조달금융(acquisition finance), 자산유동화 (securitisations), 선박, 비행기와 다른 운송장비 금융, 무역금융(trade finance), 결 제 및 청산 시스템(settlement and clearing systems)에서의 담보물(collateral), 그리고 파생상품을 위한 담보물 등이 있다.

이 지표는 신용공여와 채권자 보호에 대한 태도, 그리고 도산 시 우선순위 (insolvency hierarchy)가 수평적인지 단계적인지의 여부를 나타내기 때문에 선택 되었다.

만약 네 가지 부문이 결제시스템(settlement systems), 프로젝트 파이낸스(project financing), 자산유동화(securitisations), 주택대출(home loans)이라고 할 때, 전 세계 적으로 담보금융(secured finance)의 잔액(outstanding amount) 총 합계액이 매우 크다는 것은 쉽게 상상할 수 있다. 예를 들어서, 현재 영국의 주택담보부대출

(mortgage loan) 잔액만 해도 영국 국내총생산의 약 3분의 2에 달한다.

전 세계의 담보권(world security interests)에 대해서는 제16장~제18장에 요약되어 있다.

(3) **상업적 신탁**(commercial trust)의 이용가능성. 그것이 어떠한 이름으로 불리든, 신탁이라고 하는 것의 기능은, 본래의 재산의 소유자의 이익을 위해서 소유권을 중개기관(intermediary)에게 귀속시키지만, 그 재산을 그 중개자의 개인적인 채권자로부터 격리(immune)시키는 것이다. 신탁은 상속과 가족 재산 증여(gift)에서 발달했는데, 이러한 사적 분야에서의 신탁의 이용은, 상업, 금융 영역에서의 신탁(trusteeship) 제도의 이용과 비교하면 아주 작다. 신탁제도는 국제적인 커스터디 업무(global custodianship)와 결제시스템(settlement systems)에서는 필수불가결하다. 담보물의 수탁자, 債券의 수탁자가 꼭 필요하다.

2-12

신탁은 법제도를 분류하는 데 있어서 중요한 역할을 하고, 굉장히 큰 액수를 수반한다. 이 때문에 신탁을 지표로 선택했다. 예를 들어서, 대부분의 결제시스템(settlement systems)에는 최종적인 투자자들의 이익을 위해 투자상품의 소유권을 부여받은(holding title) 중개기관(intermediaries)이 존재한다. 미국의 주요 결제시스템(Cede & Co. 명의의 Depositary Trust Corporation)은 전 세계 GDP의 약 50%에 달하는 투자금을 보유하고 있다. 유럽의 주요 국제증권 결제기관(유로클리어(Euroclear))은 전체 EU의 GDP를 넘는 양의 투자금을 보유하고 있다. 이러한 예시들을 언급했다고 해서, 신탁(trust)은 우리와 동떨어신 금융시장에만, 또는 유언 및 상속에만 관련 있는 것이라고 생각해서는 안 된다. 계약처럼, 신탁 또한 모든 분야에 사용된다. 제19장 참조.

(4) **계약**(contracts), **금전채권**(receivable), **청구권**(claims)**의 시장유통성**(marketability). 여기서 관건이 되는 기준은, 양도인의 도산 시(if the transferor becomes insolvent) 채권양도(transfer)의 유효성을 주장하기 위해서 채무자에게 채권양도 통지(notice)가 필요한지 여부이다. (이것은 단지 채무자가 양수인(transferee)에게 지급하는 것을 확실히 하기 위해서 또는 우선순위를 얻기 위해서 통지하는 것이 바람직하다고 여겨지는 것과 다르다.) 채권양도 통지 요건은 시장유통성에 영향을 미친다. 시장유통성은 계약상 권리의 양도를 포함한 모든 거래에 영향을 미친다. 전형적인 예로, 매출채권의 팩토링(factoring of trade receivables),

2-13

집합채권에 대한 담보권(security interests over bulk claims), 대출채권의 양도(loan transfers)와 자산유동화(securitisations)가 있다.

이 지표는, 재산의 양도(매매, 담보권, 신탁)가 도산 시에 효력을 인정받기 위해서 필요한 공시(publicity)에 대한 태도를 여실히 반영하고 있다. 그래서 지표로 선정했다. 따라서 상징적이기도 하다. 공시의 원칙(publicity principle)은 거래에 있어 막대한 중요성을 지닌다. 한 당사자가 오직 공시를 한 경우에만 도산 시에도 물권(property interest)(물권적 권리(in rem right))을 가질 수 있다는 명제(proposition)는 법제도에 상당히 해로운 영향을 끼쳤다. 공시의 명제(publicity proposition)는 모든 땅 아래에 있는 보이지 않는 뿌리처럼 작용한다. 단락 19-18 참조. 이 지표는 상징적이다. 순수하게 이념적이기 때문이다. 채권양도를 채무자에게 통지하는 것은 공시 기능(publicity function)이 전혀 없다. 그 이유는 아무도 금전채권(debt)을 볼 수 없기 때문이다. 그럼에도 불구하고, 전세계의 절반에 가까운 法域(jurisdiction)에서 이 요건을 따른다. 이 지표는, 그 법 제도가 어느 정도로 근대경제에 있어서의 무체재산(intangible property)의 중요성을 이해하고 있는지를 나타내는 것이다. 갖추지 않으면 양도가 무효가 되어 버리는 구시대적 형식요건(obsolete formality)은 무체재산을 자유롭게 거래하기 위해서는 없애는 것이 바람직하다는 것을 어느 정도로 인식하고 있는지를 나타내는 것이다.

한쪽으로 또는 다른 쪽으로 매일 양도되는 계약상 채권(contract claim)의 규모와 수적인 측면에서 그 양은 (물품과 토지와 비교해 보았을 때) 어마어마하게 대규모라고 생각된다.

이 주제는 단락 19-27에서 살펴보았다.

2-14   (5) 최종 보유자(final holder)가 도산할 경우 (부합물(transformations), 혼화(mixtures)를 꿰뚫고) 부정한 돈(delinquent money)을 **추급(tracing)** 할 수 있는 가능성. 예를 들어, 이사(director) 또는 다른 자금수탁자(fiduciary)의 자산 횡령(embezzlement), 착오(mistake), 부정 유용(misappropriation)에 대한 청구를 통해 돈을 회수(recover)하는 것이다. 이중 상당수가 부당이득반환청구(unjust enrichment)이다.

다른 지표들과 비교하면, 추급(tracing)에 관계되는 금액은 지극히 작다. 영국에서는 이 주제에 대해 최근에 훌륭한 논문이 많이 나오고 있다. 그 개념적인 매력 때문이다. 이 지표가 유용(useful)한 이유는 시장의 안전성(market

safety)과 정의(justice)의 상극을 수반하는 것이기 때문이다. 이 지표는 재산권
에 관한 근원적인 원칙들의 가장 치열한 신학적 충돌(theological collision)을 보
여준다. 그 원칙들이란 공시(publicity)의 필요성, 이전의 특정성(specificity of
transfers), 우선권(priorities), 도산 시 물권적 소유자의 권리 분리 등을 들 수 있
다. 이것은 오염된 돈을 추급하여 그 돈의 정당한 소유자에게 돌려줄 필요성
과 상충된다. 그것은 균형 상태 위에 살짝 얹혀 최종 뉘앙스를 결정하는 미묘
한 무게(final nuancing weight)라고 할 수 있다. 이 지표(test)는 법계가 영미법계
인지 대륙법계인지를 알려준다.

이 모든 지표들은 도산의 경우에 주요한 시험대상이 된다. 도산은 파괴자이며 이
시점이 바로 법이 충돌하는 원칙들 사이에서 어렵고 피할 수 없는 선택을 해야만
하는 때이다. 단락 4-01 참조.

도산은 법 원칙(legal principle)의 진정한 힘을 시험한다. 예를 들어, 담보권은 지급 **2-15**
불능에 대한 보호책이기 때문에 만약 상대방이 변제할 수 있다면 상관이 없어진다.
상계는 변제 능력이 있는(solvent) 당사자들 간에는 별로 중요하지 않지만, 도산 시에
굉장히 중요하다. 수탁자(trustee)가 도산하는 경우에 와해되는 신탁은, 진정한 소유
자(real owner)의 자산이 수탁자(trustee)의 채권자들에게 변제되기 위하여 이용되기 때
문에, 별로 가치가 없게 된다. 추급(tracing)을 통한 부당이득반환청구는 만약 도산
시에 소유자 구제 방법(proprietary remedy)을 제시하지 않는다면 결함이 생긴다. 이
모든 수단들은 효율성을 향상시키고 리스크를 감소시키기 위한 것이지만, 그렇게
해서 그들은 우선권을 부여함으로써 도산 평등에 대한 철학적인 개념에 도전한다.
또한 도산 시에도 없어지지 않는, 자산에 대한 절대적인 소유권에 도전한다.

도산법은 각 법제도 간의 금융법의 주요한 불일치를 명확하게 한다. 도산은 신용
사회의 어디에나 존재하며 일반시민에게 막대한 손실(losses)과 손해(damage)를 야기
하기 때문에, 이러한 불일치는 최첨단에 있다. 예를 들어, 지식재산권에 관한 협약
들(intellectual property conventions), 1958년 뉴욕협약(New York Arbitration Convention of
1958), 1980년 비엔나협약(Vienna Sales Convention of 1980)이 국제적으로 널리 비준된
것과 이에 반해 1986년 헤이그 신탁협약(Hague Trusts Convention of 1986)은 가입국이
얼마 없음을 보면 그 차이의 심각성을 알 수 있을 것이다.

금융법의 기타 중요한 지표들(indicators of financial law)

2-16 **지표들의 기준**(criteria for indicators)　앞에서 언급한 바와 같이, 도산법의 주요한 지표들로 선정된 다섯 가지 지표들은 유일한 지표들이 아니며, 지표들의 목록은 훨씬 길다. 하나의 지표(criterion)는 다음과 같은 기본적인 요건을 만족시켜야 한다. ① 합리적으로 측정이 가능한 것, ② 영향을 미치는 거래의 금액이 상당히 큰 것, 즉 근대 경제에서 그 역할이 중요한 것, ③ 조화가 아닌 불일치를 나타내는 것, ④ 원칙과 정책의 첨예한 대립을 포함하는 것. 아래에 가능한 지표들의 일부 리스트와 장·단점이 제시되어 있다.

2-17 **유용성이 적은 지표**　우선 법적이지 않거나(non-legal) 또는 여건상 유용하다고 생각되지 않는 지표들을 들 수 있다.

2-18 • **법적, 정치적 인프라**(legal and political infrastructure).　앞에서 제시했던 成文 규정(black letter)의 지표는 그 법이 실무에서 어느 정도 적용되는지, 예를 들어 법원이 그 법률을 규정된 대로 집행(enforce)하는지 여부의 측정과는 무관하다. 또한 당해 法域(jurisdiction)의 법적 인프라 또는 사회적 여건의 측정과도 무관하다. 이러한 요소들은 매우 중요하며, 어떤 경우에는 굉장히 매력적(show-stopper)이다.

　이러한 요소들을 포함하는 것(inclusion)은, 풍부한 재원을 갖고 있는 국가들이 변호사와 법원의 측면에서 더 나은 법적 인프라를 보유하고 있으며, 일부 사회들이 위험하고 부패했다는 것만을 보여주는 경향이 있다. 이 요소들은 규칙들 그 자체에 대한 측정을 왜곡할 수 있다. 이 책의 목적은 규칙들이 무엇인지를 알아내는 것이다. 한 法域(jurisdiction)의 법적 인프라 능력 그리고 사회적, 정치적 여건에 대한 평가는 별도로 이루어져야 한다. 사회적, 정치적 여건에는, 관공서의 불필요한 요식과 관료주의의 정도(degree of red tape and bureaucracy), 회사를 설립하는 데 걸리는 시간, 금전채권(debt) 회수에 걸리는 시간, 불법적인 요금과 수수료, 회사와 다른 관청들의 효율성과 경쟁력, 사법부와 전반적인 법조계의 경쟁력, 법치, 국내적 불안, 범죄, 부패, 폭압으로부터의 자유 등이 있다. 프랑스와 콩고 킨샤사(Kinshasa)는 모두 같은 법계에 속하지만, 실질적인 법적 정치적 환경은 매우 다르다.

　　무능한 정부, 비효율적인 법제도와 형편없는 법 집행은 중요하고 때론 핵심적인 요소이지만, 그들은 굉장히 가시적(visible)이고, 대개 명백하며(obvious), 많은 훌륭한 연구들에 의해 잘 기록되어 추적된다. 이 책에서 필요한 것은 법이 실제로 무엇을 말하고 있는지에 대한— 그리고 그 결과가 무엇인지에 대한— 조심스럽고 객관적인 측정인데, 이것은 비교할 수 없을 만큼 훨씬 어려운 과제이다.

- **성문화**(codification). 성문화의 정도는 법제도의 금융적 측면에서의 유용한 측정방법으로 고려되지 않는다. 왜냐하면 법이 무엇을 말하고 있는지 보다는 법이 어떻게 적혀 있는지에 대해서 주로 다루기 때문이다. 그것은 형식(form)일 뿐, 실질(substance)이 아니다. 대부분의 상업(commercial) 국가에서, 법의 중요한 영역들은 성문화되어 있다. 특히 도산법, 물품판매법, 재산법, 그리고 회사법이 그러하다. 그리고 이러한 분류는 겹치는 부분이 있다(overlaps). — 인도와 캘리포니아처럼 몇몇 보통법계 法域(jurisdiction)들은 광범위한 성문화(extensive codifications)를 하고 있다. 　2-19

- **선례구속의 원리**(doctrine of precedent). 선례구속의 원리(doctrine of binding judicial precedent) 역시 이 책의 영역에서 유용해 보이지는 않는다. 그 이유는 모든 선진 국가들에서 법원이 비록 엄격하게 판례에 구속되지는 않더라도, 상위 법원의 결정을 존중하기 때문이다. 예측가능성과 일관성이라는 공통의 목적을 떠나, 법관들은 그들의 결정이 뒤집히는 것(overruled)을 원치 않는다. 판례를 고수(adherence)하는 정도는 측정이 매우 어려운 것으로 유명하다. 　2-20

- **문화적 스타일**(cultural style). 법제도와 금융법에 대한 전반적인 스타일과 문화를 일반화하는 것은 별로 가치가 없는 경향이 있다. 왜냐하면 그것들은 대개 확고한 사실에 기인한 것이 아니기 때문이다. 이러한 문화적 요소들은, 법제도가 봉건적인지, 자유주의적인지, 논리적인지, 형식주의적인지, 과도한 규제를 하고 있는지, 불안정한지, 인기주의적인지, 과응반응을 하는지, 좌익인지, 우익인지, 또는 특정 종교와 어떤 관계가 있는지 여부를 포함하고 있다. 　2-21

　　몇몇의 경우에는 측정이 가능하다. 예를 들어, 그 명칭이야 어쨌든, 국가주의, 외국인 혐오(xenophobia), 지역보호주의, 법적 광신적 애국(legal chauvinism), 국가 지급능력(national solvency)의 유지에 대한 집착 정도 등에 대하여 그 평가가 가능할지도 모른다. 예를 들어, 국제 도산(international bankruptcies)에 있어서 상호예양(comity)의 정도 등 비경제적 私法(private non-economic law)과의 관계에 있어서 그 평가가 가능할 수도 있다.

전체적으로 볼 때, 일반적인 문화적 기준(cultural tests)은 매우 조심하여 접근해야 한다. 왜냐하면 이것은 편견과 법적 부족주의(legal tribalism)를 불러일으킬 수 있기 때문이다. 검증 가능성(verifiability)은 낮다. 선호되는 접근법으로는 특정하고 구체적인 것에서 시작하여 정보를 수집하고, 각각의 내용을 꼼꼼하게 살펴본 뒤, 실증적인 연구를 통해 비로소 일반화로 나아가는 것이다.

일반화는 최종적인 목표이다. 정확한 자료와 판단에 근거하여 궁극적으로 합성(synthesize)과 정제(distil)를 통해 공식을 도출해 내는 것에 목적이 있다. 예를 들어, $E=mc^2$같은 공식과 같이 말이다.

2-22
• **계약법(contract law).** 계약법(contract)과 물권법(property)은 도산법의 여러 가지 기반들(foundations) 중 두 가지이다. 지급불능(insolvency)인 상태를 제외하고, 아마 대부분의 상업적 法域(jurisdiction)에서 계약법이 금융법 계약에 장애물이 되는 경우는 흔치 않을 것이다. 계약법이 잘 작동하고 있다는 측면에서, 이는 이미 합의된 사항(done deal)이다. 지난 두 세기 동안 법률가들의 계약법을 제정하고 개선하려는 엄청난 노력은 결실을 맺었다. 계약법은 소비자의 영역 외에서 당사자들에게 상당한 자유(considerable freedom)를 정당하게 부여하고 있기 때문에 잘 작동한다. 계약(contract)은 물권 ─ 매매, 신탁, 담보권 ─ 과는 분리돼 있으며, 물권법(property law)과 관련해서 그 차이들이 명확하게 드러난다.

도산법과 무관한 계약법의 특성과 관련하여, 約因(consideration), 청약(open offers), 발신주의(letter box rule)5), 서식(form) 등은 이 책의 연구목적상 실무적으

5) 역자 주) "mail box rule"이라고도 한다. 우편함의 원칙. 편지, 전보 등과 같이 합리적인 승낙의 수단이 사용되는 경우 승낙은 도달시가 아니라 발신시에 효력이 발생한다는 원칙이다. 계약은 청약과 승낙이 합치하는 시점에 성립한다. 일반적으로는 승낙이 청약자에게 도달했을 때 계약이 성립한 것으로 본다. 그러나 발신주의(mail box rule)에 따르면, 다른 계약 조건이 모두 합의되었다면, 승낙을 청약자에게 발신한 때 계약이 성립한 것으로 본다. 민법상 상대방 있는 의사표시의 효력발생은 원칙적으로 도달주의에 의한다(민법 제111조). 다만 예외적으로, 무능력자와 거래한 상대방의 최고(催告)에 대한 확답(민법 제15조), 무권대리인(無權代理人)과 거래한 상대방의 최고에 대한 확답(민법 제131조), 채무인수에서 채권자의 승낙의 통지(민법 제455조), 격지자간(隔地者間)의 계약에서 청약(請約)에 대한 승낙(承諾)의 통지(민법 제531조) 등에서 발신주의를 취하고 있다. 거래의 신속을 이념으로 하는 상법에서는 격지자간의 청약의 구속력(상법 제52조), 청약에 대한 낙부통지의무(상법 제53조), 대리

로 통상 별로 중요하지 않다. 서면요건(writing requirements)은 부담이 되는 경우도 있다. 제3자 수익자 계약은 때때로 유용할 수 있는데, 예를 들어, 수취금양도 후순위약정(turnover subordinations)⁶)과 관련하여 그러하다. 계약 좌절(frustration) 또는 불가항력(force majeure)에 대한 법은 금융계약에서는 축소된 역할을 수행한다. 계약 전의 정보공개(pre-contract disclosure)와 부실표시(misrepresentation)에 관한 법제는 상당히 중요하다. 이것은 국제계약법상 상당 부분 합의가 이루어진 부분이다. 구체적인 이행과 관련하여서는 차이점이 있지만, 이러한 차이점도 도산 시에는 줄어든다. 차이점이 사실상 존재하지 않는데도 불구하고 그러한 국제적인 차이점을 찾아내려고 하는 것은 의미 없어 보인다.

국가에 따라 차이가 있고 넓게 문제로 여겨지는 점으로서, 어느 정도 문구에 충실하게 계약을 해석 할 것인가의 문제("네 개의 벽"("four walls") = 예측가능성)가 있다. 예를 들면, "善意"("good faith")는, 의향서(letters of intent)(주요조건(heads of terms)), 대출의 기한이익 상실(loan accelerations), 대출약정 취소의 효력에 영향을 주는 경우도 있다. 계약에 있어서의 선의("good faith") 원칙에 대해서는 다음과 같은 예가 있다. 프랑스 민법 제1134조 al 3, 독일 BGB 제242조, 미국 UCC 제1-203조, 계약법 리스테이트먼트(Restatement (Second) of Contracts) 제205조 참조. 불공정 계약의 부인(avoidance)은, 대규모의 금융거래 보다는 개인이나 중소기업과 깊은 관계를 갖는다.

계약(contracts)에 대한 접근법의 주요한 차이점은 도산절차에서 나타난다. 특히 도산 시에 작동되는 계약의 취소(nullification of contract) 또는 임대차계약 해시조항(lease termination clauses) 등이 그러하다.

상(代理商)의 대리 또는 중개의 통지(상법 제88조) 등에 대하여 발신주의를 취하고 있다.

6) 역자 주) 수취금양도 후순위약정(turnover subordination)은 후순위 채권자가 그의 수취금을 선순위 채권자를 위하여 신탁적으로 보관(신탁형 수취금양도 후순위약정, turnover subordination trust)하게 하거나, 그 수취금을 선순위 채권자에게 지급(채권·채무형 수취금양도 후순위약정, debtor-creditor turnover subordination)하게 하는 약정을 말한다. 이 경우 법률관계를 신탁으로 볼 것인지의 여부는 순수하게 당사자의 의사해석에 달린 문제이다. 일반적으로 후순위약정의 효력이 도산법상 인정되지 않을 경우에 대비하여 채권후순위약정에 부가적으로 두기도 한다. 신탁형의 경우 수취금은 신탁재산, 후순위채무의 발행인이나 채무자는 위탁자(settlor), 후순위 채권자는 수탁자(trustee), 그리고 선순위 채권자는 수익자(beneficiary)가 되는 신탁구조를 취하게 된다. 이 경우 신탁재산은 수익자를 위한 것으로서 수탁자인 후순위 채권자나 위탁자인 발행인이나 채무자의 도산 등으로부터 격리되어 있으므로 가장 안전한 방식이라고 할 수 있다. 채권·채무형의 경우 후순위 채무자의 도산위험에 노출되어 있다는 점에서 신탁형보다 훨씬 위험한 구조이며, 실무상 많이 이용되지 않는다. 정순섭, "후순위약정의 법적 문제", BFL 제35호(2009. 5), 40면.

금융법의 다른 주요한 지표들

2-23   금융법, 그중에 특히 도산법은 다른 수많은 유용한 지표들을 이끌어 낸다. 채권자 우호적인(creditor-friendly) 또는 채무자 우호적인(debtor-friendly) 태도, 사기(fraud)를 어느 정도로 경계하는지, 지역보호주의 등 근원적인 충동들을 다양하게 제시한다. 그것들 대부분은 역사적인 것이지만, 풍경 속의 거대한 바위(great boulders)처럼 흔들림 없다.

중요한 정도는 다르지만, 다섯 가지 주요한 지표들에 추가적으로 포함할 만한 기준들은 다음과 같다.

2-24   (1) 도산 시 **계약과 임대차의 해지**(contract and lease terminations).   해제(cancellation) 조항 또는 도산해지조항("ipso facto" clauses)이 도산 시에 채무자에게 남겨진 재산을 보호하기 위해 무효화되는지 여부가 기준이다. ― 존재하는 거래에 대한 극단적인(drastic) 법적 개입이라고 할 수 있다. 단락 6-01 참조.

2-25   (2) 도산 시 **편파행위 否認**(avoidance of preferences).   이 기준은 원상회복(claw-back) 리스크가 높은 法域(jurisdiction)과 이러한 리스크가 감소된 法域(jurisdiction)으로 구별할 수 있다. 두 가지 주요한 결정 기준은 대략, 통상의 영업과정(ordinary course of business)을 위한 변제(payments)를 할 수 있는 능력, 그리고 기존의 채무에 대한 담보권 설정의 안전성이다. 핵심 쟁점은, 도산 평등(insolvency equality)에 위반되는 거래의 소급적 부인(retroactive disruption of transaction)이다. 단락 6-09 참조.

2-26   (3) 도산을 야기한 것, 리스크를 줄이기 위한 절차를 밟지 않은 것, 도산 신청을 제기하지 않은 것 또는 채권자의 손실을 야기하는 경영상의 과오(mismanagement)에 대한 **이사의 책임**(director liability). 이러한 법적 책임은 회사의 정관, 공시규정, 信認의무(fiduciary duties) 위반에 대한 법적 책임과 이론상으로는 구별되지만, 실질적으로는 이 쟁점은 도산 시에 주로 부상하기 때문에 겹치는 부분이 있다. 이를 기준으로 분류했을 때, 이사들을 개인적으로 규율하는 정책보다는 법인격의 장막(veil of incorporation)을 보호하고 경영판단원칙(business judgment rule)을 지지하는 정책이 더 강력한 경향이 있다. 관련된

문제로 은행 등의 사실상 이사(de facto directors)의 잠재적 책임이 있다. 단락 5-23 참조.

(4) **국제 도산절차**(cross-border insolvency proceedings)**에서 상호예양**(comity)의 정도.   이것은 종절차를 채무자의 주된 이익의 중심지에서의 주절차에 종속시키는 것을 포함한다. 이를 연구하면, 국제적인 예양에 반하는 국내 채권자 보호 정책이 드러나기 쉽다. 연관된 요소로, 확대(long-arm) 관할, 즉 재판지와 사건의 희미한 연결을 근거로 국내 법원에 터무니없이 과도한 도산절차의 관할권(jurisdiction)을 인정하는 것이 있다. 이러한 확대(long-arm) 관할은 널리 퍼져있다. 법정지(forum)가 자국의 법을 모든 쟁점에 적용하려고 하는 정도 또한 관련되어 있다. 제33장, 제34장 참조.

2-27

(5) 워크아웃(work-outs), 파산(liquidations)의 대안으로서 법정 **구제절차**(judicial rescue proceedings)의 유무나 중요성. 私的 합의(private agreement)가 아닌 法庭 절차(court route)를 선택하는 의미가 있는지 등이다. 단락 4-11 참조.

2-28

규제법(regulatory law)   금융 규제법은, 예를 들어 투자설명서 공시(prospectus disclosure), 금융자산 매매업자의 수탁자로서의 행위규범(standards of fiduciary conduct by dealers in financial assets), 금융기관의 지급능력(은행의 자본적정성(capital adequacy) 등)에 대한 감시 등을 다루는 법들로 구성되어 있다. 금융규제법의 주요한 (그러나 유일한 것은 아닌) 목적은 금융기관의 도산(insolvency)으로부터 공익 채권자와 개인적 채권자를 보호하는 것이다. 만약에 사기꾼들이 많은 경우에 도산상태(insolvent)에 있는 것이 사실이 아니라고 가정한다면, 심지어는 사기를 방지하는 것조차도 규제법의 목적에 포함될 수 있을 것이다. 규제제도의 광범위함과 상세함은 경제의 복잡성과 발달 정도, 그리고 대리인 및 중개기관 문제(agency or intermediary problem)에 대처하는 수단(resources)의 정도를 보여주는 요소이다. 충격적인 부정부패와 경기침체가 빈번하게 발생하는 것은 규제법을 추진하는 원동력이 된다.

2-29

다양한 이유로, 위에 제시된 다른 기준들보다도 규제(regulation)에 관해서는, 적어도 중심적인 원칙과 원리에 있어서 국제적인 공감대(consensus)가 있다. 건전성 규제 이외의 대부분의 규제법이 계약법과 신탁법(fiduciary law)의 일부 측면의 심화이자 형벌화(criminalisation)이다. 이 측면들은 대부분의 법제도에서 기본적이고 통상적인 유산이다.

규제에 대한 접근법은 다음과 같은 점에서 큰 차이가 있다. ① 규제 체제를 통한 정부의 시장 간섭의 정도, ② 종종 도산 스캔들 때문에 도입된, 징벌적인 성격이 강한 규제법의 형벌화(criminalisation) 정도, ③ 은행의 도산이 달리 취급되는 정도, ④ 비관세 무역장벽(paper wall)에 의해 차단당하는 해외 기업들. 제20장, 제21장 참조.

이 기준은 기존의 그룹들에도 해당된다. 이 기준이 시장의 깊이(market depth) 및 富와 상관관계가 있기 때문이다. 이러한 측면에서 이 기준은 법적 인프라의 효율성과 공통점이 있다.

2-30   **회사법 기준**(corporate law criteria)   회사법에 있어서, 도산법의 맥락 안에 흥미로운 기준들은 **주식자본의 유지**(maintenance of share capital)와 관계가 있다. 이 기준에 의하면, 도산하는 경우 주주가 채권자보다 후순위가 되는 것을 보장하는 정책이 더욱 힘을 가지는 경향이 있다. 즉, 비록 작용되는 다른 요소들이 있기는 하지만 채권자 지향적(creditor orientation)이다.

예를 들어, 자기주식 또는 지주회사의 주식을 매입하는 것과 관련해서 회사의 재정적 원조를 금지하는 것이 그 예이다. 흔한 사례로 인수하는 측(successful bidder)에서 자신들의 인수자금 조달을 위해 은행에서 받은 대출금을 인수대상 그룹(target group)으로 하여금 보증 및 담보할 것을 요구하는 경우가 있다. 따라서 인수합병을 위한 자금조달과 깊은 관련이 있다. 단락 13-29 참조. 이러한 금지 원칙(doctrine)은 영국법계 法域(English-based jurisdiction)의 특징이다. (영국은 그것을 회사법 지침(company law directive)을 통하여, 상장회사(public companies)에 대하여 EU에 수출했다.) 이러한 금지는 미국에는 없다. EU 밖의 전통적인 나폴레옹계 회사법 국가에서는 이러한 금지는 그다지 선호되지 않는 것으로 보인다. EU 밖의 로마-게르만계 회사법제도의 절반 정도에서는 이러한 금지에 호의적이지만, 동일한 결과를 명시적인 금지(express prohibition)가 아니라, 자본유지 원칙에 근거한 이사의 의무(duties of directors based on maintenance of capital)에 대한 엄격한 원칙에 의하여 달성하고 있다.

금융 지원(financial assistance)에 대한 태도를 근거로 판단하면, 영국법계 法域들 그리고 몇몇 로마-게르만계 法域은 자본유지(maintenance of capital)와 관련해서 채권자 보호적이지만, 미국은 훨씬 리버럴(liberal)한 시각을 갖고 있으며, 나폴레옹계는 미지근하다는(lukewarm) 것이 대체로 받아들일 만한 결론이다. 이 결론은 다른 영역에서의 전반적인 경향과도 맞아떨어진다.

국제적인 다양성을 보여주는 회사법 원리(corporate doctrine)가 그 밖에도 많다. 주   2-31
주와 관련해서 다음의 쟁점들에 대하여 상당히 다른 접근법들이 존재한다. 예를 들
어, "1주당(one share), 1의결권(one vote)", 주식 자본을 여러 종류로 나누는 것(마지못
해 투표권이 없는 우선주는 인정하기로 하는 것을 제외하고는 많은 法域에서 허용되
지 않는다), 신주인수권(pre-emption rights), 주주가 경영진에 대항하는 것(특히 신주
발행(new issues)에 대한 통제와 이사회 해산 권한), 소수주주 보호, 고소권, 집단소송
(class actions), 이사(director) 임명권 등에서 다양하다. 기업인수(takeovers)를 다루는
다양한 체제가 있는데, 그 예로 가격평등의 원칙, 의무공개매수제도(mandatory
bids), 포이즌필(poison pill), 보증된 자금 조달("확정적 자금"("certain fund")), 소수주식
강제매수(compulsory acquisition of minorities) 제도가 있다.

경영(management)과 관해서는, 독립적인 이사(director)의 필요성, 이사회의 계층화
(감독적인(supervisory) 이사회와 통상적인(ordinary) 이사회), 근로자 대표(employee
representation)와 관련하여 서로 다른 철학이 존재한다. 이러한 것들의 목적 중 하나
가 도산 위험을 감소시키는 것이다. 따라서 도산의 요소(insolvency dimension)를 고려
하고 있다.

이사(director)들의 信認의무(fiduciary duties), 경영판단원칙, 재무 상태에 대한 이사
의 개인적 책임은 도산 지표에 있다. 일부는 계량화(quantification)를 할 수 없지만 채
권자들에게 큰 영향을 미치기 때문에 중요한 기준으로 인정될 수 있다.

비용과 세금   거래의 직접적인 비용(인지세, 공공 수수료, 등록비, 공증비)과 세금   2-32
은 일반적으로 중요한 요소들이지만, 이 책에서는 다루지 않는다.

비교방법론(comparative methodology)

비교의 목적은 특정한 쟁점에 대해 법제도가 어떤 입장을 취하는지를 보여주고,   2-33
많은 사람들이 자국의 법제도(home legal system)에 대해 느끼는 환상, 선입견, 자연스
러운 애국심을 배제한 채, 투명하고 검증 가능한 자료와 기준에 근거하여 판단하도
록 노력하게 하기 위한 것이다. 금융법 시리즈 중 『*세계 금융법의 지도(Maps of
World Financial Law)*』는 신용평가기관에 의해 사용되는 등급(grades) 대신에 색깔
(colour)을 사용함으로써 그렇게 하기를 시도했다. 이것은 눈에 띄는 방법으로 정보

를 전달하고 있다.

기본적인 기준은 국내법(local rule)이 자유롭고 완화(relaxed)되어 계약서에 규정된 채권자 보호가 널리 보장되는지, 아니면 그것이 제한되거나 허용되지 않는지 여부를 판단하는 것이다. 이는 한쪽이 좋고 다른 쪽은 나쁘다거나, 하나의 방법이 반드시 전반적인 채권자의 수익을 극대화한다는 것을 의미하는 것은 아니다.

이런 종류의 측정방법에는 크게 세 가지 단계가 있다. ① 법규(legal rules), ② 실무에서 거래에 영향을 미침으로써 법규가 갖는 중요성의 정도(weighting), ③ 해당 法域(jurisdiction)에서 실질적인 법규의 이행 및 준수다.

2-34　　첫 번째 요소, 법규에 대한 정확한 자료의 수집은 방대한 작업이며 자세한 정보의 복잡한 축적을 수반한다. 세계적인 규모(world scale)로 세부 단계에서 정확성을 따지는 것은 어려운 장벽(insuperable)이다. 다만, 상계, 담보권 같이 분명한(defined) 쟁점에 관해서는 일반적인 경향(general trends)을 파악할 수 있다.

두 번째 단계, 법규의 중요성의 평가는 훨씬 더 어렵다. 그것은 다양한 측면과 관련되어 있다. 먼저, 앞에 제시된 다수의 기준들은 하나의 복잡하게 뒤엉킨(intertwined) 더미 또는 매우 여러 개의 개별적인(discrete) 점들의 무리라고 할 수 있다. 예를 들어, 담보권은 40종 이상의 자산에 대한 30가지 이상의 별개의 쟁점들이 존재한다. 이들은 주요 요소들(key factors)로 분류되어야 한다. 국제적으로 신탁에 대한 법률은 다양하게 사용 가능하기 때문에 굉장히 복잡하다. 따라서 경제적으로 가장 중요해 보이는 요소들을 선별해야 한다.

경제적 중요성은 의미가 있다. 예를 들어, 현대 경제에서 담보권과 신탁은 효율성과 안전성의 측면에서 이사의 책임(director liability)보다 훨씬 중요하다고 여겨진다. 도산법상 상계(insolvency set−off)는, 부정한(tainted) 돈의 추급(tracing) 보다 리스크 감소와 효율성의 측면에서 훨씬 더 중요한 역할을 한다.

2-35　　경제적인 기능과 유용성(utility)만이 절대 전부가 될 수는 없다. 법제도는 정의감과 공정성을 충족시켜야 한다. 만약 이사(director)가 도산을 야기했기 때문에 그 자체로 불합리한 처벌을 받는다면, 만약 회사 또는 은행이 합당한 보상을 훨씬 넘는 수준의 불균형적(disproportionate)이고 처벌적(punitive)인 손해배상금을 변제해야 한다면, 만약 범죄(delinquency)의 피해자가 자신의 재산을 회복하지 못하고 오히려 이 재산이 범죄자의 채권자들에게 변제된다면, 이러한 것들은 우리의 분노(embitterment)를 자아내고 사람들로 하여금 법제도의 공정성에 대한 신뢰를 잃게 만들 것이다.

경제에 불특정한 법규(non−specific rules)가 미치는 영향에 대한 몇몇의 일반화(즉,

강력한 채무자 구제절차가 기업 문화를 고무시킨다는 것 같은 인과관계(causation))는 굉장히 위험하며 실증적이지 못한(unprovable) 생각이다. 여기에는 영향을 미치는 다양한 변수들이 존재하고, 대조군(control group)이 없다. 상관관계(correlation)는 인과관계(causation)가 아니다.

정도(weighting)의 문제에 관해서, 당신은 특정한 거래 상황들을 고려해야만 한다. 도산의 경우 당사자 간의 (계약)관계는 더 이상 고려대상이 아니고, 일상적인 상업거래에서보다 협상의 여지가 적어진다. 그렇기 때문에 명문화된 법률과 규정이 굉장히 중요해진다. 당연히 때때로 당사자(positions) 간에 협상이 가능할 수도 있지만, 근본적인 차원에서는 불가능하다. 채권자가 상계를 할 수 있거나 없거나 둘 중 하나인 것이다.

특정한 상황하에서의 구체적인 사정은 법적 권리가 중요한지의 여부에 중대한 영향을 미칠 수 있다. 예를 들어, 특수목적프로젝트회사(single purpose project companies)에 의하여 설정된(granted) 담보권에 관한 법률에 결함이 있다고 하더라도 그것을 원인으로 거래를 중단하는 경우는 드물다. 왜냐하면, 통상 그 자산은 특정되어 있고 (특정성 요건에서 늘 문제가 되는 집합적 재고(bulk inventory), 금전채권(receivables)은 제외), 급여채권에 대하여 우선권이 있는 근로자는 거의 없으며, 담보권 실행(enforcement)에서 은행이 일반적으로 주도권을 가진 채권자이기 때문이다. 그 외의 주요한 채권자들은 프로젝트 관련 계약에 구속되어 있고, 후순위화에 동의하거나 또는 그 숫자가 몇 안 되기 때문이다. 그러나 대규모의 제조업 회사의 경우에는 입장이 완전히 다르다. 담보권자의 지위에 관한 결함은 큰 문제가 된다. 따라서 담보권을 평가할 때, 각 부문(sectors)마다 관계된 금액의 규모를 고려해야 한다. 넓은 의미에서 이 평가가 불가능하지는 않으나, 단순히 담보법이 강한지 약한지를 묻는 것(enquiring)보다는 훨씬 더 복잡하다.

이와 유사하게, 채권자 우호적인(pro-creditor) 또는 채무자 우호적인(pro-debtor) 도산절차가 경제 전반에 미치는 영향을 측정하는 것은 쉽지 않으며, 상당한 양의 정보를 요구한다. (그중에 어떤 정보는 수량화하기 상당히 어렵다.)

이 작업에서 첫 번째 과제는, 국제적인 측면에서 법규가 무엇인지를 최대한 설명하는 것이다. 이것은 어떤 비교분석을 하더라도 항상 가장 첫 번째 단계여야 한다. 그런 후에야 비로소 실질적으로 법규가 어떻게 작용하는지 평가하는 것을 시도할 수 있다. 우수하고 신중한 학문적 연구를 제외하고는, 현실에서는 법의 다양한 영역에서 객관적인 통계 수치가 일반적으로 대략적이고 비대해서, 그 어떤 것(anything)

2-36

도 의미할 수 있는 동시에 아무것도 의미하지 않을 수도 있다(nothing). 더 나아가, 요구되는 정도의 정확성으로 측정되지 못하는 것들이 있다는 것이 바로 현실이다. 이때 당신은 축적된 경험과 상식에 의지해야만 한다. 그럼에도 불구하고 실증적 평가(empirical measurement)는 아무리 결점이 있다고 하더라도 필수이다.

三極化(triple polarization)

2-37   만약 이 다섯 가지 지표들을 놓고 본다면, 지극히 일반화하여 전통적 나폴레옹계는 이 다섯 가지 모두에 대해 부정적이고, 로마ー게르만계 체제는 절반 이상 부정적이고 나머지는 긍정적이며, 그리고 영미법계는 다섯 가지 모두에 긍정적이라고 말할 수 있다. 즉, 19세기부터 유래한 세 가지 극단(triple polarization)이 존재한다는 것이다. 이 차이점(triptych)은 『세계 금융법의 지도(Maps of World Financial Law)』에 수록된 "세계 금융법: 다섯 가지 주요 지표들(1)(World Financial Law: Five Key Indicators (1))" 지도에 정리되어 있다. 이 지도는 굉장히 단순하고(reductionist) 과장되어 있는데, 더욱 큰 그림을 보기 위해 지나치게 일반화하여(over-generalized) 정리한 측면이 있다. 실제로는 예를 들어, 벨기에나 프랑스 같은 특정한 法域들과 관련하여 무수히 많은 중요한 세부 사항들이 있다.

대략 1975년 이래로, 이러한 연합(blocs)의 상당한 균열이 있어왔지만, 기본적인 토대는 아직도 굉장히 분명한 편이다. 『세계 금융법의 지도(Maps of World Financial Law)』에 수록된 "세계 금융법: 다섯 가지 주요 지표들(2)(World Financial Law: Five Key Indicators (2))" 지도 참조.

역사에 있어서 사건은 역사적 원인과 결과에 힘입어 뒤얽힌 상호작용(interplay)에 의해 발생한다. 그러나 성공하고 있는 법 제도라고 하는 것은 (이들 세 개의 법 제도의 모두가 지극히 성공한 것이지만) 마치 성공한 종교와 같이 그 기본적인 명제들(propositions)을 소거할 수 없다(indelible). 일단 개념이 형성되어 특히 그 개념의 중심이 본래적으로 필연성이 있는 실질을 가지고 있는 경우, 환경의 변화가 강력하게 이것에 변경을 요청하더라도 좀처럼 응하지 않는다. 이 세 진영을 자세히 검토하면, 현재의 필요나 경제적 환경, 현재의 문화의 차이로는 전혀 설명이 되지 않는, 역사에 의해 길러진 전통에 대한 집착(adherence)을 엿볼 수 있다.

2-38   이리한 분화가 사실상 현재의 태도들을 반영한다고 말할 수는 없다. 예를 들어, 지표들이 제시하는 바와 같이 나폴레옹계 法域의 현재의 기업 문화가 실제로 영미

계 法域의 기업 문화와 전혀 다르다고 말하는 것은 옳지 못할 것이다. 그들 법제도의 극명한 대비는 역사의 산물이지 — 경로의존성(path dependence)—, 현재의 문화(current culture)가 아니다. 간략한 역사를 보기 위해서는 LPIF 제2권 단락 1−022 참조.

전체적으로 이 세 그룹이 근본적으로 다르다고 말하는 것 또한 옳지 못할 것이다. 이 주된 세 그룹들은 법이라는 넓은 분야를 통틀어 볼 때 상당한 유사성이 있으며, 법적 개념들 — 계약, 회사법, 물권, 매매, 행정법 등 — 이 굉장히 정제(sophisticated)되어 있고, 상당히 발전되었으며, 이 영역에서의 요구에 즉각 반응하고 있다.

그럼에도 불구하고, 다섯 가지 지표에 대한, 특히 3개의 주요 지표에서 나타나는 3가지 극단은, 새로운 부식(erosions), 만(inlets), 풍화된 바위(weathered crags)에도 불구하고 법이라는 지형에 있어서 중요한 등고선(contour)으로 남아 있다. 세 개의 대진영들(great camps)을 조화시키기 위한 방향으로 진전되고 있다는 사실은 분명해 보이지만, 이 주요 쟁점들(key issues)은 실질적으로 아직도 서로에게 등을 돌리고 각자 거대한 덩어리로 남아있다. 바로 이러한 영역들에서, 그리고 유사한 다른 영역들에서 진전이 이루어져야 할 것이다.

결론

역사의 축적된 지혜(accumulated wisdom)를 가볍게 생각해서는 안 되지만, 우리가 평생 역사의 노예로 있어서도(in its thrall) 안 된다.

질문과 세미나 주제는, 제3장의 마지막 부분 참조.

2-39

제 3 장

주요 법계

3-01 **도입**(introduction)

이 장에서는 세계 法域(jurisdiction)의 주요 법계들에 대해 알아본다.

미국 보통법계 法域(American common law jurisdictions)

3-02 **이 법역의 특성**(identity of jurisdictions)   모두 합쳐 61개가 이 종류의 法域(jurisdiction) 이며, 그 중에 미국의 51개 주가 주요한 것이다.

여기에는 마셜제도, 북마리아나, 푸에르토리코, 미국령 버진아일랜드와 같은 (주로 작은) 몇몇 섬과 라이베리아(Liberia)를 포함하여 10개의 추가적인 法域(jurisdiction) 이 있다.

이 그룹은 기본적으로 미국과 몇 개의 작은 거류지(small outposts)를 포함한다고 할 수 있다.

3-03 **미국 보통법계 그룹의 법적 기원**(legal origins)   대부분의 州에서 미국의 법제도는 주로 영국으로부터의 정착(settlement)을 통해서 도입되었다. 도산법(bankruptcy code)은 연방법(Federal)이다.

3-04 **미국 보통법계 그룹의 주요 도산법 지표**   다섯 가지 도산법 지표 (3개의 주요 지표

와 2개의 전문적 지표)에 관련한 입장은 다음과 같다.

- 모든 미국의 주는 **도산법상의 상계**(insolvency set-off)를 인정한다. 상계의 경제적 효과는, 비록 도산 구제절차에서는 제한되지만(curtailed), 대체로 보호된다.

- **담보권**(security interests)은 포괄적(universal)일 수 있다.

- 모든 물질적 자산에 대해 **일반적 신탁**(universal trust)을 인정하고 있다.

- 이 그룹 내의 사실상 모든 法域에서, 채권양도를 양도인(assignor)의 채권자에게 대항하기 위한 요건으로서, 채무자(obligor)에의 **채권양도**(assignment) 통지 요건이 폐지되었다고 보인다. 그 대신 미국 UCC Article 9은 금전채권(receivables)의 양도에 등기(filing)를 요건으로 한다.

- 미국의 모든 州에서, 도산 시에 혼합된 은행계좌(commingled bank accounts)를 꿰뚫고 부정한 돈을 **추급**(tracing)할 수 있다고 보인다. 이는 주요한 미국의 州들에서 확실한 사실이다.

미국 이외에 추가적인 10 군데의 法域들(extra-US jurisdictions)도 상기의 지표들에 대해서 마찬가지 입장이라고 추정된다. 그러나 (도산법이 없는) 라이베리아, 마셜제도 등 예외(qualification)가 있다.

결론 과거의 위대했던 법적 제국(legal empires)과 상반되게, 이 그룹은 영토적인 의미의 제국이 아니다. 금융법에서, 이것은 정신의 제국(empire of the mind)이며, 정신의 제국이야말로 진정으로 중요하다.
　이 그룹은 영국 보통법계와 유사하다. 역사적인 상황들이 차이점들(distinctions)을 야기했다.

3-05

영국 보통법계 法域(English common law jurisdictions)

이 법역의 특성(identity of jurisdictions) 이 그룹은 84개의 法域, 또는 만약 호주와 캐나다 보통법을 각각 단일화(unified bloc)된 것으로 묶어서 본다면 68개의 法域으로 이루어져 있다. 『세계 금융법의 지도(Maps of World Financial Law)』에 수록된 "지도: 영

3-06

국 보통법계 法域(Map: English common law jurisdictions)" 참조. 이 法域은 다음을 포함한다.

> 앵귈라. 앤티가와 바부다. 호주 (8개 **法域**), 방글라데시, 브루나이 다루살람, 퀘벡을 제외한 캐나다 (10개 **法域**), 키프로스, 영국, 가나, 홍콩, 인도, 아일랜드(공화국), 케냐, 말라위, 말레이시아, 미얀마, 뉴질랜드, 나이지리아, 북아일랜드, 파키스탄, 싱가포르, 스리랑카, 수단, 잠비아, 그리고 바하마, 버뮤다, 케이맨 제도, 지브랄터, 맨 섬, 자메이카, 터크스 케이커스 제도와 같은 여러 작은 도서국가들.

이 모든 法域들이 영국의 판례법(English case law)에 의해 영향을 받을 것 같지만, 모든 경우가 그런 것은 아니다. 수단, 부분적으로 파키스탄에서도 엄격한 샤리아 (Sharia)법이 적용될 수 있다.

이 그룹은 남미에 오직 두 개의 전초기지(벨리즈, 가이아나)만 있지만, 이외 모든 대륙에 존재하며 전 세계적으로 널리 퍼져 있다.

몇 개의 매우 작은 法域들이 금융적으로 중요한데, 예를 들어 홍콩, 싱가포르, 케이맨 제도가 그렇다.

3-07 **영국 보통법계 그룹의 법적 기원**(legal origins)   다른 그룹과는 다르게, 영국 보통법계 그룹의 모든 法域들이 법제도를 정착민(settlors)과 식민지화(colonialism)를 통해 받아들였다. 영국은 그들의 법제도를 종합적으로 성문화(codify)하지 않았기 때문에, 법을 개혁하고자 하는 法域(jurisdictions wishing to reform their laws)의 시각에서 보았을 때 시장성 있는 법제도가 아니었다. 영국이 결국 성문화를 했을 때, 그 성문법 (codification)은 다른 그룹의 다른 국가들에 영향을 주었다. 그 예로 물품의 매매, 보험, 해상법, 유통증권(negotiable instruments)이 있다.

도산법은 영국의 개인도산법(대체로 Bankruptcy Act 1914)과 개인도산법의 법리를 법인 파산(company liquidations)에 도입한 영국 회사법에 근간한다. 여기서 그 기초가 되는 회사법이 주로 1929년과 1948년 회사법(Companies Acts)이다.

3-08 **영국 보통법계 그룹의 주된 도산법 지표**   다섯 가지 도산법 지표(3개의 주요 지표와 2개의 전문적 지표)에 관련한 입장은 다음과 같다.

- 모든 法域들이 **도산법상의 상계**(insolvency set-off)가 인정되고 있으며 대부

분 상당히 강화된(enhanced) 상태이다. 뉴질랜드 정부에 의해서 만들어진 (initiated) 특별한 뉴질랜드의 도산제도에서는 도산법상의 상계가 동결된다 (freezes). 세이셸, 모리셔스 같은 몇몇 작거나 혼종적(hybrid) 국가들은 아직 확인 되지 않았다.

- **담보권**(security interests)은 포괄적(universal)일 수 있다.

- 모든 물질적 자산에 대해 **일반적 신탁**(universal trust)을 인정하고 있다. 모리 셔스는 법정 신탁(trust by statute)을 인정하고 있다. 다만, 세이셸 같은 몇몇 작고 혼종적인 *法域*(small hybrid jurisdiction)에 있어서는 그렇지 않을 수도 있다.

- 이 그룹 내의 사실상 모든 *法域*에서, 채권양도를 양도인(assignor)의 채권자에 대항하기 위한 요건으로서, 채무자(obligor)에의 **채권양도**(assignment) 통지 요 건이 폐지되었다고 보인다. 간주 소유권 조항(reputed ownership clause)에 이 규칙 의 흔적이 남아 있을 수 있는데, 개인 도산의 경우에만 적용되고 법인 도산에 는 적용되지 않는다. 이 간주 소유권 조항(reputed ownership provision)은 영국에 서는 거의 사용되지 않게 되어, 1986년에 결국 폐지되었다.

- 이 그룹의 모든 *法域*들은, 도산 시에 혼합된 은행계좌(commingled bank accounts) 를 꿰뚫고 부정한 돈을 **추급**(tracing)할 수 있다고 보인다. 이는 영국과 이 그 룹 내 다른 주요한 *法域*에서 확실한 사실이다.

결론   19세기에 영국은 세계적으로 선도적인(leading) 경제였고, 영국은 자유 시장 경제에 맞춰진(tuned) 조숙한(precocious) 상법과 금융법을 갖고 있었다. ― 그래서 현 대 세계에 매우 잘 맞는다. 이 그룹에 속한 국가들의 주요 도전과제는 바로 본래의 급진적인 단순성(original radical simplicity), 융통성(versatility), 자유성(freedom)을 보존하 는 것이다. 3-09

나폴레옹계 *法域*(Napoleonic jurisdictions)

이 법역의 목록(list of jurisdictions)   이 그룹은 약 82개의 *法域*(jurisdiction)들로 이루어 져 있다. 『*세계 금융법의 지도(Maps of World Financial Law)*』에 수록된 "*지도: 나폴레옹 계 法域*(Map: Napoleonic jurisdictions)" 참조. 이 *法域*은 다음을 포함한다 3-10

- 대부분의 서부 그리고 남부 유럽: 벨기에, 프랑스, 그리스, 이탈리아, 룩셈부르크, 포르투갈, 스페인.

- 볼리비아, 브라질, 칠레, 콜롬비아, 코스타리카, 에콰도르, 멕시코, 니카라과, 파라과이, 페루, 우루과이, 베네수엘라를 포함한 대부분의 중남미 그리고 필리핀.

- (영국령과 남아프리카 삼각지대를 제외한) 아프리카의 많은 부분. 예를 들어, 알제리, 앙골라, 콩고(옛 자이르였던 킨샤사), 이집트, 모로코, 모잠비크, 튀니지.

- 이란, 이라크, 요르단, 레바논, 리비아, 시리아 등 중앙아시아의 많은 국가들.

3-11   **OHADA 나폴레옹계 그룹**을 주목해 보아야 한다. 이 16개의 아프리카 法域들은 프랑스법에 기반을 둔 동일한 법령(uniform acts)을 도입했는데, 베냉, 부르키나파소, 중앙아프리카공화국, 차드, 콩고(브라자빌), 아이보리 코스트, 가봉, 기니, 말리, 니제르를 포함한다.

　　Ohada는 1993년 조약으로 설립된 아프리카 상법 통일 기구(Organization for the Harmonization of Business Law in Africa)를 말한다. 일반통일법(general uniform acts)을 채택하고 있다. 이 조약과 통일법에 관한 가맹국으로부터의 최종심(ultimate appeals)은 초국가적 상소법원인 Common Court of Justice and Arbitration을 통해 가능하다.

　　나폴레옹계에 속한 몇몇 法域들은 균등하게 나폴레옹계 또는 이슬람계로 분류될 수 있다. 그래서 요르단은 나폴레옹계로 여겨지고, 아랍 에미리트는 나폴레옹계를 벗어난(outside) 것으로 여겨진다. 이라크 같은 몇몇 국가들에서는, 나폴레옹계 법령들이 이슬람 법에 의해 유보되거나 무시되기도 한다.

　　파나마는 대륙법/영미법을 혼용하는 것으로 취급되지만, 파나마는 도산법상 상계와 일반적 신탁(universal trust)을 성문법으로 인정하고 있다.

3-12   **기타**   원래 나폴레옹계로 분류됐던 몇몇 法域들은 이제 다른 법계로 분류된다. **퀘벡**(Quebec)은 원래 나폴레옹계였지만, 주요한 금융의 기준에 대하여 기능적인 측면에서 보았을 때 현재는 거의 완전히 영미 보통법계(Anglo–American common law)이다. 그 이유는 캐나다의 도산법이 연방법(federal)이며, 퀘벡은 담보권과 관련하여 실질적으로 캐나다의 나머지 지역들의 보통법과 비슷한 법을 채택했기 때문이다. 그리고 퀘벡은 일반적 신탁(universal trust)을 성문법으로 인정한다. 따라서 퀘벡은 대륙

법/영미법의 혼합적 法域으로 분류된다. **루이지애나**(Louisiana)는 이제 미국 보통법
계에 속한다고 여겨진다. 루이지애나도, 캐나다의 퀘벡과 마찬가지로, 미국 연방 도
산법(US Federal bankruptcy legislation)이 적용되며, 담보권에 관한 UCC Article 9을 포함
하여 UCC를 일부 채택했다.

이 그룹은 세계의 모든 지역에 넓게 존재하지만, 아시아와 동유럽 국가에서는 몇
안 된다.

나폴레옹계 그룹의 법적 기원(legal origins)　나폴레옹계 대부분의 法域들, 그중 상법 　3-13
과 금융법은 19세기 초 나폴레옹 법전(Napoleonic codes)과 도산법(bankruptcy legislation)
을 기반으로 제정되었다. 몇몇의 경우에는 벨기에, 룩셈부르크, 이집트, 프랑스 식
민지령들처럼 프랑스로부터 직접적으로 차용했다. 다른 경우는, 중남미처럼 프랑스
의 사례에 기반하여 법령을 자체적으로 성안했다(drafted locally). 스페인, 포르투갈,
이탈리아, 그리스의 법령은 프랑스로부터 영감을 얻었다. 유럽대륙 세력(continental
European powers)은 그들의 법령을 그들의 식민지, 주로 아프리카로 전파했다.

영국법의 전파(dissemination)와는 다르게, 나폴레옹계는 많은 경우 식민화 때문이
아닌 다른 이유로 나폴레옹계가 되었다. 예를 들어, 대부분의 중남미 국가들은 19세
기에 독립 이후 그들의 법령(legal codes)을 통합하고자 했고, 자연스레 그 당시에 사
용 가능했던 주된 법령으로 눈길을 돌렸던 것이 바로 프랑스의 법령이었다. 이 법
령들은, 예를 들어서 쿠웨이트, 아랍 에미리트, 요르단에서 20세기 후반까지 지속적
으로 영향력이 있었다. 이집트, 시리아, 레바논 법률가들의 영향 때문이다. 뿐만 아
니라, 채무자 우호적(pro-debtor)인 접근법의 색채가 이슬람법의 고리대금업 금지에
더욱 부합했기 때문일 것이다.

나폴레옹계의 주된 도산법 지표　나폴레옹계의 다섯 기지 금융법 지표(3개의 주요 　3-14
지표와 2개의 전문적 지표)에 관련한 입장은 영미법계의 입장과 정반대이다. 적어도
이러한 태도는 신용경제의 요구가 최고조로 달했던 20세기 후반까지는 획일적으로
그러했다. 많은 조정과 변경에도 불구하고, 근본적인 접근법은 상당히 일관된 것으
로 보인다.

프랑스, 스페인 등 선진국에서 금융 시장에 대해 예외(carve-out)가 허용되고, 프
랑스에서 다른 발전(developments)이 있음에도 불구하고, 이 그룹에서 **도산법상의 상
계**(insolvency set-off)를 일반적으로 인정하는 국가는 거의 없다.

벨기에는 계약에 의한 도산법상의 상계를 인정한다. 가장 주요한 예외는 이탈리아로, 1942년에 도산법상의 상계 조항을 포함하고 있는 독일의 도산법을 도입했기 때문에 도산법상의 상계를 허용한다.

담보권(security interests)은 대부분의 法域에서 신중하게 다루어진다. 이 法域들은 영미법계 또는 로마－게르만계 法域들에 비해 담보권에 대하여 호의적(favourable)이지 않다. 다양한 사업담보권(business charges)이 존재하지만, 이것들의 입지는 굉장히 좁으며, 담보권의 전반적인 범위는 실현 불가능한 점유적 요구조건들 그리고 미래 자산에 대한 담보권에 대한 제한을 통해 굉장히 제한된다. 때로는 미래의 채무를 담보하는 것이 더욱 문제가 된다. 담보권 집행제도는 채무자 보호주의적이고, 법원의 경매(judicial auction) 또는 법원의 결정(judicial sanction)에 중점이 있다. 프랑스는 2005년에 포괄적 담보권(universal security)을 도입했다.

3-15 이 그룹 내 대부분의 法域은 **일반적 신탁**(universal trust)을 인정하지 않는다. 대신에, 신탁 또는 그에 상당하는 것(equivalent)은 그것을 필요로 하는 경우에 법규(statute)에 의해 인정된다. 예를 들어, 은행의 커스터디 업무(custodianship)가 그러하지만, 일반적으로 債券소지인이나 담보권에 대해서는 적용되지 않는다. 그러나 상업신탁 또는 금융신탁은 몇몇 중남미 국가들에서 훨씬 많은 인기를 끌었다. 프랑스는 2005년에 제한된 신탁(trust)을 도입했다.

계약의 양도(assignment of a contract)를 양도인[1]의 채권자에 대하여 대항하기 위한 요건으로서 그 계약에 있어서 채무자에게 양도 통지(notice)를 해야 한다는 것이 일반적이다. 다만, 벨기에(1994년 개정 이후) 같은 극소수의 예외가 있다. 금융 분야에서만 적용 제외(carve－outs)를 인정하는 특별법이 있는 국가도 있다. 예를 들어, 프랑스가 그러하다. 이러한 통지의무(mandatory notice)의 특성은 로마－게르만계 그룹에 속한 많은 국가(many important members of the Roman－Germanic group)에서도 공통된다.

도산 시에 혼합된 은행계좌를 꿰뚫고 이뤄지는 부정한 돈의 **추급**(tracing)은 불가능하다고 여긴다.

3-16 **결론** 나폴레옹계의 법적 견해(view)에는 놀라운(extraordinary) 카리스마, 신중함, 그리고 정제된 힘이 있다. 과거 유럽의 식민지였던 아프리카의 16개 국가가 1990년대

---

1) 역자 주) 원서에서는 "as against creditors of the assignee"라고 쓰여 있는데, 이것은 "as against creditors of the assignor"의 오타로 보인다.

자신들의 법을, 과거 식민주의의 선두에 섰던 국가의 근대법(modern law)에 근거하여 조화를 이루기로 뜻을 모았다는 사실이 이를 방증한다. 그 법적 이념은 일찍이 정착되었지만, 몇몇 측면에서는, 바스티유 감옥의 습격을 다시 하는 경우가 있을지도 모르겠다.

로마-게르만계 法域(Roman-Germanic jurisdictions)

이 법역의 특성(identity of jurisdictions)　　이 그룹은 약 31개의 法域(jurisdiction)으로 이루어져 있다. 『*세계 금융법의 지도*(Maps of World Financial Law)』에 수록된 "*지도: 로마－게르만계 法域*(Map: Roman－Germanic jurisdictions)" 참조.

　　약 11개의 法域은 대륙법/영미법의 혼합적 法域의 일부로 취급되는데, 근본적인 영감(underlying inspiration)을 준 것이 바로 로마－게르만계이다. 그 예로 중국, 일본, 스코틀랜드, 남아프리카, 대만이 있다.

　　로마－게르만계 法域은 두 가지 주된 진영(camps)으로 나뉜다.

3-17

(1) 전통적 그룹(traditional group).　여기에 속한 法域들은 로마－게르만계 전통의 중심이다.

3-18

- **독일** － 미국, 일본 다음으로 세계에서 가장 큰 경제 규모를 갖고 있다.
- **네덜란드 그룹**(Dutch group) － 네덜란드, 인도네시아, 아루바, 네덜란드령 앤틸리스 제도, 수리남이 이에 속한다.
- **스칸디나비아 그룹** - **주로** 덴마크, 핀란드, 노르웨이, 스웨덴, 아이슬란드가 이에 속한다.
- **한국**.
- **오스트리아－스위스 그룹**(Austro-Swiss group) － 오스트리아, 스위스, 터키, 그리고 과거 유고슬라비아 영토(세르비아, 슬로베니아, 크로아티아, 보스니아, 몬테네그로)가 이에 속한다. 마케도니아가 새로운 法域(new jurisdiction)으로 분류됐지만, 이것은 잘못된 것일 수도 있다. － 마케도니아는 1918년부터 1991년까지 유고슬라비아의 일부였다.

(2) 새로운 그룹(new group).　여기에 속한 法域들은 그들의 법을 상당 부분 변경한 국가들로, 과거에는 體制移行國(transition countries)이었다.

3-19

- 폴란드, 체코 공화국, 슬로바키아, 헝가리로 구성된, 과거 體制移行國(transition countries)이었던 **비세그라드 그룹**(Visegrad group).
- 에스토니아, 라트비아, 리투아니아로 구성된 **발트 3국**(Baltics).
- **러시아.**

태국은 절충적(eclectic)이며, 미미하게(marginally) 이 법계의 일부라고 할 수 있다.
이 그룹은 압도적으로 북반구적인 이데올로기(northern hemisphere ideology)이다.

3-20 **로마–게르만계 그룹의 법적 기원**(legal origins)   이 법 이념은 유럽의 로마법에서 기원하여, 주로 독일에 의해 그러나 또한 네덜란드, 스위스, 오스트리아의 상당한 영향을 받아 로마법의 독특한 분파(branch) 중 하나로 변형됐다. 스코틀랜드는 영국 제도의 유일한 로마법 횃불(beacon)로 남아 현재 대륙법/보통법계 혼합 法域으로 분류된다.

이 법계의 유럽 및 스칸디나비아 法域들에 있어서 논리적인 사고방식은 중요한 요소였다. 1879년 독일 도산법, 그리고 1900년에 발효된 독일 법령(몇몇 부분들은 그 이전에 발효됐다)에서 그것이 확고해졌다. 오스트리아 최초의 성문화는 1811년에 이루어졌다. 스위스의 성문화는 1912년(후버(Huber)에 의해서)에 이루어졌고, 그 후 1920년대에 터키의 세속화 당시에 케말 아타튀크(Kemal Attaturk)에 의해 터키로 전파됐다.

독일의 이념은 우선적으로는 19세기 전반에 걸쳐서 제정 작업이 이루어졌던 법령의 힘으로 전파되었다. 이 법령은 1867년 메이지 유신 이후 약 40년 뒤에 일본의 법제도의 근본을 형성했다. 독일의 법령은 그 후 일본의 한국에 대한 식민화(1905년)에 의해 한국으로 전파됐다. 그 후로 중국으로 전파됐는데, 이는 주로 1930년대에, 그리고 제2차 세계대전 중에 일본의 법학자들이 중국에 미친 영향 때문이다. 바로 이 법령이 부분적으로는 일본의 점령(1895년) 때문에, 당시에는 포르모사(Formosa)라고 불리던 대만으로 전파됐고, 1949년에 마오쩌둥을 중심으로 한 공산당 세력에 의해 장제스와 국민당이 중국 대륙에서 쫓겨나 타이완으로 이전하면서 법령이 더욱 보강되었다.

3-21 네덜란드의 기여도 주목할 만하다. 1795년 프랑스 군대가 들어오기 이전의 네덜란드 법은 로마법계였지만, 17세기부터 네덜란드는 유럽에서 상업적, 금융적으로 가장 융성했기 때문에 상업적인 방향으로 상당히 수정되어 있었다. 바로 이 체제가

네덜란드 정착민들에 의해 희망봉(Cape of Good Hope)으로 전파된 것이다. 점차 레소토와 스와질란드와 같은 작은 국가들과 지역적 규모는 크지만 인구밀도는 굉장히 낮은 보츠와나(과거 베추아날랜드)를 포함한 남아프리카의 다른 지역으로 퍼져나갔다. 처음에는 네덜란드 탐험가들이 트란스발로까지, 그 이후에는 영국인들이 그 체제를 짐바브웨까지 전파했다. 그러나 北로디지아였던 잠베지 강 너머(지금의 잠비아)까지는 이르지 못했다. 나폴레옹의 군대에 의해 침입을 받기 전, 그러니까 프랑스의 영향을 받기 전(pre-Napoleonic)의 네덜란드 법제도는 영국인들이 보기에 만족스러웠다. 자신들의 이념을 바꿔야 할 필요가 없었기 때문이었다. 독일은 남서부 아프리카, 지금의 나미비아를 식민화 했지만, 제1차 세계대전 이후 남아프리카(South African mandate)에게 식민지 통치권을 뺏겼으며, 그래서 나미비아는 현재 남아프리카와의 국경에서 로마-네덜란드계(Roman-Dutch) 法域이다. 독일은 또한 탕가니카(현재는 영국법계 法域인 탄자니아)를 비롯한 다른 여러 식민지를 잃었는데, 예를 들어 태평양에서 그러했다.

비록 네덜란드가 나폴레옹 점령기 동안에는 프랑스의 법전을 수용했지만, 네덜란드는 자신의 본래 사상들(its former ideas)을 상당 부분 부활시켰다. 그리고 현재 인도네시아, 카리브해 섬인 아루바, 네덜란드령 앤틸리스 제도, 인구는 적고 숲이 풍부한 수리남과 같은 네덜란드의 식민지들에 전파된 법은 나폴레옹 시대 이후의 사상(post-Napoleonic idea)에 따른 법이었다.

로마-게르만계 그룹의 주된 도산법 지표 이 그룹에 속하는 法域들의 다섯 가지 도산법 지표(3개의 주요 지표와 2개의 전문적 지표)에 관련한 입장은 일반적으로 일관되지만, 이 그룹은 영미 보통법계 그룹(Anglo-American common law group)에 비해서는 덜 단일화(monolithic)되어 있다. 3-22

- 대부분은 일반적으로 **도산법상의 상계**(insolvency set-off)를 인정하고 있다. 예를 들어, 독일, 오스트리아, 네덜란드, 스위스(따라서 터키), 한국, 스칸디나비아가 그렇다. 체코 공화국과 (아마도) 헝가리는 2006년에 도산법상의 상계를 도입했다. 슬로바키아는 예외다. 러시아는 도산법상의 상계가 없다. ― 러시아의 도산법은 舊소련(USSR) 몰락 이후 현재 세 번째 버전인데, 다른 기원(provenance)을 가졌고 대부분 자체적으로 제정(home-grown)됐다. 도산법상의 상계를 인정하지 않는 국가에는 금융시장에 관한 예외(carve-outs)가 있을 수

있다(러시아 제외).

- **담보권**(security interests)은 대부분의 *法域*에서 원래 영미법계 그룹에서만큼 광범위하고 자유롭지는 않다.

- 대부분의 *法域*에서 **일반적 신탁**(universal trust)은 인정되지 않는다. 그 대신 특별한 경우에 대한 신탁은 입법화되어 있다. 예를 들어, 은행과 증권 결제시스템(securities settlement systems)에 의한 투자상품(investments)의 커스터디 업무(custodianship)가 그러하다. 그러나 담보권의 신탁이나 *債券*소지인(bondholder)을 위한 신탁은 인정되지 않는다.

- 양도인(assignor)의 채권자에게 대항할 수 있는 유효한 **양도**(assignments)를 위해서 금전채권(receivable)의 채무자에의 채권양도 통지가 대항요건인지 여부에 따라서 이 그룹은 둘로 나뉜다. 통지를 필요로 하지 않는 독일, 오스트리아, 스위스, 네덜란드 그룹, 그리고 반면에 통지 요건을 고집하는 스칸디나비아(Scandinavian group), 일본, 한국의 그룹이다.

- 도산 시 혼합된 은행계좌를 꿰뚫고 **추급**(tracing)하는 것은 일반적으로 가능하지 않다. 예를 들어, 네덜란드와 독일에서 거부됐다.

- 슬로바키아, 러시아가 도산법상의 상계를 인정하지 않고, 일반적 신탁도 인정하지 않는다는 사실은 이 두 국가를 이 그룹의 경계(edge)에 위치시킨다.

3-23 **결론** 이 그룹의 법이념(ideology)의 체계적인 연구는 지적으로 매우 어렵고 난해한 위업이다. 법이념(ideology)은 과거에도 오로지 그 산물의 *質*(quality)에 의해 전파되었고, 현재에도 여전히 그렇다.

이 법계의 눈에 띄는 성과는 로마법에서 영감을 받아서 최고우선순위의 재산권(super- priority property rights)에 관한 공시(publicity)를 체계화했다는 것이다. 다른 무엇보다도 바로 이러한 관점 때문에 일반적 신탁(universal trust)을 거부하게 된 것이다.

대륙법/영미법의 혼합적 *法域*(Mixed civil/common law jurisdictions)

3-24 **이 법역의 특성**(identity of jurisdictions) 이 그룹에는 약 17개의 *法域*이 있다. 『*세계*

*금융법의 지도(Maps of World Financial Law)』*에 수록된 "*지도: 대륙법/보통법계 혼합적 法域(jurisdiction)(Map: Mixed civil/common law jurisdictions)*" 참조.

모든 *法域*은 유럽 대륙법계(Continental European) 뿌리를 갖고 있지만, 다섯 가지 주요 지표에 있어서 그들은 신탁에 대한 보통법계적 제도를 두고 있으며, 추가적으로 하나 또는 그 이상의 보통법계와 연관된 지표를 갖고 있다.

네 개의 하위 그룹이 존재한다.

- **채널 제도**(Channel Islands). 이들은 올더니 섬, 사크 섬, 건지 섬, 저지 섬으로 ― 프랑스 해변에서 몇 마일 떨어져 있는 영국해협에 위치한 영국령의 작은 섬들이다. 법제도는 본래 나폴레옹 이전의 프랑스법(pre-Napoleonic French law)을 기반으로 했다. 올더니 섬과 사크 섬은 엄격하게 분리된 *法域*이다.

- **동아시아 하위그룹**(East Asian sub-group). 중국, 일본, 대만이 이에 속한다. 근본적으로는 독일에 의해 전파된 로마-게르만계 영향을 받았지만, 모두가 법정신탁(trust by statute)을 인정하고 있다. 일본은 특히 미국에 의해 전파된 보통법계적 영향도 받았다. 이 *法域*들은 모두 도산법상의 상계가 가능하다. 다른 한편으로, 일정한 조건은 있지만, 이들 모든 국가에서 담보권은 영국법계 *法域*(English-based jurisdiction)에서만큼 광범위하지 않다. 채권양도(assignment of a claim)를 채무자에게 통지하는 것이 대항요건이다(mandatory).

- **남아프리카 하위그룹**(Southern African sub-group). 여기에 해당하는 국가들은 모두 아프리카의 남쪽 삼각형지대(southern cone)에 있는데, 보츠와나, 레소토, 나미비아, 남아프리카, 스와질란드, 짐바브웨가 이에 속한다. 그들의 근본적인 법제도는 17세기 나폴레옹 시대 이전의 네덜란드에서 왔는데, 그때 네덜란드는 유럽의 금융 중심지였으며 상업화된 로마법을 사용하고 있었다. 그 이후 영국의 식민지배자들(colonisers)은 그 법제도를 바꿀 필요성을 느끼지 못했다. 모두 신탁(trust)을 인정한다. 이 *法域*들은 또한 상당히 넓은 포괄적인 담보권(universal security interest)을 인정한다. 채무자에 대한 채권양도 통지가 대항요건은 아니다. 남아프리카의 금융시장을 위한 예외(carve-out)는 있지만, 그 외에는 도산절차에서의 상계(insolvency set-off)를 인정하지 않는다.

3-25 · **기타**. 리히텐슈타인은 법정 신탁과 도산법상의 상계를 인정한다. 담보권은 오스트리아-스위스 모델에 따르며, 독일과 네덜란드 보다는 더욱 제한적이다. 말타는 계약에 의한 도산법상의 상계를 (2003년부터) 인정하며, 최근의 규정에 의하면 일반적 신탁(universal trust)도 인정한다. 퀘벡은 다섯 가지 지표상에서는 캐나다의 보통법과 기능적으로 유사하지만, 퀘벡은 채무자에 대한 채권양도 통지를 대항요건으로 하며, 추급(tracing)에 대해서는 확인되지 않았다. 캐나다의 도산법은 연방법이 적용되고, 다른 금융법 문제에 대한 州들 간에 합의도 어느 정도 이루어져 있다. 파나마는 원래 나폴레옹계였지만, 도산법상의 상계와 법정 신탁(trust by statute)을 인정한다. 파나마는 단지 부분적으로만(marginally) 이 그룹에 속해 있다. 스코틀랜드는 신탁제도를 인정하고, 법령에 의하여 포괄적인 浮動담보권(universal floating charge)과 도산법상의 상계를 인정하지만, 채무자에 대한 채권양도 통지는 대항요건이다.

이 그룹에서도, 신탁이 일반적이지 않을 수 있다. - 그러니까 저지 섬의 신탁은 명백하게 대륙(land)에까지 영향을 미치지 않는다. 일본에서는 전문가들이 신탁에 대해 반감을 갖고 있으며, 신탁에 의심을 갖는다. 이 그룹에서 신탁에 다른 제한이 있을 수도 있다.

3-26 **결론** 중국, 스와질란드, 스코틀랜드, 저지 섬 그리고 일본이 모두 같은 법계로 묶여 있다는 것이 법 역사(legal history)에서 가장 큰 모순 중 하나이지만, 그것은 완벽하게 설명 가능하다(explicable).

이 그룹의 중요한 공통적 특성은, 물권법(property law)의 로마적 기원(Roman foundations)에도 불구하고, 일반적으로 또는 거의 일반적으로 신탁(universal or near-universal trust)을 수용하고 있다는 것에 있다. 19세기와 그 이전에 유럽 대륙에서 물권법의 기원이 로마법이라고 해석되었다.

이슬람계 法域(Islamic jurisdictions)

3-27 **이 법역의 특성**(identity of jurisdictions)   8개의 法域을 제시할 수 있다.

아프가니스탄, 바레인, 쿠웨이트, 오만, 카타르, 사우니아라비아, 아랍 에미리트, 예멘.

『*세계 금융법의 지도(Maps of World Financial Law)*』에 수록된 "*지도: 이슬람법계 法域(Map: Islamic jurisdictions)*" 참조.

이 *法域*들을 이슬람계로 다루는 이유는, 현대 신용 경제의 중심적인 원칙 — 이자가 붙는(interest bearing) 대출 또는 예금 — 에 대한 종교적인 반감이 있어서 이자를 수반한 대출계약을 금지하거나 도산법의 제정을 금지했기 때문이다.

몇몇은 나폴레옹계의 색채를 띠기도 한다.   3-28

대부분의 경우에, 이 *法域*들의 다섯 가지 주요 금융법 지표들에 대한 입장은 추측만 할 수 있을 뿐이다(conjectural). 와크프(waqf)라고 하는 원형적 형태의 신탁(proto-trust)이 존재한다.

결론   서구의 법률(Western law)은 고대 그리스 이전에 비옥한 초승달 지대로부터   3-29
시작(fount)된다. — 이 그룹의 최초의 성과(achievement)였다. 두 번째 성과는 9세기에 법을 풍부한 형태(rich body)로 발전시킨 것이다. 역사는 현재에서 멈추지 않는다.

새로운 *法域*(new jurisdictions)

이 법역의 특성(identity of jurisdictions)

이 새로운 *法域*의 카테고리에는 19개의 *法域*   3-30
이 있다.

알바니아, 아르메니아, 아제르바이잔, 벨라루스, 부탄, 캄보디아, 조지아, 카자흐스탄, 키르기스스탄, 라오스, 마케도니아, 몰도바, 몽골, 네팔, 타지키스탄, 투르크메니스탄, 우크라이나, 우즈베키스탄, 베트남.

『*세계 금융법의 지도(Maps of World Financial Law)*』에 수록된 "*지도: 새로운 法域(jurisdiction)과 분류되지 않은 法域(Map: New and unallocated jurisdictions)*" 참조.

이 *法域*들은 자주 체제이행기(transition) 또는 신흥(emerging) *法域*이라 불린다. 부탄과 네팔을 제외하고, 이것들은 舊공산주의 국가들이며, (대부분의 경우) 그 후, 국가에 의한 협조주의적 계획경제(corporatist economies)가 아닌 시장경제 원리를 반영한 사유재산제를 재구축하기 위해서 법제도를 개혁(law reform)한 국가들이다. 민법, 도산법, 담보법을 제정한 국가도 있는데, 특히 舊소련 국가들(former USSR republics)이 그렇다.

3-31 **결론**　이 法域들은 다양한 모델들로부터 법제도를 선택하는 것이 가능하다. 그러나 그들에게 문제가 되는 것은 그들에게 제시된 여러 모델들이 제각각 다른 얘기를 하고 있다는 점이다.

분류되지 않은 法域(unallocated jurisdiction)

3-32　7개의 法域(jurisdiction)은 몇 가지 이유로 분류되지 않았다. 남극, 쿠바, 북한을 포함한다.

금융법의 조화(harmonization of financial law)

3-33　지금까지 전 세계의 대략 320개의 법제도들이 연합들(blocs), 진영들(camps), 구역들(enclaves)로 정리되어 있으며, 대략적으로 세 개의 극단(polarization)으로, 영미 보통법계, 나폴레옹계, 로마-게르만계 그리고 몇몇 다른 법계들로 분류되는 것을 살펴보았다. 여기서 중요한 쟁점은 이러한 그룹들이 실제로 제도의 동질화(converging)가 되는지, 그리고 이들의 조화가 바람직한지 여부이다.

　이 그룹들이 하나로 수렴하는 현상이 있는지의 질문은 굉장히 세부적이고, 해당 금융법의 분야에 따라 달라질 수 있으며, 멀리서 전체 모습을 바라보는지 또는 클로즈업해서 살펴보는지에 따라서 달라진다. 멀리서 보면 일반적인 경향성이 있다는 것은 의심할 여지가 없다. 그러나 실질적인 거래 시에 문제가 되는 정도로 클로즈업해서 보면, 떠들썩한 차이(noisy difference)와 분분한 변형(bristling variation)은, 다음 장들(chapters)에서 보게 될 바와 같이, 의심할 여지없이 증가하고 있다. 이것은 대개 국가주권(national sovereignty)의 독립성과 기초사항에 관한 사고방식의 차이에 의한 것이다.

　조화를 선호하는 논거 중에는 예기치 않은 법률 리스크(legal ambush and surprise), 그리고 그에 따른 손실을 피할 수 있다는 것, 조사비용과 거래비용의 감소가 있다. 이러한 장점들은 막대하다.

3-34　한편, 조화에 반대하는 논의는, 법제도 정비의 원동력으로서의 경쟁 원리, 국가 내의 민주적이고 책임을 가진 통제의 필요성, 자유와 다양성의 필요성, 법제도를 변

경하기 위해서는 전원을 설득해야 하기 때문에 변경이 어려운 점, 법제도는 문화적 차이를 반영해야 하는 필요성 등을 근거로 하고 있다.

조화의 목적은 큰 쟁점들에 대한 합리적인 동의를 획득하는 데에 있어야 한다. 설득이 최선의 방식이다. 동료집단에 의한 압박에 의해서, 경쟁에 의해서, (국제도산에 관한 유엔 국제상거래법위원회 모델법(Uncitral Model Law on Cross-Border Insolvency) 등) 모델 법(model laws)에 의하여, (국제결제은행(Bank for International Settlements)에 의해서 공포된 은행들에 대한 바젤 자기자본비율 규정 등) 연성법(soft law)에 의하여, 그리고 IMF, World Bank, 그리고 국제도산실무가협회 INSOL 또는 미국법률협회(American Law Institute)와 같은 민간 법 개정 기구들에 의한 기본 원칙에 대한 연구 성과 등 표준 설정에 의하여 설득하는 것이다. 협약과 조약은 장점을 갖고 있지만, 협상이 힘들며, 종종 최대공약수(lowest common denominator) 같은 것만을 나타내고, 수정하기가 어렵다.

변화를 위한 가장 좋은 원동력은 경쟁이며, 경쟁은 동료집단으로부터의 압력(peer pressure)에 노출된 후 자유로운 결정을 필요로 한다. 그것은 다양성을 필요로 한다. 혹자는 경쟁의 결과는 바닥으로 향하는 경주(race for the bottom)를 야기한다며 두려워한다. 그러나 한편, 많은 사회나 산업계는 자신의 최대의 이익이 된다고 하는 견지에서 정상으로의 경주(race for the top)를 선호한다. 사람들은 무엇이 바닥이고 무엇이 정상인지에 대해서 의견을 달리한다.

法域들(jurisdictions) 사이의 차이 이외에도, 종종 간과되는 것이 바로 법제도 내부 **3-35** 적인 균열인데, 이는 주로 도산 압박 때문에 생겨난다.

국내 당사자 간의 계층화는 항상 있어왔다. 예를 들어, 도산절차 등 법적 목적을 위해서 민간인을 상인과 상인이 아닌 자들로 나누는 것 등이다. 이것은 아직도 많은 나폴레옹계 시스템의 특징이다. 이러한 전문가(sophisticated)와 비전문가(unsophisticated)의 양쪽 진영(camps)으로의 분화는 뚜렷해지고 있다. 예를 들어, 부호주의적인 소비자 신용법 제정(consumer credit legislation), 특히 개인 당사자를 보호하기 위한 불공정한 계약 조건에 관한 법, 예를 들어 일반인에게 발행된 투자설명서와 전문투자자들에게 발행된 투자설명서 간의 차이와 같은 금융규제 체제(financial regulatory regimes), 도매와 소매 간의 행위규범(적합성, 정보공개, 최선 집행 등) 적용의 차이 등 규제제도의 계층화에서 나타난다.

도산법에 있어서도 각국의 내부에서도 상당한 분열과 층위가 존재한다. 이는 소규모 사건의 간결한 도산절차와 개인을 위한 특별한 절차를 위한 단순한 기계적인 조항 이상의 의미를 갖는다. 이렇게 나누는 것은 더욱 깊은 충돌, 채무자의 이익과 채권자의 이익 중에 어떤 것을 보호할지에 대한 충돌에서 비롯된다. 정부는 계약과 재산권에 개입하는 회생법(rescue law)을 제정하고, 금융과 시장 부문에 대해서는 적용 제외(carve out)를 마련하고 있다. 전 세계에는 아마 최소한 40개 이상의 이러한 적용 제외 법규(carve-out statutes)가 있을 것이다.

결론

3-36   금융법 기반으로 한 기준으로 전 세계를 법계(legal families)로 분류하는 것은 상당히 명확하다. 이 분류가 법의 다른 영역에서도 그와 같은 명확성을 가진 채 유효한지(holds good)의 여부는 검토가 필요하다.

질문과 세미나 주제들

제1장~제3장

이 넓고(large) 일반적인 질문 대부분은 모든 과정을 끝낸 후에야 비로소 대답할 수 있을 것이다.

(1) "法域(jurisdiction) 간의 법적, 규제적인 차이점들은 국제적인 금융 거래에 지나치게 큰 위험성을 야기한다. 이러한 차이점들은 오늘날 정당화될 수 없다." 토론해 보자.

(2) 금융법이 간략화(simplified)될 수 있고 그래야만 한다고 생각하는가?

(3) 당신의 관점에서 금융법의 주요 목적은 무엇인가? 세계의 법제도하에서 이러한 목적들은 어떻게 달성될 수 있는가?

(4) "이성주의자 경제학자들의 시각은 옳고 온건한(soft) 도덕주의자(moralist) 변호사들의 시각은 그르다. 다시 말해서, 금융법의 목표는 비용 절감, 효율성 제고와 도산 위험성을 줄이는 데에 있다. 윤리나 도덕이 들어설 자리는 없다." 이 명제들에 대해 토론해 보자.

(5) 금융법이 전 세계적으로 조화를 이뤄야 한다고 생각하는가? 전 세계 금융법을 조화시키기 위한 현실적인 국제 행동 프로그램(international programme of action)을 제시해 보자.

(6) "국제 금융법은 점점 더 조화로워지기보다는 분열되고(fragmented) 있다." 토론해 보자.

(7) 전 세계의 法域(jurisdiction)을 금융법적 측면에서 구분 짓고 범주화할 수 있는 유의미한 일련의 기준들을 제시해 보자. 그 기준들이 유용하기 위해 어떤 특

성을 가져야 하는지 서술해 보자. 기준들이 갖는 중요성에 따라 순위를 매겨 보자.

(8) 전 세계 법제도의 금융법을 분류하는 데에 있어서 아래의 기준들이 갖는 관련성과 유용성을 평가해 보자.
   (a) 계약법(contract law)
   (b) 법의 성문화
   (c) 선례구속의 원리(doctrine of binding judicial precedent).

(9) 어떤 역사적인 요소가 전 세계 法域 간의 금융법상 차이를 야기했는가? [연구주제, LPIF 제2권 단락 1-022 참조]

(10) 지금은 미래이다. 지구1(Planet Earth 1)은 점점 위험해지고 불쾌(unpleasant)해지고 있다. 당신은 당신 자신과 지구 행성의 모든 국가들로부터 데려온 1,000만 명의 사람들과 처음부터 새로운 시작을 하기 위해 (지구1과 매우 유사한) 지구2로 이동 가능한 노아의 방주(Noah's Ark[2])를 공급받았다. 당신은 최고통치자가 된다. 그렇다면 지구2의 법제도를 공포할 때, 당신은 금융법에 대해서 어떻게 할 것이며 어떤 우선권을 줄 것인가? [예를 들어 돈, 신용, 은행, 자본시장, 도산법 등에 대해서 고려해 보자.]

(11) 『*세계 금융법의 지도(Maps of World Financial Law)*』에 수록된 "*지도: 法域의 주요 지도(Map: Key Map of Jurisdictions)*"를 복사(copy)해 보자. 펜을 사용하여, 주요한 법계(main legal families)를 색칠해 보자. 영미법계는 파란색, 나폴레옹계는 빨간색, 로마-게르만계는 노란색, 이슬람법계는 주황색 그리고 미개발지역(undeveloped)은 초록색으로 칠해 보자. 혼합 法域(jurisdiction)에는 줄무늬 표시를 해 보자.
   [이 세미나 활동은 세계의 法域과 친숙해지고 그것이 얼마나 쉬운지를 보여주는 데에 유용하다. 나의 경험상 가장 자주 잘못 색칠되는 지역은 이스라엘, 말타, 퀘벡, 남아프리카 그리고 (놀랍지 않게도) 태국이다.]

---

2) 역자 주) 원서에서는 "Noah's Art"라고 쓰여 있는데, 이것은 "Noah's Ark"의 오타로 보인다.

제 2 편

도산 정책과 국제 금융

Insolvency Policies and International Finance

제 4 장

도산 정책

파산의 효과(effect of bankruptcy)[1]

파산은 일반적인 법률관계에 지대한 영향을 미친다. 파산자(bankrupt) 그리고 그 이사들(directors)은 법률행위를 할 수 없게 된다. 재산은 압류되고 차압된다. 자산은 보상 없이 수용된다. 계약은 파기되며 계약 조건들은 조정되거나 무효화된다. 담보권은 동결되거나(frozen), 부인되거나(avoided), 가치가 떨어진다. 현대 경제의 혈액(lifeblood)과 같은 대출(credit)의 비용이 증가하거나 중단된다(withdrawn). 사람들은 직장과 연금을 잃는다. 은행과 보험회사의 파산은 시민들이 저축을 잃게 한다. 국가의 경제 그 자체가 약화(sapped)된다. 파산은 파괴자이며 강탈자다. 그렇기 때문에 파산은 상업적인 측면에 있어서 어떤 법제도의 태도를 나타내는 가장 중요한 지표이며 모든 상법적인 규율들 중에서 거의 틀림없이(arguably) 가장 중요하다.

4-01

집단적인 파산절차(collective procedure of bankruptcy)의 세 가지 핵심적인 특징은 보통 다음과 같다고 일컬어진다.

---

[1] 역자 주) 도산(insolvency, bankruptcy)은 파산절차(liquidation, winding up)와 회생절차(reorganisation, administration)를 포괄하는 개념이다. 파산절차에서는 채무자 회사가 가지고 있는 모든 재산을 매각해 금전으로 환가한 후 채권자에게 나누어주고 채무자 법인은 소멸한다. 회생절차에서는 법원이 관리인을 선임하고 회생계획안을 인가한다. 회생계획에 따라서 회사의 채무를 조정하여 회사가 계속 영업을 하게 한다. 파산절차는 회사를 없애는 것이고, 회생절차는 회사를 살리는 것이다. 회사를 없애고 살리는 구별은 뚜렷하다. 이 책에서 "insolvency"는 원칙적으로 '도산'이라고 번역하면서도, 명백하게 파산절차를 의미하는 부분에서는 "insolvency"를 '파산'이라고 번역했다. 또한 "bankrupt"는 원칙적으로 '도산자'라고 번역하면서도, 명백하게 파산절차를 의미하는 부분에서는 "bankrupt"를 '파산자'라고 번역했다.

(1) 파산자(bankrupt)에 대한 개별 채권자들의 소송(actions)은 동결된다. 낙담한 채권자에 의한 압류 또는 강제집행을 통한 자산(asset)의 단편적인 몰수는 중지되며(stayed) 파산재단(pool)에 대한 배당금 청구권으로 대체된다.

(2) 파산자의 모든 자산(asset)은 채권자들의 청구를 변제할 수 있는 파산재단(pool)에 귀속된다.

(3) 채권자들은 동등순위로(pari passu) 지급된다. 즉, 그들의 청구액에 비례하게 자산에서 안분비례하여(pro rata) 지급받는다.

채권자에 의한 사법적 소송(judicial action)이 중지된다는(stayed) 첫 번째 명제(proposition)는 극소수의 예외만 있고 일반적으로 지켜진다. 파산자의 모든 자산(asset)이 채권자를 위해서 집행가능하다는 두 번째 명제는 예외들에 의해 너무나도 약화(eroded)되어 의문스러울 정도이다. 채권자들은 균등하게 지급받는다는 세 번째 명제는 어디에서도 존중받지 못하는 하나의 희망적인(wishful) 이념일 뿐이다.

파산은 종종 절차적인 문제로 여겨져 왔다. 절차적인 접근법은 이 주제를 과소평가하며 이 주제의 진정한 힘을 무시한다. 파산이 거래, 법제도 그리고 경제에 미치는 영향은 매우 중요하다.

파산은 불운, 잘못된 관리 또는 둘 다에 의해 초래된다.

채권자 보호 또는 채무자 보호

4-02   도산법에서 경쟁하는 두 정책은 바로 채무자 보호와 채권자 보호이다. 도산법은 이러한 이해관계의 충돌로 점철된다(preoccupied).

이러한 이해관계는 근본적이고 고전적인 사고방식을 대표한다. 한편으로는 채무를 이행하지 않는 채무자(defaulting debtor)에 대한 극심한 도덕적 반감(moral disapproval)으로 표현되는 규율(discipline), 신중, 책임, 타인의 돈에 대한 성실한 관리(diligent care)의 엄격한 가치가 있다. 다른 한편으로는 채권자에 대한 반감과 재분배하려는 바람으로 표현되는 약자에 대한 동정, 돈의 힘에 대한 분개, 구제하고 회생시키려는 따뜻한 바람(warm desire)이 있다. 이러한 감정은 도산법에 격렬하게 뒤엉켜 있다.

가장 기본적인 단계에서, 파산절차는 무질서하고 편향적으로(discriminatory) 개인이 이권을 취득(grabs)하는 것을 예방하고, 채무자의 자산(asset)의 환가대금(proceeds)이 파산채권자들의 단계(ladder) 또는 계급(hierarchy)에 따라서 채권자들에게 분할 지급되도록 보장함으로써 채권자의 평등을 보장한다.

채무자의 편에서, 도산법상 중지(insolvency stay)는 원래는 채무자의 생존을 위한   **4-03**
재산(survival property)과 채무자 자산을 조금씩 분할해 주는 것(piecemeal dismemberment)
을 면제해 줌으로써 개인 채무자의 최저 생활수단을 보호해 주는 하나의 방법이었다.
이 정책은 이제는 파산절차(final liquidations)2)가 아닌 기업 회생절차(judicial reorganisations)3)
에서 나타난다.

채권자 보호의 예시는 다음과 같다. 담보권(소유권유보(retention of title), 금융리스,
레포 계약(sale and repurchase) 등 소유권이전형 금융(title finance)과 그 파생물); 도산법
상의 상계; 근로자(employee), 세금, 은행 예금자의 우선권; 신탁(수탁자(trustee)의 개
인적인 채권자들로부터 신탁재단(trust property)을 절연하는 것); 상대방의 도산 시에
계약을 해제할 수 있는 권리. 이 모든 것의 목적은 채권자 및 청구권자가 큰 낭패를
온전히 피할 수 있도록 도와주는 것이다.

채무자 보호의 예시는 위의 채권자 보호의 보류 또는 폐지이다. 예를 들어, 담보
권을 약화시키는 것, 도산법상의 상계(insolvency set-off)를 인정하지 않는 것, 신탁
(trust)을 인정하지 않는 것, 계약 유지를 강제하는 것이다.

채권자 우호적(creditor-friendly) 태도와 채무자 우호적(debtor-friendly) 태도의 스펙   **4-04**
트럼 상에서의 위치에 따라서 法域을 분류할 수 있다. 채권자 우호적(creditor-
friendly) 또는 채무자 우호적(debtor-friendly)이라고 하는 딱지(labels)는 분명하지 않
다.

예를 들어서, 채권자 보호가 부수적으로 채무자도 보호할 수 있다. 그러므로 주
요 담보채권자(은행)에게 포괄적 담보권(universal security)을 인정하면, 채무자는 당초
더 저렴한 비용으로 더 거액의 자본을 조달할 수 있게 되고, 은행은 보다 안전하기

---

2) 역자 주) 파산절차에서는 채무자 기업이 가지고 있는 모든 재산을 매각해 금전으로 환가한 후 채권자
에게 나누어주고 채무자 법인은 소멸한다. 그러한 의미에서 원서에서 "final liquidation"이라고 표현
한 것으로 보인다. 이 책에서는 "final liquidation"을 "파산절차"라고 번역했다.

3) 역자 주) 구조조정절차를 법정 외(out of court) 절차와 법정(judicial) 절차로 분류할 수 있다. 법정 외
절차에서는 법원의 개입이 없다. 법정 절차에서는, 회생절차에서 법원이 관리인을 선임하고, 회생계
획안을 법원의 인가를 받아야 되는 것과 같이 법원이 절차에 관여한다. 구조조정절차 중에 영국의 기
업자율협약(company voluntary arrangement, CVA) 절차는 법원의 관여가 최소한에 그친다. 이해관계
자의 이의제기 시 법원이 사후 심사만 한다. 따라서 법정 외(out of court) 구조조정절차라고 할 수 있
다. 우리나라의 기업구조조정촉진법상 관리절차도 법원이 사후 심사만 하므로 법정 외 구조조정절차
라고 할 수 있다. 이와 구별하기 위해서 원서에서 "judicial reorganization"이라고 쓴 것은 법원이 관
여하는 회생절차를 뜻하는 것이다. 우리나라 채무자회생 및 파산에 관한 법률상 회생절차에서도 법원
이 관리인을 선임하고 회생계획안을 법원의 인가를 받아야 된다. 회생절차는 법정 절차인 것이다. 따
라서 "judicial reorganization"을 "회생절차"라고 번역했다.

때문에 강제집행을 연기하게 되고, 회수를 최대화하기 위하여 채무자의 전 재산을 처분할 수 있게 되고, 희망이 없는 상황이 될 때까지 은행 돈으로 무담보채권자에게 지급을 할 수 있게 된다. 채권자 보호는 또한 은행예금자 같은, 채권자의 채권자를 보호한다.

다른 한편으로는, 채무자 보호 또한 채권자를 보호할 수도 있는데, 예를 들어서 기업 회생절차(judicial reorganization)에서는 무담보채권자 또는 대개 정부의 조세채권 및 근로자(employee)의 임금채권 같은 우선권 있는 무담보채권자에게 더 나은 수익을 줄 수 있다.

그 다음으로 법제도가 누구의 채권자를 보호하는지에 대한 더욱 큰 질문이 있다. 채권자의 채권자인가 또는 채무자의 채권자인가 하는 문제이다. 파산의 파급효과(cascade effects)를 생각하면 이것이 매우 중요하다. 즉, 어떤 당사자의 파산은 종종 그의 채권자들의 지급능력을 약화시키는 파급효과(ripple effect)를 갖는데, 이 파급효과의 여파는 점점 넓어진다. 보통 잔물결(ripple)이 아니라 걷잡을 수 없이 밀려드는 해일(tidal wave)이다. 그러므로 어떤 채권자를 거래상대방(counterparty)의 파산 시 보호하는 것은, 그 채권자 자신의 지급능력을 보호하는 것을 의미하고, 결국 그 채권자의 채권자들, 근로자들(employees) 그리고 주주들을 보호하는 것이 된다. 이러한 채권자 보호가 없는 경우에는, 파산한 채무자의 다른 채권자들이 이익을 보고, 그리고 결과적으로 그 채권자들의 채권자들, 근로자들(employees) 그리고 주주들이 이익을 본다. 은행과 사채권자(bondholder)도 양측 모두에 속해 있을 수 있다. 그러나 여전히 냉혹한 선택은 채권자와 채무자 사이에서의 선택인데, 왜냐하면 바로 여기에서 가장 큰 충격이 느껴지고, 폭발의 즉각적인 힘의 물결이 그 후에는 완화되어 더 멀리 있는 관련자들에게 전해지기 때문이다.

채무자와 채권자의 정체

4-05   우리는 주로 주된 채무자 그룹, 보통 집단으로 묶인 기업들에 관심을 둔다. 다른 주요한 그룹으로는 개인과 주권 국가가 있다.

도산의 압도적인 대부분은 건설, 운송, 부동산 개발업자, 상점, 여행사 등을 영위하는 소규모 회사들이다. 가족 경영 사업을 포함한 많은 경우에는, 개인들은 그냥 새 출발(start again)을 한다. 사회 전반에 대규모의 갑작스러운 충격파를 주고 큰 피해를 가할 수 있는 것은 바로 큰 기업의 도산이다.

자본시장의 발달 정도에 따라 약간의 차이는 있겠지만, 대부분의 기업 도산에 있어서 지배적인 채권자는 은행이며, 2등인 사채권자(bondholder)와 격차가 크다. 그 이유는 은행이 신용의 주된 공급자이기 때문이다. 대부분의 대규모 도산에서, 은행과 사채권자(bondholder)가 금액으로 따졌을 때 전체 채권자 중에서 80% 이상을 차지한다.

은행과 사채권자(bondholder)는 오직 중개기관(intermediaries)일 뿐이며, 법인의 장막(veil)을 벗겨내면, 실제 이해관계를 갖는 채권자는 주로 예금자, 뮤추얼펀드, 연기금(pension fund), 보험회사 그리고 그와 유사한 것을 통해 자산을 갖고 있는 납세자들이다. 이는 대출을 해준 은행 또는 은행의 사채권자(bondholder)를 꿰뚫고 최종적인 채권자를 추급(trace)해야 하는 경우에도 마찬가지다.   4-06

따라서 법제도에 있어 중요한 쟁점 중에 하나는, 도산법제를 통하여 신용(credit)의 주요한 공급자, 즉 은행과 사채권자(bondholder)의 리스크를 감소시켜 주는 것이 과연 경제적으로 효율적이고 또한 공정하냐는 문제이다.

또 다른 큰 채권자 그룹이 있는데, 바로 근로자 (그리고 특히 근로자들의 연기금), 물품의 공급자, 토지의 임대인(landlord) 그리고 (미국에서는) 거액의 불법행위 청구권자(mass tort claimants) 등이다.

거래 공급자(trade supplier)와 은행 간에는 큰 차이점이 있다. 일반화를 하자면, 공급자(suppliers)는 고작 몇 개월인 중기 신용공여(medium-term credit)를 하는 경우는 없고, 채무불이행 시 최후의 수단인 구제자금(last resort rescue money)을 제공해 줄 수 없으며, 차주의 신용력을 모니터링하지 않으려는 경향이 있고, 많은 경우 판매대금은 은행으로부터 지급받으며, 소유권유보(retention of title) 덕분에 은행의 담보권에 앞서서 최우선순위를 획득할 수 있고, 그 숫자가 엄청나게 많아서 회생절차(rescue)에서 조직화하기 힘들다. 위 특징 중 몇 가지는 사채권자(bondholder)에게도 적용될 수 있다.   4-07

일반적으로 사람들은, 고용주로서, 조세의 원천으로서, 번영의 원천으로서의 전반적인 경제상황에 대하여 지극히 관심이 많다. 쟁점은, 누가 그것을 위해 대가를 치를 것인가이다. 이것이 바로 도산법을 지배하는 쟁점이다.

법제도에서 도산의 효과

예방하거나 감시하는 데에 굉장히 많은 노력이 필요하다는 면에서 도산은 법제   4-08

도에 깊고 광범위하게 영향을 미친다. 예를 들면 다음과 같다.

- 상업에 있어서 가장 근본적인 수단은 회사이다. 회사는 기계적인 편리뿐만 아니라, 무엇보다도 주주들을 기업의 도산으로부터 보호할 필요에 의해 발명된 것이다. 따라서 재무제표와 회계는 신용도의 점검이며, 기업의 지배구조, 이사의 책임 부담, 자본유지(maintenance of capital)를 위한 규칙의 점검이다. 은행과 보험회사를 규율하는 제도는 체제를 위협하는 도산의 엄습을 피하도록 고안됐다.

- 담보권, 보증, 상계는 거의 대부분 도산으로부터의 보호(insolvency protection)를 위하여 추진된다. 상업 신탁(commercial trust)의 논리는 제3자의 재산을 보관하고 있는 중개기관(intermediary)(또는 수탁자(trustee))을 도산으로부터 절연시켜 주어야 할 필요에 부분적으로 기반을 두고 있다.

- 물품 매매의 근본적인 목적은, 물품인도와 대금지급의 동시이행(provision for delivery against payment), 공급자의 소유권 유보(supplier's retention of title), 매수인에 의한 신용장 개설(establishment by the buyer of a letter of credit) 조항으로써 대금지급(payment)을 보장하는 것이다. 이 모든 조항들은 매수인의 도산의 리스크를 완화시키기 위한 것이다.

- 도산은 노동법(employment law)에도 스며들어 있다. ― 근로자(employee) 임금의 우선순위, 정부 보호 기금, 영업양도의 경우 양수인 회사로 따라갈 근로자의 권리가 있다.

- 도산 위험은 증권 결제시스템과 변제시스템 설계의 중심(heart)에 있다.

4-09
- 은행 여신계약과 債券(bond)에서 사실상 모든 주요한 비금융적 조항들은 도산에 대비하는 보호조치들이다. 예를 들어, ① 계속적인 정보(지급 능력을 감시하는 것); ② 담보제공금지 조항(negative pledge), 크로스 디폴트(cross-default) 조항, 은행 대주단(syndicate bank) 안분비례 조항 등 채권자 평등 조항, ③ 수탁자(trustee)에 의해 발행된 債券(bond)에 제소금지(no-action) 조항과 안분비례 지급 조항; ④ 특히 재무비율(financial ratios)[4], 처분제한, 사업변경 금지 등에 대한 확

---

4) 역자 주) 대차대조표나 손익계산서의 항목을 비교하여 산출한 비율로서 수익성, 안전성, 성장성 등

약(covenants); ⑤ 황색신호(amber light)와 사전 경고(forewarning)로서의 채무불이행 사유 조항; ⑥ 보통 재무적 위기 때에만 필요한 사채권자집회(bondholder meetings) 등이다.

만약 거래상대방이 자력이 있다면(solvent), 채무불이행은 손해배상이나 특정이행, 또는 다른 보상을 통해 구제될 수 있다. 대비책이 있는 것이다. 만약 거래상대방이 자력이 없으면(insolvent) 보상은 받기 힘들고, 오직 보잘 것 없는 배당금만 받을 수 있을 뿐이다.

도산 지표 요약

도산과 관련된 주요 쟁점들은 다음과 같다.   4-10

- 도산법상의 상계(insolvency set-off)의 인정 여부

- 담보권과 소유권이전형 금융(title finance)의 강도(strength or otherwise)

- 일반적 신탁(universal trust)의 인정 여부

- 회생절차(judicial reorganization)의 역할

- 파산 우선순위 사다리

- 도산을 악화시킨 것에 대한 이사의 책임

- 계약의 해제와 임대차 계약의 해지

- 편파행위의 否認(avoidance of preference)

- 도산 절차의 관리

기업의 재무상태를 나타내는 비율이다. 수익성을 나타내는 지표로는 매출액경상이익률(경상이익/매출액) 및 매출액순이익률(당기순이익/매출액) 또는 총자본경상이익률(경상이익/총자본) 및 총자본순이익률(당기순이익/총자본) 등이 사용된다. 안전성을 측정하는 지표로는 자기자본비율, 유동비율 그리고 기업의 장기적 안전성을 측정하는 지표로 고정비율과 고정장기적합률이 있다. 기업의 성장성을 가늠할 수 있는 지표로는 매출액증가율과 총자산증가율이 있다.

- 회생(reorganization)의 자금 조달과 신규차입자금(new money)

(이후에 나오는 장에서 다루어질) 상계, 담보권, 신탁을 제외한 모든 쟁점들은 본 장에서 설명된다.

도산에 대처하는 세 가지 방법

4-11   기업 도산 또는 재정위기에 대처하는 방법으로 크게 세 가지 주된 방법이 있다.

- 법원의 어떠한 개입 없이 기업과 주채권자(보통 은행과 사채권자(bondholder)) 사이에 私的으로 합의된 회생(reorganization). 이를 일컫는 시장 용어는 "**워크아웃**"("work-out")이다. 이때 회생계획은 사적인 방식이다. 대부분의 워크아웃은 오직 은행들과 사채권자(bondholder)들만 연루된다. 주요한 특징은 전형적으로 채무재조정(debt restructuring), 신규 신용공여(new money), 일반적으로 처분계획, 그리고 경우에 따라서 부채의 자기자본으로의 전환이 있다. 일반적인 방법은 舊기업의 자산들을 은행과 사채권자(bondholder)가 출자한 신생 쉘컴퍼니(shell company)5)로 이전하는 것이다.

- **회생절차**(judicial reorganization)에서는 일반적으로 채권자의 강제집행, 파산 신청, 법적 조치를 중지(stay)시키거나 동결하는 법원의 명령(judicial order)이 이루어진다. 그리고 워크아웃과 비슷하게 상환기한 연장(rescheduling)이나 출자전환(debt-equity conversion)과 같이 채무를 조정하는 회생계획(reorganization plan)을 수반한다. 이러한 계획은 법원에 의한 인가에 의해 이루어진다.

- **파산절차**(final liquidation)는 채권자의 강제집행 중지(stay) 및 다른 동결을 명하는 법원의 명령에 의하여 시작된다. 기업의 자산 처분, 채권자들에 대한 처분대금(proceeds)의 배당(distribution), 그리고 회사의 해산(dissolution)을 수반한다. 대부분의 국가에서 이러한 파산은 주주 투표에 의해서도 개시될 수 있는데, 통상 75%의 결의가 필요하다.

---

5) 역자 주) 회사의 외형은 그대로 둔 채 기업 인수 또는 영업양수 등을 통해 다른 업체나 사업을 인수해 핵심 사업을 전환함으로써 새로운 기업으로 완전히 탈바꿈하는 기업을 뜻한다. 舊기업의 자산들을 신생 쉘컴퍼니(shell company)로 이전하면, 신생 쉘컴퍼니가 舊기업의 사업을 이어받아 은행과 사채권자가 가지고 있는 쉘컴퍼니에 대한 출자지분의 가치가 높아질 수 있다.

워크아웃과 회생절차 모두 기업과 기업의 채권자를 구제하기 위한 제도이다. 파산절차는 기업을 단두대로 처형하는 것과 같다. 문제는 특정한 경우에서 어떤 절차가 가장 채권자의 경제적 회복을 극대화할 수 있느냐 하는 것이다.

회생절차의 이용은, 대부분의 法域에서 한정적이다. 보통 전체의 5% 미만이고, 이 중 대부분은 자산 매각에 의한 파산의 슬로모션(slow-motion liquidation)일 뿐이다. 대부분은 실제로는 파산(liquidation)이다. 워크아웃의 비율은 아무도 알지 못하지만, 재정적 문제의 해결 방법으로서 높은 비율로 행해지고 있다고 생각된다.

중첩(overlaps)　　종종 이 세 가지 주요한 방법들을 중첩하여 사용한다.　　　4-12

- **프리패키지**(pre-packaging).　흔히 쓰이는 방법은 프리패키지("pre-packaging")다. 은행이나 사채권자위원회(bondholder committees)를 중심으로 한 주요 채권자들이 채무자와 私的으로 회생계획안을 작성하고 그 계획에 찬성하기로 합의하고, (그 합의가 이뤄지지 않을 경우) 채무자는 법원에 회생절차(judicial reorganization)를 신청한다. 회생절차에서는 채권자들에게 권리행사 중지(stay)가 명해지고, 법원이 회생계획을 인가하면 채권자단의 의결에 반대채권자도 구속된다. 이와 같이, 워크아웃은 회생절차와 결합하여 회생절차와 같은 강제력을 가지게 된다. 프리패키지(pre-packaging)에 따라서는 그 시작도 마무리도 매우 빨라서, 며칠이나 한 달 정도의 단기간에 이루어지는 것도 있다.

- **회생**(reorganisation) / **파산**(liquidation).　회생절차는 기업의 모든 자산을 매각하고(본질적으로 파산계획), 기업을 정지시키고, 파산하기에 적절한 하나의 수단이 될 수 있다. 회생절차의 경우 채권자들에 대한 권리행사 중지(stay)는 파산(liquidation)의 경우보다 범위가 더욱 넓을 수 있다. 회생은 최후 매깃을 협상할 숨 돌릴 틈을 주지만, 그러는 와중에도 사업을 계속해서 돌아가게 유지할 수 있기 때문에 기업이 계속기업가치가 있는 상태로(as a going concern) 매각될 수 있다. — 일반적으로, 파산의 경우에는 파산관재인(liquidator)은 영업을 계속하기에는 매우 제한된 권한을 가진다.

- **다른 변형들**(hybrids).　그 외에도 워크아웃과 회생절차가 결합된 변형물이 있다. 그 일례로, 호주의 자율협약(voluntary arrangement) 절차에는 법원이 개입하

지 않지만, 채권자의 강제집행이 중지(stay) 되고, 법적 강제력이 인정된다. 또
하나의 예는 프랑스법의 방식으로, 협상을 촉진하기 위한 공적인 심판(umpire)
을 선임하는 것이다. 세 번째는, 정부 관료와 국내 은행들 사이에 협의된 워크
아웃에 관한 다양한 "자율적(voluntary)" 행동규약(codes of conduct)이다. 이른바
런던 어프로치(London Approach)가 기반이 되었다.6) 이에 대해서는, LPIF 제1권
단락 21-025 참조.

워크아웃(work-out)의 장단점

4-13 **개요**(general)   모든 私的 합의에 따른 워크아웃(private consensual work-out)은 도산
절차의 배경과 특히 도산절차가 채권자의 경제적 회복에 미칠 영향과 비교하여 평
가해야 한다. 法域(jurisdiction)에 따라서 상이한 결론에 도달할 수 있다.

4-14 **워크아웃의 장점**   다른 도산절차와 비교하여 私的 워크아웃이 갖는 가장 중요하고
경쟁력 있는 장점은 도산이 주는 충격과 오점, 그리고 도산절차가 사업에 가하는
영향을 피할 수 있다는 점이다. (품질과 안전 기준의 유지, 애프터서비스와 교환, 물
품의 인도와 동시에 현금을 지급하여 회사가 항상 현금으로 결제해야 하는 것, 사업
자금을 조달하기 위해서 신규 신용을 대출받는 것, 신뢰(confidence), 의욕 있는 경영
(motivated management)).

증권거래소 규정상, 주식의 허위시장(false market in the shares)을 방지하기 위하여
필요한 사실의 공시(public disclosure)가 요구되기 때문에 정보의 비밀성(confidentiality)
이 떨어지는 경우도 있다. 또한 내부자 거래 규제법 때문에 정보의 비밀성이 떨어
지는 경우도 있다.

다른 장점들은 다음과 같다. 워크아웃 상황에서는 주된 채권자들이 법원의 개입
없이 협상을 기반으로 절차를 통제할 수 있다. (법원의 의사결정권의 정도는 法域에
따라 다르다. 프랑스에서는 높고, 미국에서는 어느 정도 높고, 영국에서는 낮으며 호
주에서는 굉장히 낮다.) 당사자들은 법원의 업무처리 속도에 구애받지 않는다. 절차

---

6) 역자 주) 영국의 중앙은행인 영란은행(Bank of England)이 주도하여 시중은행들 사이에 협의된 워크
아웃에 관한 자율적인 행동규약(codes of conduct)으로서, 기업 회생을 위하여 채권단이 지켜야할 기
본적인 가이드라인을 제시해 수었다. 법에 규정된 것이 아니기 때문에 법적 강제력이 없고, 신뢰에 기
반하여 준수되었던 것이다. 이 자율적 행동규약의 내용은 우리나라 기업구조조정촉진법의 하나의 모
델이 되었다.

가 덜 형식적이고 덜 구조화돼 있기 때문에 채권자와 채무자는 그들이 원하는 바를 자유롭게 합의할 수 있다. 담보에 대해서 그리고 사업을 계속 유지하기 위하여 필요한 신규차입자금(new money)에 대해서도 협상하기 더욱 쉽다. 현지 법원이 관련 사건에 대하여 경험이 없거나 절차 진행이 느리거나 또는 비용이 많이 드는 경우에는 워크아웃 절차가 선호된다. 이자(interest)가 중단되지 않는다. 외화의 현지 통화로의 환전이 의무적이지 않다. 담보권의 집행, 상계 또는 계약 해제권 행사에 대한 중지(stay)가 없다. 임대차와 계약의 실효(forfeiture) 또는 해지 조항은 도산절차 또는 도산선고에 있어서만 발효되는 경향이 있다. 우발부채(contingent liabilities)가 발생할 가능성이 적다. 비용이 적게 든다. 워크아웃 계획은 절대적인 우선순위 규칙을 준수하지 않아도 된다. 한 그룹이 서로 경쟁하는 법인들(legal entities)로 쪼개지지 않는다.

워크아웃의 단점　　회생절차와 비교하여 워크아웃이 갖는 주요한 단점은, 참여하는 　4-15 채권자들 간에 만장일치(unanimity) 또는 거의 만장일치가 필요하다는 것이다. 즉 "버티는 채권자(hold-out creditor)"의 문제가 발생할 수 있다. 만약 중요한 은행 하나 또는 사채권자(bondholder) 한 명이 변제받기 위해서 버티고 워크아웃을 거부하면(veto), 워크아웃은 진행될 수 없다. 그러한 경우에 유일한 대안은 도산절차(insolvency proceeding)뿐이다.

　다른 단점들은 다음과 같다. ① 기존 주주들을 압도하는(swamp) 출자전환(debt-equity conversion)에 대하여 의결권(vote)을 갖고 있는 기존 주주들의 동의를 얻는 것이 도산절차 밖에서는 어려운 점(주주들은 통상 기업이 지급불능 상태(insolvent)이더라도, 예를 들어 주주 간 평등(equal treatment) 또는 신주인수권(pre-emptive rights)에 관한 증권시장의 규칙으로, 자신들에게 무언가 권리가 있으며 자신들이 이득을 볼 수 있는 권리가 있다고 생각한다); ② 비현실적인 또는 주저하는 경영진; ③ 시실싱의 이사(shadow director)로서 책임 또는 남용적 대출에 기인한 대출기관의 책임의 위험; ④ 기업이 출혈하는 동안 협상에 시간이 오래 걸리는 점. 특히 대규모의 국제적인 그룹의 경우에 그 경향이 강하다; ⑤ 도산을 신청해야 할 법률상 의무 때문에 또는 거래를 계속할 경우 개인적으로 책임을 추궁당할 공포 때문에 이사가 도산신청을 하고, 그래서 협상이 중단되는 것 등이다. 도산 신청은 단순히 너무 많은 채권자들이 있거나 사안이 너무 복잡하기 때문에 필요할 수도 있다.

　미국에서는 1939년 개정 신탁증서법(Trustee Indenture Act of 1939) 때문에 도산절차

밖에서 (이자에 대한 중요하지 않은 예외를 제외하고는) 변제기 연장에 반대하는 일반 사채권자(public bondholder)를 변제기 연장에 구속시키는 것은 불가능하다. 단락 12-35 참조.

워크아웃(work-outs)과 파산절차(final liquidation)의 비교

4-16   파산절차는 일반적으로 마지막 수단이다. 합의에 의한 워크아웃과 비교하여 파산절차의 단점들은 다음과 같다. 사업(business)이 중단되며 가격이 초저가(fireside sale price)로 떨어지는 점, 연쇄도산(cascade of knock-on insolvencies)의 가능성, 미래의 회복 또는 상승 가능성을 보고 출자전환(conversion of debt to equity) 하는 것이 불가능한 점 등이다. 또한, 담보채권자들에 의한 담보권 실행, 소유권유보부 매매/금융리스에 의한 재점유(repossessions by vendor/lessor title financiers), 소유권이전형 금융 채권자(title financier)에 의한 자산 회수(repossession), 상계 그리고 가치가 높은 계약의 해제 등으로 인하여 무담보채권자에게 지급될 배당액이 줄어들 수 있는 점 등이다.

때때로 채권자에게 선택의 여지가 없는 경우가 있다. 예를 들어, 상황이 회복하기 어렵거나, 경영진이 거래를 계속하는 위험을 감수하지 않거나 또는 파산신청을 하는 것이 경영진의 법적 의무인 경우이다. 단락 5-36 참조.

사적인 워크아웃과 회생절차(judicial reorganisation)의 비교: 일반

4-17   만약 생존 가능성이 있다면, 채권자의 입장에서는 파산절차 대신에 합의에 의한 워크아웃과 공식적인 법원의 관리감독에 의한 화의(composition) 또는 회생(reorganisation) 절차를 비교하여 선택할 수 있다.

그러나 예를 들어 여러 채권자들 중에 한 명이 파산절차를 신청하거나 또는 기존 경영진이 파산절차를 신청해야 할 의무가 있는 경우에는 채권자들의 선택권이 없어질 수도 있다.

이 두 가지 대안의 상대적인 이점은 근본적으로 해당 法域에서 가능한 회생절차의 스타일에 달려 있다. 워크아웃과 회생절차는 거래 또는 채권자 보호를 침해하는 정도가 매우 다르다는 것을 단락 4-22에서부터 다루기로 한다.

회생절차(judicial reorganisations)의 장점

회생절차는 오직 생존의 가능성이 있을 때만 고려될 수 있고, 생존 가능성이 없 4-18
으면 채무자는 파산절차(final liquidation)로 가야 한다.

파산절차와 비교할 때 회생절차의 주된 장점은 사업이 계속될 수 있으며 즉시 거
래를 중단할 필요가 없다는 사실이다. 그룹의 체제는 유지된다. 회생계획은 일반적
으로 부채의 자기자본으로의 전환을 수용할 수 있기 때문에 채권자들은 향후 경제
적 회복으로부터 이익을 얻을 수 있다. 채권자들의 채권 행사 중지(stay)라는 보호막
뒤에서, 회사는 계속기업가치가 있는 상태로 매각(sale of a going concern) 될 수 있다.

워크아웃과 비교했을 때, 회생절차의 매력은 다음과 같은 요소들의 평가와 관련
될 수 있다.

- 거의 반드시 무담보채권자에 의한 소송(actions)에 대한 중지(stay)가 이루어진다
  (숨 돌릴 틈(breathing-space)).

- 공식적인 절차는 반대하는 채권자들까지 구속할 수 있다.

- 절차를 진행하는 기관에 의하여, 편파행위 否認의 법칙(preference rules)이 발동
  되어, 의심기간(suspect period) 동안에 채권자들에게 편파적으로(preferentially) 양
  도된 자산(asset)이 재단(estate)으로 회복된다.

- 회생 시에는 채무자가 부담되는 계약, 예를 들어 노동조합 계약 같은 것을 부
  인하거나 유기하는 것이 때때로 가능하다(특히 미국에서).

- 회생절차는 대출기관이 워크아웃 시에 노출될 수 있는 법적 책임의 위험을 완
  화시킬 수 있다.

- 때때로 주주의 권리 박탈 때문에 부채/자기자본 전환을 달성하기 더욱 단순할
  수 있다.

- 보통 해외에서의 승인을 위해서는 법원에 의해 개시된 공식적인 절차가 필
  요하다.

- 채무자의 상황이 채권자의 다양성과 사안의 복잡성 때문에 너무나도 혼란스

러워서 오직 법률의 규정에 근거하여서만 명령을 부과할 수 있을 수 있다.

사업의 구제(일자리의 보존), 채권자들의 경제적 회복을 극대화할 수 있는 가능성에 대하여 더 넓은 범위의 정책들이 있다.

회생절차(judicial reorganisations)의 단점

4-19   이러한 장점에도 불구하고, 잠재적인 단점 역시 따져봐야 하는데, 항상 그러하듯이 이는 *法域*에 따라 달라진다.

- 채권자들이 협상의 과정을 통하여 상황을 실질적으로 통제할 수 있는 권한은 사라진다. 실질적인 통제권은 공식적인 관리인(administrator), 채권자협의회(creditors committee) 그리고 궁극적으로 법원에 위임된다.

- 채권자들이 기존의 채권(existing debt)에 대하여 추가 담보를 취득하여 담보권을 강화하는 것은 일반적으로 곤란하거나 불가능하다. (워크아웃에서는, 채권자 은행이 기존의 채권에 대하여 담보와 상호보증(cross-guarantee)을 취득할 수 있으며, 보통 그렇게 많이 한다. 이 때 채무자 회사가 의심기간(suspect period)을 도과할 때까지 살아남기를 희망한다)

- 공식적인 절차는 합의에 의한 워크아웃보다 비용이 더 많이 들고 시간이 오래 걸리는 경향이 있다.

- 특히 신규 대출, 절차개시 후의 계약·의무의 비용 등 절차개시 후의 채권자(post-commencement creditors)에 대하여 기존 채권자가 후순위로 밀려날 수 있다. (회생절차가 실패하는 경우 이들 우선권은 기존 채권자의 채권을 감소시킨다. 실제로 회생절차가 실패하는 경우도 많다.)

- *法域*에 따라서는 채권자의 권리가 심하게 손상될 수 있다. (예를 들어, 담보권 실행의 중지(stay), 상계의 금지, 리스물이나 매각물의 회수, 계약 해제의 금지).

더 넓은 범위에서 이 정책의 단점은 다음과 같다.

- **거래의 혼란**(transaction disruption). 상업과 기업을 지지하는(underpinning) 적법한 거래도 구제(rescue)를 위해서 2순위로 밀려난다.

- **법적 복잡성**(legal complexity). 그 法域이 채권자의 권리에 광범위한 중지(stays)를 부과할 경우, 특히 담보권 실행 중지(stays)나 다른 담보권의 제한, 상계의 중지(stays), 계약 해제권 행사의 중지(stays) 등이 행해질 경우, 금융시스템에 복잡한 예외(exemptions)나 적용 제외(carve-outs)을 도입하는 것이 종종 필요해진다. 이것은 채권자나 납세자에게 손해를 끼치는 시스템 장애나 은행시스템, 금융시장의 붕괴 리스크를 최소한으로 하기 위해서다. 국제적인 규모의 복잡성은 그 자체가 오해의 위험을 낳는다. 법제도가 보호되는 분야와 그 이외의 분야 사이에서 내부적으로 복잡한 중층 구조가 된다. 법제도가 국민을 1등급과 2등급으로 나누는 것이 된다. 입법자가 법률을 불필요할 정도로 매우 세세하게 관리한다.

- **보호주의**(protectionism). 지나치게 강력한 회생 법규는 일자리를 보호하고 현재 정부의 체면을 살리기 위한 목적으로 특정 지역의 기업에 대한 단순한 보호주의로 작용할 수 있다. 또한 강력한 회생 법규는 경쟁제한적(anti-competitive)일 수 있는데, 채권자에 대한 중지(stay)라는 혜택 없이 사업을 해야 하는 동일한 부문의 다른 기업들과의 공정한 경쟁에 위반될 수 있다.

- **국제적 충돌**(international collisions). 다국적 기업 그룹의 경우에서 만약 한 法域(jurisdiction)이 채무자에 대한 보호적인 구제를 선호하는 반면에 다른 法域은 그렇지 않다면, 국제적 갈등이 증가된다.

- **재분배**(redistribution). 한 부류의 채권자들의 몫(lot)을 증가시키는 것은 일반적으로 다른 이로부터 빼앗아오는 것을 의미한다. 즉, 재분배(redistribution)이다. 예를 들어, 담보권이 설정된 채권자의 담보물을 절차개시 후(post-commencement) 영업을 계속하기 위해서 지급하는 데에 사용하는 것이다.

회생법(reorganisation laws)의 등급 매기기

4-20   근대의 회생(reorganisation)제도의 핵심은 세 가지로 집약된다. 부담스러운 절차 개시 조건 없이 채무자가 용이하게 개시할 수 있는 점, 최소한 채권자의 강제집행과 도산 신청에 대하여 중지(stay)가 되는 점, 그리고 일반적으로 채권자의 의결과 법원의 인가 이후에는 회생계획이 반대채권자들을 구속하는 점이다.

채권자에 의한 법적 절차에 대한 동결이라는 혜택 없이 진행되는 자발적인 화의(voluntary composition) 또는 일반적으로 별로 이용되지 않거나 극히 드문 경우에만 성공하는 기타 강제적인 화의(compulsory composition)와 비교해 보자. 이는 몇몇 국가에서 화의(composition)의 경우 채권자들에게 최소한의(예를 들어 25%~40%) 즉각적인 변제를 해야 하기 때문이다.

다양한 버전의 회생절차는 서로 차이가 있다. 경제적 영향과 채권자−채무자 지향성의 측면에서 중요한 특성들은 다음과 같다.

- **담보권**에 대한 영향. 단락 17−37 참조.

- **도산법상의 상계**에 대한 영향. 단락 14−29 참조.

- **계약 해제**에 대한 영향. 단락 6−01 참조.

- **채권자에 의한 통제.**   예를 들어, 채무자의 경영진에 의한 경영의 계속과 회생계획을 개시할 수 있는 권리의 유무. 법원, 채권자위원회(creditors' committee), 도산관리인(insolvency administrator)의 감독 권한이 어느 정도인가. 채권자가 어느 정도 절차와 회생계획을 통제할 수 있는가. 단락 6−22 참조.

4-21   - **신규차입자금**(new money).   회생에 있어서 중요한 요소 중에 하나는 사업을 계속할 수 있도록 새로운 자금을 조달할 수 있는 능력이다. 즉시 출자전환(debt/equity conversion)을 하지 않으면, 신규융자(new finance)에 기존의 채권자들을 능가하는 우선순위를 부여하는 것이 필요하게 된다. 기존의 채권자들은 새로운 채권자보다 후순위에 놓이게 된다. 몇몇 法域은 새로운 자금의 조달 가능성을 보장하기 위해서 기존 채권자들의 자산 보호, 예를 들어 담보권 또는 상계를 제거하는 우회로를 채택했다. 이 두 가지 방법 모두, 많은 경우 그러하듯

이, 만약 회생절차가 실패한다면 채권자들의 위치를 더욱 악화시키는 결과를 초래한다.

- **절차를 개시할 채무자의 인센티브.** 부당한 거래(wrongful trading) 또는 부주의한 거래(negligent trading)에 대한 이사의 개인적 책임의 회피. 지급불능(insolvent) 시에 도산 신청을 하지 않은 것에 대한 이사의 개인적 책임의 회피(단락 5-23 참조). 기존 경영진이 경영권을 계속 맡을 권리 등. 단락 6-25 참조.

국가에 따른 현대 회생의 분류

회생의 부재 또는 그 경계　　현대적인 회생 법령이 전혀 없는 국가들은 전통적인 영 **4-22** 국법계 그리고 전통적인 나폴레옹법계 안의 국가들이다. 현대적인 구제 절차가 없는 영국법계 法域(English-based jurisdictions)에서는 (1870년부터 있어온) 기업 정리계획(corporate scheme of arrangement) 제도가 그 간극을 메운다. 이것은 법원의 인가를 받은 회생계획인데 계층별 채권자들이 조별로 투표를 하는 절차이며, 파산 신청의 중지(stay)라는 보호 뒤에서 개시될 수 있다.

다른 국가에는, 최근 별로 이용되지 않는 전통적인 화의(composition)와 현대적인 회생 제도 사이의 경계에 있는 회생 법령을 갖고 있다. 이러한 국가는 로마-게르만계의 오스트리아, 네덜란드, 노르웨이, 스위스, 그리고 프랑스 법계에서는 룩셈부르크와 (아마도) 그리스다.

현대의 회생 절차들은 모두 스펙트럼 연속선상에 있지만 이들을 위 기준에 따라 온건한 절차와 강력한 절차로 분류할 수 있다.

온건한 회생절차(mild reorganisation)　　다음과 같은 국가들[7]을 포함한다. **4-23**

- **호주.** 1992년 회사법 개정법(Corporate Law Reform Act 1992)(현재 2001년 회사법 (Corporations Act 2001)에 포함됨)하에서의 임의관리절차(voluntary administration)와

---

7) 역자 주) 연방제 국가에서도 도산법은 각 州별로 다른 州법이 없고 대부분 국가에서 연방법으로 도산법을 제정했다. 여러 개의 法域을 포함하고 있는 미국, 캐나다, 호주에도 각 국가별로 통일된 연방 도산법이 있다. 호주에서는 기업도산절차는 연방 회사법이 규율하고 있다. 연방 도산법, 연방 회사법의 효력범위가 국가 단위와 일치한다. 이러한 이유로 도산법에 관한 설명 부분에서는 "jurisdiction"을 '국가'로 번역했다.

회사정리약정(deed of company arrangement). 포괄적 담보권(universal charge), 상계, 대부분의 일반적인 계약 해지에 대한 중지(stay)는 없다.

- **영국**(Britain).   개정된 1986년 도산법(Insolvency Act 1986)하에서의 관리절차(administration). 담보권과 몇몇 소유권이전형 금융(title finance)에 대한 온건한 중지(stay)가 있다. 상계와 대부분의 계약 해지에는 중지가 없다. 채권자에 의한 통제(creditor control).

- **독일**. 담보권에 대한 온건한 중지. 특정한 임대차(lease)를 제외하고는 계약 해지권 행사에 대한 일반적인 중지는 없다. 상계에 대한 중지도 없다.

- **아일랜드 공화국**. 개정된 1990년 회사(개정)법(Companies (Amendment) Act 1990) 하에서의 감사인 제도(examinership). 담보권과 소유권이전형 금융(title finance)에 대한 (영국보다는 광범위한) 몇몇 중지가 있지만, 상계나 대부분의 일반적인 계약 해지에 대한 중지는 없다.

4-24
- **일본**. 기업회생(corporate reorganisation)인지 개인회생(civil rehabilitation)인지에 따라 그 영향이 달라지지만, 상계는 일반적으로 유효하게 인정된다. 담보권 집행에 대한 중지(stay)는 약하다. 그리고 계약 해지(termination) 조항에 대한 중지는 없는 것으로 여겨진다.

- **싱가포르**. 법정관리(judicial management)가 1987년 회사(개정)법(Companies (Amendment) Act 1987)에 의해 도입됐으며, 영국의 1986년 도산법(Insolvency Act 1986)하에서의 관리절차에 크게 근간을 둔다. 포괄적인 *浮動*담보권(universal floating charge)은 강한 효력(blocking power)을 갖는다. 상계와 대부분의 계약 해지에 대한 중지는 없다. 채권자에 의한 통제.

- **기타**. 에스토니아, 라트비아, 폴란드 그리고 아마도 핀란드와 스웨덴. 핀란드와 스웨덴의 경우 상계의 중지(stays)는 없지만 계약 해지권 행사의 중지(stays)는 있나.

　대부분의 이러한 국가들은 기존 경영자 관리인(debtor-in-possession)을 인정하지 않으며, 만약 인정한다면 관리감독의 대상이 된다.

엄격한 절차(touch proceedings)　　이러한 法域에서는, 담보권의 집행에 대한 중지 또 　4-25
는 그 외의 다른 제한(interference), 상계의 중지(stays), 계약 해지권 행사에 대한 폭넓
은 중지, 기존 경영자 관리인(debtor-in-possession)을 허용하는 경향 중에 모두 또는
적어도 대부분을 갖추고 있다. 각각의 경우마다 예외는 존재한다.

- **벨기에**. 1998년 법정 화의(judicial composition of 1998), 그러나 계약 상계는 허용
  된다.

- **캐나다**. 1992년 도산 및 채무불이행법(Bankruptcy and Insolvency Act 1992) 그리
  고 더 오래됐지만 더욱 엄격한 1930년대까지로 거슬러 올라가는 기업 채권
  자 합의법(Companies' Creditor Arrangement Act)하에서의 상업적 회생(commercial
  reorganisation). 두 법 모두 연방법이다.

- **프랑스**. 현재는 상법(Commercial Code)에 성문화된, 1985년 1월 25일 법하에서
  의 *redressement judiciaire*. 담보권, 상계, 계약 해지에 대하여 광범위한 개입
  (intrusion)이 있다. 기존 경영자 관리인(debtor-in-possession)은 제한적이다. 회생
  계획은 법원이 감독한다.

- **이탈리아**. 1979년 비상관리법(extraordinary administration of 1979) (*amministrazione* 　4-26
  straordinaria) 및 그 관련법에 의한 특별 비상관리(special extraordinary administration).
  그러나 상계에 대한 중지는 없다. 따라서 (핀란드와 스웨덴처럼) 이 절차는 중
  간적인 것이라고 볼 수 있다. 어느 정도 정부의 개입이 있다.

- **뉴질랜드**. 1989년 기업(감사 및 관리)법(Corporations (Investigation and Management)
  Act 1989)에서의 법정관리(statutory management), 특별하고 흔치 않은 정부 개시 절
  차. 이 이외에는 뉴질랜드는 채권자의 권리의 제한(interference)에 있어서는 매우
  온건하다.

- **포르투갈**. (2004).

- **스페인**. (2003).

4-27
- **미국**. 연방법(federal statute)인 1978년 도산법(Bankruptcy Code of 1978)의 Chapter 11. 상계에 대한 온건한 중지(stay). 충분한 보호 하에 담보권의 중지 또는 제한(interference)이 이루어진다. 계약 해지권 행사에 대해서는 엄격한 중지. 기존 경영자 관리인(debtor-in-possession). 채무자에 의한 회생절차 개시에는 지급불능(insolvency)에 대한 증명이나 회생 가능성(feasibility)에 대한 입증이 필요 없다.

회생(reorganisations)에 대한 결론

4-28   회생절차가 유용한지 여부는 논란의 여지없이 유용하다고 여겨진다. 그러나 회생절차가 채권자 권리 및 거래에 일반적으로 가혹한 영향을 끼친다는 점에 대해서는 논쟁의 여지가 있다. 회생절차에서는 최소한 채권자의 강제집행(executions)과 파산신청에 대하여 중지(stay)를 명해야 한다. 따라서 쟁점은 담보권 집행(security enforcement), 소유권이전형 금융(title finance) 자산에 대한 회수, 상계, 계약 해지에 대한 중지를 허용해야 하는지 여부이다. 또한 기업을 구제하기 위하여, 담보권과 소유권이전형 금융(title finance)이 어느 정도로 후순위가 되어야 하는지가 쟁점이다. 기존의 채권자들을 후순위로 밀려나게 만드는 새로운 계약들의 우선권과 신규차입자금(new money)의 조달 또한 고려돼야 할 쟁점이다.

전반적으로 채권자들은 만약 워크아웃이 성취 가능하다면 워크아웃을 선호하며 법원의 개입은 피하는 것을 선호한다는 의견이 있다. 법원은 오직 필요성이 있을 때에만 대비책으로서 필요하다는 최소주의적인(minimalist) 접근으로 보인다. 저항하는 채권자들(hold-out creditors)을 중지(stay)시키고, 반대채권자들을 구속(bind)하고, 소유권을 강화하고, 해외에서의 승인을 향상시키고, 총체적인 불공평을 감시하고, 사기를 처벌하기 위하여 법원이 필요하다.

더 상세한 내용: LPIF 시리즈 제1권 제2장(워크아웃, 법정 구제 그리고 파산의 비교), 제21장(워크아웃), 그리고 제23장(회생계획). 은행 도산과의 비교를 위해서는,

LPIF 제1권 제24장 참조, 국가 도산을 위해서는 제25장 참조.

질문과 세미나 주제는, 제6장 마지막 부분 참조.

제5장

도산 정책: 개별 주제 I

도산의 우선순위 단계(bankruptcy ladder of priorities)

개요(general)

5-01   일반적으로 파산의 가장 근본적인 원칙은 채권자의 채권액에 따라 안분비례하여 (pro rata), 동등순위로(pari passu), 평등하게 지급하는 것이다. 이는 채권자의 채권액에 안분비례하여(pro rata) 파산재단(bankrupt's estate)의 풀(pool)로부터 적절하게 지급하는 것을 의미한다.

하지만 가장 대략적인(cursory) 국제 파산 사례조사에서조차 이러한 채권자 동등 대우(pari passu) 원칙은 지켜지지 않고 있다는 것을 볼 수 있다. 평등(equality)은 비현실적(sentimental fiction)이다. 실제로는 채권자의 부채규모(scale), 계층(hierarchy) 또는 우선순위에 따라 지급된다. 수평적 지급 구조(flat field)는 없으며 채권자들은 복잡한 수직적 구조 속에서 살아남기 위해 높은 순위를 앞 다투어 찾는다. 곳곳에서 격렬한 생존경쟁이 있고, 증가하고 있는 부채의 휘몰아치는 파도(swirling tides)에 빠지지 않고 달아나면서, 정점에서 짜낸 산소 거품 속에서 겨우 숨을 쉰다.

그래서 대부분의 파산에서 우선순위(priority stacks)가 가장 중요하며 비례원칙은 의미가 없다. 동등순위의 채권자들(pari passu creditors)은 아주 적은 채권액만 지급받거나 그 소차도 아예 빚지 못하기도 한다. 우선순위권자들이 우선적으로 지급받기 때문에, 후순위권자들은 적게 받거나 아무것도 받지 못하는 것이다. 이러한 차별과 불평등은 확실한 정책으로 정당화되어야 한다. 이러한 정책은 대부분 설득력이 있 거나(compelling) 믿을 만하다. 하지만, 우선순위가 정당(convince)하지 않은 경우도 있다.

단계의 개요(summary of the ladder)

우선순위는 다음과 같이 여섯 단계로 구성되어 있다.   5-02

(1) 최우선순위(super-priority) 채권자

(2) 우선순위(priority) 채권자

(3) 동등순위(pari passu) 채권자

(4) 후순위(subordinated) 채권자

(5) 주주(equity shareholders)

(6) 수용되는(expropriated) 채권자

파산(liquidations) 우선순위와 회생(rescue) 우선순위

우선순위는 파산절차에서의 우선순위다. 우선순위의 중요성은 파산절차를 넘어   5-03
서까지 뻗친다. 실제로 많은 경우에 우선순위의 채권자들은 회생계획(reorganization plan)에 전혀 영향을 받지 않기 때문에, 법정 구제절차에서 항상 이 우선순위를 반 영하여 회생계획을 짜야 한다. 1978년 미국 도산법 Chapter 11의 회생계획은 도산 법 Chapter 7에서 적용하는 절대적 우선 원칙을 반영하고 있다. 또한, 법원이 반대 채권자들에게 회생계획을 강제할 수 있는지(이른바 강제인가(cram-down)) 여부는 반대채권자들이 적어도 파산절차에서 받을 수 있을 금액만큼 회생계획하에서도 받 을 수 있는지 여부에 달려 있다. 반대채권자들이 파산절차의 우선순위 단계(ladder) 에서 정당한 위치에 들어갔다면 받을 수 있는 만큼 회생절차에서도 받을 수 있다면 회생계획에 불평할 수 없을 것이다.

파산의 우선순위를 위한 회생절차(rescue proceedings)의 결과 중 하나는 회생절차 중에 사업을 유지하는 데 발생하는 계약, 임대차 계약, 근로자, 신규차입자금 등의 법적 채무가 흔히 선순위 채권자들보다 우선시되고 그 금액이 상당하다는 것이다. 종종 그러하듯이, 만약 회생이 실패하고 채무자가 파산절차(final bankruptcy)에 들어가게 되면 이러한 회생 우선순위는 파산의 단계에 맞추어 결정된 뒤따른 파산 우선순위와 함께 순위가 매겨져야 한다. 우선순위는 우선순위 위에 차례로 쌓이는 것이다. 잔뜩 쌓인 우선순위에서 채무자가 일련의 회생과 파산을 여러 번 경험하는 똑같은 효과를 가지는 것이다.

私的 워크아웃에서는 우선순위가 관찰되지 않지만 실제로는 존재한다. 심지어 우선순위의 의무가 없는 국가 도산(state insolvencies)에서도 채권자들은 우선순위의 공감대(consensus)에 따라 상환기한을 연장한다. LPIF 시리즈 제1권 단락 25−02 참조.

사실상 법적 우선순위의 역전

5-04   법정 구제절차(judicial rescues)에서 그리고 법정 외(out−of−court) 워크아웃에서도 사실상의 우선순위(de facto priorities)가, 고정된(fixed) 파산 우선순위를 대체할 때가 있다. 예를 들어, 전형적인 채무조정(typical rescue)의 경우, 오직 은행과 사채권자(bondholders)만이 계획에 따라서 상환기한 연장(reschedule)(또는 출자전환)을 한다. 이렇게 함으로써, 원래는 은행들과 평등한 순위였던 무역채권자(trade creditors)가 채무자의 영업 유지를 위해서 먼저 지급받게 된다. 은행이 모든 자산에 대하여 최우선 담보권을 가지고 있지만, 채무자가 영업을 유지하도록 하기 위해서 무역채권자, 토지의 임대인(landlord) 등에게 지급하는 것을 계속 허용하는 경우에도 역시 마찬가지이다. 그 결과 선순위(senior) 채권자는 후순위(junior)가 된다.

우선순위가 국가 간 도산(cross-border insolvencies)에 미치는 영향

5-05   국제 파산절차에 있어서 상호 예양(comity)이나 상호 승인이 어려웠던 가장 큰 이유는 우선순위 채권자의 범위의 차이이다. 국가는, 채무자의 자산이 주된 사업의 중심지(main centre of operations)인 외국에 유출되어, 외국인 근로자(또는 보다 일반적으로는 근로자 보호기금이 있는 외국 정부)에게 지불되거나 외국에서 세금을 내는 데 사용되는 한편, 자국의 근로자 또는 조세 당국은 빈손이 되는 상황을 원치 않는다. 이와 비슷하게 각각 다른 국가의 정부들은 담보, 이자, 상계(set−off), 신탁에 대한

관점이 다르다. 그러므로 즉각적인 반응은 국가가 자국에서의 우선순위를 보호할 수 있도록 하기 위하여 자국의 소송절차를 허가하는 것이다.

최우선순위 채권자(super-priority creditors) 요약

최우선순위 채권자는 채권 전액(또는 그들의 자산의 금액만큼)을 변제받는다(paid in full). 최우선순위 채권자는 채권자 동등대우의 법칙(pari passu rule)에 영향 받지 않고 파산재단에서 자산을 가져갈 수 있다는 점에서 대략적으로 파산절차 밖에 있는 채권자이다. 즉, 분리된 자들(separatists)이다. 다음과 같은 채권자가 포함된다.   5-06

(1) 담보채권자

(2) 소유권이전형 금융(title finance) 채권자

(3) 상계가 가능한 채권자

(4) 신탁수익자(beneficiaries under trusts)

최우선순위 채권자들(super-priority creditors)은 경제적으로 상당히 중요하다.

담보채권자와 소유권이전형 금융(title finance)   담보채권자는 채무자의 자산에 대한 그들의 담보물의 가치만큼을 지급받을 수 있다. 담보에 대한 국제적 태도와 최우선순위 담보권의 논리는 제16장~제18장에 요약되어 있다.   5-07

소유권이전형 금융(title finance) 채권자, 특히 소유권 유보에 의한 물품공급자 (retention of title suppliers of goods)(구매대금저당대부(purchase money mortgages))는 담보채권자와 무담보 채권자에 우선하는 최우선순위(super priority)를 갖는다. 예를 들어 영국, 네덜란드, 독일에서 그러하며, 기타 매우 많은 法域에서도 같다. 따라서 영국에서는 어떤 회사가 은행을 위해서 모든 자산에 통상의 담보권 또는 浮動담보권 (floating charge)을 설정하고 은행이 그 담보권을 실행할 때에도, 소유권 유보에 의한 물품공급자는 은행의 담보권에 관계없이 그 공급한 물품의 회수가 가능하다. 채무자는 그 물품의 소유권은 획득하지 못했으며 은행에의 담보권 설정도 불가능하기 때문이다. 그 결과 물품공급자는 은행의 담보권에 우선하게 된다. 물품의 임대인

(lessor)은 회수가 가능하다는 것이다.

　　이러한 상인(traders)의 담보채권자에 대한 우선순위는 어떻게 정당화할 수 있을까? 그것은, 만약에 물품공급자의 우선순위가 인정되지 않는다면, 은행은 물품이 납품되면 즉시 담보권을 실행할 수 있지만, 그 물품의 대금은 지급되지 않고 있는 상황이 될 수 있기 때문이다. 그러나 한편에서는, 물품공급자(suppliers)는 매우 단기(통상 최대 수개월 이하)의 신용공여만 제공하고, 예금자를 대변하지도 않고, 채무불이행 시에 신규 신용공여를 제공하지도 않는다. 물품공급자(suppliers)는, 많은 경우 적어도 은행이 강제집행에 나설 때까지는 은행의 돈(bank money)으로 지급받는다. 그래서 종종 은행이 무사하면 자신들도 무사하다고 안심한다. 그럼에도 불구하고, 상인(trader)의 보호는 넓게 공감을 얻고 있다.

5-08　　물품공급자의 최우선순위(top priority)를 지지하는 입장에서 주장하는 논거는 다음과 같다. 최우선순위가 있는 채권자는 매수인이 곤란한 상황에 있을 때에도 물품의 공급을 계속하고, 매수인은 최우선순위 채권자에게 우선적으로 변제할 인센티브가 있다. 가치가 떨어지고 있는 물품을 다른 곳에서 처분하기 위해서는 신속한 회수(repossession)가 필요하다. 최우선순위 물품공급자들은 파산의 파급효과나 폭포 영향(cascade effects)에 특히 취약하다. 이러한 것들을 최우선순위의 근거로 들고 있다. 모두가 왜 자신이 우선시되어야 하는가에 대한 이유는 있는 것이다.

　　소유권이전형 금융(title finance)은 제18장에 정리되어 있다.

　　담보권(security interests)이, 임금과 세금 등 우선권이 있는 무담보 채권자들에 대하여 선순위에 놓이는지 여부는 *法域*들마다 입장이 다르다.

5-09　**상계**(set-off)　　채권자가 파산자에게 채무가 있는 경우에, 파산자의 채권자에 대한 채권을 채권자의 파산자에 대한 채권과 상계를 할 수 있는 채권자는 그 상계의 범위 내에서 지급받는 효과가 있다. 만약 파산자가 채권자에게 150의 채무를, 채권자는 파산자에게 100의 채무를 지고, 채권자가 이를 상계할 수 있다면, 그 채권자는 자신의 채권 150 중 100에 대하여는 지급을 받는 것이 된다. 도산법상의 상계와 그 근거는 제14장에 요약되어 있다.

5-10　**신탁수익자**(beneficiaries under trusts)　　신탁이란, 수탁자라고 하는 사람이, 수익자라고 하는 다른 사람에게 속하는 자산에 대한 소유권(title)을 (수탁자의 개인적 채권자(private attention)와 도산 채권자로부터 절연되어 있는 상태에서) 보유하는 거래이다.

비슷한 것(analogy)으로는 창고보관, 매매 대리인(agency for sale), 리스(lease), 운송과 같은 물품의 임치(bailment of goods)가 있다.

수탁자의 파산 시, 수익자는 수탁자의 개인적인 채권자의 청구와 무관하게 그 재산에 권리를 주장할 수 있다. (혹은 수탁자를 교체할 수 있다.) 따라서 수익자는 최우선순위 채권자(super-priority claimant)라고 말할 수 있다. 신탁에 대해서는 전 세계에서 여러 가지 수용이 있다. 상업거래나 금융거래에서 신탁과 관련된 금액은 거대하며 경제적으로 매우 중요하다.

신탁 관련 내용은 제19장 참조. 추급 청구권자(tracing claimants)의 최우선순위에 관해서는 단락 19-13 참조.

우선순위 채권자(priority creditors)[1]

이 순위 그룹은 우선순위에 있어서 두 번째로 위치해, 최우선순위 채권자에게의 지급 후에 남은 파산재단으로부터 지급을 받는다. 주요한 것은 다음과 같다. 5-11

(1) 관리비용 청구권(administrative claims)

(2) 세금

(3) 근로자의 임금(employee remuneration)

(4) 기타

이들이 담보권보다 우선하는지(trump) 여부는 가장 논쟁적인 문제로 단락 19-13에 설명되어 있다.

---

1) 역자 주) 우리나라 채무자 회생 및 파산에 관한 법률 제476조는 재단채권은 파산채권보다 먼저 변제한다고 규정하고, 제473조에서 재단채권을 다음과 같이 열거하고 있다. ① 파산채권자의 공동의 이익을 위한 재판상 비용에 대한 청구권, ② 국세징수법 또는 지방세징수법에 의하여 징수할 수 있는 청구권, ③ 파산재단의 관리·환가 및 배당에 관한 비용, ④ 파산재단에 관하여 파산관재인이 한 행위로 인하여 생긴 청구권, ⑤ 사무관리 또는 부당이득으로 인하여 파산선고 후 파산재단에 대하여 생긴 청구권, ⑥ 위임의 종료 또는 대리권의 소멸 후에 긴급한 필요에 의하여 한 행위로 인하여 파산재단에 대하여 생긴 청구권, ⑦ 쌍방미이행 쌍무계약에 관한 선택에 의하여 파산관재인이 채무를 이행하는 경우에 상대방이 가지는 청구권, ⑧ 파산선고로 인하여 쌍무계약이 해지된 경우 그 때까지 생긴 청구권, ⑨ 채무자 및 그 부양을 받는 자의 부양료, ⑩ 채무자의 근로자의 임금·퇴직금 및 재해보상금, ⑪ 파산선고 전의 원인으로 생긴 채무자의 근로자의 임치금 및 신원보증금의 반환청구권.

5-12 **절차 개시 후의 관리비용 청구**(post-commencement administrative claims)   파산절차 개시 후의 관리비용에는 다음과 같은 것들이 포함된다. 파산관재인(insolvency administrator), 변호사, 대리인, 경매인, 직원에 대한 보수, 건물 임대료와 보험료, 보관비용과 환가비용, 파산관재인에 의한 계약을 위한 비용, 소송비용 등이 있다.

　회생절차(judicial rehabilitation proceedings)에서는 이 계층(class)이 상당히 확대되어 다음과 같은 것들도 포함한다. 그것은, 회생절차개시 후의 계약과 임대료, 예를 들어, 신규융자, 재단(estate)에 의해 채택되거나 지속되는 계약, 고용계약, 보험료, 소송비용, 보전비용과 담보물비용, 절차개시 후 세금 등 영업을 계속하기 위하여 필요한 모든 비용이다. 이것은 상당한 금액이 되는 경우도 있다. 실질적으로 절차개시 후 新사업에 관련된 청구권은 절차개시 전 舊사업을 위한 청구권보다 선순위에 있다.

5-13 **조세채권**　조세채권의 우선순위에는 대개 제한이 있다. 조세채권의 우선순위에 대한 과세당국의 주장은 전통적으로 다음과 같다. 公益(public interest)이 私益(private interest)보다 우선되어야 한다. 그리고 과세당국은 비자발적 채권자이다. (불법행위 손해배상 청구권자(tort claimants)도 비자발적 채권자이다. 그런데 이에 대해서는 보험이 있다.) 그리고 만약 과세 당국이 합리적으로 보호받지 않는다면, 필요보다 일찍 회사를 파산시켜야만 하게 되어 결국 맹비난을 야기할 것이다. 이 주장에 대하여 다양한 국제적 의견이 있다.

　조세 우선주의는 스위스(1996년), 영국(2002년), 스페인(2003년), 포르투갈(2004년), 스웨덴(2004년)에서 없어졌으며, 2000년 이후의 도산제도 개혁에도 불구하고 이탈리아, 일본, 미국에는 여전히 존재한다.

5-14 **근로자의 임금과 수당**　임금채권의 우선순위는 대개 제한을 받는다. 이는 일반적으로 미지급 임금, 수당과 고용의 종료에 대한 손해배상을 포함한다. 근로자들이 우선시되는 데는 세 가지 이유가 있다. 첫째, 그들이 우선시되지 않으면 어려운 상황에 처한 회사에서 일하지 않을 것이다. 둘째, 근로자에 대한 동정심 때문이다. (파산하면 그들은 생계수단이 없어진다.) 셋째, 때때로 노동자를 우선으로 하는 정치철학 때문이다. 반면에 그들은 내부자로서 어떠한 경우에라도 대부분 우선권의 이득을 얻는다.

　또한 근로자들은 회생절차(rescue proceedings)를 통해 사실상의 우선순위를 달성할 수 있다. 왜냐하면 사업을 지속하기 위해서 근로자들이 반드시 필요하고 은행의 신규 신용공여(new money)로부터 지급받을 수 있거나 또는 법률상 영업양도 후 근로자들이 영업양수인 회사에 계속 고용될 수 있는 권리가 있기 때문이다. 근로자들은 일반적으로 주급이나 월급을 받기 때문에 거액 대출의 익스포저(large credit exposure) 를 축적하지 않는다.

기타 일부의 法域에서는 법이 여러 가지 사유로 우선권을 부여한 다른 청구권자   5-15
들(claimants)이 있다.

  종종 대중을 보호하고 은행과 보험업자에 대한 대중의 믿음을 유지하며 채권자 보호 자금에 대한 청구를 줄이기 위해 은행 예금자들과 생명보험사 보험가입자들 이 우선시될 수 있다. 호주, 스위스, 미국의 은행 예금자는 일정 한도까지 우선권이 있다. EU의 2001년 보험회사 회생 및 파산 지침(Insurance Winding-up Directive of 200 1)[2] 제10조는 보험청구권이 보험업자에 대한 어떠한 청구권보다도 우선되는 것을 보증할 것을 회원국들에게 요구했다.

동등순위 채권자(pari passu creditors)

개요(general)   최우선순위 채권자와 우선순위 채권자의 뒤를 이어 세 번째 계층인   5-16
이 그룹은 진정한 동등순위 채권자(pari passu creditors)로 대개 파산자의 무담보채권 자들이다. 이들은 사실상 파산절차에서 보호받지 못한다. 최우선순위 채권자와 우 선순위 채권자를 지급하고 남은 부분을 나누기 때문에 거의 배당을 받지 못하거나 아주 적은 일부를 받는다. 이러한 비관적 결과는 많은 法域에서 도산법이 다른 우 선순위 채권자(prior claimants)의 보호를 중시하고 있다는 것을 보여준다. 또한 실패 하고 파산한 사업(business)의 가치가 작다는 것을 보여준다.

  동등순위 채권자들 중 가장 큰 비중을 차지하는 것은 일반적으로 무담보의 은행 채권자, 사채권자(bondholder), 물품이나 용역의 무역채권자(trade creditor)이다. 그밖에 근로자 연기금(employee pension funds)과 불법행위(개인 부상이나 재산 피해) 손해배 상청구권을 포함한다. 미국에서는 대규모 불법행위 손해배상청구가 자주 일어나고 있으며, 변호사들이 그중 상당한 비율을 가져간다(예를 들어 1/3).

---

  2) 역자 주) Directive 2001/17/EC of the European Parliament and of the Council of 19 March 2001
    on the reorganisation and winding-up of insurance undertakings.

후순위 채권자(subordinated creditors)

5-17   네 번째 그룹은 최우선순위, 우선순위, 그리고 동등순위 채권자 다음으로 순위가 매겨지며 어떠한 이유로(for some reason)든 연기되거나 후순위로 밀려난 채권자로 구성되어 있다. 이들은 보통 파산절차에서 아무것도 받지 못한다. 法域에 따라 다음과 같이 적어도 네 가지 유형으로 나눌 수 있다.

(1) **지분 채권자**(equity creditors).   이들은 채권자들이지만 채무의 성질이 출자지분(equity shares)과 유사하여 다른 모든 채권자들에 비해 후순위인 대우를 받게 된다.

예를 들어, 수익에 연동하여 이자가 변동되는 대출이 있다. 일례로 영국 1890년 동업법(Partnership Act 1890) 제3조가 있다. (차주가 회사, 조합 또는 누구든지) 대출 이자가 차주(borrower)의 수익에 연동되어 변동되면, 이 법이 적용된다. - 캐나다를 포함한 영국법에 기반을 둔 法域에서 널리 채택되었다.

독일에서 GmbH라고 불리는 기본적으로 비공개 회사(private companies)인 유한책임회사(limited liability company)에 대한 대출은 만약 그 대출이 "(회사가 재무적으로 위기상태이기 때문에) 신중한 경영인이라면 오히려 자본(capital)을 투입할 시점에 주주에 의해서 제공된 것"이라면 후순위가 될 수 있다. 유한책임회사법(GmbH Law) 제32조 제a항 참조. 상장회사(public companies)(AG)와 관련하여도 주주가 회사의 사업에 '영향을 끼칠 때' 유사한 규칙의 적용이 있다. 비교 가능한 주주 대출의 후순위화(subordinations)는, 예를 들어 오스트리아, 그리스, 포르투갈, 스페인에서 발견되었다.

5-18   (2) **위법행위**(misconduct)**에 의한 후순위 채권자(형평법상 후순위화)**.   이들은 파산절차와 관련하여 부당하거나 방해하는 행동을 이유로 후순위로 되는 채권자이다. 예를 들어, 미국의 경우 채무자의 경영에 부당하게 개입하여 다른 채권자들에 해를 끼치는 행위를 한 채권자를 후순위화 할 수 있다. 이는 거의 오직 미국의 제도(doctrine)이며 형평법상 후순위화(equitable subordination)라고 불린다.

(3) **파산절차 개시 후 발생한 이자**(post-insolvency interest).   대부분 국가에서

파산절차 개시 후에 발생한 이자는 일반적인 무담보 채권자보다 후순위로 매겨진다. 이것은 실질적으로 지급되지 않음을 의미한다.

(4) 합의에 의한 후순위 채권자. 다른 채권자들을 우선으로 하고 후순위로 밀리는 것(subordinated)에 합의한 채권자들이다. 단락 13-04 참조.

주주(equity shareholders)

주주는 최우선순위, 우선순위, 동등순위, 그리고 후순위 채권자들 다음으로 우선순위에 있어 다섯 번째이다. 주주의 권리는, 여러 예외가 있지만, 일반적으로 회사의 해산(dissolution) 시에만 돌려받을 것이 있다. 이들은 다른 채권자들을 위한 완충작용을 하며 내부적으로는 우선주, 일반주, 후배주(deferred) 주주의 순서가 매겨진다. 이들은 파산절차에서 아무것도 받지 못한다. 5-19

수용되는 채권자(expropriated creditors)

마지막 그룹은 채권자가 아니다. 파산재단(bankruptcy estate)에 대한 채권으로서의 조건(proof)을 충족하지 못하기 때문이다. 사실상 결과적으로 수용된 것과 같다. 다양한 法域에서 때로는 뒤죽박죽 나타나지만 다음과 같이 나눌 수 있다. 5-20

(1) 해외 조세와 벌금 청구. 많은 法域은 외국 조세당국의 채권, 외국의 벌금 청구를 인정하지 않는다. 외국 정부의 조세채권과 사회보장보험료 채권은 통상 제외된다. 예를 들어, *Government of India v Taylor* [1955] AC491 판례 참조. 2000년 EU 도산 규정(EU Insolvency Regulation 2000)에 따르면, EU 규정이 적용될 경우에는, 회원국의 조세채권과 사회보장보험료 채권은 인정된다. 채무자의 주된 이익의 중심(center of main interests)이 EU에 있을 때이다. 제39조 참조.

집행할 수 없는 외국의 청구권에는 벌금 청구권, 행정규제상 청구권 등도 있다.

(2) 외화채권자(foreign currency creditors). 파산자에 대한 외화채권(foreign currency debts)은 (모든 외환규제를 준수하여) 증명가능하며, 통상 파산절차 개 5-21

시일을 기준으로 공식 발표되는 환율 또는 시장 환율로 현지 통화로 변환된다는 것이 거의 보편적인 규칙으로 보인다. 예를 들어, 영국(1986년 도산규정(IR 1986), rr 4.91, 6.111), 프랑스 상법(Com C)(art L 621－44), 독일(1999년 도산법(IC 1999) 제45조), 스페인, 스위스, 노르웨이(1984 채권자 회복 법률(Creditors Recovery Act) 제6조~제5조), 이탈리아, 오스트리아, 덴마크, 미국이 해당된다. 1978년 도산법(BC 1978) 제502조 제(b)항 참조. 통화의 변환(currency conversion)은 회생절차에 있어서는 잘 일어나지 않는다.

따라서 현지 통화(local currency)가 평가절하될 경우, 채권자들의 채권이 감소되는 결과를 야기해 채권자들이 손실을 입게 된다. 이는 치솟는 인플레이션 국가에서 심각한 문제이다. 예를 들어 물가상승률이 매년 1000%인 국가들은, 많은 경우 그 국가 자체가 지급불능일 뿐만 아니라, 결국 외화채무(foreign currency liabilities)가 있는 현지 회사(local companies)를 파산하게 한다. 그러므로 국가 지급불능의 효과는 국가의 채권자들뿐만 아니라 민간 영역의 외화채권자들(foreign currency creditors)까지 악영향을 끼치는 것이다. 외화채권자는 현지 회사(local companies)가 파산하여 파산절차에서 외화채권이 현지 통화로 변환(crystallisation of the conversion) 되는 사태를 피하기 위해서 노력하지 않을 수 없게 된다.

결론

5-22   파산은 죽음이고 거기서는 모두 티끌처럼 평등하다는 주장은 현실과 맞지 않다. 많은 국가에서 조세채권의 우선권이 부정되고 있음에도 불구하고, 채권자의 우선순위 사다리는 길게 늘어지는 경향에 있다. 그 주된 원인은 최후의 수단으로서 신규차입자금(new money)과 회생(regorganisation)이 실패했을 경우의 관리비용이다.

만약 법이 파산 우선순위를 규정하지 않았더라면, 시장은 이를 자체적으로 발명해냈을 것이다. 도산한 기업이 영업을 계속하는 한 주요 공급자와 근로자의 사실상 우선순위, 후순위 채권의 후순위화, 소유권이전형 금융(title finance)의 최고 최우선순위(super－super priority)는 시장에 의해 정해졌다.

우선순위 체계에 대한 본능적인 집착은, 국가 도산의 경우에 법률의 강제가 없어도 시장에서 우선순위의 공감대(consensus)가 이루어진다는 점에서도 나타나고 있다.

파산 단계(ladder)에 대한 더 상세한 내용: LPIF 시리즈 제1권 제11장.

이사의 책임(Director's liability)[3]

도입(introduction)

 法域들이 내려야 하는 근본적인 결정 중 하나는 법인격의 장막(veil of incorporation)을 존중할 것인지(honour)의 여부이다. 이는 회사가 파산했을 때, 법이 회사보다도 이사 개인에게 개인적 책임(personal lability)을 물을 것인지 여부에 관한 것이다.   **5-23**

 법률상 또는 사실상 개인적 책임에 대한 주요 후보자는 이사와 임직원이다. 일반적이지는 않지만 모기업과 다른 그룹사(group companies)를 포함한 주주의 책임도 있을 수 있다.

 대체로 책임은 지배권을 근거로 한다. 주주와 채권자 및 다른 법인 주주를 위한 성실한 경영의 의무는 회사 이사의 책임이다. 그 결정권자(controller)가 임직원이건, 이사건, 비상임 임직원이건, 비공식적 이사이건, 주주이건, 모기업이건, 대출기관이건 상관없다. 이사가 의사결정을 내리고 이에 대한 책임은 이사에게 있다.

 사실상 결정권을 가지고 있는 모든 사람들(controllers)에게 개인적 책임을 부과하는 것(imposition)은 법인의 형태를 위태롭게 하고 관계자 전원에게 예상치 못한 책임을 전가한다. 한편으로는 그러한 무차별적 책임으로부터 개인을 보호하는 것과 회사라는 형태를 유지하는 것이 근대적 사업에서는 불가결하다는 입장, 그리고 다른 한편으로는 돈을 내는 또 하나의 주머니(another pocket to pay)를 필사적으로 찾으려는 채권자들의 욕망, 그 사이의 긴장(tensions)에 있어서 다양한 法域에서 각각의 법들은 다르게 반응하고 있다.   **5-24**

 법인은 등기부상의 표시(mark)이며, 법적 허구(legal fiction)이다. 회사와 법인격의 장막(veil of incorporation)이 경제에 근본적으로 유익하게 작용해왔다는 사실은 우연(peradventure)을 넘어 의문의 여지가 없다.

---

3) 역자 주) 우리나라의 경우 신속을 요하는 도산절차에 적합하도록 법원이 간이, 신속하게 법인의 이사에 대한 손해배상청구권의 존재, 내용을 확정하고 이사에게 손해배상을 명하는 조사 확정재판제도(또는 사정제도)를 두고 있다(채무자 회생 및 파산에 관한 법률 제114조 내지 117조).

책임(liability)에 관한 쟁점 요약

5-25   국제적으로, 도산한 기업의 채무에 대한 이사의 개인적인 책임은 다섯 가지로 나눌 수 있다.

   (1) **세금과 사회보장연금 지출 내역 보고 실패**(failure to account for collected taxes and social security payments). 대부분의 선진국에서는 세금과 회계문제 그리고 회사의 다른 여러 세금 내역에 대해 보고하지 못한 것에 대해 이사에게 개인적 책임이 있는 것으로 본다. 대표적인 예는 근로자의 임금에서 원천징수 된 소득세와 사회보장보험료(국민연금, 건강보험, 실업 수당), 그리고 재화나 서비스 공급에 대한 부가세이다. 이러한 세금(taxes)과 징수금(levies)은 당국에 귀속되는 돈으로 여겨지고, 효과적인 징수 방법으로써 회사에 의해 단지 원천징수 되고 있는 것에 불과하다.

   (2) **사기적 거래**(fraudulent trading).

   (3) **부당한 거래**(wrongful trading).

   (4) 회사가 채무초과 상태이거나 대부분의 자본(capital)이 잠식되었을 때 법상 도산을 **신청해야 할 의무**(duties to file).

   (5) **부주의한 경영**(negligent management), 회사법 또는 증권규제 위반.

이사의 책임 정책

5-26   **이사의 책임의 장점**   이사의 개인 책임에 찬성하는 입장은 다음과 같다.

   • 이사들은 늦지 않은 시기에 경영을 중단할 동기가 생김으로써 채권자들의 더 큰 손실을 막을 수 있다.

   • 잠재적 책임 부과는 이사들이 채권자의 이익을 고려하여 경영하게 한다. ─ 잠재적 책임은 도산에 대해서 강화된다. 채권자들은 주주들과 달리 의결권이 없기 때문이다.

- 개인 책임은 이사들이 미리 전문적 자문을 구하도록 독려한다.

이사의 책임의 단점　　　이사의 개인 책임에 반대하는 주장은 다음과 같다.　　　5-27

- 앞서 말한 일찍 경영을 중단할 의무 또는 동기는 회사가 어려운 상황을 이겨 내고 사업을 유지하여 잠재적으로 수익을 확대할 수 있을 때 채권자들에게 더 이익일 수 있지만 성급하게 중단하게 할 수도 있다. 채권자들이 주요 이해관계 자이기 때문에 파산 신청의 결정 시점은 채권자가 결정할 문제다.

- 이사의 개인 책임은 사적 워크아웃을 저해하고 도산절차의 신청을 이사에게 강요하는데, 도산절차는 회생절차에 있더라도 워크아웃에 비하여 채권자에게 불리한 효과가 있는 경우가 있다.

- 이사의 책임은 근대적 사업의 기초가 되는 법인격의 장막(veil of incorporation) 을 약화시킨다.

- 과도한 책임 부과는 유능한 이사들이 이사직을 맡을 의지를 꺾는다. 특히 회 사가 어려움에 처해서 그 상황을 어떻게 처리해야 하는지를 아는 특별한 전문 가가 필요한 경우에 더욱 더 그러하다. (그런 경우에 예측할 수 없는 막대한 책 임이 채권자 은행에게 부과될 수 있는데, 은행은 워크아웃 전문가를 투입하거나 또는 은행에게 채무자 회사[4]를 면책시켜줄 것이 요구된다.)

- 이사들이 과도하게 위험을 회피하여 사업을 위축시킬 수 있다.

- 시간, 자문, 보험, 준법인력(compliance personnel) 등의 관리비용을 증가시킨다.

- 경영적 판단과 관련되어 있기 때문에 무엇이 표준적인 행동인지는 예측불가　　　5-28 능하다.

- 결정이 내려진 정신없는 상황에서는 명백하지 않았던 오류를 뒤늦게 깨닫게 될 리스크가 있다.

- 법원은 경영적 판단을 평가하도록 요구받아서는 안 된다. (규모가 방대한 사실

---

4) 역자 주) 원문에는 "a company doctor"라고 되어 있는데, 역자는 이것이 "a company debtor"의 오타라 고 생각하고 "채무자 회사"라고 번역했다.

102 제2편 도산 정책과 국제 금융

조사는 법원의 시간을 잡아먹는다.)

- 이사의 개인 책임은 너무 무거워서 벌칙과 위반행위 사이에 균형이 맞지 않기 때문에 사실상 상법의 형법화이다. 소규모인 경우를 제외하면 이사가 감당할 수 있는 금액으로 채권자가 구제되는 경우는 거의 없다.

- 이사의 책임은 전문화된 재무감사(financial controllers)를 고용할 재원이 없는 중소기업의 이사들(directors)에게 타격이 될 가능성이 높다.

- 실무상 확약(covenants)과 여신계약 상 재무비율을 통해 은행이 거대 기업들을 감시한다.

이러한 찬반 입장의 타당성에 대해서 많은 논쟁이 이루어지고 있다.

채권자에 대한 의무

5-29   이사의 의무에 대한 일반적인 원칙은 (그 수익자가 근로자, 국민, 환경을 포함한 더 넓은 의미여야 한다는 정치적 주장과 함께) 일반적으로 주주를 의미하는 회사에 대한 의무라는 것이다. 파산 시 주주의 이익은 실질적으로는 소실하고 그냥 기대에 불과하게 된다. 그래서 19세기의 판례에서, 파산상황에서의 이사의 의무는 우선 지금 가장 주요한 이해관계자인 채권자에 대하여 부담하고 있다는 논의가 활발했다.

실무상, 이 논의는 이사가 그 신중함(prudence)과 선관주의(care)에 대해 가중된 의무를 진다는 것을 의미하는 것 같다. 예를 들면, 재무 상황을 자세하게 감시할 의무, 독립한 전문가의 조언을 받을 의무, 손실을 방지하기 위하여 어떠한 방법을 취할지 검토할 의무(사업의 처분, 폐쇄(closures), 증자), 리스크가 있는 사업을 피할 의무 등이다. 중요한 쟁점은, 의무가 변화하고 가중되는 것은 언제인가이다. ― 채무지급이 중단될 때인가, 대차대조표상 채무초과 시인가, 또는 도산에 임박한 상태일 때인가.

주주는 회사의 가치 상승분에서 이익을 얻지만 채권자의 대출의 가치는 하락하기만 하기 때문에 주주가 채권자들보다는 더 많은 위험을 부담하는 것에 동의한 것이라는 의견이 있다. 채권자들은 손실을 받아들이지 않는다. 그들은 가치상승으로부터 이익을 얻지도 않는다. 또한 채권자들의 손해는 국민의 손해와 시스템 리스크를 잠재적으로 야기할 수 있다.

이사의 책임에 대한 비교는 두 가지 주요 사항으로 구성되어 있다. 　5-30

- 이사에게 도산절차를 신청해야 하는 절대적 의무를 부과하는 法域(나폴레옹계 그룹과 로마-게르만계 그룹의 많은 法域들)과 이와 대조적으로 도산에 대한 이사의 의무를 강조하지만 사적 워크아웃을 구제방안으로 고려하는 法域(영국, 호주, 아일랜드, 싱가포르)이 있다.

- 도산(insolvency)을 초래한 행위에 관해 엄격한 과실 기준을 부과하는 法域, 예를 들어 프랑스 등. 이에 대해 경영자에게 매우 보호적인 경영판단원칙을 채택하는 法域에는 델라웨어 및 아마도 보다 가벼운 정도로 독일도 포함된다. 영국의 경영판단원칙은 비교적 경영자 보호적이다.

미국에서는 주요한 州의 회사법에 부당한 거래(wrongful trading)로 인한 이사의 책임의 개념은 없지만, 한편으로 다른 국가와의 비교에서 불법행위 손해배상책임(tort liability)이 대단히 엄격하다. 이것은 변호사의 성공보수, 패소자에게 소송비용을 부담하게 하지 않는 것, 배심원 제도, 높은 배상금이나 징벌적 배상금, 집단소송(class action) 등 원고에게 유리한 소송제도에 의해 소제기가 용이하다는 점에 기인한다고 생각된다. 캐나다에서는 부당한 거래(wrongful trading)의 개념을 받아들이는 데에는 저항이 있고, 경영판단원칙(business judgement rule)은 확립된 것으로 보인다. 그러나 안이한 일반화는 삼가야 한다.

사기적 거래(fraudulent trading)

사기적 거래(fraudulent trading)란, 회사가 지급불능인 상태에서, 변제의 가능성이 　5-31 없는 것을 알고 있으면서, 고의로 또는 무모하게(넬슨 제독과 같이(Nelsonian)) 채무를 발생시키는 거래이다. 지급불능에 관련되는 이러한 종류의 사기적 행위(insolvency fraud)는, 예를 들어 재무제표의 부실 기재 등의 일반적인 사기와는 구별된다.

사기적 거래는 영국 1929년 회사법(Companies Act 1929)에 의해 **영국**에서 처음 도입했다. (1986년 도산법(Insolvency Act 1986) 제213조 및 제215조에 계승되고 있다. 또한 2006년 회사법(Companies Act 2006) 제993조 참조.) 이는 **영국법계 法域**(English- based jurisdictions)에서는 일반적이다. 예를 들어 뉴질랜드, 홍콩, 싱가포르(회사법(CA) 제340조), 남아프리카가 있다. 1973년 남아프리카 회사법 제424조 참조. 캐나다의 영미법 지역은 포함되지 않는다.

영국에서 사기적 거래에 관한 판례법은 드물다. 이것은, "희망의 빛"("silver lining")[5] 또는 "햇살"("sunshine") 테스트에 의해서 또는 "터널 끝에 보이는 빛"("light at the end of the tunnel") 테스트(반대편에서 들어오는 화물 열차는 아니다)[6]에 의해서 이사가 보호되고 있기 때문이다. 사기적 거래로 이사의 책임 추궁에 성공한 경우는 매우 드물다.

5-32   보고되지 않았지만 자주 인용되는 1960년의 *Re White & Osmond (Parkstone) Ltd* 판례에서 Buckley J가 다음과 같이 말했다.

> 회사가 채무 전부를 변제기에 지급할 수 없다는 것을 알고 있으면서 이사가 차입을 일으키는 것은 뭐라 책할 수 없다. 회사의 사업 상태에 비추어 절대로 채권자에게 변제할 수 없는 상태일 때 회사가 차입하는 것을 허용하는 것은 확실하게 부정한 일이다. 그러나 이사가 언젠가 구름이 걷히고 번영의 햇빛이 다시 쏟아져 불황의 안개가 사라져 버릴 것이라고 진지하게 믿고 있을 경우, 어려운 시간을 극복하기 위해 차입을 일으킬 수 있다는 것은 말할 필요도 없다. 그러나 *Re Grantham* [1984] 2 All ER 166, CA에서 법원은 이 테스트를 수정해서 변제기에 지불할 수 없다는 것을 알고 신규 차입을 행하는 것은 가령 언젠가는 변제할 수 있을 것이라는 어떤 기대가 있었다고 해도 사기적 거래(fraudulent trading)라고 했다.

영국에서는 사기적 거래(fraudulent trading) 조항이나 그 원형이 되는 사고방식을 근거로 승소한 판례는 소수에 지나지 않는다.

네덜란드나 **덴마크**에서는 법에 명시된 사기적 거래(fraudulent trading)에 대한 성문법이 없다. 하지만 불법행위의 법적 책임에 관련된 판례법에서 유사한 효과를 찾을

---

5) 역자 주) 영어 속담 "Every cloud has a silver lining."에서 나온 말이다. 만약에 태양이 어두운 구름 뒤에 있다면 가장자리 주변은 은색 테두리처럼 빛난다는 뜻이다. 아무리 안 좋은 상황에서도 한 가지 희망은 있다는 의미로 쓰인다. "silver lining" 테스트에 의해서 보호된다는 의미는, 이사가 변제 가능성이 없는 것을 알고 있었지만 "silver lining"과 같은 실낱같은 희망을 가지고 추가 채무를 발생시켰다고 항변할 수 있다는 것이다.

6) 역자 주) 터널 끝에 보이는 빛이란, 길고 힘든 시기 또는 상황이 거의 끝났다는 희망을 보여주는 것이다. "light at the end of the tunnel" 테스트에 의해서 보호된다는 의미는, 이사가 당시에는 변제 가능성이 없는 것을 알고 있었지만 길고 힘든 상황이 곧 끝날 것이라고 예상하여 추가 채무를 발생시켰다고 항변할 수 있다는 것이다.

수 있다. 따라서, 덴마크와 노르웨에서는 회사가 물품 대금을 변제할 가능성이 없을 경우, 부당하게 물품을 외상으로 구입하는 것에 이사들이 책임을 질 수 있다.

덴마크 대법원의 판결(UfR 1977, p 274)에서, 코펜하겐에 위치한 어느 백화점이 재정적 어려움을 겪고 있었다. 회사의 이사들은 도산 신청을 결정했다. 같은 날 외상으로 공급자들이 물품을 배달했고 이들은 백화점의 도산에 의해 손실을 봤다. 공급자들은 이사회를 고소했다. 판결은 이사들이 공급자들에 대한 책임이 없다는 것이었다. 비록 인도 시점에 변제가능성이 매우 낮았지만 도산을 절대로 피할 수 없는 상황은 아니었기 때문이다.

벨기에에서는 회사가 명백히 변제할 수 없는 상황에서 부채를 발생시킨 불법행위에 대한 책임을 이사가 지게 하기도 한다. **독일**에서는 형사 책임이 존재하지만 민법(BGB) 제823조의 불법행위 관련 일반적인 법원칙에 따라 이사의 책임 가능성이 있다.

미국의 경우 회사가 도산상태에 있을 때 부채 발생에 대한 책임을 지는 것은 드물다.

부당한 거래(wrongful trading)

부당한 거래란, 회사가 채무를 지고, 이사는 회사가 변제할 수 없는 것을 몰랐지만, 그러나 합리적으로는 알고 있었어야 하는 경우이다. 기준은 주관적 아니라 객관적인 것으로 "희망의 빛"("silver lining") 항변[7] 및 "터널 끝에 보이는 빛"("light at the end of the tunnel")의 항변[8]은 할 수 없다. 객관적인 합리성 테스트가 사용된다. 개인 책임은 이사로서의 자격 박탈을 수반한다.

5-33

이러한 접근법을 지지하는 주요 국가는 영국, 아일랜드, 호주, 뉴질랜드가 있다. 하지만 캐나다와 미국, 그리고 1929년과 1948년 사이의 전통적 영국 회사법 틀이 남아 있는 많은 영국법계 국가들은 그렇지 않다. 일부 명백한 경우를 제외하고, 승소하는 데 드는 비싼 비용과 증명의 어려움을 이유로 법적 조치가 자주 이루어지고

---

7) 역자 주) "silver lining" 항변을 할 수 없다는 의미는, 객관적으로 회사가 도산의 위기에 있는 상황임에도 불구하고, 주관적으로 "silver lining"과 같은 실낱같은 희망을 가지고 추가 채무를 발생시켰다고 항변함으로써 책임을 면할 수 없다는 것이다.

8) 역자 주) "light at the end of the tunnel" 항변을 할 수 없다는 의미는, 객관적으로 회사가 도산의 위기에 있는 상황임에도 불구하고, 주관적으로 길고 힘든 상황이 곧 끝날 것이라고 예상하여 추가 채무를 발생시켰다고 항변함으로써 책임을 면할 수 없다는 것이다.

있지는 않다.

영국에서는 1986년 도산법(Insolvency Act 1986) 제214조 및 제215조는, 회사가 지급불능 파산(insolvent liquidation)에 이르렀으며, 이사가 회사의 지급불능 파산을 피할 수 있는 합리적인 전망이 없다는 것을 알았거나 그렇게 결론 내렸어야 했을 경우("knew or ought to have concluded that there was no reasonable prospect that the company would avoid going into insolvent liquidation") 이사의 책임을 인정하고 있다. (언제까지 등의 기한 지정은 없다.) 이 판단에 있어서, 이사는 "합리적일 정도로 근면한 인물"("reasonably diligent person")이라고 간주된다. (a) (재무 담당 이사, 기술 담당 이사, 영업 담당 이사, 인사 담당 이사 또는 사외이사 각각) 그의 역할에 맞게 갖추고 있을 것이라고 기대되는 일반적 지식, 기술, 경험, 그리고 (b) 그가 실제로 갖고 있는 일반적 지식, 기술, 경험, 양쪽 모두를 갖추고 있다고 간주된다.

5-34 이 기준은 객관적이지만 개연성의 균형을 심각하게 무시한다. 도덕적 책임이나 채권자를 기망할 의도(intention to defraud)가 중요하지 않다는 점이다. 이사로 하여금 초기 단계에서 조취를 취하게 하는 데 그 목적이 있다. 이사는 상응하는 지식이 있는 것으로 간주된다. 실제로 그러한 지식을 가지고 있었는지는 별개의 문제이다.

이사는 "모든 단계에서 회사의 채권자의 잠재적 손실을 최소화하기 위해서 취해야 하는 조치"를 다 했다는 주장으로 항변할 수 있다. 실제로 이사회를 소집하거나 보고를 위해 감사인에게 의뢰하거나 도산전문가에게 조언을 구하거나 회사의 상태를 향상시키기 위한 다른 조치를 취한다. 예를 들면 간접비를 감소시키거나 손실을 만드는 사업을 제거하는 것이다. 절망적인 경우에 이사는 거래를 중단해야 한다. 입법취지와는 다르게 현실주의자들은 회사가 거래를 계속하면 채권자가 더 보호받음을 근거로 그 기준을 완전히 거꾸로 생각하기도 한다. 이는 입법이, 지우기 어려운 법적 전통 앞에 때로는 무력하다는 것을 보여준다. 그 전통이란, 이사에게 정식적인 파산절차를 강제하는 것이 채권자의 이익을 위해 사업을 구하기 위해서 최선의 선택이 아니라는 것이다. 이 가능성은 2001년 *Re Continental Assurance Co of London plc* [2001] BPIR 733에서 확인되었으며, 이 경우 모든 이사들이 책임을 면했다.

이사가 부당한 거래(wrongful trading)에 책임이 있는 경우, 법원은 파산(winding-up) 절차에서 이사에게 회사의 자산에, 법원이 적절하다고 판단하는 액수를 배상할 것을 명할 수 있다.

영국의 *Re Produce Marketing Consortium Ltd* [1989] 5 BCC 569 판례에서, 1984년

회계계정에서 부채가 자산을 초과함이 드러났다. 이사들은 회사의 파산이 불가피하다는 사실을 적어도 1년 전에 알았음에도 불구하고 회사가 파산하는 1987년까지 지속적으로 거래했다. 이들은 회복할 수 없는 피해나 중단된 거래에 대해 개선하거나 최신 재무 정보를 획득하려는 노력을 하지도 않았다. 그 적자 금액은 320,000파운드였다. 법원은 대표이사(senior director)에게 50,000파운드, 그 이외의 이사(junior director)에게 25,000파운드를 개인적으로 배상하라는 판결을 했다. 그 책임은 전혀 가혹하지 않았다.

대부분의 경우는 주주 경영자(shareholder manager)를 가진 작은 회사에 관한 것이다. 대체로 법원은 이사에게 관대하다(호주에서 그러하듯이). 이사가 상당히 무책임한 경우를 제외하고는 경영판단원칙을 존중한다.

캐나다에서는 도산에 대한 이사의 의무를 강화하는 특별한 조항이 없다. 하지만   5-35
NBD bank v Dofasco Inc (2000) 46 OR (3d) 514 (CA) 판례의 경우 Ontario 상소법원은 회사가 재정적 어려움을 겪을 때 이사가 은행에게 회사에 대한 대출을 확대하도록 한 것에 대하여 이사의 개인적 책임을 인정했다.

미국의 경우 부당한 거래(wrongful trading)에 대한 책임은 전례가 없다.

> *Re Ben Franklin Retail Stores*, ND I11 Jan 12, 2000 판례에서, 법원은, 이사는 회사가 거의 도산할 지경에 있더라도 회사를 장기적으로 회복시킬 다른 수단이 있다고 진정으로 믿었다면, 회사를 청산해서 채권자에게 지급할 의무가 없다고 판단했다. 다시 말해, 법은 주주의 몫이 개선될 수 있을 가능성을 고려했다. 같은 취지의 판결로 *Credit Lyonnais Bank Nederland v Pathe Communications Corp*, 1991 WL 277613 (Del Ch, Dec 30, 1991) 판례 참조.

일본에도 회사가 변제하지 못할 것임을 알았거나 알았어야 하는 채무를 발생시키도록 한 경우 이사의 개인적 책임이 인정된 경우가 있다.

경영상의 과오(mismanagement)를 이유로 개인에게 책임을 묻는 法域에서는 부당한 거래(wrongful trading)에 관하여 책임을 묻는 것과 유사한 결과가 나타난다. 대표적인 예로는, 경영상의 과오(mismanagement)로 도산을 초래한 경우의 책임을 들 수 있는데, **벨기에** 회사법 제26조 등이 이에 해당한다. 판례법(case law)에 따르면, 만약에 회사가 회복할 합리적인 가능성이 없으며, 어떠한 사업의 추구가 오직 채무의 증가만을 초래하는 경우에는, 이사는 이 손실을 유발하는 사업(loss-making activity)을 중단할 의무가 있다고 한다.

도산 신청에 대한 이사의 의무나 주주총회(shareholders' meeting) 소집 일반

5-36 이사가 회사 경영을 멈출 의무는 다양한 法域에 두 가지 규정으로 성문화되어 있다.

(1) 회사가 실제로 도산했을 때 도산 신청에 대한 이사의 의무

(2) 심각한 자본 손실이 있을 경우 주주총회를 소집할 의무

이들 조항과, 영국법 기반의 부당한 거래(wrongful trading)와의 본질적 차이는 이 조항들은 신청이나 소집 등의 의무를 부과하지만, 부당한 거래는 그렇지 않다는 점이다. 도산 신청의 의무가 있다면, 이사는 사적 워크아웃을 주선해서 사업을 계속하는 편이 채권자 입장에서 더 유리하다고 판단할 수 없다. 실무적인 또 다른 효과는, 신청의무가 있는 경우 경영진이, 도산 신청을 미연에 방지하기 위해서 상환기한을 연장(reschedule)해 달라고 은행이나 다른 채권자에 대해 요청하는 데에 있어서 보다 강력한 협상력을 갖는다는 것이다. 이는 결국 채권자 보호의 구조가 역전해서 채무자 보호로 기능하는 결과가 된다. 영국법 기반의 부당한 거래(wrongful trading) 제도는 그 기준 시점이나 행위의 시점에서 애매모호하지만, 이러한 도산 신청 의무는 어느 시점에서 의무가 생겨서(정의된 지급불능 시), 무엇을 해야 하는가(신청)가 보다 명확하며 법적 예견가능성이 보다 높다.

도산신청(petition) 의무[9)]

5-37 회사의 이사들은 실제 회사가 도산했을 경우 도산 신청(petition for insolvency) 의무를 질 수 있다. 그 기준은 재무제표상의 채무초과 또는 변제기에 채무를 변제할 수 없는 것이다. 이 조항은 나폴레옹과 로마−게르만계 法域에서 일반적이지만, 영국 기반의 法域에서는 잘 찾아볼 수 없다.

---

9) 역자 주) 우리나라의 경우 부실기업의 이사가 도산절차를 늦게 신청하여 채권지의 채권 회수율이 감소한 경우 채권자는 상법 제401조에 근거하여 이사에게 손해배상을 청구할 수 있다. 그러나 위법성을 요구하는 대법원의 태도 때문에 인용되는 것이 쉽지 않다.

프랑스에서는 채무자가 지급중지 45일 이내에 도산신청을 해야 한다. 이 의무는 절대적인 것이다. 지급중지 일을 결정하기 어려웠거나, 미지급의 고의가 없었다는 등의 사정은 고려되지 않는다(Cass Com, January 14, 1997 ─ 몇 개월의 지체). 회복 가능성이 있는지도 고려되지 않는다. 그 목적이 재판절차를 통한 구조조정이기 때문에 채권자들과의 워크아웃은 법원에 의해서 거부된다. Cass Com, October 8, 1996 참조. 벨기에, 이탈리아 등에도 유사한 원칙이 있다.

독일에서는 과도한 채무 또는 (기한이 된 채무를 지급할 능력이 없는) 유동성 부족이 발생했을 때, 유한책임회사(GmbH)의 이사는 이를 알아차리고 최소 3주 후에, 변제기한 전 채무에 상관없이 도산을 신청해야만 한다. 이는 상장회사(AG)의 이사회들에게도 적용된다. Companies Act (AG) 제92조와 Limited Companies Act (GmbH) 제64조를 보면 그 의무는 절대적이다.

스칸디나비아 국가들에서는 (적어도 **덴마크**와 **핀란드에서는**) 만약 자산의 절반을 잃은 경우 주주총회를 소집해야 하는 것과는 달리, 도산 신청 의무는 없다.   5-38

일본의 경우 변제기가 도과한 채무의 지급불능이나 재무제표상 채무초과의 경우에도 명시된 도산 신청 의무는 없다. **중국**에도 2006년 도산법(IL 2006)하에서 도산 신청 의무가 없는 것으로 보인다.

심각한 자본손실에 대한 주주총회 소집(call) 의무

일반적으로 자본(capital)의 절반 이상이 없어진 경우에 이사에게 주주총회를 소집   5-39 할 의무가 있다는 규정이 있다. 이 의무의 목적은 너무 늦기 전에 상황을 타개하자는 것임이 분명하다.

이 의무는 EU Second Company Law Directive[10] 제17조에 의해 모든 EU 국가에

---

10) 역사 주) Second Council Directive 77/91/EEC of 13 December 1976 on coordination of safeguards which, for the protection of the interests of members and others, are required by Member States of companies within the meaning of the second paragraph of Article 58 of the Treaty, in respect of the formation of public limited liability companies and the maintenance and alteration of their capital, with a view to making such safeguards equivalent. 이 지침은 2012년에 Directive 2012/30/ EU of the European Parliament and of the Council of 25 October 2012 on coordination of safeguards which, for the protection of the interests of members and others, are required by Member States of companies within the meaning of the second paragraph of Article 54 of the Treaty on the Functioning of the European Union, in respect of the formation of public limited liability companies and the maintenance and alteration of their capital, with a view to making such safeguards equivalent Text with EEA relevance으로 개정되었다. 2012년 지침 제19조는 1976년 지침 제17조와 같은 내용을 규정하고 있다.

존재하지만 그 운용은 회원국에 따라 다양하다. 벨기에나 스웨덴과 같은 엄격한 운용을 실시하고 있는 국가에서는, 이사가 주주총회 소집을 하지 않았던 경우(이 경우 민사책임을 물을 수 있다) 또한 회사의 자본을 회복하려는 제안이 제출되지 않았던 경우에는, 반드시 파산(liquidation)절차를 신청해야 한다. 영국과 같이 유연한 운용을 하고 있는 국가에서는 단순히 주주총회를 소집해서 대책을 검토하는 것이 의무화되어 있는 것에 지나지 않는다. 형사처벌(criminal penalty)은 있지만 민사책임은 법으로 정해져 있지 않다.

자본 회생(capital restoration)인지 또는 파산(liquidation)인지 여부를 결정하는 주주총회의 소집의 개념은 라틴 아메리카, 스위스, 사우디아라비아 같은 국가에서 찾을 수 있다. 하지만 이는 영국법 기반의 국가에서는 선호되지 않고, 미국 또는 캐나다의 영미법 法域에서는 찾아볼 수 없다.

과도한 채무가 있는 경우 파산 신고 의무가 있는 오스트리아나 독일과 같은 法域에서 비슷한 결과를 확인할 수 있다. 위 내용 참조.

부주의한 경영(negligent management)

5-40   경영판단원칙("business judgment rule")은 심각한 실수로 도산까지 이른 상황에서도 모든 결정을 사법심사로부터 보호하고 이에 관련한 결정의 책임을 이사와 차단시켜서 이사의 경영행위를 완전하고 자유롭게 보장한다. 이사에게 요구되는 것은 최소한의 능력으로 무엇이 회사 이익에 최선인지를 판단하여 정직하게 행동했느냐. 이러한 일반적 원칙은 거의 영국, 호주, 캐나다, 델라웨어(델라웨어의 유명한 경영판단원칙), 핀란드, 노르웨이, 스웨덴, 오스트리아, 독일, 네덜란드, 스위스, 그리고 아마 일본 등을 포함한 많은 영미법 기반의 法域에서 지지된다. 이 원칙은 벨기에, 룩셈부르크, 스페인의 이사들에게는 상대적으로 약하게 적용되는 것으로 나타났다. 프랑스에서는 아주 제한적으로 보호하는 것으로 보이지만, 이를 정당화하기 위해서는 판례법을 꼼꼼하게 비교해 보아야 한다.

만약에 法域이 사업상의 실수에 책임을 부과한다면, 거의 모든 이사가 도산책임을 져야 할 것이다. 대부분의 도산은 어떤 사업상의 잘못된 판단 또는 관리감독 소홀이 원인이라고 할 수 있기 때문이다. 만약에 아무도 예견할 수 없었던 외부적 천재지변(cataclysmic external event) 또는 합리적인 보험료의 보험으로 보호될 수 있는 외부적 천재지변이 원인이라면 이사에게 귀책사유를 묻지 않겠지만, 그런 경우는 거의 없다.

특히 프랑스와 같이 이 기준(test)을 따르는 국가들에서는 회사의 도산에 대하여 이사들에게 책임을 부여하고 결국 이사들의 개인 도산으로 이어지는 경우를 볼 수 있다.

여기에서 논하고 있는 過失(negligence)의 종류는, 배당은 자본(capital)에서 지급해 **5-41** 야 한다는 등의 회사법에 규정한 특정한 요건에 대한 위반(negligent breach)이 아니 라, 오히려 사업상의 오류(business error)이다. 예를 들어 회사의 미래 자금수요와 관 련된 능력 이상으로 차입하는 것, 위험한 벤처사업을 시작하는 것, 무책임하게 손실 을 야기하는 사업을 지속하는 것, 미흡한 예산 조치, 재무상황에 대한 감시와 감독 의 부족, 보험 가입의 부족, 자금적 뒷받침이 없는 자본 투자, 회사의 장래 자금 수 요를 고려할 때 과도한 배당 또는 과도한 임원의 보수 등이다. 이러한 많은 경우에 이사가 다른 이사 또는 경영진을 적절히 감독하지 못했다면 책임이 인정된다.

회사가 경영상의 과오(mismanagement)를 원인으로 도산했을 경우, 경영자의 부주 의한 경영에 대한 책임을 묻는 소송(negligent management actions)은 승소할 확률이 아 주 높다. 이와 관련하여 전 세계에 많은 판례법이 있다.

사실상의 이사(de facto directors)와 그 밖의 문제들

이사로 공식 임명되지 않았더라도 (실질적으로) 경영 통제권을 행사함으로써 이 **5-42** 사이 책임이 발생할 수도 있다. 이러한 침입자(interlopers), 강탈자(usurpers), 꼭두각시 조정자(pupper-masters) 또는 배후조정자들(string-pullers)은 마치 정식으로 임명된 것 처럼 이사 책임의 주체가 된다. 사실상의 이사라는 개념을 통해 이사회(board) 뒤에 숨어 있는 실질적인 지배자들(controlling spirits)에게 책임을 부과하기도 한다. 그런데 협상력(bargaining power)을 이용하여 경제적으로 어려운 상황에 있는 회사의 경영에 간섭하는 주주들과 은행들을 잡기 위하여 빅 포켓 원칙(big pocket principle)[11]이 개입 할 수도 있다.

많은 法域에서 사실상의 이사(de facto director)는 성문법(statute) 또는 판례법(case law)에 의해 공식적으로 인정되어 왔다. 예를 들어, 영국, 홍콩, 호주, 인도, 벨기에, 스위스, 프랑스 등에서 인정되어 왔다.

---

11) 역자 주) 빅 포켓(big pocket)이란 돈 나올 주머니라는 의미로, 재력이 있는 자가 법적 책임을 져야 한 다는 이론이다.

영국에서는, 은행이 대출을 계속하기 위한 요구조건(requirements)을 조건(conditions)으로 제시한 것일 뿐 지시(instructions)를 내린 것이 아닌 경우 그 은행을 사실상의 이사(shadow director)로 보지 않는다.

Re PFTZM Ltd [1995] BCC 280 판례에서, 은행이 부동산개발에 대하여 리파이낸싱(refinancing)을 했고, 그 일부인 컨트리클럽에 은행이 담보권을 가지고 있었다. 그 은행의 담당자들은 매주 회사의 이사들과 회의를 가졌다. 모든 수익은 은행 명의의 계좌로 지급되었다. 4주에 한 번씩 회사의 재무담당이사(financial controller)와 은행의 담당자들 간에 회의가 있었다. 이 회의에서 (거래 채권자, 임금 등) 지급해야 할 목록이 논의되었고, 그중 누구에게 변제할지에 대하여 은행의 담당자가 최종적인 거부권(ultimate power of veto)을 가지고 있었다.

법원은, 은행이 거액의 채권자라는 점과 회사의 사업용지의 125년간 임대인(owner of a 125−year lease)이라는 점을 특히 강조했다. 어떤 수표(cheque)를 다른 수표(cheque)에 우선해서 지불하는 것에 명시적으로 동의하는 것 등을 포함해서, 은행의 다양한 조치는 은행이 담보권자로서의 확실한 권리를 행사하여 회사의 이익을 지키려고 노력한 것에 지나지 않는다. Kuwait Asia Bank EC v National Mutual Life Nominees Ltd [1990] BCC 547 판례 참조.

호주의 3M Australia Pty Ltd v Kemish (1986) 4 ACLC 185 판례에서는 외부 컨설턴트로 고용된 회계사가 그 회사의 일에 얽히게 되어, 결국 사실상 재정 통제자(financial controller)가 된 사례가 있다. 그 회계사는 물품의 공급을 위해 공급자와 계약을 맺었다. 이어서 그 물품은 회사에 판매되었는데, 회사는 그 물품을 판매한 수익금을 다른 채무의 변제에 사용했다. 회사는 공급자에게 변제하지 못했고 결국 도산했다. *판결*: 회계사는 물품의 대금에 대하여 개인적으로 책임이 있다.

도쿄지방법원 1990년 9월 3일 선고, 판례시보(Hanrei Jihou) 1376−110 판례에서는, 회사가 의원(clinic)을 운영하면서 공급자에게 의료물품을 주문했다. 회사는 엑스레이 규제법 위반에 관련된 사건으로 도산했다. *판결*: 以前 이사는 회사법 제266조에 따라서 경영상의 과오(mismanagement)로 인한 미지급금에 대하여 개인적으로 책임이 있다. 지배주주 또한 중요한 의사결정을 했기 때문에 사실상의 이사(de facto director)로서 책임이 있다.

스위스에서는 어떤 직원이 회사를 대리하여 보증장에 서명하고 감사들에게 진실성 서면(letter of integrity)을 발행하는 권한을 부여받았다. 판결은, 그 직원이 통상 회사의 이사에게 주어지는 기능을 수행했기 때문에 사실상의 이사(de facto director)였다고 판시했다. *Margrit v Jürg*, ATF/BGE 117 II 432 판례 참조.

벨기에의 유명한 1982년 판례에서, 법원은, 국가가 재정적 위험에 처한 회사에 개입하여 특별임원의 선임을 승인한 경우, 벨기에 국가(state)가 사실상의 이사(de facto director)였다고 판단했다. Com Bruxelles, October 22, 1982 (1982) JCB p 574 참조.

일부 판례에서는 모회사가 자회사의 사실상 이사(de facto directors)라고 판시되어   5-43
왔다.

대출기관의 책임(lender liability)에 대해서는 LPIF 제1권 제22장 참조. 대출기관의 책임에 관해서 가장 논쟁이 되는 것 중 하나는 은행에 의한 남용적 여신(abusive credit)이다.

이사의 책임에 관한 더 상세한 내용: LPIF 시리즈 제1권 제19장.

질문과 세미나 주제는, 제6장의 마지막 부분 참조.

제 6 장

도산 정책: 개별 주제 Ⅱ

계약의 해제(contract cancellations)

도산해지조항(ipso facto clauses)[1]의 법정 무효(statutory nullification)

6-01 일부 法域(jurisdiction)에서는 계약당사자 일방에게 발생한 도산절차(주로 회생절차)의 개시를 이유로 계약상대방에게 계약을 해지할 권한을 부여하는 조항의 효력을 인정하지 않는다. 이 자구적(self-help) 목적의 계약 해지에 대한 동결(freeze) 또는 중지(stay)는 모든 중지(stays) 중에서 단연코 가장 극적이고(draconian) 논쟁의 여지가 많다. 거래에 막대한 영향을 미치기 때문이다.

상업 생활의 모든 구조는 계약(contract)에 기초한다. 계약은 권리와 의무라는 보이지는 않지만 강력한 사슬과 그물망의 형태로 모든 곳에 존재(everywhere)한다. 그러나 도산(insolvency)은 계약을 분쇄, 파괴하며 그 사슬을 끊어버리는 힘을 가지고 있다.

계약의 여러 형태는 다음과 같다. ① 매매 계약(물품, 원유, 가스, 전기, 회사, 외환, 토지, 투자상품); ② 건설 계약과 그것들을 둘러싼 관련계약(satellite contracts); ③ 모든 자산에 대한 대리(agency) 및 중개업자(broker) 계약; ④ 고용 계약; ⑤ 다자 또는 양자(syndicated or bilateral) 대출계약; ⑥ 발행증권 매수 및 인수(subscription and

---

1) 역자 주) 우리나라에서는 ipso facto clause를 '도산해지조항' 용어 외에도, 도산해제조항, 도산실효조항, 도산해제특약, 도산신청해제특약이라고 불리는데 이 책에서는 해제와 해지를 구별하지 않고 편의상 일괄하여 '도산해지조항'이라고 번역했다. 참고로 미국에서도 bankruptcy termination clause, bankruptcy clause, default on filing clause 등 다양한 용어가 쓰이고 있다.

underwriting) 계약; ⑦ 지급시스템에서 금전 송금 계약; ⑧ 용선(charters)이나 기타 운송수단의 계약 또는 임대 계약(hire contract); ⑨ 토지 리스; ⑩ 파생상품(derivatives) 계약; ⑪ 증권대차(securities lending) 계약; ⑫ 보험 및 재보험 계약; ⑬ 투자대상 또는 원자재의 커스터디 업무(custodianship) 계약; ⑭ 투자대상 또는 토지의 운용계약; ⑮ 지식재산권의 라이선스(licences) 계약; ⑯ 프랜차이즈 및 판매대리권(distributorship) 등 이외에도 무수히 많다.

도산해지조항(ipso facto clauses) 대부분의 중장기 미이행 계약(executory contracts)은 일방(one party)이 타 당사자와 관련해 어떤 사유가 발생한 경우, 계약을 해지할 권한을 부여하는 도산해지조항(termination clauses)을 포함한다. 전형적인 채무불이행 사유는 지급불이행(non-payment)(임차료, 매매대금, 대출 원금 또는 이자), 위반 (non-compliance), 실질적 지급불능, 도산절차의 개시, 채권자에 의한 강제집행, 기타 각 계약에 따른 사유 등이다. 예를 들면, 신용계약, 토지임대, 설비임대, 지식재산권 라이선스(licenses), 중기(medium-term) 판매 또는 공급 등에 관한 계약에도 적용된다.

6-02

　이러한 해지 사유로는 불이행이나 위반 등의 실제 채무불이행(actual default), 또는 상당기간이 도과하더라도 채무불이행이 예견되는 경우(anticipatory default) 등이 있다. 채무불이행이 예견되는 대표적 사례는 도산으로 인한 지급불능인데, 지급불능의 채무자는 자신의 채무를 변제할 수 없게 된다. 그래서 이를 도산해지조항("ipso facto clause")이라 한다. ─ 즉, 계약을 해지함에 있어 도산의 사실만으로 실질적인 요건이 충족된다는 것이다.

채무자 및 채권자가 해제할 권리(rights of debtor and creditor to cancel)

　파산(liquidation)절차, 그리고 많은 경우 회생(reorganisations)절차에서도, 통상 채무자의 도산재단(debtor's estate)은 임대차나 불이익한 부담이 있는 재산 계약 등을 해제, 해지할지, 또는 계속하여 상대방의 이행을 청구할지(call for performance) 선택권을 갖는다.[2] 전부는 아니라 할지라도 대부분의 도산 관련법은 이러한 취지의 조항을

6-03

---

2) 역자 주) 채무자 회생 및 파산에 관한 법률 제335조 제1항은 "쌍무계약에 관하여 채무자 및 그 상대방이 모두 파산선고 당시 아직 이행을 완료하지 아니한 때에는 파산관재인은 계약을 해제 또는 해지

가지고 있다.

일반적으로 변제 가능한(solvent) 당사자는 네 가지의 주요 경우에 해제권을 행사할 수 있다. ① 채무자가 계약을 위반한 경우, ② 채무자의 지급불능이 예견되는 경우(이에 대해 많은 판례법이 축적되어 있다), ③ 계약이 일신전속적(personal)인 경우, ④ 채권자가 계약상 해제권을 가지는 경우이다.

그렇다면 변제력이 있는 당사자가 행사할 수 있는 해제권이 기업 회생(interests of rescue)을 위해 동결될 수 있는가가 문제가 된다.

정책들(policies)

6-04   도산해지조항(ipso facto clause)을 법률로써 무효화하는 것에는 찬성론과 반대론이 있다.

도산해지조항 무효화를 찬성하는 정책은 주로 채무자 구제(rescue)를 철학(philosophy)으로 하고 있다. 이에는 다음과 같은 주장이 있다.

- 계약 해제는 도산재단에 이득을 줄 수 있는 유익한 계약을 채무자로부터 박탈할 것이다.

- 도산해지조항에 따른 해제권을 갖는 계약자에게, 채무자의 다른 채권자에 우선하여 변제를 받을 수 있는 지나치게 큰 협상력(bargaining power)을 부여한다.

- 계약의 대상이 되는 자산이 채무자의 회생에 필수적인 경우가 있다. 예를 들어, 필요한 물품의 구입, 건물, 컴퓨터 기타 중요한 자산의 임대, 지식재산권의 사용권 계약 등이다.

- 은행, 사채권자 등 주요 채권자들은 대출약정(loan commitments), 사채인수계약 등 그들 자신의 미이행 계약이 중지되지(stayed) 않는 편이 더 유리하다.

6-05   도산해지조항의 법정 무효화에 반대하는 주장(도산해지조항에 따른 해지권을 인정해 주어야 한다는 주장)은 다음을 포함한다.[3]

하거나 채무자의 채무를 이행하고 상대방의 채무이행을 청구할 수 있다."라고 규정하고 있다.

3) 역자 주) 우리나라에서 도산해지조항을 최초로 다룬 2007년 대법원 판결은 구 회사정리법에 따른 회사정리절차가 개시된 후에 합작투자계약상의 도산해지조항에 기하여 계약을 해지할 경우 효력이 있

- 대부분 도산자의 계약이행 가능성이 낮기 때문에, 많은 경우 계약에 대한 간섭(intrusion)이 정당화되지 못한다.

- 도산자의 변제능력이 있는 계약상대방은 예측불가능성(unpredictability)에 노출되어서는 안 되며, 나아가 잠재적으로 더 큰 손실에 노출되어서도 안 된다. 특히 과열장세(volatile markets)에서 곧바로 대체의 계약을 찾지 못하면 손실을 입을지도 모르는 상황에서는 더욱 그렇다.

- 도산한 채무자에 의한 선별적 이행("cherry picking")은 네팅(netting)을 방해한다. ― 네팅과 미이행 계약의 해지는 외환, 증권, 원자재 등의 시장에서 극적으로 익스포저(exposures)를 감소시킨다. 당사자들 간 일련의 미이행된 계약을 네팅하여 익스포저(exposures)를 감소시키기 위해서는, 한 당사자가 도산(insolvency)한 경우에 다른 변제능력 있는 계약상대방들이 모든 계약을 해지하고, 각 계약의 손실과 이익을 계산하여(기본적으로 손해배상 원칙에 따라 보상 금액을 계산한다) 그것들을 상계해야 한다. 즉, 해지, 계산, 그리고 상계하는 것이다. 익스포저(exposures)가 감소하고, 그에 따라 자본 리스크 및 시스템 리스크가 크게 감소할 수 있다. 제14장 참조. 첫 단계로 필수불가결한 것은 도산 시(on insolvency) 미이행 계약의 해지권이다. 이는 가장 중요한 순간에 해지권 무효화(nullification of the termination right)에 의하여 달성이 불가능하게 되기도 한다.

- 도산자(The insolvent)에게 이익만 선별·선택(cherry-pick)할 수 있게 하고 손실은 회피할 수 있게 하는 것은 합당하지 않다. ― 도산자(bankrupt party)가 선별·선택(cherry-picking)에 의해 지불능력 있는 계약상대방(solvent party)보다 더 유리한 입장에 있게 된다. **6-06**

- 계약은 너무나 다양하기 때문에 엄청나게 복잡한 과정 없이는 이익의 공평한 균형에 도달하기 어렵다. 해지권의 무효화는 양당사자 모두에게 영향을 미친다. ― 매도인 또는 매수인, 건설회사(builder) 또는 발주처(employer), 본인 또는 대리인, 운송인(carrier) 또는 화주(owner), 임차인 또는 임대인, 피보험자 또는 보험사 등 양쪽 모두에게 영향을 미친다.

는지 여부가 다투어진 사안에서, 문제된 합작투자계약상의 도산해지조항은 유효하다고 판단했다(대법원 2007.9.6. 선고 2005다38263).

- 만약 계약해지조항이 무효화된다고 하더라도, 금융시장에서의 계약은 제외되어야 한다. 왜냐하면 이 시장에 관련된 금액이 방대하며, 거래 규모를 증가시키기 위해서는 자금수요(capital requirements)의 증가를 억제해야 하기 때문이다. 또한 시스템 리스크를 피할 필요도 있다. 30개 이상의 法域에 이러한 특례나 예외 취급이 있다. 이에 따라 계약 해지권 행사의 중지(stays)는 商事法을 복잡하게 만들어서 국가마다 다른 애매한 경계선으로 1급 시민과 2급 시민을 나누는 제도를 낳게 된다. 금융시장의 참여자를 보호하기 위한 채권자보호제도는 거래상대방의 도산에 의하여 똑같이 손실을 입고 있는 다른 상사당사자(commercial parties)에게도 평등하게 적용되어야 할 것이다.

서로 상반되는 주장이 얼마나 격렬하게 충돌하는지 쉽게 볼 수 있다. 한쪽은 채무자 보호에 근거하고, 다른 한 쪽은 상업 생활(commercial life)의 구조에 미칠 악영향에 근거해 있다.

해지권 행사의 중지(stay)가, (채무자의 지급능력을 전제로) 시장에서 쉽게 조달할 수 있거나 대체될 수 있는 자산이나 계약에는 적용되어서는 안 되고, 도산한 채무자의 사업에 특징적인 자산이나 계약에만 적용되어야 한다는 견해도 있다. 이 견해에 따르면, 상장되어(listed) 있는 유동성이 높은 투자상품의 계약, 외환 계약, 통상적인 물품의 계약 등 여러 계약에 해지권 행사의 중지가 적용되지 않을 것이다.

法域별 개요(summary of jurisdictions)

6-07   형사 몰수(penal forfeitures), 재산의 몰수(forfeitures of vested assets), 공공서비스(utilities)의 제한 등 특별한 경우를 제외하고, 판매계약, 건설계약, 라이선스 계약, 금융계약 등 미이행 계약(executory (unperformed) contracts)의 도산해지조항(ipso facto clause)을 금지하는 法域(jurisdiction)은 적다. 전통적으로 채무자의 도산재단은 상대방에게 계약의 이행을 청구하거나 또는 상대방이 이행을 청구하면 계약을 해제·해지할지 선택권을 가진다. 그러나 계약에 명확하게 규정된 채권자의 해제권이 이 도산재단의 선택권에 우선한다. 그 계약상 해제권 자체가 무효가 아닌 것이 조건이다. 해제권을 무효로 하기 위해서는 통상적으로 명문의 법률 규정이 필요하다.

파산 또는 회생절차에서 도산해지조항(ipso facto clause)을 명시적으로(expressly) 무효로 하는 국가로는 캐나다, 미국, 벨기에, 프랑스, 이탈리아, 포르투갈, 스페인, 핀란드, 폴란드, 스웨덴이 있다. 그러나 호주, 잉글랜드, 아일랜드, 홍콩, 싱가포르, 룩셈부르크, 오스트리아, 중국, 덴마크, 독일, 일본, 네덜란드, 러시아(그렇게 보인다), 스위스에서는 무효로 하지 않는다. 그리고 아마도 대부분의 전통적 영국법 기반 또는 나폴레옹계 국가들은 도산해지조항을 무효로 하지 않는다.

무효화를 인정하지 않는 일부 국가(jurisdictions)에서는 토지 임대, 공공서비스(utilities), 기타 특별한 경우에 도산해지조항을 무효로 한다.

6-08 도산해지조항(nullifying statues)의 무효를 명문으로 인정하는 국가 중에서도 그 다양성의 범위는 매우 크다. 예를 들어, 미국은 일정한 대출계약을 제외하지만, 프랑스는 그렇지 않다. "일신전속적"("personal")인 계약이라는 이유로 도산해지조항의 무효화를 인정하는 경우에도, 그 범위는 다양하고, 특히 상대방의 지급능력이 중요한 계약의 경우(신용공여 약정, 프랜차이즈 등)에서 그렇다. 핀란드에서는 일신전속적 계약의 해지를 인정하지만, 프랑스에서는 일신전속적 계약의 해지를 허용하지 않는다.

도산해지조항(ipso facto clause)의 무효화의 위력은 종종 여러 가지 사유로 인하여 완화되기도 한다. 예를 들면, 도산해지조항이 무효화되는 유일한 채무불이행 사유(event of default)는 도산절차의 개시뿐이며, 다른 채무불이행 사유는 해당되지 않아 대금지급의무 불이행, 계약 위반, 신용등급 저하, 재정상태 악화에 의한 계약 해지는 인정된다. 해당 계약당사자는 정식 도산절차 개시보다 훨씬 오래 전부터 채무불이행 하고 있는 경우도 있다. 관리인이 계약과 관련한 책임을 인수하기 위해서는 계약을 이행할 수 있어야 하는데, 많은 경우 관리인은 이에 대해 확신을 가질 상황에 있지 못하다(따라서 건설회사가 도산한 경우에 건설계약이 계속 유지되는 경우는 거의 없다). 특히 계약으로 손실이 발생하는 경우에 일반적으로 기존의 무담보 채권자들에게 손해를 주기 때문에, 관리인은 (법원의 명령에 근거하지 않는 한) 과실에 의한 개인 책임을 추궁당할 가능성이 있다.

해지가 법정모독(contempt of court)에 해당하기 때문에 해지할 수 없게 되고, 사실상 계약의 상대방이 이행을 강요당하게 되는(effectively compelled) 경우도 있다. 예를 들면, 미국 1978년 연방도산법 제365조 제(e)항에서 그렇다. (프랑스의 경우처럼) 도산해지조항(ipso facto clause)만이 무효화되어서, 계약상대방은 여전히 이행을 거절(repudiate)할 수 있지만, 지급불능(insolvency) 자체의 정도가 사실상 이행거절(repudiation) 사유에 이르지 못한 경우에는, 도산재단(bankrupt estate)에 대하여 이행거절로 인한 손해(damages)를 배상해야 하는 입법례도 있다. 이 경우에 도산재단(bankrupt estate)에 지급해야 하는 손해배상채무는 도산법상의 상계(insolvency set-off)를 허용하는 국가 (jurisdiction)에서는 도산법상의 상계(insolvency set-off)가 적용될 수 있다.

계약의 해지와 임차권 몰취(lease forfeitures)에 대한 더 상세한 내용: LPIF 시리즈 제1권 제16장.

편파행위 否認(avoidance of preferences)

편파행위 否認(avoidance of preferences) 정책들[4]

6-09 　모든 발전된 도산법에서는 정식 도산절차의 개시 전 도산이 의심스러운 황혼 기간(twilight suspect period) 동안에 채무자에 의하여 이전된 자산의 환수(recapture)를 규정하고 있다.

　어떤 거래(transaction)가 편파행위(preferential)라고 할 수 있는 기본적이고 보편적인 요건은 다음과 같다.

- 그 거래가 채무자의 다른 채권자들을 불리하게 한다.

- 그 거래가 채무자가 실제로 지급불능 상태에 있을 때 일어났거나 채무자를 지급불능 상태로 만들었다.

- 그 거래가 정식의 도산절차 개시 전에 의심기간(suspect period) 중에 일어났다.

　첫 번째 항목은 언제나 필수적이다. 나머지 두 가지 요건은 보통 요구되지만 예외도 있다.

　편파행위 否認 정책의 목적(objectives)은 다음과 같다.

---

4) 역자 주) 채무자 회생 및 파산에 관한 법률도 회생절차상의 부인권(동법 제100조 이하)과 파산절차상의 부인권(동법 제391조 이하)에 관한 규정을 두고 있다. 부인권은 민법상의 채권자취소권에 상응하는 제도지만 그 요건이나 효과에서 차이가 있다.

- **사기**(fraud)의 방지. 주된 본래 목적은 채무자가 그들의 도산이 임박했음을 알면서 사술에 의하여 그들의 자산을 은닉하거나 채권자들의 접근 범위 밖으로 이전하는 것을 방지하기 위한 것이다. 이러한 편파행위는 사기성 양도(conveyance) 또는 이전(transfer)을 말하며 대개 부정한(dishonesty) 요소를 수반한다.

- **채권자 평등**(equality). 두 번째 목적은, 만일 채무자가 사실상 지급불능의 상태에 있다면 비록 정식 도산절차가 아직 개시되지 않았다 하더라도 그의 채권자를 동등, 공평하게 대우해야 한다는 것이다. 어느 한 명의 채권자에 대한 편파적인 변제 또는 이전에 의하여 모든 채권자들에게 제공되어야 할 재단의 자산이 감소함으로써 다른 채권자들에게 불이익이 발생해서는 안 된다.

- **채무자 괴롭힘**(debtor harassment). 편파행위 否認 규정(rules against preferences)은, 특별한 교섭력(leverage)이 있는 채권자들이나 또는 채권회수에 특별히 열심인 채권자들이 재정적으로 어려운 상황에 있는 채무자에게 압력을 가하여 그들에게 변제하게 하거나 또는 다른 채권자들 보다 우선순위를 확보하려는 것을 방지하는 목적이 있다. 도산에 봉착한 채무자는 협상력이 매우 약하기 때문이다.

이러한 정책들은 정도의 차이가 있을 뿐 어느 국가(jurisdiction)에서든 지시받고 있다. 다만 상기 목적들과 충돌하는 다른 입장들도 있다. 6-10

- **예측성**(predictability). 첫째, 제3자가 채무자와 신의성실하게 대가를 지불하고 거래하는 경우, 그 거래가 깨지지 않고 유지될 것이라는 예측성과 확실성이 필요하다는 것이다. 만일 부정한 목적이나 제3자가 정당한 대가를 지불하지 않았는지 여부를 묻지 않고 모든 거래가 의심기간(suspect period) 중에 발생했다는 이유만으로 곧바로 무효가 될 수 있다고 한다면, 상거래 및 금융거래의 안전성을 해칠 것이다. 편파행위에 관한 규칙은 정식 도산절차가 개시되기 훨씬 전의 불특정한 날짜에 평등의 원칙을 적용하자는 것이기 때문에, 말하자면 날짜를 거슬러 올라가서 단두대(guillotine)에 거는 것과 같다.

- **도산의 회피**(avoidance of insolvency). 둘째, 채무자가 영업을 통해 어려움을 벗어날 기회를 줄 필요가 있다며, 지나치게 광범위한 환수를 반대하는 입장도 있다. 만일 채무자나 그 관리인이 영업을 계속하고 그 과정에서 채무를 변제하거나 대금을 지급함으로써 잠재적으로 처벌이나 자격상실 등의 처분에 노출된다면 채무자는 그것이 부담이 되어 영업을 일찍 폐쇄하도록 압박을 느낄 것이며, 이는 일반 채권자가 불이익을 받는 결과가 될 수도 있다. 도산절차는 비록 회생(rehabilitation)이라는 말로 포장된다 해도 대개 회사의 자산 가치에 재앙적 효과를 가져오고 보통 그 영업권(goodwill)의 가치를 떨어뜨린다. 이 상충하는 정책은 채무자에게 돌이킬 수 없는 상황에 이르기 전에 영업을 중단하도록 권유하는 것과 채무자 자신과 채권자들 모두를 구제하기 위하여 영업을 계속할 것을 허용하는 것 사이에서 항상 존재하는 긴장관계를 분명하게 보여준다.

- 약정의 이행 **준수**(honoring commitments). 편파행위 부인을 통해 자산의 평등한 분배를 도모해야 한다는 도산정책은, 예를 들어 변제기에 도래한 채무의 변제 등 채무자는 그 의무를 이행해야 한다는 정책과 항상 충돌한다.

의도적인 재산은닉거래의 좀認(avoidance)에 대하여는 반대가 없다. 그러나 보다 일반적인 형태의 거래에까지 편파행위 부인의 효과를 미치는 것은 많은 지지를 얻지 못했다. 많은 국제적 판례법이 자산의 반환을 요구당하는 채권자들의 이러한 반발을 반영하고 있다.

회사가 어려운 상태에 있을 경우, 통상적으로 은행이나 사채권자(bondholder creditors)는 법원 외 절차에서 회생을 시도하는 것으로 해결하려고 한다. 편파행위로서 좀認될 수 있는 거래의 전형적인 예로는, 채무자에 의한 금융채권자나 무역채권자에 대한 변제, 사업 계속을 위한 근로자 임금의 지급이나 임대료 지급, 기존 대출 유지나 신규차입자금 도입을 위한 그룹 회사의 은행에 대한 보증 제공이나 담보 제공 등이 있다.

편파행위(preference) 관련법의 개요

6-11   선진 국가(developed jurisdictions)에서 편파행위 부인 관련 규칙은 다음과 같이 크게

세 가지 범주로 구분할 수 있다.

(1) 의도적인 사해양도(intentionally prejudicial transfer). 첫 번째 유형은, 채무자가, 채권자를 해치는 사해의도를 가지고, 본래 도산절차에서 채권자들에게 돌아가야 할 자산을 양도해 버리는 것이다. 이는 본래의 채권자 사해행위(Actio Pauliana)이며, 그래서 모든 선진국의 도산법에 반영되어 있다. 이것의 기준은 채권자를 사취하려고 하는 채무자의 사해의사이다. 일반적으로 의심기간(suspect period)의 제한이 없으며, 거래가 언제 행하여졌더라도 否認된다.

> 호주 2001년 회사법 제588조; 오스트리아 1914년 도산법(BA 1914) 제28조; 벨기에 1997년 도산법(BA 1997) 제20조, 민법(CC) 제1167조; 불가리아 1950년 의무 및 계약법 제135조; 덴마크 1997년 도산법(BA 1997) 제4조; 잉글랜드 1986년 도산법(IA 1986) 제423조; 아일랜드 1990년 회사법(CA 1990) 제139조; 프랑스 민법(CC) 제1167조; 독일 1999년 도산법(IC 1999) 제133조; 그리스 민법(CC) 제939조; 홍콩 Conveyancing and Property Ordinance (Cap 219); 이탈리아 민법 제2901조; 한국 통합도산법 제64조[5], 룩셈부르크 민법(CC) 제1167조, 상법 제448조; 멕시코 민법(CC) 제2163조~제2179조 및 LCM 제113조; 네덜란드 1896년 도산법(BA 1896) 제42조~제51조; 뉴질랜드 1952년 재산법 제60조; 남아프리카 1936년 도산법(IA 1936) 제31조; 스페인 민법(CC) 제1291조; 스웨덴 1988년 도산법(BA 1988) 제5조; 스위스 1889년 연방 채권추심 및 도산법 제288조; 태국 CCC 제237조; 미국 1978년 도산법(BC 1978) 제548조, Uniform Fraudulent Transfers Act, Uniform Fraudulent Conveyance Act 참조.

(2) 증여(gifts). 두 번째 유형은 채무자에 의한 증여의 부인인데 이러한 증여는 채권자들에게 돌아갈 자산을 감소시킨다. 이 유형은 증여의 요소가 있는 경우 진정한 가치 이하의 거래(transactions at an undervalue)를 포함한다. 예를 들어 채무자가 상당한 대가를 받지 아니하고 부당하게 낮은 가격으로 자산을 매도하

6-12

---

5) 역자 주) 채무자 회생 및 파산에 관한 법률 제64조 (회생절차개시 후의 채무자의 행위)
① 채무자가 회생절차개시 이후 채무자의 재산에 관하여 법률행위를 한 때에는 회생절차와의 관계에 있어서는 그 효력을 주장하지 못한다.
② 제1항의 규정을 적용하는 경우 채무자가 회생절차개시가 있은 날에 행한 법률행위는 회생절차개시 이후에 한 것으로 추정한다.

거나 또는 상응할 만큼의 보상 없이 보증을 제공하는 경우 등이다. 이러한 규칙은 다른 유형의 저가거래에 확대 적용될 수 있다. 전형적인 것은 보통 否認이 확실해서 잘린 목처럼 취급되는 기존의 채무에 대한 담보 제공이다. 증여의 否認에는 의심기간(suspect period)의 제한이 있는 경우와 없는 경우 모두 있다.

모든 법제 그룹(legal group)에서는 이러한 증여 및 진정한 가치 이하의 거래 (undervalue transactions)가 否認된다. 보통 양수인(transferee)을 위한 면책조항(safe habour)은 없다. 양수인은 횡재의 이익을 누릴 이유가 없으며 대개 증여의 요소가 있음을 알고 있기 때문이다. 否認의 주요 기준은 가치 미달의 정도(extent of the undervalue)와 가치 미달의 정도가 그룹 회사 보증에 미치는 영향이다. 증여 당시 그 시점에서 지급불능 상태였는지 아닌지는 묻지 않는다.

6-13   **(3) 일반적 편파행위**(General preferences).[6)   세 번째 유형은 일반 규칙이다. 채무자의 자산을 감소시켜 채권자들을 해하거나 또는 특정 채권자를 자산의 양도가 없었다면 도산 시에 받을 수 있었을 금액과 비교하여 다른 채권자들보다 편파적으로 우대하는, 채무자의 모든 변제와 양도를 공격한다. 주로 대상이 되는 거래는 특정 채권자에게만 변제하고 다른 채권자에게는 변제하지 않는 경우다. 대부분의 경우 이 (3)번 유형의 일반적인 편파행위는 채무자가 실제로 지급불능으로 정식 도산절차가 개시되기 前 의심기간(suspect period) 중에 행해졌을 것을 요건으로 한다.

---

6) 역자 주) 채무자 회생 및 파산에 관한 법률 제100조는 회생절차에서 부인할 수 있는 행위에 관하여 상세한 요건을 정하고 있는데 첫째, 고의부인으로서 관리인은 채무자가 회생채권자 또는 회생담보권자를 해하는 것을 알고 한 행위를 부인할 수 있다. 그러나 이로 인하여 이익을 받은 자(수익자)가 그 행위 당시 회생채권자 또는 회생담보권자를 해하는 사실을 알지 못하는 경우에는 그러하지 아니하다 (동법 제100조 제1항 1호). 두 번째는 위기부인으로서, 관리인은 채무자가 지급의 정지, 회생절차개시의 신청 또는 파산의 신청이 있은 후에 한 회생채권자 또는 회생담보권자를 해하는 행위와 담보의 제공 또는 채무의 소멸에 관한 행위를 부인할 수 있는데 이 때에도 이익을 받는 자가 그 행위 당시 지급의 정지 등이 있는 것 또는 회생채권자나 회생담보권자를 해하는 사실을 알고 있는 때에 한한다 (동법 제100조 제1항 2호, 3호). 세 번째로 무상부인이 있는데 관리인은 채무자가 지급의 정지 등이 있은 후 또는 그 전 6월 이내에 한 무상행위 및 이와 동일시 할 수 있는 유상행위를 부인할 수 있다 (동법 제100조 제1항 4호). 무상행위는 회사가 대가를 받지 않고 적극재산을 감소시키거나 소극재산 즉 채무를 증가시키는 일체의 행위를 말하고 이와 동일시해야 할 행위는 상대방이 반대급부로 출연한 대가가 지나치게 근소하여 사실상 무상행위와 다름없는 경우를 말한다. 김재형, "선진도산법제 구축을 위한 편제 및 용어 정비 방안연구", 법무부 연구용역 보고서, 2011, 70면.

이것들에 덧붙여, 채무자의 재산에 대한 채권자의 강제집행 등 채무자의 비자발적 양도, 그리고 상계를 하기 위하여 채무자의 채무자들과 채무자의 채권자들 사이에 채권의 부정한 거래 등을 다루는 특별한 법률 규정을 마련하는 경우도 있다.

또한, 채무자의 영업양도를 제한하는 규정(일반적으로 벌크세일법(bulk sales laws)으로 불린다), 자본금(capital)으로 주주에게 배당금 지급 또는 직접·간접 형태의 여러 가지 주식자본금 상환(repayment of share capital) 등 채권자에 앞서 주주에게 변제하는 것을 제한하는 규정도 있다. 이에 의해, 예를 들어 회사의 주식을 취득하려는 자를 위해 당해 회사가 재정적 지원을 제공하는 것이 제한된다.

만일 어떤 거래가 편파행위라면 채무자에 대한 도산절차에서 이는 否認(unwound)되어야 한다. 예를 들어, 채권자는 받은 변제 금액을 반환해야 하고, 담보를 제공받은 채권자는 그 담보권이 부정될 수 있다.

금융시장(financial market)에서의 적용 제외(carve-outs)

거래의 否認(revocation)이 금융시장에서의 지급이나 양도, 담보 제공을 위협할 수도 있기 때문에, 자주 예외 취급이 인정된다. 두 가지 전형적인 예가 1998년 EU 결제 완결성 지침(EU Settlement Finance Directive)과 2002년 EU 금융담보지침(EU Financial Collateral Directive)이다. 미국에서도 금융거래에 관한 특칙이 있다.   6-14

法域(jurisdiction)을 분류함에 있어서의 주요 이슈들

한 法域(jurisdiction)의 법인 도산법(개인은 論外)이 편파행위에 관하여 채권자 우호적인지 채무자 우호적인지를 판단할 때 고려해야 하는 사항은 다음과 같다.   6-15

- 일반적 편파행위에 관하여 채권자가 어느 정도로 보호되는가, 특히 채무자에게 사해의사가 없었던 경우 또는 채권자가 거래 당시에 채무자의 지급불능상태를 알지 못한 경우, 그 거래가 否認을 면할 수 있는지 여부

- 영업에 있어서 통상 행해지는 지급이 보호되는지 여부

- 기존의 채무에 대한 담보 제공이 유효하게 되는지 여부(이것이 가장 주요한 리트머스 테스트 기준이 된다)

- 의심기간(suspect period)의 長短

대부분의 法域(jurisdiction)에서 어떤 행위가 채권자 사해행위로 되는지에 대해서 유사한 관념을 가지고 있다. 예를 들어, 증여, 기존 채무에 대한 담보, 변제 등이 이에 해당한다. 그 차이를 분류함에 있어서 가장 주요한 인자(factor)는, 아마도 채권자 보호를 위해서 어떠한 안전장치(safe harbor protections) 조항이 있는가이다. 크게 보아 세 가지 패턴이 있다.

(1) 편파행위에 대한 채무자의 사해의사(intent) 요건. 도산재단(bankrupt estate) 보다 특정 채권자의 이익을 중시하는 의사다. 이로 인해 편파행위부인 이론이 무색하게 된다.

(2) 채무자가 지급불능상태인 것을 인식하고 있었어야 한다는 요건

(3) 통상의 영업을 위한 지급이 보호되는지 여부. 거래처에 대한 변제, 임대료 지급, 은행에 대한 상환 등

두 번째 주요 포인트는 의심기간(suspect period)의 길이이다. 그러나 이것은 대상이 되는 각기 다른 종류의 편파행위에 따라 다른 의심기간(suspect period)이 설정되기 때문에 비교는 쉽지 않다. 예를 들어, 증여의 否認 기간, 일반적 편파행위의 否認 기간, 내부자에게의 지급에 관한 否認 기간이 그렇다. 그리고 부인의 근거 자체도 여러 가지가 병존하고 중복된다. 또 다른 포인트는 否認을 위해 지급불능의 증명이 필요한지 여부다. 전형적으로 증여(염가로의 보증 제공 포함)의 경우에 지급불능의 증명이 필요하지 않다.

法域(jurisdiction) 간 비교 요약

6-16 아주 간단한 기준(reductionist formula)으로 주요 法域 그룹에 대하여 대략적인 평가를 하는 것도 도움이 된다.

6-17 **의도적 사해행위(intentionally fraudulent preferences)와 증여** 모든 法域 그룹은 의도적인 사기적 양도(fraudulent transfers)를 否認하는, 이른바 폴린 액션(Pauline action)을 갖

추고 있다. 또한 증여는 모두 否認된다.

기존 채무에 대한 담보 제공(security for pre-existing debt)   무담보 채권자가 곤궁한 채   6-18
무자에게 압력을 가하여 자신의 기존 채무에 대해 담보를 제공하게 하는 것과 같은
경우 여러 가지 차이가 있다. 이 점은 매우 중요하다. 私的인 워크아웃에서 은행이
채무자의 구조조정을 위해 신규 신용공여를 하는 경우에 이에 가세해 기존의 대출
에 대해서도 담보 제공을 받는 경우에 중대한 영향을 미치기 때문이다. 대부분의
영국법계 法域에서는 채무자에게 편파의사가 없었고, 채무조기상환(acceleration)을
방지하고 영업을 계속하기 위하여 우대한 경우 이를 허용한다. (다만, 호주와 뉴질
랜드에서의 법은 다르다). 중요한 예외로서 浮動담보권(floating charges)은 기존 채무
에 대하여 허용되지 아니하며 채권자 보호의 안전구역(safe harbour)도 없다. 浮動
담보권은 포괄적인 것이어서 자산의 독점으로 이어질 수 있고 다른 채권자들
에게 심하게 불이익이 되기 때문이다. 실무상 주로 재고(inventory)와 금전채권
(receivables)에 대한 담보가 이에 해당한다.

> *Re MC Bacon Ltd* [1990] BCLC 324 판례에서, 재정적으로 곤란을 겪는 회사가 은행
> 에게 기존 채무에 대한 담보를 제공하고 8개월 후에 파산했다. *판결:* 그 이사들은, 그 담
> 보를 제공함으로써 파산(liquidation) 시에 은행의 지위를 향상시키려고 하는 적극적 의도
> 에 영향을 받은 것이 아니었기 때문에, 그 담보 제공은 편파적(preferential)이지 않다. 그것
> 은 오직 회사를 위한 은행의 지원을 유지하고자 하는 의도가 그 동기였을 뿐이다.
> 반대로 *Re Eric Holmes (Property) Ltd* [1965] Ch 1052 판례에서는, 이사에 의한 대
> 납금(advances)에 대해서 담보제공 계약에 따라서 담보가 제공되었다. *판결:* 이는 요청에
> 따른 편파적 우대의 계약(agreement to prefer)이다. 그러나 이 판결은 우대받은 자가 회사
> 의 내부자라는 점과 회사가 그 담보 제공으로 인하여 아무런 이익도 받지 않았다는 점을
> 고려한 것으로 보인다.

나폴레옹계 국가에서 기존 채무에 대한 담보는 통상 否認되고, 채권자 보호의 안
전구역(Safe harbour)도 없다.

많은 로마－게르만계 국가에서는, 채권자가 채무자의 지급불능상태를 몰랐을 경
우에만 담보 제공이 否認된다. (워크아웃 중에 채권자는 보통 채무자의 지급불능상
태를 알게 된다.) 또한, 채무자가 기존의 의무에 따라 담보를 제공한 경우 중 일부에

대하여는 그러한 담보를 유효하게 본다(네덜란드 및 스위스). 나중에 취득하는 자산(after−acquired assets)에 대하여 담보를 설정할 의무가 있는 경우나 시장에서의 거래에서 손실을 충당할 추가 담보 증거금(margin)을 제공할 의무가 있는 경우 등이다.

　　미국은 나폴레옹계의 입장을 취하고 있어 기존 채무에 대한 담보 제공은 否認하고, 채권자 보호의 안전구역(Safe harbour)도 없다.

6-19　**통상의 지급**(routine payments)　　영국법계 그룹(English−based group)에서는 채무자에게 편파의사(intent to prefer)가 없는 한 통상적 영업 과정의 지급은 허용한다. 예를 들면, 단지 그 영업을 계속 수행하고 지장을 주지 않기 위하여 그 지급이 밀리지 않도록 부동산 임대료를 지급하거나, 대출을 상환하거나, 거래처에 대금을 변제하는 경우다. 나폴레옹계 法域과 로마−게르만계 法域에서는, 채권자가 지급을 받을 때 채무자가 지급불능 상태였던 사실을 알지 못한 경우 그 지급을 받은 채권자를 보호하는 안전구역을 통상 인정하고 있다. 그러나 나폴레옹계 法域 그룹에서는 이행기 전 조기 변제(prepayment)나 대물변제 등 변칙적인 형태로 변제가 이루어진 경우에는 그 변제를 받은 채권자를 보호하지 않는다. 또한 채무자의 자력에 비하여 걸맞지 않게 많은 액수의 지급이 아닌지 등 그 외 여러 가지 기준도 적용된다. 미국에서는 법에 명시된 예외가 있다.

　　국제적으로 보면, 주요 法域에서는 채무자가 통상의 지급을 계속하는 것이 허용된다는 점에서 그다지 큰 차이는 없다.

6-20　**기타 편파행위**(other preferences)　　일반적으로 이러한 통상적인 영업을 위한 지급의 범주에 속하지 않는 기타 다른 편파행위에 관하여 영국법계 法域의 대부분에서는 채무자에게 편파의사가 없는 경우에는 지급이 否認되지 않는다. 대부분의 나폴레옹계 법역과 많은 로마−게르만계 법역에서는 채권자가 채무자의 지급불능ㄱ상태에 대해 알지 못한 경우 지급이 否認되지 않는다. 그러나 미국에서는 자산의 양도는 否認되고 채권자 보호의 안전구역은 없다.

6-21　**요약**　　결국, 영국법계 法域에서는, 호주나 뉴질랜드 등의 예외는 있지만, 채권자 보호가 중시되고 있다. 로마−게르만계 法域이나 나폴레옹계 法域은 중간 입장을 취하고 있다. 로마−게르만계 法域의 주요 국가, 특히 네덜란드와 스위스에 대해서는 채권자 보호가 보다 두텁다고 할 수 있다. 미국은 편파행위에 관한 한 채무자 우

호적이라 할 수 있다. 채권자 보호의 안전구역이 없기 때문이다. 이에는 많은 예외가 있고, 여러 가지 종류의 다양한 편파행위의 평가가 용이하지 않기 때문에, 이러한 단순한 비교는 위험하다고도 말할 수 있다.

간략화한 전체상은 『*세계 금융법의 지도(Maps of World Financial Law)*』에 나와 있다.

편파행위(preferences)**에 대한 더 상세한 내용:** LPIF 시리즈 제1권 제17장, 제18장.

도산절차(insolvency proceedings)의 관리

관리인 후보(potential managers)의 리스트

일단 절차가 개시되고 나면, 책임자(someone in charge)가 있어야 한다. 파산절차에서는 채무자의 경영진이 해임될 것은 분명하다. 그런데 회생절차의 경우에는 누가 관리인이 되어야 하는지에 대해 *法域*별로 매우 다르게 취급한다. 잠재적 관리인 후보의 목록은 다음과 같다.   6-22

- 관리인(administrator) — 파산관재인(liquidator), 수탁자(trustee), 책임관리인(syndic), 담보관리인(receiver), 관리인(curator), 보존인(conservator), 커스터디 은행(custodian), 사법관리인(judicial manager) 또는 기타 유사한 자, 주로 개인이다.

- 채권자들(creditors), 경우에 따라서는 채권자협의회(creditors' committee)를 통한 관리

- 법원

- 채무자 회사의 기존 경영진 — 미국식 용어에 따라 통상 "기존 경영자 관리인 (debtor-in-possession)"(DIP)라고 불린다.

은행 도산 등 특별한 경우에는 정부 직원이나 규제 당국이 관리하기도 한다.

리스트에 관한 고찰

6-23   실무상 법정관리인, 채권자, 법원 사이에 권한의 분업(sharing of power) 체제가 있다. 회생절차에서 채무자의 기존 경영진이 계속 그 지위에 머무르는 것이 허용되는 경우 일익을 담당하기도 한다. 여기서 문제가 되는 것은 권한의 정도(extent of powers)이다. 즉, 이러한 그룹 중 누가 중대한 결정을 내릴 지배적 권한(dominant authority)을 가질 것인가이다. 회생절차의 경우, 관리인(administrator)을 누구로 할 것인지에 대한 통제, 회생계획안의 작성, (담보부) 신규 재원 조달, 통상적인 사업 범위를 초월한 중요한 자산 처분(substantial disposals), 기타 일상적 영업 외의 조치들, 회생계획에 따라 회생절차를 계속 진행할지 아니면 파산절차로 갈지 등 중요사항의 결정이 필요하다. 그 외에도 소송 제기, 기존 계약의 계속이냐 아니면 해제·해지냐, 신규 중요한 계약의 체결, 편파행위의 否認 등의 결정이 있다.

채권자(creditors)

6-24   가장 일반적인 견해는 채권자 자신이 절차를 관리해야 한다는 것이다. 구체적으로는 채권자가 선택한 관리자가 채권자협의회(creditors' committee)와 최종적으로는 법원의 감독을 받으면서 절차를 관리하게 된다. 그 이유는 기업의 도산에 있어서, 근로자나 사회 전체 등의 일반적인 이해관계자도 있지만, 보호받을 만한 자산에 대한 재산적 이익을 가지는 유일한 당사자는 채권자들이기 때문이다. 사유재산제도의 본질은 재산의 소유자가 그 재산을 관리하고, 사용, 수익, 처분하는 권한을 갖는다는 점에 있다. 그러나 회생절차에서 이러한 사유재산제도의 본질은 크게 후퇴하게 된다.

공식적인 채권자협의회(creditors' committee)의 구성이 법정되어 있는지 아닌지에 관계없이, 대규모 도산의 경우, 통상 채권자들 스스로 임의(ad hoc) 협의회를 조직한다. 하나는 상업 은행들(commercial banks)의 협의회이고, 또 하나는 사채권자들(bondholders)의 협의회다. 이러한 비공식적 협의회의 운영비용은 일반적으로 도산재단으로부터 지급받을 수 없다.

회사가 지급불능상태인 이상 주주는 이해관계자라고 할 수 없다. 그러나 주주 자신들은 예를 들어 구조조정이 성공하여 회사가 다시 이익을 낳게 되었을 경우를 상정하여 스스로 잠재적으로는 이해관계를 갖는다고 생각하는 경우가 종종 있다. 때로는 이러한 잠재적 이익(contingent interest)이 인정되어 회생계획에서 주주들에게 어떤 형태로든 편린의(crumbs) 몫이 주어질 수도 있다.

채무자의 기존 경영진(existing management)[7]

여기서 주요 논쟁은 채무자의 기존 경영진이 어떤 역할이라도 맡을 수 있느냐이   6-25
다. 이것은 영업을 계속 허용할 것인지가 고려되는 회생절차의 경우에만 발생하는 이슈다. 파산절차의 경우에 이전의 경영진이 일방적인 권한(unilateral powers)을 갖는 경우는 실제로 어디에도 없을 것이다.

채무자 경영의 계속(continued debtor management)에 대한 찬성론은 다음과 같다.

- 기존 경영진이 영업을 잘 알고 있으므로 새로운 숙지 과정이 불필요하다(비용 발생 없음).

- 채무자는 그들의 자리를 유지할 전망이 있으면 사태가 너무 늦기 전에 일찍 도산절차를 개시할 것이며 따라서 채권자에 대한 손실을 최소화할 것이다. 즉, 도산(insolvency)절차를 개시하기 위한 유인이 있는 것이다.

- 실제로 영업 계속을 위한 신규차입자금(new finance)에 있어서 은행 등 주요 채권자가 거의 독점적인 권한을 가지고 있고, 회생계획(survival plan)에 대해서도 의결과정에서 채권자의 동의가 필요하므로, 결국 경영진은 이들 채권자의 통제(control)를 받게 된다.

- 채무자의 경영진은 사기나 경영상의 중과실 등 적절한(proper) 경우에 퇴진시키면 된다.

채무자의 경영진에 의한 계속적 경영권 행사에 반대하는 주장은 다음과 같다.

---

7) 역자 주) 회생절차에서 관리인의 직무는 파산절차와 달리 사업의 회생을 목적으로 하는 절차의 특성상 재산의 관리처분권뿐만 아니라 계속기업가치의 유지 및 증가 및 이를 위한 영업수행권도 포함된다(통합도산법 제56조). 구 회사정리법 아래에서 관리인으로는 제3자를 선임하는 것이 원칙적인 모습이었으나 통합도산법에서는 원칙적으로 채무자 또는 기존경영자를 관리인으로 선임하거나 관리인 불선임결정을 함으로써 채무자 또는 기존경영자가 관리인의 지위를 가지도록 하고 다만 예외적으로 채무자 또는 기존경영자에게 부실경영 등의 책임이 있는 경우에만 제3자를 관리인으로 선임하도록 하여(통합도산법 제74조) 사실상 미국연방도산법상의 DIP (Debtor In Possession) 제도 또는 일본 민사재생법상 업무수행권을 가지는 채무자(일본 민사재생법 제38조 제1항)에 준하는 제도를 도입했다.

- 기존 경영진이 채권자의 이익에 대하여 적절한 고려를 할 가능성이 낮다.

- 어려운 결정을 내리고자 하지 않을 것이다.

- 기존 경영진은 보통 도산(insolvency)절차에서 운영해 본 경험이 없다.

- 기존 경영진은 그동안 회사를 잘못 운영했으며 따라서 회생절차를 운영하기에 적합하지 않고 채권자의 신뢰를 이미 상실했다.

- 기존 경영진의 경험이 필요하다면 관리인(administrator)이 그들을 자신의 감독하에 둘 수 있다.

- 도산제도(bankruptcy regime)는 재판절차에 호소하는 것을 장려하기보다는 회피해야 한다.

- 일반 비즈니스 대표권(business representation)의 이념으로 볼 때, 이해관계자인 채권자(creditors)에게 경영진의 선택권을 주어야 하며, 주주(shareholders)처럼 이해관계를 상실한 자가 뽑은 경영진을 잔류시키는 것은 이념에 어긋난다.

기존 경영진이 그 자리에 계속 머물 권리(right of management to stay in charge), 특히 회생계획안(reorganisation plan)을 제출할 독점적인 권리를 갖는 것은 대부분 채권자의 반감(creditor resentment)을 불러일으킨다. 이것을 용인하는 것은 그 도산법이 채무자 보호적이라는 중요한 증거가 된다.

법원(courts)

6-26   법원의 역할에 관해서는 *法域*마다 태도가 다르다.

하나의 접근방법은 법원이 당사자들이 합의에 이르지 못하는 경우에 강박이나 권리남용 금지 등 법의 기본 원칙이 확실하게 준수되도록 최후의 감독자 역할만을 해야 한다는 견해이다.

이러한 최소주의 접근방식의 근거는 다음과 같다. ① 법원이 설사 도산전문법원이라 할지라도 (이것은 경험이 풍부한 도산전문법원의 경우 의심스러운 논의이지만) 회사의 회생에 필요한 경영과 관련된 유형의 경영판단을 하는 것에 익숙하지 않다. ② 최소의 안전장치 하에 자신들에게 가장 유익하다고 판단되는 결정을 내리는 것은 당사자들 본인이다. ③ 법원의 이용은 비용이 비싸고 그것은 결국 국민의 세금으로 충당된다. ④ 법원의 시간은 채권자들 간이나 채무자와 채권자 간의 매일 반복되는 논쟁을 해결하기보다는 사회의 다른 국면에 투입되어야 한다. ⑤ 법정은 회생이나 처분의 계획을 협상할 최적의 장소가 아니며, 법원의 이용은 재판절차의 절차적 형식성 등의 이유로 막대한 시간과 비용을 수반하게 된다.

이에 대해 다른 접근방법은 법원에게 절차의 모든 단계에서 사무 처리와 승인을 하는 큰 역할을 부여하는 것이다. 이러한 개념은 국가에 의한 관리(state control)라는 전통에 일부 뿌리내린 것으로 보인다.

6-27

일반적으로 채권자들은 자신들의 문제에 대하여 법원이 결정권자의 역할을 하는 것을 좋아하지 않는다. 이러한 시각에서는 법원의 역할은, 도산절차 개시 시 중지(stay)와 회생계획에 사법적 효력을 부여하고, 지나친 남용을 통제하는 역할에만 한정되고, 그 이외에 나머지는 당사자들에게 그들이 최선이라고 생각하는 방식대로 문제를 해결하도록 맡기겠다는 것이다.

결론

대규모 도산에서는 종종 극심한 의견(attitudes) 대립이나 이익(interests) 충돌이 발생한다. 중요한 예외들이 존재하지만, 대부분의 선진국 法域에서는 최소한 중요 결정에 관해서 채권자의 관리인에게 궁극적 권한이 수여되는 것이 적절하다고 여겨지고 있다. 채권자들이 관리자의 선임을 위해서 주주총회와 같은 협의회 소집권을 갖고, 일상적인 운영에 관한 사소한 결정을 제외하고 파산이냐 회생이냐의 선택 등 회사의 미래를 결정하는 최고 결정권을 갖는 것이 바람직하다고 여겨지고 있다. 이러한 권한은 원래 도산 전에는 주주가 갖는 기본적 권리였지만, 도산 시에는 지배적 이해당사자로서 채권자의 수중으로 넘어간다.

6-28

절차 관리(management of proceedings)에 관한 더 상세한 내용: LPIF 시리즈 제1권 제10장 참조.

회생을 위한 자금조달: 신규차입자금(new money)

6-29   회생절차를 밟고 있는 회사가 직면한 문제들 중 하나는 지속적인 자금을 얼마나 신속하게 조달할 수 있는가(immediate availability of continuing finance)이다. 신규 자금조달의 수단은 ① 채무자가 현재 보유하고 있는 자금(대개는 없다(nil)), ② 신규 대출, ③ 채권자로부터 담보부 자산(또는 그로부터의 수입), 소유권이전형 금융(title finance)의 자산, 상계권을 박탈하는 것밖에 없다. 일부 法域에서는 담보채권자의 자산을 사용하는 것을 인정하는 경우(단락 17－37 참조) 또는 상계권을 부정하는 경우(단락 14－35 참조)도 있다. 이 두 경우 모두 한 채권자로부터 취하여 다른 채권자에게 나눠줌으로써 재분배(redistribution)의 효과가 있게 된다. 보다 바람직한 대안은 외부로부터의 자금조달(external financing)이다. 이것은 도산절차 개시 후 운영비용으로서 우선순위를 가지며, 기존의 모든 채권자들에게 동일하게 영향을 미친다.

보다 중기적으로 볼 때, 현금 자원(cash sources)은 ① 자산의 매각, ② 채무의 출자전환(debt/equity conversion), ③ 채무의 탕감이나 재조정과 같은 회생계획(plan provisions)에 의하여 확보될 수 있다.

최후의 대주(lender of the last resort)의 입장에서 볼 때, 대주에게 절대적 우선순위가 인정되는 것이 필수불가결하다. 한편, 도산절차 개시 후 융자(post－petition financing)가 기존의 무담보 채권자들에 대하여 우선순위를 가지게 되는 경우에 회생이 실패하면(그런 경우가 빈번하다), 기존의 무담보 채권자들은 도산절차 개시 후의 채권자에게 후순위로 밀려나서 결국 보다 많은 손실을 입게 된다. 따라서 도산절차 개시 후 채권의 우선순위는 오직 회생이 성공한다는 실질적 가능성이 있는 경우에만 정당화될 수 있는데, 불행히도 실제로는 성공적이지 못한 경우가 많고 보통 사전에 미리 예측하기도 어렵다. 대주들(lenders)이 추구하는 우선순위는 기존의 채권자와 추후 있을 수 있는 도산의 행정적 비용 양자에 모두에 대한 우선순위이다. 이것은 일반적으로 선순위 담보권의 제공을 의미한다. 실무상 신규차입자금은 즉시 우선권이 있는 무담보 채권자 및 동등순위에 있는(pari passu) 거래공급자들(trade suppliers)에의 변제에 사용되기 때문에, 설사 신규차입자금에 담보권이 설정되어 있다고 하더라도, 이러한 기존 채권자들은 사실상 최우선순위(de facto super－priority)로 이득을 취한다.

6-30   많은 法域에서 관리인 또는 기존 경영진 관리인(debtor－in possession)은 관리인, 채

권자협의회(creditor committee) 또는 법원의 동의를 얻어 자금을 빌리고 비용을 변제할 권리가 있다. 따라서 그러한 신규차입자금(new money)이 기존의 채권자들(existing creditors)에 대해서 어떠한 우선순위를 가지는지가 주요한 문제가 된다. 기존 담보채권자들의 동의 없이 그들에게 손실을 줄 권리를 인정하는 것은 비교적 드물다고 할 수 있다.

국제적인 조사에 대해서는, LPIF 시리즈 제1권 단락 23−109 참조.

질문과 세미나 주제

제4장~제6장

다음 질문 중에는 다른 장의 지식이 필요한 것도 있다.

(1) "금융법이 관련되는 한 도산법은 세계의 다양한 법제도 사이에 가장 중요한 분할(divisions)을 초래한다." 이에 대해 논해 보자.

(2) 당신은 변호사로 한 신흥국에 대해 자문하고 있다. 그 국가는 파산(final liquidations) 절차밖에 없는 시대에 뒤떨어진 도산법밖에 가지고 있지 않아서, 재무적 위기에 빠진 회사의 사법절차에 의한 채무조정 또는 회생, 즉 회생형 도산법의 도입에 대해 자문이 필요하다. 그 국가는 근대적인 성문 도산법이 필요하다고 생각하고 있고, 동시에 국제적인 은행이나 債券투자자(bond investors)로부터의 자금 조달도 촉진하고 싶다고 생각하고 있다. 당신은 신법에 대해 어떤 점이 가장 중요하다고 자문할 것인가?

(3) 근대적인 기업도산회생법의 목적은 무엇인가? 그리고 그것은 국제금융거래와 채권자의 권리에 어떤 영향을 미치는가?

(4) 대기업의 도산에서 도산법은 채무자를 보호해야 하는가 또는 채권자를 보호해야 하는가? 의견을 말해 보자.

(5) "표준적인 회사회생(구제)법 같은 것은 없다. 법제도는 비교적 채권자 보호적인 것에서 지극히 채무자 보호적인 것까지 다양하다." 이에 대해 논해 보자.

(6) "지나치게 도산한 채무자(insolvent debtor)를 보호하려는 회사회생법은 금융법과 금융거래의 안정성, 예견가능성에 심각한 손상을 준다." 이에 대해 논해 보자.

(7) "대부분의 法域에서 도산 시에 채권자 간 평등은 없으며, 있는 것은 오히려 서열 제도와 지급 순위의 사다리이다." 통상의 서열 제도에 대해 서술하고, 그것이 정당한 것이라고 생각하는지, 예를 들어 설명해 보자.

(8) 대기업이 위기에 처해 있을 경우의, 주요 채권자들 간의 私的 합의에 근거한 채무 상환기한 연장 재조정(reschedulings)(워크아웃(work‒outs))에 대해서 회생 절차와 비교하면서 그 장점과 단점을 비판적으로 논해 보자.

(9) 많은 法域에서 금융시장을 위하여 일반적인 회사도산법의 예외(적용제외)가 인정되고 있다. 왜 그런 특례가 인정되고 있는 것일까? 또한 도산법을 모든 자에게 동일하게 적용하는 편이 좋은 것일까?

(10) 금융법과 금융거래에 대해서 다음 주제에 관한 국제적인 접근방법을 고찰 하고, 무엇이 적절한 정책인지 예를 들어 의견을 서술해 보자.
- 기업 도산에 대한 이사와 임원의 개인적 책임
- 도산 시 계약 해지에 대한 제한
- 도산 시 편파행위의 否認

(11) 당신은 은행에 자문을 하고 있는 변호사이다. 그 은행은 주요 法域에 대규모 자회사들을 가진 기업 그룹에 대출을 하고 있는데, 그 그룹은 심각한 재정적 위기에 빠져 있다. 은행은 자기 직원을 그룹의 재무 임원으로 임명하고 그 승인 없이는 중요한 결정을 할 수 없도록 하는 것을 제안하고 있다. 이 제안 에 대해 자문해 보자.

(12) 낭신은 위의 문제와 같은, 주요한 法域에 대규모 자회사를 갖는 기업 그룹의 파산관재인(liquidators)에게 자문하는 변호사이다. 파산(liquidation)절차 개시 3개 월 사이에 그룹 기업은 ① 은행에 대해 자신의 자산에 최대한의 담보권을 설 정하고, ② 은행의 채권에 대해 상호 보증(guarantees)을 하고, ③ 사채권자 (bondholders)에게 이자를 지급하고, ④ 거래처에 대금 전액을 변제했다. 또한 모회사는 계약상 의무도 없는데 대표이사에 대해 연금 지급을 결정했다. 관 계 法域에서 이러한 거래를 편파행위로 否認하는 것이 가능한지 여부에 대

해 원칙을 조언해 보자.

(13) 은행의 도산은 왜 통상의 기업 도산과 다른 것일까? [연구주제: LPIF 제1권 제24장 참조]

(14) 주권국가(sovereign states)의 도산에 대한 법과 실무가 지방자치단체의 법에 근거해서 설립된 기업(corporations)의 도산의 경우와 어떻게 다른지를 비판적으로 논해 보자. [연주주제: LPIF 제1권 제25장 참조]

(15) 다양한 종류의 대주(貸主) 책임에 대해 고찰해 보자. [연구주제: LPIF 제1권 제22장 참조]

(16) "회생절차란 私的 워크아웃에 법원의 도장을 찍은 것에 지나지 않는다." 이 견해에 대해 논해 보자. [연구주제: LPIF 제1권 제20장, 제23장 참조]

제 **3** 편

국제 대출과 債券
International Loans and Bonds

제 7 장

신디케이티드 은행대출 I

개요(general)

기한부 대출(term loans) 일반

기한부 대출(term loans)이란 대출기간이 정해진 대출(loan)로서, 일정한 요건이 충 7-01
족되는 경우에만 해지 가능하며(cancellable), 채무불이행 사유(event of default) 등 일
정한 사유가 있는 경우에만 조기상환이 가능한 것을 말한다. 이에 반하여, 당좌대
월(overdrafts) 또는 신용라인("line of credit")은 은행의 통지(notice)기 있는 경우 해지
또는 상환이 가능한 것을 말한다. 여기서 기한부 대출의 목적은 금융에서의 예측가
능성을 제고하는 데 있다.

본 장(section)에서는, 도매금융시장에서 기업과 정부에 대한 국제 신디케이티드
대출 또는 기한부 대출의 국제 시장 실무를 포괄적으로 다루고자 한다. 중소기업에
대한 대출은 내상으로 하지 않는다.

은행이 대출기간이 7년 내지 10년인 대출을 하기로 하는 경우, 은행은 금융조건
(financial terms) 이외에도 신용보장장치(protection of credit)의 일환으로서 자산의 전부
매각 등 차주 사업에 부정적인 영향을 주는 차주의 경영행위에 대하여 제한을 둔
다. 또한 차주가 계약조건을 준수하지 아니하거나 차주의 도산 등 차주가 계약을
이행하지 못할 가능성이 상당한 사유가 발생하는 경우에 대비하여 중도 해지(early
termination)에 관한 조항을 둔다. 실무상, 비(非)금융조건(non-financial terms)에 관한

협상은 확약(covenants) 및 채무불이행 사유를 위주로 이루어진다.

7-02　　대출계약은 상업계약(commercial contracts)의 가장 단순한 형태이며, 대출계약이 이루어지면 대주는 차주에게 대출을 실행하고, 차주는 대주에게 대출금의 상환뿐 아니라 대출금이 상환될 때까지 이자를 지급해야 한다. 그러나 이와 같은 단순한 개념도 거액의 자금 모집 및 보호가 필요한 경우에는 매우 복잡한 것이 된다. 국제 신디케이티드 대출은 대개 미화 수억 달러 단위로 이루어지며, 미화 수십억 달러 단위로 이루어지는 경우도 상당하다. 일부는 미화 3백억 달러 내지 미화 4백억 달러 사이에서 주로 회사 인수자금 조달에 제공되었다.

2005년 보고된 바에 의하면, 전 세계 주식발행 규모는 미화 6,000억 달러였으며, 회사채 발행 규모는 이보다 조금 더 많은 미화 6,850억 달러였다. 같은 기간 동안 신디케이티드 대출의 규모는, 회사채 발행규모의 6배에 육박하는 미화 3조 5천억 달러였다.

단일은행 대출(bilateral loans) 및 신디케이티드 대출(syndicated loans)[1]

7-03　　단일은행 대출은 한 차주(연대보증인도 참여하는 경우도 있음) 및 단일의 은행 간의 대출이다. 대규모 대출의 경우에는, 단일의 은행이 대출금 전부를 조달할 수 없거나 그럴 의지가 없기 때문에 수개의 은행들 간의 대주단 구성(syndication)에 의존하게 된다. 대주단 구성(syndication)의 본질은, 다수의 당사자들이 하나의 계약상 공통된 조건에 따라 둘 이상의 은행이 차주에게 대출을 하기로 하는 것이다. 대주단 구성(syndication)에 참여하는 은행 수는 매우 적을 수도 있고(클럽론(club loan)이라고도 함), 예외적으로 수백 개에 이르기까지 매우 많을 수도 있다.

요컨대, 신디케이티드 상업은행대출(syndicated commercial bank credit)은, 차주회사가 하나의 은행 또는 은행집단과 협의한 대출조건에 따른 대출을 의뢰하면, 간사은행(arranging bank)이 차주를 대신하여 차주 및 대출의 조건에 관한 대주단모집안내서(information memorandum)를 준비하여 예상 참가은행들에게 보내고, 이들로부터 의향서(expression of interest)를 받아 여신계약에 관하여 협의하는 절차로 이루어진다. 여

---

1) 역사 주) 신디케이티드 대출(syndicated loan) 또는 대주단(은행단) 대출이란, 다수의 은행들이 대주단 구성(syndication)을 하여 차주와의 사이에 신디케이티느 내출 계약(syndicated loan agreement)을 체결하고, 신디케이티드 대출 계약상 약정비율에 따라 약정금액을 분담하여 대출하는 대출을 말한다.

신계약이 합의되면, 참가은행들은 차주와 신디케이티드 여신계약을 체결하고, 참가
은행들 중 한 은행(주로 주간사은행(lead arranging bank))을 관리를 위한 대리은행으로
선정한다.

신디케이티드 대출(syndicated bank credits)의 당사자

일반적으로 신디케이티드 대출의 당사자는 다음과 같다.   7-04

- 차주(borrowers)

- 때때로 차주의 연대보증인 또는 다른 차주로서, 차주의 자회사(subsidiaries)

- 간사은행(arranging banks): 대주단모집안내서(information memorandum)에 관한 책
  임이나 여신계약의 내용에 관한 법적 책임은 면제되고, 차주로부터 배상
  (indemnities)을 받는 입장에 있는 당사자[2]

- 대주은행(lending banks)

- 대리은행(agent bank): 담보부 대출의 경우에는 담보관리회사(security trustee)로서
  의 역할도 병행[3]

대주는 대개 상업은행이지만, 다른 금융기관일 수도 있다. 비(非)은행금융기관이
여신을 제공할 수 있는지 여부는, 그 비은행금융기관이 규제법상 대출에 필요한 인
허가를 받을 수 있는가 뿐만 아니라, 특히 이자를 이자소득에 대한 원천징수세
(withholding tax)의 감액 없이 지급받을 수 있는지 등도 다른 중요한 요소가 된다.

---

2) 역자 주) 대주단모집안내서(information memorandum)에는 보통 '본 대주단모집안내서는 차주가 작성
   한 것이고 간사은행은 대주단모집안내서의 기재 내용에 관하여 책임을 지지 아니한다'는 취지의 면책
   규정이 포함되어 있다. 여신계약에도 대주들에게 제공된 정보의 정확성에 관하여 넓게 간사은행 및
   대리은행을 면책시키는 취지의 규정을 두고 있다.
3) 역자 주) 담보부 대출의 경우에는 대주들을 위하여 담보를 관리하는 담보대리인(security agent) 또는
   담보관리회사(security trustee)를 둔다. 담보대리인(security agent)은 담보를 관리만 하는 것이고 담
   보권자는 여전히 대주들이다. 반면에 담보관리회사(security trustee)는 담보권자가 되며, 대주들은 담
   보권을 신탁재산으로 하는 신탁의 수익권을 갖는다.

대주단 구성(syndication) 맨데이트(mandate)

7-05   대주단 구성(syndication)은 통상 차주가 간사은행(arranging bank) 또는 간사은행단에게 맨데이트(mandate)를 부여함으로써 시작된다. 맨데이트(mandate)에는 의뢰하고자 하는 대출의 금융조건이 기재되어 있고 간사은행(들) 또는 주선인("arrangers")에게 대주단 구성(syndication) 권한을 부여하며 해당 맨데이트(mandate)가 배타적임을 확인하는 조항이 있다. 그리고 대출금액, 대출기간, 상환일정, 이자 마진, 수수료 및 기타 특별조건 그리고 해당 대출에는 진술 및 보장, 확약, 채무불이행 및 기타 일반조항이 포함된다는 조항이 **"조건제안서"**("term sheet")에 기재된다.

맨데이트(mandate)에 따른 대출 청약(offer)에는 보통 일정한 조건이 적용된다. 전형적인 조건은 다음과 같다.

- 여신계약(credit agreement) 및 기타 관련서류에 관한 협상이 대주단 구성(syndication)에 만족스러운 내용으로 체결되어야 한다.

- (간사은행이 판단하기에) 신디케이티드 대출 시장(syndication market) 또는 차주나 차주 집단의 재정상황에 대한 중대한 부정적인 변경(material adverse change)이 없어야 한다.

- 차주의 그룹에 대하여 중복되는 대주단 구성(syndication)이 없어야 한다. 이러한 중복공여 금지("clear market") 조항은 양자 간 은행 대출(bilateral bank loan)[4]및 債券 발행(bond issues) 등 모든 자본조달 행위에 적용될 수 있다. 해당 신디케이티드 절차가 장기간에 걸쳐 진행되는 경우 차주는 중복공여금지에 대하여 신중히 고려해야 한다. 주선인(arrangers)의 목적은, 차주의 다른 자본조달로 인하여 대주단이 불리해지지 않도록 하는 것이다.

- (가끔) 은행에 의한 최종 대출 승인

- 주식의 공개매수(takeover bid)를 위한 금융의 경우, 은행에 의한 재무적 및 법적 실사(due diligence).

---

4) 역자 주) 단일한 하나의 은행(대주)과 차주 양자가 체결하는 대출 계약.

대주단 구성(syndication)을 위해 필요하다면 주선인(arranger)이 대출의 가격(pricing)
이나 기간, 대출 구조 등을 변경할 수 있다는 조항을 넣는 경우도 있다. 이것을 **시장 맞춤형**("market flex") 조항이라고 하며, 특히 기업인수를 위한 금융에 있어서는
보다 일반적이다. 이는 금융의 대상이 되는 인수계획이 차주로부터 공표되기까지는
정보의 비밀성이 높아 널리 대주단 구성을 할 수 없기 때문이다. 이 조항의 대략적
인 문구는 다음과 같다.

〈국문 예시〉 간사은행이, 대주단 구성 마감 전에 국내외 금융시장의 동향
에 비추어보아 대주단 구성의 성공적인 전망을 높이기 위해서 은행대출의
가격, 구조 또는 기간을 변경하는 것이 바람직하다고 판단하는 경우에는, 그
에 따라 수정을 할 수 있다.

〈영문 예시〉 **If, prior to the close of syndication, the arranger determines, having
regard to prevailing conditions in the domestic or international financial markets,
that a change to the price, structure or terms of the bank facilities would be
advisable in order to enhance the prospects of a successful syndication of the bank
facilities, then the arranger shall be entitled to make such change.**

이러한 시장 맞춤형 조항(market flex clause)은, 거액 융자에 있어서 주선인(arrangers)
이 맨데이트 레터(mandate letter)에 의해 주선을 약정하여 큰 인수 리스크(underwriting
risk)를 부담하는 경우에 전형적으로 들어가는 조항으로, 주선인(arrangers)은 이 조항
에 의해서 자의적이지 않은 범위에서 대출의 거래조건을 변경할 수 있게 된다.

은행단은 맨데이트 레터(mandate letter)로 대출 전액을 **인수**(underwrite)하기로 약   7-06
정할 수도 있다. 즉, 다른 참가 은행을 찾을 수 없는 경우, 전액을 각각의 인수액에
비례하여 스스로 대출하는 것에 합의하는 것이다. 이 인수 "약정"("commitment")은
많은 경우 법적 구속력이 없는 것으로, 정식적인 대출약정의 체결 이전에 시장상황
에 중대한 변경이 없을 것을 전제로 하고 또한 위에 열거한 그 이외의 조건에 의해
좌우될 수 있다고 명기하는 것이 보통이다.

이러한 맨데이트(mandate)는 통상 (차주에 의한 비용 부담에 관한 부분 이외에는)
대출계약의 체결을 조건으로 하는 **법적 구속력이 없는 약정**(non-legally binding
commitment)이라고 명기하고 있다. 이것은 정식 여신계약이 체결되어 당사자들이
대출을 주관하는 단계로 나아가기 전까지 진행을 위한 상업적인 각서(commercial

understanding)로서 기능한다. 통상의 계약법의 개념에서는 상사 합의사항(commercial arrangements)도 법적 구속력을 가진 것으로 의도되었다고 추정된다(*Edwards v Skyways Ltd* [1964] 1 WLR 349 판례). 따라서 만약에 맨데이트(mandate)에 대출계약 체결이 조건임이 명기되어 있지 않은 경우에는, 명기되어 있는 조건이 충분히 정확하다면, 간사은행(managers)은 그 조건에 구속되게 된다. 즉, 모든 조건에 관하여 합의가 이루어지지 아니했고 또한 추후 정식계약의 체결을 예정하고 있다고 하더라도, 계약으로서의 효력이 인정될 수 있다. *Branca v Cobarro* [1947] KB 854 판례, *The Anemone* [1987] 1 Lloyd's Rep 564 판례 참조. 마찬가지로 당사자들이 부수적인 조건은 향후 협의하기로 하는 경우에도 계약으로서의 효력이 인정될 수 있다. *Pagnan SpA v Feed Products Ltd* [1987] 2 Lloyds Rep 601 판례 참조.

맨데이트 레터(mandate letters)에는, 주선인(arranger)은 몇 가지 조건을 바탕으로 거래(deal) 주관에 최선의 노력(best efforts)을 다할 의무가 있다고 규정하는 것도 있다. 또한 차주의 신용도 또는 시장상황이 변화하지 않는 한, 주선인(arranger)이 인수(underwrite) 내지 대주단 구성(syndication)에 필요 충분한 능력이 있음을 "매우 자신"("highly confident")한다는 문구를 삽입하기도 한다. 만약 주선인(arranger)이 최선의 노력을 하는 것에 합의했다면, 이는 근면한 시장 관행(diligent market practice)을 고려하여 해석되어야 한다. 만약 주선인(arranger)이 매우 자신감을 갖고 있다고 진술했다면, 이는 단순한 근거 없는 낙관 또는 희망의 표현이 아니라 시장의 현실적인 분석을 기반으로 한 것이어야 한다.

맨데이트(mandate)의 샘플 양식은 LPIF 시리즈 제3권 단락 8-002 참조.

간사은행(arranging bank)의 기능

7-07   간사은행은 다음과 같은 기능을 수행한다.

(a) 차주를 대신하여 차주 및 대출의 조건에 관한 대주단모집안내서(information memorandum)를 준비하여 예상 참가은행들에게 보내고,

(b) 참가 의향이 있는 예상 참가은행들로부터 의향서(expression of interest)를 받고,

(c) 여신계약에 관하여 협의한다.

여신계약(credit agreement)이 체결되면 주로 주선인(arranger)(또는 대표주관사(main arranger))이 대리은행으로 선임되기는 하나, 엄밀하게는 주선인은 대출계약(loan agreement)에 따라 선임되는 대리은행과는 다른 개념이다.

여신계약에 의하면, 대리은행(agent bank)은 은행들의 대리인으로서 낮은 수수료를 받고, 역할은 대체로 사무적인(administrative) 것에 그치고, 참가은행들의 법적 지위에 대한 변경 권한은 거의 갖고 있지 않다. 사실상 대리은행은 기계적 전달자 (mechanical conduit)로 볼 수 있다. 이와 대조적으로, 주선인의 지위는 상세하게 문서에 기재되어 있는 경우가 드물고, 주선인이 누구의 대리인인지도 통상 기재되어 있지 않지만, 주선인은 대출의 구성과 조성에 밀접하게 관여하고 이러한 용역에 대한 대가로 상당한 수수료를 받는다.

통상의 경우에는 주선인(arranger)은 독립적인 계약자(independent contractor)의 지위에 있고, 차주(borrower) 또는 은행(bank)의 대리인(agent)도 아니고 자금수탁자 (fiduciary)도 아니라고 생각된다. 주선인은 말하자면 세탁기나 자동차의 매도인과 마찬가지로 자신의 서비스를 판매하는 것이다. 명시적인 의사표시나 행위가 없는 이상, 주선인을 차주나 은행에 대하여 대리인(agent) 또는 자금수탁자(fiduciary)의 지위에 있다고 보기는 어려울 것이다.

만약에 주선인(arranger)이 대리인(agent)이라면, 상당한 주의 의무(duty of due diligence), 전면적 정보공개 의무(duty of full disclosure), 이해상충회피의무, 사익추구금지의무 등 엄격한 信認의무(fiduciary duties)를 부담할 수 있다.

7-08

비록 차주가 주선인에게 주는 맨데이트 레터는 주선인에게 대출을 구성할 권한을 부여하고 맨데이트(mandate)가 표명되어 있어서 대리권의 수여처럼 보이지만, 맨데이트 레터 그 자체로 주선인을 차주의 대리인으로 성격을 규정해서는 안 된다. 조건제안서(term sheet) 협상단계와 계약서 협상단계에서 주선인은 참가은행들의 이익을 위하여 협상에 임하는 것으로 보인다. 이 때문에 주선인은 먼저 차주 그리고 나중에는 참가은행들의 대리인으로서 역할을 맡게 된다고 보일 수도 있다. 이렇게 주선인이 대리하는 본인(boss)이 달라진다고 보면 이상한데, 그 해결책은 주선인은 누구의 대리인도 아니라고 하는 것이다.

다만, 주선인이 차주나 참가은행들과 실질적으로 어떠한 관계에 있는지는 맨데이트 레터(mandate letter)에 기재된 문구나, 참가은행들에게 대주단 구성(syndication)에 참가를 권유하면서 사용한 문구, 주선인의 대리인 책임의 명확한 인수 등 구체적인 사실관계에 비추어 판단해야 한다. "귀사를 대신하여 대주단을 구성하고자 한다"("we will organize this on your behalf"), "귀사를 대신하여 검토하겠습니다"("we will look after this for you"), "귀사의 이익 추구에 보탬이 되겠습니다"("you can rely on us to look after your interests") 등의 문구는 위와 같은 맥락에서 검토해야 한다. 주선인에게 시장 실무관행상 일반적인 기대치를 넘어선 책임을 부담시키기 위해서는 주선인의 대리인 의무 인수가 명확해야 한다.

7-09   영국 판례는 이에 관하여 대체로 은행이 명시적으로 책임을 인수하기로 하지 않는 이상 은행에게 그러한 信認의무(fiduciary duties)가 있다고 인정하기는 어렵다고 보고 있다. 단락 22−05에 인용된 판례 참조: *Williams & Glyn's Bank v Barnes* (1981) Com LR 205 판례, *National Westminster Bank plc v Morgan* [1985] AC 686 판례, *Sara Frost v James Finlay Bank* [2002] EWCA Civ 687 판례, *Bankers Trust International plc v Dharmala* [1996] CLC 518 판례, *Verity & Spindler v Lloyds Bank plc* [1995] CLC 1557 판례 비교.

보통 주선인(arranger)도 여신계약(credit agreement)상의 당사자로서, 수수료 지불 조항과 대리은행(agent bank) 면책조항의 이익을 받는다. 또한 대리인 조항에는 주선인은 어느 계약당사자에 대하여도 어떠한 의무 내지 책임도 부담하지 않는다고 규정하는 것이 일반적이다.

대주단 구성(syndication) 원칙의 개요

7-10   이번 장에서 더욱 자세하게 논의될 대주단 구성 원칙은 다음과 같다.

7-11   **각자 별개의 약정**(several commitments)   참가은행들은 차주에게 대출계약상 각자에게 배정된 금액의 범위 내에서만 대출을 실행하는 데 동의한다. 각 참가은행의 대출 실행의무는 개별의무로서, 대개의 경우 일부 참가은행이 대출계약상 대출의무를 이행하지 않더라도 다른 참가은행이 해당 대출의무를 인수하지 않는다. 각 참가은행의 참여지분은 해당 참가은행에게 배정된 금액의 전체 대출금 대비 비중에 상응하며, 일반적으로 차주가 상환하는 금액은 대개 그와 동일한 비율에 따라 참가은행에게 변제가 이루어진다.5)

---

5) 역자 주) 위 개별약정과 관련하여 신디케이티드 대출의 법적 성질이 문제될 수 있다. 신디케이티드 대출에서 각 대출계약은 각 대출은행과 차주 간에 체결되는 다수의 개별 대출약정의 병존이라고 보는 것이 판례이다. 형식적으로는 하나의 여신계약만이 작성되고 서명되지만, 실질적으로는 각 대출은행과 차주 간에 체결되는 독립된 대출약정이 병존하는 것이어서 어느 특정 대출은행과 차주 간의 개별 대출약정만이 해제될 수 있다. 대법원 2001. 12. 24 선고 2001다30469 판결도 대주단 대출계약이 여러 개의 계약이 병존하는 것으로 보고 어느 대주의 채무불이행이 있을 경우에 그 대주를 상대로 소를 제기할 수 있다고 판단했다. 직접 대출형 신디케이티드 대출은 본질적으로 여러 대출은행들의 개

모든 대출은 기본적으로 동일한 조건에 의한다.

대리은행(agent bank)   대주단 구성(syndication)의 대리은행으로 지정된 참가은행은,   **7-12**
대리은행으로서 대금의 지급, 의사교환 등을 담당한다. 대리은행은 사무의 대행자
다. 중대한 관리기능을 담당하는 경우는 드물다. 대리은행은 참가은행의 대리인이
고, 차주의 대리인은 아니다.[6]

대주단의 민주주의(syndicate democracy)   참가은행들은 상호 간에 합의하여 일정한   **7-13**
결정권한을 다수파에 위임할 수 있다. 예를 들어, 변제 이외의 의무의 면제, 채무불
이행 사유 발생 시 기한이익을 상실시키고 대출의 조기상환을 청구할 수 있는 권리
등에 대하여 그렇게 할 수 있다.

안분비례 배분(pro rata sharing)   참가은행들은 안분비례 배분(pro rata sharing) 조항을   **7-14**
삽입하여 일정한 공동체(communality)를 형성할 수 있다. 이 조항은 신디케이티드 대
출과 관련하여 상계(set-offs), 승소금(litigation proceeds) 등 수익이 발생하는 경우 각

별적, 독립적인 대출을 하나의 계약에서 다루고 있는 것에 불과하므로 각 대출은행은 당연히 당사자
로서의 법적 지위를 가지게 된다.

6) 역자 주) 판례는 대출은행에 대한 대리은행의 관계를 위임으로 보고, 대출계약에서 명시적으로 위임
한 사무범위 내에서만 선량한 관리자의 주의의무를 다하면 되는 것으로 보고 있다. 대법원 2012. 2.
23. 선고 2010다83700 판결은 다음과 같이 판시했다.
『복수의 참여은행이 신디케이티드를 구성하여 채무자에게 자금을 융자하는 신디케이티드 대출
(syndicated loan) 거래에서, 참여은행으로부터 신디케이티드 대출과 관련된 행정 및 관리사무의 처리
를 위탁받아 참여은행을 대리하게 되는 대리은행(agent bank)은 위탁받은 사무에 관하여 참여은행과
위임관계에 있다. 이 경우 구체적인 위임사무의 범위는 신디케이티드 대출 계약의 대리조항(agency
clause)에 의하여 정하여지는 것이지만, 참여은행과 대리은행은 모두 상호 대등한 지위에서 계약조건
의 협상을 할 수 있는 전문적 지식을 가진 거래주체라는 점에서 원칙적으로 대리은행은 대리조항에
의하여 명시적으로 위임된 사무의 범위 내에서 위임의 본지에 따라 선량한 관리자의 주의로써 위임
사무를 처리해야 하고, 명시적으로 위임받은 사무 이외의 사항에 대하여는 이를 처리해야 할 의무
를 부담한다고 할 수 없다.』
그리고 이 판결의 판결요지는 다음과 같이 요약하고 있다.
『다른 은행들과 신디케이티드를 구성하여 갑 주식회사에 아파트 신축사업 자금을 융자하는 데 참여한
을 은행이 대출금 집행의 관리·감독사무를 위임받은 병 은행을 상대로, 병 은행이 갑 회사가 대주단
에 담보로 제공할 토지의 소유권 확보 목적으로 사용하기로 한 잔여 대출금을 다른 토지의 계약금으
로 사용하는 데 동의하게 되면 약정한 매입가 이상인 토지의 담보제공이 이루어질 수 없는 사정을 알
았거나 알 수 있었음에도 즉시 이를 을 은행 등 참여은행에 알리지 않았다며 손해배상을 구한 사안에
서, 제반 사정에 비추어 융자협약 당시 병 은행이 참여은행에게서 그러한 사정이 발생하는지를 감시
하여 보고하는 사무를 별도로 위임받지 않은 이상 즉시 이를 을 은행 등 참여은행에 알리지 않았다고
하여 병 은행이 대출금 집행의 관리·감독사무에 관하여 선량한 관리자의 주의의무를 위반했다고 볼
수 없다고 한 사례.』

참가은행이 이를 평등하게 지분에 따라 수령할 수 있다는 내용이다.

참가의 권유(solicitation of participants)

대주단모집안내서(information memorandum)[7]

7-15   대주단 구성(syndication)을 의뢰받은 간사은행(arranging bank)은 다른 은행들이 대주단에 참가할 의향이 있는지를 주선한다. 일반적으로 참가의향을 표시한 은행에게는, 간사은행(arranging bank)이 차주가 준비한 차주에 관한 재정상황 및 기타 정보가 담긴 대주단모집안내서(information memorandum)를 제공하는 것이 관행이다.

일반적으로 대주단모집안내서(information memorandum)에는 ⓐ 대출의 세부조건에 관한 조건제안서(term sheet), ⓑ 차주의 연혁 및 사업 관련 사항, ⓒ 차주의 경영 관련 사항, 그리고 ⓓ 차주의 재무제표가 포함된다.

모집 자료(offering material)에 관한 국제적 규제

7-16   대부분의 상업 法域(commercial jurisdictions)에서 대중에게 제공하는 증권투자 모집을 목적으로 하는 투자설명서(prospectuses)는 법령상 규제를 하고 있으나, 대주단모집안내서(information memorandum)는 거의 이러한 규제를 받지 않는다. 대출계약에의 참가(participations in the loan agreement)는 증권거래법상 **증권**("securities") 또는 "**社債券**"("debentures")에 해당하지 않는다. 또한 안내서(circular)는 일반 대중("public")을 위한 것이 아니라, **私募**(private offering)를 위한 것이고, 투자의 위험성에 대한 이해도가 높아서 스스로를 보호할 수 있다고 기대되는 **전문투자자**(sophisticated investors or professional investors) 또는 전문가에게만 제공된다. 투자설명서 규제 및 적용예외 요건에 관하여는 제23장 참조.

---

7) 역자 주) 대주단모집안내서(information memorandum)는 투자정보(대출, 금융, 기채, 주식 공개, 기업 매각 정보 포함) 안내를 담은 문서로서, 투자자/매수자에 대한 정보를 기초로 합리적 판단을 할 수 있도록 투자에 필요한 관련 정보 제공을 목적으로 작성되는 문서이다. 차주, 발행사, 매도자 등이 주간사의 도움으로 제공하는 정보가 담긴 문서로 세공사와 주간사에게는 정확한 정보를 제공할 의무가 있다. 대주단모집안내서(information memorandum)는 초기 단계의 예고광고(teaser)로부터 최종적 투자까지 넓게 활용된다.

안내서(circular)는 **해외**(foreign) 거주자들에게 발행되며, 해석상, 관련 법령의 적용은 자국 영역 내에 한정된다.

부실표시에 관한 책임(misrepresentation liability)

원리 및 판례법에 관하여 단락 23−19 및 단락 23−32 참조.   7-17

신디케이티드 여신계약(syndicated credit agreements)의 금융조건

개요(general)

이 장과 다음 장에서는 신디케이티드 대출 계약의 주요용어가 무엇인지 간략하게 개괄하고, 각 용어의 의미와 협상과정에 대하여 기본적인 틀을 설명하고자 한다.   7-18
투자등급으로 투기등급을 받은 경우보다 BBB− 또는 그 이상을 받은 경우에 더 우대된 조건이 인정되는 등 차주의 신용도 또한 금융조건에 큰 영향을 미친다.
이 장에서 인용되고 있는 조항들(clauses)은 모두 간단한 형식으로 된 것이다.

대출시장협회(Loan Market Association)

대출시장협회(Loan Market Association)는 런던 신디케이션 시장 내에서 거래하는 국제 은행들로 구성되어 있다. 대출시장협회의 주요 목적 중 하나는, 신디케이티드 대출 공여와 관련하여 통일된 계약문구를 제공하여 신디케이티드 대출 거래를 원활하게 하고 협상에 소요되는 시간과 비용을 줄이는 데 있다. 이에 표준 신디케이티드 대출 계약서(syndicated facility agreements) 양식 및 차주와 대주를 위한 해설서(user's guide)를 제공해오고 있다.   7-19
위 양식은 진술 및 보장, 보증, (재정적) 확약사항 및 채무불이행 사유 등 개개의 계약이 특수한 조건들까지 모두 표준화할 것을 요구하고 있는 것은 아니다.

대출의 합의(agreement to lend)

7-20   이 조항은 대략 다음과 같은 내용이다.

> 〈국문 예시〉 은행은 약정기간 동안 약정 금액 상당의 대출을 실행하기로 한다.
> 〈영문 예시〉 **The bank will make loans up to its specified commitment during the commitment period.**

인출(drawdowns)은 일시 또는 분할로 이루어질 수 있으며, 보통 일정 금액을 최소 금액으로 정하고 해당 금액 단위로 인출금을 반올림한다. 각 은행은 약정의 만기일까지 대출을 실행하기로 약정하게 되는바, 이 기간을 약정기간(commitment period)이라 한다.

차주가 차입 후 대출금을 상환했다가 각 은행에게 대출계약상 배정된 금액의 범위 내에서 재차입하는 이른바 **"대환"**("revolving")도 가능하다.

대출이 약정되지 않은 경우, 은행에게 통지에 의한 대출의 즉시 해제권이 있다는 것을 최우선으로 명시적으로 규정해야 한다. 이는 예를 들어, 특정 프로젝트 등을 위해 대출이 반드시 제공될 것이라는 오해를 피하기 위한 것이다.

신디케이티드 대출 약정(syndicated loan commitments)

7-21   신디케이티드 대출(syndicated loans)은 다음 사항을 규정한다.

- 각 은행은 합의된 금액에 대해 합의된 기간 내에 차주의 요청으로부터 5 영업일 내에 대출을 이행해야 한다.
- 각 은행의 의무들은 개별적이다.
- 각 은행의 권한들은 개별적 권한이다.

통상의 대주단 구성(syndications)은 조합(partnership) 관계와는 달리 순이익(net profits)의 분배는 하지 않는다. 조합 관계에 대해서는 예를 들어 (전면적 정보공개(full disclosure), 이해상충행위의 금지 등) 당사자 간의 信認의무(fiduciary duties), 상호보상의무(reciprocal indemnity liabilities), 특별한 도산법제와 세제(tax regimes)가 존재한다.

각 은행의 대출의무는 개별 의무이므로, 서로의 대출의무를 인수하거나 다른 참가은행의 지급능력에 대해 차주에게 보증을 제공하지 않는다.

대출금인출 선행조건(conditions precedent)

대출계약상 "대출금인출 선행조건"("conditions precedent")이 충족되지 않는 경우, 은행은 대출실행의무를 부담하지 않는다.   7-22

첫째, 모든 대출에 공통되는 대출금인출 선행조건이 있다. 이것은 모든 법률적인 요건이 갖추어져 있고, 필요한 담보가 제공되어 있는 것을 확인하는 것이다. 이 조항에서는 대체로 다음과 같이 규정한다. 은행은, 예를 들어 ① 이사회 의사록, ② 법정지 선택(forum selection) 조항에 따른 송달받을 대리인(process agency) 지정 신고서, ③ 계약서 및 기타 사항의 법적 유효성에 관한 법률의견서 등 차주에 관한 기본적인 서류(constitutional documents) 및 인허가 서류들(authorisations)을 제공받을 때까지 대출을 실행할 의무가 없다고 규정한다.

차주의 대출실행요청 시, 대출실행 시 및 대출실행 직후에 다음과 같은 선행조건들이 충족되지 않는 한 은행은 대출에 대한 의무가 없다.

- **차주가 진술하고 보장한 사항이 최신이고 유효할 것**

- **채무불이행 사유가 발생하지 않았을 것. 통지, 일정 시간 경과 또는 기타 조건의 충족으로 채무불이행 사유가 되는 현상이 발생하지 않았을 것**

- **(경우에 따라) 차주의 재정상황에 중대하게 부정적인 변경이 없을 것**

- **위와 관련하여 은행의 요청이 있는 경우 차주가 확인서(certificates)를 제공했을 것**

보증 및 채무불이행 사유는 후술한다.

각각의 대출에 개별적으로 적용되는 선행조건의 도입 목적은 다음과 같은 사항들을 확실하게 보장하기 위해서다.   7-23

- 각각의 개별 대출에 관하여 법적으로나 재정적으로 문제가 없을 것. 즉, 보증

(warranties)은 지속적으로 적절해야 하며, 만일 향후 차주의 외국인 채권자에 대한 자금지급 내지 상환을 금지하는 외국환거래 규제가 도입된다는 등 법적인 문제가 생기는 경우 은행은 대출실행책임을 부담하지 않는다.

- 채무불이행이 발생하는 것이 시간문제인 경우, 은행은 대출실행의무를 부담하지 않을 것. (채무자는 Paul에게 돈을 갚기 위해서 Peter로부터 돈을 빼앗는 짓은 해서는 안 된다(the borrower must not rob Peter to pay Paul)8)). 은행은 상환 받지 못할 돈을 대출할 의무를 부담하지 않아야 한다. 따라서 채무불이행 사유가 없어야 하고, 예상되는 채무불이행 사유도 없어야 한다. 유예기간(grace period)은 채무불이행 사유에 대해서는 인정되지 않는다.

  예를 들어, 차주가 이자를 지급하지 않고 있는데 채무불이행을 공식적으로 선언하기까지 유예기간이 있는 경우 차주에게 지급능력이 없는 것으로 보아 차주는 그 유예기간 동안에도 신규로 대출금을 차입할 수 없도록 해야 한다. 또한 차주가 재무비율을 위반했다거나 담보제공금지 조항(negative pledge)에 반하여 담보를 제공한 경우 그 채무불이행을 치유하기 위한 30일의 유예기간이 인정되는데, 그 기간 동안에도 차주에 대한 대출실행의무가 없다고 보아야 한다.

선행조건이 충족되지 않은 경우, 대출의 일시 정지의 효과(추가대출의 거절("draw-stop"))에 머물고, 대출계약 전체가 해제되는 것은 아니라는 것에 주의하자. 대출계약을 해제하기 위해서는 채무불이행 사유의 발생이 필요하다. 단락 9-14 참조.

Williams & Glyn's Bank Ltd. v Barnes (1981) Com LR 205 판례에서는 은행 신용한도 설정서(facility letter)에 차주가 다양한 환어음(bills)을 기한 내 지급하기 위해 한도액의 인상을 실시한다는 취지가 규정되어 있었다. 그 신용한도 설정서(facility letter)에는 "통상의 은행거래의 선행조건"("usual banking conditions")에 따른다는 취지가 규정되어 있었다. *판결*: 신용한도 설정서(facility letter)는 여러 가지 다양한 환어음(bills)을 기한 내에 지급하기 위해 계속적으로 효력을 갖는 것으로 의도된 것이었기 때문에, 은행은 그 신용한도

---

8) 역자 주) "Peter"는 예수님의 12제자들 중에서 베드로, "Paul"은 바울이다. 이 표현의 "Peter"는 웨스트민스터의 성베드로 참사회 성당(Collegiate Church of Saint Peter at Westminster)을, 그리고 "Paul"은 성바오로 대성당(Saint Paul's Cathedral)을 의미하고, 16세기 영국에서 성바오로 대성당에서 급하게 보수를 힐 일이 생겼지만 재정이 바닥난 형편이었기 때문에, 성베드로 참사회 성당에서 나오는 수입을 전용했다는 역사적 사실에서 유래했다는 견해도 있다. 이 표현은 '빚을 내시 빚을 갚다' 또는 '아랫돌을 빼서 윗돌을 괴다'라는 의미로 쓰이고 있다.

설정(facility)을 해제할 수 없다. "통상의 은행거래의 선행조건"("usual banking conditions")
이란 말은 무의미하며, 대출금이 상환청구 시에 상환된다는(repayable on demand) 조건이
추가된 것은 아니었다.

은행의 대출실행의 채무불이행(default in lending)에 대한 구제

은행의 대출실행의무 불이행의 책임은, 예를 들어, 차주가 재정적 어려움에 빠져   7-24
있고, 그런데도 은행이 대출실행의무를 지는지 여부가 불명확한 경우에 문제된다.
예를 들어, 차주의 재정상황에 대하여 중대하게 부정적 변경이 발생했고 그에 따라
채무불이행 사유가 생긴 것인지 여부, 또 은행이 이미 많은 돈을 낭비한 차주에게
대출을 더 하고 있는 것은 아닌지 확실하지 않는 경우 등이다.

영국법상 은행이 대출을 실행하지 않는 경우에 차주에게 특정이행(specific
performance)을 청구할 권리는 인정되지 않는다. *South African Territories v Wallington*
[1898] AC 309, HL 판례 참조. 이 경우 차주는 단순히 손해배상만을 청구할 수 있
다. 다만, 예외적인 경우에 임의로 특정이행을 인정할 수 있는데, *Loan Investment
Corporation of Australasia v Bonner* [1970] NZLR, PC 판례에서 영국 추밀원(樞
密院)(Privy Council)은 구체적인 설명 없이 예외적인 경우에는("in exceptional
circumstances") 무담보 대출계약에 관하여 특정이행을 인정할 수도 있음을 시사
했다.

은행이 대출실행의무 위반 시 차주에게 배상해야 하는 손해의 범위는, '현재의
상태와 채무불이행 당사자가 채무불이행을 하지 않았더라면 있었을 상태를 비교하
여 침해된 손실을 전보해야 한다'는 일반적인 계약법 원리에 따라 정해지며, 이에는
다음과 같은 두 가지 요소가 고려된다.

- **합리적으로 예측가능한 손해**(reasonably foreseeable losses). 예를 들어 차
주가 다른 대출을 통한 자금조달을 조성하면서 추가로 발생한 이자 및 추가 비용
등이다. *Prehn v Royal Bank of Liverpool* (1870) LR5 Exch 92 판례에서 법원은, 차
주가 다른 금융기관으로부터 자금을 차입하면서 통신비용 및 공증비용 등 수수료
내지 비용 상당의 손실에 대한 전보를 청구할 수 있다고 판단했다. *South African
Territories Ltd v Wallington* [1898] AC 309, HL 판례에서 대법원은, 차주가 다른 금
융기관으로부터 자금을 차입하면서 더 높은 이자율의 적용을 받을 것이 합리적으

로 예견 가능한 경우 그와 같이 더 높은 이자율에 따라 지급해야 할 이자(interest payable)도 손실에 해당한다고 판단했다. Chitty LJ 판사는 (696면에서) "신용도가 좋은 차주가 동일한 조건에 따라 다른 곳으로부터 자금을 조달할 경우 손실은 명목적 (nominal)일 것이나, 그렇지 아니한 경우 — 즉, 더 높은 이자율이 적용되거나, 대출 기간이 단축되거나, 또는 그 밖에 더 불리한 조건이 적용되는 경우 — 에는 손실은 더 크다고 볼 수밖에 없다. 이러한 경우 손실의 증명책임은 원고에게 있다."라고 판 시했다.

다만, 계약체결 당시에 명확하게 규정되어 있지 아니한 한, 차주의 신용력 악화로 인하여 대출을 거절당함으로써 차주가 새로이 자금을 차입하면서 추가적으로 비용을 부담하게 된 경우에는 대주는 추가적인 비용에 대하여 어떠한 책임도 부담하지 아니한다. *Bahamas (Inaua) Sisal Plantation v Griffin* (1897) 14 TLR 139 판례 참조. 예를 들어, 만약 대출이 특별히 차주의 재무상황이 악화될 경우를 위한 긴급용 대기성 차관(emergency standby credit)으로 의도된 것이라면, 차주의 신용력 악화가 예견 가능했다고 보아서, 대주가 신규대출을 위한 추가비용을 배상할 책임을 지게 될 수 도 있다.

7-25
- **특별한 손실**(specially contemplated losses). 예를 들어, 대출을 통해 자금을 조달하기로 한 계약에 대하여 대출이 나오지 않아서 차주가 불가피하게 그 계약을 채무불이행하게 된 경우나 수익의 손실이 불가피한 경우에는, 은행이 대출계약 체결 당시에 해당 대출금이 위 계약상 자금을 조달하고자 하는 것이며 그 자금이 조달되지 않은 결과 입게 될 손실에 관하여 알고 있었던 경우에 한하여 은행은 그 손실에 대한 배상의무를 부담한다. *Manchester & Oldham Bank v Cook* (1883) 49 LT 674 판례에서, 차주가 탄광(colliery) 지분 취득에 필요한 자금을 조달하기 위하여 은행으로부터 해당 자금을 차입하기로 했고 해당 은행도 차주의 자금조달목적을 알고 있었으나 대출을 실행하지 않았다. 이 때문에 차주가 탄광을 살 수 없게 되었다. 이에 법원은 차주에게 탄광 수익 상당액에 상응하는 손실에 대하여 전보 받을 권리가 있다고 판단했다. 그 밖에 *Wallis Chlorine Syndicate Ltd v American Alkali Co Ltd* [1901] TLR 656 판례 참조. 손해는 당사자의 예상 범위 내에서 있으면 사업상의 일실이익(loss of business profits)도 포함한다.[9] *Trans Trust SPRL v Danu bian Trading Co Ltd* [1952] 2 QB 297, [1952] 1 All ER 970, CA 판례 참조. 이 판례에서, 원고가 대

출 없이는 할 수 없는 거래를 하기 위하여 대출계약을 체결했는데 피고가 이 확정된 대출(confirmed credit)을 해주는 계약을 불이행한 경우, 피고는 사업상의 일실이익(loss of business profits)에 대하여 손해배상 책임을 질 수 있다고 판단했다.

차주가 만기가 도래한 다른 채무의 이행을 위하여 대주로부터 자금을 차입하고자 한다는 사실을 대주가 알고 있었을 경우에, 대주가 대출을 거절하면, 차주가 기간 내에 대체 금융(alternative finance)을 준비할 수 없어서 채무불이행이 되고, 이로 인하여 차주의 채무증권(debt instrument)상의 크로스 디폴트(cross-default) 규정이 적용되어 이와 다른 대출계약에도 채무불이행 사유가 발생하게 되는 때에는, 손해배상액은 상당한 규모가 될 수 있다. 단, 이것은 대출계약 체결 시에 당사자가 이와 같은 결과를 예상할 수 있었던 경우에 한한다.

다음과 같은 판례를 주목할 필요가 있다.   7-26

Box v Midland Bank Ltd [1981] 1 Lloyds LR 434 판례에서, 프로젝트 파이낸스 조달을 위해 은행에 방문한 엔지니어는 지점장으로부터 대출에 본점의 승인이 필요하기는 하지만 이는 형식적인 절차에 불과하다는 대답을 들었다. 이에 당좌대월(overdraft)을 증가시켰다가 본점이 신용 승인을 거절하는 바람에 도산에 이르게 되었는데, 엔지니어는 은행에 대하여 프로젝트를 잃은 것에 따른 2,500,000 파운드 상당의 손해배상청구 소송을 제기했다. 은행은 반소로써 엔지니어의 당좌대월분 40,000 파운드 상당의 변제를 청구했다. *판결*: 은행은 엔지니어에게 5000 파운드를 지급해야 한다. 이와 유사한 판례로 *First Energy (UK) Ltd v Hungarian International Bank Ltd, The Times*, February 23, 1993, CA 판례 참조.

만일 차주가 은행의 채무불이행의 결과로 강제로 파산(liquidation)을 당한다면 손실은 상당히 클 수 있다.

Crimpfil Ltd v Barclays Bank plc [1995] CLC 385, CA 판례에서, 섬유거래에 종사하는 한 회사는 은행으로부터 상당한 금액의 대출이 부당하게 해제되자, 그 결과 법정관리에 들어갔다가 결국 파산에 이르게 되었다. 이 회사는 원래 사업이 건실했다고 주장하며, 손해배상금으로 600만 파운드를 청구했다. 이에, 은행은 해당 사업은 실패가 예정되어

---

9) 역자 주) 당사자들이 예상한 범위 내에서의 사업수익 손실은 전보대상 손실의 범위에 포함된다고 볼 수 있다.

있었으므로 손해가 없었다고 주장했다. *판결*: 하급심 법원은 최종 손해(final damages)는 300만 파운드 정도로 될 것이라고 보고 이에 근거하여 잠정적 손해배상액(interim damages)으로 180만 파운드를 인정했다. 항소심 법원도 이를 인용했다.

대출이 실행되지 않는 경우 그 결과에 대하여 크로스 디폴트(cross-default) 조항의 결정화(crystallisation)가 있었어야 하는지가 고려되어야 한다. 크로스 디폴트(cross-defaults) 조항의 이행은 차주의 도산을 유발할 수 있으며 이 경우 특정한 상황에서 이러한 결과들이 서로 관련성을 갖는지 여부가 문제된다.

차주는 손실을 최소화하기(mitigate) 위하여 다른 자금조달 방법을 강구하는 노력을 해야 한다. 한 가지 문제는, 자기발생적인(self-inflicted) 차주의 신용력 저하가 아닌, 시장 전반의 자금의 일반적인 고갈이 손해액 산정에서 고려되어야 하는가이다.

Breadford Savings & Loan Ltd v Breclays Bank plc (1994) Hight Court 판례(미공개)에서, 사실관계는 복잡하지만 개요는 은행이 계약에 위반하여 당초 합의되어 있지 않은 상한액을 대출에 설정했다는 것이다. 차주는 별도의 금융을 준비할 수 없었다. *판결*: 통상적인 상황에서 금융을 용이하게 확보할 수 있는 경우도 있고 보다 곤란한 경우도 있다. 따라서 차주가 대체 금융을 얻을 수 없었다는 점에서 발생하는 손해는 통상의 손해이며 배상되어야 한다. 그룹 내 다른 회사가 그렇게 할 수 있었음에도 불구하고 금융을 제공하지 않았던 것에는 이유가 있었으며 이것으로 손해의 최소화 의무의 위반이라고 할 수 없다. 차주가 시장에 있는 수백 개의 은행 모두를 접촉해야 한다는 것도 아니다.

자금의 용도(application of proceeds)

7-27   이는 다음과 같이 규정된다.

〈국문 예시〉 **차주는 대출금을 [기재된 사용용도]를 위하여 사용할 것이다.**
〈영문 예시〉 **The borrower will apply the proceeds of the loan towards [stated purpose].**

차주는 대출금을 차주의 영업 향상을 위한 공장에의 투자 등 예정된 목적으로 사용해야 한다. 이러한 예정된 목적은 보통 "운전자본용"("working capital purposes")[10] 등

---

10) 역자 주) 운전자본(working capital)이란 기업을 운영해 나가는 데 필요한 자금의 유동성을 측정하는

과 같이 추상적으로 기재된다.

예정된 목적이 구체적으로 기재된 경우(예: 건설계약대금 또는 자산매입대금 조달)에는, 은행이 대출을 거절하여 차주가 그 거래를 잃은 손해(damages for loss of the bargain)에 대하여 은행의 배상책임이 인정될 수 있다. 단락 7-25 참조.

상환(repayment)

분할하여 상환하거나 일시("bullet") 상환할 수 있다. 분할 상환은 주로 유예기간 ("grace period") 이후 6개월마다 균등분할 상환하는 방식으로 이루어진다. 분할 상환하고 마지막에 상환해야 하는 잔여 원금이 더 큰 경우(만기 시 상환해야 할 금액이 큰 경우) 이러한 최종 상환을 벌룬("balloon")이라고 부른다.   **7-28**

변동금리 대출(floating rate loan)의 경우, **기한 전 변제**(prepayment)는 금리 계산 기간의 마지막 날에만 인정되는 것이 일반적이다.

조기상환(prepayment)은 대출 기간을 짧게 하기 위해서 각 회의 예정변제일 중 만기의 역순으로 충당되는 것이 통상 은행 실무이다. 신디케이티드 대출에서, 자발적 조기상환은 참가은행들 사이에 대출금에 비례하여 배분된다.

프로젝트 파이낸스에서 프로젝트를 완성하기에 자금이 부족한 경우, 몇 가지 예외를 제외하고 일반적으로 **차주**(borrower)가 은행의 대출약정(bank commitments)을 **해지** (cancellations)하는 것이 허용된다. 자금사용 용도가 실패하는 경우에는(if the purpose of the finance fails), 강제적으로 해지(cancellations)되는 경우도 있다. 예를 들면, 기업인수에 실패했거나 독과점 규제 당국으로부터 중지를 명령받은 경우 등이다.   **7-29**

차주는 약정기간 중에 약정금액 상당의 대출 해지에 대하여 **중도상환수수료** (commitment fee)로 미실행 약정금액의 0.25% 정도를 분기별, 반기별 또는 해지 시에 일시에 지급할 수 있다. 신디케이티드 대출 약정은 보통 안분비례하여 해지된다.

위법성조항(illegality clause)

이 조항은 다음과 같다.   **7-30**

지수를 말한다.

〈국문 예시〉 은행이 (a) 대출을 제공하는 것, (b) 시장에서 대출의 자금을 조달하는 것, 또는 (c) 대출의 잔고를 유지하는 것이 불법인 경우에 은행은 대출을 해지할 수 있고, 이에 차주는 중도상환해야 한다.

〈영문 예시〉 **If, it becomes illegal for a bank to (a) make the loan, (b) fund the loan in the market as contemplated, or (c) have the loan outstanding, the bank can cancel and the borrower must prepay that bank.**

이러한 불가항력 조항의 목적은 어떤 法域(jurisdiction)에서 법률의 개정으로 인해 은행대출이 금지될 수 있기 때문이다. 예를 들어, 은행의 본점 소재지 국가의 법률의 개정으로 인하여 대출을 계속하는 것이 금지되었으나, 계약의 준거법에 의하면 대출 의무를 그대로 부담하게 되는 경우와 같이 불합리한 상황을 방지하기 위한 것이다. 구체적인 도입배경 내지 판례법에 관하여는 LPIF 시리즈 제3권 단락 3-035 참조.

이자(interest)

7-31   이 조항의 주요 내용은 다음과 같다.

- 차주는 **LIBOR**에 퍼센트 마진(**percentage margin**)(예: 1%)을 합산한 이자율을 적용한 이자를 지급한다.[11] **LIBOR**라 함은 런던의 주요 은행 간 예치에 대하여 통화·만기별 적용되는 이자율로 시장제공자(**market provider**)의 스크린에 통상 관련 이자 기간이 시작하기 **2** 영업일 전에[12] 런던시간 오전

---

11) 역자 주) 국제금융상 신디케이티드 대출에 있어서의 이자율은 여러 가지 방식으로 결정될 수 있으나, 가장 일반적인 방식은 기준금리를 정하고 거기에 일정한 가산금리(margin)를 더하는 방식이 이용되며, 기준금리로 가장 널리 이용되는 것이 LIBOR (London Inter-Bank Offered Rate, 런던은행간 대출금리)다. LIBOR는 런던의 금융시장에 있는 은행 중에서도 신뢰도가 높은 은행들끼리 단기 자금 거래에 적용하는 단기금리이다. LIBOR는 금융기관의 조달비용을 반영한다. 보통 LIBOR 금리는 3개월짜리를 기준으로 한다. 신용도가 낮을 경우 LIBOR 금리에 몇 퍼센트의 가산금리(margin)가 붙는데 이것을 스프레드라고도 한다. 이러한 스프레드는 금융기관의 수수료 수입이 된다.

12) 역자 주) 각 이자 기간에 대한 LIBOR는 이자 기간 개시일보다 2 영업일 이전에 제시된 이자율로 정하고 있다. 이는 유로달러시장에서의 달러 예치의 경우 런던은행 간 시장에서 은행의 예치금을 받기로 하는 약속시점과 뉴욕에서의 달러결제를 통하여 실제 예치시점까지 시차적, 지리적 문제로 2 영업일이 소요되기 때문이나. 실제로 특정일에 유로달러시장에서 은행들이 제시하는 LIBOR 이자율은 제시일로부터 2 영업일 후에 예치하는 경우에 적용할 이자율이다. 즉, 유로달러시장에서의 LIBOR 고시에 관한 관행에 따르면 이자 기간 개시일 2일 전에 제시된 이자율이 바로 이자 기간 개시일에 예치하

11시경에 공시된다.

- 차주는 이자기간을 보통 1개월, 3개월 내지 6개월(9개월 또는 12개월로 하는 경우도 있음)로 할 수 있다.

- 영국 스털링화(sterling)(유로 스털링화(eurosterling) 제외)의 경우에는 주로 실제 일수/365일 기준(365-day-a-year basis)으로, 그 외 통화의 경우에는 실제 일수/360일 기준(360-day-a-year basis)으로 이자를 산정한다.

- 이자는 이자기간 말에 지급하며, 이자기간은 최소 6개월로 한다.

- 차주가 지급해야 하는 연체이자는 통상적으로 기존 LIBOR과 신규 LIBOR 중 더 높은 LIBOR에 기본 마진을 합산한 이자율에 1%를 가산한 이자율을 적용하여 지급한다.

- 원본연체이자(default interest)[13]는 판결 전후, 연체이자에 대한 이자(overdue interest (interest on interest))가 구체화되기 전후를 불문하고 지급할 수 있다.

변동금리 대출의 경우, 이자율은 주기적으로 변한다. 은행은 대출기간 동안 은행 간 시장(inter-bank market)에서 대출할 자금을 단기 차입하고 이를 차주에게 대출하면서, 은행 고유의 수익으로 마진 또는 스프레드를 가산한 비율로 하여 대출한다. 은행은 매 이자기간 종료시점에 은행 간 시장(inter-bank market)에 기존의 단기차입금을 상환하고, 다음 이자기간에 상응하는 만큼 새로이 차입한다. 차주는 원금 상환을 하지 않는다. 은행은 장기자금을 대출하기 위하여 단기 조달을 한다. 실제 실무에서는 은행이 대출에 대응한 자금을 조달하는 것이 아니라, 보유하고 있는 자금 전체(aggregate resources) 속에서 대출을 한다. 즉, 변동금리 대출에 적용되는 이자율은 자본조달 비용("cost of funds")에 스프레드를 가산한 이자율이다. 지급준비금 요건, 기타 규제비용, 원천징수세의 변경 등으로 인하여 은행의 자본조달 비용이 증가하거나 감소하는 경우 이는 차주의 부담으로 된다.

는 경우 적용되는 이자율이다. 이미현·최승훈, '국제금융계약에서의 이자조항', 2009.5, BFL, 9면.

13) 역자 주) 국제대출계약에서는 'default interest'를 항상 연체이자라는 의미로 해석하는 것은 적합하지 않다. 금전지급 연체가 아닌 다른 기한이익 상실사유 발생 시에도 경우에 따라서는 정상이자에 일정률을 가산한 default interest를 지급하도록 규정하는 경우가 종종 있다. 이런 경우 default interest는 대출계약 체결 이후 발생한 사유로 인한 위험을 고려한 마진 조정의 성격을 갖는다. 이미현·최승훈, '국제금융계약에서의 이자조항', 2009.5, BFL, 11면.

LIBOR는 보통 영국은행가협회 결제금리(British Bankers Association Interest Settlement Rate) 등 주요 은행들의 이자율을 바탕으로, AP Telerate 또는 Reuters 등의 이자율 제공사의 스크린(screen)에 고시되는 이자율로 정한다. 한편, 유로 대출의 경우에는 유럽연합 은행연합회(Banking Federation of the European Union)에서 정한 EURIBOR(Euro Interbank Offered Rate)가 기준금리로 적용된다. 이 밖에도 SIBOR(Singapore Interbank Offered Rate), HIBOR(Hong Kong Interbank Offered Rate) 등의 기준금리가 있다. 스크린 (screen)에서 이자율을 구할 수 없는 경우에는, 참조은행(reference banks)을 지정하고 그 참조은행이 대리은행에게 이자 기간에 상응하는 기간 동안의 예치에 대하여 제 시한 이자율의 산술평균을 사용하는 대체방법에 의하는 것이 일반적이다.

7-32　**마진**(margin)　　스프레드(spread) 또는 마진(margin) 단위로는 일반적으로 **베이시스 포 인트**("basis points")가 사용된다. 1BP는 1/100%이므로, 50BP는 0.5%이다.

금리는 단계적으로 상승하기도 하고 하락하기도 한다. 이것을 **마진의 단계적 조정** (margin ratchet)이라고 한다. 대출 기간 (대출의 후반에 상승하는) Standard & Poor's 또는 Moody's 등 신용평가기관에 의한 차주의 신용등급 변동이 있는 경우, 채무불이행 사유에 상당하지 않는 정도의 재무적 확약(financial covenant)의 위반이 있는 경우, 또는 차주의 부채삭감 예정의 미달성 등에 의하여 금리의 증감이 생기 는 경우 등에 있어 금리가 단계적으로 조정되기도 한다. 이러한 마진의 단계적 조 정의 근거논리로는, 바젤Ⅱ 및 바젤Ⅲ(Basel Accords)하에서는 차주의 신용등급에 따 라 위험가중치가 다르게 적용되는바, 차주의 신용등급이 하락하는 경우 차주가 대 출금을 상환할 가능성이 낮아질 뿐만 아니라 대주의 대출유지비용이 높아질 수 있 다는 점이 고려된 것으로 볼 수 있다. 제25장 참조.

시장교란(market disruption) 조항

7-33　　이 조항은 다음과 같이 규정한다. 은행이 특정 예금시장에서 대출을 위한 자금조 달이 용이하지 않다고 판단할 경우, 은행과 차주는 30일 동안 협의를 한다. 만약에 그래도 합의에 이르지 못할 경우에는, 은행이 합리적으로 선택할 수 있는 자금원 (source)으로부터의 조달비용에 기초하여 새로운 대체이자율을 최종적으로 결정 한다.

그러나 이 조항이 실제 사용된 적은 거의 없다.

지급(payments)

이 조항의 개요는 다음과 같은 것이다.   7-34

〈국문 예시〉 차주와 은행은 모든 지급을 지정된 통화로, 즉시 수취가능한 자금으로, 당해 통화국의 지정된 은행계좌에, 상계 또는 반대청구권 없이 지급한다.
〈영문 예시〉 **The borrower and the bank will make all payments in the specified currency, in immediately available funds, to the specified bank account in the country of currency, without set-off or counterclaim.**

은행과 차주는, 거의 예외 없이 지정된 통화의 국가의 금융중심지(예: 미국 달러화의 경우 뉴욕, 영국 스털링화의 경우 런던, 일본 엔화의 경우 도쿄)에서 지급해야 한다. 유로화는 EU 회원국의 주요 금융중심지 또는 런던에서 지급하도록 하는 것이 보통이다. 기술적으로는, 다른 수단으로도 지급하는 것이 (심지어 지폐(notes) 한 포대를 인도하는 방법으로도) 가능하겠으나, 지급액이 상당한 경우 그 지급은 해당 통화 국가의 청산시스템(clearing system)을 통해 이루어진다. 제30장 참조.

신디케이티드 대출에서, 차주는 대리은행에게 상환의무를 이행하고, 대리은행은 대주에게 비율에 따라 안분하여 이를 상환한다. 차주가 대리은행에게 상환한 이상 대리은행이 대주에게 지급의무를 불이행하더라도, 대리은행은 대주의 대리인 지위를 가지며 대리인에 대한 지급은 본인에 대한 지급과 동일시할 수 있으므로, 차주는 법적으로 상환의무의 이행을 완료한 것으로 본다.

차주에 의한 상계는 다음과 같은 이유로 금지된다. ① "일단 지급하고 나중에 소송하라"("pay now, litigate later")는 법언, ② 실제로 현금흐름을 확보하기 위해서(은행은 차주로부터 지급받은 금액을 예금의 상환에 사용한다), ③ 상계의 기능성을 배제하여 대출채권의 양도를 용이하게 하기 위해서다. (예를 들어, 양도인 은행(selling bank)이 가지고 있는 차주에 대한 예금채무와 양도인 은행이 다른 은행에 양도한 대출채권의 상계를 배제하는 것)

마진보호(margin protections) 조항

마진보호 조항은, 대주가 대출 당시 예상치 못했던 상황의 발생으로 인하여 추가   7-35

적인 비용지출을 부담하게 되는 결과 대주의 수익률(마진 또는 스프레드)이 감소하는 것을 대비하기 위한 조항으로, 수익률 보호(yield protection) 조항으로도 불린다.

7-36　**원천징수세 공제분 추가부담**(tax grossing-up)　이 조항은 다음과 같이 규정된다.

〈국문 예시〉 차주가 은행의 이자수익에 대한 세금을 원천징수해야 하는 경우, 차주는 은행이 전액을 받을 수 있도록 추가금액을 지급해야 하고, 또한 차주는 그 은행에 대하여 조기상환하는 것이 가능하다.

〈영문 예시〉 **If the borrower must deduct taxes, the borrower will pay extra so that the bank receives the full amount and the borrower may prepay that bank.**

원천징수세 공제분 추가부담(grossing-up)은 원칙적으로 이자소득에 대한 원천징수세로부터 은행을 보호하고, 예를 들어 원천징수 후의 75가 아니라 100을 다 받을 수 있도록 보장하기 위한 것이다. 원천징수세 공제분 추가부담(grossing-up)은 원천징수 후에도 마치 원천징수가 되지 않았던 것처럼 은행이 상환일에 전액을 받도록 차주가 여분으로 지급한다는 의미이다. 은행이 세액공제(tax credit)를 받을 수 있는 경우에도, 공제금을 받는 데까지는 시간이 소요되므로 이로 인하여 현금흐름의 지장으로 인한 손실이 발생하게 된다. 자금조달비용 연동형 대출("cost of funds" loan)에 있어서는 원천징수세는 차주의 위험부담으로 한다. 만약 원천징수세가 있을 경우, 대출의 실시는 보통 곤란하다.

7-37　**증가비용**(increased costs)　이 조항은 다음과 같이 규정한다.

〈국문 예시〉 특정 법이나 규정이 은행의 비용을 증가시킨 경우에는 은행이 당초 기대한 이익을 차주가 보전해야 한다. 또한 그 은행에 미리 변제하는 것이 가능하다.

〈영문 예시〉 **If any law or official directive increases the bank's underlying costs, the borrower must compensate as certified by the bank and may prepay that bank.**

이는 은행의 수익의 감소에 대한 보호장치다. 중앙은행에 의한 지급준비금 규제, 특별세, 자본적정성(capital adequacy) 규칙, 유동성규제 등 자금조달비용(funding costs)

에는 반영되어 있지 않지만 대출과 관련하여 발생하는 다양한 잠재비용들이 있고, 이러한 비용은 차주에게 전가된다. 자금조달비용에 마진을 합산한 비율을 이자율로 하는 방식의 대출("cost plus margin" loan)에서 자금조달비용과 그 비용에 영향을 미치는 요소는 모두 차주에게 전가되며 차주의 위험부담이 된다. 기준금리대출(base rate loan) 또는 우대금리대출(prime rate loan)에서는 준비금 등 자금조달비용에 영향을 미치는 요소가 이미 반영되어 있기 때문에 증가비용 조항이 별도로 필요하지 않다. 한편, 증가비용 조항에서 상정하는 자금조달비용은 대주의 지주회사 내지 계열회사의 자금조달비용을 포함하도록 정할 수도 있다.

이 조항의 약점은 다음과 같다. 자금조달비용이 증가했다 하더라도 이를 특정의 대출에 귀속시키는 것이 실무적으로 어렵다. 또한 바젤은행감독위원회(Basel Committee on Banking Supervision)가 만든 바젤협약(Basel Accords)의 자본적정성의 원칙(capital adequacy rules)에 의거하여 은행이 자기자본을 강제적으로 증대하는데 드는 비용 등을 차주에게 전가하는 것이 상업적으로 수용될 수 있는가에 대한 의문이다. 대출의 위험가중치(risk weight)는 대출기간 중에 변경될 수 있지만, 많은 은행이 마진(margin)을 결정할 때 현재의 자본적정성을 위한 비용(current capital adequacy costs)을 고려하고 있다. 바젤에 대한 자세한 내용은 제25장 참조.

국제적인 대출에서 대주의 마진 확정을 위하여 비용 증가분을 반영하는 것은 보편적이지는 않다. 반면, 영국시장 내지 유로시장 내 대출에서는 준비금이나 기타 의무비용의 증가를 전가하는 세분화된 공식에 따라 준비금 비용 또는 다른 의무 비용들을 마진에 더하는 것이 일반적이다. 지급준비금 비용(reserve cost)은, 은행이 시장에서 예금을 조달하는 경우에 예를 들어 각 예금의 5%를 중앙은행(central bank)에 이자율 없이(at nil interest) 적립하는 비용이다. 따라서 이것은 대출의 자금조달에 대하여 추가적 비용이 된다. 일부 중앙은행은 이러한 적립금에 대하여 시장금리를 지급하는 경우도 있다. 유럽중앙은행(European Central Bank)이 그러한 예다.

지급준비금제도는 금융기관으로 하여금 일정 규모의 지급준비금을 예치하게 함으로써, 예금자의 인출 요구에 응하지 못하는 일이 없도록 하기 위한 것이다. 1980년대 이후 전 세계적으로 통화정책이 통화량 중심에서 금리 중심으로 전환됨에 따라 그 활용도가 저하되기는 했으나, 중앙은행은 지급준비율을 조정하여 시중 유동성을 조절하고 금융안정을 도모할 수 있다는 점에서 지급준비금제도는 유의미한 통화정책수단으로 간주되고 있다.

7-38

그리고 증가비용 조항은 대개 표준화된 조항을 사용하므로, 이에 관한 협상의 폭은 크지 않은 편이다.

진술 및 보장(representations and warranties)

통상적인 보장(usual warranties)

7-39   대출계약에는, 차주에 의한 상세한 '진술 및 보장' 조항이 포함되는데, 대부분 표준화되어 있다.

은행 실무에서는 법률사항에 관한 보장(legal warranties)과 상업적 사항에 관한 보장(commercial warranties)을 구별하고 있다. 법률사항에 관한 보장은 기본적으로 계약서의 법적 유효성에 대한 것이다. 상업적 사항에 관한 보장은 차주의 재무상황 및 신용력(credit-standing)에 대한 것이다.

법률사항에 관한 보장(legal warranties)은 차주의 법적 지위와 관련하여, 예컨대 차주가 적법하게 설립된 회사인지, 거래체결당사자가 차주로부터 적법하게 수권을 받았는지, 차주에 대한 채권이 법적으로 유효하고 집행 가능한지 등에 관한 보장을 포함한다.

반대로 상업적 보장은 차주의 재정상황 및 신용도에 관한 보장으로서 다음과 같은 내용을 포함한다. ① 차주를 대상으로 제기된 진행 중인 소송이나 제기될 것으로 예견 가능한 소송 중 차주에게 중대한 영향을 미칠 만한 소송이 있는지, ② 차주의 최신 연결재무제표가 진정하고 정확한지, ③ 대주단모집안내서(information memorandum)가 정확하고 오해의 소지가 없는지, 예상치가 있는 경우 합리적인 근거에 기초한 것인지, (차주가 알고 믿는 범위 내에서) 중대하게 생략된 사항이 없는지, ④ 최신 재무제표 이후 (연결)재무상황에 중대하게 불리한 변경이 없는지, ⑤ 계약 또는 기타 채무를 (중대하게) 불이행한 바가 없는지 등이다.

조항의 목적

7-40   이 조항의 목적은 다음과 같은 것이다.

- 보장(warranties) 조항은 대출을 함에 있어서 계약상의 전제를 명확하게 규정한

다. 즉, 채무가 유효하다는 것, 그리고 차주의 재무 및 영업의 상태가 보장 (warranties) 조항, 재무제표, 대출(loan)과 관련하여 발행한 대주단모집안내서 (information memorandum)에 기재된 대로라는 것을 보장한다.

• 보장(warranties) 조항은 실무적으로는 문제가 될 소지가 있는 내용들을 사전에 조사하는 계기가 된다.

• 보장(warranties) 조항이 사실과 다른 경우 이는 명백한 채무불이행 사유가 된다. 이는 대출이 계약서의 유효성 그리고 차주가 공개한 재무상태를 전제로 이루어지는 것이기 때문이다. 그러나 보장이 있다고 하여 흠결을 치유해 주는 것은 아니다. 즉, 보장(warranties) 조항 자체가 법적으로 무효인 계약서를 유효가 되게 하는 것은 아니다. 대주는 채무불이행 조항에 근거한 기한이익 상실에 의한 구제책을 갖고, 이는 문제를 해결하고 계약서를 수정하는 협상에서 대주에게 협상력을 실어줄 수 있다.

• 은행은 "대출금인출 선행조건"("conditions precedent")이 충족되지 않은 경우 대출을 중단할 수 있다. 단락 7－22 참조.

• 특수 금융(special finance)의 경우, 보장(warranties) 조항 위반은 차주의 다른 권리를 제약할 수 있다. 담보부 금융에 있어서는, 담보를 변경하는 권리가 일시적으로 정지될 수 있다. 프로젝트 대출에 대하여는, 프로젝트 스폰서(project sponsors)에 대한 배당 또는 후순위 대출 상환이 중단될 수 있다. 또는 프로젝트 완료 증명서의 발행이 정지되어, 프로젝트 스폰서의 완료 보증이 소멸되는 것이 유예될 수 있다.

특히 상업적 보증에 대해서는, 중요성(materiality) 테스트나 그룹 단위 테스트가 이용되기도 한다.

더 상세한 내용: LPIF 시리즈 제3권 제1장~제4장.

질문 및 세미나 주제는, 제9장 마지막 부분 참조.

제 **8** 장

신디케이티드 은행대출 Ⅱ

확약(covenants)[1] 일반

8-01   자본을 제공하는 대주는 그 자금의 보전에 이해관계를 가지므로, 그 이익을 보호하기 위하여 차주의 사업경영에 대하여 관여할 수 있는, 그러나 큰 영향력은 없는, 권한을 가진다. 주주와는 달리, 경영에 직접적으로 개입할 의결권이 인정되는 것은 아니다. 그 "의결권"("vote")은 확약(covenants)에 의하여 부여되고, 확약(covenants)을 위반하면 채무불이행이 된다.

확약의 범위는 다음과 같은 여러 요소에 따라 달라진다.

- 대주가 부담하는 리스크의 정도: 대주의 위험부담이 주주의 위험부담에 상응하는 프로젝트 대출의 경우에는 확실한 국제 기업에 대한 소액 대출에 비하여 확약 사항이 많아질 수밖에 없다. 또한 차주의 회사채 신용등급이 투자등급(Moody's 기준 Baa3 이상, S&P 기준 BBB− 이상, Fitch 기준 BBB− 이상)인 경우에는 차주의 회사채 신용등급이 투기등급(Moody's 기준 Ba1 이하, S&P 기준

---

[1] 역자 주) 확약 조항은 차주의 대출금 상환능력에 부정적인 영향을 미칠 수 있는 행위를 제한하여 대출금 상환에 관한 대주의 이익을 보기 위하여 장래를 향한 약정이라는 점에서, 어느 한 시점을 기준으로 상태를 설명하는 진술 및 보장 조항과는 다르다. 예컨대, 대주는 차주로부터 받은 "계약체결시점 현재 별첨에 기재된 사항을 제외하고는 현재 차주의 재산에 담보가 설정되어 있는 것은 없다."라는 진술 및 보장을 받아 파악한 차주의 계약체결시점 현재 재산에 대한 담보설정 상황을 토대로 대출 여부를 결정하고, 계약 체결시점 이후에는 "차주는 내출기간 동안 대주의 동의 없이 차주의 재산을 제3자에게 담보로 제공하지 아니한다."라는 확약 조항을 통해 대출계약기간 동안 차주의 담보제공행위를 규제할 수 있게 되는 것이다.

BB+ 이하, Fitch 기준 BB+ 이하)인 경우에 비하여 확약의 정도가 경미하다.

- 차주의 법적 성격: 차주가 정부인 경우와 사기업인 경우 확약의 사항이 다를 수밖에 없다.

- 대출이 담보부인지 무(無)담보인지에 따라 확약 사항이 다르다.

기업대출에 통상적인 확약조항은: ① 정보의 제공, ② 담보제공금지 조항(negative pledge), ③ 재산처분제한, ④ 채권자 동등대우(pari passu)(진술 및 보장에 그치는 경우가 많다.) 등이다.

그 밖에 경우에 따라 추가적인 확약을 두기도 한다.

확약(covenants)의 목적

상업법인(corporate commercial borrower)에 대한 무담보 기한부 대출 계약에서 확약(covenants)의 주된 기능은 다음과 같다.   8-02

- 차주 도산 시 차주의 자산에 대하여 **동순위 권리**(equal ranking)를 확보하며 후순위로 밀려나는 것과 차별적 취급을 방지하는 기능: 이러한 확약은 주로 담보제공금지 조항(negative pledge), 채권자 동등대우(pari passu), 처분제한을 포함한다.

- 차주의 잠재적인 수익을 보호하고 자산의 분할가치(break-up value)를 보호하기 위하여 **자산의 품질**(asset quality)을 유지하고 테스트하기 위한 기능: 이러한 확약은 처분제한, 보수 및 부보 의무(obligations to repair and insure), 임대차 제한, 투자 제한, 제3자에 대한 대출 제한, 자본지출 제한, 다양한 재정 테스트를 포함한다.

- **자산의 양**(asset quantity)**과 변제능력**(solvency)을 유지하고, 특히 과다한 채무   8-03 발생을 통제하는 기능. 이러한 확약은, 부채 對 자기자본 비율(debt-equity ratio), 최소 자기자본(net worth minimum), 유동비율(current ratio)(유동자산의 유동부채에 대한 비율), 최소 운전자본(working capital minimum)(유동자산에서 유동부채를 뺀 것), 순수익 대비 지급 가능한 이자 비율, 배당금과 기타 분배 제한 등이다. 자

산 처분 제한, 임대차(leases) 제한, 자본 지출(capital expenditure) 제한, 우발채무 발생 제한, 차입 한도 또한 같은 목적이다.

- 수익 창출력의 토대가 되는 자본적 자산(capital asset), 즉 고정자산의 처분 없이 채무의 변제에 이용할 수 있는 **유동자산**(liquid assets) 확인을 위한 기능: 이러한 확약은, 차입 제한, 우발채무 발생 제한, 다양한 재무적 기준을 포함한다.

- 대출 대상 **사업의 종류**(type of business)를 유지하기 위한 기능(예: 컴퓨터 제조업에 대한 신용검토결과는 돼지사육업에 대한 신용검토결과와 다를 것이다.): 적절한 확약은, 중대한 영업의 변경 제한, 차주에 중대한 영향을 미치는 회사 또는 영업의 인수 제한을 포함한다.

8-04

- 차주의 재무자원이나 경영능력으로 **감당할 수 없는 급속한 성장**(excessively rapid growth)의 경우를 제한하기 위한 기능: 이 영역의 확약은, 합병 제한, 투자 제한, 차입 제한, 자본지출(capital expenditure) 제한, 중대한 영업의 변경 제한을 포함한다.

- 차주의 상태 및 대출조건을 **감시**(monitor)하기 위한 기능: 이러한 확약은, 재무정보 및 계좌정보 제공 의무, 대출계약의 준수 및 채무불이행 사실 없음에 관한 확인서 제공 의무를 포함한다.

- 차주의 동일성(identity)을 유지하는 기능: 이러한 확약은, 합병(amalgamation) 제한, (법인 영업 자격 유지를 위하여 부과되는) 법인면허세(corporate franchise tax) 납입, 법인 조직이 영속하지 않는 法域에서는 법인 법적 지위의 존속(good standing) 유지 및 법인설립허가(corporate charters)의 갱신을 포함한다.

위반 시 구제수단

8-05 차주가 확약을 위반한 경우 대주에게 인정되는 주요 구제수단은 다음과 같다.

- 명백한 채무불이행 사유(event of default), 대출의 기한이익 상실(acceleration), 대출약정(commitments to lend) 해지. 후술 참조.

- 대출금인출 선행조건(conditions precedent) 조항에 따라서 신규 대출 중단. 단락 7-22 참조.

- 제3자가 담보제공금지 조항(negative pledge)에 관하여 알면서도 차주로부터 담보를 제공받은 등 제3자에 의한 채권침해가 성립하는 경우에는 그 제3자에 대하여 불법행위에 기한 손해배상청구 가능. 단락 8-21 참조.

실무상 특정이행(specific performance) 청구, 금지명령(injunction), 가처분 등은 많이 활용되지 않는다. 손해배상청구 또한 대출원리금 관련 청구와 별개로 하는 경우는 거의 없어 이 또한 실무상 의미가 없다.

대주의 책임(lender liability)

도산법상 회사의 이사는 회사에게 지급능력이 없음을 알면서도 고의로 또는 부주의하게 채무를 발생시키거나(사기거래), 회사에 대하여 도산절차 개시 가능성이 있는 경우 채권자의 손실을 최소화하기 위한 조치를 취하지 않거나(부정한 거래), 회사를 부주의하게 경영하는 경우 등에는 회사의 채무를 연대하여 부담할 수도 있다. 연대책임의 범위는 法域에 따라 다르다. 단락 5-23 참조.

이와 같은 이사에는 회사의 사실상의 이사(de facto manager)도 포함된다. 따라서 회사에 대하여 결정권을 가지며 경영에 지시를 하는 은행이 사실상의 이사에 해당한다고 보아 이에 상응하는 책임을 부담하게 될 수 있다. 일반적으로, 은행이 그러한 사실상의 이사("shadow director")가 될 수 있는 것은, 예외적으로 아주 심하게 경영에 개입하는 경우뿐이고, 단순히 통상의 확약이 제대로 준수되고 있는시 모니터링 했다는 것만으로는 책임이 발생하지 않는다. 은행이 대출을 계속하기 위하여 준비된 조건을 제시하는 경우가 아니라, 실질적으로 경영권을 장악하고 지시를 하는 경우에만 채무상환 불이행(default)에 관한 협상에 있어서 은행의 책임이 문제될 수 있다.

정보제공에 관한 확약(information covenant)[2]

차주가 통상 정보제공 조항에 따라 대주에게 제공해야 하는 정보는 다음과 같다.

8-06

8-07

---
2) 역자 주) 정보제공 조항에 따라, 대주는 차주로부터 제공받은 자료를 토대로 차주의 재무상황을 파악하여 대출계약을 관리하고 차주에 대한 추가적인 대출 실행 여부를 결정한다.

- 연차 또는 그보다 빈번한 회계정보, 연결회계정보 및 개별 회계정보

- 기타 은행이 (합리적으로) 요구하는 정보

- 일치증명서(compliance certificates)

- 채무불이행 사유 발생의 통지, 잠재적 또는 계류 중인 (중요한) 소송에 관한 통지

이 규정은 표준적인 것이고, 이것으로 은행이 대출을 감시하는 것이 가능해지며, 차주의 재무상태와 잠재적 채무불이행을 확인하는 것이 가능하다.[3]

담보제공금지 조항(negative pledge)

8-08   담보제공금지 조항(negative pledge)은 무담보 기한부 대출 계약에서 가장 중요한 확약 중 하나이다. 이는 다음과 같이 규정한다.

〈국문 예시〉 차주는, 직접 자신의 자산에 대한 담보권의 설정을 하거나, 차주의 자회사로 하여금 차주 소유 자산에 대한 담보권을 설정하도록 하여서는 아니 된다.

〈영문 예시〉 **The borrower will not (and will procure that none of its subsidiaries will) create or permit to exist any security interest on any of its assets.**

---

3) 역자 주) 국내 금융기관의 여신거래기본약관도 차주에게 정보제공 의무를 부과하고 있다. 은행여신거래기본약관(기업용) 표준약관(2016년 10월 7일 개정) 제19조는 다음과 같은 규정을 두고 있다.

> 은행여신거래기본약관 제19조(회보와 조사)
> ① 채무자는 그의 재산·부채현황·경영·업황 또는 융자조건의 이행 여부 기타 필요한 사항에 대하여, 은행의 요구가 있으면 곧 회보하며, 은행이 필요에 따라 채무자의 장부·공장·사업장 기타의 조사를 하는 경우 협조해야 합니다.
> ② 채무자는 그 재산·영업·업황 기타 거래관계에 영향을 미칠 사항에 관하여 중대한 변화가 생기거나 생길 염려가 있을 때에는, 은행의 요구가 없더라도 곧 은행앞으로 통지해야 합니다.
> ③ 은행은 제1항 또는 제2항에 의한 회보 등이나 조사에 의하여, 채무자가 어음교환소의 거래정지처분, 부실여신의 보유, 경영상황의 급격한 악화 등으로 채권회수 불능의 우려가 있는 때에는, 그 직원을 파견하여 채무자의 재산 및 경영에 관하여 채권보전을 위한 범위내에서 관리·감독할 수 있습니다.

조항의 목적 위 조항의 목적은 다음과 같다. 8-09

- 차주가 다른 채권자에게 담보(예를 들어, 포괄적 담보권 및 **浮動담보권**(floating charge))를 설정하는 경우, 은행의 무담보 채권은 실질적으로 후순위로 밀려나게 되어, 무담보 채권자인 은행을 위한 자산은 전혀 안 남거나 극히 미미하게 되어 버린다. 따라서 다른 채권자와 동순위에서(pari passu) 상환 받을 것을 전제로 진행한 여신 심사가 무의미해진다. 차주가 재무적으로 곤란한 상황이 되어 담보 제공 없이는 자금을 조달할 수 없는데, 은행이 동순위(pari passu) 권리가 유지될 것을 전제로만 대출할 의향이 있는 경우에 동 조항은 더욱 중요성을 가진다.[4]

- 담보권자는 담보자산뿐만 아니라 담보자산에서 발생하는 수익에 대한 권리까지 갖게 되므로, 워크아웃(work-out)이나 회생(reorganisation) 시에 담보권자에게 더 많은 권리가 인정된다.

- 재정적 어려움으로 인하여 신규차입자금(new money)이 필요한 경우에 가중된 위험(heightened risk) 때문에 담보제공이 수반되어야 한다. 이러한 담보권은 무담보 채권자인 은행에 할당되는 자산을 감소시킨다.

---

[4] 역자 주) 浮動담보권(floating charge)은 채무자의 증감변동하는 현재 및 장래의 모든 재산에 담보권을 설정하는 것이다. 유동집합동산에 대한 담보와 같이 예를 들어, 한 돼지 우리 안에 돼지 숫자가 증감 변동하더라도 담보권 실행 시의 돼지로 고정되는 것과 유사하다. 그런데 영국의 浮動담보권(floating charge)은 미국에는 없는 제도이다. 미국, 캐나다, 뉴질랜드, 호주에서는 채무자의 현재 및 장래의 모든 재산에 대하여 담보권을 설정하는 "security rights in after-acquired property"가 명문으로 규정되어 있다(미국 UCC 제9-204조, 캐나다 온타리오州 PPSA 제12조, 서스캐처원州 PPSA 제13조, 뉴질랜드 PPSA 제43조, 제44조, 호주 PPSA 제18조 제2항, 제3항, 제20조 제2항 제(b)호, 제76조 제2항 제(b)호). 영국의 浮動담보권(floating charge), 미국 UCC Article 9, 캐나다, 뉴질랜드, 호주의 PPSA에서 명문 규정으로 인정되는 "security rights in after-acquired property" 모두 통상의 영업과정(ordinary course of business)에서 재고, 매출채권 등을 매각할 수 있다. 그런데 차이점은 영국의 浮動담보권(floating charge)에서는 통상의 영업과정(ordinary course of business)에서 특정 물건의 매각을 허용할 뿐만 아니라 특정 물건에 대하여 고정담보권(fixed charge)을 설정하는 것까지 허용된다는 점이다. 즉, 浮動담보권(floating charge)보다 시간적으로 나중에 설정되는 고정담보권(fixed charge)이 浮動담보권(floating charge)보다 선순위가 된다는 점이다. 미국, 캐나다, 뉴질랜드, 호주에서는 "security rights in after-acquired property"가 설정된 이후에 특정목적물에 대하여 담보권을 설정하면 "security rights in after-acquired property"의 후순위에 놓이게 된다. 영국에서는 고정담보권(fixed charge)은 설정된 시간의 선후에 상관없이 항상 浮動담보권(floating charge)보다 우선하게 된다. 이 때문에 浮動담보권자(floating chargee)는 불안한 지위에 놓이게 된다. 이를 방지하기 위하여 浮動담보권(floating charge) 계약에는 담보제공금지 조항(negative pledge)을 두는 경우가 많다. 浮動담보권(floating charge) 계약에 담보제공금지 조항(negative pledge)을 두면, 미국, 캐나다, 뉴질랜드, 호주의 "security rights in after-acquired property"와 같은 효과가 있게 된다.

- 담보제공금지 조항(negative pledge)은 채권자들 간 평등을 증진한다.

- 담보제공금지 조항(negative pledge)을 통해, 차주가 과다한 채무를 부담하지 못하도록 차주를 간접적으로 통제 할 수 있다.

- 담보부 거래 시 후순위 담보로 인하여 발생하는 문제를 방지할 수 있다(자세한 내용은 후술).

- 정부 차관의 경우, 정부인 차주가 외환보유고(foreign reserves)(외국통화, 금, 외화증권 등)를 다른 채권자에게 할당하는 것을 방지할 수 있다.

8-10   **담보권의 범위**(security covered)   이 규정은 대출계약 체결 전의 **기존의 담보권**(existing security)에도 적용된다. 그 위반의 벌칙은 채무불이행 사유(event of default)에 지나지 않는다. 이 점은 "존재가 인정되지 아니한"("not permit to exist")이라는 문구로 커버된다.

여기에서 담보권이란 **모든 종류의 담보권**(all forms of security interest)을 포함한다. 예를 들어, 저당권(mortgage), 유치권(lien), 담보권(charge), 담보계약(hypothecation), 질권(pledge) 등 그 형식을 불문하고 담보권 전부이다.

8-11   **채무 범위**(debt covered)   담보제공이 금지되는 채무는, 순수하게 차입 또는 차입에 대한 보증에 관련되는 것으로 한정되어서는 안 된다. 금융채무가 차입을 구성하지 않는 경우도 많기 때문이다. 구입자금 신용공여(purchase money credit), 레포 계약(sale and repurchase), 금융리스(financial leasing) 등도 해당된다. 거래채무(trade debt)나 1년 이내의 단기 채무를 금지되는 채무의 범위에서 제외하는 경우도 드물다. 이것을 악용한 회피적인 거래를 방지하는 것이 어렵기 때문이다.

8-12   **해석**   유치권("lien")이나 담보권("security interest")과 같은 용어의 해석은 주로 그 준거법(governing law)에 의한다. 계약채무의 준거법에 관한 로마협약(Rome Convention on the law applicable to contractual obligations) 제10조 제1항 제(a)호, 미국의 저촉법 리스테이트먼트(US Conflicts Restatement) 제204조 참조. 이런 경우 항상은 아니지만 일반적으로 그 계약의 준거법이 되는 법 시스템의 해석 규칙이 적용된다. 대부분의 경우 준거법상의 전문용어(technical terms)를 따르게 되는데, 항싱 그렇다고는 할 수 없다.

이 점은 차주가 소유권이전형 금융(title finance) 계약을 하고, 이것은 영국법으로는 담보권이 아니지만, 담보물의 소재지 *法域*에서는 담보권으로 성질이 재결정되는 경우에 종종 문제가 된다. 예컨대 미국 UCC (Uniform Commercial Code) Article 9이 적용되는 일부 기초자산의 경우 성질이 재결정되기도 한다.5) 영국법을 준거법으로 하는 계약에 있어서 해석은 영국법의 해석방식에 따른다. 대부분의 경우에 영국법상 담보권의 의미에 따르면, 소유권이전형 금융(title finance)은 담보권의 의미에서 제외하는 것이 보통이다.

소유권이전형 금융(title finance)　위 규정에 의하면 담보(security)에는 소유권이전형 금융(title finance) 또는 상업적으로는 담보적 효과를 가지지만 형식은 담보가 아닌 준(準)담보거래(quasi-security transactions)까지 포함된다. 예를 들어, 상환청구가능 팩토링(recourse factoring), 매각 후 재임차(sale and lease-back), 금융리스(financial leasing), 상계약정(set-off arrangement), 할부매매(hire purchase), 소유권유보부 매매(title retention sale)(조건부 매매(conditional sale)), 증권대차(stock borrowing), 레포 계약(sale and repurchase, "repos") 등이다. 제18장 참조. 이러한 준(準)담보거래는 금융거래에 한정되고, 통상의 상거래는 제외되는 것이 보통이다. 즉, 그 거래의 주목적이 자금 조달 또는 자산의 구입을 위한 수단인 경우에는 통상적으로 담보제공금지 조항에서 금지하는 담보제공에 해당하지 않는다고 보는 것이 일반이다. 8-13

영국법을 준거법으로 하는 계약에서는 통상 소유권이전형 금융(title finance)의 제한에 관한 조항을 별도로 둔다.6) 반면 미국 뉴욕주법을 준거법으로 하는 계약에서는, (미국 UCC Article 9에서 일부 거래의 성질을 담보로 재결정하는 바와 같이) 담보권의 실질을 가지면 담보권("security interest")으로 분류하고, 매각 후 재임차(sale and leasebacks)에 관하여만 별도의 규정을 두는 것이 일반이다.

그 적용범위에 관하여 구체적으로 정하는 경우가 아닌 한, 다음과 같은 권리를 제한하는 것은 (이론적으로는 가능하지만) 현실적으로는 거의 일어나지 않는다.

---

5) 역자 주) 이러한 소유권이전형 금융(title finance)에 대하여 매매나 리스로서의 형식을 무시하고 담보부 차입거래라고 성질을 재결정하고(recharacterisation), 이를 담보제공금지 조항(negative pledge)에서 금지하는 담보제공으로 분류할 것인지가 문제되는 경우가 있다.

6) 역자 주) 영국은 원칙적으로 가장거래(sham transaction)가 아닌 한 성질재결정을 하지 않고 그 형식대로 매매나 임대차로서의 효력을 인정하는 편이다. 소유권이전형 금융(title finance)의 성질재결정 여부에 관한 조항을 별도로 두어서 소유권이전형 금융(title finance)을 담보제공금지 대상의 범위에 추가하는 경우가 종종 있다.

- **상계**(set-offs). (만약에 상계권의 행사가 금지되면, 차주가 자신에게 채무를 부담하고 있는 자로부터 차입할 수 없게 되기 때문이다). 상계권의 행사를 제한하고자 하는 경우에는 통상적인 영업에 수반되는 상계, 조직화된 시장(organized market)과 장외시장(over-the-counter markets)에서의 상계 및 네팅(netting) 등에 대한 포괄적인 제외 조항이 수반되어야 한다. 상계권 행사금지는 통상적인 영업행위 밖에서 금융조달을 주된 목적으로 하는 거래에 대해서만 적용되어야 한다. 예컨대 차주가 대주은행에 개설한 은행계좌에 잔액을 보충(top up)해야 하는 경우 해당 계좌가 대출에 연동되어 있는 경우, 해당 대출은 실질적으로 담보부 대출에 해당한다. 약정상계(contractual set-off)는 자산에 대한 재산권적 이익과 무관하므로 담보가 아니다. 단지 지급수단에 불과하다. *Re Charge Card Services Ltd* [1987] Ch 150; *Electro-Magnetics Ltd v Development Bank of Singa pore Ltd* [1994] 1 SLR 734 판례 (싱가포르 항소법원(Court of Appeal) - 법정관리(judicial management)로 알려진 회생절차에서 중지나 담보 동결의 대상이 되는 담보권(charge or security interest within the stay or freeze)에는 상계가 포함되지 않는다) 참조. 고객이 은행 예금에 담보 목적으로의 재산권적인 이익을 설정하지 않는 한, 단순히 상계할 권리는 담보권에 해당하지 않는다. 상계는 지급수단이다. 은행이 자신의 자산(대출채권)을 자신의 채무(예금)를 소멸시키기 위해 사용하는 것이지, 예금을 대출의 변제에 충당하는 것은 아니다. 은행은 예금에 대하여 재산권적 이익을 가지는 것은 아니고, 예금에 대하여 채무자일 뿐이다.

- **소유권유보**(title retention). 물품매매계약 또는 할부판매(hire purchase)에서 통상적인 거래다.

- **통상적인 "진정" 리스**(ordinary "true" leases). 부동산임대차나 컴퓨터설비 등의 운용리스는 통상적인 거래에 해당한다.

담보제공금지 조항에 의한 제한이 "담보적 효과를 가지는 거래"("arrangements having the effect of security")에까지 확장되는 경우도 있다. 이 경우 위와 같은 소유권 이전형 금융(title finance)도 금지될 수 있다.

8-14 **자회사**(subsidiaries) 담보제공금지는 차주의 자회사 및 지배회사에 대하여도 적용

시킬 필요가 있을 수 있다. 예컨대 지주회사는 무담보로 자금을 차입하면서 자회사가 자산을 담보로 제공하는 방식으로 그룹 차원에서 자금을 조달하는 경우가 있을 수 있다. 지주회사 단독으로는 무담보 차입이 불가한 재무상황에 처해 있음에도 그룹차원에서 자금을 조달할 수 있는데, 이때 제한이 요구된다. 자회사가 모회사의 자산의 대부분을 이전받고 다른 대주를 위하여 회사채를 담보로 제공한 행위가 모회사의 담보제공금지 조항의 위반에 해당한다고 판단한 미국 뉴욕의 *Re Associated Gas & Electric Co*, 61 F Supp 11 SDNY, 149 F 2d 996 (2d Cir 1045) 판례 참조.

또한 자회사가 담보를 제공하는 경우, 그 수익을 담보채권자에게 충당해 모회사에 대한 지불을 악화시킬 수 있다. 그리고 차주가 워크아웃 또는 회생절차에서 자금을 조달하고자 하는 경우에 무담보 은행이 고위험 신규 대출을 실행하기 위하여 그룹으로부터 확보할 수 있는 담보가 없게 될 것이다.

담보제공금지의 예외   모든 담보제공행위를 일괄하여 금지하는 경우 차주가 영업   8-15
활동을 하는 데 지나친 제약이 발생할 수 있으므로 다음과 같은 일정 행위는 담보제공금지의 예외로 두는 것이 일반이다.

- 다수 은행(majority bank)이 **동의**(consent)한 담보제공. 이러한 동의에는 '불합리하게 거부되어서는 안 된다'("not to be unreasonably withheld")라는 수식이 붙지만 다소 애매한 측면이 있다.

- 유예기간(예: 물품대금 채무의 경우 통상 30일) 이내에 해소되는 **유치권**(liens). 법령상 물품대금 미납 시 해당 물품대금 채무 완제 시까지 물품매도인(vendor), 커스터디 은행(custodian), 수리자(repairer)에게 법령상 자동적으로 유치권(liens)이 인정되기도 하는데, 이러한 경우 담보제공금지 예외 없이는 거의 모든 회사가 담보제공금지 조항 위반 상태에 이르게 될 수 있다.

- 다른 채권자에 대해 담보 제공을 해도 한편으로 은행이 그것과 같거나 동등한 자산 위에 **동등하게 같은 비율**(equally and rateably)**로 담보권을 설정 받은** 경우. 다만 이것에 의해 다른 담보권자에게 담보물의 통제권을 빼앗길 가능성이 있다. 담보물에 대한 의사결정이나 의결을 어떻게 하는지가 채권자 양자 간에 문제된다. 상대방 채권자의 채권이 매우 크면 은행이 압도되어 실제로는 무담보채권자에 대한 우선순위 이외에는 공평성이 유지되지 않을 가능성이 있다.

은행의 기존 채권에 대하여 담보 제공이 되는 경우도 있는데, 편파행위로서 좀 認될 위험성이 있다. 차주가 재무적으로 어려운 때 이 예외규정을 이용할 가 능성이 높다. 그럼에도 불구하고 이 예외규정을 두는 것이 보통이다.

8-16
- **차주가 대출 이후에 인수한 자회사**(after-acquired subsidiaries)의 자산(assets) 에 기존에 설정되어 있던 담보권(인수계획 자체에 의하여 발생한 것이 아닐 것, 또 이 기존의 담보권을 인정하는 경우에도 대출약정 미(未)실행액(unused commitments) 을 포함하여 설정 시의 피담보채무액 상한까지를 조건으로 한다). 이 예외규정 에 의하여 차주는 이미 담보를 제공하고 있는 회사를 매수하는 것이 가능하다. 합병에 대해서도 유사한 예외를 적용할 수 있다. 일반적으로 수개월의 정리기 간(clean-up period) 내에 담보권을 말소할 의무를 부과한다.

- 자산을 취득하기 위한 자금, 또는 구입대금 및 이에 대한 이자에 대한 담보로 확보하기 위하여 **장래 취득할 자산**(after-acquired assets)에 설정한 담보. 차 주는 신규 자산을 취득하고 그 대금의 범위에서 그 신규 자산에 담보를 설정할 수 있게 된다. 다만 차주의 기존의 자산(old assets)이 신규 자산으로 대체되는 경우가 있으므로, 이 예외를 인정하면, 차주의 담보 설정되어 있지 않은 책임 재산이 서서히 감소하는 결과가 되는 경우도 있다. 적용대상 자산의 종류(예: 물품에 한정), 담보인정비율(예: 순매수비용의 80%), 총 피담보부 채무 등에 관 하여 제한이 있을 수 있다.

- **통상적인 거래 과정**(ordinary course of trading)에서 물품, 선하증권(bill of lading), 수익금, 보험금 등에 대하여 설정하는 담보. 예를 들어, 신용장(letters of credit)을 사용하는 수입금융의 경우 대주은행이 수입물의 소유권을 나타내는 선적 서류에 질권을 설정하는 것이 보통이다. 이러한 질권은 수입 거래에서는 정례적인 것이다.

8-17
- 청산소(clearing house) 또는 **조직화된 거래소**(organised exchange)에서 증권거 래를 하기 위하여 예탁해야 하는 투자증권 상에 설정한 담보권. 예를 들어, 선 물(futures)이나 옵션 거래 시 증거금 담보(margin collateral).

- 동일 자산에 대하여 상기의 담보권이 설정된 경우, 이 담보를 대체할 당시의 잔액을 초과하지 않는 범위 내에서 설정한 대체 담보(substitutions). 이미 기존

에 허용된 담보의 **재금융**(refinancing)은 금액이 증가되지 않는 한 예외로서 보통 선호되지 않는다.

- 다른 방식으로는 담보될 수 없는 특별한 경우를 대비하여 최소한의 금액을 적립한 **준비금**(basket). 예를 들어, 유사시를 대비하기 위한, 유형자산 중 총부채를 뺀 자기자본(tangible net worth)의 일정 비율(예: 5%). 유형자기자본(tangible net worth)의 개념 정의는 단락 8-33 참조.

정부의 차관(sovereign loans)   정부의 차입에 대하여 담보제공금지 조항(negative pledges)은 종종 대외채무(external indebtedness)에 관한 것에 한정된다. 외화로 변제해야 하거나 또는 선택적으로 외화로 변제할 수 있는 금전채권(debt) 또는 외화로 계산되는 채무 또는 비거주자로부터의 차입 등이다. 정부는 통상 국내에서의 차입에 대하여는 자산을 담보로 제공하지 않기 때문에, 보통 은행들은 이러한 범위 한정을 받아들인다.   8-18

담보부 대출의 경우의 제2순위 담보권   담보부 대출에서 (제대로 된 후순위 약정이 없는 이상) 담보제공금지 조항에 따라 후순위 담보권의 제공 또한 제한된다고 이해해야 한다.   8-19

- 후순위 담보가 있는 경우 기한이익 상실 내지 구조조정에 대한 대응책 마련이 제한적이 될 수 있다. 예컨대 선순위 채권자가 **신규 신용공여**(new money)를 하면서 기존에 제공받은 담보로 신용을 보강하고자 하는 경우, 후순위 채권자가 동의를 보류함으로써 선순위 담보권자에 앞서 변제를 받아가는 경우를 상정할 수 있다.

- 후순위 담보권자가 대주의 의사와 무관하게 부적절한 시기에 담보권을 **실행**(enforcement)하는 경우를 상정할 수 있다.

- **사적매각**(private sale) 시 후순위 담보권자의 협력이 필요한 경우를 상정할 수 있다.

- 변동금리에서는 후순위 담보권자가 고정금리 상당분의 이자에 대한 **우선순위**(priority)를 취득하는 것을 방지하기 위하여 후순위담보제공 금지가 필수적이다.

후순위채(subordinated debt)에 대해서는 단락 13-04에서 설명한다.

8-20 **담보제공금지 조항**(negative pledge)**의 범위 및 유효성**　담보제공금지 조항의 범위 및 효력은 다음과 같은 이유로 제한될 수 있다.

- 담보제공금지 조항(negative pledge)은 담보권 설정과는 다르다. 차주가 대출채무와 동순위인 무담보부 채무를 추가적으로 부담하는 것을 제한하지 않으며, 특정 자산을 대출의 변제에 할당하는 것을 제한하지 않기 때문이다.

- 통상의 담보제공금지 조항(negative pledge)은 담보권설정과 유사한 다른 거래를 금지하지 아니한다. 예를 들면, 準담보(quasi-security) 또는 매도인/임대인에 의한 소유권이전형 금융(title finance) 등이 있다. 이것에 대하여는 제18장 참조.

- 이것은 계약상의 제한일 뿐, 차주가 이를 무시하면 그만이다. 위반은 채무불이행 사유에 해당되지만, 제3자의 담보권이 무효가 되는 것은 아니다. 단, 실무상은 거의 모든 국제적인 대출의 차주는 이를 준수하고 있다.

8-21 **계약 위반의 유발**(procuring a breach of contract)　담보제공금지에 위반하여 차주로부터 담보를 제공받은 제3자는 채권침해로 인한 불법행위책임을 부담할 수도 있다. 일반적으로 위 불법행위책임이 인정되려면 해당 제3자가 담보제공금지 조항에 관하여 알고 있었고, 제3자가 대주에게 경제적인 손해를 가할 고의가 있었어야 한다. 특히 *Swiss Bank Corpn v Lloyds Bank Ltd* [1979] Ch 548 판례(다른 이유로 [1982] AC 584에 의해 파기환송), *Torquay Hotels Co Ltd v Cousins* [1969] 1 All ER 522, CA 판례 참조.

채권침해로 인한 불법행위책임에 관한 영국법리는 무역거래와 관계된 분쟁(trade disputes)을 중심으로 발전해왔으나 모든 종류의 계약에 적용된다. 예컨대 *Lumley v Gye* (1853) 2 E & B 216 판례(오페라 가수로 하여금 계약을 이행하지 않도록 유도한 경우) 참조. 또한 용선계약(charterparty)과 유사한 사건으로, 선박저당권(shipping mortgage)과 용선계약(charter) 간의 경합이 문제가 된 *The Myrto* [1977] 2 Lloyds LR 243 판례 참조.

그런데, 제3자는 차주가 다른 당사자와의 사이에 제결한 계약상 담보제공금지 조항이 있는지에 관하여 적극적으로 알아볼 의무까지 있는 것은 아니라는 것이 판례의 입장이다. *Leitch & Co v Leydon* [1931] *AC 90, HL* 판례, *DC Thomson & Co v Deakin* [1952] Ch 646 at 694, CA 판례 참조. 나아가, 형평법의 원리인 의제통지(constructive notice)[7]의 개념은 상거래에는 적용되지 않는다. *Feur Leather Corpn v Frank Johnstone & Sons* [1981] Com LR 251 판례 참조.

최근 판례법은 여기에는 구체적으로 채권침해의 고의가 있어야 한다고 판시한 바 있다.

8-22

　　Mainstream Properties Ltd v Young (2005) EWCA Civ 861 판례의 사실관계는 다음과 같다. 어느 한 회사의 두 명의 이사가 체결한 부동산개발거래에 대하여 제3자가 자금을 조달했다. 회사는, 부동산개발의 기회가 있을 경우 그 기회를 회사를 위하여 이용한 것이 아니라 이사들 자신을 위해서 이용한 것은 이사들이 위 자금조달을 통해 회사의 부동산개발 기회를 빼앗아 간 것으로서 회사와의 사이에 체결한 고용계약을 위반한 것이라고 주장했다. 이사들은 위 제3자에게, 본인들이 위 부동산개발프로젝트에 관여함으로써 해당 회사와의 사이에 어떠한 이해상충 문제도 발생하지 않을 것이라는 점에 관하여 확약을 제공했다. *판결:* 채권침해로 인한 불법행위책임이 성립하려면 채권침해의 고의가 있어야 한다. 즉, 제3자가 궁극적으로 또는 다른 목적을 실현하기 위한 수단으로 채권침해의 고의가 있었다는 점이 증명되어야 한다. 제3자의 행위가 계약상의 권리를 침해하는 것인지에 대해 부주의했던 것만으로는 채권침해로 인한 불법행위책임이 성립한다고 인정할 수 없다. 제3자가 우발적이지 않고 자발적으로 행동했다는 것만으로는 제3자의 고의를 인정할 수는 없다. 제3자는 선의(ignorance)의 항변을 하여, 자신이 왜 그러한 행위를 했는지를 설명하기 위하여 법률의 착오(mistake of law)를 주장할 수 있다. 이 판례에서 법원은 주어진 사실관계를 보건대 제3자가 불법행위를 저지를 고의가 있었다고 보기 어렵다고 판단했는바, 보통 판례에서 불법행위의 입증이 어렵다는 점을 시사하고 있다.

---

7) 역자 주) 영미법에서 의제통지(constructive notice)가 인정되면 실제로 통지(actual notice)를 받았는지 여부에 관계없이 악의로 간주된다. 실제 통지(actual notice)를 못 받았다는 사실을 입증하여도 악의로 간주되기 때문에, 통지로 추정되는 것이 아니라, 통지로 의제되는 것이다. 의제통지(constructive notice) 여부를 판단함에 있어서 당사자의 지위 및 경험 등 여러 가지 요소를 고려한다. 의제통지(constructive notice)로 인정되는 대표적인 예로, 공시송달과 같이 법원 게시판에 게시하거나 신문에 게재하면 의제통지(constructive notice)가 인정되는 경우가 있다. 또한 회사와 관계된 업무를 많이 하는 사람에게는 거래 상대방 회사 정관의 내용에 대하여는 의제통지(constructive notice)가 인정된다. 영국에서는, 우리나라와 달리, 회사 정관(articles of association)을 반드시 등기해야 한다. 영국 회사법(Companies Act 2006) 제18조 제2항. 그러나 회사 내부 이사회 결의에 대해서는 의제통지(constructive notice)가 인정되지 않는다. *Royal British Bank v Turquand* (1856) 6 E&B 327. 전우정, "동산·채권 담보등기제도와 선의취득에 관한 비교법적 고찰 – 영미법을 중심으로", 『민사법학』 제73호, 민사법학회, 2015년 12월, 131~132면.

미국의 *First Wyoming Bank, Casper v Mudge*, 748 P 2d 713 (Wyo 1988) 판례에서, 법원은 담보제공금지 조항 위반 사실을 알면서 차주로부터 담보를 제공받은 은행은 채권침해로 인한 불법행위책임을 부담한다고 판시한 바 있다.

제3자에 대한 채권침해로 인한 불법행위책임 청구는, 제3자에게 제공된 담보권이 무효가 되는 것은 아니고, 단지 무담보채권인 손해배상청구권으로 구성할 수 있다.

다만, 미국 캘리포니아의 *Coast Bank v Minterhout*, 61 Cal 2d 311, 292 P 2d 265, 38 Cal Rptr 505 (1964) 판례에서 담보제공금지 조항에 위반하여 제3자에게 제공된 담보에 대하여 은행에게 유치권(lien)이 인정된 바 있다. 영국에서는 이러한 판결을 기대하기 어려울 것이다.

Re Associated Gas and Electric Co, 61 F Supp 11 (SDNY 1944), affirmed 149 F 2d 996 (2d Cir 1045), cert denied 326 US 736 (1945) 판례에서 모회사의 회생절차 (reorganisation)에서 대부분의 자산이 신설 자회사에게 이전되었다. 자회사는 즉시 위 자산을 기초자산으로 하여 회사채를 발행했다. *판결*: 이는 실질적으로 자회사의 회사채 보유자에게 모회사의 자산이 담보로 제공한 것에 상응한다고 볼 수 있는바, 모회사의 담보제공금지 조항 위반에 해당한다. 또한 *Kelly v Hanover Bank*, 11 F Supp 497 (SDNY 1935), reversed 85 F 2d 61 (2d Cir 1936) 판례 참조.

8-23   **자동담보제공 조항**(automatic security clause)   차주가 담보제공금지 조항을 위반하여 제3자에게 담보를 제공할 경우, 그 해당 담보물에 대하여 동순위로 안분비례하여 기존의 대주에게도 *자동으로(automatically)* 담보권이 설정된다고 규정하는 경우도 있다. 제3자에게 제공된 담보물에 *상응하는* 자산(equitable assets)에 상응하는 담보권 (matching security)이 설정된다고 규정한 자동담보 조항이 있는 경우, 영국법상 구체적으로 특정될 수 없는 자산에 대하여 담보권을 설정할 수는 없는 것이므로 은행은 담보권을 주장할 수 없다. 그 밖에도 자동담보 조항(automatic security clause)의 실효성에 관하여 다음과 같은 문제점이 있다.

- 法域(jurisdiction)에 따라서는, 담보물이 설정 시에 특정되지 않는 **장래자산** (future)이기 때문에 담보설정이 인정되지 않기도 한다. 영국은 계약체결시점에는 담보물이 특정되지(identified) 않았더라도 담보설정 시점에 특정 가능한 이상

자동담보 조항의 유효성을 인정하고 있다. *Tailby v Official Receiver* (1888) 13 AC 523 판례, *Holroyd v Marshall* [1862] HL Cas 191 판례 참조. 그 밖에 프랑스 등 대륙법계 국가에서는 보통 계약체결시점에도 담보물이 특정되어야 한다고 하여 자동담보 조항의 효력이 인정되지 않는 편이다. 단락 16-23 참조.

- 제3자가 **통지**(notice)를 받지 못한 경우 영향을 받지 않을 수 있다. 즉, 선의의 제3자에 대하여는 대항하지 못하는바, 자동담보 조항에 관하여 선의인 제3자가 선순위 담보권을 설정 받은 경우, 기존의 대주가 자동으로 취득하는 담보권은 후순위라고 보아야 할 것인지가 문제된다.

- 담보권이, 설정 계약의 공증 등 다른 法域에서의 담보제공에 필요한 **형식적 요건**(formalities)을 충족하지 않아서 담보제공이 성립하지 않을 가능성도 있다. 어떤 法域에서는 저당권자가 서류상 특정되어 있어야 한다거나, 피담보채권의 상한액, 채권최고액이 명시적으로 기재되어 있어야 한다거나, 외화에 대한 담보권 설정이 금지되어 있는 등의 형식적 요건 때문이다.

- 채권자의 점유(possession), 지배(control), 등기(filing) 등에 관한 **공시**(publicity)가 제대로 되지 아니하여 담보권이 성립하지 않을 수 있다.

- 영미법에서는 회생절차나 파산절차에서 채무자의 의심기간(suspect period) 중 담보를 설정(기존 채무에 대하여 담보를 설정)하면, 도산 **편파행위**(preference)로서 否認될 수 있는데, 자동담보 조항에 따라 자동담보가 해당 기간 중에 설정된 경우에는 우선순위에서 밀려날 수 있다. *Re Eric Holmes* [1965] Ch 1052 판례에서, 법원은 요청이 있으면 담보를 제공하기로 한 사전 약정이 있었다고 하여 해당 담보가 우선권이 있다고 인정될 수 없다고 판단했다. 다수의 法域에서 채무자가 도산하기 전에 의심기간(suspect period) 동안이니 도산상태에서는 기존의 채무에 대한 담보의 설정을 잘 인정하지 않는 편이다.

한편, 이 조항의 장점은, 담보를 제공한다는 특정이행의 합의가 법원의 재량으로 인정될 수 있기 때문에, 차주가 담보제공금지 조항(negative pledge)을 위반한 경우에 대주의 보호를 도모할 수 있는 가능성이 있다는 것이다.

미국에서는 다른 채권자와 동일한 담보설정을 한다는 적극적 확약(affirmative covenant)은 특정 상황에 관련된 자산에 형평법상의 유치권(equitable lien)을 발생시킨다는 판례도 있다.

　　Commercial Co v New York NH & HRR Co, 94 Conn 13, 107 A 646 (1919) 판례
에서 철도회사가 발행한 회사채(bonds)에는, 발행회사가 발행 당시 소유하고 있는 자산에
대하여 이후에 저당권을 설정하는 경우에 사채권자는 저당권에 대하여 저당권자와 동등
한 권리를 행사할 수 있다는 확약(covenant)이 포함되어 있었다. *판결*: 사채권자
(bondholders)에게 담보권을 공유하는 것을 인정하지 않고 다른 채권자에게 유효한 저당
권을 설정할 수 없다. 다수의견은 나아가 사채(bonds)가 사채발행 당시 회사가 소유하고
있던 자산에 대하여 형평법상 유치권(equitable lien)을 설정했다고 판단했다. 그 확약
(covenant)은 적극적인 확약이며, 구체적이고 특정가능한 자산에 관한 확약이라고 판단
했다.

　　Kaplan v Chase National Bank, 156 Misc 471, 281 NYS 825 판례에서, 회사는, 그
자회사의 주식에 유치권(lien)이나 질권(pledge)을 설정하기 위해서는, 반드시 그 회사의
社債券(debentures)상의 채권자에 대하여도 비례하여 담보를 제공해야 한다는 확약
(covenant)을 했다. 은행은 담보로 주식(stock)을 교부받고 회사에게 대출을 공여했다. 그
런데 그 회사의 社債券(debentures)상의 채권자에 대하여는 비례적으로 담보가 제공되지
않았다. *판결*: 은행은 社債券(debentures)상의 채권자에게도 담보 설정이 된 것으로 담보
물을 취급하지 않으면 안 된다. 그런데 이 사건은 은행이 그 확약의 존재를 알고 있으면
서 이해상충 행위를 한 경우였다.

채권자 동등대우(pari passu) 조항

8-24　　채권자 동등대우 조항은 다음과 같이 규정한다.

〈국문 예시〉 **대출계약에 근거한 차주의 채무는 차주의 다른 모든 무담보
채무와 동순위의 것이다.**
〈영문 예시〉 **The borrower's obligations under the loan agreement will rank pari
passu with all its other unsecured liabilities.**

이는 법적 지위를 확인한다는 데 불과하다는 점에서 진술과 보장의 형태로 규정
하는 것이 일반적이나, 확약의 형태로 규성뇌기도 한다.
채권자 동등대우 조항은 채권자들이 변제에 관하여 경쟁대열에 있는 경우 채무

의 순위를 강제적으로 배정하는 데 의의가 있다. 차주가 도산 이후 차별 없이 안분비례하여 채무를 변제하겠다는 약속은 아니다. 즉, 채권자들에게 법적으로 동등한 지위가 있음을 확인하는 것일 뿐, 실제로 동등하게 변제 내지 대우를 하겠다는 것은 아니다. 동등대우 조항에 의하면, 차주가 실제 지급불능이 된 이후에는 거래채무(trade debt), 우유 대금(milk bill) 등을 포함한 모든 채무를 안분비례하여 변제해야 하는 것인데 이는 현실적으로 불가능할 뿐만 아니라 바람직하지도 않다.

이에 따라 채권자 동등대우 조항은 기업대출의 경우에는 원칙과 달리 해석된다. 다만, 정부당국의 경우에는 원칙대로 해석한다. 정부 당국에 대하여 법적으로 도산절차를 진행할 수는 없으나, 정부당국도 변제기가 도래한 (보통 외화) 채무를 변제하지 못하는 경우를 상정할 수 있다. 즉, 동등대우 조항의 요지는, 일정 채무를 다른 채무에 비해 후순위로 만드는 법령 또는 헌법 기타 법령상 근거가 없어야 한다는 것이다. 요즘에는 찾아보기는 어렵지만, 과거에는 정부 당국이 법령(decree)으로써 특정한 수입(revenues)을 대출의 변제에 충당하도록 한 경우가 종종 있었는데, 이러한 역사적 맥락에서 동등대우 조항을 이해할 수 있을 것이다. 이 조항은 정부의 맥락에서는 별로 효과가 없고, 판에 박힌 문구와 같은 것이다.

8-25

Kensington International Ltd v Republic of the Congo (April 16, 2003, unreported) QBD, approved by the Court of Appeal at [2003] EWCA Civ 709 판례에서, 채무상환 불이행(default)된 콩고 정부에 대한 은행의 대출채권을 헤지펀드가 매입했다. 이 헤지펀드는 채권자 동등대우(pari passu) 조항을 근거로 콩고 정부에 다른 채권자에게 지급하는 것을 금지하려고 했다. 법원은 동등대우 조항이 의미하는 바에도 불구하고 금지 청구를 인정할지 여부에 대해서 재량권을 가지며, 본 건에서는 동등대우 조항 위반을 이유로 지급금지청구를 인정할 수 없다고 판단했다. 법원은 동등대우 조항의 의미에 대해서는 판단하지 않았다. 하급심은 보다 넓은 해석을 취한 *Red Mountain v The Democratic Republic of Congo* (May 30, 2001) US District Court, Central District of California 캘리포니아의 판례를 그다지 중요시하지 않았던 것 같다. 이 소송에서 다른 채권자 측은 소송참가를 하지 않았다(the other side was not represented).

Republic of Nicaragua v LNC Investments LLC and Euroclear Bank SA (September 11, 2003) 판례에서 펀드는 원채권자인 은행들로부터 채무상환 불이행 된 니카라과 공화국에 대한 채권(defaulted Nicaraguan debt)을 매입했는데, 해당 채권은 미국 뉴욕주법을

준거법으로 했다. 펀드는, 유로클리어(Euroclear)에 보관 중인 니카라과 공화국의 자산을 압류하는 대신에, 해당 채권과는 무관한, 유로클리어에 보관 중인 니카라과 공화국 국채 (bonds)의 이자에 대한 지급금지 명령을 브뤼셀 상사법원에 신청했다. 니카라과 공화국이 기존 대출계약으로 주권면제(sovereign immunity)를 포기하고 있었지만, EU의 1998년 결제완결성지침(EU Settlement Finality Directive 1998)을 수용한 벨기에 법령상 판결확정 채권자(judgment creditor)가 유로클리어에 보관된 자산을 압류할 수 없기 때문에 해당 자산을 압류할 수는 없었다. 펀드는 법원에 대하여 니카라과 공화국이 유로클리어에 보관된 국채에 대한 이자를 지급한 것이, 수년 전에 펀드가 매입한, 기한의 이익을 상실한 채권상 동등대우 조항을 위반한 경우에 해당하지 여부를 제3자 전문가를 선임하여 확인해 달라고 요청했다. *판결*: 제3자는 계약당사자의 계약상 채무불이행을 부당하게 지원한 데 대하여 책임을 부담할 수 있다. 그러나 유로클리어에 수년 전에 문제된 국채가 등록되었을 당시에는 동등대우 조항 위반사실이 없었으며, 유로클리어로서는, 니카라과 공화국이 국채에 대한 이자를 지급하면서, 펀드에게 안분 비례하여 채무를 변제할 것인지에 관하여 알 수 없었으므로, 유로클리어는 니카라과 공화국의 동등대우 조항의 위반에 공조했다고 볼 수 없다. 즉, 유로클리어가 고의로 동등대우 조항의 위반을 조장한 것이 아니다. 또한 제3자는 다른 자들 사이에 체결된 계약의 의무이행에 대한 보증인이 아닌바, 다른 자들이 계약상 의무이행을 제대로 하고 있는지 확인할 의무가 없다. 이러한 이유로 펀드에게는 신청한 구제수단이 인정되지 않았다. 법원이 동등대우 조항의 의미에 관하여는 언급하지 않았다는 점에 주의할 필요가 있다.

Nacional Financiera SNC v Chase Manhattan Bank NA, 2003 WL 1878415 (SDNY April 14, 2003) 판례에서, 체이스(Chase) 은행의 고객인 멕시코 기업 Tribasa의 Nafin에 대한 변제를 체이스 은행이 잘못된 계좌로 송금한 것에 대해 Nafin이 체이스 은행을 상대로 소송을 제기했다. 승소 판결을 받은 사채권자들(noteholder judgment creditors)은 디폴트(default)된 Tribasa의 사채(notes)를 보유하고 있었으며 다음과 같이 주장하면서 잘못 송금된 자금의 분배를 요구했다. 사채권자들은, Tribasa가 자신들의 사채가 디폴트 (default)된 이후에 Nafin에게 단기사채(short-term notes)를 발행하고 그 단기사채를 상환했으며 담보까지 제공한 것은 채권자 동등대우(pari passu) 조항의 위반이라고 주장했다. *판결*: 사채권자들(noteholders)은 잘못 송금된 자금의 분배를 요구할 수 없다. 채권자 동등대우(pari passu) 조항은, 파산절차에서 사채권자들(noteholders)이 파산재단 중에 담보권이 부착되어 있지 않은 자산에서 채권액에 비례하여 배당을 받는다는 취지이다. Nafin은 자신이 변제를 받는 데 있어서 다른 사채권자들(noteholders)이 같은 지급을 받는 것을 보

증할 의무를 지고 있지 않다. 다만, 사채권자들(noteholders)은 지급금지 명령을 받아서 그 금지명령의 존재를 알고 있는 채권자에 대한 편파적 지급(preferential payments)을 금지할 수는 있었을 것이다.

다수의 法域에서 파산절차상, 은행예금자의 예금채권, 보험계약자의 보험금채권, 그 밖에 (거의 항상) 우선변제권이 인정되는 조세채권, 임금채권, 파산절차비용 등 일정한 채권들은, 통상적인 무담보 채권에 우선한다. 또한 몇몇 法域에서는 회생절차에서 기업 회생을 위한 신규 대출채권에 최우선순위가 인정되기도 한다. 예를 들어, 미국 1978년 도산법(Bankruptcy Code of 1978) Chapter 11, 프랑스 도산법(redressemeent judiciare). 도산 시 우선순위에 관하여는 단락 5-02 참조. 8-26

확약(covenant)은 통상적으로 회사에 적용되는 법률에 의하여 강제적으로 우선권이 인정되는 채권에 대하여는 일반적으로 예외를 정한다. 이에 따라 파산절차에서 우선순위 채권자들의 분류작업이 용이해지기는 하나, 실질적으로 법정 우선순위에 구속된다는 점에서 동등대우 조항의 효력은 약화된다. 이러한 예외 규정이 자주 있는 것은 동등대우 조항이 얼마나 중시되지 않는지를 보여준다.

즉, 동등대우 조항은 무담보 채권 사이에서만 적용된다. 동등대우 조항이 담보부 채권을 포함한 차주의 모든 채권에 적용된다고 하는 경우, 해당 동등대우 조항은 숨겨진 담보제공금지 조항(concealed negative pledge)이라고 보아야 한다. 무담보 채권에 담보를 제공했을 경우에도, 무담보 채권들의 동등한 순위를 요구하고 있는 동등대우 조항에 위반은 되지 않는다고 생각된다. 이것은 담보제공금지 조항으로 해결해야 할 것이다.

동등대우 조항은 파산절차에서 배당순위 등 법정 순위를 바꿀 수는 없다. 동등대우 조항 위반에 대한 구제수단은 채무불이행 사유(event of default)가 되는 것에 한정된다. 만약 차주가 이미 파산절차 진행 중인 경우에는, 이미 너무 늦어서 위 구제수단은 실익이 없다.

처분의 제한(restrictions on disposals)

처분제한 조항은 다음과 같이 규정된다. 8-27

〈국문 예시〉 차주가 자신의 자산의 전부 또는 상당한 부분을 (일회의 거래인가 일련의 거래인가, 관련된 것인가 아닌가를 불문하고) 임의로 처분하여서는 안 된다. (또한 자회사도 그 자산에 대하여 처분하지 않도록 해야 한다.) 〈영문 예시〉 **The borrower will not (and will procure that each of its subsidiaries will not) dispose of all or a substantial part of its respective assets (by one or a series of transactions, related or not).**

이 조항의 목적은 다음과 같다.

- 차주에 의한 **자산탈취**(asset-stripping)를 방지한다(특히 기업인수 시). 예를 들어, 차주가 외상으로 관계회사(associated company)에게 자산을 매각하는 경우에 실제로 생산성이 높은 차주의 자산이 가치가 없는 회사에 대한 채권(claim)으로 전환될 수가 있는데 이러한 것을 방지한다.

- 차주의 임의적 **업종변경**을 방지한다.

- 차주가 재무적으로 위기 상황에 있는 경우에 차주가 자산을 **대규모로 처분**(large-scale disposals)하고 이로써 다른 긴급한 채권자(other pressing creditors)에게 변제하여 채권자 간의 평등을 저해하는 것을 방지한다.

- 매각 후 재임차(sale and lease-back), 금전채권 팩토링(factoring of receivables) 등 준(準)담보적인 소유권이전형 금융(quasi-seuciry title finance) 수단을 통한 대규모 **담보제공금지 조항**(negative pledge)**의 우회행위**를 방지한다. 단락 8-13 참조.

그룹 **내부계열사 간 처분**(intra-group disposal)과 관련하여, 차주의 자회사에게 자산을 처분하는 경우 은행의 권리는 자회사의 권리에 후순위로 밀려나게 된다. 차주의 자산이 여전히 그룹 내에 남아 있더라도 은행의 채권은 자회사에 대한 채권이 아니라 모회사에 대한 채권이기 때문이다. 따라서 어떤 조항은 차주와 자회사 간의 거래에 관하여 엄격한 제한을 가하기도 한다.

8-28   처분제한 조항 소정의 "상당한"("substantial")의 정도와 관련하여, 누적 처분비율이 10~15%에 이르면 상당하다고 볼 수 있다. *Commercial Union Assurance Co Ltd v Tickler Ltd*, March 4, 1959 판결(미공개) 참조.

처분제한은 단순매각 이외에도 차주를 임차인으로 **임대**(leasing)하거나 라이선스를 주는 행위까지 확장될 수 있다. 임대도 처분과 마찬가지로 자산을 채권자의 손이 닿지 않는 곳에 두게 되기 때문이다. 예를 들어, 거액의 프리미엄을 받고 1000년간 토지 및 건물을 임대하는 것은 경제적으로 매각과 같은 효과가 된다.

처분 제한은 강제적인 인수, 경쟁당국(competition authorities)의 명령에 따른 강제적인 자산 처분에도 적용될 수 있다.

적용 제외(exclusions)[8]   다음과 같은 일정한 행위는 처분 제한의 예외로 하기도   8-29
한다.

- 다수 은행(majority bank)이 동의한 담보제공: 이러한 동의에는 "불합리하게 거절당하지 않는다"("not to be unreasonably withheld")라는 수식이 붙지만, 일반적으로 은행들은 이것이 너무 불명확하다며 저항한다.

- 통상적인 영업활동에 수반되는 처분행위(예: 물품매매, 리스, 운용리스).

- 처분과 동시에 적정가격의 대가(arms-length consideration)를 현금으로 지급받을 수 있는 처분. 다음과 같은 경우에는 이 조항이 형해화 될 수 있다: 기업인수에서 인수인이, 차주가 자산을 처분하면서 현금을 받는데, 그 매각대금을 다시 인수인에게 대여해 주도록 하는 경우, 차주의 자산이 가치가 없는 회사에 대한 채권(claim)으로 전환될 수 있다.

- 그룹 내부계열사 간 처분(intra-group disposal): 다만 차주와 그 계열회사는 서   8-30
로 다른 법인격이므로 채권자 입장에서는 차주의 충당재산이 없어진다는 점에 주의할 필요가 있다.

- 투자 목적으로 취득한 상장된 증권(listed securities)의 처분.

- 더 이상 쓸모가 없는 자산의 처분(대체물을 고려함).

- 그에 상응하는 자산으로 즉시 교체되는 자산의 처분.

- 누적적 처분비율을 유지하기 위한 정기적인(예: 매 2년마다) 처분행위(whitewash).

---

8) 역자 주) 모든 처분행위를 일괄하여 제한하는 경우 차주가 영업활동을 하는 데 지나친 제약이 발생할 수 있기 때문에 적용 제외 규정을 두고 있다.

- 대주에게 대출원리금을 변제하기 위한 처분행위.

- 통상적인 임대차 및 운용리스.

- 합계액 또는 1년간의 금액이 일정액 면책기준 또는 자산이나 수입의 일정 비율 면책기준까지의 처분: 다만, 사업에 중대한 변경이 없어야 한다는 요건이 부가될 수도 있다.

재무적 확약(financial covenants)

8-31   판단기준이 모호한 차주의 "중대한 부정적인 변경"("material adverse change")에 비하여, 비교적 객관화된 수치로 평가 가능한 재무적 기준(financial test)은 채무불이행 내지 기한이익 상실사유 발생 여부 판단에 더 정확한 기준점이 된다. 재무적 기준은 차주의 유동성(liquidity), 지급능력(solvency), 자본적정성(capital adequacy) 등에 대하여 다각도로 평가가 이루어진다.

재무적 기준과 관련하여 다음과 같은 여러 문제점이 제기된다. 재무적 기준이 계속적으로 수시로 적용된다고(rolling) 보아야 할 것인가? 아니면 감사된 최근 회계장부를 기준으로(18개월 이상 전의 자료일 수도 있다) 특정 시점에 대하여만 적용된다거나, 분기적으로 (감사되지 아니한) 회사 내부회계장부에 대하여 적용된다고 보아야 할 것인가? 주기적으로 감사(auditors)의 준수확인서(certificates of compliance)를 발급받아야 한다고 할 것인지, 만일 확인서 발급을 의무화하는 경우 감사로서는 확인을 할 의향이 있을지? 재무적 기준은 주로 연결재무제표를 기준으로 이루어진다.

재무제표는 보통 계속기업가치를 기준으로 준비된다. 파산(liquidation) 시 처분가치(realizable value)는 급락한다. 이것이 재무적 기준의 약점이다.

8-32   국가별로 회계기준이 상이하므로, 보통 일반회계기준(GAAP: Generally Accepted Accounting Principles) 중 영국 회계기준(UK-GAAP)이나 미국 회계기준(US-GAAP) 등 일정 회계기준을 골라 재무적 기준(tests)으로 삼는 것이 이상적이다. 이러한 기준은 모순 없이(consistently) 적용되어야 하며, 괴리(inconsistencies)는 수정되어야 한다. 수시로 변하는("rolling") GAAP를 그대로 적용하기로 하는 경우 차주의 부담이 가중될 수 있다. (회계원칙은 점점 더 엄격해지는 경향이 있다.) 계약 체결 시 일정 시점 현재 GAAP를 고정적으로 적용하기로 하는 경우 차주는 해낭 GAAP에 따른 회계장부와 최근 GAAP에 따른 회계장부를 별도로 관리할 번거로움을 부담하게 된다. 일정 시

점 현재 GAAP(frozen GAAP)를 고정적으로 적용하는 것이 일반적이나, 향후 GAAP 변경 내용을 반영하여 확약(covenants)을 개정하는 절차를 별도로 마련하기도 한다. 이러한 경우, 이와 관련하여 분쟁 발생 시 감사(auditors)로 하여금 결정하도록 하는 것이 일반적이다. 다수 은행(majority bank)의 최종 승인을 요건으로 하는 경우도 있고 요건으로 하지 않는 경우도 있다. 확약(covenants) 그 자체에 GAAP의 수정을 포함할 수도 있다.

재무적 기준의 평가 요소는 다음과 같다.

최소 순자산(minimum net worth)   이 조항은 다음과 같은 것이다.   8-33

> 〈국문 예시〉 **연결 유형 순자산액은 X 이하여서는 안 된다.**
> 〈영문 예시〉 **Consolidated tangible net worth will not be less than x.**

유형 순자산(tangible net worth)[9]이란, 최근 대차대조표상의 납입자본금(paid-up share capital)(후순위 대출(subordinated loans)을 합산하는 경우도 있다) 및 준비금의 총액(consolidated reserves)을 합한 총액에서, 영업권[10]과 같은 무형자산, 소수주주의 지분,[11] 누적손실, 자산재평가(revaluations), 이연세금(deferred tax)을 공제한 순수 자기자본을 말한다.

청산(break-up) 시 현금화할 수 없는 자산이나 가치가 의심스러운 자산의 액수를 공제하는 것이 목적 중에 하나이다.

이 기준은 지급능력(solvency)을 평가한다. 연구개발 및 영업권 등 무형자산은 파산 시 가치가 없기 때문에 제외한다. 다만 비유동자산의 경우에는 독립된 전문기관의 평가에 의하는 경우 가치를 재평가할 수 있다. 가치가 경영진에 의하여 낙관적으로 상향 평기될 우려 때문에, 가치의 재평가는 보통 인정되지 않는 편이다. 자회사에 대한 소수지분은, 해당 자회사 파산 시 그 배당은 외부의 소수주주에게로 빠져나가기 때문에 포함되지 않는다. 자산을 매각하면서 이를 다른 자산으로 대체

---

9) 역자 주) 유형 순자산(Tangible Net Worth)은 총자본에서 총부채를 뺀 금액에서 무형자산을 뺀 것이다. (유형 순자산) = (총자본) - (총부채) - (무형자산)

10) 역자 주) 영업권(good will) 등은 기업 청산 시 아무런 가치가 없는 경우가 보통이기 때문에 무형자산으로 본다.

11) 역자 주) 총자본은 그 기업에 투자한 주주의 실질적인 재산을 기준으로 비(非)지배지분 자본을 제한 지배지분 자본만으로 하기도 한다.

하면서 발생한 자본소득(예: 주식-주식 교환) 등에 대한 이연세금의 경우 실제 대체자산이 매각될 때까지 납부의무가 발생하는 것은 아니지만 잠재채무이기 때문에 공제된다. 다만, 회사가 재평가된 자산의 매각 시 세금을 납입하는 경우에는, 이연세금에 대하여도 재평가가 이루어질 수 있다. 배당 선언이 된 배당금(declared dividends)은 이미 결의된 배당금이므로 회사의 자산에 포함되지 아니하여 제외한다.

각 용어의 정의는, 발행된 주식 수의 변경이나 소수지분의 변화 등 대차대조표 작성 후의 사정도 고려할 수 있도록 조정 가능하다.

8-34 **레버리지 비율**(leverage ratio)   이 조항은 요약하면 다음과 같은 것이다.

〈국문 예시〉 **연결 총부채가 유형 순자산 대비 X 퍼센트를 넘어서는 안 된다.**
〈영문 예시〉 **Total consolidated indebtedness will not exceed x per cent of tangible net worth.**

실무상 가장 많이 활용되는 재무적 기준 중 하나다. (경우에 따라 다소 변형되기도 한다.) 레버리지 비율은 그룹 전체의 지급능력(solvency) 판단지표다. 정해진 그룹의 부채(주로 대출채무)는 일정 수준 이상으로 유형자산(tangible assets)을 초과하여서는 안 된다. 그 기준은 사업의 종류에 따라 정해진다.

유형 순자산(tangible net worth)은 위 최소 순자산(minimum net worth)을 규정한 앞서의 조항과 동일하게 정의된다. 부채는 주로 차입(borrowings)과 그 유사한 채무(회사가 자산을 매입하면서 선급금을 지급하고 나머지 매입대금은 금융으로 조달하고자 하는 경우, 금융리스나 매각 후 재임차(sale and lease-back) 부분을 자산계상하고자 하는 경우 등)에 한정된다. 이러한 채무에 대한 보증(guarantees)과 그 유사한 것도 포함된다. 거래채무(trade debt)는 포함하지 않는 것이 일반적이다. 주된 것은 차입금(borrowings)으로, 이에는 당좌대월(overdraft), 회사채(bond), 대출어음(loan notes) 등 채무증권(debt securities)의 잔여원리금 및 상환 프리미엄(premium payable) 등을 포함한다.

8-35 **이자비용 대비 영업이익률**(earnings to interest ratio): **EBITDA**[12]   이 조항은 다음과 같

---

12) 역자 주) "EBITDA"는 이자(interest), 세금(tax), 감가상각비용(depreciation & amortization)을 제하기 전의 이익(earning)을 말한다. 이자비용에는 이자 이외에도, 우선주 및 강제상환주에 대한 배당금 등 정기금융비용이 포함된다.

은 것이다.

〈국문 예시〉 금융비용(전체 확정액)에 대한 연결 EBITDA (이자, 세금, 감가상각 및 균등상각 차감 전의 순이익) 비율은 지난 12개월간 또는 향후 12개월간 예상치가 X: 1 이하가 되면 안 된다.

〈영문 예시〉 **The ratio of consolidated EBITDA (net profits before interest, tax, depreciation and amortisation) to finance costs (total fixed charges) for the last or forecast for the next 12 months will not be less than x: 1.**

EBITDA는 차주의 순영업이익이 차주의 부채에 대한 이자를 충분히 지급할 수 있는지를 평가하고, 그 변제능력을 위협할 정도의 과도한 부채의 발생을 제한하는 가장 흔한 평가방법이다. 지급능력을 해할 수 있는 그룹 차원의 부채의 과다 발생을 제한한다. 대출원리금을 변제하기 위한 잉여현금(free cash)을 확보하는 한편 (차주에 대하여 자회사의 보증이 없는 경우에는) 자회사로부터의 배당금이나 대출을 통하여 차주인 모회사에게 자금이 충분히 흐르는 것을 확실히 하는 것도 그 목적 중 하나다.

이익(earnings)의 정의   EBITDA 소정의 이익이라 함은 비용, 고정자산 처분이익(매출이 아니라 자산이므로 공제함), 기타 일시적인 수익 내지 손실(통상적인 영업이익의 지표로 사용하기에 적절하지 않으므로 공제함), 인수회사의 인수 전 이익(해당 인수회사가 차주와 별개의 법인격이던 때를 기준으로 하므로 공제함)을 공제한 순영업이익을 말한다. 즉, 이를 통해 그룹 전체의 수익성을 판단하고자 하는 것인데, 여기서 이자 지급능력을 검토하려면, 이익(earnings)에서 이자비용(interest expenses), 세금, 그 밖에 기타 감가상각비용(depreciation, amortization) 등 비현금 발생비용(non-cash charges)(재무제표에서 순이익에서 통상적으로 공제되기 때문에 공제함)을 공제하면 된다. 국제회계기준(IFRS: International Financial Reporting Standards)에는 감가상각비용 이외에 손상차손(impairment loss)도 고려한다.

8-36

이 확약(covenant)이, 순이익(net earnings), 즉 특별하거나 예외적인 손익분만을 조정한 순이익(net profits)을 기초로 하는 경우도 있다. 이자 및 세전 영업이익(EBIT: Earnings before Interest and Tax)에 근거하는 경우도 있다.

일반적으로 순이익의 정의는 매우 상세하게 규정한다.

8-37   **금융비용**(finance costs)   금융비용에는, 연결총부채(total consolidated debt)에 대한 이자, 정기적 수수료, 그 외의 정기적인 비용 (자산계상 여부를 불문하고) 등이 포함된다. 연결총부채는 앞서 설명한 레버리지 비율에서와 같이 정의된다. 자본리스(capital lease) 채무의 이자 상당비용 및 우선주(preference shares)나 강제상환가능주(mandatorily redeemable shares)에 배당해야 하는 배당금 상당비용이 포함된다. 채무증권 발행비용의 할부상환(amortisation), 할인발행차금, 비현금 이자 지급비용도 포함된다. 금리는 통상 순(純)금리(net interest)이다. 즉, 이자비용은 보통 그룹에서 지급받는 이자수익을 공제한 순이자비용을 일컫는다. 많은 경우 다른 조정 항목도 있다.

8-38   **영업이익에 대한 부채비율**(debt to earnings ratio)   이 조항은 다음과 같은 것이다.

〈국문 예시〉 **연결 부채총액은 연결 상각 전 영업이익의 X 배수 이상이 되어서는 안 된다.**
〈영문 예시〉 **Consolidated net debt will not be more than x times consolidated EBITDA.**

이 조항의 목적도 지급능력(insolvency)을 위협하는 과도한 채무 부담을 제한하는 것이다. EBITDA와 연결부채(consolidated debt)의 정의는 전술한 바와 같다.

8-39   **배당 제한**(dividend restriction)   이 조항은 다음과 같은 것이다.

〈국문 예시〉 **주식과 후순위채에 대한 배당지급과 변제는, 연결기준으로, 특별항목의 지출을 공제한 후의, 세후 순이익의 일정 퍼센트를 초과하지 못한다.**
〈영문 예시〉 **Dividends and distributions on shares and subordinated debt will be limited to a percentage of consolidated net after-tax profits after deduction of extraordinary items and minorities.**

목적은 채권자가 주주보다 우선적으로 변제받는 것을 보장하는 것이다. 통상 상장회사의 배당 정책에 제한을 두는 것은 부적절하다. 따라서 이러한 "배당 제한"("dividend-stopper")은 비상장회사에 대한 대출이나, 인수자금 조달을 위하여 설립된 SPV 성격의 특수목적지주회사(special purpose holding companies)가 발행하는 고

수익증권에서 찾아볼 수 있다.

유동성 기준(liquidity tests) 유동성 기준은 차주가 채무를 변제하기 위하여 충분한 8-40
현금 또는 현금성 자산을 확보하도록 하기 위한 것이다. 운전자본(working capital)(유
동자산(current assets)에서 유동부채(current liabilities)를 뺀 것)이 일정액 이상이어야 한
다는 점, 유동부채 대비 유동자산의 비율, 유동부채 대비 즉시 처분 가능한 유동자
산(예를 들어, 현금, 일시적 투자상품, 금전채권 포함. 단, 선급금(prepayments), 재고
(inventory)는 제외)의 비율 등이다.

기타 확약(other covenants)

이외에도 다양한 확약(covenants)이 있을 수 있다. 예를 들어, 합병(mergers or 8-41
amalgamation) 금지; 같은 차주의 다른 대출에 대하여 제3자의 보증 금지; 사업에 관
한 라이선스 및 인·허가 유지; 그룹 전체의 중요한 사업의 변경 금지; 법적 지위
(status)의 유지 등이다.

더 상세한 내용: LPIF 시리즈 제3권 제5장.

질문 및 세미나 주제는, 제9장 마지막 부분 참조.

제 9 장

신디케이티드 은행대출 III

채무불이행 사유(events of default)

채무불이행의 효과

9-01   채무불이행이 발생하면 여신계약상에 명기된 조건에 따라 통상 다음과 같은 네 가지의 주요한 효과가 발생한다.

- 은행은 대출잔액에 대하여 기한이익을 상실시킬 수 있다.

- 은행은 약정에 따른 이후의 추가대출을 해지할 수 있다.

- 은행은 "대출금인출 선행조건"("conditions precedent") 조항에 따라 추가 대출 실행을 중단할 수 있다. 예를 들어, 확약(covenant) 위반이 발생했지만, 유예기간 (grace period)이 아직 경과하지 않은 경우에도, 채무불이행 사유의 발생만으로 대출 실행 중단이 가능해지도록 규정한다. 단락 7-22 참조

- 차주의 다른 대출계약 위반도 (본 건 대출계약의) 크로스 디폴트(cross-default) 조항에 따라 채무불이행에 해당한다.

채무불이행 선언은 최후수단이며 통상적으로 단시간 내에 치주의 파국을 초래하

다. (크로스 디폴트 조항; 회사가 부당한 거래 또는 사기적 거래(wrongful or fraudulent trading)를 이유로 변제기가 도래한 대출을 상환하지 못하는 경우, 이사는 도산법상의 개인적 책임 때문에, 거래를 중단해야 한다.) 대부분의 신용공여 기관들은 지체 없이 채무불이행 조치를 취한다. 은행이 채무불이행을 선언할 수 있는 상태에 있으면, 채무자에게 제재(sanction)를 줄 수 있고, 채권에 대해 채권자 간에 협의하고 "의결"("vote") 할 수 있으며, 상황이 절망적이지 않을 경우 구조조정 협상에서 은행이 강한 발언력을 갖는다.

채무불이행은 특수한 경우 다음과 같은 효과를 갖기도 한다.

- 프로젝트 파이낸스와 같은 SPC(special purpose companies)에 대한 대출의 경우 주주에 대한 배당을 정지하거나 또는 후순위대출채권자에 대한 변제를 금지하는 효과.

- 금리 마진(interest margin)이 증가되거나 또는 은행에게 대출채권의 양도 제한이 해제되는 효과. (이것은 은행이 자유롭게 부실채권전문펀드(specialist distressed debt funds) 등에게 채권을 매각할 수 있도록 하기 위해서다.)

대부분의 경우 이러한 효과는, 완전한 채무불이행 사유가 되기 전에 예를 들어, 유예기간(grace period) 또는 다른 조건이 있어서 아직 차주의 채무불이행이 단지 가능성만 있는 시기에도 발생한다.

지급불능 상태에 빠진 회사의 이사들은 거래를 중단하거나 도산절차를 신청할 의무를 지는 경우가 많다. 이와 같은 결정은 (관련 법령에 따른 것이므로) 대주들의 의사와 무관하다. 이와 같은 거래 중단이나 도산절차 진행은 채권회수에 매우 큰 악영향을 끼치기 때문에 대주는 채무불이행 선언을 주저하게 될 수 있다. 차주는 이를 협상재료로 이용하여 대주에게 대출의 시속이나 부채의 출자전환을 행하게 하여 강제적인 도산절차를 회피하고자 한다. 단락 5-23 참조

채무불이행의 분류

채무불이행은 다음과 같이 세 가지 유형으로 나눌 수 있다. 9-02

- 실제 미상환(actual non-payment),

- 비금전적 의무조항의 위반. 예를 들어 담보제공금지 조항(negative pledge) 위반이나 보장(warranty)조항 위반은 차주의 변제능력을 해칠 수 있다. 우발적이거나 경미한 경우가 아니라면, 이들 위반은 차주의 재정적 어려움 또는 변제의사가 없음을 나타낸다.

- 경고적, 예상적인 것(early warning or anticipatory). 말하자면, 경계경보(warning light)이다. 예를 들어, 차주가 파산(liquidation)절차 중이라면, 은행이 다음 상환기일에 연체가 발생될 때까지 기다릴 것을 강요해서는 안 된다. 대부분의 채무불이행 사유는 이 유형에 해당한다.

주요 채무불이행 사유는 미상환, 확약(covenants) 위반과 같은 조건의 불이행, 진술 및 보장(representation and warranty) 조항 위반, 크로스 디폴트(cross-default), 파산(actual or declared insolvency), 강제집행절차 개시, 지배권 변동, 중대한 부정적인 변경(material adverse change) 등이다. 중대성 판단기준(materiality test)과 유예기간(grace periods)은 협의하여 정할 수 있다.

이 중 몇 가지는 아래에서 상술한다.

크로스 디폴트(cross-default)

9-03   크로스 디폴트는 다음과 같은 경우에 발생한다.

〈국문 예시〉 차주가 다른 금융채무를 기한 내에 변제하지 못하거나, 또는 다른 금융채무의 기한이익을 상실하거나, 또는 다른 대출실행 약정이 해제되거나, 다른 금융채무와 관련하여 채무불이행 사유가 발생했거나 그 발생이 임박했거나, 또는 금융채무에 대한 담보권이 실행될 수 있거나 또는 실행된 경우
〈영문 예시〉 **The borrower fails to pay other financial debt when due, or other financial debt is accelerated, or a commitment to lend other financial debt is cancelled, an event of default or pending event of default occurs in relation to any other financial debt, or collateral security for financial debt becomes enforceable or is enforced.**

크로스 디폴트 조항은 채무불이행의 선행적인 조기경보사유라는 점에서 매우 중요하다. 차주의 다른 대출이 채무불이행 상태에 빠진 경우 머지않아 대주에 대한 대출도 채무불이행 상태에 놓이게 된다. 이 조항을 통해 대주는 기한이익을 상실시켜 차주에 대한 법적 절차와 채무조정을 위한 협상과정에서 참여할 수 있게 된다. 각 대주가 이 조항을 통해 기한이익을 상실시키는 경우 차주는 사업운영을 중단할 수밖에 없게 되므로, 이를 통해 대주는 차주가 변제기 도래 채무를 선별적으로 상환하는 등의 차별적인 행위를 제한할 수 있게 된다. 크로스 디폴트 조항을 통해 모든 대주가 기한이익을 상실시키는 경우 차주는 파산할 수밖에 없어, 실제 이 조항은 각 대주에 대하여 관성효과(inertia effect)를 갖는다. 마치 "모든 이가 누군가에게 의미 있는 사람이라면, 의미 없는 사람은 아무도 없다"라는 오래된 노래의 가사와 같다(Gilbert & Sullivan, The Gondoliers). 이 때문에 채권자는 다른 채권자에게 협상을 미루게 되어 '게으름뱅이 조항'(lazy clause)으로 불리기도 하지만 이는 충분한 설명은 아니다.

크로스 디폴트(cross-default)를 담보물에 확대적용 하는 것은 (차주가 개인적 책임(personal liability)이 없는데 담보를 제공한 경우) — 만약에 실제로 이것이 담보제공금지 조항(negative pledge)하에서 허용된다면 — 담보물 자산의 침식(erosion)을 막기 위한 것이다. 그러나 차주 자신은 채무불이행이 아니다.

어떤 크로스 디폴트 조항은 (특히 정부의 차관(government loans)에서) 채무재조사(rechecking)나 채무재조정(reconstruction)을 위한 조치가 취해지는 경우에도 적용된다. 이것은 통상적인 자본 구조조정(capital reorganization)도 잡을 수 있다. 따라서 "재무적 어려움을 이유로"라고 하는 조건이 붙는다.

명시적 적용제한(express limitations)   차주는 크로스 디폴트 조항의 적용에 대하여 다음과 같은 제한을 두려고 한다.   9-04

- 크로스 디폴트 조항이 적용되는 금전채권(debt)을 차입(borrowings) 및 차입에 대한 보증채무로 한정할 수 있다. ① 어음인수, ② 기업인수에서 주식을 대신해서 발행된 전환사채(loan stock) 등과 같은 이연된 매각대가, ③ 금융리스, ④ 할부매매, ⑤ 레포(sale and repurchase), ⑥ 매각 후 재임차(sale and lease-back), ⑦ 팩토링은 일반적으로 제외된다. 이러한 거래에 관련된 판례가 다수 있다. 통상 대출과 보증채무가 먼저 채무불이행이 되기 때문에, 이들 거래를 제외하더라도

큰 영향은 없다. 그러나 실무상 많은 크로스 디폴트 조항의 범위에 이들 거래를 포함하며, 심지어 파생상품 거래에까지 확장시키기도 한다. 보증채무, 배상책임 기타 이와 유사한 거래도 포함된다. 다만 차주가 수시로 채무불이행 상태에 빠지지 않도록 하기 위해 거래채무(trade debt)는 제외하는 것이 일반적이다.

• **적용기준금액**(threshold amount) 설정하여 크로스 디폴트 조항이 적용되는 금전채권(debt)을 한정할 수 있다. 보통 은행은 원금연체금액이 1,000,000 달러 이상이고 이자연체금액이 100,000 달러 이상인 경우를 중대한 경우로 취급한다. 원금과 이자에 대하여 각각의 기준이 설정된다. 어떤 기준은, 실제 연체금액과는 무관하게 대출 원금 기준으로 일정 금액 이상의 다른 대규모 대출에 채무불이행이 발생한 경우에 크로스 디폴트 조항이 적용되도록 규정한 경우도 있다. 또 어떤 기준은, 단기채권(short-term debt)을 제외하여 취급 만기 1년 이상의 채권에만 적용되도록 규정한다.

9-05 • 크로스 디폴트 조항이 적용되는 금전채권(debt)을 해외 대주에게 외화로 (또는 선택적으로 외화로) 상환하는 **대외채무**(external debt)로 한정할 수 있다. 이는 정부의 차관(government loans)에서 흔하다. 그러나 기업대출에는 적절하지 않다.

• 디폴트(default)를 다른 대출의 **기한이익이 실제로 상실**(actual acceleration)되는 경우로 제한하고, 잠재적 채무불이행(pending default) 또는 다른 대출에 단순히 기한이익 상실 사유가 발생한 것만으로는 적용되지 않도록 할 수도 있다. 이를 "크로스 디폴트"("cross-default")에 대응하여, "연쇄 기한이익 상실"("cross-acceleration")이라고 부르기도 한다. 다른 계약상 (유예기간 만료 시 채무불이행을 구성하는 확약의 위반 등) 잠재적 채무불이행 사유(pending event of default)가 크로스 디폴트에 해당하는 경우, 가령 다른 대출계약상 채권자가 유예기간 또는 면제(waiver)에 동의했다고 하더라도 그와 무관하게, 은행은 그 다른 대출계약에서 규정된 모든 확약(covenants)조항의 혜택을 누리면서 기한이익을 상실시킬 수 있다. 실질적으로 유예기간, 중대성 심사기준(material test) 등은 소멸하고, 다른 채권자도 비슷한 크로스 디폴트 조항을 가지고 있기 때문에, 도미노 현상으로, 차주의 유예기간 능 계약상 보호장치는 무용지물이 되어 버리게 된다. 다른 대출계약상 채무불이행이 발생하면, 채권자가 기한이익 상실(acceleration)을 무기로 협박하여 편파적

인 지급을 받도록 협상할 수 있게 되어, 결과적으로 채권자들 간의 상업적인 동등대우(pari passu treatment)를 해칠 수 있다. 이렇게 은행들이 때때로 주장한다.

- 조기 기한이익 상실(premature acceleration)은 지배권 변동(change of control)이나 위법조항(illegality clause) 등이 아니라, **채무불이행**(defaults)으로 인한 경우로 한정할 수 있다. 특히 과도한 레버리지를 이용한 인수 또는 사모투자거래(private equity transactions)에서 많은 여신계약이 예를 들어 ① 기업의 주식모집, ② 재금융(refinancing)에 사용될 수 있는 거액의 추가융자, ③ 대규모 자산 매각의 경우에 강제적인 기한 전 변제(mandatory prepayments) 규정을 두고 있다. 단락 13 - 18 참조. 이들 경우도 제외되지 않았다면, 크로스 디폴트에 해당될 것이다.

- **대출 후 인수에 의한 자회사의 채무**(debt of after-acquired subsidiaries)에 대해서는 가령 최초 6개월간의 정리(clean-up) 기간 동안은 적용이 제외되는 경우도 있다. 그 인수대상기업 측에 지배권의 변경("change of control")에 의한 채무불이행(default) 조항이 있어서, 기존 대출에 대하여 재금융(refinanced)을 해야 할 경우도 있다.

중대한 부정적인 변경(material adverse change) 조항

이 조항은 다음과 같은 것이다.   9-06

〈국문 예시〉 다수 은행들의 (합리적인) 의견에 의하여, 차주의 재정적 상황 또는 본 계약상 의무의 이행능력에 중대한 부정적인 효과를 줄 수 있거나 / 주기 쉽거나 / 주게 될 모든 상황들

〈영문 예시〉 **Any circumstances arise which, in the (reasonable) opinion of the Majority Banks, might / is likely to / will have a material adverse effect on the financial condition of the borrower or on the ability of the borrower to comply with its obligations under this agreement.**

중대한 부정적인 변경(material adverse change) 조항은 실무상 중요하며, 특히 대출금인출 선행조건(conditions precedent) 조항에 따라서 신규대출(new loans)을 중단하려

고 할 때에 많은 경우에 이 중대한 부정적인 변경 조항이 근거가 된다. 정형화된 문구 없이 다양하게 사용되는 관계로 모호하며 주관적이다. 합리적인 이유 없이 이를 근거로 대출금 인출을 막은 경우 은행은 배상책임을 부담하게 될 수도 있다. 단락 7-24 참조.

흔히 이 조항의 발동에는 2개의 기준이 있다. ① "중대한 부정적인 변경"("material adverse change")인지 여부와 ② "변화가 차주의 이행능력에 영향을 미치는지 여부"("the change affects the ability of the borrower to perform")다. 은행의 입장에서는 이 조항은 뭔가 중대한 악화가 있으면 그만큼 적용되어야 한다. 만약 그 변화가 차주의 지급능력에 영향이 있는 것을 요건으로 하면 그것은 차주의 잠재적 지급불능이나 유동성 위기를 증명해야 한다는 것이 되어 이 조항의 힘은 약해지게 된다. 하나의 협상 쟁점(negotiating issue)은 지급불능이나 악영향의 발생이 확실해야(certain) 한다고 할지, 높은 개연성(probable)이 있어야 한다고 할지, 아니면 단순한 가능성(possible)으로 좋다고 할지 하는 점이다.

9-07   통상적으로 차주의 재무적 악화 정도가 은행이 대출을 기피하거나 금리 마진을 높이 설정하거나 담보 제공을 필요로 하는 등 보다 엄격한 조건을 갖추는 정도의 변화인 경우, 그 변화는 중대한(material) 것이라고 간주된다. 공인된 신용평가사들이 신용등급을 하향조정할 때 사용하는 기준도 고려 대상이 될 수 있다. 지급능력에 대한 잠재적인 영향 등 추가적인 기준도 추가적인 걸림돌이 될 수 있다.

증명의 곤란과 차주에 대한 최신 정보의 부족 때문에, 은행은 종종 "은행의 합리적인 의견에 따라"라는 재량을 주장한다.

당사자에게 재량권이 인정되는 경우, 그 재량권이 정직하게 선의로(in good faith) 행사되지 않았다거나, 본래의 목적과 다른 이유로 행사되었다거나, 이유 없이 자의적으로 행사되지 않은 이상 법원은 개입하지 않는다는 것이 일반적인 규칙이다. 예를 들어, 이와 다른 상황에 관한 판례지만, *Abu Dhabi Tanker Company v Product Star Shipping Company Ltd* [1993] 1 Lloyd's Rep 397, 404 판례, *Ludgate Insurance Company Ltd v Citibank NA* [1998] Lloyd's Rep IR 221, 239 판례 참조.

9-08   차주는, 이러한 중대한 부정적인 변경 조항이 확정기한부 대출(term loan)을 기한의 정함이 없는 요구불 대출(demand loan)로 전환시키고, 기한부 대출(term lending)의 목적을 잃게 하는 것이라고 반박한다. 정확한 재무상의 기준 설정이 대주와 차주 쌍방의 예견가능성을 향상시킨다. 조항에 따라서는 이익액이나 총자산액의 감소, 공인된 신용평가사에 의한 신용등급 하향조정 등 특정 기준을 포함하려는 경우도 있다.

중대한 부정적인 변경 조항은 기업대출에서는 표준적이라고는 할 수 없지만 매우 일반적으로 사용된다. 정부의 차관에서는 매우 빈번하게 이용되고 있으며, 경제적 또는 정치적 실패 등 구체적으로 명시하기 곤란한 사유를 커버하는 것을 의도하고 사용되고 있다. —이는 기업대출에서의 도산 사유를 대체하는 것이다. 월드뱅크(World Bank)나 지역개발은행의 여신계약에는 이 조항이 정형화되어 있다.

이 조항은 몇 가지 그룹으로 분류할 수 있다.

몇몇 사례를 살펴보자.   9-09

- *National Westminster Bank Ltd v Halesowen Presswoeks Assemblies Ltd* [1972] AC 785, HL 판례에서, 은행은 중대한 사정변경이 없는 한 4개월간 회사의 두 계좌를 상계하지 않기로 하는 것에 동의했다. 동결기간(freeze period)이 만료되기 전에 회사는 채권자단 회의를 소집했으나 은행은 상계하지 않기로 결정했다. 이후 회사는 파산(wind-up)신청 결의를 통과시켰고, 은행은 상계했다. *판결*: 중대한 사정변경이 있었다. 또한 파산(liquidation)에 있어서 상계가 법령에 의해 강제되었다. 지급불능과 도산절차는 어떠한 경우에도 채무불이행이 될 것이라는 점에서 이 사례는 큰 의미를 가지지는 못한다.

- *Lewis v Farin* [1978] 2 All ER 1149 판례에서, 회사가 체결한 매매계약에 "대차대조표의 기준일과 거래완료일 사이에 정상적인 거래변동으로 인한 경우를 제외하고 회사의 전반적인 순자산에 중대한 부정적인 변경이 없을 것이다"라는 보장이 포함되어 있었다. 회사의 자산가치는 44,000파운드였고 영업권가치는 10,000파운드였다. 그런데 순자산이 8,600파운드가 감소했다. *판결*: 중대한 부정적인 변경에 해당한다. 4개월 동안 순자산가치가 20% 하락한 것은 중대한 것이다.

- *Re TR Technology Investment Trust plc* (1988) 4 BCC 244 판례에서, 주식취득에 필요한 자금의 대출이 이루어졌고, 이후 차주의 자산에 대한 압류가 행해졌다. 대출계약의 중대한 부정적인 변경 조항은 "부정적인 변화는 회사의 재무상제표(financial statements)에 의해 판단된다."라고 규정하고 있었다. 그런데 그 회사는 새로이 설립되었으므로 재무제표가 존재하지 않았다. *판결*: 재무제표가 있는 경우에만 부정적인 변화가 있는지 여부를 판단할 수 있으므로, 부정적인 변화가 있었는지 여부를 판단하는 것은 불가능하다.

- *BNP Paribas SA v Yukos Oil Co* (2005) EWHC 1321 판례에서, 러시아 정유 회사 Yukos에게 이루어진 미화 5억 달러에 가까운 신디케이티드 대출에 대해 대리은행(agent)이 기한이익을 상실시켰다. 이는 중대한 부정적인 영향을 주었거나 줄 수 있을 것으로 합리적으로 예상되는 어떤 사건이나 상황의 발생이 예상되는 경우 대리은행으로 하여금 기한이익을 상실시킬 수 있도록 하는 권한을 부여한 채무불이행 조항에 따라 행해진 것이었다. 회사의 대표이사(CEO)는 체포되었다. 러시아 국세청(tax ministry)은 후속 연도에 유사한 조세채권이 있을 것으로 예상하고 조세채권액을 미화 33억 달러로 확정했다. 정유회사의 자산은 가압류되었고, 정유회사의 조세채무를 인정하는 판결이 내려진 후 집행절차가 이루어졌다. *판결*: 중대한 부정적인 변경 요건, 즉 대출계약상 차주가 부담하는 의무를 이행할 능력에 대하여 중대한 부정적인 영향을 주었거나 줄 수 있음이 합리적으로 예상되는 사건 또는 상황이 발생했을 것이라는 요건이 충족된 것으로 나타났으므로, 기한이익의 상실 조치가 잘못되었다고 볼 합리적인 가능성이 없었다. 이미 대규모 조세채권에 대한 판결이 내려졌고, 유사한 금액의 후속연도의 조세채권의 집행절차가 임박했음이 예상되었다. 차주는 그로 인하여 도산의 위험에 처해있다는 보도자료를 발표했다.

중대한 부정적인 변경 조항(material adverse change clause)은 기업인수 계약에 관하여 중요한 의미를 갖는다. 2001년 WPP가 Tempus 인수를 제안했을 때 "사업, 자산, 재무 또는 시장 지위, 이익, Tempus 그룹 소속 모든 계열회사의 전망에 관하여 중대한 부정적인 변경이나 훼손이 발생하지 않을 것"이라는 조건으로 Tempus의 인수를 제안했다. 미국에서 9.11테러가 발생하자 WPP는 영국의 인수합병위원회(Takeover Panel)(사법기관은 아님)에서 이 조항의 적용을 주장했다. 인수법 규칙(Rules of the Takeover Code)은 "제안의 내용상 제안자에게 중대한 의미가 있는"("of material significance to the offeror in the context of the offer.") 경우에만 중대한 부정적인 변경 조항의 적용이 가능한 것으로 규정되어 있었다. 인수합병위원회는 "위중한 경우에 해당하려면 계약의 좌절(frustration)을 정당화할 만큼 거래의 근본적인 목적에 영향을 끼쳐야 한다."라며 WPP의 주장을 인용하지 않았다. 미국 법원은 *IBP Inc Sharehodlers Litigation v Tyson Foods Inc*, NO CIV A18373.2001 WL (Westlaw) 675330, Del Ch, June 18, 2001 판례에서 공개매수(tender offer)에서의 중대한 부정적인 변경 조항(material adverse change clause)과 관련하여 유사한 결론을 내린 바 있다.

"중대한 부정적인 변경"("material adverse change")이라는 조건은 인출을 위한 대출금인출 선행조건(conditions precedent) 조항, 진술 및 보장 조항, 확약 조항에 사용되기도 한다. 각 맥락에 따라 검토해야 하지만 가장 중요한 중대성의 판단기준은 그 변화가 차주의 변제능력이나 변제의사를 저해하는가 여부가 될 것이다.

지배권 변동(change of control)

이 조항은 다음과 같은 내용을 포함한다.   9-10

- 한 사람이 (또는 협력하는 여러 사람이) 차주에 대한 지배권을 취득한다.
- 차주의 기존 지배권자는 지배권을 상실한다.

이러한 조항은 매우 일반적이다.

차주가 기업인수(takeover) 등으로 1인 주주에 의해 지배되는 경우에는 차주가 상장회사(public company)인 경우보다 회사의 자산을 처분하기 용이해진다. 비공개회사는 상장회사에 비하여 채권자들을 위한 법적 보호장치가 많지 않아서, ① 자본감소, ② 자기주식 취득을 위한 자금지원, ③ 회사법의 적용, 증권거래소(stock exchange) 규정, 투자자 보호 등에 있어 보다 용이하고 완화된 적용을 받는다. 이 때문에, 차주는 인수자금 조달을 위한 막대한 대출에 보증하는 방식으로 책임을 부담하게 될 수 있는데 이는 기존 대주들에게 심각한 위협이 된다.

지배여부는 종종 회사법 또는 세법과 같은 법령상의 정의규정 또는 동일인 포함 의결권 있는 주식의 50% 이상을 보유하고 있는지 여부에 따라 결정된다. 기업인수 관련 규제에는 해석에 관한 지침이 존재한다.

지배권 변동의 채무불이행(default)은 흔히 강제 기한 전 변제(mandatory prepayment)의 사유로 계약서에 포함된다. 지배권 변동이 통상 자발적인 것이 아니고, 또 강제 기한 전 변제(mandatory prepayment)가 차주의 다른 대출계약상의 크로스 디폴트(cross default) 조항에 걸리지 않기를 기대해서다.

자회사(subsidiaries) 및 보증인(guarantors)

자회사(Subsidiaries)   채무불이행 조항 중에는 자회사에 발생한 사유를 포함하는 것   9-11

이 있다. 예를 들어 크로스 디폴트나 도산절차에 관한 것 등이다. 모회사가 자회사의 채무에 책임을 지는 것은 아니지만, 자회사의 채무상환 불이행(default)은 모회사가 위기 상황에 있는 것을 의미하는 경우가 많기 때문이다. 중앙은행의 채무상환 불이행(default)은 정부의 지급불능을 의미한다.

자회사의 범위는 주요한 자회사에 한정되며, 통상은 연결 기준으로 총자산 또는 총이익(gross consolidated assets or profits)의 10%를 초과하고, 순자산 또는 순이익(on a net basis)의 10%를 초과하는 자회사라는 기준으로 정의된다. 도산한 자회사에는 순자산, 순이익이 없을 것이기 때문에, 총자산, 총이익이라는 총액 기준이 사용되어야 한다. 고위험 사업을 하는 자회사는 제외되는 경우가 있다. 지급능력이 있는 자회사의 파산(solvent winding-ups)이나 사업 정지(solvent cessations of business)는 많은 경우 채무불이행 사유(event of default)에서 제외된다.

인수금융의 경우, 피인수회사의 채무는 통상 인수 후 6개월의 정리기간 동안에는 포함되지 않는다. 피인수회사의 대출계약상 지배권 변동에 의한 채무불이행 조항의 적용을 받게 될 것이기 때문이다.

9-12 **보증부 대출**(guaranteed loans)　채무불이행 조항은 보증인과 피보증인에게도 적용되어야 한다. 보증인에게 채무불이행 사유가 발생한 경우 은행은 대출계약에 따라 피보증인에 앞서 보증인에게 대출금 상환을 청구할 수 있어야 한다. 보증인의 채무불이행이나 보증상의 결함은 제재 대상이 된다.

정부의 차관(sovereign loans)

9-13 정부의 차관(government loans)은 통상적으로 ① 채무 미지급, ② 계약 위반, ③ 보장(warranty)조항 위반, ④ 크로스 디폴트, ⑤ 상환기일 연장 절차(steps to reschedule), ⑥ 외환지급중단, ⑦ 채권자의 제소(creditor processes), ⑧ 중대한 부정적인 변경 등을 모두 포함한다.

상환기일 연장과 크로스 디폴트 조항은 통상 대외채무(외화대출 또는 해외채권자에 대한 채무)에 한정된다.

만일 어느 국가가 IMF 회원국에서 탈퇴하거나 대부자격 상실, 대기성 차관의 지급 중단(suspension of payments under a standby), 대기성 차관의 이행기준 미준수(non-observance of performance criteria in a standby), 대기성 차관의 효력 상실(standby ceases to be in effect) 등의 사유가 발생하면 채무불이행에 해당된다. IMF는 최후의 구제금융 기구이며, 대기성 차관은 긴급대출로 경제 이행 지표에 결부하여 실행된다. 대기성 차관은 엄밀하게는 법적 구속력이 없는 것이며, 채무불이행 사유는 그 점을 감안하여 작성되어야 한다. 대기성 차관은 해당국가의 현지 통화로 경화(hard currency)를 구입하는 형태로 행해지며, 상환은 법적으로 재구매이다. 따라서 IMF는 이 거래를 대출(loan)로는 규정하고 있지 않다.

IMF 차관의 상환불이행은 주로 신흥국가에서 발생하며, 선진국에서는 흔한 일이 아니다.

기한이익 상실(acceleration) 및 해지(cancellation)

채무불이행이 발생하면 은행은 잔여 대출원리금의 기한이익을 상실시킬 수 있으며 추가대출 약정을 해지할 수 있다. **9-14**

영국법에서 기한이익 상실(acceleration)은 무효인 형사몰수(void penal forfeiture)와는 다르다. 영국법은 명확한 조항의 행사에 있어서는 신의성실의무("good faith" duties)를 요구하지 않는다. 즉, 예측가능성이 중요시된다.

- *Shepherd & Cooper Ltd v TSB Bank plc* [1996] 2 All ER 654 판례: 은행은 600,000 파운드의 상환을 청구한 후 한 시간 뒤에 재산보전관리인(receivers)을 보낼 권한을 가지고 있었다. 차주가 그의 거래은행을 통하여 지급방법을 순비하는 데 충분한 시간이 주어져야 한다. 그러나 (이 사건에서와 같이) 만약 차주가 변제할 수 없음을 분명히 밝힌다면, 은행은 더 이상의 시간을 줄 필요가 없다.

- *Bank of Baroda v Panessar* [1986] 3 All ER 751 판례에서, 법원은 보통법 국가인 캐나다의 법체계가 채택하고 있는 '채무자에게 채무변제를 위해 적절한 시간이 주어져야 한다'는 접근방법을 거부했다. 은행은 적법한 이행청구가 있은 뒤 한 시간 후에 재산보전관리인(receiver)을 지명했다. *판결*: 영국법은 '지급의 수단 테스트(mechanics of payment test)'를 채택하고 있는데, 이는 이행청구 시 또는 특정 이행기에 변제해야 하는 채무자는 반드시 그 이행을 위한 준비를 하고 있어야 하고, 변제자금을 구하기 위한 추가적인 시간이 주어지지 않는다. 만약

그 채무가 이행청구시 변제해야 하는 것이라면, 영국 법원은 몇 시간 내에 변제자금을 조달해야 한다고 본다. *Cripps Pharmaceuticals v Wickenden* [1973] 2 All ER 606 판례 참조.

* *Lloyds Bank v Lampert* [1999] 1 All ER (Comm) 161, CA 판례에서, 여신계약 (facility letter)에는 이행청구 시 전액을 변제해야 한다고 기재되어 있으나, 은행은 특정일자까지 대출금을 이용할 수 있도록 할 의도임이 밝혀졌다. *판결*: 은행이 일정 기간 동안 대출이 지속되는 것을 승인한 것과 언제든지 대출금의 상환을 청구할 수 있는 권리를 유보하는 것은 상호 모순되는 것이 아니다. 이행청구시 변제해야 한다는 문언은 문언 그대로 해석되어야 한다.

* *The Chikuma* (1981) 1 All ER 652 판례에서, 용선계약(ship charter)의 지급이 은행이자와 수수료 때문에 80달러가 부족했다. 선주는 변제가 이행기에 전부 이루어지지 않으면 해제를 허용하는 조항에 근거하여 용선계약을 해제할 수 있다.

* *The Laconia* (1977) AC 850 판례에서, 용선계약서(charter party)에는 용선료는 정해진 일자에 선지급되어야 하고 만약 용선자가 이를 지급하지 아니했다면, 선주는 용선계약을 해제하고 선박을 회수할 수 있었다. 용선료에 대한 특정 분할 변제일은 일요일이었고, 따라서 용선자는 다음 월요일에 용선료를 지급했다. 선주는 지급받은 용선료를 반환한 후 용선계약을 해제하고 선박을 회수했다. 이는 선주의 입장에서 매우 유리한 조치였는데, 왜냐하면 그동안 용선료가 상당히 올랐기 때문에 선주가 보다 높은 용선료로 용선계약을 체결할 수 있었기 때문이었다. *판결*: 용선료는 선지급되어야 하므로, 이행기는 다음주 월요일이 아니라 전주 금요일이었다. 따라서 선주에게는 용선계약서의 문언에 따라 선박을 회수할 권리가 있었다.

* *The Angelic Star* (1998) 1 Lloyds Rep 122 CA 판례에서, 법원은 채무불이행 시 은행으로 하여금 기한이익을 상실시킬 수 있도록 하는 조항에 따라 선박담보 대출의 기한이익이 즉시 상실된다고 인정했다.

위 판례들에 나타난 영국법의 태도는 거래당사자들은 계약서에 명시적으로 규정된 대로 적용 받기를 선호하며, 이와 다른 해석은 보다 높은 차원의 목적(objective)을 위한 경우에만 용인될 수 있다는 것이다. 또한, 법원의 역할은 당사자 간의 계약을 수정하는 것이 아니므로, 유예기간(grace period)을 1일, 3일, 1주일 또는 1개월로 정할 것인지는 당사자들이 유예기간 부여와 다른 채무불이행 유예에 대하여 충분한 시간 동안 협의하여 결정했는지에 달려 있다는 것이다.

몇몇 국가, 특히 프랑스(1985년 도산법 제107조), 스페인의 2003년 도산법, 포르투 **9-15** 갈의 기업회생법(Insolvency and Corporate Recovery Code) 제119조, 벨기에 1997년 법정 화의법(Judicial Composition Law 1997)에서는 회사에 대한 회생절차(insolvency reorganization proceedings)의 개시를 이유로 대출약정(commitment)을 해제하는 것을 금지한다. 미국 Chapter 11에 따른 계약 해지권 행사의 중지(stay)는 대출계약에는 적용되지 않는다(1978년 도산법(Bankruptcy Code of 1978) 제365조 제(c)항). 다른 法域들의 판례법에서는, 당사자의 지급능력(solvency)을 중요시하는 일반 계약법의 법칙이 회생절차에는 적용되지 않을 수 있다고 한다. 단락 6-01 참조.

도산절차로 인하여 해지권 및 기한이익 상실 행사가 제한되는지 여부는 대출약정의 준거법이 아니라 도산절차가 진행되는 국가의 도산법에 의해 결정된다. 예를 들어 EU의 2000년 도산 규정(EU Insolvency Regulation 2000 (No 1346/2000))에 의하면, 도산절차는 차주의 주된 영업소 소재지 또는 설립지에서 처리될 것이다. 도산에 관한 관할의 충돌에 대해서는, 제33장, 제34장 참조.

신디케이티드 대출의 기한이익 상실은 거의 예외 없이 대출 참가금액의 50% 또는 2/3 이상을 점하고 있는 다수 은행들의 찬성으로 결정된다. 다수결에 의한 통제의 유효성에 대하여는, 단락 12-36 참조.

다른 대출계약에 있는 크로스 디폴트 조항의 방아쇠를 쉽게 당기지 않도록 하기 위해서, 즉시 전액의 기한이익 상실(full acceleration)을 일으키지 않고 은행(또는 다수 은행)의 요구에 따라(on demand) 상환한다고 규정되는 경우도 있다. 이 조항이 의미하는 바의 심각성을 말해 주는 것일 수 있다.

부당한 기한이익 상실(wrongful acceleration) 및 해지(cancellation)

은행은 부당하게 대출약정을 해지한 경우 이로 인한 손해를 배상해야 한다. 단락 **9-16** 7-24 참조. 차주는 기한이익 상실을 무시할 수 있다. 그러나 은행은 차주에 대한 명예훼손으로 거액의 손해배상 책임을 부담할 수도 있다. 만일 기한이익 상실(acceleration) 조치를 한 것이 공개된 경우, 공개한 것이 입증될 수 있고, 예를 들어, 차주가 지급불능 상태라고 공개한 것이 명예훼손에 해당하는 경우에 그렇다. 판례에 의하면 위법한 수표의 지급거절과 그로 인한 신용훼손의 경우에는 특별손해는 증명이 필요 없는 것으로 보인다. 수표와 관련된 *Wilson v United Countris Bank* [1920] AC 102 판례와 *Kpohraror v Woolwich Building Society* [1996] 4 All ER 119 판례 참조.

Concord Trust v Law Debenture Trust Corpn plc [2005] UKHL 27 판례에서, 채권자들을 위한 수탁자였던 LawruDtnebe는 채무불이행 사유 발생의 통지가 부당한 것으로 판단되어 손해배상 책임이 생길 가능성이 있다고 생각해 대주에게 배상을 청구했다. 그 보상액은 고액이었다. *판결*: 실제로 채무불이행 사실이 없었다면 채권자들은 채무불이행 통지에 대하여 어떠한 배상책임도 지지 않는다. 채무불이행 통지 자체는 아무런 효력이 없으며 따라서 배상청구는 적절하지 않다.

기타 조항들

대주단의 대리은행 조항(syndicate agent clause)

9-17   신디케이티드 여신계약(syndicated credit agreements)에는 대출 관리의 편의를 위해 참여은행 중 하나가 대리은행(agent)으로 지정된다.

대리은행은 어느 경우에나 은행들의 대리인이고 차주의 대리인은 아니다. 차주가 대리은행에게 변제하면 이후 대리은행이 지급불능 상태가 되더라도 차주는 면책된다.

대리은행의 역할의 두 가지 상업적 특징은 최근 대출계약 실무에 있어 핵심적으로 중요하다.

- 대리은행은 일반적으로 참가은행을 대신하여 대출을 관리하는 권한을 맡는 것을 꺼린다. 차주로부터 수수료 형태로 지급받는 보수는 대개의 경우 그 액수가 크지 않다. 즉, 잘못된 관리로 인한 위험을 부담하는 것에 대한 보수는 지급되지 않는 셈이다.

- 참가은행들도 일반적으로 대리은행에게 상당한 관리권한을 위임하는 것을 원하지 않고, 스스로 결정하기를 원한다.

그 결과 대리은행의 역할은 정밀하게 정의되며 지급, 지급 수령, 이자율 결정 능의 사무적 기능으로 정확하게 좁게 한정된다. 대출계약상 대리은행은 (사채권자 수탁자(bond trustees)와 달리) 대출금 모니터링, 은행단의 법적 지위 변경, 은행단의 대표로서 소송을 제기하는 등의 막강한 권한은 가지고 있지 않다. 이러한 점에서, 본인의 사업에 대해 광범위한 재량을 가지고 있는 일반적인 대리인과 수탁자(예컨대 무역 또는 운송대리인)에 관한 판결들은 대주단 구성(syndication)에 있어서는 신중하게 적용되어야 한다. 예컨대, 信認의무(fiduciary duties)가 그 예이다.

따라서 대리은행은 스스로 발생 가능한 위험에 대한 정교한 보호방법을 두려 하고, 면책조항(exclusion clauses)을 두는 것이 일반적이다. 예를 들어, ① 대리은행과 그 직원이 중과실 또는 고의에 의한 위법행위를 제외하고 어떠한 채무불이행 또는 부작위(omission)에 대하여 책임을 지지 않는다는 조항(이 조항은 직원의 이익보호를 위해서다); ② 대리인은 자신이 주선자로서 협의한 대출문서상의 어떠한 미비(inadequacy)에 대하여도 책임을 지지 않는다는 조항; ③ 차주의 신용력 및 신용력에 관한 모니터링, 대주단모집안내서(information memorandum)에 대하여 책임을지지 않는다는 조항; ④ 참가은행들은 그들 스스로의 차주에 대한 신용 조사에 의존해야 한다는 조항; ⑤ 대리은행은 이해상충이 없는 한 그 차주와 다른 거래를 해도 된다는 조항 등이다. 이러한 면책조항들(exculpation clauses)은 비즈니스 상황에서 유용하게 적용되는 것이 일반적이다. LPIF 시리즈 제3권 단락 17-033 참조.

채무불이행 사실에 관한 통지를 받은 대리은행의 대리담당부서(agency department) 직원은 참가은행들에게 채무불이행이 발생했거나 임박했음을 알려야 할 의무를 부담한다("ostrich clause").

대리은행은 비밀유지의무를 지고 있는 정보를 공개할 필요는 없으며, 대리담당부서(agency department)는 정보의 흐름에 관해서는 독립된 주체라고 간주된다.

이러한 규정을 두는 목적은 보통 대형 은행들은 기업금융부, 유가증권거래부 등 부서들이 있는데, 이 부서들을 통해서 채무불이행(default) 등에 관한 정보를 얻는 경우의 문제, 또 대리담당부서(agency department)가 정보를 얻지 않아도 대리은행의 다른 간부가 은행 전체적으로 정보를 얻는 일이 있는데, 그 정보를 얻은 간부가 채무불이행 여부를 판단할 수 있을 정도로 대출계약의 자세한 내용을 모르는 경우의 문제에 대응하기 위해서다. 이러한 문제와 내부자 거래를 해결하기 위하여 대리은행은 통상 대리담당부서(agency department)와 은행의 다른 부서 사이에 정보교류차단벽(Chinese walls)을 두는 것이 일반적이다. 단락 22-29 참조.

9-18

대주단 민주주의(syndicate democracy)

9-19 많은 기한부 신디케이티드 대출 계약(syndicated term loan agreements)은 은행 간의 의사결정에 관한 조항을 포함하고 있다. 투표권은 일반적으로 참가은행의 참가금액(대출약정 미(未)실행액(unused commitments)과 미상환 대출 잔액(principal outstandings)의 합계) 비율에 의해 결정된다. 다수는 통상 50% 또는 66 2/3%이다. 참가은행 수를 기준으로 하는 경우는 이례적이다.

다수 은행에게 주어진 권한은 사채권자(bondholders) 또는 사채권자 수탁자(bond trustees)에게 주어진 권한만큼 광범위하지 않다. 왜냐하면 은행은 대출계약에 실질적으로 관여하는 고도의 전문 기관이고, 결정권을 다른 다수파 은행에 맡기는 것을 싫어하기 때문이다. 은행은, 회사채의 경우와 같이, 침묵한 사채권자(bondholder)나 독불장군적인 사채권자에 의해 유리한 주선(arrangement)이 방해되는 경우가 거의 없어서, 보통 일반적인 이익(general interest)을 보호할 필요성도 없다.

다수 은행의 일반적인 권한은 다음과 같은 사항을 포함한다.

- 담보제공금지 조항(negative pledge)과 같은 **확약**(covenant) 위반의 면제 또는 확약(covenant)의 완화에 대한 동의

- 사실과 다른 진술(incorrect representation) 또는 재무상태의 부정적인 변경이 채무불이행 사유에 해당할 만큼 중대한지(material) 여부의 판단

- 채무불이행 발생 시 대리은행에게 대출계약의 **기한이익을 상실**(accelerate)시킬 것을 지시

종종 어떤 계약조항이라도 다수의 대주들과 채무자들 간의 합의에 따라 수정되거나 면제될 수 있고, 이는 모든 당사자들에게 구속력이 있다는 명시적인 규정을 두기도 한다. 다만 일반적으로 다수에 의하여서도 다음과 같은 수정은 허용되지 않는다.

- 대출금 인출을 위한 **선행조건 포기**(waiver of the conditions precedent). 따라서 각 은행은 만약 대출금인출 선행조건(condition precedent)이 충족되지 아니하면 신규 신용공여(new money)를 제공할 의무를 일방적으로 중단할 수 있다.

다만, 프로젝트 파이낸스(project finance)의 경우에는, 하나의 은행이 대출을 하지 않기로 결정하면 다른 모든 은행의 부담이 가중될 수 있기 때문에, 다수의 컨트롤에 의해 포기(waiver)가 가능해지기도 한다.

- 상환기한의 연장, **변제**(payments) 금액 및 이자율의 삭감, 통화 변경, 약정금액의 증가 및 기간 연장, 채무자의 변경 등 일정사항

위와 같은 의사결정 조항은 대주가 단일계층의 상업은행일 경우를 상정하고 지정한다. 그런데 후순위 대출에 따라 트랜치(tranches)가 복수인 경우도 매우 빈번하다. 또 채무불이행이 발생했을 때 많은 은행들은 보유 대출채권을 헤지펀드나 전문채권추심회사(specialized recovery firms)에게 매각하기도 한다. 이에 따라 채권자들의 수가 늘어나고, 채권자 간에 서로의 의도가 엇갈려 정상적인 거래 은행의 관점을 공유할 수 없게 되는 것 있습니다. 이로 인해 지급조건(payment terms)이나 기타 조건의 변경이 유연하게 이루어지지 않으며 사적인 구조조정(private restructuring) 매우 어려워지고, 실질적으로 도산절차 개시에 몰릴 수 있다.

9-20

영국형 채권발행(bond issues)의 경우 다수파에 의해 실질적으로 모든 사항이 결정되며 소수도 이 결정에 구속되기 때문에 이런 문제는 발생하지 않는다. 이와 같은 접근법은 채권자가 다수이며 각각의 이해관계가 잠재적으로 서로 다양한 경우에 적합하다고 할 수 있다. 이것과는 대조적으로 미국의 수정 후 Trustee Indenture Act of 1939 제316조 제(b)항에서는 이자(interest)에 대한 미묘한 변경을 제외하고 지급조건의 변경에 대해서 다수 사채권자(majority bondholders)는 소수파를 구속할 수 없고, 그 결과 차주의 사채(public bonds)에 잔액이 있는 경우, 워크아웃 계획(work-out plan)은 1978년 도산법(BC 1978)에 근거한 Chapter 11에서의 회생계획으로 법원의 인가를 받아야 한다.

전원 일치 필요 사항인 권리 포기(waiver)나 수정이 반대파 이외의 다수파의 승인을 얻고 있는 경우, 차주가 반대파 대주에게 강제적으로 채권을 양도할 수 있는 채권매수청구권을 부여하는 경우도 있다.

다수파 통제(majority control)의 유효성(validity)

단락 12-36와 특히 단락 12-39의 판례 참조.

9-21

不提訴 조항(no-action clauses)

9-22　　사채신탁증서(bond trust deeds)에 있어서 不提訴 조항(no-action clauses)에 따라 각 사채권자(bondholder)의 개별적 권리행사를 제한하고 수탁자만이 소송절차를 진행할 수 있도록 규정한다. 다만, 예컨대 특정비율 이상의 사채권자(bondholders)가 수탁자에게 법적조치를 취하도록 지시하거나 수탁자가 권리행사를 하지 아니하는 경우에는 예외다. 프로젝트 파이낸스에서와 달리, 이러한 조항은 신디케이티드 대출 계약에서는 나타나지 않는다. 그러므로 은행은 개별적으로 미변제 금액에 대한 소송을 제기할 수 있다. (다만, 신디케이티드 대출 계약에서는 통상 아래에서 보는 안분비례 배분 조항(pro rata sharing clause)을 두고 있다.)

양도(transfers)

9-23　　제10장 참조.

안분비례 배분 조항(pro rata sharing clauses)

9-24　**조항의 내용**　　이 조항의 개요는 다음과 같다.

〈국문 예시〉 **어떤 은행이 그 참여비율 이상으로 지급받았을 때에는, 그 은행은 즉시 그 초과액을 대리은행에게 지급해야 하고, 대리은행은 이를 참여은행에게 각 참여비율에 비례하여 재배분한다. 지급을 실시한 은행은 수령한 은행의 채권을 대위한다.**

〈영문 예시〉 **If any bank receives a greater proportion of its share, it must immediately pay the excess to the agent, who redistributes to the banks pro rata and the paying bank is subrogated to the claims of the banks who are paid.**

　　이 조항은 오직 신디케이티드 대출 계약에서만 나타나고, 형식에 차이는 있어도 표준적이라고 할 수 있다. 이 조항은 대주단 평등조항(syndicate equality clause)이다. 상계, 소송에 의한 회수금, 개별 보증, 차주에 의한 직접 변제 등을 통해서 어느 은행이 변제를 수령하고 다른 은행들이 변제받지 않은 상황에서, 그 변제 금액을 배분하는 것을 의도하고 있다. 이 조항에는 한 은행이 단독으로 소송을 제기하는 것을 억제하는 실무적인 효과가 있다. 승소금이 이러한 배분에서 제외되도록 규정되어 있지 않는 한(그럴 경우도 있지만), 어느 한 은행이 설령 승소하여 변제 받더라도 그 금액은 결국 다른 은행과 함께 배분해야 되기 때문에 단독으로 소송을 잘 제기하지 않게 된다. 그 결과 어느 정도의 관성(inertia)이 형성되어 채권자들 사이에 공감대(consensus)를 증진시키고, 차주도 간접적으로 보호된다. 정부차관(government loans)에서는 도산절차에서 채권자들에 대한 의무적인 동등대우조치(pari passu treatment)가 없고, 사해적 편파행위 否認의 원리(fraudulent preference doctrine)가 적용되지 않기 때문에 이 조항이 특히 선호된다. 채무구조조정(debt restructuring) 합의에 있어서 이 조항은 표준적인 것이다.

이중 상계(double-dipping)   이 조항은 이중 상계("double-dipping")를 가능하게 한다. **9-25** 한 은행이 140의 예금채무와 100의 대출채권을 갖고 있었다고 하자. 차주의 채무상환 불이행(default) 시, 그 은행은 100의 대출채권과 100의 예금채무를 상계하여 결과적으로 40의 예금채무만 남게 된다. 그 은행은 대주단의 다른 은행들보다 100을 더 변제받은 것이 되므로, 그 100은 다른 은행들에 안분비례로(pro rata) 배분하기 위하여 대리은행(agent)에게 지급해야 한다. 이 지급은 자신의 현금을 사용해서 행해진다. 그 결과 상계한 은행은 다른 은행들에 지급한 만큼 그 다른 은행들을 대위(subrogation)하여 추가로 대위채권을 취득하게 된다. 그러면 차주는 그 은행에 대하여 채무가 남아 있는 것이 되고, 그 은행은 그 대위한 채권으로 나머지 40의 예금채무까지 상계할 수 있다.

이에 따라 다른 은행들에게 지급해야 하는 새로운 의무를 증가시킨다. 절차는 모든 예금이 다 사용될 때까지 진행되므로, 예금이 모든 참가은행을 보호하기 위해 맡겨진 것과 같은 효과가 있다. 그러나 이 조항은 예금에 담보권과 같은 물권적 효력(proprietary effect)(담보제공금지 조항(negative pledges)에 저촉된다)을 발생시키는 것은 아니라고 여겨진다.

상계를 위한 채권의 양도는 드물지 않고, 가능하도록 계약에 규정되어 있으면 유효하다. 그러나 만약 양수은행(recovering bank)이 도산절차 개시 이후 상계권을 대위한다면 그 은행이 2차 상계는 할 수 없을 것으로 보인다. 도산법상의 상계(insolvency set-off)를 허용하는 대부분의 法域에서 당사자가 채무자의 지급불능을 인식한 이후 도산한 회사의 채권자가 그 채권을 도산한 회사의 채무자에게 매각하는 것을 금지하고 있다. 이러한 거래는 일반적으로는 가능하지 않은 상계를 가능하게 하려는 의도를 가지고 있다.

9-26 **대위**(subrogation) **또는 채권양도**(assignment)   변제를 배분한 은행은 배분받은 은행의 채권을 배분액의 범위에서 명확하게 대위권을 가져야 한다. 대출계약에 따라서는 대위가 아니라, 명시적으로 채권양도를 하는 것으로 규정하는 경우도 있다. 그런데 이는 인지세를 발생시키거나, 특히 프랑스 및 프랑스법계의 많은 관련 국가들처럼 채무자에 대한 채권양도 통지를 대항요건으로 하거나, 서면 요건이 필요하기 때문에, 비용과 시간이 든다. 영국의 실무관행은 채권의 이동은 대위로 생기는 것으로 한다. 미국의 실무에서는 은행 간의 명시적인 채권양도를 규정한다.

예:
화살표의 머리 방향이 채권자다.

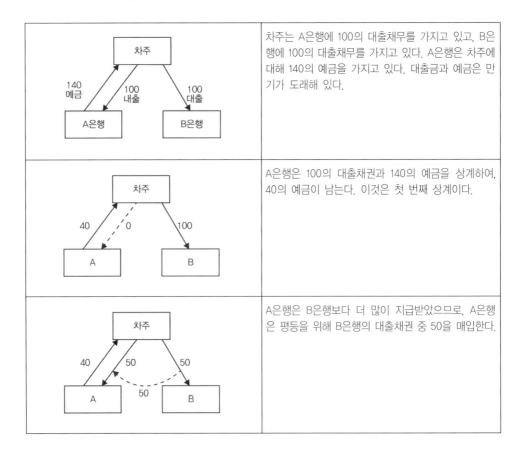

	차주는 A은행에 100의 대출채무를 가지고 있고, B은행에 100의 대출채무를 가지고 있다. A은행은 차주에 대해 140의 예금을 가지고 있다. 대출금과 예금은 만기가 도래해 있다.
	A은행은 100의 대출채권과 140의 예금을 상계하여, 40의 예금이 남는다. 이것은 첫 번째 상계이다.
	A은행은 B은행보다 더 많이 지급받았으므로, A은행은 평등을 위해 B은행의 대출채권 중 50을 매입한다.

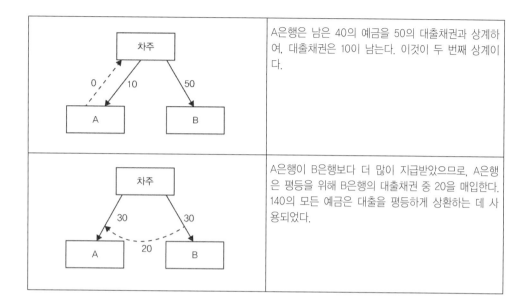

	A은행은 남은 40의 예금을 50의 대출채권과 상계하여, 대출채권은 10이 남는다. 이것이 두 번째 상계이다.
	A은행이 B은행보다 더 많이 지급받았으므로, A은행은 평등을 위해 B은행의 대출채권 중 20을 매입한다. 140의 모든 예금은 대출을 평등하게 상환하는 데 사용되었다.

안분비례 배분 조항(pro rata sharing clauses)**의 다른 측면**   이 조항은 또한 다음을 포   9-27
함한다.

- 당초 변제를 받은 은행이 사해적 편파행위(fraudulent preference) 등을 이유로 그 초과수령액(excess payment)을 차주의 파산관재인(liquidator)에게 반납해야 한다면, 은행 간의 배분의무는 해제된다. 이러한 형태는 통상적이다.

- 은행이 개별적으로 차주에게 소송을 제기하여 승소했을 때에 변제받는 판결배상금(judgment proceeds)은 배분대상에서 제외될 수 있고, 보통 제외된다(다른 은행들이 소송에 참가할 수 있었다면). 이것은 개별 은행의 노력에 대한 보상이다.

- 참가은행들에 대한 배분으로 이어지는 상계권의 행사의무는 명백히 부정되기도 한다. 은행은 상계를 원하지 않을 수도 있다. 영국과 호주에서와 같이 도산절차에서 상계가 강제적으로 이루어지는 국가에서는 선택의 여지가 없지만, 그렇지 않은 경우라면 일반적으로 은행은 다른 은행에 혜택을 주기 위하여 상계권을 행사해야 될 법적 의무는 없는 것으로 본다.

- 또한, 은행이 차주에 대하여 충당권(right of appropriation)을 가지고 있는 경우,

배분의무(sharing obligation)가 발생하는 대출이 아니라 다른 채권으로 상계할 수도 있고, 또는 배분 조항(sharing clause)이 있는 두 개의 대출 중 하나 또는 두 개 모두를 상계의 대상으로 할 수도 있다고 생각된다. 이러한 권리는 일반적으로 明記된다. 유사한 쟁점이, 한 은행이 단독 대출(private loan)과 배분조항이 있는 신디케이티드 대출(sharing loan) 중 하나를 완제할 만큼의 담보를 갖고 있는 경우에도 발생한다. 도산절차에서 상계가 강제적인 국가에서는, 채권자가 상계의 대상이 될 수 있는 두 개의 채권을 가지고 있는 경우, 상계는 그 두 개의 채권 모두에 안분비례로(pro-rated) 이루어져야 한다고 생각된다. *Re Unit 2 Windows Ltd* [1985] 2 All ER 647 판례 참조. (채권자의 우선채권들 사이에 안분비례로 상계되었다.)

9-28 **결론** 이 조항은 성공과 실패의 혼재를 보여주었다. 최대의 문제는 은행이 배분하기를 꺼려했다는 것이다. 즉, 이 조항은 변호사에게 의뢰를 받고 음악을 작곡했지만, 막상 밴드가 연주를 시작했을 때 아무도 춤추기를 원하지 않는 경우와 같다. 다른 은행으로 하여금 배분할 것을 설득하는 데 실패한 은행들의 가장 헛된 시도로 유명한 사례는, 1979년 이란혁명 당시 일부 은행이 이란의 대출금을 그 예금으로 상계했을 때와 1980년대 초반 포클랜드 위기(Falklands crisis) 동안에 아르헨티나가 영국 은행을 제외하고 모두 변제했을 때였다.

정부에 대한 차관(government loans)을 제외하고, 은행들은 우연히 같은 조건으로 대출을 했다는 이유만으로 변제를 분배해야 한다는 강한 필연성은 없다. 그러나 같은 계약서를 사용하고 있다는 것을 배경으로 한 채권자 평등이라는 로맨틱한 감정에는 매우 강력한 것이 있다. 이 배분조항이 채권자 사이를 안정시키고 반대하는 채권자의 힘을 덜어주는 역할을 하고 있는 것은 사실이다.

기타 조항들(miscellaneous clauses)

9-29 **상계**(Set-off) 이 조항의 개요는 다음과 같다.

〈국문 예시〉 각 은행은 변제기가 도래한 그 은행에 대한 금융계약상 채무로써 그 은행이 차주에 부담하는 모든 채무를 상계할 수 있다.

〈영문 예시〉 **Each bank may set off any matured obligation owed to the bank**

under the credit facility against any obligation owed by the bank to the borrower.

대부분의 국가는 도산절차 밖에서의 상계(solvent set-off)는 상계적상인 경우 허용하고 있다. 많은 국가에서 차주에 대한 도산절차에서의 상계를 허용하고 있으나, 일부 국가에서는 도산법상의 상계(insolvency set-off)를 금지하고 이에 반하는 합의를 금지하고 있다. 영국에서는 도산절차의 경우 상계가 강제되므로, 이를 계약에 의하여 변경하는 것은 허용되지 않는다.

법인 간에 교차하는 비(非)상호적인 상계(non-mutual set-off across legal entities), 예를 들면 은행의 자회사에 의한 상계 또는 차주의 자회사와 상계 등은 도산절차에서 일반적으로 무효이다. 이는 쌍방향성(mutuality)이 없기 때문이다.

은행은 약정에 의해, 차주가 지급불능 상태가 아닐 때에 은행이 대출채권으로 예금채무를 도산절차 밖에서 상계(solvent set-off) 하는 것을 용이하게 할 수 있다. 예를 들어 ⓐ 다른 통화 간의 상계(multi- urrency set-off), ⓑ 상계 금지 조항의 적용 제외, ⓒ 세계 각지의 지점(branches) 간의 상계, ⓓ 채권의 양수인이나 예금을 압류한 채권자에 대하여 우선권 있는 상계(an improved set-off priority against assignees and creditors attaching deposits) 등을 규정해 두는 것이다.

이 조항이 담보제공금지 조항(negative pledges)에 의한 상계 금지를 위반하는 것이 아닌지 생각해 보자.   9-30

상계에 대한 일반론은 제14장, 제15장 참조.

준거법(Governing law), **관할**(jurisdiction), **면제의 포기**(waiver of immunity)   당사자 간의   9-31
합의에 의한 준거법의 선택, 재판관할의 선택, 국가 관련 기관을 위한 대출(sovereign related loans)에서 주권면제의 포기(waiver of sovereign immunity) 특약은 국제대출계약에서 표준적이다. 제31장, 제32장 참조.

더 상세한 내용: LPIF 시리즈 제3권 제6장, 제7장, 제17장. 신디케이티드 대출 계약에 관한 개요에 대해서는 LPIF 시리즈 제3권 단락 8-015 참조. 프로젝트 파이낸스와 관련된 개요는 LPIF 시리즈 제5권 단락 4-018 참조.

질문과 세미나 주제

제7장~제9장

(1) 당신의 고객인 은행이 주식공개매수(takeover offer)에 의해 다른 기업 그룹을 매수할 자금을 조달하기 위한 거대한 신디케이티드 대출 조성의 맨데이트(mandate)를 어떤 기업으로부터 얻으려고 하고 있다. 주선인(arranger)에 대한 수수료는 고액이며, 그 맨데이트 취득을 위해 각 은행은 경쟁하고 있다. 차입기업은 맨데이트가 약정될 것(committed), 간사은행이 전액 인수할 것, 즉 대출 실현을 보장할 것을 요구하고 있다. 이 회사는 조만간 신디케이티드 대출 시장(syndication market)에 신용경색(credit crunch)이 발생해서 대주단 구성(syndication)이 곤란할지도 모른다고 생각하고 있다. 주선인(arranger)의 방어책으로 맨데이트에 어떤 조항을 넣어야 하는지 자문해 보자. (금융조건과 대출계약에 통상적인 조항은 제외.)

(2) 당신의 고객은 기업에 대한 신디케이티드 대출의 은행단이다. 대출계약상의 자금용도조항에서 자금의 절반은 그 차주에 의한 기업매수자금에 충당하고 나머지 절반은 차주의 일반사업자금에 충당한다고 되어 있다. 은행단은 차주 기업이 재무적인 위기 상태에 있는 것은 아닌가라고 의심하고 있지만 채무불이행 사유(event of default)에는 이르지 않고 있다. 일부 은행들은 이미 약정된 대출을 정지할 것을 제안하고 있어서, 정지한 경우에 책임을 추궁당할 가능성과 이 상황 일반에 대해 당신의 자문을 구하고 있다. 어떤 자문을 하겠는가?

(3) 당신은 기업에 대한 신디케이티드 대출을 어레인지한 간사은행에 조언을 하고 있다. 대출계약이 체결되고 나서 3개월 후 차주 기업은 파산절차(insolvent liquidation)에 들어갔다. 간사은행은 이 기업이 참가은행을 모집하기 위한 대주단모집안내서(information memorandum) 작성을 도왔다. 그 대주단모집안내서(information memorandum)에는 차주의 재무제표가 게재되어 있고 일견 양호한 재무 상황이라고 기재되어 있었지만, 실제로는 자산과 수익에 대해 대폭적인 부실기재가 이루어지고 있었다. 대주단모집안내서(information memorandum)를

준비하는 중에 간사은행은 차주의 감사인으로부터 차주에게서 충분한 재무자료를 얻을 수 없다는 취지의 말을 들었으며 또한 간사은행의 심사 담당자 중 하나는 차주의 신용력에 대한 심각한 우려를 내부적으로 지적하고 있었다. 간사은행은 이 중 어떤 정보도 은행단에 알리지 않았다. 대주단모집안내서(information memorandum)에는 통상의 면책조항이 붙어 있었다. 대주단 구성은 런던에서 이뤄져서 대출계약의 준거법은 영국법이었다. 참가은행은 주선인(arranger)이 부실한 대주단모집안내서(information memorandum)를 작성한 것에 대해 책임을 지우는 것으로 하고 손해배상을 청구했다. 간사은행의 책임에 대해 조언해 보자.

(4) 당신은 모회사와 사업 자회사로 구성된 기업 그룹의 모회사에 대한 신디케이티드 대출의 간사은행의 변호사다. 각 사업 자회사는 모회사가 차입하는 대출을 보증할 예정이다. 모회사의 변호사는 담보제공금지 조항(negative pledge)을 다음과 같이 수정해 왔다. 이것의 수용 가부에 대해 고객에게 조언해 보자.

"차주는 다음과 같은 경우를 제외하고, 차입금을 담보하기 위해 중요한 자산에 대해 어떠한 저당권, 질권 또는 담보권("담보권")도 설정하지 않는다.
- 다수 은행이 동의한 담보는 합리적인 이유 없이 거절되어서는 안 된다.
- 법률에 따라 발생한 유치권(liens)
- 만약 차주가 은행을 위해 동등한 담보를 제공해 주는 경우 담보권
- 물품과 그 물품 수입과 관련된 그 보험에 대한 질권(pledge)
- 본 계약일 이후 인수된 신규 자회사의 자산에 대해 존재하는 담보권
- 프로젝트를 위한 재정 확보를 위한 담보권
- 가장 최근의 재무제표에 나타난 차주의 순자산의 30%를 초과하지 않는 자산에 대한 담보권"

(5) 신디케이티드 대출은 은행과 차주 간의 기한부 대출(term loan)과 어떻게 다른가? 신디케이티드 대출은 단독 은행 대출에 비해 참가은행의 자유에 중대한 제한을 가한다고 생각하는가?

(6) 당신은 재무적으로 어려운 상황에 있는 차주 회사의 변호사다. 이 차주의 모

든 은행 대출의 계약서에는, "차주는 이 대출계약에 따른 모든 권리가 다른 모든 무담보 채권자들과 동등한 대우를 받도록 보장한다."("borrower will ensure that all its obligations under this loan agreement rank pari passu with all its other unsecured obligations.")라는 조항이 있었다. 다음에 대해 차주에게 자문해 보자.

(1) 이 조항을 한정적인 것으로 하기 위해서 어떤 예외를 붙여야 하는가?

(2) 차주는 은행에는 변제하지 않고 납품처에 전액을 지급하려고 있다. 이것은 이 조항을 위반하는 것이 되는가? 만일 차주가 주권국가였을 경우 결론은 달라지는가?

(7) 기업 그룹을 차주로 한 대출계약에서 다음과 같은 재무적 확약(financial covenant)의 의미나 역할을 각각 비교해서 차이점을 서술해 보자.

(1) 최소 순자산(minimum net worth)

(2) 레버리지 비율(leverage ratio)

(3) 금융비용에 대한 세후이익비율(ratio of EBITDA to finance costs)

(4) 부채의 세후이익에 대한 비율(debt to EBITDA ratio)

이들 비율은 장래의 회계원칙에 변경이 있는 경우 어떻게 반영되어야 하는가?

(8) 당신은 투자적격 차주의 변호사이다. 은행측 변호사는 채무불이행 사유(event of default) 조항 중의 크로스 디폴트(cross-default) 조항을 다음과 같이 하고 싶다고 말하고 있다.

"차주가 다른 금융채무를 기한 내에 변제하지 못하거나, 또는 다른 금융채무의 기한이익을 상실하거나, 또는 다른 대출실행 약정이 해제되거나, 다른 금융채무와 관련하여 채무불이행 사유가 발생했거나 그 발생이 임박한 경우, 차주와 그 자회사는 다른 대출 또는 다른 금융채무의 원리금 또는 대출 또는 다른 금융채무에 대한 보증이나 이와 유사한 것(모두 "금융채무"라고 한다)을 변제하지 않는다."

"The borrower or any of its subsidiaries does not pay the principal of or interest on any other loan or other financial debt or any guarantee or the like in respect of a loan or other financial debt (all called 'financial debt') when due, or any commitment to advance financial debt is cancelled, or any financial debt is accelerated, or an event of default or pending event of default in relation to any financial debt occurs."

당신의 의뢰인에게 유리하도록 조항을 수정해 보자.

(9) "신디케이티드 대출 계약에서 담보제공금지 조항(negative pledge), 채권자 동 등대우(pari passu) 조항, 크로스 디폴트(cross-default) 조항의 목적은 주로 차주 의 채권자 간의 공평성을 확보하는 것이다." 이에 대해 논해 보자.

(10) "중대한 부정적인 변경("material adverse change") 채무불이행 사유 조항은 은행 입장에서는 전혀 도움이 되지 않는다. 구체적인 재무비율 제한(specific financial ratios) 조항이나 기타 확약(covenant)을 넣는 편이 좋다." 이에 대해 논 해 보자.

(11) 전형적인 기한부 신디케이티드 은행대출 계약(syndicated bank term loan agreement)에서 자금이 차주에게 상환기한까지 계속적으로 제공되는 것은 어 느 정도로 확실하다고 할 수 있는가 검토해 보자.

(12) "대기업을 차주로 하는 국제 신디케이티드 대출의 주요 확약(covenants)은 은 행을 차주의 지급불능으로부터 보호하기 위한 것이다." 이에 대해 논해 보자.

(13) "통상의 보증에 관한 법률은 보증인의 보호에 너무 치우쳐 있다. 채권자가 이에 대항하기 위해서는 스탠바이L/C(standby letters of credit) 또는 요구불보증 (first demand bank guarantee)을 요구하는 수밖에 없다." 이에 대해 논해 보자. [연구주제: LPIF 제3권 제18장~제24장 참조]

(14) "정식 법률의견서는 별로 의미가 있는 것이 아니며, 법률의견서를 생략할 수도 있다." 이에 대해 논해 보자. [연구주제: LPIF 제3권 제25장~제27장 참조]

(15) 1978년에 작성된 LPIF 제3권 단락 8-058의 "Letter to A1 Yx"를 읽어보자. 스타일을 별론으로 하고, 신디케이티드 대출에서의 이 유형의 조항에 관해 시장관행이 1978년 이후에 많이 달라졌다고 생각하는가?

제 **10**장

대출채권 양도 및 참가

도입(introduction)

10-01   이 장에서는 대주("기존은행"("existing bank"))가 다른 은행("인수은행"("new bank"))에게 이미 시작된 대출이나 다른 신용대출(credit facility)에서 대출 참가를 허가해 주는 점에 대해서 다룬다.

대출채권의 양도(loan transfer) 이유

10-02   대주단 구성(syndication)의 일반적인 방법으로 모든 은행들이 대출계약을 체결한다. 그러나 대출실행 이후 기존은행(existing bank)이 다음과 같은 이유들로 대출채권의 양도를 희망할 때가 있다.

- 대주단을 구성할 시간이 부족한 경우

- 공개매수(public takeover)의 자금조달을 위한 대출에 필요한 비밀유지의무(confidentiality)의 제약 때문에, 일반적인 대주단 구성(syndication)은 안 되는 경우

- 특정 차주(borrower)에게 과도한 익스포저(over-exposure)가 쌓이는 것을 피하고 대출 포트폴리오(loan portfolio)를 다각화하기 위한 경우

- 대출채권 거래로부터 이익을 내기 위해, 예를 들어 마진(margin)의 일부를 수익

으로서 얻는 경우

- 자본적정성 규제 상 고위험자산에 해당하는 자산을 처분하여, 추가적 자본 마련 없이도 더 많은 대출을 할 수 있는 자본 여력을 마련하기 위한 경우

- 은행이 신용파생상품 시장(credit derivatives market)에서 신용보호(credit protection)를 매입한 상대방에게 대출채권을 양도하는 것을 가능하게 하는 경우. 이것이 없이는 은행이 보호(protection)의 이행을 청구하지 못할 수도 있다. CDS(credit default swap)에 대해서는, 단락 26－24 참조.

- 대출을 증권화하기 위한 경우

- 은행 구제책의 일환으로서 최후수단으로서의 대출의 대주(lender of last resort facility)를 지원하기 위해, 정부기관 또는 중앙은행에게 부실채권(non－performing loan)을 양도하는 경우

- 자신으로부터 불량채권을 분리하기 위하여, 시간과 전문지식을 사용하여 채권을 회수할 의욕이 있는 전문기관에게 양도하는 경우

이러한 이유들 때문에 대출의 시장유통성(marketability)이 필수적이며, 이 점은 모든 유형의 자산과 다르지 않다.

양도관련 조항의 내용

신디케이티드 대출(syndicated credit)에 대한 조항은 다음과 같다. 10-03

- 차주(borrower)는 자신의 어띠힌 권리 또는 의무도 양도할 수 없다.

- 각 은행은 자신의 권리의 전부 또는 일부를 양도할 수 있다.

- 각 은행은 정해진 양도 증서(transfer certificate)에 서명하고, 차주(borrower), 다른 은행들 그리고 대리은행(agent bank)의 서명을 받음으로써 계약상 권리와 의무를 경개(novate)할 수 있다.

- 각 은행은 대출 지점(lending office)을 변경할 수 있다.

- 각 은행은 잠재적인 채권양수인(proposed transferee), 참가은행(sub-participant) 또는 해당 대출계약과 관련하여 해당 은행과 계약을 맺으려고 하는 다른 자에게 정보공개를 할 수 있다.

차주(borrower) 보호

10-04   차주 보호를 위한 조항은 다음과 같다.

- 차주의 동의 없이 은행은 양도할 수 없다. 은행은 차주의 동의 없이 채권을 양도할 수 없다. (단, 그 동의는 불합리하게 거부되거나 지연되지 않아야 한다.) 이는 "당신의 대주(lender)를 알아라"("know thy lender")라는 법언과 같이 차주가 대주를 인식할 필요가 있기 때문에 규정되는 것인데, 양수은행(incoming bank)이 대출 능력이 있다는 것을 확인해 줄 필요가 있다는 것도 하나의 이유다. 이에 대한 판례는 단락 28-30 참조.

- 채권양도(assignment)나 대출 지점(lending office)의 변경에 의해 차주의 책임이 가중되지 않는다. 예를 들어, 원천징수세 공제분 추가부담(tax grossing-up) 또는 증가비용(increased costs) 조항에 의해 법적 책임이 증가하지 않는다.

보통 대출참가(sub-participations)에 대해서는 명시적인 제한이 없는 편이다.

주요 방법

10-05   참가지분(participations)을 양도하는 방법에는 다음과 같은 것들이 있다.

- **채권양도(assignment).** 기존은행(existing bank)이 인수은행(new bank)에게 대출의 일부의 권리와 의무를 양도하거나 또는 그 재산상의 이익을 예를 들어 신탁(declaration of trust)을 통하여 양도한다.

- **대출참가(sub-participations).** 기존은행(existing bank)은 차주로부터 수령한 변제금을 인수은행(new bank)이 가진 참가비율에 따라 인수은행에게 지급하는 데 동의한다.[1]

- **경개**(novations). 기존은행(existing bank), 인수은행(new bank), 차주(borrower)가 인수은행(new bank)에게 대출계약의 일부를 경개하고, 인수은행이 당사자가 된 다는 내용을 합의한다.

리스크 참가(risk participations)   이 경우 인수은행(new bank)이 기존은행(existing bank) 에게 차주의 대출의 일부에 대하여 보증을 제공한다. 이는 대부분 신용파생상품으 로 대체되었다. 단락 26 – 24 참조.   10-06

　런던의 대출시장연합(Loan Market Association)과 뉴욕의 Loan Syndications and Trading Association은 대출 거래의 표준서식과 프로토콜을 개발했다.

주요 요점 정리

각각의 방법에 관련해 고려해야 할 점은 다음과 같다.   10-07

- **비밀유지의무**(confidentiality).

- **내부자 거래**.

- 거래의 **제한**. 예를 들어, 양도의 명시적 제한.

- **대출계약상의 이익**의 양도, 예컨대 원천징수세 공제분 추가부담 및 비용 증가 조항.

- 기존은행의 계속적 **대출약정**(commitments to lend)에 따른 대출실행의무(예: 대환대출(revolving credit)에 따른 대출의무)의 양도, 그리고 대출계약상의 그 이

---

1) 역자 주) 대주(lender)가 대출참가인(sub-participant)에게 대출채권에 대한 원리금 수취 권리의 일부만 을 양도하는 것이다. 대출참가인(sub-participant)은, 대주가 차주에게 행사하여 회수한 금원을 대주로 부터 다시 반환받을 수 있는 권한만을 보유한다. 대출계약에서 대주와 차주가 존재하는 상황에서, 또 다른 주체인 대출참가인(sub-participant)이 위 대출계약의 대주 측에 대출참가(sub-participation)한 다. 대출참가(sub-participation) 후에도 차주와 대주와의 채권 채무 관계는 계속 유지되며, 대주가 채 권자로서의 지위를 그대로 유지한다. 대출참가인(sub-participant)은 대주와 대출참가(sub-partic- ipation) 계약을 체결하고, 차주와는 직접적인 계약관계를 형성하지 않는다. 대주와 대출참가인(sub- participant)만이 대출참가(sub-participation) 계약의 당사자이고, 차주는 대출참가(sub-participation) 계약의 당사자가 아니기 때문에, 대출참가인(sub-participant)은 차주와 직접적인 계약관계가 없다. 따 라서 대출참가인(sub-participant)은 직접 차주에게 채권을 행사할 수 없고, 차주에게 직접 대출금 변 제를 요구하거나 기한의 이익을 상실시키는 행위를 할 수 없다.

외의 의무(예: 대주 간 안분비례 배분(pro rata sharing) 조항 상 의무, 참가은행의 대리은행에 대한 보상의무)의 양도.

- **상계**(set-off).

- 기존 은행의 **권유**(solicitation) 리스크(예: 부실표시(misrepresentation) 등). 기본적인 내용은 양도(assignment), 대출참가(sub-participations), 경개(novation) 시에도 적용될 것으로 생각된다.

- **담보부**(secured) 대출과 보증부 대출의 양도.

10-08

- 기존은행(existing bank)에 대한 인수은행(new bank)의 **상환청구권**(recourse). 통상의 보장(warrant)과는 달리 양도(transfers)는 매도은행(selling bank)에 대한 상환청구권 없이 행해진다. 완전한("clean") 양도는 자본적정성 규제의 요건이기도 하다.

- 신규 신용공여(new money)를 위한 채무 **상환기한 연장**(rescheduling).

- **자본적정성**(capital adequacy).

- **투자설명서 규제**(prospectus regulation). 대출 양도는 일반적으로 투자설명서 규제요건의 적용을 받지 않는다(단락 23-07 참조): 은행 대출은 규제된 투자설명서를 요구하는 "증권"이나 "투자상품"이 아니다. 이와 같은 적용 면제는 통상 공모가 아닌 사모 방식이나 전문투자자에 대한 모집의 경우에 적용된다.

- **세금과 인지세**(stamp duty). 세금에 대한 주된 논의는 차주가 원천징수세(withholding tax) 공제 없이 양수인에게 지급할 수 있느냐이다. 원천징수세는 양도인이 차주(borrower)로부터 지급받은 동일 금액을 참가자(sub-participants)에게 지급하면서도 원천징수세는 공제해야 할 수도 있는 대출참가(sub-participations) 방식에서도 문제가 된다. 몇몇 국가들은 양수인에게 인지세를 부과한다. 영국에서는 자기자본 요소(equity element) 없는 대출 양도에 대한 인지세 의무가 폐지되었다.

비밀유지의무(confidentiality)

은행원은 엄격한 비밀유지의무(duty of confidentiality)를 지고 있으며, 은행은 확립 10-09
된 예외를 제외하고는 고객의 어떠한 정보도 공개할 수 없다. 법률이나 규제에 의하
여 정보 공개가 요구되는 경우, 손해배상 청구 소송을 제기하는 경우 등 정보 공개
가 은행의 이익을 지키기 위해서 필요한 경우가 그 예외에 해당한다. 대출채권의
양도에 대한 차주(borrower)의 승낙은 통상 정보 공개에 대한 묵시적인 동의(implied
consent)가 된다.

많은 기한부 대출(term-loan) 계약이나 신디케이티드 대출(syndicated credits)에서는,
대주(lender)가, 비밀유지계약(confidentiality agreement) 체결을 조건으로, 잠재적인 양수
인(prospective assignee, transferee)이나 참가자(sub-participant)에게 차주와 대출 서류
(credit document)에 관한 정보를 공개하는 것을 허용한다.

내부자 거래

대부분의 선진국에서는 내부자들이 시세에 영향을 끼칠 수 있는 미공개 정보를 10-10
이용하여 시장성 있는 유가증권(marketable securities)을 취득하거나 처분함으로써 이
익을 취하는 것을 금지한다. 법률은 또한 내부자가 시세에 영향을 끼칠 수 있는 미
공개 중요정보(undisclosed price-sensitive information)를 제3자에게 제공하거나 또는 그
제3자에게 거래를 행하게 하는 것을 의도하여 제공하는 것("tipping")을 금시하고 있
다. 단락 24-26 참조. 대출은행은, 차주로부터 특별한 정보를 받을 수 있거나 잠재
적인 차주의 채무불이행(default)을 알 수 있기 때문에, 자주 내부자가 될 수 있다. 따
라서 예외가 있지 않는 한, 매도인(seller)은 매수인(buyer)에게 시세에 영향을 끼칠
수 있는 중요정보를 공개할 수 없으며, 매수인은 정상적으로 스스로 여신심사를 해
야 한다. 종종 "정보의 평등"("equality of information")에 대한 예외가 적용된다. — 이
에 대해서는 단락 24-36 참조. 이 경우에 비밀유지계약(confidentiality agreement)에 따
라 매수인은 제공된 정보를 대출채권의 양수를 심사하는 목적으로만 사용해야 하
며, 그 이외의, 예를 들어 차주가 발행한 유통성 있는 유가증권(marketable securities)의
매매 등 불법적인 목적을 위해 사용하는 것은 금지된다.

만약 매수인(buyer)이 시세에 영향을 끼칠 수 있는 중요정보를 가지고 있는 경우,
매수인(buyer)은 차주가 발행한 유통성 있는 유가증권을 거래할 수 없다. 이러한 상

황은 대형 은행(large banks)에서 문제가 되는데, 인수은행(buying bank)의 대출채권 거래부서와 다른 모든 은행 직원들을 분리하는 정보교류차단벽(Chinese wall)을 마련해야 한다. 정보교류차단벽(Chinese wall)에 대해서는, 단락 22 – 29 참조.

헤지펀드(hedge funds)는 통상 규모가 작기 때문에 정보교류차단벽(Chinese wall)을 만드는 것이 현실적이지 않다. 이 경우 차주가 발행하는 증권을 계속 매매하기 위해서는, 양수인 헤지펀드(hedge fund transferees)는 차주로부터의 정보를 얻는 것을 거절해야 한다. 이것에 의해, 그들은 "외부자"("public side")로 남아 있게 되는 것이다.

권유(solicitation)

10-11   모든 매매(sale)는 사기나 부실표시(misrepresentation) 규칙이 적용된다. 예를 들어, 부정확한 정보, 오해를 주는 표시, 상대방의 오해를 알고 정정하지 않는 것 등이다. 대출참가(sub – participant)와 경개(novations)는 매매는 아니지만, 동일한 규칙이 적용된다. 이는 부실표시(misrepresentation)의 원칙은 계약 일반에 적용되기 때문이다.

일반적으로 신용정보와 관련하여 기존은행(existing bank)은 책임을 지지 않는다. 인수은행(new bank)은 통상 스스로 실사(due diligence)를 실시해, 채무자의 신용력을 평가하는 것이 요구된다. 이러한 면책조항에는 일정한 제한(usual limitation)이 가해진다.

> *National Westminster Bank plc v Utrecht – America Finance Company* [2001] EWCA Civ 658, [2001] 3 All ER 733 사건에서 은행이 상대방이 가진 대출계약의 참여이익을 구매했다. 매수인은 "매도인이 매수인에 대해서 어떠한 법적 책임을 지지 않으며, 매수인은 [특정 분야의] 정보에 대해서 공개하지 않은 것과 관련하여 매도인에게 어떠한 소송도 제기하지 않는다."라는 취지의 확인을 했다. *판결*: 이 조항은 1977년 불공정계약 조건에 관한 법률(Unfair Contract Terms Act 1977)에 따라서 합리적이었다. 이 조항은 전문적이고 동등한 협상력(bargaining power)을 가진 당사자 사이에서 자유롭게 협상되었다.

미국 법원은, 참가(participation)와 관련하여 은행이 다른 자의 자금수탁자(fiduciary)라고 인정하는 것을 회피하는 경향이 있었다. 당사자들이 전문적이고 또한 독립된 입장에서 거래(arms – length transaction)를 하기 때문이다. *Banco Espanol de Credito v Security Pacific National Bank*, 763 F Supp 36, 45 (SDNY 1991), affirmed 973 F 2d

(2d Cir 1992), cert denied 509 US (1993) 판례(분명하고 명백하게 계약상에서 명시되지 않을 경우 대출참가계약(loan participation agreement)상의 자금수탁자(fiduciary) 관계가 존재하지 않는다), *Guaranty Savings and Loan Association v Ultimate Savings Bank*, FSB, 737 F Supp 366, 370 (WD Va 1990) 판례(계약서상 자금수탁자(fiduciary)의 의무를 생성하려는 의도가 명시되어 있지 않는 한 대출참가계약에 의해서 수탁자의 의무가 발생하지는 않는다), *Banque Arabe et Internationale D'Investissement v Maryland National Bank*, 57 F 3d 146, 150 (2d Cir 1995) 판례(은행들이 독립된 당사자로서(arms-length) 협상했고 참가계약서(participation agreement)상에 참가은행이 주간사은행(lead bank)의 신용분석정보에 의존하지 않았다고 명기한 경우, 주간사은행(lead bank)은 차주의 콘도미니움 개조계획의 지연(delay)과 인허가에 관한 정보를 공개할 의무를 부담하지 않는다), *First Citizens Federal and Loan Association v Northern Bank & Trust Co*, 919 F 2d 510, 514 (9th Cir 1990) 판례(명시적인 계약이 없는 한(absent unequivocal contract), 전문적인 대출기관들 간의 대출참가계약의 문맥에서는 자금수탁자(fiduciary) 관계는 인정되지 않는다). 대출 참가 모집과 관련된 부실표시(misrepresentation) 책임은 단락 23-23 및 단락 23- 24에서 일반적으로 다루어진다.

채권양도에 의한 참가(participations by assignment)

양도 거래(assignment transaction)   양도 거래 방식의 경우, 기존은행(exiting bank)은 인수은행(new bank)에 대하여 대출약정상의 전부 또는 일부의 권리와 그에 비례한 이익(benefit)을 양도한다. 양도 통지는 있는 경우도 있고 없는 경우도 있다. 양도는 신탁이나 수익금(나무가 아닌 열매)의 이전을 통해서도 이루어질 수 있다.   10-12

대출계약상의 제한: 양도가능성(assignability)   대출계약의 양도제한 특약은 양도를 무효화시킬 수도 있다. 이러한 주제에 대한 조사에 대해서는 단락 28-30 참조. 이와 관련된 주요 논지는 다음과 같다.   10-13

    (1) 양도금지 특약에 반한 양도는 무효인지 여부

    (2) 예를 들어, "금융기관"("financial institutions")을 위한 양도의 제한이 헤지펀드에

의 양도에도 적용되는지 여부

(3) 대출의 양도 금지가 대출의 신탁(trust of the loan)까지 금지(prohibition)하는지 여부, 또한 이 경우 신탁의 수익자(beneficiary)가 대출금을 청구하는 소송을 제기할 수 있는지 여부

(4) 합리적인 이유 없이 채권양도에 대한 승낙을 거절할 수 없다고 명시된 경우, 승낙을 사실상 받을 수 있었던 경우에 승낙을 구하지 않은 것이 치명적인지 여부

(5) 채권양도가 대출계약상 원천징수세 공제분 추가부담(tax gross−up) 또는 증가비용(increased cost) 조항을 발동시키는 결과가 되는 것이 그 양도에 대한 묵시적인 금지가 되는지 여부

(6) 많은 나폴레옹계 국가들과 다른 국가들이 그러하듯이, 만약 양도인이 도산하고 채권양도의 통지가 차주에게 도달하지 않은 경우에 그 채권양도를 무효로 하는 法域에 차주가 있는지 여부

(7) 채권양도 통지가 대항요건인지가 차주의 주소지법으로 결정되는지, 채권에 책임이 있는 다른 자의 주소지법으로 결정되는지, 또는 양도대상이 되는 채권의 준거법에 의하여 결정되는지 여부

이러한 요점에 대해서는, 단락 28−30 참조.

양도 통지가 양도의 대항요건이 아닌 경우에도, 채무자가 양수인에게 지급하도록 법적으로 구속하는 측면에서 또 양수인의 우선순위를 보호하는 측면에서 양도 통지를 하는 것이 바람직하다. 단락 28−34 참조. 통지 없이 양수하는 것은, 양수은행이 이러한 위험을 감수하려는 생각이 있다고 하더라도, 자본적정성의 관점에서 완전한 양도(clean transfer)로 간주되지 않는 경우가 있다.

10-14 **대출계약**(loan agreement)**상의 이익**   인수은행(new bank)은 양수인으로서 차주에 대하여 직접적인 대출계약상 권리를 가지며, 이에 따라 원천징수세 공제분 추가부담(tax grossing−up) 또는 증가비용 조항, 의결권 등 대출계약상의 모든 이익을 향유하게 된다.

그러나 양수인이 원천징수세 공제분 추가부담(tax grossing-up)이나 증가비용 조항의 이익을 받는 것이 명시적으로 제외되는 경우도 있다. 많은 여신계약(credit agreement)에서 은행의 대출채권 양도에 의해서 이러한 조항에 근거해 차주의 법적 책임이 가중되는 것을 금지하고 있다.

기존은행(existing bank)**의 의무의 양도성**(transferability)　권리의 양도만으로는 의무는 양도되지 않으며, 예를 들어 대환대출(revolving credit)의 추가 대출 등의 의무는 그대로 기존 은행에 남아 있다.　　10-15

인수은행(new bank)은 추가 대출(new advances)에 대해 자신들의 부담분을 기존은행에 지급하고, 이를 통해 신규 대출의 양도가 있었던 것으로 간주된다. 이 지급은 인수은행의 차주에 대한 대출이 아니고, 인수은행이 기존은행의 차주에 대한 대출채권을 인수하기 위해 기존은행에게 지급하는 인수대금이다.

기존은행은 인수은행의 채무불이행 리스크를 지게 된다. 인수은행이 대출약정을 불이행한 경우, 기존은행이 인수은행의 대출약정 불이행 부분도 포함하여 차주에게 대출할 의무를 지게 된다.

대출약정(commitments)이 지속될 경우, 통상 자본적정성 규제(capital adequacy proposal)상으로는 기존은행의 인수은행(new bank)에 대한 익스포저(exposure)도 기존은행의 위험자산 비율에 포함되게 된다.

상계(set-off)　차주는 양도된 대출채무에 대하여 예금채권과 같은 기존은행(existing bank)에 대한 반대채권과 상계할 수도 있다. 그러나 일반적으로 차주는 대출계약에 상계권을 행사하지 않을 것을 규정하는데, 이는 양수인인 인수은행(new bank)에 대한 상계권 행사를 효과적으로 막아 줄 것이다.　　10-16

기존은행은 인수은행에 대하여 차주의 상계권 행사 가능성이 없음을 보징해야 하고, 차주가 양도된 대출채권을 상계의 대상으로 삼았을 경우에는 보상하는 것에 합의해야 한다.

양도로 인하여 기존은행과 차주는 상계의 쌍방향성(set-off mutuality)이 상실되어 기존은행은 차주에 대한 상계권을 상실한다. 기존은행은 보유하고 있는 채무자 명의의 예금 채무를 상계에 사용할 수 없게 된다. 인수은행이 차주에 대해 예금 채무를 지고 있는 경우에는, 원칙적으로 인수은행과 차주 사이에 양도된 대출채권에 대하여 상계를 위한 쌍방향성이 생긴다.

채무자의 도산 의심기간(suspect period) 중에 상계를 위해서 채권을 양수받는 것은, 많은 法域에서 편파행위 否認의 대상이 되는 것에 주의해야 한다. 단락 14－26 참조.

10-17   **담보부 대출, 보증부 대출**(secured and guaranteed loans)   대출에 담보나 보증이 붙어 있는 경우는, 그 담보나 보증이 양도가 가능한지 확인한 후에 양도해야 한다. 보통 대출의 양도는 담보나 보증의 이전을 포함하는 것으로 해석된다.

영국법에서는 통상 담보권의 양도 시, 그 담보권의 양도를 자산 소유권 등기부(asset title register)에 등기하지 않아도, 양도인의 도산시에 양도의 유효성을 주장할 수 있다. 자산 소유권 등기부란 예를 들면 부동산, 선박, 항공기, 주식, 등록사채, 지식재산권의 등기부 등이다. 단, 등기로 우선순위가 확보되는 등의 이점은 있다. 담보물이 나폴레옹계 또는 로마－게르만계 法域에 있는 경우, 담보권의 양도는 유효한 자산 소유권 등기부에 등기되어 있지 않는 경우 양도인의 도산시에 무효가 되는 경우가 있다. 그러나 이것은 상당한 일반론이며, 많은 예외가 있다.

10-18   **변제의 충당**(appropriation of payments)   차주(borrower)가 기존은행(existing bank)에 대하여 채무의 일부분만을 변제(partial payments)를 한 경우 그 변제는 기존은행과 인수은행(new bank) 간에 지분에 따라 안분비례하여 충당된다. 원금, 이자, 기타 수수료 등의 충당 순서는 통상 기존 대출계약(head agreement)으로 정해져 있다. 기존은행이 동일 차주에 대한 다른 대출에 충당할 수 있는 경우에도 차주로부터 지급받은 금액을 변제 대상인 해당 대출에 충당해야 하는지는 대출계약에서 정해야 한다. －통상적으로는 변제 대상인 해당 대출에 충당해야 하는 것은 아니고, 그렇게 할 수 있다고 명시적으로 규정한다.

대출참가(sub-participations)

10-19   **대출참가 거래**(sub-participation transaction)   대출참가 거래란, 인수은행이 기존은행에 참가금액의 예치금을 두고, 기존은행이 차주로부터 변제받은 경우, 그 변제 금액 중 인수은행의 참가분(share)에 *상응하는 금액(amounts equal)*을 인수은행에게 지급하는 것이다. 참가은행에 대한 지급액(payments of the sub－funding loan)은 기존은행이 이에 대응하는 금액을 차주로부터 변제받는 것을 조건으로 이루어진다.

법원은 *Lloyds TSB BANK plc v Clarke* [2002] UKPC, [2002] 2 All ER Comm 992 판례에서, 계약 중에 양도(assignment) 거래임을 의미하는 약간의 기재가 있었음에도 불구하고, 대출참가(sub-participation) 거래를 인정했다. 결과적으로 참가자(sub-participant)는 기존은행의 도산 리스크를 감수하게 되었다.

대출참가(sub-participation) 계약에는 기존은행(existing bank)이 변제를 수령했더라도 인수은행(new bank)에 대한 지급의무를 발생시키지 않는 경우를 규정할 수 있다. 예를 들어, 기존은행이 안분비례 배분 조항(pro rata sharing clause)에 따라 다른 은행에 배분해야만 하는 회수금액, 또는 (때때로) 차주의 국가에서 금지되는 채권회수 등이다.

인수은행(new bank)의 이중 리스크   기존은행은 인수은행을 위해 대출채권을 양도 10-20 하거나 신탁하지 않으며, 인수은행은 기존은행의 채권자일 뿐 차주의 채권자가 아니다. 기존은행이 도산하는 경우, 인수은행은 기존은행에 대한 무담보 채권자(unsecured creditor)가 되며 차주에 대하여 직접 청구를 할 수 없다(인수은행은 양수인이 아니다). 따라서 인수은행은 채무자 및 기존은행에 대해 이중의 리스크(double risk)를 부담하게 된다. ― 차주의 리스크와 기존은행의 리스크 두 가지를 말한다.

이 리스크는 기존은행이 대출계약에 대하여 인수은행에게 담보를 제공해 주면 회피될 수 있다. 그러나 담보 제공은 통상 은행에서는 받아들이기 어려운 것이다. 담보 제공은 담보제공금지 조항(negative pledge)에 위반될 수도 있으며, 등기나 등록을 필요로 하는 경우도 있다. 담보 제공은 국제거래 실무에서 기의 이용되지 않는다.

장래에 담보를 제공하기로 하는 약정도 방어책으로 별로 유효하다고 할 수 없다. 왜냐하면 담보제공 요구(call) 시기가 기존은행의 의심기간(suspect period) 중에 해당하면 도산절차에서 편파행위로 좀認의 대상이 될 가능성이 있기 때문이다.

대출참가(sub-participations)의 목적   이 거래의 목적은 채권양도 없이 대출에 존재하 10-21 는 위험을 기존은행(existing bank)에서 인수은행(new bank)으로 이전하고, 인수은행의 참가분(share)에 해당하는 대가를 지급하는 것이다. 채권양도는 때때로 불가능하거나 바람직하지 않을 수 있다. 예를 들어, 여신계약상 채권양도금지특약이 있거나, 채무자에 대한 양도통지 의무조항이 있거나 양도에 따른 인지세(stamp duties) 발생, 담보권 이전 비용 부담, 신규은행이 양수인인 경우에 발생하는 이자 지급 시 원천징수세 등이 문제될 수 있다. 기존은행은 거래 은행(relationship banking)으로서 채권자(beneficial ownership)의 지위에 머무르고 싶은 희망을 가지고 있는 경우도 있다.

대출참가(sub-participations)의 불리한 면은 주로 참가자(sub-participant)측에 있다.

10-22 **대출계약상의 제한**　참가거래는 채권양도는 아니지만, 대출계약에 대출채권 양도에 대한 제한이 없는지 살펴보아야 한다. 대출참가(sub-participations)를 제한하는 경우는 드물지만, 은행의 비밀유지의무(duty of confidentiality)와의 관계를 고려할 필요가 있다.

10-23 **대출계약상의 이익**　인수은행은 양수인이 아니기 때문에 보상조항(원천징수세 공제분 추가부담, 비용증가), 불법 조항, 시장 혼란(market disruption) 조항, 투표권, 동의권한, 대출을 관리할 권한 등 대출계약상의 이익을 얻을 수 없다. 이러한 내용은 참가계약(contract of participation)에서 규정되어야 한다. 기존은행이 인수은행에게 이자를 지급할 때 발생하는 원천징수세(withholding tax)는 보통 인수은행에게 리스크다. 기존은행이 원천징수세 공제분 추가부담(tax gross-up) 의무를 지는 경우는 흔하지 않다. 인수은행에게 규제법의 변경에 따라 비용 증가가 발생한 경우에는, 인수은행은 기존은행에도 유사한 비용 증가가 발생해서 기존은행이 차주로부터 보상을 받고 그 참여분 만큼을 인수은행에 지급해 주기를 바랄 수밖에 없다.

10-24 **대출계약상의 의무**　기존은행은 추가대출을 할 의무를 비롯하여 대출계약상의 차주에 대한 모든 의무를 계속 진다.

만약 기존은행의 대출약정(continuing commitment to lend)이 지속되는 경우, 기존은행의 자본적정성 산출 시 위험자산 비율은, 기존은행의 인수은행에 대한 익스포저(인수은행이 대출에 상응하는 예치금을 납입하지 않는 리스크)를 포함해야 한다.

10-25 **상계**(set-off)　인수은행은 차주에 대한 채권자가 아니므로 차주와 인수은행 사이의 상호 간 상계가 발생하지 않는다. 예를 들어, *Re Yale Express System Inc*, 245 F Supp 790 (1965) 판례 참조.

기존은행은 전체 대출금에 대해서 차주의 채권자이며 따라서 기존은행과 차주 사이에는 상계의 쌍방향성이 인정된다. 모든 상계에 있어 기존은행은 마치 차주에 의한 시급인 것처럼 인수은행에게 그 참가액 상당액을 지급해야 할 의무를 진다. 기존은행은 상계를 해야 하는 의무를 지거나 다른 대출에 앞서 이 대출을 상계해야 할 의무를 지지는 않는다(그렇게 함으로써 참가자의 권리를 박탈할 수 있다). 차주가 도산한 경우, 상계가 강제적인지 허용되는지 금지되는지 *法域*에 따라 다르다.

담보부 대출, 보증부 대출(secured and guaranteed loans)　　이 거래는 양도가 아니기 때문에 담보나 보증에 대한 권리 역시 인수은행으로 이전하지 않는다. 대신에 기존은행은 보증으로 인한 수익 또는 담보실행을 통한 회수금액을 참가 비율에 따라 인수은행에게 지급할 의무를 진다. 인수은행은 이에 따른 간접적인 이득을 얻을 수 있다. 참가계약이 그렇게 규정해야 한다.

10-26

상환기한 연장(rescheduling) **및 신규 신용공여**(new money)　　만약 차주가 재정적 어려움으로 인해 자신의 채무에 대한 상환기간을 연장한다면, 대주(lender)인 기존은행은 상환기한 연장(rescheduling) 및 신규 신용공여(new money)에 대한 압박을 느끼게 될 것이다. 참가계약은 가능한 한 기존은행이 상환기한 연장(rescheduling)에 합의한 경우, 인수은행도 그에 대응한 상환기한 연장(rescheduling) 의무를 지도록 규정해야 한다.

10-27

　비슷한 문제는 기존은행이 출자전환(debt-equity conversion)에 합의할 경우에도 발생한다. 차주가 지급불능에 빠지긴 했지만 차주의 지급능력(solvency)을 다시 살려서 도산절차의 개시를 회피하기 위하여 출자전환(conversion)이 필요해지는 경우이다. 대출과 신주인수대금(subscription price)의 상계는 대출의 변제가 되어서, 기존은행이 인수은행에게 지급해야 할 의무를 발생시킬 가능성이 있다. 또한 주식의 대가(consideration)로 대출을 해제(cancel)하는 경우에 참가계약 조건(terms of the participation)상 기존은행이 그러한 해제를 하는 것이 허용되어 있는가 하고 약간의 문제가 생기는 일도 있다. 참가(participation)의 모든 목적은 인수은행이 차주의 도산 리스크를 부담하게 하는 것인데, 만약 출자전환(conversion)에 의해서 (상계의 경우에) 기존은행이 인수은행에게 전액 지급할 의무를 발생시키거나 또는 인수은행이 (해제에 의한) 출자전환(conversion)을 거부할 수 있다고 한다면 이 목적과 모순되게 된다.

　이와 같은 문제는 일반적으로 자금난에 빠진 차주의 전부 또는 일부 등급의 채무의 구조조정(restructuring)이 관계 채권자의 50% 이상의 다수에 의하여 승인된 경우에 어떻게 처리할 것인지를 규정한 조항으로 해결된다.

　관련 조항들에 따르면, 차주에 의한 지급이 동결계좌(blocked account) 또는 양도불능통화(non-transferable currency)로 지급된 경우 장애가 제거되기 전까지는 기존은행

10-28

은 인수은행에 대한 지급의무를 지지 않는다. 차주가 지급한 지급총액이 채무의 롤오버(rollover)와 같이 일반적인 채무재조정(restructuring)의 특정 목적을 위해 이용되어야 하는 경우에는, 기존은행은 돈을 지급할 책임이 없다. 기존은행이 차주로부터 약속어음을 지급받은 경우에는 어음이 현금화되기 전까지는 인수은행에게 지급할 필요가 없다. 기존은행은 가능한 경우 인수은행의 참가분에 비례하여 이와 같은 자산의 이득을 분배해 준다.

이 조항은, 일반적인 채무재조정(restructuring)의 경우 기존은행은 주식(equity)을 포함한 유가증권을 참가된 해당 대출(participated debt)의 변제로 받아들일 수 있고, 또한 인수은행이 상응하는 참가지분(participation)을 얻는 경우에는 (즉, 참가지분이 새로운 계약에 대해서도 승계되는 한) 기존은행은 상환기한 연장(rescheduling)을 비롯한 채무재조정(restructuring)에 필요한 계약을 체결할 수 있다고 규정한다.

많은 채무재조정(restructuring)은 신규 신용공여(new money)를 포함한다. 인수은행이 장래의 알 수 없는 상황에서 이러한 신규 신용공여(new money)를 무제한적으로 제공하는 데 동의할 것이라고 보기는 어렵다. 이 문제는 신용리스크(credit risk)의 이전을 심각하게 악화시킬 수 있다. 통상의 해결방법으로는, 인수은행이 추가 익스포저(exposure)를 늘릴 의무가 있는 것은 아니지만, 만약 기존은행이 추가 익스포저(exposure)를 늘렸을 경우, 기존은행은 그 추가 익스포저(exposure)가 변제될 때까지 인수은행에게 지급을 하지 않는다고 규정함으로써 해결이 도모된다. 즉, 기존은행의 신규 신용공여(new money)의 변제를 우선시하여, 인수은행이 최초 대출분을 변제받기 전에 신규 신용공여가 먼저 변제되어야 한다는 것이다. 그러나 만약 인수은행이 신규 신용공여에 참여하여 참가지분을 얻기로 결정한다면, 인수은행의 참가지분(participation)이 신규 신용공여(new money)로 흘러들어갈 수 있다.

대출참가(sub-participations)의 결점은, 참가자들(sub-participants)에게 수용가능한 계약조항으로는 가장 필요한 순간에 기존은행이 완전하게 보호받지 못하고, 도산리스크를 참가자(sub-participant)에게 이전하는 거래의 근본적 목적이 위협받을 가능성이 있다는 것이다.

10-29   **관리**(management)   인수은행은 자신의 참가분에 대하여 어떠한 관리 컨트롤(control over management)이 가능한지 고려해 봐야 한다. 예를 들어, 의결권의 행사, 동의와 권리의 포기, 변경의 합의(agree variations), 강제집행에의 컨트롤 등이다. 일반적으로 기존은행은 어떠한 통제권도 인수은행에게 양보하지 않으려고 하나, 이 때문에 관리상의

과실에 대하여 책임질 리스크(maladministration risk)가 있다. 기존은행은 일반적으로 신디케이티드 대출 계약(syndicated loan agreement)상의 대리은행 관련 조항과 동일한 조항을 두어 계속적인 정보공개 및 모니터링에 대한 책임을 회피하고자 한다.

경개(novations)

경개 거래(novation transaction)   신디케이티드 대출(syndicated credits)은 보통 은행이   10-30
그들의 권리와 의무를 또 다른 은행에게 이전하는 조항을 포함할 수도 있다. 경개의 목적은 은행의 대출의무의 이전을 보장하는 것이다. 이를 이전(transfer)하여 본래은행(original bank)의 대출 의무를 해방시키지 않으면, 본래의 은행(original bank)은 만약 양수인 은행(transferee bank)이 차주에게 대출계약에 따른 새로운 대출을 실시하지 못하는 경우, 양수인 은행에 대한 지속적인 신용 익스포저(exposure)를 갖게 되며, 이 익스포저는 자기자본 비율 규제의 대상이 된다.

更改는 인수은행(new bank)의 완전한 당사자 대체이며, 또는 기존은행(existing bank)의 채권양도, 인수은행(new bank)의 대출계약상 채무인수(assumption), 기존은행의 의무의 해방(release)이라고 할 수 있다. 둘 사이의 차이는, 경개가 오래된 대출을 완전히 해제하는 것인데(대출에 제공된 담보가 은행을 위하여 신탁되어 있지 않은 경우, 담보에 불이익이 발생할 수 있다), 반면 채권양도와 채무인수는 원래의 대출과 담보는 그대로 존치되어 담보권을 유지시킨다는 점이다.

계약상 경개의 방법은, 차주와 은행들 모두로부터 위탁을 받은 대리은행이, 차주와 은행들을 대리하여 소정의 경개 증서(novation certificates)에 서명하면, 모든 당사자에게 구속력이 생기게 된다.

인수은행은 기존은행과 같이 원천징수세 공제분 추가부담(tax grossing-up) 조항, 위법성 소항, 증가비용 조항 등 대출계약상의 모든 이익을 누릴 수 있다. 상계 등을 위한 실행 통지가 필요 없다. 은행원이 본래 가진 비밀유지의무(duty of confidentiality)의 문제는, 차주가 경개에 동의했기 때문에 문제가 되지 않는 것이 보통이다.

상계(set-off)   인수은행과 차주(borrower) 사이에는 상계의 쌍방향성(set-off mutuality)   10-31
이 존재해 마치 인수은행이 본래의 대출자(original bank)였던 것처럼 서로 상계가 가능하다.

10-32　**담보부 및 보증부 대출**(secured and guaranteed loans)　　경개(novation)는 새로운 채권자 (당초의 대출계약 체결 시에는 아직 등장하지 않았었다)에 대한 새로운 채무를 발생시킨다. 기존 채무는 해제된다(cancelled). 이에 따라 보증(guarantee)이나 담보 (security)는 소멸될 가능성이 있다.

　　이러한 문제를 피하기 위해 차주의 수탁자에 대한 병존적인 지급채무의 보전으로서 처음부터 담보나 보증을 수탁자에게 신탁하고, 수탁자는 본래의 은행(original banks)과 경개를 통한 인수은행 등의 수익자들을 위해 담보를 보관 유지하는 형태를 취할 수 있다.

　　영미법(Anglo-American law)상으로는 미특정 장래의 수익자를 위하여 신탁을 설정하는 것은, 신탁재산을 분배할 때에 수익자를 특정할 수 있다면 문제가 되지 않는다. 債券(bond)나 社債券(debenture)[2] 발행의 경우와 달리, 항상 있는 것은 아니지만, 실무상 수탁자와 은행 양쪽 모두에게 담보를 제공하는 경우도 있다.

　　비록 많은 예외사항이 존재하기는 하지만, 만약 담보물(secure asset)이 신탁을 인정하지 않는 국가(나폴레옹계와 로마-게르만계의 대부분 法域)에 소재하는 경우 신탁의 메커니즘을 이용할 수 없다. 담보물이 여러 法域에 산재해 있는 국제 담보부 대출(secured loans)에서는, 담보에 대한 수탁자(trustee)를 지정하는 경우가 많다. 앞서 말한 바와 같이, 은행이 직접 담보권자가 됨과 동시에 수탁자도 담보권자가 될 수 있다. 담보가 보존될 수 없으면, 경개(novations)도 유효하게 되지 않는다. 프랑스 민법을 수용한 많은 나폴레옹계의 法域에서는, 경개(novations)를 해도 그 시점에서 관련 법률-프랑스 민법의 제1278조 (보증과 관련된 제1281조)에 따라서 명확히 규정하면 담보권은 소멸하지 않는다. 국제적인 입장은 복잡하다. 단락 17-17 참조.

대출채권의 양도(loan transfers)와 자본적정성(capital adequacy)

10-33　　2004-5년의 바젤협약(Basel II)은 은행에 대하여 특정 익스포저에 대한 위험가중치에 따라 산정한 총위험가중자산에 대한 자기자본 비율을 8% 이상으로 유지할 것을 요구했다. 제25장 참조.

　　Basel II는 대출채권의 이전을 다루고 있지는 않지만, 규제 당국은 이것도 규제하

---

2) 역자 주) bond가 debenture 보다 넓은 개념이다. bond는 debenture를 포함하는 넓은 개념이다. 미국에서는 debenture는 보통 만기가 단기(短期)이며, 따로 담보를 세공하지 않고 채무자의 신용만으로 발행하는 債券(bond)이다. 영국에서는 debenture는 회사 자산으로 담보되는 債券(bond)이다.

고 있다.

대출의 진정한 양도(clean transfer)가 있었고 따라서 익스포저(exposure)가 대출참가의 매수인에게 효과적으로 이전되었는지는 다음의 회계처리에 따라 판단되어야 한다.

상식적으로, 다음과 같은 경우에는 진정 양도(clean transfer)로 여겨진다. ① 대출의 신용리스크가 양수인에게 효과적으로 이전되어 양도인은 양도된 대출(transferred loans)의 손실에 대하여 결코 책임을 지지 않고, ② 차주에 대한 대출약정(commitment)이 양수인에게 이전되어 양수인만 대출의무를 지고, 양수인이 대출을 실시하지 않는 경우에도 양도인은 차주에 의해 대출의무에서 해방되고, ③ 양도가 법률적으로 유효하고, 양도인이 도산했을 때에도 否認의 대상이 되지 않는 경우(예를 들어, 차주에게의 채권양도 통지가 요건인 경우에 채권양도 통지를 하지 않아서 무효가 되지 않는 것 등).

10-34

영국 FSA(UK Financial Services Authority)3)의 예전의 규칙은 유용한 참조 사항이다. 이 규칙에 의하면 모든 거래(양도, 대출참가, 경개)는 대출 양도에 관한 FSA의 자본적정성 기준을 충족하려면 다음의 조건(요약되어 있음)에 부합해야 한다.

(1) 양도가 원 계약상 조건을 위반하지 않아야 하며 필요한 모든 동의를 얻어야 한다.

(2) 양도인은 이전된 자산의 부분에 대하여 잔여 경제적 권리를 가지지 않으며 양수인은 양도인에 대하여 손실에 대한 공식적인 溯求權(recourse)을 가지지 않는다.

(3) 양도인은 자산을 구매 또는 재구매(또는 대출참가의 상환을 지원)하거나 양도인에 의해 양수인이 입은 손실을 보전해야 할 법적 또는 도덕적 의무를 지지 않으며, 양도인은 그러한 법적 의무를 지지 않는다는 것을 양수인에게 통지

---

3) 역자 주) 영국은 2013년 4월 통합형 감독기구인 금융감독청(FSA)을 해체하고, 건전성감독원(Prudential Regulation Authority, "PRA")와 영업행위감독원(Financial Conduct Authority, "FCA")으로 분리했다. PRA는 영국의 중앙은행인 영란은행(Bank of England)의 산하 기관으로 편입되어, 대형은행, 투자은행, 보험사 관련 미시 건전성 감독 기능을 담당한다. 아울러 영란은행 내에 거시 건전성을 담당하는 금융정책위원회(Financial Policy Committee)도 설치했다. FCA는 독립기구로 존속하면서, 브로커, 헤지펀드, 자산운용사 등 금융기관에 대하여 소비자보호 및 영업행위 규제감독을 총괄한다. 또한 은행들 간의 담합이나 범죄행위 등 시장경쟁 또는 공정거래와 관련된 감독업무도 담당한다. PRA와 FCA는 위원회 구성원 일부가 중복되어 상호 의견 교환이 원활하다.

했고 양수인이 이해하고 있음을 양도인이 FSA가 만족할 수 있을 정도로 증명할 수 있다.

(4) 문서화된 양도 계약에 대출금의 상환기한이 연기되거나 재조정되는 경우에 양도인이 아닌 양수인이 변경된 계약의 대상이 된다는 내용을 포함한다.

(5) 변제가 양도인을 경유하여 이루어지는 경우, 양도인은 그 변제가 이루어지지 아니하는 한, 또 실제로 변제가 이루어질 때까지 양수인에게 자금을 송금할 의무를 지지 않는다.

과거에는 참가(participation)가 통지를 수반한 채권양도인지, 또는 통지를 하지 않는 채권양도인지, 또는 대출참가(sub-participation)인지에 따라서 그 외에 상세한 추가 요건들이 있었다.

현재의 FSA는 회계처리에 따른 취급을 실시하고 있다.

대출채권의 양도(loan transfer)에 관한 회계규칙

10-35   양도(transfer)의 거래 형태에 따라서 회계처리가 달라진다. US GAAP하에서 보고하는 은행의 경우, FAS 140 참조: 진정매매(clean sale)가 되기 위하여, 기존은행이 도산에 처한 경우에도 인수은행은 기존은행의 신용리스크(credit risks)의 대상이 되어서는 안 된다. 대출참가는 결과적으로 진정매매로 간주되지 않기 때문에 대차대조표에 기록되지 않는 부외자산(off the balance sheet)이 아니다.

국제회계기준(International Accounting Standard) 39는 참가지분의 매각에 대한 인식방법과 평가방법에 대해서 다룬다. 사실상, 매각으로 인정받기 위해서는 (회계 용어상 "처분손익으로 인식"("derecognized") 되기 위해서는) 금융 자산의 이전을 위한 진정매매(clean sale)가 있어야 한다. 사실상, IAS 39는, 양도(transfer)가 처분손익으로 인식되어 양도인의 대차대조표를 제거되기 위해서는 양도인이 양도되는 자산의 소유권에 따른 모든 위험과 보상을 양도해야 한다고 되어 있다. 만약 위험과 보상의 양도가 부분적이라면, 양도가 처분손익으로 인식되는지 여부는 양도인이 계속적인 관계로서 양도된 자산에 대한 컨트롤을 유지하고 있는지 아닌지에 따라 결정된다.

IAS 39는 위험, 보상, 컨트롤의 개념을 어떻게 적용할지에 대한 지침을 준다.

금융자산의 양도는, 양도인(transferor)이 금융자산의 현금흐름을 받을 계약상의 권리를 양도하는 경우(이것이 채권양도, 경개에 해당한다), 또는 양도인이 금융자산의 현금흐름을 받을 계약상의 권리는 보유하고 있으나 수령인(recipient)에게 현금흐름을 지급할 계약상의 의무를 지는 경우(대출참가에 해당한다)에만 처분손익으로 인식된다. 이러한 방식은 다음의 3가지 조건을 만족해야만 한다.

- 양도인(transferor)은 대상 자산(original asset)에서 일정한 금액을 받지 않는 한 그 금액을 수령인(recipient)에게 지급하는 의무를 지지 않는다. (대출참가(sub-participation) 계약에서는 항상 이렇게 규정된다.)

- 양도인이 현금흐름(cash flows)을 수령인(recipients)을 위해서 담보로 하는 것 이외에는, 대상 자산을 매각하거나 담보로 제공하는 것은 금지된다. (대출참가의 경우 매도하는 은행이 참가은행(sub-participant)에게 기존 대출계약을 담보로 제공(charge)하는 경우는 드물다.)

- 양도인은 받은 현금흐름(cash flow)을 지체 없이 수령인(recipient)에게 송금해야 한다. 현금이나 현금 비슷한 형태로 단시간 보유하는 것 외에 양도인은 현금흐름을 재투자할 수 없다. 투자에서 생긴 이자수익은 수취인에게 주어야 한다.

더 상세한 내용: LPIF 시리즈 제3권 제9장. 여기에는 대출채권 양도계약서의 개요가 설명되어 있다.

질문과 세미나 주제

(1) "대출참가(sub-participation)에 의한 대출의 이전은 대출참가(sub-participation)의 매도인도 매수인도 모두 만족할 수 있는 것은 아니다." 이에 대해 논해 보자.

(2) 당신은 은행의 변호사이다. 그 은행은 신디케이티드 대출의 지분의 50%를 헤지펀드에 매각하려고 하고 있다. 헤지펀드는 투기적인 투자(speculative investments)를 한다. 신디케이티드 대출의 차주는 프랑스에 소재하는 거대 기업 그룹이다. 은행은 당신에게 이렇게 말했다.

- 대출계약에는 다음과 같은 조항이 있다.

"각 은행은 차주의 사전 동의(합리적인 이유 없이 거부해서는 안 된다)를 받아서 다른 사람에게 참여지분을 양도하거나 권리와 의무를 경개할 수 있고, 이러한 동의 없이는 다른 은행이나 금융기관에게 참여지분을 양도하거나 권리와 의무를 경개할 수 있다."

"each bank may assign its participation or novate its rights and obligations to any other person with the prior written consent of the borrower (not to be unreasonably withheld) and, without such consent, to any other bank or financial institution."

- 은행은 차주로부터 거액의 예금을 받고 있으며 6개월 후에 만기가 도래한다.
- 은행은 차주가 재무적 어려움에 빠져 있다고 보고 있지만 확실히는 모른다. (실은 이 때문에 은행의 신용위원회(credit committee)는 이 차주에 대한 익스포저(exposure)를 줄이려고 한다.)
- 은행은 차주와의 관계에 악영향을 미치기 때문에 자신이 참가분을 매각하려고 하고 있다는 사실을 차주에게 알리고 싶어 하지 않는다.
- 대출계약에는 표준적인 의결 조항과 안분비례 배분(pro rata sharing) 조항이 있다. 대출은 무담보이다.
- 대출계약은 대환대출(revolving credit)이며, 차주는 소정의 상한액(stated maximum)까지 차입과 변제를 반복해서 할 수 있다.

은행에 이 제안(proposal)에 대해 자문해 보사.

제**11**장

국제 채권 발행 Ⅰ

債券 발행(bond issue)이란 무엇인가?

중장기 債券(bond or note) 발행은 ① 전형적으로 보험회사, 은행, 대기업 연기금과 **11-01** 투자기금과 같은 전문투자자에 의해 행해지고 ② 채무자(발행인)에 의해 최초의 대출기관(응모자)에게 발행되어 양도 가능한 채무증권으로 증명된 대출이다. 이것의 주요 대안은 상업은행으로부터의 신디케이티드 대출이다.

발행은 투자은행(간사)들에 의해 처리되는데, 투자은행은 발행인과 증권을 인수할 자를 구하고 수수료를 받는 인수 계약을 체결한다. 그들은 발행인과 발행에 대한 재정상태 및 기타 정보가 담긴 투자설명서(prospectus, offering circular)의 노움을 받아 이를 행한다. 대표주관사(lead manager)는 발행을 조직한다.

증권은 보통 투자자의 수를 늘리기 위해 증권거래소에 상장되는데, 투자자는 규정에 의해 상장주식에 대한 투자가 제한되는 보험회사, 투자신탁회사, 연기금 등이다. 대부분의 거래는 당사자들 간에 이루어지고(장외거래("over-the-counter") ─ OTC), 증권거래소에서 이루어지지 않는다. 따라서 상장은 투자적격성을 위한 것이지 거래소 거래의 장점(높은 유통성, 가격의 투명성) 때문이 아니다.

주요 시장연합은 국제자본시장협회(International Capital Market Association)인데, 이는 거래자들의 비정부기구로서 거래 관행과 서류작성 등에 관하여 권고를 행한다.

국제 발행과 국내 발행(international and domestic issues)

11-02   우리는 여기서 국내적 발행(예를 들어 지방채, 기업의 국내담보부사채 등)이 아니라, 오직 국제적 발행(이는 종종 유로채라 불린다)만을 살펴볼 것이다.[1] 정부는 자신의 통화로 채권을 발행하거나(예를 들어, 미국 정부국채[2], 영국 정부국채), 국제시장에서 유로채를 발행하여 스스로 자금을 조달할 수 있다. 국제시장은 매우 거대하다.

국제발행과 국내발행의 주요 차이점은 다음을 포함한다.

- 유로채(때때로, 유효기간이 5년 미만이거나 변동금리부채권인 경우 "notes"라 불린다)의 국제발행은 **다른 국가에 있는 투자자들**에 대한 채무증권 발행이다.

- 국제증권은 보통 **외국 통화로 표시된다**(denominated in a foreign currency). 특히 미국 달러화, 유로화, 일본 엔화.

- 발행은 **전문투자자**(sophisticated investors)에 대한 것이지 일반투자자(the public)에 대한 것이 아니다. 따라서 통상 공모발행 시 일반투자자에 대한 투자설명서(prospectuses)에 적용되는 명시의무 사항(prescribed contents), 공개 등록(public filing) 그리고 중요한 책임기준(비용, 시간, 리스크) 준수 등 관련 규제를 준수하지 않아도 된다.

- 전통적으로 지급액에 대한 청구는 기명식 유가증권이 아니라 **무기명 유통증권**(negotiable bearer instruments)에 의해 증명되지만 이러한 차이점은 장부기입 결제시스템 덕분에 거의 사라졌다. 이 시스템에서 발행인은 전체 발행을

---

1) 역자 주) 해외자금조달을 위해서 발행되는 국제채(international bonds)는 채권 발행지와 채권 표시통화의 관계에 따라, 채권 표시통화의 본국에서 발행되는 외국채(foreign bonds)와 채권 표시통화 본국 이외의 국가에서 발행되는 채권인 유로채(Eurobonds)로 구분된다. 외국채를 발행하는 경우에는 채권 발행 및 유통과 관련된 발행지 국가의 규제를 받게 되며, 이러한 규제는 일반적으로 차입비용을 증가시킬 수 있다. 금융투자교육원, 『투자자산운용사 2』, 한국금융투자협회, 2020년 1월, 174면.

2) 역자 주) 미국 재무부 발행 국채는 발행 시의 만기와 이자지급방법에 따라 크게 Treasury-bill, Treasury-note, Treasury-bond로 구성되어 있다. 만기별로 보면 ① T-bill은 1년 이하(3, 6, 12개월)의 단기채: 이자가 없고 1만 달러의 최저거래단위를 가진다. 국채인데 이자가 없는 이유는 만기가 짧기 때문에 대신 할인 발행하는 할인채로 발행하여 이자를 대신한다. ② T-note는 1년 이상 10년 이하(2, 3, 5, 7, 10년)의 중기채: 이표가 있어 6개월마다 이자를 받을 수 있다. ③ T-bond는 10년 이상(30년)의 장기채: 역시 이표가 있어 6개월마다 이자를 받을 수 있다. 금융투자교육원, 『투자자산운용사 2』, 한국금융투자협회, 2020년 1월, 194~195면.

대표하는 글로벌본드(global bond)를 커스터디 은행(custodian bank)에 발행한다. 커스터디 은행은 유로클리어(Euroclear)나 클리어스트림(Clearstream)과 같은 청산시스템(clearing systems)을 위해 글로벌본드(global)를 맡아 둔다. 청산시스템(clearing systems)은 투자자 계정의 글로벌본드(global bond)에 투자자의 소유를 기록한다. 양도는 증서가 아니라 계좌 간의 이체에 의해 행해진다. 제30장 참조.

은행대출(bank loans)과 債券(bonds)의 비교

債券(bond) 발행과 은행 대출계약의 주요 차이점과 유사점은 다음과 같다. 계약이 너무 다양하므로 여기서의 간단한 검토는 무담보의 전형적이고 단순한("plain vanilla") 신디케이티드 여신(syndicated credit)과 債券(bond)의 경우로 한정한다.　　11-03

대출기관(lenders)　　신디케이티드 대출은 전문기관에 의해 이루어진다. 실제로는　　11-04
대부분의 국제채 투자자(international bondholders) 또한 보험회사, 은행, 정부, 대기업, 연기금 등의 전문기관이다. 하지만 이들이 연금수급자, 투자신탁회사의 투자자 등 일반인의 이익을 위해 채권을 보유하는 경우도 있다. 이에 따른 몇몇 결과는 다음과 같다.

- 채무자가 재정난에 빠진 경우, 채무재조정 관련 법과 관행은 아마도 債券소지인을 좀 더 보호하려 할 것이다. 미망인과 고아("widows and orphans")의 존재와 자본시장의 안전과 선의를 도모할 필요성, 게다가 발행인의 계속되는 접근 때문에 때때로 공공의 인식을 보다 고려해야 하는 압력이 있다고 한다. 이것이 진실인지는 토론해 볼 점이다.

- 債券소지인(bondholders)은 조건의 새협상(renegotiation)에 대하여는 강한 저항감을 가지고 있다. 그들 중 다수는 이러한 절차에 익숙하지 않으며 사적 워크아웃을 위한 협상에 응할 전문가가 많지 많기 때문에 보통 매각을 더 선호한다. 따라서 동의를 얻는 것은 훨씬 더 번거롭고 아마도 소수의 은행 간 협의가 아니라 공식적인 사채권자집회(bondholder meetings)가 필요할 것이다.

- 은행과 달리, 債券소지인(bondholders)은 발행인이 어려움에 처한 경우 보통 신규 신용공여(new money)를 제공하지 못한다. 은행은 할 수 있다.

위의 모든 것은 지급불능이 예상되거나 또는 실제 지급불능 상황과 관련이 있음을 알아두라.

11-05   **차주**(borrowers)   은행대출(bank loans)과 債券(bonds) 두 가지 경우에 차주는 비슷하다. 기업(특수목적기구 포함), 은행, 주권국가(sovereign states)다. 비상장회사(private or close companies)는 일반투자자(the "public")를 대상으로 채무증권 또는 기타 증권(securities)을 발행하는 것이 금지될 수 있다. 일반투자자(the "public")의 定義는 다양하다.

11-06   **투자자의 동일성**(identity of investors)   대부분의 은행 대출과는 달리, 발행인은 최후의 투자자들이 누군지 전혀 모른다.

11-07   **모집 문서**(offering documents)   통상 은행들에게 신디케이티드 대출에 참여할 것을 요청하는 공모제안서(offering memoranda)에 대하여는 법정의 공시사항과 투자설명서(prospectus) 등록 규제가 면제된다. 채권발행에 대한 투자설명서(offering circular)도 만약 오직 높은 수준의 전문투자자들만을 대상으로 한정한다면 그러한 공시규제 및 투자설명서 등록 규제가 면제된다. 채권이 상장된 경우에는, 증권거래소의 정보공개 규제에 따라야 한다.

투자적격등급(investment grade) 채무자의 무담보 신디케이티드 대출에 관한 대주단 모집안내서(information memoranda)는 약식(informal)이고 상세하지 않다. 채권발행에 대한 투자설명서(offering circular)는, 통상 증권거래소의 규제를 받기 때문에, 많은 경우 보다 더 정형적이다. 그러나 증권거래소의 계속 공시요건(continuing disclosure requirements)을 따라야 하는 기존의(established) 발행인의 경우에는, 정보를 이미 공개적으로 구할 수 있으므로, 간략한 형식(short forms)이 사용된다. 간사의 부실표시책임(misrepresentation liability)은, 어느 경우라도 계약으로 면책되는 것이 보통이다.

두 가지 경우 다, 잠재적 은행 / 투자자들에의 권유는 스크린(screen)을 통하거나 개인적으로 이루어지는 등 형식에 구애받지 않는다.

두 가지 경우 모두에 주간은행 또는 간사는 발행인으로부터의 맨데이트 레터(mandate letter)에 의해 대출을 모집할 권한이 있다.

11-08   **관련서류**(documentation)   무담보 신디케이티드 여신계약은 ① 은행의 대출 동의, ②

각 대주단의 대출약정(individual commitments), ③ 상환, ④ 대리은행의 역할, ⑤ 대출 기간 등 전체적인 대출조건을 포함한다. 일반적으로 각 대출을 증명하는 증서는 없다.

채권의 경우, 대출서류는 다방면에 걸친다. ① 채권의 인수 및 판매 내용을 포함한 증권인수계약서, ② 신탁증서(수탁자가 있다면), ③ 재무대리 또는 지급대리 계약서 등이다. 채권발행은 인쇄된 증권(무기명증권이므로)인 채권에 의해 증명되곤 했으나 요즘에는 결제시스템에 대하여 신탁재산의 보관은행이 보유하는 입력된 글로벌 본드(global bond)로 증명된다. 다시 말해, 관련 서류는 각기 다른 관련 당사자들의 목적(reason involved)에 따라 드문드문 존재한다.

유통성(transferability)   債券(bonds)은 쉽게 양도할 수 있어야 하고 보통 양도 가능해야 한다. 그것들은 높은 액면가, 예를 들면 각 10만 달러로 발행된다. 그것들은 보통 상장되어 있다. 비록 (2차 시장에서) 종종 거래가 있기는 하지만, 은행은 보통 대출채권(loans)을 거래(trade)하지 않는다. 은행 대출채권은 양도하기가 좀 더 어렵다 (조건이 좀 더 복잡하다. 양도는 채무자 동의가 필요하고, 시장의 규모가 좀 더 작아서 유통성이 덜하다). 은행 대출의 경우, 대출채권의 선의취득자(good faith transferee)에게 기존 항변권의 절단 등과 같은 효력을 주는 엄격한 의미의 유통성(strict negotiability)이 없다. 신디케이티드 은행 대출계약에 표준화한 경개 합의가 흔히 예정되어 있음에도 불구하고, 양도는 보통 복잡한 합의를 필요로 한다. 반면에 債券(bond)의 양도는 단순히 무기명증권의 교부(증권이 하나인 경우)나 결제시스템에 대한 명령을 필요로 한다.

11-09

자금의 교부(advance of funds)   신디케이티드 대출은 약정기간(commitment period) 중의 차주에 의한 대출 신청에 근거해서 행해지며, 여러 회에 걸친 인출(multiple drawdowns), 대환대출(revolving credit), 대기성 차관(standby credit) 등 시기선택에 유연하다.

11-10

債券(bonds)은 한 번에 사전지급으로 발행된다. 2개 또는 그 이상의 분납은 가능하나 번거롭다. 시장 상황은 시기선택의 유연성을 제한한다. 주요한 표준화된 프레임워크 프로그램(master standardized framework programme agreements) 계약의 사용으로 발행인이 시간적 간격을 둔 발행을 신속히 실시하는 것이 가능하다. 예를 들면, 탭("tap") 발행이라고 불리는 것이다. 연락하여 의사 교환만 하면, 대리인(agent)이 발행인(issuer)을 대신하여 債券(notes)을 발행할 수 있다.

11-11 **통화의 변환**(currency conversion)　　대출은 정기적으로 다른 통화로 변환될 수 있다. 債券(bonds)에서 정기적인 통화 변환은 실행이 불가능하다.

11-12 **이자**(interest)　　대출이자는 대개 유동적이다. 채무자는 다른 이자기간(interest periods) 을 선택할 수 있다. 債券(bonds)은 고정금리부 또는 변동금리부이다. 변동금리채권 의 이자기간은 고정되어 있고 발행인이 이자기간을 선택할 권리를 가지지 않는다. 어떤 이자율도 사용할 수 없는 경우의 대비책으로, 이자율은 대리은행에 의해 몇 가지 이자율을 기준으로 고정된다.

　　대출에서의 지연이자는 보통 증가된 징벌금리다. 그러나 이는 債券(bonds)에서의 관행이 아니다.

11-13 **상환**(repayment)　　대출에서는 만기 일시상환 대출, 분납 또는 현금흐름계획에 따른 다양한 방식으로 합의할 수 있다. 債券(bonds)에서는 유연성이 제한되어 있다. 상환 은 대개 하나의 분납(일시상환) 또는 고정된 분납이다.

11-14 **자발적인 조기상환**(voluntary prepayment)　　대출에서는 보통 이자지급일 이전에 전액 또는 부분적인 조기상환이 가능하고 조기상환 수수료(premiums)는 흔치 않다. 債券 (bonds)에서는 보통 조기상환이 허용되지 않는다. 자발적인 조기상환에서 차등식 수 수료(sliding scale premiums)가 있었으나, 유로채 시장에서는 드물다. 대출의 경우와 마 찬가지로 원천징수세가 부과되는 경우 수수료 없이 조기상환을 인정받을 수 있다.

　　대출에서 조기상환은 은행들 사이에 안분 실행된다. 債券에서는 조기상환 대상 채권자는 추첨으로 결정된다. 따라서 조기상환이 있어도 債券소지인(bondholder)은 자신이 지급을 받는다고는 장담할 수 없다.

11-15 **이익 보호**(margin protections)　　대출은 규제로 인해 증가한 비용 때문에 이익보전비 용이 증가하지만 변동금리債券(floating rate notes)은 그렇지 않다.

　　둘다 원천징수세 공제분 추가부담(tax grossing-up) 조항이 있다. 그러나 債券 (bonds)에서의 원천징수세 공제분 추가부담 조항은 발행인을 좀 더 보호하려고 한다.

　　대출계약은 위법조항(illegality clause)을 포함하나 債券(bonds)은 그렇지 않다.

지급(payments)**과 평등**(equality)　　대출에서의 지급은 대출기관을 대리하는 대리은행 **11-16**
을 통해 이루어진다. 債券(bonds)의 지급은 지급대리인에게의 채권의 교부에 대응하
여 이루어진다(여기에서는 몇몇 선택이 있다). 지급대리인은 발행인의 대리인이다. 실
무상 債券(bonds)은 보통 결제시스템(유로클리어(Euroclear) 또는 클리어스트림(Clearstream))
에 있는 글로벌본드(global bond)에 의해 증명되고, 커스터디 은행(custodians)이 지급
을 위해 債券을 교부하고 청산인(clearers)에게 지급을 지시한다.

　대출계약은 안분비례 배분 조항(pro rata sharing clause)을 두고 있으나 債券(bonds)에
는 없다. 그러나 사채권자 수탁자(bondholder trustee)가 선임되면 수탁자는 일반적으
로 채무불이행 후에는 비례하여 배분한다. 그러나 안분비례 배분 조항에 따른 이중
상계(double-dipping)는 안 된다.

　대출에는 상계조항이 있으나 債券(bonds)에는 없다. 대출 상계 조항은 은행에게
채무자에 대한 상계권을 준다. 단락 9-29 참조.

보장(warranties)　　대출계약은 복잡한 보장(warranties)을 포함한다. 이를 위반하는 경 **11-17**
우 은행은 채무불이행을 이유로 인출을 중지시키고, 대출약정을 해제하고, 기한이
익을 상실시킬 수 있다. 보통 대출약정기간 동안 지속적으로 보장조항의 효력이
유지되도록 하는 경우(evergreen warranties)가 많다. 債券(bonds)에서 유일한 보장
(warranties)은 간사(managers)와의 채권인수계약(subscription agreement)에 있는데, 이에
의하여 발행의 취소가 가능하다. 보장 위반(breach of warranty)은 債券에서는 채무불
이행 사유가 아니다. 따라서 보장 위반(breach of warranty)을 이유로 기한의 이익이
상실되지는 않는다. 다만 부실표시 등을 이유로 일반법에 따라서 무효가 되는 경우
는 예외다.

확약(covenants) **일반**　　대출계약은 확약(covenants)의 내용으로 ① 지세한 정보요구 **11-18**
조항, ② 담보제공금지 조항, ③ 채권자동등대우(pari passu) 조항, ④ 처분금지조항,
⑤ 지배권의 변동조항을 포함한다. 재무비율 유지의무는 공통적이다. 종종 기업 상
태의 유지 등 기타 문제와 관련된 다른 확약(covenants)이 있다. 프로젝트 대출과 담
보부 대출은 수 많은 확약(covenants)을 둔다.

　債券(bonds)에서는 정보요구 조항은 간단하며 계좌의 제공이나 증권거래소 상장
에 필요한 정보에 한정된다. 담보제공금지 조항은 범위가 매우 좁다. 채권자 동등대
우(pari passu) 조항은 일반적이다. 경우에 따라 처분금지나 "중대한 사업의 변동"조

항을 채무불이행 사유로 규정한다. 보통 다른 확약(covenants)은 없다. 신탁증서가 있는 경우 보고 요구사항 및 기업상태 유지 등과 관련된 확약(covenants)을 포함할 수 있다.

11-19   **채권자 동등대우**(pari passu) **조항**   이 조항은 다음과 같은 것이다.

〈국문 예시〉이 債券은 발행인의 무담보 채무이고, 이 債券은 현재 또는 장래에 발생하는 발행인의 다른 모든 후순위화되지 않은, 무담보, 미지급의 채권자들과는 적어도 동순위이며 그들 사이에는 우선권이 없다.

〈영문 예시〉**The bonds are unsecured obligations of the issuer and rank at least pari passu, without any preference amongst themselves, with all other outstanding, unsecured and unsubordinated obligations of the issuer, present and future.**

이러한 표현은 채권들(bonds)이 상호 간에 동등하다는 것과 다른 무담보 채무와 동등하다는 두 가지를 포함한다. 이에 대한 일반적 효과는 단락 8−24 참조.

채권자간 평등 조항은 채권이 발생한 날에 따라서 순위가 매겨진다는 모든 규칙을 배제한다. 그와 같은 규칙은 흔하지 않으나 담보부 채권 등에 적용할 수 있다. 위와 같은 표현은 법에 따른 법적 순위를 확인하는 것이지, 발행인이 債券소지인을 구별하지 않을 것이라거나 그들에게 실제로 균등하게 지급할 것이라는 표현이 아니다.

11-20   **담보제공금지 조항**(negative pledge)   대부분의 債券(bonds)은 담보제공금지 조항을 포함할 것이다. 이는 대략 이러하다.

〈국문 예시〉발행인은, 발행 증권의 잔액 전액이 다른 부채 또는 다른 담보권과 평등하게 비례적으로 담보권을 설정받거나, 또는 (담보권 부여를 포함하든지 포함하지 않든지 상관없이) 다른 합의가 증권소지인의 특별결의에 의하여 승인되지 않는 한, 특정의 채무['채무'의 정의는 따로 규정함]를 담보하기 위하여, 어떠한 현재 또는 장래의 사업, 약정, 자산 또는 수입(환급되지 않은 자본금 포함)에 대하여도 담보권[('담보권'의 정의는 따로 규정함 ─ 통상 소유권이전형 금융은 제외한다)]을 설정하거나 그것의 존재를 허용하지 않는다.

〈영문 예시〉 **The issuer will not create or permit to subsist any security interest [(as defined-normally so as to exclude title finance)] on any of its present or future business, undertaking, assets or revenue (including any uncalled capital) to secure certain indebtedness [as defined] unless the issuer ensures that all amounts payable under the securities are secured by the security interest equally and rateably with the other indebtedness or such other security interest or other arrangement (whether or not it includes the giving of a security interest) is provided as is approved by an extraordinary resolution of securityholders.**

담보제공금지 조항에 대하여는 단락 8-08 참조.

債券(bonds)에서의 담보제공금지 조항은 전통적으로 구두로 이루어지지 않는다. 보통 이 조항들은 오직 만기 1년 이상의 상장된 대외채무(listed external debt)와 같은 유사증권(comparable securities)에 대한 담보의 제공을 금지한다. 발행인은 은행 대출 등 상장되지 않은 채무증권(non-listed debt)에 대해서는 담보를 제공할 수 있다. 이러한 담보제공금지 조항의 목적은 발행인이 다른 채권자(other creditors)에게 담보를 제공함으로써 債券소지인(bondholders)이 후순위가 되는 것을 방지하기 위한 것이 아니다. 그보다는 오히려 같은 종류의 담보부 채무증권(comparable secured debt)의 발행에 의하여 무담보 債券의 비교가치가 하락하고 債券소지인의 이익이 직접적으로 해를 입는 것을 방지하기 위한 것이다. 투자자들은 담보부 債券 매수를 선호하기 때문이다. 따라서 담보제공금지 조항은 주로 債券(bonds)의 가격을 시장에서 지원(market support) 하는 것을 의도하고 있다. 낭만적인 "같은 증권, 같은 취급"이라는 동기도 있다. 발행인이 담보제공을 통제하므로, 債券(bonds)에서 담보제공금지 조항은 거의 도움이 되지 않는다.

담보 제공이 금지되는 채무증권(debt)은, 보통, 장외(over-the-counter) 또는 증권시장에서 거래되거나 상장되는 거래 가능한 증권 형태의 채무로 한정된다.

국채 발행에서는 이 담보제공금지 조항은 국외 채무(non-domestic debt)로 제한될 수 있다(대외채무 여부는 통화 또는 債券소지인(holder)의 거소(residence)에 따라 정해진다).

11-21

담보권(우선변제권)의 정의는 대개 핵심 저당권, 유치권, 질권, 담보권과 그와 유사한 것들을 포함한다. 일반적인 대출 담보에서는 담보권(security interest)의 의미를 담보의 효과를 가지는 소유권이전형 금융(title finance) 거래에까지 확대 적용하지 않는 것이 일반적이다. 예를 들어, 상환청구권 있는 팩토링(recourse factoring), 매각 후 재임차(sale and lease-back), 금융리스, 상계 약정(set-off arrangements), 할부매매, 조건부 매매, 소유권유보부 매매, 레포(sale and repurchase) 등에까지 확대하지 않는다.

자회사에 의한 담보권(우선변제권)에 행사에 대하여 제한을 확대하는 것이 일반적인데, 이는 주요 자회사에 한정될 수 있다.

11-22   **회사합병**(mergers)   합병에 대한 제한을 규정한 확약(covenants)은 보통의 채무증권(debt securities)에는 드물지만, 합병은 전형적으로 채무불이행 조항에 해당한다.

11-23   **자산처분**(disposals)   발행인 또는 보증인에 의한 자산처분 금지 확약(covenants)은 보통의 채무증권에는 드물다.

11-24   **정보**(information)   발행인은 보통 조사를 위해 연차결산보고서를 지급대리인의 사무실에 비치할 의무가 있다. 이는 상장요건이기도 하다. 수탁자(trustee)가 있는 경우, 수탁자(trustee)는 대개 더 많은 전형적인 재무정보, 일치증명서(compliance certificates), 그밖에 다른 합리적인 정보를 요구할 수 있고 발행인의 장부를 조사할 권리를 가진다.

11-25   **지배권의 변경**(change of control)   때때로 지배권 변동("change of control") 조항을 두기도 하는데, 이는 발행인에게 지배권 변동이 발생하거나 관련 債券(bonds)의 등급하락이 있을 때, 채무자에게 조기상환 의무를 부담시킨다. 이 조항은, 발행인이 인수되는 경우 인수자금을 조달하기 위해서(이것이 허용되는 경우) 피인수회사인 발행인(issuer as target)의 모든 자산에 담보권을 설정하거나 피인수회사에 대한 신규 사업 자금 융자를 위해서 담보를 제공하는 경우에 대한 방어를 목적으로 한다. 발행회사가 이러한 담보권(charges)을 설정하면 債券소지인(bondholders)이 후순위로 밀려날 수 있다. 단락 13-18 참조.

11-26   **채무불이행 사유**(events of default)   대출(loans)에서는 채무불이행 사유가 정교해질 수 있다. 중대한 부정적인 변경 조항(material adverse change clause)은 일반적으로 포함되며, 보장(warranty)사항 위반도 채무불이행에 해당한다.

債券(bonds)에 대해서는, 채무불이행 사유는 그다지 엄격하지 않다. 채무불이행 사유의 종류도 적고, 유예기간은 길다. 중대한 부정적인 변경 조항은 매우 드물다. 인수계약상의 보장사항 위반도 명확한 채무불이행 사유가 아니다.

대출(loans), 債券(bonds) 모두에 있어, 크로스 디폴트 조항(cross-default)은 다른 금융 채무의 불이행이나 기한이익 상실을 대상으로 한다.

대출(loans)에서는 크로스 디폴트 조항(cross-default)은 다른 대출 계약상의 확약(covenants) 위반 등의 채무불이행 사유나, 유예기간(grace period) 완료 후에 채무불이행이 될 잠재적인 사유까지 포함하는 경우도 있다. 이런 식의 크로스 디폴트 조항(cross-default)의 확장은 債券(bonds)에서는 흔하지 않다.

기한이익 상실(accelerations)　대출에서는 기한이익 상실이 다수의 은행의 동의를 필요로 하지만, 은행은 때때로 개별적으로 채무불이행 시 인출(drawdown)을 유예한다. 보통 개별 은행의 미변제액에 대한 집행 권리는 유지된다. 債券(bonds)에서는 개인 소지인에 의한 기한이익 상실과 집행이 전형적이나, 수탁자(trustee)가 있다면 부제소 조항(no-action clause) 덕분에, 오직 수탁자(trustee)만이 최후의 債券소지인(bondholder)의 통제를 받아 기한이익을 상실시키고 집행할 수 있다. 단락 12-17 참조.　11-27

변경(modification)　대출에서는 보통 금융조건을 바꾸기 위해서는 만장일치가 필요하다. 금융조건 이외에 대해서는 다수 은행(majority bank)의 권리포기(waivers)가 필요하다. 債券(bonds)에서는, 채권 그 자체, 신탁증서 또는 사채권자집회(bondholder meetings)에 관한 회사법에 특별규정이 없으면, 債券소지인의 개별 동의가 필요하다. 그러한 규정에 의하여 일정한 다수의 결의에 의하여 금융조건의 변경이 가능하게 되는 경우도 있으나, 실무에서는 다양하다.　11-28

준거법(governing law), **법정지(forum)**, **국가면제의 포기(waiver of state immunity)**　이들은 대출(loans)과 債券(bonds) 모두에 공통적이다.　11-29

약한 債券 보호(weaker bond protections)의 효과

위에서 서술한 내용의 결과로서, 대주인 은행은 債券소지인보다 더 발동하기 쉬운 채무불이행 사유를 가지며, 채무자의 재정상황에 대하여 더 철저한 확약　11-30

(covenants)에 따라 모니터링 할 수 있다. 이에 비해 債券소지인의 보호책은 약하다.

예를 들어, 한 신디케이티드 계약에서 재무비율의 위반이 일어났다면, 그 대주단 (syndicate)에 더하여 단순 지급불능뿐 아니라 확약(covenants) 위반을 포함하는 확장된 크로스 디폴트 조항을 가지는 다른 은행 대주단(syndicate)이 채무자에게 해결책을 협상할 위치에 있게 된다. 그러나 이러한 확약(covenants)이 없는 債券소지인 (bondholders), 그리고 오직 지급불이행(non-payments)과 기한이익 상실(accelerations)의 경우에만 크로스 디폴트 조항의 확장적용이 가능한 債券소지인(bondholders)은 이와 같은 대응을 할 수 없다.

이론상으로는 은행은 대출에 대하여 담보 제공을 요청할 수 있는데, 이것은 통상 債券의 담보제공금지 조항(bond negative pledge)에 위반되지 않는다. 債券의 담보제공 금지 조항(bond negative pledge)은 통상 다른 채무증권(debt securities)에의 담보 제공도 금지하고 있지만, 은행 대출은 금지의 대상이 아니다. 또한 은행은 차주에게 자산처 분(disposal programme)을 요구할 수 있고 그 대금으로 債券(bonds)을 배제하고 먼저 변제받을 수 있다. 그러나 債券(bonds)에는 중요자산 처분금지조항이 있는 경우가 거의 없다. 債券의 이자(bond interest)가 지급되고 있는 한, 債券소지인은 차주를 협 상 테이블(table)로 불러낼 수 없다.

보호가 약한 이유

11-31   債券소지인이 은행대출기관보다 약한 보호를 받는 역사적인 이유는 다음과 같다.

- 발행인은 확약(covenants)을 피하기 위해 자발적으로 **조기상환**(prepay)할 수 없 다. 반면 채무자는 은행대출금을 조기상환할 수 있다.

- 대체로, 債券(bonds)은 은행대출보다 **만기**(maturities)가 길다.

- 債券소지인에게 **권리 포기**(waivers)를 얻기가 더 어렵다.

- 원래, 債券(bonds)은 **유명하고 신용이 좋은 발행인**(well-known credit-worthy issuers)만 발행할 수 있었다. 이러한 발행인은 債券 조항의 완화를 요구할 수 있었다. 이것이 시장 관행으로 정착되었다.

- **시장에서 판매하기 위해서는** 조건의 단순화와 표준화가 필요하다. 단순화와 표

준화에 의하여 거래비용도 줄어든다.

- **債券소지인은 협상의 주체가 아니다.** 債券(bond)의 조건은 주선인 투자은행 (arranging investment banks)에 의해 협상된다.

- **협상 시간**(negotiation time)은 유리한 시장에 발행할 필요성에 따라 제한될 수 있다.

11-32

- 債券소지인은 발행인에 대해 우려하는 경우 債券(bond)을 매각하고 **엑시트** (exit)할 수 있다. 그러나 은행의 대출채권 매각은 보다 복잡하다. 또한 은행대출금의 가치평가는 덜 투명하다. 따라서 은행은 보다 폐쇄적이다.

- 은행은 상환기한 연장(rescheduling)으로 **신규 신용공여**(new money)를 하기 때문에 더 큰 부담을 진다.

- **실무상 상환기한 연장**(rescheduling)은 전통적으로 債券소지인에게 유리하게 행해지는 경향이 있다. (미망인과 고아("widows and orphans"), 시장의 신용(market goodwill), 즉 국민 일반의 시장에의 신뢰 보호). 따라서 債券소지인은 은행과 같은 수준의 보호를 필요로 하지 않는다는 주장이 있다. 이는 의심스럽지만 실제로 債券소지인이 채권단의 다수파일 경우 채무재조정 절차에서 은행이 債券소지인을 무시하는 것은 발행인의 미래 신용력을 해치는 것이기 때문에 쉽지 않다. 실무상으로는 만약 발행인이 심각하게 곤란한 상황에 처할 경우 조만간 債券 이자(bond interest) 채무불이행이 발생할 것이다. 또 발행인들이 스스로 은행을 더 우대하는 것을 싫어하기도 한다.

債券(bonds)의 마케팅과 매출(distribution)

대략 債券(bond)의 마케팅 방법은 다음에 두 가지 측면에 따라 그 방법이 달라진다. ⓐ 채권에 대한 수요 또는 예비투자설명서(preliminary prospectus)로 시장의 반응을 시험해 볼 필요가 있는지 여부, ⓑ 제안된 투자자들의 신분과 범위(예를 들어 개인, 복합투자자 또는 일반 대중인지). 주요 마케팅 기술은 다음과 같이 요약할 수 있다.

11-33

- **예비투자설명서**(preliminary prospectus)**에 의한 권유.** 이 방법의 목적은 간사(managers)가 이자율과 인수(subscription)에 있어서의 어떤 할인(또는 할증)을 확정하기 전에 시장을 시험하는 것이다. 간사는 선택된 금융기관의 단체에 발행과 발행인에 대한 간단한 정보와 그럴듯한 발행조건의 암시를 가지고 접근한다. 간사는 또한 발행조건을 생략하고 수정 예정이라는 문구가 기재된 예비투자설명서(preliminary prospectus) ― 간이투자설명서("red herring" or "pathfinder" prospectus)를 보낸다. 이에 대한 반응을 고려하여 간사는 발행인과 이자율을 협의해 발행이 인수될 수 있도록 처리하고, 관심 있는 금융기관에 債券(bonds) 모집(offer)을 한다. 이 기관들은 債券을 스스로 보유하거나 관련 규정에 의해 허용되는 경우 적절한 때에 그들의 고객 또는 대중에게 판매한다.

  국제유로채(international eurobond) 모집(offer)의 경우에 전통적인 방법은 다음과 같다.

- **총액인수**(bought deals). 현재 대부분의 유로채 발행은 총액인수("bought" deals)다. 간사(managers)는 예비투자설명서(preliminary prospectus)를 생략하고, 전액을 스스로 인수한 후, 매매업자(dealer)에게 전매한다.

- **사모**(private placement). 한 간사 또는 간사단(group of managers)이 발행액 전액을 인수하고, 선택된 특정의 투자자에게 전매하거나 심지어 단일의 개인 투자자에게 매각하는 경우도 있다. 이러한 발행들은 보통 상장되지 않으나, 될 수도 있다.

런던 유로채(London eurobond) 발행: 서류

11-34   유로채 발행에 대한 주요 서류는 다음과 같은 것을 포함한다.

- 발행인의 **맨데이트 레터**(mandate letter). 발행인이 간사인 투자은행 또는 은행에게 발행을 처리할 권한을 부여하는 문서다. 이것은 ① 금융조건을 요약하고, ② 간사의 비용을 제외하고는 그것이 법적으로 구속력이 없음을 진술하며, ③ 간사의 "인수약정(commitment)"은 시장상황의 주요한 부정적 변동에 따른다는 사실을 진술하고, ④ 발행인이 당분간 병행하여 경합하는 債券 발행을 하지

않겠다는 합의를 포함한다.

- **투자설명서**(offering circular (prospectus))는 발행에 관한 정보 및 발행인의 정보(재정 상태 포함)를 제공하고, 잠재적인 매수인들에게 배포된다.

- 간사(managers)와 발행인 간의 **인수계약서**(subscription agreement)는 간사 (managers)의 債券 인수의 조건 또는 매수인 확보의 조건을 규정한다. 표준적인 조건은 다음과 같이 요약될 수 있다.

  - **인수**(subscription). 발행인은 발행에 동의하고 간사는 수수료를 대가로 債券을 인수하거나 또는 인수인을 구할 것에 동의한다. 인수는 상장, 문서 의 실행, 증명서의 공급, 법적 의견과 회계감사인의 컴포트 레터(comfort letters),[3] 그리고 발행이 이루어질 때까지 보장(warranties)이 진실할 것을 조 건으로 이루어진다.

  - 영국 관행상, 간사들은 연대책임(joint and several)을 부담한다. 즉 각 간사 는 판매 그룹, 인수인단, 다른 간사가 모두 실패하는 경우 전체 발행을 인 수할 책임을 진다. 미국 관행상, 간사(보통 인수인(underwriters)으로 불린다) 의 인수약정(commitments)은 각자 책임(several)이다.

  - **보장**(warranties). 발행인은 중장기 대출계약에서의 보장 방침에 따라서 보장을 제공한다. 단락 7−40 참조. 투자설명서(offering circular)의 정확성에 내해서는 보다 정교한 보증이 이루어신다. 이러한 보장의 상대방은 간사이 며, 債券소지인이 아니다. 위반은 債券의 명시적 채무불이행이 아니다.

  - **상장**(listing). 발행인은 지정된 증권거래소에 증권 상장을 신청할 것을 동의한다.

  - **시장의 붕괴**(market disruption). 간사(managers)는 시장 붕괴기 생긴 경우 종결(closing) 전이면 언제든지 자신의 재량으로 계약을 해제할 수 있다. 표 준적인 조항에서 해제 가능한 경우는 다음과 같이 규정한다. "만약, 간사 의 의견에 따르면, 국내 또는 국제의 재정적, 정치적 또는 경제적 상태 또 는 환율이나 외환규제에 있어 그들의 관점에서 債券의 모집(offering)과 매 출(distribution)의 지속이나 유통시장에서의 債券 거래에 실질적으로 해를

11-35

---

3) 역자 주) 회사의 재정상태 또는 재정적 뒷받침이 튼튼하다는 것을 확인해 주기 위하여 공인회계사가 발행하는 비공식 보고서이다.

끼칠 것으로 보이는 변동이 있는 경우". 계약 서명(signature)부터 발행 종결(closing)까지 며칠 걸리지 않기 때문에 이러한 조항은 드물게 사용되기 때문에 많은 시간을 들일 가치가 있는 조항은 아니다. 특히 발행을 중단할 실질적이고 합리적인 이유가 있지 않다면 발행을 완료하는 것이 모든 당사자들의 이익에 부합하기 때문이다.

- **판매 제한**(selling restrictions). 간사(managers)는 불법인 경우 증권의 모집(offer)이나 매출(sell)을 하지 않는다. 그리고 그들은 투자설명서(offering circular)에 포함되어 있는 이상의 정보를 제공하지 않는다. 이를 어길 경우 간사는 발행인에 대해 보상책임을 진다. 공시정보의 정확성을 제외하고, 발행인은 어느 法域에서 모집(offers)이나 매출(sales)이 되더라도 규제법 준수의 책임을 지지 않는다. 대신 간사(managers)는 매수인에 대하여, 이러한 것이 불법인 法域에서는 債券(bonds)의 모집(offer)이나 매출(sell)을 못하게 하고, 투자설명서(offering circular)나 기타 권유자료(other invitational material)를 보내지 않도록 하는 정교한 판매제한을 부과한다.

- **기타 조항**(miscellaneous). 계약에는 기타 조항이 포함된다. ① 비용, ② 간사(managers)에게 안정화(stabilise)의 권한 부여(발행인은 다른 증권을 발행할 책임을 지지 않으며, 안정화(stabilisation)로부터 수익을 얻을 권리를 가지지 않고, 손실을 부담할 책임도 지지 않는다), ③ 관할, ④ 주권면제 포기, ⑤ 준거법, 그리고 ⑥ 기타의 정형적인 조항들이다.

11-36
- **간사 간 계약**(managers' agreement). 간사 간 계약은 발행의 조직을 대표주관사(lead manager)에게 위임하고, 비용(expenses)이나 안정화 비용(stabilization costs)의 분담, 간사 수수료의 배분과 인수가액의 분담 등을 정한다. 런던 시장은 인수계약서에 서명될 때 서명된 것으로 여기는 표준형식 계약을 가지고 있다.

11-37
- **신탁증서**(trust deed)(수탁자(trustee)가 있다면). 수탁자(trustee)로서의 금융기관과 발행인(issuer) 간에 신탁증서(trust deed)가 체결되어, 債券소지인(bondholders)의 이익을 보호하기 위한 債券소지인의 수탁자(trustee)가 임명된다. 단락 12− 17 참조.

- **계약에 의한 재무대리인**(fiscal agent) / **주요 지급대리인**(principal paying agent). 통상, 증권의 발행에 관하여 수탁자(trustee)가 임명되지 않은 경우에는 재무대리인(fiscal agent)이라고 하고, 수탁자(trustee)도 있는 경우에는 주요 지급대리인(principal paying agent)이라고 한다. 재무와 지급 대리인은 발행인의 대리인이지, 債券소지인의 대리인이 아니다.

재무대리인(fiscal agent) / 주요 지급대리인(principal paying agent) / 대리인(agent)은 보통 증권의 지급, 기장, 실제의 증권 준비, 재발행 증권 준비, 실제 증권의 원본 증명, 통지, 이자 계산 등의 업무를 한다.

발행인은 편리한 금융센터에서 유가증권의 지급 및 증권소지인에 의한 증권의 교부(delivery of securities by the securityholders)를 포함한 다른 문제들을 처리하기 위해 (재무대리인/주요 지급대리인/대리인에 더하여) 지급대리인(paying agent)을 임명한다. 런던에서 발행되는 경우, 금융센터는 런던(통상 재무대리인/주요 지급대리인/대리인의 소재지다)과 룩셈부르크다. 미국의 지급대리인 또는 EU 외의 지급대리인을 두는 경우도 있다.

- **글로벌본드**(global bond). 글로벌본드(global bond)는 발행인에 의해 발행되고 대출채권(loan)의 조건이 포함된다. 이것은 유로클리어(Euroclear) 및 클리어스트림(Clearstream) 등 청산시스템(clearing systems)을 위해 보유하는 커스터디 은행(custodian)(보통 주요은행)에게 전달된다. 확정債券(definitive bonds)은 드물다.   11-38

- 때때로 변동금리(floating rate) 채권의 경우 발행인과 헤징 은행 사이에서의 **이자 헤징 계약**(interest hedging agreement)이 있다. **이자 헤징 계약**에서는 발행인은 고정금리(fixed rate)로 지급하고 은행은 변동금리로 지급한다고 합의하여, 결과적으로 발행인이 지급하는 이자율은 일정하게 고정화된다. International Swaps and Dealers Association (ISDA)의 서식이 보통 사용된다. 단락 27-01 참조.

발행절차

전통적인 절차는 다음과 같다. 발행인은 맨데이트 레터(mandate letter)에 의해 간사(managers)에게 발행을 처리할 권한을 준다. 주간사은행은 구비서류를 준비한다. "개시(launch)"에서 주간사은행은 간단한 발행조건들(인수가격과 이표(interest coupon)는   11-39

제외)과 (제1차 발행인 경우) 발행인의 사업과 계좌에 대한 요약을 가지고 잠재적 매수인에게 접근한다. 간사는 인수를 위해서 공동간사(co-managers)를 모집할 수 있다. 대표주관사(lead manager)는 예비 투자설명서(preliminary offering circular)를 투자 후보에게 보낸다. 그 후 간사와 발행인이 이표와 인수가액(즉 액면(par), 할인(discount) 또는 할증(premium))에 대하여 협의한다.

이 협의에 따라 인수계약은 발행인과 간사에 의해 승인된다. 간사는 이제 법적으로 인수의무를 부담한다. 최종 투자설명서(prospectus)는 잠재적 투자자들에게 발송된다. 매수자들은 그들이 매수할 준비가 된 債券의 규모를 결정한다. 신탁증서 / 재무대리인, 지급대리인 계약서이 체결된다. 상장은 증권거래소에 의해 승인되고 신용평가기관에 의해 등급이 매겨진다.

종결(closing) 시에, 발행인은 선행조건 서류(conditions precedent documentation)(발행 결의나 의견서 등)를 교부하여, 글로벌본드(global bond)를 청산시스템(clearing system)(유로클리어(Euroclear) 또는 클리어스트림(Clearstream)) 명의로 공동보관소(common depository)(커스터디 은행(custodian))에 인도하고, 債券의 매수인은 인수가액을 대표주관사(lead manager)에게 지급하고, 주간사은행은 그것을 발행인에게 송금한다. 공동보관소는 통상적으로 예금은행(deposit bank)이다. 그것은 동시이행을 위해, 발행인에게 글로벌본드와 교환으로 대금을 지급하는 것에 합의한다. 통상, 확정債券(definitive bonds)은 인쇄되지 않는다.

11-40   이 전체의 과정은 통상 1~3주 정도 걸린다.

요즘 대부분의 발행은 총액인수("bought" deals) 방식이다. 별도의 인수는 없다. 발행은 딜러의 스크린(dealer's screen)을 통해 시장에 발표되며, 그 시점에 조건이 결정되어 할당이 발표된다. 간사는 발행인에게 스스로 전액을 인수할 것을 합의하고, 그 債券을 자신의 고객이나 다른 딜러에게 판매한다.

債券(bonds)의 상장(listing)

11-41   수많은 투자자들에게 도달할 것을 의도하는 債券은 일반적으로 증권거래소에 상장된다. 유로채 발행에서 대부분의 보편적인 증권거래소는 런던과 룩셈부르크다. 싱가포르, 프랑크푸르트, 취리히의 증권거래소는 특정 투자자 시장을 대상으로 한다.

상장(listing)**의 장점**   상장의 주요 장점은 투자자에 대한 접근성이다. 상장은 債券이   11-42
팔릴 수 있는 투자자의 수를 확대한다. 예를 들어 연기금, 보험회사 그리고 은행과
같은 많은 기관들은 건전한(prudential) 자산운영을 위해 법, 직무지침 또는 그들 스
스로 도입한 정책에 의해 비상장증권에 대한 투자를 금지한다. 따라서 상장은 시장
성을 매우 향상시킨다.

 두 번째 장점은 증권거래소가 물가에 기초하여 현재 債券의 가격 시세를 매긴다
는 것인데 증권(securities)이 주인이 바뀌면 투자자들은 시가에 대한 상당히 객관적
인 평가에서 혜택을 입는다. 실제로는 매우 극소수의 유로채 거래가 증권거래소의
영향을 받는데, 대부분의 거래가 장외("over the counter") 시장, 즉 그들의 고객을 대
신한 딜러들(dealers) 사이에서 이루어지기 때문이다.

상장(listing)**의 단점**   상장에는 단점도 있다. 발행인은 반드시 증권거래소 공시요건   11-43
에 따라야 한다. 발행인은 통상 거래소와 상장규약이나 그와 유사한 것을 체결해야
한다. 이로 인해 계속적인 정보공시의무와 발행인의 채무이행능력에 중대한 영향을
미치는 공개되지 않은 중대한 변경이 발생했을 경우 통지의무 등을 지게 된다. 증
권거래소의 상장요건이 증권(securities)의 유통 중에 바뀔 수 있고 더 힘든 공시 의무
를 부과할 수 있다. 다만 발행인이 상장회사인 경우, 주식 상장에 의해 결국 이러한
의무의 대부분을 이미 지게 되어 있다.

 발행인은 인수계약상의 조건에 의해 상장폐지나 상장이 제한된다. 시장의 창구
("window")가 열리는 순간을 이용하는 신속한 발행절차에 상장(listing)이 걸림돌이 되
는 경우도 있다. 증권거래소 당국이 검사하기 위하여 상장자료(투자설명서(offering
circular), 정관(constitutional documents), 발행서류, 발행결의 등)를 증권(securities)의 발행
전에 제출할 것을 요구하기 때문이다. 유럽의 증권거래소들은 이러한 절차를 정형
화해서 대량 발행(wholesale issues) 시의 부담을 경감하고 있다.

 대부분의 증권거래소는 지급대리인(paying agent)이 해당 法域(jurisdiction)에 있을 것
을 요구하고 있다(런던과 룩셈부르크는 예외다). 증권거래소가 債券소지인을 대표하
고 발행을 감시하기 위한 수탁자(trustee)를 둘 것을 요구하는 경우도 있다(런던과 룩
셈부르크에서는 그렇지 않다).

債券(bonds)에 대한 세금 고려(tax consideration)

11-44   발행인의 채권 발행 능력과 채권발행의 구조는 필수적으로 세금 문제에 영향을 받는다. 다음과 같은 두 가지 기본적인 세금 관련 요건이 있다.

(1) 발행인은 투자자에게 원천과세 없이 이자를 지급할 수 있어야 한다. 채권은 언제나 원천징수세 공제분 추가부담(grossing-up) 조항을 포함하는데, 이는 발행인이 이자에 세금 등 금액을 더한 것을 지급하도록 해서 지급액을 엄청 비싸게 만든다. 세금전가 조항에 대하여는 단락 7-36 참조.

원천과세가 있다면 발행구조를 달리하여 세금을 피할 수 있다. 예를 들어 발행인은 원천과세를 도입하지 않은 法域(jurisdiction)에 위치한 해외 금융기구(finance vehicle)에 의해 債券(bonds)이 발행되도록 처리할 수 있을 것이다. 이 경우 모회사가 발행을 보증한다.

(2) 발행인은 소득세 계산에 있어서 지급 금리를 공제할 수 있어야 한다. 금융 자회사(finance subsidiary)를 경유한 발행의 경우, 발행에 의한 자금을 온렌딩대출(on-lent)로[4] 받게 되며, 하지만, 그 온렌딩대출(on-lending)의 지급 이율이 공제될 필요가 있다. 이 규칙은 法域에 따라 다르다.

미국에서 1982년에 개정된 Tax Equity and Fiscal Responsibility Act는 익명의 무기명증권(bearer instruments)을 이용한 세금 회피를 막기 위해 고안되었다. 이 법은 채권이 등록형식이 아닌 경우 발행인과 債券소지인에게 세금 제재(내국소비세, 이자공제거부 등)를 도입하여 이러한 세금 회피를 막는다. 따라서 증권(securities)을 미국 투자자의 유통시장에서 궁극적으로 사용할 수 있으려면 채권은 등록된 옵션을 준비해서 미국 세금지급 투자자가 그 무기명채권을 등록채권(registered bond)으로 교환할 수 있도록 해야 한다. 이 법에는 미국인이 무기명채권을 구입한 경우 발행인이 자신도 모르게 세금 제재에 노출되는 것을 보호하도록 하는 유로채의 역외 발행에 대한 자세한 보호가 있다.

영국에서는, 유로채(eurobonds)가 공인된 증권거래소에서 취급되고 있는 무기명채

---

4) 역자 주) 내출 받은 자금으로 대출해 주는 것이다. 자회사가 債券을 발행하는 경우, 그 자회사가 債券 인수대금을 지급 받고, 그 돈을 모회사에게 대출로 보내준다. 자회사에서 모회사로 자금을 온렌딩대출로 보낼 때, 자회사가 모회사로부터 지급 받는 이자에 대한 법인세가 공제되어야 한다는 설명이다.

권(*bearer* security quoted on a recognised stock exchange)이라면, 영국 회사가 그 유로채(eurobonds)에 대하여 이자를 지급할 때 원천징수세가 면제된다.

債券(bonds)의 등급(rating)

대부분의 채권은 신용평가기관의 신용도에 대한 독립된 조사에 의해 등급이 매겨진다. 신용등급 기호에 대하여는 단락 20－23 참조. **11-45**

투자설명서(prospectus)의 요건

대부분의 선진국의 법령은 모든 유통 가능한 증권(transferable securities)을 국내에서 공모할 때에는 투자설명서(prospectus)의 발행이 선행되어야 한다고 규정한다. 제23장 참조. **11-46**

전형적으로, 공모를 위한 투자설명서(prospectus)에는 소정의 정보가 포함되어 있어야 하고, 모든 중요사항이 공개되어야 하며, 그 오기(errors)에 대하여는 가중책임이 부과된다. 예를 들어, 이사, 감사, 다른 전문가들, 때로는 인수인(underwriters)과 간사은행(arranging banks) 등 발행인(issuer)이 아닌 자에 대하여도 개인적 책임을 부과한다. 자주 규제당국의 심사나 점검을 받아야 한다. 계약에 의한 제정법 적용의 배제(contracting－out)는 허용되지 않는다. 대표주관사(lead manager)는 계약상의 당사자 관계(contract privity)나 불법행위 책임상 인과관계(tort proximity)의 유무를 묻지 않고 투자자에 대해 직접적인 책임을 지는 경우도 있다.

국제채 발행은 극단적으로 빠르게 발행된다. 따라서 만약 이와 같은 공모발행에 관한 투자설명서(prospectus) 요건의 준수가 요구된다면 시장은 완전히 얼어붙을 것이다.

디헹히 내부분의 증권거래법은 채권시장(bond markets)에서의 발행을 촉진시키기 위해 특정한 적용 제외(specific exemptions)를 인정하고 있다. **11-47**

적용 제외의 하나의 효과로서, 발행인이나 기타 관계자에 대한 과중한 책임이 이러한 투자설명서(exempt prospectus)에 관해서는 적용되지 않는다. 그러나 부실표시(misrepresentation)나 사기에 관한 일반법의 적용은 있고, 증권거래법에 의해서 그 적용이 확대되는 경우도 있어, 대부분의 국가에서는 그 책임은 엄격하다. 적용 제외의 이점으로서 대표주관사(lead managers)는 계약으로 면책이 가능한 점(이것은 사기의 경우를 제외하고 일반적으로 유효하다), 이사가 투자설명서(prospectus)에 관해서 직접적인 책임을 지지 않아도 되는 점, 주간사가 증권거래법상의 책임을 지지 않는 점 등이 있다. (단, 일반적인 불법행위, 사기 책임의 원칙으로 책임을 추궁당하기도 한다.)

주요한 적용 제외는 ① 사모(private offerings), ② 전문투자자에 대한 모집(offerings), ③ 정부나 특정 국제기관에 대한 모집(offerings) 등이다.

11-48   미국의 증권거래법은 지역적인 적용범위가 광범위하고 그래서 1990년의 Regulation S 는 해외 발행에 관한 미국 1993년 증권법(Security Act of 1933) 제5조의 적용 제외 규칙을 규정함으로써 이른바 국제 발행을 위한 피난처를 제공하고 있다. Regulation S 의 상세하고 복잡한 적용 제외의 요건에는 발행시장(primary market)에서 미국권 내 또는 미국 국민에게 직접 판매되지 않는다는 점, 증권이 40일간 보호예수("locked up")된다는 점(따라서 글로벌본드가 필요해진다) 등이 있다.

따라서 미국 국적이 아닌 발행인이 미국 시장 전용을 의도하지 않는 국제적인 債券을 발행하는 경우 다음 사항을 준수해야 한다.

- 종결(closing)로부터 40일의 보호예수("lock-up") 기간을 설정하고, 債券매수인에 대하여 실제 債券이 발행될 때까지 債券은 글로벌본드(global bond)의 형태로 유로클리어(Euroclear) 또는 클리어스트림(Clearstream)에 예탁되고(deposited), 그 매수인은 실질적으로 미국인의 소유가 아님(non-US beneficial ownership)을 증명해야 한다.

- 권유자료에는 표준적인 판매 제한이나 경고를 붙여 債券이 미국 내 또는 미국인에게 권유나 판매가 되지 않도록 해야 한다.

- 소정의 경고 문구를 붙여 미국 판매제한이 적용됨을 명시해야 한다.

대략 위 요건들을 충족시킴으로써 세금회피를 방지하는 미국 세법(Tax Equity and Fiscal Responsibility Act, "TEFRA")상의 조건 또한 만족하게 된다. 이 TEFRA법에 의해 미국에서는 무기명채권(bearer bonds)의 신규 모집(primary offerings)이 금지되고, 등록채권(registered securities) 발행이 권장된다.

11-49   **투자설명서(prospectus)의 내용**   경험이 많은(well-seasoned) 발행인에 의한 債券의 국

제 발행이라면, 투자설명서(offering circular)는 많은 경우 공적으로 등록되어 있다. 서류를 참고자료로 첨부한 매우 짧은 것이다. 따라서 실제로는 지속적인 정보공개를 하고 있다. 상장기업 발행인(publicly－listed issuers)의 경우, 투자설명서(prospectus)는 전(前)회부터의 변경사항만을 수정한 후에 사용된다. 그 중심부분은 대부분 債券 조건에 대한 설명으로 채워져 있다.

경험이 많은 발행인에 대한 실사(due diligence)는 통상 회사의 경영진과의 토론과 회계감사인의 컴포트 레터(comfort letters)를 통해 실시된다. 신규 발행의 경우에는 보다 강도 높은 실사(due diligence)가 필요하다. 실사(due diligence)에 대해서는 LPIF 시리즈 제7권 제19장 참조.

더 상세한 내용 : LPIF 시리즈 제3권 제10～12장.

질문 및 세미나 주제는, 제12장 마지막 부분 참조.

제**12**장

국제 채권 발행 II

전환사채 및 기타 주가연계파생결합사채(equity linked bond)

전환사채(convertible bonds) 일반

12-01   전환사채란 債券을 보유한 채권자가 회사가 발행한 債券으로 그 회사의 모회사
나 자회사의 주식으로 전환할 수 있는 권리를 가진 債券을 말한다.

12-02   **전환 가격**(conversion price)   債券(bond)은 주식을 취득할 수 있는 가격, 즉 전환가격
을 명시한다. 이 가격은 전체 전환가능 기간 동안 동일한 가격일 수도 있고 또는,
(유로채 시장에서는 대단히 희귀한 경우이지만) 일정 기간별로 가격이 점증
(stepped-up)되는 구조일 수도 있다. 전환에 있어서, 대가(consideration)의 지급은 없
다. 주식인수대금(subscription price)은 債券(bonds)의 원금과 주식인수대금 납입채무의
상계로써 납입된다. 債券(bonds)의 원금은 전환으로 없어진다. 예를 들면, 만약 전환
가격이 1주당 25달러일 경우, 1,000달러의 債券소지인은 전환에 의해 債券과 교환
하여 40주를 손에 넣게 된다(즉, 1000/25=40이다). 발행회사의 입장에서 보자면, 이
것은 차입금이 자본금으로 바뀐 것이 되어, 회사의 부채비율(gearing)이 개선된 결과
가 된다. 부채비율이란 회사의 자산 구조에 있어 자본금에 대한 부채의 비율을 말
한다.

전환 프리미엄(conversion premium) 전환가격은 대상 주식의 채권 발행 시의 시장가 12-03
격보다 높게 설정되며 그 차액을 전환 프리미엄이라고 한다. 프리미엄 금액은 회사
의 성장률 전망이나 투자자가 매력을 느낄 수 있을 정도 등에 의해서 결정된다. 따
라서 債券소지인은 향후 주식의 시장가격이 전환가격을 상회하여 주식을 저렴하게
손에 넣을 수 있을 것이 예상되는 경우 투자하게 된다. 만약, 반대로 주가가 하락하
는 경우가 발생하더라도 債券소지인은 고정된 채권이자수입을 얻을 수 있는 장점
도 있다. 債券을 주식으로 전환하여 배당금이 발생한다면 여기에는 원천징수세가
부과되는 경우가 있을 수 있으며, 반면에 이자가 지급되는 경우는 통상적으로 원천
징수세 공제 없이 지급되게 된다.

신주인수권부사채(bonds with share warrants attached) 사채(bond)는 신주인수권 12-04
(warrants)이 포함되어 발행되는 경우가 있으며 그 사채권자(holder)는 발행회사와 그
모회사 그리고 자회사의 일정 금액분의 신주를 인수할 수 있는 옵션을 가지게 된
다. 신주인수권(warrants)은 일반적으로 분리할 수가 있으며 사채와 별도로 거래가
가능하다.

옵션의 행사에 따라 보유자는 그 신주인수권(warrants)에 의해 지정된 신주인수대
금을 납입한다. 예를 들면, 만약 신주 구입가격이 1주당 50달러이고, 신주인수권
(warrants)이 5,000달러분의 인수권이었을 경우, 옵션의 행사와 5,000달러의 납입에
대한 반대급부로서 100주를 손에 넣게 된다(즉, 5,000/50＝100이다). 그 결과 회사의
자기자본(equity capital)은 증가하지만, 차입자본(loan capital)은 그대로 유지되게 된다.
그러나 회사가 옵션의 행사에 의해 얻은 자금을 기존 채권(original bonds)의 변제나
매입에 충당한다면, 실질적으로는 전환사채(convertible bonds)가 발행되었고 전환권
이 행사된 경우, 즉 차입자본(loan capital)이 자기자본(equity capital)으로 바뀌는 것과
같은 효과를 가지게 된다.

신주 인수가격은 일반적으로 債券(bond)과 신주인수권(warrants) 발행 시의 대상 주
식에 대한 시장가격보다 높게 설정된다. 전환사채의 보유자와 마찬가지로, 신주인
수권부사채의 보유자도 대상 주식의 시장가격이 구입가격보다 상승하는 것을 희망
하고 있지만 주가가 침체 상태에 있을 경우라도 사채의 고정수익(이자)이 있어 쿠
션 역할을 하게 된다. 발행인의 입장에서는 신주인수권(warrants)의 옵션 가격보다
약간 싸게 자금을 조달할 수가 있게 된다. 그러나 일단 신주인수권(warrants)이 분리
되어 매각되면, 신주인수권(warrants)의 보유자는 주주와는 달리 잠시 동안 신주인수

권(warrants)으로부터의 고정수입은 얻을 수 없게 되며, 보유자는 그에 합당하는 충분한 차익을 얻을 수 있을 만큼 주가가 상승하여 신주 인수가격을 상회하기만을 기대하게 된다.

상장(listing)

12-05   주가연계파생결합사채(equity linked bond)는 일반적인 채권 발행과 마찬가지로 증권거래소에 상장할 수 있다. 신주인수권부사채(bonds with warrants)의 경우에는 3종류의 각기 다른 방식으로 상장할 수 있다. 즉, 債券(bond), 신주인수권(warrants), 신주인수권부사채(bonds with warrants)를 말하며, 물론 그 대상주식도 함께 상장되어 있어야만 한다.

주가연계파생결합사채(equity linked bond)는 주식적인 요소를 가지며 보다 투기적이기 때문에 증권거래소의 상장 요건이 일반적인 債券(straight bonds)보다 더욱 엄격하다.[1] 예를 들면, 투자설명서(offering circular)를 이용하여 많은 정보를 게재하게 하는 등의 요건이 필요하게 된다.

주가연계파생결합사채(equity linked bond) 발행의 장점

12-06   투자자의 입장에서 주가연계파생결합사채(equity linked bond)의 매력은, 대상 주식의 가격동향에 관계없이 사채가 일정 수익을 만들어 내고 비교적 안전하다는 것이다. (다만, 동종의 일반 債券에 비하여 이자율은 낮다.) 또한 그 사채권자는 일정한 가격으로 주식으로 전환하거나 주식 인수가 가능한 옵션(option)이 함께 부여되므로

---

1) 역자 주) 주가연계파생결합사채(Equity Linked Bonds, "ELB")는 우량채권에 투자한 원금과 이자를 합하여 사전에 제시한 수준의 원금을 보장한다. ELB는 투자원금 중 대부분을 우량채권에 투자하고 일부는 옵션 복제 재원으로 사용한다. ELB는 주식, 주가지수 등과 연계하여 미리 정해 놓은 손익조건에 따라 수익을 지급하는 금융투자상품이다. 투자성과가 우수하면 적금보다 훨씬 높은 수익률을 거둘 수 있으면서도 증권회사가 파산하지 않는 한 원금이 보장되는 것이 ELB의 장점이다. 만약 ELB를 발행한 증권회사가 파산하게 되면 ELB 투자자금은 되돌려 받지 못한다. 예금은 은행이 파산해도 예금자보호법에 따라 5천만 원까지 보호된다는 점에서 다르다. 증권회사만 ELB를 만들 수 있고 만기에 받는 이자가 기초자산 가격 및 손익 조건에 따라 달라진다. ELB는 만기에 원금과 수익금을 주는 점이 만기에 원금과 이자를 돌려주는 債券과 유사하다. 다만, 만기까지 보유할 경우 債券이나 예금과 같이 연 몇%로 딱 정해져 있는 확정금리 이자가 지급되는 상품이 아니라, ELB는 기초자산 가격에 따라 그 이자가 날라지는 차이점이 있다. ELB는 중도상환은 가능하지만, 발행한 증권사에 중도상환을 요청하면 투자원금이 손실을 볼 가능성이 높다는 점에 유의해야 한다. 금융투자교육원, 『투자자산운용사 1』, 한국금융투자협회, 2020년 1월, 263~264면.

전환가격보다 시장가격이 높아지면 이익을 얻을 수 있게 되는 것이다. 안전한 債券 (debt)과 투기적인 주식의 패키지인 셈이다.

발행인은 다음과 같은 다양한 이유로 주가연계파생결합사채(equity linked bond)를 발행한다.

- **조건**(terms). 주가연계파생결합사채의 주식적 요소가 투자자에게 있어서 매력 적이기 때문에, 발행 회사는 보다 유리한 조건으로 협상할 수 있다. 예를 들어, 이자율을 낮추거나, 사채 발행에 따른 확약사항(covenants)을 축소하거나, 사채 권자를 일반 무담보 채권자에 대하여 후순위로 하거나 하는 등의 조건을 설정 할 수도 있다. 그런데 유로채(eurobonds)에는, 투자자의 수익을 향상시키기 위하 여, 예를 들어, 투자자가 5년 이후 원금의 120%의 상환을 청구할 수 있는 등의 풋옵션(put option)이 투자자에게 부여된다. 따라서 통상의 이자율 정도의 수익 은 보장할 수 있게 되어 있다. 이것에 의해 주가 하락의 리스크를 줄일 수 있다.

- **만기**(maturity). 투자자의 입장에서 볼 때, 옵션의 행사기간이 길수록 옵션의 가치가 높아지기 때문에 회사는 별도의 다른 조건들만 수용 가능하다면 장기 채권을 성공적으로 발행할 유인이 발생하게 된다.

- **투자자에 대한 접근**(access to investors). 기관투자자, 수탁자(trustee), 기타 자산 관리자가 주식이나 신주인수권(warrants)에 직접 투자하는 것이 금지되어 있는 경우에도 주가연계파생결합사채(equity linked bond)에 대한 투자는 가능한 경우 가 있다. 그 이유는 債券의 고정수익(이자)을 확보할 수 있기 때문이다.

- **자본 거치식 금융**(deferred equity financing). 주가연계파생결합사채(equity linked bond)는 흔히 자본금의 선지급 수단으로 간주된다. 발행인이 현 시점에서의 주 가가 과소평가되었다고 생각하고 있는 경우, 주가연계파생결합사채(equity linked bond)를 발행하고, 전환가격이나 인수가격을 회사가 생각하는 실제의 기업가치 를 반영한 수준으로 설정한다. 시장 주가가 그 수준을 초과한 시점이 되면 투 자자는 주식의 구입 옵션을 행사한다. 이에 따라 회사는 채권의 발행 시점에 그 당시 시장가보다 높은 가격으로 주식을 발행하여 자본금을 늘릴 수가 있다.

12-07

즉, 자본금이 미리 지급 되는 방식인 것이다. 자본금의 증가는 회사의 대차대조표(balance sheet)를 개선시키고 나아가서는 차입을 가능하게 한다.

실제로 투자자는 현실 주가가 전환가격이나 인수가격을 크게 상회하지 않는다면 전환이나 인수를 행사하지 않으므로, 전환이나 인수에 있어서 발행회사는 그 시점의 주가보다 상당히 싼 값에 주식을 발행하는 효과를 누리게 되고, 이에 따라 기존에 발행된 주식의 가치는 희석되게 된다.

이와 같이 투자자의 목적은 주식을 싸게 손에 넣는 것이다. 그리고 발행회사의 목적은 싼 이자율의 차입금을 얻는 것과 자본금 증가의 가능성이다.

희석화 방지(anti-dilution) 조항

12-08 　　명확한 규정이 없을 경우 주식전환이나 인수권의 가치는 발행회사의 행동에 따라 심하게 훼손될 수도 있으며 債券소지인은 이를 컨트롤할 수가 없게 된다. 예를 들면, 회사가 전환가격이 12달러인 10달러 주식을 5달러 주식 2개로 분할했을 경우, 각각의 주식 가치는 반이 된다. 이와 같은 경우, 전환가격도 반, 즉, 6달러가 되어야만 한다. 희석화 방지 조항은 이와 같은 전환가격에 적절한 조정을 더하는 것이다.

희석화를 고려하여 당초의 전환가격에서 감액 변경하는(債券소지인에 의해 대량의 주식을 얻게 하는 효과를 발생시킨다) 전형적인 경우로는 다음과 같은 것들이 있다.

- 회사가 이익이나 준비금(reserves)을 자본금으로 전환함에 따라 무상증자 시 **무상신주**(bonus shares)를 발행할 경우, 신규 자금의 유입이 없음에도 불구하고 회사의 순자산을 나타내는 주식의 수는 증가하고, 1주의 가치는 이에 따라 감소한다. 전환가격도 같은 비율로 감액되게 된다.

- 만약 회사가 유상증자 시 그 시점에서의 시장가격을 밑도는 가격으로 **신주의 주주배정 발행**(rights issue)을[2] 실시했을 경우(이는 기존의 주주에게 신주를

---

[2] 역자 주) 유상증자에 따른 발행이다. 주주는 그가 가진 주식 수에 따라서 신주의 배정을 받을 권리가 있다(상법 제418조 제1항). 신주 발행 시 기존 주주에게 지분 비율에 따라 신주인수권을 배정해야 한다. 기존 주주의 지분율이 희석되는 것을 방지하기 위한 장치다.

구입시키는 것을 목적으로 하며, 거의 대부분의 경우, 그와 같은 가격으로 실시되므로 통상적으로는 시장가격의 95% 이하로 배정이 행하여진 경우로 간주된다), 그 가치의 전액이 납입되지 않고, 실제로는 주식의 시장가격이 하락한다. 회사가 대금을 수령한 것을 고려하여 전환가격이 상응하게 감액되어야 한다.

- 발행회사가 **자본금의 분배**(capital distribution)를 실시할 경우(즉, 전기 수익을 상회하는 배당 등, 주주가 일반적인 배당액을 초과하는 배당을 얻을 경우 또는 발행회사가 주주로부터 시장가치를 상회하는 가격으로 자사주를 매입하는 경우 등), 전환가격은 그 자산의 손실에 따라 감액되어야 한다. 감액은 그 시점 전후의 시장가격을 감안하여 결정된다.

- 발행회사가 **기존 주주 이외의 자에게 ① 주식발행**, ② 주식인수권(options for shares) 부여 또는 ③ 전환사채(securities convertible into shares)의 발행을 시장가격을 밑도는 가격으로 실시할 경우, 債券소지인(bondholders)은 그에 상응하는 이익을 얻어야 한다. 그 이익은 평가되어야 한다.

기업인수(takeovers)

대부분의 전환사채에서는, 만약 기업인수나 주식공개매수의 제안을 모든 주주에게 할 경우, 발행회사는 모집 기간(offer period) 중에 전환을 실시할 수 있는 전환사채권자에게도 동일한 제안을 하도록 노력해야 한다고 규정하고 있다. 이론적으로는 이것은 발행회사가 통제할 수 없는 부분이다. 특히 적대적 인수의 경우에 그렇다. 그렇지만, 실무에서는 상장폐지가 전환사채상의 채무불이행(default)이 될 수 있고, 전환사채권자는 여전히 전환이 가능하고, 그것에 의해서 인수회사의 지배력이 희석화 될 수 있다. 이러한 점을 감안하면, 인수회사에게 있어서도 최초의 제안에 전환사채권자의 취급에 관한 내용을 포함시키는 것이 이치에 맞다. 예를 들면, 전환사채권자가 전환했을 경우를 상정하여 그에 상응하는 제안을 하는 것이다.   12-09

기업합병(mergers)과 기업분할(spin-offs)

하나의 회사가 다른 회사와 합병할 경우, 발행회사가 존속회사가 아닐 경우에는   12-10

그 債券소지인의 권리에 문제가 발생한다. 이 경우, 債券소지인의 수탁자(trustee)는 존속회사에게 기존 발행회사와 같이 동등한 전환조건과 동등한 희석화 방지 조항을 가진 신회사의 주식으로 전환할 수 있는 권리를 債券소지인에게 부여하도록 요구할 수 있다.

인수회사가 발행회사의 자산을 대부분 또는 모두를 인수하는 경우 인수회사는 기존 발행회사의 주주에게 새로운 주식을 제공해야 하고 債券소지인의 수탁자는 새로운 회사의 주식으로 전환할 수 있는 권리를 債券소지인에게 부여하도록 요구할 수 있다.

만약, 자회사가 모회사의 주주들로부터 기업분할을 진행했을 경우, 債券소지인의 통상적인 방어는 희석화 방지 조항에 따라 전환가격이 감액되는 방법으로 대응하게 된다.

따라서 이와 같은 경우에서는 전환권이 새로운 회사의 주식으로 계속해서 이어지게 된다.

미디엄 텀 노트 프로그램(medium-term note program)

일반론(generally)

12-11 이것은 대규모 債券발행을 실시하는 발행인이 다양한 종류의 債券을 빈번하고 신속하게 경제적인 비용으로 발행할 수 있도록 하는 프레임워크 계약(framework agreements)이다. 이 프로그램의 적용에 따라 발행되는 債券의 기간은 만기 1개월의 단기채로부터 만기 30년의 장기채에 걸쳐 다양하다.

이 채권 발행 프로그램의 주된 목적은 발행인의 증권발행의 제반 조건을 정형화시키고, 이에 따라 발행에 수반되는 문서(documentation)의 수를 최소화하며, 또한, 발행할 때마다 요구되는 문서화(documentation)의 비용, 시간, 관리의 수고를 간소화하는 것이다.[3] 시장에서도 이러한 차입 수요나 대출의 기회에 대하여 신속하게 대응할 수 있게 된다. 또한 국제자본시장에서 대량의 채무증권을 발행하는 경우, 상업조건 이외의 조건의 대부분은 대체로 비슷한 경향이 있다.

---

3) 역자 주) 자본시장과 금융투자업에 관한 법률 제119조 제2항의 일괄신고서 제도와 취지가 유사하다.

문서(documentation)

문서(documentation)에는 모든 가능한 사건을 담은 길고 복잡한 것이 있는가 하면, **12-12**
간단한 유형의 것도 있다. 전형적인 프로그램 문서(programme documentation)의 주요
내용은 아래와 같다.

- 발행인과 매매업자(proposed dealers) 간의 **프로그램 계약**(programme agreement).
  프로그램의 설립과 유지에 대하여 쌍방간 합의하고 발행인과 매매업자가 프로
  그램 내용에 근거하여 특정한 발행 조건을 동의했을 경우에는 반드시 적용되
  어야 할 조항을 상호 합의하게 된다. 프로그램 계약에는 다음과 같은 내용이
  포함된다. ① 발행인은 債券을 발행할 수 있으며, 매매업자는 이를 구입할 수
  가 있다는 내용(단, 실효성이 있는 약속은 아님), ② 최초 발행과 그 이후의 각
  발행에 대한 통상적인 선행조건(서류, 중요 사항에 변경이 없을 것 등), ③ 발행
  인의 진술 및 보장(representations and warranties), ④ 발행인의 약정(예를 들면, 정
  보 제공, 최신 투자설명서(offering circular), 상장 등), ⑤ 판매에 있어서 매매업자
  의 규제법 준수, ⑥ 새로운 매매업자의 접근, ⑦ 각 발행을 위한 사무 절차, ⑧
  부속 채권설명서(pricing supplement)의 양식, ⑨ 준거법, ⑩ 기타 정형적 규정 등
  이다.

- **대리 계약**(agency agreement). 프로그램에 대한 서비스 제공을 위하여 발행
  인은 대리인(agent)과 약정을 체결하고 이때 프로그램에서 발행되는 債券의
  양식을 첨부한다.

- **투자정보안내서**(information memorandum). 프로그램의 개요와 프로그램에
  서 발행되는 債券에 대하여 당사자 간의 별도 합의가 없는 한 그대로 적용되는
  조건, 발행인의 정보 등을 포함한다. (증권거래소에 상장하기 위하여서는 그 기
  준을 충족시켜야만 한다.)

- **신탁증서**(trust deed) (수탁자(trustee)를 사용하는 경우)

부속 채권설명서(pricing supplement)　　발행인과 매매업자가 발행에 있어서 상업적 조 　**12-13**

건에 대하여 동의한 경우, 그 상업적 조건 그리고 프로그램 문서(programme documentation)에 기입되어 있지 않은 기타 사항이나 변경이 필요한 사항은 "부속 채권설명서"("pricing supplement")라고 불리는 확인서에 기재한다. 이 부속 채권설명서는 투자자에 대하여 정보공개(disclosure)와 상장을 위한 투자정보안내서(information memorandum)를 보충하는 역할을 한다.

통상적으로 프로그램에 대해서는 정기적인 리뷰가 있고, 대개는 업데이트된 법률의견서나 회계감사인의 컴포트 레터(comfort letter)를 제공함으로써 리뷰를 한다. 문서(documentation)상 매매업자는 특정한 법률적 사항이나 회계감사인의 확인을 요구할 수 있고 때로는 투자정보안내서(information memorandum)의 수정을 요구할 수도 있다.

후순위 債券(subordinated capital bonds)

개요

12-14   이것은 (다른 후순위 채권자는 제외하고) 발행인의 모든 채권자에게 후순위로 발행되는 債券이다. 후순위 채권은 은행, 보험회사, 투자기업의 적정 자기자본 규제를 충족할 목적으로 동결자본(primary lock-in capital) 또는 자기자본에 가까운 것으로 자리 매김된다. 발행인의 대부분은 은행이다. 일반 후순위에 대하여서는 단락 13-04 참조. 자본적정성(capital adequacy) 규제에 대하여서는 제25장 참조.

이러한 하이브리드 증권들에는 다양한 변동사항들이 존재한다. 은행의 입장에서 보자면, 이것은 자본규제상 자본금(capital)으로서 취급할 수 있다는 이점이 있다. 또한 주식이 발행되었더라면 발생할 주식자본의 희석화(dilution of share capital) 문제를 피할 수가 있다. 또한 발행 금리는 세무상 공제 대상으로 적용할 수 있다. 신용평가기관은 이러한 債券을 전체적으로 또는 부분적으로 자본으로 인정한다. 통상 주식자본과 동등하게 취급되기 위해서는 채권기간이 40년에서 60년이라는 장기로 설정되어야 한다. 발행인의 회계상에서도 자본금으로 취급이 가능하다. 이에 더하여, 발행인은 금리를 후지급으로 설정이 가능하고(예를 들면 원금의 15%까지를 상한으로), 만약 이것이 새로운 주식으로 발행될 때 미지급된 금리가 있다면 통상 債券의 수탁자(trustee)가 이것을 투자자의 이익을 위해 매각할 수도 있다.

후순위 債券 중에는 발행인이나 그 모회사의 주식으로 전환이 가능한 것도 있다. 후순위 債券은 무기한으로 할 수도 있으며 이는 발행인의 해산 시에만 상환하는 조건이다.

후순위 조항(subordination clauses)

일반적인 후순위 조항에서, 발행인의 파산(winding–up) 시 수탁자(trustee)와 債券 **12-15** 소지인의 권리는, 후순위 채권자 이외의 모든 채권자와 함께 다음과 같이 규정된다.

이 후순위 규정은 파산(winding–up)절차에서만 효력을 가지는 것으로, 파산절차 전까지는 원금 및 이자의 지급에 방해를 받지 않는다. 발행인이 디폴트가 있는 경우, 대다수 수탁자(trustee)가 취할 수 있는 유일한 수단은 발행인의 청산절차이며, 그 경우에 후순위 조항이 효력을 발휘하게 될 것이다. 債券소지인은 그 이외의 구제책을 포기하게 된다.

청산절차상 후순위 조항 이외에도, 어떤 자본債券 발행(capital issues)의 경우, 지급 이후에 발행인이 지급불능이 되는 때에는, 원금이나 이자의 지급을 실시하지 않을 수도 있다. 은행의 자본규제 목적으로 원리금을 지급하지 않는 경우다.

기타 종류의 발행(issue)

하이일드(high yield) 노트에 대하여서는 단락 13–15 참조. LPIF 시리즈 제3권 제4 **12-16** 장 참조. 파생금융상품(derivatives) 증권과 이자연계사채(interest–linked notes)에 대하여 서는 단락 26–33 참조.

사채권자 수탁자(bondholder trustee) 및
집단행동조항(collective action clauses)

이 섹션에서는 債券소지인의 집단행동(collective action)에 관련된 문제에 대한 국제 **12-17** 적인 접근을 시도한다.

집단행동조항(collective action clauses)에는 아래와 같은 요소가 있다.

- 사채권자 수탁자(trustee) 또는 사채권자의 의결에 의해서만 기한이익 상실 (acceleration)이 가능할 것.

- 사채권자가 아닌 사채권자 수탁자(trustee)만이 강제집행을 행사할 수 있는 부제소 조항.

- 채무불이행 후 지급은 사채권자 수탁자(trustee)만이 행사하고, 사채권자 수탁자 (trustee)는 그것을 안분비례(pro rata) 방식으로 사채권자에게 분배한다는 취지의 규정.

- 사채권자집회(bondholder meetings) 개최를 위한 규정.

영미권에서의 사채권자 수탁자(bond trustees)

12-18 영미권에서의 실무에서는 債券의 발행에 있어서 債券소지인을 대표하는 수탁자 (trustee)를 임명한다. 다른 국가에서는 회사법에 따라 주주와 유사한 의결권을 가진 사채권자 공동체(bondholder communities)를 설치한다. 대륙법 계열의 국가에서는 수탁자(trustee)는 인정되지 않고 있다.

12-19 **債券소지인의 이점** 債券소지인의 입장에서 본 수탁자(trustee) 설치의 이점은 다음과 같다.

- **능숙한 모니터링**. 발행 조건의 준수에 대한 감시나 발행인으로부터 제공된 재무정보의 분석이 전문적인 기관에 의해 이루어진다. 일반 債券소지인에게 공표하는 것이 보다 더 상세한 (기밀성이 높은) 정보도 수탁자(trustee)에게는 제공되는 경우가 있다. 따라서 수탁자(trustee)는 각 債券소지인보다 빠르게 잠재적 디폴트를 감지하기 쉬워진다.

- **리소스**(resources). 수탁자(trustee)는 전문가의 조언을 얻기 위한 리소스를 가지고 있다. (비용은 발행인 부담이다.)

- **통일된 강제집행**(unified enforcement). 채무불이행이 발생했을 경우, 債券소

지인이 개별적으로 집행절차를 밟는 것은 곤란에 빠지기 쉽다. 이것은 불합리한 비용이 소요되기 때문이며, 또한 투자자 층이 다양하여 특정하기 어렵기 때문에, 개별 債券소지인이 공통된 이익을 위해서 통일된 행동을 취하는 것이 어렵기 때문이다.

- **채무불이행 시 협상**(default negotiations). 발행인이 재무적 곤경에 빠졌을 경우, 수탁자(trustee)는 債券소지인의 대표로서 채무에 대한 구조 조정 협상을 발행인이나 다른 채권자와 행할 수가 있으며, 그에 대비한 스킬이나 리소스도 가지고 있다. 수탁자(trustee)는 債券소지인에게 어떤 행동을 취해야만 하는지 권고를 할 수는 있지만, 그들의 위임 없이는 어떠한 행동도 할 수 없다. 예를 들면, 지불유예(moratorium)를 진행하거나 출자전환(debt equity conversions) 등을 실시할 때 등을 들 수 있다. 신탁증서(trust deed)는 사채권자집회(bondholder meetings) 때 변경사항이 있는 경우 표결에 부치도록 규정하기도 한다. 아래 참조. 비록 수탁자(trustee)를 두고 있지 않은 관계인일지라도 만약 전문기관이 구조조정 계획을 평가하고 해결법에 대한 협상을 실시해야 한다고 권고하는 경우 투표에 참여할 수 있다. **12-20**

  수탁자(trustee)의 존재가 오히려 債券소지인의 지급을 저해한다는 논의도 있다. 그것은 발행인이 직접 債券소지인과 협상하기가 곤란해지게 하고, 따라서, 변제(또는, 도산 절차를 밟는 것) 말고는 다른 방도가 없다는 것이 그 이유이다. 실무상에 있어서, 발행인이 자금난에 빠진 경우, 대부분의 債券소지인이 자발적으로 債券소지인 위원회를 구성한다.

- **보다 방어적인 조항**(more protective clauses). 전문적인 모니터링 기관이 있기 때문에 債券 발행에 있어 방어적인 확약(covenants)이나 채무불이행 사유(event of default)를 마련해 둘 수가 있다. 이와 같은 기관이 존재하지 않을 경우에는 다음과 같은 대응들에 곤란함을 겪을 수도 있다. 왜냐하면, 이러한 방어적인 조항은 부정확하거나 주관적이며(예를 들면, 발행인의 대규모의("substantial") 자산 처분이나 중대한("material") 위반) 재무 비율 등은 복잡하여 전문가에 의한 확인을 필요로 하기 때문이다. 증권을 기한이익 상실(accelerated)시키기 위하여는 수탁자(trustee)가 특정 사유(events)가 중대하게("materially") 불리하다는 것을 증명해야 한다면, 단순히 기술적인 사유의 채무불이행을 피하고, 발 **12-21**

행인이 장래의 거래에 대하여 계획을 세울 수 있도록 확실성을 줄 수 있을 것이다. 대다수의 수탁자(trustee)는 중대한 부정적인 변경("material adverse change")을 채무불이행 사유로 설정하는 것에 대하여 찬성하지 않는다. 이와 같은 채무불이행 사유들은 너무나도 애매하고 모니터링이 곤란하며, 수탁자(trustee)에게 배상책임의 위험을 발생시키기 때문이다.

- **안분비례 지급**(pro rata payment). 부제소 조항에 더하여, 채무불이행 후의 수탁자(trustee)에 대한 변제가 債券소지인에게 잔액 안분비례 배분(pro rata sharing) 된다는 내용의 조항에 따라 債券소지인 간에서는 차별 없는 비례배분에 의한 지급이 확보되어야 하며, 특정 債券소지인이 단독적으로 재판 절차를 통해 법에 호소하는 경우와 차별화되는 다른 사항이 있는 것이 아니라면 안분비례되어야 한다. 신디케이티드 채권자들의 잔액 안분비례 배분(pro rata sharing) 조항과 비교하여 볼 필요가 있다.

- **수정과 변경**. 수탁자(trustee)는 명확한 오류를 단독으로 수정할 수 있는 권한을 부여받는 경우가 있다. 전환사채와 같은 복잡한 債券의 발행에 있어서, 수탁자(trustee)는 예상 외의 문제들을 해결할 권한을 부여받는다. 예를 들면, 희석화 방지 조항의 적용 등이다. 수탁자(trustee)는 상장의 변경 유무에 대하여 모니터링 하여 발행인이 어떤 法域에 있어서 새로운 과세를 적용받게 되는 경우, 그 法域을 원천징수세 공제분 추가부담(tax gross-up) 조항에 포함시키도록 변경하기도 한다.

위와 같은 장점들은 전문적인 기관투자자들보다 일반투자자에게 더욱 더 효과적으로 적용되게 된다.

12-22 **발행인의 입장에서 본 장점**(advantages for issuers) 발행인의 입장에서도 수탁자(trustee)의 존재는 유익하다.

- **성난 債券소지인**("mad bondholder")**에 대한 방어**. 성난 債券소지인(mad bondholder)이란, 실세의 지급을 고집하는 債券소지인을 말한다. 발행인이 자금난에 빠져 주요 은행과 債券 債權者(bond creditors)와 사적인 상환기한 연장

(rescheduling)을 희망하는 경우에도 한 사람의 반대파 債券소지인이 기한이익 상실(acceleration)을 진행하고, 이는 크로스 디폴트(cross-defaults)임을 적용하여, 결국에는 발행인을 공식적인 도산 절차에 몰아세울 수가 있다. 이와 같은 도산 절차는 통상적으로는 발행회사의 자산가치나 신용에 치명적인 영향을 미치게 되고, 채권자의 이익에도 손해를 입히게 된다. 후술하는 부제소 조항("no-action" clause)은, 발행인과의 구조조정 계획을 협상하는 동안, 개별적인 기한이익 상실(acceleration) 조치와 강제집행을 계약으로 금지시킨다. 수탁자(trustee)는 부제소 조항의 운용에 있어서 필수 불가결한 존재이다.

- **기한이익 상실 선언 유예(waivers)와 변경에 대한 법적인 유연성.** 債券은 때론 장기로 발행되기도 하며 이러한 경우 확약(covenants)과 디폴트 사항도 경우에 따라 債券소지인에게 심대한 영향을 미치지 않는 사항이라면 즉각적인 적용이 개시되지 않기도 한다. 예를 들어 담보제공금지 조항(negative pledge)에 저촉되는 담보 제공 등이 있는 경우를 들 수가 있다. 수탁자(trustee)가 없는 경우 어떤 한 사람에 의하여 기한이익 상실이 발생하고 발행인을 도산으로 몰고 갈 수도 있다. 수탁자(trustee)가 있는 경우에는 그가 받은 권한으로 債券소지인에게 이익이 되는 방향으로 문제를 해결하거나 債券소지인 집회를 통하여 문제를 해결할 수도 있다. 따라서, 수탁자(trustee)의 존재는 발행인을 債券소지인의 불합리한 행동으로부터 지키고, 다른 불가능한 상황으로부터 유연한 처리가 가능토록 한다. 단, 실무상에 있어서는, 수탁지(trustee)가 債券소지인과 협의 없이 이러한 권한을 행사하는 경우는 극히 드물다.

- **대표(representation).** 디폴트가 발생한 경우 발행인은 다수가 아닌 한 사람의 채권자 대표와 협상할 수가 있다. 반복되는 이야기이지만, 실무에시는 債券소지인은 협상을 위한 위원회를 스스로 구성한다.

담보부 債券(secured bond) 채권자들의 순위가 여러 등급으로 나뉘는 경우, 모든 채권자들을 위하여 금전채권(debt)과 담보설정을 관리하는 공동의 담보수탁자(common security trustee)를 선정할 수 있다. 예를 들어, 선순위채권자인 은행(senior bank creditors)과 고이율의 후순위 증권소지인(junior high yield security-holders)이 있는 경우 또는 자산유동화(securitisation)에서 순위가 다른 여러 계층의 債券(notes)이 발행된 경

12-23

우 등이다. 이 경우의 이점은 다음과 같은 것이 있다.

- 개별 담보설정이 불필요하다.

- 모든 채권자를 위하여 담보 조건이 공통된다. (확약사항(covenants), 보험, 강제집
  행 등)

- (예를 들어, 선순위은행의 대출이 있는 경우) 기존은행의 채권을 다른 인수은
  행으로 이전하는 경우 담보의 해제 없이 진행가능하고, 이미 실행이 완료된 대
  출금뿐만 아니라 미실행된 대출약정(commitment)도 양도가 가능하게 된다. 상업
  은행은 이러한 경개(novation)에 의하여 대출의 양도가 가능하다.

- 기존 여신계약에 의하여 인수은행을 수익자로 하여 참가시킬 수가 있으며, 그
  인수은행에 대하여 새로운 담보 설정을 할 필요가 없다. 인수은행의 참가에 있
  어서는 일반적으로 기존의 채권자에게 불이익이 발생하지 않도록 재무적인 테
  스트를 거치기도 한다.

- 선/후순위 담보권의 순위 매김과 지급에 있어 보다 효율성을 기할 수 있다.

한편, 담보수탁자가 인정되어 있지 않은 法域도 많아, 이 부분은 중대한 장애가
된다. 제19장 참조.

12-24   **수탁자 설정의 단점**(disadvantages of trustees)   수탁자(trustee)를 두는 것에는 단점도
있다. 수탁자(trustee)의 존재는 일반적으로 비용과 문서(documentation)를 다소 증가시
킨다. 또한 수탁자(trustee)를 위한 정보 제공 조항이 광범위하여지고, 예를 들어, 보
다 빈번한 정보 제공이나 정보 제공의 청구권한 등이 정해진다. 또한 전술한 바와
같이, 債券소지인의 권리행사의 연기(postponement) 또는 조건의 완화로 이어지기 때
문에 어쨌든 債券소지인에게 불리하다는 견해도 있다.

이러한 내용은 수탁자(trustee)가 아닌, 債券소지인이 스스로 대표로 나서서 의결
을 하는 모종의 메커니즘이 필요하다는 것으로 견해가 일치되는 듯하다.

12-25   **수탁자 설정이 강제화되는 경우**(mandatory requirements for a trustee)   수탁자(trustee)의
설치가 법률이나 증권거래소의 규칙에 의해 의무화되어 있는 경우가 있다.

영국에서는 수탁자(trustee)의 설치가 법률상의 의무는 아니다. 런던과 룩셈부르크의 증권거래소에서는 전문적인 투자자에 대한 債券 발행에서는 수탁자(trustee)를 필요로 하고 있지 않다.

미국에서는, 1939년 Trust Indenture Act(1990년 Trust Indenture Reform Act에 의하여 개정된 상태)가, 債券의 판매나 권유를 위하여 州를 넘나드는 상업상의 통신·운송 수단 또는 우편을 직접 또는 간접적으로 사용하는 것은, Trust Indenture Act에 근거하여 등록된 적법한 신탁증서(trust indenture)에 의해 債券이 커버되어 있지 않는 한, 모두 위법이라고 규정하고 있다. 제306조 참조. Trust Indenture Act 조항은 모든 채권(indentures)에 자동적으로 적용되기 때문에, Trust Indenture Act에서 요구되고 있는 요건이 증권 자체에 규정되어 있지 않더라도 자동적으로 적용된다. 광범위하게 보자면, 1933년 증권법(Securities Act of 1933)에 따라서 투자설명서(prospectus)의 등록이 의무가 아닌 국제적인 債券의 발행에는 Trust Indenture Act도 적용되지 않는다. 대체로 같은 예외규정이 있기 때문이다. 정부는 수탁자(trustees)를 경시하기 때문에, 債券이 정부나 그 하부기관, 관련기관에 의해서 발행 또는 보증되어 있는 경우에는, 1939년 Trust Indenture Act는 적용되지 않는다. Trust Indenture Act는 미국 정부의 감독을 받는 은행이 보증하는 債券에도 적용되지 않는다. 1933년 증권법(Securities Act of 1933)와 달리, Trust Indenture Act는 주식 교환에 의한 주식공개 매입을 예외로 취급하지 않고 있다.

미국 SEC[4]는 외국법에 근거하여 설립된 발행인의 債券(bonds)은 법률의 운용상 예외로 취급할 수가 있으며, 1990년에는 미국 SEC가 공익을 위하여 필요 또는 적절하다고 인정하는 경우에는 Trust Indenture Act 조항의 적용을 제외할 수 있는 권한을 부여받았다. 신탁증서(trust indentures)는 증권신고서(registration statements)와 유사한 방식으로 심사를 받아야 하므로 반드시 미국 SEC에 등록되어야 한다.

12-26

캐나다의 입법은 미국의 1939년 법과 유사하다. Canada Business Corporation Act Part VII 참조.

---

4) 역자 주) Securities and Exchange Commission. 미국 증권거래위원회. 미국 자본시장의 질서유지 및 규제를 위해 1934년 증권거래법(Securities Exchange Act of 1934) 제4조에 의거하여 1934년에 창립된 대통령 직속의 독립된 증권감독관청이다. 5명의 위원으로 구성되며, 위원은 상원의 의견과 권고에 따라 대통령이 임명한다. 사무기구는 위원회 산하에 기업재무국, 시장규제국 등 11개 부·국이 있다. 독립적인 준사법기관으로 유가증권과 관련된 연방법을 집행하며, 불법이나 위법 사례를 발견할 경우 직접 규제를 할 수도 있고, 검찰이나 경찰에 관련 사건을 넘길 수도 있다. 주요 업무는 ① 기업의 공시 감독 ② 상장증권의 등록 ③ 대주주의 주식취득 조사 ④ 거래원의 등록 및 자격 취소 ⑤ 공익성이 강한 전기·가스 사업에 대한 규제 등이다.

12-27   **시장 관행**(market practice)   영국법이나 뉴욕주법을 준거법으로 하는 債券은 債券소지인을 위한 수탁자(trustee)를 두는 것이 시장의 관행으로 되어 있다. 다만 어떤 債券이라도 정부에 의해 발행되는 국채의 경우에는 수탁자(trustee)를 두지 않는 경우가 흔했다(이것은 정부가 수탁자(trustee)에게 감시당하는 것은 체면이 손상된다고 생각하기 때문이다). 단락 12-41 참조. 영국의 실무에 있어서는, 국채 발행에서는 사채권자집회(meetings)와 결의(voting)에 대하여 재무대리인 계약(fiscal agency agreement)에서 정해진다. 대부분의 경우, 수탁자(trustee)는 전문 수탁자(trustee) 회사가 맡게 된다.

　재무대리인(fiscal agent)은 수탁자(trustee)와는 다르다. 재무대리인은 발행인의 대리인이며, 債券소지인의 대리인은 아니다. 한편, 수탁자(trustee)는 債券소지인을 대리하는 자금수탁자(fiduciary)다. 수탁자(trustee)는 신탁증서(trust deed)와 법률에 근거한 信認의무와 모니터링 의무가 있다. 통상적인 재무대리인 계약에서 재무대리인은 債券소지인에 대한 모니터링 의무나 기타 의무를 맡지 않는다. 재무대리인의 주된 임무는 債券(bonds)이나 이표(coupons)가 제시되었을 때 債券소지인에게 지급하는 것이다.

신탁의 법적 성질(legal characteristics of the trust)

12-28   **신탁재산은 명의수탁자(trustee titleholder)의 개인적인 채권자로부터 분리되어 있다.**   신탁의 본질은 수탁자(trustee)가 특정의 권리에 대하여 법률상, 명의상의 소유권을 가지고, 수익자는 그 권리로부터 발생하는 이익을 취득하는 것이다. 이 이익은 수탁자(trustee)의 개인적인 채권자로부터 격리된 재산권이다. 즉, 수익자의 권리는, 수탁자에 대한 단순한 계약상의 채무자─채권자간의 債權이 아니다. 이것은 영미법(common law) 法域(jurisdiction)에서 다양한 귀결을 만들어 낸다.

* **도산 절차에 있어서 소유권**(ownership on insolvency). 수익자는 신탁재산에 독점적인 이익을 가진다. 수익자는 채권자와 같이 단순히 수탁자(trustee)에 대하여 계약상의 채권을 가지는 것만이 아니다. 수탁자가 지급불능 상태가 되었을 경우, 신탁재산은 수탁자의 개인적인 채권자의 권리행사 대상이 되지 않는다. 신탁재산은 수탁자에게 귀속되는 것은 아니다. 아무튼, 국제적인 債券 발행에 있어서 수탁자(trustee)는 일반적으로 흔들림 없는 신용력을 가진 독립된 신탁회사이다.

- **강제집행**(enforcement). 명의상 그리고 법률상의 소유권자인 수탁자(trustee)는 소송을 제기하고, 강제집행을 신청하고, 도산을 신청할 수 있는 지위에 있다.

- **신탁재산의 보유자**(holder of trust property). 수탁자(trustee)는 신탁재산의 소유권자이므로 수탁자(trustee)는 債券소지인(bondholder)이 관여하는 번거로운 절차 없이 신탁재산을 취급할 권한을 가질 수가 있다. 수탁자(trustee)는 디폴트 선언 후 지급을 수령하고 그것을 잔액 안분비례(pro rata)에 의해 배분할 수 있다. 담보부 채권 발행의 경우 수탁자(trustee)는 담보를 보유할 수 있으며 담보권자로서 등기할 수가 있다.

- **부정한 처분**(wrongful disposals). 만약 수탁자(trustee)가 신탁재산을 신탁계약에 위반하여 처분했을 경우, 양수인이 대가를 지급한 선의의 취득자(bona fide purchaser for value in good faith)가 아닌 한 수익자는 누구로부터라도 처분된 재산을 되찾아 올 수 있다. 그것은 수익자의 재산이기 때문이다. 영미법의 法域에서는 債券소지인이 도산하는 경우 추급(tracing)에 의하여 재산적 이익을 주장할 수 있다. 금전이 혼합되거나 형태를 바꿀 경우에는 복잡한 규칙이 적용될 수도 있다. 수탁자(trustee)는 통상적으로 책임성 있는 전문기관이므로 이러한 상황이 실무상 별로 중요하지는 않다.

스위스, 네덜란드, 독일, 룩셈부르크 등 몇몇 국가에서는 사채권자(holders of debt securities)를 위한 信認대표자(fiduciary representatives)를 선임하곤 하는데, 영미법(common law)상 의미에서 본다면 수탁자(trustees)는 아닌 것 같다. 왜냐하면 그들은 수익자에게 귀속되어 수탁자의 개인적인 채권자로부터 절연되는 신탁재산을 보유하는 것이 아니기 때문이다. 수탁자를 위한 병행하는 확약(parallel covenant)은 없다. 信認대표사(fiduciary representatives)는, (債券의 소유권자(titleholders)이며 발행인에 대하여 채권자인) 債券소지인을 대신하여 소송을 제기할 권한은 가지지 않지만, 법률에 의하여 또는 債券소지인에 의하여 그러한 권한을 부여받기도 한다.

신탁의 구조(trust structure) 발행인은 債券에 있어 직접 債券소지인과 지급을 약정하고, 수탁자(trustee)에게도 같은 지급을 약정한다. 따라서 債券소지인이나 수탁자도 발행인의 직접적인 채권자다. 이것은 중복되는 약정이므로, 신탁증서(trust deed)에서 12-29

는 발행인을 위한 재무대리인이 債券소지인에게 지급한 것이 있다면 수탁자에게 지급할 의무도 같은 범위 내에서 소멸시키는 것으로 해야 한다. 신탁증서(trust deed)에서는 디폴트가 발생한 후에는 수탁자(trustee)가 재무대리인이나 발행인에게 직접 지급을 청구할 수 있으며, 수탁자는 그 지급금을 債券소지인을 위하여 보관하는 것으로 정해진다.

수탁제도(trusteeship)는 영미법(common law)의 法域에서는 완성된 개념이지만, 나폴레옹 法域이나 로마－게르만 法域의 대다수의 국가에서는 친숙하지 않은 개념이다.

기한이익 상실(acceleration) 및 부제소 조항(no action clauses)

12-30   **기한이익 상실**(acceleration)   전통적인 영국의 유로채 신탁증서(trust deed)에서 디폴트가 있는 경우에는 (요약하자면) 다음과 같이 규정한다.

〈국문 예시〉 수탁자는 그의 재량으로, 그리고 채권의 원금 잔액기준으로 5분의 1 이상의 채권소지인의 서면 요청이 있는 경우 또는 채권소지인의 특별다수의 의결에 의하여 지시가 있는 경우, 즉시 채권의 기한이익 상실을 선언할 수 있고 이때 누적된 이자가 있는 경우 함께 지급되어야 한다.
〈영문 예시〉 **The trustee at its discretion may, and if so requested in writing by the holders of at least one-fifth in principal amount of the bond then outstanding or if so directed by an extraordinary resolution of the bondholders, shall declare the bond to be immediately and payable together with accrued interest.**

다수의 영국 유로채 신탁증서(trust deed)에서는 확약(covenants) 위반이나 자회사에 관한 디폴트 등과 같은 일정한 채무불이행(defaults)에 대하여, 수탁자 스스로의 판단에 따라 그 발생이 債券소지인에게 중대한 손해를 미칠 것이라고 판단하지 않는다면, 채무불이행 사유(event of default)를 구성하지 않는다고 규정한다.

신탁증서(trust deed)가 없는 경우 각각의 債券소지인은 자신이 보유하는 債券을 기한이익 상실(acceleration)을 선언할 수는 있지만, 발행된 債券 전체에 대하여 기한이익 상실을 선언할 권리는 가지지 않는다. 기한이익 상실(acceleration)이 다수의 은행에 의하여 컨트롤되는 신디케이터드 대출(syndicated loan)과 비교해 볼 필요도 있다.

수탁자(trustee)**에 의한 기한이익 상실**(acceleration)**의 의무**   일단 債券이 기한이익 상실(acceleration) 상태가 되면, 수탁자(trustee)는 債券소지인을 대신하여 강제집행 절차를 신청할 권한을 가져야 한다. 영국 유로채 실무에서는 수탁자가 자신의 판단으로 강제집행 절차를 신청할 재량권을 부여받는다. 그러나 통상적으로는 예를 들어, 원금 잔고의 5분의 1 이상의 특별 다수의 債券소지인에 의한 서면 지시가 없는 한 강제집행 조치를 취할 의무는 없다고 규정되어 있다. 또한 어느 경우에도 수탁자에게 발생된 강제집행의 비용이나 책임에 대하여 보상되는 것이 조건이 된다. 12-31

부제소 조항(no-action clauses)   일반적으로 부제소 조항에 의해 債券소지인은 독립적으로 조치를 취할 수 없다.[5] 이 조항의 목적은 ⓐ 債券소지인 간의 경쟁을 방지함으로써 가장 신속하게 행동한 자에 대한 편파적인 지급이 이루어지는 리스크를 회피하는 것, ⓑ 다중 제소를 방지하는 것, ⓒ 한 사람의 債券소지인에 의해 債券소지인 전체의 이익이 침해당하거나 집행절차의 대립이 발생하는 것을 방지하는 것 등이다. 12-32

이 조항은 강제집행을 실시할 의무를 가진 수탁자(trustee)가 합리적인 시간 내에 이를 게을리하여 그 상황이 계속되고 있을 경우가 아니면, 債券소지인은 강제집행을 신청할 수 없다고 규정한다. 즉, 債券소지인이 단독으로 강제집행을 신청할 권리가 일시적으로 정지된다.

통상 신디케이티드 대출(syndicated loan)에서는 강제집행을 신청할 권리가 부제소 조항(no-action clauses)에 의하여 제한되지 않는다. 다만, 프로젝트 파이낸스 여신계약(project finance credit agreements)의 경우에는 예외도 있다.

영국에서는 부제소 조항에 대하여 반대하는 견해는 없다(Re Colt Telecom Group [2002] WEHC 2503 [2003] 1 BCLC 290 참조). 12-33

캐나다에서는, 법원은 부제소 조항을 면밀히 검토하여 금전의 반환을 위해 소송을 제기하는 기본적 권리를 제한하는 것에 대하여 소극적인 태도를 취하고 있다.

캐나다의 *Re Imperial Street Corp Ltd* (1925) 28 OWN 242 (Ont App Div) 판례에서, 강제집행을 위하여 필요한 다수파 債券소지인의 지시가 없었고, 수탁자(trustee) 스스

---

5) 역자 주) "no-action clauses"는 통상 '부제소 조항'이라고 번역하지만, 債券소지인이 독립적으로 조치를 취할 수 없는 것은 제소만이 아니다. 석광현, 『국제사법과 국제소송』 제3권, 2004년, 590면 각주 36 참조.

로 강제집행절차를 신청하는 것 또한 거부했다. *판결*: 債券소지인은 신탁증서(trust deed)의 규정의 집행을 위하여 집단소송(class action)을 제기할 수 있었다.

프랑스의 선도적인 판례인 *Kerr v Societe Pyrenees Minerals* (Cass February 19, 1908 Clunet 1912, 243, affirming Court of Appeals, Toulouse, July 18, 1905, Clunet 1906, 451) 판례:

영국의 회사가 프랑스의 어느 탄광을 담보로 사채(bonds)를 발행했다. 영국법에 준거한 신탁증서(trust deed) 프랑스법에 준거한 저당권 계약의 양쪽 모두에 부제소 조항(no-action clause)이 있었다. 債券소지인은 이 조항에 위반하여, 저당권을 실행하는 강제집행절차를 신청했다. 법원은 신탁증서상 부제소 조항을 프랑스에 있어서의 債券소지인과 그 대표와의 관계와 비교하여, 부제소 조항은 공공질서에 반하는 것이 아니며 그 효력은 인정되어야 할 것이라고 판단했다.

미국에서는 규제의 대상이 되는 신탁증서(trust indentures)상의 부제소 조항은 법률의 공격을 받고 있다. 수정된 1939년의 Trust Indenture Act 제316조는, 債券소지인이 당일에 만족할 만한 변제를 받지 못한 경우 강제집행을 할 수 있으며 이를 침해받아서는 안 된다는 내용을 신탁증서(indenture)에 기입할 것을 규정하고 있다. 즉, 강제집행의 권리는 보호되고 있는 것이다. 단락 12-35 참조.

사채권자집회(bondholders' meetings)

12-34   **일반론**(generally)   각각의 債券소지인은 발행인과 개별적인 계약관계에 있기 때문에, 만약 모든 債券소지인이 동의하지 않는다면, 법률에 근거한 도산절차나 구조조정절차 이외에는, 債券 조건 변경은 할 수 없다. 통상적으로, 특히 무기명채권의 경우, 전원의 동의를 받는 것은 도저히 불가능하다. 비록 모든 債券소지인을 찾아내 설득할 수 있었다고 해도, 일부 불만이 많은 債券소지인이 債券소지인 공통의 이익에 반하여 발행인에게 불공평한 지급을 강요하고 자신의 이익만을 지키려고 할 수도 있다. 이와 같은 문제는 債券소지인들의 집회에 의하여 결의하고, 그 결의가 반대자나 결석자도 구속할 수 있게 한다면 회피될 수 있다.

이와 반대의 논의로는, 특히 정부의 지급불능(state insolvency)의 경우, 수탁자

(trustee)가 없는 것은 오히려 債券소지인에게 우선적인 지급을 확보하기 쉽다는 견해도 있다. 이 견해에 따르면, 상환기한 연장(rescheduling)을 대해서 개개의 債券소지인에게 압력을 가할 방법이 없고, 또 債券소지인이 소송을 제기하여 정당한 상환기한 연장(rescheduling)을 방해하는 것을 막을 방법도 없기 때문이라고 한다.

통상적으로 어떠한 민주적인 컨트롤 방법이 없다면, 불합리하거나 잠잠한 소수파(unreasonable or quiescent minority)가 대다수를 지배할 수 있고 긴급한 상황에서 공동의 이익에 필요한 바람직한 협의(arrangement)를 저해할 수도 있다.

債券소지인의 의사 결정에 관한 주요 이슈 주요한 세 가지 논점은 아래와 같다. 12-35

- 사채권자집회(meetings) 등과 같은 방법으로 債券소지인의 의사 확인.

- 債券소지인의 의결에 의해 **무효가 될 수 있는 권리**는 어떤 권리인가, 그리고 특별한 다수와 정족수에 의해서 보호되어야 하는 권리는 어떤 권리인가.

- 강압적이고 차별적이거나 또는 부적절한 다수파의 행동으로부터 어떻게 **소수파의 권리**(minority rights)를 보호할 것인지.

債券소지인의 의사 확인을 필요로 하는 가장 일반적인 상황이란, 발행인이 자금난 또는 디폴트를 일으키고 있는 경우다. 예를 들면, 발행인이 담보제공금지 조항(negative pledge)에 저촉되는 담보 제공 등 금지되어 있는 거래를 실행하기 위하여 확약(covenants)이나 채무불이행 사유의 완화를 희망하고 있는 경우, 발행인이 구조조정 계획의 일환으로 합병을 하는 경우 등이다. 실무에 있어서는 발행인의 자금난의 경우가 가장 중요하다. 은행, 債券소지인, 기타 채권자는 구조조정(restructuring)에 합의할지 여부를 선택해야 한다. 예를 들면, ① 상환기한 연장(rescheduling), ② 채권의 춥지전환(conversion of debt to equity), ③ 사적인 계약(private agreement), ④ 회생절차의 신청 등이다.

회생절차는 매우 큰 비용을 수반하고 장기적인 상황이 되기 쉽다. 私的 채무 구조조정은 사업의 가치 보전과 채권자의 회수를 위하여 보다 더 보호적이 된다. 私的인 계약은 채권자 전원이 같은 조건에 합의하지 않는 한 진행이 불가능하다. 왜냐하면, 다른 채권자가 책임 부담에 합의하지 않는데, 자신만이 나서서 동의하는 채권자는 없기 때문이다. 만약, 한 사람이라도 債券소지인이 강제집행을 선택했을 경우, 私的 구조조정은 붕괴된다(4-11 참조).

대부분의 주요한 法域에서는 다수의 결의로 소수가 구속되는 것을 인정하고 있지만, 이를 통해도 債券소지인의 지급받을 권리가 번복되는 것은 인정하지 않고 있으며 때로는 특별결의를 요구하는 경우도 있다(예를 들면, 모든 債券소지인의 75% 찬성 등). 이런 다수의 결의에 따라 발행인이 실제로 불리한 도산절차에 몰리게 되는 경우도 있다. 이 때 債券소지인의 권리는 다수 채권자가 결의하고 법원에 의해서 인가된 회생계획에 따라 변경되는 것이 보통이다. 예를 들면, 미국의 1978년 도산법(BC 1978) Chapter 11에 따른 회생절차가 그 좋은 예이다. 수정된 US Trustee lndenture Act of 1939 제316조 제(b)항에서는 지급조건의 변경(소규모 이자면제 등은 제외)은 다수결로 소수파에게 똑같이 적용하도록 하는 것은 불가능하다고 규정했다. 종종 미국에서는, 채무자에게 다수의 일반채권자가 있는 경우라면, Chapter 11의 회생절차가 유일한 해결방법이다. 프랑스에서는 출자전환에 있어 전원 일치가 요구된다.

12-36 **사채권자집회(bondholder meetings)에 관한 규정**   영미법계 국가(common law jurisdictions)에서는 일반적으로 사채권자집회에 관한 법률이 없지만, 사채신탁증서(trust deeds)에는 반드시 이것을 규정한다. 영국에서는 사채신탁증서(trust deeds)이 집회를 규정하는 데에 있어서 필수 불가결까지는 아니더라도 편리하게 이용되고 있다. 집회 소집의 권리는 債券 그 자체에 근거한 권리로 또는 재무대리인 계약에서 규정하는 것도 가능하다.

- **영국** – 영국 실무는 발행인 및 잔액의 5%나 10%를 가진 債券소지인은 통상 21일 이상 전의 통지에 의해 집회를 소집할 수 있게 되어 있다.

- **북미**(North America) – 미국과 캐나다에서는 집회 소집에 관한 법적 규정이 없다. 규제의 대상이 되는 수탁자에 의한 발행의 경우, 발행인은 (보호조치(safeguards)에 따라서) 발행인에 이름을 등록하고 있는 債券소지인의 명단을 제공해야 하며, 따라서 債券소지인은 다른 債券소지인에게 로비(lobby)를 할 수 있게 되어 있다. US 1939 Act 제312조, Canada Business Corporation Act 제80조 참조. 법률로서 사채권자집회의 설치를 방해하지 않고 있다.

- **대륙법계 국가들**(civil code countries) – 위와는 대조적으로 대륙법계 국가들

에서는 일정 비율의 잔고를 가진 債券소지인은 집회를 소집할 수 있고, 공통의 이익에 관한 사항에 대하여 결의할 수 있도록 법률에서 정하고 있다. 브라질, 프랑스, 독일, 스위스에서는 5%로 규정되어 있지만, 다른 국가에서는 보다 높은 비율을 요구하는 곳도 있다. 벨기에는 20%로 이것은 대단히 드문 예이다. 이와 같은 사채권자집회에 관한 법률에서는 대표자의 선출 등을 포함하여 결의가 필요한 사항에 대하여 상세한 규정을 두고 있다.

다수결로 소수를 구속할 수 있는지 여부   법률 또는 실무에서 사채권자(bondholders) 12-37
가 결의 가능한 사항으로 고려하는 것들은 다음과 같다. ① 원금, 프리미엄, 이자 변제의 기한의 연기, 탕감, 해지, ② 債券에의 담보 또는 보증의 제공 또는 해제, ③ 합병이나 도산절차의 결과에 의한 차주의 회생, ④ 합병이나 도산절차에서의 협상에 의한 債券의 주식으로의 전환, 또는 다른 증권과의 교환, ⑤ 債券의 통화 변경, ⑥ 확약(covenant)이나 채무불이행 사유의 포기(예를 들면 워크아웃을 진행하기 위해서), ⑦ 수탁자(trustee)가 안전하게 적절한 조치를 취할 수 있도록 하기 위한 수탁자의 면책, ⑧ 파산이나 회생절차에서 債券소지인을 대표하는 협의회(committee)의 설치, ⑨ 수탁자나 債券소지인 대표의 해임이 그것이다.

어떠한 사항을 매우 근본적인 사항이라고 판단하여 각 債券소지인(bondholders)에게 거부권(right of veto)을 인정하는지에 대해서는 통일되어 있지 않다.

- **영국** – 영국의 유로 시장의 실무에서는 사채권자집회(bondholders meetings)에 대단히 넓은 범위의 권한을 부여하고 있다. 소수의 債券소지인을 다수파의 일방적인 결정으로부터 보호하기 위하여 특히, 통화의 변경, 상환기한 연장(rescheduling), 원금의 삭감 또는 탕감 등 기본적 사항의 변경에 대하여서는 높은 정족수와 다수의 결의를 요구하고 있다 **미국**에 대하여서는 12-35 참조.

- **대륙법계 국가들**(civilian countries) – 대륙법계 국가에서는 사채권자집회에서 공통의 이익을 위한 사항의 의결을 할 수 있다는 일반적인 권한을 법률로 부여하거나, 또는 사채권자집회에서 의결한 가능한 사항들을 법률에서 구체적으로 열거하기도 한다.

소수의 보호(minority protection)   대부분의 경우에 있어 사채신탁증서(trust deeds)와 12-38

법률은 사채권자집회에 폭넓은 권한을 부여하고 특별하고 다양한 상황하에서 합리적인 행동을 하는 경우 방해받지 않도록 한다. 그러므로 집회라는 다수의 힘에 의한 권한 남용의 위험이 뒤따를 수 있다.

대륙법계 국가(civilian countries)에서는 일반적으로 회사법에 소수 보호 규정을 두고 있다. 그에 따른 한 가지 방법은 사채권자집회의 결정을 법적 검토대상이 되도록 하는 것이 있다. 예를 들면, 일본에서는 상법 326조[6])에 의하면, 결의는 법원의 승인을 얻어야 하고, 법원은 예를 들어 그러한 의결이 부정한 방법으로 이루어진 경우 또는 눈에 띄게 불공정한 경우, 債券소지인 일반의 이익에 반하는 경우 등의 경우에는 결의를 승인하지 않는다.

12-39 **영국법**   일반 집회에서 의결권을 행사하는 債券소지인은 자기에게 유리한 이익을 애써 무시할 필요는 없으며 자신에게 최적이라고 생각되는 대로 투표하면 된다. 일반적으로 결의는 소수도 구속한다.

> *Goodfellow v Nelson Line* [1912] 2 Ch 324, 333 판례에서 베이커 판사는 "신탁증서(trust deed)에 의해 다수의 債券소지인에게 부여되는 권한은 마땅히 진지하게 행사되어야 하며, 법원은 불공평이나 강요를 방지하기 위하여 개입할 수 있으며, 이를 전제로 각각의 債券소지인은 자신의 개별 이익에 근거하여 투표할 수 있다. 가령, 그 이익이 자신만의 고유의 것이고, 다른 債券소지인과 공유되지 않는 것이라 할지라도 그리 할 수 있다."라고 판시했다.

의결은 다음과 같은 이유로부터 공격의 대상이 되는 경우도 있다.

> (a) 만약 불공평이나 차별이 있었던 경우, 의결은 무효가 된다(*Goodfellow v Nelson Line* [1992] 2 Ch 324 판례 참조). 만약 대주(lenders) 또는 소수자들 사이에서 차별이 있거나 다수파에 인정된 이익이 소수파가 빼앗긴 이익일 경우에는 불공정이 존재한다고 할 수 있을 것이다.

> *Rc New York Taxi─Cab Co* [1913] Ch1 판례에서는 債券소지인 사이에서 채권자 동등대우(pari passu)가 아닌 분배조건을 정한 의결은 무효가 되었다.
> *Redwood Master Fund Ltd v TD Bank Europe Ltd* [2002] All ER(D) 141 판례에서

---

6) 역자 주) 현행 일본 회사법 제733조, 제734조.

는 차주에게 두 개의 신디케이티드 여신이 제공되어 있었다. 하나는 30억 달러의 기한부 대출(term loan)이며 또 다른 하나는 3억 달러의 대환대출(revolving loan)이었다. 차주는 채무불이행 되었다. 대주단(syndicate) 중 몇몇 은행은 다양한 헤지펀드에게 대가를 지급하고 대환대출 약정(commitments under the revolver)을 인수시켰다. 그 후 대주단(syndicate)에서 82%에 가까운 다수의 찬성으로 워크아웃 계획(workout plan)을 의결하게 되었고, 그 계획에서는 차주가 대환(revolver)을 받아서 기한부 대출(term loan)의 변제에 충당하는 것으로 계획을 정했다. 헤지펀드는 2%의 의결권밖에 가지고 있지 않았지만, 이는 다수파가 소수를 속여서 자신에게 유리한 의결을 한 것이라고 이의를 제기했다. *판결* : 다수파의 의결은 유효하다. 왜냐하면 다수파는 악의를 가지고 있었던 것이 아니고, 모든 대주에게 이익이 있었고(대환(revolver)은 차주의 현금흐름(cash flow)을 개선하여 회사의 존속 가능성을 개선했다), 다수결의 목적은 이해관계의 충돌을 해결하는 것이다.

이와는 대조적으로 *Holders Investment Trust Ltd* [1972] 2 All ER 289, [1971]1 WLR 583 판례에서는 법원은 다음과 같은 판시했다. 우선주 주주(preference shareholders)가 동시에 보통주 주주(ordinary shareholders)일 경우, 우선주 주주는 회사 전체의 이익을 근거로 하여 투표해야만 하고, 보통주 주주로서의 개인의 이익은 무시해야 한다. 이 판결은 현재까지도 회의적인 것으로 여겨지고 있다.

몇 가지의 미국의 판례에서는 신디케이티드 대출(syndicated loan)에 있어서 다수 지배의 유효성을 인정하고 있다.

CIBC Bank and Trust Company(Cayman) Ltd v Banco Central do Brazil 판례에서는, CIBC와 Banco do Brazil은 브라질 정부에 의해 컨트롤 되는 상업은행이며, 각 은행은 브라질 정부와 중앙은행에 대한 신디케이티드 대출에 참여했다. 그 신디케이티드 대출에서 기한이익 상실을 위해서는 50% 다수파의 동의가 요건이었다. 1989년에 대출은 채무교환에 의해 구조조정 되었지만 CIBC는 이 구조조정에 참여를 거부했다. Banco do Brazil은 구조조정을 실시했고, 소수파(minority bank)인 CIBC가 기한이익 상실을 선언하는 것을 저지할 수 있을 만큼 충분한 대출계약의 다수 참가지분(majority participation in the original loan)을 계속 유지하고 있었다. CIBC는 이것은 CIBC에 의한 기한이익 상실 선언을 방해하는 목적이며, 뉴욕법에 따르면 묵시적으로 인정되는 선의 확약(implied good faith covenants)에 위반하는 악의적 행위라고 주장했다. *판결*: 다수결 조항에서 명확히 정해진 요건은 묵시적인 선의의 필요성을 부정하는 것이다. CIBC의 청구를 기각한다. 同법의 판결인 *New Bank v Toronto Dominion Bank,* 768 F Supp 1017(SDNY

1991) 판례, *Yucyco Ltd v Republic of Slovenia*, 984 F Supp 209 (SDNY 1997) 판례 참조.

12-40   (b) **은밀한 이익**(secret advantages)을 債券소지인에게 제공하는 경우 의결은 무효가 된다.

British American Nickel Corp v O'Brien Ltd [1927] AC 369 판례에서는 어떠한 의결을 찬성시키기 위하여 대형 債券소지인에게 주식발행 시 배당을 약속하는 행위로 인한 의결은 무효로 되었다.

찬성하는 債券소지인에 대하여 성공보수(success fee)를 지급하는 것이 사전에 공개되어도, 이것은 영국법에서는 유효한 것으로 간주된다.

(c) 의결은 그것이 **결의가능사항의 범위**(terms of the power) 내(內)가 아닌 경우 무효가 된다. 어떠한 대주가 다른 대주를 구속하는 권한은 엄격하게 준수되어야 하며, 애매함이 없이 명확하게 정해져야만 한다.

국채(sovereign issues): 집단행동조항(collective action clauses)

12-41   국채에 관한 영국의 실무에서는 재무대리인 계약(fiscal agency agreement)에 집단행동조항(collective action clauses)을 넣는다. 뉴욕에서 발행되는 債券에 대한 실무(또는, 독일이나 일본에서도)는 그렇지 않다. 다만, 후술 참조.

국채의 상환기한 연장(rescheduling)(통상적으로는 債券의 교환을 통하여 실시됨)이 있는 경우 반대채권자의 버티기 문제(hold-out creditor problem)를 조기에 해결하기 위하여 종료 동의서(exit consent)[7]를 사용하게 된다. ― 이것은 그 결의에 관한 조항이 있을 경우에만 가능하다. 債券소지인이 새로운 債券으로의 교환에 동의하는 경우, 찬성債券소지인은 버티는 반대債券소지인에게 債券의 매력이 감소하게 지급조건 이외의 조항을 수정하는 것에 동의한다. 예를 들면, (유동성이 저하하도록) 상장(listing) 조항을 삭제하거나, 담보제공금지 조항(negative pledge), 확약(covenants), 채무불이행 사유, 준거법, 관할, 주권면제 포기 조항 등을 삭제하는 것 등이다. 債券소지인

---

7) 역자 주) 국채(sovereign bonds)의 다수 債券소지인들이 지급 이외에 조건을 변경하는 것인데, 소수의 債券소지인들에게 불리한 방향으로 변경되는 경우가 많다.

의 결의 가능 사항이 무엇인지에 주의할 필요가 있으며, 이와 같은 변경은 엄밀하게 소수를 구속하는 권한의 범위 내에 있어야만 한다. 이와 같은 종료 동의서(exit consent)는 債券소지인의 의결권에 정해져 있지만, 지급조건 자체의 변경에 대하여서는 다수파가 소수를 구속하는 것이 인정되지 않는다.

> *Katz v Oak Industres*, 508 A 2D 873 Del Ch (1986) 판례에서는 델라웨어 형평법법원(Delaware Chancery Court)은 종료 동의서(exit consent)를 요구하는 것은 신탁증서(indenture)상 발행인의 선의와 債券소지인을 공평하게 취급하도록 하는 묵시적인 확약(covenants)에 위반하지 않는다고 판결했다. 발행인은 조항의 수정을 요구할 권리가 있으며, 債券소지인에게 동의를 유도할 권리가 있다고 판단했다. 뉴욕의 법원은 債券에 명기되어 있지 않은 금지사항은 일반적으로 적용하지 않는다. *Caplan v Unimax Holding Corp* 188 AD 2d 325, NY App Div 1992 판례 참조. 종료(exit) 시점에서의 수정은 *Grelock v Province of Mendoza* (SDNY February 8 2005) 판례에서도 인정되어 있다 (담보제공금지 조항(negative pledge), 미지급을 제외한 모든 채무불이행 사유가 삭제되고, 주권면제 포기 조항도 수정되었다).

종료 동의서(exit consent)에서 새로운 債券은 후순위債券(junior bonds)에 우선한다는 내용을 정하는 경우도 있다.

결의(meetings)에 의한 지급조건의 변경을 인정하는 집단행동조항(collective action clauses)은, 차주인 정부의 입장을 보다 유리하게 한다는 이유 때문에, 뉴욕의 실무에서는 인정되지 않고 있다.

이러한 미국의 시장 관행은, 1990년대에 형성된 것이다. 1989년 주로 라틴 아메리카의 디폴트한 債券이 미국 국채에 담보된 債券으로 할인된 가격으로 교환된 브래디플랜(Brady Plan) 후에 미국 시장이 국채(sovereign issues)에 시장을 개방한 후의 시기이다. 그 목적은 1980년대 정부의 채무 위기를 해결하는 것이었다. 브래디플랜이 효과를 발휘하기까지 뉴욕의 국제채권 시장은 1930년대 이후 폐쇄된 상태였다. 개방에 따라 뉴욕 시장은, 국채에 대한 보호주의와 우회적인 리스크 방지, 시장 수용가능성 불안을 불식시키기 위해 지불조건 변경을 금지했습니다. 그러나 소수의 채권발행으로는 콜렉티브 액션조항이 삽입 되었습니다. 그 개방에 있어서, 뉴욕 시장(New York market)은 이 관행을 법률화하는 Trustee Indenture Act of 1939를 제정해, 국채에 대한 보호주의나, 갑작스런 리스크 방지, 시장의 수락 가능성의 불안을 불식시키기 위해, 지급조건의 변경을 금지했다. 그러나 소수의 債券 발행에서는 집단행동조항(collective action clauses)을 삽입했다.

12-42   뉴욕에서 발행되는 몇몇 債券 중에는 모든 債券 발행에 적용될 수 있는 슈퍼 집단행동 조항(super-collective action clauses)을 가진 것도 있다. —마스터 신탁증서(master trust indenture)가 있었는데, 준거법, 관할, 의결 절차를 일치시켰으나, 투표수와 정족수를 높게 설정했다. 예를 들면, 지급조건의 변경에는 개별 발행 債券 잔고의 75% 이상의 동의를 필요로 했다. 그러나 발행액 전체의 85%가 동의한 경우, 개별 발행 잔고에 대한 비율은 66%로 줄어드는 결과가 된다. 실무상에 있어서는, 최근 다수의 국채의 상환기한 연장(bond sovereign reschedulings)이 95% 이상의 債券소지인에 의해 받아들여지고 있다. 예를 들어, 2000년 전후에서는 우크라이나, 파키스탄 등의 사례가 있다. (2005년의 아르헨티나는 제외)

2000년대 중기에 국채의 디폴트 처리방안에 대한 제안은 다음과 같은 내용을 포함했다.

- 국채에 **집단행동조항**(collective action clauses)을 넣도록 債券발행인(sovereign issuers of bond)을 설득할 것. 여기에는 수탁자(trustee)의 임명, 수탁자(trustee) 또는 25%의 債券소지인의 의결에 의해서만 강제집행이 가능하도록 할 것(개별 債券소지인에 의한 집행을 금지하는 부제소("no action") 조항), 채권자에 의한 결의(예를 들면, 상환기한 연장(rescheduling)의 승인에 관해서), 수탁자(trustee)에게 지급된 변제금액의 잔액 안분비례(pro rata) 배분 등의 조항으로 구성된다. 이것은 미국, 독일, 일본의 국채에 관한 실무와는 다르다. 영국 국채와는 대조적이다. 또한, 개발도상국은 이와 같은 제한사항 때문에 채권시장으로의 접근이 저해된다. 국내 기업 특히 지방은행의 債券과 관련한 의결에 대해 정부의 조작이 있지 않을까 하는 염려도 있다. G10 국가의 추천에 따라 영국을 비롯하여 다수의 국가가 집단행동조항(collective action clauses)을 채택하고 있다.

- **국제 도산 법원**(international bankruptcy court). 이것에 반대하는 의견으로는, ① 기업의 도산 처리 절차를 정부에 적용하는 것이 현실적이지 못하다는 점(예를 들면, 자산의 매각이나 채권자 대표에 의한 모니터링 등), ② 국제적 합의가 곤란한 점, ③ 신흥국가에 의한 채권시상으로의 접근 등에 악영향을 미치는 점 등이 있다.

- 채권자 정부에 지급 유예(moratorium)를 실시하는 것을 허용하는 **IMF Agreement Art VIII 2b**의 개정. 문제는 IMF가 이것을 인정했다 하더라도, 개정에 관한 국제적 합의의 주선은 어려운 일이다. 같은 효과를 목적으로 한 IMF에 의한 온건한 제안은 시장의 반대에 부딪쳐 2003년에 철회되었다. 이 발안은 75%의 채권자(creditors)의 의결에 의해 채권자의 행동을 정지시키는 것을 제안하고 있었다. IMF의 입장에서 우려한 점은 도덕적 해이(moral hazard), 즉, 債券소지인이 IMF에 의한 구제조치에 의존하게 된다는 점이었다.

- 자발적인 상환기한 연장(rescheduling) 규칙(principles)에 관한 **채권자의 합의**(creditor consensus)를 추구할 것. 원칙은 자발성에 있으나 실제로는 국채의 디폴트(sovereign default on its bonds) 시에 지켜지는 해야 할 절차에 대해서는 높은 수준의 합의가 있다.

기본적인 문제는 채권자(creditors)에게 개별적인 행동 가능성이 있는 것이 유리한가, 혼란을 줄이고 규율과 안정성이 있는 것이 유리한가 하는 것이다.

정부의 파산에 관한 상세한 검토에 대해서는, LPIF 시리즈 제1권 제25장 참조.

더 상세한 내용: LPIF 시리즈 제3권 제13장~제17장.

질문과 세미나 주제

제11장과 제12장

(1) "은행의 융자도 債券 발행도 대출이다. 그러나 이 둘은 전혀 다른데, 그것은 주로 대주가 다르기 때문이다." 이에 대해 논해 보자.

(2) "債券소지인은 일반적으로 기업에 대한 표준적인 대출계약에 의한 신디케이티드 대출의 대출 은행에 비해, 계약서상의 방어가 약하다." 이에 대해 논해 보자. 債券소지인의 방어가 약한 이유는 무엇일까?

(3) 당신의 클라이언트(상장회사 그룹)는 증권시장에서 국제 債券 발행에 의해 자금 조달할 것인지, 은행의 기한부 신디케이티드 대출(syndicated bank term loan)에 의해 자금을 조달할 것인지를 검토하고 있다. 차입은 무담보로 진행할 예정이다. 클라이언트는 이 두 방법 중 계약서의 법적 조건이 차주 입장에서 가장 유리한 자금조달방법을 채택하려고 하고 있다. 자문해 보자.

(4) 발행인의 주식으로 변환 가능한 債券의 조건은 통상의 債券과 어떻게 다른가?

(5) 단발 발행 債券의 문서(documentation)와 프로그램 발행의 문서를 비교해 보자.

(6) 발행인 회사가 국제 債券 발행(international bond issue)을 위하여 일반적인 신탁증서(trust deed)에 의하여 수탁자(trustee)를 선임하는 것의 장점과 단점을 논해 보자.

(7) 당신은 발행인 기업이 지급을 채무불이행한 債券의 債券소지인을 대표하는 사채권자 협의회(bondholders' committee)의 변호사이다. 債券의 준거법은 영국법이며, 통상의 신탁증서(trust deed)에 의해서 수탁자(trustee)가 선임되었으며, 런던증권거래소에 상장되어 있다.

다음 사항에 대해서 자문해 보자.

(a) 일부 債券소지인은 채무불이행을 선언하고 소송을 제기하는 것을 희망하고 있지만, 기타 債券소지인은 그렇지 않다. 기한이익을 상실시키고 강제집행을 하고 싶다고 생각하고 있는 債券소지인에게 그것은 가능한가?

(b) 발행인의 구조조정을 위해 일부 債券소지인은 債券을 주식으로 변환하고 싶다고 생각하고 있다. 이들 債券소지인과 발행인 사이에는 결의에 찬성한 債券소지인에게는 특별 지급을 실시하고 반대파에게는 그것을 하지 않는다는 합의가 있다. 이것에 대해 뭔가 문제가 있는가?

(c) 債券의 준거법은 뉴욕법이며, (개정된) US Trustee Indenture Act of 1939의 적용을 받을 경우, 반대하는 소수파가 債券의 상환기한 연장(reschedule)에 찬성하도록 하기 위해 다수파는 어떤 기법을 사용할 수 있는가?

(8) 다음은 신디케이티드 대출(syndicated loans)과 債券(bond) 발행 양쪽에 관한 혼합 연습 문제이다.

대형은행인 Sunbank의 신디케이션 부장(head of syndications)이 황급히 전화를 걸어 왔다. 그들의 최대 고객 중 하나인 Moonco사가 심각한 자금난에 빠져 있다. Moonco사의 모회사의 재무담당 이사는 은행의 기업금융부에 Moonco사의 결산은 10일 후쯤 발표되며, Sunbank가 참가하고 있지 않은 다른 신티케이티드 융자의 재무비율(financial ratio) 조항을 위반할 전망이라고 말했다. 또한 다음과 같은 사실도 알고 있다.

- Moonco사 그룹은 영국에 모회사를 둔 거대한 국제 그룹이며 G10국을 비롯한 다양한 法域에 사업 자회사를 가지고 있다. Moonco사는 런던과 뉴욕의 증권거래소에 상장되어 있다.

- Sunbank는 10억 달러가 넘는 대규모 신디케이티드 대출이 주선인(arranger)이며 대리은행(agent bank)이다. 그 대출은 절반은 이미 집행했으며 나머지 절반은 대출 가능 상태에 있다. 전 세계에 이것 이외의 많은 대주단 구성(syndications)과 상호대출(bilateral loans)이 있으며 Moonco사의 사업 자회사에 대한 것도 있다.

- 그룹은 등급이 부여된 많은 상장채권을 발행하고 있으며 뉴욕에 상장되어 있는 일반 대상 債券 발행(public bond issue)도 있다. 그룹 회사 중에는 시장에서 외환거래나 파생거래를 하고 있는 회사도 있다.

- 대규모 債券의 이자 지급일이 며칠 후로 다가오고 있다.
- Sunbank의 신디케이션 부장(head of syndications)은 즉시 와서 그들에게 어떻게 해야 하는지를 자문해 주었으면 한다고 말하고 있다. 그들의 사무실은 택시로 30분 정도이다. 당신은 빨리 출발해야 한다. 금요일 밤이어서 사무실에 워크아웃 전문가는 아무도 없다. 당신과 인턴 둘 뿐이다.

생각해 볼 문제:

(1) Sunbank는 대주단(syndicate)의 다른 멤버에게 알려야 하는가?

(2) Sunbank는 Moonco사에 대한 대출을 중지할 수 있는가? 어떤 조항을 검토해야 하는가?

(3) Moonco사의 신디케이티드 대출(syndicated bank credit)에 재무비율(financial ratio) 조항 위반이 발생한 경우, 債券에 채무불이행 사유(event of default)가 발생하는가?

(4) Moonco사로 하여금 차입하게 해서, 債券에 미지급 채무불이행 사유(non-payment event of default)가 발생하지 않도록 이자 지급에 충당하는 것에 의미가 있는가?

(5) Moonco사가 심각한 자금난에 있을 경우 Moonco사 그룹 입장에서 어떤 채무 구조조정(debt reorganisation)이 가능한가? 특히 다음을 검토해 보자.
- 은행이 담보를 잡고 債券소지인의 반대를 받지 않은 채 매각 프로그램을 만드는 것이 가능한가?
- 債券소지인을 포함해 私的 워크아웃을 실시하는 것은 현실적인가(債券이 미국에서의 일반 대상 발행(US public issue)이라는 점에 주의)?
- Moonco사의 경영진의 취해야 할 포지션, 특히 은행에 담보를 제공해서 債券의 이자 지급을 실시하는 것에 대해서.
- 私的 워크아웃(out-of-court work-out)을 실시하는 것이 바람직한가, 경영진에게 그룹 전체의 회생절차(rehabilitation proceedings) 신청을 주장하는 편이

좋은가?

- Moonco사의 소규모 신디케이티드 대출에 대해서 한 그룹의 헤지펀드가 다수결 의결이 가능한 만큼의 지분을 획득하고 있다는 사실은 문제가 되는가?

(6) Sunbank에 의한 신디케이티드 대출의 주선이 3개월 전의 일이었을 경우, Sunbank이 대주단모집안내서(information memorandum)에 관하여 책임을 질 문제가 있을 수 있는가?

(7) 기타 이 위기를 처리하기 위한 방안을 모색할 것, 즉시 행할 것과 수개월의 기간에 걸쳐 할 것.

제13장

특수목적금융(Special Purpose Finance)

도입(introduction)

13-01   자금차입시장에서 특수목적법인(special purpose company)을 통한 신디케이티드 신용공여 또는 단일은행 신용공여는 아래 금융계약에서 널리 사용되고 있다.

- 사모금융(private equity), 차입 인수금융(leveraged acquisition finance)

- 프로젝트 파이낸스

- 부동산 금융

- 선박금융

- 항공기 및 설비 리스 금융

- 자산유동화(securitisation)

SPV 금융의 일반 특징

13-02   SPV 금융의 핵심구조는 다음과 같다.

화살표의 머리 방향이 채권자다.

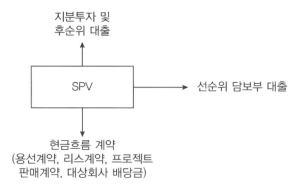

SPV 금융의 주요 거래 특징은 다음과 같다.

- 상업은행에 의한 대출은, 대상 자산을 보유하기 위한 **특수목적법인**(special purpose company)에 공여되어, 예를 들어 토지나 선박의 구입, 프로젝트의 건설, 기업 그룹의 인수 등에 사용된다. SPV의 목적은 벤처회사의 도산으로부터 주주들을 격리하는 것이며, 또한 그 주주들의 도산으로부터 대주(은행)를 보호하는 것이다. 은행이 복수의 주주들에게 직접 대출을 할 경우, 주주 한 사람이 도산하면 대출의 기한이익을 상실시켜야 되고, 은행은 주주 전원의 다른 *法域*에서의 도산절차에 말려들게 된다. 하지만, SPV를 통해 자금을 조달하고 자산을 공동으로 소유하게 되면 새로운 주주가 있는 경우 쉽게 진입이 가능하고, 적절한 조세정책의 적용을 받을 수 있으며, 주주들 각각이 소재한 다양한 *法域*의 담보법제가 적용되지 않으며, (주주가 2인 이상인 경우) 주주여신계약체결, 담보제공금지, 크로스 디폴트(cross-default) 및 재무비율(financial ratios) 준수 등 관련 확약사항을 SPV 대출계약과 담보계약 내용에 포함시킬 수 있다. 위 확약사항은 통상 차주(SPV) 및 그 자회사에만 적용되고, 차주가 지배하지 않는 기타 계열회사에는 적용되지 않는다. 이러한 이유로 주주가 다수인 합작투자에서는 몇몇 특수 경우를 제외하고는 SPV가 거의 표준적으로 이용되며, 프로젝트를 개발 중인 회사가 그 자회사로부터 주주들을 보호하기 위한 목적으로도 SPV가 자주 이용된다.

- 대출은 **금융의 70~95%**를 차지할 것이다.

- 금융에서 필요한 나머지 잔액(20~25%)은 **자본출자계약**(equity agreement)에서 SPV 설립에 동의한 주주 또는 (보다 보편적으로는) 후순위 채권자에 의해 제공될 것이다. 후순위에 대해서는 단락 13−04 참조.

- 은행대출은 SPV의 자산을 **담보**로 한다. 단락 13−06 참조.

- 이를 위하여 은행은 SPV의 부동산, 계약, 임대차 등에 관하여 전반적인 **실사**(due diligence)를 진행하고, 향후 전망 및 현금흐름 분석을 실행한다.

- 대출금은 용선계약, 리스, 프로젝트 계약이나 인수대상 그룹의 수익 등에서 발생하는 현금흐름에서 변제가 된다.

13-03   **여신계약**(credit agreement)**의 다른 점**   특수목적법인의 여신계약(credit agreements)은 다음과 같은 점에서 통상적인 운전자금 대출계약과 다르다.

- 프로젝트, 부동산 임대, 선박 또는 항공 용선 등 **수익금**(proceeds)은 은행의 자금관리계좌로 입금되고 충당순위 조항("cascade" clause)에 따라 ① 운영비용, ② 대출원리금 상환, ③ 사업상 일정수준의 버퍼("buffer")를 만들기 위한 유보금 계좌와 유지비용 계좌에 일정 비율을 지급하고, ④ 잉여금은 주주에 대한 배당 또는 후순위 채권의 변제 등에 사용된다.

- **자산가치 및 현금흐름 기준**(value and cash-flow tests).   프로젝트 파이낸스에서는 할인율을 적용한 예상 순매출 대비 대출금상환비율(loan coverage ratio)이 1.3~1이 되어야 하는 등 일정 재무비율을 충족시키도록 하고 있다. 그것은 수입(임대료 또는 용선료) 대비 이자보상비율(interest cover ratio)이 그 정도 비율은 형성되어야 한다는 것이며, 선박금융이나 부동산금융의 경우는 그와 더불어 통상 보유자산의 가치가 대출금 총액을 상회(가령 130%)해야 한다는 요건 등을 부가하기도 한다. 사모금융에서는, EBITDA 및 기타 재무비율 등이 적용된다. 단락 8−31 참조.

- 광범위한 **"링펜스" 확약사항**("ring-fence" covenants)에 의하여 SPV의 활동과 채무부담이 제한된다. 예를 들어, 다른 차입 금지, 보증 금지, 다른 사업 금지, 다른 중대한 계약 금지, 출자약정 금지 등이다.

- SPV 대출계약에서는, 프로젝트 계약자나 임차인의 채무불이행, 국유화 또는 전손, 주요 계약, 리스 또는 용선계약의 해지, SPV 지분의 소유권 변경 등과 같은 사유가 발생하면 추가 **채무불이행 사유**(events of default)로 한다.

- 은행들은, 다수 은행(majority bank)의 찬성이 있어야 강제집행 신청이 가능하다는 취지의 **부제소 조항**("no-action" clauses)을 둔다.

후순위 채무(subordinated debt) **일반**　　주주(shareholders)는 일반적으로 SPV에게 후순위 대출을 한다.　　　　　　　　　　　　　　　　　　　　　　　　　13-04

출자(equity)와 비교하여 후순위 대출의 장점은 다음과 같다.

- 이자의 지급은 회사 수익에만 의존하지 않는 반면, 자본은 배당금이 아니면 지급될 방법이 없다.

- 자본은 상환이 불가능하거나 상당히 제약되는 반면, 후순위 채무는 상환이 가능하다.

- 무담보 채권자에 앞서 담보를 제공받을 수 있다.

- 이자가 소득세의 계산으로 공제될 수 있다. 이것은, 회사의 자기자본이 적고, 금전채권(debt)이 지분의 성격을 띠고 있는 경우에 채무를 지분과 동일시하는 탈세방지규정(tax anti-avoidance rules)에 달려 있다.

주주들은 대주간 계약(intercreditor agreement)을 통해 선순위 은행 채권에 대하여 후순위가 되어 ① 변제받을 권리는 후순위화되고, ② 선순위 채무가 전액 변제될 때까지 배당받을 금액은 모두 선순위 대주에게 우선 전달하기로 하는 데 동의해야 한다. 또한 주주는 (신순위 대주가 동의하지 않는 한) ① 후순위 채권 또는 담보를 집행하면 안 되고, ② (워크아웃 등에서) 선순위 대주의 신규 신용공여에 우선권 부여(senior new money)에 동의하고, ③ 공동담보 집행에 협조해야 한다.

특히 사모금융과 유동화금융 등 일부 금융계약에서는 후순위 채권이 개입된 금융 계층화가 일어나기도 한다.

후순위 채권 일반(및 프로젝트 파이낸스에서의 후순위 채권)에 관하여는 LPIF 제5권 참조.

13-05 **후순위 채권(subordination)의 유형**　후순위 채권(subordinated debt)은 크게 3가지 종류로 구별된다.

- **수취금양도 후순위약정**(turnover subordinations).　선순위 채권이 완전 변제될 때까지 후순위 채권자는 후순위 債權과 관련하여 차주 또는 담보로부터 발생하는 수입을 선순위 채권자에게 이전("수취금양도(turnover)")해야 한다. 그 효과는 마치 후순위 채권자가 후순위 債權(junior debt)을 선순위 債權(senior debt)을 위해 담보로 제공한 것과 같다. 다른 모든 채권자가 아닌 은행 대주단 등 특정 등급의 채권자에게만 후순위시키기 위해서는 이 방법이 유일한 방법이다. 후순위대출 담보권도 채권과 마찬가지로 후순위화 될 수 있다. 이 후순위방법은 프로젝트 파이낸스의 주주 대출(shareholder loans), 고수익債券(high yield bonds), 차입인수(leveraged acquisitions) 시 메자닌금융(mezzanine finance)에서도 사용된다.

- **구조상의 후순위**(structural subordinations).　후순위("junior") 채권자는 자회사의 주식이 유일한 자산인 모회사(parent)에게 대출을 한다. 선순위("senior") 채권자는 풍부한 자산을 보유한 사업 자회사에게 대출을 한다. 이런 경우 결과적으로 후순위 채권자는 구조적으로 선순위 채권자에 비해 후순위로 된다. 즉, 자회사 채무가 모두 상환된 이후에야 비로소 후순위 채권도 상환이 가능하고 주주에게도 잉여금으로 상환이 가능하게 된다. 이러한 형태의 후순위 채권은 고수익債券, 차입인수 시 메자닌금융, 및 사모투자 금융에서 사용된다.

- **모든 채무에 대한 후순위**(subordination to all debt).　후순위 채권자는 통상 채무자가 다른 모든 채권을 변제한 후에 변제받기로 한다. 이는 도산과 관련한 법규 중 안분비례 법칙(pro rata rule)에 변경을 가한 것으로 대부분 선진국 法域에서는 허용되고 있다. 이 방법은 여기서 주로 쓰이지 않고, 은행이 후순위채(subordinated bond)를 발행해서 은행의 자본적정성(capital adequacy) 규제 상 자기자본(bank capital)을 맞추기 위한 목적으로 주로 이용되고 있다. 단락 12-14 참조. 이와 관련하여 담보는 제공되지 않는다.

13-06 **담보계약**(security agreement)　채권 보전책으로 담보패키지(security package)는 SPV의 모든 자산으로 구성된다. 그 깊이와 다양성에 관하여 살펴보건대, 전형적인 프로젝트 파이낸스의 담보패키지(security package)가 좋은 예가 될 수 있을 것이다.

프로젝트 파이낸스의 경우 일반적으로 다음과 같은 자산에 대하여 담보가 제공된다.

- 현지 정부로부터의 사업권 양허(host government concession). 이것은 은행단과 정부(host government) 간의 직접 계약에 의해서 보호되는 경우가 있다. 그 계약에서는, 프로젝트 회사의 채무불이행 시에도, 은행단이나 그가 지정하는 자가 프로젝트 회사의 의무를 이행하기로 하는 한, 정부가 해제 조항(termination clause)으로 사업권의 제공을 정지하지 않을 것을 합의한다. 이러한 보호장치가 없으면 프로젝트 회사의 채무불이행 시 프로젝트가 가치가 없는 것이 될 수도 있기 때문이다.

- 프로젝트를 위한 대지 또는 리스(lease), 프로젝트 그 자체(발전소, 광산, 오피스 빌딩, 도로, 플랜트, 파이프라인 등).

- 설비 또는 기계.

- 프로젝트 원자재와 연료, 광물 등 물품.

- 프로젝트 회사 주식. 이는 채무불이행 시 프로젝트 자산보다 프로젝트 회사 **13-07** 를 매각하는 것이 더 쉽기 때문에 지분에 통제를 가하는 것이다. 프로젝트 회사는 다수의 프로젝트 투자자(project sponsors)가 그 지분을 소유하는데, 각 투자자 개별 지분이 자회사의 기준요건인 50%에 미달하여 프로젝트 회사는 통상 어느 투자자의 자회사에도 해당하지 않는다. 따라서 프로젝트 회사가 직접 제공한 담보는 투자자의 대출계약상 담보제공금지 조항 적용범위 밖에 있다. 담보제공금지 조항은 은행의 무담보 여신계약에서 차주(이 경우 프로젝트 투자자 (project sponsor))의 자산을 담보로 제공하는 것을 막기 위해 사용하는 표준적인 조항으로, 차주의 자회사에도 적용된다. 하지만 프로젝트 투자자(sponsors)가 프로젝트 회사의 주식에 담보권을 설정하는 경우에는 담보제공금지 조항에 위배될 수도 있다. 이를 회피하기 위하여 자산이나 사업 활동이 없는 명목상의 회사(shell company)인 Holdco[1]로 하여금 프로젝트 회사의 지분 100%를 보유하게 하고, 그 대가로 프로젝트 투자자(project sponsors)는 Holdco 주식을 보유하게 한

---

1) 역자 주) Holding company 즉, 지주회사를 의미한다.

다. Holdco는 프로젝트 회사의 주식을 은행에게 담보로 제공한다. Holdco는 어느 투자자(sponsors)의 자회사도 아니기 때문에 담보제공금지 조항에 저촉되지 않는다. Holdco는 강제집행에 의한 매각을 피해 담보관리인(receiver)을 통해 사업을 계속 운영할 수 있도록 영국법계 法域(English-based jurisdiction)에 설립되어 있는 경우가 있다. Holdco의 주식이 우호적인 法域에 소재할 수 있도록 Holdco의 모회사로 Topco를 추가하는 경우도 있다. Holdco는 영국법계 法域에서 설립된 회사로 그 주식은 영국법계 法域에 소재하고, Topco가 Holdco의 주식에 담보권을 설정한다.

- 건설계약, 주주 합작투자계약, 주주가 일정 자본 및 후순위 대출을 하기로 약정하는 자본출자 계약, 프로젝트 공급계약 및 (매수인이 전기 등 프로젝트 회사로부터 생산물을 매입하기로 하는) 생산물 인수 계약, 운영자 계약, 및 계약관계(이행) 보증서(accompanying surety bonds). 이는 비유동적이나 현금흐름을 발생시키는 핵심 자산이다. 이는 주로 은행 및 계약 상대방들과의 사이에 직접적인 계약 체결로 보호된다.

- 은행에 개설된 프로젝트 수익금 계좌.

- 프로젝트 회사와 헤징 은행 사이의 금리 헤지 계약(interest hedging agreement).

- 보험(손실, 제3자에 대한 배상책임, 사업중단 관련).

- 프로젝트 회사의 지식재산권.

기업인수금융(acquisition finance)

13-08
기업인수금융(acquisition finance)은 어느 회사(매수청약자(offeror))가 (주로) 상장된 다른 기업(인수대상회사(target))을 인수하기 위한 금융이며 벤처캐피탈 등 비상장회사의 인수에 이용되기도 한다.

매수청약자(offeror)는 보통 상장회사가 많으나 인수대상회사를 위한 컨소시엄이나 경영진이 소유하는 명목상의 SPC가 되기도 한다. ─인수대상회사 경영진에 의한 기업인수를 MBO(management buy-out)라고 한다.

금융은 보통 은행의 신디케이티드 대출로 이루어지고, 기관투자자에 의한 후순위

(메자닌(mezzanine))대출이 제공되기도 한다.

인수는 보통 인수합병에 특수한 규제의 적용을 받는다.　　　　　　　　13-09

은행은 예를 들어, 피인수회사의 주식, 매수청약자 그룹(offeror group), 인수대상 그룹(target group)의 자산을 **담보**(security)로 제공받기를 원할 수도 있다. 자기주식 매매 또는 지주회사의 주식 매입 등에 대한 규제에 따라 인수대상회사가 제공하는 재정적 지원(예: 담보부 은행 대출에 대한 보증)이 금지되는바, 인수대상회사 자산에 대한 담보권 설정 또한 금지되는 것이 일반적이다. 이러한 제한은 (EU에서와 같이) 법정되어 있기도 하고, 회사의 최선의 이익을 고려해야 한다는 경영진의 의무로부터 도출될 수도 있다. 단락 13-29 참조.

은행은, 인수대상회사의 인수의향자가 인수대상회사에 대한 지분을 확보하기 위해 시장에서 인수대상회사 주식을 매입하는 데 필요한 자금을 대출해 주기도 한다. 인수제안이 실패하면 매입 주식의 가격이 떨어져 상당 보유분을 한꺼번에 매각하기에 어려움이 있을 수 있는바, 은행은 위 주식을 담보로 제공받음에 있어 담보가치산정에 이러한 부분들을 고려해야 한다.

기업인수 규제법에 따라, 인수의향자(bidder)가 인수대상회사의 일정 비율, 예를　13-10 들어 30%를 넘는 지분을 취득했을 때, 인수대상회사의 모든 주식에 대해 현금으로 무조건 의무 매수(mandatory unconditional bid in cash) 해야 되는 경우가 드물지 않다. 따라서 시장에서의 인수자금의 융자에 있어서는 인수(acquisitions)가 이러한 상한 비율을 넘지 않게 제한할 필요가 있다.

보통 기업인수에서는, 인수대상회사 및 인수의향지에 관한 실사보고서, 여신계약, 허용될 경우에는 인수대상 그룹(target group)의 보증계약, 허용될 경우에는 인수한 주식 및 인수대상 그룹(target group)의 자산을 담보로 제공하는 담보신탁증서(security trust deed) 등의 **문서**(documents)가 작성된다.

여신계약에는 보통 다음과 같은 **특별 조항**(special clauses)이 삽입된다.

- 은행이 대출금인출 선행조건(conditions precedent) 조항에 근거하여 대출을 유보할 권리, 채무불이행 조항에 따라 대출을 해제하거나 기한이익을 상실시킬 권리는, 공개매수 규제에 따른 확실한 자금("certain funds") 보유 요건을 충족하기 위하여 공개매수기간 중에는 일시적으로 정지된다.

- 이러한 요건이 적용되는 EU 등에서는 인수의향자는 주식을 전액 현금으로 매

입할 능력이 있음을 보여 주어야 한다.

- 차주는 90%의 목표지분, 매수가격 증가 등 매수조건을 변경하지 않고 소수주식을 강제매수할 것이며 (가능한 경우) 인수대상 그룹의 보증 및 담보를 제공받겠다는 확약을 하기도 한다.

13-11   **공개매수에 관한 규제**(takeover regulation)에 따라 공개매수에 필요한 서류 및 일정이 정해진다. 보통 인수의향자(bidder)가 인수대상회사 주주들에게 인수의향서(offer document)를 제공하면, 이에 대한 인수대상회사의 태도 표명이 있게 된다. 인수의향자는 일반적으로 거래의 규모에 따라 자신의 주주들로부터 인수에 관한 승인을 받아야 한다.

만약 인수대상회사의 주식가격이 매수청약자(offeror)의 주식을 예상한 것이라면 그 주식에 대한 상장 세부사항(listing particulars)을 상장규제 당국(listing authority)에 등록해야 한다. 이것은 실제로는 투자설명서다. 이나 세 당국에 대한 접촉도 필요합니다. 이와 관련하여 대개 공정거래 당국과의 협의 및 납세필증(tax clearance)이 필요하다.

공개매수제도는 일반적으로 인수의향자로 하여금 공개매수대금을 전액 조달하기 위하여 확실한 자금("certain funds") 조달이 마련되어 있을 것을 요구하는바, 인수의향자는 공개매수 공시에 앞서 짧은 시간 내에 간사은행을 선정한다. 간사은행은 공개매수의 비밀유지의무조항에 따라 공시 전에 대주단을 완전히 구성할 수 없는바, 대주단 구성 가부에 관한 확신 없이 전체 자금 대출의무를 전부 인수(underwrite)해야 한다. 이러한 이유로 앞서 단락 7-05에서 언급한 시장맞춤형 조항(market flex clause)이 있다. 대주단 구성에 문제가 생겼을 경우, 간사은행이 거래조건을 참여은행에게 보다 매력적인 것으로 변경할 수 있도록 해 두는 것이다.

사모금융(private equity finance) 일반

13-12   차입매수거래(leveraged bid transactions)(또는 사모금융(private equity finance)이라 한다)는 소위 Bidco라 불리우는 SPV(인수목적회사)를 통하여 자본금을 제공하는 것을 말한다.   인수 인수대상회사는 상장회사, 상장회사의 자회사, 또는 비상장회사 모두 가능하다. 인수 인수대상회사의 대주주로 있는 사모투자회사는 인수대상회사를 성

장시켜 매각하거나 거래소에 상장시켜 지분(또는 신주인수권)을 매각하여 수익을 얻기를 희망한다. 만약 사모투자회사가 인수대상회사 경영진의 지분을 인수하는 경우에는 이를 경영자 매수("management buy-out")라고 한다.

사모금융에서 사모투자회사는 매각을 목적으로 인수대상회사를 인수한다. 대기업 그룹의 경우 사모투자회사에 의해 인수된 경우와 상장 상태를 그대로 유지하는 것 중 어느 것이 회사의 성장에 도움이 되는지에 관하여는 많은 논란이 있다. 비상장회사는 일반투자자에게 정기적으로 배당하기 위해서 고민할 필요는 없다. 그러나 투자자는 때론 최종 매각 시까지 장기간이 소요됨을 인지해야 하고 매각을 통한 최종 회수 시까지 배당금 지급이 유보될 수 있음도 인지해야 한다. 비상장회사는 참을성이 부족한 애널리스트를 의식하지 아니하는 장점을 가진다. 상장회사의 경우에 비하여, 비상장회사에서는 경영과 소유가 서로 일치하는 경우가 많으므로, 경영진은 목표를 더욱 더 집중적으로 모니터링할 수 있다. 이런 장점으로 경영진은 신생회사가 성공하여 매각되거나 상장되는 경우 보유 지분을 매각하여 상당한 수익을 얻을 수 있기에 실적을 향상시킬 동기적 요인이 아주 높다. 또한 경영진은 일반 주주들(public shareholders)과 협의하지 않고 사업의 장래를 위해 과감한 결단을 내릴 수도 있다. 그들은 극소수의 투자자 그룹(very small group of investors)과 상담하기만 하면 된다.

반면에 사모금융은 레버리지가 높아, 사업이 조금이라도 하강국면에 접어들거나 금리가 인상되는 경우에 취약한 재무구조에 노출될 수 있다. 또한 수익의 등락폭이 높기 때문에 사모투자회사는 헤지펀드처럼 운용보수를 2%를 기본으로 하고 수익이 일정 수준을 초과하는 경우 수익의 20%까지 성과보수로 받기 때문에, 도박과 같은 사업투자 상황을 만들어 내기도 한다. 이런 점에서 사모투자회사는 투자대상 회사가 도산하는 경우에도 긍정적인 전망을 갖는 경우가 더러 있다.[2]

사모금융거래의 일부는 상당한 실적 개선으로 이어지나, 실패하는 경우도 있다. (금융에서 최대 비중을 차지하는) **차입금융**(loan finance)은 선순위금융은 신디케

13-13

---

2) 역자 주) 우리나라는 사모금융 중에서 사모투자전문회사를 도입하고 있는데, 2004년 10월 5일 간접투자자산운용업법의 개정으로 도입된 이후, 이를 대체하여 2009년 2월 4일 자본시장법이 시행되면서 사모투자전문회사는 자본시장법에서 규율하고 있다. 사모투자전문회사란 경영권 참여, 사업구조 또는 지배구조의 개선 등을 위하여 지분증권 등에 투자·운용하는 투자합자회사로서 지분증권을 사모로만 발행하는 집합투자기구를 말한다. 현재 자본시장법은 PEF와 헤지펀드를 구분하여 제249조부터 제249조의9(전문투자형 사모집합투자기구)에서 헤지펀드를 규제하고 있다. 그리고 제249조의10부터 제249조의23(경영참여형 사모집합투자기구)에서 PEF(Private Equity Fund, 사모펀드)를 규제하고 있다. 정부는 PEF와 헤지펀드 규제를 일원화하는 자본시장법 개정을 추진하고 있다.

이티드 은행대출에 의존하고 후순위금융은 전문화된 기관투자자들을 통하여 메자닌 금융(메자닌 금융은 선순위 대출과 지분투자의 중간 단계에 있음)과 소위 정크본드(junk bond)라 불리는 고수익채권(후순위채의 위험을 감안하여 높은 이자율이 적용됨)을 제공받아 보완 또는 완충되는 방식을 구성한다. 선순위 대주 및 메자닌 대주는 주로 사모투자회사의 자산이나 피인수회사 주식, (금융지원 관련 규제에 따라) 인수대상 그룹의 자산(및 그 밖에 가능한 경우 상호보증이나 포괄적인 기업담보 (universal corporate charges))을 담보로 제공받는다.

여신계약에는 신설 인수대상회사 앞으로 운전자금 지원(인수대상회사의 은행대출계약상 지배권변동 조항을 고려하여)과 인수대상회사의 기존 채무에 대한 재금융 (refinancing)에 관하여 필요한 사항이 주로 포함된다.

13-14   100.2를 금융조달하는 전형적인 구조는 다음과 같다.

선순위 대주(Senior banks)	60
후순위 대주(Junior lenders)	20
벤처캐피탈(Venture capital)(주주대출(shareholder loans))	20
자기자본(Equity)	0.2

프로젝트로부터 발생한 수익으로 부채를 상환한 후 1 정도만 남더라도 0.2의 투자지분에 배분 시 수익률은 500%에 달하는바, 이러한 거래의 레버리지 비율은 상당히 높다. 이러한 면에서 제3자의 자금을 차입하는 것은 좋은 전략이다. 다만 주주들은 후순위채로 인한 위험을 부담하게 된다.

선순위 대주와 메자닌 대주는 **채권자 순위계약**(intercreditor agreement)을 체결하여 선순위, 후순위 담보를 정하고, 후순위 대주의 債權(debt)을 선순위 대주의 債權보다 후순위로 낮추고, 후순위 대주가 일정 기간(예컨대 180일) 집행을 하지 못하도록 하며, 일정 채무불이행 상황에서 후순위 대주에 대한 지급이 유예되도록 한다. 후순위 대주는 채무불이행 이후 수령한 금액을 선순위 대주가 완전 변제받을 때까지 선순위 채권자에게 넘겨야 한다. 마찬가지로 고수익債券(high yield bonds)도 그 순위를 은행의 선순위債權(senior bank debt)에 비해 후순위로 하는 조항을 둔다.

고수익債券(high yield bonds)은 선순위 금융에 대하여 구조적으로 후순위("structurally subordinated")에 위치하게 된다. (유일한 자산은 인수대상회사(target company)의 주식뿐으로) 껍데기회사에 불과한 매수청약자(offeror) 또는 많은 경우 매수청약자의 지주회사에 의하여 발행되고, 때때로 (은행 債權(bank debt)과는 달리) 인수대상회사가 보증하지 않거나 인수대상회사의 자산을 담보로 제공하지 않기 때문에 선순위債權(senior debt)에 비하여 보호사항이 적게 된다. 결국 고수익債券(high yield bonds) 발행인의 유일한 자산은 인수대상 그룹(또는 매수청약자)의 주식뿐이므로, 선순위 은행(senior bank) 등 인수대상 그룹의 채권자들이 모두 변제받고 주주에 대한 잉여배당금(surplus dividend)이 있는 경우에만 고수익債券에 대한 변제가 가능하게 된다.

하지만 그런 위험에 대한 보상으로, 고수익債券소지인은 매우 높은 이자율을 제공받고 인수대상 그룹으로부터 엄격한 재무적 확약 및 기타 제한적인 확약(tight financial and other restrictive covenants)을 받는다.

기업인수와 사모금융(private equity finance)의 투자구조

은행 융자 및 메자닌 융자로 구성된 인수금융의 전형적인 구조는 다음과 같다. (사모금융구조도 비슷하다.)   13-15

화살표의 머리 방향이 채권자다.

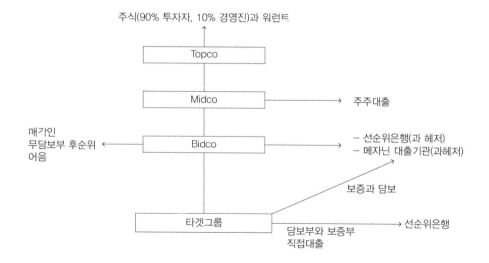

전형적인 구조에서는 최소한 3개 계층의 껍데기 회사(shell SPVs)로 구성된다. 각각 Topco, Midco 및 Bidco라 한다. Bidco는 선순위 대주와 후순위 메자닌 대주로부터 조달한 자금으로 인수대상 그룹에 입찰한다. Midco는, 나머지 금융에 관한 주주대출로서 구조적으로 Bidco에 대한 대출에 후순위로 된다. Topco의 지분은 사모투자회사와 인수대상회사의 경영진이 가지며, 보통주에 대한 보유비율은 보통 사모투자회사가 90%, 경영진이 10%다.

이와 같이 계층구조를 취하는 이유는 보통 다음과 같다.

- 선순위 대주, 후순위 대주 및 주주의 구분

- 벤처 실패 시 주주대출에 기한 주주들의 간섭 없이 Bidco 단계에서 선순위 대주가 인수대상 그룹 매각

- 주주대출(shareholder loans)을 구조적으로 후순위로 두어, 대금지급의무 불이행에 따른 매각(default sale)시 권리관계가 복잡해지지 않게 하고, 인수대상 그룹에 의하여 제공된 담보의 실행이 금융지원, 자기자본의 유지, 이사의 의무 관련 규제로 인하여 불가능하거나 제한되지 않도록 하기 위함

- 세금 목적, 특히 기업합산과세(group relief)

13-16   선순위 은행과 메자닌 대주는 **Bidco에게 대출**하고, Bidco는 대출금을 매도인(vendor)에게 인수대상회사의 모회사(target parent)의 주식대금을 지급하기 위한 용도로 사용한다. Bidco는 대출금을 인수대상회사의 모회사가 기존 채무(indebtedness) 일부를 재금융할 수 있도록 轉貸대출(on-loan)하는 데 사용하기도 한다. 그러나 후술하는 바와 같이 대주가 직접 인수대상 그룹에게 대출을 실행하는 것이 더 보편적이다.

선순위 은행 대출은 3개의 트랜치(tranches) ― ① 대환대출(revolving credit), ② 분할상환대출(amortising term loan), ③ 만기일시상환대출(bullet term loan) ― 또는 이것들의 혼합형으로 구성되기도 한다.

메자닌 금융은 보통, 투자은행(investment bank)이 단기 메자닌 대출로 제공했다가, 이는 기관이 제공한 중기 메자닌 대출로 전환되는바 선순위 은행대출 변제 후부터 일시상환식 또는 분할상환식으로 변제 가능하다. 만약 치주가 지급불능상태

(insolvent)에 이르러 모든 대출이 기한이익 상실 되는 경우가 발생한다면 후순위조항(subordination provisions)이 발동되므로, 선순위금융부터 상환하는 단계적 상환(staged amortisations)에 의미가 없어진다.

고수익債券이 있는 경우 고수익 트랜치(tranche)는, 투자은행이 후순위 대출을 실 13-17
행하여 인수하거나(투자설명서의 공시의무에 관한 엄격한 요건을 고려할 필요 없이)
전문투자기관이 유통시장에서 다른 투자기관으로부터 매입하게 된다. 이때 단기대
출이 발생하면 이를 통상 브릿지론(bridge loans)이라 하며, 만약 債券(notes)으로 전환
하게 된다면 '다리를 폭파한다(exploding bridge)'라고 표현하기도 한다. 이와 같이 거
래구조를 설정하는 이유는, 공개매수 시 일정한 방식으로 융자가 약정되어야 하는
데, 시간 제약과 비밀유지의무 때문에 공개매수 제안 공고 전 단계에서 인수인으로
부터 중기대출을 받기는 어렵기 때문이다. 중기대출의 추가적인 세부사항에 관한
협의에는 상당한 시간을 필요로 한다. 미국 방식의 '다리 폭파'에 관하여는 LPIF 제
3권 단락 14-006 참조.

Midco에 대한 주주대출은 보통 만기일시상환식 대출(bullet loan)이며 보통 인수대
상 그룹의 보증이나 담보를 제공받지 아니하는바, 구조적으로 후순위에 있다. 결과
적으로 주주대출은 가능한 경우 후순위債權(subordinated debt)에 대한 세제혜택을 받
기 위한 것이며(대출이자는 배당금과 달리 원천징수세가 없고 과세대상 이익에 있어
세금공제 목적으로 사용가능), 실질적으로 지분투자(equity)의 대체다.

관련 차주는 단기 브릿지론(short-term bridge loans)을 중기대출(medium-term loans)
로 전환하면서 이자 마진을 상향시킬 유인을 갖게 된다.

전형적으로 대출은 다음과 같은 상황을 고려하여 이미 정해진 순서대로 상환되 13-18
어져야 한다.

- 공개 모집(public equity offering) 대금(proceeds)

- 지배권의 변경(실질적으로 자산을 모두 매각한 경우 포함)

- 자산의 대부분 처분한 경우 그 순대금(net proceeds)에 대한 비율(proportion)

위는 회사가 실적을 올리는 동안에는 대출금을 상환 받지 아니하고, 매각 시에만
상환하는 구조다. 즉, 인수대상회사의 공모가 이루어지거나 다른 투자자들이 대상
그룹을 인수하는 경우 기존 금융은 신규 대주들에 의하여 재금융이 이루어지고 상

환되게 된다.

Bidco는 선순위 은행이나 메자닌 대주를 위해서 그 자산 상에 최대한의 담보권(security)을 설정한다. 주요한 것은 인수대상회사의 모회사 주식, 轉貸대출(on-loan) 혜택, 인수대상회사가 轉貸대출(on-loan)과 관련하여 제공한 담보 등이다. 이러한 담보권 설정은 인수대상 그룹을 일괄하여 매각하는 데 필수적이다. 허용되는 경우, 인수대상 그룹은 Bidco에 대한 대출을 담보하기 위하여 선순위 대주 및 (보통) 메자닌 대주에게 보증 및 (최대한) 담보를 제공한다. 메자닌 대출, 메자닌 보증 및 메자닌 담보는 선순위 대출에 후순위로 된다.

선순위 은행은 인수대상 그룹이 기존 대출을 재금융하고 운전자본(working capital)을 확보할 수 있도록 **인수대상 그룹에게도 대출**(loans to the target group)을 하기도 한다. 인수대상회사는 선순위 대주로부터의 직접 대출을 담보하기 위하여 상호보증(cross-guarantees) 및 최대한의 담보를 제공한다. 해당 담보는 Bidco에 대한 인수금융 관련하여 제공된 담보와 동순위에 있다.

13-19   이와 같이 인수대상회사에게 직접 대출하는 주목적은 다음과 같다.

- 원천징수세(withholding taxes)를 피할 수 있다는 점

- (후순위채권(subordinated debt)에 대하여는 보통 과소자본 문제가 없으므로) 인수대상회사가 이자를 공제받을 수 있다는 점

- 직접 대출이므로 기업특혜제공에 따른 보증상의 문제나 신규차입자금(new money) 없이 담보를 제공했다는 위험을 회피할 수 있다는 점

- 인수대상기업의 금융지원 문제 등에 도움을 준 것이 없게 됨

- 자금이 Bidco 또는 다른 회사로부터 인수대상 그룹의 모회사에게 흘러들어가는 것이 없게 되고, 결과적으로 잠재적인 과세와 금융지원 문제 등 복잡한 문제가 발생할 여지가 없어진다는 점

Holdco는 자본투자자에게 (예를 들어, 사모투자회사 90%와 경영진 10%의 비율로) **지분주식**(equity shares)을 발행한다. Holdco는 메자닌 대주에게 신주인수권을 발행할 수도 있다. 신주인수권자는 첫 주식상장 시 매각을 통한 수익금으로 투자를 회수한다.

Bidco는 인수대상회사 주식 매입대금 중 일부에 대하여 후불조로 인수대상회사의 **주식의 매도인**(vendor)**에게 무담보 후순위證券**(unsecured subordinated note)을 발행할 수도 있다. 이로 인해 주식 매도인은 양도소득세를 이연(defer)시킬 수 있거나 또는 추가로 가격을 높일 수 있다. (그 대주는 최초로 변제받는다.) 이 주식 매도인의 債券(vendor note)에는 통상적인 채권자(creditors)의 권리는 박탈된다.

Bidco와 인수대상 그룹 모두 선순위 대출 및 메자닌 대출에 대한 이자와 관련하여 제3자(주로 선순위 대주들 중 하나)와 **금리 헤지 계약**(interest hedging contracts)을 체결할 수도 있다. 헤지 대상 대출과 마찬가지로 헤지 계약에 관하여도 보증 및 담보가 제공될 수 있다. 금리 헤지와 관련하여는 단락 26−06 참조.

조세 관련 쟁점　특히 아래 쟁점이 조세와 관련하여 문제된다.　　　　　　　13-20

- 다양한 대출에서 발생한 이자의 **원천징수세**(withholding tax). SPV를 통한 대출은, 예컨대 準자본(quasi−equity) 또는 과소자본회사(thinly capitalised company)에 대한 대출로 간주되어 그 이자는 원천징수대상인 배당금으로 간주될 수도 있다. 선순위 대주 및 메자닌 대주에게 지급하는 이자가 원천징수되는 경우 거래(deal) 자체가 성립하지 아니할 것이다.

- 채무자의 **이자 공제가능성**(deductibility). Newco(인수대상기업)가 지급해야 하는 이자는 가령 준자본 또는 관련 SPV가 소규모자본회사라거나 소세피난처를 더 이상 이용할 수 없다는 등의 이유로 공제 대상에서 제외될 수도 있다. 이자 공제가 되지 않는 경우 거래(deal) 성사에 불리해진다.

- 인수대상 그룹 간 **기업합산과세**(group relief) 가능성. 기업합산과세(group relief)리 힘은, 개별회사가 결손의 일부 또는 전부를 동일 그룹 내 다른 개별회사에 이전하여 소득에서 공제하는 결손이전을 포함한다. 주주대출의 이자에 대하여 기업합산과세(group relief)가 인정되는지 여부가 주된 관심사에 해당한다. 예컨대 (영업변경 여부를 떠나) 인수대상회사의 소유권 변동이 있다거나 다국적 그룹이라는 등의 이유로 기업합산과세(group relief)가 불가능한 경우가 있다. 이러한 경우 경제적 측면에 심각한 영향을 미칠 수 있다. 그런 합산과세가 불가할 경우 인수 후 합병(post−acquisition mergers)을 고려해 보아야 한다.

- **기타**. 그 밖에 매도인이 인수대상 그룹 주식 매각 시 매도인에게 부과되는 양
도소득세, 수수료에 대한 VAT, 거래서류에 대한 인지세, 등록세 및 공증세 등
도 있다.

13-21   **금융지원**(financial assistance)   많은 法域에서 인수회사가 주식대금을 마련할 목적으
로 인수대상회사나 그 모회사로부터 금융지원을 받는 것을 금지한다. 法域에 따라,
① 인수대상그룹(target group)이 선순위 대주 및 메자닌 대주에게 보증과 담보를 제
공하는 것, ② Bidco를 위하여 인수대상회사가 보유한 轉貸대출(on-loan)의 이자 및
배당금을 지급하는 것, ③ Bidco가 선순위 대주 및 메자닌 대주에게 원리금을 상환
하기 위한 자금을 조달할 수 있도록 인수대상회사가 대출을 일으키는 것 등이 그
대상이다. 다만, 그것이 지급능력 있는 비상장회사가 제공한 금융지원 등에 해당된
다면 경우에 따라서는 예외가 인정되기도 한다. 法域별로 금융지원에 대한 입장이
상당히 다른데, 영미계 法域을 제외하고는 국제적으로 금융지원을 허용하는 예외
(whitewash)는 잘 인정되지 않는 편이다. 금융지원에 관하여는 단락 13-29 참조.

13-22   **보증**(guarantees)   인수대상회사가 선순위 대주 및 메자닌 대주에게 **보증**(guarantees)
을 제공한 것이, ① **월권**(ultra vires) 행위라거나 (보증회사에게 이익이 없다는 이유
로 — 주주총회 결의대상이라 볼 여지도 있다) 해당 회사의 경영진이 의무를 위반했
기 때문에, 또는 ② 보증회사가 지급능력이 없는 상태에서 행한 **진정한 가치 이하
의 거래**(undervalue transaction)로서 (지급능력에 관한 감사보고서 참고) 보증회사
의 도산 시 否認될 수 있기 때문에 그 효력이 인정되지 아니할 수 있다. 국가마다
경영진의 信認의무(경영판단원칙) 및 진정한 가치 이하의 거래(transactions at an
undervalue), 우선변제 등에 관하여 다른 입장을 취하고 있다. 일부 法域에서는, 경영
진의 잠재적 의무위반 또는 편파행위로 否認될 가능성 등이 있고 그 효력이 전혀
인정되지 않을 수도 있다. 이러한 경우 인수대상회사가 모회사의 대출을 위하여 자
산을 제공해야 하는 경우 이는 인수대상회사의 채권자의 이익에 반한다고 볼 여지
가 있다. 인수대상회사는 보증을 제공하면서 (공허한 대가가 아니라) 일정 대가를
받아야 한다고 보는 것이 자연스럽다. 진정한 가치 이하의 거래(transactions at an
undervalue)의 회피에 관하여는 단락 6-12 참조.

13-23   **인수대상 그룹**(target group)**의 담보 및 보증 제공**   주주는 채권자에 대한 변제 후 잔

여재산에 대하여만 권리가 인정되므로 인수대상회사의 모회사 주식만을 담보로 제공받은 대주는 인수대상회사의 채권자보다 순위에서 뒤처진다. 따라서 Bidco 대출에 대하여 인수대상회사의 보증이 허용된다면 선순위 대주(senior lenders)는 인수대상회사에 대한 직접적인 대출채권을 가지게 되고, 그 債權이 담보부인 경우에는 인수대상회사의 무역채권자(trade creditors)보다 선순위가 되고 무담보인 경우에는 무역채권자와 동순위가 된다. (담보의 제공은 해당 法域에 따라 제한될 수 있다.)

만일 인수대상회사가 전 세계적으로 자회사를 두고 있는 대규모 회사라면, 매수(bid)가 발표되기 전 단계에 (매수 시에는 은행은 이미 융자를 약정하고 있을 필요가 있기 때문에), 모든 관련된 法域(jurisdictions)에서 제공된 담보의 범위 및 금융지원의 여부에 관하여 조사하는 것은 일반적으로 비현실적이다. 많은 法域(jurisdictions)에서 담보 설정에는 상당한 시간이 소요되고 그 절차가 복잡하기 때문에 은행들은 때론 담보 설정 전 단계부터 사모투자회사가 인수대상회사 주식을 매입할 수 있도록 대출을 먼저 실행한다. 금융지원이 금지된다거나 각 경영진이 소속회사에 대하여 소속회사의 이익만을 위하여 판단할 의무를 부담한다는 이유로 인수대상회사 및 그 자회사로부터 담보를 제공받는 데는 큰 문제가 많이 생기곤 하는데 이러한 이유로 담보가 매우 제한적으로 제공되는 경우도 많다.

여신계약에 따라 사모투자회사는 일정 담보 원칙에 따라 인수대상회사의 자산에 가능한 한 최대한의 담보를 제공받아야 한다. 그러나 이는 합의된 담보제공 원칙(agreed set of security principles)에 부합해야 한다. 특히 담보 제공 결과 ① 기업의 이익에 반하는 경우, 금융지원 금지에 반하는 경우, 사해적 편파행위(fraudulent preference) 또는 과소자본세제 관련법(thin capitalisation laws)을 위반하는 경우, ② 관련 투자회사의 임직원이 信認의무(fiduciary duties) 위반 또는 민사상 또는 형사상 책임이 인정될 가능성이 상당한 경우, ③ 대리은행이 평가하기에 지급된 비용에 상응하는 담보 이익을 얻을 수 없는 경우에는 담보 제공이 요구되지 않는다.

선순위 대주(senior lenders)의 자금회수(exit) 인수대상회사가 사업에 실패했을 경우, 13-24
인수대상회사와 Bidco에 담보가 있는 선순위 은행은 후순위 대주들이 私的 워크아웃(private work-out)을 진행하자고 주장해도, 법원에 도산절차(court insolvency proceeding)를 신청할 수 있다.

대주간순위계약은 선순위 채권자가 담보 실행 시 후순위 채권자는 즉시 보증 및 담보를 해제해 주어야 하며 잉여 매각대금으로 변제받아야 한다고 정한다. 이러한 이유로 메자닌 채권자는 인수대상회사에 債權(claim)이 없는 구조적인 후순위권자로서 취급되기도 한다.

13-25 **도산 시 대주의 책임 및 이사(directors)의 의무** 다수의 국가에서는 도산이 예견 가능한 상황에서 이사가 이를 피하기 위한 필요한 조치를 취하지 않은 데 대하여 이사(directors)에게 개인적 책임(personal liability)을 물을 수도 있다. 그리고 이 책임은 사실상의 이사(de facto directors)에게도 적용된다. 대부분의 인수금융 대출계약 약정 상 많은 확약 등을 요구한다 하더라도 은행이 회사의 관리자로서 개인적 책임을 부담하는 사실상의 이사(de facto directors)로 간주되는 경우는 흔치 않다. 이러한 개인적 책임은 회사가 재정적 어려움을 겪고 있는 중에 은행이 회사의 이사에게 경영상의 지시(instructions of a management nature)를 하는 경우에야 인정된다.

특히 독일 등 유럽 대륙을 포함한 다수의 法域(jurisdictions)에서, 회사의 부채가 자산을 초과한다거나 하는 경우 이사들(directors)은 도산절차개시 신청 또는 이와 관련하여 결의를 하기 위하여 주주총회를 소집할 의무를 부담한다. 관련 쟁점에 관하여 단락 5-23 참조.

13-26 **주주 간 약정(shareholder arrangements)** 사모투자회사 및 인수대상회사의 경영진 사이의 관계 설정과 협상에는 상당한 시간이 소요된다. 이러한 약정은 경영진 및 사모투자회사 사이에 체결되는 투자계약(investment agreement), Topco의 정관 기타 실체서류 및 경영서비스계약(management service agreement)에 포함된다. 사모투자회사는 Topco의 이사를 선임하고 Topco를 지배하며, Topco로 하여금 한두 명의 사외대표이사(representative non-executive director)를 선임하고 감사위원회 및 보수위원회를 두는 등 상장회사의 지배구조를 도입하도록 할 수 있다.

투자계약(investment agreement)상 Topco는 광범위한 확약(covenants)을 규정한다. 예를 들어, ① 정관(constitution) 개정 금지, ② 파산(winding-up) 신청 금지, ③ 중대한 계약 체결 및 자본지출 약정 금지, ④ 중대한 인수 및 처분 금지, ⑤ 간부 직원 및 이사 임명권 등이다. 이 확약(covenants)은 그룹 전체에 적용된다.

경영진은 인수대상회사와 관련하여 사모투자회사로부터 신주인수권을 제공받는 것이 일반적이다. 경영진의 책임은 보통 경영진의 연봉이나 그 일정 배수, 내지 Topco에 내한 투자금 정도로 한정되게 된다.

13-27 투자계약은 서비스계약(service agreements)과 더불어 경영진에 대하여 제한적인 확약

을 요구하기도 한다.

보통 신규 주식 발행 시 경영지분이 희석화(dilution)된다는 조항이 들어간다. 보통 경영진은 신규 주식 발행 시 우선매수권(preemption right)을 가지는데 이때도 경영진의 희석화는 적용된다. 이는 원칙적으로 주주가 신규로 후순위 대출을 받는 경우에도 적용된다. 실무에서는 경영진이 해당 자본을 출자하기 쉽지 않기 때문에 경영지분이 쉽게 희석되는 편이다.

경영진은 보통 주식 양도에 제한을 받는다.

사모투자회사가 자금회수(exit)를 하는 경우 경영진 주식을 포함하여 인수대상회사 지분을 100% 매각하거나 상장할 수 있는 것이 필수적이다. 따라서 Topco의 정관에 따라 동반매도청구권(drag-along right) 및 동반매도참여권(tag along right)이 인정된다. 동반매도청구권(drag-along right)이란 어느 주주가 주식을 처분하려고 할 때, 다른 주주의 주식도 함께 처분할 수 있는 권리로서, 투자자(사모투자회사)가 양수인을 찾았을 때 경영진으로 하여금 경영진의 보유지분도 투자자의 보유지분과 동일 조건으로 제3의 양수인에게 처분하도록 강제할 수 있는 권리를 말한다. 동반매도참여권(tag-along right)이란 다른 주주가 주식을 처분하려고 할 때 자신도 참여하여 같이 처분할 수 있는 권리로서, 투자자가 보유주식의 전부 또는 대부분을 제3의 양수인에게 처분하고자 하는 경우 경영진이 자신의 지분 또한 동일한 조건으로 처분할 수 있는 권리를 말한다.

이 밖에도 Topco의 상장과 관련하여 비슷한 규정이 삽입되기도 하는데, 보통 애매모호하여 협의에 의존하는 경향이 있다. 상장 시 투자설명서(offering circular)를 준비하고 그 밖에 잠재적인 투자자를 찾는 과정에서 경영진의 협력은 필수적이다. 경영진이 상장(flotation)에 반대하는 경우 상장절차에 난관이 따르게 된다.

경영진은 당연히 그 서비스계약(service agreements)[3]의 조건이나, 그들이 해고처리(ousted) 되는 것은 어떠한 상황인지에 높은 관심을 가지고 있다

13-28

금융지원(financial assistance)

개요(general)　이것은, 회사가 자기주식 또는 지주회사의 주식을 제3자가 인수하는데 금융지원을 제공하는 것을 규율하는 규칙이다.

13-29

---

3) 역자 주) 경영진과 회사 간에 체결되는 위임계약을 말하는 것으로 보인다.

인수회사(acquiring company)가 인수대상회사(target company)를 인수하기 위하여 은행으로부터 자금을 차입하고, 인수 후 인수대상회사의 모회사의 지위에서 인수회사가 인수대상회사 및 그 자회사로 하여금 위 대출에 관하여 보증 및 담보를 제공하라고 하는 차입매수가 가장 전형적인 금융지원의 형태이다.4)

또는, 인수회사가 인수대상회사의 모회사의 지위에서 인수대상 그룹으로 하여금 모회사에게 직접 금전을 대여해 주거나 또는 모회사에게 직접 자산을 이전하라고 하여, 모회사는 그것으로 은행대출을 상환할 수도 있다.

13-30 금융지원을 금지하는 이유는 회사의 자본을 영속적으로 유지하게 하자는 원칙에 입각한 것이고, 회사가 자기주식 또는 지주회사의 주식을 담보로 제3자가 인수할 수 있도록 돕고자 하는 것을 막고자 하는 취지이다. 회사의 채권자는 주주에 우선하여 변제받아야 하는바, 지원하는 회사(assisting company)가 도산하는 경우일지라도 지원하는 회사의 주주는 도산절차 개시 전에 채권자에 우선하여 변제를 받아서는 안 된다는 것이다.

거의 모든 국가에서 회사가 배당가능이익(즉, 수익)이 아닌 자본금으로 배당을 하는 것은 금지되는바, 위 금지를 우회하고자 회사가 직접대출, 보증제공 등 간접적으로 자금을 지급하는 것을 금지하고자 하는 취지로 볼 수 있다.

금융지원 금지에 따라 사모투자회사는 인수 시 매입대금으로 자신의 주식을 제공하기로 하면서 자신의 주가를 조작하여 올리지 못하게 하는데, 이러한 허위시장조성 행위는 시세조종(market manipulation) 규제에 따라서도 금지된다.

금융지원이 금지되면 사모투자회사는 회사인수대금 대출과 관련하여 인수 후 인수대상회사로 하여금 보증 및 담보를 제공받을 수 없다는 점에서 인수대금 조달이 어려워지는바 결과적으로 기업인수가 위축된다.

13-31 **영국 보통법계 국가**(English common law jurisdictions) 금융지원을 광범위하게 금지하

---

4) 역자 주) 이러한 차입거래를 영어로 "Leveraged Buy-Out" 또는 약자로 "LBO"라고 한다. 기업인수를 위한 자금조달방법의 하나로서, 인수대상기업의 자산을 담보로 금융기관으로부터 빌린 자금을 이용해 해당 기업을 인수하는 M&A 기법이다. 적은 자기자본으로 매수를 실행할 수 있다. LBO 거래 시 세무상의 이유 등으로 특수목적법인(SPC) 설립을 통해 다층적 구조를 취하는 경우가 종종 있다. 절차는 먼저 투자자가 인수대금의 10% 정도를 출자해 SPC를 설립한다. 이 SPC는 인수대상기업의 부동산 등 자산을 담보로 금융회사로부터 인수대금의 50% 정도를 대출받는다. 이어 나머지 40% 자금은 후순위채권 등 정크본드를 발행해 전체 인수대금을 조달하는 것이 통상적 방법이다. LBO는 거액의 차입을 수반하기 때문에 기업매수 후 자기자본비율이 낮아져 신용리스크가 급격히 커진다는 단점이 있다. 이 때문에 LBO의 주요 자금조달수단인 정크본드는 발행수익률이 높으며, 금융기관의 LBO 대출금리도 고금리가 적용되는 것이 일반적이다.

는 것은 영국 회사법으로부터 온 것 같다. 이 금지는 Company Act 1929에서 찾아볼 수 있으며, 그리고 대부분의 영연방 국가들에 수출되었다. 이 영국의 관점의 영향으로 EU Second Company Law Directive of 1977에서 이 이론이 채택되었다.

　전통적 영국법계 法域에서는 여전히 그 회사나 지주회사의 지분 구입을 위하여 직접 또는 간접적인 금융지원을 금지한다. 비상장회사도 면제받지 못했고 그 회사가 지급능력이 있다고 해도 금융지원이 허용되지 않았다. 인수한 모회사에게 원조 기업이 비정상 배당금을 지급하는 것도 제한했다.

　현재 영국에서는 상장회사를 제외하고는 이런 지원 금지가 폐지되었고, 호주, 캐나다, 뉴질랜드에서는 만약 회사의 지급능력(solvency)을 해치지 않는 한 금융지원이 허락되는 것으로 희석되었다.

미국　미국에서는 금융지원 자체에 대한 규제는 없다.[5]　13-32

유럽연합(European Union)　EU에서는 몇 가지 예외를 제외하고는 "회사는 제3자의 13-33
주식인수를 위하여 대금을 선급하거나, 대출을 실행하거나, 담보를 제공하여서는 아니 된다("A company may not advance funds, nor make loans, nor provide security, with a view to the acquisition of its shares by a third party")"라고 1977년 EU Second Company Law Directive 제23조에서 밝히고 있다. 이는 상장회사에 한하여 적용되는 규정이기는 하나, 일부 EU 회원국은 위 금융지원 금지조항의 범위를 넓혀 적용하고 있다.

나폴레옹계 및 로마–게르만법계 法域　유럽 및 전통적인 영국법계 국가를 제외하 13-34
면, 금융지원에 관하여 구체적인 규정이 잘 없는 편이나, 이사는 회사의 최선의 이익을 위하여 판단해야 한다는 회사법의 일반 법리로 금융지원거래를 판단한다.[6]

---

5) 역자 주) 즉, 미국은 LBO 자체에 대한 형사처벌보다는 LBO 과정에서 경영진의 책임을 강조하고 이해 당사자인 채권자와 소수주주의 권리보호를 위한 민사법상의 제도적 장치를 강화하는 방향으로 규율하고 있다.

6) 역자 주) 우리나라에서는 인수회사가 자신의 돈은 들이지 않고 인수대상회사를 취득하면서 그 채무를 고스란히 인수대상회사에 전가하는 파렴치한 행위라는 인식에서 형법상 배임죄가 성립한다고 본 판례가 있다.
　신한 LBO 사건(대법원 2006.11.09. 선고 2004도7027 판결)
　신한인수사례는 SPV(S&K 월드코리아)가 회사정리절차 인가결정을 받은 신한을 인수하기 위하여 은행 등으로부터 총 670억 원의 자금을 차입하고, 은행 등과의 약정에 따라 신한의 신주, 정리채권 등을 담보로 우선 제공한 후 신한을 인수하고 SPV의 대표이사가 신한의 대표이사로 선임되고 난 다음, 신한 소유의 부동산 및 예금계좌에 대한 담보로 기존의 담보를 대체한 경우이다. 담보제공에 상응하는 반대급부의 미제공, 주주 및 채권자에 대한 잠재적 위험의 증가 등을 이유로 배임죄의 성립을 인

항공기(aircraft), 장비(equipment)의 리스금융(lease finance)

13-35 대부분의 항공기금융은 조세상 유리한 금융리스로 제공된다.[7] 예를 들어, 차입 항공기 리스("leveraged aircraft lease")에서는, 특수 목적으로 설립된 임대인 회사(lessor)가 은행 대주단(syndicate)으로부터 자금을 조달하여 제조업체로부터 항공기를 매입하고, 항공사(airline)는 금융리스에 따라 항공사가 해당 항공기를 운영, 관리하고 관련 위험을 모두 부담할 것을 조건으로 임대인 회사(lessor)로부터 임차하고, 항공사가 임대인 회사(lessor)에게 지급하는 리스료는 대출원리금 및 투자지분 상환이 가능하도록 맞춰져 있다. 항공기의 소유자인 임대인 회사는 은행들을 위해 항공기에 저당권을 설정해 주고, 리스료 債權, 제조업체의 보증(warranties), 보험, 징발보상금(requisition compensation)을 담보목적으로 양도한다. 임대인 또는 그 주주/파트너는 세제상 자본금세 공제(tax capital allowance)가 허용되고, 이를 임대료 감액 방식으로 임차인에게 이전한다.[8]

반면, 항공사가 직접 대출을 통해 항공기를 매입하는 경우는 위와 같은 이점이 없기 때문에 흔치 않다. 보통 항공기금융 거래에는 (1) 해당 항공기에 대한 저당권으로 담보된 기한부 대출(term loan) 그리고 (2) ⓐ 용선계약(charter) 및 수익(earnings), ⓑ 제조업체의 보증(warranties), ⓒ 보험, ⓓ 징발보상금(requisition compensation)의 양도담보로 구성된다. 항공기는 보통 단일자산회사(single asset company)의 소유로 하고, 해당 회사는 수익이 지급되는 은행계좌 등 모든 기타 자산에도 담보를 설정한다.

정했다.

한일합섬 LBO 사건(대법원 2010.4.15. 선고 2009도6634 판결)

한일합섬사례는 동양메이저가 한일합섬을 설립하기 위하여 동양메이저산업을 설립했고, 동양메이저산업은 한일합섬으로부터 인수한 주식과 회사채를 담보로 은행 등으로부터 약 5천억원의 자금을 차입하고, 계열사등으로부터 1천억원을 조달했다. 이 자금을 기초로 동양메이저산업이 한일합섬과 인수계약을 체결하고 한일합섬 신주 62.6%의 지분을 확보하고, 추가로 주식을 매입하여 총 91.5%의 지분을 취득한 후, 동양메이저는 순차적으로 동양메이저산업과 한일합섬을 흡수합병했다. 합병 후 동양메이저는 한일합섬이 보유하고 있던 현금 1,800억 원과 동양메이저가 보유하고 있던 현금 약 867억 원으로 인수대금 채무 잔액을 모두 변제했다. 대법원은 인수대상회사의 자산을 담보로 기업을 인수하는 LBO방식과 그 기본적인 전제가 다르고 합병의 실질이나 절차에 하자가 없어 합병으로 손해를 입었다고 볼 수 없다는 이유로 배임죄의 성립을 부정했다.

7) 역자 주) 금융리스는 리스이용자(lessee)가 기계·설비 등을 필요로 하는 경우에 리스업자(lessor)가 구입자금을 대부하는 대신에 리스물건을 직접 구입하여 이를 대여하여 주는 것으로서 물적 금융(equipment financing), 즉 물융의 성격을 띠고 있다.

8) 역자 주) 장래 지급할 리스료는 대차대조표에 부채로 표시되지 아니하므로 리스이용자인 기업의 신용은 그대로 유지되어 재무구조를 악화시키지 아니하며, 일정한 리스료만 지급하면 필요로 하는 기계·설비를 원하는 기간까지 이용할 수 있으므로, 이 기계·설비를 구입하는 데 소요되는 자금을 운전자금으로 사용할 수 있다는 이점이 있다.

철도차량(railroad rolling stock) 등 기타 교통장비 금융구조도 이와 유사하다.[9)]
항공기 리스금융에 관하여는 LPIF 시리즈 제2권 제28장 참조.

프로젝트 파이낸스 및 건설금융

발전소, 유전, 가스전, 광산, 다리, 파이프라인(pipeline), 정제공장 등 프로젝트 개   13-36
발을 위하여 금융이 공여된다.[10)] 대규모 자금공여는 주식자본(share capital)이 아니라
대출의 형태로 공여되며 기본적으로는 프로젝트의 수익으로부터 변제된다. 일반적
으로 대출은 프로젝트 투자자(project sponsors) 소유의 단일목적회사(single-purpose
project company)에 대여된다.

주로 사용되는 서류(documents)는 다음과 같다.

- (법무법인의) 프로젝트 계약에 대한 실사보고서(예를 들어, 건설계약, 공급계
  약, 오프테이크(off-take)계약, 운영계약, 조인트벤처(joint venture)/주주 간 계약,
  보험, 현지 정부로부터의 사업권 양허(host government concession), 토지 임대차계
  약 등)

- 여신계약(별도로 체결되는 국내외 신디케이티드 계약 포함)

- 프로젝트 투자자의 완공보증서(completion guarantee) 및 기타 보증서

- 수출신용기관(export credit agencies)의 보증서

- 금리 헤지 계약서

- 프로젝트 회사의 자산에 대한 담보설정계약서

- 채권자 간 계약서, 주주 대출의 후순위 설정과 강제집행에 관한 공통절차(채
  권자 의결권 등)를 정한 것

---

9) 역자 주) 상법은 2010년 개정으로 금융리스업 규정을 신설했는데, 금융리스업자란 "리스이용자가 선
   정한 기계, 시설, 그 밖의 재산을 제3자로부터 취득하거나 대여받아 리스이용자에게 이용하게 하는
   것을 영업으로 하는 자"라고 규정하고 있다.
10) 역자 주) 프로젝트 파이낸스는 특정한 프로젝트로부터 미래에 발생하는 현금흐름을 담보로 하여 당해
   프로젝트를 수행하는 데 필요한 자금을 조달하는 금융기법으로 사업주의 담보나 신용에 근거하여 대
   출이 이루어지는 전통적인 기업금융과 대칭되는 자금조달기법이다.

- 프로젝트 회사의 채무불이행(default) 시 프로젝트 관련 계약을 유효하게 유지하기 위한 직접 계약서(direct agreements), 예를 들어, 대주들(lenders)에 의한 계약상의 의무의 인수 등을 정한 것.

프로젝트 파이낸스와 관련하여 LPIF 제5권 참조.

부동산금융(real property finance)

13-37   부동산금융은 부동산의 인수 또는 개발을 위한 금융으로, 대주는 상환과 관련하여 해당 자산의 가치 및 현금흐름(임대료(rentals))을 주로 고려한다. 투자용 부동산(investment property) 금융은 기존 건물 및 대지를 담보로 제공받는 대출이다. 부동산개발(property development) 금융은 보통 모회사가 설립한 SPV(special purpose vehicle)를 통해 프로젝트 파이낸스의 형태로 이루어진다. 대주는, SPV의 부동산 이외에도 수입금 관리 은행계좌(proceeds bank account) 등 기타 자산을 담보로 제공받고 SPV에게 자금을 대출한다. 대출계약상 가령 대출기간 동안 대출금이 부동산 가치의 80%를 초과해서는 안 된다는 담보가치 기준 최소대출금액, 수익보상비율(income cover ratio)(임대료 대비 이자) 등에 관하여 확약조항(covenants)을 두기도 한다.[11]

부동산금융과 관련하여 통상적으로 구비되어야 하는 서류는 다음과 같다. 이는 프로젝트금융에서와 유사하다. ① 여신계약(credit agreement), ② 출자계약서(equity agreement), ③ 담보설정계약서, ④ 금리 헤지 계약서(interest hedging contracts), ⑤ 부동산가치평가(valuation), ⑥ 환경영향평가 보고서(environmental report), ⑦ 소유권 보고서(report on title), ⑧ 후순위 계약서(subordination agreement)(모회사에 자본금을 투입하는 경우 후순위로 설정하는 계약), 그리고 ⑨ (건설금융에 대하여) 완공보증서(completion guarantees), 초과비용보증서(cost overrun guarantees), 당사자와의 직접 계약서(direct agreements)

---

11) 역자 주) 우리나라의 부동산 프로젝트 파이낸스는 프로젝트에서 발생하는 현금흐름을 담보로 자금을 대여하는 경우보다는, 시공사나 SPV의 모회사의 담보 등 신용공여 또는 자금보충약정을 통하여 자금을 대여하는 경우가 대부분이다.

선박금융(ship finance)

선박금융은 전형적으로 단일선박회사(one-ship company)가 소유하고, 보통 파나 **13-38** 마, 마샬 아일랜드, 라이베리아, 사이프러스 등 편의치적 국가("flag of convenience" state)에 등록된 선박에 대한 저당권이 수반된다.

일반적으로 기존 선박을 매입하기 위한 금융에 필요한 서류는 ① 대출계약서(loan agreement), ② 선박저당권(vessel mortgage), ③ 용선계약상 권리, 수익, 보험 및 징발보상금 등 SPV의 기타 모든 자산(수입금 관리 은행계좌 포함)의 양도담보계약서 (security assignment), ④ 주식 질권설정계약서(share pledge), ⑤ 선박소유회사의 상호보증(cross-guarantees) 등 보증계약서(guarantee) 등이 있다.

더 상세한 내용: LPIF 시리즈 제2권 제28장 참조.

질문과 세미나 주제

(1) 국제금융에서 SPC(special purpose companies)가 차입 기구(borrowing vehicles)로 흔히 이용되는 이유는 무엇인가?

(2) 당신의 클라이언트는 모로코에서의 발전소 건설 프로젝트를 위한 신디케이티드 대출을 주선하고 있는 간사은행(arranging bank)이다. 전력회사는 모로코에서 설립되었고, 그 궁극적인 소유자(투자자(sponsors))는 프랑스, 일본, 미국, 기타 국가로 같은 비율로 상장될 것이다. 발전소를 위한 가스 연료는 알제리에서 파이프라인으로 수송될 예정이다. 파이프라인은 앞으로 건설될 예정이며, 다른 신디케이티드 대출로 자금 조달되고 알제리의 회사가 소유할 예정이다. 모로코의 발전소는 전력을 모로코의 전력 도매업자에게 판매하고, 업자는 소비자에게 전매(轉賣)하는 한편, 스페인의 전력 도매업자에게도 전매한다. 이 목적을 위해 전력 케이블이 지브롤터 해협을 건너야 한다. 이 케이블은 스페인 회사가 소유하며, 이것도 다른 대주단(syndicate)에 의해 별도로 자금이 조달된다.

 (a) 은행단(banks)은 프로젝트 회사의 자산과 프로젝트 회사의 주식에 담보를 설정할 필요가 있다. 왜 은행은 주식 담보를 필요로 하는 것일까? 투자자(sponsors)의 대출에는 담보제공금지 조항(negative pledge)이 있어서 투자자(sponsors)나 그 자회사의 자산에 담보권 설정을 금지하고 있다. 이 담보제공금지 조항(negative pledge)을 회피해서 채무불이행 시에 은행이 주식 질권(share pledge)을 집행해서 프로젝트 회사를 통제할 수 있는 구조를 생각해 보자.

 (b) 투자자(sponsors)는 프로젝트의 필요 자금의 20%를 조달할 필요가 있다. 그들은 그 대부분을 프로젝트 회사에 대한 자본금이 아니라 후순위 대출(선순위 은행 대출의 다음 순위)로 공여할 것을 제안하고 있다. 그들은 왜 후순위 대출을 하려고 하고 있는 것일까? 투자자(sponsors)는 후순위 대출의 담보도 은행의 선순위 대출의 다음 순위로 하고 싶다고 말하고 있다. 그들은 왜 그렇게 하고 싶은 걸까? 또한 당신은 어떻게 자문하겠는가?

 (c) 모로코의 담보법제는 빈약하다. 모로코는 전통적인 나폴레옹계 국가다.

프로젝트의 자산과의 관계에서 나폴레옹계 국가의 담보법제의 전형적인 단점을 설명하고, 소수의 직원과 특정 자산을 갖는, 격리된(ring−fenced) 프로젝트 회사의 경우 이들 단점이 중대한 것인지를 판단해 보자. (제16장 참조)

(d) 통상의 기업 그룹에 대한 무담보 신디케이티드 대출과의 비교해 볼 때 어떤 특유한 조항을 이 대출 문서(loan documentation)에서 볼 수 있을 것인가?

(e) 3개의 독립된 프로젝트가 서로 의존관계에 있다는 것을 어떻게 다룰 것인가?

(f) 다음에 대해 고찰해 보자.

- 정치적 위험의 회피 방법
- 연료 공급 및 매전(賣電) 계약의 내용
- 프로젝트를 위한 모로코 정부의 양허(concession)의 내용
- 프로젝트 회사가 채무불이행 했을 때 주계약자(main contractors)와 은행단 간에 은행단(banks)이 개입(step in)하면 계약을 취소하지 않는다는 내용의 직접 계약(direct agreements)을 체결하는 것은 의미가 있는가?
- 투자자(sponsors)의 완공 보증
- 공적 수출신용기관(national export credit agencies)의 보증

더 상세한 내용 : LPIF 시리즈 제5권 제1장~제5장 참조.

제 **4** 편

리스크 완화
Risk Mitigation

제 14 장

상계 및 네팅: 일반

法域(jurisdictions)의 척도(litmus test)로서의 상계

상계(set-off)는 도산에 대해 해당 국가가 채권자와 채무자 둘 중에서 누구를 더 보호해 주고 있는지를 구분하는 선두적이고 가장 정확한 지침 중 하나이다. 이는 法域들의 척도(litmus test)이자, 금융법 비교 기준에 중요한 단서이기도 하다.

14-01

예를 들면, 대부분의 영국법계 국가에서 지불능력이 있는 당사자(solvent parties) 간의 상계는 제한되고 있다. (이것은 은행, 보험회사(insurers), 리스회사(lessors), 물품의 매도인 등과 같이, 현금흐름(cash flow)의 유지나 지급의 확실성을 위해서 공제(deduction) 없이 전액 지급받기를 원하고, "지금 지급하고, 나중에 소송하라"("pay now, litigate later")라는 원칙을 지지하는 채권자에게 유리하다.) 한편, 도산절차에서는 상계가 강제적으로 행해진다. (비록 그것이 무담보채권자라도 도산자가 채권자에게 지급하는 것을 보호한다.) 한편 많은 나폴레옹계 法域에서는, 지불능력이 있는 당사자(solvent parties) 간의 도산절차 밖에서의 상계(solvent set-off)는 자유이지만(채무자에게 유리하다), 도산 시에는 금지되어 있다. (채무자의 도산재단을 증가시키므로 채무자에게 유리하다.) 이것은 매우 분명한 대조(contrast)를 이루고 있다.

이것(상계)은 연루된 돈의 액수가 엄청나고 도산 시에 누구를 보호할 것인가에 대해 정책적으로 첨예한 충돌이 있기 때문에 매우 주요한 기준이다. 상계는 주로 도산 시에만 문제가 된다. 만약 모두의 변제능력이 충분하다면, 상계의 보호를 받을 필요가 없게 된다. 결과적으로 (어떤 국가의) 法域은 어느 쪽으로든 선택해야 하고, 어느 하나를 선택했다면 도산에 대한 (그 국가의) 근본적인 접근방식이 드러나게 되는 것이다.

14-02　　상계 채권자(creditor with a set-off)는 도산 시에 최우선순위 채권자(super-priority)가 된다. 가령, 도산자가 채권자에게 100만큼의 채권이 있고, 동시에 채권자가 도산자에게 100만큼의 채권이 있다고 하자. 상계가 허용되는 경우 채권자는 자신이 가진 채권을 모두 변제받을 수 있다(paid in full). 만약 상계가 없다면 채권자는 도산자에게 100만큼의 채무를 변제해야 하지만, 도산자로부터 완전한 변제를 받지 못할 수 있다.

채권자(와 그 채권자들)가 변제를 받거나 파산자(와 그 채권자들)가 변제를 받는 극명한 차이가 있다. 따라서 선택(choice)이 일어날 수밖에 없다.

적어도 상계는 다음과 같은 경우에는 가능해야 한다.

- 모든 유형의 도산절차: 파산절차(final liquidations), 기업회생(corporate insolvency rehabilitations), 화의(compositions), 합의(arrangement) 등

- 채권양수인(assignees)이나 압류채권자(attaching creditors) 등, 도산절차 개시 이전에 도산자(bankrupt)가 가지는 채권을 양수한 법률상 이해관계자(intervener)에 대해서 채권양도에 의해 도산법상의 상계(insolvency set-off)에 필요한 쌍방향성은 파괴되므로, 채권자는 이러한 법률상 이해관계자에 대해도 상계가 가능해야 한다.

상계권 보호에 조금이라도 빈틈이 있으면, 보통 그것은 치명적이다. 왜냐하면 채권자가 자신이 100을 잃을 것인지, 잃지 않을 것인지 확신할 수 없기 때문이다. 즉, 채권자 입장에서 봤을 때 상계제도는 자신의 채권을 모두 변제받을 수 있는지, 아니면 단 한푼도 변제받을 수 없는지를 결정하는 제도다. 실제로는 그 수치(figures)가 엄청날 수 있기 때문에, 예측 가능성(predictability)은 필수적이다.

상계와 네팅에 대한 더욱 폭넓은 논의를 위해서는 LPIF 제4권 참조.

상계(set-off)와 네팅(netting)의 유형(types)

14-03　　네팅(netting)은 일반적으로 다음과 같은 세 가지의 특징적인 형태로 설명된다.

- **상계**(set-off). 상계란, 쌍방향의 채권을 작은 쪽의 채권의 액수의 범위에서 소멸시키는(discharge) 것이다. 그것은 지급(payment)의 한 형태이다. 채권자가 채무이행을 요구하는 경우에, 채무자는 자신이 채권자에 대해 가지는 자동채권(cross-claim)과 채권자의 자신에 대한 반대채권을 상계한다. 은행은, 예금자에 대한 대출채권을 자동채권(cross-claim)으로 채권자인 예금자의 은행에 대한 예금채권을 상계한다. 바꾸어 말하면, 상계에 의해 대출채권을 사용해 예금을 지급하는 것이다.

  상계는 쌍방향의 금전채권(debts)인 자동채권들(cross-claims)에 대해, 액수가 정해져 있는지 아닌지에 관계없이 적용된다. 그러한 債權의 예로서는, ① 이미 대출 금액이 확정되어 있는 대출채권과 이미 예금된 예금채권 등 단순한 일정액의 금전채권(simple liquidated debts), ② 아직 지급받지 못한 물품대금 또는 상대방이 급부를 마친 투자나 외환 등의 금액이 미확정된 금전채권(unliquidated debts), ③ 미확정·확정을 불문하고 계약불이행에 따른 손해배상 債權(damages for performance of a contract), ④ 계약상의 차액 결제 債權, 예를 들면, 선물(futures), 옵션 등 당사자가 계약으로 매매를 합의한 물리적인 물품을 교환하는 대신 한쪽이 계약가격과 시장가격의 차액만 지급하는 것에 대한 債權, ⑤ 보증에 따른 債權 등이다.

- **일괄정산 네팅**(close-out netting). 일괄정산 네팅이란, 거래상대방의 채무불이행(default) 시, 예를 들어 상품거래, 외환거래, 또는 투자 등, 당사자 간에 이루어진 일련의 쌍무 미이행 계약(open executory contract)을 해제(cancellation)하고 그 결과로 초래된 소득(gains) 및 손실(losses)을 상계(set-off)하는 것이다. 일괄정산 네팅은 두 단계에 거쳐 이뤄진다. 첫째로 아직 이행되지 않은(unperformed) 계약이 모두 해제되고, 둘째로 서로 간의 채권·채무가 정산되어 단일의 채무(single net balance)가 만들어진다. 엄밀히 말하면, 거래종료 및 계속계약의 해제(cancellation), 모든 채권·채무의 산정(calculation), 그리고 정산 및 상계(set-off)의 세 단계가 있는 것이다. `14-04`

  따라서 예를 들자면, 당신이 나에게 소를 팔기로 합의한 상호 간에 두 개의 계약이 있다. 하지만 두 계약의 인도일 이전에 내가 도산하게 되었다. 당신은 두 계약 모두 해제(cancel)하고, 계약(1)에서 5만큼의 수익을 입을 수 있었고, 계약(2)에서 5만큼의 손실을 입었다. 일괄정산에서는 이 두 계약이 정산되므로 결과적으로 당신의 위험 익스포저(exposure)는 0이 된다. 하지만 만약 위 사례에서 해제 또는 상계(set-off)가 불가능하다면, 계약은 종료되지 않고 계속 유지되기 때문에 5만큼의 총 익스포저(gross exposure)를 가진다. 당신은 이를 일부 상환받거나 아예 상환받지 못할 수도 있다.

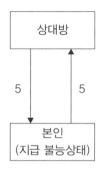

14-05   이미 발생한 금전채권(accrued claims)에 적용되는 상계(set-off)와 달리, 네팅(netting)은 재산이나 금전을 급부하는 미이행계약(executory contracts) 또는 변제기한이 없는 계약(open contracts)에 적용된다. 통상 네팅은, 상대방의 도산 시에는 다음의 두 가지를 할 수 있어야 한다.

(1) 첫 번째로 상대방의 채무불이행이 발생했을 때, 변제기한이 없거나(open) 또는 변제기가 도래하지 않은(unmatured) 미이행 계약(executory contracts)을 전부 취소(rescind), 해제(cancel) 또는 종료(terminate)할 수 있어야 한다. 그리고

(2) 일련의 쌍무계약에 있어서 손실과 이익이 동시에 발생하는 경우 상계할 수 있어야 한다. 엄밀히 말하면, 변제능력이 있는 일방 당사자가 계약을 해제할 수 있고 수익성 있는 계약만을 통해 이익(profits)을 유지할 수 있으면("walk-away"), 이익이 손실을 보상해 주기 때문에, 엄밀하게는 상계가 필요하지 않다. 영국 판례법에서는 도산자의 도산재단(insolvent estate)이 손실을 보게 되어도 상대방이 이익을 유지할 수 있음을 인정하고 있다. 그러나 법률상이나 시장의 관행(maket practice)으로도, 많은 경우에 채무불이행한 당사자가 상대방이 얻을 수 있었던 이익에 대해 그 상대방에게 지급할 것을 규정하고 있다("two-way payments"). walk-away 효과에 대해서, LPIF 시리즈 제4권 단락 1-37 참조.

오직 하나의 단계만 거치는 상계(set-off)와 대조해 보자.

　단락 6-01에 명시된 대로, 어떤 法域들은 변제능력이 있는 당사자가 (상대의) 도산 절차가 개시되면 계약을 해지할 수 있도록 명시하는 해지 조항(termination clause)을 무효화한다. 이는 변제 능력이 없는(insolvent) 채무자가 계약을 유지하고 견뎌낼 수 있도록(survive) 만들기 위한 것이다. 해제조항(cancellation clauses)의 무효화는 미이행 계약(executory contracts)의 네팅(netting)에 있어서 치명적이다.

거의 모든 상업 法域(commercial jurisdictions)에서는, 도산관리인(insolvency administrator)으로 하여금 손실을 유발하는(loss-making) 계약에 대하여 이를 폐지 또는 해지를 결정할 수 있도록 하고 있다. 그 결과 (도산관리인은) 채무자의 자산에 손해를 주는 계약은 과감하게 포기(해제)할 것이고, 자신에게 이익(profitable)이 되는 계약이라면 계약을 계속 유지하려 할 것이다. 이를 체리피킹(cherry-picking)이라고 한다. 만약 상대방 또한 (계약)해제를 하지 못한다면, 네팅은 유지될 수 없을 것이다.

미이행 외환계약(기본적으로 물물교환(barter))에서 금전채권(debts)과 상호 간에 변제해야 하는 돈(monies)과의 차이에 대해서는 LPIF 제4권 단락 1-034 참조. 100을 대출해 주어야 하는 의무(이행(performed)되지 않을 경우 손해가 발생할 것 같은 미이행 계약 — 오직 그 손해에 대해서만 상계를 할 수 있다. 예를 들어, 5)와 이미 완료된 대출(전체 금액 100만큼에 대하여 상계할 수 있다)을 비교해 보자.

- **결제네팅**(settlement netting).　결제네팅이란 정산계약을 통해 미이행 계약 **14-06**
(executory contract)을 정산하는 것을 말한다. 당사자가 상대방에 대하여 대체물 채권을 가지고 있는 경우에 지급일에 차감 계산하여 정산된 부분만을 인노하면 된다. 가령 원자재(commodities)나 외환(foreign exchange)을 위한 계약에 있어서 변제일과 인도일이 일치한다면(payment or delivery *on the same day*) 거래의 편의를 위해 당사자 간에 서로의 채무를 각자 이행하지 않고, 대신에 실제로 이행할 수 있는 채무들을 계산하여 그 나머지만을 지급한다. 이렇게 하여 익스포저(exposures)를 줄일 수 있다. 인도되는 것이 원자재(commodities), 외환(foreign exchange) 또는 다른 지급방법이므로 금전채무가 아니기 때문에, 다른 채무와 상계(set-off)는 안 된다. 결제네팅은 단순히 거래의 편의를 위한 것에 불과하며

상계처럼 하나의 정산채무가 발생하는 것은 아니다.

- 가령 예를 들어 내가 당신에게 100만큼의 외환을 인도해야 하고, 당신은 내게 101만큼의 외환을 인도해야 하는 상황이라고 하자. 통화는 동일 통화이고 이 계약은 같은 날에 서로 지급해야 한다. 그러면 상호 간의 인도는 정산되어 편의를 위해 한쪽만이 다른 쪽에 채무를 1만큼만 이행하면 된다. 따라서 상대방 (the other)이 101을 변제하기 전에 한쪽(one party)이 100을 먼저 지급했고 그리고 상대방(the other)이 100을 지급받았지만 101을 변제하지 않은 상태에서 도산 (insolvent)하는 위험이 적어진다.

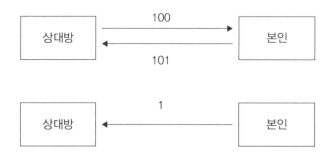

상계의 종류(Classes)

14-07   가장 중요한 형태의 상계는 도산법상의 상계(insolvency set-off)이다. 만약 상대방의 변제능력이 항상 충분하다면 법률상 이해관계자(interveners)의 경우를 제외하고는 상계(set-off)가 거의 문제되지 않는다. 단락 15-10 참조.

많은 대륙법계의 法域들, 특히 로마-게르만계 그룹에서는, 도산법상의 상계를 *변제능력이 있는 자(solvent* parties*)* 간에 허용되는 종류의 상계에 한해서만 허용하고 있다. 채무자와 채권자가 동시에 변제 능력이 있는 경우에 허용된 상계의 주요 종류는 다음과 같다.

많은 대륙법계의 法域들, 특히 로마-게르만계 그룹에서는, 도산 시 상계(set-off on insolvency)는, *지불능력이 있는* 당사자(solvent parties) 사이에 인정되는 상계와 같은 종류의 것일 경우에만 인정된다. 채무자, 채권자 쌍방 모두 지불능력이 있는 (solvent) 경우에 허용되는 상계의 종류는 다음과 같다.

- **독립상계**(independent set-off). 이는 *독립된* 거래(*separate* transactions)에서 발생하는, 관련 없고(unconnected) 독립된 상호 간의 청구권을 상계하는 것이다. 독립상계는 다양하게 알려져 있는데, 주류 로마법과 민법 용어로는 '상계 (compensation)'라 불리고, 영미법 *法域*에서는 법적 상계(legal set-off)라고 불린다. 모든 *法域*들에서 종종 법정 상계(statutory set-off)라 칭하기도 한다. 대표적인 예로 은행의 대출금과 예금 간의 상계이다. 두 청구권 모두 일반적으로 (손해 배상금이 아닌 채무) 확정적이어야 하고(liquidated) 만기가 도래해야 한다. 아마도 모든 *法域*들은 다양한 형태로 이러한 도산절차 밖에서의 상계(solvent set-off)를 가지고 있다.

- **상호계산 상계**(current account set-off).[1] 두 개의 다른 당좌예금계좌(current account)에서 발생한 상호 간의 청구권에 대한 상계를 말한다. 특히 은행계좌가 많이 사용되어 'banker's set-off', 'running account set-off', 또는 'combination'이라는 다양한 이름으로 불린다. 독립상계(independent set-off)가 매우 엄격한 소송 절차에서만 가능하다는 제한을 피하기 위해 보통법계 국가들에서 발전된 개념이다.

- **거래 상계**(transaction set-off). 아주 밀접한 관련이 있는 거래(closely connected transactions)에서 이용되는 상계이다. 영국에서는 'equitable set-off' 또는 'abatement set-off'라 불리며 미국에서는 'recoupment'라고 불린다. 대륙법계 국가에서는 'set-off of connected claims'라 한다. 대표적인 예로는 판매한 물품에 일부 하자가 발생한 경우, 판매한 물품가격과 하자부분의 가격을 상계하여 그 부분에 대해서만 변제하면 된다. 만약 상계를 하지 않으면(otherwise) 매수인이 하자부분에 대해서도 대금을 지급해야 할 것이다.

  14-08

  또 다른 예로 선주(shipowner)에게 빌린 배가 (선주가) 보증한 대로 작동하지 않을 때, 용선주(charterer)는 배를 빌리면서 지급해야 하는 금액(payment of hire)을 줄일 수 있다. 대개 청구권이 확정(liquidated)될 필요 없고, 미확정 손해배상채권(unliquidated damages)에 대해서도 가능하다. 따라서 상계가 공정해 보이는

---

1) 역자 주) 상법 제72조는 "상호계산은 상인간 또는 상인과 비상인간에 상시 거래관계가 있는 경우에 일정한 기간의 거래로 인한 채권채무의 총액에 관하여 상계하고 그 잔액을 지급할 것을 약정함으로써 그 효력이 생긴다."라고 규정하고 있다.

경우 독립상계의 규제(restrictions)를 또다시 피하게 된다.

거래 상계는(영국에서는 협의(narrow)로 쓰이나) 도산법상의 상계를 금지하는 나폴레옹계 국가들에서 매우 중요하다. 왜냐하면 이 국가들은 도산 시 거래 상계는 허용하고 있고, 그 상계의 범위를 같은 거래 내에서뿐 아니라 밀접한 관련(closely connected)이 있는 거래까지 확대하고 있기 때문이다. 상계에 대한 제한(bar)이 불공평(unjust)하다고 보일 수 있는 경우에 이를 허용하고 있음을 알 수 있다.

14-09
- **계약상 상계**(contractual set-off). 이것은 계약에 의해 상계가 발생하는 것이다. 다른 형태의 도산절차 밖에서의 상계(solvent set-off)의 약점을 극복하고 예측가능성을 부여하기 위해서 실무에서 매우 중요하다. 이는 압류채권자 및 기타 법률상 이해관계자(interveners)들로부터 보호한다는 측면에서 중요하다. 대륙법계에서는 이를 "약정" 상계("conventional" set-off)라고 부르기도 하는데, 협약이나 합의를 통한 상계라는 의미이다.

   나머지 두 종류의 도산절차 밖에서의 상계(solvent set-off)는 도산(insolvency)의 경우에도 도산절차 밖에서의 상계(solvent set-off)를 계속 적용할 수 있는 그러한 法域들(jurisdictions)과는 보통 관련이 없다.

- **재판상 상계**(judicial set-off). 이것은 소송절차 중에 피고(defense)가 사용할 수 있는 상계를 말한다. 재판상 상계(judicial set-off)가 다른 종류로 분리된 것은 이 제도가 각 국가마다 서로 다르기 때문이다. 영미계 국가의 경우 전통적으로 평상시 독립 상계가 오직 소송절차에서만 가능하며 자기 스스로는 할 수(self-help) 없게 되어 있다. 하지만 이는 대륙법계 국가에서는 문제되지 않는다. 이 개념은 모든 法域들에서 일반적으로 사용된다.

- **리테이너(retainer) 또는 자금 상계**(fund set-off). 엄밀히 말하면 이것은 상계라고 할 수 없으나 상계와 유사한 개념이다. 이것은, 수탁자 또는 도산재단 또는 상사신탁 등의 자금(fund) 관리인이 출자를 하지 않은 출자자(contributor)에게 주어야 할 배당(dividend)을 유보할 수 있는 구제방법이다. 예를 들어, 사해적 편파행위(fraudulent preference)로 받은 수익을 반환하지 않은 기금의 채권자 등에 대한 권리이다. 이것은 어떤 이유에서인지(for some reason) 상계가 불가능한 경

우에 적용된다. 보통법 법원(Common law courts)에서는 이 구제방법(remedy)에 적절한 용어(term)를 찾으려고 노력해 왔는데, 종종 몰수(impounding)라고 하거나 아예 대표적인 판례로 언급되는 *Cherry v Boultbee* (1939) 41 ER 171 LC 판례 규칙(Rule)이라고 명명했다. 그 효과는 출자(contribution)를 담보로 배당(dividend)을 하는 것과 아주 유사하다. 이것은 특수한(specialist) 상황에 한정되는 것이다.

위에서 언급한 (상계의) 종류들 중 금융 실무(financial practice)에서는 계약상 상계(contractual set-off)가 가장 중요하다.

독립 상계에 관해서는 각 국가마다 다양한 형태로 나타나고 있는데, 프랑스는 변제능력 있는 당사자 간에 자동적으로 상계가 이뤄지고, 독일의 경우에는 상계를 적용하는 당사자의 선언(declaration)이 필요하다. 그리고 (지금도 그런지는 확실하게 말하기 힘드나) 영미계에서는 소송절차에 의해서만 상계가 가능하다.

상계, 차지백(charge-back), 조건부 금전채권(조건부자산(flawed assets))의 구별

상계(set-off), 차지백(charge-back), 그리고 조건부 채무(conditional debt)(또는 "조건부자산"("flawed asset"))는 구별될 필요가 있다. 상계는 이 세 유형 중 단연코 가장 중요하다. 다른 두 가지는 전문적(specialist)이고 특정(niche) 분야이다.   14-10

이 세 가지는 유사한 상업적(commercial) 효과를 가지고 있으며 상호 간에 청구권이 있는 상태에서 상대방이 도산한 경우에 채권자를 보호하려는 목적을 가지고 있다.

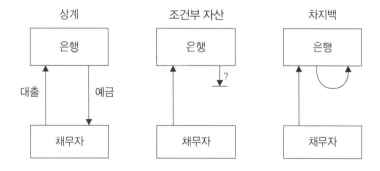

화살표의 머리 방향이 채권자다.

채무자는 은행으로부터 대출을 받았고, 반대로 은행에 예금을 가지고 있다. 즉, 은행이 채무자에게 예금에 대한 채무를 가지고 있다. 채무자는 대출금을 갚지 못해 채무상환 불이행(default)이 되고, 도산하게 된다.

14-11   **상계**(Set-off)   상계에서는, 스키틀(skittles) 게임2)에서 핀이 공에 맞아 나가떨어지는 것처럼, 대출(loan)을 이용해 예금(deposit)을 상쇄한다. 채무자는, 자신의 자산(asset)을 이용해 자신의 채무(liability)를 변제한다.

14-12   **조건부 채무**(conditional debt) **또는 불완전**("flawed") **자산**   조건부 채무(conditional debt)란 일정한 사유가 생길 때까지 변제되지 않는 채권이다. 채권자는 그 사유가 발생할 때까지는 전혀 자산을 갖고 있지 않다. 따라서 자산으로는 "불완전"("flawed")하다. 예금자의 예금채권에 대해서, 그 예금자의 대출채무를 변제할 것을 조건으로 한다. 이것은 상계가 아니다. 왜냐하면 그 조건이 성취되지 않는 한, 채무자에게는 상계에 이용할 권리가 생기지 않기 때문이다. 또, 예금자는 조건부 예금채권의 권리를 양도(assign)하지 않기 때문에, 이것은 차지백(charge-back)도 아니다.

조건부자산(flawed assets)은 특수한 것이다. 대출에서의 대출참가(sub-participation)가 좋은 예이다. 단락 10-19 참조. 이것은 도산법상의 상계를 할 수 없거나 그 효과가 약할 경우에 이용되기도 한다. 그런데, 도산법상의 상계를 인정하지 않는 法域에서 그 금지를 회피하는 인위적인 방법으로 사용되었다고 성질재결정 되면 무효로 될 가능성이 있어서, 불확실성을 면할 수 없다. 영국에서 이 개념은 *Re Bank of Credit and Commerce International SA (No 8)* [1998] Ac 214 판례에서 인정되었는데, 그 당시 영국은 이미 매우 광범위하게 상계(set-off)를 인정하고 있었다.

14-13   **차지백**(charge-back)   차지백은 채무자가 채권자에게 가진 반대채권(cross-claim)을 담보하기 위하여, 채권자가 채무자에게 가지고 있는 채권에 물권적 담보권(proprietary security interest)을 주는 것이다. 예를 들어, 예금자가 예금 채권을 자신이 빌리고 있는 대출의 담보(charge)로 하는 것이다. 담보 실행에 있어서는, 은행은 예금자의 예금을 예금자의 대출 변제에 충당하는 것이다. 이 경우에 은행은 완전한 담보채권자(secured creditor)가 된다. 반면 단순히 상계할 권리만을 가진 은행은 담보채권자와 종

---

2) 역자 주) 볼링의 핀같이 생긴 아홉 개의 skittle을 세워 놓고 공을 굴려 쓰러뜨리는 실내경기. 영국에서 주로 하며, 9개의 기둥을 세워놓고 한다고 하여 구주희(九柱戲)라고도 불린다.

종 비슷한 입장에 있더라도 법적으로는 담보채권자로 볼 수 없다. 상계는 등기 (registration)나 등록(filing)이 필요 없고 저당권(mortgage)에 수반하는 여러 가지 제한이나 집행절차와도 관계되지 않지만, 차지백은 이것이 필요하게 된다. 예를 들어, 도산 절차 개시에 따른 담보권 실행의 동결(insolvency freezes), 우선권이 있는 채권자 (preferential creditors)에게 우선순위가 밀리는 것, 浮動담보권(floating charge)일 경우에는 그 법리, 담보제공금지 조항(negative pledges)과의 저촉 등이 그 예이다. 따라서 차지백(charge-back)은 상계를 할 수 없을 때의 차선책(fall-back)에 지나지 않는다. 차지백은 다음과 같은 특수한 경우에 이용된다.

- 채무자의 法域에서 도산법상의 상계가 허용되지 않은 경우

- 관련 法域에서 채무자의 예금에 압류를 한 제3채권자 또는 다른 법률상 이해 관계자(intervener)에 대하여 계약상 상계(contractual set-off)가 불가능한 경우

- 채권자와 채무자 간에 쌍방향성(mutuality)이 존재하지 않을 때, 예를 들어 한쪽의 채권(claim)은 모회사(parent)가 가지고 있고, 다른 쪽은 자회사(subsidiary)가 소유한 경우가 있다. 이것은 단순히 상호보증(cross-guarantees)으로 볼 수도 있다.

1990년대에 차지백(charge-backs), 조건부자산(flawed asset), 상계 중 어떤 것이 효과가 있을지 잘 몰랐기 때문에 종종 하나의 문서(single document)에 같이 등장한 경우가 있었다. "삼종 칵테일"("triple cocktail") 같은 것이다. 특별한 경우 이외는 혼란의 원인이며, 이 방식은 점차 사라져 가는 것 같다. 요점은 다음과 같은 생각이었다. 만약 차지백이 인정되지 않았을 때, 담보로 된 채권은 원래대로 돌아가 상계의 대상이 될 것이다. 만약 상계가 안 되더라도, 조건부자산이 될 것이라는 것이었다.

영국법계 法域(English-based jurisdictions)에서 상계제도는 아주 특별한 상황에서만 사용될 정도로 매우 방어적이어서 이와 유사한 효과를 내기 위해 조건부자산(flawed asset)이나 차지백이 쓰이고 있다.

차지백(charge-back)에 대해서는 LPIF 시리즈 제2권 단락 29-018 참조.

도산에 있어서 상계(set-off)와 네팅(netting) 정책

이점(advantages)　　상계와 네팅의 이점은 다음과 같다.　　　　　　14-14

- 노출될 위험을 줄인다. 이렇게 줄어드는 위험은 엄청나다. 예를 들어 외환거래의 95%는 중앙청산소(central counterparty)를 통해 이뤄진다. 현재 금융시장에서 하루에 노출되는 금액은 세계 GDP를 초과할 정도로 크므로 중앙청산이 하고 있는 (시스템 리스크나 은행시스템의 cascade melt-down도 포함한) 리스크 완화 역할이 너무나 중요하다. 만약 이들이 제대로 된 역할을 하지 않아 기업들이 연달아 도산해 버린다면, 그 비용은 자연히 납세자들의 부담이 될 수밖에 없다.

- 신용리스크에 따른 비용(cost of credit)을 줄일 수 있다.

- 자본적정성 비용(capital adequacy costs)을 줄일 수 있다. 즉, 자본의 적정성을 유지하기 위한 비용을 줄일 수 있다. 가령 금융기관을 예로 들어보자. 금융감독당국은 금융기관의 경우 일정 수준의 적정한 자본 유지를 요구한다. 도산 시에 상계제도가 있다면 금융기관들은 채권회수가 훨씬 더 유리하게 된다. 따라서 상계제도를 통해 보다 낮은 수준의 자본적정성을 유지해도 되므로 상당한 비용을 절감할 수 있다.

- 거래비용(transaction costs)을 줄일 수 있다. 가령 은행은 위험을 줄이기 위해 대출시에 일정 신용한도(credit lines)를 정하거나, 거래를 할 때 일정한 담보(margin collateral)를 설정할 수 있게 하고 있다. 이것은 자본을 자유롭게 만들고, 유동성(liquidity)을 증가시키며, 금융시스템의 능력을 확대시킨다.

- 업무처리 비용을 줄일 수 있다. 특히 상계를 통해 상당한 양의 거래를 일괄처리(multiplicity)할 수 있으므로 개별적으로 처리해야 하는 비용(circuity)을 줄일 수 있을 것이다.

- 또한 상계제도는 공정성에 기여한다. (채권자가) 도산자에 대해서는 여전히 채무를 부담하면서 도산자로부터는 변제받을 수 없는 상황은 불공정하다고 볼 수 있기 때문이다.

- 상계는 지급불능인 채무자(insolvent debtor)가 상계가 적용된 이후 채무자가 "부담을 지지(owe) 않는" 채무에 대하여 도산하지 않음을 반드시 보장한다.

- 상계는 채권자를 보호해준다.

단점(disadvantages)　　하지만 다음과 같은 불이익도 있다.　　　　　　　　　　14-15

- 상계와 네팅은 도산(insolvency)에 있어서 채권자의 평등을 저해한다. 현실 세계에서, 어디에서도 평등은 규칙이 아니다.

- 상계는 공시되지 않은(unpublished) 담보권("security interest")과 같다. 그러나 상호간의 청구권이 있는 채권자들에게 이 사실을 공시(publish)하라고 요구하는 것은 현실적(practical)이지 않다. 도산 시에 자산이 제거되거나 고갈될 것이라는 사실을 알리는(publicize) 것이 비현실적이라고 인정되는 많은 경우가 존재한다. 예를 들면, 임대목적물(leased assets)의 회수(repossessions), 계약의 해제(cancellation), 담보물의 판매(sales of charged assets)를 하는 데 등록 또는 등기가 과도한 부담이 되는(burdensome) 경우에 이를 종료하는 것이 있다. 재무제표(financial statements) 자체는 기업이 계속기업가치(going concern)로 유지될 것이라는 필수적 가정에 기반한다. 도산 시 분사판매(break-up sale)가 가치의 붕괴와 영업권이 소멸하는 결과를 초래하기에, 기업과 관련한 채권자들은 도산이 가치의 강탈자임을 인정할 수밖에 없다. 따라서 이 "비밀 유지(secrecy)" 주장은 설득적이지 않다.

- 돈과 계약은 기업의 구제를 위해 필요하다. 현금과 관련하여 신규차입자금(new money)의 출처가 채권자의 상계를 불가능하게 하는 것에서 와야 할지 아니면 대출 후에 최우선순위 채권자를 나누는 기준을 덜 차별적으로(less discriminatory source of super-priority) 해야 할지의 문제는 세계가 각각 다르게 답변하고 있다. (세계적으로 덜 알려진(less prevalent)) 계약 해제권 행사의 중지(stays)에 관해서는 단락 6-01 참조.

- 상계와 네팅은 도산 시에 무담보재권자들에게 갈 수 있는 자산을 감소시킨다. 따라서 채무자 보호적(debtor protective)이지 않다.

정책에 대한 조언　　현대 사회에서는 청구권(claims)이 주요한 형태의 재산 중 하나　　14-16
이고, 채권자들도 때로 도산자에 대해 채권자임과 동시에 채무자가 되기도 한다. 그러므로 국제금융거래에서 상계제도는 물적담보(security interest)제도 못지않게 매우 중요하다. 가장 일반적인 상계의 예는 은행이 자신이 가지는 대출채권과 예금자가 가지는 예금채권을 서로 상계하는 것, 은행 간 예금시장(inter-bank deposit market) 등 은행 상호 간에 예금을 상계하는 것, 은행 또는 중앙청산소와 거래를 하는 금융 트레이더(financial trader)가 담보("security")로서 예치한 증거금 예금(margin deposits)을 상계하는 것, (4) 외환, 스왑, 파생상품, 증권, 레포(repo) 등을 서로 상계하는 것, (5) 중앙결제시스템에서 각각을 서로 상계하는 것 등이다.

비즈니스에 있어서 상계가 넓게 행해지고 있는 것을 위와 같은 단적인 리스트로 나타낼 수 없다. 당사자 사이에 일련의 계약이 있는 경우는 항상 상계의 가능성이 있다. 비록 한 개의 계약밖에 없었다고 해도 그 안에는 상계 가능성이 있는 쌍방향의 의무가 포함되어 있다. 예를 들면, 은행 거래(banking), 물품의 매매(trade sale), 보험, 리스(leasing), 커스터디 업무(custodianship), 운송, 서비스 등이다. 상계는 도처에 있다. 상계를, 단지 멀고 어려운 금융시장의 이야기라고 생각하는 것은 잘못이다. 금융은 현대의 신용 사회에 깊숙이 파고들고 있다. 작은 상점(trader)도, 상대방의 도산 시에 상계가 인정되지 않으면 시중은행과 마찬가지로 큰 타격을 받는 것이고, 만약 법 제도가 작은 상점을 이류 시민(second-class citizen)처럼 취급한다면, 그것은 기묘한 일이다.

액수(sums)로 보나 위험을 줄이는(risk reduction) 정도로 보나, 도산법상의 상계의 경제적 이익은 압도적인 것처럼 보인다. 그럼에도 불구하고 이 이점들은, 채권자들에게 현상동결(standstill)을 요구하여 채무자의 자산을 확대하고 계약들을 유지하려는 도산 시 회생기업 구제 정책과 충돌하고 있다. 하나의 결과로 이를 받아들이지 않는(non-accepting) 국가들에 (다른 경제의 어느 부문에는 적용하지 않고) 금융시장에서만 상계와 네팅을 지지하는 예외 규정(carve-out statues)의 확산이 일어났다. 그 극단에(ragged edges) 2단계 체제(two-tier regime)가 생겨났고 국제적으로 법의 복잡성이 증가했다.

도산법상의 상계(insolvency set-off) 및 네팅(netting)의 가능여부 국가별 요약

14-17   아래 내용은 전 세계의 도산법상의 상계와 네팅의 가능 여부에 대해 단순화(reductionist)한 것이다. 자세한 국제(설문) 조사는 본 책(LPIF) 제4권 제7장에서 찾을 수 있다. 이 그룹들의 위치와 상계 및 네팅 지도는 『세계 금융법의 지도(Maps of

World Financial Law)』에서 찾을 수 있다.

영미계 그룹(Anglo-American group)　　영미계는 전 세계 320개의 法域(jurisdictions) 중에 　　**14-18**
서 약 145개 지역을 차지할 만큼 방대하다. 여기에는 미국 50개 주와 관련 지역(워
싱턴 D.C.와 푸에르토리코), 호주, 캐나다 일부 지역, 영국, 홍콩, 인도, 아일랜드, 이
스라엘, 말레이시아, 뉴질랜드 등이 있다. 이들 거의 대부분은 도산과 관련하여 상
계 제도를 두고 있다. 영국에서는 상계가 의무적이다. 기업회생절차의 경우, 상계에
서의 동결(freezes)과 계약 해제는 미국과 뉴질랜드에서 소개되었고, 특정 금융시장
에 네팅의 예외 규정(carve-out netting statutes)까지 이어진다. 미국에서의 유예(stay)는
자산이 동등한 보호를 받아야 하기 때문에 약한(mild) 편이다. 뉴질랜드에서 유예
(stay)는 주요기업에 대한 정부주도 구제(government-initiated rescue)와 같은 특별한 경
우로 제한된다.

로마-게르만계 그룹(Roman-Germanic group)　　전 세계에 약 31개의 法域이 로마-게 　　**14-19**
르만계에 속한다. 대륙법계와 영미법계가 혼합되어 사용되는 지역까지 합하면 약
42개 지역이다. 대부분의 지역은 도산법상의 상계(insolvency set-off)를 인정한다. 가
령, 독일, 오스트리아, 네덜란드, 스위스, 체코(2007), 헝가리(2006) 등이 대표적이다.
폴란드, 터키, 일본, 한국, 스칸디나비아, 덴마크는 도산법상의 상계가 되는지에 대
해 검토할 필요가 있다. 스웨덴과 핀란드에는 계약 해제에 대해 기업회생 동결
(corporate rehabilitation freezes)과 함께 네팅의 예외 규정(netting statute carve-outs)이 존
재한다. 슬로바키아는 도산절차에서의 상계를 금지하고 있지만, 금융시장에서의 네
팅 예외(netting carve-out) 규정이 있다. 러시아도 도산법상의 상계제도가 없다.

나폴레옹계 그룹(Napoleonic group)　　전 세계에서 약 82개 지역이 나폴레옹계에 속한 　　**14-20**
다. 이들 국가 중 대부분은 도산 시에 상계를 금지하고 있다(단, 이탈리아는 예외
다). 프랑스, 스페인, 그리스, 포르투갈, 그 밖에 대부분의 라틴아메리카(파나마는
제외)가 그렇다. 계약해제(contract cancellation)를 허용하지 않는 국가는 벨기에, 프랑
스, 스페인 등이다. 금융시장에서 네팅의 예외 규정(carve-out netting statutes)을 두고
있는 국가는 프랑스, 포르투갈, 스페인, 그리스 등이다. 특히 벨기에나 룩셈부르크
같은 국가들은 예외 규정(carve-out statutes)이 광범위해서 도산 시 계약을 통한 상계
가 가능하다. 대체로 프랑스계 국가들은 그들이 금지하고 있는 도산법상의 상계

(insolvency set-off)의 범위를 매우 광범위하게 정의하고 있다. 따라서 도산이 되면 상계 또는 그와 유사한 행위가 매우 엄격하게 제한되는 면이 있었다. 하지만 이들 프랑스계 지역들은 점점 규제를 완화해 가는 추세다.

14-21   **다른 法域들**(other jurisdictions)   이 항목은 주요한 세 그룹으로 구성된다.

(1) 중국, 일본, 퀘벡, 스코틀랜드와 같은 대륙법계와 영미법계가 혼합된 그룹(Mixed civil law/common law group)은 모두 도산 시에 상계가 가능하도록 조항이 마련되어 있다. 남부 아프리카 오름제도(cone states)들은 남부 아프리카 금융시장에서 별도로 적용되기 쉽지 않다. 몰타(Malta)는 최근에 받아들여서 계약으로 도산법상의 상계가 가능하다. 저지(Jersey)는 도산법상의 상계가 가능하지만, 건지(Guernsey)에서는 계약에 동의(contract in)할 때 비로소 가능하다.

(2) 쿠웨이트와 사우디 아라비아 같은 이슬람계. 이들의 입장은 아직 도산관련 법규가 체계적으로 정비되어 있지 않아서 상계 가능여부가 불분명하다. 바레인은 도산법상의 상계가 불가능하다. 마지막으로,

(3) 새로운 지역: 러시아, 베트남이나, 몽골과 같은 국가는 도산 시에 상계가 허용되지 않는다(고 알려져 있다).

이상으로 각 지역에서의 상계에 대해서 살펴봤는데, 전 세계적으로 도산법상의 상계(insolvency set-off)를 인정하고자 하는 경향임을 알 수 있었다. 한편, 계약을 해제하는 것에 대해서는 전반적으로 이를 인정하지 않는 경향이기 때문에, 도산 절차가 진행되면 자동적으로 계약이 해지(termination)되어 버리는 네팅(netting)에 대해서는 부정적으로 보고 있음을 알 수 있다. 단락 6-01 참조.

도산법상의 상계(insolvency set-off)를 허용하는 국가들

14-22   앞에서 언급한 것처럼, 세부적인 사항에 있어서는 차이가 있지만 대다수의 국제적 의견(international opinion)은 기업 파산(final liquidation of corporations) 시 폭넓은 도산법상의 상계(insolvency set-off)를 부여하는 것에 찬성한다. 기업회생 법규(corporate rehabilitation statutes)의 경우에 있어서 입장은 더욱 복잡하지만, 일반적으로 파산 정책들을 회생의 경우에도 따르고 있다. 단락 14-29 참조.

도산 시에 상계를 허용하는 국가들은 크게 다음의 두 가지로 정리해 볼 수 있겠다.

- 첫째, 전형적인 영국법계 法域(English-based jurisdictions)이다. 이들 法域에서는 도산법상의 상계(insolvency set-off)는 의무적이고, 모든 채권(claims)은 그 금액이 확정채권(liquidated)이든 불확정채권(unliquidated)이든 그리고 우발채무(contingent)의 여부에도 관계없이 반드시 상계되어야 한다. 상계 대상이 된다. 그 대상은 모든 채권(claims)을 포괄하며(all-inclusive) 종합적인 상계이다.

- 둘째, 도산법상의 상계가 의무적이지 않고 포괄적이지(all-inclusive) 않은 때이다. 대신 도산 시에도 도산절차 밖에서의 상계(solvent set-off)의 규정이 지속되도록 허용된다. 단락 14-07 참조. 상계허가(set-off permission)는 도산법상의 상계를 발생시키지 않는다. 단순히 (도산) 개시 전 있었던 거래들에서 (도산) 개시 후 행사 가능한 상계를 보호하고 가능하게 할 뿐이다. 따라서 독립적 청구는 채권금액이 확정(liquidated)되어야 하고 만기가 도래한 상태여야 한다. 만기와 금액확정 여부는 통상적으로 도산자가 가진 채무에 대해서는 문제가 되지 않는다. 왜냐하면 대부분 언제나 조기상환되었거나(accelerated) 도산 절차 개시 때 투표나 배당금 문제 논의에서 고려되기 때문이다. 복수통화 차이(multicurrency differences)도 대개 장애(bar)가 되지 않는다.

이 차이는 주로 도산자에게 가진 우발채무 또는 미확정 금액의 채무에서 더욱 드러나게 된다. 그런데 심지어 여기서 우발채무는 도산 절차 도중에 일어나며, 금액이 미확정된 채무는 계약이나 소송에서 도산관리인(insolvency administrator)이 회수(collect) 할 수 있도록 한다. 또한 이는 도산자에 대해 가진 기간이 오래된 채무(long-dated)에 영향을 줄 수도 있다. 파산관재인(liquidator)이 이를 양도하여 법률상 이해관계자(intervener)와의 상계 문제가 발생할 수 있다. 또 상계가 필수가 아닌 지역에서의 다른 가능성은 상계로부터 절연된(insulated) 채권(claims)이 도산 중에도 절연된 상태로 남아 있는 경우이다. 예를 들어, 상계금지 특약의 적용을 받는 채권(claims)과 무기명채권(bearer bonds)과 다른 유통증권(negotiable instruments)에 기한 채권(claims)이 있다. 이것은 모두 상계가 강제되는 법제(mandatory regimes)에서는 무시되어(overridden) 상계가 된다. 그러나 전체적으로 보면, 특별한 상황을 제외하고 두 개의 법제 간에 결과는 크게 다르지 않다.

이 관대한 접근(permissive approach)은 독일, 캐나다의 주들(provinces), 오스트리아, 스위스(상계는 만약 도산을 선언한 상태에서 가능하다면 오스트리아와 스위스 모두에서 허용함), 이탈리아 그리고 아마 거의 대부분의 대륙법계 法域(civil code jurisdictions)이 도산법상의 상계를 허용한다. 이것은 또한 미국과 동일한 입장이기도 하다.

따라서 독일의 1999년 도산법(IC 1999) 제94조는 독일 민법(BGB) 제387조부터 제390조까지의 도산절차 밖에서의 상계(solvent set-off) 및 (예전의 의심의 여지를 없애기 위하여) 계약상 상계(contractual set-off)도 허용하고 있다. 네덜란드에서는 유사하게 1896년 도산법(BA 1896) 제53조가 민법상 도산절차 밖에서의 상계(solvent set-off)를 도산절차에까지 확장시키고 있고, 또한 계약상 상계(contractual set-off)도 허용한다는 공감대가 있다.

도산법상의 상계(insolvency set-off)가 허용되지 않는 국가들

14-23 도산법상의 상계를 허용하지 않는 法域들에서의 기본 원칙은 (물론 지역에 따라 다르나) 상호 간의 채권이 (대개 도산에 대한 법원의 명령 같은) 관련 도산 일자 전에 도산절차 밖에서의 상계(solvent set-off)의 조건들을 만족해야 한다는 것이다. 예를 들어 독립 상계(independent set-off)의 규정에서 두 채권은 쌍방향으로(mutual) 있어야 하고, 채권이 확정되어(liquidated) 있어야 하며, 변제기가 도래해야 하며 (matured), 그리고 도산개시일 전에 법적으로 변제 가능한 상태여야 한다. 즉, 편파행위 의심기간(preferential suspect period) 전에 체결된 계약에 근거하여 상계되었어야 하는 상태여야 한다. 일반적으로, 예를 들어 채권금액 미확정(illiquidity), 상계할 통화의 상이(multicurrency), 또는 변제기 미도래(immaturity)와 같은 상계에 대한 장애(obstacle)를 배제하는 계약은 그러한 장애를 의심기간(suspect period) 전에 제거해야 하고, 그 계약에 따라서 채권들(claims)은 도산개시일 전에 상계가 가능한 상태가 될 것이 요구된다.

만약 채권이 이러한 조건들을 도산일까지 충족시키지 못한다면 상계가 불가능하고 채권자는 도산자의 수동채권(cross-claim)을 변제하여 이를 도산자의 도산재단에 포함시킬 수밖에 없다. 그리고 도산절차에서 채권자가 도산자에 대하여 가지고 있는 채권(claim)을 증명해야 한다. 따라서 만약 은행이 도산 날짜 이후에 만기되는 예금채무를 가지고 있었고 대출채권은 이미 도산 날 이전에 조기(accelerated)에 만료되었다면, 상계를 할 수 없고 은행이 예금채무에 대해 변제해야 하며, 조기(accelerated) 만료된 대출채권에 대해서는 증명을 해야 한다. 네팅 계약은 불행하게도 금지된다.

도산법상의 상계(insolvency set-offs)가 허용되지 않는 국가에서 예외적으로 도산법상의 상계가 인정되는 경우

도산법상의 상계가 허용되지 않는 국가(states)라 하더라도 다음의 두 가지 예외에 대하여 상계는 인정된다.   14-24

- **상호계산 상계**(current account set-off). 도산법상의 상계를 허용하지 않는 국가들에서도 상호계산 상계(current account set-off)는 널리 인정되고 있는 것으로 보인다. 그 논리는 대차(貸借)(debits and credits)가 한 계좌에 있어서 도산 시 은행과 고객의 관계가 종료(termination)될 때 상계(compensation)가 가능하다는 것이다. 프랑스에서 그렇다. 그리고 상계 규제를 완화하기 전에 벨기에와 룩셈부르크에서 그랬다. 따라서 이는 나폴레옹법계(Napoleonic group)에서 일반적인 것으로 보인다. 예를 들어, 아르헨티나의 민법 제36조, 바레인의 1987년 도산 및 화의법(Bahrain Bankruptcy and Composition Law) No 11 참조. 이것은 만약 은행이 두 개의 당좌예금계좌를 채무자에게 가지고 있다면 적용되지 않을 것이다.

- **거래 상계**(transaction set-off). 거래 상계는 도산 시에 상계를 허용하지 않는 국가에서도 널리 인정되고 있다. 도산자가 하자·지연 등으로 인한 손해를 발생시켰음에도 그 상품들에 대한 가격을 정당하게 청구하는 것은 용납할 수 없기(intolerable) 때문이다.

상계는 단일거래에서 관련된(connected) 모든 거래로 상당히 확장되었다. 1985년 이전 도산법(bankruptcy legislation)하에서는 프랑스 판례법은 보험료(insurance premium)와 보험금(policy proceeds) 간에, 그리고 고객이 가스회사에게 지급 가능한 송장(invoice)과 소비자의 보증금(caution money) 간에 상계를 허용했다. 이것은 심지어 도산자가 가지고 있는 채무가 도산명령 이후에 만기가 도래하더라도 허용되었다. 이러한 판결은 20세기 중반 1994년에 성문화(codified)되었다. ComC 제L621－24조 참조. 원칙은 lien de connexit가 상계를 정당화한다는 것이었다. 또한 칠레 도산법 제 69항, 멕시코 상법 제128조 제(IV)항 제(a)호 참조.

만약 상호 간의 채권이 동일한 거래 또는 관련된 거래에 따른 사실상 관련성이 없다면, 도산법상의 상계(set-off on insolvency)를 계약으로 규정하려는 시도는 도산법의 정책과 반대됨으로써 실패하게 될 것이다.

도산자의 채무(claims owing by the insolvent)

14-25　도산법상의 상계(insolvency set-off)가 가능한 지역에서는 상계되는 채권 각각을 나눠서 살펴보는 것이 매우 유용하다. 여기서는 도산자가 채권자에게 부담하는 채무와, 도산자가 채권자에 대해 가지는 채권을 각각 나눠서 살펴보기로 하겠다.

일반적인 원칙은 도산법상의 상계가 허용되는 法域에서 다음이 충족될 경우 채무자에 대한 (채권자의) 청구권(creditor claims)은 상계가 가능하다. 즉, 도산자가 채권자에게 부담하는 채무는 다음과 같은 요건들을 만족해야 한다.

(1) 상호 대립하는 채권들(reciprocal claims)이 도산 이전에 채권자 채무자의 두 사람만이 있으며 서로 **쌍방향으로**(mutual) 있으며, 또한 각 채권자(claimant)는 그 채권(claim)에 대한 실질적 소유자(beneficial owner)이고 자신에게 청구된 채무에 대해 책임(liable)이 있다. 단락 15-01 참조. 그 외에는 상호 대립하는 채권들(reciprocal claims)은 하나의 같은 거래 또는 연관된 거래 또는 같은 종류의 거래로부터 생긴 것일 필요는 없다.

14-26　(2) 채권의 발생시기: 보통 채권자가 가지는 청구권은 도산 후에 (채권이) 만기 또는 미지급(accrued)되더라도 **도산이 개시되기 전에 발생**(incurred prior to the insolvency commencement date)했어야 한다. 그 예로 채무자의 도산절차 개시 전(pre-commencement) 위반에 대한 손해배상청구권(damages claim)을 들 수 있다. 도산 개시일이 법원에 신청하는 일자(date of petition)인지 법원의 명령이 있는 일자(date of order)인지에 대해서는 다양한 규정이 존재한다. 도산 개시일 이후에 도산관리인(insolvency administrator)에 의해 발생된 채권은 청구가 불가능하다. 채권의 발생이 도산 진이기만 히면 된다.

(3) 채권자의 채권은 (어떤 이유로든 효력이 없거나 증명에서 제외되지 않고) **도산 시에도 청구가 가능한 채무**(debt claimable in the insolvency) 상태를 유지해야 한다. 따라서 도산개시 이후의 이자채권(post-commencement interest)은 증명이 어렵거나 상계할 자격이 없을 수도 있다.

(4) 채권자의 채권(creditor's claim)은 **금전채권**(debt claim)이어야 한다. 특정 자산을 반환받기 위한 對物的 물권적 청구권(in rem proprietary claim) 또는 신탁관계에서 재단(estate)이 신탁적으로 보유하는 금전에 대한 우선적 물권적 청구권(proprietary priority claim)이어서는 안 된다. 영미법계(common law) 국가에서는 이와 관련하여 다양한 사례가 축적되어 있다. 예를 들어, 횡령된 금전이나 잘못 지급된 금전이 신탁으로 보관되어 있는 경우가 많다.

(5) 채권은, **편파적인 상계를 하기 위해서 채권을 양수받는 것**(build-up of preferential set-offs)을 금지하는 규정에 의해 상계에서 배제되지 않아야 한다. 강화된 (enhanced) 도산법상의 상계가 가능한 많은 法域들에서는 또한 의심기간 (suspect period)에 상계 요건을 충족하기 위한 채권의 양도·양수가 금지된다. 이는 도산자를 상대로 채권을 가진 자로부터 채무자가 임의로 채권을 양수하여 상계하도록 하는 것을 막기 위한 것이다. 가령 아래의 그림을 보면 이해가 쉬울 것이다. 　14-27

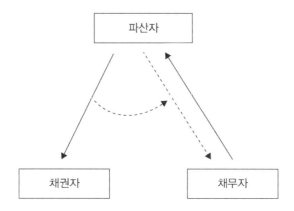

화살표의 머리 방향이 채권자다.

예를 들어, 채권자(creditor)는 파산자(bankrupt)에 대해 100만큼의 채권을 가지고 있었다. 한편 파산자는 채무자(debtor)에 대해 100만큼의 채권을 가지고 있었다. 만약 채무자가 채권자의 채무를 산다면, 채무자는 상계를 할 수 있게 되고 그 자산에 100을 지급하지 않아도 될 것이다. 만약 (파산자의) 파산으로 인한 기대 배당금(expected dividend)이 10% 밖에 되지 않았다면, 채권자는 채무자에게 10 이상으로 팔 경우 (원래 파산 때문에 10을 받게 될 것이므로) 훨씬 이득일 것이다(better off). 편파행위 즘認에 관한 법(preference law)은 채권 양도·양수가 파산자(bankrupt)와는 전혀 관계없이 채권자와 채무자 간에만 이루어지기 때문에 이러한 거래를 발견(catch)하지 못한다. 하지만 법은 편파적인(preferential) 상계는 방지하려고 한다. 파산자(bankrupt)는 실제로 지급불능(insolvent)이며 평등의 원칙(equality principle)이 적용되어야 한다는 것이 하나의 이유다. 통상, 채권을 손에 넣은 투자가(acquiring investor)가 도산 절차가 임박(impending)했다는 것을 알고 있었을 경우, 상계는 허용되지 않는다. LPIF 시리즈 제4권 단락 2-061 참조.

도산자의 채권(claims owing to the insolvent)

14-28 도산자의 채무(debts owed by an insolvent)와 도산자의 채권(debts owed to an insolvent)은 상계(set-off)의 목적상 중요한 차이가 있다.

- 첫째, 도산자가 채권자에 대해 가지는 채권은 도산 시에 만기가 도래하지 않아도 된다. 이는 채권자가 도산자에 대해 가지는 채권인 경우에는 도산 시에 만기가 도래한다는 사실과 다른 특징이다.

- 둘째, 우발채무(contingent)의 경우 이를 확정하도록 하거나, 만기가 도래하지 않았을 경우 만기가 도래하도록 청구하는 규정이 존재하지 않는다.

- 셋째, 채권자가 도산자에 가지는 채권의 경우에는 쉽게 그 지역 통화로 대체변제가 가능하나, 도산자가 채권자에 대해 가지는 채권의 경우에는 자유로운 통화선택이 불가능하다.

이들 문제에 대해 영국의 경우 과거에는 판례법에 의존해 오다가 2005년 도산법에 그 명문 규정을 둠으로써 어느 정도 조정을 하고 있다. 도산절차 밖에서의 상계

(solvent set-off)의 규칙을 단순히 그대로 도산 시에도 적용하는 法域에서는 이러한 문제들이 중요하게 될 수 있다. 이 문제 외에도, 채권자와 채무자의 채권에 대한 규정(rules)은 대부분 대칭적(symmetrical)이다. 일반적(usual)인 입장은 (대개 그리고 자격요건에 따라 달라질 수 있지만) 만약 다음의 조건들이 충족된다면 도산자가 채권자에게 가지는 채권은 상계가 가능(eligible)하다.

- 상호 대립하는(mutual) 채권이어야 한다.

- 채무자의 채권이 도산 개시일 전 또는 도산 전 거래(pre-insolvency dealings)로부터 발생해야 한다.

- 채무자의 채권은 법적으로 효력이 있고 집행가능(enforceable)해야 한다.

- 채무자의 채권은 금전채권(money claim)이어야 하고, 물권적 청구권(in rem proprietary claim)이 아니어야 한다.

- 채무자의 채권은 우선 반환(return of a preference)하거나 다른 도산의 의무를 토해내기(disgorge) 위해서가 아니어야 한다.

회생절차에서 상계의 중지(reorganisation stays)에 대한 정책들

파산의 단두대(guillotine of liquidation)와는 달리, 기업회생 또는 화의(compositions)에 관한 법령은 상계에 영향을 줄 수 있다. **14-29**

하나의 접근법은 채무자는 사업을 계속하기 위해 현금을 얻어야 하며, 은행이 상계할 수 있다면 이는 불가능해지고 불편하다고 생각하는 것이다. 또 하나의 접근법은 상계라고 하는 것은 담보의 하나의 형태이며, 만약 회생법이 상계를 금지하고 채권자에게 그 대신의 보호를 주지 않으면, 상계에 대한 기대가 없어져 불편하다고 하는 생각이다. 상계의 중지는 회사의 자산을 계속적으로 사업에 사용할 수 있게 하고, (원래는) 상계를 할 채권자들의 권리를 박탈하여 돈을 효율적으로 사용할 수 있게 한다. 만약 회생절차에서 상계가 중지된다면, 채권자는 채무자가 파산절차를 선택할 것인지 회생절차를 선택할지를 컨트롤 할 수 없기 때문에 상계에 기대할 수도 없게 된다. 상계는, 어떠한 도산절차에 있어서도 유효하지 않으면 도움이 되지 않는다. 후자의 접근법에 따르면, 절차개시 후의 채무자의 자금 수요

(financing needs)는 신규차입자금(new money) 그리고 궁극적으로 출자전환(debt-equity conversion)으로 해결되어야 하며, 상계에 대한 기대를 가지는 당사자를 차별하는 것으로 해결하여서는 안 된다고 한다.

상계(set-off)에 대한 회생절차(rehabilitation proceedings)의 영향 요약

14-30   **파산절차상 상계(liquidation set-off)를 허용하는 국가들**   파산절차상 상계(liquidation set-off)를 허용하는 法域(jurisdictions)에서는 일반적으로 다른 도산 절차에서도 이를 허용하고, 예외는 거의 없어 보인다. 가장 중요한 예외는 미국인데, 재산에 동등한 대체적 보호를 주어야 하기 때문에, 중지(stay)는 기술적인 것이다. 결과적으로는 지연(delay)과 예측불가능성(unpredictability)이 발생한다.

영국에서 1986년 도산법하의 관리명령(administration order)은 일반적인 도산절차 밖에서의 상계(solvent set-off)에 영향을 주지 않는다. 절차의 중지나 담보권의 시행(enforcement)은 상계에 적용되지 않는다. *Re Olympia & York Ltd* [1993] BCLC 453 판례 참조. 싱가포르도 마찬가지이다. 따라서 당사자들은 도산절차 밖에서의 상계(solvent set-off) 규정들에 의존한다. 이들은 거의 허용되므로 파산절차상 상계(liquidation set-off)를 허용하는 캐나다와 독일 같은 法域들과 결과적으로 비슷하다.

위와 같은 개념은 영국의 법정관리(English administration)와 유사한 회생절차(reorganisations)를 가지고 있는 法域에서 대체로 동일하다. 예를 들어, 호주, 아일랜드, 싱가포르 등이다. 영국에서는 채권자들에게 배당(distribution)이 완료되면, 필수적으로 파산절차상 상계(liquidation set-off)를 해야 한다. Insolvency Rules 제2.85조 참조.

중국에서는 파산, 회생 또는 화의(composition)의 절차에서 상계에 대한 중지(stays)가 없다.

14-31   **일본**   일본의 2003년 會社更生法(Corporate Reorganisation Law)에서의 기업회생(corporate reorganization)의 경우, 채무자에게 절차개시 전 채권(pre-commencement debt)을 가지고 있는 채권자는 다음의 요건을 모두 만족할 때에 채무와 채권을 상계할 수 있다. ① 기업회생절차를 위한 개시명령 당일에 채권과 채무 둘 다 존재하고 있었을 것, ② 채권신고 마감일(bar date for filing proof of claims) 이전에 채권과 채무 둘 다 이행기가 도래했을 것, ③ 상계의 의사표시가 마감일(bar date) 전에 행해졌을 것.

장래채권(future claim)이 차단될(cut-off) 위험 때문에, 계약상 상계(contractual set-off)가 바람직하다. 도산자가 부담하는 債券(bonds)과 기한부 대출(term loans)은 조기 상환되기 쉽다. 이 입장은 1999년 民事再生法에서와 유사하다. 2003년 會社更生法에는 금융시장을 위한 네팅의 예외 규정(netting carve-out statute)이 있다.

독일은 일원적 도산절차(unitary proceeding)를 가지고 있어서, 독일민법(BGB) 제387조 내지 제390조에 의하여 통상의 도산절차 밖에서의 상계(solvent set-off)가 어떤 도산 절차에서도 인정된다.

네덜란드에서는 지급정지(suspension)된 경우 상계가 지속적으로 가능하다. BA 1896 art 234 참조. 이 입장은 오스트리아, 스위스, 핀란드와 스웨덴과 유사하다. 그러나 마지막 두 국가인 핀란드와 스웨덴은 계약거래(contract transactions)를 중지한다.

파산절차상 상계(liquidation set-off)를 허용하지 않는 국가들

파산절차상 상계(liquidation set-off)를 허용하지 않는 국가들에서는, 상계에서의 회생절차 또한 거부하는 것을 종종 발견할 수 있다. **14-32**

많은 국가들이 단일한(unitary) 관문(gateway)으로서의 도산절차를 받아들이고 있다. 이는 파산절차(final liquidation) 또는 회생 중 하나로 이어질 수 있는 절차를 의미한다. 상계에서 중지(stay) 또는 부재(absence)는 두 경우에서 동일하다. 프랑스, 독일, 포르투갈, 스페인이 이에 해당하며 (아마도) 브라질은 아닐 것이다. 아르헨티나는 회생 상계(regorganisation set-offs)를 2005년 BL에 규정된 대로 중지했다.

특별 네팅 법규(special netting statues)

약 30~40개 국가는 주로 금융시장에서 네팅을 다루기(cover) 위해 특별 네팅 규정을 발효해 왔다. 몇 가지 사례에서, 영국과 호주의 경우처럼, 이 법령은 대체로 확인적(declaratory)이지만, 반면 다른 국가들에서는 원칙적으로는 도산 시에 불가능한 상계와 네팅을 예외적으로 가능하게 만드는 것이다. 미국에서의 예외(carve-outs)는 매우 복잡하다. **14-33**

EU에서 가장 주요 네팅규정은 EU Settlement Finality Directive 1998으로 실행 가능한 변제(eligible payment)와 EU 회원국들에 의해 만들어진 담보 조정 시스템에서 네팅이 효력을 발휘하고, EU Financial Collateral Directive 2002는 금융담보물(거의 현금계좌나 교환 가능한 투자담보권)에 대한 담보계약이 계약 가능한 당사자들(대개 한쪽이 금융기관이어야 함)에 대한 보호를 강화한다. 이 지침(Directive)은 적법한 계약의 해제 시의 일괄정산 네팅과 증거금 예금(margin deposits)에 대한 상계를 유효하게 한다.

이 지침(Directives)에 관해서는 단락 17－55 참조.

14-34   추가적으로 호주, 브라질, 캐나다, 케이만 제도, 일본, 뉴질랜드, 노르웨이, 남아프리카, 스위스와 미국 등에 네팅규정(netting statues)이 있다.

전형적인 기법은 (외환이나 파생상품 등의) 특정 종류의 계약을 면제 또는 당사자를 금융기관으로 제한하거나 둘 다 하는 것이다. 결과적으로 법 체계 내부에 단계화(laddering)[3]가 생기며, 첫 단계와 두 번째 단계의 국민들 간의 경계가 지극히 기술적(technical)이기 때문에 금융법의 복잡성을 매우 증가시킨다. 이 조항들에 대해서는 LPIF 시리즈 제4권 제7장에서 설명하고 있다.

네팅 계약(netting agreements)

14-35   도산법상의 상계와 네팅이 가능한지의 여부가 강행법규인 도산법(mandatory bankruptcy law)에 의해 결정되지만 그럼에도 불구하고, 때로는 당사자 간에 따로 네팅에 관한 계약(netting agreement)을 맺는 것이 다음과 같이 보호를 상당 수준 향상시킬 수 있다.

- 네팅계약은 당사자 간의 채권채무를 기본네팅계약(master netting contract)에 의하여 규율되는 하나의 단일한 불가분의(indivisible) 계약관계로 간주할 수 있다. 계약 관계(connexity by contract)가 일부 法域들에서는 생각대로(conceivably) 작동할 수도 있으나, 대부분의 국가에서는 위 계약의 효력에 대해 회의적(doubtful)이거나 최소한 매우 예측 불가능(unpredictable)하다고 생각하는 경우가 많다.

- 기본계약서는 채무불이행(default)의 경우들을 나열(set out)하여 당사자들에게 미변제된(outstanding) 계약에 대해 이를 파기할 권한을 부여하고, 어느 쪽으로든 손실과 이득을 상계할 수 있게 한다. 예를 들어, 당사자들은 도산이 채무불이행의 일종임을 규정(provide)할 수 있다. 이것은 보통 특정 法域에서 상대방의 도산이 계약의 이행기절(repudiation)로 이어질 것인가에 관한 의심들을 무시하

---

3) 역자 주) 각각 다른 만기의 채권을 보유하는 것.

기 마련이다. 일부 *法域*에서는 이러한 "도산해지조항(ipso facto)"이 도산을 이유로 한 계약의 해지(termination)를 금지하는 것에 의해 무효화된다. 단락 6−01 참조. 이런 규정들 외에, 만약 한 당사자가 명백한 채무불이행이 없었음에도 불구하고, 상대방이 도산했을 때 계약을 해지했는데, (도산이 이행거절(repudiation)이 아니거나 또는 계약을 이행하는 것이 이득이므로 파산관재인이 계약이행 의도를 표현한 경우) 이것이 부당 해지(wrongful cancellation)인 것으로 드러나게 된다면, (계약을) 해지한 당사자가 계약 위반이 될 수 있다. 종종 이것은 문제가 되지 않는데, 왜냐하면 도산법상의 상계(insolvency set−off)가 가능하다고 가정했을 때, 도산재단(insolvent estate)에 대해 지급 가능한 손해배상채권(damages)을 반대채권과 상계할 수 있기 때문이다. 거부하는 상대방(counterparty)에 의한 채무불이행은 예를 들어, 제3자를 동반한 파생상품의 기본계약서(master agreement)에 크로스 디폴트(cross−default)[4] 조항이 있는 경우에, 다른 역(adverse)효과가 날 수 있다.

- 계약으로 법률상 이해관계자(interveners)에 의한 개입(interventions)을 금지하기 위한 계약을 체결할 수 있다. 예를 들어, 채권양도 금지, *顯名*하지 않은 본인(undisclosed principals) 금지 등이다. 하지만 이 계약만으로는 압류채권자(attaching creditor)에게는 채권우선순위에 아무런 영향을 미칠 수 없다.   **14-36**

- 기본계약서(master agreement)는 상호보증(cross−guarantees)과 같이 쌍방향성(mutuality)의 결여로 일어나는 문제들을 다룰 수 있다.

- 기본계약서는 결제네팅 조항(settlement netting clause)을 포함할 수 있다. 단락 14−06 참조.

- EU 도산 규정(Insolvency Regulation)에 의하면 (채무자의 주된 이익의 중심(centre of main interests)이 덴마크를 제외한 EU 국가에 있는 경우에 적용됨), 상계(set−off)가 다른 방법으로 가능하지 않다 하더라도, 채무자의 채무의 준거법이 도산법상의 상계(insolvency set−off)를 허용하는 경우에는 상계가 허용된다. 제5조 참조. 따라서 기본계약서(master agreement)는 도산법상의 상계(insolvency

---

4) 역자 주) 이미 체결된 계약이나 앞으로 체결할 다른 계약서의 조항을 이행하지 않을 경우 본계약 위반으로 간주하는 것이다. 한 채무계약에서 디폴트가 선언되면 다른 채권자도 같은 채무자에 일방적으로 디폴트를 선언할 수 있는 것을 말한다.

set-off)가 가능한 알맞은 法域을 준거법으로 할 수 있다.

- 기본계약서(master agreement)는 계약이 해제된 경우에 발생하는 손실과 이익에 대해서 산정하는 기준 등을 정할 수 있다.

- 또한 기본계약서(master agreement)는 어떤 금융계약에도 적용 가능한 다른 유용한 조항들을 담기 위해서 체결하기도 한다. 예를 들어, 관할 조항(jurisdiction clause), 주권면제(sovereign immunity)의 포기(waiver), 채무불이행 이해관계와 비용의 변제에 관한 조항, 확약(covenants) 그리고 진술 및 보장(representations and warranties)을 포함할 수 있다.

기본계약서에 대한 샘플을 보려면, 단락 27-03에 요약된 ISDA Master Agreement 참조.

회피 장치들(avoidance devices)

14-37   네팅 규정(netting statutes)의 출현 이전에, 시장은 많은 장치들을 통해 계약 해제 및 상계에 대한 금지를 피하기 위하여 노력했다. 예로는 강제적인 금지(mandatory prohibition)(자동해제(automatic termination))를 뛰어넘기를 바라면서 도산 절차가 시작되기 전에 즉시 계약들이 일괄적으로 정산되는 것으로 간주한다는 계약 조항을 넣는 것, 그리고 준거법(applicable law)에 따라서 도산재단(insolvent estate)이 거래의 일부만 선택하고 나머지를 무시하지 못하도록 대립당사자 간의 모든 계약이 당사자 간의 단일 계약(single contract)("연결성"("connexity"))으로 간주된다는 조항을 넣는 것이 있다. 이 조항들은 사적인 계약을 통해서 강제적 도산정책(mandatory bankruptcy policy)을 피하려고 했기 때문에 일반적으로 모두 효과가 없거나 매우 불확실하다. 대부분의 경우 더 이상 이 계약 조항들에 의존하기 어려워졌으나 지속적으로 나타나고 있는 상태이다.

회피 장치들에 관해서는, LPIF 시리즈 제4권 단락 1-043 참조.

더 상세한 내용: LPIF 시리즈 제4권 제1장, 제2장, 제7장 그리고 제8장.
질문 및 세미나 주제는, 제15장 마지막 부분 참조.

제15장

상계 및 네팅:
쌍방향성과 법률상 이해관계자

쌍방향성(mutuality)

쌍방향성(mutuality)과 다자간 네팅(multilateral netting)

쌍방향성의 원리(doctrine of mutuality)란 한 사람의 채권이 다른 사람의 채무를 상환하기 위해 사용되어서는 안 된다는 원칙이다.

따라서 일반적으로는 상계에는 2명의 당사자밖에 상정되지 않는다. ① 각각의 당사자는 상대방에 대한 債權의 전체 또는 명확하게 구분된 債權의 일부(partitioned share)의 수익적 소유자(beneficial owner)여야 하고, ② 각각의 당사자가 상대방에 대한 채무에 대해 스스로 책임져야(personally liable) 한다. 즉, 수탁자나 대리인(agent) 등 어떠한 대표자적인 권능(representative capacity)으로 책임을 지는 경우는 제외한다.

관계당사자에게 지급능력이 있는(solvent) 한 채권자는 자신의 자산을 타인의 채무의 지급에 이용하는 권한을 부여(authorize)할 수 있다. 이것은 누군가 타인에게 그러한 지급을 시키는 단순한 지급방법에 지나지 않는다. 이와 같은 권한을 부여하는 것, 즉 자신의 재산을 타인에게 증여하는 것(gifting one's own property to another)은 보증행위와 마찬가지로 스스로에게 무언가의 이익이 없으면 안 된다는 회사법의 이론(corporate doctrines of benefit)에 따른 것이어야 한다. 이와 같은 권한을 부여하는 것은 그 권한을 부여한 당사자가 도산한 경우에는 무효이다. 왜냐하면 쌍방향성이 없는 상계(non-mutual set-off)는 그 채권자에게 제공되어야 하는 자산인 채

15-01

권을 박탈(divestment)하는 것이 되며, 따라서 도산법에 반하는 도산절차 후 몰취 (post-insolvency forfeiture)가 되기 때문이다. 어떻게 계약으로 정해지든 도산법상의 상계는 쌍방향의 것(mutual)이어야 한다. 이것은 국제적으로 인정된 판례법이라고 할 수 있다.

15-02　　예: 쌍방향성(mutuality)이 없는 경우의 결과는 다음 그림처럼 나타낼 수 있다.

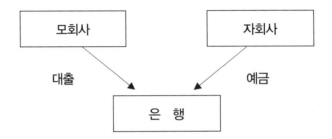

이 그림에서 모회사(parent company)는 은행에 대출채무를 부담하고 있다. 은행은 모회사의 자회사(subsidiary of the parent)에 대한 예금채무를 부담하고 있다. 만약 이 상황에서 자회사가 지급불능 상태(insolvent)가 되고 은행이 상계를 한다면, 자회사의 채권자들은 이 예금에 대해 청구할 수 없게(deprived) 된다. 즉 은행이 모회사의 채무를 변제하기 위해 (자회사의 예금을) 낚아채 간(snatched away) 것으로 자회사의 채권자들에게 지급 가능(available)한 자회사의 재산(property)에 대한 무효인(void) 절차개시 후 탈취행위(post-commencement seizure)이다.

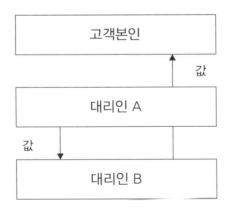

A 중개업자(broker A)는 고객 본인을 대신한 대리인(agent)으로 다른 B 중개업자(broker B)에게 증권을 판매한다. 따라서 중개대리인(broker agent) A는 신탁(trust)의 이익 또는 신탁 자체의 가격에 대해 고객 본인을 대신해 청구권을 가진다. 또한 A는 B 중개업자(broker B)에 대해 개인적으로(personally) 청구권을 보유하고 있다. 이때 A가 지급불능 상태(insolvent)가 되었다. 만약 A 중개업자(broker A)가 고객 본인을 대신해 가진 금액(price)을 자신의 개인적 지급책임(personal liability)과 상계시킨다면, 이것은 고객의 재산을 자신의 개인적 빚을 파산하기 위해 사용하는 것과 같다. 만약 고객 본인도 지급 불가능한 상태였다면, 고객의 채권자들의 자산을 박탈하는 결과가 된다.

영국법이 적용되는 한, 쌍방향성은 누가 그 청구의 명목상, 권원상, 법적 소유자가 된다거나 또는 명목적으로 소송을(sue) 제기할 수 있는 권한이 있느냐가 아니라 청구의 직접적 실질적 소유권(beneficial ownership)에 의존한다. 실제 이해관계 당사자(real party in interest)를 간파할 수 있다.

다자간 네팅(multilateral netting) 일반

제3자에 의한 채권의 보증으로서 상호보증(cross-guarantees)이나 차지백(charge-backs)에 의해서도 다자간 네팅(multilateral netting)과 같은 효과를 거둘 수 있다. 단락 15-19 참조. 어느 것이든 타인의 채무를 지급하기 위한 재산 증여(gifting property)의 시비 문제가 발생한다(회사 이익의 필요성, 도산 시에는 진정한 가치 이하의 거래(undervalue transaction)로서 **否認**될 우려 등). 그리고 차지백(charge back)도 담보법상 문제를 초래한다. 다수당사자 간 상계는 유효하다고 해도 보증과 같은 문제를 일으킨다. **15-03**

하지만 아주 극소수의 국가만이 이 실타래(knot)를 풀고 도산 시 다자간 네팅을 인정(authorized)하고 있다. 단, 상호 합의(contractually agreed)가 있는 상태에서만 가능하다. 가장 대표적인 예로는 벨기에를 들 수 있다. 거래량이 엄청나게 많은 지급 및 청산 시스템(payment and clearing systems)에서는 법규상 이를 아주 제한적으로 받아들이고 있는 실정이다. 이하에서 상술한다.

다자간 네팅(multilateral netting) 및 청산소(clearing-houses)

15-04   **다자간 네팅**(multilateral netting)　　다자간 네팅 시스템하에서, 시장참여자들은 (거래가 이루어진) 상호 당사자들 간의 쌍방 청구권(bilateral claims)이 정산되는 것(netted out) 뿐 아니라 한 당사자와 다른 모든 상대방(all other counterparties)과의 청구권이 한꺼번에 정산되어 각 당사자가 그를 제외한 시장의 나머지 참여자들(rest of the market)에 대해 오직 하나의 잔금(balance)만을 가지게 된다.

예를 들어, 다음의 경우들에서 가능하다.

- 지급시스템(payment systems)

- 증권, 파생상품(derivatives), 원자재(commodities) 시장

- 항공료 결제네팅, 전자적 방법에 의한 판매(electricity distributors)

만약 이러한 다자간 네팅이 관련 이해관계자(relevant participate)에 대한 도산신청(insolvency petition) 이전에(prior to) 이루어지지 않을 경우, 법에 특별한 규정이 없는 한 (상계가) 금지된다. 다자간 네팅을 이렇게 엄격하게 허용하는 이유는 비상호적인(non-mutual) 채권에 대한 필수적 상계가 이루어지기 때문이다. 1998년 EU 결제 완결성 지침(EU Settlement Finality Directive 1998)은 이러한 다자간의 상계의 특성을 고려하여 이를 허용하는 규정을 만들고 세계 지급시스템(payment system)에 적용시키고 있다. 대표적으로 뉴욕, 호주, 캐나다, 그리고 뉴질랜드가 있다. 쌍방향성이 없는 채권의 상계(non-mutual set-off)는, 반드시 도산법에 반하는 도산자의 자산의 박탈(divestment)로 연결되어, 어떤 사람의 돈을 타인의 채무의 변제에 충당하게 되는 문제를 발생시킨다.

쌍방향적이지 않은(non-mutual) **다자간 상계**(multilateral set-off)**의 예**

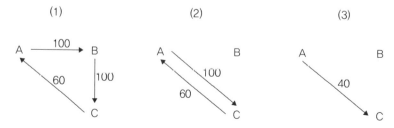

(4) A는 B에게 100의 채무가 있다. B는 다시 C에게 100만큼의 채무가 있다. C는 다시 A에게 60만큼의 채무가 있다. 이는 A-B, B-C, C-A 상호 간의 채권·채무를 상계하여 나타난 것이다.

(5) B에게 100만큼의 채무가 있는 A가 B 대신에 C에게 100을 갚도록 할 수 있다. A가 B에게 갚아야 할 100은 B가 C에게 갚아야 할 100으로 서로 상쇄된다.

(6) A는 이제 C에게 100만큼의 채무를 부담하고 C는 A에게 60만큼의 채무를 가진다. 이들을 상계하면 A는 C에게 40만큼의 채무만 남게 된다.

여기서 만약 B가 상계 전에 도산을 했다고 하자. 쌍방향이 아닌 상계(non-mutual set-off)의 결과 B는 A에 대해 요구할 수 있는 100만큼의 채권을 C에 대해 부담하는 채무와 상계할 수 없게 된다. 대신에 B의 재산은 C의 채권 만족에 쓰이게 된다. *British & Eagle International Airlines Ltd & Air* 프랑스의 판례에서는 항공료 결제에 대한 다자간 네팅 시스템이 British Eagle(그림에서 B)의 부실파산으로 무효라고 판시되었다. 이러한 삼각형은 단락 30-11에 명시된 업무 종료 후 지급시스템(end of day payment system)의 가장 대표적인 예이다. A, B, C는 모두 결제은행(settlement bank)이다. 다자간 네팅의 무효는 예기치 않은 대규모의 익스포저로 이어질 수 있는 위험성이 존재한다. 그러므로 B에 대한 C의 익스포저는 기대값인 0이 아닌 100이 될 수도 있다.

중앙청산소(central counterparties)　중앙청산소가 있다면, 시장 참여자들 간의 거래는 15-05 마치 중앙청산소(clearing-house)와 1:1 거래(as principal)를 하는 것처럼 간주받게 된다.

중앙청산소(central counterparty)**의 예**

시장참여자인 A, B, C, D가 X와 거래를 한다고 하자. 이들 사이에 중앙청산소(central counterparty)가 끼어들어 결과적으로 시장참여자는 X와 간접적으로 거래하는 꼴이 된다.

중앙청산소는 시장참여자와 1:1 거래를 하고 그 다음 그것과 똑같은 형태(mirror term)로 X와 1:1 거래를 하게 되는 것이다.

이때 X가 도산(insolvency)을 하게 되었다고 하자. 그러면 모든 거래에 대해 X와 중앙청산소는 상호적(mutual)이게 된다.

15-06   만약 A, B, C, D가 개별적으로 X와 각각 직접(directly) 거래했다면 중앙청산소와 X는 상호적(mutual)이지 않게 되어 상대방이 되지 않는다.

중앙청산소의 참여자들은 그들 서로 간에 거래를 한다 하더라도, 이들 거래를 두 개의 거래로 나뉜다는 데 동의를 하게 된다. 그러면 가령 A와 B가 매매계약을 하더라도 이 거래는 A와 중앙청산소, 그리고 중앙청산소와 B 간의 두 개의 거래로 나뉜다. 그리고 참여자들은 중앙청산소로 매매를 보고하고 중앙청산소는 이를 이중계약(double contract)으로 해결한다.

참가자는, 외부 고객의 대리인이나 중개업자(brokers)가 아니라, 계약당사자 본인(principal)으로서 중앙청산소(central counterparty)에 대해서 채권을 가지고 있어야 한다. 이것은 중앙청산소(central counterparty)와 참가자의 쌍방향성을 유지하기 위해서이다. 그리고 외부의 고객은 거래소 회원과 계약 당사자 본인으로서 계약을 체결해야 하며, 회원인 참가자의 도산 위험을 부담한다.

15-07   중앙청산소 시스템의 또 다른 장점은 신용리스크를 대폭 줄일 수 있다는 점이다. 거래자들은 거래상대방에 대해 신용평가를 할 필요가 없다. 왜냐하면 그들이 거래하는 상대방은 중앙청산소이기 때문이다. 중앙청산소를 통한 거래는 실제로 매우 빠른 속도로 이뤄지고 있기 때문에, 실제로 상대방 평가를 하는 것은 불가능에 가깝다.

또한 중앙청산소는 거래 간의 정확성을 높일 수 있다. 예를 들어 매도인(seller)과 매수인(buyer) 간 거래확인서가 일치하고 실수나 다른 표현이 사용되지 않았는지를 확인할 수 있다.

하지만 중앙청산소 시스템은 다음과 같은 단점을 가진다.

• 중앙청산소가 모든 거래에 있어서 본인(principle)이 되기 때문에 **집중 리스크** (concentration of risk)가 발생한다. 이는 보통 참여자들에게 담보나 보증과 같

은 신용 유지 관련 비용을 요구하게 된다.

- **유동성 리스크**(liquidity risk). 참여자들과 중앙청산소가 충분한 자금을 예치해 놓지 않는다면, 은행은 중앙청산소에 신용한도를 설정할 수밖에 없는데, 이는 상당한 비용(cost)을 수반하게 된다.

- **운영 리스크**(operational risk). 가령 치명적인 시스템 붕괴의 위험도가 있다.

- **채무불이행 및 담보 리스크**(default and collateral risk). 채무를 담당하던 은행이 디폴트하거나 담보가 부족할 수 있고, 담보가 국내법으로 제대로 보호 안 될 수도 있다.

중앙청산소(central counterparty)를 계약당사자로서 이용하는 것은 많은 증권시장, 선물시장, 옵션시장, 외환시장에서 표준적이다. 그 예로는 다음과 같은 것이 있다. **15-08**

- CLS 외환거래결제전문 은행(CLS Bank for foreign exchange)은 뉴욕에 설립되어 있지만 주요 거래는 런던에서 이뤄지고 있다. 여기에는 약 60개의 은행이 참여하고 있으며 이들과 계약을 맺은 수많은 외부인들이 있다. 이 청산소가 세계 외환시장에서 차지하는 비율은 매우 높다. 세계 GDP의 수배에 달할 정도다. CLS 외환거래결제전문 은행에서는 위험도가 대략 95%가 감소했는데, 이는 중앙청산소와 네팅에 호의적인 정부 덕분이다.

- 미국의 국립증권정산소(National Securities Clearing Corporation, "NSCC")는 미국의 증권을 네팅하는 주요 중앙청산소로서 Depository Trust Corporation ("DTC")가 보관하는 투자자들의 증권을 정산하고 있다. 발행인이 발행한 증권은 DTC에 대한 명의자(nominee)가 보유하고, DTC는 참가자들의 계좌에 각각의 발행의 보유액을 기재한다. 실물증권은 발행되고 있지 않으며 거래는 계좌 간의 이체로 이뤄진다. 이러한 파산 시스템의 구조는 제30조 참조. NSCC[1]와 DTC는 Depository Trust and Clearing Corporation가 소유하고 있다. NSCC는 400개가 넘는 투자자들의 증권을 정산하고 있으며, 이 규모는 미국 전체 증권 거래(equity trade)의 95%에 육박한다. 2000년대 중반 NSCC는 100조 달러 어치의 500

---

1) 역자 주) 원서에서는 "NSCP"라고 쓰여 있는데, 이것은 "NSCC"의 오타로 보인다.

만 개의 거래를 진행했다. 당시 세계 GDP는 약 35조였다. 투자자들이 사고팔기 위해 계약을 할 때 NSCC가 2개의 mirror contracts에 따라 주관을 하며 네팅이 완료된 후에는 DTC를 지도하여 매도인(seller)과 매수인(buyer) 간의 증권이체 과정으로 이어진다. 지급에 있어서는 각 참여자의 결제은행(settlement bank)이 NSCC와 상계된 가격에 거래할 것을 보증한다. 소유권 이전과 지급액이 동시에 발생한다.

증거금(margin)과 상계의 쌍방향성(mutuality)

15-09   증거금(margin)이란 시장에서 거래상대방에게 일정 채무를 담보하기 위해 사용하는 금전 또는 자산을 말한다. 개시증거금(initial margin)[2]은 시장에서 일어나는 가격변동으로 가격이 상승하는 것에 대비하기 위해 거래 개시 시에 쓰이는 것이다. 처음 거래 시에 고정된 금액을 예치하는 것이 특징이다. 변동증거금(variation margin)은 실제 변동하는 가격에 맞춰 예치하는 증거금을 말한다. 그러므로 만약 당사자가 3개월 후에 행사할 수 있는 옵션을 가지고 있다면, 그 기간 동안 대상 증권의 가격이 변동될 수 있다. 때문에 증거금은 외환거래라든지 중앙청산소를 통한 거래에 있어 위험을 대비하기 위한 거의 필수적인 요소라 할 수 있다.

이 장에서는 보증금과 같은 현금 증거금만 다루도록 한다.

고객이 대리인에게 증거금(margin)을 내고 그 증거금을 대리인이 고객 계좌에 입금할 때 고객은 계좌수익을 담보제공하고 대리인에 대한 고객의 채무를 담보하기 위한 것이다. 이는 상계와 상관없는 담보권이다. 그러나 이때 대리인이 증거금 상환금에 대한 채무가 있고 고객이 대리인에 대한 채무가 있을 시 상계가 이루어질 수 있다.

주로 대리인은 중앙청산소의 일원이기 때문에 청산회사(clearing company)에 고객의 증거금을 내고 위와 같은 거래를 할 수 있다. 이때 대리인은 청산회사에 대해 고객의 대리인으로서 債權(claim)을 가지는 것이 아니어야 한다는 것이 필수적이다. 만약 대리인이 도산할 경우, 청산회사가 대리인에게 가지는 債權(claim)은 대리인이 고객 대신 가지는 증거금 상환 債權과 상호적이지 않다. 단락 15-17의 도표 참조. 즉, 대리인 도산에 대비하여 모든 債權(claims)은 1:1로 거래되어야 한다. 즉 외부 고

---

2) 역자 주) 증권회사가 고객으로부터 매매주문을 받았을 때 고객에게 담보로서 납부하게 하는 증거금.

객은 대리인이 개인적인 목적으로 본인의 증거금을 사용했다고 생각할 수 있다. 그 결과 시스템을 보호하거나 대리인의 외부 고객을 보호하거나 선택해야 한다.

법률상 이해관계자(intervener)에 대한 상계(set-off)

주요 법률상 이해관계자(intervener)

상계는 법률상 이해관계자("intervener")라는 제3자에 의한 개입(intervention)에 의해 제대로 이뤄지지 않을 수 있다. 여기서 우리가 주목해야 하는 것은 "과연 이러한 제3자의 개입으로 인해 상계가 불가능하게 될 수 있는가"의 여부이다. 예를 들어, 만약 상대방 자신이 부담하고 있던 채무를 다른 제3자에게 양도했다고 하자. 그렇다면 기존에 (상대방이 양도를 하지 않았다면) 상계할 수 있었던 채권자가 위 채무의 양수인에 대해 상계를 할 수 있을까? 이 경우 은행은 고객의 예금을 가지고 있고 고객은 은행으로부터 대출을 받았다. 이때 고객이 본인의 예금채권은 양도했다. 은행과 예금자가 서로 대출채권과 예금채권으로 서로 상계 가능한 상황에서 예금자가 자신의 예금채권을 다른 제3자에게 양도했다고 할 때, 은행은 그 양수인과 상계를 할 수 있을까? 답은 상계할 수 없다가 맞다. 이때는 더이상 상계적상 요건을 충족하지 않기 때문에 상계가 불가능하다.

15-10

상계의 담보적 기능에 초점을 맞춰 본다면, 이러한 규칙은 맥락상 담보권의 우선권을 규율하는 규칙만큼 중요하다는 것을 알 수 있다. 만약 법률상 이해관계자(intervener) 때문에 상계 우선권을 잃는다면 자신의 채무가 "담보되었다"("secured")라고 생각했던 채무자들은 한 순간에 무담보자로 전락하고 만다. 즉, 도산법상의 상계(insolvency set-off)는 방탄복처럼 언제나 튼튼하지 않다. 법률상 이해관계자의 개입(intervention) 때문에 상계가 좌절될 수도 있기 때문이다.

주요한 법률상 이해관계자(interveners)는 다음과 같다.

- **채권양수인**(assignees). 대표적으로 유동화된 대출을 판매하는 것, 예금을 양수하는 것, 장비리스나, 용선계약(charterparty), 건설계약의 양도담보(security assignments) 등을 예로 들 수 있다.

- **부동(浮動)담보권자**(floating chargees). 영국법의 금전채권(receivables)에 대한 浮動담보권은 담보권의 실행 시, 즉 특정 시 결정화된다(crystalises). 浮動담보에 포함된 금전채권에 대하여 결정화(crystallisation)하는 경우 확정적으로 그 금전채권의 담보적 양도(fixed security assignment of receivable)가 이루어진다.

- **압류채권자**(attaching creditors). 압류채권자 또는 가압류 명령(pre‒judgment order)(영국의 *Mareva* 명령 ― 지금은 동결명령(freeze order)이라고 불린다)을 받은 채권자. 그 관할로부터 자산의 이동이 제한되는 경우이다. 가압류(pre‒judgement attachment)는 단순히 재산을 동결시키는(freezing the property)(상계로써 재산을 박탈하는 것을 동결하는 것을 포함하는) 명령(injunction)으로 기능하는 경우도 있고 또는 압류채권자를 위한 해당 債權(claim)의 조건부 담보적 양도(conditional security transfer)로 기능하는 경우도 있다.

- **顯名하지 않은 본인**(undisclosed principals). 이는 본인이 顯名하지 않아서 마치 대리인이 본인인 것 같은 외관을 가질 때 나타나게 된다. 영미법계에서는 실제로는 대리인이지만, 외견상 본인으로 계약을 체결할 수 있다. 이것은 계약으로 개입(intervention)을 배제하고 있지 않으며, 또 계약체결 전에 대리인이 선임되어 있는 경우에 한한다. 대륙법계에서는, 일반적으로 대리인이 채권의 이익을 본인에게 양도해야만 본인이 개입할 수 있다. 그러나 이것에는 넓게 예외가 있다. LPIF 제1권 단락 11.020 참조.

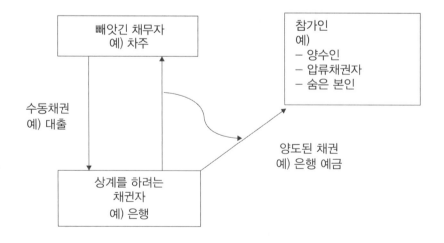

顯名하지 않은 본인은 국제 은행거래와 같은 실무에서 중요하다. 국제은행거래 상황에 顯名하지 않은 본인의 예시로는, 외환이나 그 외의 자금시장(money market) 거래에서의 은행의 일반 고객(lay clients), 계좌이체(credit transfers) 및 회수(collections)에 임한 환거래은행(correspondent banks)에 대한 본인, 증권거래(securities transactions)의 고객 등이 있다. 실제 이와 같은 상황은 중개업자(brokers)가 외부 고객을 대신하여 서로 거래하는 조직적인 시장에서는 전형적이다. 또 하나의 예는 뮤추얼펀드(mutual fund)의 매니저이다.

- **숨어 있는 수익자**(undisclosed beneficiaries). 이는 수탁자가 불명확해서 마치 수탁자가 수익자인 것처럼 보인다는 점에서는 위의 顯名하지 않은 본인과 유사하나, 여기서는 수탁자가 절대적인 소유자(absolute owner)로 보인다는 점에서 차이가 있다. 예로는, 은행이 다른 은행에 가지고 있는 신탁예금(fiduciary deposit)인데, 은행이 소유자와 같이 보이지만 실제로는 고객의 이익을 위한 경우, 그리고 대출채권 또는 다른 금전채권(other receivables) 또는 계약이 양도되고(진성양도 또는 담보양도를 불문) 동시에 양도인이 은밀하게 채권회수 및 양수인에의 회수금 인도를 위임받은 경우 등이 있다.

법률상 이해관계자 법칙(intervener rule) 일반

채권자가 채무자에게 하는 상계는 그 분류와 법률상 이해관계자의 종류에 따라 다르며 이는 굉장히 복잡하다. 민법의 다양한 규칙(rule)이나 미국의 리스테이트먼트 또는 UCC은 실제 큰 도움이 되지 못한다. 세세한 부분까지 다루기 시작하면 이전 판례에 의존해야 한다. 모든 法域(jurisdictions)에서 어떤 법규가 채택 되는지 명확히 규제할 수는 없지만 일반적인 원칙을 세우는 것이 도움이 된다. 자세한 설명은 LPIF 제4권 제5장 참조.

15-11

개입(intervention)의 각 사례를 눈여겨 볼 때 상계를 원하는 채권자가 법률상 이해관계자에게 저지당했을 때 법이 채권자를 보호해야 할지 또는 상계 때문에 채권이 적어질 법률상 이해관계자를 보호해야 할지에 대한 의문이 제기된다. 이런 경우 법률상 이해관계자의 분류에 따라 결정된다.

채권양도(assignment)의 경우, 상계를 바라는 채권자는 채권의 자유양도성(free merchantability)에 대해 사전에 고려했었어야 했다고 말할 수 있고, 채권양수인(intervener)

과의 상계를 원한다면 계약을 통해 이루어져야 한다. 예를 들어, 실질적으로 채무의 할인업자(discounter)나 증권화된 대출채권(securitised loans)의 양수인 또는 은행 대출채권의 담보양도인(security assignee)이 그 양도인의 각 채무자에게 일일이 채권양도 통지를 받았는지 확인하기가 쉽지 않다. 이러한 채권양수인(interveners)을 보호하는 것은 금융 목적으로 사업금전채권(business receivables)을 활용하는 것을 촉진하기 위한 것이라고 볼 수 있다.

15-12   **압류**(attachment)의 경우에는 의견이 갈린다. 한쪽으로는 상계를 원하는 채권자는 제3자와 채무자의 거래를 통해 편파적인 시선을 가지면 안 된다는 것이고, 그 반대쪽 의견으로 제3자의 채권자들은 상계를 제외하고도 자기 채무자들의 자산에 닿을 권리가 주어져야 된다는 것이다.

顯名하지 않은 본인(undisclosed principals)의 경우에는 모든 자동채권(cross-claim)이 체결될 때 본인이 아닌 대리인이 본인인 것 양 계약을 체결하기에 본인은 대리인보다 더 나은 포지션에 있다고 판단하기 어렵다. **숨어 있는 수익자**(undisclosed beneficiaries)에도 비슷한 상황이 내포되어 있다.

전반적으로 대립적인 두 견해가 존재한다.

15-13   **제1 진영**(first camp) 국가들의 시선은 이러하다. 상계를 바라는 채권자는, 채권양도, 압류 등(intervention)의 통지(notice)를 받기 전에 쌍방향의 채권이 발생했다면, 지불능력이 있는(solvent) 당사자끼리 할 수 있는 상계는 무엇이든지 다 할 수 있다. 다시 말해, 상계를 원하는 채권자가 이미 상계가 가능한 법률관계(engagements)에 들어 왔다면, 법률상 이해관계자(intervener)는 채권자의 상계에 영향을 받게 된다. 채권양도, 압류 등 개입(intervention)의 통지를 받은 이후에 상계적상이 된다고 하더라도 그것은 중요하지 않는다. 예를 들어, 채권자가 통지(notice)를 받은 이후에 이행기가 도래하는 경우이다. 그 결과 채권자는 예상치 못한 채(by surprise) 상계를 못하게 되는 것이 아니다. 이 견해는 주로 영미법계 국가들과 몇몇 혹은 아마 대부분의 로마-게르만계 국가들을 포함하고 있다. 그러나 유감스럽게도 이 노골적인 일반화에는 조건들이 붙어서 복잡해졌다.

상계를 원하는 채권자에게 가능한 것은 도산절차 밖에서의 상계(solvent set-off) 뿐이고, 확장된 도산법상의 상계(insolvency set-off)는 할 수 없다. 따라서 채권들이 서로 관련이 없고, 한 채권이 미확정액(unliquidated)인 경우에, 영국에서는 도산 시에 이러한 상계도 가능하지만, 법률상 이해관계자(intervener)에 대해서는 상계를 할 수 없다. 법률상 이해관계자(intervener)에 대한 상계는 두 채권이 확정액 채권(액수가 확정되어야 하고, 손해배상 청구권이 아니어야 한다)이어야 한다.

　마찬가지로, 법률상 이해관계자(intervener)가 채권을 양수한 것을 주장하여 소송을 제기(sue)한 이후에는 자동채권(cross-claim)의 이행기가 도래한다고 하더라도 상계를 할 수 없다(set-off is lost). 도산 시에 있어서는 이행기 도래(maturity) 여부는 크게 중요하지 않다.

　로마-게르만계의 주요 국가들은 영미계에 유사한 관점을 지니고 있을 것이다─ 최소한 도산법상의 상계를 따르는 국가들─ 그러나 상당한 예외가 있을 수도 있다.

15-14

　제2진영(second camp)은 대부분의 나폴레옹계 法域(Napoleonic jurisdictions)을 포함하고 있다. 이 견해를 따른 법은 대체적으로 채권양도, 압류 등(intervention)의 통지(notice) 이전에만 채권자가 원하는 상계가 시행될 수 있다. 예를 들어, 두 채권은 통지(notice) 이전에 이행기가 도래하고(have matured) 변제 가능한 것이어야 한다. 그렇기 때문에 미이행계약을 상계시키고 싶다면 채권양도, 압류 등의 통지(notice)를 받기 전에 상계가 이루어져야 한다. 이러한 규칙은 상계가 가능하기 전(前)에 제3자가 참가할 경우 상계가 불가능하다는 원칙에서 나온 것이다. 이는 도산법상의 상계(insolvency set-off)를 막기 위함이었으나 압류채권자(attaching creditor)와 자발적 법률상 이해관계자(voluntary intervener), 채권양수인(assignee)의 상계 금지로 확장되었다. 일반적으로 대개 도산법상의 상계를 허용하지 않는 국가들이 주로 이 진영에 해당한다. 채권자에게 어려운 것은 채권자들이 기습공격을 당하여 가능하다고 생각했던 상계를 못 하게 될 수도 있는 점이다. 채권자는 자신의 채무자의 압류채권자(attaching creditor)가 그 채무자가 채권자에게 가지고 있는 채권을 압류할지 여부 및 압류한다면 언제 압류할지를 통제할 수 없기 때문에 채권자가 그 사이에 적시에 계약을 해제하고 대출을 조기상환하는 것은 불가능하다.

법률상 이해관계자(intervener)를 상대로 한 계약상 상계(contractual set-off)

　양쪽 견해 모두 이미 존재하는 상계 계약(pre-existing contract to set-off)은 법률상 이해관계자를 상대로 대항할 수 있다고 인식되고 있는 경향이 있는 것으로 보인다.

15-15

　따라서 영국, 미국 그리고 많은 로마-게르만계 法域에서의 대중적인 시선은 상계를 바라는 채권자가 본인의 자동채권(cross-claim)으로 법률상 이해관계자(intervener)

의 채권을 ─ 사전에 통지(notice)되었고 미리 채무자와 채권자의 합의가 있었다면 ─ 상계할 수 있다는 것이다. 법률상 이해관계자(intervener)는 거래 전체에 대한 책임이 있다. 즉, 거래의 좋은 부분만 취하거나 거래를 나눌 수 없다. 예를 들어, 영국의 *Mangles v Dixon* (1852) 3 HL 702 판례(채권양수인에게 대항 가능한 계약상 상계 (contractual set-off)), *Bank of Montreal v. Trudhope, Anderson & Co* (1911) 21 Man R 390 (Manitoba CA) 판례(채권양수인에게 대항 가능한 계약상 상계), *Hutt v. Shaw* (1887) 3 TLR 354, CA 판례(압류채권자에게 대항 가능한 계약상 상계) 참조. 따라서 영국에서는, 채권양도, 압류 등 개입(intervention)의 통지 전(前)에 계약상 상계(contractual set-off)가 있고 쌍방의 채권이 발생했다면 채권양수인, 압류채권자 등 법률상 이해관계자(interveners)은 문제되지 않는다. 다시 말해, 영국에서는 시간적으로 나중의 법률상 이해관계자(subsequent intervener)은 채권양도, 압류 등 개입(intervention)이 없었더라면 가능했을 계약상 상계(contractual set-off)를 방해할 수 없다. 만약에 그렇지 않다면, 도산법상의 상계가 보호받는 것과 꽤나 큰 차이(gap)가 있었을 것이다. 계약상 상계(contractual set-off)가 채권양수인, 압류채권자 등에게도 대항 가능할 경우, 채권자는 채권양도, 압류 등 개입(intervention)으로 인한 상계권의 상실로부터 보호되는 입장에 있게 된다.

이와 같은 입장은 독일(민법(BGB) 제392조), 미국 뉴욕 주(New York Debtor-Creditor Law 제151조), 미국 일리노이 주(Code of Civil Procedure 제12-708조)에서 비슷하게 나타난다. 일본의 경우, 판례법을 사용한다. 일본 대법원 판결 1964년 12월 23일 참조.

15-16   프랑스에서 계약상 상계(contractual set-off)는 압류채권자(garnishor)에 대하여 허용되었다. Rouen decision of February 18, 1854, DP 54.2.242 참조. 따라서 이 관점은 많은 나폴레옹계 法域들에서도 사실로 받아들여질(true) 것이다. 채권양도와 顯名하지 않은 본인(undisclosed principals)을 포함한 개입(interventions) 자체의 금지는 많은 경우 유효하다. 원칙상 이러한 금지는 **압류채권자**(attaching creditor)에게 사용할 수 없다. 채권자는 단지 계약으로 자신의 금전채권(debt)을 압류채권자의 손이 닿는 범위 밖으로 둘 수는 없기 때문이다.

대리인(agency)과 顯名하지 않은 본인(undisclosed principals)

15-17   법률상 이해관계자(intervener) 원칙은 보통 당사자(party)가 대리인(agent) 역할일 때

흔히 적용된다.

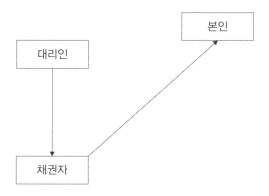

대리인들이 모인 중개업자 시장(broker markets)에서는 네팅이 불가능하다는 것은 전 세계적으로 같다. 특히 증권시장에서 대리인이 계약상대방에 대해서 가지고 있는 채권이 대리인이 자금수탁자(fiduciary)로서 보유하고 있거나 또는 외부 고객을 위해서 보유한 것으로, 대리인 자신의 이익 때문에 보유하고 있는 것이 아닌 경우, 네팅이 불가능하다. 이것은 외부 고객을 중개업자(broker)의 도산으로부터 보호하기 위한 것이다. 대리인의 도산에 고객의 채권을 이용하여 상계하는 것은 불가능하다. 이것이 상계될 수 있다면 본인의 채권(claim)을 대리인 자신의 채무 변제를 위하여 사용하는 것이 되어서, 쌍방향성 원칙(principle of mutuality)에 어긋나기 때문이다.

시장에서 대리인(market agents) 간에 쌍방향의 개인적 채무가 있는 것은 통상적이기 때문에 상관이 없다. 쌍방향성(mutuality)은 상호적인 개인 채무(liability)뿐만 아니라 각자가 빚지고 있는 채권(claims)을 가지고 있어야 하기 때문이다.

이러한 리스크에 대응하기 위해서는 전통적인 대리인 시장의 제도적 변화와 그 15-18 결과 리스크의 재배분이 이루어져야 한다. 본인을 위한 대리인이라는 관계(agency in favour of principal relationships)의 폐지와 그에 따라 (그중에서도) 외부 일반 고객 (outside lay clients)의 자기 중개업자(broker)에 대한 노출이 늘어나야 할 것이다. 외부 일반 고객은 대리인이 도산했을 경우 대리인이 본인을 위해 갖고 있던 채권(claim)을 인수받을 수 없다.

따라서 연쇄사슬(chain)은 다음과 같이 이루어져 있다.

채권자 → 본인으로서 행위하는 중개업자(broker acting as principal) → 고객

네팅 계약은 당사자들이 대리인으로서 계약을 맺는 것을 금지해야 하고, 각 당사자의 채권(claim)을 자신의 계좌(own account)로 가지고 있을 것을 요구한다. 이 조항은 일반적으로 영국법하 대리인 사례의 경우 유효하다. *UK Steamship Association v Nevill* (1887) 19 QBD 110 판례(顯名하지 않은 본인(undisclosed principal)) 참조.

그룹 계좌 합산(group account pooling)

15-19 **목적**(objectives)　　은행과 그 고객은 종종 같은 그룹 내의 기업 사이에 예금(credit)과 채무 잔액(debit balances)을 네팅(net)하기를 희망한다. 그 주된 목적은 다음과 같다.

- 고객들이 부담하는 비용을 줄이기 위해서다. 각 계열사마다 채권과 채무가 다양하게 존재하면 고객들은 은행에 대한 채무 때문에 불필요한 이자를 납부하는 경우도 있다.

- 은행입장에서는 기업이 은행에 대해 가지고 있는 채권(가령 예금)을 자신의 채권을 통해 상계함으로써 가용대출금의 여유를 가질 수 있다. 하지만 이런 그룹 계좌 합산(group account pooling)은 일반적으로 상계적상에 놓여 있지 않기 때문에 그렇게 쉽지만은 않다.

15-20 **상호보증**(cross-guarantees)　　은행에 예금이 있는 기업이 은행에 채무를 부담하는 기업에 대한 채무를 보증한다.

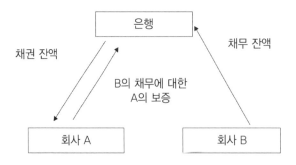

화살표의 머리 방향이 채권자다.

A회사는 채권(credit balance)을 가지고 있고, B회사는 채무(debit balance)를 가지고 있다. A회사는 은행에 대해 B회사의 채무(은행에 대한 채무)를 보증한다.

만약 B가 도산하면, 은행은 A의 보증사실을 확인하고 보증 책임(guarantee liability)과 A의 채권(즉 은행의 기준에서는 A에 대해 가지는 채무를 의미)을 서로 상계한다.

보증은 각각의 채무가 보증하는 가치와 동일하게 고려된다(capped).   15-21

가장 번거로운(irksome) 문제들로는 상호보증의 유효성(validity)이 있는데 예를 들어, ① 기업이익(corporate benefit), ② 진정한 가치 이하의 거래(transactions at an undervalue), ③ 자기주식취득에 대한 금융지원 금지(prohibition on financial assistance to buy own shares)가 있다.

대안으로 또는 추가적으로, 각 회사가 그들의 예금을 상호 채무의 담보로써 은행에 차지백하지만, 개인적 책임을 지지는 않는 것으로 할 수도 있다. 차지백(charge-backs)은 채권자 및 양수인과 같은 법률상 이해관계자(intervener)보다 우선권이 있지만 담보권 및 질권설정 금지조항과 관련한 법률의 엄격한 전문성(bristling technicalities)에 영향을 받을 수 있다.

또 다른 가능성은 그룹의 보증하에 모든 예금을 보유하고 은행에서 차용한 하나   15-22
의 재무회사(treasury company)를 특정하는 것이다. 이로써 그룹 간 대출(intergroup loans), 기업 이익 문제, 잠재적인 세금 및 기타 과세 장벽의 해소, 다른 시간대에 근무하는 그룹 구성원에 대한 실질적인 반대에 이르게 된다. 재무회사가 다른 그룹 회사가 자신을 대신하여 계약을 체결하도록 허가하는 경우 시간대 문제(time zone problem)는 피할 수 있다.

만약 거래구조(scheme)가 보증과 상계를 포함한다면, 단락 14-35에서 설명한 상계 계약(set-off agreements)에 관한 주요 논점들을 생각해 보자. 인내심을 갖고, 주의 깊게 긱긱의 法域의 규정들을 면밀히 검토할 필요가 있다. 이것은 은행에 있어서 귀찮고 비용이 많이 드는 일이다.

더 상세한 내용: LPIF 시리즈 제4권 제3장~제5장. 개략적 합의(outline agreements)에 관해서는 LPIF 시리즈 제4권 제9장 참조.

질문과 세미나 주제

제14장과 제15장

(1) 국제금융에서의 상계(set-off)와 네팅(netting)에 관한 정책을 비판적으로 분석해 보자.

(2) 다음 각각의 차이점에 대해 서술해 보자. ① 상계, ② 결제네팅, ③ 일괄정산네팅(close-out netting), ④ 차지백(charge-back), ⑤ 조건부자산(flawed asset)

(3) 당신의 고객은 은행 그룹으로, 모은행과 은행 자회사는 주요 法域에 있는 기업 그룹의 모회사와 자회사를 상대로 해서 파생상품(derivative) 계약을 했다. 당사자 간에 네팅에 관한 기본계약서(master netting agreement)는 없고, ISDA 기본계약서(master agreement of the International Swaps and Derivatives Association)의 교섭을 하고 있기는 하지만, 거래에 앞서 사인하는 것에는 이르고 있지 않다. 모회사와 자회사는 모두 각 설립지에서 회사갱생절차를 개시했다.
은행과 그 은행 자회사가 파생상품(derivative) 계약을 네팅하는 것에 의해 도산한 회사 그룹에 대한 익스포저(exposure)를 줄여야 하는지 여부를 은행에 대해 자문해 보자.

(4) 상기의 상황하에서 모은행과 그 은행 자회사는 네팅에 관한 기본계약서(master netting agreement)에 의해 어떻게 자신의 포지션을 개선할 수 있는가?

(5) 금융시장에서 중앙청산소(central counterparty)가 어떻게 네팅을 촉진하는지 설명해 보자.

(6) 주요 法域 그룹에서 채권양수인, 압류권자, 顯名하지 않은 본인(undisclosed principals) 등 법률상 이해관계자(intervener)에 대해 상계는 어느 정도 보호되는가? 이와 같은 법률상 이해관계자(intervener)를 보호해야 하는가, 아니면 법률상 이해관계자(intervener)에 대해 상계를 하려고 하는 채권자를 보호해야 하는가, 당신의 생각을 말해 보자.

제16장

담보권 I

도입 및 분류(classifications)

담보권(security interests)의 의미

여기서 담보권(security interests)이란 아래에서 논의되는 소유권이전형 금융(title finance) 거래와 대비되는 것으로서, 핵심적인 저당권(mortgages), 동산·부동산의 담보권(charges), 동산질권(pledges)을 기술하기 위해 필요한 간결한(compendious) 용어로 사용된다.

16-01

담보권은 채권자에게 채무자의 다른 대부분의 무담보채권자들에 앞서 담보된 채무를 변제받을 수 있도록 하는 자산 — 담보물(collateral) — 에 대한 우선권을 준다. 담보채권자는 도산에서 분리된다. 즉, 담보물은 무담보채권자들을 위하여 이용 가능한 공동자금이 되지 않는다. 보통 채무자가 변제 능력이 있는(solvent) 경우에는, 채권자가 재산에 대한 우선권(priority property right)을 필요로 하지 않는다. 때문에 담보권은 주로 채무자의 도산을 대비한 보호책(protection)이다. 만약 담보권이 실행될 수 없거나 도산절차에서 약화되는 경우에는, 최초에 담보권을 아무리 넓게 설정(initial grant)했다 하더라도 그것이 헛되거나 약화된다.

담보권의 본질은 채무가 변제되지 못하는(unpaid) 경우에, 채권자로 하여금 재산을 매각하거나 다른 실행(realisation)을 통하여 다른 채권자들에 앞서 매각대금(proceeds)을 담보채무 변제를 위해 사용할 수 있게 하는 것이다. 담보물에 대한 채권자의 권리는 담보된 채무(secured debt)를 초과하지 않는다. 그러므로 채무자는 피담보채무를 변제한 이후에는 채권자의 담보권실행의 권리를 말소해 달라고 주장할 수 있고, 담보권 실행(realisation) 이후의 모든 잉여분(surplus)에 대하여 권리를 가진다. 그러나 채무자는 부족분(shortfall)에 대해서는 책임이 있다.

16-02   우리는, 예를 들면 매도인(vendor) 또는 수선인(repairer)의 유치권과 같이 비(非)약정유치권(non-consensual lien) 그리고 미납된 세금에 대한 담보권(charge)처럼 법규(statute)에 의하여 발생하는 담보권과 같은 법정담보권에 대비되는, 채무자와 채권자 간 합의에 의하여 발생하는 약정담보권만을 다루려 한다.

그리고 우리는 주로 비(非)개인(non-individuals)이 설정한 담보권을 다룬다. 개인들의 경우에는, 종종 소비자 신용 법규(consumer credit statutes) 또는 다른 상환부족액 판결(deficiencies)에 의하여 제도(regime)가 운영된다.

개관(overview)

16-03   담보권에 대한 접근법에는 국가마다 큰 차이가 있다. 첫 번째 그룹인 전통적인 영국법계 法域(traditional English-based jurisdictions)에서는, 회사가 현재 및 장래의 모든 채무를 담보하기 위하여 현재 및 장래의 모든 자산에 대하여 담보권을 설정할 수 있는데, 이것은 절차개시 후 취득한 자산도 포함한다. 또한, 등기도 법인등기부에 오직 한 번만 하는 것으로 족하고, 부동산등기와 같은 소유권 등기부(title register)에의 등기는 필요하지 않다. 일정한 임금채권자나 조세채권자 등, 재고(inventory)나 상사금전채권(commercial receivables)에 대한 浮動담보권보다 우선권을 가지는 채권자 이외의 모든 채권자에 대하여 유효하다. 만약 채무자에게 채무불이행이 발생했고 담보계약(security agreement)이 성립되어 있다면, 채권자는 법원의 명령 없이도 서면으로 회계사 또는 다른 전문가를 담보관리인(receiver)으로 임명하고, 담보관리인은 담보채권자의 이익을 위하여 대표이사에 우선하여 회사를 운영할 수 있다.[1] 담보관리인(receiver)은 처분(sell)을 할 의무는 없다.

---

1) 역자 주) 특정 단일한 담보물에 대한 담보관리인(receiver)은 회사 전체의 경영을 관리할 수 없다. 浮動담보권자(floating chargee)가 임명한 운영적 담보관리인(administrative receiver)은 회사 전체의 경영을 관리할 수 있었다. 그러나 영국 1986년 노산법(Insolvency Act 1986) 제72A조에 의하여, 2003년 9월 15일 이후에 설정된 浮動담보권(floating charge)에 대하여는 운영적 담보관리인(administrative receiver)을 선임할 수 없도록 개정되었다. 따라서 현재 운영적 담보관리인(administrative receiver) 제도는 일부 예외적인 경우를 제외하고는 폐지된 결과가 되었다.

19세기의 자유주의적 창조물(liberal creation)인 위 담보권이라는 개념은 채권자들과 채무자들 모두에게 이익이 된다는 근거로 정당화되었다. 금융비용(cost of credit)이 줄어든다는 점, 또 곤란한 상황하에서도 은행은 담보로 인해 안전이 확보되기 때문에 보다 장기간에 걸쳐 회사와 함께 거래를 유지하는 경향이 있다는 점 (이 경우에 최후의 순간에 이르기까지는 공급자(suppliers)는 지불을 계속 받을 수 있다), 또 가망이 없는 상태가 된 경우에도, 경영진의 끊임없는 교대(seamless change of management)로 인해 곧 회사의 전기 스위치를 끄고 공장을 닫을 필요가 없다는 것을 의미하고, 또 법원에 의한 절차 또는 경매절차에 의한 지연이 없이 계속기업가치가 있는 상태로(as a going concern)서 사업을 계속할 수 있도록 한다는 점에서 채무자에게 유리하다. 사업은 따로따로 분리되지 않고 일체적으로 매각될 수 있다. 절망적인 상황이 아닌 한 사업을 지속하는 것이 양 당사자에게 유익하며, 그 결과 사업이 지속되는 한에서 공급자는 사실상 우선권을 갖는 효과가 된다. 많은 공급자는 소유권유보(retention of title) 조항을 가지고 있어서 다른 담보채권자보다 우선하여 그들이 회사에 공급했던 물품(goods)을 회수할 수 있다.

이 19세기 자유주의적인 담보 설정은 그것이 채권자와 채무자 모두의 이익이 되면 점에서 정당화될 것이라고 한다. 채무자의 금융비용이 낮아진다. 곤란한 상황에서도 은행은 담보로 인해 안전이 확보되기 때문에 보다 장기간에 걸쳐 회사와 함께 거래를 유지하는 경향이 생긴다. (그 경우, 마지막 순간에 이르기까지 공급자(suppliers)는 계속 지불을 받을 수 있다.) 전망이 없는 상태가 되었을 경우에도 경영진의 끊임없는 교대로 인해 곧바로 회사의 전기스위치를 끄고 공장을 닫지 않는다. 법원에 의한 절차나 경매절차에 의한 지연 없이 계속기업가치가 있는 상태로(as a going concern)서 사업을 계속할 수 있게 된다. 이러한 점에서 채무자에게 유리하다. 사업은 따로따로 분리되지 않고 일체로서 매각이 가능하다. 절망적인 상황이 아닌 한, 사업을 계속하는 것이 당사자에게 있어서 유익하며, 그 결과, 사업이 계속되고 있는 한 공급자는 사실상 우선권을 갖게 된다. 많은 공급자는 소유권유보(retention of title) 조항을 가지고 있어서 다른 담보채권자보다 우선하여 그들이 회사에 공급했던 물품(goods)을 회수할 수 있다.

채권자의 관점에서 보면, 담보권(security interest)이라고 하는 것은, 중기(medium-term)의 대출을 실시하고 예금자를 대표하는 은행을 위한 위험완화(risk mitigant) 수단이며, 은행을 지키는 것은 예금자, 즉 일반 시민을 지키는 것으로 연결된다는 것이 이러한 法域이 취하고 있는 입장이다.

16-04   영국을 포함하여, 위의 극단적인 자유주의적 담보권에 대하여 많은 도전(inroads) 이 존재해 왔다.

어떤 상황이든, 몇 가지 예외의 경우를 제외한다면, 위에서 언급된 상황이 다른 어떤 국가에서도 가능하지 않다. 예를 들어, 미국의 경우, 동산에 대한 포괄적 담보(universal security)를 가지는 것이 가능한 반면, (주법(State law)에 의해 지배되는) 토지, (특정 지식재산권(intellectual property), 미국 선박, 미국 항공기와 같은) 연방 재산에 대한 담보권은 더 많은 단계를 필요로 하고, 그래서 모두를 포함하는 단일한 등기(single filing) 제도는 존재하지 않는다. 게다가 담보관리제도(receivership)는 불가능하나, 경영권을 유지하는 제11장의 기존 경영자 관리인(debtor-in-possession) 제도로 대체되고, 담보채권자들의 대표자에 의하여 대체될 수는 없다. 토지에 대한 저당권(mortgage)은 몇몇 주에서 채무자 보호 기능(debtor-protective)을 한다.

이러한 포괄적이면서 초일반적인 담보권(universal super-generic charge) 개념은, 최근에 공산주의로부터 독립한 이후 담보권에 관한 법률을 개혁한 국가들, 예컨대, 에스토니아, 헝가리, 라트비나 그리고 폴란드 등에서 지지를 받아 왔다.

16-05   다른 극단인 반대의 경우는 일부 전통적인 나폴레옹계 국가들, 특히 남아메리카의 경우이다. 이 국가들에서는 모든 현재 및 장래 자산에 대하여 담보를 설정하는 것은 불가능하며, 모든 현재 및 장래 채무를 위한 담보 설정도 불가능하다. 대부분의 전통적인 국가들에서의 전형적인 강제집행(enforcement)은 상당한 지연과 비용을 초래하는 법원의 경매(judicial public auction)이다. 특히 근로자(employees)나 세금과 같은 특정한 우선권이 있는 채권자(preferential creditors)는 도산 시 종종 담보권보다 우선적인 지위를 차지한다.

대부분의 로마-게르만계 국가들의 담보권에 관한 법체계는 영미 보통법계와 나폴레옹계 사이의 어딘가 위치하지만, 이것은 지나친 일반화일 뿐이며, 이 그룹의 국가들 내에서도 매우 상이한 스타일의 접근법이 각각 존재한다.

담보권의 논리(rationale): 찬성 및 반대

16-06   담보권은 도산 시에 모든 채권자들이 (채무의 정도에) 안분비례로(pro rata) 지급받아야 한다는 평등 원칙을 방해(disturb)한다. 우선권은 채무자와 채권자 간의 단순한 계약에 의해 발생하며, 어떤 法域(jurisdiction)에서든 그 방식에 따라 공시(publicity)를 동반해야 한다.

따라서 담보권에 대해 찬성 또는 반대하는 정책들을 간단히 살펴볼 가치가 있는데, 이는 세계 각국이 가진 정책들의 편차가 매우 크기 때문이다.

담보권의 장점(Advantages of security interests) 담보권을 선호하는 주요 목적(purpose)과 정책은 다음을 포함한다. 16-07

- **도산 시 채권자의 보호**. 담보의 주요 목적은 채무자의 도산으로부터 채권자를 보호하는 것이다. 많은 사례에서 보이듯 담보는 은행과 같은 어느 보호되지 못한 채권자(unprotected creditor)의 붕괴가 연쇄반응으로 다른 채권자들의 붕괴로 이어지는 연쇄반응(cascade) 또는 도미노(domino) 도산(시스템 리스크(system risk))을 막을 수 있다. 만약 어떤 정책이 담보를 지지한다면, 담보는 그것을 필요로 할 도산의 경우에서도 그 유효성이 유지(stand up)되어야 한다. 양 당사자 간에는 유효하나 도산에서 채무자의 채권자에게 대항하여 유효하지 않은 담보는 헛된 것이다(futile). 그런 이유로 담보의 끝은 시작만큼이나 중요하다고 할 수 있다.

  주요 담보채권자(secured creditors)는 사람들의 예금 중개기관(intermediaries)인 은행이기 때문에 담보권은 사실상(in substance) 진정한 채권자들인 예금자를 보호한다고 말할 수 있다.

- 담보는 자본과 **신용의 이용가능성**(availability of credit)을 높여 준다. 신용은 현대 경제에서 필수적이다. 예금은 은행과 같은 중개자들을 통해 자금이 모이고(pooled), 이는 생산적인 기업 운영을 위하여 (희망컨대) 차주들(borrowers)에 의해 이용된다.

- 담보는 **신용 비용**(cost of credit)**을 줄여 준다**. 신용의 만기는 더 길어질 수도 있다. 신용 위험의 감소는 더 많은 금융과 규제 자본의 절약을 가져온다.

- 담보는 대주(lender)에게 기간이 더 길더라도 더욱 안전하다고 느끼게 해 주기 때문에 **사적 구제**(private rescue)를 장려한다. 재정적 어려움에 처한 기업에게 신규차입자금(new money)를 위한 담보는 최후의 대주(lender of last resort)의 자금 제공을 가능하게 한다.

- 담보는 **대출의 정당한 대가**(fair exchange for the credit)이다. 어떤 자산에 대하여 지출한 사람은 그 자산에 대한 권리를 가져야 한다. 대부분의 담보거래에 있어서 담보채권자의 돈은 자산에 대하여 지출 또는 개발을 위하여, 사업 생산성을 위한 재정지원 등에 사용된다. 매매(sales)의 경우에 이상적인 상황은 양 당사자의 도산 위험을 미연에 방지하기 위하여 가격을 지급받음과 동시에 물건(asset)을 인도하는 것이다. 담보는 결국 변제(payment)가 있을 때까지 (pending) 자산(asset)을 잡고 있는 것(hold)이다.

16-08 **담보권에 대한 반대**(objections to security interests)　　담보에 반대하는 근거들은 다음과 같다.

- 　무담보채권자는 도산에서 더 적게 받게 되고 이는 도산 평등(bankruptcy equality)의 위반이다. 이 반대는 미납부 세금 청구권자, 근로자(employees), 연금 수급자, 상거래 채권자, 소액채권자와 불법행위 및 환경 청구권자들을 보호하기 위한 목적이 주로 이유가 된다. 이들 중 일부는 단기(short-term)이거나 비자발적이다. 이것은 지금까지 가장 중요한 반대주장(objection)이며, 평등은 의심할 수 없는 중요한 원칙이기 때문에 매우 중요하다.

　반면에 공급자들과 같은 일부 무담보채권자들을 은행화폐(bank money)에 무임승차하는 자들(free-riders)이라고 말해지는 사례들이 때때로 있다. 회사가 계속적으로 운영되는 이상 그들은 종종 은행 담보에 앞선 순위로 은행 돈에서 지급받는다. 회생에 있어 그들은 거의 상환 기한이 연장되지 않고 구조조정 계획에서도 일반적으로 연기되지 않아서, 다시 우선순위에 있어 역전(reversal of priorities)이 발생한다. 그러나 이러한 무담보채권자들은 기껏해야 몇 개월인 중기 여신(medium-term credit)을 제공하지 않고, 예금자들을 대표하지 않으며, 비율(ratio) 등으로 신용을 감시하는 데 거의 기여하지 않는다. 그리고 그들은 구제에 있어 마지막 수단인 신규 신용공여(new money)를 제공하지 않는다. 대신에 공급자들은 소유권 유보로써 은행 담보보다 앞선 우선적 지위를 가질 수 있다. 근로자들은 종종 담보물에 대하여 법정우선순위(statutory seniority)를 가진다.

- 담보는 담보채권자들에게 **너무 많은 권한**(too much power)을 부여한다.

- 담보는 **부주의한 대여**(careless lending)를 부추길 수 있다. 반면 차주들은 감

시를 덜 받거나 더 이상 받지 않기를 선호한다.

• 담보는 그 **우선순위 위험**(priority risks) 때문에 상업적 거래의 안전성을 저해한다. 예를 들어, 선순위 담보권에 구속되는 물품(goods)의 매수인이 있다. 일반적 해결책은 선의로(without notice) 구매한 매수인들에게 우선권을 부여하는 것이다.

• 담보채권자들은 공장과 같이 필수적인 자산을 매각함으로써 **구제**(rescue)를 훼방 놓을 수 있다. 훼방(disruption)의 정도는 담보가 단독 채권자 또는 은행 대주단(syndicate of banks) 또는 주주들을 위하여 포괄적인지, 담보물이 사업에 특화된 것인지 시장에서 쉽게 이용 가능한 것인지, 그리고 채권자들이 전체적인 사업을 살리거나 담보물의 상이한 부분들을 살려서 스스로가 더 잘 보호된다고 여기는지에 달려 있다. 구제(rescues) 지원에 대한 필요는 담보채권자에게 강제적인 권리의 박탈(compulsory divestment)을 가져온다.

결론 중요한 정책들은 장단의 양면을 포함하지만, 선택은 이루어져야 한다. 국제적 경향은 담보를 장려하는 것으로 보인다. 담보권은 다른 두 개의 주요 위험 감소 방안 ─ 도산법상의 상계와 신탁 ─ 보다 훨씬 더 널리 국제적으로 인정(international recognition)받는다. 그러나 지원은 종종 마지못해(half-hearted) 이루어지는 경우가 있으며, 도산 집행 중인 경우와 같이 진정으로 문제가 될 때 담보를 제한하는 기업 회생 법규들(corporate reorganization statutes)에 의하여 자주 반박된다(countered). 16-09

주요 쟁점들의 분류(Classification of main issues)

담보권과 관련한 주요 법적 쟁점들은 다음과 같다. 16-10

• 담보권의 **범위**(scope)와 특히 포괄담보가 가능한지 여부

• 담보권을 유효하게 하기 위하여 요구되는 **공시**(publicity)와 이것이 간단하게 저비용으로 달성될 수 있는지 여부

• **피담보채무**(secured debt)의 범위

- **수탁자**의 존재 여부

- 주로 세금, 근로자, 도산 비용, 회생 신규차입자금(rehabilitation new money), 개인적 상해와 환경적 청구 등 **우선권 있는 무담보채권자**(preferential unsecured creditors)에 대한 담보권의 우선권

- **강제집행**(enforcement)에 대한 제한, 특히 법원의 경매(judicial public auction)의 필요성과 회생절차에 의한 동결(reorganization freezes) 조치

16-11
- **거래비용**(transaction costs).   일부 국가에서는 담보(security)가 담배나 술과 같이 나쁜 것이고 따라서 높은 세금이 부과될 만하다고 여겨진다. 특히 라틴 아메리카와 같이 비용이 너무 높아서 담보가 완전히 실현 불가능(unrealistic)한 많은 국가들이 존재한다. 이것은 무담보채권자들을 보호하기 위한 그들의 방식 인데, 이 방법이 매우 효과적이기 때문에 담보 법제(security regime)에 대한 설명 (description)이 때로는 상관없는 것이 되기도 한다.

   주요 비용에는 ① 공증(notaries) 비용, ② 등록 비용, ③ 인지세(stamp duties), ④ 실행 비용, ⑤ 강제집행에 대한 거래세(transfer taxes on enforcement) 등이 있다.

   대부분의 **영미계 法域**(Anglo-American jurisdictions)에서 담보계약(security agreements)은 보통 공증이 필요 없기 때문에 공증 비용은 들지 않는다. 의무적 으로 등기해야 되거나 또는 등기할 수 있는 담보계약(security agreement)에 대한 등기 또는 등록 비용은 보통 중대하지 않다. 호주, 인도와 같은 일부 국가는 인 지세(stamp duties)가 있으나 캐나다, 미국, 영국 또는 홍콩은 없다.

   담보 계약에 대한 공증은 다른 국가 그룹에서는 일반적이다.

- 편파행위(preference)로서 취소될 수 있는 담보권의 취약성. 단락 6−18 참조.

- 회사의 자기주식(own shares) 또는 지주회사(holding company)의 주식을 매수하기 위한 재정적 지원을 한정하고 단체보증(group guarantees)을 제한하는 회사법 원 리(corporate doctrines)의 존재. 단락 13−29 참조.

- 매수인이나 담보물의 담보권자(chargees) 및 다른 청구권자(claimants)들을 우선 하는 담보채권자들의 **우선순위**(priority).

위에서 언급된 쟁점들은 대부분 담보채권자와 무담보채권자들 간에 이익의 충돌 (collision of interests)의 문제와 관련되어 있다. 예를 들어, 만약 포괄적 담보권(universal charge)이 이용 가능하지 않으면, 무담보채권자들이 이용 가능한 자산은 더 많아진다. 만약 담보권(security interests)이 우선권 있는 채권자(preferential creditors)보다 후순위가 된다면, 우선권이 있는 채권자들 부류는 보호될 것이다. 만약 담보가 장래의 대출채권(future loans)을 포함하지 못한다면, 피담보채권(secured debt)은 적어질 것이다. 만약 담보권이 회생절차에 있어 집행할 수 없게 된다면, 결과적으로 공급자들 (suppliers)이나 근로자들(employees)과 같은 중요한 무담보채권자들이 담보채권자들에 우선하여 변제받게 되는 경향이 있어서, 우선순위가 거꾸로 된다.

사실상 담보권과 관련된 모든 쟁점들은 무담보채권자들을 보호하기 위하여 부여된 상대적 중요성에 대한 국가의 관점이 서로 상이한 방식으로 존재한다는 것을 보여 준다.

담보부 금융(secured finance)의 주요 부문에 대한 분류

도입(introduction)　담보부 금융(secured finance)의 주요 부문 분류는, 선진경제(advanced economies)에서 담보권의 역할을 보여 주기 때문에 도움이 된다. 담보부 신용(secured credit)의 형태는 경제 유형에 따라 상이하다. 예를 들어, 선진경제인지 개발도상국인지의 여부에 따라 다르다.　　16-12

간단한 목록은 다음과 같다.

- **상장된 대기업 집단**(large listed corporate groups). 공개적으로 상장된 기업들은 보통 담보제공금지 조항(negative pledge), 즉 그룹 내 담보 설정에 대한 제한과 소유권이전형 금융(title finance) 제한을 포함하는 대출계약(loan agreement)하에 무담보로 금전을 빌린다. 단락 8-08 참조. 대형 상장기업에 의한 선순위 채권(senior bond) 발행 또한 거의 변함없이 무담보이며 일반적으로 매우 제한적인 담보제공금지 조항(negative pledge)을 포함하고 있다 — 전형적으로 시장성 있는 채무증권(marketable debt) 발행을 위한 담보만을 제한하고, 은행 채무를 위한 담보와 소유권이전형 금융(title finance)은 제한하지 않는다. 단락 11-20 참조.

  그들이 담보대출을 받지 않는 것은 자금 조달을 다양화할 필요가 있기 때문이며, 충분한 신용력(credit strength)이 있기 때문이다.

그러나 이러한 기업 그룹도 두 가지 상황에서는 담보부 차입을 실시한다. 첫 번째로, 자금난에 처하여, 기존의 채권자가 대출 계속을 위해, 또 신규 긴급 융자(fresh emergency credit)의 조건으로서 담보를 요구하는 경우이다. 둘째, 그룹이 인수 당하는 경우, 그 경우 인수대상 그룹(target group)의 자산이 인수(takeover)를 위한 자금의 차입을 담보하는 데 이용되는 상황이다.[2] 이러한 담보 이용은 보통 허용되지 않으나, 허용되는 국가도 있다.

주권국가(sovereign states)도 통상 담보부(secured) 차입은 하지 않는다.

16-13
• **단일목적회사**(Single purpose companies). 프로젝트 또는 단일 선박, 항공기 또는 재산을 소유하기 위한 또는 다른 회사를 위한 입찰을 하기 위하여 또는 자산유동화 기구(securitisation vehicle)로 기능하기 위하여 세워진 회사들이다. 19세기와 20세기 전반의 실무관행과 달리, 이러한 단일목적회사(single purpose companies)은 기업 금융을 위한 주요 수단이다. 이 단일목적회사(single purpose company)은 프로젝트의 위험으로부터 주주를 절연시키기 위한 목적이었으나, 이와 정반대로 주주의 도산 위험(이 경우 완벽하게 양호한 프로젝트에 대하여 집행을 할 필요가 있으며, 여러 주주들의 국가의 도산법에 휘말리게 된다)으로부터 대주(lender)를 절연시키기 위한 목적을 포함하여 다양한 이유로 세워진다.

이러한 경우에 담보권은, 가능한 경우, 일반적으로 포괄적인(universal) 것이다. 이것은 특수목적법인(special purpose company)에는 (자신의 이익을 위해서) 전적으로 거래 협상에 참여하고 있는 당사자 이외에, 통상 일반채권자(general creditors)는 없기 때문이다. 이 법인은 어떠한 경우에도 일정한 정도로 회사의 사업을 제한하는 조항에 의하여 다른 채권자들로부터 분리 절연된다(ring-fenced). 그래서 그들은 종종 무시해도 될 만한 숫자의 근로자들을 가지며 연금을 받는 사람(pensioners)도 없다. 이 법인은 단일 목적(single purpose) 이외에는 외부적 채무를 일으키지 않는다. 이 섹터에 관련된 자금량은 방대하다.

이러한 회사들은 회생(rescue)에 있어서 그들에게 무엇이 좋은지 그들이 어떻게 워크아웃(work-out)을 운영해야 하는지에 대하여 말해 주는 입법자(legislator)를 필요로 하지 않는다.

---

2) 역자 주) 이러한 차입거래를 영어로 "Leveraged Buy-Out" 또는 약자로 "LBO"라고 한다. 기업인수를 위한 자금조달방법의 하나로서, 인수대상기업의 자산을 담보로 금융기관으로부터 빌린 자금을 이용해 해당 기업을 인수하는 M&A 기법이다.

- **중소기업**(small and medium-sized companies). 이들은 보통 무담보로 빌리 **16-14**
기 위한 신용 능력을 가지고 있지 않고, 게다가 그들은 금융 출처를 다양화할
필요가 적다. 그들은 자산에 대하여 최대한의 담보를 제공하는 하나의 주거래
은행(house bank)을 가지는 경향이 있다. 그들은 債券(bond) 시장에 접근할 수 없
고, 어떠한 경우에서도 기업법은 통상적으로 그들이 대중에게 증권을 발행하는
것을 막는다. 자금조달은 국내적인 경향이 있다. 많은 경우 신용공여(credit)는
한도대출이고, 청구에 의해 해지될 수 있으나 실제로는 여러 해 동안 지속된
다. 담보의 목적은 이 부문에 대한 자본의 이용가능성을 증가시키고 그 비용을
줄이는 것이다. 이 부문은 많은 국가에서 매우 규모가 크고, 종종 채무자 보호
정책으로 표현되는 상당한 정치적 관심을 불러일으킨다.

- **무역금융**(trade finance). 상품의 수출(export)과 수입(import)은 전형적으로 그 **16-15**
상품의 권원증권(documents of title)에 질권을 설정한 매수인의 은행 또는 그 대
리은행이 발행한 신용장(letters of credit)을 통해서 파이낸스되고 발행은행은 상
품의 권원증권(documents of title)과 보험 등에 질권을 설정한다. 담보는 기껏해야
몇 주 이상 지속되지 않을 정도로 단기이다. 금액은 다른 부문과 비교할 때 매
우 작다. 금액과 자산이 너무 적어서 무담보채권자의 보호와는 별로 관계가
없다.

- **대규모 금융시장**(wholesale financial markets) 여기서의 주요한 범주에는, **16-16**
지급시스템에 참가하는 은행의 채무를 위한 담보, 증권 결제시스템의 참가자의
채무를 위한 담보, 네팅(netting)을 위한 중앙청산소(central counterparty)와 거래하
는 참가자의 채무를 위한 담보, 장외파생금융상품(over-the-counter derivatives)
거래를 위한 담보 등이 있다. 담보물은 유동성이 매우 높은 것으로, 주로 현금
과 정부 증권(government securities)이다. 금융은 보통 초단기로, 때로는 오직 하룻
밤 동안이기도 하다. 금액은 거대하고, 특히 금융의 중심지에서는 방대하다. 금
융시장에 있어서의 담보는 시스템 리스크(systemic risks)에 대한 대비책으로서
근본적인 것이라고 생각되며, 많은 선진국은 이 영역에서는 담보 계약을 방해
하는 법률을 적용 제외 하고 있다. 예를 들면, 도산절차에 있어서의 담보권의
동결(freezes), 공시요건, 우선권이 있는 채권자(preferential creditors)의 우선순위,
경매에 의한 집행 등이다.

16-17
- **주택대출**(home loans). 주택대출(home loan)은 재산과 보험에 대한 담보로 확보된다. 거래는 주로 국내적(domestic)이고, 차주들(borrowers)은 개인들이다. 집 소유자들은 보통 소비자 신용 법규, 공식적 가이드라인 그리고 주류 주택담보대출 기관의 책임에 의해 보호된다.

16-18
- **소비자 물품 금융**(Consumer goods finance). 일부의 소비자 상품 금융은 자동차와 내구소비재(consumer durables)의 할부매매(hire purchase)와 같은 소유권이전형 금융(title finance) 형태로 제공된다. 기간은 최대 3년 등 보통 매우 단기이다. 자금조달은 국내 거래이다. 소비자금융 법규(consumer credit statutes)로 보호된다.

16-19
- **소유권이전형 금융**(title finance). 이 부문은 금융리스(financial leasing), 물품의 소유권유보부 매매(retention of title to goods sold), 레포(sale and repurchase), 매각 후 재임차(sale and leaseback), 증권대차(securities lending) 등을 포함한다. 이 중의 일부는 단기이지만, 항공기에 대한 금융리스와 같은 고가 상품(big ticket) 소유권이전형 금융(title finance)의 경우에는 그렇지 않다. 이러한 소유권이전형 금융(title finance)은 전형적으로 단일 자산이나 자산의 집합의 경우에 적용되며, 거의 대부분 포괄적이지 않다.

만약 위에서 언급된 부문을 살펴본다면, 채무자 보호 정책과 공시에 대한 요구가 중소기업에 의하여 승인된 담보 때문에 주로 나타나는 것처럼 보일 것이다. 채무자 보호 정책은 단일목적회사(single purpose company)과 대규모 금융시장(wholesale financial market)의 경우와는 무관하다.

담보패키지(security packages)와 거래 이행(deal implementation)에 관해서는 LPIF 제2권 제26장~제31장 참조.

담보권에 적합한 자산(assets)의 분류

16-20
병합(lumper) 또는 분산(splitter)인지에 따라 약 50개의 상이한 자산 유형들이 있다. 미국 UCC Article 9는 40종 이상의 동산을 포함한다.

담보권의 적합성(eligibility)을 결정하는 주요 기준은 다음과 같다.

- 담보권 설정 시 및 담보물 매각 시 **양도가능성**(transferability)(유동성, 시장성, 비용, 형식성). 토지는 가장 고차원의 형식성과 비용을 가지고, 현금이 가장 낮은 수준의 그것들을 갖는다.

- 점유(possession)나 다른 방법 등으로 자산을 **통제**(control)할 수 있는 채권자의 능력. 이는 담보의 유효성을 위한 공시(publicity)를 수여하기 위하여 필요할 수 있고, 우선권 보호를 위하여 거의 항상 필수적이다. 보통 토지는 소유권 등기부(title register)를 통하여 가장 우선적 보호를 받으며, 집합금전채권(bulk receivables), 재고, 저작권과 같은 것들은 가장 보호받기 어렵다.

- 자산의 **가치**(value)를 평가할 수 있는 능력과 (투자와 통계로 정리된) 그 가치가 지속적이고 예측가능한지, 불안정하여 변동되는지 여부.

- 자산의 **수익발생능력**(revenue-earning power). 예를 들면, 토지의 임대, 투자증권(investment securities)과 계약들.

- 지식재산과 같은 사업 이외의 것(the rest of the business)에 대한 **의존성**(dependency).

- **해제**(cancellation) **또는 도산 시 손실**(loss on insolvency)에 대한 자산의 취약성. 예를 들어, 대규모 계약, 토지의 임대차, 지식재산권 라이선스, 용선계약(charterparties) 등.

주요 자산들은 아래와 같다.

- **부동산**(immoveables), 즉 토지와 건물. 핵심적인 자산이다.

- **유체동산**(tangible moveables)(**물품**(goods)). 이것들은 아래를 포함한다.
  - **설비, 기계와 같은 대형 물품**. 비유동적이고 오직 사업과 관련하여 가치가 있다. 종종 임대(leased)되지만 질권(pledged)은 설정되지 않는다.
  - **원자재와 재고**(inventory). 비유동적이고 오직 사업과 관련하여 가치가 있다. 일부 국가에서는 비점유담보에 적합하지 않다.
  - **선박과 항공기**. 특별한 것으로, 선박은 보통 저당권이 설정되고, 항공기는 보통 세금우대가 있기 때문에 임대된다.

16-21
- **무형동산**(intangible moveables). 이 범위에는 다음과 같은 것들이 포함된다.
  - **비상장 주식**(private company shares). 양도나 가치평가가 어렵다. 경영권 통제를 위하여 주로 사용된다 — 실무에서는 100% 지분이 필요하다. 대부분의 국가에서 질권이 설정될 수 있다.
  - **투자증권**(investment securities). 정부채(government bond), 채무증권(debt securities), 지분증권(equity securities)과 여러 가지 복합 상품이 포함된다. 상장되어 있는 것은 환가성이 높고, 투명성이 높은 시장 가치가 있다. 이것들은 관계 사업으로부터 분리된 것이다. 이것들은 계좌대체기재 증권(book-entry securities)으로서 결제시스템(settlement systems)에 보유되어 있다. 이러한 유형의 담보는 예를 들면 지급시스템 안에서 사용되어 거액에 달한다. 대부분의 法域에서 질권의 대상이 되며, 통상은 계좌대체기재 시스템(book-entry system)에 의해 질권이 설정된다. 질권을 대신해, 레포(repos)에 사용되는 일도 빈번하다.
  - **대규모 계약**(large contracts). 대형 계약은 비유동적이고, 가치를 평가하기 어렵다. 또한 채무자의 채무불이행으로 거래상대방에 의하여 해제될 수 있다. 즉, 담보부 대출(secured credit)이 담보물(asset)을 잃게 된다. 대형 계약의 주된 가치는 수익(revenue)이다. 프로젝트 파이낸스(project finance)의 경우, 은행단과 계약 상대방의 직접계약에 의해 은행이 이행(performance)을 보증(guarantee)하는 한 채무불이행을 이유로 하는 계약해제가 일시 정지된다. 이것을 스텝인("step-in")이라고 한다.

16-22
- **은행계좌**(bank accounts). 다른 자산들로부터 수익금(proceeds)이나 수입(revenue)을 받기 위한 대부분의 담보패키지(security packages)의 형태이다. 일부 法域에서, 만약 담보채권자가 인출을 통제하지 못한다면 은행계좌를 담보화하는 것에 어려움이 있다. 영국법계 국가들(English-based countries)의 경우, 채권자가 인출을 통제하지 못한다면 은행계좌에 대한 담보는 浮動담보권(floating charge)이 될 수 있다. 이것은 역효과를 가져온다.
  - **집합금전채권**(receivables in bulk). 채무불이행된 채권은 통상 낮은 가치(low collection value)밖에 인정되지 않는다. 이것은 예를 들어, 추심 비용, 채무불이행(defaults)을 이유로 한 거래상대빙의 상계 때문이다. 일부 法域에서는 모든 채무자에 대한 통지의 요건 때문에 이것에 담보를 설정하는 것에 문제가 있다.

- 특허, 상표, 저작권, 영업권, 비밀정보(confidential information) 등과 같은 **지식재산권**(intellectual property). 이들은 비유동적(illiquid)이다. 실제에 있어서는 관련 사업(고용주, 노하우, 보호되는 상품과 공정)과 연관되어서만 종종 유용하다.
- 손해보험(loss insurances), 책임보험(liability insurances)과 같은 **보험**(insurances). 이것들은 대부분의 담보패키지(security package)의 형태이다. 손해보험은 관련 자산을 대체해주고, 대부분 무형자산과는 무관하다. 책임보험에 대한 담보는 보통 피해자에 대한 수익금 지급을 통제하는 데에만 유용하다.

예를 들어 프로젝트 파이낸스와 관련된 담보패키지(security package)의 예는 단락 13-06 참조.
자산의 더 충실한 분류는 LPIF 제2권 단락 3-021 참조.

담보권의 범위

전 세계의 담보권은 총칭적으로(super-generically) 모든 현재 및 장래의 재산(property)을 포함하는 포괄적인 것에서부터 제한적인 것에까지 범위가 넓다.　　16-23

범위를 제한하는 방법

특정성(specificity)**과 공시**(publicity)　각국에서 담보권의 범위를 제한하기 위하여 사용하는 방법은 다음과 같다.　　16-24

- 이러한 法域에서는 담보물은 특정되어야 한다고 여겨진다. **특정성**(specificity)의 원칙이다. 이 원칙 하에서는, 어느 것이 담보물인지, 또는 어디에 있는 것인지, 필요한 정도로 상세하게 인식하는 것이 현실적으로 불가능한 자산은 배제된다. 특히 금전채권(receivables), 원재료, 재고 등이 그렇지만, 그 외의 모든 집합 자산(bulk assets)도 그 예이다. 장래의 자산은 상세하게 특정하는 것이 불가능하므로, 이것도 배제되는 결과가 되고, 채무자가 실제로 취득한 시점에서 담보물의 목록에 추가된다. 이것은 실행불가능(impracticable)할 수도 있고, 불이행

(non-compliance)의 위험도 있고, 불필요한 비용도 든다. 채무자의 의심기간 (suspect period)에 신규로 취득한 자산에 담보가 설정되었을 경우, 대부분의 경우에 기존 채무를 위한 편파적인(preferential) 담보로 否認될 수 있는 리스크도 있다.

영국에서는 두 개의 핵심적인 최고법원(House of Lords) 판결에서 장래 자산에 대한 담보를 방해하는 한, 특정성(specificity)의 원리를 포기했다.

Holroyd v Marshall (1861) 10 HL 191 판례에서, 제분소 소유주는 기계에 담보를 설정했고 나중에 설치되는 추가 기계 또한 대출에 대한 담보로 하는 것에 동의했다. 나중에 채무자는 더 많은 기계를 설치했다. *판결*: 비록 기존 채무를 다룬다 하더라도 새로운 기계는 어떠한 새로운 행동 없이 취득하자마자 담보에 포함되게 되었다. 그 자산은 적절하게 확인되었다. 추후 취득한 기계가 최초의 합의에 포함된다는 것은 명백했다.

Tailby v Official Receiver (1881) 13 AC 523 판례에서, 채무자는 모든 장래 장부상 채권들(book debts)을 담보의 목적으로 양도했다. *판결*: 담보는 어떠한 더 이상의 새로운 행동 없이 취득하자마자 장래 채권들(future debts)을 포함했다. 이 사건은 장부상 채권들(book debts)에 대한 浮動담보권(floating charge)의 토대 중 하나이다. 개인과의 관계에서는, 개인에 의한 일반 상업 채권의 포괄적 양도(general assignments by individuals of generic commercial debts)를 무효로 하는 도산법에 의해서 그 효과는 무효가 되었다. 하지만 이것은 기업에는 적용되지 않았다.

Tailby v Official Receiver (1881) 13 AC 523 판례에서, 채무자는 모든 장래의 채권(future book debts)을 담보의 목적으로 양도했다. *판결*: 장래의 채권이 현존하게 된 시점에서 어떠한 새로운 행위 없이 담보권에 포함된다. 이 판례는 채권(book debts)에 대한 浮動담보권(floating charge)을 인정하는 기초가 된 판례의 하나이다. 개인(individuals)에 관하여는, 개인에 의한 일반 상사채권(generic commercial debts)의 포괄적 양도(general assignments)를 무효로 하는 도산법에 의해서 그 효과는 뒤집혔다.[3] 하지만 이것은 법인에는 적용되지 않았다.

16-25   • 그들은 실행이 거의 불가능한 **공시**(publicity) 요건을 고집하는데, 공시 요건은

---

3) 역자 주) 영국 도산법(Insolvency Act 1986) 제344조에 따르면, 개인(person)의 현재 또는 장래의 채권의 포괄적 양도는, Bills of Sale 1878에 따라서 등기되지 않은 한, 파산관재인에 대하여 무효이다.

채권자(creditor)의 원자재와 재고(inventory)에 대한 높은 정도의 점유(possession) 또는 지배(dominion), 금전채권에 관하여 채무자에 대한 통지, 소유권 등기부에 담보채권자의 등기(토지, 선박, 항공기, 증권(securities), 계좌대체기재 증권(book-entry securities), 지식재산권) 또는 은행계좌 인출의 통제(control)를 필요로 한다. 만약 공시 요건을 갖추지 않으면, 담보는 채권자에 대하여 유효하지 않다. 이 法域의 많은 국가에서 인적편성주의 등기부(debtor-indexed register)에 중앙 집중된 등기(centralised filing)를 허용하지 않기 때문에, 결과적으로는 공시 요건이 실현가능하지 않은 자산은 배제되게 된다.

특정성과 공시에 대한 엄격한 원칙의 조합은 아래와 같은 것들의 하나 또는 둘의 배제를 가져온다.

- 채무자가 점유하고 있는 재고(inventory), 설비와 다른 물건들(특정성과 점유는 실행불가능하다).

- 금전채권에 대하여 채무자에게 통지 없는 금전채권(대량의 특정성은 어렵다. 통지는 바람직하지 않거나 가능하지 않다).

- 채권자가 소지자로 등록되지 않은 투자(만약 대량이라면 식별 및 등록은 문제가 있을 수 있다).

- 장래에 취득할 자산(future after-acquired assets)(특정될 수 없기 때문이다).

- 개별적으로 특정 또는 식별, 또는 채권자의 점유(물리적 점유, 채무자에 대한 통지, 통제, 자산 소유권 등기부에 등기)가 없는 모든 다른 자산들.

이러한 제한들의 목적은 채무자를 보호하고, 보다 적절하게는 도산에서 더 많은 것을 남겨 줌으로써 채무자의 채권자들을 보호하기 위한 것이다. 특정성을 요구하지 않고 미국에서와 같이 종류에 의한 자산의 일반적 기술 또는 영국계(English-based) 국가들과 같이 매우 일반적인 기술("회사의 모든 현재 및 장래의 자산들"("all the company's present and future assets"))을 허용하는 국가들이 있다. 예를 들어, 영미권(Anglo-American) 국가들처럼 단순히 서류의 등록을 요구하는 중앙 집중된 등기시스템을 가지고 있기 때문에, 유효성을 위하여 채권자의 점유에 의한 공시를 고집하지 않는 국가들이 있다 — 이러한 法域들에서는 모든 현재 및 장래의 자산에 대한 포괄담보(universal security)에 대하여 장애가 없다.

그럼에도 불구하고, (엄격한 이슬람 국가를 제외한) 사실상의 모든 法域에서 담보물이 현존하고 특정이 가능하다면, 모든 주요 자산들에 대하여 포괄적으로 담보권을 설정하는 것이 가능하다. 예외는 거의 없고, 몇 개의 국가에 있어서의 저작권(copyrights) 정도이다.

16-26   특정성(specificity)의 원리는 소유권이 이전(transferred)될 자산을 식별하기 위한 필요에서 나왔기 때문에 누가 자산을 소유하는지는 분명하다. 공시는 일반적으로 채권자 점유(possession)를 요구하므로 자산이 명확하게 식별되지 않으면 이전은 공시될 수 없다. 이런 이유로 공시는 특정성에 의존한다. 즉 양자는 밀접하게 연관되어 있다. 특정성에는 자세한 식별에서부터 일반적 분류(generic class)에 이르는 식별의 스펙트럼 또는 연속성이 존재한다.

특정성(specificity)의 원리는 양도되는(transferred) 자산을 명확히 하고, 자산의 소유자가 누군가가 명확하게 밝혀지도록 할 필요성에서 생긴 것이다. 공시(publicity)는 일반적으로 채권자에 의한 점유(possession)를 요건으로 하기 때문에, 자산이 특정되어 있지 않으면 그 양도는 공시할 수 없게 된다. 따라서 공시는 특정성에 의존하고 있는 것으로, 이 두 가지는 관련되어 있다. 특정성은, 상세한 특정(detailed identification)에서부터 포괄적인 분류(generic class)까지, 연속된 스펙트럼이 되어 있다. 예를 들어, 저지 감자(Jersey potatoes)를 "암스테르담, 커낼로 15번지에 있는 회사 창고에 왼쪽 위의 선반에 있는, 검정색 글자로 5번이라고 표시되어 있는, 40kg의 저지 감자가 들어 있는 갈색의 삼베 자루(hessian sack)" 또는 "암스테르담에 있는 회사 창고에 있는 감자 자루" 또는 "모든 식품" 또는 "모든 자산"으로 특정할 수도 있다. 만약에 금전채권(receivables)에의 담보에 대하여, 각 계약을 당사자, 인보이스 번호, 금액, 계약 조건으로써 특정해야 된다면, 금전채권(receivables)을 담보로 하는 것은 불가능해질 것이다.

이러한 특정성의 원칙은 대부분의 선진국에서 쇠퇴해 가고 있지만, 대부분의 나폴레옹계 그룹(Napoleonic group)의 법 전통에서만 유지되는 경향이 있다. 이 특정성의 정도는 자산의 성격에 따라 달라지며, 충분히 예상할 수 있듯이, 토지가 가장 높은 수준의 식별을 요구한다.

16-27   **담보를 제한하는 다른 방법들**   담보가 제한되는 다른 방법들은 아래와 같다.

- 독일은 민법(BGB) 제138조에 명시된 신의성실의 원칙(principle of good faith)에 바탕을 둔 **초과담보화**(over-collateralisation) 원칙을 가지고 있다. 이에 따르면 담보가 극도로 불균형하고(경험에 의하면 200%) 채권자가 고의로(knowingly) 채무자를 위태로운 위치에 놓은 경우 최초 담보가 *무효*(invalid)가 될 수 있다. 이에 따르면 채무자는 차후 초과 담보의 *감면*(release)을 요구할 수 있다(종종 120%에서 150% 사이).

- 채무자는 신용거래 서류에 담보 설정을 제한하는 **담보제공금지 조항**(negative pledge)에 동의했을 수도 있다. 단락 8-08 참조.

- 계약(contracts)이나 리스(leases)에는 폭넓은 **채권양도 제한**(restrictions on assignment) 조항이 포함되어 있어 담보권 설정이나 그 실행(realisation)이 금지되는 경우가 있다. 단락 28-30 참조.

포괄적 담보권(universal security interests)의 장단점(pros and cons)

담보권을 찬성하거나 반대하는 정책 요소는 단락 16-06에서 보다 자세하게 다루었는데, 이러한 논쟁은 포괄담보(universal security)에도 동일하게 적용된다.   16-28

장점(advantages) 기업에 대한 포괄담보(universal security)의 장점은 아래와 같다.   16-29

- 다수의 계약 대신에 하나의 포괄적인 담보계약(comprehensive security agreement)는 거래 **비용**(costs)을 줄인다.

- 담보가 포괄적일수록 **신용거래 비용**(cost of credit)은 줄어들고 만기도 연장될 수 있다.

- 프로젝트나 다른 새로운 **기업 금융**(enterprise finance)의 경우, 일반적으로 채권자는 프로젝트의 대부분을 지급하기 때문에 채권자가 높은 순위를 차지하는 것은 부당하지 않다. 채권자가 모든 것을 가진다면, 그것은 모든 것에 대하여 지급했기 때문이다.

- 비록 대부분의 무담보채권자가 후순위지만, 실무상으로는 **무역채권자**(trade

398 제 4 편   리스크 완화

creditors)는 상황이 절망적이지 않는 한 계속 변제 받고 궁지를 벗어나게 된 다(그리고 그 변제는 담보채권자(secured creditor)의 자금에 의해 조달된다).

- 채권자들이 더 안전하다고 느끼기 때문에 상황을 더 오래 유지하는 경향이 있 다. 따라서 회생절차(judicial rehabilitation)보다 빠르고 비용이 적은 **사적 구제** (private rescue)가 확대된다.

- 가능하다면, **점유 담보관리**(possessory receivership)를 통한 실행 방법은 매 각 될 때까지 (그리고 이사들이 사기적 거래의 법칙(fraudulent trading rules) 때문 에 거래를 중지해야만 했을 시기에도) 사업이 운영되고 계속되게 한다.

- 담보의 포괄성은 **사업이 전체로 매각**(business to be sold as a whole)될 수 있도록 한다. 이것은 궁극적으로 가능한 정도까지 사업을 유지시킨다. 부분적 판매는 종종 가치의 손실을 가져온다.

- 일부 자산은 사업의 일부이므로 그 **가치**(value)를 발하게 되는데, 특히 지식재 산, 일부 공급 계약, 재고(inventory) 및 설비가 별도로 팔린다면 그 가치는 줄어들 게 된다.

- 자산에 대하여 **수익**(proceeds)이나 **종물**(accessories)을 추적하는 문제가 최 소화된다.

- **장래 취득 자산**(after-acquired assets)을 목록과 부록(supplements)으로 추가할 필요가 없다. 이 과정은 요식적이며 비용이 많이 들고 불이행 위험을 가져온다. 만약 의심기간(suspect period)에 부여되었다면, 장래 취득 자산(after-acquired property)의 추가는 편파행위(preference)(기존 채무에 대한 담보)로서 무효로 될 수 있으므로, 담보의 범위가 예측 불가능하다.

16-30   **단점**(Disadvantages)   단점은 아래와 같다.

- 담보권이 **독점**(monopolistic)되어 은행 채권자에게 지나치게 강한 힘을 줄 수 있다. 실무적으로는 이 분산된 힘의 논의(diffuse power argument)는 중소기업과의 관계에서 가장 빈번하게 제기된다. 그러나 중소기업은 일반적으로 하나의 주거 래은행(one house bank)만 가지고, 자금 조달의 다양화는 비현실적이거나 불합리

한 경우가 많다.

- 담보는 무역채권(trade claims), 조세채권, 임금채권, 도산절차개시 후 관리비용 채권 등 **무담보채권자**(unsecured creditors)에게 변제할 자산이 전혀 남지 않는다.

- **기업회생절차**(corporate reorganization procedures)에 있어 무담보채권자는 아무런 협상력도 가질 수 없다.

- 사후적으로 취득한 자산(subsequently acquired assets)이 자동적으로 담보로 되는 것은 기존 채무에 대한 담보 제공으로, (의심기간(suspect period) 내에 해당하면) 이론적으로는 **편파적인**(preferential) 것이 된다.

담보권자의 입장에서 볼 때 포괄적 담보권에도 약점은 있으며, 그 중에는 불가피한 것, 또한 법률의 요청으로 인한 것도 있다. 채무자가 자산을 점유하고 있고, 이것을 처분할 수도 있기 때문에, 浮動담보물(floating asset)에 대한 담보권은 그 자산의 매수자, 다른 담보권자, 임차인, 유치권자(lien creditors)에 대해서 우선순위를 보장받지 못할 수 있다.4) 독점적인 담보권의 범위는, 도산절차에서 무담보채권자를 보호하기 위해서 입법적으로 축소되기 쉬운 경향이 있다. 예를 들어, 임금채권의 우선권이나 관리비용의 우선권 등이다. 기존 채권에 대한 담보권은 편파행위의 否認(avoidance as a preference) 위험에 노출되기도 한다.

포괄적 기업담보권(universal business charges)의 국제적 이용가능성

이 부분은 세계 각국의 기업 담보(corporate charge) 범위를 간략히 조사했다. 국가 조사(jurisdiction survey)에 대한 보다 자세한 정보는 LPIF vol 2 chapter 22－25에 있다.

16-31

---

4) 역자 주) 浮動담보권(floating charge)은 채무자(담보권설정자)의 현재 또는 장래의 모든 자산에 대하여 설정하는데, 浮動담보권을 실행하기 전까지는 채무자가 영업을 계속 하는 것을 허용하는 것을 전제로 한다. 즉, 채무자가 통상의 영업과정(ordinary course of business)에서 필요한 자산을 처분하는 것을 허용해야 한다. 따라서 채무자가 통상의 영업과정에서 매도한 채무자의 자산을 매수한 매수인은 유효하게 소유권을 취득하고, 浮動담보권자(floating chargee)는 그 채무자가 통상의 영업과정에서 매도한 자산에 대하여는 담보권을 잃게 된다.

16-32   **영국법계의 포괄적 담보권**(English-based universal charges)   국제적으로 범위(scope and coverage)에 있어 가장 넓은 담보는 공적으로 등기된(publicly-registered) 영국법계의 고정담보권(fixed charge)과 浮動담보권(floating charge)이다. 이는 모든 종류의 부동산과 동산이며, 인적 담보를 포함하는 포괄적 기업 담보로서 토지, 선박, 항공기와 같은 모든 소유권이 등기된 자산(title registered assets) 및 심지어는 점유하지 않더라도 채무자가 자산 소유를 계속할 수 있는 재화와 금전채권을 포함한다. 浮動담보권(floating charge)은 종류상 또는 매우 포괄적으로 볼 때 모든 현재 및 장래의 자산을 포함할 수 있다. 담보의 재설정 없이 장래 자산을 포함할 수 있고, 장래 자산에 대한 담보의 자동적인 지배는 편파적인(preferential) 것으로 취급되지 않는다. 개개의 자산 대항력 취득(perfection)은 법인등기부(corporate register)에 단일 담보를 공개적으로 등기함으로써 대체된다. 浮動담보권(floating charge)은 토지, 선박, 항공기와 같은 특별한 담보 제도들에 의해 영향받는 자산을 포함한다. 그러나 만약 별도의 토지, 선박, 항공기 등록부에 대한 이중 등록과 같은 이러한 자산들에 대한 등록 요건이 충족되지 않는다면 우선권은 취약하다.

　　浮動담보권(floating charge)은 모든 또는 거의 대부분의 영국법계(English-based) 국가들에서 이용 가능하다. 스리랑카(이전에는 Roman-Dutch)는 이러한 담보를 가지고 있다.

　　대부분의 국가에서 浮動담보권(floating charge)은 점유경영관리자(possessory manager)의 한 종류인 담보관리인(receiver)의 임명에 의하여 법정을 통하지 않고 집행될 수 있으나, 이러한 권리는 영국과 아일랜드(Ireland)에서는 축소(curtailed)된다.

16-33   　영국법계의 포괄적 담보권(English-based universal security interest)의 특징은 고정담보권(fixed charge)과 浮動담보권(floating charge)이 혼재되어 있다는 것이다. 넓은 의미에서, 담보는 토지와 자회사 주식과 같이 더욱 영구적인 자산에 대해 고정적으로 나타난다. 그러나 재고와 금전채권과 같이 통상의 영업과정(ordinary course of business)에서 채무자가 반드시 거래할 수 있어야 하는 자산에 대해서는 유동적이다. 浮動담보권(floating charge)은 강제집행 시에 고정된다(fixed)("결정화"("crystallisation")). 즉, 채무자의 처분능력(ability to deal)은 중단된다.[5]

---

5) 역자 주) 浮動담보권자(floating chargee)는 채무자의 채무불이행 시 다음과 같은 권리구제조치를 취할 수 있다. 浮動담보권(floating charge)을 결정화(crystallise)한 다음, 고정담보권(fixed charge)과 같은 방식으로 피담보채권액 만큼 모든 자산에 대하여 강제집행을 할 수 있다. 엄밀히 말하면, 浮動담보권(floating charge)을 바로 집행할 수는 없고, 먼저 고정담보권(fixed charge)으로 전환해야 한다. 浮動담보권(floating charge)은 담보관리인(receiver) 선임 시 또는 파산절차 개시 시 결정화(crystallisation)

자산이 동일한 경우, 고정담보권(fixed charge)과 비교해 *浮動*담보권(floating charge)
의 약점은 다음과 같다.

- *浮動*담보권(floating charge)은 **우선권이 있는 채권자**(preferential creditors)(전형
  적으로는 조세채권과 임금채권)보다 후순위이다.

- 의심기간(suspect period) 내에 기존의 채권을 위한 *浮動*담보권(floating charge)이
  설정되었을 경우에는 자동적으로 무효가 되는 등 보다 엄격한 **편파행위**(preference)
  규범이 적용된다.

- *浮動*담보권(floating charge)이 집행에 의해서 결정화(crystallise)되기 전에 자산을
  압류한 **압류채권자**(garnishee or execution creditor)는 *浮動*담보권(floating
  charge)을 무시할 수 있다. (그러나 통상 이러한 압류채권자는 이 경우, 자동결
  정화 조항(automatic crystallisation clause)의 작용에 막히게 된다).

- *法域*에 따라서는 (영국, 아일랜드 등), 도산절차 개시 후 관리비용채권보다 후
  순위로 밀리며, 기업회생절차에서 채무자의 도산재단은 *浮動*담보물(floating
  property)을 매각할 수 있다.

그 밖에도, 예를 들어 상계와의 관계나 유치권(possessory liens) 보다 후순위로 밀리
는 것 등 경미한 약점이 있다.

결과적으로, 주로 재고나 금전채권 등의 *浮動*담보물(floating asset)에 대해서는, 담
보권의 독점적인 범위는 어느 정도 감소한다고 말할 수 있다.

이러한 불리한 점은 고정담보권(fixed charge)에는 해당되지 않는다.

어느 경우에 담보권(charge)이 *浮動*담보권(floating charge)인가?

*浮動*담보권(floating charge)에는 여러 가지 결점이 있어서 채권자는 가능한 한 많은 자산에 대해서 *浮動*담보권(floating charge)을 고정담보권(fixed charge)으로 전환하려고 한다. 이것을 가능하게 하는 두 개의 주요 방법은 아래와 같다. **16-34**

- 특정한 담보물에 대하여 담보가 고정된 것으로 규정하여, 채무자가 관련 자산

된다.

을 처분하는 것이 허용되지 않도록 하는 것
- 자동결정화 조항(automatic crystallisation clause)을 통해 특정 채무불이행이 발생했을 때 浮動담보권(floating charge)을 자동으로 고정담보권(fixed charge)으로 전환하도록 하는 것

담보계약서(security document)에는, 매도할 필요도 없고 제조를 위해서 사용할 필요가 없는 등, 채무자가 통상의 영업과정(ordinary course of business)에서 사용할 필요가 없는 자산에 대한 담보권은 고정담보권이라고 규정한다. 따라서 부동산, 자회사나 관계 회사의 주식, 대규모 장기의 계약, 지식재산권, 영업권(goodwill), 중요한 투자 등은 고정담보권의 대상이 되고, 재고, 금전채권, 은행계좌 등과 같이 변동하는 자산만이 浮動담보권(floating charge)의 대상이 된다.

이 주제와 관련하여 많은 확립된 영국 판례법에 의하면, 문서가 무엇을 말하든지 상관없이, 만약 채무자 회사가 실제로 그 통상의 영업과정(ordinary course of business)에서 관련된 자산들을 처분할 수 있는 권리를 가지고 있다면 담보는 浮動담보권(floating charge)으로 간주된다. 浮動(floater)의 지표는 처분권(right to deal)이다.

> Ashborder BV v Green Gas Power Ltd [2004] EWHC 1517 (Ch) 판례에서, 그룹 계열사들의 특정 탐사면허(exploration license)와 주식을 포함하는 일부 자산에 대하여 고정담보권(fixed charge)을 설정한다고 표현한 社債券(debenture)이 오직 浮動담보권(floating charge)을 설정한 것이라고 판결했다. 그 이유는 회사가 통상의 영업과정(ordinary course of its business)에서, 浮動담보권(floating charge)에 종속된 자산만이 아니라, 모든 담보된 자산을 처분하는 것이 허용되었기 때문이었다.

결론은 분리되지(blocked) 않은 재고(inventory), 금전채권, 은행계좌에 대한 담보는 대부분의 경우 항상 浮動담보권(floating charge)이 될 것이라는 것이다. 채무자가 인출에 대하여 다소 제한받지 않는 권리를 가지는 은행계좌로 대금(proceeds)이 지급되는 것이라면 금전채권(receivable)에 대하여 고정담보권(fixed charge)을 설정하는 것은 가능하지 않다. Agnew v Commissioner of Inland Revenue [2001] 2 AC 710 판례(종종 Brumark 판례로 언급됨), Re Spectrum Plus Ltd [2005] 2 AC 680, HL 판례 참조. 이것은, 만약 채무자가 은행계좌로부터 대금(proceeds)을 사용할 수 있다면 실질적으로 그 채무자는 그 금전채권(receivable) 자체를 이용할 수 있는 것이라고 법원이

판결했기 때문이다. 이 원칙이 단지 대금(proceeds)의 지급에 의하여 소멸하는 일시불의 상사금전채권(one-shot commercial receivable)에만 적용되는지 또는 설비기계의 리스, 용선계약, 장기의 판매계약과 같은 할부가격이 분할 납부될 수 있는 유사한 계약에도 적용될 수 있는지와 관련하여 논쟁이 있다. 여기에서 그 계약은 일회의 지불로 소멸되지 않고, 대금(proceeds)과 별개의 자산이기 때문이다.

浮動담보권(floating charge)의 영역을 확장하는 위 두 개의 판례들은 어느 정도의 통제(control)가 충분한가의 질문은 다루지 않는다. 하루, 한 주, 한 달, 일 년의 보유로 충분한가? 금전채권의 대금(proceeds)이 오직 회사의 특정 채무를 향해서만 충당되고 다른 채무에는 충당되지 않아서 처분권이 제한되는 것은 충분한가? 위 판결들은 만족스럽지 못하다고 여겨진다.

미국 및 Article 9의 입법태도를 따르는 다른 法域들에서의 담보의 범위(Scope of charges)　16-35
미국과 Puerto Rico, Guam, US Virgin Islands와 같은 몇몇 미국 자치령의 모든 法域들(jurisdictions)은 모든 현재 및 장래 채무를 위하여 모든 현재 및 장래 동산들에 대하여 포괄적인 담보권을 허용하는 UCC Article 9을 채택해 왔다. 영국 보통법 국가들과 비교되는 주요 차이점은 아래와 같다.

- 부동산에 대한 각각의 주(state) 법제도들, 일부는 채무자 보호적이다.

- 지식재산권(intellectual property), 미국 선박과 항공기에 내한 별도의 연방 제도.

- 담보관리인(receiver)을 통한 점유경영관리(possessory management)가 드물고 Chapter 11 기업회생(corporate reorganisation)으로 대체된다.

- 제9편(Article 9) 제노는 개인에게 직용되지만, 국가 소비자 법규에 영향을 받는다.

- Article 9 담보는 특정 세금을 제외하고 우선권이 있는 채권자(preferential creditors)에 후순위로 밀리지 않는다.

- Chapter 11 기업회생(corporate reorganisation)은 담보권을 약화시킨다.

- 편파행위의 의심기간(suspect period for preferences)에 발생하는 장래의 자산에 대한 담보권의 취득(grip)은 1978년 도산법(BC 1978) 제547조의 개선 기준(improvement test)에 의하여 제한된다.

Article 9 담보는 매우 포괄적(super-generic)이진 않다. — 자산을 종류로(by class) 특정하여 기술해야 하지만, 이것은 단지 형식적일 뿐 범위를 제한하지는 않는다.

상당한 변형(modification)에도 불구하고, 캐나다 대부분의 보통법(common law) 주들(provinces)과 뉴질랜드에서는 대체로 보아 제9편(Article 9)에 상응하는 것이 존재한다 (Quebec은 기능적으로 유사하다).

16-36 **로마-게르만계 法域에서의 담보의 범위**   아마 이 그룹에서 가장 광범위한 포괄적인 사업담보권(general business charge)는 비세그라드(Visegrad)그룹(폴란드(Poland), 체코(Czech Republic), 헝가리(Hungary), 슬로바키아(Slovakia)), 발틱(Baltics)(에스토니아(Estonia), 라트비아(Latvia), 리투아니아(Lithuania)) 그리고 1990년대 초부터 사업담보권(business charge)를 채택해 온 발칸(Balkan) 국가들을 포함하는 개혁 국가들의 등기된 담보들 (registered charges)이다. 이러한 담보들은 종종 유럽부흥개발은행 모델법(EBRD Model Law)에 영향을 받아서 그 범위가 현대적이다. 그들은 보통 동산을 포함하고, 부동산, 선박 및 항공기는 포함하지 않는다. 그래서 이것들은 분리하여 다루어진다. 러시아에서 동산에 대한 담보는 특정성의 요건에 의하여 제한되는 것으로 보인다. 중국도 유사하다.

스코틀랜드에서는 동산에 대한 浮動담보권(floating charge)은 법규로 인정되고 있다.

아프리카 남부 法域에서 발달한 일반·특별의 공증필 債券(notarial bond)은, 영국의 포괄적 담보권과 많은 공통의 특징을 가지고 있다. **남아프리카**(South Africa), **보츠와나**(Botswana), **짐바브웨**(Zimbabwe), **레소토**(Lesotho), **스와질란드**(Swaziland), 그리고 **나미비아**(Namibia)가 이러한 法域이다. 이 형식에 의한 포괄적 비점유 담보권은 선의의 취득자에 대해서는 우선권이 없다. 아무래도 이 때문에 별로 선호되지 않는 것 같다. 이 점은 다른 法域에서는 저해요인(disincentive)으로 여겨지지 않았다. 공증필 債券(notarial bond)은 날인증서 사무소(Deeds Office)에 등록이 필요하다. 남아프리카에서 일반적인 債券(bond)은 우선권이 있는 채권자(preferential creditors) 보다 후순위로 밀릴 수 있다.

16-37 어느 특정의 창고에 있는 재고품 같이 특정의 물품에 저당권을 설정했을 경우, 담보(bond)는 특별 저당권(special mortgage)이라고 불린다. 모든 자산, 재고(stock-in-trade), 장부상 금전채권(book debt), 영업권(goodwill) 등 사업 전체를 저당권의 대상으로 할 수 있으며, 그 경우 공증 담보(notarial bond)는 포괄적 저당권(general mortgage)이라고 말할 수 있다.

로마-게르만계 그룹(Roman-Germanic group)의 다른 주요한 핵심 국가에 대해서는, 극도로 포괄적인, 현재 및 장래의 모든 자산을 포함하는 다목적 사업담보권(all-purpose business charge)을 인정하는 곳은 없는 것으로 보인다. 자산은 개별적으로 특정되어야 하며, 질권이나 저당권 등 적절한 방법으로 담보이 설정되어야 하며, 자산의 종류에 따라서 대항요건을 구비해야 한다. 특정성(specificity)의 필요와 현실적이지 않은 공시(publicity)의 필요성은, 이 그룹에 속하는 많은 국가에서 제동을 거는 결과가 되고 있으며, 또 동일한 法域 내에서도 다양한 자산에 따라서 차이가 있다. 그룹 내에서도 차이가 커서 전체적인 패턴을 요약하는 것은 불가능하다. 말할 수 있는 것은, 상기의 특별한 경우를 제외하고, 영미법의 포괄적 담보권(Anglo-American universal charge)에 비슷한 것에 가까워지고 있는 것은 네덜란드와, 보다 낮은 정도로 독일뿐이며, 거기에서도 매우 복잡하고 많은 서류를 필요로 한다.

많은 경우에 동산에 대한 사업담보권(business charge)이 있거나(이것은 일반적으로 규정된 매우 협소한 항목으로 제한된다), 또는 일정한 동산에 관해 공시되지 않는 신탁적 소유권이전("fiduciary transfer")이 인정되기도 한다. 이 담보권에서 채무자는 커스터디 업무(custodianship)로써 점유를 계속하게 된다. 기본적으로는 채권자로의 자산의 이전이다. 이것은 전적으로 질권에 의한 점유(pledge possession)의 필요에서 벗어나기 위한 형식의 문제이다. 법률상 사업담보권(business charge)의 유효성을 위해서는 보통 인적편성주의 등기부(debtor-indexed register)에 등기되어야 하지만, 위 경우들과 개혁 국가들 이외에는, 이들 法域에서는 영미보통법(Anglo-American common law)상의 등기제도를 모델로 한, 동산에 대한 담보권의 일반적인 인적편성주의 등기부(debtor-indexed register)는 거의 없다.

아래의 국가들은 일부 동산에 대하여 등기할 수 없는(non-registrable), 비공시의 (non-publicised) 신탁적 소유권이전(fiduciary transfer)이 가능하다. 16-38

- **독일**: 완화된(mild) 특정성과 초과-담보화 법칙(over-collateralisation rule)에 의하여 제한되는 재화와 금전채권.

- **네덜란드**(결과적으로 비록 질권(pledge)이라 불리지만) 그리고 다른 네덜란드계 (Dutch group)의 구성국들 (**인도네시아**, **네덜란드**, **앤틸리스 제도**(Antilles), **아루바 섬**(Aruba), **수리남**(Suriname)). 네덜란드에서 특정성과 공시 요건의 완화(loosening)

는 담보권이 넓게 인정될 수 있다는 것을 의미한다.

- **일본과 한국**: 대부분 동산들, 그러나 다른 자산들에 대하여 대항력 취득(perfection)이 여전히 요구되고 특정성이 엄격하기 때문에, 실익은 재고(inventory)에 한정된다. 한국에서는 채무자에 대한 통지 요건(obligor requirement) 때문에 집합금전채권(bulk receivables)에 대한 담보가 어렵다.

아래 국가들은 다양한 범위의 법규상으로 일반 등록된 기업 담보를 가지고 있다.

- **덴마크**: 매우 광범위하지만 고가의 기업 담보는 Registration of Property Act의 영향 아래 2006년에 도입되었다.
- **스웨덴**: Floating Charges Act 1984(협소)
- **노르웨이**: Security Act 1980(매우 협소 — 기본적으로 동산과 일부 지식재산권)
- **핀란드**: Enterprise Mortgage Act 1984(중범위)
- **터키**: Pledge of Commercial Enterprise Law 1971(매우 협소)
- **일본**: Enterprise Mortgage Act of 1958(주로 공기업에 제한적으로 적용되어 거의 사용되지 않는다): 다양한 재단(기초)(foundation) 저당권들
- **대한민국**: 다양한 재단과 공장 저당권들
- **대만**: Chattel Secured Transactions Act of 1965(매우 협소)

아래 국가들은 동산을 위한 효과적인 수탁자 이전이나 일반적인 기업 담보도 가지고 있지 않다. **오스트리아, 스위스, 아이슬란드, 일부 개혁되지 않은**(unreformed) **발칸 국가들.**

16-39　　오스트리아와 스위스에서 이러한 효과는 재화에 대한 비점유담보(non-possessory charges)를 배제하는 반면, 집합금전채권(bulk receivables)에는 해당하지 않는데 이는 유효성을 위한 채무자 통지(notice to the obligor)가 요구되지 않기 때문이다. 아이슬란드에서는 유효성을 위한 채무자 통지가 요구되기 때문에 재화와 집합금전채권(bulk receivables)이 모두 배제된다. 오스트리아는 항공기 저당권(aircraft mortgage)을 가지고 있지 않다.

　　태국의 담보권은 매우 취약(poor)하다.

나폴레옹계 法域에서 담보의 범위   이 중의 몇 개의 法域에서는, 기업은 한정적인 등   16-40
기 가능한 사업담보권(restricted registrable business charge)을 설정할 수 있다. 통상은 기
계(machinery)나 설비(equipment) 등의 한정된 종류의 자산을 포함하지만, 비즈니스 영
업권(business goodwill)이나 특허나 상표와 같은 지식재산권에도 미치는 경우가 있다.
특정(identification)은 중요하며, 자산은 공적 등기부에 구체적으로 기재되어야 한다.
운송수단(vehicle)을 제외하고, 자산은 그 소재지에서 이동할 수 없는 것이 보통이다.

포괄적 사업담보권(general business charge)은 아니지만, 담보패키지(security package)
는 자산의 모든 형태를 포함한다. 예를 들어, 부동산, 비상장 회사(private company)
주식, 시장성 있는 투자상품(marketable investment), 기존의 대규모 계약, (경우에 따
라) 은행계좌와 지식재산권 등이다. 이러한 자산들은 반드시 존재하고 특정되어야
한다. 그래서 장래의 재산은 목록으로 추가되어야 한다. 보통 집합금전채권(bulk
receivables)은 특정성(specificity) 때문에 또는 채무자에 대한 통지가 유효성을 위해 의
무화되어서 실행이 거의 불가능하다는 이유 때문에 배제된다. 새로운 재료 또는 재
고(inventory)와 같은 변동성 있는 재화에 대한 담보는 특정성(specificity) 또는 채권자
의 점유 필요성 또는 그 둘 다의 이유로 대체로 실행 불가능하다.

현재 및 장래의 모든 자산들을 일괄적으로 포함하는 단일한 다목적의 사업담보
권(business charge)의 사례는 거의 없는 것으로 보인다. 다만, 제한된 범위의 몇몇 사
업담보권(business charge)들이 있고 특히 불가리아와 루마니아 같은 개혁 국가들에서
는 동산에 대한 보다 폭넓은 담보권을 인정한다. 멕시코는 2000년에 동산에 대한
광범위한 질권(pledge)을 도입했다. 프랑스는 2005년에 동산에 대한 포괄적 담보를
도입했다. 브라질에서는 2002년에 도입된 광범위한 사업담보권(business charge)이 있
는 것으로 보인다. 민법 제1431조 참조. 그렇지 않으면, 자산들은 구분하여 확인되
어야 하고 예를 들어, 질권 또는 저당권 같은 적절한 방법으로 담보되어야 하며, 그
리고 자산의 유형에 따라 대항력을 취득(perfected)해야 한다. 이 그룹에서는 모든 동
산을 대상으로 하는 인적편성주의 등기제도(filing system indexed by debtor)가 거의 없다.

통상, 최대한의 담보패키지(maximum security package)를 설정하려고 하면, 가능한   16-41
범위에서 포괄적 사업담보권(general business charge) 설정을 중심으로 하고, 그 이외
는 자산 마다(assets individuality) 담보권을 설정한다.

사업담보권(business charge)이 인정되는 法域은 다음과 같다.

- 유럽 그룹, 벨기에(1919), 프랑스(1909, 그러나 2005년에는 상당히 광범위해져

(넓어져서) 담보권은 사실상 포괄적이다), 그리스(대체로 오직 물품(goods)에 대해서만, 일반 사업 담보에 대해서는 아니다), 룩셈부르크(1937-대부분의 동산들에 대하여 독일식 신탁적 이전(Germanic fiduciary transfer)이 허가된 1983년 법령), 스페인(1954-기본적으로 유형물과 지식재산권), 포르투갈(Portugal)(1939-기본적으로 물품(goods)에 대하여). 이탈리아의 1994년 특권(Italian special privilege of 1994)은 물품(goods)과 그들의 판매가액만을 포함하기 때문에 실제로 사업담보권(business charge)은 아니다. 벨기에 버전(Belgian version)은 비(非)Ohada회원국[6]의 아프리카의 구(舊)벨기에 식민지에서도 발견될 수 있을 것이다.

- 아르헨티나와 브라질에서는 社債券(debentures) 발행을 담보하기 위한 浮動담보권(floating charge)이 인정되는데, 이것은 아마도 19세기 영국의 철도 건설에서 비롯된 것이다. 이 외에는 아르헨티나의 비점유담보(non-possessory pledge)는 주로 동산에 대한 것이다. 멕시코는 2000년에 동산에 대한 광범위한 비점유담보(non-possessory pledge)를 도입했고 또한 부동산, 설비, 유형 자산들(hard assets)을 포함하고, 재고(inventory), 반제품(work-in progress), 현금과 금전채권에 대한 浮動담보권(floating charge)을 가능하게 하는 (오직 금융 기관에 우호적인) 산업적 저당을 가지고 있다. 파나마의 포괄적인 浮動담보권(floating charge)은 오직 파나마 밖의 자산만을 포함한다. 언급한 바와 같이, 브라질은 2002년에 광범위한 기업 담보를 도입했다.

- 라틴아메리카와 필리핀의 저당은 일반적으로 농업 자산과 동산들, 때때로 특정된다면 원자재와 재고(inventory)를 포함하는 것에 한정되었다. 이러한 비점유담보가 계약, 투자, 은행계좌 같은 것들로 확장되는 경우는 거의 없는 것으로 보인다. 일부 남미 국가들은 동산에 대하여 매우 협의의 비점유담보를 가지거나 전혀 가지지 못한다. 볼리비아, 엘 살바도르, 파라과이.

몰타(Malta)와, 이집트(Egypt)를 포함하는 나폴레옹계 북아프리카(Napoleonic North Africa), 레바논(Lebanon)과 같은 나폴레옹계 중동(Napoleonic Middle East), Ohada 프로그램(programme)(Ohada 국가들은 프랑스법에 기반한 더 광범위한 담보를 가지고 있다)에 가입하지 않은 다양한 사하라 이남의 국가들(sub-Saharan countries), 아이티(Haiti)

---

6) 역자 주) Organisation for the Harmonization of Business Law in Africa. 아프리카 비즈니스 법 조화 기구.

와 같은 다양한 영토들에는 포괄적 사업담보권(general business charges)이 없다고 여겨진다. 아마도 이들 영토들 중 일부는 독립 전에 1909년 프랑스 사업 저당권(French business pledge)을 채택했을 가능성이 있다.

그러나, 불가리아에서는 1996년 법에 따라 선박, 항공기, 헬리콥터를 제외한 현재 및 장래 동산들(moveables)에 대한 포괄적 담보권(universal charges)이 있으며, 루마니아는 1999년 개정법(reforms)에 의해 포괄적인 담보가 존재한다.

그 외 다른 국가들에서 담보의 범위(Scope of charges in other jurisdictions)   Jersey와 Guernsey에서 재화와 집합금전채권(bulk receivables)에 대한 담보권은 실현 불가능(impracticable)한데, 이는 공시요건(채권자의 재화에 대한 점유(possession), 금전채권에 대하여는 채무자(obligors)에의 통지) 때문이다.   16-42

이전에 USSR의 일부분이었던 **새로운 아시아의 많은 국가들**은 다양한 범위의 담보법(pledge laws)을 가지고 있다. 일부는 상당히 광범위한 포괄적 사업담보권(general business charges)을 가지고 있는 것 같다. 그러나 일부 입법에도 불구, **몽골과 베트남**의 담보법은 미흡한 실정(some way to go)이다. **부탄, 캄보디아, 라오스, 네팔**에는 담보권을 다루는 법이 존재하지 않는다.

이슬람 국가들에서 담보권에 대한 법률은 종종 개발되지 않았거나 예측 불가능하다. 소유권이전형 금융(title finance)은 이자금지(prohibitions on interest)를 피하기 위하여 종종 사용된다.

결론   상기의 조사 결과로부터 일반화해 말하면, 담보권의 범위의 넓이는 순서대로 ① 영미계(Anglo-American) 法域, ② 로마-게르만계(Roman-Germanic) 法域, ③ 나폴레옹계(Napoleonic) 法域이라고 하는 것이 된다. 큰 예외는 중앙아시아와 동유럽의 체제이행국(reform jurisdictions)이 있지만, 그 외에도 더 있다.   16-43

질문과 세미나 주제는, 제18장 마지막 부분 참조.

제17장

담보권 Ⅱ

담보권의 공시(publicity)(대항력(perfection))

공시(publicity)의 목적(purpose)

17-01 대부분의 법체계에서 담보권은 일정한 방법으로 공시 — 미국에서는 이를 'perfection' 이라 부른다 — 할 것을 요구한다. 이는 담보권이 지급불능(insolvency)의 채무자에 대해 효력을 발휘하고, 채무자의 재산을 압류(levy execution)한 다른 채권자에게 대항할 수 있는 권한을 갖게 하기 위해서다.

공시에는 두 가지 목적이 있다.

- 공시는 채무자의 도산 시 무담보채권자(unsecured creditors)에게 그들이 담보채권자보다 후순위에 놓이게 될 것임을 경고하기 위한 것이다. 다시 말해, **허위의 富**(false wealth)(외관상 점유는 하고 있지만 사실상 자신의 자산은 아닌 상태), 은밀하게 설정된 유치권(secret lien), 사실상 담보채권자에 의해 이미 재산적 가치가 확보된 표현적 소유권(ostensible or apparent ownership) 등을 채권자가 회피하게 할 수 있게 한다.

- 공시는 같은 담보물(collateral)에 대해 경쟁하는 다른 담보채권자, 담보물의 매수인과 같은 제3자와 경쟁하게 되는 것으로부터 **담보채권자**(secured creditor)

를 보호함을 목적으로 한다. 본질적으로 담보물 매수나 담보권 취득을 엉망으로 만들어버릴 수 있는 은밀하게 설정된 유치권(secret lien)으로부터 금융시장을 보호하고자 하는 것이다.

채무자의 지급불능 시에 대비하고, 압류채권자(attaching creditor)에 대하여 담보권을 유효로 하기 위하여, 필요한 정도의 공시의 요건을 갖추는 것은 불가결하다. 그러므로 예를 들어, 재화의 점유(possession)가 실행곤란한 경우, 또는 비용이나 계약에 관한 세금 때문에 지나치게 비용이 높은 경우 등 공시의 요건을 갖추는 것이 곤란한 경우에는, 담보권의 설정이 실질적으로 비현실적인 것이 된다. 이것은 무담보채권자에게 유리한 결과가 된다.

채권자가 담보물의 매수인과 다른 담보권자(chargee)를 상대로 우선권을 확보하기 위해 이루어지는 공시는 실제에서 덜 중요한 편이다. 대부분의 경우 채권자는 (재산의 종류에 따라서 종종 다르지만) 채무자의 담보물에 대한 처분이나 다른 담보권을 제한하는 담보계약의 준수에 의존한다. 이는 자발적이어야 한다.

공시(publicity)의 수단(methods)

공시의 방법은 재산(asset)의 종류에 따라 달라지는데, 크게 두 가지 주요 형태가 있다.   17-02

- 채권자가 담보물(또는 그 대체물)을 점유(possession) 또는 지배(control)하는 방법

- 상업등기부나 법인등기부와 같이 채무자가 표시된(indexed) 등기부에 등기하는 방법

물품(goods)에 대해서는 물리적인 점유(physical possession)가 점유에 포함될 것이고, 소유권이나 권리 등기부(ownership or title register)를 가지고 있는 재산이라면 그 권리 등기부에 담보권을 등록(recording)하는 것이 공시방법이 될 것이다. 부동산, 배나 비행기, (종종) 자동차, 주식(shares)과 그 외 투자상품(investments), 청산시스템(clearing system)에 보관되어 있는 계좌대체기재 증권(book-entry securities), 특허권, 상표권 등의 지식재산권에 관해서는 대부분 등기부가 존재한다. 그러나 일반적인 동산이나

일반적인 계약조항(contract claims)의 경우 항상 등록부가 있는 것은 아니다. 계약상의 권리, 금전채권(debts), 금전채권(receivables) 그리고 유사한 무형재산은 전형적으로 (동시에 매우 비효율적으로) 청구권에 관하여 채무자에게 통지(notice)함으로써 점유(possession)가 이루어진다. 그러나 이 방법은 다른 채권자들이 청구의 존재를 인식(see)하기 어렵고, 통지가 이루어졌는지 여부를 쉽게 확인할 수 없기 때문에 매우 비효율적이다. 이것 역시 지배(control)의 한 형태이다. 점유 또는 그와 같은 정도의 (equivalent) 방법이 요구된다면, 무담보채권자는 다양한 종류의 등기부를 확인하거나 누가 점유하고 있는지 또는 어떤 계약상의 권리이전이 채무자에게 통지되었는지 일일이 확인해야 할 것이다. 그러나 이러한 조사는 부동산이나 비행기와 같이 상당히 큰 재산인 경우를 제외하면 보통 실현 불가능(impracticable)하다. 이 절차는 담보채권자에게 있어 매우 값비싸며(costly), 종종 큰 재산(bulk assets)인 경우에는 실현 불가능하다.

종종 부동산에 대한 소유권증서(title deeds) 또는 무기명채권(bearer bonds)과 같이 재산을 대표하는 서류를 점유하고 있는 것으로 공시가 충분하다고 보는 경우도 있다.

공시(publicity)의 장단점

17-03   국제적으로 공시와 관련하여 실제적인 의견일치(consensus)가 있는 것은 아니나, 이러한 의견 차이(fragmentation)를 가져오는 정책에 대한 찬반양론을 검토해 보는 것은 가치가 있다.

17-04   **공시의 장점**   다른 채권자로부터 담보권을 유효하게 하는 공시를 요구하는 것의 장점은 위에서 설명한 부실재산 방지와 시장에서의 우선권 보호에 있다.

17-05   **공시의 단점**   아래 사항을 포함한다.

- 점유이든 중앙집중된 등기(central filing)이든 공시의 요건을 갖추지 못했다는 이유로 재산권 자체를 무효화(nullity)하는 것은 지나치게 무거운 **처벌**(penalty)이다. 죄보다 처벌이 더 무거울 수 있다. 상거래 행위 자체를 무효화하거나 효력이 없게 하는 엄중한 처벌을 가능하게 하기 위해서는 아주 강력한(overwhelming) 정책이 있어야 할 것이다. 실제로 지급불능 상태인 채무자를 둔 채권자들은 첫

번째로 대출에 앞서 채권을 회수하고, 두 번째로 채무자의 재산이 도산 재산 (insolvency estate)이 될 때 채권을 회수하여 두 번 채권을 회수하는 횡재(windfall)를 하게 된다.

　최우선순위 채권자가 있는지 여부를 확인하고자 하는 무담보채권자들의 소망은 지나치게 강조된 것(over-emphasised)일 수 있다. 무역채권자는 종종 전혀 관여하지 않을 것이고 은행들은 그 당시의 회사의 자산상태를 조사할 수 있을 것이다. 회사가 의도적으로 통지의무를 위반하는 것은 보통의 거래에 있어 중대한 위험이다.

　재무제표(financial statement)는 회사의 재정상태의 투명성을 확보하기 위한 주된 수단으로서, 계속기업가치(going concern)를 전제로 하는 것이고, 수익성 있는 계약의 해제, 임대인에 의한 임대계약의 해제(forfeiture), 지식재산권 라이선스의 취소, 그리고 소유권유보부 계약하에서의 상품 재점유, 또는 더 적절하게는 가치의 재앙적 붕괴와 같은 지급불능상태를 보여 주고자 한 것이 아니다. 재무제표는 세금이나 임금채권 우선권과 관련된 금액에 대해 자세히 열거하지 않는다. 상계에 대해 어디서도 확인할 수 없다. 절차 개시 이후 예상되는 행정적인 비용이나 신규차입자금(new money)의 우선순위에 대해 판단할 수 없다. 이러한 대부분의 사례에 대해 즉각적으로 또는 그렇지 않더라도 정보공개(disclosure)를 요구하는 것은 비현실적이다. 그러나 세상의 상당 부분이 이렇게 유지될 수 있다는 사실이 담보채권자에 관한 공시를 찬성하는 주장의 기반을 약화시킨다.

- 공시 요건은 **거래비용**(transaction costs)을 증가시킨다. 이는 서로 다른 국가　17-06
에 산재하여 있어서 다른 종류의 공시나 중복적인 공시가 요구되는 복수의 자산의 경우 상당히 중요한 의미를 갖는다. 특히, 상당한 양을 순식간에 거래하는 채권의 경우나 임시자산, 투자와 같이 동시다발적으로 여러 장소(발행장소, 등기장소, 인증장소, 등록장소, 관련법규)와 관련성을 갖게 되는 자산의 경우, 공시는 비실용적이고 터무니없이 비싸다. 매우 짧은 기간 동안 보유하게 되는 재산의 경우에도 공시는 성가신 절차가 될 것이다.

- 최우선순위 채권자(super-priority creditor)에게 **소액**(small)으로 분리되어 있거나 단기간의 담보권을 부여하는 것은 무담보채권자에 대한 효과가 적어서 공시를 위한 비용과 노력을 들일 메리트(merit)가 없다. 소유권이전형 금융(title finance)

의 경우 더욱더 그러하다. 또한 매매와 임대차의 포함(inclusion)은 예측가능성을 해한다. (왜냐하면 담보권처럼 보이는 매매와 임대차와 진정한 매매와 임대차 사이에는 다양한 연속성이나 스펙트럼이 존재하기 때문이다.)

- 점유 또는 그와 같은 공시방법은 특정 종류의 재산에 대한 담보권설정을 **불가능하게 만들거나**(impracticable) 또는 공시수단으로 매우 **비효율적**(inefficient)인 것이 될 것이다.

- 담보물의 담보채권자, 매수인 또는 다른 저당권자들(chargees) 사이에서 **우선순위**(priorities)를 부여하는 공시의 이행여부는 담보권자의 선택에 의해 자발적으로 하는 것이 되어야 하지 의무적인 것이어서는 곤란하다.

뉴질랜드는 도산 시 채권자에 대한 대항요건으로 어떠한 공시도 요구하지 않는 몇 안 되는 국가이다. 포괄담보권의 우선권은 전체 사례의 90% 정도만을 차지할 것이다.

미국의 경우 (때때로 다른 국가도) 몇몇의 상황에 있어 지배(control)로 충분하다. 만일 채권자가 지급불능 상태에서 채무자의 관여 없이 채무자의 재산을 매각할 수 있다면 그 채권자는 그 재산을 지배하고 있는 것이다. 은행계좌(bank account) 또는 계좌대체기재 증권(book-entry securities)에 대한 담보에 있어, 채권자가 은행 또는 증권 중개기관(securities intermediary)과 예금인출이나 처분(disposals)에 관하여 채권자의 지시에만 따르겠다고 하는 계약을 체결한 경우가 그 예가 될 것이다.

하지만 어떤 법체계도 동산의 점유담보권(possessive pledges)을 등기하도록 요구하는 경우는 없다. 점유는 이미 충분한 공시이기 때문이다.

공시(publicity)에 대한 국제적 현황

17-07   법체계마다 공시를 어떤 재산에(what asset) 어느 정도까지(how much) 요구할 것인가에 대한 다양한 견해를 가지고 있다. 어떤 법체계에서는 점유(possession)나 그 등가물(equivalent)을 중앙등기부(central register)에 등기(filing)하는 것으로 대체하고 있다. 이는 담보권자, 무담보권자 모두에게 매우 유용한 수단이다. 등기부는 전자적인 형태를 취할 수 있어 채권자들이 한 장소에서 채무자의 권리상태를 확인하는 것이 가

능하다.

영미계 法域(Anglo-American jurisdictions)　이들 대부분은 일반적으로 대부분의 담보 　　17-08
권을 공시를 위해 중앙집중된 등기(central filing)를 하게 하고 있다. 그러나 어떤 재산
에 대해 등기 또는 등록을 하고, 어떤 재산에 대해 하지 않을 것인지에 대하여 차이
가 있다. 대체로 미국과 영국 법체계 모두 투자상품(investments)과 은행계좌에 대한
담보는 등기 대상에서 제외하고 있다. (다만 미국에서 채권자는 투자상품이나 은행
계좌를 지배(control)해야 한다.) 담보권을 법인등기부(company registry)에 담보권설정
계약일로부터 (보통) 21~30일 안에 등기하게 하는 영국식 등기제도와 그와 동등한
회사등기소(corporate office)에 등기하게 하는 미국식 등기제도의 차이점은, 모든 주
의 담보권에 관한 법을 성문화한 미국 UCC Article 9이 폭넓은 공시의 요건을 위하
여 임대조건부 매매(sales and leases)와 같은 일정한 소유권이전형 금융(title finance) 거
래에 대해 등기할 것을 요구하고 있다는 것이다. 또한 중앙집중화가 덜 되어 있기
때문에 땅이나 미국의 배나 비행기, 일부 지식재산권에 대해서는 등기를 요구하지
않는다. 한편 영국에 기반을 둔 법체계에서는 위와 같은 모든 경우에 대하여 등기
할 것을 요구한다.

나폴레옹계 法域(Napoleonic jurisdictions)　이 법체계는 전형적으로 (종종 매우 제한적 　　17-09
인) 포괄적 사업담보권(general business charge)의 범위까지 중앙등기부에 등기하여 공
시할 것을 요구하고, 그렇지 않다면 점유나 그의 등가물을 재산마다 보유할 것을
요구한다.

로마-게르만계 法域(Roman-Germanic jurisdictions)　로마-게르만계에서는 공시방법이 　　17-10
상당히 다양하다. 특히 발틱이나 비셰그라드 국가들과 같이 새로운 또는 변화하는
법체계에서 더욱 그렇다. 이런 국가들은 중앙집중된 등기(central filing)로 전환해 왔
다. 반면, 부동산이나 투자와 같이 소유권(title)이 등기된 자산에 대한 담보권은 채권
자들에 대항하여 유효하기 위해서 일반적으로 소유권 등기부(title register)에 등기되
어야 한다. 독일, 네덜란드, 러시아와 같은 로마게르만법 국가들에서는 소유권 등기
부(title register)가 없는 소비재나 채권과 같은 유무형의 동산에 대한 점유할 수 없는
담보권에 대하여 공시할 것을 요구하지 않는다. 그들은 무담보채권자들은 공시에
관심이 거의 없을 것이며 형식을 갖추지 아니했다는 이유로 담보권을 무효화하는

것은 불균형적인 형벌이 될 것이라는 관점을 가지고 있다. 이러한 관점은 은행대출 사실을 공개하는 것을 상업적 비밀유지의무(commercial secrecy) 위반으로 보던 것과, 무담보채권자들은 대출은행이 채권을 모두 회수할 수 있다는 점을 알고 있어야 하고, 그러므로 의심스러울 때 조사할 의무가 있다고 보았던 역사적 관점으로부터 영향을 받은 것으로 보인다.

　　공시(publicity)**에 대한 더 많은 내용** : LPIF 시리즈 제2권 제9장~제11장.

피담보채무(secured debt)

장래금전채무(future debt)

17-11　　여기서 주된 주제는 장래의 특정되지 않은(unspecified) 채무에 대해 포괄적으로 담보하기로 하는 담보계약이 사전에 체결될 수 있는가, 또는 담보부채무(secured debt)가 반드시 상세히 규정되어 있어야 하는가 하는 것이다.

　　대부분의 영미법 체계에서, 현재와 장래의 모든 채무에 담보권 설정이 가능하다(미국에서는 동산의 경우에 대하여 그러하다). 다른 그룹에 속한 대부분의 선진 法域(advanced jurisdictions)에서 은행의 당좌예금계좌의 변동하는 모든 채무 그리고 대환대출(revolving credit), 신용장과 관련된 장래의 배상채무(indemnities)를 포함하여 특정한 여신계약(credit agreement)와 관련하여 발생하는 모든 채무를 피담보채무로 하는 담보계약을 체결하는 것이 가능하다. 장래의 계획되지 아니한 추가 채무(advances)만 피담보범위에 포함되지 아니하며 그에 따라 새로운 담보계약을 체결함으로써 담보할 필요가 있다. 장래 채무에 대한 제한은 다행히도 독일이나 네덜란드와 같은 진보적인 법체계에서 많이 사라졌다.

　　특히 나폴레옹계와 같이 매우 전통적인 법체계에서는 채무는 담보가 제공될 때에 미변제(outstanding) 상태여야 하고, 예를 들어 대환대출(revolving credit)에서와 같이 채무가 감소할 경우, 특히 부동산 저당권과 그에 파생된 배와 비행기에 대한 저당권의 경우에 있어 담보가 감소된다. 미국의 일부 주에서 부동산 저당권(real property mortgages)과의 관계에 채무가 특정되어 있을 것이 필요한가는 검토해 볼 필요가 있다.

담보한도(maximum amounts) 및 만기(maturity dates)

주로 나폴레옹계 그룹에 속해 있는 일부 국가에서는 원칙적으로 최대 원금액과 **17-12**
만기를 정하여 기재(stated)하도록 하고 있다. 특히 부동산 저당권(real property mortgages)
의 경우 무담보채권자들에게 경고하고 이론적으로 2순위 저당권을 설정할 수 있는
여지를 주기 위해 더욱 (최대 원금액과 만기를 기재할) 필요가 있다.

외화채무(foreign currency debt)

종종 채무는 현지 화폐단위로 기재되어야 한다. 만일 지역화폐의 가치가 떨어질 **17-13**
경우 물가연동(indexation)이 이슈가 되게 하기 위한 것이다. 이러한 요구는 역사적인
것이지만 일반적(common)이기도 하다.

기타 규제(other restrictions)

기타 이슈들은 이자율에 상한을 두는 고리금지법(usury law), 이자비용의 자본화 **17-14**
(capitalisation of interest), 연체이자(default interest), 회복이 가능한 미수이자(back interest),
그리고 조기상환(prepayments)에 대한 제한과 관련이 있다.

피담보채무에 관한 더 상세한 내용: LPIF 시리즈 제2권 제12장.

담보권에 대한 수탁자(trustees)

수탁자(trustees)의 이용

예를 들어 은행 대주단(syndicate of banks)에 담보가 제공된 경우, 채권자 공통의 이 **17-15**
익을 위해 담보를 보유하는(hold) 수탁자(trustee)를 두는 것이 의의가 있다. 다만 이
러한 형태의 신탁제도는 대부분의 대륙법계 국가들에게 인정되지 않기 때문에, 수
탁자가 도산한 경우 수탁자에게 제공된 담보권의 이익이 수탁자 자신의 개인적인
채권자들에게 빼앗길 리스크가 있다. 신탁은 본질적으로 수탁자가 수익자(beneficiaries)

를 대신하여 소유권(title)을 보유하는 구조이기 때문에 그 자산은 수탁자의 개인적인 채권자들로부터 절연(immune from)되어 있다. 여기서 자산은 피담보채권(secured covenant to pay)과 담보권이며, 수익자(beneficiaries)는 채권자이다. 신탁제도의 이점 중 몇몇은 대리제도 또는 (편리하지 않기 때문에 그다지 많이 이용되지는 않지만) 채권자 간 계약(intercreditor agreement)에 의하여 대체 가능하다. 그러나, 도산의 위험으로부터 절연되는 것은 대체 불가능하다.

은행의 신디케이티드 대출의 경우, 수탁자는 보통 대리은행(agent bank)이다. 자산유동화(securitisations), 그리고 선순위 은행에 뒤지는 債券소지인(bondholders)이 있는 인수금융이나 PEF(acquisition and private equity finance)에 있어서 債券소지인(bondholders)에게 債券(bonds)에 대한 담보권(security)이 부여된다.

수탁자(trustees)의 장점

17-16   담보권을 수탁자에게 맡기는 것의 장점은 다음과 같다.

- **다수의 채권자**(numerous creditors)와 관련된 채권발행이나 다른 자금 조달(financing) 방법의 경우 각각의 채권자에게 담보물을 주는 것은 불가능한 일이다.

- 계약과 보험을 **공동으로 감시하는 것**(common monitoring)이 가능하다.

- 수탁자는 **권원증권**(documents of title) 또는 그와 같은 담보물을 대표하는 서류를 보관하고 있을 수 있다.

- 수탁자는 담보물의 법적 소유자로서, 복수의 은행이나 담보물의 대리인과 같은 채권자들과 관련되지 않고 **담보물을 처분**(deal with the collateral)할 권한을 갖는다.

- 소유권 등기부(title register)에 각각의 채권자를 개별적으로 **등기**(register)할 필요가 없고, 그로 인해 초래되는 비용의 증가를 막을 수 있다.

- 채권자들 사이에 **매각대금**(proceeds of realisation) 및 다른 지불금을 채권액에 비례하여 순차적으로 **적용**(application)하는 것이 촉진되고 통제될 수 있다. 채권발행에 있어 수탁자를 위해 회사채권보유자가 개별적으로 소를 제기하는

것을 금지하는 제소금지조항("no action" clause)의 효력은 수탁자 없이 채권자 간 계약(intercreditor agreement)에 의해 모든 채권자에게 적용되도록 하기가 쉽지 않다.

• **담보권 실행권한**(enforcement powers)이 공통적이다. 이는 채권자 간 계약에 의해서도 가능할 수 있으나, 그다지 효과적이지 않다. 수탁자는 소유권을 가지고 있기 때문에 그 권리를 행사할 수 있다. 공통의 담보권실행은 채권자간 계약에 있는 맨데이트(mandate)에 의하여 규율될 수 있으나, 특히 채권자들이 지체하거나 비협조적인 경우 또는 채권자의 도산에 의하여 맨데이트(mandate)가 해제되는 경우에는 효율적이지 않다.

• **채권자 지위 양도**(creditor assignment)는 양수인(transferee)에게 대항하기 위해 자산 소유권 등기부(title register)에 기록하도록 요구하지 않는다.

• 채권자는 **경개**(novation)를 통해 그 권리를 양도할 수 있다. (대출약정 (commitments)을 양도할 수 있게 하기 위한 것이다.) 수탁자는 담보권의 보유자이므로, 신탁재산을 분배할 때 누가 수익자인 채권자인지 결정하기만 하면 된다. 이러한 경개를 통한 권리이전은, 신탁사실이 알려지지 않은 경우, 피담보채무에 대한 경개가 담보권을 해칠 수 있기 때문에 가장 큰 문제이고, 이러한 문제는 관련 업계 종사자들의 상당한 국제적 관심을 받는 이슈가 되어 왔다. **17-17**

프랑스 민법 제1278조에 기초를 둔 민법들(civil codes)은 관련 권리이전서류에 미리 언급되어 있기만 하다면 담보권이 경개를 통해 유지(preserved)되는 것을 허용하고 있는 것으로 보인다. 비슷한 법칙이 갱신된 보증계약에도 적용된다 (민법 제1281조). 종종 민법 제1281조와 같은 법에서 소유권 등기부(title register)에 비용, 세금, 공개된 불편사항과 함께 권리이전사실을 등록하라는 요구를 면제시켜주지 않는다. 그러한 조문들은 순수한 프랑스법, 예를 들어 프랑스, 룩셈부르크, 벨기에와 오래된 프랑스 식민지국가들에 나타난다. 그리고 이탈리아, 포르투갈, 그리스, 아마 스페인과 같은 다른 나폴레옹계 국가들에서도 그와 비슷한 조문들이 나타난다. 독일에서는 등급에 따라 확인하는 것과 반대로, 그것들을 미리 특정하게 명명함 없이, 초기담보권(initial security)이 경개를 통해 미래에 도입되는 은행들을 위해 만들어질 수 있느냐에 대한 의심이 존재한다. 이러한 관점은 다른 로마–게르만계 그룹에 의해서도 공유된다. 그에 따라 만일 재산이 이 그룹 중 경개를 받아들이지 않는 멤버에 위치해 있는 경우 경개는 담보권에 대해 악영향을 끼칠 수 있다. 대륙법계 일부 국가들은 신탁제도를 설치했거나 외국의 신탁제도를 승인(recognise)하고 있다. 제19장 참조.

- **새로운 채권자들**(new creditors)은 그들을 위해 새로운 담보물을 추가할 필요 없이 가입(accession)을 통해 신탁에 참여할 수 있다.

- 채권자들에게 담보물을 개별적으로 귀속시킬 필요가 없이 **새로운 담보물**(additional assets)을 수탁자의 담보물에 추가할 수 있다.

- 새로운 수탁자를 위해 담보권을 다시 설정할 필요가 없이 **수탁자가 변경될 수 있다**(trustee can be changed). 보통법 국가들의 경우 새로운 신탁자로의 귀속을 선언함으로써 충분하다.

담보부 債券 발행(secured bond issue)이 수취금양도 후순위약정(turnover subordination)에 의해 **후순위화**(subordinated)되는 경우, 각각의 선순위 채권자들이 각각의 후순위 채권자들에게 수취금의 양도를 청구하는 것은 매우 불편하거나 불가능하다.

이중 변제 약정(duplicate covenant to pay) 및 담보제공

17-18   신디케이티드 은행(syndicated bank) 대출의 일반적인 구조는 다음과 같다.

- 채무자는 대출계약 및 담보계약에 따라 은행에 채무를 변제할 것을 약정하고, 담보계약과 병행하는 약정에 따라 담보수탁자(security trustee)에게 채무를 변제할 것을 약정한다.

- 위와 같은 계약에는 이중변제를 막는 조항이 있다. 보통 채무자는 채무불이행(default) 시까지 채권자에게 직접 변제한다.

- 담보(security)는 담보수탁자(security trustee)에게 제공된다. 그리고 종종 각각의 개별 은행에게 직접 제공되기도 한다.

- 담보수탁자(security trustee)는 채무자(borrower)의 채무변제약정의 이익 그리고 담보계약(security agreement)상 신탁 조항에 의거하여 은행을 위하여 신탁에 따른

담보의 이익을 가지고 있다.

문서들(documents)은 병행계약(parallel covenant), 공동채권자(joint creditorship), 또는 연대채권자(joint and several creditorship) 등으로 변제를 위한 이중계약을 다양하게 구분할 수 있다. 말은 다양하게 표현될 수 있지만 의도하는 바는 모두 같다.

수탁자(trustees)**에 대한 더 상세한 내용**: LPIF 시리즈 제2권 단락 4-020.

우선권이 있는 무담보채권자(unsecured preferential creditors)의 우선순위(priority)

담보채권자의 상대적 순위를 포함하는 도산 시 채권자 간 우선순위 단계(ladder of priorities)는 단락 5-101에서 논의한 바 있다. **17-19**

우선권이 있는 채권자들의 주된 우선순위를 간단히 정리하자면, ① 강제집행비용(어디서나 우선적이다), ② 조세채권, ③ 임금채권, ④ (매우 드물지만) 인명피해로 인한 불법행위 손해배상청구권, ⑤ 환경정화비용(environmental clean-up), ⑥ 일반적인 도산행정절차비용, ⑦ 새로운 계약과 피고용인에 대한 채무, 그리고 구제를 위한 신규차입자금(new money) 등을 포함한 회생 비용을 들 수 있겠다.

위와 같은 우선권의 순위는 일정 법체계가 담보권을 우선적으로 보호하는지 여부를 시험하는 하나의 중요한 단서가 된다.

위와 같은 요구와 관련하여 채택된 국제적 전략은 다음과 같다. **17-20**

- 담보권은 최우선순위를 갖기 때문에 우선권이 있는 모든 무담보채권자들보다 우선한다.

- 담보권의 초기 범위는 무담보채권자들을 위해 재산을 남겨두기 위해 그 범위가 제한된다. 단락 16-23 참조.

- 일정한 담보물의 집단은 특정 무담보채권자들에 종속된다. 그러므로 우선권이 있는 채권자들은 동산에는 우선권이 있으나 토지에 대해서는 우선권이 없는 것과 같은 방식으로 특정 재산의 그룹에 대해서만 우선적일 수 있다. 가장 보

편적인 집단은 통상의 영업과정에서(in the course of business) 채무자가 처분권한을 당연히 가지고 있어야 하는 재고(inventory), 금전채권(receivables)과 같은 집합적으로 회전하는 자산(bulk revolving assets)이다. 이것은 우선권이 있는 채권자들에 대한 영어권에 기초를 둔 *浮動*담보물(floating charge collateral)의 강등(demotion)에 영향을 준 정책이다. 영국의 2002년도 회사법은 무담보채권자들을 위해 60만 파운드에 달하는 풀(pool)을 만들었다. 다른 법체계에서는 전형적으로 세금이나 임금채권의 순위가 그보다 앞선다.

우선권이 있는 채권자(preferential creditors)**의 우선순위에 대한 더 상세한 내용** : LPIF 시리즈 제2권 단락 14−033.

실무에서 가장 중대하고 예측 불가능한 위험은 기업구조조정 청구, 특히 순위에 있어 담보채권자보다 앞서도록 허용된 신규차입자금(new money)에 대해 주어지는 우선권이다(이는 *浮動*담보물의 경우를 제외하고, 프랑스에서는 그러하지만 영국에서는 신규차입자금(new money)의 순위가 담보채권자보다 앞서지 않는다).

도산관리인이 담보물을 강제집행할 권한을 갖는 일부 법체계에서는, 양도세(transfer taxes on sale)를 포함한 다양한 비용이 원상회복의 중대한 부분을 흡수하는데, 독일의 경우 20% 또는 그 이상에 해당한다.

경합하는 채권자(competing claimants)에 대한 담보채권자(secured creditor)의 우선순위(priority)

우선순위(priorities)에 대한 정책(policies)

17-21   담보채권자에 대해 우선순위를 부여하는 것은 담보부 금융에 대한 예측가능성을 높이고, 리스크를 줄이며, 조사비용과 거래비용을 감소시키는 것이 목적이다. 여기에 다음과 같은 대조적인 정책이 있다.

- 담보채권자를 보호하고, 담보권이 후순위로 밀리지 않도록 한다.

- 시장의 확실성을 위해서, 시장에 있는 제3자, 특히 담보물의 매수인(purchasers)

이나 저당권자(mortgagees)를 보호한다. 그들은 숨은 담보권을 뒤집을 수 있고 때로는 그 존재를 알고 있었을 때조차 그렇다. 당신이 샌드위치를 마구 먹고 있을 때에, 은행이 마구잡이로 전화를 해서, 슈퍼에서 팔고 있던 빵에는 담보권을 붙여놓았으니 먹는 것을 그만두라고 하는 상황은 상상하기 어려울 것이다.

우선권이 있는 무담보채권자(unsecured preferential creditors)에 대한 우선권과 비교해보자. 담보권 설정의 기본적인 목적은 무담보채권자들에 대한 우선권을 갖는 것에 있다. 담보권이 경합하는 매수인(competing purchasers)이나, 저당권자 등에 대해 우선권을 갖는지 여부는 선택적인 것이고, 실무에서 별로 문제가 되지 않는데, 그 이유는 사기(fraud)가 도산보다는 덜 위험하고, 대부분의 회사는 이중 저당권설정이나 저당물의 매매(사기)를 금지하는 계약을 준수하기 때문이다.

주요 경합하는 채권자(main competing claimants)

우선권이 있는 무담보채권자들이나 후순위 압류채권자(subsequent attaching creditor) 들을 제외하고, 주된 경합청구권자들은 다음과 같다. **17-22**

- 이전 또는 이후의 저당권자나 담보권자(chargees)

- 본인(principal)이 대리인에게 재산을 맡기는 경우 또는 수탁자(trustee)가 수익자들의 이익을 위해 담보물의 소유권을 보유하고 있는 경우에서의 본인(principal)과 수익자

- 매도인의 유치권, 수선자의 유치권, 그리고 해상 유치권과 같은 다양한 유치권

- 자산의 리스임차인(lessees)과 용선자(charterers): 단, 임차물에 대한 매각이 이루어진 경우에도 이들이 계속 그 권리를 주장할 수 있을 것인지가 문제가 될 것이다.

- 비행기 엔진이나 토지 위에 존재하는 건물과 같이 부합된(added and commingled) 재산의 소유자. 땅에 부합된 건축물이나, 비행기에 부합된 엔진과 같은 경우 일반적으로 주된 재산의 소유자가 전체에 대한 소유권을 취득하게 된다. 문제는 담보채권자들을 위한 수익과 다른 수익이 합쳐진 은행계좌와 관련하여 첨

예해진다. 이것은 포괄담보 밖에서 발생하기 쉽다.

담보제공금지 조항(negative pledge)이나 증권매수선택권의 보유자, 또는 재산의 매각을 제한할 권한이 있는 상대당사자가 그들의 계약상 제한을 강제할 수 있을 것인지 여부와 같은 다른 경합하는 채권자들(competing claimants)도 존재한다. 금전채권(receivables)의 경우 담보채권자에 대하여 상계가 우선권이 있는가 하는 문제도 있다. 단락 15－10 참조.

기본원칙(basic principles)

17-23 우선권의 순위는 대단히 복잡하다. 특히 엄청난 숫자의 청구권자들과 다양한 상황이 연관되면 더욱 그렇다.

소유자나 담보물의 매수인, 현존하거나 후순위의 다른 담보채권자들의 재산권에 대항하는 담보채권자 재산권의 우선권에 대한 기본원칙은 다음과 같이 사다리나 계급이라는 환원주의 형식(reductionist form)으로 설명될 수 있을 것이다.

(1) **시간상 최초의 것**(first in time). 가끔 이전 담보권에 대한 통지가 이루어지지 않은 경우에만 가능하다. 종종 청구권자는 반드시 대출을 해 줌으로써 적당한 가치를 얻어야 한다. 그런데 이 원칙은 *다음의 원칙으로 뒤집힐 수 있다.*

17-24 (2) 자산에 대한 **최고의 공적 권원**(best public title)을 최초로 취득한 것. 최고의 공적 권원이란, 자산 또는 그것을 표상하는 서류의 물리적인 점유, 소유권등기부에의 재산권의 등기, 채권양도에 대해서는 채무자에의 통지, 인적편성주의 등기부(debtor－indexed register)에의 등기 등이다. 이것은 채권자가 다른 경합하는 선순위 채권자의 존재에 대하여 善意(no prior notice)였던 경우에만 적용되기도 한다.

일반적으로, 특히 자산 소유권 등기부(title register)의 경우 두 번째의 매수인이나 저당권자 등 권리자가 등기하기 전에 경합하는 권리자의 존재에 대하여 惡意였다고 해도 그것은 무관한 것이 일반적이다. 선의·악의에 관계없이 등기가 우선순위를 결정하는 것이다.[1] 따라서 "惡意의 경합"("race with notice")과 "善意의 경합"("race without notice")이 있게 된다. 또한, 영국과 같이 중간적 입장을 취하는 국가들도 있다. 예를 들어, 영국에서는 만약 제2담보권자가 시간상 앞서는 담보권자의 존재에 대하여 善意인 상태로 담보권을 취득하고, 그 후에 시간상 앞서는 제1담보권자의 존재를 알게 되었다고 하더라도, 먼저 최고의 공적 권원(best public title)을 취득했을 경우에는 제2담보권자가 우선한다고 판단된다. 이것은, 우선권은 담보권자가 금전을 대여하는 시점에 결정되어야 한다는 이론에 근거하고 있다. 즉, 만약 채무자가 금전채권을 두 명의 채권자에게 중복해서 담보로 제공하고, 그 제2담보권자가 시간적으로 앞선 담보권의 존재에 대하여 善意인 상태에서 담보권을 설정하고 금전을 대여한 경우, 만약 제2담보권자가 먼저 금전채권의 채무자에게 통지를 했다면, 제2담보권자는 설령 그 통지 시점에서 제1담보권자의 존재를 알고 있었다고 해도 우선권을 갖는다.[2] 거의 예외 없이, 채권자가 대가(value)를 지급했다는 것이 우선권 취득을 위한 요건이다. 수증자(donees)는 우선권을 가질 자격이 없기 때문이다. 은행계좌와 투자상품은 그 지배(control)로 충분하기도 하다.

최고의 공적 권원의 이론적 근거는 소유권이나 담보권은 공공연한 것이고 투명성이 높은 것으로, 제3자가 등기부를 조회하거나 누군가 다른 곳에 물어볼 수 있어야 한다는 것이다. 따라서 자산의 최고의 공적 권원을 취득하거나

---

1) 역자 주) 예를 들어, 우리나라에서는, 채권에 대해서는, 자기보다 앞서는 채권양도 또는 채권질권에 대한 선의·악의 여부를 불문하고, 채권담보권 등기, 채권질권 통지, 채권양도 통지의 시간적 先後에 따라서 우선순위가 결정된다(동산·채권 등의 담보에 관한 법률 제35조 제3항, 민법 제349조 및 제450조 제2항). 동산에 대해서는, 자기보다 앞서는 동산질권에 대한 선의·악의 여부를 불문하고, 동산담보권 등기와 목적물 인도의 시간적 先後에 따라서 우선순위가 결정된다(동산·채권 등의 담보에 관한 법률 제7조 제3항, 민법 제330조 및 제33조).

2) 역자 주) 영국에서는 *Dearle v Hall* (1828) 3 Russ 1 판례에 따라서, 다수의 채권양수인 사이의 우선순위를 결정하는 기준은 채무자에의 통지이다. 채무자에게 채권양도 통지를 먼저 한 채권양수인이 우선권을 갖는다. 그런데 예외가 있다. 만약에 제2채권양수인이 자신 보다 시간적으로 앞선 제1채권양수인의 존재를 알면서 채권을 양수받은 경우에는, 제2채권양수인이 제1채권양수인 보다 먼저 채권양도 통지를 했다고 하더라도 제1채권양수인에게 대하여 우선권을 갖지 못한다. 채권양도 계약 체결 시에 앞선 채권양도에 대하여 선의(善意)였으며, 채권양도 통지를 먼저 해야 우선권을 가질 수 있다. 다수의 채권질권자 사이의 우열관계도 *Dearle v Hall* (1828) 3 Russ 1 판례에 따라서 결정하며, 채무자에게 채권질권 통지를 먼저 한 채권질권자가 우선권을 갖는다. 만약에 제2채권질권자가 자신 보다 시간적으로 앞선 제1채권질권자의 존재를 알면서 채권질권을 설정받은 경우에는, 제2채권질권자가 제1채권질권자 보다 먼저 채권질권 통지를 했다고 하더라도 제1채권질권자에게 대하여 우선권을 갖지 못한다. 채권질권 설정계약 체결 시에 앞선 채권양도에 대하여 선의(善意)였으며, 채권질권 통지를 먼저 해야 우선권을 가질 수 있다. 만약에 제2채권질권자가 자신 보다 시간적으로 앞선 제1채권질권이 법인등기부에 등기된 이후에 채권질권 설정 계약을 체결한 경우에는, 등기의 의제통지(constructive notice)가 인정되어 제2채권질권자는 제1채권질권자의 존재에 대하여 알았거나 알 수 있었다고 의제될 수 있는데, 이 경우에도 제1채권질권자에 대하여 우선권을 갖지 못할 수 있다. 전우정, "채권양도 및 채권질권의 대항요건 - 담보등기제도 등에 대한 외국의 입법례 비교분석", 『비교사법』 제22권 제2호, 한국비교사법학회, 2015년 5월, 796~797면, 814~815면.

공개적으로 가장 먼저 등기부에 등기를 한 소유자나 담보권자는 그렇지 않은 소유자나 숨은 담보권자에게 이기는 것이다. 그런데 이 원칙은 *다음의 원칙으로 뒤집힐 수 있다.*

17-25   (3) 특히 우선권이나 특권을 누리고 있는 채권자들을 여기서는 **개선시켜 주는 채권자**(improving creditor)라고 부르겠다. 이들 중 가장 중요한 채권자들은 다음과 같다.

- 기존의 담보채권자에게 제공되는 자산을 증가시켜 주는 새로운 자산(new asset)을 파이낸스(finance)하는 채권자—구입대금 담보권(purchase money security interest), 예를 들어, 매수인에게 점유를 이전하지만 대금이 완전히 변제될 때까지 소유권(title)을 보유하고 있는 동산의 공급자(소유권 유보(retention of title))

- 선박우선특권(maritime liens)이나 매도인의 유치권과 같은 법정담보권자들(non-consensual lien creditors)(보통 소유권이 있다)

- 후순위 담보권이 생긴 후 선순위 채권자에 의한 대출보다 우선시되는 2순위 담보채권자("결합(tacking)"). 이 부분과 관련한 미국과 영국의 논의는 복잡하다. 미국은 1순위 담보채권자를 보다 보호하는 입장이다. 이에 대한 이론적 근거는, 자신의 비용으로 담보권자들의 이익을 위해 담보물을 추가하거나 보존했거나 추가적 신용거래를 가져와 담보물의 가치를 향상시킨 우선되는 후순위 담보권자에 대하여 선순위 담보권자보다 그 지위를 향상시켜줄 필요가 있다는 것에 있다. 이러한 이론적 근거는 대부분 들어맞지만 아닌 경우도 물론 있다. 그런데 이 원칙은 *다음의 원칙으로 뒤집힐 수 있다.*

17-26   (4) 명시적 또는 묵시적으로 **우선적 지위가 허용된 경우**(permitted priority). 두 가지 중요한 구분은 다음과 같다.

- 합의된 우선권(담보권자가 다른 사람의 후순위에 놓이기로 동의한 경우)
- 담보물을 점유하는 채무자로부터 담보물을 사거나 임차한 통상의 영업과정(ordinary course of business)에 있는 매수인이나 임차인

이에 대한 이론적 근거는, 채무자에게 담보물을 처분할 권한을 부여했거나, 제3자에게 제한에 대해 설명하지 않고 채무자가 위와 같은 일을 할 수 있는 것처럼 보이게 한 담보권자는, 시장을 보호하기 위해서, 제3자가 순수하게 거머쥔 담보권을 절대 해할 수 없다는 데 있다.

따라서 우선순위는 다음과 같이 간단하게 정리될 수 있다(하위에서 상위 순으로):

- 시간상 첫 번째로 이루어지는 것

- 가장 먼저 최고의 공적 권원을 취득하는 것(점유(possession), 등기부등록, 채무자에의 통지를 통해). 종종 선통지가 이루어진 상태에서만 가능하다.

- (많은 담보권과 그와 동등한 유치권(liens) 등을 확보한)개선시켜 주는 채권자(improving claimants)

- 명시적 또는 묵시적으로 우선적 지위의 허용(permitted priority)을 받는 것

하위에서 상위로의 작은 공식이나 연상기호는 **시간**(Time)-**권원**(Title)-**향상**(Improving)-**허용**(Permitted) (TTIP)으로 정리될 수 있다. "*시간은 개선하는 사람(improver)이 허가 받을 수 있게 자격을 준다.*"

우선순위의 기본원칙을 설명할 방법은 많이 있지만 환원주의적 공식이 제일 적합하다.

우선순위의 근거로서의 등기(filing as a priority point)

미국 UCC Article 9과 그에 상당하는 캐나다와 뉴질랜드의 등기시스템에서는 기본적인 원칙은 먼저 등기 또는 대항력을 취득한 담보권이 우선순위(priority)를 가진다는 것이다. 등기의 경우, 최초의 등기를 한 담보권이 우선이라고 하는 원칙은 주로 재고(inventory)나 금전채권(receivables)과 같이 통상은 점유(possession)나 지배(control)를 하는 것이 불가능한 자산에 적용된다. 다른 대부분의 자산의 경우에는 우선순위는 등기에 관계없이, 점유나 지배의 취득의 순서로 결정된다. 예를 들면, 투자상품이나 은행계좌가 그렇다. 그러나 미국에서는 재고나 금전채권과 같이 등기의 순서

17-27

에 의한 경우에도 등기에 의한 우선순위는 약하다. 왜냐하면, 자산은 통상 채무자가 외견상 점유하고 있고, 또한 통상의 영업과정(ordinary course of business)에서 매수하거나 리스한 매수인이나 임차인이 우선권을 갖는다는 규정이 있기 때문이다.[3]

이것과 대조적으로, 영국법계의 법인등기부에의 담보권의 등기제도(English-based system of registration)는 확실한 우선순위(priority) 결정의 시스템은 아니다. 판례법에 따르면, 후순위 채권자가 등기를 조사하는 것이 합리적인 경우에는, 등기는 그 제3자에 대한 담보권의 통지로서 기능하는 것에 지나지 않는다. 이것은 후속하는 포괄담보권의 설정이나 그 외의 담보권 설정에만 적용될 뿐, 통상의 영업과정에 있는 매수인, 임차인, 담보권자에 대하여는 적용되지 않는다.

이러한 방법을 채택하고 있는 다른 法域 그룹의 중앙등기시스템의 경우, 보통 등기 가능한 담보권의 순위는 중앙등기소(central register)에 등기한 일자의 순서에 따라 결정된다.

17-28   등기제도는 미국 UCC Article 9에 따라 등기를 통해서 재고나 금전채권에 대해 취약한 우선순위(priority)를 수여하는 경우와 중앙등기제도를 가진 영국과 다른 국가들이 등기의 순서에 따라 포괄담보의 순위를 결정하는 경우가 있다. 이를 제외하면, 결론적으로, 담보권자와 담보물의 매수인 등 경합하는 채권자들 사이의 우선순위는, 중앙등기시스템에 등기의 순서에 의해서가 아니라, 누가 최고의 공적 권원(점유, 지배, 소유권 등기부(title register)에 등기, 채무자에게의 통지)을 먼저 취득했느냐에 따라서 결정된다. 등기는 우선순위(priority) 결정의 기준으로서는 약하고, 불편하다. 담보를 제공받은 채권자나 채무자와 거래하는 그 외의 당사자는 등기를 조사하는 것을 바라지 않으며, 만약 항상 그렇게 해야 한다면 시장에서의 거래를 저해하게 될 것이다. 따라서 대부분의 경우에서는 만약 담보권자가 우선순위를 갖고 싶다면 자산에 대해 공공연한 통제나 지배를 갖고, 누가 봐도 누구에게 자산이 있는지 알 수 있도록 해야 할 것이다. 매우 많은 경우, 담보권자는 일부러 최선의 공공연한 권원의 취득을 하지 않고, 채무자의 선의(善意)(bona fides)에 의지하는 것으로 만족하고 있다. 채무자가 대기업일 경우, 사기(fraud)를 실시하기 위해서는 몇 명의 이사의 공모(connivance)가 필요하고, 간단하지 않다.

우선순위(priorities)에 관한 더 상세한 내용 : LPIF 시리즈 제2권 제14장~제16장.

---

3) 역자 주) UCC 제9-320조 제(a)항.

강제집행(enforcement)

도산절차 밖에서의 강제집행(enforcement outside insolvency)

국제적으로 통용되는 주된 강제집행의 방법은 다음과 같다.   17-29

- 물적 담보 실행절차(foreclosure)와 직접 회수(direct collection)

- 점유(possession)와 담보관리(receivership)

- 법원의 경매(judicial public auction)

- 사적 매각(private sale)

물적 담보 실행절차(foreclosure)란 매각 절차 없이 담보물(mortgaged property)을 담보   17-30
채권자에게 절대적으로 양도하는 방법으로서, 금융시장 밖에서 일정하게 제한되거
나 금지되는 경우가 많다.

다만 대부분의 법체계에서는 금전채권(receivables)이 그 가치가 명백하다는 점 때
문에 남용의 위험이 거의 없다고 보아 담보채권자가 금전채권을 추심하는 것을 허
용하고 있다. 시장가격이 공개적으로 형성된 투자수단(traded investments)의 경우 이
에 대한 몰수를 허용하는 경우도 증가하고 있다. 예를 들어 EU Financial Collateral
Directive 2002 참조.

담보관리인(receiver)**을 통한 담보물의 점유관리**(possessory management)는 영국 특유   17-31
의 방법으로 19세기의 판례법에 의해서 형성된 후, 성문법에서 인정받았다.

특히 19세기 판례법 국가에서 발전하여 제정법으로 인정된 영어권의 해결책이다.
부동산담보물의 소유자는 담보물을 직접 점유하거나 또는 재판 외에서(out-of-
court) 담보관리인(receiver)(통상 회계사)을 임명하여 재산을 관리하게 하는데 후자가
보다 일반적이다. 이때 담보관리인(receiver)의 권한은 채무자 회사의 이사의 권한보
다 상위의 것이다. 포괄적 담보권(universal security)의 경우 담보권자만이 유일한 이해
관계 당사자이고, 채무자의 경영진에게는 관리할 것이 없게 된다.

저당권자는 담보 재산을 점유하기를 원하는 경우가 있는데, 이에는 예를 들면 다

음과 같은 여러 가지 이유가 있다.

- 채무자 측 이사진들이 사업을 중지하도록 만드는 사기적 거래 거부 때문에 채무자 측이 거래를 중지했을 경우 재산을 대신 관리하기 위해서이다.

- 반드시 공장문을 닫게 할 필요는 없고, 대신 재산이 굴러가도록 또는 사업이 유지되도록 함으로써 회사를 구하고 어려움에서 빠져나올 수 있다.

- 채무불이행과 경매 사이의 단절을 피할 수 있다.

- 계약이나 임대차계약을 이행함으로써 계약을 유지시킬 수 있다(그 계약이 저당권자의 강제집행을 개시하게 하는 계약종료 조항을 포함하지 않고 있는 경우에 한함).

- 배나 비행기의 경우에, 우선유치권의 존재, 절차지연, 현금매각에 대한 제한(limits on the sale currency), 가압류할 권한이 있지만 본안에 대한 권리는 없는 상황이나(right only to arrest but not merits jurisdiction), 집행비용에 대해 높은 수준의 담보요구(high security for costs), 값비싼 소송비용(excessive court costs), 또는 강제집행으로 인한 도산상태(insolvency stays on enforcement) 등 강제집행의 장애물이 적은 유리한 法域으로 재산을 이동시킬 수 있다.

점유는 채권자가 재산실현을 위해 재산을 통제하도록 해 준다. 보통법 국가들 외에는, 관리인을 통해 재산을 점유하면서 관리하는 것을 허용하는 경우가 거의 없다. 폴란드, 불가리아, 스코틀랜드 정도가 예외에 해당하고, 선박에 관한 한 그리스나 파나마도 예외에 해당한다.

17-32   사법부의 감독하에 이루어지는 **공적 경매**(public auction)는 채무자를 보호하기 위한 것이다. 법원은 절차가 지연되는 경우 양 당사자에게 추가비용의 부담을 명하고 결정을 내릴 수 있다. 경매(public auction)는 가장 좋은 값을 받아낼 수 있는 가장 좋은 방법은 아니다. 반면 사적 매각의 경우 채권자는 상업적으로 합리적이지 않은 매각이 이루어질 위험을 감수해야 할 것이다.

사적 매각(private sale)은 영어권 법체계에서 담보계약에 그러한 조항이 있는 경우에 제한적으로 허용되는 집행방법이다. 미국에서는 UCC Article 9에 따라 동신에 대해 사적매각에 의한 집행을 허용하고 있다. 법원의 경매(judicial public auction)는 전통적인 나폴레옹(Napoleonic) 법체계에서 일반적으로 통용되는 것이고, 로마－게르만 법체계에서는 덜 일반적인데, 대륙법계에 속한 대부분의 진보적 국가들에서 요건은 점차 완화되는 추세이며, 실제로 법원의 명령에 의한 매각을 요구하는 위와 같은 국가들에서도, 종종 토지의 경우를 제외한 대부분의 재산은 집행관이나 공중인과 같은 법원의 하급공무원에 의해 재산 매각이 이루어지고 있다. 네덜란드와 같은 국가도 절차를 간소화하고 신속하게 진행되도록 한 바 있다.

영미법체계 국가에서 판례법은 공정하게 매각할 의무를 부과하고 있다. 저당권자는 적정한 값을 받기 위해 합리적인 주의를 기울여야 한다. 이러한 내용은 대부분의 사법적이지 않은 집행이 "상업적으로 합리적인 방법으로(commercially reasonable manner)" 이루어져야 한다고 미국 UCC 제9−610조에 성문화되어 있다.

일반적으로 강제집행이 지연되거나 제한되면 담보권의 가치는 떨어지기 마련이며, 동시에 무담보채권자는 계속되는 사업을 통해 변제를 받을 수 있게 될 것이다.

집행권(enforcement rights)의 유예기간(grace period)

담보부 대출의 기한이익 상실(acceleration of secured loans)에 대해서, 여신계약에 이행기에 신속히 채무를 변제해야 한다고 규정되어 있으면, 실제로 변제가 지연될 경우 그것이 단 하루라도 영국 법원은 (소비자보호법이 적용되는 경우 이외에는) 대출계약 해제에 대해서 구제해주지 않는다. 예를 들어, *The Angelic Star* [1988] Lloyds Rep 122, CA 판례(선박대출의 기한이익 상실) 참조. 채무자는 유예기간이 필요하면 그렇게 협상할 수 있는 것이며, 무엇이 적절한 유예기간인가에 대해 법원이 자신의 판단으로 채무자를 대변할 수 없다는 것이 그 이유이다. 핵심은 계약의 자유와 안정성이다. 만약 법원이 자신의 판단으로 유예기간을 정할 수 있다면, 저당권자는 기일 진 집행(premature enforcement)에 해당함으로써 손해배상 정구를 받을 위험을 부담하게 된다. 1주일을 기다려야 하는지, 10일인지, 2주일인지, 아니면 1개월, 저당권자가 도대체 얼마를 기다려야 한다는 것인가?

만일 저당권자(chargee)가 청구를 했음에도 채무자가 채무를 변제하지 않을 경우 저당권자가 담보관리인(receiver)을 임명할 수 있다고 약정한 경우에는, 그 약정은 그 문언대로 해석되어야 한다. 채무자에게는 채무자가 은행에 돈을 맡겨놓았다는 가정 하에 그 돈을 찾아올 정도의 시간만이 주어질 뿐이다. *Cripps (Pharmaceuticals) Ltd v. Wickenden* [1973] 2 All ER 606 판례 참조.

17-33

Shepherd & Cooper Ltd v. TSB Bank plc [1996] 2 All ER 654 판례에 의하면, 은행은 60만 파운드의 상환을 요구받은 후 한 시간 내에 담보관리인(receiver)에게 돈을 보내 주어야 한다. 차주(borrower)에게 주어진 시간은 은행의 변제수단을 통해 채무를 변제하기에 충분해야 한다. 차주(borrower)가 채무를 변제할 수 없음을 분명히 한 때에는 (이 상황에서처럼) 은행은 더 이상 시간을 줄 필요가 없다. 담보관리인(receiver)의 임명은 정당했다. 또한 *Bank of Baroda v. Panessar* [1987] 3 All ER 751 판례 참조.

이러한 정책은 다른 사례에도 적용되었다.

Chikuma (1981) 1 All ER 652 판례에서, 용선계약에 따른 임대료가 은행 이자와 수수료 때문에 $80 부족했는데, 선박소유자는, 임대료가 정해진 기한까지 전액 변제되지 않는 경우 용선계약을 해제할 수 있다는 조항에 따라, 계약을 해제할 권리를 갖게 되었다.

The Laconia (1977) AC 850 판례에서, 소유자는 정해진 기한까지 용선료를 지급하지 아니했다는 이유로 용선권을 박탈했다. 용선료는 1주일 늦게 지급된 것이었다. 용선계약은 선박소유자에게 용선료가 정해진 날짜에 지급되지 않는 경우 계약을 해제할 권한을 부여하고 있었고, 법원은 용선권 박탈이 유효한 것으로 판시했다.

반면, 캐나다 판례법은 보다 채무자에게 관대한 입장을 취하고 있다. *Ronald Elwyn Foster Ltd v. Dunlop Canada Ltd* [1982] 1 SCR 726 판례를 보면 합리적인 기간이 무엇인지에 대해 긴 소송과정이 벌어진 바 있다. 1992년부터 캐나다 도산법은 채무자에게 강제집행 대신 강제집행을 정지시키는 회생절차를 신청할 기회를 주기 위해, 강제집행을 10일간 정지시킨다.

17-34   로마-게르만계 그룹의 경우, 특히 부동산과 관련하여, 강제집행의 의도를 통지하고 채무자에게 유예기간을 부여할 것을 요건으로 하고 있다. 예를 들어, 폴란드의 경우 7일 전에 등기된 동산질권 강제집행에 대해 통지해야 하고, 슬로바키아 공화국의 경우 30일 전에 통지해야 한다.

이것은 **나폴레옹계 그룹**(Napoleonic group)의 경우에도 마찬가지이다. 프랑스에서는 채무자의 재정 상태와 채권자의 재정적 필요에 따라, 법원이 최대 2년까지 변제를 연기할 수 있고, 이자율을 낮추거나 변제금을 원금에 먼저 충당하도록 할 수 있다. 벨기에는 의무적인 유예기간제도는 없다. 룩셈부르크도 마찬가지이나 법원은 적당한 유예기간을 부여할 수 있다. 이탈리아는 동산질권 집행과 관련하여 5일간의 유예기간을 부여하고 있다. 스페인의 경우 의무적 유예기간은 없지만, 법원은 변제를 위한 적당한 기간을 부여할 수 있다.

실무상 법원의 경매(judicial public auction)가 강제집행의 유일한 수단인 경우, 유예기간이란 법원이 주도하는 강제집행 절차의 지연을 의미하게 될 것이므로 유예기간은 허용되지 않는다.

미국의 경우 UCC Article 9에 따른 담보물에 대한 통지는 합리적인 때에 이루어져야 한다. 안전항 법칙(safe harbor rule)에 따라 적어도 처분하기 10일 전에는 통지가 이루어져야 한다. 제9−612조 제(b)항 참조. Article 9은 대부분의 경우 채무자, 보증인, 다른 피보증인들에게 사전에 송달에 의한 통지를 할 것을 요구하고 있다. 제9−611조 참조.   **17-35**

독일, 네덜란드, 한국, 일본, 러시아(CC 348항), 프랑스, 벨기에, 룩셈부르크, 이탈리아, 포르투갈 등 다수의 로마법(civilian) 국가에서는 신의성실의 원리(doctrine of good faith)에 따라 채무의 기한이익 상실이나 작고 사소한 계약위반으로 인한 강제집행이 금지되기도 한다.

강제집행(enforcement)에 대한 각국의 태도에 대한 요약

전통적인 영미법 체계 국가에서, 담보권자는 적절히 규정된 담보에 관한 지침 등에 따라 매우 유연한 강세집행방법을 활용할 수 있다. 이러한 강제집행 방법에는 사적 매각, 수익(income)을 취득하기 위한 일시적 점유(possession), 浮動담보권(floating charge)이 설정되어 있는 사업이나 재산을 운용하기 위해 담보관리인(receiver)을 통해 점유를 보유하는 것 등을 포함한다. 담보관리인(receiver)이란 법원의 승인이나 허가 없이 담보채권자가 정한 재산을 관리하는 사람이다. 이러한 관섬들은 19세기의 자유주의 정신, 자립정신을 반영하고 있다.   **17-36**

반면 대부분의 대륙법계 국가(civil code jurisdictions)에서는, 담보권자는 일반적으로 법원의 명령에 따라 공적 경매(public auction)를 하는 것을 원칙으로 한다. 이들은 역사적으로 법원이 강제집행절차를 감독하게 하고 저당권자가 재산을 헐값에 처분하는 것을 방지함으로써 채무자를 보호하는 데 중점을 둔다. 사법적 보호주의라고 할 수 있다. 양자는 시작점이 전혀 다르기 때문에, 최근 자유주의가 촉진되는 추세임에도 불구하고, 여전히 그림이 다르다.

대부분의 강제집행은 재정적으로 어려운 상황에서 또는 실제 도산절차의 진행과 관련하여 이루어진다. 그러므로 이 시점에 우리는 도산으로 돌아가야 한다. 종합적인 사법양식은 더욱더 복잡하다.

도산절차 밖에서의 강제집행(enforcement outside insolvency)**에 대한 더 상세한 내용** : LPIF 시리즈 제2권 제20장.

도산절차에서의 강제집행(enforcement on insolvency)

17-37 **주요 이슈들**   20세기 마지막 무렵에 진입장벽이 낮은 구제법이 경제 영역에 폭넓게 채택, 도입됨에 따라, 도산 시나 회생절차 시 이루어지는 강제집행에 대한 제재가 단연 가장 중요한 것이 되었다. 구제절차(가끔은 파산절차에서도 마찬가지이다)에서 담보권에 대해 이루어지는 제재의 주된 범주는 다음과 같다.

- 채권자들의 투표와 법원의 확인을 거쳐 회생계획(reorganization plan)이 인가될 때까지 강제집행은 동결된다(시장가격의 하락, 이자가 쌓임에 따른 담보권 가치 감소의 상황 등에 있어서). 여기서 논점은 법정관리인(administrator)이 그에 상응하는 보호조치를 제공해야 하는지에 대한 여부가 될 것이다.

- 법정관리인은 담보물을 사용하거나 판매, 임대할 권리, 심지어는 재산을 금전화 할 배타적인 권한도 갖는다. 논점은 법정관리인이 그에 상응하는 보호조치를 제공해야 하는지 여부가 될 것이다.

- 법정관리인의 담보물을 대체할 권리: 대체물이 담보물과 동등한 가치를 가진 것이어야 하는지가 논점이다.

- 담보되지 않는 이자의 발생이 정지되며, 동결로 인해 채권자에 대한 보호막이 제거되었기 때문에 채권자는 절차 개시 이후 담보되지 않는 이자를 요구할 수 없다.

- 임대료, 사용료, 배당금, 이자와 같은 절차개시 후 수익을 포함하는 절차개시 후 채무자가 얻은 담보재산이 제외된다. 다음과 같은 수익들은 피담보채무를 상환하는 데 필수적일 수 있다.

- 절차개시 후 청구권(임금채권, 임대차, 계약, 구제절차를 지원하기 위한 신규차 입자금(new money)과 같은)에 담보권이 후순위화(subordination) 되는 경우. 앞에 서와 같이, 논점은 법정관리인이 그에 상응하는 보호조치를 제공해야 하는지의 여부가 될 것이다.

- (배상금, 인건비처럼) 담보물의 보존과 처리에 드는 법정관리인의 비용절감. 특히 독일에서처럼, 담보물은 어떤 경우에는 큰 항목일 수 있다.

- 담보채권자들은 채무를 줄이고 만기기간을 늘릴 수도 있는 회생계획에 대한 과반수 의결(majority vote)에 따라야 한다. 여기서 논점은 법이 하위 권리자들이 아무것도 갖지 못하는 경우가 아닐 경우 담보채권자들의 피해를 방지하는 절 대적 우선순위 법칙(absolute priority rule)을 적용하느냐의 여부가 될 것이다.

도산절차에서의 강제집행(insolvency enforcement)에 대한 정책　도산 전후를 불문하고 　17-38
이루어지는 강제집행에 대한 접근은 전체적인 관점에서 이루어져야 한다. 강제집행
에 대한 제한은 가장 필요한 때에 원래 주어졌던 것을 박탈하기 때문에 담보권을
옹호하는 정책의 강도에 대해 의문을 가지게 한다. 마지막은 시작만큼이나 중요하
기 때문이다.

　담보권을 지지하거나 반대하는 모든 종합적인 정책들은 단락 16-06에서 간략히
살펴본 바 있기 때문에 강제집행의 문제와 관련하여 채무자를 우선적으로 보호하
는기 아니면 채권자를 보호하는가 하는 것에 따라 법체계가 나뉜다는 사실은 다시
언급할 필요가 없을 것이다.

　한 가지 견해는 재산을 빼앗기는 것으로부터 채무자가 보호를 받아야 한다고 보
는 것이고, 다른 견해는 엄격한 관리감독을 받고 대중의 압력(popular pressure)하에
놓인 발달된 금융기관이라면 더 이상 기디릴 필요가 없는 배가 뇌기 선에는 강제집
행을 하지 말아야 된다고 보는 것이다. 그들은 달려들 때를 노리며 숲에서 똬리를
틀고 기다리지 않는다. 그들의 관점으로 보아 채무자가 자발적으로 담보물을 매각
하도록 설득하는 것이 더 선호된다. 지연(delays)과 비용은 특정 담보가 만족적이지
않은 경우, 담보채권자를 해할 수 있을 뿐 아니라 채무자에게 이자와 비용부담을
더한다. 채권이나 동산, 외화채권이나 금전채권(receivable)과 같이 변화하기 쉬운 재
산의 경우 지연되는 동안 그 가치를 잃을 수 있는데 이는 불필요한 손해가 될 것이
다. 동산은 소멸(perish)될 수 있고, 배나 비행기의 경우 특별하고 값비싼 유지비가

든다. 사법적 개입은 도산 전후를 불문하고 공적비용(government expense)과 법원의 시간(judicial time)이 소요된다.

17-39   이러한 고찰은, 사업을 구제해 일체성을 유지하기 위해서 담보권의 집행을 정지하는 회생법(rescue statute)에 나타나는 기업회생의 철학에 의해서 덧칠된다. 이 정책은 (소액의 유치권이 아닌) 개별적인 중요한 자산에 담보권을 가지는 복수의 채권자가 있어 사업이 분해되어 버릴 수도 있는 경우나, 또는 그 자산이 사업 고유의 것으로 시장으로부터 쉽게 조달할 수 없는 것일 경우에 의의를 갖는다. 그렇지 않으면, 담보권을 정지해 법정관리인(administrator)에게 자산을 이용하게 하여 사업을 계속하게 하는 정책은, 오히려 절차지연을 초래한다. 주주나 무담보채권자를 보호하기 위해서 사업이 재건되거나 경기가 좋아질 것을 기대하면서 기다릴 뿐이다. 해체방지 정책(anti-dismantlement policy)은, 특히 설비 리스(equipment leases) 등의 소유권이 전형 금융(title finance)을 염두에 두고 있지만, 이것은 비교적 작은 부분이다. 이와 같이, 이 정책은, 담보권자는 막아야 한다고 하는, 강제집행에 대한 전통적인 규제에 나타나고 있는 낡은 생각과 별로 다르지 않아 보인다.

근대 경제에서 담보를 이용하는 주된 영역에 대해서 단락 16-12에서 설명한 바와 같이, 대규모의 상장기업 그룹(public groups)은 담보부 차입을 별로 하지 않는다. 담보부 차입을 하는 경우는, 사적 또는 사법적 기업 구제의 장면에서 최후수단으로 신규 신용공여(new money)의 조건으로 기존 채권에도 신규 신용공여(new money)와 같은 조건으로 담보권을 설정하는 경우이다. 여기서 문제는 최후수단으로서의 대출을 제한하지 않고 권장해야 하느냐이다. 금융시장을 위한 담보(collateral for financial markets)[4]라고 하는 매우 큰 영역에서는, 현금이나 유동성이 높은 투자상품 등이 담보로 이용된다. 이러한 자산은 사업 고유의 것이 아니다. 게다가 시간적 지연은 잠재적인 시스템 리스크(systemic risk)를 지니고 있는 상대방에게 심각한 손해를 끼칠 수 있다. 시장가격은 투명하고 남용의 위험도 거의 없다. 이 영역에서는 담보의 환가가 제한 없이 신속하게 이루어지도록 하는 제도가 필요하고, 많은 선진 法域이 실제로 금융시장을 위한 예외(carve-outs)를 마련하고 있다. 단락 17-55 참조.

매우 많은 부문이 프로젝트, 배, 비행기, 부동산, 자산유동화(securitisation)를 위한 특수목적기구(special purpose vehicle)와 관련되어 있다. 이러한 특수목적기구는 자산

---

4) 역자 주) 지급시스템에 참가하는 은행의 채무를 위한 담보, 증권 결제시스템의 참가자의 채무를 위한 담보, 네팅(netting)을 위한 중앙청산소(central counterparty)와 거래하는 참가자의 채무를 위한 담보, 장외파생금융상품(over-the-counter derivatives) 거래를 위한 담보 등이 있다.

유동화의 경우가 아닐 때는 전형적으로 큰 회사가 소유하고 있고 하나의 신디케이티드 은행을 통해 자금을 조달하거나 자산유동화의 경우에는 債券소지인(bondholder)들이 자금을 조달한다. 債券소지인들은 차치하고, 이행지체 상태일 때 신규 신용공여(new money)는 재산에 대해 대가를 변제할 수 있는 현존하는 대출업자로부터 이루어진다. 이러한 대출업자들이 관리 감독할 권한을 제한하는 법적 개입에 대해서는 의문이 있다.

중소기업(small and medium‒sized companies)은 전형적으로 하나의 은행으로부터 대출을 받는다. 이 영역에 대해서는 채무자보호주의 접근이 권장된다. 이 영역에 심각한 시장실패나 남용이 있는지 여부는 논쟁해 볼 문제이다. 은행은 규제를 받는 기관이다.

17-40

대기업과 관련한 비공개 기업투자(private equity investment or acquisitions) 및 대규모의 계층적 채무와 관련된 중요한 영역이 있다.

다른 중요한 부분은 신용장의 질권(letter of credit pledges), 주택대출(home loans), 소비자 금융(consumer finance)과 관련된 영역이다. 신용장의 질권(letter of credit pledges)은 보통 매우 단기이고, (종종 부패하기 쉬운) 물품(goods)과 결합되어 있다. 그리고 압류 또는 동결(freezes)과 같은 것이 적절하지 않다. 주택대출(home loans)은 민감한 문제이기 때문에 이 시장에서 엄격한 규제를 받는 대출업자들에 대한 채무불이행 관련 정책을 다루는 데는 주의를 기울일 필요가 있다. 소비자 금융(consumer credit)은 종종 소비자 법에 의해 다루어진다.

그러므로 보호주의 징책은, 강세집행에 대한 전통적 제한의 방식을 취하건 그것을 대체할 만한 구제법(rescue law)의 형식을 취하든 간에, 주로 중소규모의 사기업을 목표로 한다. 이러한 정책의 결과로 다른 시장, 명시적으로 금융시장은 별도의 취급을 받아야 한다. 그에 따라 법체계는 계층이나 사다리구조를 갖게 되고 국제적으로 훨씬 복잡해진다

17-41

소유권 유보(retention of title), 판매, 재판매, 채권 팩토링(debt factoring), 금융리스업(financial leasing), 할부매매(hire purchasing) 등과 같은 소유권이전형 금융(title finance)도 마찬가지이다. 법체계가 이러한 금융기법을 뒷받침해 주거나 파산이나 회생절차로 해결하려고 하거나 결국 기본적으로 장단점은 담보권을 다루는 일반적 정책과 관련되어 있다.

종종 강제집행에 대한 제한은 누적적이다. 도산구제법(insolvency rescue statute)에 의한 압류 제도는 추가적 도산절차 규정(extra‒insolvency procedural code)에 의해 요구

되는 오래 지연되기 쉽고 값비싼 사법에 의한 공적경매제도와 결합된다.

17-42 **포괄적 담보물의 관리**(management of universal collateral) 도산 시 포괄적 또는 준(準)포괄적(semi−universal) 사업담보권(business charges)에 대한 강제집행과 관련하여 가장 중요한 논점 중 하나는 강제집행자(enforcer)의 동일성(identity)이다. 강제집행은 단순히 하나의 재산을 압류해서 매각하는 절차가 아니다. 사업 전체가 연관되어 있으므로 매각과 관련된 사업이 계속되고 재산의 가치가 유지될 수 있도록 사업 전체를 관리할 필요가 있다. 금융시장과 주택대출(home loan)을 제외하고 그리고 전문적인 리스와 그와 유사한 소유권이전형 금융(title finance)을 제외하면 이러한 최대한도 기업담보(maximum corporate charges)가 경제적 측면에서 단연 가장 중요한 담보권이다.

1978년 도산법(BC 1978)의 Chapter 11에서 미국이 취한 해법은 채무자의 경영진(management)에게 담보물(secured collateral)을 적절히 보호할 것을 조건으로, 담보물(collateral)을 계속하여 사용하면서 이를 관리할 수 있는 폭넓은 권한을 부여하는 것이다. 이런 관점은 주로 채무자의 경영진(management)이 계속 경영권을 가지는 것(stay in charge)을 확실히 하기를 원하는 바람의 영향을 받았지만 아마도 부분적으로는 미국에서 이루어지는 담보부 대출은 일찍이(at one time) 다양한 부분적 담보들(charges)과 부분적 소유권이전형 금융(title finance) 거래들 사이에서 분할되어 있어서 특정 은행을 위한 포괄적 담보권(universal charge)을 설정하는 전통은 적다는 사실에도 영향을 받았을 수 있다.

일반적인 담보(charge)를 가지고 있는 로마법 국가의 해법은 실질적으로 도산관리인(insolvency administrator)에게 재산을 관리할 수 있는 권한을 주는 것이다. 도산관리인(insolvency administrator)은 주로 무담보채권자들을 대표하므로 분할된 인격을 가지고 있다. 이러한 입법은 담보권이 포괄적인 경우는 거의 없고, 그리고 보통 법원의 경매(judicial public auction)에 의해 강제집행이 이루어지며 그러므로 담보물과 관련된 사업을 운영하기 위해 채권자가 그 자신의 경영관리자(manager)를 선임하는 전통은 존재하지 않았던 점에서 기인했을 것이다.

17-43 전통적인 영국법 체계 국가에서는 매각을 늦춰 사업의 가치를 보존하기 위해, 채권자가 자신의 경영관리자(manager)(담보관리인(receiver))를 지정하는 것을 허용하는 방법을 택했다. 그러나 이러한 입장은 영국과 아일랜드에서 기업회생에 관여하는 도산관리인(insolvency administrator)에게 무담보채권자들을 위한 대표자로서 재산을 관리할 수 있는 권한을 부여하면서 중대하게 약화되었다. 이러한 현상은 20세기 후

반에 기업회생이 소개되면서 생겨난 것인데(영국에 많은 예외사항이 있긴 하지만), 반면 호주나 싱가포르에서는 기업회생이 소개되었을 때 같은 관점의 변화가 일어나지는 않았다. 담보채권자들은 담보채권자들을 대신해서 회생(reorganisation)을 할 담보관리인(receiver)을 임명하는 방법으로 무담보채권자들의 대표자인 사람에 의한 기업생이 이루어지는 것을 막을 수 있다. 그에 대한 이론적 근거는 담보채권자들이 모든 재산을 가지고 있으므로 무담보채권자들의 대표자가 무담보채권자들을 대신하여 관리할 재산이 없다는 것이다. 홍콩은 (채무조정 합의서(scheme of arrangement)를 제외하고는) 공식적인 절차를 두고 있지 아니하며 담보채권자들에 대한 중지(stay)가 없다. 이것은 대부분의 전통적인 영국계 법체계의 진실이다.

국제적으로 이 주제에 대한 입장은 채무자를 위한 것에서부터 채권자를 위한 관점까지 다양하게 존재한다. 담보채권자들이 기업회생을 지지하지 않을 것이라는 관점에서 채권자가 아닌 사람들이 지배해야 한다는 입장도 있고, 채권자는 도산에 있어 유일한 이해관계인이고 방법에 관해 비용과 시간이 드는 논쟁을 할 필요가 없기 때문에 담보채권자가 자신의 재산을 다룰 수 있도록 허락되어야 한다는 입장도 있다. 그들은 담보권자가 강제집행하는 것이 경비가 적게 들 것이라고 생각한다. 실제로 도산관리인(insolvency administrator)이 재산을 처분할 경우 운영비용 및 매각비용을 마련하기 위해 매각대금을 상당히 할인함으로써 담보권의 가치를 축소하기도 한다.

이러한 논쟁을 균형 있게 바라봐야 한다.

- 회생(reorganization)을 위해서는 종종 신규차입자금(new money)이 필요하다. 담보권자가 모든 재산을 보유하고 있는 경우라면 담보권자는 효과적으로 상황을 조종하고 계속 운영되는 기업을 조종할 수 있을 것이다. 관리인(administrator)이 담보권자를 적절히 보호하는 조치를 취함이 없이 제3자인 대주(lender)의 이익을 위하여 담보권자의 담보물을 마음대로 처분할 수 있는 경우에만 위 사항이 적용되지 않을 것이다. 미국과 독일에서는 법에 의해 담보권자를 위해 적절한 보호조치가 취해질 것으로 요구하고 있고, 판례법에 의해 영국도 그러하다. 다만 프랑스는 그렇지 않다. 특히 단일목적회사가 하나의 신디케이티드에 의해 자금을 조달 받은 경우 담보채권자의 지배가 여기에 해당할 것이다 ─ 이는 매우 일반적인 상황이다.

- 대부분의 기업회생은 사실은 기업회생절차가 아니라 매각(sale)에 해당한다.

기업회생의 효과는 단지 매각이 시작되었다가 종료될 동안 사람들의 접근을 막는 정도이다. 회사는 새로운 소유자에 의해 구조되는 것이고, 이때 문제는 위 매각절차에서 누가 책임을 질 것인가(who should be in charge)가 될 것이다.

• 담보채권자 또는 신디케이티드가 모든 재산을 보유하고 있는 경우 무담보채권자는 기업회생절차나 최종적 회사파산절차가 개시되더라도 아무것도 얻지 못할 것이므로 위 절차들을 개시할 유인이 매우 적다. 그러므로 종종 담보권자는 기업회생절차를 평온하게 진행시키기 위해서, 채권자가 무담보채권자에 대해 의무를 부담하고 있는 경영진(management)이나 도산관리인(insolvency administrator)을 다루어야 함에도 불구하고, 파산 신청에 있어서 중지(stay) 그리고 무담보채권자의 권리행사 중지(stay)의 장점을 이용하기 위하여 스스로 사법적 절차(judicial procedure)를 개시한다. 다른 동기는 국외 승인(foreign recognition)이다. 공식적인 절차 밖에서 이루어지는 영국법계의 담보관리제도(English-based receivership)의 경험에 의하면, 무담보채권자들이 담보관리제도(receivership)를 방해하려고 하지 않기 때문에 결과적으로 기업회생절차의 중지(stay)가 보통 필요하지 않다. 채권자들은 보통 가능하다면 법원 밖에서(out of court) 구조조정(reorganise)하기를 선호한다.

17-44 **구제절차**(rescue proceedings)**의 효과에 대한 설명**   미국의 Chapter 11 회생절차에서 드러난 입장(position)은 복잡하지만 결국 전반적인 결과를 보면, 다음의 경우들에 대해 담보권자의 절대적 우선권(absolute priority)이 경제적인 관점에서 폭넓게 보호된다는 것이다. ① 강제집행에 대한 중지(담보권자는 적절한 보호를 받을 권리가 있다), ② 담보물을 사용, 매각, 임대할 채무자의 권리(담보권자는 적절한 보호를 받을 권리가 있다), ③ 채무자가 신규차입자금(new money)에 대해 설정한 최우선 순위의 채권자가 절차개시 후 기존의 담보채권자를 능가할 수 있는 권한(담보권자는 적절한 보호를 받을 권리가 있다), ④ 다수결에 의해 지배되는 회생계획에 담보채권자가 잠재적으로 포함되는 것(절대적 우선권 법칙을 지켜야 한다).

담보권자들은 잠재적으로 다음과 같은 경우에 주된 손실을 입을 수 있다.

• 개시 이후에 생겨난 담보물은 담보의 대상에 포함되지 않는 경우. 자조매각대금, 차임 등과 같은 다른 것들에 대해서는 그 재산으로 인해 발생한 개시 후 운

영비용(post commencement operating expense)이 공제될 수 있다.

- 적절한 보호가 부적절한 것으로 판명되는 경우. 예를 들어 재산이 과대평가된 경우(도산 시 가치평가는 매우 부정확하다), 재산이 최우선순위 채무인 행정비용을 변제하기에도 부족해지는 경우가 있을 수 있다.

- 담보채권자가 충분히 담보받지 못했기 때문에 절차개시 후의 이자(post-commencement interest)를 청구할 수 없는 경우. (이자는 무담보이면 절차개시에 의해서 발생을 정지한다.)

- 모든 절차는 담보권자에게 훨씬 더 비싼 것이 될 수 있는 경우.

- 예컨대 적절한 보호가 무엇인가에 대한 논쟁이 있을 수 있기 때문에 담보채권자의 지위가 예상하기 상당히 어려운 경우.

영국(England)　기업파산(liquidation)은 담보채권자의 권리를 중지(stay)시킬 수 없다. **17-45** 담보권의 효력이 현재와 장래의 재산에 미치는 경우 몇몇의 예외사항을 제외하고 담보권은 회사파산절차 개시 이후 도산상태인 회사가 취득한 재산에도 미친다.

영국의 법정관리(administration)(주된 구제수단)에 있어서 회사정리절차의 신청이 있으면 관리인(administrator)의 동의나 법원의 허가 없이도 담보권의 강제집행이 정지된다. 1986년 도산법(IA 1986) Schedule B1 참조. 법정관리(administration)는 1년 이상 지속될 수 없고 6개월을 초과하지 않는 범위에서 연장될 수 있다.

판례법에서 적절한 보호를 부여한(conferred) 바 있다. 다른 사람들에게 상당히 큰 규모의 손실이 발생하는 경우가 아니라면 관리인(administrator)은 보통 강제집행과 재 매입에 대해 동의해야 한다. 무담보채권자들의 이익을 대변하는 법정관리(administration)가 소유권을 지닌 다른 이들의 비용으로 진행되어서는 안 되기 때문이다. *Re Atlantic Computer System plc* [1990] BCC 859 판례 참조.

관리인(administrator)은 이를테면 보다 유리하게 실행(advantageous realisation)하기 위 **17-46** 해, 법원의 허가를 얻어 담보가 설정되어 있는 재산을 처분(dispose)할 수 있다. 담보채권자는 고정담보권의 경우 법정 시장가격에 못 미치는 부족액을 채우기 위해 순매각대금(net proceeds)에 추가분(top-up)을 더하여 받을 권리가 있다. 1986년 도산법(IA 1986) Schedule B1 para 71 참조.

관리인(administrator)은 절차개시명령 후 이자(post-order interest)를 중지시킬 수 없

다. 그러므로 강제된 중지가 추가이자(extra interest)를 발생시켜 담보물의 가치를 감소시킨다고 하더라도 이것 역시 계속하여 담보권에 포함될 수 있다.

고정담보권(fixed security)을 지닌 담보채권자는 고정담보권에 대한 채권자의 권리가 다소나마 손상되지 않게 하기 위해 대체담보물을 수령하거나 선택적인 적절한 보호를 받아들일 의무가 없다. 고정담보권은 일반적인 우선권이 있는 채권자(ordinary preferential creditors)나 행정비용에 대해 대비되어 있지 않다. 이러한 경우 법원은 그 재량으로 담보물에 대한 압류를 풀 것을 명할 수 있다.

17-47   담보채권자가 법정관리(administration) 절차를 블로킹(block)할 수 없다면, 浮動담보물(floating collateral)은 심각하게 가치가 감소될 수 있다. 블로킹(blocking)에 대해서는 아래에서 언급하기로 한다. 浮動담보물은 주로 재고(inventory)나 금전채권의 형태를 보이는데, 애초에 채무자가 영업의 통상적인 과정에서 담보물을 처분할 권한을 갖는 담보물을 의미한다. 浮動담보물(floating collateral)의 개념은 법률적으로 보다 확대되어서, 채무자가 처분할 수 있는 권리를 갖는 것이라면 어떤 종류의 자산도 포함한다. 채무자가 인출 할 수 있는 은행계좌는 浮動담보물(floating collateral)이며, 이 은행계좌로 입금될 금전채권 또한 浮動담보물(floating collateral)이다.

관리인(administrator)은 (예를 들어 浮動담보물을 빌려주거나, 처분하거나, 신규차입자금(new money)을 담보하기 위한 선순위 저당권을 설정하는 등) 마치 浮動담보물(floating property charged)이 담보목적물이 아닌 것처럼 취급할 수 있다. 그러나 만일 그 재산이 처분된 경우 담보물에 대한 우선권은 직접적으로나 간접적으로 담보재산을 대표하는 재산으로 움직이게 된다. 고정담보권과 달리 관리인(administrator)은 시장가격으로 담보물을 매각할 필요가 없다. 채권자는 불공정한 손해를 볼 수 있다. 관리인(administrator)의 보수나 비용채권(절차개시 후 자금조달과 임금채권을 포함)은 우선적 담보권을 가지고 있어서, 만일 관리인(administrator)이 담보물을 손실을 입는 가격으로 처분한 경우, 기존의 담보권은 축소되게 된다. 금전채권이나 재고(inventory), 증권 등에 대하여 설정된 浮動담보권(floating charge)은 잘 블로킹(blocking)되지 않으면 매우 취약한 것이 된다.

관리인(administrator)의 제안은 담보채권자가 그의 담보물을 강제집행할 권리에 영향을 미치지 못한다. Schedule B1 para 73(1) 참조.

17-48   **담보권자**(secured creditor)**의 법정관리**(administration) **봉쇄**   영국의 회생법에서 가장 어려운 부분은, 포괄담보권자들(holders of universal charges) 및 담보채권자의 이익을 위

하여 재산을 관리할 담보관리인(receiver)을 임명할 포괄담보권자들의 권리와 그에 대응하여 모든 채권자들의 이익을 위하여 절차를 진행하는 회생법정관리(rescue administration) 사이에서 난해한 절충점을 찾는 것이다. 前述한 바와 같이, 법정관리(administration)는 특히 *浮動*담보물(floating collateral)에 있어 담보채권자의 이익에 해를 준다. 따라서 일정한 도매시장 등 포괄담보권을 가진 자는 법정관리(administration) 신청 후 정해진 기간 내에 운영적 담보관리인(administrative receiver)을 점유경영관리자(possessory manager)로 임명함으로써 법정관리를 차단할 수 있다. 다른 경우에는 포괄적 담보권자(universal secured creditor)는 법정관리를 막을 수 없다.

용어가 헷갈릴 수 있는데 *관리인(administrator)*이란 법정관리(administration)절차를 관리하기 위해 임명된 도산 실무가(insolvency practitioner)[5]이고, 모든 채권자의 이익을 위해 회생절차(rescue proceeding)를 관리한다. *운영적 담보관리인(administrative receiver)* 은 모든 자산에 담보권(*浮動*담보권(floating charge) 포함)을 가진 담보권자가 임명하며, 그러한 담보권자를 대신하여 담보물을 관리하는 도산 실무가(insolvency practitioner) 이다. 이러한 담보관리인은 보통의 담보관리인(receiver)이지만, 운영적("administrative") 이라고 불린다. 왜냐하면 일반적인 담보관리인(receiver)이 단일한 담보물에 관하여 임명될 수 있음에 반해, 운영적 담보관리인(administrative receiver)은 모든 재산을 관리하기 때문이다.[6]

*浮動*담보권(floating charge)을 포함하여, 모든 또는 거의 대부분의 회사 자산에 대하여 담보권을 가지고 있는 채권자는 주로 특정한 자본시장과 관련하여 형성된 담보 또는 50,000,000파운드 이상의 프로젝트 파이낸스거래를 하는 특정한 상황에서만 (담보권을 위협하는) 법정관리(administration)를 막을 수 있다.

금융시장에서 예외사항은 특정 시장담보(market charges), 시스템담보(system charges), 1998년 EU 결제완결성지침(EU Settlement Finality Directive 1998)에서 다루는 담보권에

17-49

---

5) 역자 주) 잉국에는 '도산 실무가(insolvency practitioner)'라는 자격제도가 있다. 자율협약(CVA: company voluntary arrangements)의 지명자(nominee), 법정관리 관리인(administrator), 파산관재인(liquidator)은 도산 실무가(insolvency practitioner) 자격이 있는 사람 중에서 선임하도록 하고 있다. 도산 실무가(insolvency practitioner)는 주로 회계사 또는 변호사가 많다. 따라서 기존 경영자 관리인(DIP: debtor-in-possession)은 불가능하다. 도산 실무가(insolvency practitioner)의 국제적인 협회로 INSOL이 있다.

6) 역자 주) 특정 단일한 담보물에 대한 담보관리인(receiver)은 회사 전체의 경영을 관리할 수 없다. 浮動담보권자(floating chargee)가 임명한 운영적 담보관리인(administrative receiver)은 회사 전체의 경영을 관리할 수 있었다. 그러나 영국 1986년 도산법(Insolvency Act 1986) 제72A조에 의하여, 2003년 9월 15일 이후에 설정된 浮動담보권(floating charge)에 대하여는 운영적 담보관리인(administrative receiver)을 선임할 수 없도록 개정되었다. 따라서 현재 운영적 담보관리인(administrative receiver) 제도는 일부 예외적인 경우를 제외하고는 폐지된 결과가 되었다.

적용한다. 2002년 EU 금융담보지침(EU Financial Collateral Directive 2002) 또한 법정관리 (administration)의 역효과(adverse effect)로 투자와 현금에 대한 특정 담보를 면제한다.

다양한 면제(exemption)는 국제도매시장(wholesale international market)과 국내시장 (domestic market)의 분열을 보여준다.

포괄적 담보권(universal charges)을 가진 은행들이 운영적 담보관리인(administrative receiver)을 선임하여 법정관리(administration)를 봉쇄하고 그로써 자신들의 담보권을 지키는 것은 2002년부터 쭉 금지하고 있다. 다만 예외적으로, 입법자들이 은행들을 달래기 위하여, 포괄적 *浮動*담보권자(universal floating charge holder)가 법원 밖에서 관리인 (administrator)을 선임하고, 마치 그들이 담보관리인(receiver)을 임명하는 것처럼, 그들 스스로 관리인(administrator)을 찾을 수 있도록 허용한 면제된 경우가 있다. 그러므로 담보권자(chargee)는 예를 들어, 채무불이행 때문에, 관리인(administrator)을 임명하기 전에 담보권을 강제집행할 수 있다는 것만 보여 주면 되고, 회사가 도산상태 (insolvent)라는 것을 보여 줄 필요는 없다 — 비록 회사가 곧 그렇게 될 것이라고 하더라도 말이다.

17-50   **소유권이전형 금융(title finance)**   영국의 법정관리(administration)는 담보권에 적용되는 거의 비슷한 규칙을 동산, 매입권부 물품임대차계약, 석 달 이상의 동산임대차계약 (chattel leases), 조건부 판매와 소유권 유보(retention of title)를 포함하는 특정 소유권이전형 금융(title finance) 거래에 적용하기 위해 시행된다. 재취득(repossession)은 연기된다. 비행기와 배에 관한 특정한 예외사항은 없다.

17-51   **프랑스**   프랑스에서의 도산절차는 상법(Commercial Code) 제L620조에서 제L628－3조에 성문화되어 있다. 구제절차는 다른 것들도 있지만, 주로 기업회생절차이다.

담보권은 도산에 있어 상당히 예측 불가능하다고 여겨진다. 초기에 영국과 미국에서처럼 사업의 계속(continuation of operations)에 의해 재점유(repossession)가 정당화되지 않는다면 구제절차는 담보권에 대한 강제집행 중지처럼 작용한다. 채무자와 관리인(administrator) 모두 법원의 승인 없이 담보권의 대상인 담보물을 처분할 수 없다. 매매의 모든 수익금이 특정 공식 은행계좌에 예금되어야 하는 것을 제외하고 채무자나 관리인(administrator)은 담보물을 마치 담보권의 대상이 아닌 양 쓸 수 있기도 하다.

17-52   1년 이상의 대출이나 연체된 여신(deferred credits)의 경우를 제외하고 절차개시명

령 후 이자(post-order interest)는 중지된다.

담보권은 후순위 집행비용과 특히 고용인과 같은 도산 시 우선되는 채권자들에 의해 영향을 받는다. 관리인(administrator)은 법원의 승인하에 모든 담보권에 우선하는 새로운 대출금을 마련할 수 있다. 담보채권자를 포함하는 채권자들은 회생계획에서 투표권이 없다. 법원이 정하기 때문이다.

우선 청구권은 고용인의 60일 사전 임금채권과 함께 담보권을 우선한다.

법원은 계획이 지속될 것(continuation)을 규정하는 경우 담보권의 보완적 대체 (substitution of security)를 명령할 수 있다. 하지만 이런 상황은 흔하지 않다.   17-53

채권자들은 절차개시를 이유로 조기 상환할 수 없고, 법원이 승인한 계획의 일부로서 피담보채무(secured debt)에 대해 변제의 모라토리엄(moratorium on debt service)이 이루어지기도 한다. 피담보채무의 상환이 중지될 수 있다. 법원은 피담보채무의 삭감을 명할 수는 없지만, 변제의 모라토리엄(moratorium)과 절차개시 후의 금리의 정지를 실시하는 것으로 유사한 효과가 있다. 만일 자산이 매각되었을 경우 다른 채권자에게는 주어지지 않는 이익이 특정 채권자에게 주어지는 것을 반영해, 대금채권(proceeds receivable)은 감액된다.

비행기와 배를 위한 특별 보호책이 없는 것으로 확인된다.

재산을 소유한 임대인과 같은 특정 소유권이전형 금융(title finance) 채권자들은 모든 채권자들에게 적용되는 압류금지, 몰수금지, 조기상환금지와 채무에 대한 강제적 변제유예(강제적 삭감은 안 된다), 그리고 후순위 비용과 공익채권(administrative claim)에의 종속과 같은 제도에 구속된다. 만약 장비임대자계약과 같은 소유권이전형 금융(title finance) 거래가 발표된다면 압류할 권리(배상과 형벌조치)가 상승된다. 소유권유보 조항(retention of title clauses)이 있는 공급자에게 보호적인 제도가 있다.

기타 法域들(other jurisdictions)   벨기에, 포르투갈과 스페인과 같은 나폴레옹계 법체   17-54
계에서는 중지(stays)가 존재한다. 로마법체계에서는 독일, (몇몇의 경우에) 일본, 네덜란드에서 중지(stays)를 시행한다. 네덜란드 중지(stays)는 짧고, 독일에서 중지(stays)는 적당한 보호를 받고 있기 때문에 채권자들에게 보호적이다. 독일에서는 관리인 (administrator)이 점유(possession)하는 동산에 대하여는, 관리인(administrator)만이 환가의 권리를 가지며, 환가하기 전까지는 관리인(administrator)의 사용이 인정되지만, 담보채권자에게는 충분한 보호가 부여되어야 한다. 전형적으로 재고(inventory)와 금전채권이 그러하다. 그러나 관리인(administrator)은 환가비용과 일정한 세금을 매각대금으로부터 공제할 수 있는데, 세금은 양도세와 합하여 대각대금의 25%까지 인정된다.

도산시 강제집행에 대한 더 상세한 내용 : LPIF 시리즈 제2권 제21장.
담보계약의 기한에 대한 내용은, LPIF 시리즈 제2권 제32장 참조.

EU 결제완결성지침(EU Settlement Finality)과 금융담보지침(Financial Collateral Directives)

17-55   이 부분은 지급 및 증권의 청산 시스템(payments and securities clearing system)과 담보물에 관한 두 개의 EU 지침을 개관한다. 두 개의 EU 지침은 1998년 EU 결제완결성지침(EU Settlement Finality Directive 1998)과 2002년 EU 금융담보지침(EU Financial Collateral Directive 2002)을 말한다. 두 규칙은 중복되는 부분도 있는데, 특히 도산절차의 개시에 수반하는 양도지시(transfer order)의 취소 금지(non-revocability), 네팅의 유효성, 양도와 담보권에 관한 국제사법 규칙(conflicts of law rules) 등이 중복된다. 결제완결성지침은 특정한 지급 및 증권 결제시스템(payment and securities settlement system)에 제한적으로 적용되는 반면, 금융담보지침은 결제시스템(settlement system)에서 사용되는지의 여부와 관계없이 금융담보물에 적용된다.

17-56   **1998년 EU 결제완결성지침**(EU Settlement Finality Directive 1998)   1998년 EU 결제완결성지침(98/26/EC)은 금액이 거액으로 법적 리스크를 경감할 필요가 있는 특정 지급과 증권결제시스템(securities system)에 있어서 그 최종성을 위협하는 도산법의 규정을 배제하기 위한 절묘한 수단이다. 이에 의하여 도산법의 영향을 받지 않는 자유로운 계약(free contract)이 된다. 이 지침은 또한 아이슬란드, 노르웨이, 리히텐슈타인과 같은 유럽경제지역(EEA)[7] 국가들의 법에 포함되었다. 하지만 리히텐슈타인에는 관련된 결제시스템(settlement systems)이 없다.
지침은 다음과 같이 정리될 수 있다.

---

7) 역자 주) European Economic Area. 유럽경제지역(EEA)은 유럽의 양대 무역블록인 EU 15개국과 유럽자유무역연합(EFTA) 4개국으로 구성된 기대한 단일 통합시장이다. 1994년 1월 1일에 공식적으로 출범했다. 유럽경제지역(EEA) 역내에서는 상품과 서비스는 물론 역내 국민들은 여행과 거주, 노동에서 동등한 권리를 부여받는다.

- 회원국의 법에 의해 관리되고 회원국에 의해 허락된 지급 및 증권 결제시스템 (payment and securities settlement systems)에 적용된다. (주로) 은행과 수반되는 주된 거래상대방, 결제대리인과 청산소(clearing house)와 같은 결제제도의 참가자에게 규칙이 적용된다. 제1조, 제2조 참조.

- 양도지시서(transfer orders)가 도산절차가 개시되기 전에 만들어진 경우에 제로아워("zero hour") 규칙을 기각하고 도산 네팅(insolvency netting)에 대한 제한을 없애기 위해서 양도지시서와 네팅을 승인한다(제3조 참조).

- 관련된 당사자가 도산절차에 대해 알기 전이나 도산절차에 대해 알아야 했기 전에 만들어진 양도지시서를 승인한다(제3조 참조).

- 도산절차 개시일에 참여자들의 의무를 다하기 위해 회원국들이 기금이나 담보물의 즉각적인 사용을 금지하는 것을 선택적으로 허가한다(제4조 참조).

- 양도지시서의 철회불가를 명시한다(제5조 참조).

- 참여자의 권리와 의무에의 도산절차 소급작용을 금지한다(제7조 참조).

- 도산의 경우에 참여자의 참여와 참여자의 권리와 의무를 규율하는(governing) 법은 제도를 규율하는 법과 동등하다고 규정한다(제8조 참조).

- 제도와 관련되어 공급된 담보권에 대한 참여자의 권리와 그들에게 주어진 담보권에 대한 EU 중앙은행들의 권리는 담보물을 제공하는 참여자와 중앙은행 상대 당사자의 도산에 의해 영향받지 않으며 담보물이 현금화될 수 있다고 규정한다. 이것은 도산동결(insolvency freeze)과 짐작하건대 편파행위 否認 법칙(preference rule)보다 우선된다(제9조 참조).

- 담보권이 담보물의 형태로 참여자와 EU 중앙은행에 주어지고, 그들의 권리가 법적으로 회원국의 등기부나 계좌대체기재 시스템(book–entry system)과 같은 계좌(account)에 기록되는 경우 담보권자의 권리결정("determination of the rights")은 회원국의 법률에 의한다("governed by the law of that Member State")라고 규정한다(제9조 참조).

럽의 지침(European Directive on Financial Collateral Arrangements (2002/47/EC))은, 계좌대체기재 증권(book-entry securities)과 현금을 포함한 투자증권에 대해서, 담보권과 소유권이전형 담보(레포(repos) 포함)의 유효성과 집행(enforcement) 가능성을 확대하는 것이다. 당사자는 금융기관, 보험회사, 중앙은행 등이어야 하지만, EU 회원국은, 일방 당사자가 규정된 기관(prescribed institution)이라면, 다른 당사자는 자연인 이외의 어떠한 법인이라도 이 지침이 적용된다고 허용할 수 있다. 많은 EU 회원국에서 그렇게 하고 있다. 영국은 쌍방 당사자 모두를 자연인 이외의 어떠한 법인이라도 허용하여, 이 지침의 적용이 금융기관에만 한정되지 않도록 하고 있다.

이 지침은 1998 EU 결제완전성지침(EU Settlement Finality Directive, 1998/26/EC)을 확대하고 채권자를 보호하여(creditor protection) 채무자를 보호하는 규정(debtor-protective rules)의 완전한 반대의 형태를 띠고 있다. 지침에 담긴 철학은 다른 사람들을 연쇄파급 효과(contagion)로부터 보호하기 위해 금융시장에서 체납자들은 격리되어야 한다는 것이다.

이 지침(Directive)은 다음과 같이 요약된다.

- 담보권자가 담보물을 점유하거나 실질적으로 지배하는 경우, 등기에 의한 대항력 취득을 포함한 절차적 요건은 필요하지 않다. 담보계약은 서면이나 서면에 상당한 방법으로 이루어져야 한다.

- 강제집행 시행 시 즉각적인 현금화를 규정하고, (따라서 공적 경매(public auction), 의무적 유예기간(mandatory grace periods), 도산 동결(insolvency freezes)과 관리인(administrator)의 담보물을 사용할 권리에 우선한다(overriding).) 매매 없이 담보권 행사(foreclosure)를 할 수 있도록 허락한다.

- 그렇게 규정되어 있다면, 담보물을 가진 자에게 담보물을 사용할 권리를 준다.

- (담보권으로 성질 재결정될 수 있는 리포(repos)를 포함하는) 소유권이전을 인정한다.

- 일괄정산 네팅(close-out netting)을 유효로 한다. (이것에 의해 상계에 대한 제한과 회생절차에서의 동결(insolvency reorganization freeze)에 우선한다(overriding).)

- 도산절차 개시일이나 어떤 경우에는 그 후에 주어진 담보권을 인정한다.

- 기존 채무에 대한 담보권을 무효화하는 몇몇 편파행위否認 법칙(preference rules)을 제거한다.

- 담보물의 추가(top-up)와 대체를 인정한다. 그리고

- 계좌대체기재 증권(book-entry securities)과 관련하여, 유효성, 대항력취득, 권리이전의 우선성, 현금화에 관한 저촉법 쟁점(conflicts questions)은 관련 대체기재계좌(book-entry account)를 유지하고 있는 국가의 국내법에 의해 지배된다고 규정한다. (관련 중개기관 장소 접근법("place of the relevant intermediary approach") — 줄여서 "PRIMA"라고 알려져 있다.)

지침의 목적은 금융의 안정성을 보장하고 금융시장에서 채무불이행 시 일어나는 연쇄파급효과를 줄이고, 법적 확실성(legal certainty)을 향상하고, EU 금융시장을 통합하고, 자유로운 서비스 제공과 자본이동을 지지하기 위한 목적으로 비용 효율성을 도입(introduce)하기 위한 것이다.

위 지침(directive)에 관한 상세한 분석은, LPIF 시리즈 제2권 제36장 참조.

문제와 세미나 주제는, 제18장 마지막 부분 참조.

소유권이전형 금융

도입(introduction)

18-01   소유권이전형 금융(title finance)은 경제적으로는 담보(security)와 같은 효과가 있어서 담보의 대체물이 된다. 이것은 준담보(quasi-security) 거래라고 불릴 수 있다. 소유권이전형 금융(title finance)은 담보권으로 성질지어지는 法域도 있고, 그렇지 않은 法域도 있다.

자산담보부 금융(asset-based finance)을 장려해야 하는가, 혹은 최우선순위(super-priority)를 가지는 소유권이전형 금융(title finance)을 제한하여 무담보채권자를 보호해야 하는가는 중요한 문제이다.

소유권이전형 금융(title finance)의 주요 형태 요약

18-02   주요 거래는 다음과 같다.

매도인 금융(seller finance)

- 상품에 대한 소유권 유보(retention of title)(조건부 판매)

- (증권)대차거래(securities lending)

매수인 금융(buyer finance)

- 금전채권(receivables)에 대한 채권매입(factoring)과 할인(discounting)

- 자산유동화(securitisations). 제28장 참조

- 환매조건부 – 레포("repos")

임대인 금융(lessor finance)

- 금융리스(finance leasing)

- 할부매매(hire purchase)

- 매각 후 재임차(sale and lease-back)

이러한 거래들은 다양하게 기술되고 있다. "판매/임대 담보(vendor/lessor security)", "자산담보부 금융", "소유권이전형 금융(title financing)", 또는 "준담보(quasi-security)". 대주(financier)에게 자산에 대한 저당권(mortgage)이 아닌 소유권(title or ownership)이 있으므로 이 책에서는 '소유권이전형 금융(title finance)'이라는 용어를 사용한다.

소유권 유보(title retention)　　때때로 조건부 판매로 알려진 거래로, 채무자가 그 대금 18-03 을 모두 지급할 때까지 그 소유권을 취득하지 못하는 것을 조건으로 채무자에게 자산을 매도하는 거래다. 매도인(seller)은 물건의 점유를 즉시 이전한다. 만약 매수인이 대금을 지급하지 못한 채 도산한다면, 매도인은 점유를 되찾아 온다. 이는 대개 상품(goods)거래에 적용된다.

일반적인 상품판매거래에는 (거대 설비기기(large equipment)의 조건부 매매(conditional sales)와 달리) 아래와 같은 형태의 소유권유보 조항(retention clauses)이 포함될 수 있다.

- 다른 공급품의 대가도 포함한 매수인의 모든 채무가 매도인에게 변제될 때까지 소유권을 유보하는 "당좌계좌"("current account") 조항

- 매수인이 다른 전매수인(sub-buyer)에게 물건을 전매하여 얻는 대금에까지 매

도인의 권리를 확장하는 "전매 대가"("resale proceeds") 조항

- 재매각 이후 상품을 취득한 전전매수인(sub-sub-buyers)에까지 매도인의 소유권을 주장할 수 있도록 하는 "계속 유보"("continued retention") 조항

- 해당 물품이 제조 과정을 통해서 다른 생산물의 일부가 된 경우 그 생산물에까지 매도인의 소유권을 확대하는 "가공 조항"("aggregation clause")

이러한 유보조항이 항상 허용되는 것은 아니나, 法域(jurisdiction)에 따라 차이를 보인다.

이러한 거래의 목적은 매수인이 외상으로 물건을 취득하고 그 물건을 판매했을 때 대금을 변제하도록 하기 위한 것이다. 이와 동시에 매도인에게 미지급대금에 대한 담보("security")를 제공하고, 그것에 의하여 매수인의 도산위험으로부터 매도인을 보호하기 위한 것이기도 하다.

18-04   이렇게 하지 않고, 매도인이 매매 후 즉시 소유권을 양도하여, 매수인이 매도자를 위해서 물품(및 그 대가)에 대하여 대금과 이자를 피담보채권으로 하는 담보권을 설정할 수도 있다. 이로써, 비점유 동산담보권(non-possessory chattel mortgage)과 전매대가에 대한 양도담보(security assignment of the re-sale proceeds)가 생기게 되지만, 法域에 따라서는 그 어느 쪽에도 문제가 생기는 경우가 있다.

소유권유보조항은 많은 매매계약에서 표준적인 조항이다. 이 유형의 금융의 큰 특징은, 신용이 은행과 기타 신용공여기관이 아닌 보통의 매도인(ordinary sellers)에 의하여 공여된다는 점과 기간이 이보다 긴 것도 있지만 통상 30~60일 정도의 단기라는 점이다.

소유권 유보에 대한 현황 조사는, LPIF 제2권 단락 33-063 참조.

18-05   **팩토링(factoring)과 포페이팅(forfeiting)**   팩토링(factoring)은 금전채권 융자 기법 중 하나를 설명하는 용어로, 회사가 자신이 가진 금전채권을 금융회사(finance house)에게 할인된 일시불(lump sum)을 대가로 양도하는 것인데, 정기적으로 이자분만큼의 수수료를 정기적으로 지급할 수도 있고, 지급하지 않을 수도 있다. 양도인이 도산하는 경우, 양수인은 금전채권의 소유자로서 최우선순위(super-priority)를 가지는 채권자이다. 양도 시 상환청구권(with recourse), (예를 들어, 청구가능 금액이나 청구가능 기간에 제한이 있는) 제한적 상환청구권(with limited recourse)을 부여할 수도 있고, 상환

청구권을 부여하지 않을 수도 있다(without recourse). 상환청구권(recourse)은 양도인이 양수인에 대하여 금전채권의 지급을 보증하는 것을 의미한다. 보통 양도사실이 채무자에게 통지되지 않은 채, 양도인이 양수인의 금전채권 추심을 위한 대리인으로 임명된다.

대신에 양도인은 대출에 대한 대가로 양수인(financier)에게 금전채권을 맡길 수도 있다(담보권을 설정해 줄 수도 있다). 만약 채권이 변제되지 않을 경우 이것은 양도인에게 상환청구권을 부여하는 금전채권의 양도와 유사한 경제적 효과를 갖게 된다.

환매조건부 매매(sale and repurchase): **레포**(repos) 채무자는 특정 기간이 경과 후 당 **18-06** 초 판매가격에 환매 시까지 당해 가격에 대한 채무자의 이자에 상응하는 이윤을 더한 금액으로 금융회사가 채무자에게 환매할 수 있는 조건으로 금융회사에 자산을 매도한다. 이 경우 일반적으로 원매수인(original buyer)의 재판매 의무는 원매도인 (original seller)에게는 콜옵션(call option)이고, 원매수인(original buyer)에게는 풋옵션(put option)이다. 만약 원매도인(original seller)이 도산한다면, 원매수인(original buyer)은 원매도인의 콜옵션 행사를 요구할 수 있고, 자산의 소유권자로서 물건을 재판매하며 재판매가격과 옵션 재구매가격 사이의 차액을 원매도인(original seller)에게 손해배상 청구할 수 있다.

원매수인(original buyer)은 마치 담보권이 설정된 것과 같이 최우선순위 채권자(super−priority creditor)이다. 채무자는 금융업자(financier)로부터 대출에 대한 대가로 똑같이 자산에 저당권을 설정해 줄 수 있었기 때문이다.

레포(repos)는 금융회사에게 투자상품을 담보로 제공하는 대신에 투자상품(investments)과의 관계에서 널리 사용되고 있다. 시장 협회들은 표준양식을 제안했다.[1]

---

1) 역자 주) 환매조건부 매매거래는, 매도인이 매수인에게 일정한 증권을 일정한 가격(purchase price)으로 매도하기로 약정함과 동시에 환매일에 매도인이 매수인으로부터 그 증권과 동종·동량의 증권 (equivalent securities)을 환매수하기로 미리 약정하는 거래다. 환매가격(repurchase price)은 매입가 (purchase price)에 일정한 이자율(repo rate)로 산정한 금액(repo return)을 더하여 결정한다. ① 債券을 일정기간 후에 일정 가액으로 환매수할 것을 조건으로 매도(조건부 채권 매도) 하는 것과 ② 債券을 일정기간 후에 일정 가액으로 환매도할 것을 조건으로 매수(조건부 채권 매수)하는 거래를 의미한다. 즉 당초의 매도자는 일단 환매조건부 매도를 했다가 후일에 환매수를 하는 것이고, 당초의 매수자는 일단 환매조건부 매수를 했다가 후일에 환매도를 하는 것이다. 투자자 측면에서는, 환매조건부 債券은 고수익성의 확보, 거래의 안전성 및 환금성의 보장 등으로 투자자들에게 우량한 단기자금 운용수단을 제공한다. 즉, 자기가 원하는 투자기간에 맞추어 확정이자를 얻을 수 있다. 그러나 대부분 만기가 지난 후에는 별도의 이자를 가산해 주지 않는다. 은행이 보유하고 있는 債券을 일정기간 경과 후 일정 가격으로 다시 매수할 것을 조건으로 고객에게 매도하는 상품을 환매조건부 債券매도라고 한다. 은행은 환매조건부 債券매도를 발행할 경우 債券 매각에 따른 자본손실 없이 단기간에 필요자

레포(repos)에 관한 추가 내용은 LPIF 제2권 제35장 참조.

18-07 **증권 대차거래**(securities lending)   또한 레포(repos)는 증권대차거래(securities‑lending)와 관련하여도 사용되나, 각색된 형태로 사용된다. 증권의 매도인이 결제일(settlement day)에 매수인에게 인도하기에 충분한 증권을 가지고 있지 않는 경우가 있는데, 이는 매도인이 공매도(sold "short")(즉 증권을 사전에 매수하지 않고 매도)를 했거나, 증권거래소의 결제절차가 지체되어 전(前)매도인으로부터의 증권 인도가 지연되었기 때문이다. 따라서 매도인은 동등한 증권을 다른 사람으로부터 차용하게 된다("borrow"). 이것은 증권의 임치(bailment of securities)가 아니다. 왜냐하면 "차주"는 동일한 증권을 반환하는 것이 아니라 (그 증권은 이미 매수인에게 인도했다) 동등한 가치의 증권을 반환하거나 인도일에 증권의 시장가격에 상당하는 금액을 지급하도록 약정하기 때문이다. 대주에게 담보를 제공하기 위하여, 차주는 대주가 인도일에 동등한 가치의 증권이나 현금을 반환한다는 조건하에 동등한 가치의 다른 증권을 대주에게 이전한다. 각각의 거래에서 관련된 증권의 소유권은 완전히 이전되고, 이전받은 자는 이전받은 증권들을 원하는 바대로 사용할 수 있다(예컨대 이전받은 증권을 매각할 수 있다). 차주가 채무불이행에 빠지면, 대주는 상호 간의 증권 인도의무를 해제하고, 대신에 상호 간에는 현금 지급의무만 남게 되고, 상호 간의 현금지급을 상계함으로써 보호받을 수 있다. 이는 마치 양 당사자가 상호 간에 은행예금 반환채무를 지고 있는 것과 같다. (차주의 **法域**이 해제(cancellation) 및 도산법상의 상계(insolvency set‑off)를 허용함을 전제로 한다.)

(대차거래 대신에) 똑같이 차주는 증권을 차용하고 그 대가로 차주의 반환의무를 담보하기 위해 대주에게 다른 증권에 대한 담보권을 설정해 줄 수 있다.

(증권)대차거래는 일반적으로 공매도(short sales)를 용이하게 하기 위하여 사용된다. 투자자는 증권 가격이 하락할 것을 예상한다. 이에 따라 그들은 증권을 매도하나, 실제로 그 증권을 보유하고 있지는 않는다(즉, 그들은 '공매도'를 하는 것인데, 즉 매도할 자산이 부족한 것이다). 그들은 증권을 시장에서 대주로부터 차용하여 이를 매수인에게 인도한다. 차용한 증권을 대주에게 반환해야 할 시기가 도래하면, 투

금을 보다 쉽게 조달할 수 있는 장점이 있다. 정부, 지방자치단체 등이 발행한 국공채를 대상으로 투자되므로 안정성이 높은 편이다. 금융투자회사는 환매조건부 債券매도를 통하여 보유 債券 중 매도가 곤란한 債券(거래 부진 등)을 이용하여 자체 자금조달 능력을 향상시킬 수 있으며 최근에는 관련 서비스 활성화로 증권회사의 단기자금 운용상품의 대표격으로 자리 잡고 있다. 금융투자교육원, 『투자자산운용사 1』, 한국금융투자협회, 2020년 1월, 131~132면, 271~272면.

자자는 동일한 증권을 시장에서 구매해 이를 대주에게 인도한다. 만약 증권 가격이 하락할 것이라는 투자자의 예상이 맞았다면, 투자자는 이득을 보게 된다.

금융리스(finance leasing)　장비(equipment)를 할부로 구입하고 할부금을 담보하기 위 18-08
해 매도인에게 다시 저당권을 설정하는 대신에 장비(equipment)의 소유권은 매도인
에게 유보되어 있지만, 리스임차인(lessee)이 대여료 또는 할부금에 자본비용과 금융
수수료를 더한 금액을 지급한다는 리스계약하에서 매수인이 장비를 점유(possession)
한다는 조건에 따라 매도인이 매수인에게 장비를 리스한다. 대안적이지만 보다 일
반적으로는 제조업자가 금융회사(finance house)에 장비(equipment)를 매도하고 즉시
그 매매대금을 지급할 수 있으며, 금융회사가 리스임차인(lessee)인 매수인에게 그
장비를 리스해 줄 수도 있을 것이다.

각각의 경우에 기본적인 리스조건은 리스임대인(lessor)이 자본비용에 상당하는
대여료(rental)에 이자 상당액(보통 자산의 耐用年限(useful life)까지)을 더한 금액을 만
회할 수 있다면 충분하다. 그 이후에는 리스임차인(lessee)은 명목상 임대료(nominal
rent)만으로 점유(possession)를 유지할 수 있다. 리스임차인(lessee)의 도산 시, 리스임대
인(lessor)은 리스계약조건에 따라 해당 장비(equipment)를 매도하고, 그 매각대금이
리스임대인(lessor)에게 조기상환되는 대여료를 초과하는 경우에는 그 초과분에 대해
리스임차인(lessee)에게 보고해야 한다. 이것은 임대료(rental)의 환불(rebate)과 같이 다
루어지는데, 결과적으로 저당권(mortgage)의 경우에서와 같이 리스임차인(lessee)은
잔존가치 초과분을 받게 된다. 마찬가지로, 리스임대인(lessor)은 마치 그 장비
(equipment)에 대하여 담보권을 가지고, 담보권을 실행하여(foreclose) 소유권자로서
담보물이나 그 매각대금을 취득할 수 있다는 점에서 최우선순위 채권자(super-
priority creditor)이다.

이러한 금융리스는 운영("operating") 또는 신성("true") 리스와 구분되어야 한다. 금
융리스에서는, 리스임차인이 소유권에서 비롯되는 위험과 보상 거의 대부분을 부담
한다. 위험과 관련하여, 리스임차인은 리스임대인으로부터 자산(asset)을 상태 또는
적합성에 관하여 어떠한 보증도 받지 못한 채 "있는 그대로" 받고, 자산의 상태를
유지해야 하고, 보험(insure)에 가입해야 한다. 자산이 상실되거나 손상되거나 징발
(requisitioned)된다 하더라도, 리스임차인은 리스임대인에게 임대료(rentals) 전액을 계
속 지급해야 한다. 다만 리스임차인은 보험금 또는 징발에 따른 보상금 등으로써
남은 기기대금(unrecovered capital)을 한꺼번에 리스임대인에게 지급하고 리스계약을

해제할 수 있다. 보상과 관련하여, 리스임차인은 그 자산(asset)을 그 자산의 내용연수 기간 동안 완전히 점유하고 사용수익할 수 있으며, 리스임차인의 채무불이행(default)으로 매각될 경우에는, 임대료의 환불(rebate of rentals)의 형태로 잉여금을 받게 된다.

18-09   운용리스의 경우에는, 주요 위험과 보상은 리스임대인이 부담한다. 일반적으로 리스임대인은 자산의 상태와 적합도를 보증해주고, 유지관리하며, 보험에 가입한다. 자산이 분실되면, 임대는 종료되고 임대인은 보험 증권에 따라 보험금을 받는다. 보상과 관련하여, 리스는 일반적으로 자산의 내용연수 기간에 상응하지 않기에 단기 리스 후 임대인이 돌려받고, 다시 리스할 수 있다. 리스가 위험과 보상을 어떻게 분배하냐에 따라 금융리스와 운용리스 사이에 다양한 종류의 리스가 있을 수 있다.

금융리스는 주로 대규모 동산에 금융을 제공하기 위해 사용된다. 예를 들면 항공기, 선박, 토지, 건물, 산업 플랜트 등이 그러하다. 금융리스의 동기는 주로 세제상의 혜택을 확보하려는 것이다(임대인은 장비의 자본비용(capital cost)을 과세수입(taxable profits)으로부터 공제하고, 그 결과 세금이 감소되는 분만큼 리스료를 감액할 수 있기 때문이다).

금융리스(finance leases)에 관한 자세한 내용은 LPIF 제2권 제34장 참조.

18-10   **할부매매**(hire purchase)   리스계약에서 매수인이 리스기간 만료일에 명목상의 금원(nominal sum)을 지급하거나 미지급된 할부금(unpaid instalment)을 조기에 변제하고 그 재산을 매수할 수 있는 선택권(option)을 부여받을 수 있다. 이러한 경우 임차인(hirer)은 마치 피담보채무를 변제함에 따라 담보목적물을 돌려받는 채무자와 같이 그 장비(equipment)의 잔존가치(residual value)를 취득하게 된다. 이것이 전통적(classic)인 할부 구매 계약(hire purchase agreement)이다.

영국에서는 소비자가 내구소모재를 구입할 때, 할부 구매가 많이 이용된다.

18-11   **매각 후 재임차**(sale and lease-back)   채무자가 자산을 금융회사(finance house)에 매도한 후 이를 다시 그 자산의 내용연수(useful life)에 상응하는 기간만큼 리스한다. 채무자는 원금 및 이자를 합한 금액이 될 때까지 임대료 할부금(rental instalments)을 납입한다. 리스임차인(lessee)이 도산할 경우, 리스임대인(lessor)은 리스를 해제하며, 금융리스의 경우와 동일한 결과를 낳는다.

소유권이전형 금융(title finance)의 목적

소유권이전형 금융(title finance)은 주로 한물간(obsolete) 담보법을 회피하기 위하여 고안되었다.   18-12

- 실익이 없는 채권자의 물품 점유(possession)와 기타 공시의 문제,

- 느리고 많은 비용이 드는 법원의 경매(judicial public auction)와 같이, 집행(enforcement)의 문제,

- 공증(notaries)과 같이 문서의 형식(documentary formalities)을 갖추는 데 소요되는 많은 비용,

- 고리대금업(usury) 또는 대출규제에 관한 법률,

- 담보부채권자의 담보물의 사용에 대한 제한(특히 금융시장에서의 투자상품),

- 도산절차의 동결(freezes)과 기타 도산절차에서의 담보권에 대한 개입,

- 담보권 실행 이후 초과분을 반환할 필요성(실무상 대부분의 소유권이전형 금융(title finance) 계약에서는 초과분을 반환하도록 하고 있다. 예컨대 임대료(rental) 또는 매각대금의 반환이다),

- 여신계약(credit agreement)에서의 제한, 예를 들어 담보제공금지 조항(negative pledge), 대출한도(borrowing limits), 처분의 제한 등(그러나 많은 여신계약에서의 제한은 소유권이전형 금융(title finance)에도 마찬가지로 미치고 있다).

소유권이전형 금융(title finance)은 세제상 혜택(tax advantages)이 있는데, 특히 금융리스가 그렇다.

성질 재결정(recharacterisation)

소유권이전형 금융(title finance)의 담보권으로의 성질재결정에 대한 국제적인 입장은 극도로 복잡하다. 될 수 있는 한 불확실하고 직설적으로 일반화를 해 보면, 대체   18-13

로 미국과 일부 전통적인 나폴레옹계 法域은 성질 재결정하는 경향이 있는데, 특히 UCC Article 9 하의 미국이 그러하다. 반대로 영국법을 기초로 한 法域과 로마 게르만법계 法域은 성질 재결정을 하지 않는다.

만약 소유권이전형 금융(title finance) 거래가 담보부 융자(mortgage loan)로 성질 재결정될 경우, 예를 들어, 그 거래의 유효성을 위하여 필요한 공시가 적절한 방법(담보("secured")채권자에 의한 점유(possession) 기타 이와 유사한 것 또는 등기(filing))으로 되지 않았다는 이유 때문에 거래가 무효화될 수 있다. 소유권이전형 금융(title finance)은 일정한 목적을 위해서는 성질 재결정되고, 다른 목적을 위해서는 성질 재결정되지 않을 수도 있다는 점에 주의가 필요하다. 따라서 영국에는 담보권 행사에 중지가 있듯이 특정 소유권이전형 금융(title finance) 거래에 중지가 있다. 그렇다고 이것은 소유권이전형 금융(title finance)이 다른 목적을 위해 성질 재결정된다는 것을 의미하지는 않는다(예를 들면 담보 등기의 필요 등). 미국도 UCC Article 9에 명시되어 있는 특정 일반 리스 및 판매뿐만 아니라 대부분의 소유권이전형 금융(title finance)에 대해 반드시 등록하도록 하고 있다.

FASB 13과 IA S17 등 회계규칙은, 형식보다 실체를 중시하기 때문에 실제로는 금융거래에서 소유권이전형 금융(title finance)은 일반적으로 성질 결정된다. 따라서 리스가 회계 목적에서 금융거래로 성질재결정 되었을(recharacterised) 경우, 대차대조표(balance sheet)상은 한쪽 편에 리스료의 현재가치가 기재되고 반대 편에 자산의 가치가 기재되게 된다. 임차인은 운용리스(operating lease)의 경우처럼 리스료를 부채로 계상하는 것만으로는 부족하다. 운용리스(operating lease)의 경우 통상 1년 치 임대료만 재무제표에 기재되고, 장래의 리스료 전액의 현재 가치가 기재되는 것은 아니다. 통상의 회계기준은 실제 상 모든 리스크를 부담하고 대가(rewards)를 얻는 것이 누구인가를 여러 가지 각도로 검토한다. 그것이 소유한다는 의미이기 때문이다. 이것은 법적인 취급과 회계상의 취급이 다르고, 그것이 정당하다는 예의 하나이다. 또 하나의 예는, 모회사와 자회사로 이루어진 기업 그룹의 연결 회계로, 이것은 법률적으로 보면 유효하게 설립되어 독립된 자회사의 법인격을 무시하는 것이다. 회계는 일체로서의 계속기업가치(going concern)를 기본으로 하고 있는데 반해, 법률은 도산시의 분리를 전제로 하고 있다.

실질이 형식에 우위에 있다는 점에 대한 서로 다른 접근의 예시에 관하여는, 제28장과 제29장의 자산유동화(securitisation) 참조.

소유권이전형 금융(title finance)의 분야

중첩되는 부분이 있지만, 소유권유보(retention of title)는 주로 무역금융(trade finance)의 특징이다. 팩토링(factoring)이 그러한데 매도된 금전채권(receivables)은 통상 재화 또는 용역 판매에 대한 대가이다. 일부 팩토링은 리스회사의 리스료채권의 경우에 이용된다. 할부매매(hire purchase)는 최소한 영국에서는 대부분 소비자 금융에서 사용된다.

18-14

자산유동화(securitisations), (증권)대차거래, 레포 거래는 은행, 증권업자들과 같은 금융시장 참여자들에 의해 주로 이용된다. 거래 금액은 어마어마하다 — 아마 금액 가치(value)에 있어서는 국제적으로 가장 큰 분야 중 하나일 것이다.

금융리스는 그 자체로 하나의 분야이며, 거래 금액 역시 상당하다. 특히 항공기 거래가 그렇다.

매각 후 재임차(sale and lease-backs)는 특수한(specialist) 거래이다 — 다른 분야에 비해서는 규모가 작다. 슈퍼마켓과 같은 부동산 거래에서 주로 이용된다.

결론

소유권이전형 금융(title finance)의 근본적인 목적은 통상 일반적인 담보부 금융(secured finance)과 동일하다. 즉, 채무자의 자산에 대한 최우선 변제권에 의해 보호받는 지금조달이다. 자산에 의해 담보되는 것의 이점은 소유권이전형 금융(title finance)이 도산으로부터 보호를 해 주고, 신용대출에 따른 비용을 줄여 준다는 점이다. 이는 시스템적 위험이나 연속되는 위험의 비용을 줄여 줄 수 있다. 담보권과 함께, 대주는 대개 자산을 보고해 지급하기 때문에, 채무불이행 시 재산에 대한 소유권을 확보할 수 있어야 한다. 자산은 신용공여에 대한 공정한 교환물이라 할 수 있다. 자산에 의해 담보되는 금융회사는 재무적 어려움을 보다 더 길게 지원하는 경향이 있다.

18-15

소유권이전형 금융(title finance)은 보통 신용의 원천을 전통적인 상업 은행과 채권자들 너머로 넓히고, 다양화시킨다. 신용공여자들은 주로 비은행권인데, 예를 들어 소유권유보부 거래에 있어 매도인들이나 팩토링과 리스에 있어 전문 기업들이 그러하다. 하지만 대규모 팩토링과 리스는 주로 상업 은행들이 자금을 대주고 있는 것이 사실인데, 예를 들어 항공기의 리스임대인들은 일반적으로 상업은행으로부터 항공기 구매를 위한 자금을 조성한다. 금융시장에서의 레포(repo) 거래 투자의 매수인들 또한 대개 상업은행이거나, 투자 은행들이다.

소유권이전형 금융(title finance)의 단점은 대체로 담보권에 대한 반대에서 언급되는 단점들과 일치하는데, 예컨대 소유권이전형 금융은 공적 등록을 통해 공시되지 않기 때문에 허위의 富(false wealth)를 촉진한다. 그러한 거래가 도산절차에서의 평등성을 해한다. 리스임대인(lessor)과 같은 배후의 숨겨진 소유권자의 존재가 리스임차인(lessee)과 같이 외견상 소유권(title)을 가지고 있는 자로부터 자산을 획득한 매수인의 소유권의 안전성에 대해 불확실성을 야기할 수 있다. 중요 자산들이 하나의 채권자에게 배분되어 있을 경우 도산한 채무자를 구제하는 것이 더욱 어려워진다. 자산의 지배(hold on an asset)가 그 채권자에게 너무 많은 권한을 준다는 것이다. 이러한 반대의 대부분은 무담보채권자에게 돌아가는 몫을 늘리기 위해 고안된 것이다.

18-16 담보권에 대한 전반적인 찬반 논의를 위해서는, 단락 16-06 참조.

이러한 다양한 주장들의 장점은 대개 소유권이전형 금융(title finance)의 특정한 분류에 의해 좌우될 것이다. 하지만, 소유권이전형 금융(title finance)는 담보권과 같이 안정적이고 실용적이다. 그러므로 선택된 정책이 이용가능성과 보호기능을 향상시킬 것인지 또는 약화시킬 것인지에 따라 정책결정이 이루어져야 할 것이다.

일반적인 담보부 금융과 비교해 두 가지 주요한 차이점이 있다.

- 첫째, 소유권이전형 금융(title finance)은 대개 특정한 자산을 다루는 데 반해 많은 담보권은 포괄적인 것을 지향한다. 이론상으로는 종래의 담보권을 대신해 소유권이전형 금융이 대부분의 자산을 다룰 수도 있겠지만, 이것은 매우 복잡하고, 비용을 초래할 것이다. 소유권이전형 금융은 보편적 담보권에 대한 현실적인 대안이 아니다.

- 둘째, 특별히 소유권이전형 금융(title finance) 형태 중 하나는 — 매도인에 의한 소유권유보부 거래 — 채무자(회사)에 대해 단기로 거래하는 채권자들을 동일한 회사에 대해 중기로 거래하는 은행권 채권자들과의 우선권 다툼으로 끌어들인다. 재고(inventory)와 재고의 매각으로 얻은 금전채권에 대하여 공적으로 소유권을 유보할 수 있다면, 회사의 자산에 포괄적 담보권을 가지는 은행을 대개 능가하기 때문이다.

이러한 거래는 국제금융에 있어서 엄청나게 중요하다. 특히 자산유동화와 레포 거래와 같은 더 현대화된 형태에서는 특히 그렇다. 이들의 기원은 19세기에 많은 국가들에서 담보부 융자(secured capital)가 시대에 뒤떨어진 저당권법(mortgage laws)의 속박에 잡혀 있었을 때이다. 그러한 사례는 영국에서의 할부 구매(hire purchase)(개인과 파트너십이 포괄적 담보권(universal charges)을 설정할 수 없었고, 여전히 설정할 수 없기 때문이다)와 미국에서의 철도차량(rolling stock)에 대한 설비리스(equipment leasing)이다.

여기서의 논쟁은 소유권이전형 금융(title finance) 거래가 저당권(mortgage) 또는 담보권(charge)과 유사한가에 대한 것이 아니라 저당권(mortgage) 및 담보권(charge)법상의 제약이 소비자 맥락(consumer context) 외부에서의 금융에 적합한 것인가에 대한 것이다. 실질(substance)보다 형식(form)을 지지하고, 성질 재결정(recharacterization)을 하지 않는 국가들은 상업 현실에 대한 의심스러운 맹점을 채택하지 않고, 현대 사회의 필요성을 다루지 않는 시대에 뒤떨어진 법을 피하는 수단을 채택한다. 반대로, 성질 재결정을 하는 法域(jurisdiction)들은 담보권법(mortgage laws)이 합당하며 거래의 형식을 통해서 담보권법의 적용을 회피하지 못하도록 해야 한다는 관점을 가진다. 결국 쟁점은 자유를 허용해야 하는지 또는 제한을 가해야 하는지, 새가 새장 밖에서 자유롭게 날도록 해야 하는지 아니면 철썩 때려 다시 새장에 집어넣고(be slapped back) 열쇠를 던져버려야 하는가에 대한 것이다.

더 상세한 내용: LPIF 시리즈 제2권 제33장 — 제35장.

질문과 세미나 주제

제16장~제18장

(1) 당신은 도산 시 담보권을 우선하는 것이 폐지되어야 한다고 생각하는가? 이 유를 들어 서술해 보자.

(2) 당신의 고객은 큰 기업 그룹을 위해 거액의 신디케이티드 대출을 어레인지하고 있는 은행이다. 그 기업 그룹은 영미법계(common law), 나폴레옹계(Napoleonic), 로마─게르만계(Roman─Germanic) 등 다양한 法域에 자회사를 갖고 있다. 대출(loan)은 그룹 회사의 자산으로 담보되어 있다.

    (a) 각 주요 法域에서 그룹의 현재 및 장래의 모든 자산을 커버하는 포괄적 담보권을 은행이 취득하는 것이 어느 정도 가능한지 논해 보자.

    (b) 신디케이티드 대출 계약에서는 장래의 대출(future loans)이 규정되어 있었다. 당신은 이것이 각 法域에서 은행이 담보를 취함에 있어 뭔가 문제가 된다고 생각하는가?

    (c) 당신은 신디케이티드단이 담보수탁자(security trustee)를 두어야 한다고 생각하는가? 또한 각각의 法域에서 수탁자(trustee)의 이용에 대해서 문제가 발생할 가능성이 있는가?

(3) 당신은 Sealandia 공화국의 변호사이다. Sealandia 공화국은 근대적인 담보법을 도입하려고 하고 있다.
가장 중요한 점에 대해 자문해 보자.

(4) 런던에 본점이 있는 Bottle 은행은 전 세계의 주요 法域에 지점을 갖는 기업 그룹을 대상으로 하는 신디케이티드 대출의 대리은행(agent bank)이다. 모회사와 자회사는 은행단의 수탁자(trustee)와 각 개별 은행에게 각 法域에서 가능한 최대한으로 많은 자산에 대하여 담보권을 설정해 준다. 그룹은 대출에 대하여 채무불이행에 빠졌고, Bottle 은행은 다음 사항에 대하여 당신의 지문을 구하고 있다.

> (a) 몇몇 은행들은 당초 대출 은행으로부터 경개(novation)에 의해서 참가지분 (participations)을 취득했는데, 이것이 담보에 영향을 미치는가?
>
> (b) Bottle 은행은 담보권을 영국보통법계의 국가들(English common law countries) 의 회사 등기에 등록하고, 또 미국에서 중앙의 UCC 등록소에 등록하고 있지만, 로마−게르만 *法域*과 나폴레옹 *法域*에서는 등기도 기타 대항요 건 구비도 하고 있지 않다. 담보권은 유효한가?
>
> (c) 담보권은 모든 무담보채권자에 우선하는가?

(5) "영미식의 인적편성주의 등기제도(Anglo−American debtor−indexed filing systems) 는 최근에는 허위의 *富*(false wealth)를 방지하는 시스템으로도 또한 우선순위 의 시스템으로도 사용되고 있지 않다." 이에 대해 논해 보자.

(6) 법률상 광범위한 담보권을 인정하는 것은 만약 이것이 기업구제절차에서 부 정되는 것이라면 무의미하다. 끝은 처음과 마찬가지로 중요하다. 예를 들어 논해 보자.

(7) 같은 담보물상의 대립하는 담보권 사이나, 담보권자와 담보물의 구입자 사이 의 우선순위를 결정함에 있어 다음과 같은 점이 국제적으로 어떤 역할을 하 는지 검토해 보자.
- 선행하는 대립하는 권리의 존재를 모르고 자산의 최고의 공적 권원(best public title)을 얻은 자.
- 최초로 인적편성주의 등기부(debtor−indexed register)에 등기를 한 자.

(8) 경제선진국에서 담보대출이 행해지는 주요 분야, 즉 담보권이 이용되는 상황 을 분류해 보자. 그리고 담보권의 주요 법적 약점이나 제한이 각국 간에 어떻 게 다른가, 각각의 섹터에 어떠한 영향을 주는지 설명해 보자.

(9) 각 *法域*에서는 회사의 무담보채권자를 담보권자로부터 지키기 위한 다양한 방법을 취하고 있다. 각각의 방법을 서술하고, 그것들이 정당한 것인지 당신 의 생각을 설명해 보자.

(10) "소유권이전형 금융(title finance)의 주요 각 형식은 실제로는 숨은 담보권이며, 모든 목적에서 담보권으로 취급되어야 한다." 이에 대해서 논해 보자.

제19장

국제금융에서의 신탁

신탁(trusts)

도입(introduction)

신탁의 개념은 위험에 대한 필수적 보호책이다. 신탁이 없었다면 근대 사회는 무사히 기능할 수 없었을 것이다.

신탁은 구분되는 유산(separate patrimony) 또는 분리된(segregated) 자산으로서, ① 그 자산의 소유권(title)은 수탁자에게 귀속되지만, ② 그 자산 수탁자의 개인적인 채권자로부터 절연된다(immune from). 만약 수탁자가 도산할 경우 수익자는 신탁재산에 대해 권리행사를 할 수 있으나 수탁자의 채권자들은 그러하지 아니하다.

만약 당신이 다른 사람의 시계를 보관해 주다 (당신이) 도산했을 경우 그것을 돌려 줄 수 있다면 그 시계는 "신탁"의 기능을 보유하고 있다(대개 이는 재화에 관하여 임치(bailment) 또는 예탁(deposit)이라고 부르지만 기능적으로는 신탁과 같다). 시계를 보관해 준 당신은 수탁자(trustee), 즉 법적 소유자(legal holder), 소유자(possessor), 등기된 자(the registered) 또는 명의자(titular)로 인정되고 시계 맡긴 사람은 수익자(beneficiary)라고 한다. 그리고 시계는 신탁재산(trust asset)이다.

만약 법제도가, 도산자(bankrupt)에게 소유권이 있는 재산에 대해서, 제3자 수익자(third party beneficial owners)가 다른 채권자에게 앞서 권리 주장을 하는 것을 넓게 인정한다면, 그 法域은 넓은 의미에서 채권자 보호적(pro-creditor)이라고 할 수 있을 것이다. 왜냐하면 수익자(claimants)가 다른 채권자(other creditors)에게 우선하는 최우선순위 (super-priority)를 갖는 것을 지지하기 때문이다. 한편, 만일 법제도가 제3자 수익자 (third party owner)를 제한하는 것이라면, 그것은 넓은 의미에서는 채무자 보호적 (pro-debtor)이다. 그것은 무담보채권자를 위해, 궁극적으로는 채무자를 위해서 채무 자의 재단(estate)을 확대하려고 하고 있는 것이다. 하지만 실제 상황은 이보다 복잡 하다.

이러한 제도를 신탁이라고 부를지, 아니면 fiducia, fiducie, 임치(bailment), 예탁 (deposit), 도산 시 환취권(right of revendication) 등 어떻게 부를지는 문제가 되지 않는 다. 이것은 용어를 다르게 함으로써 기능면에서의 근본적인 공통성을 숨길 수 없다는 것의 좋은 예이다. 여기서는 영국의 용어인 "신탁"("trust")을 사용한다. 신탁은 영국인 이 발명한 것은 아니다. 이 개념은 법률가이기도 한 노르만인의 성직자들에 의해 영 국으로 옮겨져 발전한 것 같다. 또한 따져보면 신탁이라는 개념 자체는 고대 로마인 으로 거슬러 올라가는 것 같다. 그러나 영국인이 신탁 개념을 확대했다는 것은 사실 이고, 상업 활동 중 최초로 대규모로 사용하기 시작한 것도 영국인이다.

수탁자는 반드시 소유자로서 재산을 관리할 수 있도록 하기 위하여 최고의 공적 권원(best public title)을 취득해야 한다. 소유자를 대신하여 단순히 재산을 관리할 권 한을 가지는 것은 신탁이 아니다. 재산에 대한 최고의 공적 권원(best public title)은 재산에 따라 다르다. 물품(goods)의 경우, 그것은 보통 실질적인 물리적 점유(actual physical possession)이다. 소유권 등기가 되는 자산(title-registered assets)의 경우, 최고의 권원(best title)은 등기(registration)이다. 소유권자(title-holder)는 등기부에 자산의 소유 자(holder)로 등기된다. 소유권이 등기되는 자산(title-registered assets)은 주로 토지, 선 박, 항공기, 주식, 채무증권 등의 투자상품, 계좌대체기재 시스템(book-entry system) 에 포함된 투자상품과 일부 지식재산권(intellectual property)이다. 일반적인 계약과 금 전채권(receivables)의 경우, 최고의 권원(best title)은 통상 계약 또는 금전채권의 채무 자(obligor)에게 자산의 양도 통지(notice)를 하는 것이다.

신탁(trust)에 대한 국제적인 반대론(objections)

19-03   역사적으로 신탁에 대한 반대론은 아래와 같은 것을 포함한다.

- **도산절차에서의 허위의 富(false wealth).** 허위의 富(false wealth) 또는 표현소

유권(reputed ownership)이라는 것은, 채권자가 외관상 소유권(apparent ownership)에 근거하여 신용을 부여하도록 유도되어서는 안 된다. 즉 점유(possessions)는 하고 있지만 자신의 소유가 아닌 자산(assets)을 가지고 여신을 받으면 안 된다는 원칙이다. 그러므로 재산의 소유권은 공시(published)되고, 형식상 소유자가 실제 소유자로 취급되어야 한다. 이에 대한 반론은 오늘날 채권자들은 주로 유형자산(physical assets)을 검사하는 것이 아니라 재무제표(financial statements)에 근거하여 판단한다는 것이다. 또한 회사 자산의 대부분은 주식, 금전채권, 계약 그리고 지식재산권과 같이 눈에 보이지 않기(invisible) 때문에 채권자들은 변제능력(solvency) 또는 자산(wealth)을 평가하기 위하여 위와 같은 자산을 실제로 볼 수는 없다는 것이다.

- **소유권(title)의 불확실성과 이에 따른 거래 및 금융의 혼란.** 만약 배후에 있던 실제 소유자가 등장하여 당해 거래가 권한 없이(not authorized) 이루어졌다고 주장할 경우 거래와 담보권의 우선권 및 확실성(certainty)이 훼손될 수 있다는 것이다. 예를 들어, 중개업자(broker) 또는 커스티디 은행(custodian)과 같은 수탁자(trustee)가 그 의무를 위반하여 부정하게 신탁재산을 처분한 경우에, 그 신탁재산의 매수자(purchaser) 또는 저당권자(mortgagee) 등이 그 예이다. 수익자의 권리에 관하여 명확한 통지를 받지 못한 유상 선의취득자(bona fide acquirer for value)를 보호하는 경우 문제가 발생하나(반대채권(adverse claims)의 과도함 또는 감축), 만약 요구되는 통지의 명확한 정도가 미약할 경우 예측가능성이 낮아질 것이다.

- **탈세(tax evasion).** 회사의 경우처럼, 세금은 분리된(separate) 유산(patrimonies)을 다룰 수 있다.

- **자산을 묶어두는 것(tiing-up property).** 이것은 신탁재산의 부여(vesting)에 기간제한을 둠으로써 충족가능하다(영속법(perpetuity law)에 대한 반대). 유언 상속(will bequest)으로 만들어지는 신탁은 분리되어서 규제될 수 있다. 어떤 法域에서는 가족에 호의적이고 강제적인 상속(heirship)이 존재하고 세대생략(generation-skipping)이 금지되기도 한다.

나폴레옹계와 로마-게르만계의 관점

19-04   어떤 사람이 채권자들과 상속인들로부터 절연되어 다른 사람의 이익을 위하여
재산을 소유할 수 있다는 원칙은 로마법에서 개발되었다는 사실은 분명하고, 또한
이러한 제도가 나폴레옹 시대 이전(pre-Napoleonic times)의 유럽에서 수용되었다는
것도 명확하다. Fratcher, *International Encyclopedia of Comparative Law* Vol VI
chapter 11 참조.

　　그러나 나폴레옹 민법전은 소유권 분리(divided ownership)의 관념은 받아들이지 않
았다. 허위의 富(false wealth)는 별론으로 하고, 단일 소유권 이론(unitary theory of
ownership)을 채택한 이유에는 법을 단순화하기 위한 것, 소유권을 재산을 사용·수
익(enjoyment) 및 처분(disposition) 하는 절대적 권리로 정의하기 위한 것, 고대 체제하
에서 재산에 대한 봉건적 부담(feudal burdens)을 제거하기 위한 것, 자본주의를 촉진
하기 위한 것, 개인의 재산에 대한 권리를 강화하기 위한 것, 소유하고 점유하고자
하는 욕구를 충족시키기 위한 것이 포함된다. 즉, 여러 가지 좋은 목적이 혼재
(melange)되어 있는 것이다. 실제 이유가 어떻든 간에 나폴레옹 민법전에서의 이러
한 원칙의 옹호(espousal)는 이 민법전의 국제적 성공 덕분에 막대한 영향력을 가지
게 되었다.

　　매우 저명한 학자의 "과학적으로 근거가 없는(unmotivated) 개념으로서 심각한 법
적 실수(legal blunder)"라는 한탄(lament)에도 불구하고, 독일법(German codes)의 초안들
이 19세기 후반 작성되고 있을 때 위와 같은 관점(solution)이 채택되었다. 그럼에도
해당 제도적(systemic) 입장은 다음과 같았다. ① 도산 시(on insolvency) 채권자들에게
대항할 수 있는 물권적 권리(rights in rem)는 반드시 공적으로 등기되어야(publicly
registered) 한다. ② 법률이 유효한 對物的 권리를 설정한다. 그러므로, ③ 오로지 등
기·등록을 통해 공시된 권리만이 주장될 수 있고, 대물적 권리의 수가 제한된다.

19-05   이러한 시각(view)에도 불구하고, 독일법에 신탁과 같은 사례들이 무수히 많이 존
재한다. 나폴레옹계 체제도 마찬가지다. 일반적인 분리된 소유권에 대한 금지로부
터 발생한 특별한 예외(carve-outs) 사례들은 전반적인 시각을 유의미하게 변화시키
지는 않았다.

　　이러한 이념적인 갈등(struggles)은 대표적인 논문, Vera Bolgar, "Why No Trusts in
the Civil Law" (1953) 2 *Am J Comp L* 204-19에 잘 설명되어 있다.

현대 경제에서 신탁의 장점

현대 경제에서 신탁의 장점은 다음을 포함한다. 19-06

- **몰수가 불가능하다**(no expropriation) - 명의자(titleholder)의 도산 시(on insolvency) 실질적 소유자(beneficial holders)의 재산이 몰수되는 것과 명의자(titleholder)의 채권자들이 부당하게 이익을 얻는 것을 방지하는 것이 바람직하다. 고객은 그들의 중개기관들(intermediaries)의 도산으로부터 보호될 필요성이 있다.

- **소유권자**(titleholder) / **관리인**(manager) - 경험이 있는 전문가인 소유권자(title-holders)가 적극적인 관리인으로서, 또는 수동적인 보관인으로 일할 수 있는 구조는 필수적이다. 예를 들어, 투자증권의 커스터디 업무(custodianship of investments), 청산시스템(clearance systems), 사채권자 수탁자(bondholder trustees) 등이다. 무형자산은 이제 중요한 부의 원천이다. 물품의 임치(bailment)의 이점, 즉 수탁인(bailee)의 채권자들로부터 절연된다는 이점은 부동산이나 무형동산 등 기타의 모든 자산으로 확대되어야 할 것이다.

- **도산**(insolvency)**과 시스템 리스크**(system risk) 측면의 이점이 있다. - 신탁재산은 도산절차로부터 절연된다. 그러므로 시스템 리스크(system risk)가 감소하고, 자본과 규세의 필요성도 감소한다. 예컨대, 연금신탁(pension trust), 집합투자기구(collective investment schemes), 중개업자(broker)와 기타 중개기관(intermediaries) 등이다. 예를 들어 은행 등 "공익"("public interest")과 밀접한 관련이 있는 기관을 도산절차에서 보호하기 위한 규제제도(regulatory regimes)는 비용이 많이 들 뿐만 아니라, 본래적으로 취약한 것이다. 손실은 최초의 고객들에 의해 부담되고, 궁극적으로는 납세자의 손실로 귀결될 수 있다.

- **자산의 거래가능성**(marketability of assets) - 매매와 관련하여, 모든 재산이 권리의 승계 및 공시의 요건이 없는 자유로운 처분성을 가질 필요가 있다. 증권(securities)과 계약상의 금전채권(contract receivables)의 거래에 비하면 물품의 거래가 훨씬 적다. 예를 들어, 증권과 금전채권(receivables) 등의 실질적 소유권(beneficial ownership)의 양도가, 정식의 소유권 등기, 점유, 채무자에 대한 통지

기타 이와 유사한 절차를 거치지 않고 바로 가능한 것이 바람직하다. 대금을 변제한 매수인이 단지 그가 대규모 매매거래에서 권리를 취득하기 위한 형식요건을 준수하지 못했다는 이유로 매도인의 도산 시에 재산에 대한 소유권을 상실하여서는 안 된다.

- **기타** – 국제적 차원에서는, 신탁 제도의 이용률이 서로 다름에 따라 법적 그리고 구조적 위험성이 증가하고, 조사비용이 높아지고, 예상치 못한 법적 장애가 발생하며, 융통성 있는 법체계를 가진 국가로 이동하게 된다.

금융법에서 신탁이 이용되는 사례

19-07   신탁은 무엇을 위해 사용되는가? "아마 비슷한 의미로(as well) 계약은 무엇을 위해 사용되는지를 물을 수 있을 것이다": K.G.C. Reid, David Hayton (ed), *Principles of European Trust Law* (Kluwer, 1999) 77면. "*Si l'on demande à quoi sert le trust, on peut presque répondre: à tout.*" 대략 번역하자면: "신탁은 어디에 쓰이는가? 거의 모든 것에 사용된다"는 것이다. Pierre Lepaulle, *Traite Theorique et Pratique des Trusts* (1932) 12면.

법률 관련 사무(legal affairs)를 담당하는 모든 부처는 언제나 신탁과 함께한다 (honeycombed). 그리고 금융법도 예외는 아니다. 신탁의 상업적인 용도에 비하면 유서와 가족 간의 합의(settlements)에 쓰이는 신탁은 아주 작은 부분(minor)일 뿐이다.

국제금융에서 쓰이는 신탁의 예로는:

- **증권 청산시스템**(securities clearing systems).   신탁 없이 증권거래(trade securities)는 불가능하다. 이 규모(amounts)는 전 세계 GDP를 초과한다. 단락 12–18 참조.

- **투자상품의 커스터디 업무**(custodianship of investments).   고객(client)의 이익을 위하여 투자증권을 관리하는 은행, 매매업자 또는 커스터디 은행 (custodian)이 안전한 보관, 관리, 회수, 거래의 편의를 위하여 사용한다. 아마도 50조 달러 규모의 투자증권이 전 세계적으로 커스터디로 보관된다(held in custody)(세계 GDP 규모보다 더 크다). 단락 22–13을 참조.

- **예탁증권**(depository receipts). 발행인이 증권을 다른 국가의 예탁은행 (depository bank)에 발행하고, 예탁은행은 이를 투자자를 위하여 신탁받아 소유 하며, 투자자에게 미국 예탁증권(American Depository Receipts)과 같은 신탁증권을 발행한다. 이는 이전 및 관리가 발행인이 아닌 예탁은행의 소재지에서 이루어 지기 때문에, 발행인의 국가에서 가능한 것에 비해 더 폭넓은 투자를 촉진한 다. 많은 외국의 지분증권(foreign equity securities)이 미국에서 미국 예탁증권 (American Depository Receipts) 형태로 거래된다. 예탁원(depositary)은 또한 환전 (currency conversions)도 취급할 수 있다.

- **시장에서의 대리인**(market agency). 특히 증권 중개업자(securities brokers)가 고객(outside client)을 대신해 시장에서 상대방(market counterparty)과 체결한 계약 은, 중개업자가 도산했을 경우에는 고객(client)에게 귀속되게 된다.   19-08

- **뮤추얼 펀드**(mutual funds) (영국에서는 종종 "유닛트러스트(unit trusts)"라고 부른다). 펀드의 수탁자는 집합투자자산(pooled investments)에 대하여 비례적 이 익(pro rata interest)을 가진 투자자들의 이익을 위하여 투자자산을 보유한다. 이 는 집합투자기구(collective investment schemes)이다. 단락 20-30 참조.

- **예금보호기금**(deposit protection funds). 예컨대 은행 예금자, 보험회사의 보 험증권 소지인을 보호하기 위한 것이다.

- **담보수탁자**(trustees of security interests). 신디케이티드 대출에서 대주단의 이익을 위해 수탁자가 소유한다. 단락 17-15 참조.

- **사채권자 수탁자**(bondholder trustees). 단락 12-17 참조.

- **매도인**(seller)**에 의한 매수인**(buyer)**을 위한 "신탁"**("trust"). 이는 인도, 권리 의 등기(registration), 채무자에 대한 통지 기타 공시에 의하여 대항력을 취득하지 못한(not perfected) 재산의 매매 시 매도인(seller)(수탁자(trustee))이 매수인 (purchaser)(수익자(beneficiary))을 위하여 하는 "신탁"("trust")이다. 따라서, 만약 매 수인이 대금을 지급하면 소유권은 매수인에게 이전되나, 이러한 소유권이전은

인도, 등기(registration) 등에 의해 공시되는 것은 아니다. 매도인은 여전히 소유자로 나타나고, 따라서 매수인의 수탁자와 같이 된다. 매도인이 도산할 경우 매수인은 그 대금을 지급했음에도 불구하고 재산을 잃게 된다.

이 관련 분야의 기타 항목들(applications)로는 다음을 포함한다.

- 주식(shares)의 명의자(nominee holders)

- 부동산 투자 신탁(real estate investment trusts)[1], 장비 신탁 등 각종 투자 신탁(investment trusts)

- 자산유동화(securitisation). 제28장 참조.

- 연기금(pension funds)

신탁은 독일에서의 양도담보(fiduciary transfer)(동산을 점유하지 아니하는 "질권"("pledge"))와 같은 *담보권(security interest)*과 소유권유보부 매매(매수인에게 인도된 물건의 소유권을 매도인이 가지는 것)와 구별되어야 한다. 이러한 것들은 진정한 신탁이 아니지만, 담보목적물을 점유하지 아니하는 담보권(non-possessory security interests)이므로, 적어도 기능적으로는 유사하다.

신탁을 인정(trust recognition)하는 국제적 현황

19-09   물건을 위한 "신탁"("trust")(임치(bailment) 또는 예탁(deposit))은 대부분의 법계에 포함되어 있다. 예를 들어 예탁자(depositor)의 가구를 보관하는 창고가 도산한 경우 그

---

1) 역자 주) 부동산 투자신탁(Real Estate Investment Trusts, "REITs")이란, 다수의 투자자로부터 자금을 모아 부동산에 투자 및 운용하고 그 수익을 투자자에게 돌려주는 부동산 간접투자기구(국토교통부 관리·감독)를 뜻한다. REITs는 부동산 시장의 가격안정과 외환위기로 인한 부실기업의 구조조정 및 소액 투자자들에 대한 부동산 투자 기회의 확대라는 취지로 2001년 4월 7일 부동산 투자회사법 제정을 통해 국내에 도입되었다. REITs는 자금의 집합체가 아니라 상법상 주식회사이므로 법인과 같이 주주총회, 이사회, 감사 등의 내부 구성요소를 지닌다. REITs의 설립절차는 다음과 같다. 정관 작성 → 정관 인증 → 주식발행사항의 결정 → 주식인수와 납입 → 임원 선임 → 회사 설립 조사보고 → 대표자 선출 → 설립등기. REITs는 자산관리회사(Asset Management Company)에게 보유 부동산의 관리 및 운용 업무 수행을 위탁한다. 자산관리회사는 REITs 보유 부동산에 대한 제반 운용활동을 수행하며, 부동산의 임대차, 관리, 유지보수, 사무수탁 등 부동산 서비스업도 수행할 수 있다. 금융부사교육원, 『투자자산운용사 1』, 한국금융투자협회, 2020년 1월, 489면.

의 개인적인 채권자(private creditors)로부터 단절되지(immune) 않기 때문이다.

　따라서 고객의 은행계좌와 관련하여, 네덜란드의 일반적인 절차는 고객의 이름으로 계좌를 만들되 중개업자(broker)가 이 은행계좌를 운영하도록 맨데이트를 받거나 은행계좌를 중개업자(broker)와 커스터디 은행(custodian) 이름으로 보유하지만 그것이 사실은 고객의 계좌임을 추가로 공시하여(sub-notation) 상계(set-off)를 방지하게 한다. 통상적인 관행은 커스터디 은행이 계좌를 운영하는 것이 더 쉽기 때문에 커스터디 은행의 이름으로 고객 계좌를 보유하는 것이다. 그렇지만 결과적으로, 커스터디 은행이 도산하게 되면 은행계좌의 이익이 커스터디 은행의 개인적인 채권자로부터 면제되지 않으므로 구멍이 생기게 된다.

영미법상의 의제신탁(constructive trust)과 추급(tracing)

　추급(tracing)이란 특별히 수령인(recipient)이 도산했을 때, 혼합된 은행계좌에서 횡령된(misappropriated) 금전을 추급(tracing)하는 것을 말한다. 이 방안(remedy)은 아마 경제적 중요성보다도 법제도에서 최종적으로 뉘앙스를 결정하는(final nuancer) 데 의의가 있다. 같은 맥락에서 그 중요성은 부당한 취급을 받거나(wronged) 사기를 당한(cheated) 투자자들이 중개업자(broker), 회사의 책임자 또는 다른 자금수탁자(fiduciary)로부터 유용된 피해자의 자산을 추급할 수 있는 능력에 있게 되는 것이다.   **19-13**

　보통법 국가에서, 의제신탁(constructive trusts)은 계약에 의히지 않은(non-consensual) 신탁으로서 법에 의해 인정되는 것이다. 즉, 의제신탁은 명시적 의도(express intent) 없이 설정된다. 많은 부분 위법행위자(wrongdoers)와 그들의 채권자들이 부당이득(unjust enrichment)을 얻는 것을 방지하기 위하여 고안되었다. 부당이득(unjust enrichment)이 반환 또는 희복은 종종 횡령, 뇌물 및 실수(bungle)와 관련된 법이지만, 그것에만 관련된 법은 아니다. 수령인은 소유권을 박탈당한 소유자의 재산으로서의 이익을 보관하는 수탁자로서 취급되고, 수령인의 채권자로부터 자유롭다 — 도산절차에서 최우선순위 채권(super-priority claim)이 인정된다. 본질적인 테스트는 그 구제방법(remedy)가 실제 도산절차 중에도 인정되는지 여부이다 — 이것이 실제로 필요한 때이다.

반환(restitution)과 추급(tracing)의 예

19-14   영국법계의 보통법 法域(English-based common law jurisdictions)에 있어서의 추급 (tracing)의 예로서 다음과 같은 금전의 수취인이 있다.

- 절도, 횡령(embezzlement) 등에서 발생한 범죄의 수익(proceeds)

- 착오로 인한 지급(mistaken payments) − 예를 들어 채무자가 채권자에게 실수로 두 번 지급하고 (채권자가 실수를 알거나 또는 지급(payment)을 신뢰하여 입장을 변경하지 않는 경우) 이후 채권자가 과다지급(overpayment)에 대한 것을 다시 반 환하기 전에 도산하게 되는 경우, 채권자의 채권자는 예상치 않게 이익을 얻는다 (reap the windfall).

- 信認의무(fiduciary duty) 위반으로 인한 이익 − 예를 들어, 수탁자의 은밀한 신 탁재산 매입(secret purchase), 신탁재산으로 인한 대리인(agent)의 이익, 회사 이사 의 자기 거래(self-dealing) 다양화(diversion) 행위.

- 금전채권이 양도되었는데, 원채권자로부터 양수인(assignee)에게로 금전채권이 양도되었다는 통지(notice of the assignment)를 받지 못한 채무자가 원채권자 (original creditor)에게 지급한 금전채권의 변제대금(proceeds) − 원채권자가 지급 불능이 될 경우, 그 대금(proceeds)은 양수인(assignee)에게 귀속된다.

- 채무자가 양수인(transferee)에게 지급한 사해적 편파행위(fraudulent preference)의 수익금(proceeds) − 양수인(transferee)은 그 수익금(proceeds)을 채무자의 도산재 단을 위한 신탁으로 보관하게 된다.

다른 상황들도 가능하다.

다음 예시만으로도 충분할 것이다. 어떤 비양심적인 회사의 (신탁의 지위에 있는) 이사가 회사에서 피카소 작품을 "빌려"("borrows") 본인의 식당(dining-room)에 전시 한다. 그의 비양심적인 아내가 그것을 팔고 그 판매대금(proceeds)을 아들의 은행계 좌로 입금하여 다른 돈과 섞었다. 비양심적인 아들은 비양심직인 여자친구를 위해 다이아몬드 반지를 구매한다. 그녀는 반지를 팔고 그 판매대금(proceeds)을 그녀의 다른 남자친구의 은행계좌로 입금하여 다른 돈과 섞였다. 그녀의 비양심적인 다른 남자친구는 페라리를 구매한다. 다들 이 부정행위에 대해서 알고 있다. 다들 도산한다. 피카소 작품이 페라리가 되었다. 이때 페라리를 이사의 회사가 가져야 되는가? 부정직한 남자친구의 채권자에게 가야 되는가?

일반적인 재산들은 미술 작품과 자동차가 아니고 투자 증권과 은행 자금이다. 이 경우 자금이 세탁되었다고 한다.

반환(부당이득(unjust enrichment))에 근거한 추급가능한 재산에 관한 판례법의 예

횡령(embezzlement)에 관한 영국의 선도적인 기본적인 판례는 *Taylor v Plumer* [1815] 3 M&S 562, [1814-23] All ER Rep 167 판례이다.

19-15

Thomas Plumer 경은 자신의 중개업자(broker)에게 국채(government bonds) 구입 자금을 건넸다. 중개업자는 이를 횡령하고 빼돌린 자금으로 금괴와 미국 증권(American securities)을 샀다. 중개업자는 풀마우스에서 달아나 미국행 배에 올랐다. 그는 체포되었고, Plumer는 재산을 되찾았다. 중개업자는 파산했다. 파산절차에서 Plumer에 대해 제소가 이루어져 Plumer가 부당하게 자산을 영득했다고 주장되었다(동산영득(conversion)). *판결:* 금괴와 증권은 Plumer의 것이며, 불법적인 동산영득(conversion)은 없었다.

Lipkin Gorman v Karpnale [1991] 2 AC 548, HL 판례에서는, 도박에 빠진 로펌의 파트너가 거의 250,000파운드에 이르는 의뢰인의 돈을 횡령하여 플레이보이 클럽에서 도박자금으로 사용했다. 로펌은 카지노에게 위 돈이 로펌의 소유임을 주장하며 반환을 구했다. *판결:* 로펌은 그 돈에 대한 물권적 청구권(property claim)을 가진다.

Foskett v McKeowen [2000] 3 All ER 97 판례에서는, 수탁자가 신탁된 금원을 그의 생명보험의 보험료의 40%를 지급하는 데 사용했는데, 그 생명보험은 가족을 보험수익자로 하는 신탁재산에 속해 있었다. 수탁자는 자살을 했다. 보험회사는 1백만 파운드의 보험금을 지급했다. 생명보험의 보험수익자와 횡령당한 신탁재산의 수익자(beneficiaries) 중 누가 보험금에 대한 권리를 가지는지 여부가 문제되었다. *판결:* 보험금의 40%(단지 보험료가 아니라)는 횡령당한 신탁재산의 수익자가 청구할 수 있다. 신탁의 수익자는 주로

자살한 수탁자의 자녀들인 보험수익자들과 동순위로(pari passu) 주장했다. 주목할 점은
이 사례는 도산절차에서의 권리의 우열관계가 문제된 경우가 아니라는 점이다.

Bishopsgate Investment Management Ltd v Homan [1995] 1 All ER 327 판례에서,
한 회사의 이사는 연금증권(pension securities)을 연기금(pension fund)에서 부당하게 가져
와 회사에 대한 은행 대출 담보로 사용했다가 도산했다(insolvent). *판결*: 연기금(pension
fund)은 추급할 권리가 있었다. 그 돈이 과도하게 인출된(overdrawn) 은행계좌로 지불되었
기 때문에 추급은 실제로 이루어지지 못했다. *Macmillan Inc v Bishopsgate Investment
Trust plc (No 3)* (1996) 1 WLR 387 판례 참조.

수익을 포함하여 뇌물은 사용자(employer) 또는 본인(principal)을 위한 신탁재산에
속하고, 추급가능하다(traceable). 투자로 인한 수익을 포함한다.

A－G for HongKong v Reid [1994] 1 AC 324 판례에서, 법무부장관은 기소하지 않
는 대가로 1,200만 홍콩달러가 넘는 금원을 뇌물로 받았다. 그는 그 돈을 뉴질랜드에 있
는 세 개의 부동산을 취득하는 데 사용했다. 그 부동산들의 명의는 그의 아내와 그의 변
호사 앞으로 되어 있었다. 부동산의 가치는 증가했다. 그 법무부장관은 기소되어 구속되
었다. *판결*: 뇌물 및 부동산들은 법무부장관의 사용자인 정부(government)를 위한 의제
신탁(constructive trust)이 설정된 것으로 본다. 법무부장관은 왕실의 관리(Crown servant)이
자 공무원이다.

최우선순위 청구권(super－priority claim)은 信認의무(fiduciary duty)를 위반하여 취득
한 것과 같이 범죄가 아닌 특정한 민사적인 불법행위에까지 확장된다. 수탁자
(trustee), 이사 또는 대리인과 같은 자금수탁자(fiduciary)는 승인이 없는 한 은밀한 이
익(secret profit)을 취득하지 못한다. 오늘날 경제적으로 가장 중요한 수탁자(fiduciaries)
는 회사의 이사, 그리고 고객 투자의 중개업자(broker)와 커스터디 은행(custodian)이
다. 수익은 사기적일 필요는 없다. 수탁자(trustee) 기타 자금수탁자(fiduciary)는 수익
또는 그 재산을 취득했을 때 반환해야 하고, 반환하기 전까지는 이를 신탁재산으로
서 보관해야 한다. 보통은 수익(proceeds)에 대한 청구권(claim)은 물권적(proprietary)이
고, 따라서 추급할 수 있다.

Boardman v Phipps [1967] AC 67, HL 판례에서, 신탁(trust)은 회사에서 소수 지분

(minority shareholding)을 가지고 있었다. 수탁자들(trustees)의 변호인이었던 Boardman은 잠재적인 이익을 보고 신탁 지분을 늘리라고 제안했다. 그러나 수탁자들은 그렇게 할 돈이 없었기 때문에 거절했다. 변호사는 개인적으로 주식을 사는 것에 수탁자들의 동의를 얻었다고 생각해, 수익자들(beneficiaries) 중 한 사람처럼 주식을 구매했다. 이것은 신탁(trust)과 새로운 주주들에게 회사의 지배권(control)을 주었고, 그때 Boardman은 회사의 가치를 높이기 위해 회사를 구조조정했다. 적법한 절차에 따라서 수탁자들(trustees)과 그 변호사는 큰 이익으로 지분을 매각했다. 수익자들(beneficiaries)은 변호사의 수익을 청구했다. *판결*: 그 변호사는 수탁자(trustee)는 아니었지만, 자금수탁자(fiduciary)였다. 변호사는 수익자들(beneficiaries)을 위한 신탁의 이해관계로부터 수익을 얻었다. 그 정보는 내부자 정보였다. 그는 자금수탁자(fiduciary)였고 주식 보유의 기회와 부분적으로 발전은 신탁으로 인한 정보에 의존했다. 모든 수탁자들(trustees)은 그 변호사의 개인적 취득에 완전히 동의하지는 않았다(not fully consented). 그러나 변호사는 사기성이 아니었기 때문에, 그가 한 일에 대해서 상당한 보상을 공제할 자격이 있었다. 또한 주목해야 할 것은 그 변호사는 도산하지 않았으며 그의 자산에 대하여 담보권을 설정하지 않았기 때문에, 그 청구권이 물권적(proprietary)이었는지 여부의 문제는 발생하지 않았다.

이러한 사례들은 이사들이 그들의 지위를 이용하여 사업기회(예컨대 수익성이 좋은 계약)를 알게 되고 개인적으로 체결하는 경우에까지 확장된다. 그들은 자신의 지위를 이용하여 수익을 얻는다. 수익자들(beneficiaries) 또는 주주들이 동의하지 않는 경우에도, 그들은 체결한 계약과 그 이익을 회사를 위한 신탁(trust)으로서 보유한다. 이것은 심지어 회사가 계약체결을 거절한 경우에도 그러하다. 그 사례는 다음과 같다.

Lac Minerals v International Corona Resources (1989) 61 DLR (4th) 14, S Ct of Canada 판례에서, 어느 금광회사가 1광구의 전망(prospect)에 대해 다른 회사와 협업을 하던 도중 그 다른 회사로부터 2광구 역시 좋은 전망(prospect)을 가지고 있다는 사실을 들었다. 그 금광회사는 그 다른 회사 몰래 2광구를 취득했고, 광산을 개발했다. *판결*: 정보를 얻은 금광회사(recipient)는 정보를 제공한 회사(informant)를 위하여 광산을 보유해야 하나, 다만 광구를 개발하는 데 소요된 비용은 배상받을 수 있는 권리가 있다.

사해적 편파행위(fraudulent preferences)**와 도산절차 개시 이후 처분의 효력**   절차개시   19-16
후의 처분 또는 사해적 편파행위(fraudulent preference)와 같이 도산재단 또는 회생재단(estate)으로부터 부정하게 처분된 재산들에 대한 도산관리인(insolvency administrator)의 권리는 최우선순위가 인정될 수 있다.

　　James & Sons v Jones [1996] 3 WLR 703, CA 판례는 절차개시 후의 처분과 관련된 것이다. 감자를 재배하는 조합의 조합원이 도산절차가 개시되어 모든 재산이 그 조합의 도산재단에 속하게 된 이후에 조합의 계좌에서 그의 아내에게 돈(money)을 지급했다. 그녀는 그녀를 위하여 계좌를 개설한 원자재 중개업자(commodity brokers)에게 수표(cheques)를 입금했다. 그녀는 감자 先物(futures)에 투자하여 많은 수익을 얻었는데, 그 수익금이 중개업자가 관리하는 그녀의 계좌에 적립되었다. *판결*: 도산관재인(bankrupt's trustee)은 원래의 지급액 및 이에 대한 수익을 가질 권리가 있다. 그 도산자(bankrupt)는 애초에 지급한 시기에 소유권(title)을 가지고 있지 않았다. 도산관재인(bankrupt's trustee)은 조합의 은행계좌로부터 아내의 중개업자의 계좌, 아내에게 전달된 중개업자의 수표(cheques) 그리고 아내가 중개업자의 수표(cheques)를 입금한 아내 본인의 은행계좌로까지 그 돈(money)을 추급할 수 있다. 동일한 원칙이 사해적 편파행위(fraudulent preferences)에 적용될 수 있는 것으로 생각된다. 적어도 수령인(recipient)이 그 변제가 편파행위(preferences)였음을 알았던 경우에 그러하다.

　　착오(mistakes)에 의한 지급이나 그 외의 착오는 최우선순위 청구권(super−priority claims)으로서 경계(borderline)에 있다. 자금이 사실이나 법률의 착오로 지급되었을 경우, 그 지급인은 자신의 부주의나 건망증 때문에 있었다고 해도 그 반환을 청구할 수 있다. 원인이 된 착오는 청구권에 영향을 주지 않는다. 착오에는, 서류를 잘못 해석한 것, 그리고 증서(policy)의 기한 만료, 누군가의 사망, 계약의 파기 등을 눈치채지 못한 것 등도 포함된다. 변제수령인(payee)은 변제자(payer)의 희생 위에 부당이득을 얻고 있다. 부당이득(unjust enrichment)의 원칙은 자금의 수수의 안정성과 충돌한다. 물권적 청구권(proprietary claim)이 인정되는 경우도 있지만, 그것은 착오의 성질에 따라 다르다. 법률의 착오(mistake of law)는 법률의 통설적 해석이 판례(judicial decision)로 변경된 경우도 포함한다. *Kleinwort Benson Ltd v Lincoln CC* [1998] 3 WLR 1095 판례 참조. 그러나 구별이 매우 어려운 경우도 있다.

　　Re Diplock [1948] Ch 465, [1948] 2 All ER 318 판례에서, 유언집행자(executors)가 착오로 자선단체 기부는 무효임에도 불구하고 유언신탁 자금(will trust money)을 자선단체(charities)에 기부했다. 유언집행자는 돈을 유언자의 가장 가까운 친족(next−of−kin)에게 지급했어야 했다. *판결:* 신탁재산의 수익자(beneficiaries)는 자선단체에게 기부의 반환

을 요구하고, 그 자금을 물권적 청구권(proprietary claim)으로 추급(trace) 할 수 있다. 이 사건에서는 도산절차상의 경합관계는 없었다.

Chase Manhattan Bank v Israel British Bank (London) Ltd [1981] Ch 105, [1979] 3 All ER 1025 판례에서, Chase 은행은 Israel British 은행에게 착오로 미화 2,000,000 달러를 두 번 송금했다. Israel British 은행은 이틀 후에 송금착오(mistake) 사실을 알았으나 도산하고 말았다. *판결*: Chase 은행은 그들이 초과 지급된 금원(overpayment)을 확정할 수 있다면 형평법상의 추급에 관한 원칙에 따라서 물권적 청구권(proprietary claim)으로서 초과 지급된 금원을 추급할 수 있었다. 그러나 이후의 판례법에 따르면 Israel British 은행이 이중지급 사실을 전혀 몰랐던 경우에는 그 보유(retention)가 비도덕적(immoral)이지 않을 것이므로 Chase 은행은 물권적 청구권(proprietary claim)을 가지지 않을 것이다. Chase 은행은 단순히 일반채권자로서의 지위를 가질 뿐이다.

매수인이 재산에 대한 대금을 미리 지급했으나 매도인이 재산을 매수인에게 이전하기 이전에 매도인이 도산한 경우, 매수인의 대금반환청구권은 우선권이 아니다. 매수인의 구제수단은 매도인이 재산을 이전(transferred)하기 이전에는 대금을 지급하지 않거나 그 대금은 신탁재산으로 소유하는 것이라고 주장할 수 있다. 매도인은 반드시 그 돈을 본인의 것으로(as their own) 사용할 수 있어야 한다.

Re Goldcorp Exchange Ltd [1994] 2 All ER 806 판례에서, 매수인은 금광 회사가 보유하고 있는 금괴에 대한 대금을 지급했다. 그 회사는 매수인을 위하여 금괴를 보관하는데 동의했으나, 매수인의 금괴를 확인할 수 있도록 금괴를 분리해 두지 않았다. 금광회사는 도산했다. 그 회사의 은행은 담보관리인(receiver)을 지정함으로써 담보권을 행사했다. 매수인은 그가 금괴를 매수했고 소유권을 가지고 있음을 입증해야 했다. *판결*: 매수인은 금괴에 대하여 소유권을 주장하지 못한다. 금괴에 대한 소유권은 매매의 대상이 된 금괴를 정확하게 특정하지 않는 한 매수인에게 이전되지 않기 때문이다. 그들은 단지 무담보 채권자로서의 지위를 가진다.

추급(tracing)의 국제적 수용

보통법 국가에서는, 혼합된 금원으로부터 수익을 추급하는 것이 가능한데, 전형적으로는 은행계좌의 금원과 수익을 통해 취득한 재산과 같은 변형물이 그것이다.

19-17

자산(asset)이 소비된 후(소멸되었다), 또는 선의의 유상 선의취득자(예를 들어, 매수인)에 대하여, 또는 (은행이 부정행위(wrong doing)에 대해서 몰랐다면) 초과 인출된 (overdrawn) 은행계좌에 입금된 이후에는 추급이 불가능하다. 다른 장애들도 있다. 사기성 증권 투자의 피해자인 투자자들도 가능한(available) 공동투자(pool of investment)를 공평하게 나누어 가진다(share in).

부당이득을 얻은 수령인의 도산절차에서 변형을 통과하여 (원래 물건에 대비하여) 은행계좌에 혼합된 자산에 대하여 물권적 청구권(proprietary claim)으로서 추급하는 것은 보통법에서만 인정되는 것으로 보인다 — 다른 두 그룹인 나폴레옹계와 로마-게르만계의 대부분의 국가들에서는 도산절차에서 위와 같은 추급이 일반적으로 가능한 것으로 보이지 않는다.

추급(tracing)은 정책들의 주요한 충돌과 연관되기 때문에 법제도의 주요 지표이다. 한편으로, 만약 진정한 소유권자(real owner)에게 추급될 수 있는 돈(traceable money)에 대한 최우선 순위 청구권이 없다면 非行者(delinquent)의 채권자들은 非行者(delinquent)의 남용으로 인해 이득을 얻는다. 재산을 빼앗기는 것은 고통스러운 일이다. 재산이 추적 가능하지만 그것이 법으로 인정되지 않으면 그 고통이 두 배가 된다. 법적으로 재산이 도산한 사기꾼(cheat)의 채권자들에게 지급되면 고통이 세 배가 된다.

반면에, 허위의 富(false wealth)에 대한 반대 정책, 은밀한 우선순위(secret priorities)로부터 시장의 안전성 보호 정책, 이전되는 자산의 특정성 요구 정책, 그리고 도산 평등 정책 등이 있다. 이 관점에 따르면 도산으로 인한 고통도 삶의 한 부분이다. 이런 정책들이 우위를 차지한다.

양도(transfer)의 공시(publicity) 관련 법 체계의 차이(disparity)

매매(sales), 신탁(trusts) 그리고 담보권(security interests)

19-18   이 책 시리즈 중 『세계 금융법의 지도(Maps of World Financial Law)』에서 "양도인의 도산 시 유효한 재산의 양도에 대한 공시(Publicity for transfers of property valid on transferor's insolvency)" 표는 세 중요한 法域에서 세 가지 주요한 자산(① 부동산(토지), ② 유체동산(상품), ③ 무체동산(금전채권(debts)으로 대표되는))과 관련하여 세 가지 중요한 양도의 방법(매매, 신탁, 담보권)을 위하여 필요한 공시에 대한 태도를

단순화된 형태로 보여 준다.

그 테스트는 양도인의 도산 시 양도가 유효하기 위하여 공시(publicity)가 필요한가 여부이다. 신용경제에서 도산은 신랄한 테스트이다. 양도인의 도산 시 양도가 유효하지 않다면 양도는 심각한 위험에 처하게 된다 ─ 대부분의 양수인들이 수용하기를 원하지 않는 위험이다. 예를 들어, 담보권은 도산에 대한 보호로서 의도되는데, 그러한 경우에 유효하지 않다면 무용지물이다. 자산에 대한 대금을 지불했음에도 불구하고 매도인이 도산하면 그 자산을 잃게 되는 상황을 수용할 자산의 매수인은 거의 없을 것이다. 수탁자가 도산했을 때 자신들의 자산이 수탁자의 채권자들에게 변제되기 위하여 빼앗기는 상황을 수용할 수 있는 수익자는 거의 없을 것이다.

공시의 주요 문제점은 만약 형식적인 요건이 준수되지 않을 경우, 도산절차에서 양도가 무효로 될 것이고, 양도인(transferor)의 채권자가 이중으로 변제를 받게 된다는 것이다(대금 또는 대출금에 의해 한 번 변제를 받고, 재산의 환수에 의하여 다시 변제를 받게 된다).

이 엄격하고 징벌적인 결과는, 항상 채권자가 채무자의 점유를 물리적으로 체크하러 다니지 않는 현대에는 매우 강력한 정당화를 요한다. 이러한 자산의 방대한 부분은 어떠한 경우에도 눈에 보이지 않는다. 위 표는 이 문제에의 대응이 매우 모순이 많은 것이라는 점을 보여 준다.

매매(sales)   매매와 관련하여, 현재의 입장은 일반적인 요건으로서 세 가지 주요 그룹인 영미보통법(Anglo‒American common law), 나폴레옹계(Napoleonic), 그리고 핵심 로마‒게르만계(Roman‒Germanic) 法域(jurisdictions)에서는 매도인의 도산 절차에서 권리가 유효하게 양도되기 위하여 물품(goods)의 인도로 공시될 것을 요구하지 않는다. 영국에서는 실질적 소유권(beneficial ownership)을 양도함에 있어서 매수인에 대한 점유의 이전(delivery of possession)는 요구되지 않는다. 1979년 물품매매법(Sale of Goods Act 1979) 제17조 제1항에 의하면, "특정한 또는 확정된 동산의 매매에 대한 계약이 있는" 경우 "그 동산의 소유권은 그 계약의 당사자들이 소유권이 양도되기로 의도하는 시점에 양도된다". 프랑스 법에 기초한 나폴레옹계 국가들(Napoleonic countries)에서는 프랑스 민법 제1583조에 영향을 받아서 인도(delivery)가 요구되지 않는다. 이탈리아 민법 제1376조 참조. 독일에서는 매수인의 점유(possession)가 요구되나(독일민법(BGB) 제929조), 매도인이 매수인의 도산절차에서 매수인이 소유권을 상실함이 없이 매도인이 매수인을 위하여 점유를 계속하는 것에 동의하는 것이 가능

19-19

하다. 독일민법(BGB) 제930조. 상응하는 법조문은 오스트리아 AGBG 제426조와 제428조, 일본 민법 제178조와 제182조, 네덜란드 민법 제3:84조와 제3:115조 그리고 스위스 민법 제714조와 제924조이다.

토지(land) 매매와 관련하여서는 영미법계 국가들의 일반적인 원칙은 등기부상 등기되지 않았더라도 매도인의 도산절차에서 양도(transfer)가 유효하다 — 등기를 하지 않은 것은 매수인을 우선순위에서 밀리게 하는 위험만이 있다. 나폴레옹계(Napoleonic) 및 로마-게르만계 法域(Roman-Germanic jurisdictions)에서의 일반적인 원칙은 부동산 매매가 등기되지 않는 한 이로써 매도인의 채권자를 비롯한 제3자에게 유효하지 않다는 것이다. 부동산에 대한 이러한 다양한 접근법은 투자상품(investments), 계좌대체기재 증권(book-entry securities), 지식재산권, 선박 또는 항공기 등 다른 모든 소유권 등기가 요구되는 재산에서도 일반적으로 타당하다.

계약상 채권(contract debts)의 경우, 영미법계 국가의 기본적인 입장은 채무자에 대한 통지는 매도인의 도산절차에 있어 양도의 유효성을 위하여 필요하지 않다는 것이다(그러나 미국 UCC Article 9과 캐나다의 보통법은 일부 금전채권의 양도에 있어 등록에 의한 공시를 요건으로 한다). 반면에 대부분의 나폴레옹계(1994년부터의 벨기에와 1981년 Loi Dailly법에서의 프랑스는 예외이다)와 로마-게르만법계 국가의 절반(일본, 한국, 스코틀랜드, 스칸디나비아 반도 국가들을 포함)에서는 통지가 필요하나, 핵심적인 유럽국가들(독일, 네덜란드, 스위스, 오스트리아와 발칸반도 국가들)에서는 그렇지 않다. 네덜란드는 이러한 원칙을 2004년에 폐기했다. 단락 19-27 참조.

19-20 **신탁**(trust) 결제시스템(settlement system), 국제적인 커스터디 업무(custodianship), 연기금(pension funds), 집합투자기구(collective investment schemes) 등 상사신탁(commercial trust)에 대해서는, 영미법계 法域(Anglo-American jurisdictions)에서는 공시(publicity)가 요건이 아니다. 그러나 나폴레옹계와 로마-게르만법계(Napoleonic and Roman-Germanic) 法域에서는 상사신탁에도 공시가 요건이며, 그것도 하나의 이유가 되어 법률에 의한 예외나 커스터디 은행(custodian)의 채권자로부터 예탁물(deposit)이 격리되어(ring-fenced) 있다는 점에서 신탁과 기능적으로 유사한 예탁(deposit)(임치(bailment))의 경우를 제외하고는 신탁(trust)을 인정할 수 없다.

19-21 **담보권**(security interests) 담보권과 관련하여, 영미법계 국가에서는 담보권의 등록

을 통한 공시에 대한 정교한 제도를 가지고 있으나, 로마 게르만법계의 주요 국가
들(특히 독일과 네덜란드)은 금전채권(receivable)과 재고(inventory)에 대한 담보권에
대해서는 어떠한 공시도 요구하지 않는다. 그러나 자산 소유권 등기부(asset title
register)가 있는 경우에는 그 등기를 요한다. 나폴레옹계의 대부분의 국가들은 (보통
제한되지만) 동산에 대해 기업담보(enterprise charge)를 위해서는 공적 등기(public
filing)를 해야 한다.

요약(summary)   그래서 재산 양도의 주된 형태 — 매매, 담보권, 신탁 — 와 관련하   19-22
여 공시 요건에 관한 입장은 국제적으로 혼동스럽다. 전통적인 네폴레옹계 *法域*
(Napoleonic jurisdictions)에서는 허위의 富(false wealth)를 좌절시키기(thwart) 위하여 전반
적으로 공시의 요건에 대하여 가장 보수적이다. 공시의 이상(publicity ideal)은, 도산
시 소유권자가 물권적 청구권(property claim)을 가지려면 물권(property right)은 공시되
어야 한다는 본래 독일의 입장에 뿌리를 두고 있었다. 그러나 이러한 가정
(proposition)은 로마-게르만계 *法域*에서 지속적으로 잠식되어 왔다. 영미법계 *法域*
(common law jurisdictions)에서는 허위의 富(false wealth)의 철학을 거의 완전히 포기했
다. 그중에 한 국가(뉴질랜드)에서는 이러한 종류의 어떠한 거래에 있어서도 공시를
전혀 요건으로 하지 않는다. 뉴질랜드에서는 도산에 대한 보호를 위해서도 담보권
의 등기(filing)가 의무적인(mandatory) 것은 아니다(그러나 압류채권자(attaching or execution
creditor)에 대항하기 위해서는 여전히 등기(filing)가 요건이다). 이것은, 특히 UCC
Article 9에 의해서 미국에서 천명된 영미의 집착(adherence)과 관련하여 모든 비점유
담보권의 공시(publicity)에 대하여 의문을 제기해야 할 것이다. 국제적인 추세는 더
이상 쓸모가 없는(obsolete) 허위의 富(false wealth)의 개념으로부터 탈피하고 있는 것
이 분명하다. 이러한 맥락에서 뉴질랜드는 전 세계에서 유일하게 시대와 발맞추어
나가고 있는 국기일 것이다.

국제적으로, 동산의 다양한 양도에 대하여는 가장 적은 공시(least publicity)가 요구
된다. 이것은 동산이 가장 성숙한 상업 자산이고 그것들에 적용되는 법규들은 가장
융통성이 있기 때문이다. 이러한 융통성 있는 법규가 상업에서 일반적으로 이용되
는 다른 자산들에게도 확장되어야 한다는 주장도 많고, 이러한 발전을 저지하는 것
은 오직 이념(ideology)뿐이라는 주장도 많다.

허위의 富(false wealth) 이데올로기는 담보권과 관련하여 국제적으로 폭넓게 수용
되었다. 오직 로마-게르만계 *法域*(그리고 뉴질랜드)에서만 그 철학의 족쇄를 흔들

었다. 그러나 아직도 이러한 기한이 지난(past-due) 견해를 재도입하려는 충동이 현대 法域에서도 매우 강하게 남아 있다. 예를 들어, 네덜란드의 1994년 민법은, 선도적이고 특출한 로마법 교수에게 영향을 받아서, 네덜란드에서 전형적인 신탁(prototype trust)을 폐기했다. 그리고 또한 채권양도에 있어서 의무적인 통지를 다시 도입했다 — 네덜란드가 후자(the latter)를 제거하는 데에 10년이 걸렸다. 그리고 네덜란드는 그것만 빼면 우수한 그들의 법률제도에서 하나 남아 있는 간극(gap)을 채울 기회를 잃었다. 독일인들은 "교수들의 법"("professors law")이라고 부르는 것에 의하여 기회를 잃었다. 마찬가지로 UNCITRAL 담보거래 입법지침(Legislative Guide on Secured Transactions)도 등기(filing)와 점유(possession)로 담보권의 공시를 강화하려는 것으로 보이고, 담보권과 유사하게 간주되는 다양한 매매(sales)와 리스(leases)에도 그 원칙을 확장하려고 하는 것으로 보인다.

공시(publicity)와 특정성(specificity)의 원칙 사이의 관계

19-23   특정(specificity)의 원칙은 재산 양도(transfer)에 있어서 근본적인 역할을 한다.

기본적인 관념은, 당사자가 재산을 양도하고자 한다면, 그 재산이 특정되고 확인될 필요가 있다는 것이다. 이것은 꼭 필요하다. 왜냐하면 사람들이 누가 그 자산을 향유할 수 있는지 그리고 또한 채권자들이 집행(execution)과 도산의 목적을 위해서 누가 그 자산을 소유하고 있는지 알 필요가 있기 때문이다. 그것에 잘못된 것은 없다.

만약 재산의 양도(transfer)에 공시가 요구된다면, 점유 또는 등록에 의하여 그 재산이 확인될 필요가 있음은 분명하다. 따라서 특정성(specificity)은 불가분적으로 (indissolubly) 공시(publicity)와 허위의 富(false wealth)에 연결되어 있다.

19-24   특정성(specificity)은 물건의 대규모 매매(곡물, 석유)에 있어서 주로 문제되어 왔다. 또한 청산시스템(clearing system)에서 투자상품(investments)의 신탁(trust)과 양도(transfer)와 관련하여 문제되어 왔다. 대륙법계에서는 특정성(specificity)이 신탁제도의 발전을 저해했다. — 왜냐하면 수탁자가 점유하는 재산은 지속적으로 변화하기 때문이다 — 특정성(specificity)은 비행적인(delinquent) 수취인(receipient)이 도산한 경우 횡령된 금원 또는 다른 부적절한 금원을 혼합된 은행계좌를 통과하여 추급하는 것을 저해했다.

농산과 관련하여, 소유권(title)을 양도하기 위하여 물건을 특정하고 분리하는 것을 요구하는 것은 매우 일반적이다. 영국에서는 대량의 물건의 일부분(portion)에 대한 권리는 대금이 지급되었을 경우 분리를 요하지 아니하고 양도될 수 있다. 1979년 물품매매법(Sale of Goods Act 1979) 제20A조. 이는 물품의 매매에 관한 종래의 영국 판례법을 뒤집는 것이다. 과거 영국의 판례는 예를 들어, 특정 선박에 있는 500톤의 곡물 중 50톤과 같이 대량의 곡물, 금괴 또는 와인을 양(quantity)으로 일부분만 매매하는 것은 분리(segregation)가 없기 때문에 소유권(title)을 이전할 수 없다고 판단했다. *Re Wait* [1927] 1 Ch 606 판례("챌린저"("Challenger")호에 선적되어 있는 대량의 밀 중에 500톤), *Re London Wine Shippers Ltd* (1986) PCC 121 판례(지하창고에 있는 분리되지 않은 와인병들), *Re Goldcorp Exchange Ltd* (1995) 1 AC 74 판례(분리되지 않은 금괴). 미국에서는 UCC에 의하면 대량의 금괴 중 일부분의 소유권(title)을 이전하기 위하여 물품(goods)의 분리가 요건은 아니다.

금전채권(debts)의 경우, 채권의 어느 부분은 다른 부분과 동일하고, 채권의 어느 부분을 다른 부분과 구별하여 확인하는 것은 가능하지 않다. 따라서 영국법은 채권은 특정 채권의 절반 또는 100의 채권 중 50과 같이 언제든지 양도될 수 있다고 한다. 예를 들어, *Re Steel Wing Co* (1921) 1 Ch 349 판례(특정된 채권의 "동일한 절반"("equal half part")의 매매) 참조.

이는 대부분의 국가에서 채택하고 있는 원칙일 것이다. 즉, 대규모 물품의 매매에 있어 요구되는 분리에 대한 "물품"의 원칙("goods" rule)이 무형물(intangibles)에 대해서는 적용되지 않는다. 수량(amount)에 의한 것을 제외하고, 금전채권(debt) 또는 기타 무형적 청구권(intangible claim)의 이익(an interest)의 일부분을 특정하는 것이 불가능하다는 단순한 이유 때문이다. 무형적 재산은 물품에서와 같이 리벨을 붙인다거나 물리적으로 분리해놓는 등의 방법을 통하여 물리적으로 분리될 수 없고, 순수한 무형적 권리인 無券化된 증권(dematerialised securities)의 이익(interests)에 대해서도 마찬가지이다. 금전채권(debts)과 기타 無券化된(dematerialised) 무형물(intangibles)은 오로지 양도되는 부분을 채권 100 중 10, 채권의 10%와 같이 수리적으로 특정할 수밖에 없다.

무형물(intangibles)에 대한 영국 판례법의 예는 아래와 같다.

Re Harvard Securities Ltd [1997] 2 BCLC 369 판례에서, 어떤 증권 매매업자가 고객을 대신하여 미국에 등록된 주식을 매입했고 매매업자를 위하여 신탁으로(in trust) 증권을 보관하고 있던 명의자(nominee)의 이름으로 해당 주식을 등록했다. 그런데 매매업자는 고객에게 자신이 고객을 위하여 신탁으로(in trust) 특정된 수의 주식을 보유하고 있다   **19-25**

고 알려주었다. 매매업자는 해당 주식의 증권 번호를 확인시켜 주지는 않았는데, 해당 증권은 전 세계에서(globally) 명의자의 이름으로(to the nominee) 발행되었기 때문이었다. 그 후 매매업자가 도산했다. 판결: 신탁으로(in trust) 맡겨진 주식이 충분히 구분되어 있다. 소유권(title) 이전을 위하여 전체 물량 중 특정 상품을 분리(segregation of ascertained goods from a bulk)해야 한다는 필요성에 대해서는 이 판례는 적용되지 않는다. 채무debt) 나 기타 채권(claim)의 일정 부분을 물리적으로 특정하는 것은 불가능하다.

Hunter v Moss [1994] 1 WLR 452, CA 판례에서는, Moss는 회사의 1,000주의 기명주식(registered shares) 중 950주를 소유하고 있었다. 그는 Hunter를 위하여 그중 5%를 신탁하겠다고 선언했다. 판결: 신탁(trust)은 유효했다. 그리고 확정성(certainty)(특정성(specificity))이 없다는 이유로 효력을 상실하지는 않았다. 대규모 물품의 소유권(title) 양도 시 물품이 분리되어 특정될 필요가 있다는 취지의 판례들은 적용되지 않았다. 물품(goods)에 있어서 라벨을 붙이거나 물리적으로 분리하는 방법을 사용할 수 있는 것과 달리, 금전채권(debt) 또는 다른 청구권(claim)의 일부분을 물리적으로 확정하는 것은 불가능하다.

Re CA Pacific Finance Ltd [1999] BCLC 494 (Hong Kong) 판례에서, 도산한 중개업자(broker)가 고객에 대한 신탁(trust)으로 홍콩의 청산 및 결제시스템에 예탁된 대체물 주식을 보유했다. 그 신탁(trust)은 유효했다.

담보권의 경우에, 주로 대륙법계 국가(civil code countries)에서 원래의 취지를 넘어서 특정성(specificity)이 사용되어 왔고 담보목적물이 될 수 있는 자산의 범위를 한정하기 위하여 채택되었다. 자산이 특정되어야 한다면, (장래의 재산은 필요한 요건(particularity)으로 확정될 수 없으므로) 장래의 재산을 배제할 것이다. 결과적으로 무담보채권자에게 가능한 자산이 늘어날 것이다. 단락 16−23 참조.

해결책은— 예를 들어 회사의 모든 토지와 같이 사람들이 특정한 자산이 그룹에 포함되는지 여부를 구별만 할 수 있다면— 담보권과 확실히 모든 자산의 양도에 관하여 아주 일반적인 기술(super−generic description)을 허용하는 것이다.

계약(contracts)과 금전채권(debts)의 양도(assignments)

19-26   제2장에서 제시된 5가지 주요 금융법 지표 중 하나는 매도인(seller)의 도산 상황

에서도 양도(assignment)가 유효하기 위하여, 지불의무가 있는 채무자(obligor)에게 계약 청구권(contract claim)의 양도 또는 이전의 통지(notice)를 하는 것이 요건인지 여부이다. 의무적 통지(mandatory notice)는, 예를 들어 채무자가 채권자에게 돈을 지불하게 알선하기 위하여, 변동(variations) 또는 추가 상계를 방지하기 위하여, 또는 이중 양도(double-assignments)의 경우 우선 순위를 보호하기 위하여 하는 선택적 통지(optional notice)와는 다르다.

이 지표는 중심 지표(central pointer)이기 때문에 사용된다. 이는 재산 양도(transfer)에 있어 사기를 방지하는 공시(anti-fraud publicity)의 역할을 한다. 의무적 통지(mandatory notice) 또는 다른 공시(publicity)의 존재는 계약 청구권(contract claim)의 거래를 제한하는 정책 또는 재산의 형태로서의 금융자산에 대한 불신, 채권자의 변경("당신의 채권자를 알아라"("know thy creditor"))으로부터 채무자를 보호하려는 욕구를 증명하고(evidences) 따라서 채무자 보호적(debtor-protective)이다.

금융거래와 관련하여, 채무자에 대한 의무적인 통지(mandatory notice)는 다음과 같은 거래를 금지한다. ① 무형재산의 자유로운 양도가능성, ② 담보권과 자금을 조달하기 위하여 집합금전채권(bulk receivables) 등 계약상의 권리(contract claim)를 이용하는 것, 매출채권(trade receivables)의 팩토링(factoring)과 디스카운팅(discounting), ③ 자산유동화(securitisations), 예를 들어, 대가를 지급받고 대출채권(loan)을 금융기구(finance vehicle)에 매도하는 것 (이러한 대량의 양도에 있어서는 통지를 하는 것이 보통 불가능하다), ④ 은행 대출 양도(bank loan transfer). 영향을 받는 것은 금융자산뿐만이 아니다. ― 그 규칙은 일반 매출채권(trade receivables), 사실상 어떠한 금전채권(receivables)에도 적용된다.

의무적인 통지(mandatory notice)의 이념(ideology)은 허위의 富(false wealth)에 근거했다. 즉, 채무자가 많은 외관상 점유(apparent possession)를 가지고 있지만 소유하는 자산은 없고, 따라서 이른바(allegedly) 잘못된 신용(false credit)을 유발한다. 통지(notice)를 하는 것은 물품(goods)의 인도(delivery)의 공시(publicity)를 본떴으나(replicates) 공시(publicity)로서 소용이 없다. 금전채권(debt)과 통지(notice)는 제3자에게 보이지 않기 때문이다. 따라서 이러한 관점에서 이념(ideology)은 더 이상 쓸모가 없다(obsolete).

19-27

이 상황은 신탁과 관련된다. 몇몇 法域에서는, 채무자에게 양도통지가 이루어지지 않은 경우, 금전채권의 양도인이 양수인을 위한 (비밀) 신탁(trust)으로서 그 채권을 보유하고 있는 것을 인정하지 않는다.

19-28   결국 요약하자면:

- 대부분의 영미법계 法域(common law jurisdictions)에서는 의무적인 통지를 요구하지 않는다. 예를 들어, 영국(1986년에 폐지된, 본래의 1914년 도산법 제38조 제(c)항은 무역금전채권(trade debts)에 대하여 채무자에 대한 통지를 요구했다. 그러나 회사에는 적용되지 않았다.); 미국, 그러나 미국의 UCC Article 9 (그리고 캐나다 보통법에서 상응하는 법률)은 금전채권(accounts)의 양도에 대하여 등기 (public filing)를 요건으로 한다. 네덜란드는 1994년에 그 요건을 재도입했다가 2004년에 폐지했다.

- 대부분의 로마−게르만계 法域(Roman−Germanic jurisdictions)에서는 의무적인 통지를 요구하지 않는다. 예를 들어, 독일 (독일 민법(BGB) 제398조 이하), 스위스 (채무법 제167조), 그러나 그 그룹은 이 점에 대하여 둘로 갈라졌다. 따라서, 예를 들어, 일본(민법 제467조), 한국(민법 제450조) 그리고 스칸디나비아 국가들은 통지를 요건으로 한다. 스웨덴 약속어음법(Promissory Notes Act) 제510조, 제31조, 덴마크 채무증서법(Instrument of Debt Act). 중국은 통지를 요건으로 하는 듯하지만, 분명하지 않다. 1999년 계약법 제80조 참조.

- 대부분의 나폴레옹계 法域(Napoleonic jurisdictions)에서는 의무적인 통지를 요구한다. 예를 들어, 프랑스 민법 제1690조에 근거한 국가들. 예를 들어, 룩셈부르크 민법 제1690조, 이탈리아 민법 제2800조, 스페인 민법 347조, 퀘벡 민법 제1641조, 콜럼비아 민법 제1959조부터 제1972조, 에콰도르 민법 제1868조부터 제1876조, 베네수엘라 민법 제1549조부터 제1557조. 벨기에에서는 1994년에 의무적인 통지가 폐지되었다.

일부 국가들에서는, 통지가 형식적(formal) 요건을 갖추어야 한다. 예를 들어 프랑스에서 통지는 법원 관리(court official), 프랑스어로 *huissier*에 의해 이루어지거나, 또는 채무자가 정식(formal) *acte authentique*에 의하여 양도를 승낙해야 한다. 프랑스에서는, 양수인(assignee)이 채권자에게 지불하고 그에 따라서 변제된 채권에 대하여 대신하는 대위(subrogation)를 통하여 그 불편을 조금이나마 회피(side−stepped)할 수 있다.

1990년대에 예를 들어, 아르헨티나, 이탈리아, 일본처럼 특히 자산유동화(securitisation)

에 대해 적용 제외(carve-outs)되는 사례들이 늘어나고 있다. 프랑스에서는 1981년 Dailly법(지금은 Monetary and Financial Code 제313조부터 제322조)이 일정한 양식의 송장 양도(prescribed assignments of invoices)의 예외를 인정하여서 금전채권의 팩토링 (factoring)을 허용한다.

신탁(trusts)에 대한 결론 일반

신탁(trust)이라는 개념은 세계의 많은 부분에서 고대의 신조(ancient doctrine) 안에 서 결정화된 오래된 논쟁과 공포의 희생물(victim)이다. 커스터디 은행(custodian) 또는 중개기관(intermediary)의 채권자들로부터 단절된 재산(property)의 이념은 일반적으로 현대 경제, 특히 투자자 보호에 있어서 필수적(essential)이다. 이 가정(proposition)은 보 편적으로(universally) 물품(goods)(임치(bailment))에 대하여 항상 인정되어 왔으며, 이것 을 모든 다른 자산에도 일률적으로(uniformly) 확대하는 것에 찬성하는 강력한 이유 가 있다.

19-29

신탁과 추급(tracing)에 관한 더 상세한 내용: LPIF 시리즈 제1권 제12장, 제13장.

질문과 세미나 주제

(1) 금융법의 신탁제도에 대한 찬성 및 반대 의견을 비판적으로 검토해 보자.

(2) 당신은 신탁의 개념이 국제금융법의 불가결한 요소라고 생각하는가?

(3) 국제금융에서 신탁의 주요 활용 사례를 조사하고 그 대안이 있는지 분석해 보자.

(4) 지급불능 시의 소유권에 근거한 추급(tracing)에 대해 설명해 보자. 영미법계 法域(common law jurisdictions)이 이러한 구제방법(remedy)을 인정하고 있는 것은 옳다고 생각하는가?

(5) 세계의 법제도에서의 허위의 富(false wealth)라는 원칙(doctrine)을 비판적으로 분석해 보자.

제 5 편

국제 금융 규제
Regulation of International Finance

제20장

금융규제의 범위와 정책 I

규제란 무엇인가?

규제(regulation)와 일반적인 법(ordinary law)

금융규제는 왜 일반적인 법과 다른가? 규제가 갖고 있는 세 가지 독특한 특징이 20-01
있다.

- 광범위한 힘을 가진 공식적인 규제기관들의 설립

- 민법의 형법화(criminalization of the civil law)

- 상세한 법제화

위의 사항들을 차례대로 살펴보도록 하겠다.

규제기관의 설립(establishment of regulators) 규제 제도의 핵심적인 특징은 광범위한 20-02
힘을 가진 반관반민의 규제기관(semi-governmental regulators)의 설립이다.

- 규제기관은 규칙(rules)을 만들 수 있는 **입법권**(legislative powers)을 갖고 있다.

- 규제기관은 정책을 시행할 수 있는 **집행권**(executive powers)을 갖고 있다.

- 규제기관은 판결을 하고 벌금이나 다른 제재들로 판결을 집행할 수 있는 **사법권**(judicial powers)을 갖고 있다. 사법권의 경우, 민사소송 중인 일반투자자들의 사적 집행의 장려에 의해 뒷받침된다.

규제(regulation)는 입법, 행정, 사법의 각 작용을 하나의 주체에게 집중시키게 된다. 보호장치(safeguards)는 있지만, 규제 당국은 입법자이며, 경찰이며, 배심원이며, 판사이다. 행정법(administrative law)은 정부의 넷째 권능이다.

규제법은 준(準)독립 정부기관(semi-independent agencies)에 의한 국가 개입의 한 형태이다. 독립된 규제기관은 다음과 같은 목적으로 설립된다.

- 정부의 분권화 및 독립성 증진을 통한 매일 행해지는(day to day) 정부의 비용과 정부 간섭의 축소를 위해서

- 규제 분야로의 접근을 촉진하여 해당 분야에 대한 전문지식과 경험을 집중하기 위해서

- 책임과 비난의 위험으로부터 단체를 중앙정부와 분리하기 위해서

- 수수료를 내는 규제받는 회사들에게 비용을 돌려 직접세를 피하기 위해서

정부는 보통 규제기관의 규칙(rules)에 대한 감시 또는 고위급 간부(senior management)를 임명할 수 있는 권한을 통하여 궁극적으로 규제기관을 통제한다.

역사적으로 규제는 은행이나 보험과 같은 특정 영업 분야에 대해서만 집행되어 왔다. 증권거래소(stock exchanges)의 경우 증권거래소 자체적으로 규제한다.

20-03   분리 규제는 아직도 미국과 같은 많은 국가에 남아 있다. 분리 규제의 문제점은 중복(duplication), 규제기관들 간의 관할 다툼(turf battles), 부족한 정보 공유 등이 있다. 국제적으로는 은행, 자본시장, 보험 등 일반적인 분야부터 연금과 같은 특수한 분야까지 모두 감시하는 하나의 규제기관을 만드는 추세다. 이러한 추세는 대부분의 유럽과 일본에서는 일반적이나, 아메리카 대륙에서는 아니다. 중앙은행(central banks)이 지급시스템(payment system)을 계속 규제해 왔는데, 중앙은행이 이러한 시스템의 최상위(apex)에 있는 것을 감안하면 놀랄 만한 일은 아니다.

자금의 흐름은 국제적인 데 반해 규제는 영토나 국가에 한정되어 적용되는 경향이 있다. 이러한 문제는 현재 다음의 두 가지 방법을 통해 해결한다.

- "원산지국" 원칙("country of origin" principle)에 의거하여 해당 회사 자국의 규제 기관을 존중한다. 이 방식은 주로 EU에 의해 받아들여진다.

- 감독당국들끼리 정보를 공유하고 협력한다.

세계중앙규제기관(central world regulator)은 정치적으로 논외이며, 바람직하다고 여겨지지 않는다.

많은 국가에서 기업과 거래소(exchanges)가 자기 규제를 얼마나 할지 정할 수 있는 어느 정도의 자율성을 가지고 있으나 규제기관의 자율규칙 승인과 감시 하에서 가능하다. 예시로는 미국의 전국증권업협회(National Association of Securities Dealers)와 공식적인 증권거래소가 있다.

법률의 형법화(criminalisation of the law)　　규제로 인해 일반적인 상법은 형법화되는 경향이 있다. 규칙들은 규제적인 벌금, 사회적인 비판, 해당 산업에서의 자격박탈, 자산동결, 사업에의 개입이나 수사 등 형사적·준형사적 제재를 불러온다. **20-04**

처벌은 종종 형사적 처벌이 아닌 행정적 처분인 것처럼 보인다. 이는 형법 하에서의 보호제도를 피해 규제기관(regulator)이 쉽게 집행할 수 있도록 하는 것을 목적으로 하고 있다. 민법과 형법의 결정적인 차이 중에 하나는, 형법에 의한 처벌은 손해의 배상이 아닌 처벌에 의해서 위법행위를 방지하는 것을 목적으로 하고 있는 점이다. *Bendenoun v France* (1994) 18 EHRR 54 (ECJ) 판례 참조. 이러한 점에서 행정적인 처분은 형벌의 성격을 필연적으로 갖게 된다. 한편, 규제기관은 법을 위반한 사람을 감옥에 보낼 힘은 가지지 못한다.

형법하의 보호의 예에는 다음과 같은 것이 있다. — 독립적이고 공정한 재판(tribunal), 일반인에 의한 배심(lay jury), 위법의 명확성, 방어를 준비할 시간, 증거주의, 무죄추정, 항소권(right of appeal), (개연성의 균형(balance of probabilities)이 아니라) 합리적 의심을 넘어서는 유죄의 증명(proof of guilt beyond reasonable doubt), 자기에게 불리한 진술을 강요당하지 아니할 권리(privilege against self‑incrimination),[1] 진술거부

---

1) 역자 주) 헌법 제12조 제2항 후단은 "형사상 자기에게 불리한 진술을 강요당하지 아니한다."라고 규

권(right to silence),[2] 과실이 아닌 고의(dishonest criminal intent) 증명의 필요 등이다.

20-05   몇몇 영국의 사건들은 이러한 점을 실제로 보여 준다.

Fleurose v Securities and Futures Authority (2001) EWCA Civ 2015 판례에서 Fleurose는 시세조종(market manipulation)으로 2년간의 자격박탈과 함께 175,000파운드를 규제기관에 납부하라는 명령을 받았다. 그는, 당초 수사의 증거가 나중의 형사소송 절차에서 증거로 사용되었는데, 이것은 자기에게 불리한 진술을 강요당하지 아니할 권리(privilege against self-incrimination) 침해했고, 그로 인해 그의 형사변호(legal representation)가 보장되지 않았으며 기소(charges)가 불합리하다는 이유로 위헌법률심판(judicial review)을 신청했다. *판결*: 소송절차는 형사재판이 아니라고 판단하고, 진술거부권과 자기에게 불리한 진술을 강요당하지 아니할 권리의 상실은 거래(trade)를 할 수 있는 특혜를 누리는 것의 대가라고 판시했다.

Saunders v United Kingdom (1996) 23 EHRR 313 ECt HR, (1998) 1BCLC 362 판례에서는 Saunders가 음료 회사를 인수하는 과정에서의 사기 의혹에 관련된 정부 조사 과정에서 자신 스스로 유죄로 이르게 하는 주장을 하도록 강요받았다. 혐의는 사기이며, 그가 제3자를 위해 자신의 회사 인수를 주선해 주었고, 동시에 인수의 대가가 되는 주식의 가격 유지를 위해서 손실을 보전해 주었다는 것이었다. 이러한 진술(statements)은 그를 형사 기소하는 데 중요한 역할을 했다. 그는 유럽인권재판소에 이 사건을 항소했다. *판결*: 유럽인권재판소(European Court of Human Rights): 강압적인 힘을 이용하여 얻어 낸 증거를 형사소송에 사용한 것은, "강압적이며 그리고 그가 마주한 형사 소추에서 스스로 보호할 수 있는 권리를 중대하게 박탈했다."[3] 유럽인권재판소는, 유럽인권협약(European Convention on Human Rights) 제6조는 "법에 의해서 구성된 독립적이고 공평한 재판부에 의하여 적정한 시간 동안 공정하고 공개적인 재판"[4]을 받을 권리를 보장하고 있는데, Saunders는 이러한 의미에서 공정한 재판(fair hearing)을 받을 권리를 박탈당했다고 판단했다.

정하고 있다.

2) 역자 주) 형사소송법 제283조의2(피고인의 진술거부권) 제1항은 "피고인은 진술하지 아니하거나 개개의 질문에 대하여 진술을 거부할 수 있다."라고 규정하고 있다.

3) 원문: "was oppressive and substantially impaired his ability to defend himself against the criminal charges facing him."

4) 원문: "a fair and public hearing within a reasonable time by an independent and impartial tribunal established by law."

몇몇 국가에서는(특히, 미국의 경우), 개인의 재판청구권(private rights of action)이 강화되고 있다. 예를 들어, 징벌적 손해배상제도(punitive damages)나 집단소송(class action) 등으로, 이것은 파업 사업가들(strike entrepreneurs)에 의한 남소를 초래하고 있다.

2001년 엘론(Enron)의 도산으로 인한 엘론 집단소송 합의금(settlement)은 70억 달러를 넘어섰으며, 2005년 월드컴(WorldCom)의 합의금(settlement)은 60억 달러를 넘었다. 다양한 제재에 대해서는 LPIF 제7권 제22장 참조.

감사(auditors)나 다른 사람들은 보통 위반에 대해서 보고할 의무가 있다(내부고발("whistle blowing")).

제재(sanctions)에 대한 더 상세한 내용: LPIF 제7권 제22장.

성문법화(codification)   규제기관의 입법적인 기능은 법적 구속력이 있는 규칙의 제정, 규정(code) 제정, 성명서의 발행(issuing statements), 지침을 주는 것, 일반적인 안내를 주는 것을 포함한다. 그 범위는 구속력이 있는 법률에서부터 연성 규범(soft law)까지 포함한다.   **20-06**

법제화는 매우 상세한 정도로 되어 있어서 일반적인 의무에 대해서도 규범적인 법제화가 되어 있다. 예를 들어, 부실표시(misrepresentation) 금지, 이해상충행위의 금지 등의 信認의무(fiduciary duties) 준수, 상당한 주의의무(due diligence), 고객 보호 등이 있다. 법제화는 원칙에 기반하기보다는 정확한 규칙들을 통해 모든 상황을 대처할 수 있게 하려 한다.

성문화의 이유는 모든 다른 성문화에 일반적으로 영감(inspiration)을 주는 것이다. 법제화로 인해 접근성, 인식, 정확성(규제받는 사람들이 그들의 의무를 알 수 있게) 등이 증진되고, 규제받는 사람들의 책임회피 여지(wriggle room)를 줄여 준다. 규제기관들의 빠른 규칙 제정 속도와 낮은 비용 지출은 유연성과 효율성을 가져온다. 규칙(rules)은 느린 입법절차에서 벗어나서 빠른 시장변화에 대응할 수 있다. 이를 통해 정부나 의회가 직접 책임을 지지 않지만, 이는 정부와의 협의 의무, 최종적인 정부 승인 필요, 근본적인 세이프가드(fundamental safeguards)를 포함한 규제법의 틀(regulatory framework laws)에 의해 보완된다.

성문화의 잠재적인 문제들은 ① 너무 자세하게 기술되어 있어서 원칙들이 모호할 수 있다는 점, ② 몇 천 장에 달하는 엄청난 양, ③ 세세한 관리가 필요하다는   **20-07**

점, ④ 법원칙들이 몇 달에 한 번씩만 변경되는 것과 달리, 기차시간표(train timetable)와 같이 빈번하게 개정해야 할 필요가 있는 점 등이다.

형법화의 당연한 결과로 규정은 상세하게 된다. 위반이 형사범죄가 된다면 ―그것도 일반 대중이 보기에 주차위반과는 다른 중대한 범죄라고 한다면―, 규제되는 회사는 자신이 무엇을 해야 하는지 확실히 알 수 있는 정확한 규칙을 요구하는 것도 무리가 아니다.

은행이나 기타 규제대상 회사에 대한 많은 실무규정(codes)이 있으며 이는 규제법을 대체하기 위해 은행이나 관계회사가 합의한 것이다.

20-08　　이러한 이유로 일반적인 규제 체제는 다음과 같이 세 가지 층(tiers)으로 나뉜다.

- 특별 성문 규제법(special regulatory statutes).

- 법의 일반적인 원칙(관습법, 민법전, 일반적인 법규). 예를 들어, 사기, 부실표시(misrepresentation), 대리인(agents) 책임 등 信認의무(fiduciary duty)가 이 범주에 속한다. (이 원칙들은 선진국에서 큰 힘을 가지고 있다.)

- 관습과 규정(codes) ―법적 구속력이 없으나 시장 참여자들이 준수할 것으로 기대된다.

정확한 배합(mix)은 국가별로 상이하다.

信認의무(fiduciary obligations), 부실표시(misrepresentation)에 관한 일반적인 법과 이와 비슷한 다른 법의 중요한 차이점은, 사기의 경우를 제외하고, 당사자들이 일반적으로 자유롭게 계약에 의하여 그들의 의무를 면제할 수 있다는 것이다. 규제 규정(code)은 대부분 당사자들이 언제 계약으로 그들의 의무를 면제할 수 있는지에 대해 다룬다. 일반적으로는 당사자들이 자신들이 무엇을 하고 있는지 아는 전문투자자 상대방(counterparty)과 계약을 하려고 했을 때는 계약으로 의무를 면제할 수 있지만, 무슨 일이 일어나는지 모르는 일반투자자(consumers)와 계약을 하고 있을 때는 계약으로 의무를 면제할 수 없다.

이러한 성문화(codification)에 막대한 노력을 기울이지 말고 "대리, 신탁, 계약, 불법행위에 관한 일반법이 다른 일반인에 대한 것과 마찬가지로 규제대상 회사에도 적용된다. 다만 합리적이면 계약으로 의무면제가 허용된다."라는 단순한 명제로 정리해도 좋을지는 검토할 만하다. 이는 궁극의 원칙주의라는 것이다. 판례법(case law)으로 시장을 도덕적으로 할(moralise) 수도 있을 것이다.

이러한 내용은 은행의 자본적정성과 같은 도산의 보호(insolvency protections)를 다루지는 않는다. 여기에 최소주의 접근법(minimalist approach)이 가능한지 여부는 논쟁의 여지가 있다.

다른 분야(fields)에 대한 규제

거의 동등한 주제를 다루는 규제의 다른 분야는 다음과 같다.   20-09

- 생명에 대한 위험을 완화시키는 건강과 안전규제, 화재와 건물, 근무 환경, 음식, 제약(pharmaceuticals)에 대한 규제가 이 범주 안에 속한다.

- 사회정책 규제. 예를 들면, 노동법, 차별금지법, 건축 규제(building restriction) 등이 있다.

- 경제적 규제, 독점 규제(anti-trust)(반경쟁 규제(competition)), 유틸리티(utilities) (에너지, 전기, 교통), 미디어(media)와 같은 주요 산업에 대한 규제 등이 있다.

- 환경 규제.

위의 규제들이 금융 규제보다 좋은지 나쁜지는 흥미로운 질문이다. 대부분의 국가의 모든 분야에서 금융분야는 제일 엄중하게 규제되는 분야다.

금융 규제(financial regulation)의 요점

주요 규제를 받는 영업(operations)은 다음과 같다.   20-10

- **은행**(banks) ─ 대중으로부터 돈을 빌려 다시 융자해 주는 회사

- **증권 중개업자**(dealers in securities) ─ 증권(securities)이나 투자상품(investments) 과 관련된 일을 하는 자. 증권의 매매, 운용, 이에 대한 자문, 증권의 보관 등을 하는 자가 이에 속한다.

- **집합투자기구**(collective investment schemes) — 뮤추얼 펀드

- **거래소**(exchanges) — 증권거래소, 파생상품(derivatives) 거래소

보험회사와 연기금(pension funds)의 규제는 논외로 한다.
다음은 다섯 개의 주요 금융규제이다.

- 사업을 하는 데 필수조건으로서 금융회사에 대한 **공식 인허가**(official authorisation).

- 도산위험을 완화시키기 위해 금융회사에 대한 **금융 감독**(financial supervision). 예를 들어, 자본적정성. 도산한 회사의 고객에게 상환하기 위한 상환기금 (compensation funds)과 규제를 받는 회사들에 대한 특별한 도산정책도 포함된다.

- 信認의무(fiduciary duties)를 증진하는 금융회사의 **영업행위규칙**(rules on the conduct of business). 예를 들면 고객보호의무, 이해상충방지의무, 고객자산 보호의무가 있다.

- 증권의 신규발행과 다른 금융상품 홍보를 위한 **투자설명서의 정보공개 규칙** (disclosure rules for prospectuses). 이는 정보공개와 책임에 대한 계약 의무 를 확대하기 위한 것이다.

- 거짓말(lies), 시세조종(market manipulation), 내부자 거래(insider dealing) 등 **시장 사기의 통제**(control of market frauds).

규제의 다른 요점

20-11   규제의 다른 요점은 ① 재무제표(financial statements)(정보공개(disclosure)), ② 기업 지배구조(corporate governance)(이사의 의무, 특히 상장된 회사), ③ 기업인수 규제 (takeover regulation) 등이 있다.

다양한 종류의 증권 발행을 확보하기 위해, 증권 규제는 증권의 계약 조건에 대해 최소한의 기준(minimal standards)을 정하는 것에 그친다. 법률은 예를 들어 채무불이행(default) 또는 확약(covenants)을 규제하지는 않는다. 債券(bond)과 관련한 규제의 일례로서 債券소지자들의 집단행동(collective action)이 있다. 단락 12 – 17 참조.

아마도 금융 규제의 가장 오래된 형태는 아직도 해로운 영향을 끼치고 있는 고리대금과 도박에 관한 규제법일 것이다.

거시경제 규제(macroeconomic regulation)

우리가 살펴본 금융규제의 종류는 거시경제 규제와 구별되어야 한다. 거시경제 규제의 요점은 다음과 같다.   20-12

- 자국 통화의 가치 안정화 — 주로 사고 파는 행위로 시행한다. 이것은 일반적으로 외환관리와 차입관리에 의해 통제되곤 했다. 자본 통제(capital controls)는 대부분의 선진국에서 폐지되었다. 현재 EU와 미국에서는 사용하지 않는다.

- 통화의 공급, 이자율, 여신에 대한 통제(controls) — ① 정부증권의 매매(은행의 준비금에 영향을 미친다), ② 은행의 지급준비제도(은행은 무이자로 중앙은행에 준비금을 예탁해야 한다), ③ 할인율(중앙은행의 일반은행에 대한 대출의 오버나이트(overnight) 금리), ④ 여신액과 금리 수준에 대한 직접적인 컨트롤(이제는 유행은 아니지만) 등에 의해 이루어진다.

위와 같은 방법들은 주로 중앙은행의 분야이다.

규제의 대상은 누구인가?

허가(authorisation)

개요(general)   대부분의 선진국들은 은행, 매매업자(dealers), 그리고 다른 투자서비   20-13
스 제공자들의 자격체계에 대한 시스템을 갖고 있다. 이는 나중에 생길 문제를 미연에 방지하기 위한 것이다. 위 시스템이 갖춰지면 투자업(investment businesses)은 ① 일반투자자(investing public)를 보호하기 위한 다양한 영업행위규칙(conduct of business rules)과 ② 금융 감독(financial supervision)의 적용을 받는다.

따라서 영국 Fisma 2000 제19조는, "허가를 받거나 예외로 규정된 자를 제외하고는, 누구도 영국에서 규제된 행위를 하거나 하려고 해서는 안 된다."5)라고 규정하고 있다. 제22조에서는 규제행위(regulated activity)는 영업으로 또한 (통상) 정해진 투자상품에 대해 실시하는 것이어야 한다고 하고 있다. 미국에서는 규제대상 회사(regulated firms)는 SEC에 등록해야 하며, 이에 따라 관련 규제제도를 준수하게 된다.

20-14 **인가(authorisation)의 조건** 인가(authorisation)의 요건은 사업에 따라서 다르지만 일반적으로 다음과 같은 것들이 있다. 인가가 취소되지 않는 한, 인가의 요건은 반드시 계속 유지되어야 한다.

- **4개의 눈**(four eyes) − 회사는 반드시 적어도 두 명 이상의 이사가 있어야 한다.

- **평판과 능력** − 이사회(directorate)와 간부 직원(senior staff)은 적임이고 적절한 자여야 하고, 평판이 좋아야 하고 필수적인 전문지식과 경험을 가져야 한다.

- **최소초기자본**(minimum initial capital)**과 충분한 재원**(sufficient financial resources) − 자본적정성, 유동성과 같은 것들이 영업의 형태와 범위에 맞아야 한다. 고객의 자산을 수탁 받아 보관하는 커스터디 은행(custodian)은 고객의 자산을 제외하고도 은행이 요구하는 자본의 일부분을 가지고 있어야 한다.

- **지배주주**(controller)**와 대주주들**(large shareholders) − 모회사 등 회사의 지배권을 가지고 있는 자에게 적용되는 외국의 규제제도가 회사 소재지의 규제제도와 동등하며, 모회사와 자회사에 대해서 연결로 이루어지는 외국 규제기관의 감독이 올바르게 행해지고 있다고 규제기관이 인정해야 한다.

- **조직**(organization) − 회사는 반드시 적절한 체계와 통제장치를 가지고 있어야 한다. 고위관리자들에게 내용을 분명하게 전달할 수 있는 보고체계를 포함한다. 이는 직원의 행동에 대해 책임이 없다고 말하는 '운전자가 없는 자동차(driverless car)'와 같은 상황을 피하기 위한 것이다. 감사, 준법감시인 그리고 다른 영향력 있는 기능과 관련된 적합한 직원을 갖추고 있어야 한다. 이해당사자의 갈등 조정, 거래의 기록, 고객 자산의 보호에 대한 적합한 절차 또한 갖추고 있어야 한다.

5) 원문: "No person may carry on a regulated activity in the United Kingdom, or purport to do so, unless he is an authorised or exempted person."

- **보상제도**(compensation scheme) − 투자자나 은행에 대한, 인가 받은 보상제도에 가입하는 것이 요건인 경우가 있다.

- **기타** − 이외에 전형적인 기타 조건으로, ① 테러 등 위기 상황에 대응하는 업무 연속 정책, ② 아웃소싱(outsourcing)의 통제, ③ 고충 처리의 적절한 절차 등이 있다.

인가되지 않은 사업의 제재(sanctions for non-authorised business) 인가(authorisation)를 20-15 받지 않고 업무를 수행하는 것은 통상 범죄다. 위반한 회사가 행한 계약은 강제력을 갖지 않는다. 예를 들어 영국에서는 은행업을 제외하고, 인가를 받지 않은 자 (unauthorised person)에 의한 또는 그런 자를 통한 거래(business)는, 인가를 받지 않은 자가 상대방에게 이행을 강제할 수 없다(단 법원의 재량에 의한 강제는 있을 수 있다). 하지만 상대방은 강제력을 가질 수 있고 또 발생한 손실을 보상받을 수도 있다. Fisma 28 참조.

경계선 문제(perimeter problems) 규제되는 행위에 대한 명확한 정의가 중요한 이유 20-16 는 인가받지 않은 영업(unauthorised business)이 범죄로 분류되고 다른 제재들을 받기 때문이다. 이러한 것들이 주변 문제로 알려져 있다. 문제는 규제 법규가 모든 것을 금지한 뒤 나중에 예외로 분류하여 개개 사건들이 탈출할 수 있는 방법을 제공하면서 악화된다는 것이다.

은행(banks)

은행의 종류 은행은 세 가지로 분류할 수 있다. 20-17

- **예금을 받는 상업은행**(deposit taking commercial banks). 그들의 핵심 사업은 ① 예금의 형태로 수신(受信), ② 계좌이체(money transfers) 처리, ③ 상업적 대출여신(與信)이다. 핵심은 돈을 빌리고 융자해 주는 것이다. 그들은 대중으로부터의 예금수취기관(deposit-takers)이다. 상업은행은 대부분의 국가에서 신용 공여의 중심적 존재이다.

- **예금을 받는 다른 기관**(other deposit-taking institutions).   예를 들어 상호저축은행(savings banks), 모기지 은행(mortgage bank), 신용협동기구(co-operative banks)(아주 오랜 시간 전부터 발전해온 지역 농부들의 농촌 조합)가 있다. 주류 상업은행과는 다르게 상호저축은행과 신용협동기구는 개인들로부터 예금을 받으며 기업이 아닌 개인에게만 대출을 해 준다.

- **예금을 받지 않는 여신전문금융회사**(non-deposit-taking credit institutions). 이들은 여신을 제공하나 대중으로부터 예금을 받지는 않는다. 이들은 전형적으로 은행의 자회사들이다. 장비를 구입하여 개인이나 대기업("big ticket")(항공기, 선박, 철로, 철도차량 등)의 리스임차인에게 리스하는 리스회사(leasing company)가 포함된다. 상사금전채권(commercial receivables)을 다른 회사로부터 매입하여 채권회수 하는 팩토링회사(factoring company)도 포함된다. 리스(leasing)도 팩토링(factoring)도 소유권이전형 금융(title finance)의 한 형태인데, 저당권(mortgages), 담보권(charge), 질권(pledge) 또는 다른 담보권(other security interest)과 동일한 효과를 가지지만, 보통 담보권(security interest)으로 취급되지는 않는 여신(credit)이다.

    은행이 아닌 다른 금융기관에는 신용카드회사와 소비자금융회사 등이 있다. 역시 대중으로부터 예금을 받지 않으며 은행이나 자신의 그룹으로부터 자금을 조달한다.

    은행이 아닌 금융기관(non-banks)은 일반 예금을 받아들이지 않고 지급시스템과도 무관하므로 자격요건(licensing requirement)은 간단하거나 아예 없는 경우도 있다.

20-18   **은행업**(banking)**의 정의**   은행에 대한 공감대가 있는 정의로서는 ① 영업으로 ② 자금(예금)을 ③ 전액 상환하는 전제로(주식이나 주식에 연동하는 것이 아니라) ④ 일반으로부터 빌리고(개인적인 국내 거래나 그룹으로부터의 조달이 아니라), ⑤ 그 돈으로 타인에게의 대출을(자신을 위해서 사용하는 것이 아니라) ⑥ 자신의 명의로 실시하는(대리인으로서나 도관(conduit)으로서 실시하는 것은 아니다) 회사다. 예를 들어, 개정된 EU의 은행업통합지침 2006(EU the recast Banking Consolidated Directive 2006)에서는 신용기관(credit institution)을 일반으로부터 예금 또는 다른 차입금을 빌려 이것을 자신의 계산으로(for its own account) 대출하는 사업이라고 정의되어 있다. 제4조 참조. 본질적으로는 자금을 빌려 타인에게 빌려주는 것, 즉 중개기관(intermediary)

으로서 기능하고 있는 것이다.

만약 영국처럼 더 넓은 정의가 있다면 예외도 있어야 한다. 예를 들어 인가를 받은 은행으로부터의 차입, 기업그룹 내에서의 차입(corporate intra-group borrowings), 물품이나 서비스의 선불(advance payments), 보증금(security deposits), 양도 가능한 채무증권(transferable debt securities)의 발행(예금증서(deposits)와 같은 단기 증권이 아닌 것)이다. 단순히 자금을 대출하는 것만으로는 은행업이라고 할 수 없다는 점에 주의가 필요하다. 목적은 예금자 보호다. 단순히 자금을 차입하는 것은 비록 형식적으로는 들어맞는다 하더라도 은행은 아니다. 차입은 누구나 한다.

은행업의 의의(meaning of banking)**에 대한 더 상세한 내용 :** LPIF 시리즈 제7권 제10장.

증권관련업(business involving securities)

개요(general)　　금융자산에 관련되는 영업은 리스크, 가치평가 문제, 매매의 속도, 소비자의 낯섦(less familiarity to consumers) 등 때문에 규제를 받을 만한 것으로 보인다.　　**20-19**
그것들은 대중(public)의 도산위험(insolvency risk)과 信認의무(fiduciary duties) 문제를 수반하지만, 보통 시스템 리스크(system risks)와는 관계가 없다.

증권(securities)**의 정의**　　총체적인 규제제도는 자신(규제가 필요하다고 여겨지는 것)　　**20-20**
의 분류를 바로잡는 것을 기초로 하고 있다. 전형적인 투자 또는 증권의 목록은 다음과 같다.

- 양도 가능한 주식(equity)이나 채무증권(debt securities)

- 유니트(units)와 집합투자기구(collective investment scheme)(실질적으로는 증권을 표창하는 또는 표시하는 증권)

- 상기에 관한 권리, 선물, 옵션, 파생상품 등. 신주인수권(warrants) 포함(신주인수권(warrants)도 증권에 관련이 있기 때문에)

- 고가의 귀금속과 현물인 원자재와 관련된 선물, 옵션, 파생상품. 상업적 목적이

아닌 투자목적으로 인한 거래의 경우이다. 이 거래는 교환으로 성사되거나 현물로 결제되는 것(physically settled)이 아니고 현금으로 결제(cash settled)된다.

문제는 모든 상사계약의 채권(commercial contract claims)이 위 정의에 해당될 수 있다는 것이다. 예를 들어 대부분의 상업 계약은 부채를 수반하고 있으며, 많은 보통의 상업 계약은 상품매매와 같이 물건의 장래의 인도를 정한다. 예를 들어 상품매매다.

미국의 1933년 증권법(US Securities Act) 제2조 제1항 그리고 영국의 규제 행위 명령(UK Regulated Activities Order)에서는 보다 폭넓은 정의가 이용되고 있다.

20-21 **투자업**(investment businesses)   규제를 받는 주요 투자업은 다음과 같다. ① 본인으로서 투자상품(investment)의 매매업자(dealers) 또는 대리인으로서 중개업자-매매업자(broker-dealers), ② 투자상품 거래를 주선(arrange)하는 자, ③ 투자상품의 매니저(manager), ④ 투자상품의 인수인(underwriter), ⑤ 투자상품의 커스터디 은행(custodian), ⑥ 투자자문사(adviser). 정확한 리스트는 국가마다 다르다.

다음은 주요 규제 대상 회사를 기능별로 열거한 것이다.

- **투자은행**(investment banks) − 투자은행의 주요 업무는 ① 채무증권 및 지분증권 발행의 주선 및 인수, ② 기업의 재무에 관한 자문, 예를 들어 기업인수(takeover) 등, ③ 고객의 증권 관리 등이다. 투자은행은 통상 상업대출을 제공하거나 일반으로부터의 예금을 예치하지는 않는다.

- **중개업자**(broker) / **매매업자**(dealer) − 중개업자/매매업자는 투자상품을 고객을 대신해서 사고팔고, 당분간 커스터디언(custodian)으로서 보유한다. 일반으로부터의 예금은 예치하지 않지만, 고객의 자금을 투자하기 위해서, 그리고 거래를 위한 담보로서 고객의 자금을 맡고 있다. −이것을 "증거금"("margin")이라고 부른다.

- **투자매니저**(investment managers) − 이는 고객의 투자상품을 관리하는 것이다. 고객 투자의 자산포트폴리오를 관리하는 중개업자, 집합투자기구(collective investment schemes)의 매니저, 헤지펀드의 매니저 등이다.

- **증권의 커스터디언**(custodians of securities) − 이것은 고객의 투자상품을 보관하는 회사이다. 통상 고객을 위한 신탁의 형태를 이용한다. 커스터디 은행 (custodian)의 고객은, 자신의 고객의 투자상품 또는 집합투자기구 또는 헤지펀드를 취급하는 중개업자(broker)이다.

- **투자자문사**(investment adviser) − 이들은 투자에 대해 자문하고 고객에게 추천을 하는 회사이다. 고객에게, 예를 들어 주택담보대출(home mortgage)이나 양로 보험(endowment insurance)에 대해 자문하는 영세한 회사도 있는 한편, 거대한 연기금(pension fund)이나 집합투자기구(collective investment schemes) 등에 자문하는 회사도 있다.

이러한 영업에 대한 더 상세한 내용: LPIF 시리즈 제7권 제11장.

다른 규제대상 행위 20-22

다른 규제대상 행위는 다음과 같다.

- **거래소**(exchanges)**와 다른 공식적인 시장**(formal markets). 단락 20−26 참조.
- **지급시스템**(payment system) **및 증권결제시스템**(securities settlement systems) − 자국의 통화가 있는 국가들은 그 통화의 지급시스템이 있는데, 몇몇 국가들은 여러 개의 시스템이 있기도 하다. 미국의 경우가 그렇다.
  증권결제시스템은 지급시스템과 상당히 유사하며, 돈 대신에 증권의 교환이 이루어지는 시스템이다.
  지급 및 증권결제시스템에서 이루어지는 거래의 양은 엄청나다.
  주로 **중앙청산소**(central counterparties)와 연계되어 있으며 이러한 중앙청산소들은 시장에서의 거래를 위해 상호협력하고, 상계와 네팅을 증진시킨다. 단락 15−04 참조.

- **신용평가기관**(rating agency) − 신용평가기관들은 투자자들을 위한 가이드 20-23 로서 국가와 기업의 신용도를 평가할 뿐만 아니라 특정증권의 발행에 대해 등

급을 매긴다. 예를 들면 AAA는 가장 좋은 등급이며 D등급의 회사는 채무상환을 불이행(default)했거나 채무상환 불이행이 예상되는 회사다. 신용평가기관들은 규제되고 있다기보다는 공식적인 인가를 받은(officially recognised) 기관이다. 중요한 신용평가기관으로는 아래와 같다.

- Standard & Poor's Rating Services (미국)
- Moody's Investors Service Limited (미국)
- Fitch Ratings (프랑스 소유)

- 또 다른 신용평가기관으로는 A. M. Best(보험 분야 특화)와 캐나다의 Dominion Bond Rating Service가 있다.

미국의 SEC는 이런 회사들을 국가공인통계평가기관(Nationally Recognised Statistical Rating Organisations)이라고 부르며, 규제의 목적으로 그들의 평가가 인정되고 있고, 몇몇 규제를 받는다.

평가들은 다음과 같은 목적으로 쓰인다.

- 증권의 품질을 평가하기 위해서
- 뮤추얼펀드, 연기금(pension funds), 보험회사 등 투자대상이 내부규칙이나 법률로 일정한 등급이상의 증권으로 제한되어 있는 회사의 경우를 위해서
- 대출계약이나 債券(bond)에 있어 이자율 인상 또는 신용 파생상품의 매입을 발생시키는 방아쇠로서
- Basel 자본적정성(Basel capital adequacy) 목적으로 자산의 리스크를 정하기 위해서

채무증권(debt securities)의 등급은 다음과 같다.

S&P	Moody's	Fitch
투자가능등급(investment grade)		
AAA	Aaa	AAA
AA	Aa	AA
A	A	A
BBB	Baa	BBB
투기등급(speculative grade)		

BB	Ba	BB
B	B: 장래 채무불이행 위험 존재(future default risk)	B
CCC: 채무불이행이 될 높은 위험 존재	Caa: 채무불이행 상태이거나 현재 채무불이행이 될 높은 위험 존재	CCC
CC		CC
	Ca: 종종 채무불이행을 함.	C
C		
CI: 이자가 지급되고 있지 않음.		
D: 실제 채무불이행 상태이거나 채무불이행이 예상됨.	C: 매우 비관적으로 전망됨	DDD, DD, D
S&P는 +나 −를 등급평가에 추가할 수 있음.	Moody's는 1, 2 또는 3을 Aa부터 B까지의 등급평가에 추가할 수 있음.	

S&P에 의하면 향후 5년 동안 AAA등급의 경우 0.1%의 채무불이행 가능성이 있으며, A등급은 0.3%, BB등급은 15%, CCC등급은 57%이다.

Poor's Polishing은 미국의 철도와 운하에 대한 정보를 유럽 투자자들에게 주기 위해서 Henry Varnum Poor에 의해 1860년에 설립되었다. 이 회사는 1941년에 Standard Statistics와 합병되었다.

Moody's는 John Moody에 의해 1900년에 설립되었는데, 주식과 債券(bond)에 대한 정보를 주는 무디의 매뉴얼(Moody's Manual)을 발간했다.

은행(banks)과 증권회사(securities firms)의 차이점

은행과 증권회사(투자은행, 중개업자)는 매우 다른 리스크를 내포하고 있어 규제 방법이 다르다. 주요 요점은 다음과 같다.   20-24

- 은행의 **시스템적 중요성**(systemic importance) − 은행은 리스크의 중심에 있으며, 증권회사는 그렇지 않다. 은행은, ① 일반대중으로부터 예금을 받아서 타인 자금을 보유하고 있으며, ② 상업 대출을 통해서 경제에 유동성을 공급하고, ③ 은행 간 예금이나 지급시스템을 통해서 상호 연결되고 있다. 이에 반하여, 증권회사는 지급시스템에는 관여하지 않고, 따라서 시스템 리스크(systemic risk)에의 관여 정도는 낮다고 말할 수 있다. 증권회사는 대출의 형태로 사회에 유동성을 공급하는 것은 한정적이며, 사회 일반의 대중적 중요성도 은행만큼은 안 된다. 증권회사는 은행에 비해 파탄시키기는 쉽다.

- 대중의 신뢰를 잃을 경우 자신의 **책임**(liability) 부담 리스크 – 이것은 상업은 행에 있어서 중대한 리스크다(주로 단기 예금채무와 중기 대출자산 사이에 만기 미스매칭이 그 주된 요인이다). 대부분의 증권회사는 그렇지 않다. 대중으로부 터 예금을 받지 않고 다른 은행 또는 다른 자금시장에서 돈을 끌어오기 때문이 다. 또한 많은 국가들에서 증권회사의 예금 채무는 정부에서 보장하지 않기 때 문에 정부의 관심이 적다. 미국과 EU의 경우 투자자보호제도가 있다.

- **자산**(assets)의 실행(realisation)의 용이성 – 예를 들어 채무의 지급이나 도산 위기에 해당하여 사업을 조기에 해산하는 경우 등이다. 증권회사는 필요할 때, 또는 규제 당국으로부터 이것을 재촉 당했을 때는, 시장성이 있는 통상의 증권 을 신속하게 매각할 수 있다(평가와 양도도 용이하다). 이에 비해 은행의 대출 채권을 매각하는 것은 번거롭다.

- **계약**(contracts)이나 약정의 기간 – 은행은 중기 대출(medium-term loans)(보험 업자의 경우 더 긴 계약을 함)을 하는 반면 증권회사는 주로 인수계약과 같은 단기 계약을 취급한다. 그래서 증권회사는 문제가 생겼을 경우 쉽게 해소할 수 있다.

- 중개업자(brokers) 등은 고객의 투자상품을 신탁(trust)으로 보유하고 있다. 그 러나 은행은 예금의 채무자로서 지급불능의 리스크도 높아진다.

복합기업(conglomerate)

20-25   금융그룹 중 일부는 복합기업(conglomerates)이다. 이들은 다양한 금융업을 영위한 다. 상업은행업, 투자은행업, 증권업, 보험업 등이다.

중요한 문제는 ① 하나의 업종이 도산(insolvency)되면 그것이 감염되어 또는 업종 끼리 상호 의존하여 그룹 전체가 붕괴(bring down)되는 경우가 있는 점, ② 개별 업 종마다 별도의 규제지침이 있는 점(규제 중복), ③ 이해상충행위(conflicts of interest) — 단락 22-21 참조 — 등이 있다.

한편, 상업은행이 투자은행업에 진입하는 것은 경쟁을 촉진한다. 복합기업은 규모의 경제(economies of scope)를 통하여, 예를 들어 고객정보 공유, 마케팅 효율화 등이 가능하다. 이들은 다양한 금융업을 영위하고, 규모가 크기 때문에 자본비용을 경감한다.

대부분의 국가들은 현재 금융 복합기업을 허용하고 있다. 그러나 다른 상업적 사업과는 섞이지 않았다.

국제적 금융시장(international financial markets)

금융시장(financial market)이란 무엇인가? 전통적으로 시장은 사업을 하고 정보를 교환하기 위해 거래자(trader)들이 만나는 하나의 장소이다. 거래를 하기 위해 상대방을 만나며 이것이 유동성을 만들어 낸다. 예를 들어, 시장에는 매매를 하거나 빌려주기를 원하는 많은 회사들이 있다. 그 결과, 가격과 이자율은 더 투명해지며, 가치를 더 쉽게 확인할 수 있다. 가격발견(price discovery)이라고 불린다. 20-26

은행과 함께, 금융시장의 효과는 돈 또는 다른 금융재산의 경로가 되는 것이다. 중개기관(intermediaries) 또는 중개업자(brokers)는 매수인이나 매도인, 대주 또는 차주와 접촉한다. 따라서 매수인이나 차주가 각자 따로 떨어져 사는 매도인이나 대주와 거래할 수 있었다. 원래의 시장은 물리적 공간이었으나 지금은 전자적이고 원격으로 이루어진다. 전자시장의 화면시스템을 통해 거래를 하는 사람들은 중개기관 중개업자(intermediary broker) 없이 직접 거래를 할 수 있다.

주요 금융시장은 다음을 포함한다.

- 공식적인 **증권거래소**(stock exchanges) − 주로 지분주식(equity shares)(債券(bond) 제외)

- 공식적인 **선물과 옵션의 거래소**(exchanges for futures and options)

- 다양한 장외시장(off−exchange markets), 종종 **"OTC" 시장**("over−the−counter" markets)이라 불린다. − 이곳에서는 모든 종류의 금융자산이 거래되나 증권과 파생상품이 주를 이룬다.

- **은행 간 예금시장**(interbank deposit markets), **외환시장**(foreign exchange markets), **다른 자금시장** – 은행 간 예금 및 양도성예금증서(certificates of deposit)[6]나 기업어음(commercial paper)(보통 약속어음이나 환어음)과 같은 단기금융자산 거래, 통화거래 등을 다루는 시장이다. 은행 간 예금시장이나 외환시장은 대체로 직접적인 국제 은행들 간의 비공식적인 망에서 이루어지는데, 종종 런던이나 뉴욕과 같은 금융중심지에서 이루어진다. 거래량은 엄청나게 많으며, 금과 다양한 종류의 원자재 시장도 있다. 외환시장은 세계 최대 규모다. 대부분의 거래는 대략 350개의 은행에 의해 이루어지지만, 50여개의 은행과 십여 개의 중개업자(a dozen brokers)가 시장을 장악하고 있다. 최소 계약의 규모는 백만 달러($ 1 million)다. 대부분 런던, 뉴욕, 도쿄에서 거래가 이루어진다.

20-27 **발행시장**(primary market)**과 유통시장**(sccondary markets)   둘다 증권시장과 관련이 있다. 발행시장은 신규증권의 발행, 인수, 판매를 하며 유통시장은 현존하는 증권을 구매하고 판매하여 거래하는 시장이다. 유통시장에는 공식적 증권거래소나 공식적인 전자시장, 장외 파생시장이 있다.

20-28 **도매시장**(wholesale markets)**과 소매시장**(retail markets)   지금까지 시장에서 가장 큰 거래(trading)는 소비자들과 같이 소매를 하는 개인이 아닌 기관에 의한 것이었다. 비록 몇몇 소비자들은 온라인에서 그들 스스로 투자상품을 거래하지만, 기관을 통한 거래의 엄청난 양과 비교해 봤을 때 매우 적다. 외환시장과 은행 간 예금시장은 거의 전적으로 은행에 의한 것이다.

20-29 **공식적 거래소의 규제**(regulation of formal exchanges)   많은 거래소들은 자신들의 규칙에 따라 스스로를 규제한다. 규제의 요점을 살펴보면 다음과 같다.

* **가격 발견**(price discovery) – 거래소의 회원들은 반드시 거래당사자의 세부사항을 거래 전(pre-trade) 및 거래 직후(post-trade)에 보고해야 한다. 예를 들면, 거래 후 90초 이내 등이다. 이러한 규제의 목적은 증권의 가격이 적절한지 확인하는 것이다(가격발견(price discovery)). 가격발견은 사용자의 신뢰 증진, 평가 시간 감소, 유동성 증진, 자본의 보다 적절한 분배(better allocation of capital),

---

6) 역자 주) 보통 "CD"라고도 한다.

중개업자(brokers)의 최선집행(best execution) 여부에 대한 고객의 감시 및 내부자 거래나 다른 시장남용에 대해 기업의 감시를 가능하게 한다는 장점이 있다. 또한 가격발견은 기초증권(underlying security)이나 지수(index)에 따라서 가격이 매겨진 파생상품이나 담보가치산정을 위해 필수적이다.

- 거래소의 관리자와 회원은 반드시 필요한 **평판**(repute)**과 능력**(competence) 을 가져야 한다.

- 거래소는 반드시 필수적인 **자금원**(financial resources)과 함께 청산(clearing)과 결제(settlement)를 위한 적절한 방식을 갖춰야 한다.

- 거래소는 반드시 증권 **상장**(listing)을 위한 자격을 갖춘 적절한 기준을 정해야 하며, 투자설명서를 위한 규칙이 있어야 하고, 주기적인 재무제표 작성, 기업지배구조(corporate governance)에 따른 법률 준수, 주요 기업행사에 대한 공지가 있어야 한다.

- 거래소에는 위기상황, 가격 영향 정보의 발표, 지수(index)의 폭락 시 등, 거래가 혼란스럽고 가격결정이 어려운 상황 하에서 거래의 중지(거래정지(trading halts))(냉각(cooling-off))에 관한 규칙이 반드시 있어야 한다.

이것들에 더해, 불만이나 분쟁 처리에 관한 원칙이나 경쟁에 의한 정액요금의 폐지에 관한 규칙 등도 있다.

공식 거래소는, 거래의 종국성(finality of transactions) 확대의 원칙이나, 담보의 보호, 상계와 네팅 보호의 원칙 등의 혜택도 받고 있는 경우가 있다. 예를 들어, EU의 Settlement Finality Directive 1998 및 Financial Collateral Directive 2002 참조. 단락 17 55 참조.

European Markets in Financial Instruments Directive 2004로 유럽의 공식 거래소 독점 체제가 폐지되었다. 그 결과, 회사는, 조직적이고 빈번하고 체계적으로 운영되는, 자신의 소규모의 거래소를 설립할 수 있다. 이것을 Mifid에서는 시스템 내부자(systematic internaliser)라고 부른다. 이러한 시스템 내부자는 가격발견 원칙(price discovery rules)을 따라야 한다. 한 가지 문제는, 다른 거래소의 규제가 어느 정도로 이것들에 적용될지, 특히 위와 같은 보호적 법률이 적용될지 이다. 결국은, 하나의 거대 슈퍼마켓이 마을의 개개의 소규모 상점으로 분산될 수 있다는 것이다. (중앙에의 집중 보고 시스템이 없는 한) 아마 가격발견(price discovery)은 약화될 것이다. 한편, 다른 소규모의 거래소의 설립은 경쟁과 영업의 자유를 촉진할 것이다.

　거래소(exchanges)에 대한 더 상세한 내용 : LPIF 시리즈 제7권 제12장.

집합투자기구(collective investment schemes)

20-30　개요(general)　　종종 뮤추얼펀드(mutual funds)로도 불리는 집합투자기구(collective investment schemes)는 흔히 회사(companies)나 신탁(trusts)이다. 증권에 투자하기 위해 모아진 투자자들의 자금(savings)을 사용하고, 그렇게 함으로써 가진 자산을 다각화하고, 전문적인 관리를 제공한다. 자금량은 거대하고, 아마도 전 세계 GDP의 절반 정도에 상당할 것으로 생각된다. 그 위험은 투자상품에 대한 투자(investments in investments)라는 것(가치평가의 어려움, 통제 부족 등)과, 투자자는 매니저의 전문성, 능숙함, 신뢰성에 전적으로 의존하고 있다는 사실이다. (실사(due diligence), 과도한 수수료, 과당매매(churning),[7] 자신에게 불필요한 증권을 투매하는 것(dumping) 등)

　관련 당사자는 펀드 자체와, 펀드의 자산을 운용하는 펀드매니저, 펀드의 재산을 관리하는 수탁자, 중개업자로 이루어져 있다.

　대부분의 펀드는 개방형이다. 즉 투자자는 자신의 투자 지분을 순자산가치로 환매할 수 있다. 폐쇄형 펀드의 경우, 투자자는 자신의 지분을 시장에서 팔고 투자액을 회수(exit)하는 수밖에 없다. 대부분의 폐쇄형 펀드는 상장되어 있다.

20-31　펀드 규제(regulation of funds)　　통상 필요조건은 ① 펀드와 펀드매니저는 그 능력(competence)과 청렴함(integrity)을 보여야 하고, ② 자금원(financial resources), ③ 법령

---

7) 역자 주) 금융투자업자와 금융소비자 사이에 대표적으로 발생하는 이해상충의 사례 중 하나는 과당매매이다. 자본시장법 시행령 168조 제5항 제2호에서는 '일반투자자의 투자목적, 재산상황 및 투자경험 등을 고려하지 아니하고 일반투자자에게 지나치게 자주 투자권유를 하는 행위'를 금지하고 있다. 금융투자중개업자인 경우 금융소비자로부터 보다 많은 수수료 수입을 창출하여야 하는 반면, 금융소비자는 보다 저렴한 수수료를 부담하기 원하는 경우가 일반적이다. 이때, 금융투자중개업자에 속하는 임직원이 회사 또는 자신의 영업실적을 증대시키기 위해 금융소비자의 투자경험 등을 고려하지 않고 지나치게 자주 투자권유를 하여 매매가 발생하는 경우 이해상충이 발생하게 된다. 특정 거래가 빈번한 거래인지 또는 과도한 거래인지 여부는 ① 일반투자자가 부담하는 수수료의 총액, ② 일반투자자의 재산상태 및 투자목적에 적합한지 여부, ③ 일반투자자의 투자지식이나 경험에 비추어 당해 거래에 수반되는 위험을 잘 이해하고 있는지 여부, ④ 개별 매매거래 시 권유내용의 타당성 여부 등을 종합적으로 고려하여 판단한다. (금융투자업규정 제4-20조 제1항 제5호, 금융투자회사의 표준내부통제기준 제39조 제1항). 금융투자교육원, 『투자자산운용사 3』, 한국금융투자협회, 2020년 1월, 30면.

을 준수한 투자설명서(prospectus) 기타 투자자를 위한 정보, ④ 펀드 자산이 펀드매니저로부터 독립된 커스터디 은행(custodian)에 위탁되어 있고, 펀드와 자산이 펀드매니저, 커스터디 은행(custodian), 기타 관계자의 자산 또는 부채와 분리되어 있을 것, ⑤ 법령을 준수한 투자방침 그리고 활동에 관한 기타 제한, 도산(insolvency) 위험을 완화하기 위하여 특히 일정한 등급이 높은(highly-rated) 증권 또는 상장된 증권만을 투자대상으로 할 것, 공매도(short sales) 금지, 펀드에 의한 차입(borrowing by the fund) 금지 등이 있다. 기타 요건으로는 펀드매니저의 상당한 주의의무(due diligence)(면제불가(no exclusion)), 이해상충행위 금지(avoidance of conflicts of interest), 요금 및 수수료의 통제, 투자자에 대한 보고의무, 투자자 회합 개최 및 관계회사와의 거래금지 등이 있다.

다른 요건에는 예외 없이 매니저의 상당한 주의의무(due diligence)(면제불가(no exclusion)), 이해상충행위의 금지, 요금과 수수료의 통제, 투자자에의 보고의무, 투자자 회의의 개최, 관계회사와의 거래금지 등이 있다.

펀드는 규제되고 있는 펀드와 그렇지 않은 펀드가 있다. 일반적으로 규제되고 있는 펀드는 소매투자자(retail investors)에게도 팔리는 것이다. 예를 들어 펀드의 지분이 전문투자자(sophisticated investors)만을 대상으로 하는 것이며 공모(公募)로 판매되지 않는 것인 경우 등(예를 들어 미국에 있어서의 100명 이하의 모집 등)에, 펀드는 규제를 받지 않는 경우가 있다.

집합투자기구(collective schemes)**의 정의**　집합투자(collective investment)의 보통의 정의　**20-32**
는 다음과 같다. ① 투자자를 위해서 풀(pool)이 만들어지고(분리된 별개의 지분이 아니고, 혼합된 상태), ② 다양한 자산으로(증권뿐만 아니라, 금, 위스키, 토지 등도 전부 포함), ③ 투자자를 위해서 수익을 창출하는 것이 의도되고, ④ 투자자 자신이 아닌 제3자에 의해서 관리되고 있는 것.

일반적인 정의는 너무 광범위해서 두 명 이상의 사람이 들어가 있는 모든 상업사업(commercial enterprise)은 모두 해당된다. 그러므로 다양한 예외가 존재하는데, 주식을 상환하지 않는 통상의 주식회사, 회사 그룹, 자회사의 주식을 소유하고 있는 모회사, 공동 사업체, 프랜차이즈, 개인 투자 관리 포트폴리오, 공동 명의 은행 계좌, 연금 등 다양한 것들이 그 예시이다. 이외에도 상당히 많이 존재한다.

이에 대한 미국의 선도적인 판례는 연방대법원의 *SEC v W J Howey Co*, 328 US 293

(1946) 판례다. 이 판례에는 감귤을 기르는 과수원의 공모와 함께 수확, 마케팅, 투자자로의 순수익 송금 등에 관한 계약에 대해서 나타나 있다. 투자자들은 부동산의 작은 부분을 판매했지만 전체 토지는 그들을 위해서 관리되었다. *판결*: 그 거래는 1933년 증권법(Securities Act of 1933)에서 정의하는 "증권"("security")에 해당하는 투자계약이었다. 법원은 투자 계약이란 "사람이 자신의 돈을 공동 사업(common enterprise)에 투자하고 순전히 기획자나 제3자의 노력에 의한 이윤을 예상하는 계약, 거래 또는 계획(scheme)"이라고 정의했다. 즉 법원은 형식적 요건이 아니라 실질적 요건을 적용한 것이며, 열쇠가 되는 기준은 공통사업, 수익의사, 타인에 의한 관리였다. 이 기준은 많은 기회에 적용되어 왔다.

SEC v C M Joiner Leasing Corporation, 320 US 344 (1943) 판례에서는 석유 탐사자 Joiner가 1인 회사를 설립해, 텍사스에 2000 에이커의 석유가스 광지 임차권을 취득했다. 유정(well) 굴착을 파이낸스하기 위해 Joiner는 전국 일반인을 대상으로 토지 중 일정 비율(예를 들어, 몇 에이커)을 양도하는 취지의 증서(instruments)의 매도를 제안했다. *판결:* 이 증서는 증권(securities)이다.

United Housing Foundation Inc v Forman, 421 US 837 (1975) 판례에서 연방대법원은 거주자들을 위해 다양한 관리서비스를 제공하는 비영리 주택협동조합의 지분(shares)은 주식이나 투자 계약이 아니라고 판결했다. 그 프로젝트는 영리목적이 아니었고, 투자에 초점을 두지 않았고, 주거할 장소의 취득에 목적을 두었다.

캐나다의 다음 판례들도 주목해 보자.

Re Brigadoon Scotch Distrib (Can) Ltd (1970) 3 OR 714 판례에서 온타리오 법원은 투기 투자의 목적으로 산 스카치 위스키의 창고 증권(warehouse receipts)이 규제를 받는 증권이라고 판결했다.

Pacific Coast Exchange Ltd v Ontario Securities Commission (1977) 2 SCR 3d 112 판례에서 캐나다 대법원은 다량의 은화 구입을 위한 증거금 계약(margin contract)은 투자 계약이었고 따라서 규제를 받는 증권이라고 판결했다.

EU의 '양도성 증권에 대한 집합투자를 위한 지침'(EU directives on Undertakings for Collective Investments in Transferable Securities)(UCITS)[8]는 유럽경제지역(EEA)을 통해서

---

8) 역자 주) EU의 공모펀드 기준. UCITS 지침의 기준을 충족한 펀드는 EU 회원국 중 한 국가에 펀드가 등록되면 다른 EU 회원국에 추가 등록하지 않고도 모든 EU 회원국에서 판매할 수 있다. USITS 지침은 EU 회원국간 펀드의 인가, 감독, 판매 등 관한 법률을 공통화해 동등한 경쟁조건을 형성하고 회원

집합투자기구의 패스포트 발급(passporting)을 하는 기준이 된다.9) 이는 회원국에서 인가가 끝난 최소한의 조건을 만족하고 있는 집합투자기구(collective investment schemes)를 유럽 경제 영역의 모두에서 인가가 끝난 것으로 하는 것을 정하고 있다. 그러나 이 인가제도는 회원국이 각각 다른 세제를 가졌고, 회원국(Member States)이 마케팅 규칙을 정할 수 있는 권한을 가지고 있기 때문에 패스포트(passporting)은 그다지 성공하지 못했다. 미국의 집합투자기구는 주로 1940년에 제정된 투자회사법(Investment Companies Act)에 의해 다뤄진다.

집합투자기구(collective investment schemes)**에 대한 더 상세한 내용:** LPIF 시리즈 제7권, 제13장.

헤지펀드(hedge funds)　　다음은 규제되지 않은 펀드들이다. 굉장히 투기적인 이유로 보통 전문적인 투자자나 고도의 지식을 가진 개인에 의해서만 시장이 형성된다. 세계적으로 수천 여 개의 헤지펀드가 있으며, 그들 사이의 증권 거래, 파생상품 거래와 신용파생상품 시장 참여가 상당한 비율을 차지하고 있다. 그들은 시장 규모에 따라 40% 이상을 차지하고 있으며, 헤지펀드는 세계 시장의 유동성을 제공하는데 큰 역할을 하고 있다.　　**20-33**

　그들은 카리브해의 케이먼제도(Cayman) 등 조세회피지역(favourable tax regime)에 거점이 설립되지만, 실제 경영은 런던이나 뉴욕과 같은 금융중심지에서 이루어진다. 헤지펀드의 형태는 주로 개방형투자회사(open-end investment company)(Cayman) 또는 유한책임조합(limited liability partnership)(Delaware)이다. 이런 이유로 매니저나 수탁자는 인가를 받아야 할지 모르나(영국에서처럼) 영국의 규제정책은 전문투자자와 관련하여는 가벼운 편이다. 반면에 헤지펀드는 인가(authorisation)나 규제로부터 예외가 많다. 특히 사무(私募)로 판매되고 공모(公募)(미국에서 100명 예외 규정이 있음10))로 판매되는 것이 아닐 때 또는 전문투자자나 다른 자격이 갖춰진 매수인에게

───────────
　　국 간 판매장벽을 철폐하기 위한 EU의 공통 규범이다. UCITS 지침으로 유럽 국가들은 국가 간 펀드 판매가 활성화 되었다.
　9) 역자 주) 1985년 EEC의 'Council Directive 85/611/EEC of 20 December 1985 on the coordination of laws, regulations and administrative provisions relating to undertakings for collective investment in transferable securities (UCITS)'는 2009년 EU의 'Directive 2009/65/EC of the European Parliament and of the Council of 13 July 2009 on the coordination of laws, regulations and administrative provisions relating to undertakings for collective investment in transferable securities (UCITS)' 제정으로 폐지되었다. 현재는 유럽경제지역(EEA)이 아니라 유럽연합(EU)을 통해 집합투자기구의 패스포트 발급(passporting)을 하는 기준이 되고 있다.

판매될 때 예외가 적용된다. 영국에서 관리되는 외국의 헤지펀드는 보통 영국 규제 밖에 있다. 영국에 영업소(establishment)를 두지 않았기 때문이다. 헤지펀드에 프라임 브로커 서비스(prime brokerage service)를 제공하는 런던투자은행 역시 인가가 필요하다. 이와 같은 헤지펀드의 주요 특징은 다음과 같다.

- 투자 제한이 일체 전혀 없다. 투자설명서(offering circular)는 헤지펀드들이 할 수 있는 투자의 목록을 광범위하게 제시해서 투자자들도 잘 모르는 상태로 투자를 하게 된다(go in blind). 그들은 안전한 투자를 위해서 다양하게 투자하거나 스스로를 제한할 필요가 없다. 사실, 그들은 어떠한 방식으로든 이익을 챙겨가는 것이 목표의 전부이다. 몇몇은 투자보다 더 많은 금액을 받는다는 시각에서 채무불이행의 빚을 가진 기업에 투자하며(남의 불행을 기회로 삼는 자(vulture) 또는 부실채권펀드(distressed debt funds)), 몇몇은 통화에, 몇몇은 다른 펀드에 투자한다(펀드 오브 펀드(fund of funds)). 그들은 파생상품에도 투자하고, 공매도(sell short)도 할 수 있다.

- 헤지펀드에게는 차입이나 신용매입에 관해 규제상의 제한이 없다. 헤지펀드는 금융 중심지의 투자은행을 프라임브로커(prime broker)[11]로 지정하여 자신을 대

---

10) 역자 주) 미국 1933년 증권법(Securities Act of 1933)상 '사모'의 요건은 '공모'로 모집하지 않아야 한다는 것이다(Section 4(2)). '공모'란 불특정 다수를 대상으로 판매권유 및 광고하는 것을 뜻한다(Regulation D §230.502). 미국 1933년 증권법상 '사모'는 투자자 수가 35명을 초과할 수 없으며, Accredited Investors는 투자자수에서 제외된다(Regulation D §230.506). 그런데 1996년에 미국은 1940년 투자회사법(Investment Company Act of 1940)을 개정하여 Section 3(c)(1)로 소수 사모펀드(Private Investment Company Exception) 제도를 도입했다. 요건은 투자자가 100명 미만이고, 공모형태로 모집되지 않고, 공모형태로 모집할 의도가 없을 것이다. 미국 증권법상 사모는 일반 투자자수가 35명으로 제한되므로 미국 투자회사법에 따른 사모펀드도 일반 투자자 35명과 65명의 Accredited Investors로 해석된다. 소수 사모펀드를 인정하는 배경은 100명 미만의 투자자로 구성되는 사모펀드는 인적, 가족적 및 사회적 관계(personal, familial or social ties)를 바탕으로 공동 투자하는 방식으로 특별히 법률적 관계가 필요하지 않다고 간주하기 때문이다.

11) 역자 주) 유가증권을 담보로 제공하고 신용공여를 받는 대표적인 예로는, 헤지펀드들이 투자의 목적으로 매수한 증권을 담보로 제공하고 프라임브로커(prime broker)로부터 신용공여를 받는 것이 있다. 프라임브로커는 헤지펀드 및 기타 대체투자자들을 위하여 신용공여, 증권대여, 재산보관 및 관리, 매매체결, 청산 및 결제, 기록보관, 실적보고, 위험관리, 자본조달지원 등과 같은 서비스를 종합적으로 제공하는 자이다. 신규로 설정되는 헤지펀드의 안정적 사업 수행을 위하여 운영지원, 사무실 공간 제공, 거래기법 제공 등의 보조 서비스를 지원하기도 한다. 프라임브로커는 1990년대 이후 미국에서 헤지펀드의 활동이 증대하면서 대차시장에서 주요한 역할을 담당하고 있다. 헤지펀드에게 계속적으로 신용공여를 해 주고 헤지펀드로부터 증권을 담보로 제공받는다. 미국의 경우 소수의 투자은행이 프라임브로커리지 서비스를 장악하고 있는데, 대부분은 보관은행업무와 신용전문기능을 깃춘 국제투자은행이다. 한국예탁결제원, 『증권예탁결제제도』, 박영사, 2014년, 661~662면. 헤지펀드는 프라임브로커리지 서비스를 이용하여 운용전략에만 전념할 수 있으며, 헤지펀드의 관리 및 운영의 안정성과 효율

신해 거래를 시킨다. 프라임브로커는 헤지펀드로부터 돈을 받지 않고(on credit) 헤지펀드를 위해서 투자상품을 매입해 주고, 헤지펀드에 대한 투자상품 매입대금의 채권(credit)을 담보하기 위해서 그 투자상품을 담보로 잡는다. 헤지펀드는, 담보물의 시장가치의 (예를 들어 80% 등) 일정비율(이것을 "헤어커트"("haircut") 라고 부른다)로 계산되는 담보 가치를 일정액 이상으로 계속 유지해야 한다. 이 의무는 계약에 규정된다. 따라서 만약 담보 가치가 하락하여 헤지펀드가 채무상환 불이행(default)에 빠질 경우, 헤지펀드에 자산은 남지 않고 투자자는 투하 자본을 잃는다. 프라임브로커는 증권의 커스터디 은행(custodian)이 되기도 한다. 프라임브로커는 헤지펀드에 대한 자문사(adviser)가 아니다.

• 헤지펀드 매니저들의 수수료(manager's fees)는 매우 고액이다. 1%를 크게 웃돌아 뮤추얼 펀드(mutual funds)의 수수료보다 고액이다. 보통 수수료는 자산의 2%와 지정된 임계값을 넘는 수익의 20% 정도여서 헤지펀드 매니저들은 다른 사람들의 돈을 가지고 위험을 감수하며 이익을 창출할 높은 인센티브가 있다.

• 매니저와 투자자 간의 잠재적인 이해의 충돌이 종종 있다.

• 투자자의 환매제한이 있다. 예를 들어 초반 몇 년 동안은 환매가 제한되어 헤지펀드 매니저가 중장기적 전략을 짤 수 있게끔 한다. 투자자들의 이익은 상장된 펀드의 경우와 달리 매우 비유동적이다. 투자자는 락인(locked-in) 된다.

이렇게 헤지펀드에 대한 규제가 단순한 것은 다음과 같은 이유 때문이다.   20-34

• 전문투자자는 스스로 원하면 도박(gamble)을 하는 것은 자유이다.

• 소비자의 이익에 미치는 영향이 한정적이다. 비록 연기금(pension funds), 뮤추얼펀드, 보험회사가 헤지펀드에 투자하여 소비자들(consumers)이 간접적으로 영향을 받을 수 있다 하더라도, 이들은 전문투자자이며 어떤 일이 있어도 규제기관이나 내부 투자정책에 의해 제한을 받는다.

• 헤지펀드는 시장에 아무도 없을 때에도 유동성을 제공한다. 예를 들어, 은행

성을 확보할 수 있다. 현재 국내에서는 헤지펀드와 프라임브로커 간 거래의 대부분은 대차거래이고, 신용공여는 크지 않은 실정이다. 전우정, "리먼 브라더스 사태 이후 rehypothecation규제 입법 동향", 『기업법연구』 제29권 제1호, 한국기업법학회, 2015년 3월, 285~286면.

으로부터 또는 자금난에 있는 은행의 부실채권을 인수하기 위하여 정부가 설립한 자산운용사(asset management companies)로부터 부실채권을 인수하는 경우 등이다.

- 헤지펀드도 사기, 내부자 거래, 시세조종 등의 일반적 적용을 받고, 부실표시(misrepresentation), 過失, 信認의무(fiduciary duties) 위반 등의 배상책임(civil liabilities)을 부담한다. 면제조항(exclusion clause)이 유효하다고 하더라도, 사기, 중과실 또는 특히 무모하고 어이없는(egregious) 행위를 하는 경우 등에는 면제에도 일정한 한계가 과해진다.

규제에 호의적인 요인들은 다음과 같다.

- 거대한 헤지펀드는 시스템 리스크를 증가시킬 수 있다. 그 이유는 주로 그들의 신용이 프라임브로커(prime broker)의 역할을 하는 투자은행들의 신용에 크게 영향을 줄 수 있으며, 그들의 투자에 대한 강압적 판매 등으로 인한 등급의 단계적 하락은 시장 가치에 있어서 큰 하락으로 이어져서 전체 시장에 영향을 준다. 특히, 헤지펀드가 비슷한 투자를 했다면 동시다발적으로 무너지기 쉽다. 일반적인 예로는 1998년 Long Term Capital Management의 파탄이 있다. 이때 미국 정부당국은 파탄이 시스템 리스크(systemic consequences)를 현실화할 수 있다고 고려하여 사적 구제(private rescue)를 중개했다.

- 만약 헤지펀드가 규제기관에 등록되어 있다면 규제기관은 시장에서의 사기나 남용에 대해 더 잘 감시할 수 있게 되어 조사나 정보수집에 있어서 더 큰 권한(powers)을 가지게 된다.

- 투자자는, 전문투자자라 하여도, 투기(speculation)에 대해서는 보호받아야 한다. 그러나 이는 별로 설득력이 있어 보이지는 않는다(unconvincing).

심화 주제와 질문에 대해서는 제25장 마지막 부분 참조.

제**21**장

금융규제의 범위와 정책 II

규제의 일반적인 정책(general policies of regulation)

규제의 목적(purposes of regulation)

규제제도의 기본적인 명제(proposition)는 자유시장과 기존의 기본적인 법제도(계 **21-01** 약법, 불법행위법, 信認의무(fiduciary obligations) 등)만으로는 문제를 해결할 수 없으 므로 보다 상세한 입법에 의한 개입이 필요하다는 것이다.

(규제의 목적과 관련해서는) 팽팽한 철학적 논쟁이 존재한다. ① 1930대 루스벨트 대통령과 경제학자 케인즈가 옹호했던 규제자본주의(regulatory capitalism) 또는 "지휘 하고 통제하는" 가부장적 온정주의 국가(paternalistic state) 대(對) ② 자유시장주의 (free market ideology)가 그것이다. 자유시장주의는 첫째, "시장이 더 효율적으로 의사 를 결정하고 규율을 부과한다.", 둘째, "정부는 그러한 일(의사결정과 규율부과)을 못한다.", 셋째, "비용은 납세자가 아니라 직접 관련 있는 사람들이 부담해야 한다." 라는 개인책임에 대한 이론들의 조합이다.

시장주의자들에게는, 심각한 시장실패가 발생해 납세자나 은행시스템 등과 같은 타인들이 손해를 입을 때만 법이 개입해야 된다. 경제학자들이 "부(負)의 외부효 과"("negative externality")라 부르는 시장실패의 가장 고전적인 사례는 공장에서 배출 하는 연기다. 시장주의자들은 시장이 관료나 간헐적인 (정부의) 개입 없이도 지속적 으로 감시기능을 수행하고, 시장은 자본이 부족하거나 경영 상태가 좋지 않은 회사들을 차별적으로 다룰 것이라고 한다. 이에 반대편 의견은, 만약 시장이 (정부의 개입 없이) 오직 시장 원리에 의존해 운영된다면 남용은 일반화될 것이고 위험은 훨씬 커질 것이라고 한다.

21-02   어쨌든, 적어도 은행의 경우에는, 설립 시부터 폐업 시까지(from cradle to the grave) 정부의 강력한 통제주의적 규제의 간섭을 받는다. 은행은 은행업을 영위하기 위해 은행업 인가를 받아야 하고, 임원(managers), 업무집행책임자(controllers) 그리고 사업계획(business plans)까지 정부의 승인(official approval)을 받아야 한다. 은행의 자본적정성(capital adequacy)과 재무상태(financial condition)에 관해서는 엄격한 규칙들이 적용된다. 은행의 파산을 피하기 위해 정부는 합병 촉진, 공적자금(public funds) 지원, 부실채권(non-performing loans) 관리회사에 대한 자금지원, 은행 시스템에 대한 국유화 또는 보증 등 강력한 개입정책을 시행한다. 규제기관들은 일반적으로 도산절차를 시작할 수 있고, 대개는 도산이 발생하기 한참 전에 은행에 관여한다. 일부 국가에서는, 미국에서와 같이 채권자들 또는 채권자들을 대신한 파산관재인(liquidator)이 아닌 특별 정부기관이 도산을 관리한다. 이러한 통제주의적 규제는 납세자(taxpayer)를 대신하여 실패한 금융기관에 재정을 투입하기를 원하지 않는 정부의 바람이 반영된 것이다.

    금융규제의 원칙적인 목적은 아래와 같다.

- **시스템 리스크(systemic risk)로부터의 보호** – 규제는 시스템 리스크로부터 사회를 보호하려고 한다. 시스템 리스크란 금융회사 특히 은행의 연쇄 도산(domino or ripple)에 따른 리스크로, 한 기관이 실패(파산)해 다른 기관들에게 변제하지 못하고, 이어서 다른 기관들 역시 파산하는 것을 말한다. 이로 인해 거래 수단, 신용, 자금을 이전하는 능력으로서 통화(money)의 전체적인 시스템이 붕괴되고, 잠재적으로 납세자들에게 충격을 주는 엄청난 손실을 초래하게 된다.
      시스템 리스크는 다음과 같은 이유로 증가한다. ① 집중 현상(증권결제시스템 및 외환시스템에 있어서의 중앙청산소, 복합기업(conglomerates), 은행 간 시장(interbank market), 대형 은행), ② 상호연결(interconnections)(은행 간 시장, 증권결제시스템, 신용파생상품)

- **회사의 도산(insolvency of firms)으로부터의 보호** – 금융회사의 도산은 예금자와 투자자의 손실을 야기한다. 도산 위험을 줄이는 세 가지 가장 중요한 수

단으로는 상계(set-off)와 네팅(netting), 담보권(security interests), 사업신탁(business trusts)이 있다. 규제기관들은 상황을 개선하기 위해 영향력을 행사하기는 하나, 이들 영역을 자신들의 권한으로 고려하지 않는다.

- **일반투자자**(public and unsophisticated investor) **보호** - 많은 규제들은 일반투자자(unsophisticated investors)를 보호하기 위해 도입되었다는 점에서 소비자 보호주의적이다. 그 근거는 다음과 같다. ① 소비자들은 은행들이나 다른 회사들의 재무적 건전성을 감시할 수 있는 시간과 능력을 가지고 있지 않다. ② 소비자들은 금융회사로부터 강화된 信認의무(fiduciary duties)에 따라 보호되어야 한다. ③ 소비자들은 금융상품을 평가할 능력이 없으며, 금융적으로 문맹이거나 우매하다.

- **평평한 운동장**(level playing field) - 평평한 운동장(규제의 평등(equality of regulation)) 이론은 규제대상 회사들은 다른 국가에서와 동일한 규제비용을 부담해야 한다는 것이다. 한 국가에서의 낮은 수준의 규제가 전체 금융시스템의 안정성을 저해하면서 해당 국가의 금융회사와 은행에게 불공정한 경쟁우위를 제공해서는 안 된다. 이러한 공평함에 대한 열망은 규제받는 회사가 다른 회사들도 자신과 같이 엄격한 규제제도(regulatory regime)를 따를 것을 보장받고 싶어 하는 것을 의미한다. 그 결과 규제의 강도는 가장 강력한 수준으로 점점 올라가게 된다. 규제제도가 엄격하면 규제제도가 마련한 높은 진입장벽(높은 비용, 숙련된 관리자와 감사를 구하는 문제, 법규 준수의 어려움)으로 인해 규제대상 회사들은 경쟁으로부터 보호받게 된다.

21-03

- **범죄예방**(prevention of crime) - 규제기관들은 범죄를 예방하는 특별경찰이다.

- **대중적 신뢰**(public confidence) - 은행과 금융기관에 대한, 특히 이들의 진실과 지급능력에 대한 대중의 신뢰를 유지하려는 목적은 투자자들이 더 많이 투자하고, 더 많이 저축하도록 함으로써 저축(savings)을 모으고(자본의 축적), 그 저축이 경제성장에 사용될 수 있도록 하는 것이다. 만약 사람들이 사적으로 돈을 보관하거나, 다른 국가에 돈을 저축한다면(자본 도피(capital flight)), 이는 부질없는 일이다.

21-04
- **의식향상**(awareness)**과 교육**(education) ― 규제기관들은 흔히 자신을 부분적으로 교육기관이라고 여긴다. 대중들을 교육해 금융적인 지식을 갖추도록 하고, 규제를 받는 회사들에 대해서는 법률규정을 교육시킨다.

- **정보의 투명성과 정보공개**(information transparency and disclosure) ― 규제는 투자자가 정보에 입각한 결정을 내리기에 충분한 정보(예를 들어, 돈을 예치하고 있는 은행의 재무상태 또는 발행인이 발행한 증권의 가치 등)를 가지고 있는지 확인하도록 제시하고 있다. 여기에서 규제기관의 역할은 투자의 가치를 주시하는 것이 아니라 투자자가 정보에 입각한 결정을 내릴 수 있도록 충분한 정보를 확보토록 하는 것이다. 투자자들은 위험에 대해 잘 알고 있다면 더 안전하다고 느낀다. 정보는 효율성을 높이고 보다 안전한 자본 분배를 가능하게 하지만, 정보의 역할에는 한계가 있다. 예를 들어, 금융자산은 평가하기 어려운데, 이에 대한 너무 많은 정보가 있을 수 있으며, 과거가 반드시 미래에 대한 지침이 아니라는 점이다.

- **감시 및 집행의 위임**(delegation of monitoring and enforcement) ― 경제면에서의 논의로서, 이러한 일의 규제기관에의 위임 비용(cost)이 투자자들 전체에 드는 비용보다 낮다는 것이다. 특히 은행에 대한 평가 및 감시는 비용이 많이 든다. (비록 정보가 있었다고 해도 대부분의 투자자에게 있어서는 불가능하다.) 국가는 저비용으로 중앙 집중형의 감시·집행 기관을 설치하는 것으로, 가로등과 같은 공공재를 제공하고 있다는 것이다.

- **대리인 문제**(agency problem) ― 규제는 고질적인 대리인 문제(ancient agency problem)를 해결하려고 한다. 즉, 금융기관은 타인의 자금을 사용하고 있으며, 따라서 악용의 리스크가 있다는 것이다. 같은 문제는 회사와 그 임원과의 관계에서도 생기고(기업지배구조(corporate governance)), 국가 운영에 있어서도 발생한다(헌법과 인권 보장).

이러한 목적 하나하나가 무게감 있는 것들이다. 모든 것을 합하면, 도로를 고르는 스팀롤러(steamroller)에도 맞설 수 있다.

규제의 결함(defects of regulation)

잠재적이고 일반적인 규제의 결함은 다음과 같이 요약된다.   21-05

- **도덕적 해이**(moral hazard) − 규제기관에 대한 대중의 과도한 의존은 도덕적 해이를 가져온다. 즉, 투자자는 스스로 신용을 평가하고 위험을 계산하는 대신에 도산을 막고, 자신을 구제해 줄 규제기관에 의존하게 된다. 규제는 대중의 신중함을 저해한다. 그래서 투자자들은 부주의하게 되고 규제를 받는 회사에게 먼저 위험을 넘긴 후 납세자에게 위험을 전가하며, 무임승차자(free−riders)가 된다.

- **과도한 소비자보호주의**(excessive consumerism) − 소비자 보호는 사람들이 일반적으로 무능하다는 전제에서 소비자를 보호한다.

- **과잉처방**(over-prescription) − 규제시스템은 과잉처방(over−prescriptive)을 하거나 산업을 너무 세세하게 관리할 수 있다. 법률의 과도한 복잡성은 원칙을 모호하게 만든다. 가장 일반적인 거래를 하기 위해서도 변호사와 상담하는 것이 필요하게 된다. 이에 대한 결과 중 하나는 아무런 의미 없는 관료주의적 절차의 준수(box−ticking)인데, 실제로 준수(real compliance)하지 않고, 명목상으로만 준수하는 것이다.

- **비용문제**(costs) − 규제 당국자 스스로 초래하는 비용이 있는데, 이는 대개, 정부의 안전장치(back−stop)와 함께, 업계에 대한 추가 부과금으로 해결된다. 실제 비용에는 준수 비용, 교육 비용, 효율성에 대한 충격 및 혁신에 대한 입박, 경쟁의 제한, 제도를 숙달하는 데 소요되는 시간 등이 있다. 이러한 비용은 눈금을 맞추고 측정하기는 어렵지만 큰 것으로 간주된다.

- **국제적 충돌**(international collisions) − 실질적인 정책 차이가 아닌, 중요하지 않은 문제(non−material matters), 세부적인 문제에 관해 다른 국가 규제 제도 간에 불필요한 충돌이 있을 수 있다.

21-06
- **과잉 형사법화**(over-criminalisation) — 규제는 민사적인 것으로 간주되는 법률 분야를 형사화하는 경향이 있고, 위반은 종종 형사적 범죄가 아닌 행정적인 문제로 취급되기 때문에, 형사법적인 보호를 받을 수 없게 된다. 계약의 무효화나 행정적인 벌칙 등 위반에 대한 제재가 균형을 잃은 것이 되기 쉽다.

- **보호주의**(protectionism) — 국내 규제의 원칙(local regulatory rules)에 집착하는 것은 외국인 혐오주의(xenophobia)나 보호주의를 낳아, 외국으로부터 비즈니스를 하거나 국내에 거점을 가지려고 하는 외국 기업에 대해서 시장을 폐쇄하는 것으로 이어질 수 있다. 이것은 ① 국내 기업의 보호, ② 국내의 예금(local savings)을 국내 기업에 이용시키는 것, ③ 국내의 예금에 대한 정부의 접근 보호 등을 목적으로 하고 있다.

- **경쟁의 감소**(reduction of competition) — 지나치게 복잡하고 비용이 많이 드는 규제 제도는 진입 장벽이 되어 신규 진입을 막고 경쟁을 제한한다. 평평한 운동장(level playing-field)적 사고방식은 국가 간의 건전한 경쟁이나 자유로운 제도에 장애가 된다.

- **평판 리스크**(reputational risk) — 회사가 정말 심각한 범죄가 아닌 위반을 이유로 부당하게 검열을 받거나 처벌을 받는다면, 평판 리스크를 초래할 수 있고, 극단적으로는 채권자 및 고객에게 손실을 입힌 채 회사가 파산할 수 있다. 고전적인 사례는 좋은 회계법인이었던 Arthur Andersen의 몰락인데, 이는 파산한 회사인 Enron과의 연루 문제와 미국 연방대법원이 결과적으로 불법이 아니라고 판결한 휴스턴 사무실 직원들의 문서 파쇄 개입에 따른 것이었다. 연방대법원의 판결에도 불구하고, 이미 큰 손해를 입었던 것이다.

21-07
- **군집행동**(herd behaviour) — 스캔들에 대한 과잉반응은 경제 전체로 볼 때 극도로 작은 것일지라도 대중의 분개에 반응하는 규제기관의 군집행동을 낳을 수 있다. 보다 신중하고 균형 잡힌(proportionate) 조치가 바람직하다고 생각되는 때에도 서둘러 엄정한 단속을 실시하는 경우도 있다.

- **비현실적인 기대**(unrealistic expectations) — 대중은 과잉해서 요구하고, 규

제 당국이 과잉해서 대응하는 경향이 있다. 경찰이 모든 범죄를 예방하지 않는 것처럼, 규제 당국은 모든 은행의 도산이나 사기를 막지 못한다. 규제 제도도 실패가 없는 제도가 될 수 없다. 그 결과 대중의 기대와 규제 당국이 합리적으로 제공할 수 있는 것 사이에는 불일치가 존재한다.

- **비현실성**(impracticality) — 규제기관의 임무는 너무 복잡할 수 있다. 정부가 20세기에 경제를 운영할 수 없음을 알게 된 것처럼 규제 당국은 상상처럼 모든 대출 결정, 모든 마케팅 전략, 모든 임직원의 임명, 모든 컴퓨터 시스템을 감독할 수 없다. 업무가 너무 많다.

- **자유**(freedom) — 규제 제도는 제한적인 것이다. 산업은 어느 정도로 속박되고 족쇄 채워져서 자유롭지 않아야 하는 것인가라는 문제를 수반한다.

정책에 관한 결론

일반화는 항상 조심스럽다. 모두 나쁘다거나 모두 좋다고 이야기할 수 없다. 정책들은 규제의 영역에 따라 달라지기 마련이다. 은행업, 증권 거래, 투자설명서(prospectuses), 거래소, 집합투자기구(collective investment scheme), 파생상품들은 각각 개별적으로 살펴보아야 한다. ① 사기꾼(fraudsters)이 사업을 못하게 하고, ② 도산위험을 줄이는 것을 목표로 하는 정책이 가장 중요해 보인다. 규제는 사업을 운영하는 것이 아니라 근본적인 리스크를 완화시키는 것을 목표로 해야 한다.   21-08

규제기관의 법적 책임에 대해서는 LPIF 시리즈 제7권 제23장에서 검토함.

기타 공적(official) · 준공적(semi-official) 기관

꼭 규제기관이라고 할 수는 없지만 금융계에 관여하는 여타 중요한 기관들이 상당수 존재한다.   21-09

중앙은행(central banks)

21-10   중앙은행의 주요활동은 보통 다음과 같다. 은행권(banknotes)의 발행, 정부 은행으로서 대정부 여신 및 국채 발행(국가채무(national debt)), 은행들의 은행으로서 국내에서는 유일한 주거래은행, 국가의 지급준비금 보유(외화 예금(foreign currency deposits), 투자금, 금괴), 부실 국내은행에 대한 최종대부자, 국내 은행과 지급시스템 감독, 단기 금리 및 통화 공급을 통한 통화정책 운영, 환율 관리.

이러한 활동 목록은 국가마다 차이가 있다. 어떤 국가들에서는(예를 들어, 영국) 별도의 정부기관이 은행에 대한 규제를 담당한다.

국제 금융 기구(international financial organisations)

21-11   주요 국제 금융 기구는 다음과 같다.

- **국제통화기금**(International Monetary Fund) — 국제통화기금의 주요 활동은 다음과 같다. ① 회원국 정부(전 세계 거의 모든 국가)에 대한 금융개혁 조건에 맞춘 최종대부자, ② 회원국 정부를 위한 경제적 자문과 지도. IMF는 각 회원국이 할당액을 출자해 재원을 마련하는데, 할당액은 대개 세계 경제에서의 각 회원국의 (상대적) 비중을 반영한다. 미국의 경우 가장 큰 할당액으로 17.5%를 담당하는 반면 세계에서 제일 작은 국가인 팔라우의 경우 0.001%만을 출자한다. IMF는 특정 국가들과 특별차입협정을 체결해 자금을 차입한다. 세계은행(World Bank)과 달리 IMF는 공개 시장(open market)에서 차입하지 않는다.

금융위기 상태에 있는 국가는 IMF로부터 대기성차관(standby) 또는 확대자금 대출(extended fund facility)의 형태로 대출을 받을 수 있다. 대출 조건은 3년 3개월부터 10년까지 다양하다. 자금 공여는 회원국의 자국 통화와 경화(hard currency)의 교환에 의해 이루어지며, 많은 경우 이것은 미국 달러화(US dollars)다. 자금 공여는 법적 구속력 없는 것으로 진행된다. (법적 구속력이 있다면 유엔 헌장(UN Charter) 제102조에 따라서 조약으로서 등록되어야 한다). 자금 공여의 핵심은, 차입국 정부가 IMF 총재(managing director)에게 제출하는 의향서(letter of intent)에 규성한 여러 가지 경제 개혁 프로그램이나 그 외의 정책을 준수하지 않으면 안 된다는 것이다. IMF의 대출은 이러한 프로그램의 수용을 조건으로 하고, IMF는 이러한 정책 약정의 준수에 맞추어 단계적으로 대출을 시행한다. 따라서 IMF는 지급불능의 국가에 대한 공적 채권자 및 민간 채권자(official and private creditors)의 실질적인 대리인으로서 금융 규율을 요구하게 된다. 정부계 은행 및 상업은행, 國債 사채권자(bondholder creditors)는 IMF 프로그램이 없는 한 그 국가의 채무 상환기한 연장(rescheduling)에 응하는 일은 없다. IMF의 영향력은 한정된 공여 자금에 의한 것이 아니라, 바로 이러한 합의에서 나오는 것이다.

- **세계은행**(World Bank) **그리고 기타 다자간 은행**(multilateral banks) ― 세계은행의 주요 활동은 장기로 특히 개발도상국 정부에게 개발차관(development loans)을 제공해 주는 것이다. 세계은행은 정부에 개발 자문도 제공한다. 국제금융공사(International Finance Corporation)는 세계은행 그룹의 기구이며 대개 프로젝트에 차관을 제공한다. 국제투자보증기구(Multilateral Investment Guarantee Agency) 역시 세계은행 그룹의 기구이며 비상업적 리스크(political risk)를 보증한다. 유럽(유럽투자은행(European Investment Bank)과 유럽부흥개발은행(European Bank for Reconstruction and Development)), 남미(미주개발은행(IADB)), 아시아(아시아개발은행(ADB)), 아프리카(아프리카개발은행(AfDB))에 각각 지역개발은행이 있다.   21-12

- **국제결제은행**(Bank for International Settlements) ― 당초 1930년 독일의 배상금 지불을 관리하기 위해 설립된 스위스 법인이었으나, 현재 사실상 50개가 넘는 중앙은행들의 모임(club)이다. 국제결제은행은 중앙은행 외환보유고의 상당 부분을 보유하고 있으며, 중앙은행의 은행 역할을 담당한다. 국제결제은행의 주요 관심사는 바젤은행감독위원회(Basel Committee on Banking Supervision)와 다른 위원회들을 통해 국제 은행 시스템을 규제하는 일치된 지침을 만드는 데 있다. 지급결제시스템위원회(Committee of Payment and Settlement Systems)[1]는 최선을 위한 최소한의 기준을 만들어 낸다. 지급결제시스템위원회는 지급시스템(payment systems)에 대한 "레드북"("red book")[2]을 발간하고 기준 역할을 한다.   21-13

---

1) 역자 주) 2014년에 "지급결제 및 시장인프라 위원회"("Committee on Payments and Market Infrastructures")로 명칭이 변경되었다.
2) 역자 주) 각국의 지급결제시스템에 대한 조사보고서 『*Payment, clearing and settlement systems in various countries*』, https://www.bis.org/cpmi/paysysinfo.htm [최종접속 2020년 4월 20일]

바젤은행감독위원회(Basel Banking Supervision Committee)

21-14   바젤은행감독위원회는 국제결제은행(BIS) 위원회로 스위스 바젤에 위치하고 있다. 1974년 독일의 민간은행인 Herstatt의 파산 이후 설립되었다. 회원국은 벨기에, 캐나다, 프랑스, 독일, 이탈리아, 일본, 룩셈부르크, 네덜란드, 스페인, 스웨덴, 스위스, 영국과 미국 등 13개국이다.[3] 바젤은행감독위원회는 국제은행에 대한 감독 기준, 예를 들어, 본국(home state)과 소재국(host state) 중 누가 감독을 할 것인가 그리고 어떻게 연결감독을 시행할 것인가 등을 수립하는 업무를 담당해 왔다.

바젤은행감독위원회의 주요 업적은 은행의 자본적정성(capital adequacy)에 관한 연성법(soft law) 기준을 정한 것인데, 처음에는 1988년 바젤협약(1996년 개정)으로 시작하여 그 후 2005년 수정협약이 체결되었다.[4] 제25장 참조.

국제증권감독기구(International Organization Of Securities Commissions)

21-15   국제증권감독기구(IOSCO)는 1974년 미주증권감독자협회(Inter−American Association of Securities Commission)로 설립되었다가, 1983년 국제기구로 재편성되었다. 본부는 스페인 마드리드에 위치하고 있다. 2004년까지 IOSCO는 181개국을 대표하고 전 세계 자본 시장의 90%를 포함하고 있는데, 사실상 UN이나 IMF와 같이 거의 전 세계적인 조직이다. 구성원들은 대부분 증권, 선물, 옵션 시장에 대한 규제기관이다.

IOSCO의 주요 세 가지 목적은 다음과 같다. ① 투자자 보호, ② 공정하고, 효율적이며 투명한 시장의 보장, ③ 시장의 시스템 리스크 감소. IOSCO 또한 표준을 정하는 기관이기도 하다.

---

3) 역자 주) 2009년 3월 한국, 호주, 브라질, 중국, 인도, 멕시코, 러시아 7개국이 신규 회원국으로 가입했다.

4) 역자 주) 2008년 세계금융위기 이후 2010년 9월 12일 국제결제은행(BIS) 산하 바젤은행감독위원회(BCBS)는 바젤Ⅲ를 발표했다. 바젤Ⅲ는 바젤Ⅱ에서 BIS비율 산출시 위험자산의 가중치를 더욱 높이고, 자본보전 완충자본(capital conservation buffer) 요건 등을 추가한 것이다. 우리나라 금융위원회는 2020년 2분기(2020년 6월말 BIS비율 산출시)부터 바젤Ⅲ 최종안을 시행한다고 발표했다.

금융안정화포럼(Financial Stability Forum)

금융안정화포럼은 1999년 2월 G7 국가들이 국제 금융 시스템에 영향을 주는 취 **21-16**
약성을 평가하고, 필요한 조치를 확인하고 규제기관 간의 협력과 정보 교환을 수월
하게 하기 위해 설립했다. 금융안정화포럼의 회원은 각 G7 국가의 재무장관, 중앙
은행장, 감독기관의 장 이렇게 세 명이다. IMF, 세계은행(World Bank), OECD 같은
다른 기관이나 국제기구의 대표들도 참여한다. 금융안정화포럼은 금융시장 규제의
세계적인 규칙서인 기준개요서(Compendium of Standards)를 만들었다. 이 기구의 가치
는 정치인, 중앙은행원들, 그리고 규제자들을 한 자리에 모으고, 은행업, 증권업, 보
험업 등 주요 금융 영역을 묶어 낸 데 있다. 금융안정화포럼은 거시적 도산 리스크
(macro insolvency risk)에 초점을 두고 있다.

국제자금세탁방지기구(Financial Action Task Force)

국제자금세탁방지기구(Financial Action Task Force)는 자금세탁을 다루기 위해 G7에 **21-17**
의해 1989년에 설립되었다. 나중에 이 기구의 소관업무는 테러리스트의 자금까지
확장되었다. 약 30개의 회원국이 있다. 주된 목적은 범죄의 공익 신고(criminal
whistle-blowing)다.

요약하자면, 바젤은행감독위원회는 주요 은행의 지급능력에 관심이 있고, 금융안
정포럼은 금융시장에서의 모든 참가지들의 지급능력에 관심을 가지며, 국제증권감
독기구는 시장의 도덕성 및 시장의 건전성(market integrity) 관철에 초점을 두고, 국제
자금세탁방지기구는 범죄의 통보(criminal whistle-blowing)에 관심을 갖는다. 각국 정
부는 자국의 생각이 이러한 기관을 통해서 채용되도록 노력한다. 이들 기구는 피규
제기관이 아닌 규제기관을 대표한다. 이러한 기구들은 공통적으로 일반회된 기준을
발간하고, 명단공개("name and shame") 과정을 통해 국제적으로 수용될 수 있도록 촉
진하고 있다. 그 결과 각국은 자신의 청렴(purity)을 선언하기 위해 제단(altar)으로 서
둘러 가는 셈이다.

기타 기관

기타 관련 기관에는 다음과 같은 것들이 있다. **21-18**

- **회계기관**(Accounting organisations) – 회계 부분에서 기준을 정하는 두 개의 주요 기관으로는 IFRS(International Financial Reporting Standards)을 발행하는 국제회계기준위원회(International Accounting Standards Board)와 역시 기준을 만드는 미국 재정 회계 표준 이사회(US Financial Accounting Standards Board)가 있다.

- **국제예금보험기구협회**(International Association of Deposit Insurers) – 국제예금보험기구협회는 예금보험업자들의 업계 그룹으로, 국제결제은행(Bank for International Settlements)에 사무국을 두고 있는 독립적인 업계 그룹이다. 국제보험감독기관협회(International Association of Insurance Supervisors) 또한 존재한다.

- **업계 단체**(industry associations) – 대부분의 국가에서 은행(bank), 자본시장(capital market), 매매업자(dealer) 등 많은 업계 조직들이 있으며, 이들은 커다란 조직적인 로비단체다.

  대부분의 경우 업계 단체의 역할은 실제의 자율규제(self-regulation)에 있어서는 미미한 편이지만, 몇몇 국가에서는 주요한 역할을 담당하고 있다. 이러한 단체의 중요성은 오히려 새로운 입법이나 규제정책에 대한 영향력이다. 이것은 그 국가의 또 국제적인 기업의 넓은 참여를 배경으로 하고 있다. 사적 단체 중에도 매우 영향력이 큰 것이 있다. 예를 들어, ISDA(International Swaps and Derivatives Association, Inc.) 등이다.

규제하는 측에서는 규제기관이나 거래소의 단체가 다수 있다. 모두 클럽(club)을 가지고 있다.

규제의 계층화(tiering of regulation)

21-19 현대금융규제의 주목할 만한 특징은 제도의 계층화(tiering), 단계화(laddering), 분할화(tranching)다. 특히, 한편에는 기관이나 전문투자자(sophisticated investors)와 같은 도매 부문이, 그리고 다른 한편에는 소매 또는 소비자 부문이 있다.

예로는 다음과 같은 것들이 있다.

- 전문투자자에 대한 증권 공모를 하는 투자설명서(prospectuses)는 보통, 내용규

제(prescribed contents), 등록 또는 등기에 의한 공시(publicity), 엄격한 배상책임 기준 등 일반투자자(public)에 대한 투자설명서의 규제요건으로부터 제외된다.

- 전문가에 대한 영업행위 규칙(conduct of business rules)은 덜 엄격한 편인데, 예를 들어 적합성 원칙(suitability rule)이나 고객자금의 보호 등에서 그러하다.

사기(fraud)를 예방하기 위한 근본 원칙들은 일반 공중(public)의 관여 여부와 상관없이 모든 경우의 거래에서 적용된다.

이와 같은 단계화(laddering)가 필요할 수 있을 것이다. 그러나 이러한 접근방법에서 몇 가지 잠재적인 문제가 있다.

- 부문(sector) 간의 주위 또는 경계선이 세부적인 내용에 있어서는 명료하지 않다. 들쭉날쭉하고 삐뚤빼뚤한 경계는 가까스로 확인할 수 있을 정도이고 거래나 주제(topic)에 따라 변한다.

- 하나의 쟁점은 소비자가 자신의 돈을 다룰 때, 법이 상정하고 있는 바와 같이 실제로 우매한지(stupid) 여부다.

- 단계화(laddering)의 결과는, 충분히 많은 法域의 숫자에 각 法域 내의 각 단계의 숫자를 곱한 만큼 많다. 예를 들어, 만약 거의 200개의 국가가 있고, 각 국가의 내부적 규제가 3단 구조로 되어 있다면, 600개의 상이한 법제도가 존재하는 결과로 나타난다. 복잡성은 위험을 키우기 마련이다.

이러한 계층화는 특히 담보권(security interests), 상계(set-off), 네팅(netting)과 같은 금융법의 다른 분야에서 주목할 만하다. 금융 분야는 보통 다른 분야에 비해 더 관대한 제도를 가지고 있다.

규제 제도의 예

규제는 단편화되고 있다. 이것은 한편 각 주(州)의 규제기관(state regulators)이 일정한 권한을 유지하고 있기 때문이며, 또 한편 연방의 규제(federal regulation)가 각 기관

21-20

간에 분화되어 있기 때문이다.

대략적으로 요약하면, 은행의 규제는 연방(federal)과 주(state)의 양쪽 모두에서 이루어지고 있으며, 자본시장과 증권의 규제는 대체로 연방(federal)에 의해, 보험 (insurance)의 규제는 거의 배타적으로 주법(state law)의 레벨에서 이루어지고 있다.

미국

21-21   미국의 주요 규제법은 다음과 같다. 모두 뉴딜정책의 입법이며, 대공황(Great Depression) 이후 나온 것이다. (8년이 걸린 작업이었다):

- **1933년 증권법**(Securities Act of 1933) — 이 법은 주로 증권 발행(issue of securities) 에 관한 것이다. 증권의 모집(offers)과 매출(sales)은 SEC[5]에 등록해야 한다. 그 의미는, 규정에 따른 증권신고서(complying registration statement)(투자설명서 (prospectus)와 그 외의 서류)를 SEC에 등록하지 않으면 안 된다는 것이다. 제5조 참조. 예외는 있는데, 예를 들면 전문투자자에 대한 모집(offers to sophisticated investors)이다.

- **1934년 증권거래법**(Securities Exchange Act of 1934) — 이 법은, 증권시장 (securities markets)을 규제하는 총괄적인 법률이다. SEC의 설립 준거법이며, 공개 회사(publicly-held companies)에 정보공개(disclosure)나 그 외의 요건을 부과해, 여러 가지 "시장 조작적인 또는 사기적인 장치나 구조"("manipulative or deceptive devices or contrivances")를 금지하고, 증권 매입을 위한 융자의 상한액을 설정하고, 중개업자와 매매업자가 SEC에 등록하도록 하고 그 활동을 규제하며, 전국 적인 증권거래소, 증권 관련 협회, 그 외의 증권 관련 기관에 대한 SEC의 등록 과 감독을 규정한다. SEC는 입법권(rule-making power)을 가진다.

---

5) 역자 주) Securities and Exchange Commission. 미국 증권거래위원회. 미국 자본시장의 질서유지 및 규제를 위해 1934년 증권거래법(Securities Exchange Act of 1934) 제4조에 의거하여 1934년에 창립된 대통령 직속의 독립된 증권감독관청이다. 5명의 위원으로 구성되며, 위원은 상원의 의견과 권고에 따라 대통령이 임명한다. 사무기구는 위원회 산하에 기업재무국, 시장규제국 등 11개 부·국이 있다. 독립적인 준사법기관으로 유가증권과 관련된 연방법을 집행하며, 불법이나 위법 사례를 발견할 경우 직접 규제를 할 수도 있고, 검찰이나 경찰에 관련 사건을 넘길 수도 있다. 주요 업무는 ① 기업의 공시 감독 ② 상장증권의 등록 ③ 대주주의 주식취득 조사 ④ 거래원의 등록 및 자격 취소 ⑤ 공익성이 강한 전기·가스 사업에 대한 규제 등이다.

- **Trust Indenture Act of 1939** – 이 법(수정 후)은 증권(securities)을 포함하는 증서(indenture)에 대해 이 법에 따른 요건을 충족해야 한다는 조건을 부과하고, 증서 수탁자(indenture trustee)에게 독립성과 책임 기준을 부과하며, 증권 소지인(security holder)의 보호를 위한 조항을 증서(indenture)에 자동적으로 편입하고(automatically incorporates provisions) 있다.

- 1940년 투자회사법(Investment Company Act of 1940) – 이 법은, 증권투자업과 증권매매업을 주 업무로 하는 공개회사(publicly owned companies)(주로 투자신탁회사(mutual funds))에 대한 SEC의 규제 권한의 근거가 되고 있다. 이러한 회사는 유럽의 집합투자기구(European collective investment scheme)에 해당하는 것이다.

- 1940년 투자자문법(Investment Advisors Act of 1940) – 이 법에 의해 투자자문업자(investment advisers)의 등록 및 규제의 제도가 확립되었다. 이는 중개업자와 매매업자에 관한 1934년 증권거래법(1934 Act)에 필적하지만 그만큼 포괄적인 것은 아니다.

- **Blue Sky 법** – 상기의 법들은 연방법이지만, 흔히 "Blue Sky" 법이라고 불리는 주의 증권법(state securities laws)을 배제하는 것은 아니다. "Blue Sky" 법이라고 하는 용어는, 지방(country)에는 사기적인 사업을 하려고 하는 사람들이 만연하고, 그들이 행하는 사기는 매우 후안무치하여, 푸른 하늘에 있는 구획(building lots in the blue sky)을 부동산으로서 매도하려고 한다는 것에서 유래했다. 이러한 법들은 중개업자나 매매업자의 등록, 주(state)에서 모집되고 거래되는 증권의 등록, 사기적 활동에 대한 제재 등을 규정한다.

은행에 관한 규제 권한은 네 개의 기관으로 나뉘어 있다. ① 연방준비제도 이사회(Board of Governors of the Federal Reserve System), ② 통화관리위원회(Office of the Comptroller of the Currency), ③ 연방예금보험공사(Federal Deposit Insurance Corporation), ④ 저축기관감독청(Office of Thrift Supervision)이다. 저축기관감독청(Office of Thrift Supervision)은 예금 및 대출 조합(savings and loans association)을 규제한다.

미국 증권시장에 관한 주된 연방 규제 기관은 증권거래위원회(Securities and Exchange Commission)(SEC)다. SEC는 앞에서 설명한 미국의 증권 산업을 규제하는 주요한 법률들의 관리자이며 집행자이다.

　　주요 두 개의 자율규제기관은 National Association of Securities Dealers와 National Securities Exchanges이다. 이들 자율규제기관의 통합 제안이 2007년에 발표되었다.

유럽연합(European Union)

21-22　　주요 EU의 지침(EU Directives)에는 다음과 같은 것이 있다.

- **Prospectus Directive 2003**과 그 부속의 Prospectus Regulation of 2004 는 증권의 공모(public offers)를 위한 투자설명서(prospectuses)에 관한 것이다. 이 지침은 EU 회원국에서 일정한 기준을 만족시켜 발행된 투자설명서(prospectuses) 의 상호승인 원칙을 규정하고 있다. 이 지침은 규정에 따른 투자설명서 (complying prospectuses)를 요건으로 하는 일반투자자에 대한 공모(offer to the public)의 EU 전체에서 사용되는 정의를 규정하고 있다. 또한 EU 전체에서 예외 적으로 요건을 갖춘 투자설명서(complying prospectuses)를 필요로 하지 않는 경우 를 규정하고 있다. EU 회원국에 직접 구속력을 가지는 Prospectus Regulation of 2004에서 공통의 정보공개 기준(disclosure standards)을 자세히 규정하고 있다. EU 회원국 한 국가의 일괄신고서(shelf registration)와 편입(incorporation) 시스템은 EU 전체에서 유효하게 된다는 취지를 규정하고 있다. 이 유효성은 제3국의 발 행자에 대한 투자설명서(prospectuses)에까지도 확장될 수 있다.

- **Recast Banking Consolidated Directive 2006**은 은행의 인허가에 대한 것이다. 이 지침은 EU 회원국 중 한 국가에서 관련 기준을 충족시켜 허가 를 받은 여신기관(credit institutions)의 유럽경제지역(EEA) 전체에서의 상호 승인 ─ 이른바 단일 패스포트(single passport) ─ 을 규정하고 있다. 역외 은행(external banks)의 지점(branches)은 이 패스포트를 받을 수 없고, 역외 기관(external institutions)은 이 패스포트의 이익을 얻기 위해서는 유럽경제지역(EEA) 내에 자 회사(subsidiary)를 설립해야 한다.

21-23　　- **Markets in Financial Instruments Directive 2004**와 그 부속의 2006년 지침(Directive)과 규정(Regulation)은 자본 시장에 관한 것이다. 이 지침은

자주 "Mifid"라고 불린다.6) EU에 있어서의 투자회사와 증권시장에 관한 조화를 이룬 포괄적인 규제 제도의 골조를 규정하고 있어, 회사의 등기상의 사무소가 있는 모국(home Member State)의 규제에 근거한 EU 단일 패스포트(single EU passport) 제도를 규정하고 있다. 따라서 회사는 다른 EU 회원국(other Member States)에서 사업을 하기 위해서도 모국(own Member State)에서만 승인을 받으면 된다. 이 지침의 목적은 금융 서비스에 대한 통일적인 규정 책자(single financial services rule-book)를 만드는 것이며, 이것에 의해 영업행위(conduct of business), 이해상충행위(conflicts of interest), 시장 규제 기타의 사항을 규정하고 또 규제기관의 최소한의 권한이나 규제기관의 협력 방안을 정하고 있다.

- **Recast Capital Adequacy Directive 2006**는 투자회사와 신용회사의 자본적정성(capital adequacy)을 정한다.

- **Financial Conglomerates Directive 2002**. 이 지침은, 금융복합회사(financial conglomerates)를 그룹 단위로(on a group-wise basis) 감독하는 경우의 공통 건전성 기준(common prudential standards)을 정한다.

- 3개의 **UCITS Directives of 1985-2001**7)은 양도성 증권(transferable securities)의 집합투자(collective investment)에 대한 의무(undertakings)를 규정하고 있다. 이것에 의해, 지침(Directives)을 준수하고, EU 회원국 중 한 국가에서 승인된 집합투자기구(collective investment schemes)는, EU 회원국 전체에서 일반투자자

21-24

---

6) 역자 주) Markets in Financial Instruments Directive 2004 (2004/39/EC). EU의 금융상품투자지침이다. 2017년 1월 3일부터는 한층 강화된 새 금융상품투자지침 Directive 2014/65/EU of the European Parliament and of the Council of 15 May 2014 on markets in financial instruments and amending Directive 2002/92/EC and Directive 2011/61/EU ("Mifid II")가 시행되고 있다. Mifid II는 투자자 보호를 강화하고, 유럽 금융시장을 더욱 경쟁력 있고 투명하게 만들고자 하는 시도가 담겼다. 특히 금융업체의 투자자 기만행위와 향후 발생할 수 있는 금융사고 예방이 골자다. 시행 이후 증권사와 투자은행, 자산운용사 등이 업무와 관련된 거의 모든 자료를 저장해 당국에 보고하도록 규정한다. 펀드매니저의 리서치 비용 지출, 고객과의 전화통화 내역, 업무상 보내는 이메일 등이 모두 기록 대상에 포함된다. 장외시장에서 거래 주체나 규모 등이 공개되지 않는 거래도 제한된다.

7) 역자 주) 1985년 EEC의 'Council Directive 85/611/EEC of 20 December 1985 on the coordination of laws, regulations and administrative provisions relating to undertakings for collective investment in transferable securities (UCITS)'는 2009년 EU의 'Directive 2009/65/EC of the European Parliament and of the Council of 13 July 2009 on the coordination of laws, regulations and administrative provisions relating to undertakings for collective investment in transferable securities (UCITS)' 제정으로 폐지되었다.

(the public)에게 판매할 수 있다. 이 패스포트(passport)는 완전히 자유로울 수는 없고, 예를 들어, 모국의 광고 관련 규정(host state rules on advertising)은 적용된다.

- **Deposit Guarantee Directive 1994**. 이 지침으로, EU 회원국은 최소한 2만 파운드 이상 (그리고 보증금(deposit)의 90% 이상) 예금보증제도(deposit guarantee scheme)를 갖추어야 한다. 회원국은 그 이상의 보증을 할 수도 있다.

- **Investor Compensation Directive 1997**. 이것은 위의 지침과 유사한 것이다.

- **Market Abuse Directives and Regulation 2003-2004**. 이 규정은 내부자 거래와 시세조종(market manipulation)에 관한 것이다. 네 개의 지침 (Directives)과 하나의 규정(Regulation)으로 이루어져 있다.

- **Transparency Directive 2004**. 이것은 일반투자자에 대한 발행인(public issuers)의 보고(reporting)에 관한 것이다.

이외에도 많은 지침(Directives)이 있다. 예를 들면, 소비자를 위한 금융서비스의 원거리 마케팅, 과대광고, 소비자 계약과 불공정한 조건, 전자상거래(electronic commerce), 계좌이체(credit transfers) 등 여러 가지 사항에 대해서 있다. 정보보호에 관한 지침도 있다.

EU Financial Settlement Finality Directive 1998 및 EU Financial Collateral Directive 2002 도 중요하다. 단락 17-55 참조.

21-25 EU Insolvency Regulation 및 은행, 보험회사의 도산 지침(insolvency Directives)도 있다. 제33장 참조.

이 분야에서의 유럽위원회(European Commission)의 활동 목적은, 자본시장의 국제적인 경쟁의 고조를 배경으로, 금융서비스에 대해 하나의 시장을 만들어, 자본의 생산성을 높이는 것이다. 또, 공개되고 안전한 소매시장(open and secure retail market)을 제공하는 것도 의도되고 있다. 기본적인 원칙은, EU에 중앙 규제기관(central EU regulator)이 존재히지 않기 때문에, 기업의 규제는 그 모국(country of origin)에 의해서 행해진다는 것이다. 규제는 국가 단위의 것이다.

대부분의 경우 지침은 EU의 금융서비스 입법을 위한 소위 람팔루시 프로세스 (Lamfalussy process)[8]에 의해 성립된 것이다. 각 지침은 두 가지 수준으로 나누어져 있다. 레벨 1의 지침(Directive)은 기본 원칙(guiding principles)을 정하고, 레벨 2는 실시조치(implementing measures)를 정한다. 이런 지침들(Directives)은 2000년대 초의 Financial Services Action Plan의 일부이다.

EU은 27개의 회원국으로 구성되어 있다. 1992년의 European Economic Area에 대한 합의에 의해서, 유럽의 금융서비스 법(European financial services law)은 노르웨이, 아이슬란드, 리히텐슈타인에 적용이 확대되었다.

영국

영국의 금융 규제는 Financial Services and Markets Act 2000에 근거하고 있다. 이하 "Fisma"라고 한다.

21-26

FSA(Financial Services Authority)는 영국의 금융규제를 관장하는 유일한 기관이었다.[9] 그 주요한 업무는, 은행, 투자회사, 보험회사, 주택담보대출회사, 거래소나 청산소 (clearing-houses) 등의 인가와 감독이었다. FSA는 영국의 상장 인가당국(listing authority)

---

8) 역자 주) 람팔루시 프로세스(Lamfalussy process)는 EU이 사용한 금융서비스 산업 규정 개발에 대한 접근 방식이다. 2001년 3월에 처음 개발된 이 프로세스는 당시 EU 자문위원회 의장인 Alexandre Lamfalussy의 이름을 따서 명명되었다. 이 프로세스는 네 단계로 구분된다. ① 제1단계는 EU 집행위원회가 유럽의회와 각료이사회에 제정 또는 개정할 법안의 내용을 제안하는 단계로, 다음 단계에서 결정될 법안의 내용과 범위 등에 관한 자세한 기본원칙(framework principles)을 이 단계에서부터 제안하도록 한다. 이렇게 제안된 법안의 기본방향에 대해 유럽의회와 각료이사회가 공동결정 방식을 통해 기본원칙을 확정한다. ② 제2단계에서는 전 단계에서 결정된 기본원칙을 토대로 집행위원회가 각국의 규제당국의 자문을 거쳐 법안의 보다 자세한 세부내용과 시행방안을 보완하여 구체적 안을 도출하게 된다. 이 단계에서는 관련된 모든 과정에 기한을 설정하여 신속하게 절차가 진행되도록 한다. ③ 제3단계는 전술한 은행, 증권, 보험 세 영역에 존재하는 유럽금융감독위원회가 EU 법안의 국내 법제화를 위한 가이드라인과 감독 모범기준을 제시하게 된다. ④ 제4단계에서는 유럽집행위원회가 EU 법이 국법으로 적절하게 전환되있는지를 조사하고, 필요 시 이행을 위한 조치를 취하도록 한다. 람팔루치 프로세스의 실행 등에 힘입어 EU에서는 2000년대에 금융서비스 통합은 대체로 상당히 진전된 것으로 평가된다. 강유덕·김균태·오태현·이철원·이현진·채희율, 『글로벌 금융위기 이후 EU 금융감독 및 규제변화』, 대외경제정책연구원, 중장기통상전략 연구보고서 12-29, 2012년, 48~49면.

9) 역자 주) 영국은 2013년 4월 통합형 감독기구인 금융감독청(FSA)을 해체하고, 건전성감독원(Prudential Regulation Authority, "PRA")와 영업행위감독원(Financial Conduct Authority, "FCA")으로 분리했다. PRA는 영국의 중앙은행인 영란은행(Bank of England)의 산하 기관으로 편입되어, 대형은행, 투자은행, 보험사 관련 미시 건전성 감독 기능을 담당한다. 아울러 영란은행 내에 거시 건전성을 담당하는 금융정책위원회(Financial Policy Committee)도 설치했다. FCA는 독립기구로 존속하면서, 브로커, 헤지펀드, 자산운용사 등 금융기관에 대하여 소비자보호 및 영업행위 규제감독을 총괄한다. 또한 은행들 간의 담합이나 범죄행위 등 시장경쟁 또는 공정거래와 관련된 감독업무도 담당한다. PRA와 FCA는 위원회 구성원 일부가 중복되어 상호 의견 교환이 원활하다.

이기도 했다.

　이상의 제도의 개요 및 100개 이상의 *法域*의 제도의 개요에 대해서는, LPIF 시리즈 제7권 제5장~제8장 참조. 약간의 예외를 제외하고는, 대부분의 상업국가에서는 규제제도가 있다. 이것은 대부분의 신흥국에서도 마찬가지다.

규제의 지역적 적용범위(territorial scope)

개요(general)

21-27　규제의 범위는 보통 한 국가의 영역 내에 있다(territorial). 예를 들어, 한 국가(state) 내에서 영업을 하는 것, 한 국가(state) 내에서 보내는 투자설명서, (시장남용의 경우에는) 국내나 그 규제대상 시장에서 행해지는 위반행위 등에 적용된다. 영업을 하는 것(doing business)은, 많은 경우 곧바로 당겨지는 방아쇠(fine-trigger)다. 예를 들어, 지역 거주자와 한 번 이상 계약을 하는 것만으로 이것에 해당한다.

　외국 기업을 차단하는 목적은, 외국 기업이 현지국(host country)의 입장에서는 더 약한 규제 기준들을 가지고 있다는 관점, 국민을 보호하고자 하는 바람(desire), *法域* 내의 기업을 대상으로 제재를 집행을 하려는 바람(desire), *法域* 내 기업들로부터 정보를 얻고 이들을 조사하려는 바람(desire), 국민이 외국 기업을 상대로 자국 법원에 소송을 제기할 수 있도록 하려고 하는 의도도 있다. 대부분의 국가들은 조약에 근거 없이는 타국에 형사적이거나 행정적 제재를 집행하지 않는다. 판례법의 경우 LPIF 시리즈 제7권 단락 26.006 참조. 때때로 영토에 진입장벽을 세우는 것은 두 가지 의미에서 보호주의적이다. 첫째, 외국 기업이 국내 저축을 이용하지 못하도록 보장하는 것이고, 둘째, 국내 투자회사를 외국 기업과의 경쟁으로부터 보호하는 것이다.

　이에 대한 입장은 세계적으로 매우 복잡하고 상세하며, 게다가 보통 규칙들은 행위의 유형에 따라 다르다. 예를 들어, 거래가 투자 거래, 투자 관리, 투자 자문, 투자설명서 배포 등인지 여부에 따라 상이하다.

요약(summary)

일반적으로 아래와 같이 3가지의 기본적 해법(basic solutions)이 있다.   21-28

- **비관세 무역장벽**(paper wall) — 이 경우에는 외국 회사는 국가의 인허가 없이는 해당 국가의 국민과 사업을 할 수 없다. 국민에 대한 권유(solicitation)나 홍보(promotions) 역시 불가하며, 국민과의 접촉도 허용되지 않는다. 국가가 요새와 같이 되는 것이다. 때때로 외국 회사가 자회사(지점은 안 된다)를 설립하는 것이 허용될 수 있지만, 이 경우에도 외국인이 지분의 과반 이상을 보유하거나 이사회에 외국인 이사가 과반을 넘는 것은 허용되지 않는다. 외국 기업의 현지 지점이 인정되는 경우, 통상은 건전한 업무를 실시하는 담보로서 또 도산시에 투자자에게 보상하기 위해, 그 法域 내에 일정 수준의 현금 보증금(cash deposit)을 쌓고 이를 계속 유지해야 한다. 한 국가의 행정적 제재는 국내 자산을 대상으로 집행될 수 있기 때문이다.

- **지역의 규제가 적용되는 회사와만 사업이 가능**(business only with local regulated firm) — 만약 외국 회사와 고객들이 그 지역의 규제를 받는 회사를 통해서만 거래한다면, 이들은 그 法域 내에서 사업을 할 수 있다. 해당 국내 회사는 고객을 연결하는 전달자다. 이러한 완화의 근거는 국내 회사가 규제 대상이기 때문에 그 지역 기준과 현지의 행정관할(local administrative jurisdiction)에 따르게 때문이다. 국내 규제기관은 꼭 외국 회사(foreign firm)를 고소해서 국내 법원에서 재판을 받도록 하지 않더라도, 적어도 외국회사와 거래한 책임을 물어 국내 회사(local firm)를 고소해서 국내 법원에서 재판을 받도록 할 수 있다. 실무적으로 선진국에서는 흔히 해당 국가이 인허가 없이도 전문가 사이의 기래기 이루어진다. 이것이 불가능하다면, 국제거래는 중단될 것이며 국내 규제기관(local regulator)은 국가 간 거래가 발생할 때마다 모든 이들과 모든 장소에 대해 허가를 해야 할 것이다. 일부 국가에서는 관련 국내 회사가 외국 투자회사와 본인(principal)으로 거래해야 하고, 해당 국내 회사는 자국 고객과 본인(principal)로 거래한다. 해당 고객의 중요한 계약상대방이 외국 회사인 경우에는, 국내 회사가 자국 내 고객을 대신해 대리인으로 거래할 수 있다(이 경우 고객의 입장에서는 더욱 위험해 보인다). 전체적으로 볼 때는 전문가들이 자유롭게 거래

할 수 있는 시장이 존재하지만, 외국 회사는 해당 국민들과 직접 거래할 수는 없다. 많은 경우 외국 회사는 민사상, 행정상, 형사상 관할(jurisdiction)을 적용할 수 있는 현지 대표(local representative)를 임명해야 한다.

21-29 · **원산지국 원칙**(country of origin) - 외국 회사가 국내 규제에 상응하는 규제를 그 외국 회사의 본국에서 받고 있음을 국내 규제당국이 확인한다면, 그 외국 회사는 국내에서 영업을 할 수 있다. 어떤 정부는 외국의 국가(foreign jurisdiction)에게 그 외국에서 영업을 하고 있는 자국 기업을 상호주의 원칙에 입각하여 호혜적으로 대우해 줄 것을 요구하기도 한다. 보통, 국내 규제기관(local regulator)은 외국 규제기관(foreign regulator)이 자신과 업무협정(co-operation agreement)을 체결할 준비가 되어 있어야 한다고 주장할 것이다. 원산지국 원칙(country of origin principle)은 종종 외국 회사도 국내 영업행위 규칙(local conduct of business rules) 및 다른 규칙들도 상당 부분 준수하라는 국내의 요구(local requirement)에 따라 약화되기도 한다. 원산지국 원칙은 EU(European Union)에서 가장 널리 수용되었는데, 대부분의 경우 현지 회원국(host Member State)은 추가적인 규제를 할 수 없고, 단지 모국인 회원국의 규제를 신뢰할 따름이다. 따라서 EU는 투자업(investment business)과 투자설명서 규제 준수(complying offering circulars)에 있어서는 거의 자유무역지대와 다름없다.

투자설명서(prospectuses)

21-30 국제 도매시장에서 **전문투자자**(sophisticated investors)에게 발행되는 투자설명서는 투자설명서의 필수요건을 면제받는다. 따라서 대부분의 선진국에서 도매시장의 경우에는 규제가 거의 없고, 부실표시(misrepresentation)와 비밀유지(non-disclosure)에 관한 일반적인 법규만 준수하면 된다.

반대로 **일반투자자**(the public)를 대상으로 하는 공모와 관련해서는, 전문투자자를 대상으로는 것과는 반대로, 투자설명서가 역내의 규제를 준수하고, 역내에 등록되어 있지 않는다면, 외국에서 공개적으로 투자설명서를 발간하거나 증권을 내놓는 것이 대개 불가능하다. (EU의 경우처럼) 상호승인(mutual recognition)이 적용되는 곳을 제외하고는, 현시에 등록하고 때로는 현지 관할(jurisdiction)의 적용을 받는 현지 대표를 임명(appointment)하지 않는다면, 증권 공모를 위해 외국으로 투자설명서를 보내는 것은 일반적으로 허용되지 않는다. 또한 대량메일발송(mail-shots), 순회홍보 (roadshows), 방송광고, 전화홍보, 개별방문 등과 같은 다른 방법에 의한 마케팅도 일반적으로 허용되지 않는다. 이것은 외국에서 해당 투자설명서가 승인을 받았고 등록되었으며, 안전성과 상업성에 일반적으로 인정되는 기준을 충족하더라도 상관없이 적용된다. 가장 꼼꼼한 국가의 가장 융통성 없는 변호사나 회계사들이 확인하고, 교부하고, 입증하고, 법석을 떨더라도, 세계에서 가장 청교도적인 규제기관이 조사를 했고, 셜록 홈즈(Sherlock Holmes)가 면밀하게 조사했고, 델파이(Delphi)의 사제로부터 신탁받은 허가가 있다고 하더라도 마찬가지이다. 이 중 어떤 것도 충분하지 않다.

미국에서는 SEC의 Regulation S상 지침에 따라 1933년 미국증권법(Securities Act of 1933)에 따른 등록을 하지 않더라도 미국 밖에서 증권의 모집(offerings)을 할 수 있다.

중요한 점은, 이 Regulation S가 발행시장에서의 판매 기간(primary distribution period)에 있어서의 미국의 투자자에 대한 증권의 모집(offer)과 매출(sale)을 금지하고 있다는 것이다. 통상은 종결(closing) 후 40일("의무보호예수" "lock-up" 기간) 동안은 미국의 투자자에 대한 모집(offers) 및 매출(sales)을 할 수 없다. 따라서 이 기간 동안 미국에는 비관세장벽(paper wall)이 쳐지는데, 이 기간이 상당히 길고, 또 발행인 (issuers)은 40일 동안 증권을 보유할 위험을 감수할 수 없기 때문에 미국 자본시장의 문을 두드리는 것이 사실상 불가능하게 된다. 이 40일은 성경의 공명(resonance)을 말하는 기간이다. · · · · · 21-31

Regulation S의 두 가지 기본적인 요건은 다음과 같다. ② 모집(offering)은 반드시 "해외 거래"("offshore transaction")이어야 하며, ② 미국 내 모집과 관련된 "의도된 매출 시도"("directed selling efforts")가 없어야 한다는 것이다. 모집의 종류에 따라서 추가적인 제한 사항이 있다.

금융감독(financial supervision)

바젤 자본적정성(Basel Capital adequacy) 규제와 같은 건전성 규제는 일반적으로 주요 영업활동이 이루어지는 기관의 고국에서 수행되지만, 은행이 지점을 개설한 지역에 따라 보완되어야 할 것이다. 일반적으로 연결 감독(consolidated supervision)은 모회사의 모국이 행한다. 자회사들에 대한 개별 감독은 자회사가 소재한 국가가 행할 · · · · · 21-32

것이다. 대체로 규제기관들 사이에 체결된 MOU(memorandums of understanding)가 책임과 정보 공유에 대해 다루고 있다.

MOU(memoranda of understanding)

21-33 많은 규제기관들은 정보의 공유를 위한 협의와 협력에 관하여 상호 간 MOU(memoranda of understanding)를 체결하고 있다. 많은 경우 국제증권관리위원회기구(International Organisation of Securities Commissions)가 마련한 2002년 5월 버전 또는 그 전 버전의 표준 양식이 많이 이용되고 있다.

MOU는 상호원조와 집행, 관할 당국의 법률과 규제의 준수를 확보하기 위한 정보 교환의 의향을 명시한다. 내부자 거래(insider dealing), 시세조종(market manipulation), 사기행각, 증권의 발행, 인가를 요하는 시장 중개기관(market intermediaries), 집합투자기구(collective investment schemes), 시장과 거래소, 청산 및 결제 기관(clearing and settlement entities)과 관련된 문제들을 다루고 있다.

이용 가능한 지원(assistance)으로는 거래와 송금(money transfer), 그것의 실질적 소유자(beneficial owner)에 관한 정보와 서류를 입수하고 제공하는 것, 예를 들어, 서류의 생산을 요구하고 질문에 대한 회답(관련자의 선서하의 증언을 포함)을 구하는 등 각 기관이 자신의 권한을 충분하게 행사할 수 있도록 하는 것 등이 포함된다. 상대방이 요구하는 지원을 제공하기 위해서는 대개 국내 입법조치가 필요하다.

21-34 MOU에는 다음과 같은 규정이 있다. ① 요청 되는 협력이 국내법 위반이 되는 경우, 이미 형사절차가 진행되고 있는 경우, 공공의 이익이나 불가결한 국익에 위배되는 경우에 협력을 거부할 수 있을 것, ② 정보 이용을 규제상 필요한 경우로 제한하는 것, ③ 비밀유지의무(confidentiality), ④ 기한(termination).

MOU(memoranda of understanding)는 "양해"("understanding")라는 단어로 표현된다. 이 각서(memoranda)는 조약이나 협약이 아니며 법적 구속력이 없다. MOU는 단지 양해일 뿐이다.

MOU는 주로 상호 정보와 증거 수집과 관련이 있다. MOU는 누가 규제 관할을 가지는가에 대한 절차를 담고 있지 않고, 누가 도산 기업에 최종대부를 할 것인가에 대한 어떠한 양해도 마련하지 않으며, 도산절차의 관할에 대한 어떠한 조항도 남고 있지 않다. MOU는 해외에서의 국내의 행정적 벌금이나 제재의 인정이나 집행의 근거로 제공되지 않는다. 따라서 도산의 관할이나 중대한 형사적, 민사적 관할의 협정은 일반법에 따른다.

지역적 적용범위(territorial scope)**에 대한 더 상세한 내용 :** LPIF 시리즈 제7권 제26장.

질문과 심화 주제에 대해서는, 25장 마지막 부분 참조.

제**22**장

영업행위

투자영업행위(conduct of investment business)에 관한 규제 일반

22-01　　자금수탁자(fiduciary)는 타인으로부터 재산에 관한 관리를 위탁받은 자로서, 신뢰와 비밀유지의무를 준수할 것이 기대된다. 예를 들어, 중개업자(brokers)나 커스터디 은행(custodians) 등이다.

　　일반법 하에서는, 대리인과 자금수탁자(fiduciary)의 의무는 다음과 같다.

(1) 고객에 대한 기술(skill), 주의(care), 성실(diligence)의 의무

(2) 고객과의 거래로부터 또는 고객의 정보를 이용하여 비밀리에 사적 이익을 취득하지 아니할 의무

(3) 비밀유지(confidentiality) 의무

(4) 고객의 재산을 회사 고유재산과 별도 구분하여 관리할 의무

(5) 이해상충행위 방지의무

　　이러한 의무는 상업은행에서보다 투자은행과 중개업자에 있어 더 중요시된다. 왜냐하면, 중개업자(brokers) 등은 고객을 대신하여 고객의 투자상품(investments)을 보유하고 매수 또는 매도하기 때문이다. 금융 감독(financial supervision)은 투자은행에게 있어서 더욱 중요하다.

法源(sources of law)　　금융투자 영업행위의 규제에 관한 일반적인 法源(usual sources   22-02
of the law)은 여러 가지가 있다. 관련 규제법령과 규칙, 증권거래소의 자율규제(이는
상위 법령에서 근거를 두고 있는 경우도 있다), 기존의 형법, 대리에 관한 기존의 법
(실사(due diligence), 이해상충행위 금지, 비밀수익의 취득금지, 정보공개(disclosure)) 등
다양한 영역에서 규율 근거를 찾을 수 있다. 모든 주요 法域에는 대리인의 의무에
관한 법이 방대하며 그중 일부는 매우 엄격하다.

일반법(ordinary law)**과 규제법**(regulatory law) **비교**　　일반사법과 규제법(code)의 주된   22-03
차이는 다음과 같이 정리할 수 있다. ① 규제법(code)은 행정적인 **제재**(sanctions)를
부과한다. ② 규제법(code)은 의무를 상세하게 **명문화**(codify)한다. ③ 면책조항에 의
한 **의무의 면제**(opt-outs)가 제한된다.

일반투자자(retail investors)**와 전문투자자**(business investors)　　영업행위에 관한 규칙은   22-04
주로 비전문적인 투자자, 즉 투자를 하는 일반인을 보호하는 것이 목적이다. 선진적
인 규제법(regulatory code)은 전문투자자를 모든 면에서 보호하려고 하는 것은 과도
한 부담을 주고 가부장적 온정주의(paternalist)라는 것을 인식하고 있다. 따라서 전문
투자자는 전문투자자에게 이익이 되는 행위 규제, 즉, 투자의 적합성(suitability)과 위
험에 대한 자문, 최선집행(best execution), 고객 자산의 별도 관리 등의 적용에 있어
서 제외된다. 고의의 부실표시(knowing misrepresentation), 시세조종, 내부자 거래 등
사기에 대해서는 적용 제외(dispensations)가 인정되지 않는다.
　　예를 들면, Mifid 2004는 고객들을 전문투자자(professional clients)와 일반투자자
(retail clients)로 나누었다. 전문투자자는 "경험, 지식, 실무상 능력이 있어서 스스로
투자결정을 할 수 있고 수반하는 위험을 적절히 평가할 수 있는 고객"으로 정의된
다, 별지 2(annex II) 참조. 별지(annex)에는 전문투자자(professional clients)의 카테고리
가 열거되어 있는데, 예를 들면, 인가받은 은행, 투자회사, 보험회사, 대기업, 정부,
중앙은행 등이 포함되어 있다. 이러한 전문투자자들은 더 높은 수준의 보호를 요청
할 수 있고 더 높은 수준의 보호를 요청하는 것 또한 전문투자자의 책임이지만, 이
러한 요청에 대해서 투자회사 측이 응할 의무는 없다. 별지에 규정된 투자자들을
제외하고는 모두 일반투자자로서, 영업행위에 관한 규칙에서 더 높은 수준의 보호
를 받도록 규정되어 있다. 한편, 일반투자자의 경우에도 일정 금액 이상의 자금원
(financial resources) 등 다양한 기준을 충족하면 높은 수준의 보호를 받지 않는 것을

선택할 수 있다. 이 경우, 회사는 사전에 이로 인하여 생길 위험 등에 대해서 고지해야 하고, 투자자는 이러한 점들에 대하여 숙지했음을 확인해야 한다.

기술(skill), 주의(care), 성실(diligence)의 의무 및 적합성(suitability)

22-05 **일반적인 의무**(general duties)   信認의무에 관한 일반법(general fiduciary laws)과 규제법은, 중개업자(broker)가 (일반)투자자에 대하여 기술(skill), 주의(care), 성실(diligence)의 의무를 부과하고 있다. 특히 다음과 같은 의무이다.

- 지시를 신속하게 이행할 의무

- 합리적으로 가능한 최선의 거래조건을 선택할 의무

- 고객 또는 특히 비전문적인 개인 고객(unsophisticated individual clients)에게 위험(risks)에 대해 고지할 의무. 특히, 파생상품, 고위험군의 주식 또는 복잡한 구조의 투자상품에 대한 위험을 고지하고, 상품을 추천하는 근거를 충분히 설명할 의무

- 고객의 재정적, 개인적 사정에 대하여 익숙하게 알고, 적절한 조언을 할 의무. 즉, 고객신원확인("know your customer") 정책에 기반한 "적합성 원칙"("suitability rule")

代理에 관한 일반적인 법(ordinary agency law)에 따르면, 대리인은 의뢰인 본인의 최대 이익을 위하여 행위할 일반적인 의무가 있다.

규제법(regulatory regime) 외에, 영국 법원은 회사에게 거래의 신중함에 대해 고객에게 조언할 암묵적 의무를 부여하는 것에 있어서 소극적인 입장이다. 즉, 고객은 스스로의 판단에 따라야 한다는 것이다. 회사가 고객에게 명시적으로 자문하기로 하지 않는 한, 고객 관점의 신중한 거래에 대해 자문할 의무는 없다는 것이 일반적인 원칙이다.

Williams & Glyn's Bank v. Barnes (1981) Com LR 205 판례에서, 한 개인 사업가는 자신이 운영하는 회사가 이미 은행에 대해 상당한 대출을 받은 상태에서, 은행으로부터

1백만 파운드를 대출받았다. 그 후 위 회사가 도산 상태에 이르자, 은행이 개인 대출에 대해서 상환을 청구했다. 사업가는 은행이 사업가의 회사가 재정적으로 어려운 상태인 것을 알면서도 사업가에게 개인 대출을 해 주었기 때문에 은행의 의무 위반이 있었다고 주장했다. *판결*: 은행이 명시적으로 책임을 부담한다고 적시하지 않는 한 자문할 의무를 부담하지 않는다. 대주(lender)와 차주(borrower)는 통상 信認관계(fiduciary relationship)에 있다고 볼 수 없다. *National Westminster Bank plc v. Morgan* [1985] AC 686 판례 참조. 영국 법원에서 고객들이 위험한 투자를 함에 있어서 이에 대한 자문 의무를 부정한 판례로는, *Stafford v. Conti Commodity Services Ltd* [1981] 1 All ER 691 판례 참조.

Sara Frost v. James Finlay Bank Ltd (2002) EWCA Civ 687; [2001] All ER (d) 261 판례에서는 한 은행이 주택에 대한 리모델링을 명목으로 하는 대출 신청에 대하여 20만 파운드를 대출하면서, 보험 가입을 제안했고, 손실에 대하여 보증 지급이 지연된 결과, 대출채무 원리금 합계는 90만 파운드에 이르게 되었다. *판결*: 은행은 보험회사들에게 자문을 할 의무가 없었으며, 그러한 의무가 있다는 것을 미리 추정할 수도 없었다.

법원이 은행의 의무 위반을 인정한 판례로는 *Verity & Spindler v. Lloyds Bank plc* (1995) CLC 1557 판례가 있다. 위 판례에서는 은행이 경험 없는 개인 채무자들에게 흠결이 있는 재산을 매수할 것을 권유했다. 은행의 브로셔에서는 자신의 자문 서비스를 선전하고 있었다.

미국에서는 파생상품의 수익률에 대한 오기가 문제된 사건으로 *Gibson Greetings v. Bankers Trust Co* (1994) 판례, *Proctor & Gamblev. Bankers Trust Co* (1994) 판례가 있다. 두 사건 모두 판결 전에 수백만 달러의 합의금으로 합의했지만, 회사가 거래에서의 대규모 손실을 공시하지 않고 부실표시(misrepresentation)한 것이 문제가 되었다. *Orange County Investment Pool v. Merrill Lynch and Co.* (1995) 판례에서도 적합성 원칙 위반(unsuitability) 혐의가 제기되었다. 은행이 위험을 밝힐 법적 의무와 증권규제에서 적합성(suitability)에 대하여 자문할 의무가 있는지 여부가 쟁점이 되었다.

영국의 *Bankers Trust International PLC v. Dharmala* 1996 CLC 518 판례와 비교해 보자.

22-06

BT는 인도네시아 회사인 "Dharmala"와 복잡한 형태의 금리 스왑(interest swaps) 계약을 체결했다. 회사는 손실을 입었고, 은행은 이에 대하여 청구했다. 회사는 계약체결 능력이 없다는 무권한(lack of authority)의 항변, 사기와 주의의무의 위반을 이유로 항변했다. *판결*: 회사는 금융거래에 있어서는 전문투자자의 지위에 있었기 때문에 은행으로서는 그들에게 설명의무가 없었고, 달리 信認관계(fiduciary relationship) 또는 주의의무(duty of care)가 발생할 여지도 없었다고 봄이 상당하다. 사실관계에 있어서, 은행 측에 제소할 만한 부실표시(misrepresentation)가 있었다는 정황 역시 없었다.

상기의 판례에서 알 수 있듯이, 투자자가 투자로 손실을 입은 경우, 전문투자자는 투자상품의 판매자로부터 보상을 받기 어렵다. 법원의 메시지는 결국, 구매자가 상품을 이해하지 못한다면, 돈을 주고서라도 적절한 자문을 받으라는 것이다.

이와 관련하여서는 테네시 법원에서도 유사한 견지에서 판시를 한 바 있다.

Power & Telephone Supply Company v. Suntrust Bank, US District Court, WD Tennessee May 10, 2005, affirmed 447 F3d 923 (6th Cir 2006) 판례에서, 대출을 받는 회사가 대출과 관련하여 은행과의 사이에 금리스왑(interest swaps) 계약을 체결한 후, 대출을 받은 회사가 상당한 손해를 입었다. 회사는 상대 은행에 대하여 信認의무 위반, 계약 위반, 위임의무 위반, 부실표시(misrepresentation), 과실책임, 보통법상의 적합성(common law suitability) 원칙 위반 등과 다른 이유들을 주장했다. *판결*: 信認관계(fiduciary relationship)가 발생하기 위해서는 기록된 서면을 통해 그 발생이 입증이 되어야 하는바, 회사는 그 입증에 실패했고, 의도적인 부실표시(misrepresentation)가 있지 않았다. 은행은 자문업자(adviser)로서 행위하지 않는다고 고지했고, 회사는 은행과 은행의 계열회사에 의존함이 없이 회사 스스로 결정해야 한다고 고지했었다. 은행의 홍보자료(marketing documents)에 '금융거래협력자(financial partner)'라고 기재되어 있고, 은행이 대출받은 회사가 금리 위험을 관리하고 신용 요구가 확대되는 데 있어 "은행의 능력"과 "도울 수 있는 능력"에 대해 서술한 것만으로는 信認의무관계와 조언의무가 발생한다고 하기에는 부족하다. 은행이 스스로를 회사의 대리 기관 역할을 하겠다는 서면으로 작성한 문서가 없다. 과실 책임에 대해서는, 은행이 고객에 대한 선관주의의무(duty of care)가 있다고 할 수 없다. 고의의 부실표시(intentional misrepresentation)에 대하여 법원은, 고의의 부실표시 주장은 사기와 유사한 주장이어서 상세한 증거가 필요한데, 이것이 입증되지 않았다고 판시했다. 그 결과 회사는 거래를 무효로 할 수 없었다.

이러한 입장은 법령의 규정에 따라 일반투자자에 대해서는 달리 적용된다.

Morgan Stanley UK Group v. Puglist [1998] CLC 481 판례에서, 은행은 개인 고객과 1천만 달러의 규모인 파생상품 거래계약을 맺었고, 이중 고객은 은행으로부터 900만 달러를 차용했는데, 고객의 순자산은 50만 달러에서 200만 달러였다. 거래구조는 고객에게 매우 복잡하고 리스크가 있었다. *판결*: 법원은 거래가 개인 고객이 체결하기에는 부적합한(unsuitable) 것으로 판단되며, 계약 체결 당시의 규제 원칙에 의하더라도 그러하므로, 은행은 고객에게 강제집행 할 수 없다.

영국 판례 중에 고객들이 잘못된 조언을 이유로 기업을 대상으로 소를 제기하여 승소한 사건들이 많은데, 일반적으로 조언이 규제 체제(regulatory regime)에서 요구하는 만큼 개인에게 적합하지 않았기 때문이다. 판례로는, 농업에 종사하는 부부가 자신들의 전 재산인 500,000파운드를 자신들의 금융투자 상담사의 권유를 받고 고위험펀드(high risk fund)에 투자를 했다가 결과적으로 지급불능에 빠진 *Seymour v. Christine Ockwell & Co* [2005] PNLR 39 판례가 있다.

위험의 고지(risk warnings)　금융투자 매매업자(dealer)는 비소매(non‑retail) 전문투자자(non‑retail sophisticated counterparties)에게 다음과 같은 사항을 확인을 받고자 노력한다. ① 전문투자자는 스스로의 독립적인 판단에 의존하며 매매업자에게 의지하거나 또는 매매업자가 거래계약에 대해서 한 진술에 의존하지 않는다. ② 전문투자자는 거래의 가치에 대해서 평가할 능력이 있다. ③ 매매업자는 거래의 전문투자자의 자금수탁자(fiduciary)나 자문업자(adviser)가 아니다.　22-07

　이러한 확인의 효과는 당시의 상황이나 계약상의 내용, 불법행위 여부, 면책에 대한 법령 규칙(rules)에 달려 있다. 가장 최상의 방법은 적합성(suitability)을 체크하고 고객들이 적절한 개별적인 자문을 받게끔 하는 것이다.

최선집행(best execution)　최신집행(best execution)이란, 대리인(agent)은 본인을 위해서 합리적으로 얻을 수 있는 가장 유리한 가격을 선택해야 한다는 의무다. 이러한 의무는 어떠한 규제(regulation)와 관계없이 일반법(general law)상 적용될 수 있다. 이와 관련된 19세기 판례인 *Solomon v. Barker* [1862] 2 F&F 726 판례에서는, 물품 판매를 위해 고용된 중개업자(brokers)는 가능한 한 가장 유리한 가격에 거래를 하기 위한 주의의무(due care)와 성실의무(diligence)가 있다고 판시했다. 이밖에도 같은 취지의 영국 판례가 다수 있다.　22-08

증권시장에서 문제가 되는 것은, 증권의 거래가 수많은 다양한 거래소 및 그 이외의 장소에서 행해지고 있다는 것이다. 투자회사 측에서는 어딘가에 더 나은 거래조건이 있는지 전 세계를 모두 샅샅이 확인하는 것은 보통 비현실적이고, 그렇게 하는 것도 매우 비용이 많이 들 것이다. 물론 가격 리포트들이 통합된다면 결과는 달라질 수 있다. (이것이 Mifid의 목표다.)

22-09   **과도한 수수료**(excessive mark-ups)   미국에서는 과도한 수수료(mark-ups)를 받은 경우 사기(fraud)로 간주된다. *Charles Hughes & Co v SEC*, 139 F 2d 434 (2d Cir 1943) 판례 참조. 이 판례의 사실관계는 단락 24-13 참조.

선행매매(front-running) 및 고객주문 우선(customer order priority)

22-10   주식 선행매매(front-running)란 매매업자(dealer)가 호재나 악재의 뉴스 또는 고객의 대규모 주문에 앞서서 자기 자신의 매매를 하는 것이다. 즉, 고객의 비밀정보 (confidential customer information)에 기초하여 수익을 내거나 손실을 회피하는 것이다. 문제는 이러한 정보를 이용하여 은밀하게 개인적 이익(secret private profit)을 취하는 데에 있다. 규제법의 범위 밖에서 통상의 대리에 관한 법(ordinary agency law)에도 본인의 비밀정보를 악용한 대리인의 배상책임에 대해 엄격한 규칙이 있다.

고객이 대량의 주식을 매도 주문할 경우, 결과적으로 그 주식의 가격은 하락할 것이므로, 중개업자(broker)는 자신이 보유하고 있는 주식을 먼저 매도하고자 할 수 있다. 만약 고객이 대량의 주식 매수를 주문할 경우, 주식 가격의 상승이 예견되므로 중개업자는 해당 주식을 먼저 매수하고자 할 수 있다. 이러한 거래들은 보통 信認관계에 관한 법 이외의 일반적인 법(general non-fiduciary law)의 위반이다. 법률 (codes)은 고객 주문이 우선되어야 한다는 우선순위 원칙(priority rule)을 규정할 수 있다.

주식 선행매매의 또 다른 예로는 투자 기관(firm)이 보유하고 있는 주식(보유 중인 사실은 공시 불이행)의 가격에 영향을 미칠 수 있는 애널리스트의 분석보고서를 공표하는 것이다.

Morgan Grenfell & Co Ltd (FSA Final Notice, 2004. 3. 18) 판례에서, 회사는 고객으로부터 위탁매매주문 수행권한을 받기 전에 고객의 프로그램 매매 구성요소인 7개 종목

에서 회사의 자기거래를 시작했다. 회사는 고객에 의해 제공된 한정된 정보를 이용하여 회사에 유리한 호가를 낼 수 있었고, 고객은 고객의 프로그램 매매에 있어 회사가 위와 같은 자기매매를 하지 않았더라면 부담했을 비용보다 더 많은 비용을 지불하는 결과로 이어졌다. 이에 따라 영국 FSA는 회사에 대하여 FSA의 일반 원칙 중 하나인 고객이익의 최우선 원칙 및 이해상충행위 금지에 위반했다는 이유로 과징금을 부과했다. 이러한 행위는 시장남용(market abuse)에 해당한다. 제24장 참조.

적시집행(timely execution), **집합**(aggregation) **및 주문 배분**(allocation)　　규칙들은 다음과　　22-11
같은 사항을 주로 다룬다.

- 고객주문의 **적시집행**(timely execution)이란, 유동성이 개선될 가능성이 높아서 고객이 보다 좋은 가격을 얻을 것이라고 예상되는 경우 또는 거래규모가 커서 수 개의 소량주문(lots)으로 분절하는 것이 고객에게 최선인 경우가 아닌 한, 고객의 주문 후 적시에 실행을 해야 한다는 원칙이다.

- 만약 모두에게 더 나은 가격을 형성해 주거나 또는 거래비용이 절감된다면, 고객의 주문을 수행할 때에 투자회사 자신의 주문량 또는 다른 고객의 주문량을 **집합**(aggregation)하여 처분한다.

- **주문배분**(allocation)의 문제는 투자회사 보유분과 고객 보유분을 동시에 통합하여 거래를 할 경우, 당해 거래를 누구에게 귀속하는지 배정하는 문제다. 투자회사의 경우, 투자상품의 가격이 상승할 경우 투자회사의 계좌에, 투자상품의 가격이 하락할 경우 고객의 계좌에 주문을 배분시키고자 하려는 유혹에 빠질 수 있다. 배분은 적시에 이루어져야 한다. 주문이 집합되는 경우, 공정하게 배분되어야 한다.

투자권유(inducement) 및 비금전적 혜택(soft commissions)

　信認의무에 대한 일반법(general fiduciary laws)에서는 대리인이나 수탁자(trustee)가　　22-12
현금이나 현물로 누군가로부터 어떠한 지급을 받고 그 대가로 유리한 거래를 행한 경우, 그것은 대리인/수탁자의 고객에 대한 의무 위반이며, 대리인/수탁자는 그러한 은밀한 이익(secret profit)을 고객에게 반환해야 한다.

예를 들어 중개업자(broker)가 펀드매니저에 대해 예를 들어 리서치 분석 자료를 무료로("free") 제공하는 등 물품이나 서비스를 제공하고, 이에 대해 매니저가 그 대가로 중개업자(broker)가 수수료(commissions) 수입을 얻을 수 있도록 투자상품(investments)의 매매 실행을 그 중개업자(broker)가 담당하게 하는 경우가 여기에 해당한다. 이것을 비금전적 혜택 합의(soft commission arrangement)라 한다. 이 경우에 있어서 펀드매니저는 수익자(beneficiary)에게 최선집행(best execution)을 하는 가장 적절한 중개업자를 선정해야 할 임무에 위배될 수도 있는 행위를 하는 것이다. 비금전적 혜택(soft commission) 비용은 펀드에서 부담하므로 실질적으로는 펀드투자자인 고객들이 지불하게 되는 것이다.

규제법(regulatory codes)은 이러한 투자권유 및 비금전적 혜택 합의(soft commission arrangements)에 대해 광범위한 규칙을 두고 있다. 문제는, 법이 인정하는 범위 내에서의 접대(entertainment), 단순한 상호교류(networking), 선물(gift)과 고객에 대한 信認의무(fiduciary duty) 위반이 되는 권유(inducements)나 직접적인 뇌물(straight bribes)을 어떻게 구별할 것인가이다.

고객의 자산과 커스터디 업무(custodianship)

22-13 **개요**(general)   영미법계 국가에서 代理와 신탁에 관한 법(law of agency and trust)에 따르면, 대리인 또는 수탁자는 본인 또는 위탁자의 자산과 수탁자의 자산을 구분하고 분리해 관리해야 하고, 자신의 소유와 마찬가지로 사용하여서는 안 된다. 하지만 양 당사자 간에 특약으로 "자기 재산에 준하는 의무"에 의할 것을 약정하는 경우, 수탁자는 본인/위탁자의 자산에 대하여 자신의 소유와 마찬가지로 거래할 수 있는 권리를 가지며, 많은 법제에서 이러한 특약의 효력을 인정한다. 은행은 예외 없이 고객의 돈을 자신의 소유와 마찬가지로 사용할 수 있다. 영미계 法域에서는 관련된 판례법이 많다.

이 절(section)에서는, "수탁자"("trustee")는 중개업자(brokers), 다른 투자회사, 커스터디 은행(custodians) 등 유사한 지위에 있는 모든 이들을 통칭하는 개념으로 사용한다.

신탁재산과 고유재산의 분리 목적은, 투자회사가 도산할 경우에 대비하여 고객재산을 절연시키고(immunise), 또한 투자회사가 고객자산을 부정 유용(misappropriation)하는 것을 막기 위한 것이다. 대륙법계에서 신탁은 이와 관련된 많은 쟁점이 있지만, 시장의 전문가에 의해 보유되고 관리되는 고객의 증권을 보호하는 예외규정도 많이 있다. 제19장 참조.

이와 관련된 규제 제도(regulatory regime)는 통상 ① 의무를 명문화하고, ② 면제를　22-14
제한하고, ③ 위반(non-compliance)에 대해 행정제제(administrative sanction)를 부과하
는 것이다.

고객 재산은 두 가지로 분류될 수 있다.

- 주식(shares), 債券(bonds) 등 **투자상품(investments)**

- **현금(cash)** - 지폐나 동전이 아닌, 은행의 예금이 대부분이다. 현금자산은 중
  개업자(broker)에게 송금된 고객의 투자자산, 배당금, 이자, 자본상환금(capital
  repayments)인 경우도 있고, 또는 중개업자(broker)가 거래의 익스포저(exposures
  on the exchange)에 대한 담보권(security interest)(일명 증거금(margin))으로 예치할
  수 있도록, 중개업자(broker)에게 보내진 현금인 경우도 있다. 은행의 경우 반드
  시 예금자인 고객에 대하여 단순 채무자의 위치가 되어야 된다.

실무적으로는 많은 투자은행이 고객 투자상품의 명의자로서 행위하는 자회사
(subsidiary)를 설립한다. 사람들은 투자은행이 고객들에 대하여 명의자 자회사의 책
임까지도 부담한다고 생각한다. 제3자 커스터디 은행(custodian)을 둘 경우, 투자은행
이 그 커스터디 은행에 대하여 평판, 시스템, 법률의견서, 재정상태, 신용등급 등에
대하여 위험평가를 행하는 것이 요구될 수 있다. 이는 EU의 금융투자지침 Mifid에
서 규정하는 바이다.

수탁자가 자산에 대한 법적 소유권(title to assets)을 가진 경우, 고객은 수탁자가 자
산을 매각 또는 담보 제공하고 대금을 수탁자가 가져갈 리스크를 부담한다. 투자회
사가 고객의 계좌에서 고객의 금전을 반출할 수도 있다. 결국 신탁의 본질은 고객
이 수탁자(trustee)의 도산에 따른 위험에 대한 책임은 지지 않지만, 수탁자가 자산을
편취하고 도망가는 위험은 부담한다는 것에 있다. 자산의 진정한 소유자가 실제로
는 고객이라는 것이 명확한지 여부와 관계없이, 고객의 동의 유무를 일일이 확인해
야 할 의무를 제3자에게 부과하는 것은 현실적으로 불가능하다.

이러한 위험에 대한 규제법상 방지책(regulatory protections)은 다음과 같은 것을 포　22-15
함한다. ① 고위직 직원의 승인을 요건으로 하는 것, ② 信認의무 보험(fiduciary
insurance), ③ 고객자산 거래운영업무 담당직원과 커스터디 업무(custodianship) 담당

직원의 분리: 즉 고객으로부터 매매를 위탁받아 거래 운영하는 부서(front office)와 이를 보관 관리하는 부서(back office)를 분리하여 2인 이상이 공모하지 않으면 안 되는 구조로 하는 것, ④ 고객 자산에 대하여 통상 외부감사인(outside auditors)에 의한 정기적인 검사를 받게 하고, 그 상세를 고객에게 보고하여, 정기적으로 확인 점검이 이루어지도록 하는 것.

신탁제도를 인정하는 영미법계 국가에서는 고객 보호의 다른 조치로서, 수탁자가 횡령한 자산을 고객이 추급(trace)할 수 있는 권한을 고객에게 부여한다. 대륙법계 국가에서는 혼화된 은행계좌(commingled bank accounts)와 부합물(transformations)에까지 추급권(tracing remedy)이 인정되는 경우는 거의 없는데, 이것은 신탁(trust)이 부정되고 있기 때문이다. 단락 19-13 참조.

22-16 **고객자산 분리(segregation of client assets)의 방식**　만약 투자상품(investments)이 무기명채권(bearer bonds)이거나 주권(certificates for shares)으로 대표되는 경우, 이에 해당하는 자산을 수탁자가 따로 보관하는 방법으로 족하기 때문에 자산 분리는 비교적 쉽다.

요즘 대부분의 투자상품은 無券化(dematerialised)되어 청산시스템(clearing systems)을 통해 거래가 이루어진다. 단락 30-19 참조. 결국 고유번호가 등록되어 있는 유가증권이 발행되는 일은 거의 없다. 그들의 주식은 중개기관(intermediary)인 중개업자(broker)에 의해 관리되는 계좌에 기록된다.

결국 실무상 수탁자(trustee)가 고객자산을 분리할 수 있는 방법은 다음과 같이 제한되어 있다. ① 투자상품을 청산시스템(clearing system)에 계좌를 가지고 있는 명의회사(nominee company)의 명의로 기록하는 방법, ② 자기 명의의 두 개의 계좌를 관리하면서, 하나는 고객용이라는 앞 첨자를 붙여서 기록하는 방법, ③ 하나의 총괄계좌(omnibus account)로 관리하되, 그 지분 비율로서 회사와 고객의 자산을 분리하여 관리하는 방법, 예를 들어 100주(shares)는 고객의 것이고, 동시 발행의 100주는 회사의 것이라는 등이다. 회사의 보유량에 있어서 일정 비율을 고객의 자산으로 인지하는 것이다. 별도의 더미(pile)로 존재할 수 있는 물리적인 객체는 없다. 분리는 숫자나 비율을 기록하는 수학적인 방법으로만 가능하다.

회사 명의의 고객의 은행계좌는 고객계좌로 지정해 두어야 한다.

22-17 **공동관리 고객 자산(pooled client assets)**　일반적으로 모든 고객의 자산이 함께 관리

되는 것이 허용된다. 예를 들어, 모든 고객의 투자상품(investments)이 명의상 회사의 이름으로 등록되는 것이다. 모든 고객 자금은 은행의 동일한 고객 예금계좌로 입금되고 회사는 각 고객의 보유현황을 기록하여 유지 관리한다. 고객 자산이 혼합될 수 있다. 그러나 개개의 고객의 지분을 개별적으로 관리할 것을 요구하는 것은 횡령되었을 경우 누구의 재산인지 추급(trace)할 수 있다는 이점에 비하여도 비용적으로 현실적이지 않다.

22-18 **고객 자산 규제 제도**(regulatory regimes for client assets)**의 예** Mifid I 2004는 인가된 투자회사들이, 고객의 소유권을 보호하기 위하여, 특히 도산과 같은 사건의 경우, 적절한 조치들을 취할 책임을 부여하고, 고객이 동의한 경우를 제외하고는, 고객의 상품을 투자회사 소유인 것처럼 사용하지 못하도록 규정하고 있다. 제13조 제7항 참조. 만약 회사가 금융기관이 아닌 경우, 고객의 펀드에 대해서도 유사한 규정이 있다. 제13조 제8항 참조. 제3자에 의해 예치된 금융자산에 대해 실사(due diligence)가 요구된다. 상세한 이행 요건들(implementing requirements)이 있다.

만약 투자회사 자체가 제도권 은행이 아닌 경우, 고객 펀드는 인가된 EU 은행 또는 제3국의 인가된 은행 같은 곳에 예치되어야 한다. 투자회사는 은행을 선택하고, 지정하고, 주기적으로 관리 감독함에 있어서 적절한 기술적 의무, 주의의무와 근면성실의 의무를 다 해야 한다. 실무적으로 투자회사는, 은행의 상계 처리를 미연에 방지하기 위해서 고객의 자금을 보유하고 있는 것이라는 사실을 예치은행에 고지해야 한다.

Mifid는 회원국에게, 투자회사나 보관관리자의 도산 부실로부터 고객 자산을 보호하는 신탁을 만들 것을 요구하지는 않는 것으로 보인다. 그러나 Mifid의 직접적인 이행 지침은, 재산법이나 도산법 때문에 조치들이 불충분하다면, 회원국들은 이런 의무사항을 준수하기 위한 필요조치들을 규정해야 한다고 제시하고 있다. 네덜란드와 같이 신탁법이 없는 국가에서는, 아마도 고객의 투자상품(investments)을 분리 절연된(ring-fenced) 주요 은행의 커스터디 자회사(custodian subsidiary of a major bank)에 예치하도록 하고, 이 자회사는 고객 자산보관관리 외에는 다른 업무는 하지 않도록 하는 방법도 있다. 이러한 조치는 매우 간단하지는 않지만 아무것도 안 하는 것보다는 낫다.

22-19 이런 규정들은 소매 고객(retail clients)만이 아닌 모든 고객에게 적용되는 규정이라는 점을 유의해야 한다. 외부 감사인(external auditors)은 매년 1회 이상 고객 자산과

관련하여 회사의 조치가 적절했는지 해당 회원 국가의 관계 당국에 보고해야 한다.

22-20   **미국**   미국의 1968년~1970년의 매매업자와 중개업자의 위기시기에 조사한 결과, 많은 매매업자 및 중개업자가 거래 기록의 관리통제 능력을 완전히 상실했고, 고객을 대신한 커스터디언(custodians)으로서 보유하고 있어야 하는 증권을 분실하거나, 이중으로 담보로 제공했다는 사실이 밝혀졌다. 이러한 상황에 의하여, 모든 매매업자 및 중개업자는 "모든 완제 지불된 증권의 물리적 점유(physical possession) 또는 지배(control)를 즉시 획득하고 유지해야 한다."라고 규정하는 규칙이 1972년에 도입되었다. Rule 15c3-3 참조. 매일매일 확인하여 준수 여부를 검증하도록 하고 있다. 고객의 자금에 대한 보호조치가 존재한다.

이해상충(conflicts of interest) 일반

22-21   **도입**(introduction)   규제 체제(regulatory regime)에서는 이해상충과 관련된 쟁점이 많다. 代理에 관한 일반적인 법(ordinary agency law)은 기관이 고객에 대한 의무와 자신의 사익이 충돌되는 상황을 방지할 것을 규정하고 있다. 이러한 법리는 다수의 고객들의 이해가 서로 상충되는 경우(divided loyalty)에도 마찬가지로 적용되며, 대리인이 은밀하게 수익을 챙기는 경우와 같이 고객과 대리인 자신의 이해가 상충되는 경우에도 적용된다. 또한 직무상 취득한 정보로 사익을 추구하는 경우에도 마찬가지가 될 것이다.

상거래에 있어서 이해상충이 가장 빈번하게 문제되는 분야는 금융투자거래이며, 특히 고객은 이해상충의 상황에 있었는지, 실제로 어떠한 일이 일어났는지조차 알지 못하는 경우도 많다.

이러한 이유로 법은 2단계에 걸쳐 규율하게 되는데, 규제법(regulatory codes)과 代理에 관한 일반적인 법(ordinary agency law)으로 나누어 규율하는 것이다. 일반적인 법률 그 자체만으로도 규제는 엄격한 편이다.

이해상충 문제가 발생하는 것은 회사와 그 고객 사이에 信認의무(fiduciary duty)가 적용되는 경우이며, 회사가 본인(principal)으로서의 고객과 대등한 당사자 관계에 있으며, 고객이 이를 알고 있는 경우에는 발생하지 않는다. 信認의무(fiduciary duty)가 발생하는 것은 예를 들어 투자회사가 명시적으로 고객에 대한 자문 업무를 맡거나 고객을 대리하여 행위하기로 해서 信認의무 책임(fiduciary responsibility)을 인수한 경우에만 발생한다. 투자회사가 자금수탁자(fiduciary)로서 행위하는 것이 아니고 명확하게 본인(principal)으로서 행위하고 고객과 독립당사자 관계에 있으며 이러한 사실이 고객이 알고 있는 경우에는 信認의무(fiduciary duty)도 없고 따라서 이해상충 문제도 발생하지 않는다.

EU(European Union)　　Mifid 2004에 의하면, 투자회사는 "투자업무 자체 또는 그 부수적인 업무에 관하여 집행을 함에 있어서 임원, 직원(employees), 관련 대리인(tied agents), 또는 직간접적으로 지배적 영향에 있는 모든 사람들을 포함한 개념으로서의 회사 자신과, 고객 사이에 이해상충이 있는지를 판별하기 위해 필요한 모든 절차를 밟아야 한다."고 규정한다. 시행 지침(Implementing Directive)에서는 이해상충에 대한 조치 방법에 대하여 다음과 같이 규정한다. 투자회사는 이해상충을 발견하고 관리하기 위한 정책(conflicts of interest policy)을 정하여 고객에게 공개해야 한다.

22-22

　조치사항이 "합리적인 판단에서 상충되는 이해를 조정하는 데 충분하지 않거나 손해의 위험이 방지된다고 보기 어려울 때, 투자회사는 고객을 위해서 거래를 하기 전에 고객에게 이해가 상충되는 상황 및 상충되는 이해가 무엇인지에 대해서 완전히 공개해야 한다." 제18조 참조. 결국 최종적인 조치는 모든 상황에 대해서 공개하여 고객이 결정할 수 있도록 하는 것이다.

　이러한 의무는 단지 개인 소비자(private customers)뿐만 아니라 모든 고객에 대해서 적용된다.

복합기업(conglomerate)　　이해상충의 문제는 특히 금융 복합기업의 경우에 심각하다. 이러한 기업은, 발행인에 대하여 융자하는 은행, 증권 매매업자(dealer), 발행인에게 자금조달에 대하여 자문하는 부서, 소비자에 대하여 신용분석정보를 제공하는 부서, 단위형 투자신탁(unit trust), 연기금의 매니저, 일임계좌(discretionary account)의 투자매니저, 유언 신탁(will trust)의 수탁자, 채권 또는 전환사채(convertible issue)의 수탁자(trustee), 신디케이티드 대출 대리 주관부서(syndicate lending agency department) 등 여러 부서들 또는 자회사들(subsidiaries)로 구성되는 복합체이고, 각 부서나 자회사들은 본인 또는 수익자에 대하여 의무를 부담하고 있고, 또한 자신과 각 고객 사이에, 또는 고객들 사이에 잠재적 이해상충의 가능성을 가지고 있다.

22-23

　이러한 예에는 다음과 같은 경우가 있다.

- 인수부서(underwriting arm)가 인수한 증권을 고객의 포괄적인 일임계좌(discretionary account)로 매도하는 경우

- 인수부서에서 주식을 발행하여 그 수익을 은행의 개인적인 대출을 상환하는 데 사용하는 경우

- 기업금융부문(corporate finance arm)이 펀드운영부문(fund management arm)에 압력을 가하여 증권을 매수하거나 특정한 의결권을 행사하게 하여 고객(client)을 지원하는 경우

- 회사의 기업금융부서가, 은행부서가 대주단의 대리은행(syndicate agent)인 신디케이티드 대출(syndicated loan)의 채무불이행(default)을 알게 된 경우. 이는 분열된 충성(divided loyalty)의 예에 해당한다.

- 애널리스트(analyst)가 회사에서 새롭게 발행되는 주식에 대해서 지나치게 긍정적인 보고서를 작성하도록 강요받는 경우. EU 법제에서는 Mifid는 "고객들에게 공표되는 금융상품(EU에서 거래되는 투자상품, 선물, 옵션, 스왑 포함)에 대하여 분석을 하는 자 및 투자전략을 제안하거나 권유하는 자로서 정보를 생산, 공표 하는 자에 대한 적정한 규제에 따라, 위와 같은 정보가 공정한 방법으로 공표되고, 이러한 정보가 관련된 금융기관들 사이의 이해관계를 명확하게 드러낼 수 있도록 해야 한다."라고 규정하고 있다(6조(5) 참조).

일반적으로, 중개 부문, 투자 부문, 은행 부문, 신탁 부문 간에는 가격결정에 지대한 영향을 미치는 직무상의 정보의 교류가 상당하다.

이해상충이 문제가 되는 많은 경우는, 어느 고객의 비밀정보를 다른 고객을 위해서 누설하거나 부정하게 이용하는 것으로부터 발생한다. 규제법을 별도로 해도, 기본적인 信認의무 원칙(fiduciary rules)상 자금수탁자(fiduciary)가 보유하는 고객 관련 정보는 모두 고객의 이익을 도모하기 위해서 고객의 처분에 따르지 않으면 안 된다. 이것은 충실의무(undivided loyalty)의 일부다. 이 문제와 관하여, 변호사가 거래에서 쌍방의 이익을 위해서 행동하려고 했을 경우에 대한 판례가 많이 있으며, 같은 원칙이 금융회사에도 적용된다.

Marks & Spencer plc v. Freshfields [2004] EWCA Civ 741. 판례에서 Freshfields는

Marks & Spencer의 변호사로 선임되어 그들의 계약 체결 업무를 수행하고 있었다. Freshfields는 응찰자 중 한 명에 대해서도 역시 대리하게 되었는데, 이에 대하여 Marks & Spencer는 Freshfilelds의 대리행위에 대해서 문제를 삼았다. *판결*: Marks & Spencer의 금지명령(injunction)을 인용할 만큼의 현실적인 이해상충이 발생했다.

반면, *Mannesmann AG v Goldman Sachs International Inc.* 1999.11.18. 판례에서는, Vodafone이 독일의 기업인 Mannesmann社에 대하여 적대적 기업인수(hostile takeover bid)를 시도하려고 하고 있었다. Vodafone이 Goldman Sachs의 고객이 되었고, 이에 대하여 Mannesmann은 Vodafone이 Goldman Sachs의 고객이 되는 것에 대해서 문제를 삼은 바 있다. *판결*: Goldman Sachs가 Vodafone의 일을 하는 것이 제한되지 않는다. Goldman Sachs가 이전에 Mannesmann社을 위해서 일을 했지만, Mannesmann社는 Goldman Sachs가 Mannesmann社의 비밀정보를 가지고 있다는 사실 및 그것이 부정 이용될 위험이 있다는 사실을 모두 증명하지 못했다. Mannesmann社는 그 이후에는 Goldman Sachs의 고객이 아니었기 때문에 Goldman Sachs가 자신의 이익에 반하는 행위를 하지 않을 것이라고 기대할 이유가 없다. 소송은 인수 과정(bid process)을 다소 방해하려는 시도(attempt)로 보였다.

기타 이해상충행위 기타 이해상충행위의 예로는 다음과 같은 것이 있다. 22-24

- 쌍방대리(crosses) − 한 매매업자(dealer)가 쌍방의 대리인으로 행동하는 경우로, 매매업자는 쌍방에 대해서 각각 최선의 거래를 할 의무를 지고, 따라서 의무의 상충이 발생하는 경우이다. 호주의 *Jones v. Canavan* [1972] 2 NSWLR 236 판례에서는, 매칭거래(matching transactions)의 관습은 합리적이라고 판시했다.

- 한 매매업자(dealer)가 한 사람의 고객에게 투자상품의 매수를 권유하고, 다른 한쪽의 고객으로부터 매도 주문을 받고 있는 경우. 여기에도 쌍방의 고객에 대한 의무의 상충이 발생한다.

- 매매업자(dealer)가 자신이 가지고 있는 투자상품을 고객에게 매수하도록 권하는 경우, 또는 공매도(short sale)의 경우와 같이 자신이 개인적인 거래에서 인도할 필요가 있는 투자상품을 고객에게 매도하도록 권하는 경우.

- 과도한 거래수수료.

- 선행매매(front‒running): 단락 22‒10 참조.

- 부당한 집합주문 및 주문배분: 단락 22‒11 참조.

- 과당매매(churning): 단락 24‒13 참조.

22-25   **자기 거래**(self-dealing) **및 은밀한 이익**(secret profit)   일반적인 법에서 대리인이나 수임인의 경우, 비공개 자기 거래(undisclosed self‒dealing)는 금지된다. 즉, 자신 소유인 주식을 고객에게 비밀리에 매도하거나, 고객 소유인 주식을 비밀리에 매수하는 것은 금지된다. 대리인이 관련된 모든 사항을 본인에게 고지하고 본인의 동의를 얻은 경우에만 예외적으로 허용된다.

이러한 원칙은 代理에 관한 법(agency law)에서 발달된 것이다. *Rothschild v. Brookman* (1831) 2 Dow & Cal 188 판례에서는 중개업자가 고객의 주식을 매수한 것에 대해서 취소(set aside)가 인정되었다. *Lucifero v. Castek* (1887) 3 TLR 371 판례에서는 고객에게 요트를 살 것을 조언하고는 상당한 매매차익을 누리면서 스스로 요트를 구매한 후 고객에게 매도했다. *판결*: 대리인은 그가 요트를 구매하기 위해 지불한 가격만 반환받을 수 있었다. *DeBussche v. Alt* (1878) 8 Ch D 286 판례(배를 판매한 경우), *Regier v. Cammpbell‒Stuart* [1939] Ch 766 판례(비공개 과다수익의 반환청구), *Nicholson v. Manfield* (1901) 17 TLR 259 판례(중개업자가 공개되지 않은 수수료를 받았는데, 고객의 이에 대한 이행거절(repudiate) 인정)의 판례도 유사한 것이다. 중개업자(broker)는 대량거래에 의한 가격 할인분(volume discount)을 그대로 고객(principal)에게 주어야 한다. *Turnbill v Garden* (1889) 20 LT 218 판례 참조. 대리인(agent)은 본인(principal)의 재산을 대리인이 컨트롤하는 회사에 매도함으로써 자기 거래 금지(self‒dealing prohibition)를 회피할 수 없다. *Salomon v Pender* (1865) 3 H&C 639 판례 참조.

이 의무는 중개업자가 시장가격에 매수한 경우에도 억제제로서 엄격히 적용된다. *Boardman v Phipps* [1967] 2 AC 46 판례에서 다른 수탁자(trustee)들이 매수를 거부하는 상황에서 한 수탁자가 개인적으로, 신탁된 주식을 매수한 경우, 이는 직무상 취득한 정보를 토대로 거래가 이루어졌으므로 이익을 반환해야 한다고 했다.

중개업자가 때로는 대리인 때로는(대리인이 아닌) 본인 자격으로 거래를 하는 주식시장에서 자기거래 금지의 원칙은 더욱 중요하다.

이해상충 관리　　앞서 살펴본 바와 같은 이해상충이 발생하는 경우 일반적인 관리　　22-26
방법은 다음과 같다.

- 수익자가 고지를 받고 **동의**(consent)를 하는 경우를 들 수 있다. 다만, 이러한
  경우는 사실상 보기 드문데, 이해상충의 양상이 너무 다양하게 분포되어 있거
  나 사전에 예측하기 힘들거나, 다른 고객에 대한 비밀유지의무에 의해 이해상
  충 상황에 대한 고지가 제한되기 때문이다. 결국, 사전 포괄적 승낙이 가능한
  지가 쟁점이 된다.

- 별도의 **자회사**(subsidiaries)를 두어 충돌하는 이익을 분산시키는 방법이 있
  다. 이러한 경우, 금융업무 겸영으로 달성하는 경제적 목적을 상실하는 결과가
  초래될 수 있다. 그룹은 모회사 이사가 그룹에 대한 책임을 갖고 그룹 전체로
  서 운영될 가능성이 있다. 어떠한 信認의무는 이해상충을 분리된 회사로 단순
  히 나누었다고 해서 피할 수 없다. 예를 들어, 대리인(agent)은 스스로 컨트롤하
  는 회사를 통해서 본인(principal)의 소유물을 매수함으로써 자기 거래 금지
  (self-dealing prohibition) 규제를 회피할 수 없다. 또한 규제법은 기업 그룹을 통합
  하여 취급할 수 있다. 따라서 규제법은 많은 경우에, 그룹 내의 투자자문사
  (investment advisory company)가 (고객들에게) "매수"권유("buy" recommendation)를
  하기 전에 같은 그룹 내의 증권회사(brokerage company)가 그 주식을 선행매매
  (front-running)를 하는 것을 금지하고 있다. 결국 투자회사에서는 각 부서에서
  어떠한 행위를 하는지 총괄하여 감독해야 한다.

- **배상책임의 면책**(exclusion of liability) − 이해상충에 대한 면책 조항을 두는　　22-27
  경우도 생각할 수 있다. 그러나 이러한 면책 조항을 두는 것은 증권기래 규정
  (codes) 또는 일반법에서 부당한 면책 조항으로 그 효력을 제한하는 것이 보통
  이다. Mifid하에서는 일반투자자뿐만 아니라 모든 투자자에 대해서도 위 원칙
  이 적용된다.

- **거래금지 목록**(restricted list) − 투자회사의 이해관계가 연루된 경우, 또는
  은행의 어떤 부서에서 비공개 정보를 가지고 있는 경우에는 주식 거래를 제한
  하는 경우가 있다. 투자회사의 직원들 역시 관련된 주식 거래를 하지 못하거나

관련 연구를 담당할 수 없다. 이러한 관리방법은 대규모 회사에서는 비현실적
이다.

- **개인거래의 제한**(restricted personal dealings) - 투자회사의 직원들은 개인
  적인 거래를 하는 것이 고객으로부터 취득한 직무에 관한 정보를 이용하여 사
  적인 이익을 추구하게 될 수 있으므로, 이러한 거래 자체를 제한할 수 있다.
  EU에서 Mifid를 적용하는 회사의 경우, 직무상 취득한 정보를 이용한 거래를
  방지할 수 있는 적절한 수단을 구축해야 한다.

22-28
- **감독책임의 분리**(separate management) - 고객의 이익과 충돌할 수 있는
  업무를 집행하는 부서의 경우, 분리되어 감독이 이루어져야 한다. 따라서 회사
  의 자기자본거래와 회사의 펀드운영활동은 회사가 공매도(short sale) 주문을 했
  을 경우, 회사가 고객의 일임 포트폴리오(discretionary portfolio)로부터의 증권을
  양도함으로써 공매도를 만족시키려는 유혹을 받는 때와 같이, 둘 사이에 부적
  당한 리스크의 이전 때문에 별개의 분리된 보고 라인을 갖는 것이 적절하다.
  감독 분리는 인적 분리의 일환이다.

- **보수의 분리**(De-linking remuneration) - 이해상충이 발생할 수 있는 경우
  한 업무에 관련된 직원에 대한 보상이 다른 업무의 수입과 연계되지 않도록 하
  는 것이다. 예를 들어, 리서치 애널리스트는 판매 업무로부터 보수를 받아서는
  안 된다.

- **타 활동의 보스**(boss)**로부터의 압력** - 한 업무의 책임자는, 다른 업무에 종
  사하는 사람들이 업무를 수행하는 방식에 대해 부적절한 영향을 행사해서는
  안 된다. 예를 들어, 주식인수발행업무 부서의 고위경영진이 애널리스트에게
  주식의 가치평가를 과대평가할 것을 지시하거나, 고객이 보유하고 있는 주식에
  대한 가치의 과대평가를 지시하는 경우에 이러한 지배를 차단해야 한다.

- **분업**(division of jobs) - 한 부서의 일정한 업무에 종사하는 직원은 자신의
  직무에 전념해야 하고, 이해상충 되는 두 가지 업무를 동시 병행하여 수행히도
  록 해서는 안 된다는 것이다. 예를 들어, 펀드매니저가 회사의 자기거래 업무

와 관련되는 것은 부적절하다.

- **복합기업의 금지**(prohibit conglomerates) - 이는 비현실적이다.

- **회피**(abstain) - 영업행위를 중단하게 되는 결과가 초래된다.

- **정보교류차단벽**(Chinese walls) - 이것이 종종 유일한 해결방법이 된다.

위의 몇몇 관리 방법들은 Mifid 이행지침에서 특별하게 다루어지고 있다.

정보교류차단벽(Chinese walls)

정보교류차단벽(Chinese walls)이란 무엇인가? 정보교류차단벽(Chinese wall)(윤리적 벽 22-29
(ethical wall)이라고도 불린다)이란, 회사의 한 부문에서 유지되고 있는 정보가 그 부
문으로부터 타 부문으로 흘러가지 않도록 하는 조치이다. 정보교류차단벽은 영업의
어느 부문의 직원이 정보나 자신의 이익에 관한 사항을 다른 부문에 전달하는 것을
방지하도록 디자인된다. 예를 들어, 직원의 물리적인 분리, 이메일, 컴퓨터 데이터
베이스, 전산망을 통한 정보교류(group discussions), 내부 게시판의 분리, 직원의 순환
근무의 분리 등이다. 이것은 회사의 단편화(fragmentation)로도 연결된다.

정보교류차단벽(Chinese walls)이 왜 필요한가? 정보교류 차단의 필요성은 두 가지 22-30
측면에서 이와 같은 문제가 쟁점이 된다.

- 이해상충행위(conflict of interest)(분리된 충실의무)
- 사기적 거래행위(fraudulent conduct) 예: 내부자 거래(insider dealing)

특히 내부자 거래(insider dealing)의 경우에 정보교류차단벽(Chinese walls)이 문제되
는 사항은 다음과 같다.

- 기업금융부서가 관계된 회사에 자문 결과 얻게 된 가격에 민감한 미공개 중요

정보를 보유한 상황에서, 주식거래담당부서에서 해당 주식을 거래하는 경우

• 은행부서에서는 어떤 회사가 재정적으로 어려운 상태에 있다는 것을 알고 있음에도, 이를 알지 못하는 투자자문부서에서는 고객들에게 해당 증권(security)의 매수를 권유하는 경우. 정보의 조합이 내부자 거래의 혐의나 중요한 사실의 부정한 은폐로 비춰질 수 있다.

문제는 회사의 업무수행 중에 각 임원이나 직원에게 개인적으로 알려진 정보가 전체로서의 회사에 전파될 수 있기 때문에 발생한다.

22-31 **정보교류차단벽**(Chinese walls)**의 장단점**   정보교류차단벽의 **장점**(advantages)은 다음과 같다.

• 정보교류차단벽은 위에서 언급한 것과 같은 문제를 해소하여 투자회사의 영업행위가 가능하게 한다.

• 정보교류차단벽에 의하여 대규모 복합서비스 그룹(large multi-service groups)을 형성하는 것이 가능해져서 효율성과 경쟁력을 높일 수 있다.

단점(disadvantages)은 다음과 같다.

• 정보교류차단벽은 경험의 축적 등 통합(pooled expertise)에 장애가 된다. 예를 들어, 회사의 데이터베이스, 내부 노하우(know-how), 훈련(training sessions), 내부적인 시장 업데이트 공유 등이다. 투자자는 회사 전체의 전문가에 근거한 조언을 기대하고 있다.

• 정보교류차단벽이 첨예한 이해상충을 적시에 식별하는 것을 저해할 수 있다.

• 업무 전역을 감독해야 하는 간부 임원(senior executives)은 정보교류차단벽보다 위에서 통합적으로 봐야(straddle the wall) 하는 때가 많다. 그렇게 하지 않을 경우, 회사의 통합적인 경영이 불가능하게 되어, 결국 포괄적인 이사회의 책임(collective board responsibility)을 저해하게 되고, 임원에 의한 통제(management control) 역시 분절되는 결과를 초래하게 된다.

- 중소기업의 경우, 장벽이 있다고 하더라도 매우 약한 것일 수 있다. 즉, 직원들 간의 사적인 소통이 원활하게 이루어지는 경우(구내식당, 선술집, 숙소 등), 정보교류차단벽이라는 조치가 무의미해질 수 있다.

- 고객이 위반 사실을 입증하기가 어렵다.

- 정보 분리에 대한 강제가 어려운 경우가 많다. 즉, 부서 간 직원들의 이동이 있거나 승진이 있는 경우에 장벽의 의미가 상실된다.

- 정보가 일반 공개 정보이거나 사내에서 일반 정보로서 입수할 수 있는 것일 경우 정보의 누출은 막을 수 없다. 예를 들어, 애널리스트가 평가대상 회사의 IPO를 자사가 취급하고 있는 것을 알고 있는 경우, 또는 자사가 통상 그 고객의 일을 하고 있는 것을 알고 있는 경우도 있을 것이다.

정보교류차단벽(Chinese walls)**에 관한 국제적인 예**　　영국에 19세기 맹견에 관한 판례　22-32
가 있다. 개를 산책시킨 하인(servant)이 그 개가 맹견인 것을 알고 있던 하인이 아니었다면, 주인(master)은 법적 책임을 지지 않는다는 것이다.

비록 그 적용 방법이 모두 같지는 않을지라도, 대부분의 선진적인 사법체계는 정보교류차단벽의 효력에 관한 정책, 법령 규제, 또는 판례법을 가지고 있다. 미국의 1988년 내부자 거래 및 사기 방지법(Insider Trading and Fraud Enforcement Act of 1988)에서는 정보교류차단벽을 내부자 거래와 부실표시(misrepresentation)의 방어책으로 인정한다. 유효한 정보교류차단벽은 영국의 규제제도인 규정집(rulebook)에서는 시장남용(market abuse)의 방지책으로 규정되어 있으며, 이해상충 대책의 방법으로 인정되고 있다. 또 다른 예로 홍콩의 Securities and Future Ordinance 2003 제273조가 있다.

정보교류차단벽의 효율성은 주어진 상황에 따라 다르다고 할 수 있다.

Jefri 왕자 Bolkiah v KPMG [1999] 1 All ER. 517, HL 판례. Jefri Bolkiah 왕자는 브루나이 술탄(Sultan)의 막내 동생이고, 최근까지 브루나이 투자청(Brunei Investment Agency)의 회장(chairman)이었다. 브루나이 투자청의 감사인은 KPMG이며, KPMG는 Jefri 왕자의 활동에 깊이 관여했으며, 여기에는 브루나이 투자청에서 Jefri 왕자의 회사로 자금을 이전하는 것도 포함되어 있었다. KPMG는 대규모 소송에서 Jefri 왕자의 회사의 대리

인을 맡고 있었다. 브루나이 투자청의 자금 부정사용 혐의 이후 Jefri 왕자는 브루나이 투자청 의장직에서 해임되었고, 브루나이 정부는 브루나이 투자청의 활동을 조사하기 위한 테스크포스팀(task force)을 임명했으며, KPMG는 태스크포스팀이 자금 이동을 조사하는 것을 지원하도록 의뢰받았다. KPMG는 Jefri 왕자와 상의 없이 이 지시를 받아들였고, Jefri 왕자의 기밀정보를 지키기 위해서 사내에 정보교류차단벽을 설치했다. 이 조사는 Jefri 왕자에 대한 민사, 형사 소송으로 이어질 가능성이 있었다. Jefri 왕자는 KPMG의 업무중지명령을 신청했다. *판결*: KPMG는 해당 업무 수행을 중지하라는 명령을 내렸다. KPMG가 Jefri 왕자의 회사와 브루나이 투자청의 대리인을 하고 있을 때 얻은 정보는 기밀정보다. 여기에는 KPMG의 파트너, 스탭의 대부분이 종사하고 있었으며, 지금도 변함 없다. 이 사실을 바탕으로 대법원(House of Lords)은 KPMG가 제안하는 조치나 확약이 기밀정보가 지켜지기 위해서 만족할 만한 것이 아니라고 판단했다. 정보교류차단벽을 통한 정보 차단은 가능하지만, 이 경우에는 충분히 효과적이지 않았다.

Marks & Spencer v Freshfileds [2004] EWCA Civ 판례의 경우, 로펌인 Freshfields 는 Marks & Spencer社의 특정한 계약의 협상 대리인이 되어 있던 중에 동시에 Marks & Spencer社에 대한 입찰자의 대리인을 하게 되었다. Freshfileds는 Marks & Spencer 社의 비밀정보(confidential information) 보호를 위한 적절한 조치를 해 두었다. *판결*: 적절한 조치가 취해졌다고 확신하는 것은 불가능하다. 특히, 입찰 작업에 관련된 그 수많은 사람들에게 적절하게 비밀을 유지하도록 하는 것은 더욱 더 그렇다. 입찰 작업에 관련된 사무실이 기존의 주된 사무실과는 분리된 다른 곳으로 옮겼다는 것으로는 충분한 조치가 취해졌다고 할 수 없다.

22-33   그 후의 영국의 판례법은, 주로 법무법인 또는 회계법인의 합병에 대해 정보교류 차단벽(Chinese walls)의 유효성을 인정하고 있다. 예를 들어, *Young v Robson Rhodes* (1999) 3 ALL ER 524 판례(서로 소송의 상대방인 회계법인들끼리의 합병)가 있다.

정보교류차단벽이 인정되는 또 하나의 판례로 *Koch Shipping Inc v Richards Butler* [2002] 2 ALL ER (Comm.) 957 (CA) 판례가 있다.

Koch Shipping 판례에서는, 소송변호사가 중재에 종사하는 로펌에 합류했다. 그 변호 사는 예전에 일하던 로펌에서 지금 로펌이 진행하는 소송의 상대측 회사를 위해서 일한 적이 있다. *판결*: 해당 로펌은 계속 지금의 소송업무를 수행할 수 있다. 이 신임 변호사

는 해당 소송 담당자와 다른 층에서 근무하고 있고, 소송 담당자와 교류도 없으며, 관련 서류도 가지고 있지 않기 때문이다. 비밀정보 유출의 실제적 우려는 없다.

Kelly v Cooper [1992] 3 WLR 936 판례(Bermuda로부터의 상고에 관한 추밀원 판결)에서 두개의 인접한 부동산이 같은 중개업자에 의해 같은 매수인에게 판매되었다. 매수인은 하나의 큰 부동산을 원했던 Ross Perot(갑부 재산가인 미국 대통령 후보)이었다. 그는 하나의 부동산을 구입했고, 만약 두 번째 부동산의 주인이 이 사실을 알았더라면 보다 더 높은 가격에 판매하려 했을 것이다. 그러나 중개업자는 첫 번째 부동산 주인에 대한 비밀유지 의무가 있었기 때문에 두 번째 부동산 주인에게 이 사실을 말하지 않았다. 두 번째 부동산의 주인은 중개업자를 상대로, 같은 매수인이 두 부동산 모두에 관심이 있었다는 부동산 판매가에 실질적 요인을 알리지 않았다는 것을 이유로 信認의무(fiduciary duty) 위반이라며 소송을 제기했다. *판결*: 부동산 주인이 중개업자에게 부동산 판매를 요청함에 있어, 같은 유형의 다른 부동산 또는 상품 판매를 의뢰받아 자신의 지식에 기반하여 다른 당사자를 대행하는 중개업자에게 다음과 같은 조건을 포함하여 의뢰한 것으로 판단한다. ⓐ 대리인은 쌍방의 본인으로부터 입수한 정보를 비밀로 할 수 있다. ⓑ 대리인은 이해상충 가능성이 있더라도 경합하는 부동산 매도자를 대리할 수 있다는 것이다.

결국, 원고(claimant)는, 피고(defendants)가 다른 비교되는 부동산의 매도도 대행한다는 것을 잘 알고 있었고, 그렇게 함으로써 다른 매물들로부터 비밀정보(confidential information)를 얻게 될 것을 잘 알고 있기 때문에, 원고와 피고 간에 체결한 중개계약은, 피고가 다른 경쟁 매물을 중개하면서 얻게 되는 비밀정보를 원고에게 공개해야 한다는 조건을 포함한 것으로 볼 수 없다. 중개계약은 그와 같은 이해상충이 있을 수 있다는 것을 예상하는바, 피고가 두 번째 부동산 판매함에 있어 직접적인 재산상 이익을 얻었다는 것은 信認의무를 위배한 것으로 판단할 수 없다. 여기에는 정보교류차단벽이 없음을 주목하자.

정보교류차단벽(Chinese walls) **수립에 대한 실제적인 단계**　만족스러운 정보교류차단벽을 세우는 기술은 소위 말하는 구분이나 격리 등의 구조적 조치를 포함한다. 구조적 조치는 다른 관리자를 둔 별도의 법인, 다른 부서에 속해 있는 물리적 자료, 전자적 데이터 접근으로부터 직원들을 차단시키는 것, 관련이 있을 수 있는 부서들을 다른 건물에 두어 휴게실이나 다른 시설에서라도 만나는 것을 차단하는 것 등을 포함한다. 이해상충을 해결하기 위하여 임원급 준법감시인(senior compliance officers) 22-34

에게 보고하는 것, 은행 직원에 대해 적절한 가이드(guidance)나 훈련을 실시하는 것도 포함한다.

더 상세한 내용: LPIF 시리즈 제7권 제14장 및 제15장.

질문과 세미나 주제는, 제25장의 마지막 부분 참조.

제23장

투자설명서에 관한 규제

투자설명서(Prospectus)의 요건

도입(introduction)

금융자산은 설명을 통해서만 판매될 수 있다. 바나나, 자동차와 같이 단순히 보여주는 것만으로는 그 품질을 설명할 수 없다. 그렇기 때문에 금융상품에 있어서는 투자설명서가 중요하다.   23-01

이 장에서는, 주식이나 債券(bonds)과 같은 새로운 금융자산의 발행에 대한 투자설명서(prospectuses)를 다루고 있다. 이 장에서는 투자설명서(Prospectuses)라고 통칭할 것이다. 실제시장에서는 예를 들어 투자설명서(offering circular), 공모제안서(offering memorandum), 私募제안서(placement memorandum), 상장 세부사항(listing particulars), 주식공개매입 공시문서(offer documents) 등 다양한 다른 용어로 사용되기도 한다.

이 장에서는 또한 신디케이티드 은행대출(syndicated bank loans) 참여를 위한 공모제안서(offering memoranda)도 다루고 있다. 이러한 공모제안서는 일반적으로는 투자설명서 규제에 속해 있지는 않다.

투자설명서 관련법은 전면적 정보공개 원칙(principle of full disclosure)을 기반으로 하고 있다. 즉, 이 법의 유일한 목적은 투자자가 스스로 결정할 수 있도록, 충분한 정보 제공을 보장받을 수 있도록 하는 것이다. 규제기관은 투자의 장점(merits)에 대해 의견을 개진하지 않는다. 다만 미국의 주(州)법(US state law)에서는 이것이 가능한 경우도 있다. 법은 부실표시(misrepresentation) 또는 누락(omission)과 같은 규정준수 위반에 제재(sanctions)를 가함으로써 전면적 정보공개 정책(full disclosure policy)을 뒷받침한다.

정보공개(disclosure)의 목적(purposes)

23-02   증권의 발행을 위한 공모(公募) 투자설명서(public prospectuses)의 규제는 다음과 같은 두 가지의 목적이 있다.

- 적절한 상황에서의 전부 공시(full disclosure), 이는 민사 및 형사상의 엄격한 제재로 시행된다.

- 정보공개가 일반에게 공개될 것. 이것은, SEC에의 등록, 법인등기부(companies registry) 또는, 은행 심사위원(banking commissioner), 증권거래소의 통계서비스, 또는 신문 광고나 인터넷의 이용, 또는 이러한 것들의 조합(combination), 투자설명서 이외의 마케팅 자료의 제한(특히 미국에서 행해지고 있다) 등을 통해서 행해진다.

통상, 공모(公募) 투자설명서(public prospectuses)는 다음과 같은 특징이 있다.

- 지정된 정보를 게재하고 있어야 한다.

- 중요 정보는 모두 공시되어 있어야 한다.

- 오류(errors)에 대해서는 엄격한 배상책임을 발생시킨다.

- 발행인 이외의 자들의 배상책임을 발생시킨다. 예를 들어, 이사(director), 감사(auditor)와 다른 전문가들, 그리고 경우에 따라서는 인수인(underwriter) 또는 간사은행(arranging bank) 등.

- 많은 경우 규제기관의 심사나 조사를 받아야 한다.

투자설명서 등록의무 위반은 통상적으로 형사상 범죄행위다.

투자설명서 규제(prospectus regulation)에 대한 찬반론

공시가 필요하다는 것은 당연한 사실이다. 논의가 필요한 쟁점은, 어느 정도로   23-03
많은 정보를 공시해야 되는지, 규제기관은 어느 정도로 검사해야 하는지, 발행인 이
외의 자들에게도 법적 책임을 부과해야 되는지 이다. 전면적 정보공개(full disclosure)
의 규제요건 강화와 공모 투자설명서의 법적 책임 강화를 찬성하는 입장은 다음과
같다.

- 강력한 제재가 수반된 공시의 의무화는, 금융시장에서의 사기행위(fraud)를
  줄이고, 금융시장에 대한 공신력을 높이며, (혼자 스스로의 힘으로는 정보 비
  대칭(asymmetries of information)을 수정할 수 없는) 일반투자자(unsophisticated
  investors)를 보호함으로써, 발행인은 보다 넓은 범위에서 스스로의 성장(growth)
  을 위한 자본(capital)을 모을 수 있게 되고, 투자가는 보다 다양한 재산의 저장
  및 교환 수단이 가능해진다.

- 전면적 정보공개(full disclosure)를 할 때, 시장은 더 효율적이게 되는데, 이는 증
  권의 가격 결정이 더 정확해지고, 자본이 수익이 더 많이 나고 이전보다 생산
  적인 쪽으로 이동하기 때문이다.

- 정보공개(disclosure)는 일반적으로 도산으로 인한 개인 투자자와 금융시스템의
  손실을 줄여 줄 수 있다.

공모 투자설명서(public prospectuses)를 규제하는 국가의 직접적인 개입을 반대하는
입장은 다음과 같은 것들이 있다.

- 지나치게 상세한 공시 규정(disclosure codes)를 준수하기 위해서는 발행인의 비
  용과 규제기관의 유지비용이 많이 든다.

- 증권 발행의 지연, 특히 규제기관이 증권신고서(prospectus)[1]를 심사(reviews)할

---

1) 역자 주) 발행 공시제도는 투자자에게 교부되는 투자설명서와 투자자에게 제공되는 정보의 진실성을
확보하기 위한 증권신고서 제도로 구성된다. 증권신고서와 투자설명서는 내용은 같지만, 규제기관에
제출하는 것은 증권신고서이고, 투자자들에게 교부하는 것은 투자설명서. 자본시장과 금융투자업에
관한 법률 제123조 제2항은 "투자설명서에는 증권신고서에 기재된 내용과 다른 내용을 표시하거나

경우 발생하는 시장의 유동성 감소와 관공서의 불필요한 요식(red tape)에 의해 자본의 신속한 분배가 지연된다.

- 번거로운 공시 기준(disclosure standards)을 따르려면 비용이 들고, 새로운 비즈니스나 혁신을 실시하려는 동기를 해치고, 그것을 위한 신속한 자금 조달(capital raising)도 방해된다.

- 시장의 규칙(rules)은 시장이 스스로 정해야 한다. 만약 시장이 스스로 규제한다면, 정보를 충분히 공시하지 않은 발행인은, 더 위험하다고 여겨지는 그 발행인의 증권에 투자하는 투자자를 찾기 힘들어지고, 결국, 그 발행인의 자본비용(cost of capital)이 증가할 것이라고 주장할 수 있다. 따라서 시장은 발행인으로 하여금 더 높은 기준의 공시의무를 준수하게 할 것이다.

- 진술(statement)을 호도하는 부실표시(misrepresentation)나 정보의 누락(omissions)에 대해서는 계약법이나 불법행위(tort (delict))의 일반법에 의해 이미 엄격하게 규율되고 있으며, 이것에 근거해 발행인, 그 이사, 인수인(underwriter)이 배상 책임을 질 위험이 있으므로 시장의 실패는 저지되고 높은 공개 기준의 인센티브가 생기고 있다.

- 국가에 따라 다른 투자설명서 규제는 과도하게 복잡한 문제를 야기하고, 보호주의(protectionism)라는 비관세무역장벽(paper wall)에 의하여 국경의 단절을 초래한다. 즉, 규제를 통하여 외국 사업(foreign businesses)의 현지 예금 이용을 차단하기도 하고, 자본의 자유로운 이동을 막기도 한다.

실무상 위 견해 중 어떤 것도 절대적으로 적용되는 것은 없다. 오히려 이 분야에서의 규제는 일반투자자를 보호하기 위해 공모 발행(public issues)에 대해서는 강제적인 공시의무 및 엄격한 배상책임 기준을 채택하는 한편, 도매시장(wholesale market)에 대해서는 한 발 물러서서 공시의 정도는 시장 세력에 맡기고 배상책임에 있어서는 계약법, 불법행위법, 형법 등 일반법에 의하여 규율하고 있다.

인수인의 책임에 대한 논의는 단락 23-21 참조.

그 기재사항을 누락하여서는 아니 된다."라고 규정하고 있다.

투자설명서의 유형(types of prospectus)

투자설명서(prospectus)의 주요 분류는 다음의 거래 종류에 따라 분류된다. 23-04

- 신규 상장된 증권의 모집(offering) − 예를 들어, ① 신규 주식의 IPO(initial public offering), ② 債券(bond) 발행, ③ 정부의 국유기업(state−owned companies) 민영화와 같은 경우에 기존 주식의 대규모 매각, ④ 금융기관 등 전문투자자(sophisticated investors)에 대한 모집(offer)이나 사모(私募)(placing) 등이다. 지분증권(equity securities)의 경우, 채무증권과 달리 더 많은 정보가 필요한데 이는 지분증권이 더 위험하기 때문이다.

- 상장된 공모 뮤추얼펀드 또는 사모 헤지펀드(private hedge fund) 등 **집합투자기구**(collective investment scheme)**에의 참여 모집**(offering of participations) − 규제대상에 해당하는 개방형 펀드(open−ended scheme)를 위한 투자설명서(offering circular)는 전형적으로 정기적인 업데이트 작업이 필요한 실황 중계형(running commentary)이다.

- 이미 상장된 주식에 더불어 앞으로의 주식에 대한 **부수적인 모집**(ancillary offers) − 예를 들어, ① 기존 주주들에게 더 많은 증권을 주는 보너스(bonus)나 유상증자 시 신주의 주주배정 발행(rights offering),[2] ② 전환사채(debt securities)의 전환을 통한 주식 발행, ③ 주식에 대한 신주인수권(warrants)의 행사 등이다. 이 경우 더 적은 양의 정보를 필요로 하는데 그 이유는 주주들이 이미 주주로서의 역량을 통해 회사에 대한 정보에 접근할 수 있기 때문이다.

- **기업인수**(takeover) **또는** 회사의 모든 주식에 대한 **공개매수**(tender offer) − 23-05 이 유형에서는 예측(forecasts)이 보다 일반적이다.

- 대규모 매수나 처분(예를 들어 자본, 총자산(gross assets), 매출액(turnover) 또는 수익의 25%이상)에 대한 승인을 요구하기 위한 주주에 대한 **안내문**(circulars to shareholders), 또는 발행인과 주요 투자자 간의 거래와 같은 관련 단체의

---

2) 역자 주) 유상증자에 따른 발행이다. 주주는 그가 가진 주식 수에 따라서 신주의 배정을 받을 권리가 있다(상법 제418조 제1항). 신주 발행 시 기존 주주에게 지분 비율에 따라 신주인수권을 배정해야 한다. 기존 주주의 지분율이 희석되는 것을 방지하기 위한 장치다.

거래(독립당사자의 지위에(at arm's length) 있지 않을 위험 때문이다.)

- 합병과 기업**회생**(reorganisation)

- 채권자들의 결의와 법원의 승인을 받아야 하는 **법적 회생절차**(judicial insolvency reorganisation)를 위한 회생계획과 관련한 공시 문서와 설명자료

- **신디케이티드 대출**(syndicated bank credit)에의 참가를 개별적으로 모집하는 공모제안서(offering memorandum) — 투자적격의 차주(investment grade borrowers)에 대해서는 정보는 간략한 것으로, 대출에 관한 상세한 내용과 차주의 최신의 재무제표(financial statements) 등이다.

  주요 구분은 일반투자자에 대한 공모(offerings to the public) 투자설명서(prospectuses)와 전문투자자에 대한 사모(offerings to sophisticated investors) 투자설명서로 나뉘는데 (소매와 도매의 차이라고 할 수 있다), 일반투자자는 더 많은 보호를 필요로 한다는 이론 하에 구분된다.
  공모가 아닌 사모 투자설명서(private non−public prospectuses)의 예에는 다음과 같은 것들이 있다.

- 은행이 신디케이티드 여신(syndicated credit)에 참여하도록 초청하는 차주의 사모(私募) 제안서

- 전문투자자(sophisticated investors)에 대한 債券 발행

- 공모 뮤추얼펀드(집합투자기구(collective investment schemes))와 반대되는 사모(私募) 헤지펀드에 전문투자자를 유치하는 사모 투자제안서(private placement memorandum)

- 사모(私募) 금융(private equity financing)에 참여를 유도하는 사모 투자제안서(private placement memorandum) ─ 대부분 몇몇 기관들의 작은 집단에게만 주어진다.

- 투자를 유치하는 사모(私募) 투자제안서(private placement memorandum)는 규제되지 않은 헤지펀드다.

투자설명서의 형식(form of prospectus) 투자설명서는 다양한 문서로 구성될 수 있다. **23-06**
주요문서는 공시 투자설명서(disclosure prospectuses) 자체이지만 이는 주로 중요 계약서
(material contract), 인수합의서(underwriting agreement), 법적 의견서, 잠재적 투자자에게
제공할 순 없지만 특정 기관에 의한 조사를 위해선 제공될 수 있는 다른 문서와 함
께 제공된다. 또 투자설명서는 종종 그 요약본과 함께 제공된다.

일괄신고서(shelf registration)는[3] 투자설명서 등록 방식의 일종인데, 공시되는 정보
로 계속적으로 업데이트 되며, 그것은 그 뒤 계속 여러 차례 이루어지는 매매의 기
초 자료가 되지만, 그때마다 시간과 비용을 들여서 새로운 투자설명서에 대하여 규
제기관의 승인을 받지 않아도 된다. 그 목적은 발행기관으로 하여금 시장잠재력
(market opportunities)을 신속히 이용하고 필요할 때 자본을 모을 수 있게 하기 위한
것이다. 이 절차는 경험이 많고 이 업무를 자주하는 발행인을 통해 새로운 증권 발
행으로부터 발생하는 시간과 비용을 크게 절약할 수 있다. 일괄신고서(shelf
registration)는 미국(Rule 415)과 EU(투자설명서 지침(Prospectus Directive 2003))에서 가능
하다.

은행 대주단 구성(bank syndications)을 위한 정보제안서(information memoranda)는 보
통 어느 정도 비형식적인 문서다. 특히 경험이 많은 차주에게 그러하다.

투자설명서 규제요건(prospectus requirements)의 예외에 관한 개요

투자설명서 규제의 주된 목적은, 그 국가의 일반 공중에 대해 정해신 형식에 따 **23-07**
른 투자설명서로 증권의 마케팅을 하라는 것이지, 그 이외의 의미에서 증권의 마케
팅을 저해하려는 취지가 있는 것은 아니다. 따라서 규제제도는 예외를 포함한다.
전형적인 예외를 간단하게 요약하면 다음과 같다.

- **"증권"이 아닌 경우**(not a "security") ─ 일반적으로 투자설명서 규제는 자본
  시장에서 주로 거래되는 증권에 적용된다. 예를 들어, 주식, 債券(bond), 증권을

---

3) 역자 주) 자본시장과 금융투자업에 관한 법률 제119조 제2항은 「일정기간 동안 모집하거나 매출할
증권의 총액을 일괄하여 기재한 신고서(이하 "일괄신고서"라 한다)를 금융위원회에 제출하여 수리된
경우에는 그 기간 중에 그 증권을 모집하거나 매출할 때마다 제출하여야 하는 신고서를 따로 제출하
지 아니하고 그 증권을 모집하거나 매출할 수 있다. 이 경우 그 증권(집합투자증권 및 파생결합증권
중 대통령령으로 정하는 것을 제외한다)을 모집하거나 매출할 때마다 대통령령으로 정하는 일괄신고
와 관련된 서류(이하 "일괄신고추가서류"라 한다)를 제출하여야 한다.」 라고 규정하고 있다.

구입하기 위한 신주인수권(warrant)과 옵션 등이 이에 해당한다. 자본시장에서의 자유로운 거래 가능성에 강조점이 있기 때문에, 증권의 정의에는 통상의 은행예금, 재화나 서비스에 대한 상업금전채권(commercial debts)(환어음(bills of exchange) 포함), 은행 대출계약 그리고 수표(cheque) 등의 지불수단(payment instrument)은 제외된다. 세부적인 내용은 복잡하다. 단락 20－19 참조.

- **사모(私募)**(private offerings) － 사적으로 진행되는 특정인에 대한 모집(offerings)은 제외된다. 사모(private placement)의 적용 제외이다. EU의 투자설명서 지침(Prospectus[4] Directive 2003)에 의하면, 공모는 각 회원국에서 100명 이상에 대한 발행을 말한다. 홍콩에서는 50명이라는 것이 합의(consensus)이다. 일본은 "불특정다수"("many unspecified persons")라는 개념에 50명을 하한으로 하는데, 그 50명은 각각 특정되어야 한다. 스위스의 경우 10명이다. 미국은 매우 엄격한 규칙을 갖고 있어서 실질적으로 모든 사모(private places)는 전문투자자(sophisticated persons)를 대상으로 해야만 한다.

23-08
- **전문투자자**(sophisticated investors)**에 대한 모집**(offerings) － 전문투자자를 정의하는 데에는 다양한 방법이 있다. 예를 들어, ① 전문증권매매업자(professional dealers in securities) 또는 금융지식, 경험, 손실을 감당할 수 있는 능력에 대한 일반적인 기준들(tests), 또는 ② 특정 목록(예를 들면, 중개업자－매매업자(broker－ dealers), 생명보험회사, 공권력, 연기금(pension funds), 인가를 받은 은행, 뮤추얼투자펀드(mutual investment fund) 등)으로 구분할 수도 있다. 또는 ③ 거래 규모나 액면가(denomination)의 규모가 척도가 될 수도 있다. 대부분의 일반(ordinary) 투자자를 제외하기 위해서, 매수인이 얼마 이상을 지불하는 경우, 전문투자자(sophisticated)로 구분한다. 이는 매수인의 지식이나 은행잔고를 확인하는 다소 어려운 문제를 제거해 주고 확실하게 해 준다. 또 다른 방법은 높은 액면가의 증권을 제외하는 방법이다. 때때로 이 모든 기준이 사용되기도 하는데 이는 위 기준 중 어느 하나라도 만족시키는 투자자는 전문투자자로 구분한다.

규칙 144A는 미국 SEC가 "1933년 증권거래법"에 기초해서 발표한 규칙으로,

---

4) 역자 주) 원문에는 "Prospective"라고 인쇄되어 있는데, 이는 "Prospectus"의 오타인 것으로 보인다.

미국에서 (순자산(net worth) 기준이나 다양한 비슷한 상업적 기준을 충족하는) "자격을 갖춘 기관 매수인"(qualified institutional buyers)인 대형 미국 기관투자자 (US institutional investors)와 함께하는 적격 증권의 사모(私募)(private placement)는 증권법(Securities Act)이 규정한 등록요건을 면제해 주는 규칙이다. 자격을 갖춘 기관매수인(QIB: Qualified Institutional Buyers)들이 많이 있기 때문에, 이 규칙에서 발행은 사모(private placement)보다는 기관들에 대한 공모(public offer)이다.

- **정부, 지방자치단체**(municipals), **국제기구에 의한 모집**(offerings) − 세계은 행(World Bank)이 이에 해당한다.

- **기존 증권소지인**(security-holders)**에 대한 모집**(offerings) − **예를 들어, 주 주들에 대한 전환권**(conversions)**이나 유상증자 시 신주의 주주배정 발행** (rights issues to shareholders). 그들은 발행인에 의한 계속적인 공시 (disclosure)를 받고 있기 때문이다.

- **해외거래**(foreign transactions) − 이와 관련한 제외조건은 미국의 Reg S와 같이 매우 복잡할 수 있다. EU에는 투자설명서 지침(Prospectus Directive 2003)에 근거한 회원국 간 상호승인 시스템이 있다.

또한 종종 은행, 은행예금, 기업어음(commercial paper) 발행, 소규모 발행(small issues), 회생계획(insolvency reorganization plans)(법원이 회생계획과 공시 서류(disclosure document)를 승인하기 때문이다) 등을 위한 특별한 적용 제외(special exemptions)가 있다. 위의 적용 제외(exemptions)는, 일반적으로 신디케이티드 은행여신계약(syndicated bank credit agreements)에 참여를 위한 모집(offer)에도 적용된 것이다.

전매(re-sales) 이 규제는 처음에 면제받았던 발행(issues)의 전매(resale)를 다룬다. 23-09
예를 들어, 처음에 사모(私募)로 진행되었거나 전문투자자들(sophisticated investors)에 게만 발행되었던 증권이 전매 된 경우가 해당된다.
이 문제에는 두 가지의 기본적인 접근방법이 있다. 가장 제한적인 접근법은 면제 된 발행을 영원히 면제받은 채로 두는 것인데, 한 번 사모(私募)로 발행된 증권은 영원히 사모(私募)를 유지해야 하고, 한 번 전문투자자에게 발행된 증권은 계속해서 전문투자자에게만 전매될 수 있게 하는 것이다.

다른 접근법은 조금 더 자유로운 접근법으로서 증권을 1년 내지는 2년(미국의 경우 2년) 일정기간 동안 전매제한조치를 하는 것이다. 많은 경우 이러한 자유로운 방식은, 발행인이 어떠한 이유로 대중에게 정보를 제공하고 있다는 사실이 조건인데, 그것은 발행인이 이미 증권거래소에 상장되어 있거나, 또는 어떠한 경우에도 투자자에게 광범위한 회사의 정보를 제공하는 것이 요구되는 공개회사(public company)이기 때문이다.

예외(exemptions)에 대한 더 상세한 내용: LPIF 시리즈 제7권 단락 17－29.

투자설명서에 관한 배상책임: 부실표시(misrepresentation)와 공시불이행(non-disclosure)

法源(sources of law)

23-10   거짓말(lies)에 대한 법률은 모세와 불붙은 떨기나무(Moses and the burning bush)[5] 이후로 다소 복잡해지고 있다.

이와 관련된 법은 종종 다음과 같이 다양한 층을 이루고 있다.

- 증권에 국한되지 않는 판례법(common law)이나 성문법(statute)에서의 전통적이고 일반적인 형사상 **사기**(fraud)

- 증권에 국한되지 않는 판례법(common law)이나 성문법(statute)에서의 계약법이

---

5) 역자 주) 구약성경 출애굽기 3장에 나오는 내용이다. 출애굽기 3장에는 신과 인간이 불붙은 떨기나무에서 만나는 장면이 나온다. 이집트를 탈출한 뒤 모세는 황야에서 장인의 양들을 돌보고 있었다. 호렙 산(시나이 산이라고도 불린다)에서 모세는 불에 타고 있으면서도 아직 재가 되지 않은 떨기나무를 보았다. 신은 그 떨기나무 속에서 모세에게 거룩한 땅이니 신을 벗으라고 명했다. 또 히브리 노예들이 이집트에서 억압을 받고 있으니 가서 그들을 해방시켜 가나안 땅으로 데려오라고 말했다. 모세가 신에게 이름을 묻자 신은 "나는 네 조상의 하나님이니 아브라함의 하나님, 이삭의 하나님, 야곱의 하나님이니라"고 대답했다. 모세의 마음속에서 번지는 일말의 의혹조차 씻어주려고 신은 그에게 지팡이를 땅에 던지라고 말했다. 지팡이는 뱀으로 변했다가 다시 지팡이로 되돌아왔다. 모세는 자기가 대변인이나 지도자가 될 자격이 없다며 사양했으나, 신은 모세에게 무엇을 말할지 가르쳐주겠다면서 그의 형 아론을 대변인으로 삼게 해주겠다고 안심시켰다. J. 스티븐 랭 저, 남경태 역, 『바이블 키워드』(원제: Everyday Biblical Literary), 도서출판 들녘, 2007년, '불붙은 떨기나무(burning bush)' 설명 부분.

나 불법행위법에 근거하는 과실(negligent)이나 의도하지 않은 부실표시(innocent misrepresentation)에 대한 **민사상 책임**(civil liability)을 다루는 전통적이고 일반적인 원칙

• 규제 대상 투자설명서가 관련되어 있는지 여부와 관계없이, 증권과 관련하여 **형사상 사기**(criminal frauds) 또는 부실표시(misrepresentation)에 대한 **민사상 책임**(civil liability)과 관련된 특별법(specific statute)

• 법규(statute) 또는 상장규정(codes)에 규정된 공시사항을 포함해야 하는 **규제 대상 투자설명서**(regulated prospectuses)의 부실표시(misrepresentation)와 관련된 특별법(specific laws)

규제 대상 투자설명서(regulated prospectuses)에 관한 강화된 배상책임(enhanced liability) 요약

증권에 관한 특별법에 근거하여, *규제 대상* 투자설명서(*regulated* prospectus)에 관한 공시제도(disclosure)와 배상책임이 강화되고 있다. 이러한 투자설명서는 일반투자자(public)에 대한 발행에 관한 것이고, 도매(wholesale)나 전문투자자에 대한 것은 제외된다. 그러나 많은 경우 일반법은 충분히 엄격해서, 증권에 관한 특별법(statutes)은 기존의 규칙(rules)을 더욱 정교하게 성문화(codification)하는 것으로 되어 있다.   23-11

여러 차이가 있지만 규제 대상 투사설명서에 관한 성문법 규칙(statutory rules)은 통상 다음과 같은 사항을 규정하고 있다.

• 투자설명서는 반드시 **지정된**(prescribed) 정보를 포함해야 한다. 이것은 아주 중요하게 간주된다. 일반적으로 이 정보는 어떤 상황에서든 제공받을 것으로 기대되는 것들이다.

• 일반 의무로서 모든 중요한 사실(material facts)에 대해서 **전면적 정보공개**(full disclosure)를 해야 할 책임이 있다. (이는 보험 신청과 같다.) 이것은 결국 일반법의 실제 효과인지도 모르지만, 진실을 반만 말하는 것은 거짓말을 하는 것과 같다는 원칙이 적용되게 된다.

23-12
- 명확한 실사 **의무**(duty of due diligence)가 있다. 즉, 이는 합리적인 심사를 해야 한다는 적극적인 의무를 말한다. 과실(negligence)에 관한 일반법과 비교해서 크게 다르지 않다.

- 실사(due diligence) / 선의(no knowledge)에 대한 **입증책임**(onus of proof)은 부실표시(misrepresentation)를 한 혐의가 있는 사람에게 전환될 수 있다. 이것은 아마도 실무적으로는 아주 중요하지는 않다.

- 발행인에게는 인식 여부와 관계없이 **무과실책임**(absolute liability)이 부과되는 경우가 있다. 일반법에서는 부실표시(misrepresentation)가 계약서에 기재된 경우에만 배상책임을 지고, 그렇지 않다면 배상책임의 기준은 과실(negligence)의 경우에만 국한되는 것과 비교된다.

- **계약에 의한 적용배제**(contracting-out)가 금지될 수 있다. 일반법에 의거하여 법원은 면책조항(exculpation clauses)에 대해 저항감이 있기 때문에, 대부분의 경우에 계약에 의한 적용배제(contracting-out)는 제한(limit)된다. 증권관련 법규(securities regime)에서는 일반적으로 계약에 의한 적용배제를 절대 금지(prohibition)한다. 특히 관리자(managers)나 인수인(underwriter)에게는 계약에 의한 적용배제(contracting-out)의 제한에 있어서는 큰 차이가 있다.

23-13
- 배상책임은 **발행인이 아닌 개인**(persons other than the issuer)에게도 확대 적용 된다. 예를 들어 이사, 관리 인수인(managing underwriter), 공동경영자, 감사(auditor), 변호사 등의 전문가, 그리고 (경우에 따라 미국과 같이) 지배주주(controlling shareholders)가 이에 해당될 수 있다. 범죄의 방조자(aiders)와 교사자(abettors), 불법행위에서의 주의의무(duties of care), 대리인의 信認의무(fiduciary duty)에 관련된 일반적인 법(ordinary law)과 비교해 보자. 범죄의 경우를 제외하고는, 일반법에 따른다면 배상책임이 미치는 범위가 제한되어 있기 때문에, 이러한 확대 적용의 차이는 큰 것이다.

- 어떤 경우에는 투자자가 **신뢰한 사실**(reliance) 또는 권유받은 사실(inducement)을 투자자 측이 증명할 필요가 없을 수 있다. 예를 들어, 만약 투자자가 투자설명서를 읽지 않았다고 하더라도, 그러한 사실의 증명은 요구되지 않는다. 일반적인 부실표시(misrepresentation)에 관한 소송에서는 그 부실표시를 신뢰했다는

것의 증명이 필요하다.

- **투자자에 대한 직접적인 책임**(direct liability to investors) — 특별법(statute)에 의한 많은 경우에, 투자자는 발행인(issuer)이나 인수인(underwriter)에게 동일한 직접적인 권리를 가지게 된다. 이것은 투자자가 발행인이나 인수인으로부터 직접 샀는지, 또는 유통시장의 다른 곳에서 샀는지 여부와 상관없다. 투자자는 계약관계를 밝힐 필요가 없으며, 이는 투자자가 투자설명서에 대한 책임을 갖고 있는 사람으로부터 직접 매수했다는 의미를 가진다. 투자자는 불법행위의 "인과관계" 원칙("proximity" tort doctrines)에 따르지 않아도 된다. 예를 들어, 대표주관사(lead manager)가 투자자에 대하여 주의의무(duty of care)를 부담하는 것을 입증할 필요가 없다. 이러한 직접적인 책임에 의하여, 투자자의 소송이 상당히 용이하게 되는 것이 보통이다.

- **기한 경과로 인한 권리의 상실**(limitation periods) — 특별법(statute)은 보통 투자자의 청구권(claims)에 제척기간(limitation periods)을 규정하고 있다. 이 기간은 많은 경우 상당히 짧다.

다음의 사항은 대다수의 경우에 모든 투자설명서에 적용된다.

- **사기**(fraud)와 **부실표시**(misrepresentation)에 관한 일반법 — 아래 내용 참조.

- **집단소송**(class action) — 집단소송은 호주, 캐나다, 미국 등의 국가에서 가능하다. 집단소송은 통상 일반법에 의해 제기됐는지 특별법에 의해 제기됐는지에 상관없이 진행된다.

- **관할권**(jurisdiction)은 많은 경우에 넓게 인정된다. 예를 들어, 투자설명서의 발행지, 투자자가 부실표시(misrepresentation)를 받은 장소, 이를 근거로 행동한 장소 등이다. 제32장 참조.

누가 투자설명서(prospectus)에 대해 법적 책임을 지는가?

후보자 목록(menu)　투자설명서가 부정확할 때 법적 책임을 지게 되는 주요 후보는 다음과 같다.

23-14

- 증권의 발행인

- 발행인의 이사로서 상임이사 또는 비상임이사를 모두 포함한다.

- 감사, 감정인, 변호사 등의 전문가

- 인수인(underwriter), 주선인(arranger), 경영인, 상장 스폰서(listing sponsors), 그리고 그 외 발행에 관여한 사람들

- 증권의 매도인. 예를 들어, 증권을 매수인에게 판매한 인수인(underwriter) 또는 유통시장에서 매각하는 자 등이다. 통상의 계약법이 적용된다.

23-15   **연대책임**(joint and several)**과 그 기준**(sliding scale)   법적 책임은, 위험부담이 주로 연대책임의 형태를 취해, 가장 재정적으로 형편이 좋은 자(biggest pocket)에게 위험을 부담하도록 한다. 이는 주로 인수인(underwriter)이 해당된다. 책임을 부담하는 자는, 통상 다른 연대채무자에게 그의 책임에 상응하는 부담 부분에 대해 구상권(right of contribution)을 갖는다. 미국의 경우, 1995년의 민간증권관련소송개혁법(Private Securities Litigation Reform Act)을 통해 사기 이외의 경우에 어느 정도의 비례적 법적 책임을 부과하게 되었다.

법적 책임은 대부분의 경우 전문성, 개입의 정도, 지위에 따라 차등을 둔다. 따라서 미국에서는 상임이사(executive directors)가 사실에 대한 접근 용이성이 있다는 이유로, 비상임이사(non-executive directors)에 비해 더 엄격한 기준으로 책임이 판단된다.

23-16   **발행인의 책임**(issuer liability)   부실표시(misrepresentation)를 한 발행인은 항상 법적 책임이 있다. 많은 경우에 그 책임은 엄격한 것으로, 고의 유무에 관계되지 않는다. 미국 1933년 증권법(Securities Act of 1933) 제11조, *Mair v Rio Grande Rubber Estates* [1913] AC 853, HL 판례, *Herman & MacLean v Huddleston*, 459 US 375 (1983) 판례 참조. 발행인에 대한 청구는 발행인이 지급불능인 경우에는 무의미하다.

23-17   **이사의 책임**(director liability)   발행인의 이사는 불법행위에 참여했거나 또는 예를 들어 상장규정(codes)하에 분명한 책임이 있는 경우, (투자설명서 규제가 아닌) **일반법**에 의해 법적 책임을 진다. 수많은 영국의 판례들이 위법행위를 직접 지시하거나,

그 행위에 참여한 회사의 이사에 대해 위법행위에 대한 법적 책임을 인정했다. 그러나 증권규제와는 대조적으로, 불법행위와 관련이 없는 이사가 책임을 추궁 당하지는 않는다. 법적 책임의 부과는, 법인격의 장막(veil of incorporation)[6]을 없애는 것이고, 우수한 인재들이 이사직을 맡는 것을 꺼리게 할 수 있다. 개인에 대한 이러한 청구(claim)는 통상 별로 실제적인 의미가 없다(보험금이 고액인 것은 드물다).

규제 대상 투자설명서(*regulated* prospectus)의 경우, 이사는 배상책임을 질(liable) 가능성이 있다. 이는 미국 1933년 증권법(Securities Act of 1933) 제11조와 EU투자설명서지침(EU Prospectus Directive) 제6조에 근거한 것이다. 영국 FSA[7] 상장규정은 주식(債券(bonds), 전환사채, 교환사채 제외)의 공모(public offers) 시, 증권거래소는 일반적으로 이사에게 책임을 지는 취지의 성명서(responsibility statement)를 요구한다.

전문가(experts)　투자설명서의 진술에 근거가 되거나 진술이 투자설명서에 포함되　23-18
기를 동의한 모든 이들, 즉 감사(auditors), 변호사 등 전문가들은 모두 일반법에 따라 법적 책임을 지게 된다. 이들은 근접성("proximity") 기준에 따라 구분된다. 인수인(underwriter)에 대한 법적 책임은 보통 컴포트 레터(comfort letters)[8]에 따른다.

규제대상 투자설명서의 경우, 전문가(experts)는 미국 1933년 증권법(Securities Act of 1933) 제11조에 따라 자신의 보고서에 대한 법적 책임을 진다. 2003년 EU 투자설명서 지침(EU Prospectus Directive 2003)은 전문가에 대해 특별히 언급하지 않은 채 이 문제를 각 회원국의 국내법에 맡긴다.

---

6) 역자 주) 법인인 회사는 자연인인 개인과 독립된 별개의 법인격으로서, 회사의 채무에 대하여 자연인인 대표 개인이, 보증을 서지 않은 한, 책임지지 않는다는 의미이다.

7) 역자 주) 영국은 2013년 4월 통합형 감독기구인 금융감독청(FSA)을 해체하고, 건전성감독원(Prudential Regulation Authority, "PRA")와 영업행위감독원(Financial Conduct Authority, "FCA")으로 분리했다. PRA는 영국의 중앙은행인 영란은행(Bank of England)의 산하 기관으로 편입되어, 대형은행, 투자은행, 보험사 관련 미시 건전성 감독 기능을 담당한다. 아울러 영란은행 내에 거시 건전성을 담당하는 금융정책위원회(Financial Policy Committee)도 설치했다. FCA는 독립기구로 존속하면서, 브로커, 헤지펀드, 자산운용사 등 금융기관에 대하여 소비자보호 및 영업행위 규제감독을 총괄한다. 또한 은행들 간의 담합이나 범죄행위 등 시장경쟁 또는 공정거래와 관련된 감독업무도 담당한다. PRA와 FCA는 위원회 구성원 일부가 중복되어 상호 의견 교환이 원활하다.

8) 역자 주) 회사의 재정상태 또는 재정적 뒷받침이 튼튼하다는 것을 확인해 주기 위하여 공인회계사가 발행하는 비공식 보고서이다.

관리은행(managing banks)과 공동관리자(co-managers)의 부실표시 (misrepresentation)에 대한 책임

23-19 **일반적 원칙**(general principles)　실무상 부실표시(misrepresentation)에 관한 소송은 차주나 발행인이 파산절차(liquidation)에 들어가 있는 경우나 자금난인 경우(이 때문에 부실표시(misrepresentation)가 판명된 경우)에만 제기되는 경향이 있으며 따라서 차주나 발행인 이외의 자를 상대로 청구소송(claim)이 제기된다. 왜냐하면 발행인 자체에 자금이 없고 다른 주머니를 찾아야 하기 때문이다. 소위 빅 포켓 책임(big pocket liability)에 대한 태도는 法域에 따라 크게 다르다. 주선인(arrangers)에게 법적 책임을 부과하려는 국가에서는 실질적으로 주선인에게 차주에 대한 감시의무와 규율 의무를 부과하는 것과 같다고 할 수 있다.

일반적으로 신디케이티드 대출에 참여하기 위해 정보를 퍼뜨리는 데 관여하는 자들은 차주, 간사은행(arranging banks), 경우에 따라 공동간사은행(co-arrangers)이다. 증권(securities)의 발행에 있어서는 대표주선인(lead arranger)이 투자설명서(offering circular)의 준비에 깊게 관련된다.

어느 경우든 공동주선인(co-arrangers)은 투자정보안내서(information memorandum)나 투자설명서(offering circular)의 준비에 깊게 관여하지 않고, 대표주선인(lead arranger)과 차주나 발행인에게 맡긴다. 그러나 공동주선인은 보통 정보와 관련된 것으로 간주되며(이름이 표지에 적혀 있을 수 있다), 그들의 이름이 참여은행 후보나 인수인(underwriter) 후보에게 보내는 투자권유(invitations)에 나온다.

23-20 대주단 구성(syndication) 또는 債券 발행(bond issue)을 위한 정보안내서(information circular) 기재에 대하여는 차주(borrower)가 우선적으로 법적 책임을 진다. 이는 차주의 문서이며, 대표주선인(lead arranger)은 그 작성에 있어서 차주를 보조하는 입장이다. 대표은행(lead bank)으로부터 독자적으로 정보가 나오는 경우는 거의 없다.

신디케이티드 대출(syndicated loans)과 증권(securities)의 발행의 두 가지 경우 모두, 대출계약서(loan agreement) 또는 (증권의 발행에 대해서는) 인수계약서(subscription agreement)의 정보의 정확성에 대하여, 주선인(arranger)은 차주나 발행인으로부터 구체적인 진술보장(representation)을 받는 것이 통상의 실무다. 이러한 보장(warranties)은 차주나 발행인이 도산할 경우에는 무의미하다.

규제 대상 투자설명서에 대한 인수인(underwriter)**의 책임에 관한 정책** *규제 대상 증권* 23-21
의 발행(*regulated* securities issues)에 대한 인수인(underwriter)의 법적 책임에 대한 정책
들은 도의적 공정성(ethical fairness)과 효율성(efficiency)의 혼합이다. (기능적 도덕 중립적
경제(functional morally－neuter economics))

인수인(underwriter)이 책임져야 한다는 데에 찬성하는 입장은 다음과 같다.

- 간판이론(holding out). (그들의 이름은 유명하다)

- 관여(involvement)("방조, 교사"("aiding and abetting")) － 인수인은 전문가로서 투
  자설명서 작성에 관여하고, 그것을 배포한다.

- 게이트 키퍼(gate keeper), 즉 인센티브를 가지고 있는 외부의 감시자, 조사자가
  필요하다.

- 인수인은 자원과 전문성, 경험이 있다.

- 인수인은 발행인에 대한 정보에 접근할 수 있다.

- 인수인은 발행인이 법령을 준수하게 할 힘이 있다.

- 인수인은 발행인에게 보상(indemnities)을 받을 수 있다(그러나 이것은 의미가
  없는 것이 보통이다).

- 배상책임은 자본시장으로 하여금 신뢰를 갖게 하고, 자본에 대한 접근성과 자
  본의 분배를 개선시킨다. 적절한 자본배분에는 가격투명성과 정확성, 거래의
  유동성, 정보의 공평성이 필요하다.

인수인(underwriter)에게 법적 책임이 부여될 때 생기는 단점(disadvantages)은 다음과
같다.

- 인수인 자신이 부실표시(misrepresentation)를 한 것이 아니었다.

- 인수인은 수익(proceeds)을 얻지 못하며, 인수인의 수수료는 그 위험을 커버할
  수 있을 만큼 크지 않다.

- 법적 책임이 잠재적으로 매우 커질 가능성이 있고, 이는 균형에도 맞지 않을 수 있다. 2000년대 초반 미국의 WorldCom 도산(bankruptcy) 사태에서, 인수인(underwriter)은 화해를 위해서 60억 달러가 넘는 금액이 들었다.

- 주요 인수인(major underwriter)의 도산(collapse)은 은행시스템에 위협이 될 수 있다(그러나 투자은행 자체는 보통 시스템과의 관련성이 적다).

23-22
- 주요 인수인(major underwriter)의 도산(collapse)은 그 투자은행의 채권자에게 불공평한 손해를 입힐 수 있다. 특히 미국에서는 배상액이 고액으로 높기 때문에 이것이 현저하다(대규모 불법행위 소송으로 회사가 도산(bankruptcy)하는 경우가 종종 있다).

- 뒤늦은 깨달음(hindsight)에 비난하는 것은 불공평하다.

- 그 위험은 증권 발행의 지연을 초래한다.

- 그 위험성으로 인하여 발행 비용이 상승하고, 익숙한 대형 발행인보다 새로운 발행인에 대해 불리하게 작용한다.

- 위험에 대하여 보험이 효과가 없다(not insurable).

- 배상책임은 결국 재분배된다. (재분배되어야 할 것은 세금뿐이고 그나마 민주적 의결을 거친다.)

- 특히 미국에서 균형이 맞지 않고 비이성적인 소송의 위험이 있다(집단소송(class action), 포퓰리즘 배심원(populist juries), 변호사의 성공보수, 거액의 손해배상액, 부담스러운 디스커버리 제도(fishing expedition discovery), 재판 전 사기혐의 보도로 인해 평판이 나빠지는 점, 승자는 소송비용을 부담하지 않는 점, 예견 불확실성).

- 시장 실패가 지나치게 강조될 수 있다. 일반법(ordinary law)에 근거한 배상 책임(사기에 대한 엄격한 책임 기준)과 세평이 나빠질 리스크에 의해 균형 잡힌 법령 준수의 인센티브가 충분히 발생한다.

궁극적인 정책의 선택에 있어서는 각 法域이 서로 다른 입장을 가지고 있다.

규제 및 비규제 대상 투자설명서에 대한 인수인 책임(underwriter liability)**의 일반적인 규**   23-23
칙   국제적으로 볼 때, 최소한 이하의 네 가지 경우에는 주선인(arrangers)과 인수인
(underwriters)에게 투자설명서에 관해 배상책임을 묻는 것 같다. 이러한 경우 사업설
명서가 규제 대상인지 아닌지는 관계가 없다.

- **매도인으로서의 책임**(liability as seller) － 인수인(underwriter)이 발행인으로부터
  증권을 인수하여, 그것을 시장에서 매도했을 경우, 인수인은 매매계약에 근거
  하여 직접적인 상대방인 매수자(direct purchaser)에 대해서 책임을 진다. 따라서
  투자설명서에 의해서 계약의 권유를 했을 경우나, 투자설명서의 내용이 계약서
  에서 보장(warranted)되고 있었을 경우는, 매도인은 통상의 계약법 원칙에 근거
  하여 배상책임을 진다. 투자설명서의 내용이 계약의 일부가 되었는지에 대해서
  사실관계의 상세한 검토가 필요하다.

- **사기에 대한 책임**(liability for fraud) － 만약, 발행인이 부실한 투자설명서를 준   23-24
  비하는 데 직접적으로 참여했거나, 부정확하게 또는 부주의하게 작성된 것을
  알았다면, 이것은 일반적으로 민사상, 형사상 사기에 대한 책임이 있다. 미국
  연방대법원은, *Central Bank of Denver NA v First Interstate Bank of Denver
  NA,* 511 US 164 (1994) 판례에서 법원은 사기에 대한 Rule10b－5에 기초한 방
  조(aiding), 교사(abetting)의 책임 또는 2차 배상책임(secondary liability)을 인정하지
  않았다. 주된 책임(primary liability)을 묻기 위해서는, 당사자는 허위 진술
  (misstatements)에 밀접하게 관계되어 있지 않으면 안 되며, 거래나 자문의 당사
  자인 것만으로는 부족하다.

  > *Central Bank of Dever* 판례에서 Central Bank는 부동산 담보 債券(bonds
  > secured on property)의 신탁증서 수탁자(indenture trustee)였다. 債券에서 그 부동산
  > 의 평가액은 債券 액면가의 160%여야 했다. 발행인이 채무상환 불이행 상태가 되
  > 었고, 투자자는 부동산 가치평가 오류였다고 주장했다. *판결:* 수탁자는 Rule
  > 10b－5에 근거하는 책임을 지지 않는다. Rule 10b－5는 실제로 허위 진술
  > (misstatements)을 직접 하지는 않고 단지 일정한 지원을 한 것에 대해 책임을 부과하
  > 는 취지는 아니다.

23-25　• **자신의 허위 진술에 대한 책임**(liability for its own misstatement) — 만약 인수인(underwriter)이나 주선인(arranger)이 직접 투자자에게 허위 진술(misstatements)을 한 경우, 예를 들어, 설명회에서 또는 판매 과정 중에, 허위 진술을 들은 투자자에게 책임 질 의무가 있다. 이러한 법리는 간사은행(arranging bank)이 신디케이티드 은행 후보들에게 차관에 참여하도록 권유하는 과정에서 생긴 영국의 판례가 잘 보여주고 있다.

　　The Sumitomo bank, Ltd v Banque Bruxelles Lambert SA (1997) 1 Lloyd's Rep 487 판례에서는, 간사은행이 참가은행에게 대출에 유효한 신용보험이 붙어 있기 때문에 보험회사에게 모든 재무정보가 공개되고 있다고 했다. 이 때문에 간사은행이 배상책임을 지게 되었다. 대출계약서의 면책조항은 대리은행에게만 적용되고, 간사은행을 대상으로 하지 않았다.

　　Nat West Austraila Bank Ltd v Tricontinental corporation Ltd (1993) ATPR (Digest) 46-109 판례에서 빅토리아의 대법원은, 대주단모집안내서(information memorandum)에서 차주가 발행한 지불보증장의 존재를 개시하지 않았기 때문에 간사은행이 배상책임을 진다고 판결했다. 차주의 최신의 재무제표에서는 이러한 우발채무(contingent liabilities)에 대한 정보가 개시되어 있지 않았다. 그리고 차주는 관리절차(receivership)에 들어갔다. 참여은행은 우발채무의 유무에 대해 분명히 문의를 했으며, 또한 간사은행 자신이 일부 보증의 수익자였다.

　　IFE Fund SA v Goldman Sachs (2007) EWHC Civ 811, CA 판례와 비교해 보자. Goldman Sachs는 어떤 회사가 또 다른 회사를 인수하는 것에 신디케이티드 신용대출 제공(provision of a syndicated credit facility)에 있어 주선인 역할을 하고 있었다. IFE는 참가자(participant)다. Goldman은 해당일에 준비된, 감사보고서가 첨부된, 대주단모집안내서를 IFE에 보냈다. 이 대주단모집안내서에는, 이를 통해 제공되는 정보에 관련된 표준 권리포기 각서가 포함되어 있었으며, 그 대주단모집안내서에는, 개별적으로 증명된 것이 아니며, 정보의 정확성에 대하여 Goldman이 진술(representation)한 것이 아니며, 정보가 최신으로 업데이트 되었다고 전제해도 안 된다고 기록되어 있었다. 인수 완료 직후, 인수대상회사의 재무상태가 회계감사보고서에 기재된 것보다 매우 좋지 않았던 것이 밝혀졌다. 회계사는 충분한 정보를 받을 수 없었다는 우려가 있다는 표현을 했었다. *판결*: Goldman은 책임이 없다. 대주단모집안내서에는 주의의무나 업데이트 의무가 배제되어 있다고 명확하게 규정되어

있었다. Goldman의 행위에 어떠한 부정이 있다고(behaved dishonestly) 하는 주장은
없었다.

- **명시적인 진술기재에 관한 책임**(liability for express responsibility statement)   23-26
  (상장 스폰서(listing sponsors)**)** – 만약, 명시적으로 책임을 지겠다고 밝힌
  인수인(underwriter)은 그 말대로 배상책임을 진다. 이것은 상장 스폰서(listing
  sponsor)로서 책임을 분명히 밝히지 않으면 안 되는 경우에 발생하는 경우가
  있다.

  영국에서 FSA의 상장 규칙에 따르면, 신규로 증권을 상장(initial public listing)하
  려고 하는 발행인(issuer)은 독립적인 스폰서(independent sponsor)(지정자문인
  (nominated advisor) 즉, "nomad"[9])를 지정할 것을 요구하고 있다. 보통의 경우 주
  (主)인수인인 투자은행(lead underwriting investment bank)이다. 지명된 자문기관
  (nomad)은 투자설명서의 정확성에 대해서 직접적인 책임을 지지는 않는다. 단
  지 발행인과 그 이사들이 자신의 의무에 대하여 확실히 인식하고 있다는 것에
  대하여 책임을 질뿐이다. 이 책임은 상장 당국(listing authority)에 대한 책임이지
  투자자에 대한 책임이 아니다.

규제대상 투자설명서에 대한 인수인의 과실 책임(negligence on liability on underwriters)   23-27
규제법이 *규제 대상* 투자설명서(*regulated* prospectus)에 관한 인수인(underwriters) 또는
주선인(arrangers)의 과실책임을 규정하는 경우가 있다.

미국 1933년 증권법(Securities Act of 1933) 제11조는 인수인의 과실책임을 규정하고
있다. 인수인은 인수된 주식의 공모가격에 대해서만 책임이 있다.

미국 증권법 제11조에 관한 선도적인 판결로 유명한 *Escott v BarChris
Construction Corp,* 283 F. Supp. 643 (SDNY 1968) 판례가 있다.

BarChris는 볼링센터의 건설, 설비, 판매에 관련된 작은 회사였다. 1962년에 30만 달
러 가치의 5.25% 후순위 무보증 전환사채(convertible subordinated debenture)의 발행을 위
한 증권신고를 하였다. 채권자는 증권법 제11조에 근거하여, 책임자, 회계사, 인수인 그
룹 세 그룹의 피고를 상대로 소송을 제기했다. 주장된 부실표시(misrepresentations)는, 회

---

9) 역자 주) nominate advisor의 줄임말.

계장부상 오류, 임원들에 대한 대출(officers loans) 사실에 대한 미공개, 증권신고서 (registration statement)상에 밝혀지지 않은 자금의 사용, 밝히지 않았던 추가적인 사업활동에 대한 것이었다. 원고는, 투자설명서의 내용에 따르면 볼링산업과 BarChris가 재무건전성이 양호한 상태였다는 인상을 주었는데, 사실은 파탄 직전이었다고 주장했다. *판결*: 허위 진술(misstatements)은 중요한 것이었다. 상당한 주의(due diligence)를 하지 않은 데 대하여 모든 피고에게 제11조의 책임이 있다.

법원은 다음과 같이 판시했다.

- 중요성(materiality)[10]은 실제 의존성을 포함할 필요는 없다. 정확하게 진술된다면 허위 진술(misstatement)이 중요한 사실 중의 하나였다면, 보통의 신중한 투자자가 불확실한 증권을 매수하는 것을 단념시키거나 단념시키려는 경향이 있었다면 충분했다.

- 상당한 주의를 다했다는 주요 임원이나 이사들의 상당한 주의 항변(defence of due diligence)[11]은 그들이 실제 정보(facts)에 접근할 수 있었기 때문에 부인되었다. 그 이후 판결들에서, 상임이사(executive directors)가 상당한 주의 항변(due diligence defence)에 성공하는 것은 거의 불가능한 것으로 보인다. 왜냐하면, 그들은 정보에 접근할 수 있었기 때문이다. 예를 들어, *Feit v Leasco*, 332 F Supp 544 (EDNY 1971) 판례 참조. 그들은 사실상 투자설명서(prospectus)의 정확성을 보증한다.

- 사외이사(경영 의사결정에 참여하지 않는 자)는 독자적이고 개인적으로 투자설명서의 정확성에 대해서 검증할 책임이 있고, 단지 집행경영진(executive management)에게 들은 이야기에만 의존하면 안 된다.

- 이사는 아마 각각의 전문분야(expertise)에 따른 주의의무 기준(standards of due diligence)을 지게 될 것이다. 예를 들어, 변호사인 이사의 조사의무(investigatory duty) 기준은 통상적인 이사보다 높아진다. 다만, 법원은 변호사를 미국 1933년 증권법 제11조의 책임에 관하여 전문가로 취급하는 것을 부정하고 있다.

- 최초 증권신고서(registration statement)가 제출된 후 효력 발생 전에 이사로 취임한

---

10) 역자 주) 합리적인 투자자가 주식의 매수 여부를 결정함에 있어서 중요성을 부여할 개연성이 높은 사항을 의미한다.

11) 역자 주) 합리적인 조사를 행한 후 유가증권신고서의 내용이 진실이고 누락된 것이 없다고 믿는 경우 책임이 없다는 주장이다. 상당한 주의를 다했는데도 중요 정보의 누락 또는 허위기재 사실을 알 수 없었다는 사실을 입증해야 면책될 수 있다.

신임 이사는 단지 회사의 신용등급과 외부감사인의 평가만을 확인한 것만으로는 실사(due diligence) 의무의 해태로 간주된다. 법원은, 신임 이사가 다른 기존의 이사보다 의무가 덜하다는 주장을 인정하지 않았다. 영국의 *Adams v Thrift* [1915] 2 Ch 21 판례의 이유를 인용했다. 이 영국 판례에서는, 투자설명서(prospectus)에 대해서 아무것도 모르고 심지어 읽어 본 적도 없고, 그 회사의 업무집행이사(managing director)의 말에 의존했던 신임 이사에게 허위 진술(misstatements)에 대한 배상책임을 인정했다.

- 증권신고서(registration statement)는 회사의 것이지 인수인의 것이 아니며, 인수인은 회사의 담당자와 변호사에 의해 만들어진 서류를 독립적인 검증 없이 의존할 수밖에 없는 입장이라는, 인수인의 주장은 받아들여지지 않았다. 법원은, 인수인은 판매가능성이라는 공동의 이해관계를 가지고 있고, 일반투자자에 대해 투자상품의 품질에 대한 책임이 있으며, 더 낮은 주의의무 기준(lesser standard of due diligence)이 있지는 않다고 판시했다. 인수인은 단지 발행인에게 문의하는 것 이상의 것을 해야 한다. 그러나 인수인은 증권법 제11조가 전문가 의견에 의존하는 것을 허용하기 때문에, 회계감사 결과의 숫자에 의존하는 것이 허용된다. *Matter of Richmond Corp*, 41 SEC 398 (1963) 심결에서, 미국 SEC는, 인수인은 모집에 스스로 관여하는 것에 의해서 프로로서의 조사를 실시했다는 묵시의 보증을 하고 있다고 주장했다. 이에 따라 인수인은 증권의 품질을 뒷받침하고 투자자를 모집하고 있다는 것이다.

- 증권법 제11조의 목적에서는, 대표주관사(lead manager)[12])의 의무와 하위에 있는 인수인의 의무로 구분되어 있지 않은 것 같다. 실무적으로는 모든 인수인(underwriter)이 각각 조사를 할 수는 없으며, 판결(decision)의 이 부분은 실질적으로는 공동의 인수인(co-managers)은 대표주관사(lead manager)의 실사 조사(due investigation)에 의존하는 것이 허용된다는 것을 의미한다.

- 법원은, 1960년 재무제표(financial statements)를 회계감사하고, 3개월 후, 발행을 위한 사후 감사 리뷰를 수행한 회계사의 상당한 주의 항변(due diligence defence)에 대해서도 기각했다. 사후 감사 리뷰를 수행하는 동안 회계사가 '일반적으로 인정된 회계 표준(GAAS: generally accepted accounting standards)'에서 요구하는 프로그램을 지키지 않았다는 사실이 드러났다. 법원은, 경험 없는 어소시에이트(associates)를 보내서 회계감사를 시킨 것이 부적절하다는 점을 강조했다. 그 이후의 판례법에서는, 회계사 등 전문가의 실사 의무의 기준(due diligence standard for experts)은 그 업계에서의 프로패셔널의

---

12) 역자 주) 자금조달자가 권한을 부여하고 차입금, 채권 또는 주식의 발행사항을 책임지는 기관이다.

기준(professional standards)¹³⁾에 의해서 결정된다고 되어 있다.

23-28   이와 유사한, 미국의 영향을 받은 접근방식은 온타리오(와 아마도 다른 주(州)도 포함), 일본, 한국, 브라질(2003 규제)의 法域에서도 보인다. 인수인에 대한 책임에 대해서, 호주의 회사법(Corporations Law)(추가인수단(sub-writers)에 대한 것 제외), 싱가포르의 개정 Securities and Futures Act 2000(인수인, 발행관리자에 대하여, 단, 추가인수단은 제외), 중국도 명확히 밝히고 있다. 유럽의 2003년 EU 투자설명서 지침(EU Prospectus Directive 2003)에서는 구체적인 인수인의 책임을 규정하고 있지는 않지만, 회원국들은 그렇게 하고 있는 것으로 보인다.

영국에서는 상장 스폰서의 교육에 대한 제한적 책임을 제외하고는, 일반적인 인수인의 규제 대상 투자설명서에 대한 과실책임에 대해서 명시하고 있지 않다. 이러한 영국의 정책은, 주선인의 책임을 제한하려는 것으로 보인다. 몇몇 다른 유럽의 국가들은 다른 입장을 취하는 것으로 보인다.

네덜란드의 대표적인 사례로는 네덜란드 대법원의 *Coopag* 판례(HR, 1994, NJ, 1996, 246)가 있다. 이 판례에서, 독일 모기업의 네덜란드 자회사는 債券(bonds)을 발행해 암스테르담에서 상장했고, 모기업에서 보증했다. 모기업은 독일 회계법에서는 요구되어지지 않기 때문에, 214개의 (계열)회사들에 대한 통합 재무제표는 생략했다. 투자설명서에는 간사은행(arranging banks)이, 그들이 아는 한에서는 그러하므로, *제공된(provided by them)* 모든 정보가 정확하다고 언급했다. 약 3개월이 지난 무렵, 그 그룹이 재무적인 어려움에 처하게 되었고, 채권자들은 대표주관사(lead manager)인 ABN-Amro를 상대로, 만약 서류나 진술에 허위가 있다면 관련 서류나 진술을 작성한 사람이나 그에 관한 업무를 하는 사람에게 책임이 있다는 민법에 기초하여 소송을 제기했다. *판결*: 간사은행은 법적 책임이 있다. 재무제표는 회계사에 의해 제출되었고, 간사은행은 무조건적으로 회계감사에 의존할 수밖에 없다는 주장은 적절하지 않다. 면책조항(disclaimer)은 재무제표에 관한 책임을 면제하기에 충분히 명확하다고 할 수 없다. 현재는 암스테르담 증권거래소(Amsterdam Stock Exchange)에서 스폰서에게 실사(due diligence) 의무를 명시적으로 부과하고 있다.

프랑크푸르트 항소법원은 1994년 2월 1일 *Bond Finance* 판결에서, 회사는 독일에서

---

13) 역자 주) 미국 공인회계사협회에서 정한 감사기준, 직업윤리, 행위규칙 및 회칙 등을 총칭한다.

債券(bonds)을 발행했고, 호주의 모회사인 Bond Corporation이 보증했다. 그 Bond 그룹(group)은 채 2년이 되기 전에 붕괴되었다. 투자설명서에는, 이미 심각한 문제가 있음에도 불구하고, 밝은 미래를 가진 매우 성공적인 사업이라고 되어 있었다. 모기업이 매우 리스크가 높은 거래를 하려 하고 있다는 사실을 언급하지도 않았었다. 독일 증권거래소법은, 투자설명서에 서명을 한 은행은 만약 고의의 허위진술(knowing misstatements)이 있었을 경우나 중과실(grossly negligent)이 있었을 경우는 배상책임을 진다고 규정하고 있었다. *판결*: 대표은행(lead bank)에게 중과실이 있었으므로 투자자들에게 배상책임이 있다.

2002년 덴마크 대법원의 *Hafnia* 판례와 비교해 보자. 투자자들은 성공하지 못했다. 회사는 주식(shares)을 발행했고, 1개월 후 보유 많은 투자상품과 부동산의 하락으로 인하여 도산했다. 투자자들은 간사은행, 감사, 회장과 집행이사들을 상대로 소송을 제기했다. 배상 책임에 관한 특별법이 없었기 때문에 일반법에 근거해 소송을 제기했다. *판결*: 피고들은 배상 책임을 지지 않는다. 투자설명서(prospectus)에는 주식은 고위험의 것이고, 또 회사가 보유하는 투자상품의 거액의 손실도 기재되어 있었다. 투자자의 손실은 투자설명서에 기인하는 것은 아니라고 여겨졌다.

23-29

벨기에의 *Aroute v Fortis Banque* (Brussells Court of Appeal, March 8, 2002, Forum Financier, 2002/IV 234) 판례에서, 1990년대 초반에, 캐나다의 대형 보험회사인 Confederation Life는 Fortis를 간사은행으로 하여 후순위 유로채(subordinated eurobonds)를 벨기에에서 발행했다. 일부 유로채는 소액 일반투자자들에게 판매되었다. 회사는 18개월 후에 부동산 시장의 불황의 영향을 크게 받아 도산했다. 하급법원에서는 다른 무엇보다 투자자에게 직접 판매했던 은행이 후순위채(subordinated bonds)의 위험성을 설명하지 않은 책임이 있다고 판결했다. *Revue Banque* 1997, 334 참조. 간사(managers)로부터가 아니라 시장에서 유로채를 구입한 투자가는, 실사(due diligence) 의무 위반으로 대표주관사(lead manager)를 상대로 소송을 제기했다. 이 소송은 상법(CC) 제1382조에 근거한 불법행위 손해배상 청구였다. *판결*: 대표주관사(lead manager)는 책임이 없다. 주간사는 정보의 확인은 해야 하지만 독자적인 실사(independent due diligence) 의무를 지지는 않는다. 특히 재무제표에 대해서는 그렇고, 지급능력을 증명하기 위해 감사의 일을 스스로 다시 할 의무도 지지 않는다. 발행 당시, 그 회사는 캐나다에서 좋은 평판을 받고 있었으며, Standard & Poor's로부터 등급 AA를 받았다. 주간사는 회계감사인의 컴포트 레터(comfort letters)를 받았었다. 어떤 우려가 회사 경영진(management) 사이에서 얘기돼 규제

당국(regulator)에 전달됐다 하더라도 주간사는 이를 알 만한 위치에 있지 않다. 보험사 애널리스트들은 회사에 대해 비관적인 리포트를 작성한 것은 사실이지만, 이는 주간사가 알 바 아니며 은행 내부 애널리스트들은 부동산시장 익스포저를 우려할 정도는 아니라고 했다.

실사 책임(due diligence liability)은, 스페인(증권시장법((Securities Market Act) 제28조), 독일(증권 상장의 스폰서가 되는 은행이나 브로커), 중국(1999년 증권법 제63조)에 규정되어 있다.

23-30   **주의의무(due diligence)**   인수인의 규제 대상 투자설명서(regulated prospectuses)에 관한 주의의무의 정도(degree of due diligence)에 관해서 많은 미국의 판례가 있다.

Re Richmond Corporation, 41 SEC 398 (1963) 판례에서, 인수인의 직접 조사는 단지, 발행인의 주요 재산을 확인하는 것, 주식 목록을 조사하거나 신용보고서를 확인하는 것 등의 것으로 구성된다. 인수인은 다른 문제들에 대해서는 단지 경영진에게 의존한다. 법원은 이러한 제한적인 조사는 필요한 주의의무 정도(degree of care)를 다한 것으로 보지 않는다.

반면, *Feit v Leasco Data Processing Equipment Corp*, 332 F Supp 544 (EDNY, 1971) 판례에서는, 인수인은 책임이 없다고 판결했다. 조사(investigation)는 다음과 같은 것들을 포함한다. 투자설명서(prospectus)의 한 줄 한 줄의 상세한 검토, 특정의 발언과 관련되는 서면의 작성, 회의록의 독자적인 조사, 중요한 계약의 점검, 경영진과의 인터뷰, 회사의 회계감사인과의 철저한 재무제표 분석, 경험 많은 변호사의 지원 등이 행해졌다. 법원은, 이것은 충분하지만 최저한이라고 판시했다. 법원은 다음과 같이 강조했다. "경영진에 대한 묵시의 신뢰(tacit reliance)는 인정되지 않는다. 인수인은 일부러 심술궂은 태도로 임하는 악마의 대변자(devil's advocate)여야 한다."

Re Software Toolworks Inc, 789 F Supp (US District Court), California, 1992 판례에서는, 인수인(underwriter)의 실사(due diligence)가 합리적이었다고 판단되었다. 인수인은 발행회사의 경영 전반에 걸친 수많은 고위직과의 인터뷰를 수행했다. 발행회사 제품의 유통회사, 주요 고객, 사업 파트너들과의 접촉을 통해서 경영진의 진술을 검증했다. 인수인은 발행회사의 제품에 대한 가격 책정에 대해서도 소매상의 설문조사와 다른 많은

조사를 통해 확인했다. 인수인은 부정적이거나 의심할 만한 정보들에 대해서도 계속 확인했고, 투자설명서에 광범위한 위험성에 대한 것도 밝혀서 표현했다. 인수인은 발행인의 예산을 한 줄 한 줄 꼼꼼하게 파악했으며, 발행인의 회계감사인과 논의도 하고 컴포트 레터도 받았다. 법원은 인수인이, 모든 것 특히 오로지 발행인의 수중에만 있는(in possession of) 정보에 대해서까지 모든 것을 다 찾아내지는 못한다고 판시했다. 법원은, 인수인이 회계 등 전문영역에 대해서는 실사(due diligence) 의무를 지지 않지만, 인수인은 허위 진술(misstatements)이 있다고 생각할 근거가 없고, 실제로 그렇게 생각하지 않았음을 증명해야 한다고 판시했다.

In re WorldCom Inc Securities Litigation (SDNY 2004) 판례에서,　　　　　23-31

　　2000년대 초에 미국의 텔레콤 회사가 채무증권(debt securities)을 국내에서 2회 발행했다. 그 총액은 약 170억 달러에 이르렀다. 2차 발행으로부터 약 1년 후, 회사는 회계보고를 수정하게 되었는데, 이는 재무제표에 분식이 있었고 지출을 자본에 편입시킴으로써 수익을 크게 보이게 하고 있었기 때문이었다. 회사는 얼마 후 파산을 신청했고, 이는 당시 세계 최대의 파산이 되었다. 문제의 지출은 다른 통신사의 네트워크에 접속하기 위한 라인 비용이었다. 증권은 공모였기 때문에 1933년 증권법(Securities Act of 1933) 제11조에 근거하여 인수인은 원칙적으로 배상책임을 지지만, 상당한 주의 항변(due diligence defence)을 가지고 있을 때는 이에 한하지 않는다. 인수인은 적절한 실사(adequate due diligence)를 행했다는 것을 주장하며 약식판결(summary judgment)을 신청했다. *판결*: 약식판결 신청을 기각한다. 본 건은 일반 배심제 재판으로 진행한다. 물론, 인수인은 회계감사에 의해 준비된 재무제표에 의존할 수 있다. 하지만, 위험한 상황을 나타내는 경계신호(red flags)가 있을 때는 그렇게 할 수 없다. 또한, 투자설명서에는 감사조사 받지 않은 잠정적 재무제표(interim unaudited statements)가 있었고, 이에 대해서는 일반적인 기준의 실사(normal standards of due diligence)가 적용되었다. (즉, 전문가에게 자동으로 의존할 상황이 아니다.) 이는 회계감사인의 컴포트 레터가 있는 경우에도 마찬가지다. 경계신호(red flags)도 있었다. 회사의 매출 대비 비용이 다른 경쟁사보다 훨씬 더 적었다. 몇몇 인수인들은 닷컴 버블을 염두에 두고 통신 산업의 부정적 영향이라는 관점에서, 재무상태가 악화될 것을 고려하여 이 회사의 등급을 내부적으로 낮춘 적이 있었다. 회사와 감사(auditors)가 함께한 실사(diligence sessions)는 제대로 문서화되지 않았고 피상적이었다. 모집이 대규모였으므로, 필요한 조사의 범위는 보다 넓어진다. 이사와 인수인 중에는 배심원 재판을 피하기 위해 화해한 사람도 있었다. 12명의 전직 이사와 17개의 투자은행들은 60억 달러를 지불하기로 합의했다.

Ontario에 대해서는 특히 위의 미국 사례와 유사한 *In the Matter of AE Ames & Co Ltd* [1972] OSCB 98 판례 참조.

실사(due diligence) 실무에 대하여는, LPIF 시리즈 제7권 제19장 참조.

23-32 **대출(loans) 및 규제 대상에 해당하지 않는 투자설명서(unregulated prospectuses)에 대한 대표주선인(lead arranger)의 책임 요점** 전문투자자에 대한 신디케이티드 대출과 주식 발행에 대한 모집 자료(offering material)는 일반적으로 규제 대상 투자설명서에 대해 적용되는 증권법의 규제를 받는다. 관건은 일반법에 남아 있다. 은행 대주단 구성 제안서(bank syndication memoranda)는 일반적으로 규제 대상 투자설명서의 영역 밖이다. 왜냐하면 은행 대출은 "증권"("securities")이나 "투자"("investments")가 아니기 때문이다.

투자설명서가 규제를 받지 않는 경우 대표주선인(lead arranger)이나 공동주선인(co-arrangers)에게 배상책임을 물을 수 있는지 여부는 사실관계와 상황, 그 *法域* (jurisdiction)이 일반적으로 어떤 접근을 취하고 있는지에 따라 달라진다.

의무의 책임자에 대한 내용은 단락 23-23에서 논의된 내용을 고려해 보자.

23-33 영국의 주식 발행이나 대출의 대표주관사(lead managers)는 다음과 같은 영역에서 과실에 대한 책임이 있을 수 있다.

- **과실의 불법행위(tort of negligence)** — *Hedley Byrne & Co Ltd. v Heller & Partners Ltd* [1964] AC 465, HL 판례에서 인용된 것과 같은 과실에 의한 허위 진술에 대한 불법행위 책임(liable for the tort of negligent misstatement)으로 대표주선인(lead arranger)이 배상책임을 지는 경우는 드물다. 이를 위해서는 대표주관사의 주의의무의 존재가 증명되어야 한다. 대표주관사가, 참가자(participants)가 대표주관사의 정보 확인을 믿고 의지하고 있다는 것을 알고 있었어야 한다는 의무가 증명되어야 한다. 영국 법원은 (육체적 부상이나 죽음에 대한 것과는 대조적으로) 경제적 손실에 대한 과실 책임을 부과하는 것은 제한적으로 해석하고 있다.

- **대리인(agent) 또는 자금수탁자(fiduciary)** — 은행 대주단 구성(bank syndications)의 경우, 대표주선인(lead arranger)이 참여 은행의 대리인 역할을 하고 있는데,

대리인에게 통상 인정되는 실사의 信認의무(fiduciary duty of due diligence)를 다하지 않았을 때에는, 대표주관사에게 책임을 물을 수 있다. 이것은 참가은행들이 명확하게 또는 은연중에 대표주관사가 그들의 대리인으로서 정보를 준비했는지 여부와, 주(主)인수인(lead underwriter)이 분명하게 대주단 구성의 책임을 인수하는지 여부에 달려 있다. 그러나 이런 경우는 실제로는 거의 없다. 대표주관사는 보통 독립적인 계약자지 누군가의 대리인은 아니다.

- 그러나, 한 판례에서, 법원은 대표은행(lead bank)이 잠재적 참가자(potential participants)에게, 차주에 대한 정보를 제공할 信認의무를 가지고 있다고 판단한 적이 있었다.

   UBAF Ltd v European American Banking Corpn [1984] QB 713, [1984] 2 All ER 226, CA 판례에서, EABC가 UBAF에게, 선박 대출에 대한 주요거래 조건과, 그 대출(loans)이 "재무적으로 건전하고 수익성이 있는 선박 그룹의 두 회사와의 매력적인 금융거래"라는 것을 말해 주는 배경 자료를 보냈다. UBAF는 EABC의 진술을 믿고 선박회사에 돈을 빌려주었다. 얼마 되지 않아서 그 선박회사는 채무를 불이행 했다(defaulted). 법원은 다음과 같이 판시했다.

   "원고가 권유받아서 진행한 그 대출 거래는 신디케이티드 대출에 기여한 거래다. 명백하게 피고가 다른 모든 참가은행들의 자금수탁자의 자격(fiduciary capacity)으로 역할을 한 깃으로 보인다. 피고가 직접 원고의 돈을 받았고, 모든 참여 은행들을 대표해 준비하고 대출에 담보권(collateral security)을 설정한 것도 피고다. 따라서 만약 信認의무를 수행하고 있을 때, 원고의 주장대로 담보가 적절하지 않다는 것을 피고가 알고 있었다면, 명확하게 피고가 그 사실을 참여 은행들에게 알릴 의무가 있었고, 계속 고지하지 않은 것은 계속되는 信認의무 위반으로 판단된다."

   이 판례에서는 해당 대출이 이미 이루어진 상태에서, EABC이 대출의 일부분을 UBAF에 양도한 것이라는 사실에 주목하자. 이 사건은 전면적인 사실심 재판(full trial)으로 가지는 않았고, 당사자 간에 합의로 해결되었다.

일반적으로 인수인이 배상책임을 지는 것은 영국에서는 드물다고 할 수 있다.

미국에서도 규제 대상에 해당하지 않는 투자설명서(unregulated prospectus)에 관한 과실(negligence)에 대하여 인수인이 배상책임을 지는 경우는 드물다. 어쨌든 은행 대주단 구성(bank syndications)을 위한 공모제안서(offering memoranda)에 배상 책임은 적용되지 않는다. 은행 대출은 증권(security)이 아니기 때문이다.

배상책임의 면제(exclusion of liability)

23-34 **규제 대상 투자설명서(regulated prospectus)**   원칙으로서 투자설명서가 규제 대상인 경우는 손해배상 책임을 계약으로 면제할 수 없다. 증권규제의 범위 밖에서도, 발행인, 차주(또는 그 이사)의 책임을 면제하는 것은 상업적으로 보아 통상은 불가능하다.

23-35 **간사은행(arrangers)에 대한 면책**   대주단 구성(syndication)의 주선인이 차주(borrower)의 정보에 대해 배상책임을 지는 리스크가 있기 때문에, 간사은행(arranging banks)은 통상, 참가자에 대한 책임의 면제를 요구한다. 그들의 관점은 ⓐ 참가 은행(participants)은 전문기관투자자이므로 간사은행의 신용평가에 의존하지 말고 자신들 스스로의 평가에 의거해야 한다는 것과, ⓑ 대출을 일으키기 위해서 배포된 정보에 대해서는 차주만 책임을 진다는 것이다.

따라서 대주단모집안내서(information memorandum)는 일반적으로 다음과 같은 내용을 포함한다.

ⓐ 정보에 대해서는 *차주만* 책임을 진다. ⓑ 간사은행(arranger)은 독자적으로 *정보의 확인을 행하고 있지 않다.* ⓒ 대표 은행(lead bank)은 사기의 경우 이외의 정보에 대해 *책임을 지지 않는다.* ⓓ 대주단모집안내서를 받은 자는 대출에의 참가를 결정함에 있어서 스스로 독자적인 *심사*를 실시해야 한다. ⓔ 참가 은행은 대주단모집안내서에 *의존하지 않는다.* 이러한 면책은 통상 최종적으로 대출계약에 명시적으로 규정되어 강화된다.

규제되지 않는 증권 발행(unregulated securities s issues)의 주선인(arrangers)은 정식 모집 서류 중에서, 발행인이나 증권에 대한 정보에 주선인은 책임을 지지 않는다는 취지를 명시하여 그 리스크를 최소화한다.

23-36 **차주로부터의 배상(indemnity from borrower)**   신디케이티드 여신(syndicated credit)의 간사은행(arranging bank)은, 허위 진술(misstatement)로 배상책임을 진 경우에는 차주에게

보상시킨다. 증권 발행의 인수계약서 중에도, 모집 서류(offer documents)의 정보의 누락이나 허위에 의해 주선인이 배상 책임을 지는 경우, 제소되었을 경우, 청구를 받았을 경우에, 발행인이 주선인에게 보상하는 취지의 조항이 들어간다. 이 보상청구권은, 차주가 지급불능이 되면 의미가 없다. 주선인이 보상을 요구하는 때 대개 차주는 지급불능이 되어 있다.

고의적인 불법행위를 범한 자가 보상을 요구했다고 해도 통상은 강제력이 없다. 반면, 과실에 의한 불법행위의 결과에 대해서 보상하는 취지의 명시적인 합의는 유효하다. 그렇지 않으면 자동차 보험도 불가능하게 되어 버린다.

면책에 대한 제한(limits on exclusions of liability)   영국에서는 면책조항(exclusion clause) **23-37** 이, *사기적인* 부실표시(*fraudulent* misrepresentation)에 대해서는 형사책임이나 민사책임으로부터 특정 집단을 보호해 주지 않는다. *S Pearson and Sonv Dublin Corporation* [1907] AC 351 판례 참조. *과실에 의한* 부실표시(*negligent* misrepresentation)에 대해서는 개정된 Misrepresentation Act 1967에서는 Unfair Contract Terms Act 1977에서 규정하고 있는 합리적인 상황에서의 면책만이 인정된다. 이는 부실표시가 계약 조건의 일부가 된 경우에만 적용되며, 예를 들어 그 표시내용이 계약서 내의 보장조항(warranties clause)에 의해 보장된 경우 등이다. 또한 Unfair Contract Terms Act 1977의 제2조에 따르면 계약에 관한 통지에 따른 과실책임의 면책도 합리성 기준을 충족해야 한다. Unfair Contract Terms Act 1977은 증권에 관한 계약에는 적용되지 않는다. 제1조 제(e)항 참조. 과실로 인한 불법행위책임은 계약에 따라 면책이 가능하다. 법원은 부실표시를 신뢰한 당사자에 따라 면책조항을 해석한다. 예를 들어, "과실"("negligence")이 "중과실"("gross negligence")까지 포함하지는 않는다. 전문적인 은행에게 보내진 정보에 대해서는 합리성의 기준을 충족하는 것은 더 쉬워진다.

위에서 살펴본 영국의 규칙은 다른 法域에서의 계약법과 여러 가지 면에서 유사하다.

적절하게 작성된 면책조항은, 사기가 아닌 한, 일반적으로 간사은행(arranger)을 보호한다. 이러한 면책조항은 미국의 사례인 *Bank of the West and Valley National Bank of Arizona*, 94 CDOS 8867 (November 23, 1994) 판례에서도 유지되었다. 참여 은행은 대표은행(lead bank)에 의존할 것이 아니라, 자신의 실사(due diligence)에 의존해야 한다고 명확히 규정한 조문에 구속된다고 판시했다. *Banque Arbe et Internationale d'Investissiment v Maryland National Bank*, 57 F 3d 146, 150 (2d (in

1995)) 판례 참조.

　　투자설명서(prospectus)**와 실사**(due diligence)**에 관한 책임에 관한 더 상세한 내용**: LPIF 시리즈 제7권 제17장~제19장

　　질문과 세미나 주제는, 제25장의 마지막 부분 참조.

제24장

시장남용 및 내부자 거래

투자사기(investment frauds) 요약

주요 증권사기에는 다음과 같은 것들이 있다. 24-01

- 기만적 부실표시(deceitful misrepresentation) 또는 공시불이행(non-disclosure) ― 제 23장 참조,

- 시세조종(market manipulation)과 그와 유사한 행위 ― 본 장에서 설명, 그리고

- 내부자 거래(insider dealing) ― 마찬가지로 본 장에서 설명.

法源(sources of law) 시장의 사기와 남용에 관한 법은 일반법부터 특별법까지 층층 24-02 이 구성되어 있다.

- **일반법**(general) ― 민사상, 형사상의 보통법(common law) 또는 성문법. 예를 들어, 사기의 음모(conspiracy to defraud), 기만(deception)에 의한 자금의 절취, 중 요 정보의 부정한 은닉 등이 있다.

- **특별법**(specific) ― 형사범죄(criminal offences)를 정하는 증권 법령(securities statutes). 예를 들어, Fisma 200 제397조; 미국 1934년 증권거래법(US Securities Exchange Act of 1934) 제15조, Rule 10b−5, EU의 2003년 시장남용 지침(EU Market Abuse Directive 2003)과 그 부속법령("Mad").

- **규제 법규**(regulatory statutes) − 형사책임과 민사책임의 중간에 위치하는 행정법규위반(administrative offence)을 정하는 규칙. 이러한 규칙에 의하여 규제기관은 위반자(perpetrator)의 책임을 묻는 것이 용이하게 된다. 이러한 규칙은 형사법(criminal law)에서는 필수적으로 적용되는 피의자의 보호가 완화되어, 유죄판결을 용이하게 하기 위한 것이다. 단락 20−04 참조.

본 장에서의 검토는 행정법규 위반(administrative offence)과 형사범죄(criminal offences)를 반드시 구분하지는 않는다.

24-03 　**내부자 고발**(whistle-blowing)　　통상 시장참여자와 거래소가 적극적으로 시세조종 또는 내부자 거래를 규제기관에 보고하도록 의무를 부과하는 규칙이 일반적이다. 따라서 EU에서는, Mad 2003에 따라, 회원국에게 다음을 요구한다. "금융상품의 거래를 전문적으로 주선하는 사람은, 내부자 거래나 시세조종이 생길 수 있다고 합리적으로 의심된다면 관계당국(competent authority)에게 지체 없이 알려야 한다." 제6조 제9항 참조.

시세조종(market manipulation)

시세조종(market manipulation)이란 무엇인가?

24-04 　시세조종은 이익을 얻거나 손실을 회피하기 위해, 시장의 다른 참가자를 속여, 증권의 가격에 대해, 의도적으로 인위적 조작과 왜곡을 가하는 일련의 행위를 뜻한다.

시세조종(market manipulation)의 예

24-05 　**복합적 사례**(composite example)　　다양한 사례를 통해 구성한, 전형적인 시세조종의

형태는 다음과 같다. (1937년 Yale Law Journal의 논문을 바탕으로 함)

매매업자 작전세력의 매니저는, 외부의 매매업자와 목표 주식에 대해 현재가로 매수하기 위해, 옵션에 관한 계약을 체결했다. 작전세력 멤버들은 해당 주식을 시장에서 사고 팔았는데, 매수주문을 현저하게 많이 했다. 그들은 독립된 단기매매 형태로 보이게 하기 위해, 매수와 매도의 고리(ring) 형태를 만들어서 그들 사이에서만 유지되게 했다. 가격은 올랐다. 작전세력의 주식을 대량으로 가지고 있는 멤버들은 주식의 매도를 보류하기로 했다. 가격은 조금 더 끌어올려졌다. 또한 작전세력 멤버들은 손익 분담을 하거나 매도가격을 보장하기로 합의하여, 내부 매수인을 안전하게 보호하고, 이 행위에 참여하고 싶게끔 했다. 작전세력 멤버들은 이제 해당 주식의 공시(publicity)의 확산을 주선하기 시작했다. 이사는 전망에 대해 낙관적인 발표문을 만들도록 설득되었다. 중개업자(brokers)는 그들의 팁 시트(tip sheets)에 "매수"("buy") 의견을 달았다. 금융기자들은 극찬하는 보고서를 쓰고, 입찰이 임박했다거나 배당금이 증가할 것이라는 기사를 쓴 대가로 돈을 받았다. 이 공시는 사실, 근거가 거의 없었다. 해당 주식의 가격은 더욱 올라갔다. 운영자는 그때 낮은 수준에 있었던 원래의 시장가격에 고정되어 있던 옵션을 실행했다. 작전세력은 조심스럽게 시장에 옵션이 붙어 있는 주식을 옵션가격을 초과하여 이익이 발생하도록 처분했다. 주식가격은 떨어졌다. 마지막 승리의 활시위처럼 작전세력 멤버들은 시장에 공매도(short sale)를 시작했다. 즉, 자신들이 보유하지 않은 주식을 팔았던 것이다. 가격이 폭락한 후, 작전세력 멤버들은 주식을 폭락한 가격에 매수했다. 이를 공매도한 주식으로 지급했는데, 이를 통해 이익을 한층 더 취할 수 있었다. 공매도로 매도한 가격이 취득한 가격보다 높았기 때문이다. 환상적이다.

유일한 문제점은, 실질적으로 이 모든 교묘한 운영 과정이 심각한 형사적 사기(criminal fraud)에 해당한다는 점이다. 이러한 거래는 다음과 같은 요소로 성립된다.

- 시징이 몰랐던 **사취의 공모**(conspiracy to defraud).

- 허구의 또는 **가장매매**("wash sales")를 통해 활발한 거래의 모습으로 오인하게 만드는 것, 즉, 신기루가 아닌 진짜 수요를 가장하는 것이다. 여기에 소유권의 실제 이전은 없다.

- 다른 사람을 속이고 그들의 매수를 유도하기 위한 **허위소문**(false rumour). 시 **24-06**
  장에 관한 사기의 개념은 새로운 것이 아니다.

R v De Berenger (1814) 3 M&S 67; 105 ER 536 판례에서는, 피고인이 나폴레옹 전쟁 시기에 정부채(government bonds)를 매입했고, 그때 런던과 켄트 지역에, 나폴레옹이 사망했고, 곧 평화가 온다는 루머를 퍼트렸다. 債券(bond) 가격은 폭등했고 피고인은 이를 팔아 이익을 취했다. *판결*: 음모죄(criminal conspiracy). Lord Ellenborough CJ 판사는 다음과 같이 판시했다. "이것은 대중을 겨냥한 사기(fraud)다. 왜냐하면 그 특정한 날에 그 펀드(funds)와 관련이 있을 수 있는 모든 사람들에게 대한 것이었기 때문이다. 누가 그 주식(stock)을 샀는지, 누가 이 공모(conspiracy)로 피해를 받았는지를 특정할 필요는 없는 것으로 보인다. 예언자(spirit of prophecy)에 의한 것이 아니라면, 피고인(defendants)도 그 다음 날 누가 매수인이 될지 알 수 없었기 때문이다." 교도소에서 약간의 시간을 보낸 후, 이 해군 제독은 이후 칠레, 페루, 브라질의 개방(liberate)을 지원해 영국 하원의원에 당선되었고, 80세 무렵에 크림 선생 종군 후보가 되었다. 그는 웨스트민스터 사원에 묻혔지만, 그것은 시세조종(market manipulation)의 법률에 대한 공헌 때문에 그런 것은 아니었다.

영국 최초로 보고된 시장에서의 사기(fraud on a market)에 관한 판례는 1369년에 나타나는데, 그 이전에도 수 세기에 걸쳐 많은 지역에서 수많은 판례가 있었을 것이라고 생각된다.

Anon (1369) Jenk 49 (Case xciii); 145 ER 36 판례에서는, 한 외국인이 Coltswolds에서 울(wool)의 공급이 과잉상태이고, 해외 무역업자들(traders)이 더 이상 울을 구매하지 않을 것이라는 거짓 소문을 퍼트렸다. 그 목적은 가격을 떨어뜨리는 것이었다. 법원은 허위죄(criminal falsity)로 판결했다. 해당 외국인은 벌금형, 억류 및 구금되었다. 화폐가치를 떨어뜨리는 것과 같이 대중에 손해를 끼칠 수 있는 거짓을 공표하는 것은 범죄다.

2004년 12월 24일 FSA *Indigo & Bonnier*의 영국 행정판례에서, Indigo의 경영 파트너는 런던 상장회사에게, Indigo가 그 회사에서 엄청나게 많은 주식을 취득했었다는 법적 공시를 했다. 사실 Indigo는, 회사의 주식에 관해, 주식의 소유권을 취득하지 않고, 단지 가격의 차이에 따른 이익만을 얻는 조건으로, 투자은행과 차액계약(contracts for differences)을 맺은 것이었다. FSA는, 사실 그들이 주식을 보유하고 있지 않았는데도 주식을 취득했다고 보일 수 있기 때문에, 이러한 공시가 회사의 주식에 대한 수요에 잘못된 인상을 일반인들에게 줄 수 있다고 보았다.

24-07   • 시장에 알려지지 않은 보증(guarantees), 보상(indemnities) 또는 손실분담의 합의

(loss—sharing agreements)에 의한 **허위의 가격유지**(false maintenance of the price) 와 이에 따른 가격 왜곡.

- 매수인을 속일 목적의, 재무전망에 대한 **부정직한 진술**(dishonest statement).

- 속이고 이익을 얻기 위한 목적의, **금융 저널리스트나 해당 주식 보유자**에 의한 **허위의 추천**(false recommendation). (**"스캘핑"**("scalping")).[1]

　　미국 연방대법원의 주요 판례인 *SEC v Capital Gains Research Bureau*, 375 US 180 (1963) 판례에서 어떤 투자자문사(investment advisory firm)는, 뉴욕증권거래소에 상장된 회사의 주식을 매수했고, 약 5,000명의 가입자들에게 그 투자자문사의 포지션을 숨긴 채, 그 상장사에 대한 특별추천 또는 그 상장사의 재무분석이 담겨있는 특별책자(special bulletins)를 보냈다. 그 후 약간의 시장상승(small market rise)이 있었고, 그 투자자문사는 며칠 후 주식을 팔아서 이익을 얻었다. 법원은, 1940년 투자자문업법(Investment Advisers Act of 1940)에 의하여, 사기로 판결했다. 이 규정의 목적이 이러한 이해관계의 충돌을 방지하기 위한 것이었기 때문에 자문이 정직했는지 여부와는 관계가 없었다.

　　Zweig v Hearst Corporation, 594 F 2d 1261 (9th Cir 1979) 판례에서, 신문사 칼럼니스트는 한 회사에 대해 매우 유리한 보도를 했다. 그 신문기사는, 회사의 내부자에 의해, 칼럼니스트가 작성한 중대한 부실표시(misrepresentation)가 포함되어 있다는 혐의를 받았다. 해당 기사는 칼럼니스트가 시장가격보다 현저히 할인된 가격으로 그 회사의 주식을 5,000주 매수한 후 발간되었다. 칼럼이 발표된 후, 해당 주식은 매우 급격하게 올랐다. 법원은 이러한 행동이 사기였고, 칼럼니스트는 그의 추천에 따라 주식을 매수했다가 손해를 입었다고 주장한 사람들에 대해 배상책임을 져야 한다고 판결했다. 이 판결은 사기방지규정(anti—fraud Rule) 10b—5에 근거하여 판단되었다.

　　영국 행정소송 *Issacs* 판례(FSA, February 28, 2005)에서, Issacs은 런던 상장회

---

1) 역자 주) 스캘핑(scalping)은 두 가지 뜻으로 쓰인다. 첫째, 자본시장과 금융투자업에 관한 법률 제71조 제2호에서 규정하고 있는,『특정 금융투자상품의 가치에 대한 주장이나 예측을 담고 있는 자료(이하 "조사분석자료"라 한다)를 투자자에게 공표함에 있어서 그 조사분석자료의 내용이 사실상 확정된 때부터 공표 후 24시간이 경과하기 전까지 그 조사분석자료의 대상이 된 금융투자상품을 자기의 계산으로 매매하는 행위』를 스캘핑(scalping)이라고 한다. 본문에서는 이러한 뜻으로 쓰였다. 둘째, 주식 보유시간을 통상적으로 2~3분 단위로 짧게 잡아 하루에 수십 번 또는 수백 번씩 주식 거래를 하며 박리다매식으로 매매차익을 얻는 기법을 스캘핑(scalping)이라고 한다.

사에 근무하는 친구의 집을 방문했다가, 수익 전망에 대한 회의록(minutes)을 보게 되었다. Issacs은 이후, 그가 이미 보유하고 있고, 앞으로 더 매수할 주식의 가격과 가치를 올리려는 의도를 가지고 인터넷 게시판에 익명으로 이러한 정보를 게시했다. 법원은 그의 행동이 시장남용(market abuse)이라는 행정법규 위반(administrative offence)에 해당한다고 판결했다. 다른 판례에서도 여러 기자들이 스캘핑(scalping)으로 기소되었다.

24-08   • **다른 사람을 기만하여 주식을 사게 하려는 의도가 있는 공매도(short sale)** – 공매도는, 매도자가 증권 가격이 더 내려갈 것으로 희망하고, 아직 보유하고 있지 않은 증권을 파는 것이다. 일반적으로 공매도자는 증권을 팔고, 매수자에게 증권을 넘기기 위해 증권을 빌린다. 그 후 나중에 빌린 증권을 갚기 위해 낮은 가격으로 증권을 매수한다. 공매도는 그 자체가 금지되는 행위는 아니다. 일반적으로, 투기적인 경우라도 공매도는 유동성을 만들고 증권이 전달되어야 할 때, 이를 매수한다는 생각으로 자산을 판매하는 것에 본질적으로 잘못된 것이 없기 때문이다. 대부분의 法域에서는 공매도(short selling)에 있어, 만일 매도자가 보유하고 있지 않은 증권을 매도하면서 그 증권의 매수계약을 체결하지 않은 경우에, 그 의도가 가격을 무리하게 내린 이후에 그 증권을 헐값에 매수하여 매도 주문을 결제하려는 것이었다면, 시세조종(market manipulation)으로 본다.

따라서 아래의 어구는 사실이 아니다.

"누군가가 자신의 것이 아닌 것을 팔았다면, 그걸 다시 사서 돌려주든지, 아니면 감옥에 가야만 한다."

명시적으로, 만약 공매도자가, 허위, 풍자와 험담, 그 증권이 과대평가되었다는 거짓된 암시를 통해 증권 가격을 깎아내리면, 이는 명백하게 남용적인 시세조종(abusive market manipulation)에 해당한다.

무차입 공매도(naked short sale)는 일반적인 공매도와 다르게, 매도자가 주식을 팔기 전 제3자에게 빌려 놓은 주식이 없는 상태인 것으로, 그 경우 포지션(position)은 보장되지 않게 된다.

- 적법한 공매도와 시장왜곡(market distortion) 사이의 구분은 영국 FSA의 *Evolution Beeson Gregory Ltd. v Christopher Potts* (November 12, 2004)심결례에 잘 설명되어 있다.

24-09

> 이 사건에서, 한 기업의 시장조성 부서(market-making)의 부장은 런던의 상장회사(traded company)의 주식에 대한 공매도에 개입했다. 그 기업은 해당 회사가 발행한 주식 자본(share capital)의 252%에 해당하는 공매도를 했는데, 이는 본 매도의 정산에 대한 전망 없이 이루어졌다. 약 250명의 일반투자자들(retail investors)이 공매도에 의해 부정적인 영향을 받았으며, 해당 회사의 주식은 증권거래소 개입으로 매매가 중단되었다. *심결* 이 사건의 공매도(short selling)는 시세조종(market manipulation)이었다. 일반적으로 시장참여자들은 매도자가 적절한 방법으로 거래를 결제할 수 있을 것으로 기대하기 때문이다. 만약 매도자가 합리적인 결제 계획(reasonable settlement plan) 수준을 넘는 공매도(sold short)를 진행하여, 기한 내에 결제를 할 수 없거나 또는 전혀 할 수 없다면, 이는 매도 시점에 해당 주식에 대한 시장을 왜곡한다. 시장에서 거래하고 주식을 매수한 투자자들은 주식이 적기에 인도될 것이라고 기대하는데, 이 기대가 충족되지 못할 것이기 때문이다. 그 결과 미국의 원칙과 마찬가지로, 공매도자(short seller)는 교부(delivery)를 위한 주식을 가지고("locate") 있어야 한다.

투자자는 ⓐ 거짓, 속임수, 정보의 은닉(concealed information)이 아니라 대중에 대한 정확한 공시, ⓑ 인위적인 조종(artificial rigging)에 의해서가 아니라 시장에 의한 수요공급에 의해 투자의 가치가 결정되기를 기대한다. 정당한 상업적 목적으로 하는 거래와, 매수인과 매도인이 가격을 변경하려고 고의로 매매하는 조작(manipulation) 사이에 경계선은 애매모호하다.

> *Scott v Brown, Doering, McNab & Co* [1892] 2 QB 724 판례에서, 중개업자와 고객은 프로젝트 회사(projected company)의 주식을 프리미엄을 붙인 가격으로 매수하기로 했는데, 이는 일반투자자들이 실제로 주식시장과 그러한 프리미엄이 있는 것으로 믿게끔 유도하기 위한 것이었다. 법원은 해당 계약이 위법이라고 판결했다.

매점(corners), 거래타이밍(market timing), 허위시장(false market)

이들은 또 다른 시세조종(market manipulation)의 유형이다.

24-10

24-11 **매점**(corners)(**남용적 착취**(abusive squeezes))   매점은 투자를 독점한 후, 제3자에게 증권을 양도하기로 계약이 되어 있어 필사적으로 증권을 사야 하는 자에게, 비정상적으로 높은 가격으로 증권을 매도하려고 하는 매매업자의 시도를 말한다. 투기적인 공매도자(short seller)는 어쩔 수 없이 매점에 빠지게 된다. 매점은 또한 "남용적 착취(abusive squeeze)"라고도 알려져 있다. 이는 시장가격을 왜곡한다. 이는 시장의 불법적인 시세조종이 될 수 있다.

문제는, 시장 수요공급의 힘이 시장에서 금융 경색(tightness)을 만들 수도 있다는 것이다. 증권을 대량 보유하는 것은 그 자체로 남용적 착취(abusive squeeze)가 되는 것은 아니다.

24-12 **거래타이밍**(market timing)   예시는 다음과 같다.

R v Securities & Futures Authority Ltd, ex p Fleurose [2001] EWHC Admin 292 판례에서, JP Morgan은 어떤 고객과, 만약 FTSE 100 지수와 S&P 500 주가지수(share indices)가 당월 말에 모두 상승한다면, JP Morgan 은행이 약 50만 파운드 상당을 고객에게 지불하기로 하는 옵션계약에 서명했다. S&P 500 지수는 실질적으로 상승했으나 FTSE 100 지수는 목표치 또는 계약가격 정도를 맴돌았다. 당월 마지막 거래일 마지막 6초 동안, 지수는 목표치 아래로 떨어졌다. 거래종료 8분 전부터 JP Morgan의 직원인 Fleurose는 FTSE 100 지수 상위 5개 회사에 대해 총 1,100만 파운드 이상의 집중 매도 주문을 내기 시작했다. JP Morgan 은행은 이러한 행위가 런던증권거래소(London Stock Exchange)의 인덱스 가격 조작(manipulate an index value) 방지 규정에 위반된다는 사실을 인정하고, 벌금을 부과 받았다. 규제기관은 해당 행위가 위법행위에 해당한다고 판단했다. 해당 트레이더(trader)는 자격정지 되었다.

24-13 **과당매매**(churning)   과당매매(churning)는 증권 중개업자(securities broker)가, 고객의 투자 목적을 무시하고, 거래수수료 극대화를 위해 과도하게 빈번한 거래를 할 때 발생한다.

Charles Hughes & Co v SEC, 139 F 2d 434 (2d Cir 1943) 판례에서, 고객들은 거의 대부분 독신 여성 또는 과부들로 구성되어 있었는데, 이들은 주식에 대해 아는 것이 거의 없거나 전무한 사람들이었다. 매매업자는 Furbeck 부인에게 전화를 걸어, 그녀가 꼭 사야만 하는 "아주 훌륭한" 주식이 있다고 하거나, "경이로운" 주식이 있다거나, "상상을

뛰어넘는" 주식이 있다는 식으로 얘기했다. Furbeck 부인과 다른 고객들이 이러한 방법에 의해서 주식을 사는 데 지불한 거래수수료는, 그 주식의 시장가격의 적게는 16%에서 많게는 50% 가까이 비싼 것으로 나타났다. 이러한 경우에 매매업자는 자신에게 피해가 없도록 이미 관련 주식들을 매수한 상태였다. 매매업자는 어느 시점에도 주식의 실제 시장 가격은 전혀 이야기해 주지 않았다. *판결*: 해당 매매업자가 투자자들의 신뢰를 얻고 있었으며, 이를 바탕으로 거래수수료(mark-up)를 공개하지 않은 것은, 중요한 사실에 대한 표시의 누락(omission to state a material fact)이며 사기적인 수단(fraudulent device)이다. 순진한 매수인은 마음속으로 그 가격이 시장가격에 근접해 있다고 은연중에 생각했다. 암묵적인 공시의무(implied duty to disclose)가 있는 상황 속에서, 정보를 숨겼다는 점에서 사기(fraud)다.

과당매매(churning)는 행정법규 위반(administrative offence)의 경계(borderline)에 있다.

허위 시장(false markets)   사실상 모든 주요 증권거래소(stock exchanges)에서 상장회   **24-14** 사(listed company)는 증권(securities)의 가치에 영향을 미칠 것으로 합리적으로 기대되거나 투자 결정에 영향을 미칠 수 있는 어떠한 중요 정보(material information)가 있다면, 언론을 통해 대중에게 공개하도록 요구되고 있는 것으로 보인다. 그 목적은, 시장이 시기가 지난 정보를 바탕으로 거래를 하지 않도록 보장하기 위한 것이다. 예를 들어, 증권을 매수한 투자자는, 만약 밝혀지지 않은 불리한 사건들을 알았다면 결코 매수하지 않았을 것이라고 불평할 수 있다. 마찬가지로 증권을 매도한 투자자는, 좋은 소식이 있다는 것을 알았다면 결코 매도하지 않았을 것이라고 불평할 수 있다.

어떤 정보가 중요한 정보인지(예를 들어, 계류 중인 인수합병 협상, 새로운 계약, 또는 수익(earnings)의 하락), 언제 발표되어야 하는지와 같은 문제는 오직 상황에 따라서(case by case) 정해질 수밖에 없다. 만약 확실한 사실이 없는 단계에서 공개가 이루어진 경우, 이는 중요사항의 은닉만큼이나 시장에 오해를 줄 수 있다.

Financial Industrial Fund v Mcdonnell Douglas, 474 F 2d 514 (10th Cir 173) 판례에서, 뮤추얼 펀드(mutual fund)는 그들이 어떤 회사의 주식을 매입하면서 발생한 70만 달러의 손실에 대해 소송을 걸었다. 펀드는 해당 회사가 실적 하락에 관한 사실이 있음에도 불구하고 발표를 하지 않았다고 주장했다. 법원은 해당 회사가 실적에 대한 발표를 과도하게 지연시켰다는 증거가 없다고 판결했다.

State Teachers Retirement Board v Fluor Corpn, 654 F 2d 843 (2d Cir 1981) 판례에서 법원은, 회사가 모든 사실이 유효하기 전까지는 계류 중인 계약의 발표를 보류하고, 발표가 될 때까지 주식의 거래를 중단해 줄 것을 뉴욕증권거래소(New York Stock Exchange)에 요청하지 아니한 것에 대해서, 회사가 규칙 10-5b를 위반한 것이 아니라고 판결했다.

Basic v Levinson, 485 US 224 (1988) 판례에서 연방대법원은, 합병(merger) 협상이 진행 중인 경우 가격 및 거래구조에 대한 원칙적인 합의가 이루어지지 않았다고 하더라도 합병을 위한 협상의 존재를 부정할 수는 없다고 판단했다. 법원은, 당사자들은 "사건이 발생할 수 있다고 암시된 가능성과 회사 사업 전체로 볼 때 그 사건이 어느 정도로 중요한 것이 될 것인가의 균형을 감안하여 중요성의 기준(test of materiality)을 적용해야 했었다고 판결했다.

E. ON AG SEC Release No. 43372 행정심결(administrative action)에서, 미국 SEC는, 독일 회사인 E. ON AG를 상대로, 다른 독일 회사인 Viag AG와 한 달간에 걸친 합병(merger) 협상 과정이 있었음에도 불구하고 거짓으로 심하게 부인 공표한 것(issuing materially false denials)에 대하여 행정벌에 해당하는 사기(civil administrative fraud)로 고소했다. 이후에 합의를 했다. E. ON AG는 예전에 Veba AG로 알려진, 독일에서 세 번째로 큰 산업 지주회사이며, 뉴욕증권거래소에 상장된 회사였다. Veba는 Viage와의 합병 협상이 진행되고 있다는 보도를 부정하면서, 실제로 두 회사는 비밀유지계약(confidentiality agreement)을 체결하고, 투자은행과 변호사를 선임하여, 재무 전망을 서로 교환하고, 제안된 거래 구조, 가치평가방법, 기업지배구조, 기타 합병에 관한 사항에 대해 고위급 협상(high level talks)을 하고 있었다. E. ON은 거래정지 명령에 동의했다. 외국기업이 관련된 다른 SEC 행정심결 *Eric John Watson* SEC Release No. 34-44034 참조.

EU 회원국은 "금융상품의 발행인(issuers of financial instruments)은 그 발행인(the said issuer)과 직접으로 관련 있는 내부정보를 가능한 한 빨리 대중에게 알려야 한다."라는 것을 보장해야 한다는 내용이 Mad 2003에 규정되어 있다.

안정조작(stabilisation)과 자사주 매입(buy-back)에 대한 예외

24-15   **안정조작**(stabilisation)   안정조작(stabilisation)은, 증권의 발행시장 판매(primary distribution) 기간에 대표주관사(lead manager)가 매수호가(bid) 또는 매도호가(offer)를 행하는 것이

다. 가격을 유지하기 위해 행해진다. 이는 엄밀히 말하면 시세조종(market-rigging) 또는 내부자 거래 금지 조항에 위배될 수 있다. 그러나 최초 판매에 있어 매우 변덕스러운 가격변동에 대한 안정화의 필요성을 우선적으로 살펴야 한다. 이에 따라 미국과 유럽에서 일반적으로 허용되고 있다.

자사주 매입(buy-backs)　자사주 매입(buy-backs)은 회사가 자사의 주식을 매수하는 것이다. 자사의 주식을 다양한 이유로 매수한다. 기업인수(takeover bids)를 저지하기 위해, 주주에게 더 많은 현금을 주기 위해, 또는 주식의 수급 균형 조절을 위해서 등이 그 이유다.

24-16

　시장남용(market abuse)과 시세조종(market manipulation)에 관한 더 상세한 내용: LPIF 시리즈 제7권 제20장

내부자 거래(insider dealing)

내부자 거래(insider dealing)의 의미

　내부자 거래(insider dealing, insider trading)는 임원이나 전문적인 자문업자(professional adviser)와 같은 특별한 내부자(privileged insider)가, 증권의 가격에 영향을 미칠 수 있는 미공개 중요한 정보를 회사와의 특수한 관계를 이용하여 입수하고, 이것을 이용해 증권을 매매하여, 이익을 올리거나 손실을 피하는 것이다. 그 정보가 공표되었다면 증권의 가격에 중대한 영향이 있었을 것이라고 인정되는 경우이다. 흔한 예로, 자사가 매수를 시작하려고 하고 있는 인수대상회사의 주식을, 이것을 자사가 고가로 매입하려고 하는 것을 알고 있는 회사의 이사가 비밀리에 미리 매수하는 경우다. 내부자는 거래를 하면 안 된다. 거래를 자제하거나 아니면 정보를 공개해야 한다.

24-17

　이 규칙은 가격이 재무상태에 보다 민감한 주식(equities)에 있어 좀 더 중요하다. 이 원칙들은 債券(bond)을 비롯하여 전환사채(convertibles) 또는 자본 요소(equity element)를 지닌 기타 債券(bond)에 영향을 미친다. 또한 이 규칙은 이러한 자산과 연관되어 있는 파생상품에도 영향을 미친다.

내부자 거래는 종종 형사범죄(criminal offences)와 행정법규 위반(administrative offence) 모두에 해당한다.

내부자 거래(insider dealing)에 대한 정책

24-18   내부자 거래의 불법화를 지지하는 정책에는 다음과 같은 것들이 있다.

- 투자자 간의 **평등**(equality)과 차별의 방지(non-discriminaion) (공평한 경쟁의 장(the level playing field)) - 내부자는 부당하게 불공평한 특권을 가진다. 실제에서는 어떤 투자자들이 항상 다른 사람들보다 더 많은 정보를 가지고 있을 것이다.

- 내부자는 자기에게 속하지 않은 정보를 **악용**(misappropriate)해서는 안 된다.

- 투자자는 상황이 자신에게 불리하다고 생각할 때, 시장에 대해 **신뢰**(confidence)를 잃을 것이다.

- 내부자 거래 금지는, 좀 더 신속한 **정보공개**(disclosure)를 강제하여 내부자가 거래할 수 있게 하고, 시장이 허위정보나 오래된 정보를 바탕으로 거래하지 않게 한다. 이것은 정보공시의 의무화를 통해 이룰 수 있다.

내부자 거래 규제에 반대하는 정책에는 다음과 같은 것들이 있다.

- 상법의 **과잉 범죄화**(over-criminalisation) - 정보의 악용 또는 信認의무 (fiduciary duty) 위반이 절도 또는 사기로 여겨진다. 내부자 거래에 관한 법률 (insider trading legislation)은, 자금수탁자(fiduciary)는 고객이나 본인의 정보를 자신의 이익을 위해 이용해서는 안 된다는 일반적인 信認의무(normal duty of fiduciaries) 위반을 실질적으로 범죄화(criminalisation) 하는 것이다. 자금수탁자 (fiduciary)가 비밀정보(confidential information)를 자금수탁자 개인의 이익을 위해 사용하는 것은, 많은 法域에서 배상청구권(claim for compensation)을 발생시킨다. 다음과 같은 판례가 있다.

  Allen vs. Hyatt (1914) TLR 444 판례. 이사들이 다른 회사와 합병하는 것에 대

해 협상하는 과정에서 개인 주주들에게 협상에 도움이 될 것이라고 하면서, 자신들에게 회사의 주식을 액면가에 살 수 있는 옵션을 부여하도록 설득했다. 이사들은 옵션을 행사했고 이익을 남겼다. *판결*: 이사들은 얻은 이익을 반환해야 할 책임이 있다. 이사들이 스스로 협상에서 대리인 역할을 하겠다고 자청했으며, 완전한 정보공개의 의무가 있는 信認의무 관계에 있었기 때문이다.

- 법의 복잡성은 **정보의 흐름을 저해한다**(chill information flows) — 아무도 공적으로 정보를 말하는 것을 제외하곤 정보를 흘릴 수 없게 된다. 시장은 발행인을 감시하고 도산을 예측할 의무를 잘 이행할 수 없게 된다. 애널리스트들은 은행을 감시하기 힘들어진다. 이 법은 **적극적인 조사**(enterprising investigation)를 저해한다. 결과는 단지 대중에게 넘겨지게 된다.

- 규제에 의하여 금융기관은 **정보교류차단벽**(Chinese walls)을 설치하지 않을 수 없게 되고, 이로 인해 사업이 분단되고, 정보교류차단벽의 유지도 어렵다.

국제적으로 실제 현실에서는, 규제의 이점이 결점을 압도적으로 능가하고 있다. 자본시장을 가지고 있는 거의 모든 국가들은, 내부자 거래에 관한 규정을 가지고 있다. 『*세계 금융법의 지도(Maps of World Financial Law)*』, LPIF 제8권 참조. EU의 경우, 내부자 거래는 Mad 2003에 의해 금지되고, 미국은 일반 사기에 관한 규칙 10b-5에 의해 금지된다.

일반법(general law)에서의 내부자 거래(insider dealing)

부실표시(misrepresentation) 원칙들은, 증권거래소에서 익명의 제3자에게 손실을 입히는 거래에 대해서는 거의 도움이 되지 않는다. 내부자의 특징은, 그가 완벽하게 조용하다는 점이다. 조용하다는 것이 곧 거짓을 기재했다는 것은 아니다. 거래의 한쪽 당사자는 그가 누구와 거래를 하는지를 모르며, 거래자(trader)의 권유로 거래를 한 것도 아니다. 면대면 거래(face-to-face transaction)와는 달리, 매매업자(dealer)는 거래 상대방에게 직접 질문을 할 수도 없다. 일반적인 부실표시 또는 공시불이행(non-disclosure) 규칙에도 의지할 수 없다. 따라서 일반법의 원칙(non-

24-19

statutory principles)은 그에 따라 미공개정보의 부정사용(misuse of confidential information)
에 대한 손해배상 책임에 의존하지 않을 수 없는데, 그에 관하여는 많은 판례(authority)
가 있다.

내부자 거래(insider dealing) 법규 이외의 특별법

24-20   특정한 내부자 거래 법규 이외에도, 이 점에 영향을 미치는 다른 법적 규칙들이
존재한다.

24-21   **임원의 소유 상황(officer holdings) 보고**   많은 法域에서, 이사(director) 등 내부자는,
자사주의 소유 상황에 대하여 공적 등기부(public register)에 공시해야 된다. 예를 들
어, EU의 Mad 2003, 캐나다의 온타리오 주, 미국 등이다. 그 결과로 내부자에 의한
매매가 일반 대중에게 알려지며, 그러한 매매는 회사의 재무상태에 관한 내부자의
견해를 표시하는 것으로 여겨질 수 있다. 이와 같은 보고의무(reporting requirements)
는, 일정 퍼센트 이상 주식의 대량보유(specified percentage of beneficial shareholdings)에
관한 보고의무와는 구별되는 점에 주의가 필요하다. 후자는 갑작스러운 기업인수
(takeover)를 방지하려는 의도로 만들어진 규칙이다.

24-22   **상장(listing) 및 다른 규정**   상장규정(listing codes)에 따르면, 일반적으로 발행인이 발
행 증권에 영향을 주는 중요한 사실을 신속하게 공시하는 것이 요구되는데, 그때까
지는 최대한 비밀을 유지할 의무가 있다. 그 주요 목적은, 허위시장(false market)을
방지하는 것이지만, 내부자 거래의 가능성을 줄이는 효과도 있다. 정보가 공시된 이
후에는 내부자 거래로서 거래를 삼갈 필요도 없어지기 때문이다.

24-23   **단기 매매차익(short-swing profits)에 관한 책임**   미국은 특정 내부자들이 내부 정보를
이용했는지에 관계없이, 단기 매매차익(short-swing profits)에 대해 모든 책임을 지도
록 하고 있다. 이것은 내부 정보에 의해 즉각적으로 이익을 얻을 수 있는 가능성 때
문이다. 1934년 증권거래법(Securities Exchange Act of 1934) 제16조 제(b)항에서는, 내부
자(이사(directors), 임원(officers), 10% 이상을 가진 주요주주)가, 매수한 후 6개월 이내
에 매도한, 全國 증권거래소(national exchange)에 상장돼, 증권으로부터 얻은 모든 형
태의 이익에 대해서 자신들의 기업에 설명하도록 하고 있다. 내부자는, 이익을 얻

기 위한 의도로 내부정보를 이용했는지 여부와는 관계없이, 이러한 "단기매매" ("short−swing") 차익에 대한 법적 책임이 있다. 다른 예로는, 중국(6개월), 일본(6개월), 한국(6개월), 멕시코(3개월), 스웨덴(3개월), 대만(6개월)이 있다.

주요 금지사항 요약

주로 금지되는 사항은 다음과 같은 세 가지다.   24-24

- **직접거래**(dealing) − 내부자가, 공시되지 않은, 가격에 영향을 주는 정보를 통해 자신의 증권계좌나 제3자의 증권계좌에 증권을 매수하거나 매도함으로써 이득을 얻는 행위이다.

- **권유**(inducing) / **유인**(procuring) − 내부자가 제3자에게 증권의 매수(acquire) 또는 매도를 추천, 유도, 유발하는 행위다. 이것은 범죄를 돕고 부추기는 행위이며, 동료에 의한 거래가 대상이 되게 하는 의도도 있다. 이 조항은 피지배 회사를 주선하는 개인이나 중개업자(brokers), 또는 가족 구성원이나 그들과 거래를 맺는 직원들(employees)을 대상으로 하기도 하며, 금융거래를 하는 자나 이들에게 자문을 해주는 자를 대상으로 한다.

- **정보 흘리기**(tipping) − 내부자(insider)가 내부자 정보를 정당한 직무, 고용, 업무의 수행이 아닌 방법으로 제3자에게 (때때로 의도적으로) 누설하는 행위다. 또한 정보 수령자(tippee)가 또 다른 자에게 누설한 경우도 포함한다. 정보 수령자는 그것을 바탕으로 거래를 할 가능성이 높기 때문이다. 정보유출 (tipping)은 비밀유지의무 위반이기도 하다.

내부자 또는 정보수령자(tippee)가 되면, 누구도 정보가 대중에게 공시되기 전까지는 거래를 할 수 없다. 즉, "자제하거나 정보를 공시해야" 한다. 많은 경우에 대부분의 내부자가 모두 비밀유지의무(duty of confidence)를 해야 하므로, 내부자는 공시 의무를 이행하는 데 많은 경우 발행인에 의존한다. 위 3가지의 위반이 Mad 2003에 의해 제재 받는다.

24-25 **내부자**(insiders)   대개 세 가지 계층의 내부자가 있다. ① 이사(directors)와 같은 진정한 내부자(true insider), ② 준내부자(quasi−insider) 또는 일시적 내부자(temporary insiders) ─ 이들은 전문 자문가 회계감사인, 재정자문가(financial advisers)와 같은 자들로, 사업관계로 임시적인 접근권한을 갖게 되었다. ③ 정보수령자(tippee) ─ 이들은 내부자에 의해 정보를 얻었으며, 비밀이라는 사실도 알고 있다. 정보수령자(tippee)의 책임에 접근하는 각기 다른 태도가 있다. 정보수령자로부터 정보를 받은 2차 정보수령자(sub−tippee)도 일반적으로 규제대상이 된다.

프랑스의 사례에서 내부자가 된 건축가의 예를 보자.

프랑스의 *Carrefour* 판례(Paris Tribunal de Grande Instance, October 15, 1976, Dalloz 1978, II, p 381)에서, 슈퍼마켓 건설 프로젝트에 종사하던 한 건축가가 그 회사의 사장이 다른 회사의 사장과 대합실에 있는 것을 보았다. 건축가는, 그 다른 회사의 사장이 쇼핑스토어(shopping store)에 흥미를 가지고 있다는 것을 보도기사(press article)로 읽었던 적이 있었다. 그는 그 다른 회사의 주식을 샀다. 두 기업 간의 합작 슈퍼마켓 투자(joint supermarket venture)가 공표되었고, 건축가는 주식의 가격이 상승하며 이익을 얻었다. 건축가는 내부자 거래 혐의로 유죄 판결을 받았는데, 이는 그가 일하는 현장에서 유리한 정보를 얻었기 때문이었다. 이는 거의 경계(borderline)에 있는 판례라고 할 수 있다. 건축가가 구체적인 조언이 아니라 직감에 의해서 투자를 했기 때문이다.

어려운 질문은, 어디에 선을 그어야 하는가에 대한 것이다. 특히나 눈에 불을 켜고 있는 금융 인쇄업자(alert financial printer)나 자본주의적 마인드를 가진 청소부 아주머니, 또는 카페에서 우연히 엿들은 웨이터와 같은 우연한 내부자(casual insider)와 관련해서는 더욱 어렵다. 내부자가 회사와 관련하여 특별하게 특권을 지닐 수 있는 위치에 있고, 그로 인해 信認의무(fiduciary duties)를 지고 있는가를 판단해야 한다. 내부정보(insider information)와 (장려되어야 하는) 독자적인 조사에 의하여 얻은 정보 사이의 경계선은 반드시 명확하지는 않다.

EU의 Mad 2003은, 이사(directors) 등의 직위 덕분에 정보를 수령한 자들, 이와 마찬가지로 주주들과 "직장, 직업 또는 직무" 등에 의하여 정보를 얻은 자들을 규제의 대상으로 포착한다. 제2조 제1항 참조. 내부자가 될 수 있는 잠재적 목록에는, 회사 임직원, 회계감사인, 변호사, 은행원, 증권 애널리스트(security analysts), 중개업자(broker), 인쇄업자, 정부 공무원, 물품공급자, 조세당국(tax authorities), 규제기관 등이 있다.

미국의 판례법에서는 사무직 직원과 고용주(employer) 및 중개업자(brokers)를 포함했지만, 금융 인쇄회사의 직원(employee)을 포함하지는 않았다. *Chiarella v US*, 445 US 222 (1980) 판례 참조. (범법행위는 아니었지만, 직원은 얻은 이익을 반납해야 했다.) 그러나 *SEC v Materia*, 745 F 2d 197 (2d Cir 1984) 판례에서, 인쇄소 직원은 배상책임이 있다고 판결했다. 이 판례와 별개로, 미국에서는 그 직원(employee)이 예를 들면 고용계약(contract of employment) 등에 근거하여, 통상 그렇듯이 비밀유지의무(confidentiality duty)를 지고, 따라서 정보의 부정사용이라고 말할 수 있는지 여부가 기준이 된다.

정보 흘리기(tipping)

주식정보 흘리기(tipping)란, 내부정보(insider information)를 주고받는 것이다. 정보수   **24-26** 령자(tipper)는 내부정보를 가진 내부자가 될 것이다. 일반적으로 주식 정보 흘리기는 금지되어 있는데, 신뢰에 금이 가는 행위일 뿐 아니라, 주식시장에 참여하고 있는 다른 사람들에 비해 정보수령자에게 부당한 이익을 주는 것이기 때문이다. 기업은 사실상 애널리스트(research analyst)에게 기업에 관한 미공개 정보를 줄 수 없다. 즉, 모든 정보가 일반 대중에게 먼저 공개되어야 하는 것이다.

Elkind v Liggett and Myers, 635 F 2d 156 (2d Cir 1980) 판례에서 법원은, 기업의 어떤 임원이, 수익에 관한 특정 정보를 증권 애널리스트에게 제공한 경우에, 거래에 악용될 것이 합리적으로 예상되고, 실제로 악용되었기 때문에, 임원은 배상책임을 지게 된다는 판결을 내렸다. 또한, 법원은 "애널리스트의 리포트의 발표 전, 사전 리뷰(pre-release review)는 리스크가 있고, 위험이 따르는 것"이라고 판결했다. 왜냐하면, 회사가 애널리스트 리포트와 그로 인한 정보 흘리기에 암묵적 승인을 주는 것으로 보이면, 투자자들이 오해하도록 유도할 가능성이 높기 때문이다.

SEC v Dirks, 463 US 646 (1983) 판례에서, 한 증권 애널리스트가 Equity Funding Corporation of America의 은퇴한 중간급 직원으로부터, 회사 내 가공의 보험증권 (fictitious insurance policies)에 엄청난 사기가 있다는 정보를 얻었다. 그는 특정 직원들로부터 소문을 확실하게 확인했으며, 그와 아는 사이로 보이는 기관 투자자에게 정보를 유포했고, 대부분이 주식 보유분을 팔았다. 그는 외부 회계감사인과 월스트리트 저널(the

Wall Street Journal)에도 알렸다. 미국 대법원은 애널리스트 Dirks가 법적 책임이 없다는 판결을 내렸다. 회사의 직원 역시 信認의무(fiduciary duty)를 위반하지 않았고, 따라서 정보수령자(tippee)인 애널리스트가 부적절한 행동에 연루된 것도 아니었다.

프랑스의 *Pechiney* 판례(Court de Cassation, October 25, 1995, Bulletin Joly Bourse March April 1996, p 120)에서, Pechiney는 미국 회사인 Triangle을 인수하는 협상을 했다. 이 협상에 참여한 정부 관리는, 정보수령자(tippee)에게 거래에 대한 정보를 흘렸고, 이 정보수령자는 또 다른 두 명의 2차 정보수령자(sub-tippees)에게 정보를 흘렸다. 모든 정보수령자가 거래를 했다. *판결*: 정보제공자(tipper)는 고의로 제3자가 거래를 할 수 있게 했기 때문에 유죄이다. 인수대상회사(target)의 자문업자(adviser)도 친구에게 정보를 흘렸기 때문에 파리 항소법원(Paris Court of Appeal)에서 유죄판결을 받았다.

변호사나 회계사 등에게 이야기하는 내부자(insiders)는 정보를 흘리는 것(tipping)이 아닌데, 이는 그것이 업무상의 과정이기 때문이다. 만약 정보공개가 정상적이거나 업무상 적합하게 진행되었고, 정보수령자가 비밀유지에 동의(보통 거래에 참여하지 않을 것을 요구함)를 했다면, 물품 공급자, 대주(lenders), 대출채권의 잠재적인 양수인(potential transferees of loans), 노동조합 대표(labour representatives), 잠재적인 인수합병 참가자, 증권인수인(underwriter), 신용평가기관(credit reference agencies) 등이 합법적인 정보수령자(legitimate tippees)가 될 수 있다. 그럼에도 불구하고, 그들은 내부자가 될 것이고, 따라서 증권 거래를 할 수 없고 다른 사람에게 정보를 유출해도 안 된다. 대출채권을 양도하는 은행이 양수인 후보(proposed transferee)에게 내부정보를 유출한다면, 정보 흘리기(tipping)가 될 수 있는지를 검토해 보자.

내부 정보(inside information)

24-27   **정보는 중요한 것이어야 한다**(Information must be material)   일반적으로 내부 정보는, 만약 정보가 공개되었다면, 증권의 가격에 지대한 영향을 미치거나 관련 파생상품의 가격에 영향을 미칠 것으로 보이는 정보다. 일반적인 예로는 인수 제안(proposed take-over offering), 재정상황에 영향을 주는 뉴스(호재와 악재)가 있다.

문제는 ⓐ 특정 정보, ⓑ 소문이나 추측에 근거한 예측, ⓒ 상업적 또는 경제적 트렌드나 비즈니스에 대한 연구 및 사실 조사 사이에 구분선을 긋는 일이다. Mad 2003은 정보가 "정확한" 것이어야 하며, 한 명 이상의 발행인(issuers) 또는 금융상품

(financial instruments)과 관련이 있을 것을 요구한다. (그러나 일반적인 경제 전반에 대한 것은 아니다.) 제1조 제1항 참조.

Re Cady Roberts & Co, 40 SEC 97 (1961) 판례. 한 중개업자(broker)가 이사(directors)로부터 배당금이 줄어들 것이라는 소식을 들었다. 그 정보가 대중에게 공개되기 전에 그 중개업자(broker)는 고객을 위해 그 회사의 주식을 팔았다. *판결:* 중개업자(broker)가 그의 고객을 위해 최선을 다해야 할 상충되는 의무를 가지고 있었기는 하지만, 그럼에도 배상책임이 있다.

SEC v Texas Gulf Sulphur Co, 401 F 2d 833 (2d Cir 1968) 판례. 이 미국 SEC의 행정심결(SEC administrative decision)에서, 회사의 임원과 직원이 회사 토지의 시굴(exploratory drill)에 의해서, 고품질의 암석이 발견될 수 있을 것으로 보인다는 미공개 정보를 얻은 후에, 회사의 주식을 취득하여 매우 큰 이익을 얻었다. 그들은 배상책임을 부담하게 되었다.

Investors Management Co, 44 SEC 633 (1971) 판례에서, 항공기 제조사가 社債券(debenture) 발행의 인수인 역할을 하고 있던 중개업자/매매업자에게, 최근의 이익이, 이전에 공개된 예측자료보다 훨씬 더 적다는 것을 이야기했다. 매매업자의 인수 부서는 정보가 공개되기 전에 영업 부서에 이를 말했고, 영업 부서는 주요 기관고객들에게 이를 알려서 고객들이 다량의 주식을 처분했다. 법원은 매매업자가 법적 책임이 있다고 판결했다.

네덜란드에서는, *Flexovit* 판례(Mark Stamp, Linklaters, International Insider Dealing, City and Financial Publishing 2005 p 319에서 인용)에서, 내부자가, Flexovit 社와 다른 회사 간의 인수, 협력계획에 대해 알고 있었다. 당시 루머에 따라서 이러한 상황에 대해 작성된 보고서가 발간되었다. Flexvoit 社의 주식은 18%가 올랐다. 보고서 발간 이후, 내부자가 Flexvoit 수식을 샀다. 법원은 내부자 거래라고 판결했다. 내부자가 가지고 있던 구체적인 정보는 여타의 루머보다 영향력이 있었으며, 이것이 알려졌을 경우에는 주식가격이 훨씬 많이 상승할 것이라고 예측되었다.

Eaux－Dumez 판례(Paris Court of Appeal, March 15, 1995, Bull. Joly Bourse,May?June 1995 p 181)에서, 이사(director)는 손실에 관한 정보가 드러나게 된(revealed) 이사회의 점심식사 이후, 아내를 대신하여 주식을 팔았다. 그는 언론이 이미 손실 가능성을 보도했다고 주장했다. 법원은 그가 유죄라고 판결했다. 언론보도는 단순한 예측이었으며, 이사는

점심식사에서 얻은 정확한 정보에 근거해 주식을 팔았다.

영국의 행정소송 판례인 *Arif Mohammed v FSA*, Financial Services and Markets Tribual decision of March 29, 2005 판례에서, 모하메드는 회계법인에 고용된 회계사로 런던상장회사(London listed company)의 회계업무에 투입되었다. 그는 당시에 그의 전문적인 업무과정에서 사업부의 매각이 확실시된다는 것을 알게 되었고, 그 회사의 주식을 샀다. 법원은 이 거래가 정보오용에 기반한 시장남용(market abuse)이라는 영국 FSA의 결정을 유지했다. 모하메드는 논란이 되고 있는 특정 사업부의 매각 건은, 이미 널리 퍼진 루머이기 때문에 내부정보를 이용한 거래가 아니라고 주장했다. 법원은, 정보가 대중에게 공개되기 위해서는 정보가 정확해야만 하는데, 루머는 충분히 정확한 것이 아니라고 판시했다. 그러므로 그 정보는 일반적으로 얻을 만한 것이 아니라는 것이다.

만일 승객이 기차를 타고 불타는 공장을 지나가다가 중개업자(broker)에게 전화를 하여, 그 공장의 소유주의 주식을 팔라고 한다면, 승객은 일반적으로 얻을 수 있는 정보에 의해서만 행동을 하고 있는 것이다. 이와 같은 정보는 합법적인 수단, 즉, 일반적인 사건의 관찰을 통해 얻어진 것이기 때문이다.

24-28   그렇다면, 여기서 발생하는 또 다른 문제는 공표 정도가 될 것이다. 정보는 내부자가 거래를 하기 전에 시장에 유포되어야 하는데, 그렇지 않으면 시장이 정보를 받아들이기도 전에, 내부자가 정보를 공개하고 바로 거래를 할 수 있기 때문이다.

미국 판례법에서는, 주식시장이 정보를 받아들일 충분한 시간을 가져야 한다고 권고하고 있다. 더 나은 조언은, 거래량이 많은 주식의 경우 하루 정도 기다리는 것이 적합하다는 것이다. 거래량이 적은 주식의 경우는 조금 더 기다리는 것이 적절할 것이다.

특히 중요한 정보는, 발행인들이 투자자들로 하여금 뉴스에 반응할 수 있는 시간을 갖도록, 증권거래를 잠시 중단시키는 것이 바람직할 것이다.

거래가 금지되는 증권(securities covered by the prohibitions)

24-29   미국 이외의 국가에서는, 내부자 거래 규제의 범위는 공개된 증권이나 상장 증권, 또 이러한 증권에 관련한 파생상품으로 한정되는 것이 일반적 경향이다. 예를 들어 Mad 2003에서는 그렇다. 이 같은 한정은 일반 공중이 참여하는 시장에 한해 형사적으로 거래를 금지한다는 취지이다.

일반적으로 유통되고 있는 증권에 관련된 것이라면 상대거래 파생상품에서도 규제의 대상이 되는 것이 보통이다. 그렇지 않으면 내부자는 가격이 오를 것으로 생각하는 주식에 대한 매수 옵션(option)을 얻음으로써 규제를 잠탈할 수 있게 되어버리기 때문이다.

제재(sanctions)와 집행(enforcement)

제재(sanctions)는 형사, 행정, 민사 제재일 수 있으며, 또는 이 모두에 해당할 수 있다. 24-30

어떤 형태의 제재든, 내부자의 특정(identifying)과 필요한 증거개시(discovery)를 획득하는 일에 어려움을 겪는다. 특히 내부자가 외국에서 은행을 통해서 거래를 하면서 그 은행이 외국의 영장(foreign subpoenas)에 대하여 은행고객 비밀보호(bank secrecy)의 항변을 하는 경우에는 곤란하다.

민사 책임에 대해서는 많은 경우 내부자 거래자(insider dealer)와 주식시장에서의 그 거래상대방 간에 아무런 관계가 없는 것이 문제가 된다. 내부자(insider)가 거래한 시점과 내부정보가 공표된 시점 사이에도 많은 거래가 이루어지고 있으며, 그 중에서 어느 당사자가 내부자(insider)와 거래했는지를 특정하는 것은 불가능하다. 만약 내부자가 주식시장의 모든 당사자의 손실에 대해 배상책임(통상 정보의 유무에 의한 주식 가격의 차액)을 진다면, 배상책임은 거대해져서 위반 행위와의 균형을 잃게 될 것이다.

민사상 손해배상책임(civil damage)도 발생하는데, 예를 들어 미국(불법적인 거래로 얻은 이익이나 회피한 손실의 3배), 호주, 한국, 홍콩, 캐나다 온타리오 주 등이며, 손해배상액은 통상적으로 내부정보를 공개한 경우와 공개하지 않은 경우 증권 가격의 차액이다. 호주에서는 규제기관이 투자자를 대신해 제소할 권리를 가진다.

소극적 이익(negative profits)

일반적으로, 증권을 보유하는 내부자가 내부정보 덕분에 증권을 매도하지 않았으며, 이로써 손실을 회피하게 되는 경우, 원래 매도 의지(intent to sell)를 가지고 있었는데 나중에 내부정보로 인해 매도 의지가 없어졌다는 것을 증명하기가 어렵기 때문에 배상책임을 지우는 것은 실제로는 어렵다. 이 때문에 투자자는 석유가 발견되 24-31

었다는 소식을 듣고 나서도 매도주문을 취소할 수 있다.

예외(exemptions)

24-32   대개 많은 거래들이 내부자 거래의 규제로부터 제외되어 있다.

24-33   **안정조작**(stabilisation) **및 자사주 매입**(buy-backs)   단락 24-15 참조.

24-34   **정당한 직무수행상의 정보공개**(disclosure in the normal course of duties)   단락 24-26
참조.

24-35   **강제되는 거래**(forced trading) **또는 그 이외의 정당한 이유**(alternative legitimate reasons)
거래자가 내부정보를 얻기 전에, 자신의 의무를 다하는 과정 중에 거래하는 것은 종
종 면책사유가 된다. 거래가 내부정보에 의해 이루어진 것이 아니기 때문이다. 이것에
의해 인수약정(underwriting commitment)이 보호된다.

때때로, 만일 내부자가 이전에 미리 예정된 거래(pre-programmed trades)에서와 같
이 내부정보를 알지 못했어도 똑같이 거래를 했을 것이라고 증명할 수 있다면, 비
록 거래를 해야만 하는 법적인 의무를 수행하는 과정 중에 있지 않아도, 내부정보
를 가지고 있는 상태에서의 거래가 합법적인 경우도 있다.

프랑스에서는, 통상은 정당한 사유(alternative reason)로 인정되기 위해서는, 거래
가 아무래도 필요했던 것, 어쩔 수 없는 것이어야 한다.

Pariente / Naf 판례(Paris Court of Appeal, October 26, 1999, Bulletin Joly Bourse,
April.May 2000, p 153)에서, 한 회사의 매니저는, 이익이 이전 예측과 다르다는 것을 알
고 주식의 일부를 팔았다. 그는 상당한 은행대출을 상환하기 위해 주식을 팔았다고 이야
기했다. 그는 이전에도 주주들의 동의 하에 주식을 팔았으며, 이번에도 지분의 20%만을
판 것이었다. 법원은 사실에 근거하여 보았을 때, 내부정보는 거래의 결정적인 이유가 아
니었기 때문에, 매니저의 형사상 죄에 대해서는 무죄를 선고했다. 그러나 행정법규위반
(administrative offence)으로 벌금을 물었다. 파리 항소법원(Paris Court of Appeal) 1997년 5
월 13일 판례 참조. 행정법규위반과 관련하여, 프랑스 법원은 대출상환 문제와 다른 부
차적인 이유들을 모두 내부자 거래에 대한 부적절한 변녕이라고 판시했다.

정보의 평등(equality of information)　　내부정보를 가진 사람이 다른 사람에게 이를 공 24-36
개하고, 그 사람과 함께 거래를 하는 경우는 종종 내부자 거래가 아니다. 이에 대한
변론은 주로 "정보의 평등함" 항변으로 불린다. 인수인들(underwriters)은 공유된 내부
정보를 이용해 인수인들 간에 거래를 할 수 있다. 이는 또한 대출채권의 양도(loan
transfer) 역시 보호해준다. 내부정보 수령인(recipient)의 경우 비밀유지의무
(confidentiality obligation)하에 있어야 한다.

발판취득(stake-building) **및 인수**(takeovers)　　발판취득(stake-building)은, 인수 전에 다 24-37
량의 주식을 보유하기 위해 회사와 그 대리인(those acting for it)에 의한 주식매수행위
다. 발판취득은 EU의 경우에서와 같이 통상 보호되지만, 예외(exemption)의 범위는
매우 복잡하다.

　　1980년대 후반에 있었던 프랑스에서의 Lois vuitton-Moët Hennessy社의 인수 전
(takeover battle)에서, 두 경쟁 진영은 인수대상회사(target)의 이익이 증가하는 것에 관한
내부정보를 알고 있는 동안 인수대상회사 주식을 사들였다. 규제기관은 본 거래가 발판
취득(stake-building)이라고 결론지었으며, 형사소추를 하지 않았다. (Bull. COB no 225,
May 1989, pp 4-6).

　　Caisse Centrale de Credit Cooperatif (Paris Court of Appeal, September 11, 2001,
Bulletin COB no 360 September 2001 p 9) 판례에서, 인수대상회사(target)에 대한 인
수세안(offer)을 알고 있는 회사가, 그 인수제안(offer)이 발표되기 전에 그 인수대상회사
(target)의 주식을 대량 매수했다. 이 회사는, 그것은 제3자로부터의 입찰(bid)에 대한 대
비책(defence)으로써 인수대상회사(target)와의 파트너십(partnership)을 형성하기 위한 전
략의 일환이었다고 주장했다. *판결*: 행정벌의 대상이 되는 내부자 거래(insider dealing)다.
예를 들어 인수대상회사와 협의한 어떠한 증거도 없었기 때문에, 법원은 이 회사의 주장
을 회의적으로 보았다. 결국 내부자 거래를 정당화하기 위해서는 회사의 이익에 관한 설
득력 있는 증거가 제시되어야 한다.

관리 계좌(managed accounts)　　내부자인 고객이, 투자 매니저에게 투자계좌를 관리 24-38
할 수 있는 재량권을 주었고, 매니저가 고객이 내부정보를 가지고 있는 증권을 거
래를 했다면, 매니저와 고객 둘 다 책임을 면할 수 있다. 왜냐하면 매니저는 내부자
가 아니며, 고객은 내부정보를 이용해서 거래를 한 것이 아니기 때문이다.

이와 유사하게, 내부정보를 가진 고객을 위해서 거래를 하는 중개업자(broker)가 고객의 주문이 내부정보에 의한 것이라는 사실을 몰랐다면, 이에 대한 책임을 지지 않는다. 만약 중개업자(broker)가 내부정보(inside information)를 가지고 있고, 고객은 그렇지 않을 경우, 중개업자(broker)는 고객으로부터 구체적인 주문(order)을 받아 실행할 수 있지만, 고객에게 내부정보를 알려서는 안 되며 거래에 영향을 미치게 해서도 안 된다.

24-39   **정보교류차단벽**(Chinese walls)   정보를 가지고 있는 자와 거래를 하는 자 사이에는 정보교류차단벽(Chinese wall)이 있다는 것은 자주 쓰이는 항변사유다. 만약 거래자가 정보교류차단벽 때문에 가격에 민감한 정보를 인지하지 못하고 있다면, 이는 많은 法域에서 내부자가 아니라고 본다. 단락 22-28 참조.

24-40   **지리적 범위**(territorial scope)   LPIF 시리즈 제7권 단락 27-07 참조.

회사를 위한 실무적 정책들(practical policies for companies)

24-41   이사(directors)나 직원의 입장에서, 내부자 거래를 일으키지 않게 하는 방지책으로서 검토되어야 할 것은 다음과 같은 것들이다.

① 교육, ② 자사주 매입에 대해 단기적인 이익 취득이 아니라 장기적인 투자를 실시하기 위해서는 매수와 매도 사이의 최소기간 설정, ③ 자사주에 관련된 공매도(short sales)나 옵션, 파생상품 거래를 하지 않는 것, ④ 결산이나 중간 결산의 결과 등 그 외의 중요한 정보 발표 전의 거래금지 기간(closed black-out period)의 설정, ⑤ 내부 정보 흐름의 제한, ⑥ 자사주의 거래 전 준법감시인(compliance officer)에게 통지 의무화, ⑦ 자사가 대규모 거래가 있는 회사(대규모의 매입처, 고객, 라이선스를 받은 회사(licencees))의 주식 거래를 삼가는 것, ⑧ 정보교류차단벽(Chinese walls) 등.

가격에 민감한 미공개 중요 정보를 애널리스트에게 제공해서는 안 된다.

Mad 1에서는 발행인이 내부정보에 접근할 수 있는 인원의 리스트를 만들도록 의무화하고 있다. 제6조 참조.

내부자 거래(insider dealing)에 **관한 더 상세한 내용**: LPIF 시리즈 제7권 제21장. 또한 Mark Stamp (ed) *International Insider Dealing* (2005, City & Financial

Publishing) 그리고 IOSCO, *Insider trading: How jurisdictions are regulated* (March 2003) 참조.

질문과 세미나 주제는, 제25장의 마지막 부분 참조.

제**25**장

금융감독과 자본적정성

도입(introduction)

25-01   이 장에서는 은행과 투자회사에 대한 금융감독에 대하여, 상업은행을 중심으로 기술한다. 이는 종종 건전성 감독(prudential supervision)이라고 불린다.

　　은행과 증권회사의 리스크의 차이에 대해서는 단락 20-24 참조.

　　금융감독의 주요한 포인트는 다음과 같다.

- 자기자본규제(capital adequacy) - 은행이 그 익스포저(exposure)[1]에 대해 어느 정도의 자기자본을 가지고 있어야 하는지

- 유동성(liquidity) - 은행이 가지는 현금과 증권, 예금의 반환, 대출의 상환, 대출을 공여하는 의무를 이행하기 위한 차입이 가능한 능력

- 거액 익스포저(large exposure) - 대규모의 대출을 특정한 그룹에게 제공하는 것에 의한 리스크의 집중

- 시스템과 내부통제 - 리스크를 모니터하기 위해 갖춰야 하는 절차

25-02   자본유동성이나 기타의 재무 자원(financial resource)의 요건에 대하여 수많은 규제 제도가 있다. 그것은 규제업종에 따라 다양하게 다르다. 은행(고객에 대한 채무자),

---

1) 역자 주) 보유한 자산이나 부채 중에 가격변동의 위기에 처해 있는 부분의 비율

증권 중개업자(securities broker), 커스터디언(custodian)(자산을 신탁으로 보관), 투자은행, 투자자문사(investment adviser)(고객의 자산을 보관하지 않고, 고객의 채무자도 아님)인지에 따라서 다르다.

예금을 모아서 대출을 제공하는 상업은행과, 일반인들로부터 예금을 받지 않고 대출을 제공하지 않지만 증권을 취급하는 투자은행 간에는 큰 차이가 있다.

은행과 같은 유형의 익스포저를 가지지 않는 투자회사의 경우, 건전성 규제(prudential requirements)의 목적은 단지 필요할 때에 규율을 지키며 자신들의 영업(business), 고객의 자산 및 자금을 단계적으로 축소하거나 양도하도록 하는 것이다. 따라서 그 초점은 자본이 아니라 재무상의 요건(non-capital financial requirements)에 있다. 예를 들어, 전문가 배상책임보험(professional indemnity insurance), 고객의 금전이나 증권을 분리하여 신탁 관리하는 것 등이다. 자본요건(capital requirements)은, 단지 몇 주일의 관리비용을 조달할 정도의 최소한의 재무 자원을 보유할 것을 보장하는 매우 제한적인 목적을 가지고 있는 경향이 있다. 이것과 대조적으로, 은행의 건전성 감독은 은행의 지급능력을 가능한 한 확보하는 것이고, 채무의 변제기가 도래했을 때 그것을 변제할 정도의 현금이 있는 것(유동성)을 보장하기 위한 것이다.

리스크(risk)의 유형

건전성 감독(prudential supervision)의 목적에 비해서, 리스크는 다음과 같은 유형으로 분류된다. 25-03

- 신용리스크(credit risk) - 차주가 대출을 상환하지 않는 리스크

- 시장리스크(market risk) - 회사가 가지는 증권의 가격이 하락하는 리스크

- 유농성리스크(liquidity risk) - 회사가 궁극적으로는 지급능력이 있다고 하더라도, 수중에 있는 현금으로는 변제기가 도래한 채무를 변제할 수 없는 리스크

- 운영리스크(operational risk) - 예를 들어, 내부적인 사기, 외부로부터의 테러리스트의 공격 등

- 보험리스크(insurance risk) - 배상책임이 충분히 보험에 가입되어 있지 않은 리스크

• 그룹리스크(group risk) — 그룹 내의 기업의 파탄이 그룹 전체를 파탄시키는 리스크

자기자본규제(capital adequacy): 바젤 I, II

25-04 바젤자기자본협약(Basel Capital Accord of 2004–2005)(Basel II – "International Convergence of Capital Measurement and Capital Standards: A Revised Framework")은 국제 업무를 행하는 은행에 필요한 최저 자기자본금의 기준이다. 바젤협약은 스위스의 국제결제은행 (Bank for International Settlements)의 위원회인 바젤은행감독위원회(Basel Committee on Banking Supervision)에 의해 작성되었다. G10 국가의 중앙은행과 은행 감독당국에 의해 구성된 위원회에서 바젤 I이라고 불리는 최초의 기준을 작성했다. 바젤 I은 1996년에 수정되었다.

대부분의 法域에 있어서, 은행은 최저 자기자본금을 유지해야 하는 것이 요구된다. 자기자본은 한마디로 예측할 수 없는 손실이나 지급불능 상태에 대해 대비책 (cushion) 역할을 하는 것이다. 은행의 지급불능은 경제와 은행시스템에 대한 국민의 신뢰에 대해 큰 위협이 된다.

문제는 어느 정도의 자본금이 필요한지를 정하는 것이다. 만약 자본금 수준이 너무 낮으면, 은행은 큰 손실이 발생했을 경우에 이에 견딜 수 없어 도산하고, 아마도 은행시스템은 붕괴(melt down)되어 버릴 것이다. 이것이 시스템 리스크(systemic risk)다. 만약 자본금 수준이 너무 높으면, 자본비용이 여신비용을 끌어올려 유익한 대출도 제한하지 않을 수 없게 된다.

기본적인 비율은, 은행은 주식 또는 주식에 동등한 자본(share–like capital)을 적어도 대출 등 익스포저의 8%는 가지고 있어야 한다는 것이다. 이에 의해, 은행은 그 대출의 8%가 회수불능이 되어도 예금자나 기타의 채권자에게 손실을 입히는 것을 막을 수 있다. 즉, 최초의 손실은 주주가 부담하게 된다.

바젤협약은 각국의 은행 감독당국의 비공식적인 합의다. 각 감독당국은 자국에서 이것을 실시하며 다른 국가도 그 영향을 받을 것을 기대하고 있다. 구속력이 있는 법률은 아니다. 실행의 방법은 국가별로 다르다. 바젤 II에만 따르지 않고, 바젤 I과 바젤 II가 혼합된 경우도 있다. EU에서는 Capital Requirement Directive 2006[2])에 의

---

2) 역자 주) Directive 2006/48/EC of the European Parliament and of the Council of 14 June 2006 relating to the taking up and pursuit of the business of credit institutions (recast) (Text with EEA

해 모든 금융기관에 바젤 II가 적용되고 있다.

바젤 I의 결점　바젤 I에는 다음과 같은 결점이 있다.　　　　　　　　　25-05

- 리스크의 분류가 너무 조잡하다. 예를 들어, 일류의 AAA 등급 회사와 낮은 등급의 회사 모두 위험가중치가 100%로 나왔다. 부채에 시달리는 OECD 국가(sovereign)도 위험가중치가 0으로 나왔다. (멕시코나 터키도 영국이나 미국과 동일한 위험가중치가 된다.) 이것은 대출을 왜곡시킨다. 이런 분류의 단순함 때문에 국제적으로 신속한 기준의 채택과 준수에 편리했다. 당시 그것이 상당히 중요시되었다. 이 기준은 여러 형태로 100개 이상의 국가에서 채택되었다.

- 신용리스크와는 달리, 운영리스크는 감안되지 않았다. 운영리스크는 내부 통제나 기업지배구조(corporate governance)의 붕괴로 발생하는 리스크로, 정보시스템 관리나 직원의 사기나 법적 리스크 등, 금융면 이외의 관리의 실패를 포함한다.

- 신용리스크를 소멸시킬 수 있는 담보의 범위가 상당히 제한적이었다.

- 각국의 감독당국에 큰 재량권이 주어져 있었기 때문에, 국제적인 경쟁 조건이 공평하지 않게 되었다.

바젤 II의 3개의 근본원칙(three pillars of Basel II)

바젤 II는 3개의 "기둥"("pillars")이라고 불리는 다음과 같은 근본원칙에 입각하고 있다.　25-06

- **근본원칙 1**(Pillar 1) － **최소 자기자본 요건**(minimum capital requirements). 다음의 세 가지 유형의 리스크를 커버하기 위해 필요한 최소자기자본 요건을 정한 것이다.

  - **신용리스크**(credit risk) － 넓은 의미에서 차주가 은행에 대출을 상환하지

---

relevance). 이 지침은 2013년에 바젤 III를 반영한 Directive 2013/36/EU of the European Parliament and of the Council of 26 June 2013 on access to the activity of credit institutions and the prudential supervision of credit institutions and investment firms, amending Directive 2002/87/EC and repealing Directives 2006/48/EC and 2006/49/EC Text with EEA relevance 으로 개정되었다.

않는 리스크다.

- **시장 리스크**(market risk) – 채권이나 회사의 주식, 기타 은행이 가지는 투자상품의 가격하락의 리스크다. 이것은 주로 트레이딩계정의 자산(trading book assets)이다. 장기투자인 은행계정의 자산(banking book assets)이 아니라, 단기적으로 거래되는 증권 등의 자산에 적용된다.

- **운영리스크**(operational risk) – 넓게 은행이 직원의 사기나 시스템 장애, 테러리스트의 공격 등 내부·외부에 관계없이 어떠한 사고로 인해 은행이 손실을 입는 리스크다.

- **근본원칙 2**(Pillar 2) – **감독적 검사**(supervisory review). 이것은 감독당국이 어떻게 은행을 검사할지를 정한다. 감독당국이 은행이 자기 자신을 적절하게 감독하고 있는지를 검사하는 것이다. 4가지 원칙이 있다. ① 은행은 자기자본을 유지하기 위한 절차를 가지고 있어야 한다. ② 감독당국은 은행의 자본절차를 검토해야 한다. ③ 은행은 최저자기자본을 유지하면서 은행업을 운영해야 한다. ④ 감독당국은 초기에 대응할 수 있도록 빠른 시점에서 개입해야 한다.

- **근본원칙 3**(Pillar 3) – **시장의 규율**(market discipline). 은행에 대하여 상세한 정보공개 기준이 정해져, 자기자본충실의 정도에 대해 외부에서 비교할 수 있게끔 한다. 만약 은행의 자기자본이 충분하지 않을 경우에는, 이론상으로는 시장이 그 은행을 규율한다는 이치다. 예를 들어 그 은행의 차입금리가 올라가는 형태다. 시장이 감독당국의 업무의 일부를 넘겨받는 것이다.

근본원칙1(Pillar 1) – 최저 자기자본(minimum capital)

25-07 **서문**　근본원칙1(Pillar 1)은 은행이 스스로의 익스포저에 대하여 어느 정도의 자기자본을 가지고 있어야 하는지를 정하고 있다. 다른 것에 비해서 훨씬 상세하고 복잡하다.

　은행이 그 위험가중치 후의 익스포저의 8% 이상의 자기자본을 유지해야 하는 것이 기본적인 근본원칙1(Pillar 1)의 요건이다.

25-08 **자기자본**(capital)　자기자본은 대략 주식자본(equity share capital)과 일정한 하이브리

드(hybrid) 및 기타의 자금이다. 자기자본은 그 영속성에 따라서 세 계층으로 분류된다. 후순위 대출채권(subordinated loan)과 같이 그 채권자(creditors)보다 먼저 사채권자(holder)에게 변제해야 하는 자본(capital)은 주식자본(share capital)보다 안 좋다. 주식자본은 파산 시까지는 은행이 주주에게 반환할 필요가 없기 때문이다. 따라서 중심이 되는 제1계층(tier one)에는 납입된 주식(paid-up shares), 이익잉여금(retained profits), 기타 준비금(reserves)이 속한다. (이러한 것들은 적어도 제1계층의 50% 이상을 차지하고 있을 필요가 있다.) 반면에 제3계층은 단기(최장3) 2년)의 후순위 채권(subordinated debt)을 포함한다. 이것은 트레이딩계정(trading book)의 포지션(주로 증권의 보유)에만 이용가능하고, 은행계정(banking book)의 자본에는 산입되지 않는다. (트레이딩계정에 대해서는 단락 25-24참조)

위험가중치(risk weight)　　　필요한 자기자본액은 대출 등의 익스포저가 어느 정도의 　　**25-09**
위험이 있는지 위험가중치를 감안하여 산출된다.

　규제기관은 예를 들어 그 은행이 차주에게 공여한 대출(은행의 "익스포저")을 위험에 따라서 가중치를 매겨서, 이에 대한 8%의 자기자본을 요구한다. 만약 은행이 중간 정도의 위험이 있는 기업에 100의 대출을 공여하고, 그 유형의 차주의 위험가중치가 100%였을 경우, 은행은 8의 자기자본이 필요하다. 차주가 더 높은(즉 보다 신용력이 있는) 등급으로 위험가중치가 50%였을 경우, 은행이 필요로 하는 자기자본은 4가 된다. 만약 차주가 AAA(상당히 안전) 등급인 경우에는 위험가중치는 20%가 되고, 은행은 1.6의 자기자본으로 족하다. 반대로, 차주가 채무불이행의 가능성이 높은 위험가중치가 150%이라고 한다면, 필요 자기자본은 12가 된다.

　결국, 필요 자기자본의 산출식은 다음과 같다.

최저 자기자본 비율(capital requirement) × *대출의 미지급잔액*(outstanding amount of the loan) × *차주의 위험가중치*(the borrower's risk weight)

　따라서 50%의 위험가중치의 차주에 대하여 100의 대출에 대한 필요 자기자본은 　　**25-10**
다음과 같다.

---

3) 역자 주) 원서에서는 "minimum two years"라고 쓰여 있어서 최단 2년 이상이라고 해석할 수 있지만, 이것은 maximum two years 의 오기인 것으로 보인다.

$$\frac{8}{100} \times 100 \times \frac{50}{100} = 4$$

기타의 계산은 모두 이 기본적인 공식의 변형(variations)이다.

위험자산비율(risk asset ratio)은 은행의 위험가중자산(risk weighted assets, RWA)에 대한 순자기자본(net capital)의 비율이다. 예를 들어, 1:10이라는 것은 위험가중(risk weighted) 익스포저에 대해 10%의 자기자본이 있다는 것이다.

국제적으로 활동하고 있는 대부분의 은행들이 규제의 최소요건을 초과하는 위험자산비율(risk asset ratio)을 가지고 있다. 이것은 만일의 경우를 위한 대비이고, 또한 그렇게 하는 편이 시장으로부터 자금을 차입(borrowings)할 경우에 낮은 금리로 조달할 수 있다. 또한 주식의 안전성이 높다고 생각되기 때문에 주식자본(share capital)도 조달하기 쉬워진다. 실제로, 규제기관은 10% 등, 보다 높은 비율을 목표 비율(target ratio)로 설정하는 경향이 강하다. 만약 은행이 그 목표 비율(target ratio)을 하회했을 경우, 그 은행은 8%라는 최저한의 트리거 비율(trigger ratio)로 떨어지지 않는지를 감시 받게 된다. 트리거 비율을 하회했을 경우, 규제기관이 개입하여, 회복할 때까지 영업을 중지하거나, 최악의 경우는 은행을 폐쇄시키게 된다.

바젤 I과 달리, 바젤 II에서의 위험가중치(risk weight)는 대출기간 중에 변화한다. 모든 익스포저는 적어도 1년에 한 번씩 재평가 되어야 한다. (특정 고위험 익스포저는 보다 자주 재평가 되어야 한다.) 또한 새로운 정보가 있을 경우에도 재평가 된다. 이 때문에, 은행과 차주 간의 대출계약에 마진 래칫(margin ratchet), 즉 차주의 등급의 저하에 따라 이자율이 올라가는 것이 보다 빈번하게 발생한다.

25-11   **정교한 정도에 따른 계층**(ladder of sophistication)   바젤 II에서는 신용리스크, 시장 리스크, 운영리스크를 위한 자기자본의 계산방법의 메뉴가 준비되어 있다. 정교하지 않은 은행에 대해서는 규제기관이 계산식을 정한다. 은행이 정교할수록, 스스로 위험가중치(risk weight)를 정하여 전체 필요 자기자본이 적어지게 된다.

이 사다리표는 다음과 같다.

정교한 국제적인 은행은 고급 내부등급법(advanced internal rating based approach)이 가능하고, 신용리스크를 규제기관에 의해 결정지어지는 것이 아니라, 스스로 익스포저의 위험에 대하여 내부에서 등급을 평가한다.

신용리스크: 표준방법(standardized approach)

이것은 기본적이고 단순한 공식적인 방법이다. 보다 정교한 방법을 채택할 수 없는 은행이 사용한다.　　　　　　　　　　　　　　　　　　　　　　　　　　25-12

　채무자의 유형과 각각의 위험가중치(risk weight)의 예는 다음과 같다.

정부 및 중앙은행	등급에 따라서 0%~150%
공공 기관(public sector entities)	지방은행 또는 정부와 동일
다자개발은행(multilateral development bank) (세계은행 등)	은행과 동일. 단, 힘 있는 다자개발은행은 0%
은행 및 투자회사	20%~150%. 다만, 국가정부의 위험가중치 보다는 높다. 이것은 정부가 지급불능일 경우 통상 그 국가의 은행도 지급불능이 되기 때문이다.
사기업(corporates)	20%~150%
소매 대출(retail loans) (소규모 기업에의 대출을 포함)	조건에 따라 75%
주택담보대출(residential mortgages)	35%
상업저당대출(commercial mortgage lending)	100%. 단, 담보물의 가치가 높고 과거에 손실(loss)을 발생한 적이 거의 없는 경우에는 50%

연체 자산(overdue assets)	자산에 따라서 100%~150%
중층적인 자산유동화 SPC의 발행증권	상품에 따라 다르지만, 사기업의 위험가중치 보다 높은 경향이 있다.
기타 자산	100%. 다만 금(gold)은 0%

25-13   **대차대조표에 기록되지 않는 부외자산**(off balance sheet)**의 익스포저**   부외자산(off balance sheet)의 익스포저에는, 고객의 제3자로부터의 차입에 대하여 은행이 발행한 보증장(guarantees) 또는 스탠바이L/C(standby letters of credit), 은행과 차주 간의 대출약정(commitment) 계약에서의 미인출액(undrawn loans) 등이 포함된다. 이러한 익스포저는 예를 들어 은행이 보증 이행청구를 받았을 경우나 차주가 대출의 인출을 행했을 때 직접적인 익스포저로 변경된다. 즉, 이러한 로비에서 기다리는 상태의 익스포저는 장래에 리스크가 되어 자기자본을 필요로 하게 된다.

이것에는 "신용환산율"("credit conversion factor")이 적용되어, 이에 의해 우발적인 익스포저가 실제의 익스포저로 변경될 리스크가 어느 정도는 반영된다. 예를 들어 1년 동안에 차주가 100의 대출을 인출할 수 있는 대출약정을 은행이 설정했을 경우, 아직 실제로는 대출금이 인출되지 않았다고 하더라도, 이후 전액 대출될 리스크가 있다. 신용환산율(credit conversion factor)은 이 장래적인 리스크를 반영하여, 이 경우 20%가 되어, 완료된 대출에 비해 필요 자기자본은 상당히 적어진다.

필요 자기자본의 금액을 계산하는 공식은 다음과 같다.

필요 자기자본 비율 요건(capital requirement) × *명목상 원금*(nominal principal) × *신용환산율*(credit conversion factor) × *고객의 위험가중치*(customer risk weight)

25-14   신용환산율(credit conversion factor)은 다양하지만, 예를 들어 다음과 같다.

- 보증 등 직접적 대출의 대체물 – 100%

- 1년 초과 인출되지 않은 대출약정(undrawn commitments) – 50%

- 1년 이하 인출되지 않은 대출약정(undrawn commitments) – 20%

- 은행이 통지 없이 무조건으로 해제할 수 있는 대출약정(commitments) – 10%

보증이나 그 유사물을 제외하면, 위와 같이 낮은 위험을 반영하는 신용환산율 (credit conversion factor)이기 때문에, 필요 자기자본은 통상의 액수보다 적어진다. 보증의 위험은 실질적으로는 대출을 직접 공여할 경우와 동일하다. 대출약정을 했지만 인출되지 않은 대출(committed but undrawn loan)의 위험은 적게 계산된다. 통상 차주의 재무상태의 악화에 따라서, 은행은 채무불이행 사유(event of default)로 대출약정(commitment)을 해제(cancel)할 수 있기 때문이다. 長期(longer period)의 먼 미래에 대한 예상일수록 위험하기 때문에, 1년 이상의 대출약정(commitments)에 관한 신용환산율(credit conversion factor)은 보다 높아진다.

장외파생상품(OTC derivatives)　　조직화된 거래소(organised exchange)를 통하지 않고 사적으로 "장외"("over−the−counter")에서 직접 거래하는 파생상품을 말한다. 외환 (foreign exchange), 증권, 귀금속, 원자재(commodities)와 연관된 금리 스와프(interest swaps), 옵션, 선물(futures) 거래 등이 있다.　　　　　　　　　　　　　　　　25-15

이러한 거래의 익스포저는 일반적으로는 상대방이 채무불이행(default) 하는 경우에 그 거래를 다른 계약으로 대체할 때 발생하는 비용이다. 손실(loss)을 계산해야 한다. 이 비용(cost)은 계약의 현재 시장가치를 계약 가격(contract value)과 비교함으로써 구해진다. 이 평가는 "일일정산"("mark to market")이라고 불린다. 예를 들어, 매도인이 증권을 100으로 파는 것에 합의했고, 그 계약의 시가가 그 후 80으로 하락했을 경우, 만약 매수인이 채무불이행하면(defaults) 손실(loss)은 20이 된다. 매도인이 20의 익스포저를 가지게 되고, 그 만큼의 자기자본이 필요하게 된다.

익스포저는 그 거래를 일일정산(marking)하는 것에 의해 구해지는데, 이에 파생상품(derivative)의 잔존기간 및 기초자산(underlying asset)의 위험도를 반영하기 위한 추가적인 "애드온"("add−on")(0%에서 15% 범위)이 더해지고, 또한 상대방의 신용위험 가중치(credit−risk weighting)가 반영된다. 따라서 익스포저는 애드온만큼 커지게 된다. 계약이 長期일수록 애드온은 더 커진다. 장기간 먼 미래를 예상하는 것은 보다 더 위험하다. 예를 들어 5년의 예상은 1년의 예상보다 위험하기 때문에, 5년의 잔존기간이 있는 파생상품(derivative)은 보다 더 많은 자기자본을 필요로 한다.

신용리스크의 경감: 일반

은행이 신용리스크 경감을 위해서 사용하는 방법은 다음과 같다.　　　　　25-16

- 대출 등에 대한 제3자에 의한 **보증**(guarantees), 또는 신용파생상품(credit derivative)(단락 26−23에서 설명)과 같은 보증 등가물(guarantee equivalent). 보증과 그 등가물은 해지할 수 없을 것(irrevocable) 등 일정한 요건을 충족해야 한다. 고급내부등급법(advanced approach)에서는 은행은 스스로 리스크 평가를 할 여지가 보다 더 커진다.

- **담보**(collateral)(담보권(security interests))

- **넷팅**(netting). 동일한 당사자들 간의 거래는 넷팅이 가능할 경우가 있고, 그러기 위해서는 해당 法域에서 넷팅이 법적으로 유효해야 한다. 만약 한편의 당사자가 다른 한편에 대해서 20의 익스포저를 가지고, 다른 한편의 익스포저가 동일하게 20이라면, 양자의 익스포저는 0이 된다. 다만 이것은 도산 시의 넷팅이 허용될 경우이다. 넷팅에 대해서는 제14장 참조.

은행이 자신의 대출에 제3자로부터 보증을 받고 있고, 차주로부터 담보를 제공받고 있고, 상대방의 도산 시에 넷팅(netting)을 할 수 있으면, 고객의 미지급(non−payment) 리스크가 경감된다. 따라서 대출의 리스크는 경감되지만, 그래도 보증인이나 담보물의 평가에 대한 리스크는 감안할 필요가 있다.

신용리스크의 경감: 담보(collateral)

25-17   표준방법(standardised approach)에서, 프로젝트 파이낸스(project finance)(단락 25−18 참조)나 주택담보대출(home mortgages) 등과 같은 특별한 금융 이외의, 통상의 상업은행에 의한 담보부 대출에 대해서는 바젤 규칙(Basel rules)은 그다지 고려하지 않는다. 특별히 위험가중치(risk weight)가 경감되는 담보물의 유형은 금융시장에서 담보물로 이용되고 있는 자산이다. 주로 현금이나 높은 등급의 증권이다.

이것은 아마 다음과 같은 이유 때문이라고 생각된다. ① 이러한 담보들은 매일매일 가치평가(value on a daily basis)가 용이하다. 다만, 중소기업이 그 주거래은행(house bank)에 제공하는 포괄 담보권(universal security)은 그렇지 않다. ② 금융 담보물은 그 가치가 하락할 경우에는 통상 추가로 담보물을 제공해야 한다. ③ 대부분의 선진국 法域에서는 금융시장의 담보권에 대한 계약 규정을 유효하게 하는 특별법이 존재해, 도산 시의 자산 동결, 우선권 있는 무담보 채권자(unsecured preferential creditors)의 우선순위, 법원의 명령 없이는 담보물 처분의 제한 등, 다른 일반의 담보권에 영향을 미치는 많은 제한에 대하여 특별히 예외가 인정된다.

용어로서는, **일일정산**(marking-to-market)이라는 것은 담보물을 시장가격에 의거하여 평가하는 것이다. **증거금**(margin)이라는 것은 채무를 담보하는 데에 필요한 담보의 액수를 의미하며, 예를 들어 대출의 120% 등과 같다. 예를 들어 증권거래소에서 거래하는 사람은 대부분의 경우, 손실(losses)을 담보하기 위해서 브로커에게 증거금을 지불해야 한다. 증거금은 통상 현금이다. 증거금에는 2종류가 있다. 거래 개시 시의 개시증거금(initial margin)과 익스포저 증가 시의 변동증거금(variation margin)이다. 증거금을 표현하는 또 다른 방법은 **헤어컷**(haircut)이다. 헤어컷은 담보물의 시장가치의 하락분이다. 그 금액은 변동성(volatility), 환율(currency)과 같은 요소에 따라 달라진다. 예를 들어 시장가격이 100인 증권에 대해서 어느 정도의 담보가 필요할지를 계산할 경우, 80으로의 가치하락에 대해서 20의 헤어컷이 적용된다. 헤어컷의 목적은 장래 있을 수 있는 담보가치의 하락을 반영하는 것이고, 안전을 위한 여유분이다.

담보물의 종류별로 위험가중치(risk weight)를 산출하는 방식에는 다양한 것이 있다.   25-18 담보에 적격한 것은 일정한 유형의 자산에 한정된다.

- 현금 − 은행예금(리스크는 예금은행의 리스크)

- 금(gold)

- 채무증권(debt securities) − 정부에 대해서는 **BB−** 등급이거나 그 이상, 기타의 발행인에 대해서는 **BBB−** 등급이거나 그 이상

- 은행발행의 선순위 채무증권(senior debt securities) − 공인된 거래소에 상장되어 있고 후순위화(subordinated) 되지 않은 것. 등급의 유무는 관계없음. (단지, 담보를 보유하는 은행이 그 증권이 **BBB−** 등급 또는 그 이하라고 우려할 이유가 없을 경우에 한함)

- 주요한 인덱스(main index)에 포함되는 자본증권(equities)

- 매일의 가격이 있는, 담보적격의 증권에만 투자하고 있는 펀드의 지분

덧붙여서, 공인된 거래소에 상장되어 있는 자본증권(equities)이지만 주요한 인덱스(main index)에 포함되어 있지 않은 것(또는 이러한 것들에 투자하고 있는 펀드 지분)도 담보적격으로 될 경우도 있다.

예를 들어, 물품(goods), 금전채권(receivables), 토지, 비상장회사 주식에 대한 포괄적 담보권 또는 일반 담보권 등의 기타 비금융 담보(other non-financial collateral)는 일반적으로는 담보적격으로 인정되지 않는다. 그러나 다음과 같은 예외가 있다.

- **주택담보대출**(residential mortgages)은 위험가중치(risk weight)가 35%로 될 경우가 있다.

- (표준방법이 아니고) **기본내부등급법**(foundation approach)에서는 기타의 **비금융 담보**(non-financial collateral)도 자기자본의 경감 효과를 가지는 경우가 있다. 담보의 종류에 따라 다르지만, 통상 10% 이상의 경감 효과는 없다.

- **특수한 대출**(specialised lending)에 대해서는, 리스크 평가는 차주의 신용력의 일반적 평가에 의하지 않는다. 상환의 주요재원(primary source)은 특정한 자산으로부터 나오는 수입과 그 자산의 가치이다. 대주(lender)가 이러한 자산에 대하여 강한 컨트롤을 행사한다. 특수한 대출에는 다음과 같은 5가지 종류가 있다.
  - **프로젝트 파이낸스** – 대주(lender)는 일반적으로 프로젝트에서 나오는 수익(revenues)을 본다.
  - **오브젝트 금융**(object finance) – 항공기 금융이나 선박금융 등.
  - **원자재 금융**(commodities finance) – 차주가 독자적인 대출 상환능력을 가지지 않을 경우.
  - **수익형 부동산**(income-producing real estate) – 상환가능성은 임대료나 매각대금 등, 자산으로부터 나오는 현금흐름(cash flow)에 좌우된다.
  - **높은 변동성을 지닌 상업용 부동산**(high volatility commercial real estate) – 개발 금융(development finance), 높은 변동성을 보여주는 상업용 부동산을 위한 금융 등.

이러한 것들은 통상의 기업(corporates)에 대한 대출에 비해서 위험가중치(risk weight)가 높다. 특수한 대출(specialised lending)은 보다 더 위험하다고 여겨진다.

신용리스크: 내부등급법(internal ratings-based approach)

내부등급법은 바젤 I에는 없었던 것으로, 내부등급법에서 은행은 보다 더 정교한 리스크 모델 기법과 스스로의 내부 등급평가 시스템을 채택하여 필요 자기자본을 계산할 수 있다. 이러한 시스템은 상세한 특정의 요건을 충족해야 하고, 은행 감독기관에 승인을 받아야 한다. 대부분의 유력한 은행들이 최소한 내부등급법을 사용하게 하려는 의도가 있다. **25-19**

내부등급법(internal ratings-based approach)에서, 은행은 익스포저의 위험가중치(risk weight)를 평가하여, 필요 자기자본액을 산출하는 데에 통계적으로 적절한 방법을 적용해야 한다. 위험 요소들(risk components)은 다음과 같다.

- **부도율**(probability of default)("PD") 이것은 어느 정도 **채무상환 불이행**(default)이 발생되는지 그 비율을 표시한다.

- **부도시 익스포저**(exposure at default)("EAD") 이것은 채무상환이 불이행(default)되고 있는 잔고의 예상이다.

- **부도시 손실률**(loss given default)("LGD") 이것은 채무상환 불이행(default) 시 예상되는 손실이다.[4]

- **실질적 만기**(effective maturity)("M")

은행계정 익스포저(banking book exposures)는 크게 다음의 6가지의 유형으로 분류된다. ① 사기업, ② 정부, ③ 은행, ④ 소매(retail), ⑤ 자본(equity), ⑥ 양수받은 적격 금전채권(eligible purchased receivable). 각각의 종류에 그 위험가중치(risk weight)가 매겨

---

4) 역자 주) Probability of Default ("PD")는 부도율 또는 채무불이행률로 번역한다. Exposure at Default ("EAD")는 부도시 익스포저, 채무불이행시 익스포저, 신용위험에 노출된 금액 또는 신용리스크 노출금액으로 번역한다. Loss Given Default ("LGD")는 부도시 손실률 또는 채무불이행시 손실률으로 번역한다. 부도시 손실률(LGD)은, 채무자가 채무상환을 이행하지 않을 경우의 익스포저로부터 금융회사가 입게 되는 손실률(총손실금액 / 부도시 익스포저)의 추정치다. 투자한 금액 대비 총손실금액의 비율을 의미한다. 예를 들어 100억 원을 투자했는데 투자기업이 도산해서 최종 파산절차에서 배당받은 금액이 10억 원이라고 하면, 회수율은 10/100=10%다. 손실률은 회수율의 반대개념이다. (손실률)=1-(회수율). 즉 부도시 회수율이 10%인 경우 부도시 손실률(LGD)은 90/100=90%다. 예상손실(Expected Loss) = PD × EAD × LGD 로 계산한다. 기업회계기준상 예상손실(Expected Loss)을 대손충당금(손실충당금)으로 반영해야 한다.

진다. 예를 들어, 사기업의 익스포저(중소기업 섹터는 제외하고)에서는, 위험가중치(risk weight)는 14.4%부터 238.23%다.

25-20   기본내부등급법(foundation approach)에서는 은행이 채무불이행 확률(probability of default)을 스스로 측정하지만, 다른 위험 요소들(risk components)에 대해서는 감독 측정치(supervisory estimates)를 사용해야 한다.

고급내부등급법(advanced approach)에서는 모든 위험 요소들(risk components)에 대하여 은행 스스로의 측정치(estimates)를 사용한다.

기업지배구조(corporate governance)와 내부등급법(internal ratings based approach)을 위한 감시체제

25-21   내부등급법(internal ratings based approach)의 경우, 은행의 등급평가 결과와 평가과정에 대해서 은행의 이사회(또는 권한을 받은 위원회)와 고위 경영진(senior management)의 승인을 받아야 한다. 그들은 리스크 등급평가 시스템에 대하여 일반적인 숙지하고 있어야 하고 그에 관련되는 보고서에 대하여 상세하게 이해해야 한다.

내부 등급평가 시스템의 설계, 선택, 실시, 운영에 책임을 지는 신용리스크 부문(credit risk control unit)이 있어야 한다. 이 부문은 은행의 조직기능, 즉 고객과의 거래를 취급하는 직원들로부터 독립되어 있어야 한다.

이 시스템은 적어도 1년에 한 번씩 점검 받아야 한다.

장기의 주식 보유 및 후순위 채권(subordinated debt)

25-22   자본지분(equity), 즉 장기투자를 위해서 보유하는 주식의 위험가중치(risk weight)는 특별하다. 이에 대해 단기의 거래를 위해서 보유하는 주식은 트레이딩계정(trading book)으로 보유되어, 트레이딩계정의 규제가 적용된다. 후술 참조. 위험가중치(risk weight)는 높고, 400%(즉 100의 보유 당 32의 자기자본)이 될 경우도 있다.

후순위(subordinated) 채권의 경우, 변제받을 가능성이 낮은 것은 확실하기 때문에 규제자본 비용(regulatory capital cost)이 선순위(senior) 채권에 비해서 상당히 높아진다. 후순위 채권과 자본지분(equity)의 부도시 손실률(LGD)은 선순위 채권에 비해서 2배가 될 수도 있다.

소매(retail) 및 중소기업 대출의 익스포저

소매(retail)의 익스포저, 즉 개인용 대출의 취급은 기업, 은행, 정부에의 대출일 경우 **25-23**
와 전혀 다르다. 각 차주별로 신용력 등급을 평가하는 것이 아니라, 익스포저는 포
트폴리오로서 한 덩어리로 취급된다. 내용이 다양한 소매 포트폴리오(retail portfolio)
는 동일한 액수의 기업용의 익스포저보다 안전한 것으로 취급되는 경향이 있다. 소
매 포트폴리오의 평가의 상세에 대해서는 다양한 접근법(approaches)이 있다.

트레이딩계정(trading book)

트레이딩계정 제도는 주로 대출을 공여하지 않고 증권을 거래하는 투자은행에 적 **25-24**
용된다. 거래의 목적으로 단기 보유되는 증권은 자기자본규제의 목적에서는 신용리
스크가 아니라 그 증권의 시장가치에 의해 평가된다.

운영리스크(operational risk)

운영리스크도 바젤 II에서 새롭게 도입된 것으로, 바젤 I에서는 볼 수 없었다. 은행 **25-25**
은 운영리스크를 대비하는 자기자본을 가지는 것이 의무다. 운영리스크라는 것은
부적절한 내부 절차 또는 내부 절차 미준수, 직원, 시스템, 외부적인 이유 등에 의
해 손실이 발생하는 리스크를 말한다. 법적 리스크(legal risk)도 포함된다. 그러나 사
업방침의 리스크나 평판 리스크(reputational risk)는 포함되지 않는다.

운영리스크의 예　바젤 II에서 정해져 있는 운영리스크의 예는 다음과 같다. ① 내 **25-26**
부적인 사기(internal fraud)(의도적인 보고의무의 위반, 지위의 오표시(mismarking), 절
도, 파괴(destruction), 위조, 뇌물, 자기 계정에 의한 내부자 거래(insider dealing) 등);
② 외부적인 사기(external fraud)(절도, 강도, 사기, 해킹, 데이터베이스의 절도 등);
③ (차별 등) 부당고용관행(wrong employment practices)이나 사무소의 안전에 대한 배
상책임에서 발생하는 손실; ④ 부주의한 고객 상품이나 영업행위에 관한 손실(信認
의무(fiduciary duty), 개인정보(privacy), 비밀유지의무, 정보공개의무, 과당매매
(churning), 대주의 책임, 공격적인 세일즈, 고객의 부적합성(customer non-suitability),
독과점 금지, 시장지배적 지위 남용(market abuse), 회사 계정에 의한 내부자 거래

(insider dealing), 무면허 영업, 자금세탁, 잘못된 어드바이스 등 위반); ⑤ 천재지변, 기물파손(vandalism), 테러 등에 의한 물리적인 자산에의 손해; ⑥ 사업의 파괴나 정보시스템의 장애; ⑦ 계약 체결, 이행, 프로세스 관리의 미비에 의한 손실(테이터 입력의 오류, 마감 경과, 회계 착오(accounting errors), 배송 실패(delivery failures); 부주의한 보고; 서류의 미비, 고객정보의 오류 등). 인간의 사악함과 무능함의 우울한 분류, 그리고 약간 덜 우울한 인간과 기계의 피할 수 없는 오류의 습성, 아무도 피할 수 없는 천재지변의 리스크 등이다.

25-27 **측정법**(measurement) 측정법에 대해서는 3가지의 방법이 있다. 기초지표법(basic indicator approach), 표준방법(standardised approach), 고급측정법(advanced measurement approach)이다.

기초지표법(basic indicator approach)과 표준방법(standardised approach)에서는 필요 자기자본의 계산방법이 단순하다. 총수입금액(gross income)의 퍼센트를 이용하는 것이다. 수익이 많을수록 운영리스크도 커진다는 전제에서다. 표준방법(standardised approach)에서는 수입(income)이 각각의 사업 분야(business lines)별로 분리되어서, 다른 요소들(베타 요소(beta factor)라고도 불림)이 각각의 사업 분야(business lines)에 적용되어, 필요 자기자본이 계산된다. 이것은 사업 분야(business lines)별로 발생하는 운영리스크의 정도가 다르기 때문이다. 사업 분야(business lines)별로 베타 요소는 다음과 같다. 기업 금융(18%), 거래와 매각(trading and sales)(18%), 소액거래 은행(12%), 상업 은행(15%), 지급 및 결제(18%), 에이전시 서비스(15%), 자산관리(12%), 증권중개업무(retail brokerage)(12%). 예를 들어, 수익이 100일 경우, 퍼센트가 12%라면, 은행은 운영리스크를 위해서 12의 자기자본을 가져야 한다.

고급측정법(advanced measurement approach)에서는 은행은 스스로의 리스크 모델로 필요 자기자본을 계산한다. 리스크 모델을 만들기 위해서는 은행은 과거 5년분의 손실 데이터를 보유하고 분석하여, 그 모델이 통계적으로 적정하다는 것을 증명할 수 있어야 한다. 모델은 위에서 예시한 카테고리를 사용한다.

25-28 보험은 (예를 들어, 보험회사의 등급평가, 부보조건(insurance term), 보험회사의 독립성, 최단 해제가능기간 등) 다양한 적격기준(eligibility criteria)을 충족시키면 고려될 수 있다. 그러나 리스크 경감은 운영리스크 부담 비용(operational risk charge)의 20%까지로 한정된다. 리스크 모델에 대해서는 상세한 규정이 있다.

운영리스크의 측정(measurement)은 운영리스크의 적정한 관리에 대한 예상 (expectations)을 대체하지 않는다. 바젤위원회(Basel Committee)의 2003년 2월 보고서 "Sound practices for the management and supervision of operational risk" 참조. 이 보고서에는 리스크에 대한 10가지 원칙이 정리되어 있다. 이에는 이사와 고위경영진(senior management)의 개입에 의한 관리, 독립적인 내부감사(internal audit), 평가(assessments), 감시, 보고, 사고대책계획(contingency plans), 독립적인 평가(independent evaluation), 일반에의 정보공개 등이 있다.

결론

2007년에 있어서, 바젤Ⅱ는 100개국 이상, 실질적으로는 발달한 은행시스템을 가지는 모든 국가에서 어떠한 형태로든 채택되거나 적어도 영향을 줄 것으로 예상된다. 이것은 합의 하의 규제시스템으로서 훌륭한 성과라고 할 수 있다. 바젤협약은 냉철한 견해를 제시하고 있고, 정치적인 타협은 거의 없다.

    바젤Ⅱ는 상당히 복잡하고 상세하게 규정을 마련하고 있다. 은행의 경영진(bank managements)은 충분히 정교하고, 어떻게 해야 할지 배우지 않아도 자신의 리스크를 관리할 수 있고, 섬세한 지시를 할 필요가 없다는 견해가 있다. 정보공개와 시장의 규율에 따라서 은행업무의 신중함을 확보할 수 있다고 한다. 또한, 정교한 은행에는 상당한 재량이 인정되고, 감독기관이 모든 상황에 대응하는 규칙을 정하는 것은 실제로는 불가능하기 때문에, 감독기관의 업무는 주로 은행이 적절한 방법을 채택하고 있는지를 확인하는 것이다. 실제로, 바젤협약(Basel Accord)은 건전한 은행운영(prudent banking)에 대한 합의(consensus)를 제시한다고 할 수 있다.

    내부등급법(internal ratings based approach)에서는, 은행은 스스로의 과거의 기록을 가지고 장래의 손실 가능성을 예측한다. 이것은 백미러를 보면서 도로를 운전하는 것과 마찬가지로, 주기성(週期性)을 긍정하는 것(pro-cyclical)이라고도 할 수 있다. 경제적으로 안정적인 상황에서는 도산의 손실은 감소하고, 따라서 필요 자기자본도 감소하여 은행의 여신능력(및 여신 압박(pressure))은 향상된다. 하향 사이클에 들어가면, 대출의 손실과 필요 자기자본이 증가하여, 신용경색(credit crunch)이 발생한다. 바젤의 답은 은행의 경영진(bank managements)은 충분히 정교하기 때문에 이것을 이해하고 있고, 따라서 무모한 경영은 하지 않을 것이라는 거다. 그러나 실제로는 미래에 대한 예측이 은행운영의 가장 어려운 부분이다.

25-29

25-30   최저자기자본(minimum capital)은 경기순환(business cycle)의 큰 변동성이나 대격변에 대처하기에는 충분하지는 않지만, 균형점(balance)을 찾아내야 한다. 완전한 안정성을 추구하는 것은 현실적이지 않다.

이 시스템은 등급평가(rating)를 기반으로 한다. 등급평가(rating)는 모든 차주에게 유효하지는 않으며 일부 국가에서만 유효하다.

규칙 중에는 엄격한 것도 있다. 신용력 분석(credit analysis)은 인공적이고 상당히 단정적이며, 특정한 차주에 대해서만이 아니라 경제 전망이나 예측불가능한 위기에 대한 미래 예견을 포함한다. 규칙의 준수(compliance)는 그것만을 소중히 하면 오히려 잘못된 안심감을 주게 된다.

25-31   은행과 감독기관의 입장에서 제도의 실시는 비용이 상당히 많이 드는 일이다. 소규모의 신규 참가자에게는 그 비용이 너무 비싸기 때문에 경쟁을 저해하는 진입장벽을 만들게 된다. 그러나 일련의 규칙은 은행 시스템 상 중요한 대규모 은행을 지키기 위해 꼭 필요하다.

각국의 감독기관이 재량권을 가지기 때문에, 또한 규칙의 실시의 정도가 달라서, 경쟁조건은 완전히 공평하지는 않다. 예를 들어, 국가의 규제기관은 어느 은행이 더 정교한 내부등급법(internal-ratings approaches)에 적격인지를 정할 수 있다. 완전한 국제협조의 실현은 쉽지 않다.

바젤 협약(Basel Accord)은 어느 정도 "원사이즈 핏 올"("one size fits all")[5]적인 것이다. 예를 들어, 국가별로 도산법이 다른 것은 고려되지 않는다. 반면에 상당히 상세하게 규정되어 있고, 결국 그 목적은 필요 최저자기자본을 정하는 것이다. 여기 저기 조잡하고 끼워 맞춘 듯이 투박한 부분이 있다고 하더라도, 그것은 적어도 밀리(milli), 마이크로(micro), 나노(nano)의 정도의 결점일 뿐 이치에 맞다.[6]

---

5) 역자 주) 옷 사이즈에서 프리 사이즈 한 사이즈로 모든 사람들이 다 입는 것을 말한다. 바젤협약 하나로 모든 경우에 널리 적용될 수 있도록 만들었다는 뜻이다.

6) 역자 주) 2008년 세계금융위기 이후 2010년 9월 12일 국제결제은행(BIS) 산하 바젤은행감독위원회(BCBS)는 바젤Ⅲ를 발표했다. 바젤 Ⅲ는 바젤Ⅱ에서 BIS비율 산출시 위험자산의 가중치를 더욱 높이고, 자본보전 완충자본(capital conservation buffer) 요건 등을 추가한 것이다. 우리나라 금융위원회는 2020년 2분기(2020년 6월말 BIS비율 산출시)부터 바젤Ⅲ 최종안 중 신용리스크 산출방식을 시행한다고 발표했다. 바젤Ⅲ는 ① 자본 규제, ② 차입투자(레버리지) 비율 규제, ③ 단기 유동성 비율인 유동성커버리지비율(Liquidity Coverage Ratio, "LCR") 규제, ④ 중장기 유동성 비율인 순안정자금조달비율(Net Stable Funding Ratio, "NSFR") 규제로 구성된다.

① 자본 규제의 핵심 내용을 살펴보면 저(低)위험 자산은 위험가중치(Risk Weight, "RW")를 하향 조정하고, 고(高)위험 자산은 위험가중치(RW)를 상향 조정하는 것이다. 자산별 위험 수준에 따라 표준 위험가중치를 차등화 하여 금융권의 부실대출을 관리하는 시스템이다. 위험투자자산 대출의 위험가중치는 상향된다. 소득이나 이익에 따른 대출에 대해서는 차등적으로 위험가중치가 하향된다. 주식, 고

금융감독(financial supervision)**과 바젤**(Basel)**에 관한 더 상세한 내용**: LPIF 시리즈 제7권 제24장.

(高) LTV (Loan To Value ratio, 담보인정비율), 임대 목적 부동산의 경우는 고위험 대출로 분류된다. 바젤Ⅲ에 따르면 은행은 BIS 총자본(Tier1+Tier2) 비율을 8% 이상, 기본자본(Tier1) 비율을 6% 이상, 보통주자본 비율을 4.5% 이상으로 유지해야 한다. 보통주처럼 위기에도 직접 손실을 흡수할 수 있는 싱격을 가진 자본을 많이 확보하도록 한 것이다. 또한 바젤 III는 자본보전 완충자본(capital conservation buffer)도 신설했다. 은행이 장래의 위기발생 가능성에 대비해 미래에 발생 가능한 손실을 흡수할 수 있도록 총자본 비율 기준과는 별도로 위험자산 대비 2.5%의 보통주 자본을 추가로 쌓도록 하고 있다. 자본보전 완충자본은 보통주 자본만으로 보유해야 한다. 자본보전 완충자본은 위기 시 사용 가능하지만 이 경우 다시 2.5% 이상으로 회복될 때까지 이익 배당 등의 제약을 받는다.
② 바젤 III에서는, 자본을 총자산으로 나눈 차입투자 레버리지(leverage) 비율을 기본자본 기준 3% 이상 유지해야 한다.
③ 유동성커버리지비율(LCR)은 향후 1개월간 순(純)현금유출액에 대한 고(高)유동성자산의 비율을 말한다. 국채 등 현금화하기 쉬운 자산의 최소 의무보유비율이다. 금융위기 시 자금인출 사태 등 심각한 유동성 악화 상황이 발생하더라도 은행이 당국의 지원 없이 30일간 자체적으로 견딜 수 있도록 규정한 것이다.
④ 순(純)안정자금조달비율(NSFR)은 LCR를 보완하는 중장기 비율로서, 가용안정자금조달을 필요안정자금조달로 나눈 값이다. 이것이 100% 이상이어야 한다. 즉, 가용안정자금조달이 필요안정자금조달 이상이어야 한다. 가용안정자금조달은 부채와 자본 중 스트레스 상황에서도 향후 1년 이내 이탈 가능성이 낮은 안정적인 조달 금액이다. 필요안정자금조달은 자산항목 중 향후 1년 이내 현금화될 가능성이 낮아 1년 이상의 안정적 자금조달이 요구되는 금액이다. 1년 이내 유출 가능성이 큰 부채 규모를 충족할 수 있는 중장기의 안정적 조달자금을 금융회사가 충분히 확보하고 있는지를 나타내는 비율이다.

질문과 세미나 주제

제20장~제25장

(1) 금융규제제도와 계약법, 대리법, 불법행위법 등의 일반법과의 차이점은 무엇인가?

(2) 금융규제제도하에서 부과되는 행정벌은 실제로는 형사벌이라고 생각하는가? 형법에서 용의자에게 부여되는 전형적인 보호는 규제법 위반의 혐의를 받는 자에게도 동일하게 적용되어야 하는가?

(3) 면허를 요하는 활동을 특정하기 위해서 (i) 은행업무와 (ii) 증권업무를 어떻게 정의해야 하는가?

(4) 상업은행과 투자은행에 대한 규제제도에 반대하는 의견과 찬성하는 의견을 비판적으로 분석하고 자신의 의견을 말해 보자.

(5) 당신의 고객은 신흥국으로, 금융시장을 규제하는 법률을 도입하고 싶다고 하고 있다. 그 법률이 커버해야 하는 주요 사항에 대해 자문해 보자.

(6) 은행이나 투자회사의 도산을 방지하기 위한 규제는 은행이나 투자은행의 영업행위(conduct of business)(信認의무, 이익상반 등)에 관한 규제보다 훨씬 더 중요한가? 이에 대해 논해 보자.

(7) 당신은 은행과 투자회사에는 다른 규제제도가 필요하다고 생각하는가?

(8) "규제법에서의 영업행위규칙(conduct of business rules)은 전통적인 대리법에 준형사적인 행정벌을 가한 것에 지나지 않는다." 이에 대해 논해 보자.

(9) 당신은 미국, EU 기타 국가에서 사업을 전개하는 금융서비스 그룹의 법무

담당 임원이다. 그룹의 사업에는 국제적인 상업은행(신디케이티드 대출의 주선인이나 에이전트도 함), 증권 인수, 중개업자(broker)로 또는 은행의 계정으로 증권의 거래, 기업 재무 자문(corporate finance advice), 증권의 보호예수 등이 있다. 이사회는 이해상충행위(conflicts of interest)에 대해 우려를 갖고 있다. 통상의 규제요건과 리스크 경감을 위해 취해야 하는 조치에 대해 이사회에 자문해 보자.

(10) 집합투자기구(collective investment scheme)란 무엇인가? 이들 규제에 대해 비판적으로 분석해 보자.

(11) "규제제도는 두 계층으로 되어 있다. 첫 번째의 보다 제한적인 계층은 소비자를 보호하고, 두 번째의 보다 자유로운 계층은 정교한 투자자(sophisticated investors)에게만 적용된다." 이 계층화에 대해 예를 들어보자. 이 계층화는 적절한가?

(12) "실무상 증권 발행 시 투자설명서(prospectus)에 오해를 줄 수 있는 기재가 있었던 경우의 배상책임은 일반 대상으로 규제되어 있는 투자설명서(prospectus)와, 전문투자자(sophisticated investors) 대상 등의 규제되어 있지 않는 투자설명서(prospectus) 사이의 중요한 차이는 없다." 이에 대해 논해 보자.

(13) 일반인에 대하여 증권을 발행할 경우에 규제 대상인 투자설명서(prospectus)에 적용되는 제도에 대해서, 보통 예외로 취급되는 것을 살펴보고, 그러한 예외가 적절한지를 논해 보자.

(14) 일반인에 대한 증권 발행의 인수인(underwriters)은 이 발행에 대한 투자설명서(prospectus)와 관련하여 상당한 주의를 하지 않는 것(lack of due diligence)에 대하여 투자자(investors)에게 배상책임을 져야 한다고 생각하는가? 이 책임에 대해서 국제적인 예를 들어보자.

(15) 전형적인 규제 제도하에서 이하의 어느 것이 시장질서 교란행위(market abuse)의 행정법 위반이라고 생각하는지 그 이유를 설명해 보자.

- 고객이 중개업자(broker)에게 어떤 상장회사의 주식 대량 매수 주문을 냈다. 중개업자(broker)는 고객의 주문을 시장에 내놓기 전에 자기 자신을 위해서 주식을 먼저 샀다.
- 은행이 매매업자에 대한 증권거래소의 톱 주식의 인덱스가 1000을 넘은 정도에 따라서 은행이 매매업자에게 지불해야 하는 옵션을 부여했다. 옵션 행사일에 주가는 1000 아래위를 오르락내리락했다. 장 마감 시간 직전에 은행 직원들은 인덱스를 낮추기 위해서 대량 매도를 냈다.
- 금융전문 기자들이 주식을 먼저 사고 그것을 공개하지 않고 주간 칼럼에 그 종목의 권장 기사를 썼다.
- 헤지펀드가 대량의 주식을 쇼트(short)로 팔고, 즉 보유하지 않은 주식을 매도하고, 그동안 매수인에 대한 인도를 위하여 주권을 대차하고, 그 주권대차계약에 근거하여 상환할 때에 더 싸게 그 주식을 매수할 생각이었다.
- 매매업자가 헤지펀드가 유동성이 낮은 주식의 대량 쇼트(short) 포지션을 갖고 있음을 알았다. 그 매매업자는 시장에 유통되고 있는 주식의 대부분을 사들여서 헤지펀드에게 비싼 값으로 팔 계획이다.

(16) 문구류 세일즈맨이 자사의 제품을 팔려고 생각하면서 작은 석유 회사의 접수처에서 기다렸다. 대형 석유회사 사장이 접수처에서 밝히고 작은 석유회사의 사장과 만났다. 세일즈맨은 쉴 때 주식거래를 하고 있는데, 그 대형 석유회사가 인수의 타깃을 찾고 있다고 들었다. 그는 곧 작은 석유회사의 주식을 샀고, 여자 친구에게 본 대로 말했다. 그녀도 그 주식을 샀다. 그리고 며칠 후, 그 대형 석유회사는 그 작은 석유회사와 합병 합의를 발표했고, 주가는 급등했다.
전형적인 제도 아래에서 당신은 그 세일즈맨과 여자 친구가 내부자 거래(insider dealing) 위반이라고 생각하는가?

(17) 바젤 II에 관하여 비판적으로 평가해 보자.

제 6 편

특수 주제들
Special Topics

제**26**장

파생상품 I

도입(introduction)

파생상품 거래의 의의 및 배경

- "1개월 후에 나는 당신에게 소를 인도하면서 그 대가로 10을 받기로 한다." 26-01

이런 거래가 **선물**(future) 또는 **선도**(forward)다. 소의 대가는 10으로 정해졌다.

- "1개월 후에 나는 당신에게 소를 인도하면서 그 대가로 10을 받을지 인도하지 않을지 선택할 수 있다."

이런 거래가 **옵션**(option)이다. 나는 당신에게 소를 팔 수 있는 권리를 갖지만 팔 의무는 없다. (즉, 나는 소의 가치가 10 미만인 경우에 위 권리를 행사할 것이다.)

- "당신이 나에게 나의 은행 대출채무(loan)에 적용되는 변동금리(floating rate)에 상응하는 금액을 지급하기로 하고, 나는 그 대출채무(loan)에 대하여 5% 고정금리(fixed rate)에 상응하는 금액을 지급하기로 한다."

이런 거래가 **금리스왑**(interest rate swap)이다. 나의 이자 납입 채무는 유동적, 불특정한 상태에서 고정적, 특정적 상태로 변한다.

- "債券발행인(issuer)이 債券 상환 의무를 이행하지 않는 경우, 당신이 나로부터 그 債券(bond) 100개를 100의 가격에 사기로 한다."

이런 거래가 **신용파생상품**(credit derivatives) 거래다. 나는 債券에 대해 보증을 얻게 된다.

"파생상품"("derivatives")이란 기초자산(underlying assets)의 가격을 기초로 손익(수익구조)이 결정되는 금융상품이다. 파생상품은 기초자산에서 "파생되는"("derived") 선물(future), 옵션(option), 스왑(swap), 기타 유사거래를 총칭한다. 예컨대 주식매입옵션은, 주식(기초자산)에서 파생된 계약이다. 대부분의 파생상품계약은, 미리 합의한 가격과 장래의 실제 거래일 현재 시가의 차액에 관한 차액계약(contracts for differences)이다.

파생상품의 주된 목적은 보험이다. 사람은 그 집에 대해 화재의 위험에, 또는 자동차에 대해 사고의 손해의 위험에 대비하여 보험을 든다. 마찬가지로 사람은 자신의 대출에 대해 그 이자율이 연기처럼 하늘 높이 올라가 버리는 것이나, 가지고 있는 주식이 사고로 폭락해 버릴 위험에 대하여 보험을 들 수 있다. 그러나 이러한 거래는 보험이라고 부를 수 없다. 왜냐하면 보험업은 보험업법으로 규제되고 있으며, 또 파생상품(derivatives) 거래와 보험 거래 사이에는 법적인 차이점도 있다. 파생상품 거래는 보증(guarantees)이라고도 부를 수 없다. 그 가장 큰 이유는, 미국 은행은 보증을 발행할 수 없기 때문이다. 대신, 이러한 보험이나 보증과 유사한 효과를 가지는 거래를 "헤징"("hedging")이라고 부른다.

26-02   보험이 필요한 경우 보험자(insurer)가 필요한 것과 마찬가지로, 파생상품 거래에는 파생상품 매매업자(derivatives dealers)가 필요하다.

아래에서 보는 바와 같이, 파생상품은 주식을 債券으로 전환하는 비용 등 거래비용을 줄일 수 있다. 파생상품을 "치명적 대량살상금융무기"("toxic weapons of financial mass destruction")로 빗댄 유명한 묘사는 어떤 형태의 보험에도 적용될 수 있는 리스크(risks)를 파생상품에 대해 상당히 반영한 결과로 보인다.

연혁(brief history)

26-03   파생상품은 금리, 변동 통화, 주식, 債券, 원자재(commodities)의 가치 변동성과 "보험"("insurance")의 필요성 때문에 생겨났다. 1971년에 미국 달러화와 금을 고정환율로 일치시키는 브레튼우즈(Bretton Woods) 체제가 붕괴되고 선진국의 환율 통제가 폐지된 결과 1980년대 이후부터 파생상품이 본격적으로 발달하기 시작했다. 가장 중요한 매매업자 협회는 국제스왑파생상품협회(International Swaps and Derivatives Association,

Inc.) ― ISDA이다. 1980년대 중반까지는 시장 주도로 이루어졌으나 1987년에 ISDA 가 첫 ISDA 기본계약서(ISDA master agreement)를 제정했고, 1992년 개정을 거쳐 2002 년 최신 기본계약서를 공표했다. 신용파생상품은 1990년대 중반부터 생겨나기 시작 했다.

파생상품 자체는 훨씬 더 오랜 역사를 가지고 있다. 1865년 시카고거래소(Chicago Board of Trade)가 곡물 선물계약을 도입했다. 1877년 런던금속거래소(London Metal Exchange)가 설립되었다. 파생상품 거래의 증거(evidence)는 수 세기 전까지 거슬러 올라간다. 1980년 이후 파생상품의 놀라운 확산은 금융자산의 기능과 금융자산 양 도(transfer)에 있어 국가적 장벽 해체라는 두 측면의 조류를 증명한다.

거래규모(amounts)

파생상품 시장의 규모는 전 세계 GDP 총합의 몇 배에 달하는 대규모 시장이다. **26-04** 그러나 파생상품 시장 규모수치는 대부분 실제 노출된 파생상품 거래가 아니라, 금 리스왑의 기초자산인 대출채권 및 債券 등의 명목 금액(notional amounts)에 연관된다. 금리스왑 시장의 총 거래 규모는 위 액면금액의 3~5% 정도일 것이다. 그렇다 하더 라도 파생상품 거래 익스포저 규모가 상당하다고 볼 수 있다.

파생상품 종류별로 시장에서 대략적으로 차지하는 비중은 다음과 같다.

- **금리리스크**(interest rate risk) ― 가장 큰 비중을 차지함 ― 60% 이싱

- **통화리스크**(currency risk) ― 20% 이상

- **주식리스크**(equity risk) ― 2% 정도

- **원자재리스크**(commodity risk) ― 1% 미만

- **신용리스크**(credit risk) ― 15% 이상 정도

금리 리스크 외 나머지 리스크는 특정 영업에만 관련되는 경향이 있는 반면, 금 리 리스크는 대부분의 영업이 가지고 있기 때문에, 금리 리스크가 가장 높은 비 중을 차지한다.

대다수의 거래는 런던에서 이루어진다.

이 주제는 복잡한 전문용어, 은어, 방언, 갈피를 못 잡게 만드는 거래의 범위, 그리고 "exotics"처럼 복잡하고 난해한 세부사항 등으로 특징지워진다(characterised). 하지만 개요는 간단하다.

주요 이용자(main users)

26-05   파생상품의 주요 이용자는 은행, 보험사, 연기금(pension funds), 뮤추얼펀드, 기업(corporates), 헤지펀드와 같은 전문투자자다. 이들은 대규모의 무형금융자산(대출(loans), 債券(bonds), 주식) 집합(pool)을 보유하고 있는데, 일반인이 건물, 주택, 기타 유형자산(tangible possessions)을 보호하는 것과 마찬가지로 보유자산을 보호하고자 한다.

고객과 파생상품 거래를 하는 매매업자는 다른 매매업사와 헤지 거래를 한다. 즉, 재보험의 경우와 마찬가지로 고객과의 거래에 대응하여 매매업자와 (위험을 상쇄시킬 수 있는) 백투백거래(back-to-back)를 한다.

파생상품거래(derivative transactions)

26-06   이하에서는 시장 거래를 설명하는 몇 가지 예를 살펴보기로 한다. 거래의 범주는 매우 넓기에 간단한 예만 먼저 살펴보기로 한다.

금리스왑(interest swaps) 및 기타 금리계약

26-07   **금리스왑**(interest swaps)   금리스왑은 거래당사자가 각자의 차입조건을 상호 교환하기로 하는 계약이다.

예: Fixed Co(고정금리 지급자)와 Float Co(변동금리 지급자)는 각자 제3의 대주로부터 100을 빌린다. Float Co는 LIBOR 변동금리에 1%를 합산한 이자를 부담하고 (유로채 발행을 통한) Fixed Co는 10%의 고정이자를 부담한다. 금리스왑계약에 따라, Fixed Co는 Float Co에게 100에 대한 변동금리를 적용한 이자를 정기적으로 지급한다. Float Co는 Fixed Co에 100에 고정금리를 적용한 이자와 함께 Float Co의 수익에 상응하는

추가금액을 지급한다. 상호 간의 지급을 네팅(netting)할 수 있도록 지급일을 같은 날로 정한다.

금리스왑 거래의 일반적인 이유는, Fixed Co(고정금리 지급자)는 유로채 발행을 통해 고정이자율로 차입할 수 있는 높은 신용도를 가진 은행인 반면, Float Co(변동금리 지급자)는 유로채 시장에서 자금조달이 어렵거나 높은 비용을 부담해야 하는 신용도가 낮은 기업이기 때문이다.

거래당사자들은 쌍방 간, 실제 자금조달비용이 아니라 합의된 이자를 동일한 명목 원금(notional principal amount)에 적용한 금액을 지급할 의무를 부담하게 된다. Float Co(변동금리 지급자)와 Fixed Co(고정금리 지급자)의 대주는 영향을 받지 않는다. Float Co와 Fixed Co는 상대방의 스왑계약에 따른 지급여부와 관계없이 각자의 대출에 대한 실제 이자를 대주에게 지급해야 한다. 따라서 Float Co가 도산하게 되면, Fixed Co가 더 이상 Float Co로부터 스왑금리를 지급받지 못하게 됨에도 불구하고 Fixed Co는 여전히 채권자에게 10% 이자를 지급해야 한다.

스왑거래에 은행이 중개은행으로 개입될 수도 있는데, 이 경우 거래당사자들은 중개은행의 신용을 믿고 거래하면서 그 대가로 중개은행에게 수수료를 지급한다.

대부분의 스왑상품은 은행이 제공한다. 은행은 변동금리부 차주에게 변동금리를 지급하고, 변동금리부 차주는 은행에게 고정금리를 지급한다. 그 결과, 은행은 변동금리 이자가 고정금리 이자보다 높은지 낮은지에 따라 수익을 얻거나 손실을 본다. 그러나 변동금리부 차주는 고정금리에 따른 확실성을 갖게 된다. 은행은 시장에서 거래상대방과의 거래나 자신의 자금 조달에 의해 스스로의 익스포저를 헤지 하는 데 유리한 입장에 있다.

26-08

금리스왑은 다음과 같은 경우에 이용된다.

- **프로젝트 파이낸스**(project finance) − 프로젝트 회사는 변동금리로 은행 대출을 받는다. 이 프로젝트의 경제성을 예측하기 어렵기 때문에 이러한 불확실성을 제거하기 위하여 프로젝트 회사는 금리를 고정시키기로 한다. 스왑은행은 프로젝트 회사로부터 고정금리를 지급받고 프로젝트 회사에게 변동금리를 지급하기로 계약한다.

- **자산유동화**(securitisations) − 자산유동화 기구(securitisation vehicle)는 증권화된

금전채권(securitised receivables)의 변동금리 지급의 헤지를 위해서 스왑을 이용한다. 스왑은행은 자산유동화 기구로부터 고정금리를 지급받고 그 대신에 변동금리를 지급한다. 이로써 자산유동화는 투자자에게 있어서 보다 안전하고 예견가능성이 있는 것이 된다.

- **고정금리 은행대출**(fixed rate bank loans) — 은행은 종종 변동금리로 예금 기타 자금을 조달하고 변동금리로 대출한다. 그러나 고정금리 대출 수요에 맞춰 은행이 고정금리 대출을 하여 고정금리를 지급받으면, 시장참가자와 금리스왑을 통해 위 고정금리를 스왑 상대방에게 지급하고 변동금리를 받아 이를 변동금리 예금주에게 지급할 수 있다.

26-09   **금리상한**(interest cap) **옵션**   금리상한 옵션이란, 일방 당사자가 수수료(fee)를 받는 대신 명목원금에 관해 상한금리를 초과하는 이자분을 상대방에게 지급하기로 하는 옵션이다.

　　예: Float Co(변동금리 지급자)는 액면금액 100의 변동금리 채권(floating rate notes)을 발행하고 금리를 10% 이하로 유지하고자 한다. Fixed Co(고정금리 지급자)는 수수료를 지급받는 대신, 금리가 10%를 초과하면 Float Co에게 그 초과 이자분을 지급하기로 한다. 금리가 11%가 된 경우 Fixed Co는 Float Co에게 해당 기간 동안 초과 이자분(100에 대하여 1%)을 지급하게 된다.

26-10   **금리하한**(interest floor) **옵션**   금리하한 옵션이란 일방 당사자가 수수료를 받는 대신 명목원금에 관해 하한금리를 하회하는 이자분을 상대방에게 지급하기로 하는 옵션이다.

　　예: Float Co(변동금리 지급자)는 액면금액 100의 변동금리 채권(floating rate notes)에 투자하고 금리를 5% 이상을 받고자 한다. Fixed Co(고정금리 지급자)는 수수료를 지급받는 대신, 금리가 5%를 하회하면 그 기간 동안 Float Co에게 그 하회 이자분을 지급하기로 한다.

26-11   **금리상하한**(interest collars) **옵션**   금리상하한 옵션이란 일방 당사자가 수수료를 받는 대신 명목원금에 관해 상한금리를 초과하는 이자분은 상대방에게 지급하기로

하고, 하한금리를 하회하는 이자분은 상대방이 위 당사자에게 지급하기로 하는 옵션이다.

> **예:** 금리가 10%를 초과하면 Fixed Co(고정금리 지급자)가 초과분을 Float Co(변동금리 지급자)에 지급하고, 금리가 5%를 하회하면 Float Co가 Fixed Co에 이를 지급하기로 한다.

선물계약(futures contracts)

> **예:** "1개월 후에 나는 당신에게 소를 인도하면서 그 대가로 10을 받기로 한다." 26-12

용어 선물(futures)계약은 일방 당사자가 장래의 일정한 시점(만기일("maturity date"))에 특정상품을 미리 정한 가격(행사가격("strike price"))으로 매매하기로 하는 계약이다. 26-13

선도 계약("forward contract")이라는 용어는 주로 조직화된 거래소(organised exchange)를 통하지 않는 비정규적인 사적 계약을 지칭하는 데에 사용된다. 용어상 차이의 근원은 미국에서 장외 선도계약(off-exchange forward contracts)을 규제상의 문제로 위법한 것으로 취급한 데에 기인한다. 그래서 장내선도(on-exchange forwards)는 금지되는 선도와 구별하기 위해 선물(futures)로 지칭했다.[1]

현물("spot")계약은 현실적으로 정산에 필요한 최단기간(예: 2일) 이내에 바로 이행하기로 하는 계약이다.

자산(assets) 자산은 원자재(commodity)(곡물, 원유, 금속), 통화, 금전채권(debt), 지분증권(또는 대량의 유가증권 또는 유가증권 바스켓) 또는 대출에 의한 예금 또는 기타 재산(property)을 포함한다. 가장 많이 거래되고 있는 상품은, 장래의 인정시점(선노거래일 또는 선물기래일)에 통화를 매매하기로 하는 통화선도(currency forward)다. 26-14

헤징(hedging) 그 효과는 가격 보증(guarantee) 또는 "헤지"("hedge")다. 헤지는 손실 26-15

---

1) 역자 주) 선도계약(forward contract)이란 미래 일정 시점에 약정된 가격에 의하여 계약상의 특정 대상을 사거나 팔기로 계약 당사자 간에 합의한 계약을 말한다. 선도계약(forward contract)은 거래당사자들이 자유롭게 계약내용을 정하고 장소에 구애받지 않고 거래할 수 있는 데 반해, 선물계약(futures contract)은 계약내용이 표준화되어 있고 공식적인 거래소를 통해 거래가 이루어지고 매일매일의 결제를 한다는 점에 차이가 있다.

뿐만 아니라 이익 획득 기회의 상실로부터 당사자를 보호한다.

26-16   **결제**(settlement)   선물(futures)은, 장래의 특정시점에 그 특정시점의 시장가격과 행사가격의 차액을 결제하는 방식으로 이행한다. 따라서 선물은 실제 매매계약이나 예금계약의 완전한 이행에 의해서 결제되는 것이 아니라, 실물자산과 그 실거래가에서 파생된 차액 지급으로 이행되기 때문에 '파생상품(derivatives)'에 속한다. 파생상품 계약은 일반적인 상업계약에 기초하거나 그와 관련되거나 그로부터 파생된다.

26-17   선물계약(future contracts)의 예

원자재 선물(commodity futures)의 예: 매도인은 수확 곡물 가격을 미리 정해 놓기 위해 3월에 미리 매수인과 곡물을 9월에 10에 매도하기로 한다. 9월에 시가가 9이면 매도인은 매수인으로부터 10을 받아 1의 차익을 얻는다. 9월에 시가가 11이면 매도인은 수확 곡물을 10 대신 11에 팔 수 있었기 때문에 1의 차손을 보게 된다. 그러나 적어도 매도인은 손실위험을 감수하지는 않았다. 매도인은 곡물 선물, 즉 원자재 선물을 매도한 것이다. 그는 곡물가격에 대한 보장을 받았는데 이는 헤지를 한 것이다.

파생상품계약에서 보통 각 당사자는 곡물을 인도하고 그에 대한 대가를 지급하기 위해 계약하는 것이 아니라, 만기일에 약정가격과 시장가격 간의 차액을 주고받기 위해 계약을 하는 것이다. 위 사례에서 매도인은 곡물을 시장에 팔고, 매도인 또는 매수인은 서로에게 금액을 지급한다. 이러한 거래는 곡물 자체의 매매계약이 아니기 때문에 실물 인도 없이 현금으로만 결제된다. 매도인은 곡물을 시장가격에 매도하고, 시장가격이 약정가격보다 낮은 경우 그 차액을 매수인으로부터 받아 손실을 만회하여 곡물가격에 대해 헤지한다. 이 때 가격 보장에 따라 손실이 발생하지 않는 대신, 매도인은 잠재적인 수익창출 기회를 상실한다.

원자재 선물은 또한 원유, 금, 동, 알루미늄 또는 기타 원자재와 관련될 수 있다.

통화선물(currency futures)(스왑(swaps))의 예: 영국에 있는 매도인은 3월에 미국에 있는 바이어와 9월에 물건을 $10에 매도하기로 계약했다. 영국의 매도인은, $10의 교환가치를 £5로 유지시켜 환율변동으로 인한 손실이 발생하지 않도록, 미국에 있는 바이어로부터 받기로 되어 있는 $10를 9월에 인도하기로 하고 매수인에게 $10를 £5에 매도한다. 만약 9월에 $10가 £4의 가치를 가지면, 매도인은 £1의 손실을 피할 수 있다. 그러나 £6의 가치를 갖는다면 매도인은 £1의 수익을 잃을 것이다. 매도인은 파운드화 선물을 매수하거나 달러 선물을 매도한 것이다. 매도인은 통화가격의 보장, 즉 헤지를 한 것이다.

파생상품계약에서, 당사자들은 통상 스왑대상 통화의 총액(gross amounts of the two currencies)을 쌍방에게 인도하기 위해 계약하는 것이 아니라 약정가격과 시장가격 간의 차액만 지급 또는 수취하기위해 계약하는 것이다. 실물 통화는 외환시장에서 매입하거나 매도할 수 있는바, 통화스왑 거래는 통화 총액 교환이 아닌 차액계약이다. 실물 인도 없이 현금으로만 차액 결제한다.

금리선물(interest futures)**(스왑**(swaps)**)의 예:** 3월에 차주는 대주로부터 9월부터 1년간 연 5%의 금리로 100을 차용하기로 한다. 차주는, 9월에 차입하면서 적용될 금리를 미리 확정시키고자 이와 같이 계약하는 것이다. 만약에 9월에 시장금리가 7%가 되면 차주는 추가적인 2%의 이자 손실을 피할 수 있다. 만약에 9월에 금리가 3%가 되면 차주는 시장에서 금리 3%에 차입하여 2%의 이자를 면할 수 있을 것이다. 차주는 대출비용의 상한의 보장, 즉 헤지를 한 것인데, 이와 동시에 금리 하락의 수혜를 볼 수 없게 되었다. 전문용어로는, 엄밀히 따지자면 차주는 매매계약이 아닌 차용계약을 했으나, 금리선물을 매도한 것으로 볼 수 있다. 만약 차주가 대주로부터 차입할 금액을 다시 대출하고자 한 경우라면, 차주는 금리선물을 매입하고자 했을 것이다. 9월에 100을 받아서 대출해 주려고 했고 그 금리를 보장받고자 했을 것이기 때문이다.

파생상품 시장에서 금리선물은 차액계약이다. 즉, 차주는 실제 100을 빌리지 않고(통상 다른 대주로부터 빌릴 것이다), 약정기간 및 약정대출금액으로 산출된 약정 금리와 9월 시장금리 간의 차액을 지급 또는 수취할 뿐이다. 차주는 금리상승에 대해서는 보호를 받으나 금리가 하락한나면 이득을 보지 못한다.

종종 선도금리계약(FRA: Forward Rate Agreement)이라고도 한다. 차주는 시장에서 금리선물을 매입하여 금리를 고정시킬 수 있으며, 대주 또한 대출 시 같은 방법으로 금리를 고정시킬 수 있다.

주가지수선물(stock index futures)**의 예:** 3월에 매도인은 주가지수를 구성하는 주식을 9월에 10에 매도하기로 합의한다. 주가지수는 거래소 상장주식 중 표본종목으로 구성된 바스켓으로 산출한다. 매도인의 포트폴리오가, 주가지수에 편입된 종목과 거의 동일한 종목으로 구성되었고 그 가치가 하락할 것으로 예상하는 경우에 위와 같은 계약을 할 것이다. 만약 9월에 주가지수가 9이면 매도인은 1의 수익을 얻게 되고, 그 가치가 11이 되면 매도인은 미리 계약이 없었더라면 10이 아닌 11에 팔 수 있었을 것이므로 1의 손실을 본다. 매도인은 주가지수선물을 매도한 것이다. 매도인은 포트폴리오 가치의 보장, 즉, 헤지를 했다.

파생상품계약에서, 매도자는 주식을 실제로 매도하기로 하는 것이 아니라, 차액만 지급 또는 수취할 뿐이다. 즉, 주식의 실물 인도와 주식가격의 지급 없이 차액만 현금으로 결제한다.

26-18   **주가지수선물**(stock index futures) **이용의 예**   주가지수선물은 헤지와 포트폴리오 관리를 위해 이용된다.

주식에 100을 투자하고자 하는 투자자는, 100을 빌려 주식을 사는 방안을 상정할 수 있는데, 이 경우 대출금에 대한 이자, 중개수수료, 인지세 등 주식거래비용을 부담해야 한다. 대안으로, 주가지수선물을 매입하는 경우 위 거래비용 지출을 피할 수 있다.

전 세계 주요 거래소에 상장된 대기업 주식 바스켓의 가치에 기초한 지수는, S&P 500(뉴욕증권거래소에 상장된 500개 미국 회사), FT-SE 100(영국 100개 회사), DAX(독일 30개 회사), CAC(프랑스 40개 상장회사), Nikkei 225(도쿄증권거래소에 상장된 일본 225개 회사) 등에서 파악할 수 있다.

옵션(option)

예: "나는 당신에게 소를 1개월 후에 10을 받고 팔(인도할) 옵션을 갖고 있다."

26-19   **콜옵션**(call option)은 옵션계약 체결 시 약정한 가격(행사가격)으로 장래에 특정 자산을 매수할 수 있는 권리(의무는 아님)를 말한다. 일반적으로 콜옵션 행사 시 특정 자산의 매도인(seller)은 매수인(buyer)에게 *가격 상승분(increase)*을 지급해야 한다 (또는 가치가 증가한 그 특정 자산을 양도해야 한다).

풋옵션(put option)은 옵션계약 체결 시 약정한 가격(행사가격(strike price))으로 장래에 특정 자산을 매도할 수 있는 권리(의무는 아님)를 말한다. 일반적으로 풋옵션 행사 시 특정 자산의 매수인(buyer)은 매도인(seller)에게 *가격 감소분(decrease)*을 지급해야 한다(또는 가치가 감소한 그 특정 자산을 매입해야 한다).

즉, 콜옵션을 행사하면 수익(profit)이나 수익성이 보다 높은 자산을 받을 수 있다(call). 풋옵션을 행사하면 상대방에게 손실을 전가하거나(put) 손실이 발생한 자산을 넘길 수 있다(put away). 수익은 받고 손실은 전가하는 것이다.

금융용어로 옵션 행사 선택권이 주어진 자를 (옵션) **"매수인"**("buyer"),이를 부여한 자를 (옵션) **"라이터"**("writer") 또는 **"매도인"**("seller")이라 한다. 이는 비법률적 용어다. 즉, 옵션매수인에게 주어진 옵션이 계약상 매수선택권 또는 매도선택권인지와 무관하게 옵션매수인은 "매수인"("buyer")이라 한다.

26-20

옵션 행사를 통해 수익이 발생하는 경우를 **내가격**("in the money") 상태라 한다. 풋옵션의 경우 행사가격이 시가를 초과하는 경우를 말한다. 따라서 통화옵션을 행사해 $100를 £50(행사가격 내지 약정가격)에 팔 수 있는 경우 행사일 현재 시가가 £45이면 이 옵션은 내가격(in the money) 상태다. 반대로, 행사가격이 시가를 하회하면 그 옵션은 **외가격**("out-of-the money") 상태에 있는바, 손실이 발생한다. 이러한 경우 옵션보유자는 옵션을 행사하지 않고 소멸시킬 것이다.

유러피안 옵션("European" option)은 만기일 당일에만 권리를 행사할 수 있는 옵션이다.[2] **아메리칸 옵션**("American" option)은 약정기간 중 언제든지 권리를 행사할 수 있는 옵션이다. **버뮤다 옵션**("Bermudian" option)(유러피안 옵션과 아메리칸 옵션의 중간단계인 옵션으로, 버뮤다가 그 중간인 대서양 중심에 위치하기 때문에 이렇게 불린다)은 약정기간 중 사전에 정해 둔 일자들에만 권리를 행사할 수 있는 옵션이다. **아시안 옵션**("Asian-style" option)은 약정기간 중 해당 자산 가격의 특정기간 평균치와 행사가격을 비교하여 그 행사 여부를 결정하는 옵션이다.

예: 3월에, 매도인은 상대방에게, 9월에 곡물을 100 (행사가격(strike price))에 팔 수 있는 옵션을 가지기로 한다. 이를 위해 그는 상대방에게 프리미엄(premium)으로 5를 지급한다. 만약 9월 시가가 90이면 매도인은 팔 수 있는 옵션(option to sell)을 행사할 것이며 그 결과 10의 이익을 얻는데, 프리미엄 5를 제해야 한다. 이 옵션은 내가격(in the money) 상태에 있다. 만약 9월의 시가가 110이면 매도인은 옵션을 행사하지 않고 소멸시켜 버릴 것이다. 그는 프리미엄 5를 잃었지만 곡물을 110에 팔 수 있기 때문에 순수익

---

2) 역자 주) 우리나라의 KOSPI 200 옵션은 최종거래일에만 행사 가능한 유러피안 옵션이다.

5를 얻게 된다.

이러한 구조는 통화매도 옵션이나 금전차입(금리 옵션), 주가지수를 구성하는 주식에 대한 매도 옵션에도 동일하게 적용된다.

파생상품계약은, 옵션 행사 시 총 매매대금 및 실물 자산을 인도하기로 하는 계약대신, 행사가격과 행사일 현재 시장가격의 차액을 지급하기로 하는 차액계약이다.

26-21 **옵션매수인과 옵션매도인의 위험**(risks of buyer and seller) 매수인이 입게 되는 최대 손실액은 프리미엄(premium)[3] 상당액이다. 선물계약과는 달리, 옵션매수인은 매수하거나 매도할 의무를 부담하는 것이 아니라, 매수하거나 매도할 선택권을 가지고 있을 뿐이다. 반대로 옵션매도인은 옵션매수인이 옵션을 행사하여 계약의 이행을 요구할 수 있기 때문에 무제한의 리스크를 부담하게 된다. 옵션매도인은, 풋옵션의 경우 옵션 가격이 0까지 떨어질, 제한된 리스크를, 콜옵션의 경우 (이론상) 상한 없이 가격이 상승할 수 있으므로 무제한적 리스크를 부담한다. 따라서 옵션 투기자는 도박꾼보다 훨씬 더 큰 위험에 노출될 수 있다. 도박꾼의 경우 리스크에 노출된 금액은 도박에 건 금액에 불과하기 때문이다. 전문투자자는 재보험에서와 마찬가지로 보통 이러한 리스크를 시장에서 매칭거래 또는 복제거래(matching or mirror transaction)를 통해 헤지함으로써 헷저(hedger) 또는 재보험자(reinsurer)의 도산 리스크만 부담한다.

26-22 **기어링**(gearing)[4] 기어링(gearing)이란, 소규모 자금으로 큰 수익을 거둘 수 있는 가능성을 말한다. 특정 통화의 평가절상을 기대하는 트레이더는, 그 통화를 100만큼 매수할 수 있는데, 이에 소요되는 비용은 100이다. 해당 트레이더는 100 이내에서 손실 위험을 부담한다. 또 다른 방안으로, 해당 트레이더는 2%의 프리미엄을 내고 그 통화의 매수 옵션(option to buy the currency)을 살 수도 있다. 이 경우 단지 2%의 손실 위험만을 부담한다. 따라서 해당 트레이더는 100으로 위 거래를 50회

---

3) 역자 주) 옵션을 살 때 지불하는 가격을 옵션프리미엄(option premium)이라고 한다.
4) 역자 주) 기어링(gearing)이란 기초자산을 대신하여 주식워런트증권(equity-linked warrant, "ELW")을 매입할 경우 몇 배의 포지션이 되는지를 나타내는 것이다. 다시 말해 기초자산에 직접투자하면 ELW에 투자하는 것보다 몇 배의 매수비용이 드는지를 나타내는 것이다. 기어링이 10인 ELW라면 기초자산 매입 시보다 ELW 매입 시 10 배의 포지션 효과를 가지게 된다는 의미다. 기어링이 높을수록 레버리지(leverage) 효과는 커진다. 금융투자교육원, 『투자자산운용사 1』, 한국금융투자협회, 2020년 1월, 270면

(50×2%＝100) 할 수가 있기 때문에 그의 기어링(gearing)은 50이라고 한다.

따라서 통화가치가 110으로 상승하면 100으로 그 통화를 매수한 매수인은 총 10%의 수익을 얻는 반면, 옵션 매수인은 그의 지출에 대해 500%의 수익을 실현할 수 있다.

옵션(option) **이용의 예**　　옵션(option)은 투자비용이 크지 않은 투자기법이다.　　26-23

예1 : 통화, 유가증권 또는 원자재(commodities)의 가격상승을 기대하는 투자자는 보통 해당 자산 자체를 구입하는 데 필요한 자금(금전차입비용, 중개수수료, 등록비, 거래세, 보관비 포함)에 비해 매우 적은 프리미엄을 주고 그 자산의 콜옵션을 매입할 수 있다. 투자자가 그 자산을 직접 산다면 자산가치가 계속 하락할 위험을 부담하지만, 옵션을 매수한 경우에는 프리미엄 상당액 손실만 부담한다. 옵션 거래는 또한 기밀성을 유지할 수도 있다.

예2 : 포트폴리오 구성 주식이 주가지수의 상위종목인 투자자는 포트폴리오 가치 하락으로부터 보호하기 위하여 금융기관으로부터 주가지수 풋옵션의 매입을 선택할 수도 있다. (대부분의 증권거래소는 주가지수에 큰 규모 순으로 기업의 상장주식을 편입시켜 상위종목의 주가 상승 또는 하락 여부를 파악할 수 있게 한다.) 포트폴리오 가치가 하락하는 경우 옵션 가치는 상승한다. 포트폴리오가 주가지수를 구성하는 주식들과 동일하게 매치되지 않으면 헤지(hedge)가 완전하지는 않다. 그래도 풋옵션이 규모가 상당한 경우 어느 정도 보호 받을 수 있다.

예3 : 투자자를 위해서 금전채권(debt)과 주식(equity) 투자상품(investments)을 혼합하여 운용 중인 펀드매니저는, 주식가치의 하락이 예상되는 경우 포트폴리오에서 금전채권 투자상품(debt investments) 비중을 늘리고 주식 투자상품 비중을 줄일 수 있다. 그런데 이와 달리, 주식 풋옵션을 매입하는 경우 주가가 떨어지면 그 하락분을 받을 수 있다. 이와 동시에 債券(bonds) 콜옵션을 사서 債券 가격이 상승하면 그 상승분을 받을 수 있다. 펀드매니저는 이와 같이 기초투자상품의 매매에 따른 비용 내지 노력을 들이지 않으면서 포트폴리오를 변경한 경우와 마찬가지의 포트폴리오 성과를 낼 수 있다.

예4 : 옵션 계약에 따라 자산을 인도해야 하는 당사자는 거래개시 시점에 해당 자산을 매수하거나(대부분의 경우 금융기관은 유가증권 등 해당 자산을 이미 확보하고 있을 것이다) 제3자와 반대거래를 함으로써 위험을 헤지(hedge)할 수 있다.

주주는 ① 의무보호예수기간(lock-up period) 동안 주식을 처분하지 않기로 합의하거나, ② 지배 지분(controlling shares)을 매도할 의사가 없거나, ③ 단기적인 양도소득(capital gain)을 위해 주식을 매각하는 것을 싫어할 수 있다. 각각의 경우에 주주는 주식 보유와 동일한 가치를 주는 주식파생상품(equity derivative)을 통하여 주식을 "현금화"("monetize")할 수 있다.

신용파생상품(credit derivatives)

26-24   **예:** "債券발행인(issuer)이 債券 상환의무를 이행하지 않는 경우, 당신이 나로부터 그 債券(bond) 100개를 100의 가격에 사기로 한다."

신용파생상품의 당사자는 대체적으로 보증(guarantee) 거래의 당사자와 유사하지만, 용어 및 법률행위는 다르다. **준거기업**(reference entity)(보증에서 주채무자("principal debtor")에 대응)의 **준거채무**(reference obligation)(보증에서 피보증채무에 대응("guaranteed" debt))와 관련하여 약정기간 중에 미지급 **도산**(bankruptcy), 구조조정 또는 신용등급 강등 등 사전에 정한 **신용사건**(credit event)이 발생하는 경우 **보장매도자**(seller of protection)(보증에서 보증인("guarantor")에 대응)이 **보장매입자**(buyer of protection)(보증에서 채권자("creditor")에 대응)에게 약정 금액을 지급하기로 하는 것이다. 다시 말하자면, 채무자가 채무를 불이행하거나, 대출채권 또는 債券(bonds)의 신용도가 중대하게 강등되는 경우, 보장매도자는 보장매입자에게 일정 금액을 지급해야 한다. 이러한 보장에 대한 대가로 보장매입자는 보장매도자에게 수수료(fee)를 지급한다. 수수료는 보통 정기적으로 지급한다.

보통 신용사건이 발생하는 경우 보장매도자(보증인처럼 신용리스크를 떠안은 당사자)은 보장매입자(보증 수혜자처럼 보장을 받고자 하는 당사자)에게 신용사건으로 인해 발생한 준거채무의 가치손실에 상당한 금액을 지급하거나, 보다 일반적으로는 준거채무 또는 동등한 채무(양도가능채무(deliverable obligation))를 명목가치에 매입한다. 이는 보증계약에서 보증인이 채무 전액을 변제하고 이를 대위하는 것과 같은 개념이다. 보장매도자(seller of protection)가 준거채무(reference obligation)를 인수하면 그 거래는 "실물 결제"("physically settled") 되는 것이다. 보장매도자(seller of protection)

가 준거채무(reference obligation)의 인수 없이 가치차액을 지급하면 "현금결제"("cash-settled") 되는 것이다.

신용파생상품(credit derivative)의 주요 유형은 앞서 살펴본 CDS(credit default products)다. 이외에도 TRS(total return swap), 신용스프레드 옵션(credit spread option) 등이 있는데, 이 책에서는 다루지 않는다.

보증(guarantees)과의 비교   신용부도스왑(credit default swap)[5]은 다음과 같은 면에서   26-25
보증과 다르다.

- 미지급(non-payment)이 유일한 거래중단사유(trigger event)인 것은 아니다. 미지급 이외에도 신용등급 강등 또는 채무재조정 등이 거래중단사유가 되기도 한다. (워크아웃(work-out)은 심각한 금융 악화를 나타내는 지표로서 불충분하고 그 정의에 있어 정교함이 떨어지기 때문에 신용사건은 지급불능과 도산에 한정하는 것이 일반적이지만 경우에 따라 제3의 대안으로서 채무재조정을 포함하기도 한다.)

- CDS는 보장매입자가 반드시 준거채무(reference obligation)를 보유할 필요가 없어서, 보장(protection)이 대상 자산에서 분리된다. 그러나 보증은 피보증인의 이익을 위해 특정 피보증채무만을 보증한다.

- 현금결제 시 대위는 인정되지 않는다.

- 현물결제 시 보장매입자는 보장매도자에게, 보장매입자가 보유한 원 채무와는 다른 채무 즉, 대체적 보상(substituted subrogation)을 제공할 수도 있다.

신용연계채권(credit linked note) 발행   신용연계채권(credit linked note) 발행 시 CLN[6]   26-26
발행자가 CLN보유자에게 지급해야 하는 금액은 다른 발행인에 의한 債券(bond) 등의 준거채무(reference obligation)에 준거하여 결정된다. 따라서 CLN 발행기간 중 그 債券발행인이 지급의무를 불이행하거나 지급불능 상태에 빠지는 경우, CLN발행자(note issuer)는 불이행된 債券(defaulted bond)의 가액을 지급하거나, 필요한 수량의 불

---

5) 역자 주) 신용부도스왑(credit default swap)을 이하 "CDS"라고 한다.
6) 역자 주) 신용연계채권(credit linked note)을 "CLN"라고 한다.

이행된 債券(defaulted bonds)을 CLN보유자(noteholder)에게 양도함으로써 CLN을 정산할 수 있다.[7] 위와 같은 신용사건이 발생하기 전까지는 CLN발행자는 債券의 이자와 같은 이자를 CLN보유자에게 지급한다.

 CLN보유자는 CLN 청약 시 미리 CLN발행자에게 발행가격을 지급하기 때문에, 보증("guarantee")은 선불의("prepaid") 즉 지급된(funded) 것이라는 점에 주의가 필요하다. 이는 지급된 은행 대출참가(funded bank loan sub-participation)와 유사하다. CLN발행자는 CLN보유자로부터 선지급받기 때문에 CLN보유자에 대해 신용리스크가 없는 반면, CLN보유자는 CLN발행자와 준거기업의 신용리스크에 이중으로 노출되어 있다.

 예를 들어 뮤추얼펀드 등의 투자자가 법 규제나 내부 투자방침에 따라 상장되어 있는 증권(listed securities)에만 투자할 수 있는 경우, CLN가 사적 계약의 대안으로 이용된다.

26-27 합성증권(synthetic securitisation)   단락 28-23 참조.

26-28 신용파생상품(credit derivatives) **이용의 예**   은행은 시간과 비용을 들여 대출을 다양화할 필요 없이 보장 매도를 통해 익스포저를 다양화할 수 있다. 은행의 주업무가 신용리스크를 평가하는 것이기 때문에 은행이 주 참가자이다. 투자자는 CLN 투자를 통해 익스포저를 매입할 수 있다. 증권(security) 가격 하락을 예상하는 투자자는 전통적으로, 증권 대주로부터 증권을 대차하여 매도하고, (가급적이면 증권 가격이 더 내렸을 때) 시장에서 증권을 매수하여 이를 증권 대주에게 상환한다. ― 이것을 "공매도"("shorting")라고 한다. 공매도 대신에 투자자는 신용파생상품을 통해 그 증권에 대한 보장을 매입함으로써 증권 가격이 하락하는 경우 그 하락분을 지급받기로 할 수도 있다.

26-29 헤징(hedging)   은행 등 금융기관은 보장을 매입함으로써 익스포저(exposure) 또는 위험(risk)을 헤지(hedge)할 수 있다. 자기자본규제 제도에서 신규로 자기자본을 확보할 필요 없이 추가 대출 여력이 생기는바, 헤징을 통해 여유자본을 확보할 수 있다. 예를 들어 특별히 위험이 높은 국가에 소재한 자회사에 대한 자금지원 등의 필요에서 해당 국가에 익스포저가 있는 기업은, 그 기업이 보유하고 있는 해당국 국채에

---

7) 역자 주) 신용사건 발생 시, CLN 원금에서 손실보전금액을 공제한 금액을 상환한다.

대한 보장매입을 통해 위의 익스포저를 헤지 할 수 있다. 다만, 준거채무(국채)와 실제 익스포저(기업 간 대출)는 불일치한다. 특정 국가의 산업 부문의 주식을 보유한 헤지펀드는, 해당 부문 내 준거기업을 몇 개 선정하여 준거기업의 신용등급평가 하향 등 일정 신용사건에 대한 보장을 매입함으로써 익스포저를 헤지 할 수 있다. 다만, 이 경우에도 역시 준거채무와 실제 익스포저는 불일치한다.

트레이딩(trading)　　시장참가자는 수익을 얻고자 신용파생상품을 자산처럼 거래할 수 있다. 트레이딩은 시장유동성을 증대시키고 그 결과 거래능력을 더 많이 증대시키게 된다.

26-30

헤지에 대한 헤징(hedging the hedge)

고객과 파생상품거래를 하는 매매업자 또한 다른 매매업자와 헤지를 한다. 즉, 재보험의 경우와 같이 자신의 고객과의 거래와 매칭되는 백투백 복제거래(back-to-back mirror deal)를 한다.

26-31

파생상품시장(derivatives markets)

거래소(exchanges), 장외파생상품시장(OTC), 발행시장(primary markets)

파생상품시장은 크게 다음과 같이 3가지로 구분할 수 있다.

26-32

- **장외파생상품시장**(OTC) - 장외("over-the-counter") 시장은 사적 거래 시장이다. 장외("over-the-counter")란 용어는 슈퍼마켓(corner shop) 계산대를 통해 식료품을 사던 데서 유래한 것으로 보인다. 1870년대 미국에서 은행창구 밖에서 주식을 매매하던 관행을 표현하기 위하여 사용되었는데, 매도 주체는 주로 은행이었다. 장외시장은 장내시장보다 규모가 훨씬 크다.

- **발행시장**(primary markets) - 주가연계파생결합債券(equity-linked bond, "ELB"),

주가연계債券(equity-linked note, "ELN"), 주식워런트증권(equity-linked warrant, "ELW") 등 채무증권(debt securities)의 신규 모집(primary offerings)을 위한 발행시장 (1차 시장)이 있다. ELB, ELN, ELW의 신규 모집(primary offerings)은 보통 장외시 장이나 거래소에서 거래되는 상품으로 헤지가 된다.

- **거래소**(exchanges) — 전문화된 선물(futures), 옵션(options) 시장을 포함하여 증 권(securities)과 원자재(commodities)의 조직화된 거래소들이 있다.

신규 모집(primary offerings)

26-33   신규 모집(primary offerings)이란 債券시장(bond market)에서 파생상품의 특성을 가진 채무증권(debt securities)을 발행하는 것을 말하고, 종종 상장된다. 이 증권은 파생상 품의 특성이 내재되어("embedded") 있다고 하며, 파생결합증권("derivative securities")이 라고도 부른다. 파생상품을 증권화하는 주요 목적은, 증권은 상장 가능하므로 효과 적으로 보장(protection)을 제공할 수 있는 투자자의 범위를 확대하는 데 있다. 연기 금, 뮤추얼펀드 등 다수의 기관투자자들은 상장된 증권(listed securities)에만 투자할 수 있다.

26-34   **예: 지수연계채권**(index-linked notes)   지수연계채권의 경우 그 이자 또는 상환금은 주가 지수나 원자재 지수 등 특정 지수의 변동에 연계되어 결정된다.

따라서 발행인은 대금을 지급하는 투자자에게 債券(note)을 발행한다. 발행인은 원금이 10인 債券(note)에 대하여, X회사의 주식(준거주식) 가격을 투자자에게 지급 함으로써 위 債券(note)을 상환할 수 있다. 위 債券(note) 발행 당시 X회사의 주식 가 격은 10이다. 위 債券(note) 만기일에 X회사의 주식 가격이 8이라면, 발행인은 투자 자에게 10 대신 8을 지급할 수 있다. 만약에 위 債券(note) 만기일에 X회사의 주식 가격이 12이면, 달리 약정했다거나 상한을 둔 경우가 아닌 한 발행인은 투자자에게 12를 지급해야 한다.

발행자는 현금상환 대신에 주식 기타 준거자산을 양도하는 방법으로 상환할 수 도 있다.

장외시상(OTC)이나 거래소에서 기래되는 파생상품과는 달리, 債券소지인(noteholder) 은 대출(loan)의 형태로 債券(note)의 총 금액을 미리 지급한다. 발행인이 각 債券소지인(noteholder)의 신용을 미리 평가할 수 없기 때문이다. 그것은 마치 債券소지인 (noteholder)이 풋옵션을 매수하고 즉시 자신의 채무에 대해 담보(collateral)를 예치한 것과 같다.

예: 워런트(warrants)   워런트는, 債券(bonds)에 부착되어 발행되거나 또는 지수, 개별 증권(security), 증권 바스켓 또는 원자재 지수에 연계되어 독립적으로 발행된다. 워런트 발행인은 지수, 주식, 채무증권, 증권 바스켓의 가격에 따라 (차액결제를 통하여) 현금결제할 수 있으며, 개별 증권이나 증권 바스켓에 연계된 워런트의 경우 해당 증권이나 증권 바스켓의 실물 인도도 가능하다. 지수연계증권(index-linked securities)은, 현실적으로 해당 지수를 구성하는 여러 주식을 모두 인도할 수 없기 때문에 현금결제만 가능하다. 워런트는 본질적으로 '옵션'이지만 보통 신규 모집(primary offering)에서만 사용된다. 워런트 인수가격은 옵션 프리미엄과 동일하다. 비록 워런트 보유자는 발행인의 불이행에 대한 신용리스크를 부담하지만, 워런트 고유가치는 발행인의 신용리스크가 아닌 외부 지표와 관련이 있다. `26-35`

예를 들어, 발행인이 X회사 주식 관련 콜 워런트(call warrants)를 발행가격 1에 발행한다. 발행 시 약정 행사가격은 10이다. 워런트보유자가 콜 워런트를 행사할 시점의 주식의 가치(또는 결제가격)는 12이다. 워런트보유자는 발행인에게 행사가격 10을 지급하고, 12의 가치를 가진 주식을 양도하라고 요구할 수 있다.

아니면, 당사자들 간에 정한 바에 따라 원하는 경우, 발행인은 워런트보유자에게 2를 현금으로 지급하고 워런트보유자는 이를 주식을 매입하는 데 사용할 수 있다. 이는 현금결제 방법으로, 발행인은 행사가격과 결제가격의 차액을 지급하는 이른바 차액계약이다.

위 워런트는 내가격 상태("in the money")인바, 워런트보유자는 수익을 얻는다. `26-36`

만약 행사시점에 주식가격이 8이라면, 워런트보유자는 단지 8의 가치를 가진 주식을 10을 수고 사고자 워런트를 행사하지는 않을 것이다. 이 워런트는 외가격 상태("out of the money"), 즉 수익이 나지 않는다.

발행자 헤지(issuer hedge)   발행인은 종종 장외시장이나 거래소 시장에서 복제거래(mirror hedging contracts)를 통해 헤지 하여 기초자산(債券(bonds) 또는 워런트)에 대한 책임으로부터 스스로를 보호한다. `26-37`

26-38 **상장**(listing) 이미 언급한 것처럼, 파생결합증권의 신규 발행은 통상, 예를 들어 룩셈부르크 증권거래소(Luxembourg Stock Exchange) 등의 증권거래소에 상장된다. 상장 발행의 목적은 비상장투자 또는 장외투자를 할 수 없는 보험사, 뮤추얼펀드, 연기금 등 기관투자자로 하여금 투자를 할 수 있도록 하기 위해서이다. 발행은 거래소에서 거래소 회원 간 거래가 이루어지는 것이 아니라, 금융중개기관을 통해 이루어지는 것이 통상이다.

26-39 **커버드워런트**(covered warrants) 기존의 증권 또는 기타 재산에 관한 워런트(warrant) 다. 신주를 인수할 수 있는 워런트(warrants to subscribe for new securities)와 구별하기 위한 개념으로 사용된다.[8]

장내거래 파생상품(exchange-traded derivatives)

26-40 선물 또는 옵션 형태의 파생상품은 전 세계적으로 선물, 옵션 전문 거래소 등 다수의 거래소(최소 30개의 대형 거래소가 있음)에서 거래되고 있다.

거래소는 보통 궁극적으로 거래소 회원이나 금융기관이 소유한 회사로 구성된다. 통상 거래소와의 모든 계약은 거래소 회원과 거래소 사이에 체결되어야 한다. 거래소 회원은 거래소에서 신용도, 능력, 신뢰성을 인정받은 트레이더다. 외부 투자자는 거래소 회원과 계약을 체결해야 하며, 해당 거래소 회원은 이와 동일한 계약을 거래소와 체결한다.

거래소 규정에 따르면 원 거래에서 각 당사자의 거래상대방은 청산소가 된다. 관련 거래소에서 체결된 각 거래는 1차적으로 전자적인 방법으로 또는 거래소에 의해 매칭(정확한 거래 확인)되고, ① 원 거래 당사자와 청산소 간 거래 및 ② 청산소와 원 거래의 다른 당사자 간의 복제 거래(mirror trade)로 대체되는데, 이는 네팅(netting) 을 촉진시킬 수 있도록 쌍방향성(mutuality)을 높이기 위한 것이다. 단락 15-04 참조.

26-41 **장점**(advantages) 장외시장 및 발행시장 파생상품에 비해 장내거래 파생상품은 다음과 같은 장점이 있다.

---

8) 역자 주) 커버드워런트(covered warrants)는 미래 특정시점(만기)에 기초자산(특정 주식이나 주가지수)을 사전에 정한 조건으로 사거나(call) 팔(put) 수 있는 권리가 부여된 투자상품(유가증권)을 말한다. 우리나라는 주식워런트증권(ELW: equity linked warrant)이라 한다. 국가별 용어가 다른데, 홍콩은 "derivative warrant", 싱가포르는 "structured warrant"라 부른다.

- **유동성**(liquidity) − 계약조건과 거래단위는 표준화되어 있는바, 거래 시 협의사항은 가격과 거래비용에 한한다. 계약이 쉽게 매매될 수 있고, 거래소(exchange)가 시장을 조성하기 때문에 유동성이 증가한다. 그러나 다수의 장외시장 거래도 참가자가 가격 이외에는 동일한 조건으로 신속하게 연쇄적 매칭거래를 통해 헤지(hedge)하는 것이 가능하도록 상당히 상품화되고 표준화된 계약을 가지고 있다. 신규 모집은 중개업자가 스크린상 호가를 제공함으로써 상당히 유동적이겠지만 특별한 상황 또는 고도의 복잡성에 맞춰지는 경우에는 유동적이지 않을 것이다.

- **가격 투명성**(price transparency) − 장내에서 거래되는 파생상품이 수요가 높고, 거래소는 통상 거래 즉시 거래가격을 공표해야 하기 때문에 쉽게 가격을 확인할 수 있으며 그 가격이 시장가격에 근접할 개연성이 높다. 장외파생상품의 경우, 많은 트레이더가 지표가격(indicative price)을 공표하기는 하나 장내파생상품 정도의 가격 투명성은 갖지 못한다. 위 가격이 가격조작(price−rigging)에 의한 왜곡 없이 해당 상품의 실제 가격이라고 볼 수 있다. 규제당국은 일반적으로 가격이 정당한 방법으로 결정되어야 한다고 하여, 내부자 거래, 시세조종, 미공개정보 오남용을 금지하고 있기 때문이다.

- **거래상대방 위험**(counterparty risk) − 거래상대방의 신용리스크를 최소화할 수 있다. 청산소가 각 트레이더의 위험을 떠안기 때문에, 트레이더는 거래상대방의 신용을 평가할 필요가 없다. 트레이더가 신속하게 거래하면서 거래상대방의 신용을 평가하는 것은 비현실적이다. 거래소의 위험은 다음과 같이 완화된다.   26-42

  - 거래소의 각 회원은 자신의 계약이 외가격이 되는 경우에 대비하여 청산소에 증거금("margin")(담보(collateral))을 맡겨야 한다. 필요한 증거금 산정을 위해 계약은 정기적으로 일일정산("marked−to−market")된다. 따라서 적어도 이론상으로는 청산소는 각 회원의 신용리스크에 노출되어 있지 않다.
  - 청산소(clearing company)의 지급능력은 초기 자본유보금(initial capital reserves), 각 회원이 제공한 보증 및 유동성 확보를 위한 대출(liquidity facilities) 등을 통해 추가로 더욱 보호된다.

장외거래(OTC transactions)에서는 당사자들이 직접 담보의 교환 등을 통해 신용리스크를 처리해야 한다. 신규 모집(primary offerings)에서 債券소지인(noteholder)은 債券액면금액을 선지급하기 때문에, 발행인은 債券소지인에 대한 신용리스크를 부담하지 않는다.

- **네팅 쌍방향성**(netting mutuality) ― 트레이더와 청산소 사이의 모든 거래는 상호의존적이기 때문에, 트레이더 도산 시 청산소는 해당 트레이더와의 계약을 네팅하여 익스포저를 줄일 수 있다. 청산소에서의 익스포저 감축(reduction in exposure)은 장외시장(OTC markets)에서보다 훨씬 더 크다. 이 익스포저는 발행시장에서는 별로 문제가 되지 않는다. 단락 15-04 참조.

26-43

- **일괄정산**(close-out) ― 트레이더는 (유동성이 충분할 것을 전제로) 반대거래(reverse trade)를 통해 계약을 쉽게 일괄정산할 수 있다. 각 거래에서 거래상대방은 청산소이기 때문에 원 거래와 반대거래는 네팅된다. 반면에 장외거래에서 일괄정산하려면 보통 거래상대방의 동의가 필요하고, 거래상대방의 동의를 받을 수 있는 가격이 꼭 수용 가능한 것도 아니다. 일괄정산은 신규 모집(primary offerings)에서는 비현실적이다.

  거래소에서의 일괄정산은 손익을 확정하기에 유용하다. 참가자는 결제일 전에 거래소와 반대되는 복제계약(mirror reverse contract)을 체결함으로써 양 계약상의 의무가 네팅되어 일방이 타방에 지급할 차액만 남겨둠으로써 포지션을 "일괄정산"("closes out")할 수 있다.

  > **예**: 3월에 매도인은 매수인에게 9월 인도 조건으로 $100를 £50에 매도하기로 계약한다. 8월에 9월 인도 조건 $100의 가격이 £45가 되자 매도인은, 매수인과 9월 인도 조건으로 £45(8월 현재 시가)를 $100에 매도하는 반대계약(reverse contract)을 체결한다. 그에 따라 9월에는 매도인은 $100를 지급하고 $100를 수취하고, 다른 한편으로는 £50를 수취하고 £45를 지급한다. 매도인은 £5의 수익을 얻는다. 즉, 매도인은 반대계약을 통해 8월에 수익을 £5로 확정할 수 있다. 만약 9월까지 기다렸다면 $100가 £55로 올랐을 수도 있는데, 이 경우 매도인이 $100를 £50에 매도하여 손실을 입었을 것이다. 실무상 다수의 거래소 계약은 위와 같은 방식으로 미리 "일괄정산"("closed-out")된다.

- **관리**(administration) − 청산소가 거래의 매칭과 결제를 관리할 수 있다. 장외거래에서는 거래당사자들이 직접 관리한다. 신규 모집(primary offerings)에서는 유로클리어(Euroclear), 클리어스트림(Clearstream) 등 청산결제시스템을 통해 증권이 거래된다.

단점(disadvantages)　장외시장 및 발행시장 파생상품에 비해 장내거래 파생상품은 다음과 같은 단점이 있다.　26-44

- **표준화**(standardisation) − 장내파생상품은 기본 거래수량단위 즉, "lots"로만 거래되고 정해진 만기일(예컨대 매년 3월, 6월, 9월, 12월)에만 결제 가능할 뿐만 아니라, 거래수요가 매우 높은 상품만 장내에서 거래되기 때문에 장외파생상품에 비해 유연성이 떨어진다.

- **위험의 집중**(concentration of risk) − 거래위험은 모든 시장거래의 당사자인 중앙청산소(central counterparty)에 집중되기 때문에 거래소 관련 규제가 중요하다. 거래소 보호에 수반되는 비용은 참가자가 부담해야 하는 추가 비용이다.

거래소(exchanges)**의 기타 기능**　거래가 현물 결제인 경우 거래소는 인도통지서(delivery notice)를 판매자 회원 누구에게나 무작위로 양도할 수 있다.　26-45
거래소는 보통 시장의 통계를 잡고 있다. 예를 들어 거래량 등이다.

질문과 세미나 주제는, 제27장의 마지막 부분 참조.

제27장

파생상품 II

파생상품(derivatives) 관련 서류 및 ISDA 양식

기본계약서(master agreements) 일반

27-01   사적 장외시장(private over-the-counter markets)에서는 계약이 상황에 맞게 수정될 수 있지만, 어느 거래에나 적용 가능한 표준적 계약서를 사용하는 것이 보통이다.

개개의 거래는 개별거래확인서(confirmation), 즉, 거래내역을 기재한 서면의 교환을 통해 기록된다. 기본계약서는 포괄적 거래약관과 같은 기능을 가지며, 개개의 거래에 대한 특약사항은 개별거래확인서에 기재되는데, 개별거래확인서도 보통 표준적 양식이 사용된다.

가장 중요한 기본계약서 양식은 ISDA 기본계약서(ISDA Master Agreement)다. 그 밖에 각국의 은행연합회(national bank association)가 국내 거래용으로 정한 기본계약서 등이 있다.

ISDA 기본계약서는 시장을 불문하고 레포(repo)거래 및 주식대차거래를 제외한 모든 유형의 거래에 사용할 수 있다. 레포(repo)거래 및 주식대차거래에 관하여는 다른 시장협회에서 개발한 기본계약서가 있다. ISDA 기본계약서는 보통 뉴욕주법이나 영국법이 준거법이다.

표준적 기본계약서(standard master agreement)의 장점

기본계약서의 장점은 다음과 같다. 27-02

- **법적 안전성**(legal safety) － 계약조건은 이미 충분한 검토를 거쳐 법적으로 안전하고 정교하여 시장이 신뢰한다. 당사자의 거래능력, 회사의 권한, 네팅 가능성 및 담보 유효성 등의 문제는 모든 거래와 관련하여 사전에 해결된다. 표준양식에 대해서는 다수의 판례가 축적되어 있어 예견가능성도 높다.

- **계약서 작성**(documentation) － 각 거래에 관하여 개별 계약서를 작성하는 것에 비해 시간과 비용이 크게 절약된다. 거래가 대량으로 이루어지고 시시각각 변화하는 시장에서는 계약의 표준화가 필수적이다. 표준화는 부수적인 사항의 변경을 차단한다.

- **네팅**(netting) － ISDA 기본계약서 등 기본계약서는, 주요 法域에서의 공식적인 법률 의견서(formal legal opinions)를 이용할 수 있고, 규제당국의 승인을 얻음으로써, 네팅의 효율성을 증진시킬 수 있다.

- **익숙함**(familiarity)**과 거래**(trading) － 많은 기관들이 익숙한 표준 양식을 사용함으로써 매매의 속도와 유동성을 향상시킬 수 있다.

- **매칭**(matching) － 표준화의 결과 백투백 거래(back-to-back transactions)를 통해 쉽게 매칭할 수 있다.

ISDA 기본계약서(ISDA Master Agreement)

배경 ISDA 기본계약서는, 이 계약서가 커버하는 거래 범위 및 이 계약서 조항들 27-03
에 의존하는 규모의 방대함, 시장에서의 사용범위 등의 견지에서 볼 때 이제까지
만들어진 것 중에 가장 획기적인 표준일 것이다. ISDA 기본계약서는 국제적 및 국내적 거래를 위한 범용적인 표준이다.

ISDA 양식의 기본 아이디어는 대부분의 거래에 공통적으로 적용되는 계약조건은 정해두고, 각 개별 거래에 특수한 조건은 당사자들끼리 별도로 협의하고 합의내용은 개별거래확인서("confirmations")로 기록해 두는 것이다. 개별거래확인서 작성의 편

의를 위해 ISDA는 定義소책자(booklets of definitions)를 만들어서 당사자들이 매회 정의를 나열하지 않아도 되게 했다. 이 定義들은 대금지급을 위한 영업일에 대한 정의와 같이 기술적인 사항부터 주식의 성격을 변경시키는, 복잡한 주식에 대한 수정입법(legislation of adjustments to shares)까지 망라하고 있다. 그것은 말하자면 속기용어(short-hand phrases)에 의한 금융사전과 같은 것이다.

첫 ISDA 기본계약 양식은 1987년에 등장했고, 이는 1992년판 양식에 의해 대체되었다. 1992년판은 국제거래용 복수통화거래 양식 및 국내거래용 단일통화거래 양식의 두 가지 양식으로 나왔는데, 단일통화거래 양식은 거의 사용되지 않아 2002년판에서는 삭제되었다. 여기서는 2002년판만 다루기로 한다.

27-04   ISDA 기본계약 양식은 상업은행 대출계약에서 유래했는바, 전반적인 구조 및 조항이 대출계약과 매우 유사하다. 즉 ISDA 기본계약 양식은 대출계약과 마찬가지로 진술, 확약, 채무불이행 사유, 일반적인 표준문안 등이 있다. 다만 중요한 차이점은 기본계약 양식은 골격만 제공할 뿐, 개별거래에 실제 적용되는 조건은 기본계약이 아닌 개별거래확인서에 기재되어 있으며, 각 조항은 일방 당사자만이 아니라 쌍방 당사자에게 상호 적용되고(예: 채무불이행 사유), 거래당사자 간 단일 계약이 아닌 다수의 계약에 적용되는바, 익스포저를 줄이기 위한 상계와 네팅이 주된 관심사항이라는 점이다.

상계와 네팅은 제14장과 제15장에서 논의한 바 있다. 일련의 계약을 체결한 당사자 중 일방이 지급불능(insolvency) 상태에 이른 경우 타방(non-defaulter)이 부담하는 모든 익스포저를 하나의 순잔액(single net amount)으로 줄이는 것이 바람직하다. 일방 당사자가 지급불능(insolvent) 상태에 이른 경우 타방(non-defaulting party)은 각 계약에 대한 손익을 계산하고 이를 상계함으로써 모든 滿期 前의 계약(open contract)을 해제(terminate)할 수 있어야 한다. 이를 위해서는 도산법상 일방 당사자가 계약 해제나 도산에 따라 상계하는 데 대한 제한이 없어야 한다.

ISDA가 발간한 사용자 가이드(User Guide), 계약서 작성 및 협상에 관한 매뉴얼 등이 유용하다.

ISDA 기본계약서는 부속서(Schedule)를 통해 확정할 수 있는 여러 선택권(options)을 인정하고 있으며, 당사자들은 부속서를 통해 기본계약서를 변경하는 것도 가능하고, 실제로도 그런 경우가 많다.

27-05   **ISDA 기본계약서의 개요**(summary terms of the ISDA master)   다음과 같은 것들이나.

- **전문**(Recital) - 양 당사자 간의 모든 거래에 대해 이 기본계약서가 적용된다.

- **해석**(Interpretation) - 이 기본계약서와 그에 따른 모든 거래는 전체적으로 단일한 계약을 구성한다. 이와 같이 1개의 계약서로 포괄하는 취지는 단락 14-37 참조.

- **의무**(Obligations).
  - (a) (잠재적인) 채무불이행 사유나 계약의 해제가 없는 한, 각 당사자는 각 개별거래확인서에 정한 금액을 지급하거나 인도할 의무를 부담한다.
  - (b) 각 당사자는 통지로써 지급 또는 인도 계좌를 변경할 수 있다. (단, 타방 당사자가 이에 대해 합리적인 거절을 할 수 있다.)
  - (c) 동일 거래 하에서 지급통화와 지급일이 동일한 채권은 네팅될 것이다. 결제 네팅(settlement netting)에 관하여는 단락 14-06 참조.
  - (d) 각 당사자는 경우에 따라서 지급금액에서 원천징수되는 세액을 보상하기 위해 가산(gross up)하기로 한다.

- **진술**(Representation) - 각 당사자는 다음과 같은 사항에 대하여 관하여 진술(representations)을 제공한다. ① 법적 지위[1], ②권한[2], ③ 법률, 정관(constitution) 또는 계약에 저촉되지 않을 것, ④ 관청의 허가(official consents) 취득, ⑤ 법적 유효성, ⑥ (잠재적) 채무불이행 사유(events of default) 또는 계약해제 사유(termination event)의 부존재, ⑦ 중대한 소송의 부존재, ⑧ 스케줄에 기재된 정보(scheduled information)의 정확성, ⑨ 조세, 세무 처리에 관한 진술(representations)의 정확성, ⑩ 대리인에 의한 거래가 아니라는 것(no agency) 등.   27-06

- **합의**(Agreement) - 각 당사자는 합의한 바에 따라 일정한 정보를 제공하고, 인허가를 유지하며, 법률을 준수하는 한편, 조세 관련 진술이 진실하지 않게 된 경우 이를 상대방에게 통지하고, 인지세(stamp taxes)를 납부하기로 한다.

---

1) 역자 주) 각 당사자는 준거법에 따라 적법하게 설립되어, 유효하게 존속하고 있으며, 해당 준거법상 하자 없이 법률에 합치한 상태에 있을 것.
2) 역자 주) 각 당사자는 계약을 작성하고, 교부하고, 당사자로서 의무를 이행할 권능이 있고, 그러한 작성, 교부 및 이행을 수권하는 데 필요한 일체의 행위를 할 수 있을 것.

27-07   • **채무불이행 사유**(Events of Default) **및 계약해제사유**(Termination Events) — 계약당사자의 채무불이행 사유는 다음과 같다.

- 지급 또는 인도 채무불이행(failure to pay or deliver)
- 계약 위반(breach of agreement) 또는 계약의 이행거절(repudiation of agreement)
- 신용보강채무에 대한 불이행(credit support default)
- 중대한 부실표시(material misrepresentation)
- 당사자 또는 관련 당사자 간에 파생상품거래상의 특정채무불이행, 차입 또는 차입보증채무불이행(크로스 디폴트(cross–default)에 관하여는 단락 9–03 참조.)
- 도산(bankruptcy)
- 채무인수 없는 합병(merger without assumption): 합병 후에 존속하는 회사가 기본계약상 채무를 인수하지 않는 합병

27-08   • 다음은 계약해제사유(termination events)다.(계약 해제 사유는 채무불이행을 포함하지 않기 때문에 채무불이행 사유와 구별된다. 그럼에도 불구하고 타방 당사자의 계약 해제를 정당화한다.)

- 불법(illegality)
- 불가항력(force majeure event)(금융용어집에는 불가항력 이외에도 시장혼란(market disruption), 외환관리(exchange controls) 등 많은 예가 있다)
- 세법의 개정으로 인해 세액 원천징수분이 추가부담(tax grossing–up)되거나 또는 공제된 세액이 지급(payment)되는 경우(세제의 변경("tax event"))
- 합병의 결과 세액 원천징수분이 추가부담(tax grossing–up)되거나 또는 공제된 세액이 지급되는 경우(합병에 의한 세제의 변경("tax event upon merger"))
- 신용을 중대하게 약화시키는 합병, 지배권 변동, 채무부담(debt incurrence)(합병에 따른 신용불안 사유("credit event upon merger"))

27-09   • **기한 전 해제**(Early Termination) **및 일괄정산 네팅**(Close-Out Netting).

- 일방 당사자에 대하여 채무불이행 사유나 계약 해제 사유가 발생한 경우

타방 당사자는 기한 전에 계약을 해제할 수 있다.

- (채무불이행자가 아닌 타방(non-defaulter) 등) 관련 당사자는 해제된 거래 (terminated transaction)의 손익을 산정하여, 이를 이미 이행기가 도래한 지급채권과 상계하여, 순잔액(net amount)만 지급할 수 있다(일괄정산 네팅 (close-out netting)에 관하여는, 제14장 참조).

- 채무불이행자가 아닌 타방(non-defaulter)은 조기해제 채무금액(early termination amount)을 계약 외의 채권으로 상계할 수 있다.

- **양도**(transfer) — 일방 당사자는 타방 당사자의 동의 없이는 권리·의무를 양도할 수 없다(예외 인정).

- **보칙**(Miscellaneous) — 다양한 표준 조항을 말한다. 지연이자, 계약이행 관련 사무소 변경 금지, 준거법 및 관할, 주권면제(sovereign immunity) 포기, 정의 조항 등.

부속서(Schedule) 27-10

- 채무불이행 사유 및 계약 해제 사유 조정.

- 조세에 관한 진술(tax representation).

- 회사 관련 서류(정관, 법인등기부 등본 등), 회사전용계좌 등 제출 시류

- 보칙(miscellaneous).

- 그 밖에 합의된 수정사항.

자세한 내용은 LPIF 시리즈 제4권 단락 12-03 참조. 다양한 유형의 파생상품거래 계약서 작성에 관하여는 제12장에서도 다룬 바 있다.

파생상품(derivatives) 관련 법적 측면

이 절에서는 파생상품거래와 관련한 몇 가지 법적 문제를 검토한다. 27-11

구두계약의 유효성(validity of oral contracts)

27-12   장외시장(OTC market)에서 매매업자들은 종종 전화상 구두로 계약을 체결한다. 일반적으로, 당사자들이 인터넷 또는 팩스로 개별거래확인서를 교환하거나 기타 정형화된 서류에 서명하는 시점이 아니라, 구두로 체결한 즉시 구속력 있는 계약이 성립되는 것으로 본다.

구속력 있는 구두계약은, 통상 매매업자들 간 계약 체결을 염두에 두고 모든 주요 거래조건에 관하여 의사의 합치가 있을 것을 전제로(일반적으로 그러한 것으로 간주됨) 매매업자들이 전화로 계약을 체결하기로 할 때 성립한다. 만약 사실의 근본적인 착오가 있는 경우 계약의 효력이 인정되지 않을 수도 있으며, 그 결과 지급받은 금액의 반환(원상회복) 등 일반적인 계약법리가 적용된다.

거래 체결 이후에 이메일 또는 팩스를 통해 교환하는 거래확인서류는 기본적으로 구두계약 체결을 증명하는 역할을 수행한다. 다만, 거래조건을 보완하거나 변경하기도 하는데, 이는 양 당사자들이 합의해야만 가능하다.

상업적 계약에 있어 형식적인 절차는 없애는 것이 국제적 추세이다. 영국이나 네덜란드 법에서는 상업적인 계약에는 서면 작성이 필요하지 않다. 다만, 영국에서 보증 및 유사 채무는 서면 작성을 요건으로 한다. 1677년 사기방지법(Statute of Fraud 1677) 제4조 참조. 미국 뉴욕주는 1994년에 일정한 거래에 대하여 서면 요건을 폐지했다. 또한 미국 여러 주에서 전자상거래법(e-commerce statutes)을 도입한 점을 주목해야 한다.

권리능력(capacity)

27-13   파생상품시장이 개설되기 전에 설립된 회사는 파생상품거래를 체결할 권리능력이 인정되지 않을 수도 있다. 선진국에서는 회사법상 능력 외 계약(ultra vires contracts)과 관련하여 제3자 보호규정을 두고 있으나, 그 제3자에 거래주체인 회사의 이사가 해당된다고 보기는 어렵다.

특수법인, 주택금융조합 및 그와 유사한 저축은행, 보험사, 지방자치단체, 연기금(pension funds), 신탁, 뮤추얼펀드, 공익단체, 국제기구 등 일부 특수기관은 파생상품거래를 체결할 권리능력이 제한되기도 한다.

특히 보험사와 집합투자기구 등 일부 기관은 규제적 제한조지에 따라 도산위험을 줄이기 위해 일정 유형의 파생상품거래를 체결할 권리능력이 제한될 수도 있다.

Hazell v Hammersmith and Fulham London Borough Council [1992] 2 AC 1, HL 판례에서 영국 지방자치단체가 체결한 금리스왑거래는 능력 외의 것(ultra vires)으로서 무효로 판결되었다. 그 지방자치단체가 체결한 수백 건의 스왑거래와 관련하여, 결과적으로 지방세 납세자(rate-payers)에게 부담이 전가될 막대한 손실이 발생했다. 이 유명한 판결 이후, 200여 건의 소가 제기되었고, 능력 외 계약(ultra vires contracts) 상 이익을 수취한 당사자의 원상회복책임과 법률의 착오의 효과에 관하여 중요한 판결이 여럿 등장했다.

상계(set-off)와 네팅(netting)

상계와 네팅은 파생상품시장에서 익스포저를 축소하기 위한 중심적 수단으로, 기본계약서의 주요 관심사항이다.   27-14

익스포저를 줄이기 위한 수단으로, 상계와 네팅은 거래 상대방이 도산 시에도 유효하고, 청구권의 일부를 인수한 압류채권자 등 이해관계자에 대해서도 유효해야 한다.

상계(set-off)는 금전채권(debts)의 상계를 말한다. 일괄정산 네팅(close-out netting)은 미청산계약(open contract)의 해제, 쌍방 손익계산 및 그 상계를 말한다. 결제네팅(settlement netting)은 인도일이 동일한 동일 자산의 상호 인도채무를 상계하는 것이다. 상계와 네팅은 제14장 및 제15장에서 논의한 바 있다.

증거금(margin) 및 담보(collateral)

파생상품거래의 신용은 통상 증거금("margin")이라 부르는 담보에 의해 보강될 수 있다. ISDA는 장외거래에 관하여 투자증권 형태의 담보를 제공하는 표준양식을 개발했다(신용보강부속서(Credit Support Annex)). 주요 거래소는 담보를 요구하는 것이 통상적이다.   27-15

담보는 보통 상위 등급의 채무증권, 현금, 은행발행 신용장 등의 형태로 제공되는바, 유동성과 시장성이 높다. 대부분(약 75% 정도)의 증거금은 현금 예치 형태로 제공된다.

개시증거금("initial margin")은 잠재적인 위험에 대비하여 거래 개시 단계에서 제공되어야 한다. 거래가 바로 일괄정산되면(closed out) 시장의 시가가 투자자에게 손실을 발생시킬 경우에는 **변동증거금**("variation margin")을 제공해야 한다. 거래의 가치평가를 시장가격의 변동에 맞추어 평가하는 것을 "일일정산"("marking to market")이라고 한다. 증거금은 통상 단기 통지에 따라 제공되어야 한다. 가격이 급락하는 경우에는 하루에도 여러 차례 증거금의 제공이 요구된다. 증거금을 제공할 의무가 있는 당사자가 증거금을 제공하지 아니하는 경우, 타방 당사자는 계약조건에 따라 거래를 즉시 일괄정산(close out) 할 수 있다.

다수의 국가에서는 법령으로 예금에 대한 상계를 촉진하고, 레포 거래(sale and repurchase transactions)의 네팅을 촉진하고, 금융시장에서 담보를 보호하기 위한 조항을 명시적으로 두고 있다.3)

파생상품(derivatives)에 대한 규제

27-16   규제체계는 다음과 같은 사항에 대한 규정을 포함한다.

- 파생상품 거래 시 매매업자의 지급능력, 역량 및 신뢰성에 대한 모니터링을 위한 **인허가**(authorisation). EU에서는, 파생상품 매매업자는 파생상품 거래에 관한 인허가를 취득해야 한다.

- 투자자를 위한 거래의 적절성, 청약철회기간(cooling-off period), 투자권유사항, 오인을 초래할 만한 문구, 부실한 자문, 불충분한 계약문서, 이해상충, 위험고지, 수수료 공개, 고객 투자예탁자산과 고유자산 분리 등 트레이더(traders)의 **영업행위**(conduct of business). 이는 전문투자자 간 거래에는 완화되어 적용된다. 2004년 금융상품투자지침(MiFID: Markets in Financial Instruments Directive 2004) 및 후속조치는 위 사항들의 대부분을 다루고 있는 정교한 규제체제다. 제22장 참조.

---

3) 역자 주) 우리나라에서는 "비청산 장외파생상품거래 증거금 제도 가이드라인"을 마련하여, 일반 회사 및 중앙은행, 공공기관 등을 제외하고, 은행, 금융투자회사, 보험회사 등 장외파생상품을 취급하는 금융회사 및 집합투자기구는 중앙청산소(CCP)에서 청산되지 않는 모든 장외파생상품(단, 실물로 결제되는 외한선도, 스왑 및 통화스왑은 신용리스크가 상대적으로 낮아 제외됨)에 관하여 거래규모에 따라 단계적으로, 변동증거금(variation margin)은 2017년 3월 1일부터, 개시증거금(initial margin)은 2020년 9월 1일부터 적용한다.

- 광고 또는 투자설명서(offering circular)를 통한 파생상품 **투자권유**(promotion). 전문투자자 간 거래에는 완화되어 적용된다.

- **자본적정성**(capital adequacy) − 어느 회사의 도산으로 야기될 수 있는 시스템 리스크로부터 국가와 투자자를 보호하기 위해 파생상품 계약 익스포저에 대응하여 금융기관이 유지해야 할 자본의 양을 말한다. 파생상품이 기초로 하고 있는 증권이나 원자재(commodities) 시장 등은 그 가격의 변동이 급격하고 변동성이 큰 편이라, 파생상품계약의 가치 또한 급속히 변할 수 있다. 기초자산 시장의 변동은 그 시장과 관련한 파생상품 거래를 하는 광범위한 매매업자에게 영향을 미칠 수 있다. 국제적인 자기자본 비율 규제는, BIS 산하 위원회인 바젤은행감독위원회(Basel Committee on Banking Supervision)가 공표한 기본 원칙들에 기초하고 있다. 제25장 참조.

- **범죄적 행위**(criminal conduct) − 예: 사기, 시세조종, 허위시장 조성(false market), 내부자 거래 등을 금지하는 규정. 제24장 참조.

일부 규정은 일반투자자를 보호하고, 투기로 인한 버블을 막기 위해 **투기를 제한**(control speculation)한다. 이는 도박방지법(anti-gaming laws)의 영역이다.

도박(gaming)

차액계약 및 스왑계약은 도박 또는 사행계약으로 간주되어 도박법상 그 효력이 인정되지 않을 수도 있다. 이러한 규정은 원래 개인을 보호하고 투기를 억제하고자 하는 취지로 제정되었으나, 시대착오적인 면이 있다. 양 당사자들이 ① 차액계약과 그 성질이 반대인 상업적 매매나 대차거래를 의도하지는 않았는지, ② 차액계약을 의도한 경우라면 적어도 일방 당사자가 단지 투기가 아닌 헤지와 같은 보호를 위한 합법적인 상업적 이익을 가지고 있는 것은 아닌지 등을 고려해야 한다.   27-17

다수의 국가는 시장(기초시장인 주식 거래소, 원자재 시장 포함)을 활성화하고 계약이 무효될 위험을 제거하기 위해 도박법에 대한 예외조항들을 도입했다. 그 이유는 투자자 보호를 위한 만족스러운 대체시스템이 있다거나 도박법상 보호가 불필요한 전문투자자 간의 계약이 있기 때문이다.

거래소 거래계약이나 전문투자자 간 계약을 위해 예외를 인정하고 있는 국가에는, 벨기에(1934년, 1939년 이후), 프랑스(1885년 선물계약에 대해 예외를 인정했다가 1993년 예외범위를 전체 파생상품으로 확대), 독일(개정된 1896년 주식거래법 이후), 네덜란드(1986년 이후), 영국 등이 있다. 특히 영국에서는 2000년 금융서비스시장법(Financial Services and Markets Act 2000) 제412조에 의하면 일방 당사자가 영업의 형태로 체결한 계약은 대체적으로 예외로 인정된다. 영국의 2005년 도박법(Gambling Act 2005)은 사행업의 면허를 규정하면서, FSA(Financial Services Authority)가 규제하는 사업부문에 대하여는 위의 면허 요건도 면제했다. 영국에서는 대부분의 파생상품거래는 "도박"("bet")에 해당하지 않고, 도박법의 적용을 받지 않는다. 그러나 국제적으로 국가별 입장은 많이 상이하다.

보험규제(insurance regulation)

27-18　　　대부분의 상업국가에 있어서 보험업의 수행은 대개 공적 인허가를 요건으로 한다. 일부 파생상품계약은, 일방 당사자가 타방 당사자로부터 프리미엄을 지급받고, 발생 여부가 정해지지 아니한 장래 사건의 발생 시 일정 금액을 타방 당사자에게 지급하기로 한다는 점에서 본질적으로 보험과 유사하다. 파생상품이 개발되기 이전에 정립된 보험의 법적 정의를 기준으로 보험과 파생상품을 구별하기는 쉽지 않다. 통상적인 파생상품계약은 엄밀한 의미의 보험은 아니라는 것이 일반적인 견해다.

기술적인 설명은 별론으로 하고, 파생상품은 다음과 같은 3가지 근본적 이유로 보험회사규제의 적용대상에서 제외한다. ① 파생상품 매매업자는 보험법 제정 목적인 구제라는 취지에 포섭되지 않는다. 시장 매매업자는, 일반 대중을 상대로 생명보험, 양로보험, 연금보험 등 장기간 위험에 노출시키면서 전통적인 보험업을 하는 보험회사와 다르다. ② 파생상품 매매업자는 은행업이나 금융서비스 규제의 적용을 받는다. ③ 보험업자로서의 이중 인가는 중복규제를 초래한다.

영국에서는 은행이 은행업에 부수하여 보험업을 수행하는 경우에는 은행이 이미 별도의 규제를 받기 때문에 보험업에 대하여 별도의 인가를 요하지 않는다. 미국 보험규제당국은 확실히 주요 파생상품업을 보험업으로 분류하지 않는다.

법적 책임(legal liability)

파생상품 트레이더가 **고객에 대하여 투자자문업자**(adviser to its customer)로서 27-19
의 의무를 부담하는 경우 투자자문 등에 관하여 법적 책임을 지게 될 수도 있다. 대리, 계약 또는 불법행위에 관한 법리에 따라 의무가 인정될 수도 있다. 이는 전적으로 *사실관계에 달려 있다*. 그리고 2000년 영국 금융서비스시장법(Financial Services and Markets Act 2000)이나 동등한 규제법령에 따라 개인 등 일반 고객에 대하여 법적의무를 부담할 수도 있다.

트레이더가 시장상황, 수익, 계약서에 관하여 고객에게 **부실표시를 하고**(misrepresented), 고객이 이를 신뢰하여 거래를 체결한 경우 트레이더에게 법적 책임이 인정될 수도 있다. 계약과 불법행위에서 부실표시에 관한 일반법리, 특히 예측(forecast)이 부실표시라고 볼 수 있는지 고려해 볼 필요가 있다. 은행의 과실에 의한 부실표시에 대하여 책임이 인정될 수도 있다. *Hedley Byrne v Heller & Partners* [1964] AC 465 판례(부주의한 신용조회 사건) 참조.

영국 법원은, 고객이 스스로 결정해야 한다는 원칙하에, 은행이 고객이 거래 체결과 관련하여 신중을 기하도록 조언을 해야 한다는 은행의 내재적 의무를 인정하는 데 소극적인 입장을 취하고 있다. 일반적인 원칙은, 은행이 명시적으로 고객에게 자문하기로 한 경우가 아닌 한 신중하게 거래를 체결하도록 조언할 의무를 지지는 않는다는 것이다. 영국과 미국의 판례법에 관하여는 단락 22-05 참조.

매매업자들은 보통 전문투자자인 거래상대방으로부터 ① 기래상대방이 매매입자 27-20
나 매매업자의 거래에 관한 설명에 의존하지 않고 독립적인 판단에 따르고, ② 거래상대방이 거래의 장단점을 평가할 수 있으며, ③ 매매업자는 거래상대방의 수탁자나 자문업자가 아니라는 취지의 확인서를 받고자 한다. ISDA 기본계약서 부속서(Schedule)에도 이러한 취지의 표준적인 조항이 있다.

이러한 책임 제외(exclusions)의 효과는 개개의 상황과 계약법, 불법행위법이나 그 외의 책임면제의 금지에 관한 법률의 내용에 따른다. 영국에서는 Unfair Contract Terms Act 1977이 이러한 일정한 면책조항에 대한 제한의 전형적인 입법례인데, 이러한 면책은 합리적인 것이어야 한다고 규정하고 있다. 베스트 프랙티스(best practice)는 상대방의 적합성(suitability)을 확인하고 고객이 올바른 독립된 조언을 받도록 확실히 하는 것이다. 일반투자자(unsophisticated investors)의 경우, 이러한 적합성 확인 의무(suitability duties)는 거의 항상 규제법상 강제된다.

법적 리스크 이외의 리스크(non-legal risks)

27-21 　파생상품 거래와 관련된 비법률적 리스크를 살펴볼 필요가 있다. (법적 성격이 혼재되어 있는 경우도 있다.)

금융 리스크(financial risks)

27-22
- 시장이 불리하게 변동하는 경우 이와 관련한 대규모 익스포저

- 담보가 충분하지 않을 리스크

- 유동성 리스크 - 파생상품에 대한 익스포저가 큰 기관은 특히 시장상황이 좋지 않을 경우 시장을 통한 자금조달이 어려울 것이다.

- 불완전한 매칭 및 그에 따른 불완전한 헤지 위험 - 예: 금리스왑에서 지급일의 불일치(payment date mismatches), 신용파생상품에서 실제 신용 익스포저(actual credit exposure)(대출(loan))와 준거채무(reference obligation)(債券(bond))의 불일치(mismatch)

- 복잡한 수학적 평가 수법(complex mathematical valuations)은 본질적으로 예언(prophecy)에 불과한 것을 마치 예견가능성(predictability) 있는 것처럼 보이게 한다.

도산 리스크(insolvency risks)

27-23
- 상대방이 지급능력을 상실하는 경우, 담보를 받아야 할 것인가?

- 대규모 파생상품거래를 하는 기관의 경우 거래가 부외거래(off-balance sheet)로 이루어지기 때문에 또는 가치변동이 너무 급격하게 이루어져서 대차대조표(balance sheet)가 구식이 되어버리기 때문에 그 기관에 대한 신용평가가 어렵다.

규제 리스크(regulatory risks) 및 평판 리스크(reputational risks)

27-24
- 규제당국의 인허가를 받지 않은 거래. 규정을 위반한 매매업자에게는 제재가

있다. 예를 들어, 형사상 처벌, 행정벌, 민사책임, 거래의 무효 등.

- 적합성(suitability) 원칙, 이해상충, 부주의한 자문(negligent advise) 등 영업에 관한 행위지침 위반.

- 거래가 도박행위(void gaming)로서 무효가 됨.

- 시세조종, 내부자 거래, 시장오남용 등 형사법 위반.

운영 리스크(operational risks)

- 문서작업이 제대로 되지 아니했을 리스크. 부속서(Schedule) 또는 개별거래확인서(Confirmation)를 잘못 작성.   27-25

- 결제교착(settlement bottlenecks) 리스크 및 거래정지, 비상상황 등 시장혼란.

- 불충분한 리스크에 대한 모니터링(감시 및 IT시스템).

- 거래의 불충분한 이해 (지적 리스크(intellectual risk))

- 직원의 사기(employee fraud) 또는 내부적으로 승인을 받지 않는 거래 (unauthorised dealings).

더 상세한 내용: LPIF 시리즈 제4권 제10−13장; Simon Firth, *Derivatives Law and Practice* (Sweet & Maxwell, looseleaf); Schuyler K. Henderson, *Henderson on Derivatives* (LexisNexis 2003).

질문과 세미나 주제

제26장과 제27장

(1) 당신은 다양한 파생상품을 대기업인 고객에게 팔려고 하고 있는 증권회사에 게서 자문을 요구받고 있다. 증권회사는 개인 고객에게는 상품을 판매하지 않는다. 이 증권회사에 대해 실체법상, 규제법상의 주요 리스크에 대해 자문 해 보자. 또한 어떤 방법으로 이들 리스크를 줄일 수 있는지 생각해 보자.

(2) "파생상품은 금융의 대붕괴를 초래하는 유독한 병기이다."라는 말은 파생상 품과 관련된 법적 리스크의 관점에서 정당하다고 생각하는가?

(3) 당신은 ISDA 기본계약서(ISDA Master Agreement)가 왜 이렇게까지 성공했다고 생각하는가? 이것은 어떻게 파생상품에 관련된 리스크를 줄이는가? 줄일 수 없는 법적 리스크는 있는가?

(4) 3개의 주요한 파생상품(derivative) 시장에 대해 비교 및 대조해 보자.
- 장내거래 파생상품(exchange-traded derivative)
- 장외 파생상품("over the counter" (OTC) derivative)
- 파생상품 증권(derivative securities)의 발행시장(primary market)에서의 신규발 행

(5) Pushy Bank는 거대 기업 연기금(large corporate pension fund)인 고객에 대해 다 양한 금리 리스크에 대한 헤지 "프로그램의 조성을 돕겠습니다."라고 말하며, 또한 "그와 같은 분야에 특별한 지식 경험이 있습니다."라고 권유했다. Pushy Bank은 "매우 조건이 좋고" 또 "아주 안전한" 거래라고 말하며 연기금과 복 잡한 금리스왑 계약을 체결했다. 실제로 금리가 요동쳐서 이 계약은 연기금 입장에서는 파멸적이고, Pushy Bank 입장에서는 매우 수익이 좋은 것으로 되 었다. 연기금은 Pushy Bank와 면책증서(disclaimer)에 서명했다. 면책증서에는, 연기금은 스스로 조사한 투자정보에 의거하며, 전문투자자 고객(sophisticated customer)이며, Pushy Bank는 연기금에 대해 조언하는 信認의무(fiduciary duties)를 지지 않고, 어떠한 진술(representations)의 책임도 지지 않는다는 내용이 규정되어 있었다. 계약의 준거법은 영국법이다.

그 연기금의 수탁자(trustees)는 이와 같은 스왑 계약을 부주의하게 체결한 것에 대해 연기금에 배상책임을 질 가능성이 있기 때문에, Pushy Bank에 손해배상을 청구하거나 또는 스왑 계약을 무효로 하고 싶다고 생각하고 있다.

당신은 연기금의 수탁자(trustees)로부터 자문을 요구받고 있다. 유리한 점과 불리한 점도 포함해서 Pushy Bank에 대해 수탁자(trustees)를 지키는 방어법과 공격법을 가능한 한 많이 제안하고 법에 근거해서 각각의 성공 가능성에 대해 서술해 보자.

제28장

자산유동화 I

자산유동화(securitisation)란 무엇인가

자산유동화(securitisations)의 개요

28-01   기본적으로 고전적인 자산유동화는 다음과 같이 이루어진다. 금전채권(receivables)
의 소유자(owner)(오리지네이터(originator)[1] 또는 매도인)는 제3자(매수인 또는 특수목
적법인(special purpose company) 또는 SPV)에게 금전채권(receivables)을 양도한다. 양수
인은 구입자금을 조달하기 위해 자금을 차입하고, 그 자금으로 금전채권을 매수하
고, 그 금전채권의 변제대금(proceeds)으로 차입금을 상환한다. 이러한 점에서 전통
적인 자산유동화는 팩토링(factoring)이나 채권할인매입(discounting)의 복잡한 형태라
고 볼 수 있다.

이러한 거래는 다음과 같이 보다 상세하게 정리할 수 있다.

- 주택담보부 대출채권이나 소비자금융채권(consumer credit receivables) 등 금전채
  권의 오리지네이터(originator)는 SPV에 해당 금전채권을 양도하고 그 대가로 양
  도대금을 양도 즉시 수령한다. 전형적인 오리지네이터(originator)는 은행 또는
  기업인데, 이들은 보통 영업활동을 통해 이와 같은 금전채권을 가지고 있기 때

---

1) 역자 주) 오리지네이터(originator)는 유동화자산 보유자 이다.

문이다.

- SPV는 전문투자자에게 전통적인 債券(bond)이나 유동화증권(note)을 발행하거나, 또는 (드물게는) 은행으로부터 대출을 받아 금전채권 매수자금을 조달한다. SPV는 차입금 상환을 보장해 주기 위해 금전채권에 투자자를 위한 담보권을 설정한다.

- SPV는 오리지네이터(originator)를 자산관리자("servicer")로 선임하여, SPV를 대신하여 금전채권(receivables)을 추심하고, 유동화증권(note)의 원리금 상환에 충당한다. (상환기한까지는 변제대금(proceeds)을 운용한다.) SPV는 자산관리자(servicer)에게 관리수수료를 지급한다.

- SPV는 보통 오리지네이터(originator)가 아닌 제3자(예: 자선신탁(charitable trustees))를 그 주주로 하여 단일한 특수목적을 위해 설립된 소자본회사이며, 오리지네이터의 대차대조표에 연결되는 자회사가 아니다. SPV는 독자적 법인이므로, 오리지네이터는 SPV의 법적 의무와 관련하여 아무런 책임을 부담하지 않는다. **28-02**

- 금전채권(receivables)이 변제기에 투자자에게 변제되는 데 충분하도록 확실히 하기 위하여, 여러 가지 형태의 "신용보강"("credit enhancement")이 있을 수 있다. 예를 들어, ① 제3자가 SPV의 투자자에 대한 지급을 보증하거나, 또는 ② 오리지네이터(originator)가 SPV에게 후순위대출을 하는 것에 동의하거나, 또는 ③ SPV가 금전채권(receivables)의 대금의 일부를 유동화증권(notes)이 상환될 때까지 유보하는 등이다.

- 자산유동화에 따라 발행한 유동화증권(note)은 일반적으로 신용평가기관에 의하여 그 신용등급이 평가된다. 이 경우 대출(loan)은 통상 오리지네이터(originator)에게 직접 대출(direct loan)해 줄 때보다 신용등급이 높게 평가되는 편이다. 이는 투자자가 금전채권(receivables)만 고려하고, 오리지네이터의 일반적 신용능력에 의거하고 있지는 않기 때문이다.

- SPV는 유동화증권(note) 상환에 필요하지 않는 금전채권(receivables)의 초과 수익(surplus income)을 오리지네이터에게 지급하며, 이것에 의하여 오리지네이터는 수익을 얻는다. 이러한 지급은 관리수수료 또는 후순위채에 대한 높은 이자비용 등의 형태로 지급된다.

자산유동화의 경제적 효과는 오리지네이터가 금전채권의 담보(security)를 기초로 투자자로부터 자금을 조달하고 금전채권으로부터 생긴 잉여분을 계속 보유한다는 점에서 투자자에게 일종의 담보권을 설정해주고 돈을 빌리는 것과 같다고 볼 수 있다. 담보권 설정의 경우에는, 담보채권자는 담보로부터 생긴 잉여분을 채무자에게 반환해야 한다. 그러나 자산유동화의 경우 금전채권의 채무불이행 위험이 투자자에게 이전되고, 해당 금전채권과 대출증권(loan notes)은 오리지네이터의 대차대조표(balance sheet)에서 제거된다. 그 대출(loan)은 오리지네이터(originator)의 책임이 아니라 SPV의 책임이다. SPV가 아닌 오리지네이터가 투자자로부터 직접 대출(direct loan)을 받는 경우라면, 오리지네이터는 담보자산(secured assets)이 충분하지 않을 경우 직접 유동화증권(notes)에 대한 상환의무를 부담한다. 이에 반해 자산유동화의 경우 오리지네이터는 기초자산의 미상환 위험을 투자자에게 이전하여 오리지네이터의 대차대조표에서 그 기초자산과 대출채무를 모두 제거하므로, 그 (투자자에 대한) 대출채무는 오리지네이터가 아닌 SPV가 부담한다는 점에서 상이하다.

28-03   자산유동화(securitisation)라는 용어는 실질적으로 시장유통성이 없는 금전채권(receivables) 같은 자산을, 유동화증권(notes)으로 표상되는 유통성이 있는 증권(securities)으로 변환하는 것을 말한다. 대주(lenders)는 금전채권을 유동화한 유동화증권(notes)을 매도할 수 있다.

이러한 전통적인 의미의 자산유동화는 다양한 방법으로 발전해 왔다.

자산유동화(securitisations)의 기원(origins)

28-04   전문 팩토링회사(specialist factoring companies)에 의한 금전채권의 팩토링(factoring)이나 할인(discounting)은 19세기에 확립되었다. 기업은 매출채권(trade receivables)을 팩토링회사(factor)에 매도할 수 있었는데, 팩토링회사(factor)가 금전채권(receivables)의 회수 불능(non-collectibility) 리스크를 부담하거나 또는 매도인이 추심 또는 회수가능성(collectibility)을 보증하는 것을 전제로 했다.

이러한 채권매매는 담보권(security interests)이 아닌 진정매매(true sales)로 취급되어서, 담보부 차입과 관련하여 적용되는 강제집행이나 이자 제한 등 불리한 법리의 적용을 받지 않았다. 경제적으로 담보부 차입과 그 경제적 효과가 동일한 경우에도 마찬가지였는데, 일부 法域에서는 아직도 이와 관련하여 자산유동화의 성질 재결정(recharacterisation)에 관한 문제가 남아 있다.

팩토링(factoring)과 자산유동화의 주된 차이점은, 팩토링 회사는 금전채권(receivables)을 기초자산으로 하여 債券(bonds)을 발행하는 단일목적회사가 아니라는 것이다. 다수의 대주들이 각각의 금전채권의 안분비례한 지분(pro rata portions of each receivable)을 보유하는 것은 실제로는 불가능하다. 한편, 금액적으로 복수의 대주가 필요한 경우 오리지네이터는 금전채권을 단일목적회사에 매도하고, 이 단일목적회사가 금전채권 매수자금 조달을 위해 시장성 있는 債券(marketable bonds)을 발행한다. 따라서 금전채권이 SPV에 양도되고, 대주들에게 직접 양도되지 않는다. 수인의 대주들이 각각의 금전채권의 안분비례한 지분(pro rata portions of each receivable)을 보유하는 것은 실무적으로 어렵기 때문이다.

근대적 의미의 자산유동화는 1970년대 미국에서 출현했다. 1970년에 설립되어 미국 저축금융기관들이 소유한 프레디맥("Freddie Mac": Federal Home Loan Mortgage Corporation, 미국 연방주택담보대출공사)과 1938년에 설립되어 뉴욕 증권거래소에 상장된 패니메이("Fannie Mae": Federal National Mortgage Association, 미국 연방저당협회)는 미국 정부지원기관(GSE: government sponsored enterprise)으로, 대출기관들로부터 주택담보대출채권을 매수한 뒤 해당 채권 풀(pool)을 기초자산으로 하여 증권을 발행했다. 지니메이("Ginnie Mae": Governmental National Mortgage Association, 미국 정부저당대출금융공사)는 주택담보대출채권 풀(pool)을 기초자산으로 하여 발행된 증권(securities)에 대하여 보증을 제공한다. 이에 따라 미국 투자은행들은 지니메이가 발행한 증권(Ginnie Mae paper)을 거래하기 위한 거래부서를 마련했다. 뒤이어서 1977년경 Bank of America를 시초로 미국 은행들은 스스로 자신들의 주택대출채권을 자산유동화하기 시작했다. 한편, 주택대출채권 외 채권의 자산유동화 사례는 미국에서 1985년에 개시되었다.

그 이후 자산유동화는 급격하게 발달했다. 대표적인 두 가지 기초자산은 주택담보대출채권(home mortgage loans)과 소비자금융채권(consumer receivables)(오토 론, 신용카드 금전채권(credit card receivables))이다.

28-05

전문용어(jargon)

자산유동화에서 가장 많이 사용되는 금융용어는 자산유동화증권(ABS: Asset-Backed Securities)인데, 이는 다음과 같이 분류할 수 있다.

28-06

- 대출채권담보부 증권(collateralised loan obligations) **(CLOs)**: 통상, 자산채권(the receivables)이 은행의 대출채권(bank loans)인 경우이다.

- 債券담보부 증권(collateralised bond obligations) **(CBOs)**: 통상, 자산채권(the receivables)이 債券(bonds)인 경우이다.

- 부채담보부 증권(collateralised debt obligations) **(CDOs)**: 上記의 대출채권담보부 증권, 회사채담보부 증권과 그 외의 자산채권(other claims)을 총칭하는 개념이다.[2]

- 상업용부동산저당증권(commercial mortgage−backed securities) **(CMBS)**: 자산채권(receivables)이 상업용 부동산에 대한 저당권으로 담보되는 대출채권인 경우다.

- 주택저당증권(residential mortgage−backed securities) **(RMBS)**: 자산채권(receivables)이 주거용 부동산에 대한 저당권(mortgages)으로 담보되는 대출채권인 경우다.[3]

---

[2] 역자 주) 부채담보부 증권(Collateralized Debt Obligation, "CDO")은 다양하게 분산된 비교적 신용도가 낮은 회사채나 기업대출을 모아 그 자산의 현금흐름에 근거하여 유동화증권을 발행하는 것을 의미한다. 이러한 CDO발행에 기본 전제는 해당 자산 풀(pool)의 평균 수익률이 발행 유동화증권의 수익률에 비해 높고, 분산된 자산의 집합을 통해 풀의 대손 확률이 적정하게 통제될 수 있다는 전제가 적용되어야 한다. CDO를 자산유형에 따라 분류할 경우 유동화자산(underlying assets)이 금융기관의 대출이면 CLO (Collateralized Loan Obligation), 회사채의 경우는 CBO (Collateralized Bond Obligation), 기타 구조화된 債券(structured finance securities)의 CDO 등으로 구분할 수 있다. CDO는 발행 목적에 따라 수익을 목적으로 발행하는 "Arbitrage CDO"와 신용리스크를 투자자에게 전가하기 위해 발행하는 "Balance Sheet CDO"로 구분할 수 있다. Arbitrage CDO는 발행 예정인 CDO와 유동화자산 간의 금리 차이에 따른 이익을 향유할 목적으로 발행되는 CDO를 의미한다. Balance Sheet CDO는 주로 금융기관 등이 특정 업체에 대한 신용리스크 노출 정도(credit exposure)를 관리하거나, 자기자본이익률(return on equity, ROE)을 개선할 목적으로 보유 자산을 대차대조표 상에서 제거(book-off)하기 위해서 발행되는 CDO를 의미한다. 이러한 CDO의 평가에 있어 주요한 평가요소로는 기초자산의 신용도, 자산의 운용능력, 유동화구조 및 신용보강의 적절성 등의 요소라고 볼 수 있다. 금융투자교육원, 『투자자산운용사 1』, 한국금융투자협회, 2020년 1월, 310~311면
[3] 역자 주) 본래 모기지(mortgage)의 의미는 금전소비대차에 있어 차주의 채무변제를 담보하기 위해 차주 또는 제3자 소유의 부동산상에 설정하는 저당권 내지 일체의 우선변제권을 지칭하며, 우리나라에서는 이에 상응하는 용어가 없으나 저당권과 양도담보를 포함하는 의미로 해석할 수 있다. 모기지(mortgage)라는 용어는 그 용례에 따라 저당대출(mortgage loan), 저당증서(mortgage deed), 저당금융제도(mortgage system) 등 여러 가지 의미로 사용된다. 저당대출(mortgage)은 저당금융을 통칭하는 용어로 신용대출과 대비되는 부동산 담보대출을 의미한다. 모기지는 자금 용도면에서 주택금융(housing loan)과 반드시 같은 의미는 아니나, 실제 미국에서는 모기지를 주택금융제도로 인식하고 발전시켜 왔기 때문에 흔히 모기지제도는 곧 주택금융제도로 이해되고 있다. 금융투자교육원, 『투자자산운용사 1』, 한국금융투자협회, 2020년 1월, 330면

- 부실대출채권(non-performing loans) (**NPLs**): 채무불이행 된 은행의 대출채권.

이러한 전문용어는 실무에서 널리 사용되는 용어인데, 언제든 바뀔 수 있다.

주요 요건(main requirements) 요약

자산유동화는 일정 요건이 갖춰졌을 경우에만 가능하다. 통상적으로 적용되는 주   28-07
요 요건은 다음과 같다.

- **신용력**(credit) – 금전채권(receivables)은, 양수인이 취득자금을 조달하기 위하여 발행한 유동화증권(notes)을 커버하기 위하여 충분한 신용력이 있는 것이어야 한다. 상환금액 부족 내지 현금흐름 불일치(mismatches)는 보증 등 신용보강 조치로 보완해야 한다.

- **매각가능성**(saleability) – 오리지네이터(originator)는 양수인에게 금전채권을 양도할 수 있어야 한다. 비용 발생, 형식적 절차의 이행 또는 채무자의 동의 획득 필요 또는 채무자가 상계할 중대한 위험이 있으면 안 된다.

- **진정매매**(true sale) – 오리지네이터의 양수인에 대한 금전채권의 양도는 완전하고 최종적이어서 금전채권이 더 이상 오리지네이터의 대차대조표상 자산으로 남아있지 않고, 유동화증권(notes)에 대해서는 오리지네이터가 책임을 지지 않아야 한다.
    - (a) 오리지네이터(originator)의 **도산**(bankruptcy) – 오리지네이터가 도산하더라도 당해 매매를 사해행위 등에 해당함을 들어 취소할 수 있다고 보아서는 안 된다. SPV는 오리지네이터의 일부가 아닌 분리된 법적 실체로 취급되어야 한다. (SPV가 오리지네이터의 도산 시 통합처리될 가능성이 없을 것)
    - (b) 오리지네이터에 적용되는 **회계**(accounting) 규칙. (부외항목으로 처리)
    - (c) 오리지네이터에 대한 규제. (**자본적정성**(capital adequacy) 관련)
    - (d) **담보권**(security interests)에 관한 규칙. (즉, 해당 거래를 오리지네이터에 의해 담보권이 설정된 것으로 성질이 재결정되어서는 안 된다.)

- 진정매매의 판단기준은 사안별로 다르다.

기타 제한(other restrictions)　세법, 증권규제제도 등에서 과도한 제한이나 비용의 지출 없이도 가능해야 한다.

전형적인 서류(typical documents) 요약

28-08　전형적인 자산유동화 거래에서 필요 서류는 다음과 같다.

- **대출관련서류**(funding loan documentation) − 증권발행서류, 기업어음(commercial paper) 발행서류, 투자설명서(offering circular).

- 오리지네이터와 SPV 사이에 체결하는 **양도계약**(transfer agreement)에 포함되는 사항은 다음과 같다. 현존 금전채권의 매매, 대체채권의 매매, 금전채권에 관한 진술 및 보장(유효성, 적격성, 상계 금지, 담보의 상황 등에 관한 것), 보장 위반 시 오리지네이터의 환매의무, (최종대금 정산 시 등의 경우에 인정되는) 오리지네이터의 환매할 권리 등에 관하여 정한다.

- 오리지네이터와 SPV가 체결하는 **관리약정**(administration agreement) − (금전채권에 대한) 적용금리, 연체 및 강제집행에 관한 절차, SPV의 잉여자금 투자, 관리자의 채무불이행에 따른 계약 해지, 관리수수료, 고의 또는 과실에 대한 책임, 오류 및 피용자 사기 등에 대한 보험, 관리자 지위 승계 등에 관하여 정한다.

- SPV가 신용보강기관과 체결하는 **신용보강계약**(credit enhancement documents), 예를 들어, 보증(guarantee), 신용장(L/C), 보증보험(surety bond), 풀링 방침(pool policy), 후순위유동증권(subordinated note) 등에 관하여 정한다.

- **담보신탁증서**(security trust deed) − SPV는 투자자를 보호하기 위해 SPV의 모든 재산(주로 금전채권, 양도계약 및 관리약정)을 관리하는 수탁기관을 선정하고 투자자에게 신탁증서를 발행할 수 있다.

트랜치 구조발행(tranching)

유동화증권(notes)의 계층구조발행(tiering) 또는 트랜치 구조발행(tranching)은 매우 일반적이다(예: 선순위유동화증권 및 후순위유동화증권). 후순위유동화증권(junior notes)에는 상대적으로 높은 이자율이 적용되는데, 이는 자금조달 규모를 확대하고, 후순위유동화증권이 1차적으로 손실을 감수하도록 하여 선순위유동화증권(senior notes)이 AAA 등급으로 평가받을 수 있도록 구조를 설정하기 때문이다. 후순위유동화증권은 투기적 투자자들의 호응이 높다. 담보권은 등급에 따라 분류된다.

트랜치 구조로 債券(bonds) 100개 발행 시 통상적으로 각 등급에 해당하는 권수는 다음과 같다.

93	AAA
3	AA
1	A
1	BBB
2	무등급. 오리지네이터가 보유함(최후순위사채("equity piece"))
100	

이 경우, 손실이 7%를 상회하기 전까지 선순위 AAA 트랜치는 어떠한 손실도 부담하지 아니한다. 더 많은 계층으로 나누어 발행하는 것도 가능하다.

이와 같이 자산유동화를 하는 경우, 금전채권에서 발생한 수익은 지급우선순위조항(waterfall clause)에 따라 선순위유동회증권부터 후순위유동화증권 순으로 순차적으로 지급한다. 또한 ⓐ 선순위유동화증권보유자는 담보 외에는 SPV 자산에 대하여 상환청구권을 갖지 아니하고, ⓑ 채권자 결의에 따라 달리 정하는 경우를 제외하고는, 오직 수탁자만이 강제집행 할 수 있다. 이와 같이, 유동화증권보유자들은 예정된 순서에 따라서만 담보로 보전 받을 수 있고, 담보가 유동화증권을 보전하기에 부족하더라도 SPV에 대하여 어떠한 권리도 주장하지 못한다. 이러한 구조는, SPV가 가지는 유일한 자산이 유동화증권보유자들에게 담보로 제공되므로, 만일 담보가 없으면 어떠한 보전 수단이 없다는 경제적 현실을 반영한다.

금전채권(receivables)과 기타 자산유동화 대상 자산(securitised assets)

28-10   이론상으로는 모든 종류의 자산이 유동화 될 수 있다. 일반적인 자산유동화대상 자산은, 주택담보대출채권(home mortgage loans)(역사적으로 가장 흔한 형태)과 상업용 부동산 대출채권, 소비자금융채권(consumer receivables)(자동차, 보트 또는 트럭 대출, 신용카드 채권, TV 렌탈, 건강보험금채권(health care receivables), 전화요금 등), 매출채권(trade receivables), 항공기 또는 해운 컨테이너 등 설비 리스, 은행 대출채권(국채, PF 대출), 債券(bond) 포트폴리오, 그리고 체납조세채권(delinquent tax receivables) 등 정부세입 등이다. 단일한 채무자에 대한 금전채권(single debtor receivables)의 자산유동화는 오래 전부터 행해져 왔다.

채무자 수 범위는 넓은 편인데, 단일 발행인의 債券 발행(single issuer bond issues)의 재조합(repackagings)을 제외하면, 보통 높은 편이다. 채무자의 숫자는, 주택담보대출채권의 경우 보통 5천~1만 명, 자동차 대출채권 및 소비자금융의 경우 2만 명이며, 신용카드 채권(credit card receivables)의 경우 이보다 훨씬 더 많다. 기업 고객에 대한 상업은행의 대출채권의 경우 채무자 회사는 50~100개사 내외이다.

이러한 금전채권 유형들을 차별화하는 중요한 특징들로서 자산유동화 계약서 작성에 영향을 미치는 것은 다음과 같다.

- 금전채권의 **양도가능성**(assignability) 및 채권 양도 시 채무자에 대한 통지요건 (후술).

- 금전채권의 **회수가능성**(collectibility) 및 **담보되었는지**(secured) 여부 − 예컨대 주택담보대출은 무담보 신용카드대금 채권(이는 양수인의 신용상태에 영향을 미친다)에 비해 그 상환율이 더 높다.

- 금전채권의 **이자**(interest)발생 여부 및 그 이자율 − 예를 들어, 매출채권(trade receivables)은 대개 이자가 발생하지 않고, 신용카드대금 채권은 통상 1개월 이후부터 이자가 발생한다. 은행대출이나 주택대출 등에서 이자는 고정금리인 경우도 있고 변동금리인 경우도 있다. 도매시장의 금리와 금전채권의 이자의 차이가 채무불이행 리스크를 커버하기 위한 초과 스프레드(excess spread) 또는 증

거금(margin) 수준을 결정한다. 채무불이행 리스크는 보통 은행대출채권의 경우 낮고, 신용카드대금 채권의 경우 높은 편이다.

- 금전채권의 계약서류의 **표준화**(standardisation) 정도(금전채권을 일일이 분석하기에는 과다한 비용이 발생한다).

- **금전채권의 상환기간**(life of the receivables) – 주택담보대출은 통상 10~25년의 명목상 상환기간을 갖지만, 조기상환에 따라 실제로는 평균 5~7년이다. 소비자금융채권(consumer credit receivables)의 상환기간은 보통 30~90일이므로 SPV에게 새로운 채권을 매도(fresh sales)하여 SPV에 지속적으로 기초자산을 보충해야 한다. SPV는 상환된 금전채권에서 변제된 대금(proceeds)으로 새로운 금전채권을 매입한다. 매출채권(trade receivables)의 상환기간은 보통 30일이지만, 자동차구입자금 대출채권(car loans)은 그 상환기간이 약 5년에 달한다. 은행대출채권은 대개 채무자의 선택에 따라 조기상환이 가능한 반면, 債券(bonds)은 그렇지 않다. 부실채권(non-performing loans)의 변제는 불규칙하고 보통 회생계획상의 협상에 의존하게 된다. 담보자산의 미래의 현금흐름이 원활하지 않고 예측이 불가능하다면, 이러한 변동성 위험을 상쇄하기 위해 유동성 확보를 위한 대출(liquidity loan facility) 등의 신용보강이 SPV에게 제공되어야 한다.

- **단순성**(simplicity) – 예컨대 복잡한 프로젝트 파이낸싱 대출채권보다 주택담보대출채권이 자산유동화에 용이하다.

- **채무자의 항변**(defences available to obligors) – 예컨대, 하자 있는 제품에 관하여 상계가능성이 있는 경우 매출채권 및 소비자금융 채권의 자산유동화 적격이 약화된다. 오리지네이터는 토지 또는 장비 리스와 관련하여 부담하는 유지의무를 불이행하는 경우 금전채권에 대한 상계(set-offs)나 대체적인 유지수단(alternative maintenance)을 제공해야 하는 문제가 발생할 수 있다. 소비자보호법제 및 지침은 신용카드대금 채권과 주택담보대출채권에 영향을 미칠 수 있다. 28-11

- 금전채권의 채무자들의 **다양성**(diversity)(낟알 모양("granularity")) – 채무자가 다양해지면 위험이 감소되는 편이다.

주택담보대출채권이 자산유동화 대상 자산으로서 적격인지 판단하는 데 고려되는 요소는, 담보, 주택담보대출비율(LTV: loan to value ratio), 최소 대출규모, 채무자의 소득배수, 경과 정도, 지리적 분포, 건물 보험 가입 여부 등이다. 이 중 일부에 대하여 평가를 실시하기도 한다.

그 밖에도 사무실 건물이나 立木(stands of timber), 석유나 가스 등을 기초자산으로 하여 자산유동화 할 수도 있다.

오리지네이터(originator)의 목적(objectives)

28-12   오리지네이터가 자산유동화를 하는 주된 3가지 목적은 ① 회계처리상 이점, ② 자금조달의 이점, ③ 규제상 이점으로, 이는 1980년대 초반 이후 사산유동화 시장의 발달에 기폭제로 작용했다.

재무회계(financial accounts)

28-13   오리지네이터는 매도인으로서 자산유동화를 통해 재무제표를 개선할 수 있다. (회계규칙에서 달리 정하지 아니하는 이상) 오리지네이터는 대차대조표상 부채로 계상하지 않고 자금을 조달하는 한편, 양도된 금전채권에서 발생하는 초과이익(surplus)을 보유하고 수익으로 계상할 수 있다. 오리지네이터가 매도대금으로 기타 부채를 상환하는 데 사용할 수 있어 자산과 부채가 각각 줄어드는 결과 차입 여력이 늘어난다. 자본 대비 부채비율(debt to equity ratio), 기어링(gearing) 등 재무비율이 향상된다. 매도인은 대차대조표에서 자산과 부채를 제거하는 한편, 지속적으로 수익을 확보할 수 있어 자본수익률(ROC: return on capital)이 향상된다.

> **예:** 매도인은 1000의 금전채권과 800의 차입금을 가지고 있다. 매도인이 200의 금전채권을 양도하고 그 양도대금으로 차입금을 상환하면 매도인의 자산은 800, 차입금은 600이 된다. 그렇다면 **자산 대비 부채 비율**(cover of assets compared to liabilities)(레버리지 또는 기어링 비율)은 125%에서 133%로 상향된다.
>
> 금전채권은 이자율이 10%이고, 차입금의 이자율은 8%이다. 매도인은 매도 전에는 36의 순이익만을 획득했던 반면, 매도 및 상환 이후에는 32의 이사이익 이외에도 매도된

금전채권에 대한 관리수수료로 10을 추가로 지급받아, **순이익**(net income)이 총 42가 된다.

매도 전 자산의 3.6%에 불과했던 순이익은 양도 후 5.25%가 되는바, **자산수익률**(return on assets)은 극적으로 향상된다.

매도 전 이자수입은 이자비용의 1.6배였으나, 매도 후에는 2.2배가 되므로 **이자보상비율**(ICR: interest cover ratio)이 향상되고 그 결과 EBITDA도 개선된다.

자금조달(capital raising)

28-14

자산유동화는 다음과 같은 점에서 매도인의 자금 조달 시 유리하다.

- **초과 스프레드**(excess spread) – SPV가 금전채권으로부터 지급받는 이자(interest)는 보통 SPV가 채권보유자들에게 지급해야 하는 이자(interest) 및 거래비용의 합계액보다 훨씬 크다. 금전채권이 채무불이행이 없다고 가정하면, 오리지네이터는 최종적으로 채권의 초과 스프레드(excess spread)를 단락 28-41에서 상술하는 바와 같이 여러 이익추출 장치를 통해 취득할 수 있다. 오리지네이터는 보통 초과 스프레드를 취하고자, SPV가 발행한 유동화증권 중 금리가 제일 높은 최후순위 유동화증권(the most junior subordinated note)을 보유한다. 비용이 더 저렴한 자금(cheaper capital)의 경우 아래에서 보는 바와 같이 채권보유자에게 지급해야 하는 금리가 낮고, 이 금리 차이 만큼 초과 스프레드가 발생하는 것이다.

- **신속한 자금조달**(immediate capital) – 매도인은 금전채권의 상환을 기다리는 경우에 비해 자금을 즉시 조달할 수 있다.

- **저렴한 자금**(cheaper capital) – 매도인이 은행이나 채권시장에서 직접 자금을 조달하는 경우에 비해, 자산유동화는 보다 저렴한 비용으로 자금조달을 가능하게 할 수 있다. 그 이유는, 유동화증권(notes)의 후순위 트랜치(junior tranches)가 신용리스크를 우선적으로 부담하여 선순위 트랜치(senior tranches)는 AAA로 평가받아 낮은 금리가 적용된다는 점, 대상이 되는 금전채권은 매도인의 일반 자산보다 우량하다는 점, 자산은 매도인의 신용리스크로부터 절연된다

28-15

는 점, 그 금융은 담보로 보장된다는 점 때문이다. 투자자의 담보(security)는 SPV가 신용보강(credit enhancement)을 얻고 있다는 사실(후술 참조) 그리고 SPV는 별개의 법인격으로서 오리지네이터의 신용리스크로부터 절연된다는 사실에 의하여 강화된다. 또한 시장성이 없는 금전채권이 더 많은 투자자의 접근성이 보장되는 시장성 있는 채무증권(marketable debt securities)으로 변화된 것이기 때문에 자산유동화 자산(assets)은 더욱 시장성이 있다.

- **자금조달원의 다양화**(diversification of sources of funds) − 매도인은 보다 광범위한 자금조달원에 접근하여 자금조달원을 다양화할 수 있다. 매도인이 독자적으로 債券(bond)을 발행할 만한 신용상태가 아니더라도, SPV가 매도인의 금전채권을 담보로 하여 매도인보다 높은 신용등급의 債券(bonds)을 발행할 수 있다. 이에 따라 매도인은 자금조달원을 다양화하고 은행으로부터의 차입 의존도를 줄일 수 있다. 자산유동화를 통한 국제투자자로부터의 자금조달은 국내은행으로부터의 자금조달을 대체할 수 있다. 매도인 입장에서는 보통 은행 대출계약상 확약사항에 비해 債券소지인(bondholders)을 대상으로 한 확약사항이 그 부담이 덜한 편이다.

기타 목적(other objectives)

28-16 그 밖에도 다음과 같은 유인이 있다.

- 자산유동화는, 현금을 조달하기 위하여 유통성이 없는 금전채권을 제3자에게 **처분**(disposal)하는 것을 회피하게 해 준다. 주택담보대출채권이나 자동차구입자금 대출채권(auto loan)은 동종업계의 다른 회사나 팩토링회사가 아니면 매수하기 어려워 유동성이 부족하다. 자산유동화는 이러한 금전채권을 담보로 한 債券(bonds)의 형태로 유동적이고 유통 가능한 증권(instruments)을 만들어 내는 것을 촉진한다.

- **제한의 회피**(avoidance of restrictions) − 매도인은 자산유동화를 통해 (매수인이 오리지네이터의 계열 그룹에 속하지 않은 경우) 대출계약상 담보제공금지 조항, 차입 제한, 크로스 디폴트(cross−defaults) 조항 등 각종 제한을 회피하면서

도 효과적으로 자금을 확보할 수 있다. 자산유동화 기초자산 양수도의 실질이 매매(sale)이고, 자금조달을 위한 유동화증권(funding notes)은 **SPV**에 의해 발행되며, **SPV**에 의해 금전채권이 실질적 담보로 제공된다. 오리지네이터가 은행인 경우, 보통 예금자 보호 차원에서 그 보유자산을 담보로 제공하는 것이 금지되는데, 자산유동화는 은행이 담보를 제공하여 자금을 조달할 수 있는 유일한 수단이 된다.

- **자산과 부채 매치**(matched funding) – 매도인은 자산과 부채를 매치할 수 있다. 금전채권(자산)이 그대로 조달자금(부채) 상환에 사용된다는 점에서 보다 안전하다. 수익률 또는 상환일정 불일치(mismatch) 문제가 없다.

- **위험 이전**(transfer of risk) – 매도인은 금전채권의 회수 위험을 투자자에게 이전시킬 수 있다. 발행인이 직접 자금을 차입하면서 자산(assets)을 담보로 제공한 경우와 달리, 미상환금액에 대하여 책임을 부담하지 않는다.

- **장기금융**(longer-term financing) – 단기 금전채권으로 중기 대출자금을 조달할 수 있어 은행이 제공하는 것보다 더 장기의 자금운용이 가능하다.

- **수수료**(fees) – 오리지네이터는 금전채권을 관리하는 대가로 SPV로부터 수수료를 지급받을 수 있다.

규제상 이익(regulatory advantages)

규제상 이익은 주로 자본적정성(capital adequacy)과 관련된다. 은행 그리고 기디 금융기관(예를 들어 주택금융조합) 등의 오리지네이터는 관련 감독규정에 따라, (건전성 유지를 위해) 금전채권에 상응하는 추가자기자본(extra capital)을 확충해야 한다. 추가자본 확충의무는 금전채권을 매각함으로써 회피 또는 완화될 수 있다. 오리지네이터는 규제준수를 위해 자본을 늘리거나 자산을 매각해야 하는데 자산유동화는 금전채권 매각을 통해 규제를 준수하면서도 수익을 유지할 수 있는 이익이 있다. 단락 28-41 참조.

자산유동화를 통해 동일인에 대한 신용공여 제한, 대출 다양화 등의 대출규제를

28-17

피할 수 있다.

자산유동화의 단점(disadvantages of securitisations)

28-18   자산유동화는 다음과 같은 점에서 불리하다.

- 오리지네이터는 가장 우량한 금전채권을 양도하려는 경향이 있다. 그 결과 오리지네이터의 신용력이 약화될 수 있다. 이는 특히 투자자들이 담보부債券(secured bonds) 매입을 선호함에 따른 것으로 오리지네이터가 고유의 무담보債券(unsecured bonds)을 발행하는 데 영향을 미칠 수 있다.

- 주선인(arrangers), 신용평가기관(rating agencies)과 변호사에 내한 수수료 등의 거래비용이 비싼 편이다.

- 규제기관 및 감사(auditor)는 오리지네이터가 도의적으로라도 SPV를 지원할 의무를 부담해서는 안 된다고 보기 때문에, 금전채권의 리스크가 실제로 SPV에게 이전된다는 점에서 자산유동화는 상당히 기술적이라고 볼 수 있다.

- 금전채권의 채무자(debtors liable on the receivables)는, 자산유동화에 따라 채권자가 오리지네이터로부터 SPV로 교체되는 것에 반대하는 경우도 있다. SPV는 누군지 모르는 債券소지인(bondholders)에 의해 실질적으로 컨트롤되고(controlled in substance) 때로는 조세피난처에 소재하는 경우도 있다. 채무자와의 관계가 악화될 가능성도 있다.

자산유동화(securitisation) 거래구조

SPV(special purpose vehicle)에 자산 매도(sale)

28-19   가장 일반적인 구조에서, 금전채권(receivables)이 오리지네이터(originator)로부터 SPV(special purpose vehicle)에게 매도되는 방식으로 이루어지는 것은 전술한 바와 같다. 매수인은 통상적으로 매도인으로부터 독립되고 어떠한 회사의 자회사가 되지 않

도록 자선신탁(charitable trustees)이나 재단 등이 주식을 보유하는 단일목적회사로 한다. 일반적인 목적은 매수인이 매도인의 대차대조표(balance sheet)에 연결되지 않도록 하기 위한 것이다. 오리지네이터는 SPV의 도산으로부터, SPV에 대한 투자자는 오리지네이터의 도산으로부터 각각 절연된다.

SPV는 증권(securities)을 공개 발행할 수 있도록 공개회사(public company) 형태로 설립된다. 최소자본요건에 따라 추가적인 비용이 든다. SPV는 조세피난처에 설립될 수도 있다.

역외 SPV 소재지(offshore SPV locations)　SPV의 설립지는 다음과 같은 장소가 이상적이다. 세율이 낮거나 없는 法域 (양도세, 유동화증권(notes)에 대한 원천징수세, 금전채권의 대가지급에 대한 원천징수세를 피하는 이중과세방지협정(double tax treaties), 수수료에 관한 부가가치세), 도산법 및 담보법제가 채권자에게 유리하고, 정치적 그리고 법적으로 안정되어 있고, 효율적인 사무처리가 가능하고, 기업유지비용이 낮고, 최저자본금 요건이 낮고, 회사설립이 간편하고 (최저자본금이 높지 않고, 법정 이사 수가 많지 않은 곳), 이사의 책임이 최소인 곳 (특히 도산절차개시 전까지 사업을 멈추지 않은 데 대한 책임). 케이만(Cayman), 지브롤터, 영국령 버진 제도, 버뮤다, 저지 등의 완전면세 法域과, 아일랜드, 네덜란드, 룩셈부르크 등의 저세율 法域이 선호된다.

28-20

신탁(trusts)

이 구조하에서는, 금전채권은 수탁자에게 양도되고, 수탁자는 그것을 1차적으로는 투자자의 이익을 위해서, 2차적으로는 오리지네이터를 위하여 관리한다. 수탁자는 투자자의 출자금에 비례하여 수익증권(pro rata certificates)을 발행한다. 오리지네이티의 시문은 투자자 지분에 비해 후순위이다. 오리지네이터는 투자자가 우선적으로 수익을 취득한 이후에 후순위 지분에 대한 초과 이익을 수령한다.

28-21

주로 나폴레옹계 그룹의 많은 法域은 신탁의 법리를 자산유동화의 SPV에 사용하는 법제를 취하고 있다. 예를 들어 프랑스나 아르헨티나 등이다. 그러나 영미법계 法域에서는 신탁의 이용은 별로 볼 수 없는데, 이것은 법인 형태(corporate form)가 유연하고 대부분의 경우 그것으로 충분하기 때문일 것이다.

대출참가(sub-participation)

28-22   이 구조하에서는, 양도인은 자신의 금전채권에 대하여 SPV를 대출참가 하도록한다. 이것은 예를 들어, 채무자의 승낙이 없어서 금전채권을 양도할 수 없는 경우등에 행해진다. SPV는 債券(bond)의 발행에 의하여 투자자로부터 자금을 빌리고, 그것을 오리지네이터(originator)에게 예탁한다. 오리지네이터가 금전채권의 원리금을회수하는 경우에, 그 범위 내에서, SPV의 예탁금에 이자를 합산한 금액을 상환해야한다. 이는 도관대출(conduit loan)에 해당한다. 오리지네이터는 SPV에 대한 조건부채무자가 된다. 즉, 금전채권 채무자가 오리지네이터에게 채무를 이행하지 않으면오리지네이터는 SPV에 대한 차입금 상환의무를 부담하지 아니하는바, 결과적으로오리지네이터가 아니라, SPV 및 그 투자자들이 금전채권의 미변제 위험(risk of non-payment)을 부담하게 된다. 투자자들은 금전채권의 위험 및 오리지네이터의 위험을이중으로 부담하게 된다는 단점이 있으며, 부외항목 처리 및 자본적정성 요건 완화목적으로는 적절하지 않다.

    대출참가 방식은 은행대출채권 양도에서 널리 이용된다. 앞서 제10장에서 검토한바 있다.

합성자산유동화(synthetic securitisations)

28-23   합성자산유동화("synthetic securitisation")를 통해 대출채권(loans)을 SPV에 양도하지않고도 전형적인 대출채권(loans)의 양도와 유사한 효과를 얻을 수 있다. 양도에 제한이 있거나 비밀유지의무(confidentiality)의 문제가 있는 경우, 그리고 오리지네이터(originator)가 채무자와의 관계를 유효하게 보호하고자 하는 경우에 활용된다.

    유동화증권소지인(noteholders)은 오리지네이터(originator)의 금전채권(receivables)에보험을 부담하거나 보증을 하는 것이 되고, 오리지네이터는 금전채권(receivables)을양도하지는 않는다. 거래구조는 다음과 같다.

    • SPV는 오리지네이터와 CDS(credit default swap) 계약을 체결하여, SPV는 이것에의해 오리지네이터가 차주(준거기업(reference entities))에 대한 대출채권(준거채무(reference obligations))에 예를 들어, CDS(credit default swap)상에 정해진 차주의미변제(non-payment), 도산, 채무재조정 등 유해한 신용 사유(adverse credit events)가 발생해 오리지네이터에게 손실이 발생할 경우, 그 손실을 보전해 주기로 한다. 따라서 실질적으로는 보증이나 보험과 같다. CDS(credit default swap)에서는, 오리지네이터는 차주에게서 받은 대출채권의 이자의 일부를 SPV에 지급하고, SPV는 신용 사유의 발생 시에는 그 손실을 보전한다. 단순하게 말하면, 결국 오리지네이터가 보증이나 보험 같은 것을 받고, 그 대신 SPV에게 프리미엄(premium)이나 수수료(fee)를 지급하는 것이다. 이러한 신용파생상품(credit derivatives)에 대한 자세한 내용은, 단락 26−24 참조.

- 손실(loss payments)을 보전하기 위해서 SPV는 투자자에게 유동화증권(notes)을 발행한다. 이 유동화증권(notes)에서는, 만약 SPV가 오리지네이터에게 손실을 보전하는 경우에는, 그 만큼을 우선 후순위증권의 원금 상환으로부터, 다음에 선순위증권의 원금 상환으로부터 감액되는 것으로 한다. 유동화증권(notes) 발행으로 조달된 자금은 SPV에 의해서 국채 등의 안전한 투자상품으로 운용된다. 이러한 債券(bonds)은 오리지네이터로부터 구입되기도 한다.

- SPV는, 준거채무에서 발생하는 이자와 오리지네이터가 준거채무와 관련하여 CDS 계약에 따라 지급하는 수수료(사실상 SPV의 보증에 대한 대가로 지급하는 프리미엄)를 토대로 유동화증권소지인(noteholders)에게 이자를 지급한다.

- 오리지네이터는 SPV의 의무이행을 확보하기 위하여 국채 등 SPV의 모든 자산을 담보로 제공받는다. 유동화증권소지인(noteholders)은 유동화증권(notes)의 담보로서 2순위 담보권을 갖는다.

- 유동화증권(notes)은 여러 개의 트랜치(tranches)로 구성되는데, 통상적으로 선순위채권이 높은 신용등급을 받을 수 있도록 최후순위채권(전체 풀의 3%가량)이 1차적인 손실 위험을 부담하도록 한다.

- SPV가 오리지네이터에게 지급의무를 이행하는 경우, 국채(government bonds)의 일부를 매각한다. 거래 종료(end) 시 잔존 보유 債券(bonds)을 모두 매각하여 증권소지인(noteholders)에 대한 상환의무를 이행한다.

그 결과 마치 오리지네이터는 SPV로에게 대출채권을 부보하고, SPV는 증권소지인(noteholders)에 의해 재보험되는 것처럼 된다. 보험자("insurer") 또는 보증인

("guarantor")은 보험금 또는 보증금의 최대액을 사전에 지급하기 때문에 보험자 ("insurer")/보증인("guarantor")의 신용리스크는 존재하지 않는다. 일정 조건이 충족되면, 오리지네이터가 대출채권의 리스크를 신용이 높은 SPV에게 이전함으로써, 자기자본 요건을 완화할 수 있으며 그 만큼 위험자본(risk capital)이 필요하지 않게 된다. 실질적으로, 오리지네이터(originator)가 현금담보부 보증("guarantee")을 취득한 것이어서 오리지네이터가 자기자본 규제상 위험가중치(weight)를 낮출 수 있게 된다.

28-24   일정 기준에 부합하는 경우, 오리지네이터는 보통 준거채무(reference loans)와 준거기업(reference entities)을 변경할 수 있다.

통상의 자산유동화와 비교되는 합성자산유동화의 가장 큰 차이점은, 오리지네이터가 자금을 지급받지 않고 위험만 이전시킨다는 점이다. 일종의 보험("insurance")과 같다. 따라서 오리지네이터가 자금을 조달받지 않는다.

전형적인 합성자산유동화(synthetic securitisation)에서는 SPV가 유동화증권(notes) 발행을 통해 일부 자금만 조달한다. 오리지네이터의 준거자산의 명목원금은 유동화증권(notes) 원금의 10배가량에 상당한바, 유동화증권(notes)은 준거자산(reference portfolio)의 10%만 보장한다. 이는 오리지네이터의 준거자산에서 10% 이상 손실이 발생할 가능성이 낮다는 점에서 합리적이다.

합성자산유동화는 다음과 같은 장점이 있다.

- 자산의 실제 양도가 없어 양도제한, 채무자 동의의 획득 필요, 은행의 비밀유지의무, 통지의무, 양도소득세, 우선순위, 회수계좌(collection accounts)와 지급기장(payment records)의 분리 관리, 고객과의 관계 훼손 등의 문제를 피할 수 있다.

- 보호되는 금전채권의 보충, 대체가 실제 양도 없이 가능하다.

- 리스크 이전을 인정하는 규제기준이 보다 단순하다.

증권의 재조합(repackaging of securities)

28-25   오리지네이터는 자신이 보유하고 있는 債券(bonds)(또는 債券의 포트폴리오)을 SPV에게 양도하고, SPV는 이 債券(bonds)을 담보로 투자자들에게 채무증권(debt securities)을 발행한다. 이것은 금전채권(receivables)이 더 단순하기 때문에 단순화된 자산유동화라고 한다.

관리형 자산유동화(managed securitisations)

전형적인 관리형 자산유동화(소위 관리형 CDO)에서는, SPV가 선임한 기초자산 **28-26** 관리자(collateral manager)가 일정 재투자 기간 동안 포트폴리오의 다양화 등을 고려하여 적격기준에 따라 회사채나 주택담보대출 채권과 같은 금전채권(debt obligations)에 투자한다. 기초자산 관리자는 합성거래에서는 통상 포트폴리오 매니저로 불린다. 이런 관리형 자산유동화는 실질적으로, 뮤추얼펀드처럼 기초자산 관리자가 적격기준(eligibility criteria)에 따라 투자대상을 매매하고, 기초자산 풀의 가치(value of the pool)에 따라 주주의 이익과 손실이 변동하는 일반 투자회사와 비슷하다.

재자산유동화(securitisations of securitisations)

투자자들은 다수의 SPV가 발행한 유동화증권(notes)을 다른 SPV에 매도한다. **28-27**

다수의 오리지네이터(originators)

複數의 오리지네이터가 자신이 가지고 있는 금전채권을 하나의 SPV에게 매각한 **28-28** 다. 통상 채권액이 너무 작은 경우에 행해진다. 장점(advantages)은 비용의 집약화, 관리자가 한 사람으로 되는 점, 계약서의 정형화 등이다.

금전채권 매매(sale of receivables)에 관한 법적 측면

매매가격(price for sale)

금전채권(receivables)은 할인된 가격으로 매각된다. 이것은 금전채권에 있어서 회 **28-29** 수되지 않을(uncollectable) 리스크 그리고 SPV의 자금조달비용을 감안하여 결정된다. 할인에 의하여 SPV의 신용상태가 개선될 수 있다.

금전채권(receivables)의 양도가능성(assignability)

28-30   **양도제한**(restrictions of assignment)   채권양도(assignment of the receivables)에 있어서 채무자의 승낙이 필요하다면,[4] 수많은 채무자별로 일일이 승낙을 받기가 어렵기 때문에 자산유동화가 실현되기 어려울 것이다. (채무자의 승낙이 필요한 이유는, ① 금전채권(receivables)에 적용되는 계약의 내용상, 계약이 일신전속적인 것이거나, 계약에 채권양도금지 특약이 있기 때문에, 또는 ② 소비자 또는 주택소유자를 보호하는 공식적인 가이드라인(official guidelines) 때문에 등 여러 가지 이유가 있다.)

다수의 *法域*에서, 채권양도금지 특약에 위반한 채권양도는 채무자에 대하여 그 효력을 인정하지 않는다. 그 결과, 채무자는 채권양도 후에도 계속하여 양도인에게 변제할 수 있게 된다. 영미법계에서는 양도인이 양수인에 대한 수탁자의 지위에서 채무자로부터 변제받은 대금을 보관하고, 양도인의 도산 시 해당 대금이 특정가능한 경우에 한하여(예컨대 양도인의 당좌대월계좌(overdrawn account)에 입금되어 수탁금으로 특정하기 어려운 경우는 제외) 양수인에게 최우선적 권리가 인정되는 경우가 있다. 대부분의 대륙법계에서는 이러한 신탁 개념을 인정하지 않기 때문에 양도인의 도산 시 채권양도의 효력이 전혀 인정되지 않게 된다.

소수의 국가에서는 채권양도 제한을 무효화하는 법률을 제정했다(보통은 일반적인 상사금전채권(ordinary commercial receivables) 등 일정한 종류의 금전채권에 한한다). 이것은 채권의 시장성을 개선하기 위한 목적 때문이지만, 한편으로는 계약의 자유가 희생된다. 예로는 미국 UCC 제9-406조, 프랑스 ComC 442-6 II c(일정한 상업계약), 독일 HGB(상법) 제354조 제(a)항(사업금전채권(business receivables)).

28-31   그 밖에 양도가능성에 영향을 미칠 수 있는 요소로는, 은행이 비밀유지의무를 위반하게 되는지 여부, SPV가 이자율을 결정할 수 있는지 여부, SPV가 (오리지네이터의 이자율을 대신해) 시중금리(market rate)로 결정할 수 있는지 여부 등이 있다.

채권양도를 대체하는 방법으로서, 금전채권의 신탁, (거의 의미는 없지만) 변제금의 신탁, (가능성은 낮으나) 대출참가(sub-participations), 또는 (채무자의 승낙을 필요로 하는) 경개(novation) 등이 있다.

영국에서는 명시적인 채권양도금지 특약에 위반한 채권양도는, 양수인이 선의라하더라도 무효다. 예컨대, *Linden Gardens Trust Ltd v Lenesta Sludge Ltd* [1993] 3

---

4) 역자 주) 민법 제450조 제1항은 "지명채권의 양도는 양도인이 채무자에게 통지하거나 채무자가 승낙하지 아니하면 채무자 기타 제삼자에게 대항하지 못한다."라고 규정하고 있다.

All ER 417, HL 판례에서 채권양도금지 특약이 존재하는 석면제거 계약상 채권양도 금지 특약에 위반하여 한 채권양도는 그 효력이 인정되지 않았다.

다만, 채권양도금지 특약에 위반한 경우에도 양도인과 양수인 간 대내적 효력은 인정되는바(The Linden Gardens Case 참고), 양도인이 채무자로부터 변제받은 대금 은 양수인의 이익을 위한 신탁에 해당하고, 이는 양도인이 도산하더라도 마찬가지 다. *Barclays bank plc v Willowbrook International Ltd* [1987] 1 FTLR 386 판례, *International Factors Ltd v Rodriguez* [1979] 2B 351 판례 참조 (두 사건 모두 채권 양수인이 채권양도금지 특약의 존재를 몰랐다 하더라도 변제금의 신탁을 인정했는 데, 실은 채권양도금지 특약은 없었다.) **28-32**

은행대출계약상 대주인 은행은, 다른 은행이나 금융기관에게만 대출채권을 양도 할 수 있다고 규정하는 경우가 있다.

> *The Argo Fund v Sressar Steel Ltd* [2004] EWHC 128 판례에서, 은행대출계약에는 대주인 은행이 '다른 금융기관 또는 은행'에게만 대출채권을 양도할 수 있다고 규정했는 데, 은행은 헤지펀드에 채권을 양도했다. *판결*: 헤지펀드는 양도규정 소정의 '금융기관' 에 해당한다. 금융기관이 반드시 은행일 필요는 없다. 헤지펀드도 상업금융이나 금융시장 에 대한 자금공급과 관련 있음이 틀림없다. 헤지펀드는 대출채권(loans), 증권(securities) 또는 다른 금융자산을 발행, 구입 또는 투자하는 영리기업임이 분명하다. 헤지펀드는 기 관에 해당함이 틀림없기 때문에 일정한 실체가 있는 법인이다. 채무자가 양수인을 상업 은행으로 한정하고자 의도했다면, 이를 구체적으로 명시했었어야 한다.

양도 조항에는 통상 채무자가 채권양도 승낙을 불합리하게 거부해서는 안 된다 는 단서가 달려 있다.

> *Henry v Chartsearch Ltd, The Times*, September 16, 1998, CA 판례에서, 항소법원 (Court of Appeal) 다수의견은, 채무자의 승낙을 요건으로 하고, 채무자는 불합리하게 승 낙을 거부할 수 없다는 조항이 있는 경우에도, 채무자의 승낙 여부를 최고하지 않고 채권 을 양도했다면, 그 채권양도는 유효하지 않다고 판시했다. 사실상 승낙을 거부할 합리적 인 이유가 없었다는 것은 상관없다.

채권양도금지 특약의 유무는, 채권으로부터 변제받은 대금(proceeds)의 이전 또는 신탁에 영향을 미치지 않는다. *Gregg v Bromley* [1912] 3 KB 474 판례(양도성이 인정되지 않는, 명예훼손(slander)에 대한 손해배상청구소송에 따른 손해배상채권의 양도), *Re Turcan* [1888] 40 Ch D 5 판례(보험금 청구권의 양도), *Russell & Co. v Austin Fryers* [1909] 25 TLR 414 판례(양도성이 인정되지 않는 개인적 용역에 대한 보수채권의 양도), *The Litsion Pride* [1985] 1 Lloyds Rep 437 판례(보험금 청구권의 양도) 참조. 그 밖에도 채무자 도산 시 채무증명(proof of debt)에 따라 수령한 배당금의 양도에 관한 *Re Irving v. ex p Brett* [1877] 7 Ch D 419 판례 참조.

28-33   채권(receivable)의 변제대금(proceeds)의 양도는 계약상의 여러 이익이 동시에 이전하지 않기 때문에 큰 도움이 되지 않는다. 변제대금(proceeds)의 양수인은 채무자를 상대로 채권의 변제 그 자체를 청구하여 제소할 수는 없다.

> *Floor v Shand Construction Ltd., The Times,* January 8, 1997 판례에서,
> 건설하도급계약(building sub-contract)에서 승낙 없는 채권양도가 금지되는 채권양도금지 특약이 있으며, 그러나 "이 계약상에서 변제기가 도래했거나 또는 도래할 금액"("any sum which is or may become due and payable under this sub-contract")의 양도는 허용된다고 규정되어 있었다. 이 조항은 다음과 같이 해석되었다. 이미 변제기가 도래해서 확정된 금액의 청구권의 양도는 인정된다. 그러나 소송, 중재 또는 계약상 절차에 따라 변제기가 도래했고 권리가 있음을 증명해야 하는 손해배상 등 청구권은 양도할 수 없다.

채권양도금지 특약이 채권(claim)의 신탁을 금지하는 것은 아니라고 해석할 수 있다. 이는 법은 최대한 자산의 시장성을 존중해야 한다는 관점에서 법원이 채권양도금지 특약을 가능한 한 좁게 해석하기 때문이다.

> *Don King Productions Inc. v Warren* [1999] 2 All ER 218 판례에서, 권투선수들이 자신들의 복싱 프로모션 계약상의 미수금 채권을 조합(partnership)에 양도하는 것에 동의하고 있었다. 권투선수들은 각각 양도를 했지만 계약 중에는 자유로운 양도를 제한하는 채권양도금지 특약이 있는 계약도 있었다. *판결*: 양도 제한은 계약의 신탁(trust)을 방해하는 것이 아니다. 조합을 위해서 계약을 신탁(trust)으로서 보유할 것을 권투선수에게 명한다. 그러나 법원은 조합이 계약상의 이익을 가지고 있다고 해도 계약에 근거하여 채무자를 상대로 제소할 수는 없다고 했나. 그러나 이깃은 회의적으로 보이고 있으며, 실제 아래 Barbados 판례에서도 같은 의문이 제기되었다.

Barbados Trust Co. Ltd v Bank of Zambia [2007] EW CA Civ 148 판례에서, 한 투자자(investor)가 (잠비아 은행에 대한) 대출채권을 은행에 양도했다. 위 양도는 투자자가 대출계약상 양도 요건인 채무자의 사전 서면승낙을 받지 않았기 때문에 무효였다. 대출계약상 채권자는, 채무자의 승낙을 요청한 날로부터 15일 이내에 채무자로부터 회신을 받지 못하여 승낙이 있는 것으로 간주되는 경우를 제외하고는, 채무자의 사전 서면승낙 없이 채권을 양도하지 못한다고 규정하고 있었다. 투자자는 위 15일이 지나기 전에 은행에게 채권을 양도를 했고, 채무자는 회신하지 않았다. 이에 따라 은행의 채권양수는 그 효력이 인정되지 않았는데, 은행은 위 대출채권에 관하여 두 번째 투자자(second investor)를 위해 신탁을 선언했다. *판결*: 은행은 위 대출채권에 관하여 어떠한 권리도 없기 때문에, 신탁 선언을 통해서 어떠한 이익도 이전할 수 없다. 법원은 별개의견으로(in obiter remarks) 대출채권의 양도 제한이 신탁 선언을 금지하는 것은 아니며, 투자자를 수익자로 하는 신탁 선언은 유효했을 것이라고 판시했다. 또한 두 명의 판사는 단서를 달면서 다음과 같이 판시했다. 이 경우, 만약 수탁자가 수익자의 지시에 따라 소송을 제기하지 않았을 경우, 두 번째 투자자(second investor)는 직접 소송을 제기할 수 있지만, 반드시 수탁자를 소송 참가 시켜야 한다.

통상의 실무에서는, 채권의 신탁에서는 수탁자인 채권양도인(transferor/trustee)은 수익자에게 소송, 관리, 채권회수의 대리권을 부여한다.

채권양도 시점을 기준으로 (원천징수세 공제분 추가부담(tax grossing-up), 증가 비용 조항 등에 따라) 차주(borrower)의 부담을 가중시키는 절대적 양도(absolute assignment)[5]는 명시적인 채권양도금지 특약이 없더라도 묵시적으로(implicitly) 금지될 수 있다. *Tolhurst v Portland Cement* [1902] 2 KB 660 판례 참조.

---

5) 역자 주) 영국의 Law of Property Act 1925 제136조 제1항은 아래와 같이 규정하고 있는데, 이 법규정에 따른 채권양도를 "statutory assignment"라고 하여 채권양수인이 자신의 이름으로 채무자를 상대로 독자적으로 訴求할 수 있다. 이를 절대적 양도(absolute assignment)라고 한다.

Any absolute assignment by writing under the hand of the assignor (not purporting to be by way of charge only) of any debt or other legal thing in action, of which express notice in writing has been given to the debtor, trustee or other person from whom the assignor would have been entitled to claim such debt or thing in action, is effectual in law (subject to equities having priority over the right of the assignee) to pass and transfer from the date of such notice:

(a) the legal right to such debt or thing in action;

(b) all legal and other remedies for the same; and

(c) the power to give a good discharge for the same without the concurrence of the assignor...

이와 비교하여, 위 조항의 요건이 모두 갖추어지지 않은 경우에도 (예를 들어, 채무자에게 채권양도 통지를 하지 않은 경우) 채권양도는 형평법상 양도("equitable assignment")로서 유효하며, 채권양수인은 채권양도인에게 계약상 청구권을 갖는다. 다만, 이 경우에 채권양수인은 자신의 이름으로 채무자를 상대로 독자적으로 訴求할 수는 없고, 채권양도인과 공동으로 소송을 제기해야 한다.

28-34 **채무자에 대한 통지**(notice to debtors) 통상 채무자에게 채권양도 통지를 잘 하지 않는다. 그 이유는 ① 그 절차가 번거롭고 비용이 소용되며, ② (관련 자료와 시스템을 보유하고 있는) 오리지네이터가 변제받는 것이 낫고, ③ 채무자의 혼란을 야기시킬 수 있으며, ④ 오리지네이터가 고객과의 관계를 유지하고 싶어 하기 때문에 등이다.

일부 *法域*에서는 채무자에 대한 통지가 없는 채권양도는, 양도인의 채권자가 양도대상 채권을 압류하거나 양도인의 도산 시 대항력이 인정되지 않는다. 이에 따라 특별한 면제조항이 없으면 자산유동화는 실무적 효용이 떨어진다. 대부분의 나폴레옹계 그룹(Napoleonic group)(예: 프랑스, 이탈리아, 스페인) 및 절반 정도의 로마−게르만계 그룹(Roman−Germanic group)(예: 일본, 한국, 스칸디나비아 국가. 다만, 독일, 오스트리아, 스위스는 제외)에서는 "채무자에 대한 통지"("notice to the debtor")가 채권양도의 요건이지만, 영미법계 그룹(Anglo−American group)에서는 그렇지 않다. 통지는 주로 공식적으로 이루어져야 한다. 예컨대 프랑스에서는 법원 집행관(court bailiff)이 해야 한다. 이에 반해 스칸디나비아 국가들은 거래명세서(account statement) 등을 통한 비공식적 통지로 족하다고 본다. 프랑스와 이탈리아, 일본 등 통지의무를 엄격하게 정하는 국가들은 자산유동화 촉진 목적으로 채무자에 대한 통지("notice to debtor") 의무를 완화하여 예외를 인정하기도 하지만, 이는 매우 제한적인 편이다. 단락 19−27 참조.

통지요건(requirement for notice)을 채무자 소재지의 법에 따라서 결정해야 하는지, 또는 대출계약이나 채권의 준거법에 따라서 결정해야 하는지에 관하여 *法域*(jurisdictions) 간에 충돌이 있다. 단락 34−14 참조.

28-35 양도인의 도산 시 채무자에 대한 채권양도 통지가 없는 경우에도 채권양도의 효력을 인정하는 국가에서는, 통지의 생략과 관련하여 다음과 같은 효력이 발생한다.

- 오리지네이터(originator)가 해당 금전채권을 제3자에게 이중양도 하거나 담보로 제공한 경우, SPV는 **우선순위**(priority)를 상실할 수 있다. 이는 오리지네이터와 SPV 간의 채권양도계약에 의해 금지되고 있으며 투자자와 신용평가기관은 SPV가 이 금지규정을 준수할 것이라고 기꺼이 신뢰한다.

- 채무자는 계속하여 오리지네이터에게 **변제**(pay)할 수 있다. 오리지네이터는 보통 그대로 채권을 변제받고자 하고, 모든 당사자들 입장에서 간편하기 때문

에 이것은 문제되지 않는다. 다만 돈이 섞이는 혼화 위험(commingling risk)을 염두에 두어야 할 것이다.

- 통지를 받기 전까지 채무자는 새로운 **상계권**(set-offs)이나 기타 항변권을 취득할 수 있다. 후술 참조.

- 통지가 없는 경우, 오리지네이터와 채무자는 채권에 관한 계약조건을 **변경**할 수 있다. 역시 여기서도 매도인(seller)의 선의에 의존하게 된다.

- SPV가 채무자에 대하여 소송을 제기하고자 하는 경우, 오리지네이터가 소송에 **참가**(join)해야 한다. (영국에서는 채무자만이 이 요건을 포기할 수 있지만, 이는 소송법상 기술(procedural technicality)일 뿐이다.)

신용평가기관은 어떠한 경우에도 채권양도가 유효하다면 채권양도의 통지가 없었음을 문제 삼지 않는다. 즉 그들은 오리지네이터가 사기로 또는 중과실로 양도통지를 하지 않았다고 전제하지는 않는다.

양도에는 그 밖의 양도는 양로보험(endowment insurance)의 양도, 금전채권에 대한 보증의 양도, 금전채권에 대한 담보(부동산 저당권 등)의 양도를 포함할 수 있다.

(영국법계가 아닌) 대륙법계 法域(civil code jurisdictions)에서는, 오리지네이터의 도산 시에도 자산에 대한 저당권 또는 그 외의 담보권의 양도(assignment of a mortgage or other security interest)가 유효하기 위해서는, 많은 경우에 그 자산의 소유권 등기부(title register)에 담보권의 이전을 등기해야 한다. 예를 들어 토지, 선박, 항공기, 주식, 계좌대체기재 증권(book-entry securities), 지식재산권 등이 그렇다.

금전채권에 대한 상계(set-offs against receivables)

만약에 금전채권(receivables)의 채무자가 자신의 오리지네이터에 대한 채권(claims)을 가지고 나와, 채권의 양수인(assignee)인 SPV나, 담보양수인(security assignees)인 투자자에 대해서 상계권을 행사할 수 있다고 하면, 그 금전채권은 감소하게 될 것이고 따라서 추가적인 신용보강조치(credit enhancement)가 필요하게 될 것이다.

이 주제의 분석에 대해서는 단락 15-10 참조.

28-36

신용보강(credit enhancement)

28-37 **주요 위험**(main risks)　　매수인(purchaser)이 투자자에게 증권(securities)을 발행하는 경우 매수인의 지급능력(solvency)이 확실해야 한다. 도산의 잠재적인 리스크는 금전채권이 회수되지 않는 것이다. 이외에도 이자나 지급의 미스매칭 등이 있다.

28-38 **신용보강 형태**(forms of credit enhancement)　　SPV의 도산을 예방하는 방편으로 다양한 형태의 신용보강이 고려된다. 오리지네이터(originator)의 초과담보제공 등 내부(internal) 신용보강과, 제3자의 보증 등 외부(external) 신용보강이 있다. 그 예는 다음과 같다.

- **보증**(guarantees) 또는 보증과 유사한 신용장, 부실채권(defaulted receivables) 매입 의무, 철회 불가능한 무조건적 대출(투자) 의무, 상위 신용등급에 대한 신용보험(top-slice credit insurance) 등 - 은행, 보증회사 등 제3자가 제공하는 경우에만 (회계 및 규제목적상) 오리지네이터의 부외항목으로 처리할 수 있다.

- 유동성 확보를 위한 대출(liquidity facilities) - 유동성 확보를 위한 대출은 일반적으로 채무불이행을 방지하기 위한 것이 아니라, 지급 미스매칭(mismatches)에 대비하여 지급의 유연성을 확보하는 역할을 수행한다. 대출(facility)은 대주은행(lending bank), SPV 및 담보수탁자 간의 3자간 계약에 따라 이루어지며, 엄격한 자본적정성 요건을 충족해야 한다.

28-39 - **후순위 대출**(subordinated loans) **또는 대금의 연기**(deferred prices) - 가장 보편적인 방법이다. 오리지네이터(originator)는, 소위 '최후순위사채(equity piece)'라 불리는, 투자자에 비해 후순위이고 가용자산에 대한 상환청구가 제한되는(limited in recourse) 후순위대출을 SPV에게 해 준다. 이러한 대출은 보통 SPV가 금전채권 매수자금을 조달할 수 있도록 그 이전에 이루어져야 한다. 또는, 오리지네이터가 금전채권 매각대금 중 일부는 나중에 지급받기로 한다. 예를 들어 오리지네이터가 매각대금의 90%만 지급받고, 나머지 10%는 유동화증권에 대하여 후순위로 하는 것이다. 따라서 투자자들은 명목가치가 100인 금전채권에 관하여 90을 빌려주는 것이다. 이것은 초과담보(over-collateralisation), 즉 자금을 조

달하기 위해 필요 이상의 금전채권을 매각하거나 또는 할인 매각한 경우와 같은 효과다.

- SPV와 우량 은행 사이의 **보증투자계약**(guaranteed investment contract)에서, 은행은 일정한 수수료를 받고, SPV가 금전채권에 대한 변제대금(proceeds of the receivables)을 유동화증권의 상환에 사용할 때까지 은행에 예치하면(on deposits), 이에 대하여 최소한의 이자를 지급한다고 약정한다. 이것은 금전채권의 회수(collections on the receivables)와 (투자자로부터의) 조달자금 대출의 상환(repayment of the funding loan) 사이의 미스매칭(mismatches)을 메우는 것이다.

- SPV의 금전채권(receivables)에 대한 (수취)이자율과 조달자금 대출(funding loan)에 대한 (지급)이자율 사이의 고정/변동금리 미스매칭(mismatches)을 해소하기 위하여, SPV는 (신용등급이 있는) 은행에게 일정한 수수료를 지급하고 은행은 SPV에게 변동/고정금리를 지급하기로 하는 **금리스왑**(interest swap), 또는 금리가 약정한 금리수준 이하로 하락하는 경우 그 차액을 지급하기로 하는 **금리하한계약**(interest rate floor)을 체결하는 경우도 있다.

- **준비금계정**(reserve accounts) ─ 초과이익(surplus) 및 SPV 발행 債券(bond) 이자와 금전채권 이자 간의 차액이 SPV의 준비금계정에 적립된다.

오리지네이터는 잉여의 금전채권을 무료로 환매할 권리는 가질 수 없다. 이것은 특히 성질재결정(recharacterisation) 리스크를 피하기 위해서이다.
실무적으로는 선순위 유동화증권(senior notes)의 신용보강은 최초로 손실을 입는 후순위 유동화증권(junior notes)의 존재에 의해 도모되는 경우가 많으며, 이로 인해 선순위 유동화증권(senior notes)이 높은 등급을 받을 수 있다.

오리지네이터(originator)에 의한 수익 추출(profit extraction) 일반

오리지네이터는 투자자에 대한 이자 및 SPV의 각종 비용을 지급하고 남는 금전채권의 잉여이익을 계속 보유하고자 한다. 수익은 보통 ① 금전채권에 적용되는 높은 이자율과 SPV가 유동화증권(notes)에 대하여 투자자에게 지급하는 낮은 이자율 28-40

의 차액, ② 예를 들어 원래의 금전채권액이 자금 조달액을 웃도는 경우(over-collateralised) 그 초과분 잉여 금전채권(surplus receivables), ③ 오리지네이터가 신용보강을 위해 지급하는 현금준비금(cash reserve fund)의 합계다.

　　수익 추출은 부외항목(off-balance sheet) 처리와 자본적정성(capital adequacy) 규제상 필요한 채권의 진정양도성(true sale)을 해치지 않는 방법으로 행하지 않으면 안 된다. 그렇지 않으면 거래는 진정양도가 아니라 담보법제상의 담보(security)로 성질재결정(recharacterisation) 될 수 있다.

수익 추출(profit extraction)의 방법

28-41　　주된 수익 추출 방법은 다음과 같다.

- SPV는 선순위 유동화증권(senior notes)을 투자자에게 모두 상환할 때까지 오리지네이터에게 지급해야 할 금전채권의 **매수대금의 일부를 연기한다**(defers part of the price). 이것은 일반적인 방법이다. 이와 같이 연기된 지급금은 순위가 선순위증권, 후순위증권에 비해 밀려나는데, 이는 오리지네이터가 SPV에게 후순위대출을 하거나, SPV가 발행한 최후순위증권을 취득하는 경우에도 마찬가지다. 오리지네이터는, 지급이 연기된 매수대금에 관하여 매우 높은 이자를 받아 수익을 추출한다. 은행이 오리지네이터로서 최후순위 증권을 보유할 경우 그 보유액은 자본적정성 요건상 필요한 자본액에서 차감된다. 통상의 익스포저에서 필요한 것은 그 액수의 8%의 자본인데 반해, 단순한 차감으로는 이 몇 배에 해당하기 때문에, 이것은 매우 불리한 결과라고 할 수 있다.

- 금전채권을 관리(administration)하는 대가로 지급되는 채권 회수 **수수료**(servicing fees).

더 상세한 내용: LPIF 시리즈 제5권 제6장 및 제7장.

질문과 세미나 주제는, 제29장의 마지막 부분 참조.

제29장

자산유동화 II

진정매매(true sale) 요건 일반

자산유동화(securitisation)는 종국적으로 진정매매(true sale)인 경우에만 유리하게 취   29-01
급될 수 있다. 진정매매의 주요 특성은 다음과 같다.

- 매도인(seller)은 자산(asset)의 매도 후에는 통상적인 하자담보책임 외에는 더
  이상의 **책임**(liability)을 지지 않는다. 매도인은 채권 변제에 관하여 보증을 제
  공하지 않고 환매하거나 추가 대금을 지급할 의무, 또는 실무상 미상환분을 보
  전할 상도의적인 책임을 지지 않는다. 매도인에게 책임이 남아 있다면 이는 매
  도인의 대차대조표(balance sheet)에 반영되어야 하고, (규제대상이 되는 매도인
  은) 관련된 자본을 확보해야 한다.

- 매수인은 사산(asset)에 관하여 **배타적인 통제**(exclusive control) **및 지배권**
  (dominion)을 가지며, 자산을 매도 및 교환하거나 담보로 제공할 수 있고 (최종
  소액 정산 시를 제외하면) 매도인에게 환매하지 아니하여도 되고, 스스로 자산
  을 관리하고 추심할 수 있다. 매수인은 자산에서 발생하는 모든 수익을 취득할
  수 있고, 이를 매도인에게 지급할 의무는 없다. 매도인이 어느 정도의 통제 및
  지배권이 남아 있다면, 자산은 아직 매도인에게 속해 있을 가능성이 있으며 따
  라서 매도인의 채권자가 손을 뻗을 수 있게 된다. 이 원칙은 개인 자산(private

property) 개념의 가장 중요한 특징이지만, 자산유동화와의 관계에서는 문제될 소지가 매우 많다. 매각 이후에 매도인이 아무런 채무도 지지 않는 것이 더 중요하다.

- **매도인[1]이 도산했을 때에도 매매를 취소할 수 없다.** 편파적 양도(preferential transfer)라는 이유로, 매수인이 실질적으로 매도인의 일부라는 이유로, 또는 매매가 공시되지 않았다는 이유로 모두 취소할 수 없으며, 매도인[2]의 채권자가 매도 자산을 집행할 수 없어야 한다. 만약 이것이 가능하다면, 실질적으로는 자산은 아직 매도인이 가지고 있는 것이 된다. 매도된 자산은 분리되어 격리되어야 하며, 매도된 자산은 매도인의 도산(bankruptcy)으로부터 절연("bankruptcy-remote")된 독립 자산이어야 한다.

위 요소는 ① 법적 관점, ② 회계적 관점, ③ 규제적 관점, ④ 신용평가기관/투자자의 관점에서 사안별로 강도는 다르나 규정으로 반영되어 있으며, 관련 규정도 상세히 마련되어 있다.

진정매매(true sale): 매매의 담보권(security interest)으로의 성질재결정 (recharacterisation)

29-02   오리지네이터에서 SPV로의 금전채권의 양도가 담보법제 및 도산법제상 담보(security)로 성질이 재결정되어서는 안 된다.

문제는 금전채권(receivables)의 양도가 SPV가 금전채권을 담보로 제공받고 오리지네이터(originator)에게 대출(loan)을 해 준 것으로 성질재결정되는지(recharacterised) 여부다. 대출(loan)로 성질재결정되면 금전채권은 SPV에 대한 진정매매가 아니며 소유권이 오리지네이터에게 남아있는 것으로 취급된다.

담보법제상 해당 매매가 담보(security)로 성질재결정 된다면 재앙적인 문제가 발생한다.

29-03   해당 자산이 매도인의 대차대조표상 자산으로 남아있고, 조달자금이 양도인의 부

---

1) 역자 주) 원문에는 "on the bankruptcy of the buyer"라고 되어 있으나, 여기서 "buyer"는 "seller"의 오기로 보인다.
2) 역자 주) 원문에는 "by the creditors of the buyer"라고 되어 있으나, 여기서 "buyer"는 "seller"의 오기로 보인다.

채로 남아있으면 자산유동화의 목적에 부합하지 못한다.

담보라고 하면, 담보법의 적용을 받게 된다. 예를 들어, 매도인이 도산했을 때에도 유효하게 하려면 담보권을 등기하거나 등록하여 제3자에 대한 대항요건을 갖추어야 한다. 매도인(seller)의 도산 시 SPV의 담보권 실행은 중지될 수 있다. 도산재단(bankrupt estate)이 담보물을 이용하거나 교환할 권리를 가지는 경우도 있다. (프랑스, 미국 — 그러나 담보채권자가 1978년 도산법(BC 1978) 제361조에 따라 충분한 보호조치를 받은 경우에만 그렇다. 영국에서는 법정관리 중인 회사의 浮動담보권(floating charge)의 경우에도 그렇다. 다만, 포괄적 浮動담보권(universal floating charge)은 자산유동화(securitisations)의 경우 블록화(blocking) 효과가 절차를 차단하는 권한이 있다.) 해당 담보는 최우선순위 상환유예대출(super-priority moratorium loan)보다 후순위가 될 수도 있다(미국, 프랑스). SPV가 투자자들에게 제공한 담보는 SPV가 매도인에게 제공한 대출로 한정되는 전저당(sub-mortgage)이 될 수 있다. 투자자의 금전채권에 대한 담보권은 제한적인 담보 집행 절차에 의하게 될지도 모른다. 이러한 담보제공은 오리지네이터의 여신계약(credit agreements)의 담보제공금지 조항(negative pledges)에 위반될 가능성도 있다. 투자자들은 오리지네이터의 도산(insolvency)으로부터 절연되지 않기 때문에 오리지네이터의 채무불이행이 발생하면 투자자들은 조기에 담보권을 실행할 수밖에 없다.

대부분의 법제에서는 특히 담보권과 유사한 권리에 대하여서는 다음과 같은 담보권 관련 규제가 적용된다.

- 담보권은 공시해야 한다. 이는 ① 무담보 채권자를 보호하기 위해서, 그리고 ② 담보물 취득자나 다른 담보권자의 권리가 숨겨진 담보권(secret interests)으로 인해 침해되는 것을 방지하기 위해서다.

- "저당권자"("mortgagee")는 담보권 실행 후 채무자에 산어이익을 반환해야 하고, 담보재산 자체를 취득하는 방법으로는 담보권을 행사할 수 없다.[3]

- 담보권의 실행은 도산법에 의한 동결(bankruptcy freezes)로 금지될 수 있다.

---

3) 역자 주) 민법 제339조는 "질권설정자는 채무변제기전의 계약으로 질권자에게 변제에 갈음하여 질물의 소유권을 취득하게 하거나 법률에 정한 방법에 의하지 아니하고 질물을 처분할 것을 약정하지 못한다."라고 규정하여 유질계약을 금지하고 있다. 다만, 상법 제59조는 "민법 제339조의 규정은 상행위로 인하여 생긴 채권을 담보하기 위하여 설정한 질권에는 적용하지 아니한다."라고 규정하여 유질계약을 허용하고 있다.

- 기타 절차 면에서 요식성(formalities) 등 채무자 보호적 규정에 따르게 된다.

29-04   담보권(security interest)의 주요 특징은, ① 채무자가 피담보채무를 변제하면 담보물을 반환받는다는 점, ② 채권자가 담보권을 실행하여 담보물을 처분하고 남은 수익금은 채무자에게 지급한다는 점, ③ 담보권을 실행하여 받은 담보물 매각대금이 피담보채무를 변제하기에 부족한 경우에는 채무자가 이를 책임진다는 점이다. 이와 같은 맥락에서, 성질재결정의 판단에 있어서 고려되는 중요한 기준은 다음과 같다.

- 오리지네이터(originator)가 금전채권을 환매할 수 있는 권리를 가지는 것이 실질적으로 저당권설정자(mortgagor)가 피담보채무의 변제에 따라 담보물을 반환받을 수 있는 권리와 같다고 볼 수 있는지 여부. 오리지네이터는 보통 파이낸스의 마지막에 소액의 잔존 채권을 환매하는 것에 의해서 더 이상 경제성이 없을 때 마지막 한 방울을 떨어내는 일이 있다. 이것은 일반적으로는 중요하다고 볼 수 없다.

- 채권자가 저당물(mortgaged property)을 처분하고 회수한 금액 중 대출금 초과분이 오리지네이터가 추출하는 수익에 상응하는지 여부. 진정매매에서는 양수인이 매수자산의 잔여가치(수익)를 보유하지만, 담보부 차입에서는 채무자가 대출금을 변제한 후 남는 금액을 돌려받는다.

- 금전채권으로 채무를 변제하기에 부족한 경우, 오리지네이터가 부족분에 대한 변제책임을 부담하는지 여부

- 가장행위(sham), 당사자가 서류(documents)에 적혀 있지 않은 방법으로 거래를 하는지. 예를 들어 기록에서는 대출과 이자로 언급되어 있어서 매매가격이 되지 않는 경우 등. 당사자는 이런 일이 없도록 주의해야 한다.

- 오리지네이터에 의한 추심(collections), 오리지네이터가 금전채권의 추심 및 관리를 계속하는 것이 진정매매(true sale)를 부정하는 것이 되는지 여부. 진정매매(true sale)의 경우 자산은 양수인의 것이 되므로 일반적으로 양수인이 관리한다.

     이러한 성질재결정은, 주로 미국에서 동산(personal property)에 대한 담보권에 관한 UCC Article 9에 따른 문제다. UCC Article 9은 어떤 거래가 그 형식과 무관하게 담

보의 효과가 있으면 담보권(security interest)으로 본다.

미국 법원은 회계 및 규제 관점에서 양도인이 매매로 인한 리스크와 이익을 이전하는지, 아니면 이를 계속 보유하는지에 따른, 실질 우선 기준(substance-over-form test)을 적용했는데, 리스크와 이익이 공유되는 사건에서는 그 판단이 모호하고 예측이 불가능하여 적용하기에 적절하지 않다.

캐나다 대부분의 자치주(퀘벡 주 제외)는 미국 UCC Article 9을 토대로 한 동산 (personal property) 담보에 관한 조항을 두고 있다.   **29-05**

영국에서는 계약서가 적절하게 작성되고, 당사자에 의하여 매매로 취급되는 금전 채권의 매매는, 매수인이 금전채권을 담보로 매도인에게 대출을 한 것으로 보지 않으므로 등기도 요구되지 않는다. 예를 들어, ① 금전채권이 변제되지 않는 경우 매수인이 매도인에게 상환청구권을 갖더라도, ② 매도인이 환매권을 갖더라도 (예를 들어, 최후에 남은 자산을 빼냄), ③ 수익이 오리지네이터에게 지급되었더라도 (예를 들어, 관리수수료 명목으로), ④ 매도인이 매수인의 대리인으로서 채권 회수를 계속하더라도, ⑤ 경제적 효과가 금전채권을 담보로 한 대출과 유사하더라도, 매매로 본다. 형식 우선의 원칙(form over substance)은, 예를 들어, *Olds Discount Co Ltd. v John Playfair Ltd.* [1938] 3 All ER 275 판례, *Re George Inglefield Ltd.* [1933] Ch 1, CA 판례, *Lloyds & Scottish Finance Ltd. v Prentice* [1977] 121 Sol Jo 847, affirmed HL 판례, *The Times,* March 29, 1979, *Welsh Development Agency v Export Finance Co Ltd.* [1992] BCC 270, CA 판례, *Mahonia Ltd. v JP Morgan Chase Bank* [2004] EWHC 1938, [2004] All ER (D) 10 판례에서 확립되었다. 이는 영국이 ① 예측가능성과 ② 역사적으로 담보권을 제한하는 태도로부터 자유로운 거래를 추구하는 데 따른 것으로 볼 수 있다.

그 밖에 일부 다른 法域에서는 성질재결정을 더욱 쉽게 인정하는데, 특히 나폴레옹계 그룹에서 그렇다.

투자자, 신용평가기관, 회계사, 규제기관 등 모든 이해관계자는 담보법제하에서 성질재결정이 이루어져서는 안 된다는 입장이다.

진정매매(true sale): 오리지네이터(originator)의 "도산으로부터의 절연" ("bankruptcy remoteness")

자산유동화는 투자자, 신용평가기관, 회계사, 규제기관 등 모든 이해관계자를 위   **29-06**

해 오리지네이터의 도산으로부터 절연되어야 한다.

주요 요건은 다음과 같다.

- 채무자에 대한 통지가 없었다는 이유로 오리지네이터의 도산 시 금전채권의 **양도**(assignment)가 무효가 되어서는 아니 된다. 단락 28-34 참조.

- 오리지네이터의 도산 시 SPV가 오리지네이터와 **연결**(consolidated)/**결합**(fused)/**일체화**(merged)되어 SPV의 자산(assets)과 부채(liabilities)가 오리지네이터의 자산 및 부채와 합산 처리(merged)되어서는 안 된다. 이러한 법인격 부인(piercing of the veil of incorporation)의 법리는 대차대조표의 연결과는 별개이다. 만약에 법인격 부인의 법리가 적용된다면, 오리지네이터의 도산에 수반해 자금 공급자 대주(funding lenders)는 금전채권에 대한 담보권을 조기에(prematurely) 실행하지 않을 수 없고, 오리지네이터에 적용되는 도산법에 따르지 않으면 안 된다(담보권의 동결 등). 통합 또는 혼합으로 인하여 SPV의 자산은 오리지네이터의 자산이 되고, 자금 대출(funding loan)은 오리지네이터의 부채로 취급되기 때문이다. 관련 계약서와 그 이행에 의해 SPV의 독립성이 확보되어야 한다. 예를 들어, 임직원의 겸직 제한, 혼화 제한(no commingling), 별도의 기록관리, 회사의 형식적 요건 준수, 재무제표(financial statements)상 정보공시 등이다. 도산절차에서 연결 처리(bankruptcy consolidation)가 인정되는 경우는 좀처럼 없고, 독립된 법인격을 무시할 정도로 극도로 혼재된 경우에만 적용되는 편이다. 그래서 이는 보통 심각한 위험은 아니다.

29-07
- 오리지네이터의 SPV에 대한 양도(transfers)나 지급(payments)이 오리지네이터의 도산에 있어 **편파행위**(preference) 또는 저가거래(transaction at an undervalue)로 인한 否認(set aside)의 대상이 되지 않아야 한다. 만약에 否認(set aside)되는 경우, 오리지네이터의 채권자들이 금전채권에 대하여 청구권을 가지게 되므로, 더 이상 금전채권이 절연(insulated)/격리(remote)되었다고 할 수 없다. 이것은 주로 오리지네이터의 금전채권 매각 그 자체와 오리지네이터에 의한 대체(substitutions)에 영향을 미친다. 대가는 과소평가되어서는 안 된다. 매매거래에서 대금 전액을 현금으로 지급하는 경우 이를 편파적(preferential) 거래로 보는 경우는 매우 드물다. 금전채권의 매매가 시장에서는 얻을 수 없을 정도로 할인(non-market discount)된 가격으로 행해진 경우 또는 연기된 매매대금(deferred price)의 지급이

실은 架空의 것(illusory)일 경우에는, 증여적 요소에 의해 거래는 취약해져 부인되기 쉬워진다.

• 오리지네이터가 도산할 경우, 기초자산 관리인으로서 **오리지네이터가 추심한 자금을 회수**(recovery of funds collected by the originator)하는 데에 대폭적인 손실이나 지연이 있어서는 안 된다. 통상 계약서에서는 SPV에게 예를 들어 2일~3일 간격으로 빈번하게 이전하거나(혼화 위험(commingling risk)을 고려하여), 또는 SPV 계좌로 직접 지급하게 되어 있다.

진정매매(true sale) 및 회계(accounting)

회계는 급격히 변화하고 있는 분야이다. 통상 회계상 목적은 금전채권과 SPV의 자금 조달을 위한 대출이 오리지네이터의 대차대조표와 연결되지 않도록 하는 것이다. 회계 처리는 형식보다 실질을 중시하기 때문에 법적 취급과는 다를 수 있다.   29-08

SPV가 자회사나 계열사라면 오리지네이터의 연결재무제표에 통합될 수 있다.

SPV가 오리지네이터가 속한 기업집단과 합병한다면 그 효과는 더 커진다. SPV가 발행한 債券(bond)은 대차대조표상 오리지네이터 기업집단의 채무로 취급되고, 오리지네이터의 비율(채무 대비 자기자본 비율)은 높아지고, 부채 상환을 증가시켜, 조달비용 대비 수익이 악화될 것이다.

그럼에도 불구하고 오리지네이터는 낮은 자금조달비용, 유리한 자본적정성 산정, 투자자에게의 리스크 이전으로 인한 이익을 취할 수 있다. 따라서 주요한 부정적 효과는 오리지네이터의 재무비율(financial ratios)에 관한 것이다.   29-09

모회사가 도산하지 않는 한 모회사는 자회사들이 도산하도록 내버려 두지 않고, 통상적으로 동일 기업집단 소속 회사 간에는 상호연결성과 의존성이 존재한다는 논리에 따라, 회계 규칙에서는 자회사의 독자적 기업성을 인정하지 않고, 기업집단이 단일한 주체로 존속하거나 소멸된다고 본다. 따라서 '누가 회사의 실질적인 소유자인지'가 핵심적인 회계 기준이다. 소유권(ownership)은 통제와 손실가능성 및 수익을 기반으로 한 개념이다. 통제와 손실가능성 및 수익이 커질수록 상호의존성이 증가하므로 특정 기업을 하나의 경제적 동일체의 일부로 취급할 필요성도 증가한다.

따라서,

- SPV는 오리지네이터의 **자회사**(subsidiary)가 아니어야 한다. 과반수 지분을 보유(majority-owned)하지 않았다고 하더라도 계열사의 연결회계 범위 적용에 관한 특별 규정이 존재할 수도 있으므로 통상적으로 오리지네이터는 SPV의 상당한 지분을 취득할 수 없다.

- 금전채권의 매매(sale of the receivables)가 **진정매매**(true sale)여야 한다. 양도인은 양수인에게 금전채권에 대한 소유(ownership)에 관련된 모든 것, 즉 통제권, 손실가능성 및 수익을 완전히 이전해야 한다. 양도인이 SPV를 자동 관리하거나 SPV의 금전채권을 관리하는 경우, 또는 기초자산의 리스크가 일부 양도인에게 잔존하여 양도인이 일정 수익을 취득하는 경우에는 문제가 될 수 있다. 핵심 쟁점은 ⓐ 오리지네이터의 SPV에 대한 통제(운영, 관리)가 어느 정도인지, ⓑ 보증(guarantees), 환매 의무, 후순위대출, 준비금계정(reserve accounts), 금전채권에 대한 담보책임(warranty of receivables), 투자설명서(prospectus)에 따른 책임, 도덕적 이행의무 등에 따라 양도인이 부담하는 상환 또는 손실 리스크가 어느 정도인지, ⓒ 환매권, 관리수수료, 후순위채권(subordinated loan) 등의 방법으로 양도인에게 귀속되는 이익이 어느 정도인지다.

연결 기준이나 위험 및 이익의 이전 수준에 관한 회계적 접근은 국제적으로 세부적인 차이가 존재하며, 이러한 규정은 매우 복잡하다.

29-10   미국에서는 규칙은 주로 Financial Accounting Standard 140에 규정되어 있다. 매매(sale)로 인정받기 위한 요건은 다음과 같다. ① 매도인은 자산에 대한 통제권을 이전하여 그 자산이 매도인 및 매도인의 채권자로부터 **절연**(isolated)되어 있을 것, ② 적격 SPV에 자산이 이전되고, 유동화증권보유자(noteholders)가 증권(notes) 또는 증서(certificates)에 대하여 **담보권의 설정이나 거래를 할 권리**를 갖고 있을 것, ③ 매도인이 특정자산을 반환할 권리와 의무 또는 일방적인 자산 반환청구권을 가짐으로써 실질적으로 해당 자산의 통제권을 유지하지 않을 것(다만 오리지네이터의 선택에 따라 금전채권을 최종적으로 매수할 수 있는 콜옵션(clean-up call option)은 예외), ④ 매각대금을 현금으로만 지급받고, 증권(note) 또는 자산에 관한 어떠한 이익으로 받지 않을 것이다.

적격 SPV는 매도인과 재무제표로 연결되지 않는다. 적격 SPV는 다음 4가지 요건을 갖추어야 한다. ① 매도인과 명백히 구별될 것(즉, 궁극적으로 매도인 및 그 관련 회사에 의해서 일방적으로 해체될 수 없고, 적어도 10% 이상의 수익권을 매도인 및 그 관련 회사 이외의 제3자가 가지고 있을 것), ② 매우 제한된 사업활동만 할 것, ③ 수동적 금융자산(passive financial assets)만을 보유할 것, 즉 채권 회수(servicing) 이외의 결정을 하지 않을 것(예를 들어, 자본에 관한 결정(controlling equities)을 하지 않을 것), ④ 제한적인 자산 처분권만 가질 것이다. 만약 매도인이 SPV를 지원할 의무를 지고 있는 경우에는 연결이 필요한 경우가 있다.

그 외에도 요건을 충족시키지 못한 SPV에 적용되는 규칙이 있다. 이러한 규칙은 수정 FIN46로 알려진 FASB Interpretation No.46에서 규정하고 있다.

(EU에서 적용되는) 국제회계기준(IFRS: International Financial Reporting Standards) 중에 중요한 것으로 IAS 27 와 IAS 39가 있다. IAS 27은 모회사가 '지배'하는 다른 회사는 모회사와 연결 처리되어야 한다고 규정하고 있다. 모회사가 다른 회사의 의결권 또는 이와 동등한 지배 권한(예컨대, 과반수 이사에 대한 임면권)을 과반수로 보유한 경우에는 그 다른 회사를 지배한다고 본다. 이에 보충하여, 회계기준해석위원회(SIC: Standing Interpretations Committee)는 양도인이 한정적이고 명확한 목적을 달성하기 위하여 SPV를 설립하고 실질적으로 SPV의 대부분의 이익과 리스크를 보유하는 경우에는 해당 SPV는 양도인과 연결되어야 한다고 해석하고 있다(SIC-12 해석).

29-11

IAS 39는 자산이 진정매매로써 대차대조표에서 부외항목으로 처리될 수 있는 경우에 관하여 규정하고 있다. IAS 27 및 IAS 39로 인해 IFRS 체계 하에서 부외항목으로 처리하기는 더욱 어려워졌다.

EU의 통계기관인 Eurostat에 의해 EU에서 이루어지는 증권화의 회계상 처리 가이드라인이 발행되고 있다. 이 가이드라인은 거래가 정부 차입(government borrowing) 인지 아닌지를 판단하기 위한 것이다.

진정매매(true sale)와 자본적정성(capital adequacy)

개요(general)　　자본적정성 규제도 빠르게 변화하고 있다. 바젤II에 따른 자본적정성에 관한 일반 규제는 제25장 참조.

29-12

실질 우선원칙이 매우 강조되고 있다. 규제기관은 회계기준과 유사한 원칙을 채택하고 있고 이익의 이전(transfer of rewards) 보다는 리스크의 이전(transfer of risk) 여부에 더욱 중점을 두고 있다. 또한, 금융기관이 사업상 신뢰를 중시한다는 측면에서 감독기관은 SPV에 대한 도의적 지원 책임을 많이 고려한다.

예를 들어, 투자자가 만족하지 못하는 경우, 금전채권을 조달하고 관리한 오리지네이터(originator)가 책임을 부담해야 한다고 주장하거나, 오리지네이터가 작성한 투자설명서(offering circular)에 따라 투자했음을 주장하면서 오리지네이터가 기초자산을 다시 매수하도록 압박할 수 있다. 오리지네이터는 법적 의무가 없더라도 SPV를 지원해야 한다는 부담을 느낄 수 있는데, 이는 사업 평판 유지와 장래에 있을 자산유동화 거래를 지속하기 위한 것이다. 특히 주요 자금조달이 자산유동화인 경우에는 더욱더 그러하다. 규제기관은 SPV와 오리지네이터 간 연결관계(예컨대 유동성 공급기관, 자산관리자, 인수인, 중개업자, 스왑계약 상대방, 신용보강기관)에 특히 주목한다.

29-13   만약 그 기준이 지나치게 엄격하다면, 자산유동화 거래는 위축되고 금융기관의 독자적 자금조달 능력도 저하될 것이다.

바젤 II의 자본적정성 요건을 피하기 위해서는 은행은 반드시 대차대조표상 익스포저를 이전해야 하는데, 그에 대응하는 자본을 확보하는 것이 유일한 방법은 아니다. 은행은 추가적인 대출을 실행하고자 하는 경우에는, 이에 상응하는 추가 금융을 시장에서 일으키거나, 아니면 규제요건에 부합하는 방법으로 대출채권을 양도해야 한다.

오리지네이터는 간접적으로라도 금전채권에 보증을 제공해서는 안 되며, 금전채권에 대하여 보충(top-up) 의무를 부담해서도 안 되고, 더욱 우량한 금전채권을 공급하기 위한 의무를 부담해서도 안 되고, 금전채권이 부실화되는 경우 증권소지인(noteholders)의 수익률을 개선시켜 주는 의무를 부담해서도 안 된다. 만약 오리지네이터가 사실상(actually) 이러한 행위를 할 경우, 가능하기는 하지만, 의무로서 실시하는 것이 아님이 분명하고 그것이 투자설명서를 비롯한 서류에 충분히 명백하게 기재되어 있어야 한다.

29-14   또한, 오리지네이터가 단기 금전채권을 보충하는 리볼빙 자산유동화(revolving securitisations)의 경우,[4] 보다 엄격한 규제가 적용된다. 투자자들이 유동화증권(notes)

---

4) 역자 주) 신용카드 유동화거래에 리볼빙구조가 도입된 경우 단기자산인 카드자산이 발생과 회수가 지속적으로 이루어지면서 마치 장기자산인 처럼 자산규모가 어느 정도 일정하게 유지된다. 이 경우 자산의 양도 또는 발생이 지속적으로 이루어지지 않으면 유동화자산규모가 감소한다. 리볼빙 기간 중에는 투자자들은 이자만을 받게 된다. 유동화자산으로부터의 현금흐름은 새로운 신용카드 사용대금 채권을 매입하는 데 사용된다. 이러한 리볼빙구조로 인하여 단기의 신용카드 사용대금 채권을 기초로 장기의 유동화증권의 발행이 가능해진다. 리볼빙 기간이 종료되면 통제적립을 통해 발행한 자산유동화증권의 원금 상환재원을 마련하게 된다. 매출채권 리볼빙구조의 관리를 위해서는 매일 매일의 채권 발생실적과 회수실적, 매출채권의 잔존금액을 일별로 파악하고 그 결과를 수탁관리기관(trustee)에게 보고할 수 있는 시스템을 갖춰야 한다. 금융투자교육원, 『투자자산운용사 1』, 한국금융투자협회,

의 만기(maturity)를 유지하기 위해 오리지네이터에게 금전채권을 추가 보충(topping-up)하여 지원해 달라는 압력을 넣을 수 있기 때문이다.

바젤 Ⅱ는 채권이 트랜치(tranches)로 계층화된 경우에만 적용된다. 예를 들어, 자산유동화 회사가 금전채권 풀(pool of receivables)로 담보되는 선순위 유동화증권(senior notes)과 이보다 지급순위가 늦은 후순위 유동화증권(junior notes)을 발행한 경우이다. 만약 증권 발행이 이와 같이 트랜치로 계층화되지 않으면, 자산유동화 특유의 규제 범위에 포함되지 않는다. 그 이유는 아마도 규제기관의 가장 큰 관심이 리스크가 높은 후순위 익스포저(junior exposures)가 그 리스크를 반영하여 적절히 위험가중(weighting)되고 있음을 확실히 하는 데 있기 때문일 것이다.

전통적인 자산유동화의 승인을 위한 바젤 기준(Basel criteria for recognition of traditional securitisations)   오리지네이터인 은행은 일정 요건을 만족하는 경우에만 규제상의 이유로 자산을 대차대조표에서 제거할 수 있다. 오리지네이터는 SPV가 도산한 경우 투자자들에게 보상할 법적, 도의적 지원을 부담하지 않는 완전한 절연(clean break) 및 진정매매(true sale)가 되어야 한다. 아래에서 상술한다.   29-15

- 자산유동화 익스포저에 관련된 **주요 신용리스크**(credit risk)는 제3자에게 이전된다. 즉, 오리지네이터인 은행이 양도된 금전채권으로부터 발생하는 손실에 대해 아무런 책임을 부담하지 않아야 함을 뜻한다.

- 매도인은 이전된 익스포서에 관하여 **실질적 또는 간접적인 컨트롤을 유지하지 않는다**(does not maintain effective or indirect control). **다음과 같은 경우는 매도인이** 이전된 신용**리스크 익스포저의 사실상의 컨트롤을 유지하고 있는 것이 된다. 매도인이** (1) 이익 실현을 위해 이전한 익스포저를 다시 부담할 수 있는 경우 또는 (2) 이전된 익스포지로 인한 리스크를 부담할 의무를 지는 경우이다. 이에 반해 (3) 매도인이 차주(borrowers)와의 관계에서 단지 기초자산의 관리자로 선임된 것에 불과한 경우가 자주 있는데, 이 경우에는 컨트롤을 갖는다고는 간주되지 않는다. 이러한 조건은 진정매매가 있었다면 매도인은 매수인에게 기초자산으로부터 발생하는 모든 리스크와 이익을 이전해야 하고, 매수인은 자산에 대한 완전한 **컨트롤**을 가져야 한다는 점을 반영한 것이다. 예를 들

어, 차량 매수인은 그 차량을 사용하고, 매도하고, 부수거나 증여할 수 있으며 매도인은 매수인의 그러한 행위에 대하여 아무런 책임을 지지 않는다. 이 개념은 다소 신학적인데, 왜냐하면 진짜로 문제가 되는 것은 오리지네이터가 금전채권에 관하여 아무런 의무를 부담하지 않는다는 점에 있고, 환매에 의하여 이익을 얻을 수 있는지 여부와는 무관해야 한다는 것 때문이다. (실제 그것은 유익하다.) 이는 금전채권이 부실화되는 경우, 오리지네이터가 채권자들의 압박으로 인해 이를 환매할 수 있다는 점을 고려한 것이다.

- 기초자산은 매매를 통해 도산에 있어 매도인과 그의 채권자들로부터 **법적으로 분리**(legally isolated)되어야 한다. 이는 SPV와 금전채권 매도인이 도산으로부터 절연("bankruptcy remote")되어야 함을 의미한다.

- 발행된 증권(securities)은 오리지네이터에 대한 아무런 권리도 표창(confer)하지 않으며, 오직 기초자산(underlying assets)에 대한 권리만을 내포한다.

- **양수인**(transferee)은 SPV이고, SPV의 실질적 이익(beneficial interests)은 자유로이 양도될 수 있다.

유동성 확보를 위한 대출(liquidity facilities) 및 합성자산유동화(synthetic securitisations)에 관하여는 특별 규정이 존재한다.

29-16 **기타 규칙**(other rules)   바젤 협약 외에도 다음과 같은 국가적 규제가 추가로 적용될 수 있다.

- 오리지네이터의 SPV에 대한 지분보유 금지: 오리지네이터가 SPV로부터 배당금을 통한 수익을 얻을 수 없도록, 오리지네이터가 아닌 자선을 위한 재량신탁(discretionary trusts for charities)의 수탁자가 그 지분을 보유해야 한다(이와 같이 오리지네이터의 그룹에 속하지 않는 SPV를 고아("orphan") SPV라 한다).

- 오리지네이터는 SPV 이사회에 1인 이상의 이사를 선임할 수 없고, 따라서 그 이사는 반드시 소수(minority)가 될 수밖에 없다.

- 오리지네이터는 (최종 정산(final clean-up) 이외에는) 금전채권을 환매할 권리가 없다.

- 오리지네이터는 SPV에 대한 도의적 지원 책임을 부담할 것으로 보이는 등의 SPV와의 상업적 연관성이 없어야 한다.

- 오리지네이터는 실무상 조달자금 상환을 위한 리파이낸싱 리스크(refinancing risk)를 부담하지 않아야 한다.

자산유동화 기구에 대한 은행의 익스포저(bank exposures to securitisation vehicles) 바젤 29-17
II 협약은 전형적인 자산유동화 또는 합성자산유동화 구조에 따른 은행의 익스포저(exposures) 조절을 위한 규제자본 산출과 관련하여 매우 복잡하고 독자적인 자산유동화 프레임(extremely complex separate securitisation framework)을 두고 있다. 자산유동화 기구가 발행한 유동화증권(notes) 등을 통한 은행의 자산유동화 익스포저(exposures)는 다른 종류의 익스포저(exposure)에 적용되는 일반규정이 아닌 특별규정의 적용을 받는다. 오리지네이터가 SPV가 발행한 유동화증권(notes)을 매입하는 경우 등, 오리지네이터가 SPV에 대해서 가지는 익스포저(exposures) 등이다.

결과적으로 은행이, 자산유동화 기구가 발행한 투자부적격 등급의 유동화증권(non-investment grade notes)을 보유하는 경우, 같은 리스크 등급의 다른 종류의 증권(notes)에 비해 높은 자기자본이 요구되게 된다. 어떤 익스포저(exposure)가 자산유동화 익스포저(exposure)로 정의되는 경우에는 그렇지 아니한 경우에 비해 보다 엄격한 자본 통제를 받는다. 만약 오리지네이터가 최후순위대출채권(junior subordinated loans)의 대부분을 가진 경우(에퀴티 트랜치(equity piece)), 그 금액이 자기자본에서 차감된다. 즉 위험가중치(risk weight)가 1250%가 된다.

오리지네이터가 부정확한 투자설명서에 관해 부담하는 잠재적 책임은 통상 자본적정성 위험으로 보지 않는다.

증권(securities)의 신용등급평가(rating)

SPV가 발행한 증권(securities)이 투자자들에게 판매되기 위해서는 통상 신용평가기관에 의해 AA나 AAA 등의 신용등급을 받아야 한다. 신용평가기관은 무엇보다 SPV와 금전채권의 신용리스크에 주목한다. 높은 신용등급을 받는 것은 국제 債券시장에서 債券을 판매하고 이자율을 낮추는 데 있어 매우 중요하다. 그러나 일부 자산유동화(securitisations)의 경우, 투자등급(investment grade)이 아닌 투기등급(speculative grade)으로 평가되거나 등급이 아예 책정되지 않는 경우도 있다. 일반적으로 선순위 증권(senior securities)과 후순위증권(junior securities)도 모두 등급이 매겨지지만, 최후순 위 트랜치(lowest tranche)는 등급을 받지 않는다. 신용평가기관의 요건은 엄격하고, 이는 거래구조에 영향을 미치게 된다.

단락 20-23의 등급기호 참조.

등급평가는 초기에 이루어지고 정기적으로 시행되므로 신용등급은 하락할 수 있 다. 신용보강기관의 신용등급 하락은 SPV 발행 증권(securities)의 신용등급의 하락을 야기할 수도 있다.

29-19   신용평가기관은 우선 금전채권(receivables)의 감사(audit)로 그 품질을 평가하는 등 전체의 건전성(overall soundness)을 평가한다. 따라서 주택담보대출의 경우, 신용평가 기관은 ① 담보대출비율(loan to value ratio)과 ② 소득배수(income multiples), 그리고 ③ (채무자의 채무불이행 가능성과 담보권 실행 시 손실률을 판단하기 위하여) 담보처 분 빈도(foreclosure frequency), ④ 손실 가능성(loss severity), ⑤ 담보 가치, ⑥ 주택저당 권의 순위(ranking of the mortgages), ⑦ 그 지역 강제집행절차의 효율성 및 ⑧ 강제집 행 비용 등을 평가하며, ⑨ 통화도 하나의 평가요소가 된다.

신용평가기관은 채무자의 상관관계, 즉 어느 정도로 균질성(homogeneity)이 있는 지, 다양성(diversification)이 있는지도 평가한다. 지리적 및 산업별 분산 정도도 평가 하는데, 큰 기업의 도산이나 차별적인 세제의 도입 등 지역의 불행한 사건이나 재 해(catastrophes)에 의해서 영향을 받기 때문이다.

신용평가기관들은 이러한 과정을 수행하기 위해 역사적 데이터나 몬테카를로 시 뮬레이션(Monte Carlo simulation)을 포함한 다양한 통계적 모델을 이용한다. 몬테카를 로 시뮬레이션(Monte Carlo simulation)은 기본적으로 "만약에 … 라면"("what if")라는 질 문을 통한 스트레스 테스트(stress testing)이다. 예측은 어렵다. 이러한 분석은 기대하 는 신용등급을 달성하기 위해 필요한 신용보강 수준을 결정한다. 신용등급이 높을 수록, 채무불이행과 손실에 대해 더 보수적으로 추정한다.

29-20   신용평가기관은 다음과 같은 사항도 심사한다.

- 담보권 관련 법제상 기초자산 매매가 진정매매인지 여부

- SPV가 오리지네이터의 도산으로부터 절연되는지 여부(예컨대 진정매매일 것, 편파행위(preferences) 또는 염가매매가 아닐 것, 양 회사가 언결되지 않을 것)

- ① 비용, ② 금전채권의 장래의 변제금 부족, ③ 등급이 있는 선순위 트랜치(senior rated tranches)에 관한 배상책임 리스크(liability risks), ④ 채무자에 의한 상계 가능성(possibility of debtor set-offs)을 커버하기 위한 신용보강(credit enhancement). (신용보강기관은 취약점이 없는 필적할 만한 등급(comparable rating)을 보유해야 함)

- 다른 채무로 인한 SPV의 도산위험성. 즉, 자산유동화 거래 외에 근로자, 부동산 및 다른 사업과 관련하여 제3자에 대한 채무기 있는지 여부

- 세부적인 관리시스템 구축 여부 및 오리지네이터가 도산 시 이를 대체할 수 있는 자산관리자(servicer) 임명 가부

이러한 평가에 있어서, 신용평가기관은, 오리지네이터가 자산유동화 종결(closing) 직후에 도산하는 경우를 가정해 실시하는 것이 보통이다.

신용평가기관은, 거래에 사기가 없다는 것, 모든 당사자들은 그들의 확약(covenants)을 준수한다는 것(예컨대, 오리지네이터가 이중 양도하지 않겠다거나, SPV가 이중 담보 제공을 하지 않겠다는 확약), 그리고 오리지네이터의 금전채권에 관한 보장(warranties)이 사실임을 전제로 한다.

더 상세한 내용: LPIF 시리즈 제5권 제8장.

질문과 세미나 주제

제28장과 제29장

(1) "주택대출(home loans) 등 금전채권(receivables)의 자산유동화는 실제로는 금전채권(receivables)을 담보로 한 오리지네이터(originator)에 대한 대출(loan)에 지나지 않는다." 이 의견에 대해 논해 보자.

(2) 자산유동화가 진정매매(true sale)에 의해 이뤄지고 있는가에 대하여, 법률상, 규제상, 회계상 취급이 각각 다르다. 어떤 차이가 있는지, 그리고 당신은 이것들이 같아야 한다고 생각하는지 논해 보자.

(3) 오리지네이터(originator)는 자신이 보유하고 있는 금전채권(receivables)을 담보로 재공하고 차입할 수 있는데도 불구하고, 왜 금전채권의 자산유동화를 할까?

(4) 전통적인 자산유동화(특수목적기구에의 금전채권 매도에 의함)와, 합성자산유동화(synthetic securitisation)를 비교해 보자.

(5) 당신은 오리지네이터(originator)의 변호사이며, 오리지네이터(originator)가 대출을 해 준 기업들에 대한 대출채권들(loans)을 묶어서 자산유동화를 하려고 하고 있다. 오리지네이터(originator)는 대출채권들(loans)을 특수목적자산유동화기구(SPV)에 매도하고, 그 대금은 SPV 발행의 債券(bonds)에 의해 조달된다.

- 오리지네이터(originator)를 대주, 기업을 차주로 하는, 준거법이 영국법인 대출계약(English law loan agreements) 중에 대주는 "대출계약상의 어떠한 권리도 양도하지 않는다"("shall not assign any of its rights under this loan agreement")라는 조항이 있는 것이 있었다. 이 제한을 회피하여 자산유동화를 가능하게 하는 방법이 있는가?

- SPV가 債券소지인들(bondholders)에게 상환한 후 상당한 액수의 잉여금(surplus)이 남을 전망이다. 오리지네이터(originator)는 이 잉여금을 어떻게 추출할 수 있는가?

- SPV 발행의 債券(bonds)의 적어도 일부를 AAA 등급을 받게 하기 위해 어떤 방안이 있을 수 있는가?

제30장

지급 및 증권결제 시스템

지급시스템(payment systems)

도입(introduction)

30-01   이 장의 목적은 고액의 대규모 자금이체(large‒value credit wholesale transfer)의 구조를 설명하는 데에 있다. 이러한 자금이체는 전형적으로 대규모이며, 은행간 자금이체이면서 동시에 매우 단시간(몇 분) 내에 지급되어야만 하고, 일반적으로 대량의 상업자금의 결제, 단기금융시장(money market) 또는 외환거래에서 이루어진다. 거래금액의 회전율(turnover)은 며칠에 한 번꼴로 전 세계 GDP에 도달하는 수준이다. 실제 자금이체 건수도 매우 많다.

주요 산업국에서 실물 동전과 지폐가 이동하는 경우는 전체 자금이동금액의 1% 미만으로 무시될 수 있는 수준이다. 몇몇 사람들은 실제 현금은 소액구매를 제외하고는 사라지고, 신용카드와 전자화폐로 대체될 것이라고 말한다.

고액의 대규모 거래(large wholesale transactions)는 시스템 리스크(즉, 한 대형은행의 붕괴가 다른 은행과 전체 은행 시스템의 잇따른 붕괴를 가져올 수 있는 리스크)에 노출되기 쉽다. 한 국가의 금융위기가 다른 국가에서도 느껴질 수 있는 것이다. 특히 중요한 점은 몇몇 주요 은행의 지급시스템에 리스크가 집중되는 것이다.

은행화폐(bank money)로의 지급(payment)

국제금융시장에서 채무자는 그들의 채권자에게 "은행화폐"("bank money")로 변제 **30-02** 한다. 채무자는 변제기가 도래한 금액(amount due)이 수익자의 은행계좌에 이체되도 록 주선한다. 채무자는 법정통화(legal tender)로 지급하지 않는다. 예를 들어, 한 무더 기의 지폐를 건네주거나 웰스 파고(Wells Fargo)의 마차와 말을 이용하는 등(황무지 사막을 달리는 돈을 실은 마차가 웰스 파고의 마크임)의 방법을 사용하지 않는다.

그 은행에 대한 채권자의 청구권은 채권자와 채무자의 관계를 구성한다. 은행은 채권자로서의 지위를 갖는 고객의 예금액만큼 빚을 지고 있는 채무자이다. 채권자 가 계좌에 입금한 자금은 은행의 소유로 사용될 수 있다. 은행은 이 돈을 따로 챙겨 두거나 채권자를 위한 커스터디 은행(custodian)으로서 이를 따로 보관할 필요는 없다.

국제 은행 간 이체(international bank transfers)를 규율하는 규약

적어도 한 국가는 (그러나 오직 한 국가만은 아닐 것이다.) 자금 이체(fund transfer) **30-03** 와 관련한 성문화된 법률을 두고 있다. 미국은 UCC (Uniform Commercial Code) 제4A조 에서 소비자 이외의 자에 의한 고액 지급(high volume non−consumer payments)에 대한 규칙을 두고 있다. 이는 소비자 보호를 포함하는 전자자금이체법(Electronic Funds Transfer Act of 1978)의 관련 법령이다. 제4A조는 대량의 상업자금 지급에 적용되고, EFTA에서 규정하는 소비자와 관련된 송금(consumer related transfers)에는 적용되지 않 는다.

EU Cross−Border Credit Transfers Directive 1997 (97/5/EC)는 EU 회원국 간의 C 50,000 이하 수준의 국제계좌이체(cross−border credit transfers)에 대한 최소한의 명 확한 기준을 다루고 있다. 즉, 대부분 소매(retail) 자금 송금에 대한 내용이다.

대부분의 국가에서 지급시스템은 관련 당사자 간의 계약에 의하거나 법의 일반 원칙(특히, 代理의 경우)에 따르고 있으나, 무엇보다도 도산법(bankruptcy law)의 필수 조항이 우선적으로 적용된다.

금융 시장에서의 상계(set−off)와 네팅(netting) 그리고 담보권(security interest)의 유효 성과 관련된 다양한 특별 법령들이 있다. 1998년의 EU 결제완결성 지침(EU Settlement Finality Directive 1998)은 지급시스템의 안전성을 높인다. 단락 17−55 참조.

계좌이체의 당사자(parties to a credit transfer)의 定義

30-04 국제 관행상 **지급인**("originator")은 지급을 의뢰하는 사람, 예를 들어 전형적으로 차주(borrower), 매수인(buyer) 또는 임차인((lessee, 종종 지급인("payer")으로 불림) 등의 채무자(debtor)를 말하고, **수취인**("beneficiary")은 지급을 받는 사람, 일반적으로 채권자(종종 수취인("payee")을 말한다)를 말한다.

지급지시(payment order)는 지급을 실행하라고 하는 메시지 또는 지시이다. **지급**(payment)은 은행에 대한 무조건적인 청구권(unconditional claim)을 채권자에게 주는 것이다. 지급은 종종 결제("settlement")라는 단어로도 쓰인다.

지급(payment) 절차: 국제 이체(international transfers)

30-05 이 도표는 지급시스템의 일반적인 연쇄사슬(usual chain)을 보여준다. 이는 클래식한 모델이고 많은 변형물(variations)이 존재한다.

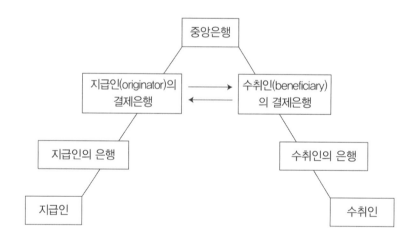

채무자인 지급인(originator)은 채권자인 수취인(beneficiary)에게 송금하려고 할 때, 수취인(beneficiary)이 받아들일 수 있는 은행이 수취인(beneficiary)에게 그 채무 금액만큼 지급책임을 지도록 만든다. 즉, 채무자는 보통 은행화폐(bank money)(은행에 대한 채권)로 지불하고, 지폐(notes)나 동전(coin)으로 지불하는 것이 아니다.

지급과정에는 양도(assignment)라는 의미의 이체(transfer)와는 달리 일련의 채권 채무 관계(debit and credit)가 존재한다. 각 단계는 한 당사자로부터 송금경로상의 다음 당사자에 대한 지급지시를 필요로 한다.

- 지급인은 지급인의 은행에게 수취인 은행에 대해 지급하도록 지시한다.

- 지급인의 은행은 지급인의 계좌에서 감액 기재(debit) 한다.

- 해당 통화(currency) 국가 내에 있는 지급인(originator)의 결제은행은 지급인의 은행계좌에서 돈을 출금 처리하고 수취인의 결제은행과 수취인의 결제은행에 대해 그 금액만큼 책임을 질 것을 합의한다.

- 중앙은행(즉시 또는 당일 중에)은 지급인의 결제은행의 계좌에서 돈을 감액 기재(debit) 하고, 수취인의 결제은행에 증액 기재(credits) 한다. 이것은 중앙은행 화폐("central bank money")이며 — 중앙은행에 대한 채권(claim)이다.

- 수취인의 결제은행은 수취인의 은행계좌에 증액 기재(credits) 하면 수취인의 계좌에 입금이 된다. 그래서 수취인은 수취인의 은행에 대한 채권을 가짐으로써 지급을 받게 된다.

은행이 계좌에 입금처리를 할 때, 계좌 보유자(holder of the account)에 대히여 해당 **30-06** 금액의 지급 의무를 부담하는 것에 동의하는 것이다. 이것이 지급(payment)이다.

그래서 지급은 마치 달리는 사람이 언덕을 올라갈 때는 힘들게 살이 빠지고, 쉬운 내리막을 내려올 때는 에너지가 비축되는 것과 같이, 피라미드의 올라가는 면에서는 책임의 감소가, 내려가는 면에서는 책임의 증가가 있게 된다.

결제은행(settlement banks)(종종 청산은행(clearing banks)으로 불림)의 존재 이유는 갖가지 역사적, 상업적 그리고 법적 이유로 오로지 소수의 건실한 은행들만이 그 통화국가의 중앙은행에서 계좌를 가지는 것이 허용되기 때문이다. 중앙은행은 보통 모든 은행을 고객으로 받아들이지 않는다. 그 은행들은 시스템적으로 중요하다 (systemically important). 그들은 수준 높은 시스템을 갖고 있어야만 한다. 대부분의 경우 외국계 은행들은 허용되지 않는다(위기 상황에서의 통제, 친근성, 신용의 이유 때문에). 그래서 모든 지급은 이러한 결제은행들을 통해야만 한다.

30-07 　결제은행(settlement banks)은 중앙은행에 대한 채권(claim)으로 지급(payment)을 받는데, 이것이 해당 통화국가에서 가장 신용도 높은 채권(creditworthy credit)이기 때문이다. 그 이유는 그들의 통화 가치는 하락할 위험이 있지만, 중앙은행은 원한다면 결제은행의 계좌에 입금하는 (결제은행에게 돈을 빌려주는 것) 방법으로써 그들이 필요한 만큼의 돈을 만들 수 있기 때문이다.

　송금상의 연쇄사슬(chain)에서 하위에 있는 은행은 중앙은행에서 계좌를 가질 수 없으므로 결제은행의 입금(credit)을 받아야만 한다. 다른 은행들은 아마도 다른 국가에 위치해 있을 것이고, 예를 들어 미국 결제은행에 US 달러 계좌를 갖고 있을 것이다.

　그래서 은행에 대한 수취인의 채권이 중앙은행에 대한 그 통화국가 은행의 채권으로 해당 통화 국가에 최종적으로 반영된다.

　중개기관이나 환거래은행(correspondent banks)의 연결구조는 더 긴 경우도 있고 짧은 경우도 있다.

동일은행에의 지급(payment at same bank)

30-08 　지급인(originator)과 수취인(beneficiary) 모두 동일한 은행의 같은 지점에 계좌를 갖고 있는 경우, 계좌이체(credit transfer)는 단순히 그 은행 지점에서 지급인(originator)의 계좌에서 출금처리 하여 수취인(beneficiary)의 계좌에 입금처리 하는 것으로 끝난다. 이때의 지급은 중앙은행과는 무관하다.

　은행 내 이체(intrabank transfer)는 이체 비율(proportion)이 높은(예를 들어, 30%) 대형은행에 집중되어 있다. 이러한 準시스템(quasi-systems)도 시스템적으로(systematically) 중요하다.

지급 계약(payment contracts)

30-09 　지급은 ① 지급지시(payment order), ② 지급지시의 승낙(acceptance), ③ 계좌(account)에 감액 기재(debiting)와 증액 기재(crediting)[5]의 3단계로 이루어진다. 이는 계약법(law of contract)의 제1장에 나온다. 청약(offer)과 승낙(acceptance)으로 계약이 성

---

5) 역자 주) 원문에는 "creating"라고 인쇄되어 있는데, 이는 "crediting"의 오타인 것으로 보인다.

립하고, 그 이행(performance)으로 종료된다.

그리고 대규모의 지급지시의 경우에는 서면이 아닌 두 대의 컴퓨터 간 전자메시지 전송으로 이루어진다. 은행 간 지급지시는 은행의 컴퓨터를 통해서 전송되거나 더 일반적으로는 벨기에에서 만들어지고 금융기관이 소유하고 있는 협동시스템인 Swift[6]를 경유하여 전송된다.

지급시스템의 규제(regulation of payment systems)

지급시스템은 주로 중앙은행의 비공식적인(informally) 규제를 받거나 규제기관의 참가자 허가 또는 지급시스템의 감독 등 공식적인 법령상의 규제(formally statutory regulation)를 받는다. 지급시스템은 규제기관의 승인을 받은 탄탄한 규칙을 가지고 있어야 한다.

30-10

업무 종료 후 결제시스템(end of day settlement systems)과 실시간 총액 결제시스템(real time gross settlement systems)

설명한 바와 같이, 계좌이체(credit transfers)는 일반적으로 그 통화의 국가 내 결제 은행을 통해 이루어진다.

30-11

은행들의 연합(association of banks) 또는 영국에서처럼 은행이 소유한 회사(bank owned company) 또는 중앙은행 자체가 지급청산시스템(payments clearing system)을 운영한다.

- 몇몇 주요 예시로는 세계 최대의 지급시스템인 뉴욕의 칩스(Chips: Clearing House Interbank Payments System), 유로의 티깃시스템(Target System), 런던에 있는 챕스(Chaps: Clearing House Automated Payment System) 등이 있다. 타깃(Target)은 범유럽 자동실시간 통합결제시스템(Trans−European Automated Real−time Gross−settlement Express Transfer)을 나타낸다. 미국에서는 Fedwire를 국내 지급에 사용하며,

---

6) 역자 주) Society for Worldwide Interbank Financial Telecommunication. 국제 은행 간 금융 통신 협회. 국제적인 은행 업무에 관한 메시지의 전송·교환을 위한 비영리 민간조직이다. 각국의 주요 은행을 묶어 컴퓨터 네트워크를 구성하고 은행 상호간의 지급·송금업무 등을 위한 데이터 통신의 교환을 목표로 하고 있다. 1973년 5월 유럽 및 북미의 주요 은행이 가맹해 발족되었고, 1977년 5월 유럽 일부에서 시스템 가동이 개시되었다.

Chips를 국제 지급에 사용한다. 일본은 BOJ-NET(Bank Of Japan Financial Network System, 실시간)와 ZDTS(Zengin Data Telecommunications Systems, 일본 내 국내 송금용)를 사용한다. 유로 시스템의 구조에 대해서는, LPIF 제4권 단락 14-036 참조.

각각의 참여 은행들은 규정집(rule-book)에 포함되어 있는 표준계약서를 따른다. 다른 은행들은 보통 그들의 고객들과 계좌이체(credit transfers)의 경우 그 규정집(rule-book)을 따른다는 계약을 맺는다.

단락 15-04에 표시된 삼각형의 효과로 동일 통화국가에서의 모든 지급은 중앙은행(central bank)에 계좌가 있는 소수의 결제은행(settlement banks)을 통해 전달된다. 그 결과, 방대한 금액의 채권이 결제은행(settlement banks) 간에 생기고, 그 결과, 만약 결제은행 간 결제 전, 즉 중앙은행이 어떤 결제은행에서 감액 기재(debits)하고 다른 결제은행에 증액 기재(credits)하기 전에, 그들 중 하나의 결제은행이 파탄 났을 경우, 시스템 리스크(systemic risks)가 표면화되게 된다.

자금 결제에는 두 가지 방식이 있다. **업무 종료 후 결제**(end of day settlement) 또는 **실시간 총액 결제**(real time gross settlement)이다. 대부분의 대규모 시스템은 이제 실질적으로 실시간 총액 결제이다.

30-12   **업무 종료 후 결제**(end of day settlement)   업무 종료 후("end of day") 결제시스템 하에서 중앙은행에 있는 지급인(originator)의 결제은행계좌로부터 수취인(beneficiary)의 결제은행계좌로의 자금이동(transfer)은 매 영업일 종료 후 야간에 이루어진다. 결제은행 사이의 교차지급 약정(commitments to pay criss-crossing)은 모두 합산되어 계산될 수 있고, 차감잔액(net balance)만 송금될 수 있다. 이러한 지급에 대한 네팅(netting out)에 의해서 결제은행의 좁은 경로를 통해 진행되는 실제 총자금의 이동(actual gross transfers) 건수가 대폭 감소된다. 네팅이 없다면 자금이동(transfers)의 총량은 해당 통화의 수십억 또는 수조 단위만큼이나 될 것이다. 따라서 이 시스템의 목적은 전체의 지급이 서로 네팅(netted out)될 수 있다면, 각각의 지급(transfer)을 개별적으로 중앙은행의 계좌를 통해 힘들게 진행하는 노력을 줄이고, 차감잔액(net balances)만을 관계은행 간에 이체할 수 있게 하는 것이다.

그러나 최종 수취인이 영업시간 중 즉시에 그 돈을 원하는 사례가 자주 나타난다. 중앙은행의 영업 종료 후 결제 이전에, 예를 들어 자산 구입을 위한 지급 또는 대출을 갖기 위해서 돈을 요구하는 경우 등이 있다.

이러한 상업적인 압력 때문에, 수취인(beneficiary)의 은행은 지급인(originator)의 은행으로부터 받은 약정(commitment)을 토대로 지급인(originator)의 은행으로부터 계좌이체(credit transfer) 통지를 받자마자 수취인의 계좌에 입금해 주기로 합의할 수 있다. 수취인의 은행의 입장에서 보았을 때 지급인의 은행의 입금은 충분하지 않을 수도 있다. 이 경우에는 수취인의 은행이 뉴욕에 있는 수취인의 결제은행을 상대로 미국달러로 지불하라고 청구할 수 있다.

유사한 상업적인 이유 때문에 수취인의 결제은행은 수취인의 은행이 채권자의 계좌에 즉시 입금할 수 있도록 미리 수취인의 은행에 지급하기 위한 약속을 할 수도 있다. 이런 이유로 수취인의 결제은행은 지급인의 결제은행에 익스포저(exposure)를 가지는데, 지급인의 결제은행은 업무 종료 후에 수취인의 결제은행에 지급할 것을 약속한다. 즉, 지급인의 결제은행(originator's settlement bank)은 중앙은행에 대하여 (for the central bank) 수취인의 결제은행에(in favour of the beneficiary's settlement bank) 100의 채권(claim for 100)을 부여하도록 준비하는 것이다. 30-13

이러한 모든 은행이, 밤에 중앙은행을 경유하여 결제가 이루어지기 전에, 지급약속을 한 상태가 되고 있다는 것은, 낮 동안 은행 간에 익스포저(exposure)를 서로 가지고 있다는 뜻이 된다. 이것은 흔히 "일중대월"("daylight overdraft")이라고 불리며, 막대한 금액이 된다. 참가자는 상한액(caps)을 설정할 수도 있지만, 이것에 의해 한도를 넘은 지급지시에 지연이 생기거나(교통 체증이 생겨 지급이 정체되어서 고객의 클레임을 받을 수 있다), 또는 담보가 필요하게 된다. 은행이 지급불능을 일으켰을 경우의 손실분담의 약정이 있을 수도 있고, 실제로 지급불능이 되어 있는 은행에 대한 다양한 원칙이 있다.

업무 종료 후 결제(end of day settlement)에 대한 결제은행들 간의 청구는 단락 15-04에 나온 도표에 나타난 절차에 따라 중앙은행이 결제은행이 계좌에 이체(transfer)하는 방법으로 매 영업일 업무 종료 후에 이루어진다. 결제은행들 간 상호 지급금액은 양자 간 단일한 잔액이 되도록 차감되고, 양자 간 잔액은 결제은행들 간에 다자간 차감된다(도표의 A, B, C).

다자간 상계(set-off)는 특별 법규에 의해 승인되지 않으면 일반적으로 결제은행에 대한 도산절차 개시 이후에는 무효가 된다. 단락 15-04 참조. 30-14

미국 Chips에 적용되는 특별 법규는 다자간 네팅(netting)을 인정한다. 호주, 뉴질랜드, 캐나다 등에서도 EU 결제 완전성 지침(Settlement Finality Directive 1998)에 따르는 유사 입법이 존재한다.

30-15   **실시간 총액 결제**(real time gross settlement)   정기적 청산(periodic clearings)의 대체 방법으로 모든 계좌이체(credit transfers)를 모든 은행(중앙은행 포함)에 대하여 총액으로 동시에 입출금 처리할 수 있다. 다른 말로, 결제가 이루어질 때 중앙은행에서 지급인의 결제은행계좌에서 당일 즉시 출금되고 동시에 중앙은행에 있는 수취인의 결제계좌에는 입금된다. 실무상, 지급은 연쇄사슬(chain)을 통해 몇 분 내에 이루어진다.

그 결과 수취인의 은행계좌에는 즉시 입금될 수 있다. 업무 종료 후 다자간 결제 (end−of−day multilateral settlements)에서의 도산 위험이 없어진다. 이는 US Fedwire, 뉴욕 Chips, euro Target과 UK Chaps 등에서 사용되는 효과적인 시스템이다. Chips 는 혼합형이다. 1991년의 법은 업무종료 후 다자간 결제를 승인했으나, 연방준비은행(Federal Reserve Bank)은 은행들에 대해 거액의 잔고를 유지할 것을 요구한다. 현재 대부분의 지급시스템은 실시간 총액결제시스템이다.

단점은 다음과 같다.

- 각 지급은 개별적으로 이루어져야만 한다. (자동화로 인해 단점이 지속적으로 감소되었다.)

- 결제은행은 갑작스러운 거액의 지불에 대비하여 중앙은행에 거액의 잔고를 유지하거나 중앙은행에 의해 허가된 당좌대출로 대처할 수 있도록 중앙은행에 유동성이 있는 적격 담보물(liquid and eligible collateral)을 예치할 수 있거나, 다른 은행에 대한 대출 약정(borrowing facilities)을 갖추어야만 한다. 이 선택지들은 모두 돈이 많이 든다. 반면, 업무 종료 후 결제는 일 중의 유동성(intra−day liquidity)을 요구하지 않는다.

- 유동성 리스크(지급을 대처할 현금의 부족)가 있고 지급을 기다리는 동안, 예를 들어 A은행은 B은행이 지급할 때까지 지급할 수 없고, B은행은 C은행이 지급할 때까지 지급할 수 없고, C은행은 A은행이 지급할 때까지 지급할 수 없는 결제교착(gridlock) 상태를 야기한다. 컴퓨터 프로그램은 각 당사자의 포지션을 모두 합치는 방법으로 이 리스크를 줄일 수 있다.

도산한 은행의 채권자들에게 악영향이 있다는 사실에도 불구하고, 법규에 의해 다자간 네팅(netting)을 승인하는 것이 훨씬 더 비용이 적게 드는 것처럼 보인다. 실제로도 많은 선진국들이 이러한 생각을 받아들이고 있다.

실시간 총액 결제(real time gross settlement)는 보통 일중 청구(intra‑day claims)와 일중 유동자금(intra‑day liquidity)의 수요를 줄이기 위하여 양자 간 네팅(bilateral netting)과 결합되어 있다. 몇몇 시스템은 복잡한 결제 대기제도인 큐잉시스템(queuing)과 함께 지속적인 다자간, 양자 간 네팅(multilateral and bilateral netting)을 기초로 작동한다. 현재 기술에 관한 조사에 대해서는, 지급결제시스템위원회(Committee on Payment and Settlement Systems)의 논문인 *New Developments in Large‑Value Payment Systems* (May 2005) 참조.

지급시스템(payment systems)의 다른 쟁점들

지급시스템과 관련한 다른 주요 쟁점들은 다음과 같다.　　　　　　　　　30-16

- **도산 시 취소**(insolvency revocation) 대리인(agent) 또는 복대리인(sub‑agent)으로써 은행에 주어진 지급지시(payment order)는 송신자 또는 당사자의 도산 시 자동적으로 취소될 것인가. 미실행 지급지시(mandates to pay)는 파산(final liquidation) 절차에서는 취소되는 것이 일반적이다.

  그 절차에서 모든 지급을 실제 취소시키는 정확한 시점은 도산한 채무자 또는 그 대리인에 의해 정해진다. 지급인(originator)이 도산한 경우를 예로 들어보면, 쟁점은 이때가 도산지시의 실제 시점인지, 지시가 떨어진 날의 시작 시점인지와 은행이 지시에 대해서 모르고 있을 때 은행이 보호를 받는지 여부이다. 한 채권자에게 지급하기 위해 도산자의 계좌에서 출금하는 행위는 모든 채권자의 지급을 위해 공평하게 사용되어야 하는 자산이 한 채권자에게만 전부 지급되는 결과를 낳으며, 이 이후 자산의 부족을 초래한다. 0시로의 백데이팅(back‑dating)은 상대적으로 자주 일어나며 일반적이지 않은 은행을 위한 보호이다.

- **최종적으로 지급을 한 지급** 시기(time of payment)는 다음의 질문들에 영향을 준다.　30-17

  - **채무자가** 채권자에게 지급기한 내에 **지급했는지**(debtor has paid),

- 대변잔액(credit balance) 또는 차변잔액(debit balance)에 대한 **이자**(interest)의 계산 종료 또는 부과 시기
- 지급인(originator)의 지급지시(payment order)를 **취소**(revoke)할 수 있는 능력
- 지급인(originator) 또는 수취인(beneficiary) 또는 송금경로상의 은행의 **도산**(insolvency). 이 경우 만약 수취인(beneficiary)의 은행으로 지급이 이루어졌고 그 은행이 도산한 경우, 수취인(beneficiary)이 리스크를 가지게 된다.
- 채권자에 의한 은행계좌의 **압류**(attachment). 그러므로 지급인(originator)의 지급 지시(payment order)에 따라서 돈이 지급인의 계좌에서 인출된 이후에는 채권자는 지급인(originator)의 은행계좌를 압류할 수 없다.
- 지급에 대한 동결명령(freeze order) 또는 **금지**(embargo),
- 은행계좌를 압류하는 **수용**(expropriation) 명령
- 은행 예금에 대한 **상계**(set-off)

- 송금경로에 있는 은행의 착오와 위조에 대한 **책임**(liability of banks)

- **국제사법**(conflict of laws)

이러한 내용과 관련해서는 LPIF 제4권, 15장과 6장 참조.

증권 결제시스템(settlement systems for securities)

도입(introduction)

30-18   가장 활발하게 거래되는 투자상품들은 결제시스템 내에 존재한다. 최종 투자자는 보통 발행인과 직접적인 관계를 갖는 직접보유자가 아니다. 투자자는 중개업자를 통해 그들의 투자상품을 보유한다. 중개업자는 투자자의 지분을 중개업자가 가지고 있는 계좌에 기록한다. 투자상품의 양도(transfer)와 질권(pledge)의 설정은 한 계좌에서 다른 계좌로 이동의 형태로 이루어진다.

이러한 시스템은 투자상품의 커스터디(custody)와 양도(transfer)의 방법을 변화시킨다. 투자자들은 증권을 직접 보유하고(예를 들어 투자자들은 발행인의 장부에 기입

된다), 커스터디 은행(custodians)은 금고 내 상자에 그 증서를 보관한다.

결제시스템(settlement systems)의 예

세계 최대의 증권예탁기관(securities depository)은 세계 GDP의 절반 이상의 가치를 **30-19** 가진 주식과 채무증권(debt securities)을 보관하고 있는 미국의 증권중앙예탁기관(DTC: Depository Trust Company)이다. 실제 "수탁 기관"("trustee")이나 명의인(title-holder)은 DTC의 명의기관인 Cede & Co이다. 이 명의기관은 상장증권의 75% 정도를 가지고 있다.

브뤼셀에 위치한 유로클리어(Euroclear)나 룩셈부르크에 위치한 클리어스트림(Clearstream) 은 국제적인 증권예탁기관이다. 그들은 모든 EU 국가들의 GDP 그 이상의 가치의 증권을 예탁하고 있다.

그러므로 이러한 결제시스템이 엄청난 부를 소유하고 현대 경제에서 매우 중요한 역할을 한다는 것은 명백하다.

시스템들은 운영이나 규칙의 상세한 부분에 있어서는 상당한 차이를 보인다. 여 **30-20** 기서의 목적은 원칙과 주요 법적 쟁점에 대해서 보여 주는 것이다.

몇몇 계좌대체(對替)기재 시스템(book-entry system)은 직접 계좌를 보유하는 시스템을 가지고 있다. 예를 들어, 영국의 Crest나 호주의 Chess가 그러하다. 차이에 대해서는, LPIF 제4권 단락 18-073 참조.

목적(objectives)

위 시스템의 주요 목적은 다음과 같다. **30-21**

- **양도**(transfer)는 계좌 간에 이루어진다. 이는 양도에 수반되는 리스크(transfer risk)(매도인이나 매수인의 인도 또는 지급 전 도산), 비용과 지연을 피할 수 있게 한다. 담보는 계좌 기재로 가능하다. 권리등록부(title register)로서의 계좌의 기능은 담보권이 유효하기 위해서는 채권자에 대항하는 등기를 요구하는 法域에서의 공공의 욕구를 충족시킨다. 계좌의 위치가 양도의 유효성 또는 국제사법(conflict of laws)의 목적에 따라 담보권을 결정할 수 있다.

- 증권의 **안전한 보관**(safe-keeping). 증권은 분실 또는 도난 우려가 있는 유통성이 있는 증서(negotiable paper)가 아닌 계좌에 기입함으로써 표시된다.

- **서류**(paperwork)의 감소. 서류는 시장의 정지를 가져올지도 모르는 종이로 된 증권의 직접보유와 관련이 있다. 연간 증권 거래대금은 전 세계 GDP를 능가한다. 사무는 자동화되어서 양도증서(paper transfers) 또는 소유권을 증명하는 증서(certificates)를 교부(deliver)할 필요가 없게 되었다. 교부(delivery)에 의해 이전될 수 있는 무기명채권(bearer bond) 등 유통증권(negotiable instrument)을 인쇄하는 비용도 불필요하게 되었다.

30-22

- 중개기관(intermediary)은 투자자를 대신하여 증권을 **관리한다**(administers). 그러므로 중개기관(intermediary)은 원금과 이자를 회수하고(중개기관(intermediary)이 투자자의 현금 계좌에 입금한다), 또한 의결권, 전환권, 옵션 그리고 청구권 등의 권리행사 등 증권(securities)을 관리한다.

- 인도와 지급 시 **네팅**(netting)이 이루어지면 익스포저(exposures)와 수백만 건의 거래 과정을 줄일 수 있다. 차감을 위한 중앙청산소의 이용은 참가자 간의 거래를 상호적으로 만들고 더 나아가 익스포저를 감소시킨다.

- 법률에 의해 양도(transfer)의 우선순위와 **종국성**(finality)이 강화되어 양수인(transferees)에게 유리하다. 규제된 적절한 시스템(eligible systems)이 아니면 일반적으로 입법자는 이렇게 하는 것을 원하지 않을지도 모른다.

- 시스템의 효율성(efficiency)은 **시스템 리스크**(system risk)를 완화시킨다.

- 계좌(account)를 이용한 **소유권의 일체화**(unity of title)는 동일한 자산이 두 가지 소유권(ownership)의 징표(indicia)로 나뉘어 있는 경우의 우선순위(priority)의 문제를 피하게 해준다. 즉, 등기된 소유권(registered title)과 증서(certificate)의 점유(possession)에 의한 외관상의 소유권(apparent ownership)이다.

장애와 문제(obstacles and problems)

30-23   주된 법률상의 문제는 다음과 같다.

- 모든 관련된 法域(jurisdiction)에서 중개기관(intermediaries)으로서 보유물은 **신탁**(trust) 또는 이에 상당한 방법에 의해 중개기관의 개인적인 채권자들로부터 영향을 받지 않는다. 많은 法域에서는 이러한 신탁(trust)을 인정하지 않는다.

- 양수인이 고객을 대신하여 양도인의 명의와 양도 권한을 조사할 필요 없이 완전한 소유권을 취득했다고 확신할 수 있는 유통증권(negotiable instrument) 소지자에게 적용 가능한 **우선순위**(priority) 보호를 그대로 적용하는 것 그리고,

- 양도의 유효성과 우선순위는 발행인(issuer) 또는 포괄증권(global security certificate)이 있는 곳이 아닌 최종 투자자의 계좌(destination account)가 위치한 곳의 법에 의해서 결정된다는 **국제사법**(conflict of laws) 규칙의 채택(adoption). 이 원칙에 대해서는, 단락 34-19 참조.

커스터디언(custodian)의 계층(tier)

기본구조는 다음의 4단계이다.　　　　　　　　　　　　　　　　　　　30-24

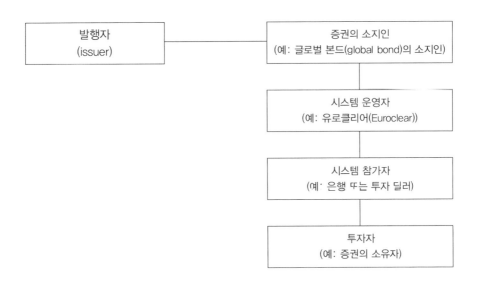

지급 및 증권결제 시스템

예를 들어, 국제 무기명채권(international bearer bonds)의 발행은 전형적으로 예탁은행이 보유하는 하나의 포괄무기명증권(single global bearer bond)으로 표창되고, 그 예탁은행은 유로클리어(Euroclear)나 클리어스트림(Clearstream)을 위해서 이것을 보유(hold)하고, 유로클리어나 클리어스트림은 그 계좌 보유기관(account holder)(결제시스템의 참가자인 대형 금융기관)을 위해서, 그리고 그 계좌 보유기관은 최종 소유자인 고객을 위해서 보유한다.

미국에 등록된 국제 채권(international bonds)이나 그 외의 증권은, 미국의 Depository Trust Corporation("DTC")를 대신해 명의기관(nominee)인 뉴욕의 Cede&Co에 등록되고, DTC가 계좌 보유기관(account-holders)의 계좌를 가지고 있다.

30-25 시스템은 일반적으로 시스템 참가자들(system participants)이 동의한 규칙서 또는 매뉴얼의 규칙에 따라 관리된다. 이는 이들의 상세한 운영과 책임에 대해 규정하고 있다. 최종 투자자와 직접적인 중개기관 간의 관계는 전형적으로 그들 사이의 커스터디 약정(custody agreement)에 의해 이루어진다.

시스템의 운영자와 중개기관은 보통 공적 규제기관에 의해 규제를 받는다.

허용 법규(enabling statutes)

30-26 대부분 선진화된 法域에서의 결제시스템은 법규(statutes)에 의해 승인된다. 그 목적은 다음과 같다.

- 투자자들이 중개기관의 도산에 대하여 보호받을 수 있도록 신탁(trust) 또는 이와 동등한 것(equivalent)을 형성하는 것. 이러한 목적은 신탁을 인정하지 않는 法域에서 필요하다.

- 예를 들어 주식의 증권번호(certificate number)를 특정하는 것과 같이, 자산의 양도나 질권 설정을 위해서는 자산이 특정되어야 한다는 요건이 특히 대륙법계 法域(civil code jurisdiction)에서 널리 퍼져 있는데, 이러한 요건의 적용을 배제하는 것. 이러한 요건이 적용되면 결제시스템의 핵심이 되는 증권의 대체성(fungibility of securities)(같이 발행되면 각각의 증권이 서로 동일하다는 특성)이 저해된다.

- 역시 대륙법계 法域(civil code jurisdictions)에서 설득력이 있는 것으로서, 투자상

품에 대한 담보설정을 채권자에 유효하게 대항하기 위해서는 발행인(issuer) 명 의의 등록부에 등록되어야 한다는 요건이 있는데, 이러한 요건의 적용을 배제 하는 것. 이러한 등록부는 계좌(account)로 대체되어야 한다.

- 유통성의 복제(replicating negotiability)를 확보하는 것으로 양수인이나 담보권자 의 보호를 강화하는 것.

그러므로 벨기에(1967), 룩셈부르크(1967), 독일(1937), 그리고 오스트리아(1969) 등에는 대부분 개정된 특별 법규가 있다. 가장 포괄적인 조항 중의 하나는 미국의 UCC Article 8이다. 국제증권과 관련한 실질법 규칙에 관한 UNIDROIT[7] 예비협약 (Unidroit Preliminary Convention on Substantive Rules regarding International Securities, March 2006)도 있다.

EU 결제완전성 지침(EU Settlement Finality Directive 1998)과 EU 금융 담보 지침(EU Financial Collateral Directive 2002)은 많은 것 중에서 취소할 수 없는 주문과 도산절차 개시 이후 일어난 거래의 유효성과 관련하여 매수인과 담보권자(chargee)의 지위를 개선시켰다. 이것에 관해서는, 단락 17-55 참조.

시스템 참가자의 적격성(eligible system participants)과 담보(securities)

통상, 시스템의 허가된 참가자(permitted participant)는 승인을 받고 공식적으로 규제 대상이 되어야 한다(이것은 투자자의 자산을 보유하기 때문이다). 또한, 높은 신용 등급을 가지고 있어야 한다(그 이유는 투자자를 대신해 증권에 관계되는 자금을 받 을 가능성이 있기 때문이다). 시스템 이용 수수료를 지불하고, 운영자와 연결되고 승인된 전산시스템을 갖추어야 한다. 그리고 어떤 경우에는, 참가자를 대신하여 지 급하는 은행을 두고 이것에 대하여 승인을 받아야 한다. 이들 모두를 충족시킬 수 있는 참가자는 필연적으로 대규모 기관이다. 그 결과, 중개업자(brokers)와 일반투자 자(retail investors)는 가장 높은 레벨의 참가자는 될 수 없다. 몇몇 국가 시스템(national systems)의 경우는, 참가자는 그 국가의 기관이 아니면 안 된다거나 그 국가의 규제 를 받아야 한다고 하는 것도 있다. 대규모 시스템에는 수 천 명이나 되는 참가자를 가진 것도 있다.

30-27

---

7) 역자 주) International Institute for the Unification of Private Law (UNIDROIT) 사법통일국제연구소. 홈페이지 https://www.unidroit.org

따라서 통상 일반투자자(lay investor)는 투자자를 대리하여 중개기관(intermediary)으로 영업을 하는 참가자(participant)와 커스터디(custody) 계약을 맺어야 한다. 따라서 투자자들은 중개기관(intermediary)과 관련된 위험을 부담하게 된다. 이러한 위험에는, 예를 들어, 보고 또는 회수(collect)의 태만, 권한 없이 양도(unauthorised transfer)하여 양수인이 궁극적인 투자자의 실질적 소유권의 부담이 없는 우선권(priority)을 취득하게 되는 것, 투자자 전원을 위하여 충분한 증권을 보유하지 않은 중개기관이 도산하는 것 등이 있다. 따라서 중개기관에 대한 공적 규제가 강제되어야 한다. 사실상 대부분의 투자자들은 은행, 보험회사, 뮤추얼 펀드(mutual funds), 연기금(pension funds)과 같은 대형 기관이다.

증권의 부동화(immobilisation)와 무권화(dematerialisation)

증권은 무권화 또는 부동화될 것이다.

30-28   **無券化(dematerialisation)**   여기에는 종이로 된 증서가 전혀 없기에 커스터디 업무(custodianship)의 비용을 절약하고 양도 또는 담보권 설정 시 서류(paper)를 인도할 필요가 없게 되었다. 증권에 대한 보유자의 권리(entitlement)는 시스템 운영자에 의하여 유지되는 등록부에 기입(entry)되는 것이다. 증권 보유자는 물리적 증서를 갖지 않는다. 대부분의 시스템에서 증권은 무권화된다.

30-29   **不動化(immobilisation)[8)]**   보통 양도성 무기명채권(bearer bonds)의 경우 양도하기 위해서는 물리적 증서에 포함되어야만 하므로 무권화가 선호되지 않는다.

양도성(negotiability)은 단순히 양도가 가능하다는 것(transferability, assignability)과는 구별되어야만 한다. 양도성의 주요 특징은 다음과 같다.

- 선의의 소지인은 예를 들어 비록 도난을 당한 것이더라도 이전 소지인의 권리

---

8) 역자 주) 부동화(不動化)란 실물증권을 중앙예탁기관에 집중 예탁하여 매매거래나 담보거래 등에 따른 증권의 권리이전을 계좌대체방식으로 처리함으로써 증권의 실물인도에 따른 실물이동의 필요성을 제거하는 것을 말한다. 증권실물은 이동하지 않고 예탁기관의 장부상 대차기재에 의하여 증권에 대한 권리가 이전됨으로써 실물증권 이동에 따른 분실, 도난 등의 위험성, 사무처리의 번잡성 등 여러 가지 문제점을 해결할 수 있나. 중앙예탁기관의 주요 기능은 이와 같이 부동화(나아가 무권화)를 통하여 실물이동에 따른 위험을 최소화하고 유가증권관리업무의 합리화를 도모하기 위한 것이나, 부동화를 효과적으로 이룩하기 위해서는 유통증권의 집중예탁이 선행되어야 한다.

에 대한 결함이 없는 증서(instrument) 내의 또는 증서 상의 재산권을 취득하고 모든 권리를 취득한다.

- 선의의 소지인은 발행인이 전 소지인에 대해 가지는 항변(예컨대 상계항변)이 없는 증권에 대한 권리를 취득한다.

- "채무자에 대한 통지"("notice to debtor")는 양도인(transferor)의 채권자에 대항하는 양도(transfer)의 유효성 요건이 아니다.

- 무기명債券(bearer bond)은 인도에 의해 이전 가능하다.

그러므로 유통 가능한 債券은 높은 시장성을 가진다.

영국법하에서는, 증서는 상관행에 의하여, 즉 시장이 관습적으로 그것들을 유통 가능한 것으로 취급하면 유통 가능한 것이 될 수 있다. 그러나, 유로채(eurobonds)는 절대 그렇지 않지만, 증서가 환어음(bills of exchange) 입법의 엄격한 정의(예를 들어, 무조건적이라든지)에 포함되지 않으면, 소지인(bearer)에게 지급이 가능해야 된다. 이러한 내용은 19세기 판례법에서 확립되었는데, 예를 들어, *London Joint Stock Bank v Simmons* [1892] AC 201 판례, *Edelstein v Schuler* [1902] 2 KB 144 판례가 있다.

양도성(negotiability)에 대해서 전통적인 관점에 기대어 보았을 때, 양도성이 있는 유로채(eurobonds)는 투자자들의 이익을 시스템 운영자가 보관하는 계좌에 기재되는 방식으로 나타내는 시스템(유로클리어(Euroclear)나 클리어스트림(Clearstream) 등)을 위한 세계적인 증권예탁기관(보통 주요 국제은행이다)이 보유한 세계적인 무기명債券(bearer bond)으로 나타난다.

30-30

전통적인 양도성(negotiability)에 관한 관념에 대한 집착 때문에, 양도성이 있는 유로채(eurobonds)는 보통 주요 국제적 은행인 국제적인 예탁기관(global depository)이 소지하는 글로벌 무기명債券(global bearer bond)에 의해서 표상된다. 투자자의 이익은 유로클리어(Euroclear)나 클리어스트림(Clearstream) 같은 시스템 운영자가 유지하는 계좌에 기재되는 방식에 의해서 나타난다.

양도(transfers)는 신탁이나 그와 동등한 것하에서 계좌 간에 권리의 이동이므로 이것은 양도되는 양도성債券(negotiable bonds)이 아니다. 그런 이유로 법규나 관습에 의한 양도성의 보호는 양도되는 권리에 대해서도 확대되어야만 한다.

미국에서는 증권이 보통 부동화되어 있으나 무권화되어 있지는 있다. 따라서 미국의 Depository Trust Corporation이나 그 명의 기관은 해당 증권과 관련해서는 세계적으로 통용되는 증서를 가지고 있다. 이러한 이유는 미국의 대부분의 주에서 증권이 증서화(certificated)되기를 요구하기 때문이다.

증권의 신탁(trusts of securities)

30-31   각각의 중개기관들은, 신탁 또는 그와 동등한 것(equivalent)을 설정하고, 보유자(holder)의 도산위험을 회피해야 한다. 신탁에서 자산(asset)에 대한 법적, 표면적 또는 명목상 권리(nominal title)는 권리보유자(title–holder)인 수탁자가 가진다. 그러나 신탁재산은 실질적 소유자(beneficial owner)인 투자자에게 귀속되고, 수탁자(중개기관) 자신의 사적채권자로부터는 격리된다. 영미법(Common law) 국가에서 이것은 문제가 되지 않지만, 대부분의 대륙법(Civil law) 국가에서는 신탁을 허용하고 특정되지 않은 대체물의 보유와 양도를 허용하기 위하여 특별법이 요구되기도 한다.

수탁자에 의한 권리(title)의 보유는 수탁자가 법적인 소지인으로서 자산을 관리하고 매각하는 것을 가능하게 한다는 점에서 중요하다.

증권(securities)을 중개기관의 개인적인 채권자들로부터 격리시키는 것(immunisation)은 관련 금액 면에서 막대한 리스크를 줄이는 중요한 수단이다. 중개기관은, 예금자에게 계약상 채무를 지고 예탁된 돈을 자신의 소유처럼 사용할 수 있는 은행과 같이 취급될 수도 있다. 그러나, 그러한 시스템은 금융시장에서의 리스크를 크게 확대할 수 있고, 그들의 자산을 보관기관의 도산으로부터(보관기관의 사기나 실수로부터는 아니더라도) 절연되는 안전한 보관상태에 있게 하려는 투자자들의 목적에도 반할 것이다.

30-32   신탁(trusts)의 효과는, 만약 모든 중개기관이 도산한다고 하더라도, 그 소유권의 연쇄사슬(chain)이 끊어지지 않았다는 가정하에서, 최종 투자자(ultimate investor)가 발행인으로부터 직접 재산을 청구할 수 있다는 것이다.

중개기관의 연쇄사슬(chain)에 대응하여, 신탁과 再신탁(sub–trust)의 연쇄사슬(chain)도 존재한다. 실질적 소유자(beneficial owner)가 최종적 투자자이며 상위 계층에 있는 모든 자들은 명목적인 권리(nominal title)를 가졌을 뿐 소유권(ownership)을 가지고 있지는 않다. 따라서 진정한 소유권(real ownership)은 계층을 따라 내려가서 최종 투자자에세 귀속된다.

만약 상위 계층의 중개기관에 대해 인정되는 신탁 등이 그 法域에 존재하지 않는 등의 이유로 소유권의 연쇄사슬(chain of ownership)이 끊어진다면, 연결고리에 있는 다음 사람은 중개기관의 도산에 있어 그 중재기관에 대하여 금전적 청구만 가능하다. 따라서 최종 투자자는 도산 시 상위의 중개기관이 일반채권자로서 받는 것만 받을 수 있다. 즉, 매우 조금이거나 거의 못 받는 것이다.

채권의 매칭(matching of claims)　　일련의 신탁을 유지하기 위해서, 각각의 중개기관은 증권과 관련하여 바로 상위 중개기관(immediate intermediary)에 매칭하는 채권을 가져야만 한다. 즉 상위단계의 중개기관은 바로 다음 하위단계의 중개기관의 채권을 충족할 수 있는 충분한 증권을 보유하고 있어야만 한다. 그러한 채권은 실물자산에 대한 것이 아니므로 그들은 현물 분리(physical segregation) 또는 현물 표시(physical ear-making)에 의해 확인될 수 없고 오직 금액이나 가치에 의해서만 가능하다. 또한, 아래에 설명되어 있듯이, 상위단계의 중개기관은 최종 투자자의 정보나 그들이 각각 지니고 있는 정확한 보유량을 기록하지 않기 때문에 매칭되는 금액은 보통 최종 투자자에게 명확하게 할당되어 있지 않은 채 대규모로 존재한다. 보유량은 분리되지 않은 총량으로만 나타난다.

대체성(fungibility)　　대체성은 종목(issue)이나 발행인이 동일하고 모든 중요한 측면에서 상응하는 증권은 동일한 것이므로 호환적인 것으로 취급될 수 있다는 것이다. 발행에 대한 채권은 개별 투자자에게 숫자가 적힌 종이 증서를 주는 것이 아니라 수리적인 양 또는 비율에 의해 분할된 공유 채권(one co-owned claim) 중 하나이다.
만약 투자상품이 대체 불가능하다면, 시스템 운영자는 숫자가 붙은 명확히 구분되는 증권을 보유하고 어떠한 증권이 소지인에게 배분되는지 확인해야 한다. 이것은 실현이 불가능할 것이다. 이 시스템의 목적은 서류를 안 쓰는 것이다.
소지인 사이의 무형자산의 구분은 금액이나 퍼센트로 각자의 몫을 확인하는 방법으로 알 수 있다. 각각의 권리를 각각 구분하여 배분하고 숫자나 식별 증표를 주는 것은 운영적으로 불가능할 것이다.
모든 계층의 중개기관은 대체 가능한 증권별로 구분하여 보유량을 기록한다. 기록은 종목마다 따로 작성된다. 그들은 그들의 장부에 각각의 종목에 대한 고객의 보유량을 기록한다.

예: 어떤 시스템에 참가한 자(participant)가 시스템운영자의 계좌를 보유하고 이에 참

30-33

30-34

가자(participant)의 이름으로 특정된 100개의 증권을 보유하고 있다. 참가자는 10개의 중개업자(brokers)에 대한 계좌를 갖고 있고, 이들이 각각 10개의 증권을 보유하고 있다. 중개업자는 자신의 장부에 고객 1을 위해서 10개의 증권, 고객 2를 위해서 10개의 증권 등으로 이러한 보유사실을 기록하고 있다. 각각의 중개업자(broker)는 참가자에게 개설된 자신의 계좌에 10개의 증권이 있음을 보장해야 한다. 중개업자(broker)는 고객의 지시 없이는 자신이 보유한 증권을 예컨대 매각하는 식으로 감소시켜서는 안 된다. 참가자는 시스템운영자에 개설된 계좌에 100개의 증권이 있음을 보장해야 한다. 시스템운영자는 참가자가 10명의 중개업자(brokers)를 위하여 증권을 보유하고 있는 사실이나 또는 이들이 누구인지조차 알지 못한다. 참가자는 각각의 중개업자(broker)가 5명의 고객을 위하여 증권을 보유하고 있는 사실 및 이들이 누구인지를 모른다.

셀 구조(cell structure)와 비투시성(no look-through)

30-35   비록 최종 투자자(ultimate investor)가 증권의 실질적 소유자(beneficial owner)임에도 불구하고, 투자자는 일련의 중개기관을 통해서만 자신의 권리를 행사할 수 있다. 투자자는 직접 발행인에게 권리를 행사할 수 없으며 단지 투자의 경제적 이익을 받을 수 있을 뿐이고, 오로지 중개망을 통해서 발행인과 의사소통을 할 수 있다. 마찬가지로, 발행인은 중개망을 통해서 투자자들에게 투자 수익을 분배하고 이들과 의사소통을 할 수 있을 뿐이며 직접적으로는 불가능하다. 이것이 비투시성(no-look through)이다.

따라서 수입과 자본의 모든 분배는 발행인인 최상위 소지인에게 지급하고 이어서 순차적으로 다음 소지인에게 넘겨진다. 최종 투자자가 의결권(voting)이나 전환권(conversion), 인수합병(takeover)의 승낙 등과 같은 증권상의 권리를 행사하고자 할 때, 투자자는 자신의 직접적인 중개업자에게 지시를 해야 하고, 해당 중개업자는 다시 그 지시를 상위 소지인에게 순차적으로 넘겨주며, 이들이 그에 따라 발행인에게 지시를 하게 된다. 순환하는 밧줄에 달려 돌아가는 우물 안 양동이의 물처럼 아래로 전달 또는 위로 전달된다. 발행인은 최종 투자자에게 직접 지급하지 않고, 최종 투자자는 자신의 권리를 발행인에게 직접 행사하지 않는다.

이와 같은 셀 구조인 이유는 발행인나 등록기관(registrar)이 실무상 최종보유자의 정보를 가질 수 없고, 이것은 최상위 소지인 또한 마찬가지이기 때문이다. 발행인에 관한 한, 투자상품의 소지인(holder of the investments)으로서 배분과 통지를 받을 수 있고 의결권이나 기타 지시를 할 수 있는 유일한 자는 최상위 단계의 소지인이다. 마찬가지로, 밑으로 내려가는 연쇄사슬(chain)에서 시스템의 운영자는 자신의 참가자들에 대한 계좌만을 유지할 뿐이고 누가 그 아래로 이어지는 투자상품을 최종적으로 소유하고 있는지를 기록하지 않는다. 상위 단계의 기록들은 통합계좌(omnibus accounts)로 나타난다. 위 사례 참조. 그 이유는 다음과 같다.

- 최상위 단계의 소지인이 하위 단계의 소지상태를 기록하는 것이 현실적으로 불가능하고, 상층위 단계의 투자자가 최종 투자자의 모든 거래와 권리관계를 기록해야 하고 이들과 커스터디 약정(custody agreement)을 체결해야 한다면 이러한 시스템은 붕괴될 것이다. 수백만 개의 증권의 주인이 투자자단계에서 자주 바뀌나 상층에서는 그러한 변화가 거의 없고, 최상위 단계에서는 소유권 변동이 전혀 없다. 그 결과, 투자자는 상위 단계의 관리자에게 위임하게 되고, 그 비용은 실제 이용자들에게 분산되는 것이다.

- 대개의 경우 평범한 개인인 최종 투자자(ultimate investors)가 시스템운영자의 계좌보유자가 된다는 것은 비현실적인데, 이를 위해서는 최종 투자자가 복잡한 전자시스템을 갖추어 인가를 받고 규제받는 회사로서 지급을 처리할 수 있는 지급시스템의 회원자격을 갖추어야 하기 때문이다. 따라서 지급시스템 하에서 최종이용자들이 모두 중앙은행의 계좌보유자가 될 수는 없으나 자신의 은행과 거래함으로써 중앙은행과 다른 방향의 채권자 은행 사이의 상하로 연결되는 지급시스템 연결을 동해 지급을 처리할 수 있다.

- 최종고객들이 서로 다른 국가에 존재할 수 있고 이들은 다른 국가의 보다 더 높은 단계에 있는 참가자(participants)가 아니라 자신이 소재한 지역의 중개업자(local broker)와 거래하기를 희망할 수 있다.

현실적으로 전 세계에 걸쳐 존재하는 고객들은 오로지 자신의 중개기관과만 거래할 수 있다. 지급시스템을 통하여 자금을 송금하는 고객이 현실적으로 중앙은행을 통해 채권자 은행의 환거래은행(correspondent banks)과 이어지는 송금경로상의 모든 은행과 거래하는 것이 현실적으로 불가능하기 때문이다. 더구나 고객의 비밀유지이 유지되어야 한다. 고객들은 투자정책, 보고, 수수료 등 자신들의 필요에 따라 중개기관과의 수탁약정을 조정할 수 있다. 최상위의 소지인이 수백만 명의 최종 투 30-36

자자(ultimate investors)와 투자계약을 체결하고 이들의 권리와 요구사항에 관한 기록
을 유지한다는 것은 생각할 수 없을 것이다.

미국 UCC Article 8는 투자자의 권리를 다음과 같이 권리의 다발로 명료하게 입
법화하고 있다.

- 중개기관(intermediary)의 개인적인 채권자로부터 자산의 격리 및 충분한 대응자
  산을 유지해야 할 중개기관의 의무

- 배당의 이전(pass through). 예를 들어, 원본(capital), 수익(income), 그리고 신주의
  주주배정 발행(rights issues), 무상증자 시 무상신주(bonus shares), 주식병합
  (consolidations), 주식분할(stock splits) 등 투자상품의 권리로부터 파생된 투자상
  품 등

- 권리행사의 거절(pass up). 예를 들어, 의결권, 전환권(conversion), 신주인수권
  (warrant)이나 옵션의 행사 등

- 계좌 보유자(account-holder)의 적절한 지시 준수. 매도, 질권(pledges) 설정 등

- 시스템으로부터의 탈퇴. 예를 들어, 투자자가 희망하는 경우, 발행인이 확정적
  인 서면 투자금융상품(definitive paper investment)을 발행하여 발행인과 투자자 사
  이의 직접적인 관계를 재설정했을 때. 단, 해당 증권과 관련하여 이것이 가능
  한 경우.

Article 8에 따라 계좌 보유자는 자신의 직접적인 중개기관에 대해서만 이러한 권
리를 행사할 수 있으며, 그 위로 뛰어넘어 행사할 수 있는 권리는 없다. s 8-503 참조.

영국의 전통적인 신탁법은 이와 유사하게 셀 구조를 존중하고 있다. 수탁자와 수
익자 사이의 관계에서와 마찬가지로, 수탁자는 1차적인 행사권(right of action)을 갖는
다. 신탁자는 일반적으로 적극적인(positive) 의무로서 신탁재산을 모으고 청구권을
행사해야 한다. 수익자의 구제수단(remedy)은 1차적으로 수탁자로 하여금 자신의 의
무를 다하도록 강제하는 것이다. *Hayim v. Citibank NA* [1987] AC 370 판례 참조.
이 점에서 제3자와 본인을 대신하는 대리인 간에 체결된 계약에 따른 1차적인 행사
권이 통상적으로 대리인이 아니라 본인에게 주어지는 대리(관계)와 확실히 구별된
다. 주된 차이는 수익자의 권리실현방법이 미국 UCC에서와 같이 중개기관-수탁자

에 대한 조치에만 국한되지 않는다는 점이다. 만약 수탁자가 조치를 취하지 않을 경우, 수익자가 조치를 취할 수 있으나 소송절차에는 수탁자를 참가시켜야 한다. 이것은 중개기관이 아무런 조치를 취하지 않을 경우 수익자가 직접 조치할 수 있는 능력을 보호해주지만, 결국 셀 구조의 파괴라는 비용을 치르게 한다. 이러한 직접적인 조치는 직접 거래하는 중개기관이 의무를 위반하거나 도산한 경우에 중요하게 된다.

이러한 시스템의 주된 결과는 최종적인 투자자가 상위의 업무수행에 의존하게 **30-37** 된다는 점이다. 이 연쇄사슬(chain)은 가장 약한 고리부분인 만큼 약한 채로 유지된다. 이에 대한 보상으로 투자자들은 이 시스템의 효율성으로 인해 이득을 얻는다.

하나의 단점이라면 투명성이 결여될 수 있다는 점이다. 예를 들어, 최종 투자자(ultimate investor)는 신탁의 연쇄사슬(chain)이 상위에서 절단(break)되어 있는지를 알아차리는 것이 어려울 지도 모른다. 신탁의 부존재 또는 상위 단계의 중개기관이 매칭증권(matching securities)을 유지하지 못하기 때문에 그러한 절단이 생긴다. 또는 지불되지 않은 수수료에 대한 상층의 유치권(lien)이 있는지, 또는 상위 계층의 과실책임이 면제되는지 등도 알 수 없다. 투자자는, 예를 들어 상계가 가능한 상태인지도 알기 어려울 수 있다.

셀(cells)의 엄격한 계층화 내지 구분(compartmentalisation)이 언제나 잘 준수되지는 않는다. 예컨대, 상층의 중개기관은 의결권 행사에 관여하기를 꺼린다. 유로클리어(Euroclear)와 클리어스트림(Clearstream)을 위한 세계적인 증권예치기관이 보유하고 있는 글로벌 무기명 증권(global bearer notes)은 시스템의 계좌 보유자(account-holders)에게 의결권을 부여한다. DTC나 Cede & Co는 의결권을 행사하지 않는다. 대신 이들은 계좌 보유자가 직접 투표할 수 있도록 해당 날짜에 계좌 보유자가 동의와 의결권을 행사할 수 있는 포괄적인 위임장을 발송한다. 債券소지인(bondholders)의 의결권 행사의 전형적인 사례는 도산에 따른 회생계획(insolvency reorganisation plan)에 대한 것이다.

현금계좌(cash accounts)

중개기관은 전형적으로 투자자를 대신하여 이자, 배당, (주식) 상환금, 매각 및 **30-38** 재구매 대금(proceeds), 투자상품 등으로 담보된 대출(loans secured on investments and others)에 연계된 대금 등을 수령하기 위한 현금계좌를 유지할 것이다. 여기서 가능한 관계는 다음과 같다.

- 중개기관은 해당 대금을 제3의 은행에 있는 자신의 은행계좌에 예치하고 계좌 보유자를 위한 **신탁**(trust)으로 해당 계좌의 이익을 보유한다. 이는 신탁국(trust countries)에서 계좌 보유자(account–holders)에게 물권적 청구권(property claim)을 부여한다. 일반(retail) 고객을 위하여 증권을 보유하는 비은행계 중개기관들인 하위 단계의 소지인의 경우 이것이 일반적인 상황일 것이다.

- 중개기관은 계좌 보유자에 대해서 단지 **채무자**(debtor)일 뿐이며 신탁관계에서 아무것도 보유하지 않는다. 이것은 중개기관이 계좌 보유자의 이름으로 개설된 계좌에 대금(proceeds)을 입금해 주는 은행인 경우에 전형적으로 그러하다. 계좌 보유자는 중개기관에 대하여 무담보의(unsecured) 위험을 부담한다.

양도(transfer)와 담보권(security interests)

30-39   **양도**(transfer)**와 특정**(identification)   각각의 최종 투자자(ultimate investor)는 포괄적인 담보(global security)에 대한 분할된 권리(partitioned interest)를 가진다. 증권은 두 사람이 피카소의 그림이나 한 필지의 토지를 소유하여 공동으로 이용하고 그 이익을 함께 누릴 수 있는 경우와 같이 공동의 재산(joint property)처럼 함께 보유하는 것이 아니다. 투자자들의 권리는 통상 다른 투자자의 권리와 동일하며 상호 대체가능하나, 그렇다고 하여 공동 소유의 결과를 가져오는 것은 아니다. 사람들은 실질적으로 똑같은 자동차나 세탁기를 소유한다. 다시 말해서, 최종 투자자(ultimate investor)는 해당 재산을 자기 자신의 것으로 다룰 수 있다. 이처럼 별도의 재산(segregated property)은 다른 투자자와 공유하지 않는다.

양도(transfer)와 관련해서, 상품과 같은 유형 자산에 관한 법률은 자산의 이전과 실질적 소유권(beneficial ownership)의 이전을 공시하기 위하여 종종 양도될 자산은 식별되고 구분되어야 한다고 규정한다. 이러한 시스템에서의 양도는 권리의 양도(assignments) 또는 매매가 아니기 때문에 매매(sales)와 관련한 법률은 한정적으로 적용된다. 단락 30–41 참조. 금액을 표시하는 것 외에는 채권에 있어 권리의 한 부분으로 식별하는 것은 가능하지 않다. 이는 상품처럼 물리적으로 나눌 수 없으며(예를 들어, 상품을 분류하고 물리적으로 분리할 수 있는 것과는 다르며), 완전히 무형인 증권의 권리 부분에 대해서는 할 수도 없다. 따라서 100의 채무 중 10의 판매는 딱 판매될 양(여기서는 10)으로만 명시될 수 있다. 10은 물리적으로 분리될 수도 없으며 산술적으로만 확인될 수 있다.

영국법은 총액이 확인된 경우에, 소유하거나 양도할 채권의 부분을 정하는 경우 소유권 취득 또는 양도가 유효하다는 점을 인정한다. 따라서 X Corp의 사채(bonds) 100개를 신탁하거나 양도하는 것은 효력이 없으나, 내가 보유한 X Corp 사채(bonds) 중에서 100개 또는 중개기관 A 계좌에 기재되어 있는 나의 보유 X Corp 사채 (bonds) 100개를 신탁 또는 양도하는 것은 효력이 있다.

> *Re Harvard Securities Ltd* [1997] 2 BCLC 369 판례에서, 어떤 증권 매매업자가 고객을 대신하여 미국에 등록된 주식을 매입했고 매매업자를 위하여 신탁으로(in trust) 증권을 보관하고 있던 명의자(nominee)의 이름으로 해당 주식을 등록했다. 그런데 매매업자는 고객에게 자신이 고객을 위하여 신탁으로(in trust) 특정된 수의 주식을 보유하고 있다고 알려주었다. 매매업자는 해당 주식의 증권 번호를 확인시켜 주지는 않았는데, 해당 증권은 명의자의 이름으로(to the nominee) 포괄적으로(globally) 발행되었기 때문이었다. 그 후 매매업자가 도산했다. *판결*: 신탁으로(in trust) 맡겨진 주식이 충분히 구분되어 있다. 소유권(title) 이전을 위하여 전체 물량 중 특정 상품을 분리(segregation of ascertained goods from a bulk)해야 한다는 필요성에 대해서는 이 판례는 적용되지 않는다. 채무(debt)나 기타 채권(claim)의 일정 부분을 물리적으로 특정하는 것은 불가능하다.

> *Hunter v Moss* [1994] 1 WLR 452, CA 판례에서, Moss는 어떤 회사의 등록된 주식 1,000주 중에서 950주를 보유하고 있었다. 그는 이 중 5%를 Hunter에게 신탁할 의사를 표시했다. *판결*: 신탁은 유효하고 명확성(certainty)(특정성(specificity))의 결여를 이유로 무효로 되지 않는다. 소유권 이전을 위하여 전체 물량 중 특정 상품을 분리해야 한다는 필요성에 대해서는 이 판례는 적용되지 않는다. 상품의 라벨링이나 물리적 분리와 달리 채무나 기타 채권의 일정 부분을 물리적으로 특정하는 것은 불가능하다.

> *Re CA Pacific Finance Ltd* [1999] BCLC 494 (Hong Kong) 판례에서, 도산한 중개업자(broker)는 홍콩의 청산과 결제시스템에 예치된 대체성이 있는 주식을 보유하고 있었다. *판결*: 그러한 신탁은 유효하였다.

물품(goods)에 관해서, 영국법제하에서 전체 상품의 일정 비율에 대한 권리는 그 가격이 지불된 경우에 양도될 수 있다. 1979년 물품매매법(Sale of Goods Act) 제20A조 참조. 30-40

이것은 이전의 영국 판례법을 번복하는 것이다. 이전의 판례는 대규모 곡물, 금괴 및 와인 병의 수량적 일부의 매매, 예를 들어 특정 선박에 선적되어 있는 500톤의 곡물 중 50톤의 양도 등은 그 특정성(segregation)의 흠결 때문에 소유권(title)을 이전하지 못한다고 판시했다. *Re Wait* [1927] 1 Ch 606 판례(챌린저("Challenger")호에 선적되어 있는 대량의 밀(wheat) 중 500톤), *Re London Wine Shippers Ltd* (1986) PCC 121 판례(창고에 있는 분리되지 않은 와인 병), *Re Goldcorp Exchange Ltd* (1995) 1 AC 74 판례(분리되지 않은 금괴) 참조. 집합물의 일부의 소유권 이전을 위하여 분리가 필요하다는 것은 다른 法域(jurisdictions)에서도 아주 일반적이다. (미국의 UCC에서는 필요하지 않다.) 그러나 금전채권(debt)의 경우 채권의 한 부분은 다른 부분과 동일하며, 채권의 일정 부분을 다른 부분과 구별할 수는 없다. 따라서 영국법에서는 언제든지 양도가 가능하다. 예를 들어, 일정 채권의 절반 또는 100의 채권 중 50도 양도 가능하다. 예를 들어, *Re Steel Wing Co* (1921) 1 Ch 349 판례(일정한 채권의 똑같은 절반 부분("equal half part")의 매매) 참조. 아마도 대부분의 法域(jurisdictions)에서 이러한 원칙(rule)이 있다. 즉, 큰 물리적 집합체의 일부의 매매에 관한 "물품"("goods")의 특정의 원칙(rule for segregation)은 무형자산에는 적용되지 않는다.

일부 法域에서는 증권이 신탁(trust)에 의한 보호로부터 이익을 얻기 위해서는 고객의 증권과 분리될 것이 요구된다. 따라서 이 경우 중개기관은 자신의 장부에서 자신과 고객을 위해 보유 중인 증권의 수를 특정해야 할 뿐만 아니라 상위 단계에서 고객별로 별도의 계좌를 개설해야 하는데, 그 결과 상위 단계의 계좌의 수가 대폭 증가하고 복잡성도 커지게 된다. 때때로 필요한 분리는 고객의 통합계좌(omnibus accounts)와 자기계좌(house accounts) 사이의 분리뿐일 수도 있다. 은행계좌에서와 같이 분리는 금액에 따라 산술적으로 이루어진다.

30-41   **양도의 구조**(mechanics of transfer)   증권 매도인과 매수인이 같은 중개기관에 증권계좌를 가지고 있으면, 중개기관은 단순히 매도인의 증권계좌를 감액해, 매수인의 증권계좌를 증액하면 된다. 상층에서의 계좌 변경은 필요 없다. 예를 들면, 아래 그림에서는, 시스템 운영자가 매도인의 증권계좌를 감액해, 매수인의 증권계좌를 증액하게 된다.

그린데 한 중개기관으로부터 다른 중개기관으로 중개기관 간에 양도가 이루어지는 경우에는 구조가 다르다. 그 구조는 마치 열린 두 다리 컴퍼스(compass)처럼 된다. 왼쪽 편 발 하단에 있는 매도인이 오른 편 발 하단에 있는 매수인에게 10개의 증권을 매도하고자 한다. 시스템 운영자의 왼쪽 편의 참가자(participant)9)는 매도인의 증권계좌에서 10을 감액하고, 또한 시스템 운영자에게 왼쪽 편 참가자의 증권계좌에서 10을 감액하여, 그것을 오른 편 참가자의 증권계좌에 10을 증액하도록 지시하고, 그 다음에 오른 편의 참가자는 자신이 가진 매수인의 증권계좌에 10을 증액한다.

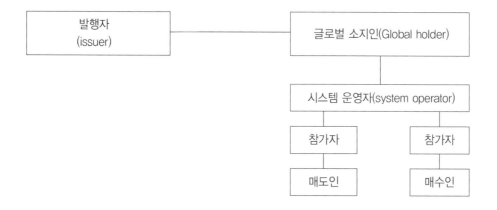

왼쪽 편의 참가자는 단순히 매도인의 증권계좌를 감액해 매수인의 증권계좌를 증액하는 것이 아니다. 매도인이 자신의 중개기관에 대한 청구권을 매수인에게 매도하는 것도 아니다. 매수인은, 매도인의 참가자와는 커스터디 계약(custody contract)을 체결하지 않았고, 단지 오른 편의 자신의 참가자와만 거래를 하고 싶기 때문이다. 오른 편의 참가자가 다른 국가에 있는 경우도 있다.

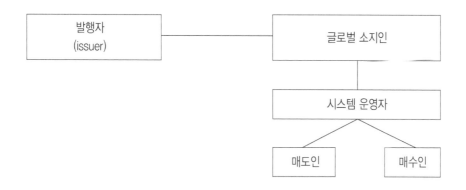

---

9) 역자 주) 유로클리어(Euroclear)나 클리어스트림(Clearstream) 등 증권 결제시스템의 운영자에 계좌를 가지고 있는 은행, 증권회사 등 금융기관

양도는 소유자에 의한 청구권(claim)의 양도가 아니다. 중개기관은 한 명의 증권소지인에 대한 자신의 의무를 소멸시키고, 다른 증권소지인을 위해서 새로운 의무를 다시 발생시키는 것이기 때문에, 이것은 경개(novation)의 한 형식이다. 비록 다양한 변화가 있지만, 이것은 기본적으로 지급시스템에서의 계좌이체(credit transfers)와 같다. 지급시스템에서 송금에 대해서는 단락 30-05 참조.

30-42 **담보권**(security interests) **일반**   대부분의 시스템에는 당사자들이 시스템에 보유 중인 자신의 증권(securities)에 대하여 담보권(security interest)을 설정할 수 있는 장치가 마련되어 있다. 질권 설정자(pledgor)가 시스템 운영자 또는 참가자에게 계좌를 가지고 있는 경우에, 질권 설정자는 해당 운영자나 참가자에 대한 자신의 채권에 질권을 설정하게 된다. 이때의 채권은 신탁이나 그에 상응하는 관계하에서의 소유권이다.

질권(pledge) 설정의 방법은 다음 세 가지 중에 하나이다.

- 질권 설정자의 계좌에서 질권자(pledgee)의 이름으로 개설된 계좌로 증권을 양도하는 방법으로 이루어질 수 있으며, 이때 질권자는 완전한 소유자로 나타나게 된다.

- 질권 설정자의 계좌에 해당 증권이 질권 설정되었다고 표기하는 방법으로 이루어질 수 있다. 질권 설정자는 여전히 완전한 소유자지만 해당 증권의 거래는 봉쇄된다.

- 계좌에 기재 없이 질권 설정자와 질권자 사이에는 사적인 질권제공(private pledge)이 이루어질 수 있다. 몇몇 法域에서 이러한 방법은 채권자에 대하여 효력이 없으며 따라서 이러한 질권은 소용이 없다. 영국에서는 비공식적인 질권 설정도 채권자에 대하여 유효하다.

30-43 **담보권의 대항력 취득**(perfection)   영국법계 法域(English-based jurisdictions)에서의 일반적인 원칙(rule)은 다음과 같다. 담보권(security interest)을 채권자에 대하여 유효하게(validity) 대항하기 위해서는, 만약에 등기대상에 해당하는 경우에는, 채무자 회사의 설립지에서 인적편성주의 법인등기부(debtor-indexed companies registry)에 담보(charge)로서 등기해야 한다. 예를 들어, 담보(charge)가 ① 社債券(debentures)의 발행을

담보하는 것인 경우, ② 浮動담보권(floating charge)(채무자가 매각 또는 교환의 권리를 가지고 있다면 가능)인 경우, 또는 ③ 장부상 채무("book debt")(이것은 대략적으로 상사금전채권(commercial receivables)이다)에 대한 담보인 경우에는 등기의 대상에 해당한다. 현실적으로 이러한 등기가 적용되는 경우는 많지 않다. 적용이 없으면 공시(publicity)는 필요하지 않지만, 담보권의 우선순위를 지키기 위해서는 완전한 양도나 표기(notation)가 유용하다. 2002년 EU의 금융담보지침(EU Financial Collateral Directive 2002)은, 이 지침이 적용되는 경우(담보권자가 점유(possession) 또는 지배(control)를 갖는 경우에 적격의 당사자 사이의 금융 담보)에는 전술한 등기제도가 효력을 못 내게 한다.

미국 UCC Article 9에 따르면, 채권자는 UCC상의 등록을 하거나 지배("control")를 해야 완전하게 대항력을 취득할 수 있다.

로마 – 게르만계와 나폴레옹계 法域(Roman – Germanic and Napoleonic jurisdictions)에서는 2002년 EU의 금융담보지침에 따른 일반적인 규정은 채권자가 계좌 보유자(account – holder)가 되거나 계좌에 질권을 등기해야 한다. 여기에는 많은 예외가 있다. 계좌대체기재 증권(book – entry securities)을 포함하는 포괄적인 사업담보권(general business charge)이 있는데, 이러한 담보권(charge)은 종종 인적편성주의 등기부(debtor – indexed register)에 등기되어야 한다.

일반적인 공시(publicity)에 대해서는 단락 19 – 18 참조.

네팅(netting)과 중앙청산소(central counterparties)　당사자 사이에 교차양도(cross – transfers)가 발생하는 경우, 매매(sale)든 질권(pledge)이든 간에, 교부(delivery)의 익스포저(exposures)와 비용을 감소시키기 위하여 해당 증권은 종종 중앙청산소(central counterparty)인 청산소(clearing house)를 통해 차감(netted)될 수 있다. 이때의 리스크 감소는 매우 중요할 수 있다. 이러한 중앙청산소에 대해서는 단락 15 – 05 참조.　　30-44

따라서 만약 난락 15 – 05의 도표상의 매도인이 하층의 매수인에게 매도하기로 합의한 경우에, 매도 의무(sale obligations)는 시스템운영자에게 계좌를 가지고 있는 최상위 참가자의 계좌로부터 이전할 의무(obligation to transfer)가 되는 결과가 된다. 이러한 의무는 하나의 계약이 아닌 양면계약(two – mirror contracts)을 통해 피라미드의 매수인 측 참가자에게 매도하는 중앙청산소에게 넘어간다. 다른 방향으로도 매도가 있을 것이기 때문에, 이 모든 의무는 중앙청산소에 의해 차감된다. 중앙청산소는 순매도인(net sellers)의 증권계좌에서 중앙청산소로, 그 다음에 순매수인(net buyers)의 증권계좌로 증권을 이전하도록 시스템운영자에게 통지하게 된다.

이와 유사하게, 지급(payment)은 은행(banks), 환거래은행(correspondent banks) 및 결제은행(settlement banks)의 3개의 피라미드를 거쳐서 채무자로부터 채권자에게 이루어질 수 있다. 만일 중앙청산소가 있다면, 해당 중앙청산소가 지급해야 할 것이다.

이 3개의 피라미드 속의 몇몇 참가자들은 동일인 또는 같은 금융 기관의 자회사이거나 외부인일 것이다.

지급(payment)

30-45   매매(sale)에 있어 매도인이 매수인에게 양도한다면, 이상적인 형태는 매도인이 해당 증권의 실질적 소유권(beneficial ownership)의 양도(증권 대금 동시결제(DVP: delivery versus payment))와 함께 동시에 자신의 은행계좌로 최종적이고 취소 불가능한 대금을 지급받는 것이다. 그렇지 않을 경우에 매도인은 매수인이 지급 전 도산 위험을 부담하게 된다. 증권 양도에 대한 몇 가지 지급시스템을 들면 다음과 같다.

- 일부 시스템은 지급보증장치를 갖고 있는데, 그에 따르면, 예를 들어 (영국의 Crest와 같이) 규정상 매수인을 위한 결제은행은 운영자가 계좌대체이체(book-entry transfer)를 하자마자 해당 구매금액을 매도인의 결제은행에 대하여 책임지게 된다. 그 결과 매도인은 자신의 은행에 결제를 기대하게 되고 매수인은 책임을 면하게 된다. 참가자들은 결제은행과 대출 약정(lending facilities)을 체결한다.

- 유로클리어(Euroclear)와 클리어스트림(Clearstream)의 두 경우 모두 참가자들은 은행인 유로클리어(Euroclear)나 클리어스트림(Clearstream)에 현금계좌를 갖고 있는데, 증권이 매도인으로부터 매수인에게로 양도될 때 사내 양도(in-house transfer)처럼 은행은 단지 매수인의 현금계좌에서 출금하여 매도인의 현금계좌에 입금할 뿐이다. 그 결과 대금지급이 권리(title)의 이전과 동시에 이루어질 수 있게 된다.

- 일부 시스템에서는 양도 후 며칠이 지난 후에만 지급이 이루어지기도 한다. 따라서 매도인은 매수인의 도산에 따른 위험을 부담하게 된다.

대주(lender)가 참가자의 증권에 **담보권**(security interest)을 설정하는 경우, 시스템은, 대주가 대출을 실시하는 것과 동시에 질권이 설정된 증권(pledged securities)이 대주의 계좌나 대주와 별도로 분리된 계좌로 이전하는 싱크로 구조(synchronised arrangements)를 취하기도 한다. 이것은 당사자가 이러한 싱크로를 필요로 하는지에 달려 있다.

일부 국가에서 운영 중인 이상적인 증권결제시스템에서는 관련 거래소(relevant exchange), 중앙증권예탁기관 및 자금조달은행이 공동의 컴퓨터 네트워크로 연결되어 있다. 일단 거래소에서 거래가 확인되면, 당사자들은 교부(delivery)와 지급(payment) 사이에 간격(gap)이 발생하지 않도록 증권결제시스템(적절한 증권계좌에 입금과 출금을 함)과 지급시스템(거래에 관련된 중개기관들의 현금계좌에 입금과 출금을 함)에 동시에 통지하게 된다. 청산기구(clearing organisations)의 기능은 무엇보다 실행을 보장하기 위하여 청산기구에 전달된 거래자들의 확인의사를 서로 연결시키는 것이다. 청산기구는 네팅(netting)을 진행하고 교부(delivery)를 보장하기 위하여 중앙청산소로서의 역할을 수행한다. 중앙청산소(central counterparty)는 자본시장에서 시장의 신뢰를 제고하고 손실의 비용을 분산시키기 위하여 회원의 채무불이행에도 불구하고 증권(securities)의 교부나 지급에 동의할 수 있다. 일부 증권거래소는 대안으로 손해배상공동기금(guarantee fund)을 적립하여, 중앙시장에서의 거래에 대한 결제를 보장함으로써 중개기관이 채무불이행 상태에 빠지더라도 적립된 공동기금으로 투자자들에 보상할 수 있도록 하고 있다. 손해배상공동기금은 거래소 회원들의 자금으로 조성된다.

우선순위(priority)와 양도성의 계속성(replication of negotiability)

계좌대체기재 시스템(book-entry system)에서는 종전의 재산권(prior property interests) 30-46
을 제거함으로써 거래의 안전성을 보호하는 것이 중요하다. 유통증권(negotiable instruments)에 있어 적법한 소지인의 보호(protected holder in due course) 원칙이 유지되지 않으면 시장은 운영될 수 없다. 거래의 속도가 매우 빠르기 때문에 보통 조사(investigations)는 불가능하며, 물량을 고려해 보았을 때 거래의 완결성(finality)을 방해하는 주장은 시스템에 악영향을 주게 된다. 문제를 조사하는 데에는 많은 비용이 들고(그 비용은 전가될 수밖에 없을 것이다), 사실상 시스템은 마비될 것이다.

즉, 종전의 재산권(prior property interests)은 제거되거나 번복되어야 한다. 선순위 매매 및 담보권, 또는 신탁에 따른 수익자의 권리, 또는 중개업자(broker)를 대리인으로 하는 고객의 본인(principals)으로서의 권리 등이 그 예이다. 증권회사가 매도권한을 가지고 있는 것으로 추정되어야 한다. 그것이 추정되지 않으면, 중개기관(intermediary)이나 매수인가, 매도인이 고객의 대리인으로서 행위를 하는 중개업자(broker)였다는 것(이것은 종종 사실이다)을 알게 된 경우, 해당 고객이 그 매도를 허락했는지 여부를 확인하지 않으면 안 되게 될 수도 있다. 중개기관은 증권이 횡령된 권리를 나타내는 것인지, 또는 등록된 담보채권자(secured creditor)가 매도권한을 갖고 있는지 여부를 확인할 수 없다.

그 결과, 만약 매수인나 담보권자가 보호된다면, 투자자는 그 중개기관과 그 상위단계에 있는 중개기관의 진실성과 능력을 신뢰하게 된다.

30-47 　최종 투자자에 대한 높은 수준의 보호는 중개기관의 경험과 신용등급, 중개기관에 대한 공적 규제 그리고 예금자와 투자자보호장치(investment guarantee schemes)를 통해서 제공된다. 채무불이행(delinquencies)은 거의 나타나지 않는다.

양도(transfer)가 재산의 양도(assignments)나 매각이 아니라 경개(novation)의 형식이기 때문에(양도인에 대한 의무의 소멸과 양수인에 대한 채무의 신설), 재산의 매각에 적용되는 통상적인 우선권 원칙은 유추(analogy)에 의하여만 적용되어야 한다.

미국 UCC Article 8과 Article 9는 공모가 없다는 전제하에 담보권자(collateral-takers)와 매수인이 계좌보유자가 되거나 지배권을 취득할 경우 중개기관(intermediary)으로부터 이들의 우선순의(priority) 보호를 향상시켜 주는 효과가 있다. 대부분의 경우, 매수인(purchaser)/질권자(pledgee)가 예컨대 증권소지인(holder of the securities)으로서 등록되는 방법 등을 통해 지배권을 처음으로 지배권을 취득하는 경우에 있어, 매수인(purchaser)/질권자(pledgee)가 종전의 선행 채권(prior advance claim)에 대한 통지(사기의 경우를 제외하고)를 받는 것은 중요하지 않다. 미국에서의 담보채권자의 우선권에 대해서는 LPIF 제2권 단락 15-77 참조. 스페인의 증권시장법(Spanish Securities Markets Law) 제9조는 증권을 매수하는 자는 매수 당시 악의 또는 중대한 과실이 없는 한 담보채권자들의 손실회복에 대한 채권에 책임을 지지 않는다고 규정하고 있다.

기본적인 영국의 우선권 원칙은 종전의 채권자로부터 아무런 통지를 받지 못하고 충분한 대가를 지급하여 법적인 권리를 취득한 선의의 매수인을 보호하고 있다.

증권 결제시스템(securities settlement systems)에 관한 더 상세한 내용: LPIF 시리즈 제5권 제18장 참조.

질문과 세미나 주제

제30장

(1) 지급이란 무엇인가? 지급시스템(payment system)을 통해 지급은 어떻게 행해지는가?

(2) 대부분의 선진국의 지급시스템(payment system)이 업무 종료 후 결제(end-of-day settlement)가 아니라 실시간 총액 결제(real time gross settlement)가 되는 것은 왜인가?

(3) 증권결제시스템의 목적은 무엇인가? 그 목적은 어떻게 달성되었는가?

(4) 신탁 및 유통성(negotiability)이란 무엇인가? 그리고 왜 이들 개념은 대체증권 결제시스템에 불가결한가?

(5) 스웨덴 중개업자들의 연쇄사슬(chain of brokers)의 말단에 있는 債券소지인(bondholder)과 유로클리어(Euroclear)에 債券(bonds)을 가진 은행단이 싱가포르의 중개업자(broker)에 대해서 債券(bonds)에 질권(pledge)을 설정하려고 하고 있다. 싱가포르의 중개업자(broker)도 유로클리어(Euroclear)에 통하는 계좌 보유자들의 연쇄사슬(chain of account-holders)의 말단에 있다. 중개업자(broker)는 債券소지인(boldholder)으로 하여금 債券(bonds)을 자기 명의의 계좌에 이전(transfer)하게 할 필요가 있다. 이전(transfer)의 구조를 설명해 보자. 가장 좋은 해결책으로 이전의 유효성에 관해 그 法域이 적용해야 하는 법은 무슨 법이라고 생각하는가? 그리고 그것은 왜인가?

(6) LPIF 시리즈 제7권 단락 12-002에서 발췌한 "주식 매수하기"라는 제목의 발췌 내용을 읽어보자.

　"당신이 가게에서 빵 한 덩어리를 구입할 때, 당신은 빵 덩어리를 가져와서 동전을 주고 농담을 주고받는다. 좋은 하루되세요. 주식을 사는 것은 그렇게 하지 않는다.

중개업자에게 주식매수 주문을 하고 남겨진 현금으로 지불하라고 한다. 주문서는 나비처럼 부드럽게 반짝반짝 빛난다. 이것은 비단 섬세함의 민감한 균형을 알리기에 충분하다.

거대한 기계들, 밤처럼 어둡고 크기가 웅장한 곳, 우뢰 같은 구름까지 펼쳐져 있는 곳, 거대한 톱니바퀴들과 지렛대들이 있는 엄청난 기계, 거대한 쇠사슬과 도르래와 바퀴, 벨트와 용광로가 있는 전 세계의 컨베이어들과 함께 엔진, 이 괴이한 기계는 연기와 불꽃과 연기가 내뿜는 포효로 삶으로 도약한다. 각 연결 피스, 각 대, 각 피스톤, 각 톱니가 치명적인 진행에서 또 다른 불꽃을 일으키면서 끊임없이 돌아갈 때에, 일단 움직이면 아무것도 멈출 수 없으며, 수그러들지 않는 커리어(career)를 중단시킬 수 있는 것은 없다. 당신의 매수 주문은 그 주식에 대한 매수 주문들을 운반하고 있는 수천 개의 양동이 중 하나의 양동이에 던져지며, 그 양동이들은 그 주식에 대한 매도 주문들을 운반하고 있는 다른 바퀴의 톱니바퀴와 끼익 하는 쇳소리를 내며 딱 맞물리는 거대한 바퀴로 돌진한다. 매수 주문이 매도인의 주문과 일치하자마자 매도인의 주식은 증권 결제시스템(securities settlement system)의 계층을 통해 톱니바퀴에 올라가고 컨베이어는 사슬을 어둠 속으로, 영토를 가로질러, 훨씬 못한 들판을 가로질러 올라간다. 그것은 결제시스템(settlement system)의 난잡한 통제실에 도달할 때까지 계속된다. 거기에서 폭발음이 들리는 균열이 있는 다른 주식들의 끓는 가마솥으로 떨어지게 된다. 걸쇠가 벗겨지고, 가마솥은 쉭 하는 소리와 함께 케이블을 내리치고, 모든 주식을 네팅(nets)하는 우뚝 솟은 장갑을 두른 중앙청산소(central counterparty)의 옆면에 부딪혀서, 용융된 금속의 사출(jet)만이 반대편으로 분출된다. 사출(jet)은 팔레트에 뱉어지고, 쉬익 소리를 내면서 물로 세척되어 단단한 철공(iron ball)을 만들고, 그 팔레트 위를 굴러다닌다. 한편 주식 결제시스템(share settlement system)의 체인과 톱니바퀴는 도르래로 연결된 주식 주문서(share orders)가 있는 바퀴에 연결되어 있다. 이 주문은 당신의 현금이 앉는 지급시스템(payment system)과 연결되어 있으며, 당신의 현금은 호송차 안에 있는 지급시스템(payment system)의 옆에서 조금씩 증가하고, 그 호송차는 국경을 가로질러서 있는 은행의 계층들 사이에서 달그락달그락 소리를 내면서, 덜컹덜컹 거리면서 거의 보이지 않을 정도로 끌어올려진다. 그곳에서 중앙은행(central bank)은 맹렬한 속도로 회전하는 판에 대기하고 있다. 순식간에 네팅(netting) 과정에서 엉망이 되고, 네팅(netting) 과정은 그날 현금을 옮기는 모든 사람들로부터 엄청난 현금 더미를 뭉개버리고, 현금을 팔레트 위에 짙은 황금공(golden ball)으로 남긴다. 지급시스템(payment system)의 계층 꼭대기에서 어지러운 높이에서 거의 넘어뜨려질 정도로 에너지로 떨린다. 이 시점에서 일부 숨겨진 피스톤으로 상계(set off)하고, 놋쇠 갈래가 달린 사나운 발톱이, 막장에 어떤 것이 잘못되면 담보를 잡을 준비가 된 크레인에 올라간다. 작은 스프링이 거대한 철제 지렛대를 풀어 놓는다. 그 두 개의 스윙 팔은 무시무시한 폭력으로 동시에 황금빛 현금 공(golden cash ball)을 치고, 철빛 주식 공(iron share ball)을 후려쳐서 태양을 가로지르고, 바다를 가로질러서 긴 호를 그리며 날아가서 귀청이 터질 듯한 소리와 함께 정확하게 같은 시간에 당신의 계좌와 매도인의 계좌, 두 개의 분리된 큰 강철 그릇 지역으로 갈라져서 착륙한다.

위대한 기계는 침묵한다. 작은 종잇조각이 당신의 윤이 나는 저울 위로 내려온다. "저희는 귀하가 매수하신 주식으로 귀하의 계좌에 크레딧을 적립했습니다. 저희는 금융당국의 규제를 받습니다. 저희는 저희 수수료에 대하여 귀하의 주식에 유치권(lien)을 가지고 있음을 유의하시기 바랍니다."

이 구절은 어떤 과정을 묘사하는가? 네팅(netting), 양도(transfer) 및 지급(payment)이 어느 정도 실시간으로 발생하도록 하기 위해서는 주식 매도 및 매수 시스템을 어떻게 설계하는 것이 좋을까?

제 **7** 편

국제사법
Conflict of Laws

제31장

금융계약의 준거법

도입(introduction)

계약에 따른 모든 법률적 쟁점은 법제도(system of law)에 의하여 결정되어야 한다. 계약의 어떠한 측면이라도 법의 공백상태(legal vacuum)에서는 존재할 수 없다.

31-01

영국을 비롯한 대부분의 선진국에서 계약당사자들은 통상적으로 계약의 많은 부분에 적용되는 계약의 준거법(governing law)을 선택하게 된다.

선택된 법은 주권국가(sovereign state)가 아니라 法域(jurisdiction)의 것이다. 영국에도 각각 다양한 독자성을 지닌 7개의 법제도가 존재한다. 잉글랜드, 스코틀랜드(영국화 된(anglisiced) 로마법), 북아일랜드, 맨섬(Isle of Man), 저지(Jersey), 건지(Guernsey), 올더니(Alderney)/사크(Sark)가 그것들이다. 이 중 마지막 3개는 채널 제도에 있는데, 영국화된(anglisiced) 나폴레옹 이전의 프랑스법 제도를 갖추고 있다. "미국법"("US law")의 선택도 51개 州의 法域(jurisdiction) 중에서 하나를 선택하는 것이 될 수 있다.

계약에 적용되는 법은 준거법("governing" law)이나 적용법("applicable" law), 또는 적정법("proper" law)으로 다양하게 불린다. 이 책에서는 위 용어들을 호환적(interchangeably)으로 사용할 예정이다. 가장 일반적으로 사용되는 용어는 "준거법"("governing law")이다.

31-02

대부분의 선진국에서는 금융계약의 준거법과 관련된 규칙을 갖추고 있다. 현재 계약과 관련한 주요 쟁점은 준거법이 아니라, 어떤 법원이 관할권을 가지고 있냐(what courts have jurisdiction)는 것이다.

다른 저촉법(conflicts) 영역과 관련하여 주된 쟁점은 도산법과 담보 및 신탁 같은 재산법(property)이 있는데, 많은 경우에 지급불능(insolvency)의 상황에서 발생한다.

계약 준거법 선택(contract choice of law)에 영향을 미치는 요소들

31-03   금융계약의 준거법 선택에 영향을 미치는 요소들은 다음을 포함한다.

- 법적 요소 이외의 선호(non-legal preferences). 예를 들어 애국심, 관습, 익숙함, 편리함 등

- 貸主(lender)가 익숙하지 않은 법제도에 대한 구체적인 조사를 회피하는 것.

- 선택된 법제도의 상업적 성향, 안정성, 예측가능성

- 법원의 공정성에 대한 개입 없이 합의된 계약조건의 적용

- 준거법(governing law)과 집행지의 법률(law of the enforcing forum)(이는 외부(external)에 있을 수도 있다)을 일치시키고자 하는 바람 — 만약, 법원이 익숙하지 않은 외국 법(foreign law)의 적용을 요구받는 상황이라면 법적 불확실성이 발생할 수 있다.

- 금융계약과 관련된 분야에 경험이 풍부한 변호사를 활용할 수 있는 가능성

- 언어, 그리고

- 양 당사자로부터의 절연(insulation)

영국법과 뉴욕법

31-04   **역사적 우세**(historical dominance)   영국법과 뉴욕법은 주요 국제 금융거래의 준거법으로서 우위(dominant position)를 점하고 있다. 주요 국제 금융거래는 국제적인 신디케이티드 대출(international syndicated bank loans), 국제 채권 발행과 파생상품(derivatives) 거래이다. 모두 엄청난 규모의 금액(colossal amount)과 연관되어 있다.

이러한 우위성은 부분적으로 역사적인 이유에서 기인한다. 19세기에 영국은 세계에서 가장 큰 경제력(economic power)을 가졌고, 미국은 대략 1900년쯤으로 추성된

때부터 시작하여 현재 세계에서 가장 큰 경제력을 가진 국가이다. 금융기관(financial institutions)들은 그들의 自國法(home law)을 선호하는 경향이 있기 때문에 은행과 자본시장이 발전하게 된(gave birth to) 국가들은 (해당 은행과 시장인) 자신들에게 가장 익숙한 自國法(their own law)을 선택하는 경향이 있는 것은 당연하다.

일단 어떤 법제도(legal system)가 국제적이고 주요한 상업 및 금융 거래에 적용되고 있다고 판단되면, 법원, 판사 그리고 입법자들은 그 법제도가 사용자들(users)의 요구사항을 만족시켜 주고 있는지 확실하게 하는 것이 본인들의 일이라고 보는 경향이 있다. 그들은 그들의 안정성과 상식에 따라 국제 금융사회에서 자연스럽게 발생한 국제적인 책임(international responsibilities)과 자신감, 그리고 신뢰를 인식하게 된다.

델라웨어 요소(Delaware factor)   하나의 신뢰받는 법제도에 대한 이러한 흐름(tide)을   31-05
델라웨어 요소라고 부를 수(dubbed) 있을 것이다. 비록 정확한 수치까지는 아닐지라도, 뉴욕 증권거래소에 상장된 70% 이상의 기업들은 델라웨어에 설립되어 있는 것으로 보인다. 이러한 델라웨어에 집중되는 규모를 가늠해 보면, 이 기업들은 전 세계 거래의 약 30% 정도를 담당하고 있는 것으로 추정할 수 있다. 사실 거래량이 매우 크기 때문에 20%인지 40%인지는 중요하지 않다. 이런 현상이 생겨나는 데에는 두 가지 이유가 있다. 첫째, 델라웨어 법원(Delaware Court of Chancery)의 다섯 대법관(justice)은, 델라웨어 회사법상, 다른 무엇보다도, 임원들에 의하여 경영 판단(business judgment)이 적정하게 검토되었다면 경영 판단을 존중하고, 대중적인(populist) 책임의 빅 포켓 이론(big pocket theories of liability)을 지지하지 않는다고 판단한 것이다. 델라웨어 법원의 해석에 따르면 회사법 그 자체는 자본유지(maintenance of capital) 등의 문제에 있어서 자유주의적이다 — 예를 들어, 영국법계의 국가에서 옹호되고 있는, 자사 주식을 매입하는 것에 대하여 회사가 재정적인 지원을 하는 것을 금지하는 규칙에 소극적이다. 그래서 델라웨어 주의 기업에 대한 행정(administration)은 빠르고, 저렴하고 효율적이다.

델라웨어 요소의 두 번째 특징은 시장이 선택의 확산(proliferation of choices)에 방해받지 않는다는 것이다. 심지어 선택지가 단 한 개밖에 없더라도, 만약 그 선택지가 합리적으로 그들의 요구를 충족시킨다면, 시장은 만족할 것이다.

이러한 법률적 독점(legal monopoly)의 특징을 지닌 다른 예들은 많이 있다. 예를 들어:

- 국제상업회의소(International Chamber of Commerce)가 발간한 **신용장 통일규칙**(Uniform Customs and Practice 600 for Documentary Credits)은 무역 신용장(letter of credit)에 국제적으로 통용된다.

- 실질적으로 모든 국제 간의 지급지시(international payment messages)는 브뤼셀에 위치한 은행 소유의 협동조합(co-operative)인 **Swift**를 통해 전달된다.

- 뉴욕에 설립되어 런던에서 주로 운영되는 **CLS 은행**은 엄청난 규모의 국제 외환거래를 위하여 선택되는 중앙네팅청산소(central netting counterparty)이다.

- 뉴욕 증권거래소의 모든 無券化된(dematerialized) 증권은 사실상 단일 결제시스템을 통해서 보유되고 청산된다. 즉, **Depository Trust Corporation** 및 그 계열회사들이다. 그리고 국제적인 債券(bond)도 또한 거의 마찬가지로, 국제적 증권예탁기관에 의하여 처리되고 있는데, 여기에는 벨기에의 유로클리어(Euroclear), 룩셈부르크의 클리어스트림(Clearstream) 등이 있다.

- **ISDA 기본계약서**(ISDA master agreement)는 사적 시장(private markets)의 주된 파생상품 거래의 규모 면에서 90% 정도에 이용된다.

이러한 모든 경우에 그 기관이나 문서는 사실상 독점(virtual monopoly)을 하고 있으며, 이는 법제도에서도 마찬가지이다. 시장에 있어서 각각의 경우(on each occasion)마다 각기 다른 법률 제도를 조사하는 것은 매우 복잡하기 때문에, 시장들은 익숙하면서도 신뢰할 수 있는 법제도 쪽으로 끌리게 되는(gravitate) 경향이 있다.

31-06 **안정성과 경험**   영국법과 뉴욕법 양 法域은 독립적이고 효율적인 法域(independent and efficient jurisdictions)으로서 높은 잠재적 안정성(high potential stability)과, 금융 문제(financial matters)에서의 많은 경험을 보유하고 있다.

31-07 **준거법, 관할(jurisdiction) 및 면제의 배제(deimmunisation)의 예측가능성**   영국법에서 준거법 선택의 자유(freedom of choice of the governing law)는 1865년 *Peninsula and Oriental Steam Navigation Co v Shand* [1865] LT 461 판례에서 확인된 바 있다 — 이 판례는 다른 분야에서의 자유화(liberation)보다 훨씬 앞선 것이다. —뉴욕에서는 20세기의 마지막 사반세기(quarter)에 제정법으로(by a statute) 준거법과 뉴욕법 사이

의 관련성(connection) 요건을 폐지했다. 영국에의 재판관할의 선택은, 소장의 송달 (service of process)을 위한 대리인의 임명을 수반하는데, 통상의 경우에 당사자에게 그 선택의 권리가 인정되고, 이것은 뉴욕법에 대해서도 마찬가지이다. 두 법제도 모두 명시적인 국가면제의 포기(waivers of state immunity)를 유효하게 인정했다 — 미국은 1976년, 영국은 1978년에 확립되었다. 영국과 뉴욕 法域(jurisdictions) 모두 대주 (lenders)에 대하여 차주(borrower)가 소재한 국가의 외환규제, 모라토리엄(moratorium) 등 기타 불리한 시책으로부터 그들의 금융계약을 효과적으로 절연시키는 것이 가능하다. 단락 31-14 참조.

계약의 예측가능성(contract predictability) 영국법과 미국법 모두 사업상 계약(business contract)에 있어 무엇이 공평한가에 대한 법원의 판단은 자제하고, 당사자들이 자유롭게 협상한(bargain) 결과를 존중하는 강력한 정책을 실시하고 있다. **31-08**

채권자들에게 실질적으로 영향을 미칠 수 있는 원칙들(doctrines)은 다음과 같다.

- **신의성실**(good faith). 사소한 위반 또는 이행지체는 명백한 채무불이행 사유 (express event of default)이지만, 각 경우의 대출의 기한이익 상실(loan accelerations) 에 관한 태도에는 차이가 있다. 소비자중심주의(consumerism) 외적인 측면에서 볼 때, 영국 법원은 당사자들 간의 협상(bargain)을 엄격하게 강요(enforce)하며, 만일 당사자들이 대출 변제기에 변제하지 않으면 전액 기한이익의 상실 (accelerable)이 가능하도록 합의했다면, 변제가 단 하루 지체되었거나 또는 단 100달러만 부족하더라도 기한이익을 상실할 수 있도록(accelerable) 하고 있다. 만약, 사업 당사자들이 그들이 원해서 유예기간(grace period)을 갖기로 협상한다 면, 법원은 '무엇이 공평하고 합리적인 것인지'에 대한 법원 자체의 의견으로 대신하지 않는다. 모든 法域(jurisdiction)에서 다 이런 것은 아니다. 몇몇 국가의 법원은 신의성실(good faith) 또는 합리성(reasonableness)의 개념을 적용한다. 계약에 관한 "신의성실(good faith)" 이론을 기술해 놓은 예로서, 프랑스 민법 제1134 조 제3항, 독일 민법(BGB) 제242조, 미국 UCC 제1-203조 그리고 미국 계약법 리스테이트먼트(US Restatement (Second) of Contracts) 제205조 참조.

  갑작스러운 기한이익의 상실(acceleration)은 마른 하늘의 날벼락 같이 흔하지 않으며, 필자의 경험으로도 사소한 문제로 주거래은행의 대출이나 채권발행에 대하여 기한이익이 상실(acceleration)되는 경우는 매우 드물다. 채무불이행

(default)의 상황에서는 새로운 대출을 중단할 수 있는 것이 더 중요하다. 그러나 즉시 기한이익을 상실할 수 있는 능력이 중요한 경우도 있다. 예를 들어, 채무자가 貸主은행에게서 예금을 인출하려고 하고, 이에 貸主은행은 채무자가 변제하지 못하거나 변제를 하지 아니할 경우를 고려하여, 채무불이행을 정교하고 기술적으로 심사하여 대출에 대한 기한이익을 상실하게 함으로써, 대출과 예금을 상계(set-off)하려고 하는 경우에 그러하다. 이러한 상황은 차주(borrower)의 다른 채권자가 채무자의 예금을 압류하는 경우에도 발생할 수 있다. 또한 즉각적인 기한이익의 상실은 자산의 가치가 안정적이지 않거나(투자 증권(investment securities)) 또는 예를 들어, 금융리스(financial lease)의 대상이 되는 항공기와 같이 쉽게 회피할 수 있는 자산의 경우의 담보부 대출(secured credit)과 소유권이전형 금융(title finance)과 관련하여 중요할 수 있다. 법률적 예측가능성이나 안정성의 결여는 불안감을 생기게 하고 협상력(bargaining power)을 감소시키는 경향으로 이어진다. 많은 것이 예측가능성과 확실성에 놓여 있다. 협상력이 비슷하고 충분히 협상을 진행한 양 당사자 간의 계약서에 명시된 대로 법원이 집행하려는 것은 시장의 관점에서는 기본적인 것이다. 시장거래에 익숙한 법제도는 이러한 명제를 존중하고, 때때로 남용이 있더라도, 당사자의 합의에 효력을 인정하는 정책을 최우선으로 한다.

31-09 · 영국의 입장은 다음과 같이 채무상환 불이행(default)에 기한 계약 해제(termination)의 판례로 설명될 수 있다.

· *Shepherd & Cooper Ltd v TSB Bank plc* [1996] 2 All ER 654 판례에서, 계약에 따르면 은행은 변제에 있어서 채무상환 불이행(default)이 발생하는 즉시 기한이익의 상실(acceleration)과 담보권 실행을 규정하고 있었다. 은행은 600,000파운드 지급을 청구한 지 한 시간 이후에 담보관리인(receiver)을 파견했다. *판결*: 채무자가 은행을 통해 변제할 수 있을 시간은 충분하게 주어져야 한다. 그러나 만약 채무자가 이번 경우와 같이 변제를 하지 않는다는 것이 명백할 경우에는 은행은 더 이상 시간을 줄 필요가 없다. 담보관리인(receiver)의 선임은 유효하다.

· *The Chikuma* (1981) 1 All ER 652 판례에서, 선박 용선(charter)에 있어서 용선료(hire) 지급이 은행 이자 및 수수료 때문에 $80 모자랐다. 선주는 납부기

한 내에 전액 납부를 하지 않으면 해제할 수 있다는 계약 조항에 따라서 용선계약(charter)을 해제할 수 있다고 판결했다.

- *The Laconia* (1977) AC 850 판례에서, 선주는 정해진 기한에 용선료를 지급하지 않았다는 것을 근거로 용선계약(charter)을 해제했다 — 지급은 주말이 지나 이루어졌다. 용선계약(charterparty)은 용선료를 변제 기한 내에 지급하지 않으면 선주가 해제할 수 있도록 규정하고 있었다. *판결*: 선주는 용선계약(charterparty)을 해제할 권리를 가진다.

이러한 케이스에서 법원은 계약서에 규정되어 있는 대로 집행하거나(영어권 법원들의 접근방식(approach of the English courts)) 또는 계약을 수정한다. 만약 법원이 계약을 수정한다면, 그 유예기간(grace period)을 24시간, 3일, 일주일 또는 한 달로 해야 하는가? 만약 채권자가 법원의 견해에 대해 사전에 예측하지 못한다면, 담보물의 점유를 개시한 채권자는 상당한 손해배상과 그에 따른 증가된 위험에 대한 법적책임을 부담할 수 있다. 계약 당사자가 유예기간을 원하고 있다면, 법원은 그에 관한 사항이 반드시 계약서상 합의해야 한다고 판단하고 있으며, 통상 그렇게 하고 있다. 그러나 이런 것들은 당사자 간 협상력(bargaining power)에 과도한 격차가 있는 경우 또는 당사자에게 악의(unconscionability)가 있는 경우에는 그러하지 아니하다.

"신의성실"("good faith") 원칙은, 대주(lender)가 법적 구속력이 없는 의향서를 통하여 원칙적으로 약정한 후, 대출(loan)을 위한 본 협상에서 철회하려는 경우에는 영향을 미칠 수 있다.

다른 요인들은 아래와 같다.

- 정교한 거래 상대방 간의 면책조항(exculpation clauses)을 승인하는 점. 예를 들어, 채권발행 또는 신디케이티드 대출의 부실표시(misrepresentation)에 대한 관리자 책임을 면제하는 것, 신디케이티드 은행 대리인이나 債券수탁자(bond trustee)에 대하여 상당한 주의 책임(duties of due diligence)을 면제하는 것, 매우 극단적인 상황을 제외하고 파생상품 거래상에 대하여 사기책임을 면제하는 것 등이다. 이와 관련된 금액은 거대하고, 하나의 기관을 도산시킬 수도 있으며, 일반적으로 보험으로도 감당할 수 없을 정도이다.
- 시대에 뒤떨어진 고리금지법(usury law) 및 서면 요건(writing requirements)이

없는 점

- 예를 들어, 발행인의 투자설명서(prospectus) 부실표시 또는 남용적 여신 (abusive credit) 등의 경우, 예측할 수 없는 대주(lender) 또는 빅 포켓(big pocket)에게 책임을 부과하는 것을 자제하는(restraint) 점. LPIF 제1권 제22장 참조.

31-10   **다섯 지표들**(five indicators)   영국법이나 뉴욕법은 제2장에 언급한 금융법의 5가지 근본요소에 대하여 긍정적인 입장이다. 세 가지 주요 지표는 도산법상의 상계 (insolvency set-off)(도산법상의 상계의 경제적인 효과는 유지되고 있지만, 뉴욕의 경우에 1978년 도산법(BC 1978)의 중지(stay)는 흔들린 경우가 있었다), 포괄적 기업담보권 (universal corporate security interests), 일반적 신탁(universal trust)의 존재이며 이 모든 것들은 금융법에서 중요한 역할을 하고 있다. 미국의 도산법은 조금 더 채무자 친화적이다.

31-11   **규제**(regulation)   규제에 대해서는 종종 미국에서는 규제당국이 공격적(aggressive)이며 규제제도(regulatory regime)는 매우 징벌적(intensively punitive)이라고 한다. 또한, 미국의 다른 지역에서도 같지만, 고액의 집단소송(class action), 배심원 재판, 성공보수금(contingent fees), 패소측이 반드시 승소 측의 비용을 부담하지 않아도 되는 것, 과잉 징벌적 손해배상 등 때문에, 뉴욕에서의 소송은 불리한 요소라고도 할 수 있다. 이러한 소송의 결점(litigation adversities)은 미국에서의 소송의 일반적인 특징이지만, 주 법원(state court)에서의 심리와 달리 우리가 관계하는 연방법원(federal court) 레벨에서 심리되는 비즈니스상의 분쟁에서는 그다지 그 영향은 크지 않다고 할 수 있을지도 모른다.

31-12   **상충되는 압력들**(conflicting pressures)   영국법과 뉴욕법은 벗어날 수 없는 모순된 압박감(inescapable conflicting pressures)에 처해 있다. 첫째, 법제도를 통상은 채무자 보호적인 국내 정책과 합치시켜야 한다는 기대이다. 둘째, 두 法域 모두 보다 상위의 법질서(overarching legal order)에 종속되는 것이다. 뉴욕의 경우는 연방법, 영국의 경우는 EU법이다. 델라웨어(Delaware)가 재무제표에 관해 이사 책임을 엄격하게 형벌화하는 사베인즈옥슬리법(Sarbanes-Oxley Act)에 복종해야 했던 것처럼, 뉴욕도 영국과 비교해 채무자 중심적인 연방 도산법(Federal Bankruptcy Code)에 복종하게 된다. 영국

법에 대한 EU 지침(directive) 및 규정(regulation)에 의한 간섭은 실제로는 이 분야에서 특히 중요하다고는 할 수 없다. 한 가지 이유는 영국이 선택적으로 거부(opt-out)하고 있는 경우도 있기 때문이다. 또한 이 분야에서의 EU 회원국들의 생각이 영국과 그다지 다르지 않기 때문이기도 하다. 실제로 몇 가지 점에서 EU은 금융시장을 강하게 지원하고 있으며, 특히 청산시스템(clearing system)에서의 결제의 종국성(stettlement finality), 금융시장에서의 상계와 네팅, 금융담보(financial collateral)의 보호 등 측면에서 이것은 현저하다.

결론(conclusion) 법제도 간의 경쟁은 하향식 경쟁(race to the bottom)으로 치닫게 된 31-13
다고 종종 반대하는 목소리가 있다. 또 다른 견해로는 자유와 예측가능성에 대한 적절한 측정으로서의 법적가치 또는 금융과 회사법에 대한 정당한 기대에 대한 보호는 하향식 경쟁이 아니라 정상을 지향하는 상향식 경쟁(race to the top)라는 주장이 있다.

뉴욕증권거래소의 회사들이 설립준거법으로 델라웨어를 선택하는 것은 가장 최소한의 공통분모를 요구하는 것보다는 적정한 회사가치를 구현(representative of sound corporate values)하기 때문에 선택한다. 이러한 회사들이 델라웨어가 아닌 다른 곳을 선택한다는 것은 생각할 수 없다. 이와 비슷하게, 당사자들은 신뢰성과 합리성(good sense) 때문에 영국법이나 뉴욕법을 자주 선택한다.

이 두 가지 법제도도 어떤 의미에서는 완벽하지는 않고, 둘 다 약점(blot)을 가지고 있다. 나아가 둘 다 최고의(best) 법제도라고 할 수도 없다. 320개 정도의 *法域* 중에는 이와 비슷하거나(as much) 더 많은 것(more)을 제공하는 수많은 법제도가 있다. 이러한 명백한 현실에도 불구하고, 델라웨어 요소는 많은 *法域* 중에서 오직 몇 개의 *法域*만 선택되도록 이끌어 주고 있다. 이것은 다른 대안들이 너무 복잡하고 비용이 많이 들기 때문이다.

이리한 법제노가 계속 선택될 수 있을지(continue on their chosen course)는 그들의 문제이다. 역사는 현 상태에서 멈추지 않으며 어떠한 *法域*도 이 경쟁에서 면제된다고 가정할 수 없다. 경쟁의 원천(power)은 진화를 위한 유익한 원동력(salutary force)이기 때문이다.

절연(insulation)

31-14   **목적**(objectives)   차주(borrower) 국가의 법률 개정으로부터 기존 대출계약을 절연하는 것이 준거법으로서 외국의 법제도를 선택하는 가장 중요한 이유 중의 하나이다 — 그 법이 외국법이면 어느 국가의 법이든 상관없다. 역사적으로 자국 채무자를 보호하는 가장 보편적인 법률 개정은 (a) 외국의 채무에 지불유예(moratorium)을 강제하는 입법, 그리고 (b) 외환규제(exchange controls)이었다. 이 위험은 차주(borrower)가 국가이거나 국가와 관련되어 있거나 국가적으로 중요한 경우에 더욱 증가할 수 있다. 이러한 간섭은 정치적인 격변기(political upheavals)이거나 또는 국가의 지급불능(insolvent) 때문에 발생할 수 있는데, 두 상황 모두 민간 채권자도 그에 대비하여 어떤 방어책을 찾는 경우이다.

차주(borrower)의 법제도가 준거법으로 선택되는 경우에는, 대주(lender)는 차주(borrower)의 국가의 법률 개정에 적용을 받는다. 이 결론은 계약에 적용되는 준거법은 시시각각 그때 존재하는 그대로의 법이라는 규칙에서 비롯된다. 영국 상원(House of Lords)은 *Kahler v Midland Bank* [1950] AC 24, [1949] 2 All ER 621 판례에서 "준거법(proper law)은, 그것이 계속되는 것이기 때문에, 계약상의 약정을 변경하거나 소멸할 수 있다."라고 판시했다.

이 점은 두 개의 상반되는 영국 판결로 설명된다.

Re Helbert Wagg & Co Ltd [1956] Ch 323 판례에서, 개정된 독일 지불유예(moratorium)법은 독일법에 따라 체결된 금전소비대차 계약에 있어 독일 차주(borrower)가 베를린에 있는 정부기관(government agency)에 대출금을 변제하는 경우, 영국 파운드화 대신 독일 마르크화로 변제할 것을 요구했다. *판결*: 독일법은 차주(borrower)를 유효하게 면제시켜 주었다. 독일 지불유예(moratorium)법은 독일 계약에 관하여 발생했다.

반면에, *National Bank of Greece and Athens S A v Metliss* [1958] AC 509, HL 판례에서, 그리스 법령(decree)이 그리스 은행에서 발행되고 영국법이 적용되는 債券(bond)의 이자율을 인하했다. *판결*: 그리스 법은 적용되지 않았고, 차주(borrower)는 지연이자를 지불할 책임이 있었다. 영국 준거법이 그리스의 법률 개정으로부터 계약을 절연시켰다.

31-15   결과적으로 영국에서는, 외국의 대주(lender)의 경우, 외부법을 준거법으로 선택함

으로써, 차주(borrower) 국가의 법률 개정에 따라 일방적으로 채무가 변경되는 것을 방지할 수 있다는 완벽한 확신을 가질 수 있다. 적어도 한장의 문서라도 존중 (inviolate)되어야 하고 협상력(bargaining power)을 유지하는 것이 된다. 그 종이가 여신계약(credit agreement)이든 債券(bond)이든 무엇이든, 채권자가 채권을 표시하기 위하여 가지고 있는 것은 그 문서(piece of paper)가 전부이며 그리고 분명히 만약에 그 문서가 없어지게 되면 채권자의 지위는 다소 악영향을 받게 된다.

미국의 입장도 마찬가지다(similar).

French v Banco National de Cuba, 23 NY 2d 46, 242 NE 2d 704, 295, NYS 2d 433 (1968) 판례에서, 뉴욕 법원은, 쿠바법을 준거법으로 하는 쿠바정부의 채무증서 (certificate of indebtedness)에 대하여, 그 증서(certificate)의 지급을 유예하는 쿠바 정부의 법령(decree)이 적용되어 그 변제(recovery)를 부정했다.

반면에 *Central Hanover Bank & Trust Co v Siemens & Halske AG*, 15 F Supp 927 (SDNY 1936) 판례에서, 해외에서 외화로 지급되는 독일 지방채(municipal bond)가 발행된 후, 동 통화는 동결되고, 오직 독일 임시지폐(scrip)로만 지급할 수 있도록 독일법이 개정되었는데, 그 債券소지인(boldholder)의 수탁자(trustee)가 그 지방채에 대한 청구에서 승소했다. 그 지방채는 뉴욕법이 준거법이었고 따라서 독일법으로부터 절연되었다.

미국 법원은 또한 권리의 소재지가 국외에 있는 경우 그 국가로부터의 간섭을 부정할 수 있다.

Allied Bank International v Banco Credito Agricola de Cartago, 757 F 2d 516 (2d Cir 1985) 판례에서, 미국 은행들이 국유화된 코스타리카의 은행들을 약속 어음 대출 (promissory note loan)과 관련하여 고소했다. 당시 지급불능(insolvent) 싱황이었던 코스타리카는 외화로 채무를 변제하는 것을 금지하는 외환규제를 통과시켰다. *판결*: 코스타리카의 외환규제는 채무에 대한 영향이 없었고 코스타리카의 은행들은 여전히 이를 변제할 책임이 있었다. 이것은 채무들이 뉴욕에서 변제 가능했고 따라서 금전채무의 소재지(situs of the debt)가 코스타리카 영토 밖이었기 때문이다.

준거법을 계약 시(at the time of the contract)의 법으로 한다고 규정하는 것처럼 계약에 의하여 적용되는 법을 고정시키는 것은 불가능하다. 변화하는 준거법도 역시 확인되어야 하며(ascertained), 계약에 적용된다. 준거법의 변화는 계약 내용에 우선한다 (override). 계약을 무효로 하는 법률 개정은 채무불이행 사유가 될 수 있다(비록 법률 개정에 의하여 변제가능성 또는 채무불이행 자체가 부정될 가능성도 있기는 하지만).

절연의 한계(limits on insulation)

31-16   외부법(external law) 선택에 있어 절연 효과의 한계에는 다음과 같은 것들이 있다.

- 차주(borrower)에게 집행판결을 만족시킬 수 있는 압류 가능한 **외부자산**(external assets)**이 없을 수도** 있다. 만약 차주(borrower)의 국가에서 소송이 제기된 경우, 그 지역의 법원은 준거법인 외국법(foreign governing law)을 自國法과 충돌하는 한도에서 무시할 가능성이 있다. 그러한 自國法에는 (외환규제와 같이) 대주(lender)가 절연되고 싶어 하는 바로 그 법을 포함한다. 채권자에게는 그것이 설사 소용없는 것이라도 법적 청구권(legal claim)을 보유하는 것이 아무런 청구권이 없는 것보다는 낫다.

- 차주(borrower) 국가의 환규제(exchange control)는, 만약에 그 국가가 IMF 회원국이라면, **브레튼우즈 협정**(Bretton Woods Agreement) **제VIII조 제2항 제(b)호**에 따라서 몇몇 IMF 회원국에서 승인될 수 있다. 단락 31-25 참조.

- 차주(borrower)의 국가에서의 **도산절차**(insolvency proceedings)의 대부분은 그 국가의 도산법(local insolvency law)이 적용된다. 도산제도는 국가마다 매우 복잡한 차이가 있다. 제33장 및 34장 참조.

1980년 로마 계약 협약(Rome Contract Convention of 1980) 및 EU 계약 규정(EU Contracts Regulation)

31-17   EU 회원국에서 계약의 준거법 결정 규칙(conflicts rules)의 대부분은 EC의 1980년 계약채무의 준거법에 관한 로마협약(Rome Convention on the Law Applicable to Contractual Obligation)에 의해서 규율되었다.[1]

---

1) 역자 주) "1980년 계약채무의 준거법에 관한 EC 협약(로마협약)"은 2008년에 "계약채무의 준거법에 관한 EC 규정(로마 Ⅰ)"(Regulation (EC) No 593/2008 of the European Parliament and of the Council

이 협약은 2007년 중반부터 EU 규정(EU Regulation)이 직접적으로 발효됨에 따라 대체되었다. 이 규정(Regulation) 초안은 근본적인 변화(fundamental change of course)를 보여 주고 있지는 않지만, 깔끔하게 정리한 것 이외에도 몇몇 중요한 변화가 있었다. 덴마크가 이 규정(Regulation)의 적용 대상이 되는 것은 예상하지 못했다. 영국과 아일랜드는 선택적 제외의 권리(opt-out)를 유보했는데 이는 규정의 최종본에 따라 변화의 여지가 있다.

로마 협약(Rome Convention)은 각국 간의 조약이다. 그 결과 각 국가의 국내법적 도입(implementation)에는 차이가 있다. EU 규정(Regulation)은 각 국가가 국내법적으로 도입(national implementation)을 해야 할 필요 없이 모든 적용 가능한 회원국에서 직접적인 효력을 가진다.

협약(Convention)과 규정(Regulation) 초안은 폭넓게 다양한 법률적 전통을 가지고 있는 수많은 매우 정교한 국가들의 견해의 결정판(crystallisation)을 보여 주고 있으며 따라서 — 적어도 주된 흐름에서는 — 발전적인 사상을 보여 준다.

기타 국제사법(other conflict codes)

그 외의 주요 규칙(statement)에는 다음과 같은 것이 있다.   31-18

- 미국 법률 협회(American Law Institute)가 만든 1971년 미국의 Restatement on Conflicts of Laws

- 스위스의 국제사법에 관한 법(1987)("Swiss PILA 1987")

- 성문법 국가들(codified countries)의 법률은 보통 기본적인 것에서부터 상세한 것까지 국제사법 규칙들을 포함하고 있다. 예를 들어, 일본과 터키가 그런 방식이고, 라틴아메리카의 많은 국가에서 적용되고 있는 Bustamente Code도 이에 해당한다.

---

of 17 June 2008 on the law applicable to contractual obligations (Rome I))로 전환되어, 2009년 12월 17일 이후에 덴마크를 제외한 모든 EU 회원국에서 직접적으로 적용되기 시작했다. 이러한 전환은 순전히 "협약(Convention)"을 "규정(Regulation)"으로 탈바꿈시킨 것이 아니라, 실질적인 개정도 수반되어 있다. 석광현, 『국제사법 해설』, 박영사, 2013년, 379면 이하. 강추나, "국제계약의 객관적 준거법의 결정", 서울대학교 석사학위논문, 2013년 참조.

이 분야에 대한 문헌은 방대하다. 비교법연구의 고전(classic comparative works)에는 다음과 같은 책이 있다. Ernst Rabel, *The Conflict of Laws: A Comparative Study* (1958-1964) 그리고 Ole Lando "Private International Law: Contracts" (1977) in *International Encyclopaedia of Comparative Law*, vol III, chapter 24. 다른 문헌들도 많이 있다.

준거법의 선택(choice of law)

31-19   **선택의 자유**(free choice)   대부분의 法域들은 당사자들에게 준거법 선택의 자유를 부여하고 있다. 그러므로 로마 협약(Rome Convention)/로마 Ⅰ 규정(Rome Ⅰ Regulation)2) 의 제3조 제1항은 당사자들이 명시적으로 준거법을 선택하도록 허락한다. 만약 선택이 되지 않는다면, 계약은 제4조에 규정된 국가의 법이 적용된다.

선택의 자유는 최종적으로 1865년에 영국에서 나타났다. *P&O Navigation Co v Shand* [1865] 3 Moo (NS) 272 판례 참조. 독일에서는 1880년대, 프랑스에서는 1910년, 그리고 스위스에서는 1952년에 나타났다. 미국의 각 法域들은 선택의 자유를 완전히 인정하는 데는 지체되었지만, 대부분의 주(州)들이 지금은 합리적인 관계(reasonable relationship)를 요건으로 하지 않는다. 문제를 해결하기 위하여, 1984년에 뉴욕일반채무법(New York General Obligations Law)이 개정되어서 250,000달러 이상의 거래에 대해서는, 그 계약이 뉴욕과 합리적인 관계를 가지고 있는지 여부에 상관없이 당사자들은 뉴욕법을 준거법으로 선택할 수 있게 되었다. 뉴욕일반채무법(New York General Obligations Law) 제5-1401조 참조. 미국 UCC도 비슷하게 규정되어 있다. 제1-301조 참조.

31-20   **준거법 조항**(governing law clauses)   통상 명시적인 준거법 선택은 "이 계약은 Sealandia의 법에 의하여 규율된다("This Agreement is governed by the law of Sealandia.")" 라는 표현으로 규정한다. 당사자들이 국제공법(public international law)을 선택할 수 있

---

2) 역자 주) 원문 출판 당시에는 로마 Ⅰ 규정(Rome Ⅰ Regulation)이 아직 제정되지 않았고, 초안(draft) 상태로 검토 중이었다. 이러한 이유로 원문에서는 "draft Regulation"라고 쓰고 있다. 그러나 2008년 6월 17일에 "계약채무의 준거법에 관한 EC 규정(로마 Ⅰ)"(Regulation (EC) No 593/2008 of the European Parliament and of the Council of 17 June 2008 on the law applicable to contractual obligations (Rome Ⅰ))이 제정되어, 2009년 12월 17일부터 덴마크를 제외한 모든 EU 회원국에서 직접적으로 적용되기 시작했다. 따라서 원문의 "draft Regulation"을 "로마 Ⅰ 규정(Rome Ⅰ Regulation)"이라고 업데이트하여 반영했다.

느냐 하는 데 대하여 다툼이 있는데, 영국에서는 아마도 유효하게 인정될 것이다.

준거법의 범위(scope of governing law)에 대한 개요

전형적으로(로마 협약(Rome measures)과 미국 Conflicts Restatement에서도 마찬가지로) 준거법은 주로 다음과 같은 사항들을 규율한다.   31-21

- 형식적 유효성(formal validity). 단, 일반적으로 계약은 계약 장소의 법을 준수하면 형식적으로도 유효하게 되는 것 그리고 토지에 관한 계약은 그 토지의 소재지 법의 형식요건(formalities)을 준수해야 한다는 것은 예외이다. 형식요건(formalities)은 서면(writing), 공증(notarization)과 같은 문제들을 포함한다.

- 계약의 존재(existence)와 유효성(validity).

- 해석(interpretation). 이것은 마치 해석 규칙(rules of construction)과 같이 각 계약 당사자의 진의(meaning)를 해석하는 방법을 의미한다. 따라서 싱가포르의 계약서에서 "dollars"를 언급한 경우에는 싱가포르의 해석 규칙(rules of construction)에 따라서 해석되어야 한다 — 예를 들어, 이것은 반드시 싱가포르 달러만을 의미하는 것은 아니며 미국 달러를 의미할 수도 있다.

- 계약 이행(performance)의 대부분의 측면.

- 계약위반(breaches)의 효과(consequences), 예를 들어, 손해배상액(damages payable).

- 소멸시효(prescription)와 기간 경과로 인한 권리의 상실(limitation)을 포함한 의무의 소멸(extinguishing).

요약하면 준거법의 효과는, 대부분의 사항들이 준거법의 적용을 받는다는 점이다. 통상적으로 다음의 계약조건들의 의미(meaning)와 해석(interpretation)은 그 준거법에 의하여 정해진다 — 대출금인출 선행조건(conditions precedent), 자금인출(drawdown), 이자 계산 방법, 기한 전 변제(pre-payment)가 허용되는지 여부, 진술 및 보장(representations and warranties)의 의미, 확약(covenant) 및 채무불이행의 의미, 양도제한의 범위, 규정이 그렇게 되어 있으면 즉시 기한이익의 상실(acceleration)이 가능한지 아니면 어떠한 신의성실의 원칙 또는 유예기간(grace period)이 개입하는지 여부, 그리고 은행이 대출을 하지 않는 경우의 법적 책임.

보증(guarantee)에 있어서도 이와 유사한 고려사항이 적용된다. 따라서 준거법은 피보증채무(guaranteed liabilities)의 법적책임의 범위 같은 문제에도 적용되어야 한다. 그 문제는 다음과 같다. 특정하지 아니한 장래 채무에 대하여도 보증의 대상으로 들어가는지 여부, 피보증채무의 변경이나 면제 또는 담보채권자나 공동보증인의 포기가 보증을 회피할 수 있는지 여부, 그리고 피보증채무에 어떠한 흠결이 있는 경우 그 보증은 유효한지의 여부이다. 또한, 그 보증이 오로지 문서의 제시에 의해서만 지불될 수 있는 독립적 요구불보증(first demand guarantee)으로서 성질결정하는지도(characterised) 준거법에 따라 결정되어야 한다.

준거법이 적용되지 않는(not covered) 사항에 대한 개요

31-22   준거법의 규율범위의 주제에 접근하는 최고의 방법은 준거법이 적용되지 않는 주요 쟁점들을 먼저 확인하는 것이다. (다른 것도 존재하지만) 다음의 사항들을 포함한다.

- 법정지(forum)의 **강행법규**(mandatory statutes)**와 공서**(public policy)은 언제나 준거법보다 우선한다. 예를 들어, 로마 협약(Rome Convention) 제7조 제2항 및 제16조, 로마 I 규정(Rome I Regulation) 제9조 제2항 및 제21조 참조. 이것은 영국에서 예를 들어 다음과 같은 쟁점들을 포함할 수 있다.

- **우호적인 외국 국가**(friendly foreign state)**의 법을 위반하는 계약들** (예를 들어, 세금횡령 또는 테러를 지원하기 위한 대출 등). 영국 법원은 계약의 준거법이 영국법이면, 의무이행지(예를 들어 변제가 이루어져야 하는 곳)에서 불법인 계약은 집행하지 않는다.

   Ralli Bros v Cia Naviera Sota y Aznar [1920] 2 KB 287, CA 판례에서, 용선계약자(charterer)가 선주(shipowner)에게 해상으로 캘커타에서 바르셀로나까지 황마(jute) 1톤당 50파운드의 운임을 지급하기로 동의했다. 그 계약의 준거법은 영국법이었다. 계약 체결 이후, 그러나 선박 도착 전에, 스페인 법령은 황마(jute) 운임으로

톤당 10파운드 이상을 지불하는 것을 형사범죄(criminal offence)로 규정했다. 선주는 10파운드 이상 초과금액에 대하여 용선계약자를 영국 법원에 제소했다. *판결*: 용선계약자는 초과금액에 대하여 법적 책임이 없다. 그것은 의무이행지의 법률상 위법이 었다. 위법성은 계약 체결 이후에 발생했고, 이것은 우호적인 외국 국가의 법률을 최초부터(ab initio) 위반한 계약이 아니었다는 점을 주의할 필요가 있다.

영국의 *Libyan Arab Foreign Bank v Bankers Trust Co* [1988] 1 Lloyds Rep 259 판례에서, 리비아 은행은 런던에 있는 Bankers Trust에 미국 달러를 예금했다. 미국은 리비아 단체들에게 지불을 금지하는 조치(embargo)를 부과했다. *판결*: Bankers Trust 런던 지점은 예치금을 지급해야 한다. 이 예금 계약은 영국법을 준거법으로 한 것이 확인되었다. 비록 미국 달러가 뉴욕 청산시스템(clearing system)을 통해서 통상 뉴욕에서 지불된다 하더라도, 뉴욕은 강제적인 의무이행지는 아니었기 때문에 Bankers Trust는 런던에서 지불할 수 있었고, 반드시 뉴욕에서 지급하는 것을 요건으로 하는 조항은 없었다. 만약에 뉴욕에서 지급하는 것이 요건이었다면, 법원은 의무이행지에서의 위법이므로 그 계약의 집행을 인정하지 않았을 것이다.

만약 계약이 이행지(place of performance)에서 위법이 아닌 경우, 일방 당사자의 설립지(place of incorporation)의 법률에, 예를 들어 외환규제(exchange control)상 위법이라도, 그것은 관계가 없다.

- 외국의 **차별적인 법**(foreign discriminatory law)이 본래는 그 계약에 적용될 31-23 것이어도, 그 법률이 너무 가혹(oppressive)하다면 계약에 영향을 주어서는 안 된다고 여겨진다. 예를 들면, 인종이나 신조(creed)에 의해서 외환규제(exchange controls)를 하는 외국법이 있는데 그 법률(that foreign law)이 계약의 준거법인 경우이다. *Re Helbert Wagg & Co Ltd* (1956) Ch 323, 352 판례, *Etler v Kertesz* (1960) 26 DLR (2d) 209 (Ont CA) 판례 참조.

- 정부조달 계약을 체결하기 위하여 외국 공무원에게 **뇌물**(bribe)을 지급하는 계약: *Lemenda Trading Co Ltd v African Middle East Petroleum Co Ltd* [1988] QB 448 판례 참조.
  위에서 명시된 모든 것은 법정지법(law of the court), 즉 법원이 소재한 국가의

自國法이 적용된다. 국가가 무엇을 강행규정(mandatory) 또는 공서(public policy)로 간주하는가의 문제는 아마도 외환규제와 같은 경제적 강행규정을 제외하고 모호하다. 그러나 예를 들어 계약에 있어서 면책조항이나 이슬람 국가의 고리대금업 금지와 같은 것들이 문제가 될 수 있다.

- **회사 설립**(corporate constitution)**과 그 권한**(powers), **권능**(authorities). 이들은 전형적으로 관련된 기업이 설립된 지역의 법(law of the place of incorporation of the company concerned)으로 규정된다.

31-24
- **재산 이전의 대부분**(most property transfers).   매매, 담보권, 신탁 등. 그러나 채권의 양도는 협약 초안(draft Convention) 제12조와 로마 I 규정(Rome I Regulation) 제14조[3]에 의해 규정되고 있다. 재산 이전의 유효성은, 점유, 지배, 재산의 소유권 등기부에의 등기 등 어느 정도의 공시가 필요한지가 문제된다. 통상은 그 재산의 소재지의 법(law of the location)이 준거법이 된다. 다만 예외는 있다. 단락 34-07 참조.

- **기업 합병**(amalgamations).   일반적으로 기업의 설립지의 법률에 따른 기업결합(fusion) 또는 합병(merger)은 다른 국가의 법원에서도 승인된다(recognized). 다만 그것이 자산과 부채 두 가지 모두 포괄적으로 이전(universal transfer)되는 경우에만 해당되고, 부채(liabilities)를 남겨두고 단순히 자산만 이전하는 경우에는 그러하지 아니하다. *Adams v National Bank of Greece* [1961] AC 255 판례 (포괄적 결합(universal fusion) 사례) 참조, *Re United Railways of Havana Warehouses* [1960] Ch 52, CA 판례와 대조.

- **기업 도산**(insolvency).   제33장과 제34장 참조.

31-25
- **환규제**(exchange controls)**: IMF 협정**(IMF Agreement)**의 제Ⅷ조 제2항 제(b)호**.   이 조항은 환규제에 있어 (국가들 간의) 상호예양(comity)을 독려하기

---

3) 역자 주) 원문에서는 "draft Regulation art 13"라고 쓰여 있으나, 실제 로마 I 규정(Rome I Regulation)은 제14조에서 채권양도(Voluntary assignment and contractual subrogation)를 규정하고 있다. 계약채무의 준거법에 관한 1980년 로마협약(1980 Rome Convention on the law applicable to contractual obligations)은 제12조에서 채권양도(Voluntary assignment)를 규정하고 있다.

위한 것이다. 그 규정은 다음과 같다.

"어떤 회원국의 통화에 관련된 환계약(exchange contracts)으로서 이 협정(this Agreement)에 합치하여 유지 또는 부과되어 있는 그 회원국의 환관리 규정에 위배되는 환계약은 여하한 회원국의 영토 내에서도 집행이 불가능(unenforceable)하다."

외환규제의 목적 중 하나는, 국가가 지급불능(insolvent) 상황이 되어 경제를 보호하기 위해 외환규제를 도입해야 하는 경우, 도산 시 동결(freeze)이나 중지(stay) 방식의 모델(prototype)을 도입하는 것이다. 이 개념에 대하여는 외환규제 규정이 IMF 규정과 일치한다면(consistent with) 그 국가가 채무변제를 연기하거나 소멸시키는지(discharge)의 여부가 전적으로 그 국가(states concerned)의 결정에 좌우된다는 반대의견(objection)이 있다. 대부분의 국가는 IMF의 회원국이다. 동 조항에 대한 좀 더 바람직한 견해는 다음과 같다. 동 조항은 계약체결 시 외환규제를 위반(infringes)하는 경우에만 적용되며, 따라서 차후 이어지는 외환규제의 부과(subsequent imposition of exchange controls)가 유효한 계약(valid contract)을 집행할 수 없는 환계약(unenforceable exchange contract)으로 만들면 안 된다는 것이다.

- 계약(agreement)은 "환계약(exchange contract)"이 아닌 이상 제VIII조 제2항 제b호의 대상이 되지 않는다. 여기에 국제적인 조화(international harmony)는 거의 없다. 이 용어(term)의 의미에 관해서는 두 가지 기본적인 견해가 있다.   31-26

   (1) 협의의 해석(narrow construction)으로는, "환계약(exchange contract)"은 한 국가의 통화를 다른 국가의 통화와 교환하는 계약이며 따라서 대출계약이나 채권발행은 대상이 되지 않는다. 이러한 해석은 자신의 채무를 이행하지 않으려는 채무자가 동 조항을 빈번히 인용하는 것에 대하여 법원(court)이 회피(side-step)할 수 있게 한다. 영국이나 미국 그리고 벨기에법에서 이러한 견해를 지지하고 있다.

   (2) 환계약의 광의의 해석(wide construction)은, 어떠한 방법이든지 결국 국가의 외화자원에 영향을 줄 수밖에 없기 때문에, 환계약은 외환자산에 영향을 주는 모든 계약을 의미하고, 그래서 대출계약이나 채권발행도 포함된다는

해석이다. 채무자는 외국통화로 채무를 변제하기 위해 반드시 자국통화를 팔아야 한다. 이 견해는 프랑스, 독일, 그리고 룩셈부르크의 판례법으로 지지되고 있다.

국제 판례법에 대해서는 LPIF 시리즈 제6권 단락 3-018 참조.

- **절차**(procedure) − 절차적 사항(matters) 또는 절차에는 법정지법(law of the courts)이 적용된다. 예를 들어, 법원의 관할권(jurisdiction of the court), 피고가 주권면제(sovereign immunity)를 향유하는지, 증거와 디스커버리 등.

일부 국제협약(convention)이 우선(override)되는 경우도 있다. 소비자계약, 고용계약, 보험계약이나 대리(agency)계약 등 특정 종류의 계약이 배제(exclusions)되는 경우도 있을 수 있다. 로마협약(로마 I 규정(Rome I Regulation)에서도 마찬가지로)에는 유통증권(negotiable instrument), 중재합의, 관할합의, 그리고 신탁에 있어 기술적인 예외(technical exceptions)를 인정하고 있다.

명시적 선택(express choice)이 없는 경우의 준거법(applicable law)

31-27   **일반론**(generally)   정식 대출계약(loan agreement)이나 채권발행(bond issue) 또는 파생상품(derivatives) 계약의 당사자들은 통상 계약 자체의 서면에서 준거법(governing law)을 명시적으로 선택한다. 외환거래나 파생상품 같은 금융거래계약들(financial trading contracts)은 통상 기본계약(master agreement) 하에서 거래가 이루어지는데, 이는 당사자들 간의 모든 거래에 적용되며, 준거법의 명시적 선택(express choice of law)을 포함하고 있다. 그 예로는 파생상품 거래에 있어 ISDA 기본계약(ISDA master agreement)이 있다. 그러나 대출계약이 비공식적(informally documented)인 경우처럼 상황에 따라 명시적인 선택이 이루어지지 않기도 한다. 은행간 예금(Interbank deposit) 계약들은 일반적으로 준거법을 명시(state)하지 않는다. 이러한 선택의 부재는 큰 예측불가능성(unpredictability)을 초래한다.

31-28   **국제적 규칙**(international rules) **요약**   명시적 선택(express choice)이 없는 경우에, 法域마다의 준거법을 선택하는 규칙(rules)은 굉장히 다양한 형태로 존재한다. 핀례법은

매우 많지만(vast) 국제적으로 주요한 이론들을 요약하자면 다음과 같다.

(1) 암묵적이거나 **묵시적 선택**(implied choice), 예를 들면 법정지의 선택(choice of forum) 등

(2) **법률관계의 중심지**(centre of gravity), 종종 "의사의 추정(presumed intention)", "실질적 관련(substantial connection)", "지배적 접촉(dominant contacts)"이나 "가장 중요한 관계(most significant relationship)"라 일컫기도 한다. 로마협약(Rome Convention) 이전부터의 영국 보통법(English common law)의 유연한 입장이고, 대부분의 유럽 대륙 국가들도 같은 입장을 취하고 있다.

(3) **정책적 이익**(policy interests), 특별히 미국의 학자에 의하여 제창된 이론으로, 계약과 관련된 州가 자기 州의 법을 적용하는 것에 대한 이익형량을 하는 "정부 이익 분석(governmental interest analysis)" 등이 그 예이다. US Conflicts Restatement 참조. 이 이론은 현재 미국의 주요 州에서는 채택하지 않고 있다.

(4) 암묵적인 선택이 없을 때, 공통의 국적 또는 공통된 거소(residence) 또는 계약 체결지 또는 의무이행지의 법과 같은, **엄격한 추정**(rigid presumptions)이 쓰일 수 있다 (주로 나폴레옹 법에 영향을 받은 국가들).

(5) 로마 협약(Rome Convention) — 암묵적 선택(tacit choice), 무게 중심(centre of gravity), 추정(presumptions) 세 가지의 **혼합**(mixture)이다. 그러나 주로 무게 중심(centre of gravity)이다. 로마 I 규정(Rome I Regulation)에서는, 주요 당사자(매도인, 임대인 등)의 상거소(habitual residence)가 있는 국가의 법에 따르는 엄격한 추정(rigidity)으로 돌아갔다.[4]

---

4) 역지 ㈜ "1980년 계약재무의 준서법에 관한 EC 협약(로마협약)"은 2008년에 "계약채무의 준거법에 관한 EC 규정(로마 Ⅰ)"(Regulation (EC) No 593/2008 of the European Parliament and of the Council of 17 June 2008 on the law applicable to contractual obligations (Rome I))로 전환되어, 2009년 12월 17일 이후에 덴마크를 제외한 모든 EU 회원국에서 직접적으로 적용되기 시작했다. 로마협약이 당사자의 준거법 선택이 없는 경우 계약과 가장 밀접한 관련이 있는 국가의 법을 준거법으로 지정함을 원칙으로 하면서, 계약의 특징적 이행을 하는 당사자의 상거소지법을 가장 밀접한 관련이 있는 국가의 법으로 추정했던 것과 달리, 로마 I 규정은 이러한 추정규정을 삭제하고 당사자 사이에 준거법 선택이 없는 경우 제일 먼저 동 규정 제4조 제1항에서 8가지 유형의 계약 각각에 대하여 규정한 준거법 결정 원칙에 따라서 준거법을 확정적으로 결정하는 것으로 순서를 탈바꿈했다. 사안의 계약이 위 8가지 유형에 해당하지 아니하거나 둘 이상의 유형에 해당하는 경우 특징적 이행을 해야 하는 당사자의 상거소지법을 준거법으로 결정한다(동 규정 제4조 제2항). 사안의 모든 사정에 비추어 제1항 또는 제2항에 의하여 결정된 법보다 더 밀접한 관련이 있는 국가의 법을 예외적으로 적용할 수 있다(동 규정 제

(6) **법정지법**(law of the forum)으로, 즉 (비상업적(non‒commercial) 法域에 속하는 사우디아라비아와 같이) 법원이 自國의 법을 적용하는 것이다.

많은 상업적 法域에서 법원은 암묵적 선택이 있는지 여부를 검토하고, 그렇지 않다면 (무게 중심과 같은) 유연한 관점(view)이나 아니면 계약체결지(place of contracting)와 같은 유연하지 않은(inflexible) 규칙(rule) 중에 하나를 선택한다.

불법행위(torts)와 원상회복(restitution)

31-29 　불법행위와 원상회복(restitution)과 같은 비계약적 의무(non‒contractual obligations)에는 여러 가지 청구권들(claims)이 있다. 특히 이 책의 맥락에서는, 부실표시(misrepresentation), 과실, 고의적인 계약위반(procuring a breach of contract), 수탁자나 경영진의 信認의무 또는 그와 유사한 의무의 위반, 부당이득(착오로 인한 지급, 횡령 또는 뇌물) 등이 그 예이다.

공서(public policy), 강행규정(mandatory statute) 및 재판절차 등 통상의 예외적인 사항을 제외하고 이러한 의무의 준거법은 일반적으로 위법한 행위(wrongful act)가 발생한 곳의 법이지만, 때로는 무게 중심의 테스트에따라 가장 밀접하게 연관된 법이 행위지법을 배제하기도 한다. 많은 불법행위 사례는 호의동승자법(guest passenger statutes)과 관련해 비거주자(non‒residents)가 방문하고 있는 특정 국가에서 사고가 났을 때, 자신이 거주하는 장소의 법에 따르느냐 아니면 방문한 국가의 법을 따르느냐가 쟁점으로 떠오른다(대개는 **自國法**(law of the home state)을 따른다).

이러한 이슈는 예를 들면 전 세계의 투자자들을 대상으로 하는 증권 투자설명서의 부실표시(misrepresentations) 같은 사항과도 특히 밀접한 관련이 있다.

31-30 　또 다른 문제 영역은 경영진의 의무 위반의 법적 책임인데, 이는 경영진의 행위가 법인설립지법(law of the place of incorporation)에 의해서 규정된, 경영상의 조직상의 의무(constitutional duties of management) 위반 문제라고 성질결정하는(characterised) 것이 더 적절하다.

부당이득반환청구(unjust enrichment claim)는 신탁계약(trust contract) 등 계약 또는 다른 수단(instrument)으로부터 발생되는데, 따라서 계약법이 적용될 수 있다.

4조 제3항). 제1항의 8가지 계약 유형 기준이나 제2항의 특징적 이행 기준에 의해서도 준거법을 결정할 수 없는 경우 보충적 원리로 가장 밀접한 관련이 있는 국가의 법을 준거법으로 결정한다(동 규정 제4조 제4항). 석광현, 『국제사법 해설』, 박영사, 2013년, 379면 이하. 김나래, "로마 I 규정에 의한 준거법 결정에 대한 제반 연구", 이화여자대학교 석사학위논문, 2014년 참조

EU에서는 비계약적 의무와 관련하여 회원국에게 직접적으로 적용되는 준거법이 제안되었는데, 흔히 Rome II로 불린다. 이것의 목적은 EU 내에서 불법행위나 원상회복(restitution)에 관하여 준거법 결정의 원칙(rule)을 EU 전체에 조화시키는 (harmonise) 것이다.

몇몇 영국의 케이스는 이러한 접근에 대한 최근의 예를 보여 준다.　31-31

Diamond v Bank of London and Montreal Ltd [1979] QB 333, CA 판례에서, 주장된 바에 따르면 Naussau 은행의 직원은 런던 중개업자(broker)에게 설탕이 있지 않음에도 설탕을 구매(sugar purchase)할 수 있다고 부실표시를 하였다(misrepresented). 이러한 내용은 Nassau 내에서 전화와 팩스로 전달되었다. 런던 중개업자(broker)는 영국에서 그에 따라 조치를 했다. 런던 중개업자(broker)는 Nassau 은행을 상대로 그 사무소가 있는 영국에서 소를 제기했다. *판결*: 준거법은 Nassau의 법이다. 이곳이 바로 그 메시지들을 수령한 장소였기 때문이다.

Morin v Bonhams and Brooks Ltd [2003] EWCA Civ 1802 판례에서, 한 매수인은 모나코 경매에서 1959 페라리를 구매했는데 영국에 와서야 부실표시(misrepresentation)가 발견되었다. 차에 극심한 하자가 있었던 것이다. 이 경우 모나코법이 적용되었는데, 이것은 가장 중요한 요소인 경매가 모나코에서 진행되었기 때문이다.

Thahir v Pertamina [1994] 3 Sing LR 257, CA 판례에서는 한 직원이 인도네시아에서 뇌물을 받고, 이 중 일부를 동료(associate)에게 전달했는데 동료는 이를 싱가포르로 보냈다. 고용주는 싱가포르에 있는 뇌물을 회수(recover)하고자 했다. *판결*: 본 청구는 인도네시아법이 아닌 부당이득이 발생한 싱가포르의 법에 따라 판단되었다. 뇌물을 준 자(briber)는 의도적으로 싱가포르에 돈을 두기를 의도했던 것이다.

Arab Monetary Fund v Hashim [1996] 1 Lloyd's Rep 589, CA 판례와 비교. 아부다비에서 한 직원이 아부다비법이 적용되는 계약을 통해 펀드회사(Fund)에 채용되었다. 이 직원은 계약자(contractor)에게 펀드회사로부터 아부다비법하의 건설계약을 따낼 수 있게 주선하는(arranging for) 조건으로 뇌물을 받았다. 이 뇌물은 스위스 은행계좌를 통해 지급되었고 직원이 나중에 이를 인출했다(disbursed). 펀드회사는 영국 법원에 직원이 받은 뇌물을 되찾기 위해 제소했다. *판결*: 이 청구에는 아부다비법이 적용되었다. 여기서 부정(wrong)의 본질은 직원의 고용계약에 있어 계약자의 남용(abuse)과 계약자와 펀드회사

간의 관계였다. 뇌물의 지급장소(place of payment)는 중요하지 않았다.

Chase Manhattan Bank NA v Israel-British Bank (London) Ltd [1981] Ch 105 판례에서는 뉴욕의 Chase 은행이 실수로 런던 은행인 Israel-British 은행에 두 번 중복하여 지급했다. 그 지불(payment)은 Israel-British 은행의 뉴욕에 있는 환거래은행(correspondent bank)의 계좌로 이체되었다. Chase는 영국의 Israel-British에 착오로 지급한 금액(mistaken payment)의 반환을 청구하는 소송을 영국에서 제기했다. *판결* (이렇게 보인다): 뉴욕법이 적용되는데, 수익(benefit)이 발생한(conferred) 장소였기 때문이다.

Base Metal Trading v Shamurin [2004] 1 All ER (Comm) 159, CA 판례에서는 러시아인 두 명이 Guernsey에 50/50의 비율로 러시아 철강회사를 세웠다. 그러나 주주들은 떨어져 나가게 되었고(fell out), 이사로서의 역량이 남아 있던 주주가 Guernsey 회사에 대한 信認의무(fiduciary duties)를 위반한 채 런던 금속 거래소(London Metals Exchange)와 매우 투기적인 계약(speculative contracts)을 체결했다고 회사는 주장했다. 이사의 고용계약(contract of employment)에는 러시아법이 적용되고 있었으며 금속거래에 대한 모든 지침(instructions)은 모스크바로부터 주어졌다. *판결*: 본 판례에서 이사의 의무는 고용계약의 준거법이 아니라, 이사의 회사에 대한 信認의무를 규율하는 회사의 설립지의 법률, 즉 Guernsey법률이 준거법으로 적용된다. 이 판결에 대해 법원에서는 계약상 청구권, 불법행위(tort)에 관한 청구권(러시아 내에서 일어난 불법행위 자체) 그리고 이사의 信認의무 간의 관계에 대한 상당한 논의가 이루어졌다. 또한 *Kuwait Oil Tanker SAK v Al Bader* [2000] 2 All ER (Comm) 27 판례 참조.

준거법(governing law)에 대한 더 상세한 내용: LPIF 시리즈 제6권 제2장 및 제3장 참조. 불법행위와 원상회복(restitution)에 관해서는, LPIF 시리즈 제6권 제11장 참조.

질문과 세미나 주제에 관해서는 제34장 끝부분 참조.

제32장

재판관할

재판관할(jurisdiction) 일반

도입(introduction)

이 장은 금융(financial setting)과 관련된 분쟁을 심리하고 금융 계약의 조건을 집행 32-01
할 수 있는 관할권을 갖는 법원을 결정하는 문제에 대해서 다룬다. 여기에서는 계
약이나 불법행위에 대한 관할권 중에 인적 관할권(personal jurisdiction)의 문제가 핵심
을 이룬다. 담보권의 집행과 같은 자산 분제(property matters)에 대한 관할권은 종종
도산에 관한 관할권(insolvency jurisdiction)과는 다른 모습이다. 또한 범죄나 규제제도
하에서 발생하는 행정법규위반(administrative offences) 관련 관할권에 적용되는 원칙도
다르다.

실제로 신용 계약(credit contracts)의 맥락에서는 집행 관할권이 크게 사용되지 않는
경향이 있는데, 이는 채무구조조정의 협의를 통한 회생의 방식이 더 선호되기 때문
이다. 만약 채무구조조정이 실패할 경우, 대안은 법정 구제절차(judicial rescue
proceeding) 또는 파산(liquidation)이다. 채권자가 소송 및 집행(execution)을 통해 집행
(enforce)하려는 시도는 채무자 또는 다른 채권자들에 의해 개시되는 도산 절차에 의
해 거의 충족되며, 이는 하나의 채권자가 다른 채권자들보다 우선시되지 않도록 채
권자의 개별적인 소송(individual actions)을 동결한다.

그럼에도 불구하고, 법원 소송의 가능성(the availability of court action)은 기본적인

제재(basic sanction)를 의미한다. 제재가 없는 계약은, 비록 그 제재가 실제로는 활용되지 않는다고 해도 아무런 가치가 없다.

법정지 선택(forum selection)의 목적

32-02   대부분의 주요한 국제 신용 계약에는 법정지 선택 조항(forum selection clause)이 포함되어 있으므로, 이에 대한 명시적인 복종(express submission)이 없어서 법원이 관할권을 행사하게 되는 일반적인 근거는 별로 의미가 없다. 따라서 국제 신디케이티드 대출(international syndicated credit) 및 국제 유로채 발행(international eurobond issues)에 있어서 언제나 법정지 선택 조항이 포함되어 있으며, 주로 영국 또는 뉴욕 법이 적용된다. 이는 또한 기본계약(master agreements)에도 해당되는데, 파생 상품에 대한 ISDA 기본계약서(ISDA master agreements)를 예로 들 수 있다.

은행 간 예금 계약(inter-bank deposit contracts)과 (종종) 국제계좌이체(international credit transfers)에는 통상 법정지 선택 조항(forum selection clauses)이 포함되지 않는다.

법정지 선택 조항은, 실무상(in practice) 보편적(universal)일 수는 없어서 채무자가 명시적으로 복종(expressly submitted)하지 아니한 다른 법원의 관할권이 의미가 있을 수 있다. 예를 들어 현지에 자산이 있는 경우가 그러하다. 통상적인 경우 채권자는 판결에 앞서서(prior to judgment) 어디서든지 우선적으로 채무자의 자산을 동결하려고 하며 이를 위해서는 관할권이 있어야 한다. 그 후 채권자는 선택한 법원에서 판결을 받고 자산이 있는 곳에서 판결에 대한 집행을 하려 한다. 이를 위해서 또한 관할권이 있어야 한다.

32-03   몇 가지 목적은 다음과 같다.

- **추가적 법정지**(additional forum).   차주(borrower)의 국가 외에 추가적인 법정지를 제공하기 위한 것이다. 많은 국제적인 차주는 전 세계적으로 자산을 보유하고 있다. 다른 법원들이 현지에서 외국 판결(foreign judgments)을 집행할 용의가 있을 수도 있다.

- **절연**(insulation).   외국 준거법(external governing law)의 선택에 의해 발생되는 절연 효과를 보호하기 위한 것이다. 외국 준거법의 적용은 차주 국가의 정부에 의해 입법된 불리한 법률(adverse legislation, 예를 들어, 외환규제나 지불유예법

등)로부터 파생된 의무를 어느 정도 막을 수 있다. 단락 31-14 참조. 현지 법원이 이러한 강제적으로 간섭하는 입법(interfering legislation)을 적용할 가능성이 다분하다.

- **법정지(forum) 및 준거법(governing law).** 법정지를 준거법과 일치(coincide)시 **32-04** 키기 위한 것이다. 법원은 自國法(domestic law)과 친숙하다. 전문가의 증언(expert evidence)을 요청할 때 수반되는 지연이나 비용이 발생하지 않는다.

  외국 법원은 준거법이 의도하는 범위까지 인정하지 않을 수도 있다. 법원은 거의 항상 계약 문제에 있어서 국제사법(private international law)에 대한 자체적인 규칙을 적용한다. 준거법의 규칙은 문제가 되는 사안에 직접적으로 적용되는 현지의 강행법규 또는 공서(public policy)의 고려에 의해 무시될 수 있다.

- **법원의 수준(standards of the courts).** 높은 수준의 법원을 선택하기 위한 것이다. 특히: 국제 투자 분쟁에 대한 경험이 풍부한 사법부(judiciary), 공정성 (impartiality), 그리고 상업 중심적인 법원 절차.

- **면제(immunity).** 차주(borrower)가 국가 또는 국가와 관련된 기관인 경우, 심지어 그 국가의 법원이 자국 정부에 대한 소송(action)을 인용할 준비가 되어 있다고 하더라도, 어떠한 집행 절차도 허용되지 않는다는 것은 거의 보편적인 사실이다. 외국 법원에 소송(action)을 제기한 경우에는 상황이 달라진다. 영국과 미국을 포함한 대부분의 상업적 국가들은 면책특권을 명시적으로 포기하는 것을 유효하게 인정하고 있으며, 이에 따라 관할권 내에 있는 자산의 압류도 가능하게 된다. 단락 32-32 참조.

- **기타(miscellaneous).** **32-05**

  - 명시적 복종(express submission)은 다른 곳에서의 승인(recognition) 및 집행을 위한 판결의 적격성(eligibility)을 크게 향상시킨다.
  - 피고에게 불편한 법원(inconvenient forum)이라는 이유로 특정한 법원(specified court)이 관할권을 행사해서는 안 된다는 피고의 불만은 거의 사라질 수준까지 감소한다.

- 차주(borrower)가 EU국가에 주소를 둔 경우, "예외에 따르는 것을 조건으로, 차주의 주소가 있는 법원이 유일한 관할권(sole jurisdiction)을 갖는다."라는 일반 원칙에서 벗어나기 위하여 외부 법원에 관할권을 부여한다는 서면합의가 필수적이다.

관할 조항(jurisdiction clauses)

32-06   약식 조항(short-form)은 다음을 규정할 수 있다.

"차주는 이 계약과 관련하여 Sealandia의 법원이 관할권을 가지는 것에 동의하며, 이를 위한 절차를 진행하기 위하여 차주의 Sealandia에서의 대리인으로서 Service Process Ltd을 선임한다. Sealandia 법원의 관할권은 어떠한 다른 적법한 관할권이 있는 법원을 배제하지 않는다. 차주는 다른 법원에서(in any other court) 소송을 제기할 수 없다."

명시적 관할 선택이 없는 경우(No express forum selection)

32-07   관할에 대한 명시적인 선택(express choice)이 없다면, 전통적으로 법원의 관할권 범위는 해당 국가의 주권이 미치는 영역과 결부되어 있기 때문에, 만약 피고가 법원의 영역(domain) 내에 있고 적법절차(due process)에 따라 송달을 받을 수 있는 경우 법원은 그 소송을 심리할 수 있다. 그 국가는 피고에 대하여 권한을 가진다.

각 국가들은 "확대(long-arm)" 규칙을 발전시켰는데, 계약의 일방당사자 또는 하나의 거래라도 법원이 속한 국가와 어떠한 관련이 있는 경우, 각 국가는 그들의 관할권을 주장할 수 있다는 내용이다. 그러한 관할권들의 행사는 그 행사가 부당(unjust)할 경우, 자율적으로 자제(self-imposed restraints)될 수 있다.

다음의 규칙들은 유럽 국가들 간의 EU 재판 규정(EU Judgments Regulation)과 유럽 재판 협약(European Judgments Conventions)에 의거하여 해석해야 한다. 단락 32-11 참조.

보편적인 관할(jurisdiction)의 근거

32-08   아마도 모든 상업적 국가는 다음과 같은 경우에 관할권을 행사(exercise jurisdiction)할 수 있는 권한이 있다고 주장한다.

- 피고가 사전 계약에 의해 해당 **관할권에의 복종에 합의**(agreed to submit)했 거나, (때때로) 관할권에 대하여 이의제기(to contest jurisdiction)를 하는 대신에 실 제로 응소하는 경우.

- 피고 회사가 **현지에서 설립되었거나**(incorporated locally) 또는 현지에 주된 영업지(principal place of business)를 갖고 있는 경우 또는 현지에 "본거(seat)"를 두 는 경우. 보통법 국가에서는 일반적으로 법인의 설립 장소에 관할권을 부여한 다. 일부 로마−게르만계 국가에서는 "본거(seat)"가 매우 결정적이다 — 이는 일반적으로 회사의 주된 영업지 또는 회사의 중심적인 통제가 행사되는 곳을 의미한다. 그리고

- 피고가 **현지에 지점**(local branch)을 가지고 있는 경우. 이 경우 간혹 지점과 관련하여 발생하는 거래만으로 소송(action)이 제한된다. 많은 국가에서, 현지 지점은 현지의 회사 등기부(companies register) 또는 상업 등기부(commercial register)에 등록해야 하며, 절차를 진행할 수 있는 사람을 지정해야 한다. 그 예 로 2006년 영국 회사법(British Companies Act 2006) 제1139조 참조.

확대 관할권(long-arm jurisdiction) 요약

법정지(forum)와의 보다 희박한 연결을 근거로 하는 관할권은 종종 롱 암 (long−arm) 관할권, 확대 관할권, 과잉 관할권 또는 과도한 관할권으로 불린다. 확대 관할권(long−arm jurisdiction)의 경우에, 관할권이 기계적으로 결정되는 것은 아니고, 거의 변함없이 법원은 그 관할권 결정에 대하여 재량권을 가지고 있다. 일반적으로 관할권(jurisdiction)은, 그 법원이 심리하기에 가장 편리한 법정지(forum)인지 아닌지 를 기준으로 판단한다. 그러나 전 세계의 많은 지역에서, 법원은 비록 법적 절차의 사실상 중심지는 다른 곳이라고 하더라도, 형식적으로 자신이 관할권을 가지고 있 다면, 관할권을 거부하는 것을 상당히 망설이게 된다. 이 경향은 원고 지향적인 (claimant−orientated) 法域에서 그 지방의 재판부가 스스로 심리하는 것이 다른 법정 지보다 원고에게 유리한 결과가 나온다고 생각하는 경우에 특히 강하다고 할 수 있 다. 그 결과, 심한 법정지 쇼핑(forum−shopping)이 만연하게 되고, 이것은, 예를 들어 미국처럼, 판결로 얻는 금액으로부터 변호사가 고액의 보수를 가져갈 수 있는 경우

32-09

에 격렬해진다.

국제적으로 재량권 있는(discretionary) 확대 관할권의 주요 사항은 다음과 같다.

- 개인 채무자의 일시적인 현지 체류(영국, 미국의 주들) ―"히드로 영장"("Heathrow writ").

- 채무자가 현지에서 사업을 수행. 예를 들어 현지 대리인을 통해서 등.

  지도적 판례인 *International Shoe Co v State of Washington*, 326 US 310, 66 S Ct 154, 90 L Ed (1945) 판례에서, 미국 연방대법원은 워싱턴 주에 사무실도 없으며 그곳에서 계약을 체결하지도 않았지만, 그곳의 영업 사원을 통해 주문을 받고, 그곳에서 제품을 판매한 미주리(Missouri) 주 기업에 대해 워싱턴주 법원이 관할권을 갖는다고 판시했다. 그러한 활동들이 워싱턴 주에서 "사업을 수행(doing business)"한 것으로 판단되었다. 법원은 사법적 관할권의 기본 원칙으로서 "공명정대(fair play)와 실질적인 정의에 대한 전통적 관념"을 거스르지 않도록 법정지의 주(state of the forum)와의 "최소한의 접촉"("minimum contacts")[1]이 있어야 한다고 판시했다(316페이지). 미국 수정 헌법 제14조의 적법절차(due process) 조항은 주 정부가 사법적 관할권을 가지고 있지 않을 때 법원을 통해 법적 조치를 취하는 것을 금지하며, 수정 헌법 제5조의 적법 절차 조항은 미국정부가 유사한 조치를 취하는 것을 금지한다.

- 거래가 현지에서 이루어졌을 때와 같이(영국은 해당하지만 뉴욕 주는 해당하지 않음) 고소당한 거래가 현지와의 관련성이 있거나, 또는 계약이 명시적 또는 암묵적으로 현지법의 규율을 받거나(영국은 해당하지만 뉴욕 주는 해당하지 않음. *Hanson v Denkla*, 357 US 235 (1958) 판례 참조), 계약이 현지에서 시행되어야 하는 경우, 현지에서 불법 행위가 저질러졌거나 부당한 행위가 이루어진 경우, 또는 재산이 그곳에 위치해 있거나 신탁이 그곳에 주소를 둔 경우.

32-10
- 원고(claimant)의 국적지(프랑스, 룩셈부르크) ― (민법(CC) 제14조), 이탈리아(상

---

1) 역자 주) 원문에는 "minimum contracts"라고 나와 있으나, 이것은 "minimum contacts"의 오타로 보인다.

호주의의 적용을 받음 ― (민사소송법(CCP) 제4조 제4항)), 그러나 영국 제외. 대부분의 미국 주들(states) 제외. 이것은 전형적인 나폴레옹계 *法域*의 관점이다.

- 원고(claimant)의 주소지. 국적과 상관없음: 네덜란드(민사소송법(CCP) 제126조 제3항), 벨기에(벨기에의 경우 상호주의의 적용을 받음). 영국 제외. 대부분의 미국 주들(states) 제외.

- 피고의 재산소재지. 재산이 아무리 적더라도 해당되어 "칫솔" 관할권("toothbrush" jurisdiction)이라 한다. 독일(ZPO 제25조), 오스트리아(Jurisdiktionsnormen 제99조 제1항), 일본, 덴마크, 남아프리카 공화국, 스웨덴 ― 사실, 대부분의 로마-게르만계 *法域*.

추가적으로, 법원은 절차적인 이유 때문에 확대 관할권을 행사하는데, 피고 중 한 사람이 특정 관할권의 지배를 받고 있다면, 그 관할권 밖에 있는 피고들도 보증인과 같이 주된 소송에서 긴밀하게 연관되어 있기 때문에 그 관할권에 참가하는 것이 바람직한 경우가 그러하다.

따라서 주요 연결 고리(connecting links)는: ① 당사자, ② 거래, ③ 자산, ④ 공동소송(joinder)이다.

유럽 재판 규정(European Judgements Regulation)

EU 재판 규정(EU Judgments Regulation)의 도입

2000년 EU의 민·상사 관할, 재판의 승인 및 집행에 관한 규정(The EU Regulation of 2000 on jurisdiction and the recognition and enforcement of judgments in civil and commercial matters)은 상호 신뢰와 EU 안에서의 판결의 자유로운 이동에 대한 열망을 기반으로, EU 회원국들에게 간단하고 예측가능한 EU 차원의 판결에 대한 승인과 집행을 규정한다. 덴마크를 제외하고, 이 규정은 1968년 브뤼셀 재판협약(Brussels Judgments Convention of 1968)(다양한 가입 및 기타 보충협약 포함)을 대체했다.   32-11

대상국가(countries covered)   EU 판결 규정은 27개 EU 회원국(스페인에서 제외한   32-12

Gibraltar 포함)에 적용되며 개별 국가의 이행 입법 없이도 직접적인 효력을 갖는다.

1988년 루가노 판결 협약(Lugano Judgments Convention of 1988)은 1968년 브뤼셀 판결 협약의 관할권 및 집행 규칙을 유럽 자유 무역 연합(European Free Trade Association) 국들에 확대시켰다. 아이슬란드, 노르웨이, 그리고 스위스.

EU 판결 규정과 루가노 협약은 유사하지만, 완전히 같은(identical) 형태는 아니다. 2007년까지 루가노 협약을 EU 판결 규정에 맞출 계획이었으며: 2007년 말에 시행될 예정이었다.

EU 판결 규정(EU Judgments Regulation)의 적용

32-13   EU 규정은 다음과 같은 경우에 적용된다.

- 피고가 회원국에 주소를 둔(domiciled) 경우.

- 제22조에서의 **전속관할**(exclusive jurisdiction)에 관한 규칙이 적용되는 경우. 이것은 주로 EU 회원국 중 한 국가에 있는 토지, 회사의 설립, 해산, 그 설립지 결정의 효력, 공적 등기부 또는 공부(公簿)(public register)에의 등기의 효력 등으로, 이러한 경우에 당사자의 주소지(domicile)는 무관하다.

- 당사자가 제23조에 따른 **법정지 선택**(forum selection) 조항에 따라 EU 내외의 법원을 선택한 경우. 하나 또는 그 이상의 당사자들은 반드시 회원국 내에 주소를 두어야 한다.

EU 회원국이 아닌 경우와 같이, 다른 경우에는 법원은 그들 자신의 규칙(own rules)을 적용한다.

EU 판결 규정(EU Judgments Regulation)의 기본 원칙

32-14   EU 판결 규정은 일반적인 관할권의 근거에 근본적인 변화를 준다. 규정의 첫 번째 기본 원칙은, 예외를 인정하지만 "회원국에 주소를 둔 사람은 국적에 관계없이 그 회원국의 법원에 제소되어야 한다"는 것이다. 제2조 참조. 법인에 있어서는 일반적으로 핵심적인 주된 영업지(central place of business) 또는 법인 설립지(place of incorporation)이다. 두 번째 원칙은, 일반적으로 말해서, 규정에 따른 회원국 법원의 판결이 공동체 전체에서 보편적으로 집행되어야 한다는 것이다. 오직 공서에 관한 예외(public policy exception)(예: 공정하지 않은 재판)의 경우에만 그에 따른다. 제33조, 제34조 참조.

비록 피고가 현지에 주소를 두고 있다고 하더라도, 법원은 다음과 같은 때에는 관할권을 주장할 수 없다.

- 다른 법원이 제22조에 따라 전속 관할권을 가질 경우: 단락 32−25 참조.

- 다른 법원이 제23조에 의한 관할합의에 따라 관할권을 가질 경우: 단락 32−27 참조.

- 예를 들어 제5조와 제6조에서와 같이, 법적절차가 다양한 대체적 관할근거에 따라 이미 다른 회원국의 법원에서 개시된 경우: 단락 32−20 참조.

회원국에 주소를 두지 않은 자들(non−domiciliaries)은 각 회원국의 확대 관할권 규칙(long−arm rules)의 적용을 받으며, 그러한 규칙에 근거한 판결은 모든 다른 회원국에서 집행된다. 따라서 30개국(지브롤터 포함 시 31개국)과 주변국들을 포함한 큰 그룹은 단일한 관할권 단위(unit)로 작용하고 있고, 일본 또는 미국 등 비회원국의 채무자의 채권자도 이용 가능한 극도로 광범위한 확대 관할권 규칙(long−arm jurisdictional rules)을 가지고 있다. 영국은 캐나다, 호주와 이 규칙보다 우선하는 협약을 체결했다. 법적절차가 처음으로 개시된 회원국은 일반적으로 전속관할권을 갖지만, 예를 들어 잉글랜드의 동결 명령(freeze order)이나 프랑스의 saisie conservatoire와 같이 판결에 선행하는 사전 보전조치(pre−judgment preservation measures)의 광범위한 활용에 따라 다른 회원국에서의 지위는 유지될 수 있다.

회원국에 주소를 가진 상황에서, 다른 회원국에 관할권을 부여하기를 바라는 경우에는, 채권자는 제23조의 계약에 의한 배제 조항(contracting−out provisions)을 준수하여야 한다. 지정된 법원에서의 전속적인 법적 절차가 진행되는 동안에도, 다른 회원국에서의 지위는 다시 현지의 보전 조치(preservative measures)를 통해 보호받을 수 있다.

EU 판결 규정(EU Judgments Regulation)에 대한 종합적 평가

32-15 소송 측면에서 판결 규정의 큰 장점은 다음과 같다.

- 법정지 쇼핑(forum-shopping)을 제한한다.

- 대체법정지(alternative forum)를 선택할 계약의 자유를 승인한다.

- 주소(domiciliary) 유무와 상관없이 유럽 전체적으로 보전처분(preservative arrests)이 가능하게 된다.

- 회원국의 판결을 사실상 자동적으로 승인 및 집행이 되게 해준다.

주요 단점은 다음과 같다.

- **불편한 법정지**(inconvenient forum). 유럽 법원에게 그들의 관할권과 다른 관할권 중 어떤 관할이 보다 편리한 법정지인지 여부를 결정할 융통성을 부여하지 않는다. 이러한 재량의 부재는 다음 판례에서 극적으로 드러난다.

  > *Owusu v Jackson, Case* C-281/02 [2005] ECR I-1383; [2005] 2 WLR 942 판례에서 Owusu와 Jackson은 모두 영국에 주소를 두고 있었다. Owusu는 Jackson에게서 자메이카(Jamaica)의 별장을 빌렸다. Owusu는 별장 근처의 전용 해변을 이용할 수 있었다. 불행하게도 Owusu는 이 해변에서 수영을 하다가 숨겨진 장애물과 부딪쳐 심각한 부상을 입었다. 그 결과 Owusu는 사지마비가 되었다. Owusu는 영국에서 Jackson을 상대로 소송을 제기했고(왜냐하면 Jackson은 영국에 주소를 두고 있었기 때문에), 또한 해변을 소유하고 있던 회사 그리고 해변 관리 및 유지 보수를 담당하는 회사를 포함한 여러 자메이카 회사들에 대하여도 소송을 제기했다. 피고들은 자메이카가 더 적절한 법정지라고 주장하며 영국 법원에 그 이전의 영국 법원의 소송절차를 중지할 것(stay the proceedings)을 요청했다. 사고는 자메이카에서 발생했으며 거의 모든 증거가 그곳에 있다는 이유에서였다. 유럽 법원(European Court)의 *판결*: 영국에 주소를 두고 있는 피고 Jackson은 자신을 상대로 제기된 소송에 대해 자메이카를 위하여(in favour of) 중지할 수 없다. 이 판례는 사실 1968년 브뤼셀 협약에 따른 것이지만 EU 판결 규정에도 또한 적용될 수 있을 것이다. 유럽 법원

(European Court)은, 1968년 협약과 관련하여, 비회원국의 법원이 소송을 수행하는 것이 더 적합하다는 이유로, "비록 문제가 되는 사항에 대하여 어떠한 회원국도 관할권이 없거나, 그 소송절차가 회원국과 아무런 연관이 없다 하더라도, 동 협약 제2조에서 부여한 주소지 관할권(domicile jurisdiction)을 부인하는 것을 금지한다."라고 판시했다.

- 결과적으로, 피고가 회원국에 주소를 둔 경우에는, 그 회원국의 법원이 (다양한 출구(exits)를 제외하고) 의무적인 관할권(compulsory jurisdiction)을 갖는다. 비록 그 소송이 해당 회원국과 다른 연결 고리가 없는 경우에도, 해당 회원국이 완전히 부적절한 법정지(inappropriate forum)임에도 불구하고, 그리고 소송의 주된 중심(main centre of gravity of the litigation)은 다른 곳에 있음에도 불구하고 말이다.

- **남용**(abuse). 소송 당사자들은 소가 처음 제기된 법원(the court which is first seised)이 관할권을 가지며, 회원국들의 다른 모든 법원들은 관할권을 거부해야 한다는 규칙을 남용할 수 있다. 이것은 전속 관할권 조항의 당사자가 관할권 합의와는 상충되게 다른 법원에서 소송을 제기함으로써 배타적인 권리를 무력화시킨 일련의 판례에서 확실하게 드러났다. 유럽사법재판소(The European Court of Justice)는 정당하지 않은 소의 제기를 받은 법원(wrongly seised court)이 관할권을 거부할 때까지 상대방이 기다려야 한다고 판시했다 — 이것은 상당한 시일이 소요될 수도 있다. 심지어 위반한 당사자(violating party)가 악의적으로 그러한 행동을 했을 경우에도 마찬가지다. 이러한 유형의 남용은 대부분의 EU 법원들이 이러한 형태의 위반을 신속하게 처리할 것이라는 사실과 관할권 합의의 위반은 위반한 당사자에게 손해배상 청구권을 발생시킨다는 판례(적어도 영국에서)에 의해서 아마도 일정 부분 제한된다. *Union Discount Co Ltd v Zoller* [2001] EWCA Civ 1755, [2002] 1 WLR 1517 판례 참조.

32-16

문제는 EU 판결 규정의 원칙에 따라 단 하나의 회원국만이 관할권을 행사해야 하기 때문에 발생한다. 예를 들어 회원국이 상이한 주소지 기준(domicile tests)을 적용하거나 단락 32-20에 언급한 규칙에 따라 대체적 법정지(alternative forum)에서 소송이 가능하거나, 제23조에 따라 당사자들이 하나 이상의 법원을 선택한 경우에는 경합하는 관할권(concurrent jurisdictions)이 가능하다. 기본적인 규칙은 동일한 당사자들 간의 동일한 취지의 소송이라면 처음에 소가 제기된 법원(the court first seised)이 관할권을 행사하는 것이다. 이는 양립할 수 없는 소송(irreconcilable actions)을 피하기 위한 것이다.

Turner v Grovit, Case 159/02 (2004) European Court 판례에서, Paul Turner는 Grovit이 관리하고 있었던 Harada Ltd라는 회사에서 일하는 젊은 사무 변호사(solicitor) 였다. Turner는 마드리드에 있는 그룹의 사무실에서 일하도록 보내졌고, 그곳에서 그는 전체 그룹의 기업들이 채권자에게 변제하기 위하여, 직원 급여에서 세금 공제가 된 자금 (money deducted for tax from the salaries of employees)을 사용하고 있다는 것을 발견했다. 그는 사임했고 곧이어 그가 불공정하고 부당하게 해고되었다는 사유로 영국 고용심판원 (English Employment Tribunal)에 소송을 제기했다. 그러자 Grovit은 스페인에서 Turner를 상대로 그의 "부당한 퇴직(unjustifiable departure)"으로 인한 손해에 대해 거의 £500,000 에 달하는 청구액을 요구하는 소송을 제기했다. Turner는 스페인에서의 소송 절차를 저 지하기 위해서 영국 법원에 소송중지명령(anti-suit injunction)을 위한 소송을 제기했다. 영국 항소법원(Court of Appeal)은 스페인에서의 소송이 악의적으로 제기됐다는 것을 알아 냈고 이 문제는 영국 상원(House of Lords)에 의해 유럽사법재판소(European Court of Justice)로 넘어갔다. 유럽사법재판소의 *판결*: 비록 악의적인 경우라 할지라도, 다른 회원 국에서의 소송과 관련한 소송중지명령은 허가될 수 없다. 명령은 (EU판결규정(Judgments Regulation)과 유사한 내용의) 브뤼셀 협약체제에서는 양립할 수 없는, 다른 법원의 관할 권에 대한 간섭이 된다. 회원국(contracting states) 상호 간에는 신뢰해야 한다.

Erich Gasser GmbH v MISAT srl [2004] 1 Lloyd's Rep 222 판례에서는, 오스트리아 를 관할로 하는 합의(Austrian jurisdiction agreement)가 있었다. 원고는 그 합의와는 배치되 게도 이탈리아에서 소송을 제기했다. *판결*: 오스트리아 법원은 이탈리아 법원이 관할권 이 없다는 점을 주장할 자격이 없었으며, 이탈리아 법원이 관할권을 거부하지 않는 한, 오스트리아 법원의 청구를 용납할 수 없었다.

JP Morgan Europe Ltd v PrimaCom [2005] EWHC 508 (Comm) 판례에서는, JP Morgan은 독일 통신회사였던 PrimaCom AG에게 두 번째 유치권을 설정하고 £375,000,000을 대출한 대출기관(second lien lenders)의 대주단(syndicate)을 이끌었다. PrimaCom은 재정적으로 어려운 상황에 처해 있었고 이자를 변제하지 못했다. PrimaCom은 영국으로 관할권을 지정한 합의서의 전속관할 조항을 위반하고, 독일에서

선제적으로 소송절차(pre-emptive proceedings)를 개시했다. 뒤이어 대주들이 영국에서 소송을 개시하자 PrimaCom은 Gasser 규칙에 따라 소송절차의 중지(stay the proceedings)를 요청했다. *판결*: PrimaCom이 고의적으로 대주들의 집행 조치(enforcement action)를 지연시키기 위해서 독일에서 소송을 개시했다는 증거(finding)에도 불구하고, 영국 법원은 영국에서의 소송을 중지(stay)해야 한다. 따라서 대주들은 독일 법원이 관할권을 거부할 때까지 기다려야 했다. 그러나 그 와중에 JP Morgan은 보전명령(preservative order)을 할 권리가 있었다.

이러한 불만족스러운 상황의 결과, 이른바 "법원 문을 향한 달리기 경주"(race to the courthouse door)가 벌어지게 되는데, 이는 적대적인 태도를 더욱 유발한다. 대주들은 차주가 먼저 다른 회원국의 법원에 소송을 제기하는 것을 방지하기 위해서, 차주의 재정적 어려움(distress)에 대한 첫 번째 신호가 있을 때 먼저 선택한 관할권에 소송을 제기해야 한다. 이러한 상황에서는 통상 법원의 개입 대신에 사적으로 (privately) 협상을 시작하여 해결책을 도출하는 것이 모든 당사자들에게 이익이 된다. 법원의 소송(court action)은, 자산의 보전압류(preservative attachments of assets)와 결부되어 있기 때문에, 대출계약(loan agreements)에서의 채무불이행 사유(events of default)를 유발할 수 있고, 그에 따라 일련의 크로스 디폴트(cross-defaults)를 유발할 수 있다.

민사 및 상사 사건: 제1조

EU 판결 규정은 오로지 "민사 및 상사"에만 적용된다. 제1조 참조. "민사"에서는 공적 기능을 수행하는 공공 단체에 의한 또는 공공 단체에 대한 소송을 배제한다(예 - 규제기관(regulatory authorities)).　32-17

가장 중요한 (제1조에서의) 명시적인 배제 사항은 다음과 같다(강조표시 추가):

- "**재정**(revenue), **관세**(customs) **또는 행정적 사항**(administrative matters)".

- "**도산**(bankruptcy), 지급불능의 회사 또는 다른 법인의 파산(winding-up)과 관련된 소송, 법원의 구조조정(judicial arrangements), 화의(compositions) 그리고 그와 유사한 소송". 이는 개별적인 EU 규정(regulations) 및 지침(directives)에 의해 규정　32-18

된다. 변제능력자의 청산(solvent winding-ups)은 EU 규정(Regulation)의 범위 안에 있다. 도산의 예외는 좁게 해석된다. 그러나 부채를 변제받기 위한 파산관재인의 청구권 또는 이사의 직권남용에 대한 청구권 또는 파산 이전의 계약에 대한 해석(construction)은 비록 파산(winding-up)절차에서 제기된다고 하더라도 이에 포함되지 않을 것이다. 이러한 모든 것들은 도산 절차 밖에서 제기될 수 있다. 편파행위(preference) 否認 소송이나, 파산관재인(liquidator)이 이사를 상대로 사기 적이거나 정당하지 못한 거래에 대해 제기하는 소송은 직접적으로 도산에 관한 문제이기 때문에 포함될 것이다. 일반적으로, *Gourdain v Nadler*, Case 133/78 [1979] ECR 733 판례 참조. 여기에서 유럽 법원은 도산으로부터 직접적으로 파생되거나 도산 절차와 밀접한 관계를 갖는 법적 조치는 EU 도산 규정 (EU Insolvency Regulation)을 따르며 판결 규정에서 벗어난다고 판시했다.

　　UBS AG v Omni Holding AG [2000] 1 WLR 916 판례에서, UBS는 은행 대주 단(syndicate of banks)의 대리은행이었는데, 그 은행 대주단은 스위스 회사인 Omni 의 주식과 Omni에 대한 풋옵션(put option)을 담보로 독일과 저지(Jersey)의 회사에 게 돈을 빌려주었다. 관련된 서류는 영국법의 적용을 받았으며 영국을 법정지로 선 택했다. UBS는 담보권을 집행했고 옵션을 행사했다. Omni는 스위스에서 파산절차 에 돌입했다. UBS는 옵션계약을 위반한 데 대한 손해 배상 청구를 했지만, 파산관 재인(liquidator)은 질권이 설정된(pledged) 주식의 매도 수익금은 공제돼야 하며 그 쟁점은 스위스에서 재판돼야 한다고 주장했다. *판결*: UBS의 청구는 루가노 협약 (Lugano Convention)의 범위에 속하는 것이며, 계약된 바와 같이 영국 법원에서 심리 되어야 한다. 쟁점은 파산 전 구조조정(pre-liquidation arrangement)에서 발생했으며, 협약(Convention)의 도산 예외조항에 의해서 배제되지 않았다. 그 이유는, 비록 파산 청구권에 관한 분쟁이라 할지라도, 지급불능 회사의 파산(winding-up)과 직접적으 로 관련되어 있지 않았기 때문이다. 또한 *Oakley v Ultra Vehicle Design Ltd* [2005] EWHC 872 (Ch) 판례(도산 절차에서 어떤 회사가 특정 재산을 소유하는지 에 대한 문제는 도산 규정(Insolvency Regulation)이 아니라 재판규정(Judgments Regulation)에 해당한다) 참조.

　　보통 EU 도산 규정은 채무자와 연관된 모든 소송을 도산 법정지(insolvency forum)로 가져야 한다는 근거를 바탕으로, 파산관재인(liquidator)이 도산 법성지 (insolvency forum)에서 소송할 수 있도록 하는 반면에, 판결 규정(Judgments

Regulation)은 파산관재인(liquidator)으로 하여금 통상적인 경우 피고의 주소지(domicile)에서 소송하도록 강제하기 때문에 이러한 문제가 발생한다.

- **중재**(Arbitration) (규정들로부터 벗어날 수 있는 방법이나, 대출계약의 경우에 중재가 가지는 단점 때문에 대출약정서나 채권발행 시 잘 사용하지 아니함). 이러한 배제의 범위에 대해서는 많은 판례법이 존재한다. 중재판정에 대한 집행은 규정 밖의 사안이다.   **32-19**

- 특정한 **다른 사항들**(other matters), 예를 들어서 자연인의 지위나 법적 능력, 부부재산, 유언(wills) 및 상속, 그리고 사회보장(social security).

주소지의 대안(alternatives to domicile): 제5조, 제6조, 제7조 및 제24조

몇몇 경우에 청구인은, 법원이 그들의 통상의 관할권 규칙(normal jurisdicitional rules)에 따라 결정권이 있다고 여겨진다면, 채무자의 주소지(domicile) 이외의 곳에서 법적 절차를 밟을 수 있다. 금융거래 맥락에서 가장 중요한 추가적인 가능성은 아래에 서술되어 있는데, 이는 오직 피고가 회원국에 주소를 둔 경우에만 그러하다.   **32-20**

- **계약상 소송**(contractual suits): "문제가 되는 의무가 이행되어야 하는 장소의 법원", 예를 들어 지급이 이루어져야 하는 장소. 제5조 제1항 참조.

- **불법행위**(tort), **위법행위**(delict) **또는 준위법행위**(quasi-delict): "유해한 사건이 벌어졌거나 벌어질 수 있는 장소". 제5조 제3항 참조. "유해한 사건이 벌어진 장소"는 청구인에게 피해가 발생한 장소 또는 피해를 유발할 사건이 발생할 장소에 대한 선택지를 부여한다. *Bier v Mines de Potasse d' Alsace*, Case 21/76 [1976] ECR 1735 판례 참조. 손해(damage)의 장소는 물리적인 손해(physical damage) 또는 실질적인 경제적 손실이 발생한 곳이며, 피해자의 사업장소와는 다르다. 손실은 주로 피해자의 사업장에서 인지되지만, 그렇다고 이를 또 다른 관할구역의 선택지로 하고자 하는 것은 아니다. 법규는 원칙적으로 피고의 주소지(domicile)에서의 소송을 기반으로 하며, 원고의 주소지를 기반으   **32-21**

로 하지 않는다. 손해가 발생된 장소는 불리한 결과(adverse effects)가 인지된 장소를 의미하지는 않는다.

　　Dumez France v Hessische Landesbank, Case C−280/88, [1990] ECR 1−49 판례에서, 독일 내 부동산 개발과 관련하여 독일 은행의 과실로 인하여 프랑스 모회사의 독일 자회사들이 지급불능 상태가 됐다. *판결*: 손해는 독일에서 발생했다. 그래서 프랑스 모회사는 경제적인 손실을 입었음에도 불구하고, 독일 은행에 대한 소송을 프랑스에서 제기할 수 없었다. 또한 *Marinari v Lloyd's Bank plc*, Case C−364/93 [1995] ECR 1−2719 판례 참조: 한 이탈리아인이 영국에서 영국 은행에 수상한 지폐(dubious notes)를 예금한 혐의로 체포됐다. *판결*: 그는 지폐에 대한 손실과 명성에 대한 손해(damage to reputation)를 이유로 영국 은행을 이탈리아에서 제소할 수 없다. 손해와 그 손해를 유발한 사건은 모두 영국에서 발생했기 때문이다.

　　Shevill v Press Alliance, Case C−68/73 [1995] ECR 1−415 판례에서, 영국, 프랑스 그리고 벨기에에 설립돼 있었으며 영국에서 소량으로 유통되는 프랑스 신문에서 청구인은 명예훼손을 당했다고 주장했다. *판결*: 피해자는 모든 회원국에서 발생한 모든 손해에 대하여 발행자의 국가에서 소를 제기하거나 또는 신문이 유통되는 각국에서 제소할 수 있지만, 후자의 경우 법원은 오직 그 국가에서 발생한 손해에 대해서만 판결을 내릴 수 있다.

　따라서, 過失에 의한 부실표시(negligent misrepresentation)의 경우에, 피해자는 그 표시가 받아들여지고(received) 믿어진(relied upon) 장소에서 손해가 발생한 것이 아니라면, 그러한 표시가 유래한(originated) 곳에서 소송을 제기해야 한다.

　　Domicrest v Swiss Bank Corporation [1999] QB 548 판례에서, 스위스 은행의 직원이 영국 회사의 영국인 대리인에게 스위스에서 영국으로 전화를 통하여 매수인의 지급지시서(payment orders)가 은행에 도착하면, 매수인에게 상품을 보내 주는 것이 안전할 것이라고 잘못된(wrongly) 조언을 했다. 그 영국 회사는 지급지시서가 은행에 의해 "보증"된다고 은행이 "말했다"는 것을 근거로 그 조언을 따랐다. 그러나 스위스 은행은 매수인으로부터 자금을 받지 않았기 때문에(because it had not been put in fund by the buyer) 지급지시서 받기를 거절했다. 영국 회사는 영국에서 과실에 의한 부실 표시의 혐의로 스위스 은행을 제소했다. *판결*: 영국 법원은 관할권이

없다. 유해한 사건이 벌어진 곳은 허위 진술이 있었던 장소, 즉 스위스로서, 허위진 술이 발생된 장소이며, 그 진술이 받아들여지고 그에 따른 행위가 이루어진 곳이 아 니다. 이는 진술이 서면 또는 구두 또는 다른 실시간 의사소통이었든지 상관없이 그 러하다. 상품은 스위스와 이탈리아에서 출고되었는데, 바로 그곳이 손해가 발생한 곳이다. 따라서 영국은 손해를 유발한 사건이 일어난 곳도, 손해가 발생한 곳도 아 니다. 그러나, 영국 법원은 보증 계약(contract of guarantee)에 대해서는 관할권이 인 정된다. 왜냐하면 스위스의 계약 준거법(governing law of the contract)에 따르면, 변 제는 런던 Domicrest's 은행에서 이루어져야 했기 때문에 영국에서 계약 위반이 있 었으며, 이는 루가노 협약 제5조 제1항(판결 규정 제5조 제1항과 유사)에 따라 영국 에게 관할권을 부여한다. 또한 *London Helicopters Ltd v Heliportugal* [2006] EWHC 108, [2006] All ER(D) 115 판례 참조.

- **지점, 대리인 또는 다른 영업소(establishment)의 운영(operations)으로부터 발생하는 분쟁**: "지점, 대리인 또는 다른 영업소(establishment) 소재지의 법원". 제5조 제5항 참조. 　32-22

- **신탁**(trusts): "제소당하는 사람이 법규의 작용이나, 서면에 의하여 설정된, 또 는 구두로 설정되어 서면으로 확인된 신탁에 있어서 설정자, 수탁자(trustee), 수 익자일 경우": "신탁이 주소를 둔 곳". 제5조 제6항 참조. 그 예로는 債券소지인 신탁(bondholder trusts), 증권 결제시스템(security settlement systems)에 따라 만들어 진 신탁, 투자신탁(unit trusts), 투자의 커스터디 업무(custodianship of investments) 그리고 은행 예치금 및 고객의 투자 재산과 같은 고객자산에 대한 증권 중개업 자에 의한 신탁이 있다. 의제신탁(constructive trusts)이나 묵시적 신탁에는 적용되 지 않는다. 이는 수탁자와 수익자 간의 분쟁에 주로 적용되며, 신탁 계약에서 이 제3자에 의한 집행과 같은 것에는 적용되지 않는다. 신탁승서(trust instrument) 는 제23조에 따라 법원을 선택할 수 있다. 영국에서는 신탁이 가장 가깝고 가 장 실질적인 관련(connection)을 갖고 있는 곳에 주소를 둔다(domiciled).

- **회원국에 주소를 둔 두 명 이상의 피고에 대한 소송**(actions against more than one defendant): "그들 중 어느 하나가 주소를 둔 장소", 그러나 오직 그 소송이 너무나도 긴밀히 연관되어 있어서 개별적인 소송으로 인한 양립할 수 　32-23

없는 판단의 위험을 피하기 위해서는 그들을 함께 심리하고 판결하는 것만이 적절한 경우에만 그러하다. 제6조 제1항 참조. 오해의 소지가 있는(misleading) 투자설명서에 대한 발행인의 이사들과 여러 인수기관들에 대한 투자자의 소송을 그 예로 들 수 있다.

- **제3자의 소송**(third party actions), 예를 들어 보장(warranties) 또는 지급보증인 (guarantees): "원래의 소송이 그에 대해 관할을 가지는 법원의 관할을 배제하는 것을 유일한 목적으로 하는 것이 아닌 경우에 한하여, 원래의 소송절차를 진행하고 있는 법원." 제6조 제2항 참조. 이는 제3자가 다른 회원국에 주소를 둔 경우에 적용된다. 개별적으로 분리된 소송으로 인하여 양립할 수 없는 판결이 나오는 것을 피하기 위해, 함께 소송하기로 결정하는 것이 방책이기 때문에 여러 피고들을 대상으로 한 소송 간에 관련이 있어야 한다.

32-24

- **부동산**(immovables) **관련 계약**. "계약과 관련된 사건에서, 그 소송이 같은 피고에 대한 부동산의 물권(rem)에 관한 사건과 관련한 다른 소송과 병합될 수 있는 경우": "부동산의 소재지". 제6조 제4항 참조. 이에 따라 토지의 저당권자는 토지의 소재지 법원에 토지 매각에 의한 저당권 실행과 병합하여 담보대출에 대한 소송을 진행할 수 있다.

- **응소관할**(appearance). 피고가 출석하는 회원국의 법원은 관할권을 갖는다. ― 그들이 동의했기 때문이다. 그러나 관할권에 대한 이의를 제기(contest)하기 위해 출석한 경우 또는 제22조에 따라 다른 법원이 전속 관할권을 갖는 경우에는 적용되지 않는다. 제24조 참조.

전속관할(exclusive jurisdiction): 제22조

32-25

EU 회원국의 법원들은 다음과 같은 경우를 포함한 특정한 경우에는 당사자가 다른 회원국에 주소를 두었는지 여부와 관계없이 전속관할권을 갖는다.

- EU 회원국에 있는 **부동산**(immovable property)에 대한 물권에 관한 소송(in rem suits)(임대차(tenancies) 포함). 아마 저당권에 관한 소송(mortgage actions)도 포

함된다. 단기의 사적인 임대(private lettings)에 관한 물권에 관한 소송(in rem suits) 이외에, 관할권은 부동산의 소재지에 한정된다. 제22조 제1항 참조.

- **법인**(legal association)의 설립의 유효성, 무효 또는 해산 또는 그 기관들 (organs)의 결정. 관할권은 단체의 본거(seat)가 있는 회원국으로 고정된다.

- **공적 등기부**(public register)상 기재의 유효성, 예: 토지, 회사, 상업 및 선박 등록. 관할권은 등기부가 보관되어 있는 회원국으로 고정된다. 제5조 제3항 참조.

- 다음 사항과 관련하여 다른 전속적인 규칙이 존재한다. 지식재산권의 등록과 유효성(등록한 지역 내), 다른 회원국에서 판결을 내렸거나 집행된 경우의 판결 의 집행(관련된 집행 법원이 있는 회원국). 제22조 제4항과 제5항 참조.

보험, 소비자 및 근로 계약

보험 계약(제8조 내지 제14조 참조), 특정 소비자 계약(제15조 내지 제17조 참조) 및 개별 근로 계약(제18조 내지 제21조 참조)에 관련하여서는 별도의 조항이 있다. 간단하게 말하면, 보험계약자(policyholder) 또는 소비자에 대하여는 그들의 주소가 있는 곳의 법원에서 소송이 제기되어야 한다. 또한 양자는 보험계약자(policyholder) 또는 소비자의 주소가 있는 곳의 법원에 소를 제기할 수 있다(근로자 관련 규정도 유사하다). 그 결과 보험 계약자, 소비자 및 근로자는 일정한 유보 하에 자국 법원 을 이용할 수 있다. **32-26**

계약에 의한 배제(contracting-out): 제23조

금융계약이 많은 경우 채무지의 법정지(forum)를 계약으로 배제(contract out)하기 때문에 제23조가 근본적으로 중요하다. 제23조는 다음과 같이 규정한다. **32-27**

"1. 한 명 또는 그 이상의 당사자가 회원국에 주소를 둔 경우, 회원국의 어떤 법원들 또는 법원들이 특정 법률관계와 관련하여 분쟁이 발생했거나 발생할 수 있는 어떠 한 분쟁이든 해결할 관할권을 갖기로 합의한 경우, 그 법원 또는 그 법원들은 관할 권을 가진다. 당사자들이 달리 합의하지 않는 한 그러한 관할권은 전속적이다. 관할권을 부여하는 그러한 합의는 다음 중 하나여야 한다.

(a) 서면합의 또는 서면으로 합의가 입증된 경우(evidenced in writing), 또는

(b) 당사자들 간에 형성된 관례를 따르는 방식인 경우, 또는

(c) 국제적인 거래나 무역인 경우, 당사자들이 그동안 인지해 왔거나 인지해 왔어야 하고, 그러한 무역 또는 교역이 널리 알려져 있으며, 정규적으로 관련된 특정 무역과 교역이 그러한 계약의 당사자들에 의해 준수된 경우.

2. 계약에 대한 지속적인 기록을 제공하는 전자 수단에 따른 어떠한 의사 소통도 '서면 (writing)'과 동급으로 취급한다.

3. 그러한 계약이 회원국에 주소를 두지 않은 당사자들에 의해 체결(concluded)된 경우, 선택된 법원이나 법원들이 관할권을 거부하지 않는 한, 회원국의 다른 법원은 분쟁에 대한 관할권을 가지지 못한다.

4. 신탁증서(trust instrument)에 따라 관할권이 부여된 회원국의 법원 또는 법원들은, 설정자, 수탁자 및 수익자에 대한 어떠한 법적 절차에 있어서, 만약 신탁에 따른 그들 간의 관계 또는 그들의 권리나 의무 간의 관계가 관련되어 있는 경우에 전속적 관할권을 갖는다.

5. 관할권을 부여하는 신탁증서의 계약 또는 조항은 제13조[보험], 제17조[소비자 계약] 또는 제21조[고용]의 조항에 위배되거나, 그들이 배제하고자 하는 법원이 제22조[주로 토지, 기업 설립(constitution), 공적 장부(public registers), 지식재산]에 따라 전속적 관할권을 갖는다면 법적 효력을 지니지 못한다."

당사자는 어느 당사자도 주소를 두지 않은 곳에 위치한 하나 이상의 EU 회원국의 법원을 선택할 수 있다. 선택은 다양한 강행적 제한(mandatory restrictions)하에서 비전속적일 수(non-exclusive)도 있다. 당사자들은 비 EU 法域을 선택할 수 있다.

계약에 의한 배제(contracting-out)는 보험, 소비자 계약 및 근로자 요건(제8조 및 제17조) 그리고 제22조의 전속 관할권의 지배를 받는다.

EU 판결 규정(EU Judgments Regulation)**에 대한 더 상세한 내용:** LPIF 시리즈 제6권 제5장 참조.

기타 관할권에 관한 사항(other jurisdictional matters)

중재(arbitration)

일반 상업 계약(commercial contracts)과는 다르게, 중재는 금융계약, 특히 은행 대출 계약이나 債券 발행(bond issues)과 같은 경우에 거의 사용되지 않는다. 그 주된 근거는 다음과 같다. 중재할 것(arbitrate)이 없음, 매우 제한된 항소(very limited appeals), 중재판정부(arbitration tribunal) 구성과 관련된 시간과 지연, 필요비용이 항상 덜 소모되는 것은 아님, 보다 느슨한 진행절차(looser procedures), 그리고 때로는 본안(merits)에 대한 결정이 엄격한 법 원칙이 아닌 것에 따라 내려진다. LPIF 시리즈 제6권 제8장 참조.

32-28

외국판결의 집행(enforcement of foreign judgments)

대부분의 국가들은 조건(conditions)에 따라 외국 금전에 대한 판결을 집행할 준비가 되어있다. 어떤 관할권이 외국판결을 인정하고 집행하는지에 대한 조건은 다양하지만 주요한 규정은 다음과 같이 요약될 수 있다.

32-29

- 외국 법원이 실질적인 **관할권**(jurisdiction)을 가지고 있었다 — 확대 관할권(long-arm jurisdiction)은 통상 충분하지 않다. 보통 명시적 복종(express submission)이라면 충분하다. 이는 관할권에 명시적으로 복종하는 것이 바람직함을 강조한다. 외국 법원은 다른 법원이 전속 관할권을 갖는 경우 관할권을 가지지 못하는데, 예를 들어 토지에 관한 소송을 들 수 있다.

- **상호주의**(reciprocity), 즉 외국 법원은 유사한 상황에서 그 반대의 경우를 고려하여 승인(recognise)해 준다는 것이다. 이 문제에 관하여는 약간의 국제적인 차이(international division)가 있는데, 미국과 영국은 상호주의를 요구하지 않는다.

- **적법절차**(due process), 적법한 고지(due notice), 공정한 재판, 사기가 없는 경우. 예를 들어 적절한 소송절차의 고지와 재판의 기본원칙의 준수(observance) 등과 같은 경우이다. 이것은 보편적인 요건이다.

32-30
- 판결이 현지의 **공서**(public policy)와 상충되지 않는다. 이는 보편적인 요건이지만, 공서에 대한 관점은 다양하다. 대부분의 국가들은 미국의 가혹하고 징벌적인 손해배상(US punitive or treble damages awards)제도를 집행하지 않을 것이다.

- 판결은 **확정된 금액**(liquidated money sum)의 집행을 구하기 위한 것이지, 금지명령(injunction)을 하기 위한 것이 아니다. 실무는 다양하다.

- 판결은 **외국의 세금**(foreign taxes), **과태료 또는 벌금을 위한 것이 아니다.** 이는 보편적이다.

- (많은 경우) 판결은 **최종적**(final)이며 종국적이어서, 즉 항소가 제기되지 않아야 하고, (항소할 수 있는 경우에는) 현지에서 집행될 수 있다. 이는 보편적인 요건이지만, 세부적인 사항은 다르다.

- 판결은 동일한 청구원인(cause of action)에 관하여 **집행지의 판결**(local judgment)**과 배치되지 않는다.** 이것은 보편적인 요건이다.

실질적으로, 차이가 생기는 점은 주로 두 가지이다.

- 상호주의(reciprocity)(눈에는 눈 이에는 이(tit-for-tat))

- 원판결(original judgment)을 실체(merits) 면에서 재심리 (즉, 동일한 쟁점에 대해 재심리를 하는 경우 실질적으로는 판결을 승인하지 않는다는 것과 같다.)

국제 금융시장에서는 외국판결의 집행이 드문 일인데, 사실상 소송절차(proceedings)도 매우 드물고, 발생하는 경우에도 대개 워크아웃(work-out)이나 도산절차로 마무리되기 때문이다.

32-31
조약 네트워크(network of treaties)라는 것이 있다. 미국은 어느 국가와도 상호재판집행조약(reciprocal judgment enforcement treaties)을 체결하지 않았는데, 이는 아마도 미국의 소송(US litigation), 특히 부분적으로는 징벌적 손해배상과 집단소송(class actions)에 대한 국제적인 우려(international caution) 때문일 것이다.

LPIF 시리즈 제6권 제9장 참조.

판결 전 압류(pre-judgment attachments)

미국에서의 특정한 경우를 제외하고 대부분의 국가에서는, 피고의 자산이 관할 (jurisdiction) 내에서 사라지는 것을 방지하기 위하여, 채권자로 하여금 일시적으로 피고의 자산을 압류하는 것을 허용하고 있다. 당연히 피고는 은밀하게 진행되는 (ambush) 이러한 소송절차에 관여하지 못한다. 이에 따라 법원은 관례대로 채권자에게, 채무자에게 자산이 존재한다는 것과 자산이 사라질 가능성이 있다는 것과 또한 외면적으로는 합리적인 주장이라는 것에 대하여, 상당히 높은 수준의 증거開示 및 증명 기준(standards of disclosure and proof)을 부담시킨다. 만약 명령이 내려지고, 이후 채권자의 청구가 근거가 없어(groundless) 그 명령이 부당했다고 판명되는 경우, 채권자는 채무자의 손해에 대한 법적 책임을 져야 한다. 통상적으로 채권자는 발생비용에 대한 담보(security)를 예치(deposit)해야 한다. 일반적으로 법원은 채무자에 대한 본안소송(main action)에 대하여 관할권을 갖게 될 것이라는 요건을 반드시 충족시켜야 한다. 통상 압류되는 주요 자산은 은행 예금(bank deposits)이다.

32-32

영국 법원은 적절한 경우에 과도한 역외적 효력(extra-territoriality)을 방지할 수 있는 조건하에서 전 세계에 있는 채무자의 자산을 동결(freeze)한다.

당연히, 모든 법원은 집행(execution)이나 그와 유사한 행위 등(the like)을 통해 최종 판결을 집행(enforce)하려는 수단(measures)을 갖고 있다. 영국 법원은 채무가 그들의 관할권 내에 있지 않는 한 은행계좌(bank account)와 같은 채무의 압류를 명령하지 않는다. — 그렇지 않으면 채무에 대하여 책임이 있는 당사자가 두 번 변제할 수도 있기 때문이다.

LPIF 시리즈 제6권 제10장 참조.

국가면제(state immunity)

국가면제 일반 대부분의 선진국에서, 거래가 상업적인 것이라면, 자국에 있는 외국 정부 또는 그 정치적 하부기관(political sub-divisions)에 대한 자국 법원에서의 소송을 면제의 대상에서 제외한다(de-immunise). 또한 외교적인 재산(diplomatic property) 이외의 상업 자산(commercial assets)에 대하여는 판결 전 압류(pre-judgment attachments) 및 최종적 집행(final enforcement)도 허용한다.

32-33

대부분의 선진 법역에서는, 거래가 상업적인 것이라면 자국의 외국 정부나 그 하부

조직에 대한 소송을 주권 면제의 대상에서 제외한다. 또, 외교 자산 이외의 상업 자산의 판결 전 압류이나 최종적 집행도 가능하다.

대출이나 채권 발행은, 설사 수익이 정부의 몇몇 재정 목적에 사용된다고 하더라도, 일반적으로 상업 거래(commercial transaction)로 간주된다. 즉, 상업적이어야 하는 것은 거래의 성질(nature of the transaction)이지, 거래의 목적의 성질(nature of the purpose of the transaction)이 아니다.

아이러니하게도 특히 미국의 1976년 외국 주권면제법(Foreign Sovereign Immunities Act 1976)과 영국의 1978년 국가면제법(State Immunity Act 1978) 경우와 같이, 많은 보통법 국가(common law states)의 경우, 면제의 배제(de-immunisation)가 제정법(by statutes)으로 달성되었다. 반면에, 벨기에, 프랑스, 독일, 스위스와 같은 대륙법계 국가(in civil code countries)에서 면제의 배제(de-immunisation)는 판례법(case law)에 의해 달성되었다. 싱가포르(1979), 남아프리카 공화국(1981), 캐나다(1982), 파키스탄(1981), 그리고 호주(1985)와 같은 영국계(UK lines)의 국가에는 면책입법(immunity legislation)이 존재한다. 외국의 국유기업(state-owned corporations)은, 상업적 거래기업과는 대조적으로, 일반적으로 일부 공공 또는 행정 목적을 수행하는 경우에만 면책특권(immunity)을 누린다.

32-34   대부분의 국가에서, 자국의 법원이 자국의 국가에 대해서 패소판결을 내리는 것은 가능해도, 거의 대부분의 경우 예외 없이 그들의 영역 내에 있는 공공 자산(public assets)에 대해서는 집행을 허용하지 않는다.

외국의 면제의 배제(de-immunization)의 경우, 스위스와 미국과 같은 몇몇 국가는 관련된 국가와 피소된 거래 간의 어떠한 관련성(nexus)을 요구한다.

특히 미국, 영국 등 일부 국가들에서는, 외국 중앙은행(foreign central bank)의 자산을 — 그 중앙은행이 명시적으로 그들의 면책특권을 포기하지 않는다면 — 어떠한 강제집행수단의 대상으로도 허용하지 않는다. 이는 외국 중앙은행이 보유한 외화(foreign reserves)를 해당 국내에 예탁할 수 있도록 하는 것이 그 목적이다.

32-35   **면제의 포기**(waiver of immunity)   주권 국가, 그들의 하부기관(sub-divisions) 또는 국유기업을 대상으로 파생거래계약, 상업은행 대출계약 및 국제 債券발행에 있어서 명시적으로 관할권(jurisdiction), 판결 전 압류, 그리고 집행으로부터의 면제 포기(waivers of immunity)를 포함하는 것은 거의 변함없는 경우이다. 앞서 언급했듯이, 미국과 영국에서는 중앙은행의 자산에 대하여 면제를 배제(de-immunise)하기 위해서

는 명시적인 포기(express waiver)가 요구된다.

전형적인 약식 조항(short form clause)은 다음과 같다.

〈국문 예시〉 **"국가는 본 계약과 관련하여 가질 수 있는, 국가 자신 그리고 국가의 자산에 대한, 관할권, 집행, 판결 전 절차, 금지명령 및 기타 모든 법적 절차 및 구제조치에 대한 면제를 불가역적으로 포기하며, 그러한 절차와 구제조치에 동의한다."**

〈영문 예시〉 **"The State irrevocably waives all immunity to which it may be or become entitled in relation to this Agreement, including immunity from jurisdiction, enforcement, prejudgment proceedings, injunctions and all other legal proceedings and relief, both in respect of itself and its assets, and consents to such proceedings and relief."**

국가는 일반적으로 다음의 경우를 배제한다. ① 외교 공관의 외부 재산(external property of diplomatic missions), ② 군용 재산(military property), ③ 자국의 영토 내에 있고 공공 또는 정부 용도로 쓰이는 자산, ④ 물려받은 자산(heritage property).

이러한 포기는 대부분의 선진 상업국가에서 유효한 것(effective)으로 믿어진다 — 물론 미국과 영국의 경우에도 그러하다.

전반적인 주권면제(sovereign immunity)에 대해 알아보기 위해서, 그리고 특히 명시되지 않은 면책특권의 포기(no express waiver of immunity)의 경우는, LPIF 시리즈 제5권 제25장 참조.

32-36

1972년의 국가면제에 관한 유럽 협약(European Convention on State Immunity of 1972)과 실제로 발효될 가능성은 별로 없지만 그 문제에 대한 국제적인 합의를 광범위하게 명시해 둔 유엔 협약(UN convention)도 있다.

질문 및 세미나 주제에 관해서는 제34장 마지막 부분 참조.

제**33**장

도산법의 국제사법: 일반

도입(introduction)

저촉의 이유(reasons for conflicts)

33-01   국제도산법과 관련한 문제에는 다양한 원인들이 있는데 그중 하나는 채권자보호적(pro-creditor) 제도와 채무자보호적(pro-debtor) 제도의 첨예한 대립(sharp division)이다. 도산법제는 상법(business law)의 기본적인 근저를 이루는 것이고, 첨예한 긴장을 항상 수반하고 있는 만큼 공서(public policy)적인 강행규정(mandatory rules)으로 구성되어 있다.

각국 법의 주요한 차이는 다음과 같은 점에 관한 것이다.

- 우선순위 채권자(priority creditors), 특히 현지의 근로자(local employees) 및 조세 채권자 그리고 도산절차에서의 우선순위(bankruptcy ladder)

- 담보권과 소유권이전형 금융(title finance)의 범위와 효용성

- 도산법상의 상계

- 재산의 이전을 위한 공시(publicity)와 신탁(trust)에 대한 입장

- 이사의 책임(director liability)에 관한 입장

- 계약의 해제(rescind contracts) 및 리스의 否認(forfeit leases) 가능성

- 편파적인 권리양도(preferential transfers)의 무효화 범위

- 채무자의 구제가 목적인 기업 회생법(corporate rehabilitation law)은 채무자의 갱생(resurrection)을 위해 채권자의 권리를 파산절차(liquidation)보다 강하게 제한한다. 이로 인해 같은 채무자에 대하여 각 국가에서의 최종 도산절차(final bankruptcy proceeding)가 충돌한다.

국제사법에 관한 이 장(chapter)에서는 원칙적으로 개인의 도산(bankruptcy)이 아닌 기업의 도산(corporate bankruptcies)을 다루고 있다.

조약(treaties) 및 다른 조화의 수단(harmonisation measures)

이러한 문제들은, ① 덴마크를 제외한 모든 EU 회원국에 적용되는 2000년 EU 도산 규정(the EU Insolvency Regulation 2000), ② 미국과 영국 그리고 일본 등의 주요국가들이 도입한 국제도산에 관한 Uncitral 모델법(Uncitral Model Law on Cross-Border Insolvency), 그리고 ③ 독일을 비롯해 국제도산에 관한 성문법 제정이 예상되는 선진국의 일방적 채택(unilateral adoption)을 적용하면서 상당히 완화되었다. 다른 조약들로는 스칸디나비아의 노르딕 조약(Nordic treaty)과 라틴아메리카의 하바나협약과 몬테비데오 협약(Bustamente and Montevideo Codes)이 있다. 조약들은 때때로 현황을 싱문회(codify)시키기도 한다. 33-02

속지주의(territorial theories)와 보편주의(universal theories)

이념적인 용어로 두 가지 광의의 접근방법이 있는데 바로 속지주의와 보편주의 이론이다. 33-03

- 도산법은 오로지 지역 내에서만 적용되고(territorial) 그 지역에 소재하는 자산만을 대상으로 한다. 현지 법(local law)이 적용된다.

- 도산법은 보편적이고 통일적이다(unified). 도산한 채무자에 대해 관할권을 가

지는 것은 채무자의 주소지 또는 주된 영업지의 법원뿐이다. 모든 채권자는 그 국가에 가야 한다. 그 국가에서는 자국의 도산법을 적용한다. 도산절차의 효력은 국내 자산(assets)뿐만 아니라 전 세계에 존재하는 채무자의 모든 자산에 미친다.

이러한 조약과 별개로, 실무상 대부분의 선진국들은 이러한 양극단의 혼합적인 법제(combination of these extremes)를 적용하고 있다.

단일 법정지(single forum)의 장단점

33-04 단일한 도산절차관리(single insolvency administration)의 대표적인 장점은 다음과 같다.

- 단일 도산절차관리는 중복되는 도산관리 비용 및 비효율성을 감소시킨다.
- 모든 채권자들이 현지 규정에 따라 동등한 대우를 받으므로 절차가 더 단순하다.
- 전 세계의 모든 자산을 그 대상으로 한다.
- 채권자에 의한 재판절차가 전 세계적으로 제한된다(universal restraint).
- 주소지(domiciliary)에서 거래한 채권자는 주소지법에 따라 규율될 것을 예측할 수 있다.

자주 언급되는 단점은 다음과 같다.

- 채권자는 그동안 접해 볼 기회가 없었던 불리한(adverse) 외국의 도산법에 의해서 예상치 못했던 침해를 받는다.
- 채권자가 외국으로 가는 비용을 부담해야 된다.
- 채권자가 외화채권을 가지고 있는 경우, 채권자는 그것을 현지통화로 교환해야 하는데 그 통화에 급격하게 평가절하(depreciating)가 이루어진다면 강제적인 재산손실을 볼 수 있다.

- 채권자의 자산이 외국에서의 조세 또는 근로자의 임금 지급에 사용된다.

- 도산절차는 보통 현지의 자산과 관련이 있으므로 이와 가장 밀접한 법(law of the closest connection)을 적용하는 것이 바람직하다.

실제로 채무자의 주된 이익의 중심지에서 도산 단 하나만을 고려하는 선진국들은 없다. 일반적으로 대규모 회사는 채권자들이 채무자와 압류(attachments)로부터 자산을 보호하기 위하여 주된 영업지(principal place of business)에서 도산절차를 개시(commence)한다. 그러면 현지의 채권자 또는 주된 도산관리인은 사무소 소재지나 관련성이 다소 적은 곳(lesser links)에서도 현지 도산절차를 개시한다. 따라서 국제도산은 사업의 주된 중심지에서의 주절차뿐만 아니라 외국에서의 도산 종절차(non-main bankruptcies)까지 개시되는 모습을 보여 준다.

또한, 대규모 기업집단이 도산하고 그 자회사들(subsidiaries)이 다른 국가에 소재한 경우, 각 자회사와 자회사의 지점들의 도산절차는 보통 현지의 도산법(local insolvency law)에 따라 진행된다. **33-05**

따라서 각각의 도산절차마다 고유한 현지 도산관리인 임명, 다른 법 적용하에서의 운영, 각 자산에 대한 권리 충돌, 잠재적으로 갱생이나 파산에 관한 다른 시각 등으로 인하여 중대한 붕괴(major collapse)를 야기할 수 있다. 이는 엄청난 비용과 비효율성을 낳는다. 1991년도에 발생한 the Bank of Credit and Commerce International의 도산(2007년 기준으로 아직 도산절차가 진행 중)은 국제도산의 복잡함을 잘 보여 주는 예시이다.

룩셈부르크 지주회사(holding company)가 있었는데, 룩셈부르크의 주된 운영회사(principal operating company)와 그 회사의 47개 지점 및 2개의 자회사는 15개국에 소재하고 있었다. 또 다른 주된 운영 지회사는 28개국에 63개의 시섬을 가지고 있었다. 나머지 자회사와 계열회사들(affiliates)은 약 30개국에서 225개의 은행사무소를 운영하고 있었다. BCCI의 폐업(closure) 당시, BCCI는 약 70개국에 380여 개의 사무소가 있었다. 그것의 고위 경영진(senior managements)은 아부다비(Abu Dhabi)에 있었다. 룩셈부르크 지주회사의 대주주들은 아부다비의 입법자 및 정부관료 그리고 특수관계에 있는 자들이었다. 룩셈부르크의 규제당국(regulator)이 룩셈부르크에서 법원관리(controlled management)를 신청했고, 결과적으로 파산절차로 전환되었다. 관재인은 이곳 외 영국과 케이맨제도(Cayman) 등에서 자회사나 지점의 파산절차를 신청했다. 뉴욕에서의 은행 감독자는 현지

채권자들에게만 이용 가능하게 하기 위해 BCCI를 운영하는 주된 회사인 룩셈부르크의 사업과 재산을 압류했다. 캘리포니아의 은행감독국(superintendent)도 캘리포니아 자산에 대해 동일한 조치를 했다. 주된 파산관재인(main liquidators)(Touche Ross)은 두 개의 주된 운영 자회사의 자산을 풀링 또는 통합(pooling)하는 계획을 제출했다. 그 풀링 또는 통합(pooling)은 결국 룩셈부르크, 영국 그리고 케이맨제도에서 승인되었다. 사기에 대한 형사소송을 포함한 방대한 소송들이 전 세계에서 발생했고, 특히 뉴욕에서(1991년)는 영국은행을 포함한 감독자들(regulators)을 상대로 불법행위(misfeasance) 소송이 발생했으며, 특히 영국에서는 상계와 같은 문제에 대한 많은 소송들이 발생했다. 그 은행 그룹은 시스템적으로 중요하지 않았고 지급시스템의 중요한 참가자도 아니었다.

주절차(main proceedings)와 종절차(non-main proceedings)

33-06   병행하는 도산절차들(concurrent proceedings)은 주절차이거나 종절차일 것이다.

주절차(main proceedings)는 설립지, 본거(seat), 주된 영업지 등 채무자의 주된 이익의 중심지(centre of main interest)에서 개시된 것이다. 반면에 중심적이지 않은 부수적 절차(non-main, ancillary or secondary proceeding)는 현지의 지점이나 영업소(establishment) 또는 채무자의 자산 소재지 등 일시적이거나 사소한 관련밖에 없는 지역에서 개시된 절차이다. 이러한 부수적 절차는 현지에서 완전히 진행된(full-blown) 절차이거나 현지의 자산에 한정되거나 또는 중심적 절차에 종속하는 제한적인 절차일 수 있다.

대부분의 국가의 도산 관할은 재산 소재지에서의 절차 개시를 인정하고 있어, 그 때문에 일반적으로 자산만 있으면 어디에서라도 종절차(non-main proceedings)를 개시할 수 있다. EU 도산 규정 및 UNCITRAL 모델법은 2차적 또는 종절차를 제한하고, 종절차를 현지 자산만을 대상으로 한정시킨다. 그 목적은 채무자의 주된 이익 중심지의 우선권을 강화하기 위해서이다.

33-07   요컨대, 대략적인 일반론으로서 간략하게 말하면, 조약이나 이와 유사한 것을 제외하면, 주된 효과는 다음과 같은 결과가 된다.

- 각 일련의 도산절차는, 절차규정과 상계 그리고 자국의 국제사법(conflicts of law), 담보권(security interests) 등에서 고유의 도산법을 적용한다.

- 각 도산절차에서는, 현지 임금채권자나 조세채권자와 같이 우선순위 채권자

(priority creditors)에게 먼저 지급한다.

• 주절차는 종절차에 비하여 해외에서 더 쉽게 승인을 받을 수 있다.

• 이론적으로 주절차는 전 세계의 재산까지 확대시키나, 종절차는 대개 그러하지 못한다. 종절차는 현지 재산에 국한시키고 보조적 도산절차로 간주된다.

• 채권자는 일련의 도산절차에서 일반적으로 채권을 주장, 입증(채권신고)할 수 있는데, 어느 **法域**에서 받은 배당금(dividends)은, 다른 **法域**의 도산절차에서 평등배당(equalization)이나 배당조정(hotchpot)으로 알려진 절차를 통해 조정된다.

• 도산절차의 공조(co-operation), 예를 들어 전체적인 회생 또는 파산 계획(reorganisation or liquidating plan), 신고된 채권(claims lodged) 및 금융 정보 등은 계약에 따라 결정된다.

• 종절차는 많은 경우, 현지의 우선순위 채권자(local priority creditors)로부터 시작하여 현지에서 권리를 증명한 국내외의 모든 채권자에게 배당을 끝낸 후에만 주절차로 채무자의 자산을 인도한다. 많은 경우 현지도산절차에서 이미 자산들이 전부 환가되고 배당되어, 인도할 것이 없는 것이 보통이다. 또, 인도가 조건부인 경우도 있다. 예를 들어, 호주의 사례에서는, 현지에서 무효화된 담보부채권(secured claims)에는 자산이 배당되지 않는 조건으로 자산의 인도가 허용되었다. *Re Australian Federal Life and Gnl Insurance Co Ltd* (1931) VLR 317 (Victoria) 판례 참조.

그룹 도산(group insolvencies)

일반적으로 기업집단 전체의 구제계획(rescue plan)이라는 장점이 있으나, 도산법은 집단의 각 회사를 고유한 재산과 채권자가 있는 별개의 법인체(legal entity)로 취급한다. 따라서 각 도산절차는 분리되어 있고, 만약 기업집단의 한 회사가 다른 **法域**에 속한다면, 다른 법이 적용될 것이다. 따라서 전체적인 갱생(overall rescue)은 도산관리인들 사이의 상당한 협력을 필요로 하는데, 이를 성취하기는 쉽지 않다. **33-08**

이러한 입장이 EU 도산 규정에서는 다소 개선되었다. 다수국가의 법원에서는, 자회사들은 모회사에 의해 관리되었으므로 자회사의 주된 이익의 중심지는 본국(main country)에 있다는 점에 기초하여, 현지 모회사의 외국 자회사를 관리하는 도산관리인을 임명할 용의가 있었다.

EU의 도산 규정(EU Insolvency Regulation)과 UNCITRAL 모델법

EU 도산 규정(EU Insolvency Regulation)

33-09 **도입**(introduction)   2000년 5월 29일에 채택된 도산절차에 관한 Council Regulation (EC) No 1346/ 2000 규정은 덴마크를 제외한 EU 내에서의 도산 승인 및 국제사법 (conflicts of laws)과 관련한 일단의 규정을 담고 있다. 이 규정은 바로 회원국에 적용 가능한데, 즉 회원국의 별도의 입법조치(Member State implementation) 없이 직접적으로 효력이 발생한다는 의미다.

특정 관할권에 관한 도산 외 규정(non-bankruptcy rules)은 주로 2000년 EU 재판규정(EU Judgments Regulation 2000)에 의해 다루어진다. 계약에 관한 국제사법(conflicts of law)은 (2007년에 규정(Regulation)으로 대체하자고 발의된) 1980년 준거계약법에 관한 로마협약(Rome Convention on applicable contract law 1980)에 의해 결정된다.

EU 도산 규정은 다양한 실체법(substantive laws)의 결과로서 공동체 전체를 포괄할 만한 보편적 범위(universal scope)의 도산절차를 도입하는 것이 실용적이지 못하다는 사실을 인정하고 있다. 따라서 그 결과 (1) 모든 쟁점, 특히 복잡한 쟁점에서 현지 도산법만을 강요하지 않고, (2) 보편적 범위(universal scope)를 가지는 주된 도산절차 (main insolvency proceedings)와 도산절차개시국(opening state)에 소재한 자산만을 대상으로 하는 국내도산절차(national proceedings)를 병행하여 허용한다.

브뤼셀 재판 협약(Brussels Judgments Convention)이 10년이 채 안 걸려 만들어진 반면에 도산 규정(Insolvency Regulation)이 40년이 걸렸다는 것은, 다른 분야의 상법에 견주어 봤을 때 도산이 궁극적인 충돌지점(ultimate collision)임을 잘 보여 준다.

33-10 **적격 절차**(eligible proceedings)   위 규정은, 모든 도산 절차에 적용될 수 있다. 파산이나 갱생 등 모든 형태의 집단적인 도산절차 그리고 모든 회사나 개인, 그 밖의 채무자에게 적용된다. 단, 특정한 은행, 보험사, 증권사, 뮤추얼펀드는 제외된다(제1조

참조). 각 국가에서 적용될 수 있는 도산절차들의 목록은 부속서(Annex) A에 첨부되어 있다. 영국법계(English-based) 국가에서 인정되는 *浮動*담보 관리제도(floating charge receivership)는 포함되지 않는데, 이는 단지 관련된 채권자를 위한 절차일 뿐 집단적인 도산절차가 아니기 때문이다.

주된 관할(main jurisdiction)**과 승인**(recognition)　채무자의 주된 이익의 중심지(centre of main interests) ("Comi"라고 한다.) ─ 대체로 주된 사무소 소재지(회사설립지가 주된 사무소 소재지로 추정되지만, 반드시 그런 것은 아니다.) ─ 가 있는 EU 회원국의 법원은 도산절차를 개시할 수 있는 관할을 가진다. 제3조 제1항 참조. 도산절차를 처음으로 개시하는 국가의 법원이 전속적(exclusivity) 관할권을 가지므로, 다른 EU 회원국의 법원은 도산절차를 개시할 수 없다. 이것이 주절차(main proceedings)이다. 이러한 주절차는 EU 전역에서 자동적으로 승인되므로, 도산절차 개시국 채권자의 권리행사가 동결(freezes)되고, 도산관리인은 EU에 널리 산재한 자산들을 추심(collect) 할 수 있다. 제16조 내지 제18조 참조. 도산절차개시의 신청과 명령 사이에 선임되는 임시 도산관리인은 EU 내에 있는 자산들을 임시적으로(interim) 동결(freeze)을 할 수 있다. 제38조 참조. 절차의 진행 및 종결(화의에 대한 법원의 인가 등)에 관한 법원 판결(court judgments)의 EU 내에서의 승인 및 집행[1]은 도산규정(제25조 제1항 1 문)에 따라 자동으로 이루어지므로 2000년 EU 판결 규정(EU Judgments Regulation 2000)에서 정해진 절차에 따라서 이루어져야 한다. 이 절차는 단순하고 특별한 어려움은 없다. 제25조 참조.

33-11

　　Eurofood 판례(European Court of Justice (C-341/04, ECJ May 2, 2006) 및 Irish Supreme Court [2006] IESC 41)에서, 아일랜드 법원이 Eurofood라는 아일랜드 회사에 대하여 도산절차를 개시했는데, Eurofood는 도산한 이탈리아 회사인 Parmalat의 자회사 (subsidiary)였다. 그 법원은 임시 파산관재인(provisional liquidator)을 선임했다. 그 후에 이탈리아 법원은 동일한 회사에 대하여 이탈리아에서 주절차를 개시하고자 하였다. 이 선도적인 판례에서 유럽사법재판소는, 회사의 등기된 사무소의 소재지가 채무자의 주된 이익의 중심지를 결정하는 핵심요소라고 판시했다. 채무자의 주된 이익의 중심지가 회사의 등기된 사무소 소재지라는 추정은, 만약 채무자의 주된 이익의 중심지가 등기된 사무소 주소지와 다르다는 점에 대한 객관적이고 제3자에 의해 확인될 수 있는 요소들이 존

---

1) 역자 주) 원문에는 "recognised and enforced"라고 나와 있어서 승인 및 집행 모두 EU 내에서 자동적으로 이루어지는 것으로 해석되지만, 실제로는 집행만 EU 내에서 자동적으로 이루어진다.

재한다면 깨질 수 있다. 한 예시로 우편함회사(letterbox company)2)가 등기된 사무소가 소재하는 회원국 영토 내에서 사업을 하지 않는 경우를 들 수 있다. 단지 자회사의 경제적 선택이 다른 회원국에 있는 모회사에 의해 통제된다는 사실은 등기된 사무소 추정을 깨뜨리는 데 충분하지 않다. 아일랜드 대법원은 이러한 가이드를 적용하여, Eurofood의 주된 이익의 중심지는 아일랜드 영토 안에 있다고 판시했다. 따라서 이 판결은 대규모 기업집단의 소속 회사라는 사실이 자회사를 모회사의 주된 사업지에 소재하는 것으로 만들기에 충분하다는 판단을 부정한다(disapproves).

유럽사법재판소의 Eurofood 사건 이후 결정 중 하나가 프랑스의 *Eurotunnel* 판례(Paris Tribunal of Commerce, August 2, 2006)인데, 프랑스 법원은 Eurotunnel 그룹의 17개 회사들의 등기된 사무소가 프랑스, 영국, 독일 그리고 벨기에를 포함해 EU 전역의 다른 회원국에 소재하는 것을 고려하여 세이프가드(safeguard) 절차를 개시했다. 다양한 Eurotunnel 기업들(entities)의 전략 및 운영상 관리가 파리에서 이루어지고 있다는 점과, Eurotunnel 사업의 핵심부서, 근로자, 자산들이 프랑스에서 있었다는 점이 주된 이유였다. 그 법원은 효율성과 단일한(unified) 도산관리를 중요시하는 도산 규정의 목적을 우선시했다. Eurotunnel 그룹의 회사들은 재정적인 문제로 인해 단일한 해결책을 필요로 했다. 도산규정의 전문(Recital) 제2조에는 국제도산절차의 효율성과 효과를 개선하려는 최우선적인 목적(overriding objective)이 있다고 규정되어 있다.

법원은 유사한 사실관계를 두고 합법적으로 다른 결론을 내릴 수 있는데, 이는 관련 절차에 이익형량(weighting)이 포함되기 때문이다. 따라서 법원 문을 향한 경주가 일어난다(race to the court-house door).

33-12   **공서**(public policy)   회원국은 도산절차 재판(insolvency judgment)의 승인 및 집행이 당국의 공서(public policy)에 명백히(manifestly) 반하는 경우에 이를 거부할 수 있다. 제26조 참조.

33-13   **지역적 범위**(territorial scope)   위 규정은 채무자의 주된 이익의 중심지가 EU 안에 있는 경우에 적용된다. 만약 채무자의 주된 이익의 중심지가 EU 밖에 있다면, 각 회원국은 EU도산 규정을 벗어나 각자의 관할권을 행사하고, 다른 국가들의 승인은

---

2) 역자 주) 실체 없이 우편함만 두는 회사.

위 EU 도산 규정과는 별도로 각국의 고유의 도산법에 따라 이루어진다. 만약 채무자가 외국에서 설립되었으나, 채무자의 주된 이익의 중심지가 회원국 안에 있다면, 위 규정은 적용된다. 예를 들어 채무자가 미국, 일본이나 중국회사라도 채무자의 주된 이익의 중심지가 EU 안에 있는 경우 위 규정의 적용을 받는다.

영업소 소재지에서의 부수적 절차(secondary proceedings for establishments)　　만약 채무 33-14
자의 주된 이익의 중심지가 회원국 안에 있다면, 다른 회원국은, 채무자가 그 회원국의 영토 내에 영업소(establishment)를 가지고 있는 경우에 한하여 병행하여(parallel) 2차적 도산절차를 개시할 수 있다. 제3조 제2항 참조. 다만, 이러한 2차적 도산절차는 오로지 청산절차(winding-up proceedings)[3]여야 하고(부속서 B에 첨부된 내용에 따라), 그 국가 내에서 관련된 자산에 한정된다. 동결처분(Freeze)과 화의에 의한 면책(composition discharges)은 영토 밖의 자산에 대해서는 효력이 없다. 제17조 2항 참조.
　주절차의 파산관재인(main liquidator)은 2차적 도산절차에 영향을 미칠 수 있는 권한이 있다. 파산관재인(liquidator)은 연락하고 이에 협력해야 한다. 채권자는 양 도산절차에서 채권신고를 할 수 있다. 주절차의 파산관재인(main liquidator)은 2차적 도산절차에서 구제계획(rescue plan)을 제출할 수 있고, 거부(veto)할 수도 있다. (따라서 주절차의 파산관재인(main liquidator)에 의해 통제되는 구제계획(rescue plan)에 의하여 이차적인 파산절차(secondary winding-up)에서 벗어날 수 있다. 또한 채권자가 동의하지 않는 한, 이차적인 계획(secondary plan)은 재외 자산(external assets)에 효력이 없다는 점도 주의가 필요하다.) 그리고 중심적 절차의 파산관재인(main liquidator)은, 현지의 채권자 보호(protection of local creditors)를 조건으로 2차적 파산절차의 중지(stay)를 요구할 수 있다. 그리고 2차적 절차의 파산관재인(secondary liquidator)은 잉여(surplus)가 있으면 그것을 주절차의 파산관재인(main liquidator)에게 넘기지(takeover) 않으면 안 된다. 제31조 내지 제37조 참조. 그 효과로 사무소 소재지가 EU 안에 있는 회사의 경우 각 사무소 소재지에서 별개의 도산절차가 다른 법의 시스템에 따라 이루어질 수 있다. 하지만 주절차의 파산관재인(main liquidator)은 협조(co-ordinate)를 통해 채무자의 주된 이익의 중심지와 그 지점을 포함한(covering) 전체적인 회생계획(reorganisation plan)을 통제할 수 있다.
　2차적 도산절차들 사이에는 그 절차가 주절차 전 또는 후에 개시되었는지에 따라

---

3) 역자 주) 이는 영국법이 아니라 EU법의 개념이다.

기술적 차이점들이 있다.

33-15   실무적으로 채권자나 경영진은 어떤 사무소 소재지에서, 주절차로부터 분리되는 (ring-fenced) 종절차(secondary proceedings)를 개시하는 결정을 할 수 있다. 왜냐하면, 예를 들어, 조세나 사회보장당국과 같은 채권자들은 현지의 우선권을 원할 수도 있고, 우선권, 편파행위 부인이나 대표자의 책임에 관한 법규들이 그들에게 더 유리하다거나, 그들이 自國의 파산관재인(liquidator)과 自國의 법원을 원할 수도 있기 때문이다.

만약 채무자의 주된 이익의 중심지가 EU 안에 있다면, EU는 오로지 사무소 소재지에서의 2차적 도산절차들만 허용한다. 사무소 소재지보다 관련성이 낮은 경우라면, 다른 회원국에서 2차적 도산절차를 개시하는 것은 불가능하다. 이는 자산의 존재만으로는 부족하다. 그 효과는 관할권의 확대(proliferation)를 제한하는 것이다. 만약 채무자의 주된 이익의 중심지가 EU 밖에 있다면 어떠한 도산절차, 예를 들어 단지 현지 자산이 존재한다는 것과 같은 아주 작은 관련성만 있더라도 EU 내에서 현지 법에 따라 개시될 수 있다.

33-16   **기업집단**(groups)   기업집단 사건의 경우, 채무자의 주된 이익의 중심지는 기업집단의 각 회사별로 인정되어야 하고, 따라서 다른 법에 따라 다른 도산절차들이 각 회사별로 개시될 것이다. 때로는 한 명의 도산관리인이 전체 기업집단을 위하여 선임되기도 하는데, 이는 모회사가 자회사들을 운영하는 것으로 보이면 자회사들의 주된 이익의 중심지도 같은 국가에 있는 것으로 처리하려고 하기 때문이다. 단일한 도산관리와는 별개로, 자회사들은 여전히 별도의 회사로 취급한다.

33-17   **준거법**(applicable law)   도산절차개시국법은 1순위 또는 2순위이든 간에 도산절차개시의 요건, 그 효력, 그 수행과 종결을 결정한다(제4조 참조). 그 법은 특별히 채무자의 도산요건, 재단의 자산, 채무자 및 파산인의 권한, 상계(예외에 대해), 계약 및 채권자의 (보전)절차의 효과, 채권의 신고 및 처리, 우선권, 종결의 효과와 화의에 의한 면책(discharge by a composition), 비용 및 否認할 수 있는 편파행위(avoidable preferences)("사해행위"("detrimental acts"))을 결정한다(제4조 제2항).

33-18   **절차개시국법 적용의 예외**(exceptions to opening state applicable law)   중심적이거나 부수적이거나 절차개시국의 도산법을 적용한다고 하는 원칙에는 중요한 예외가 있다.

이에 관련된 것들은 다음과 같다.

- 다른 회원국에 소재한 채무자의 자산에 대한 제3자의 물권(주로 浮動담보권(floating charge), 유치권(lien), 임대차, 원상회복을 포함한 담보권, 신탁에서 수익권, 등기부에 기입된 권리) (제5조 참조)

- 상계(만약 도산법상의 상계가 현지 법에서 허용되지 않는다면, 채무자의 채권의 준거법이 상계를 허용하는 경우 상계는 허용될 수 있다) (제6조 참조)

- 다른 회원국에 소재한 자산에 대한 소유권유보부 매매(reservation of title for assets) (제7조 참조)

- 부동산의 취득이나 사용에 관한 계약(부동산 소재지인 회원국의 법) (제8조 참조)

- 지급 및 결제 시스템(payment and settlement systems)과 금융시장 (그 제도 또는 시장에 적용되는 회원국의 법) (제9조 참조)

- 근로계약(계약의 준거법인 회원국의 법) (제10조 참조)

- 등록해야 하는 부동산, 선박 또는 항공기에 관한 채무자의 권리에 대한 도산절차의 효력(그 등기가 이루어진 회원국의 법) (제11조 참조)

33-19

- EU 특허권 및 상표권(주절차에만 포함될 수 있고, 2차적 도산절차에는 포함될 수 없다. 제12조 참조. 이것은 EU 공동체의 지식재산권 관련 법령에 따른 기술적인 이유 때문이다.)

- 준거법이 도산법정지 이외의 법(another law)이고, 그 법에 의해 부인될 수 없는(not challengeable) 편파행위의 부인(voidable preferences) (제13조 참조)

- 도산절차개시 후, 공적장부에 등록된 재산(title registered property)의 도산절차개시 후 처분(그 등기가 이루어진 회원국의 법) (제14조 참조)

- 계속 중인(pending) 소송 (관련 회원국 법원(relevant Member State court)의 법) (제15조 참조)

33-20   **기타사항**(miscellaneous)   EU 도산 규정에는 복수의 도산절차에서 청구한 채권자들의 평등배당(제20조 참조), 도산절차 개시 이후 변제수령인과 자산 양수인의 보호 (제24조 참조) 및 기타 사항들에 관한 조항이 있다. 조세당국과 사회보장기관(tax and social securities authorities)을 포함한 EU의 모든 채권자들은 채권신고(lodge claims)를 할 수 있다. 제39조 참조. 이전에 회원국 간에 체결된 여러 도산 협약들에 대해 EU 도산 규정이 우선한다. 제44조 참조.

    EU의 도산 규정에 대한 더 상세한 내용: LPIF 시리즈 제6권 제22장.

33-21   **EU 은행 및 보험회사 도산에 관한 지침**(EU Bank and Insurance Insolvency Directives)   EU 신용기관의 회생 및 파산에 관한 지침(EU Directive on the Reorganisation and Winding up of Credit Institutions 2001/24/EC)은 EU 은행들의 회생 및 파산에 대한 단일한 시스템을 폭넓게 규정한다. 오직 은행설립을 승인한 본국(home state)에서만 회생 및 파산절차를 개시할 수 있다. 본국 법의 다양한 예외들은 본국에 소재한 은행과 EU 전역에 소재한 지점에 적용된다. 이러한 준거법의 적용범위는 EU 도산 규정(EU Insolvency Regulation)과 거의 동일하다. 예를 들어 상계. 그러나 EU 도산 규정과 달리, 현지 법 (local law)에 따른 현지 지점(local branches)의 현지 파산절차(local winding-up)는 인정되지 않는다. 모든 절차는 본국에 집중된다. 본국은 주된 승인 당국에 의해 결정되므로, EU 도산 규정이 적용되는 경우처럼 채무자의 주된 이익의 중심지를 선정할 필요가 없다. 위 EU 도산 규정처럼, 은행 기업집단의 소속 회사들은 각 자회사에 대해 다른 준거법을 적용받을 수도 있다.

    위 지침은 회원국에서 별도의 입법조치 등을 거치지 않고 직접적으로 발효하는 EU 도산 규정과 다르다. 위 지침은 회원국에서 실행되어야 하고 그 적용은 다를 수도 있다.

    제25조 내지 제27조의 규정들은 상계처럼 중요한 조항인데, 당사자들에게 네팅 (netting), 환매조건부 매매(repos) 그리고 규제시장에서의 거래(regulated market transactions)에 대해 도산법을 선택할 수 있도록 해 준다. 전문 제26조에 따라 1898년 최종결제 지침(the Settlement Finality Directive of 1898)은 무효화되었다.

- 제25조: "네딩 계약은 그 계약의 준기 계약법에 의해서만 규율(govern)될 수 있다."

- 제26조: "24조에도 불구하고, 환매계약(repurchase agreements)은 그 계약의 준거 계약법에 의해서만 규율될 수 있다."

- 제27조: "24조에도 불구하고, [주식시장처럼 형식적인 시장을 포함하는 것으로 정의되는] 규제시장(regulated market)에서 이루어진 거래들은 그 거래의 준거 계약법에 의해서만 규율될 수 있다."

제24조: "소유권 증서 또는 회원국이 보유하거나 회원국에 위치한 등록, 계정, 중앙예탁시스템상 기록으로 존재나 이전이 추정되는 기타 권리 증서의 집행은, 이러한 권리가 기록된 등록, 계정, 중앙예탁시스템을 보유하거나 이들이 속한 회원국의 법에 의해 규율되어야 한다." **33-22**

보험회사의 회생 및 파산에 관한 EU 규정은 EU 도산 규정과 매우 유사하다. 재보험회사는 위 지침의 적용대상이 아니다.

LPIF 제6권 단락 22.086을 참조하여 은행과 보험지침(insurance directives)에 관한 내용 참조.

국제도산에 관한 Uncitral 모델법(Uncitral Model Law on Cross-Border Insolvency)

도입(introduction) 국제도산에 관한 Uncitral 모델법은 1997년에 채택되었다. 협약이나 조약과 다르게, 국가들은 위 모델법을 채택하거나 변경할 수 있으므로 더 쉽게 수용되었다. 그에 비해 국가들이 위 모델법을 변경할 경우에는 협약에 비해 국제도산법 간의 조화가 덜 이루어진다고 볼 수 있다. **33-23**

모델법은 일방적(unilateral)이고 다른 국가들로부터 상호주의(reciprocity)를 필요로 하지 않는다. 도산절차의 현지 승인은 전 세계 어디서나 가능하다.

그 범위는 EU 도산 규정보다 더 온건(modest)한데, 그 이유는 모델법은 주로 도산문제(insolvency question)에 적용되는 준거법 규정을 두지 않기 때문이다.

33-24 모델법은 국가들이 도산절차에 관하여 그들 고유의 관할규정을 행사(확대 또는 축소 관할을 포함)하는 것을 금지하지 않는다. 이는 EU 도산 규정이 EU 안에 사무소 소재지와 더불어 채무자의 주된 이익의 중심지가 있어야 한다고 규정하는 것과

대조적이다.

모델법은 현지에서 변형되어 채택되어 왔는데, 미국(2005), 영국(2006), 일본(2000－이전에는 엄격한 속지주의였음), 영국령 버진아일랜드, 에리트레아(1998), 멕시코(2000－멕시코는 다른 도산 관련 조약이 없다), 몬테네그로(2002), 폴란드(2003), 루마니아(2003), 남아프리카 공화국(2000) 그리고 스페인 등이 대표적이다. 아르헨티나와 호주와 같은 다른 많은 국가들에서도 채택을 시도하거나 고려하고 있다고 공표했다. 캐나다와 뉴질랜드에서는 2007년에 입법절차가 진행 중이다. 멕시코와 남아프리카공화국은 추가로 상호주의를 요구한다.

이 법률이 발효된 국가, 전문과 결정과 관련된 내용으로는, *http://www.uncitral.org/en－index.html* 참조.

33-25 **절차의 승인**(recognised proceedings) 모델법은 파산(liquidation)이나 회생(rehabilitation)을 불문하고, 입법국가(enacting state)의 외국 집단도산절차(foreign collective insolvency proceedings)(浮動담보 관리제도(floating charge receivership), 자기관리형 절차, 법원 외의 워크아웃은 아니다)의 승인에 대하여 규정하고 있다. 은행, 보험사 기타의 법인체의 도산절차는 배제될 수 있음을 상정하고 있다. 도산관리인은 외국도산절차의 대표자라고 표현된다. 제2조 참조.

33-26 **주절차와 종절차**(main and non-main proceedings) 모델법은 외국 도산절차(foreign proceedings)를 주절차(main proceedings)와 종절차(non－main proceedings)로 구분한다. 주절차는 채무자의 주된 이익의 중심지에서 시행되는 도산절차이다(제2조 참조). 반증이 없다면(In the absence of proof to the contrary), 채무자의 등기된 사무소(registered office) 소재지(개인의 경우 상거소(habitual residence))가 채무자의 주된 이익의 중심지로 추정(presumed)된다. 제16조 제3항 참조. 종절차는 채무자의 영업소(establishment)－넓게 말하자면 비일시적 지점(non－transitory branch)－ 소재지에서 이루어지는 도산절차이다. 제2조 참조. 주절차는 종절차보다 훨씬 더 승인을 받기 쉽다. 지점에 미치지 못하는(less than a branch), 현지 자산만 있는 곳에서 진행되는 외국도산절차는 승인을 받지 못한다.

33-27 **현지에서의 절차**(local proceedings) 외국 도산절차를 승인한 이후에, 현지 자산이 있

는 경우(지점까지 요구되지 않음) 모델법 입법국가는 현지 도산절차를 개시할 수도 있다. 제28조 참조. 현지 도산절차에서의 중지(stays)는 현지에서 승인된 외국도산절차에서의 중지보다 우선하므로, 범위가 넓을 수도 있고 좁을 수도 있다. 제29조 참조. 모델법은 도산절차의 준거법을 지정하지는 않았지만, 통상 국제사법(conflicts rules)을 포함하여 현지의 법이 적용될 것이다.

외국채권자는 현지채권자와 마찬가지로 현지도산절차를 개시하거나 참가할 수 있는 권리를 가진다. 제13조 참조.

모델법에는 2가지 중심적인 개념이 있는데, ① 외국도산절차 승인의 정도(degree), ② 병행절차에서의 법원 간의 그리고 대표자 간의 공조(co-operation)다.

승인(recognition) 외국 주절차의 경우에 외국도산절차의 대표자가 외국도산절차의 개시를 증명하는 서면을 제출하면 외국도산절차는 승인을 받을 것이다. 제15조 참조. 그 취지(intent)는, 현지 법원이 외국 도산절차 개시의 이점(예를 들어, 사회질서 등 공서(public policy) 위반 사건의 경우를 제외하고 도산절차의 기준이 충족되었는지, 관련된 외국 法域에 채무자의 주된 이익의 중심지가 있는지 여부)을 다시 검토할 수 없기 때문이다. 그러나 현지 법원이 그렇게 할 여지는 있다. 왜냐하면 증명서들은 단지 추정만 발생시킬 뿐 완전히 또는 부분적으로 근거가 없음을 보여 주는 증거자료들이 제시될 경우 그 추정이 번복될 수 있기 때문이다. 제17조 제4항 참조. 실무상 외국 법원의 재판을 존중하는 정도는 현지 법원의 결정에 달려 있다. **33-28**

승인에 따른 중지(recognition stays) 일단 외국의 주절차가 승인이 되면, 기본적으로 3가지 중지(stay)의 효력이 현지에서 발생한다. ① 개별적 소송(action)과 소송절차(proceeding)의 중지, ② 채무자 자산에 대한 강제집행(execution)의 중지, ③ 채무자의 자산 처분행위(disposal)에 대한 중지(stay). 제20조 참조. 그러나 현지 도산절차들은 개시될 수 있다. 제20조 제4항 참조. 중지되는 범위는 현지 법에 의해 제한될 수 있다. 제20조 제2항 참조. 만약 자동중지의 대상이라면, 면제된 중지는 담보권(securities interest), 임대목적물의 회수(lease repossession), 소유권유보부 매매(reservation of title), 기타 물권에 대한 권리, 계약 해제(termination)와 상계(set-off)에 대한 잠재적 중지가 될 수도 있다. **33-29**

중지의 범위는 모델법의 주된 논쟁영역이고 최고 논쟁거리는 그 실행이다. 완전한 범위의 중지들은 극명하게 채무자 보호주의이고 대부분 국가의 도산정책에 반한다. 모델법을 채택한 많은 국가들은 중지를 그들 고유의 형태(version)로 채택했다.

　모든 외국 도산절차(주되거나 부수적인(non-main) 도산절차이든 간에) 사건의 경우에, 현지 법원은 위 내용(승인에 따른 중지)과 더불어 구제명령(relief order)을 내릴 수 있다. 제21조 참조. "구제(relief)"는 주로 중지(stay)와 동결(freeze) 시 사용되고 넓게는 현지조사에도 사용된다. 그 법원은, 현지채권자들이 적절하게 보호된 경우 외국도산절차의 대표자에게 자산을 양도하라는 명령을 내릴 수 있다(제21조 제2항).

　모델법은 명시적으로 외국도산절차의 대표자에게 현지 자산을 청구하는 것을 허용하지 않지만, 이는 외국도산절차의 대표자에게 현지 소송의 당사자적격을 인정하는 조항(제9조, 제11조)의 효력과 공조(co-operation) 조항에 의해 암시된다.

33-30　**공조(co-operation)**　의사연락(communication)과 같이 법원과 도산절차대표자(insolvency representatives) 사이의 협조에 대한 일반 규정들도 있다.[4] 제25조 내지 제30조 참조. 입법자(legislator)가 협조 목록에 추가할 수도 있다.

33-31　**편파행위 부인(voidable preferences)**　외국도산절차의 대표자(foreign representative)는 현지 법원에서 편파행위 부인을 개시(initiate)할 수 있는 소송능력(procedural capacity)을 가지고 있다. 제23조 참조. 이 조항은 외국법의 편파행위 부인을 적용하거나 국제사법규칙(conflicts rules)을 정하는(set out) 것이 아니라 순전히 절차적인 규정이다.

33-32　**평등배당(equalisation)**　외국도산절차에서 일부변제(part payment)를 받은 채권자는 현지 도산절차(배당조정(hotchpot), 평등배당(equalisation))에서 이것을 반영해야 한다. 제32조 참조.

33-33　**공서(public policy)**　모델법(Model Law)은 입법국가(enacting state)의 공서(public policy)에 명백하게 반하는 경우, 법원이 조치를 취하는 것을 거부할 수 있음을 방해하지 아니한다. 제6조 참조.

---

4) 역자 주) 채무자회생 및 파산에 관한 법률 제641조 제1항은, "법원은 동일한 채무자 또는 상호 관련이 있는 채무자에 대하여 진행 중인 국내도산절차 및 외국도산절차나 복수의 외국도산절차간의 원활하고 공정한 집행을 위하여 외국법원 및 외국도산절차의 대표자와 다음 각호의 사항에 관하여 공조하여야 한다. 1. 의견교환, 2. 채무자의 업무 및 재산에 관한 관리 및 감독, 3. 복수 절차의 진행에 관한 조정, 4. 그 밖에 필요한 사항"라고 규정하고 있다.

조약(treaties)   국제조약 및 기타 국가 간 합의를 우선시(prevail)한다. 제3조 참조.   33-34

준거법(applicable law)   EU 도산 규정과 달리 모델법은 특정한 쟁점(예를 들어 재단의 자산, DIP에서 채무자와 대표자의 권한, 계약의 효력, 허용되는 채권, 우선권, 확인된 계획과 담보권의 효력, 편파행위 부인, 담보권의 취급, 유치권(liens), 부동산이나 동산의 임대차, 소유물 추급 청구(proprietary tracing claims), 신탁, 소유권유보부 매매나 기타 물권, 상계, 등기의 효력, 선의의 제3자에 대한 절차개시 후 처분)의 준거법이 무엇인가에 대해 규정하지 않는다. 모델법은 조기에 충분히 중지시키지 못한 데에 대한 이사(director)의 책임과 기업집단 회사의 병합(consolidation)에 대해서도 명기하지 않는다.   33-35

   그러나 몇몇 문제는, 의무적이든 재량적이든 간에 현지 법원이 승인할 때에 중지명령을 어떻게 해석하는지 여부에 영향을 받을 수도 있다. 예를 들어 개별 소송(action)과 보전절차에 대한 중지명령은 담보권의 실행 그리고 리스 목적물과 소유권유보부 매매로 매각된 물건의 회수(repossession) 여부에 영향을 미칠 수 있다. 의문스럽기는하나(doubtful) 실행 시에 부정되지(negatived) 않는 한, 중지명령들이 상계 및 계약 해지 조항에 영향을 미칠 수도 있다.

기업집단(groups)   각 기업집단은 별개의 채무자로 생각한다. 집단도산은 협력조항(co-operation)에 의해 촉진될 수도 있다.   33-36

절차(procedure)   모델법의 많은 조항들은 외국도산절차의 대표자에게 현지 소송의 당사자적격을 부여하는 것을 금지시키는 이의권을 무효로 만들기도 한다. 외국도산절차의 대표자에게 현지 소송의 당사자적격을 부여하는 것은, 외국도산절차의 대표자가 현지 자산을 관리하고 채권자에 대한 익국익 중지명령이 현지에서두 유효하도록 하고 기술적인 절차적 근거에 기한 현지법원의 차단(blocking) 권한을 겨냥한 것이다.   33-37

   따라서 외국도산절차의 대표자는 현지에서 승인명령을 신청할 수 있고(제9조 참조), 다양한 중지명령들이 효력을 발하도록 현지 도산절차를 개시할 수 있으며(제11조 참조), 승인 이후에 현지 도산절차에 참가할 수 있고, 현지에서 협력할 자격이 부여되며 현지의 편파행위 부인 소송을 할 수 있다(제23조 참조).

Uncitral 모델법에 대한 더 상세한 내용 : LPIF 시리즈 제6권 제23장.

도산관할(insolvency jurisdiction)

관할 근거(jurisdictional bases) 요약

33-38   도산절차를 개시하기 위한 관할권의 주요 근거들은 다음과 같다.

- 주된 이익의 중심지 또는 회사설립지
- 현지 사무소나 지점(branch)
- 현지 자산
- 현지 영업활동
- 채권자의 국적이나 거소(residence)

관할권을 선점하기 위한 경쟁(races for jurisdiction)은 흔히 발생한다. 일부 채권자들은 그들의 고유한 도산관리 및 도산절차가 그들의 본국 법규에 따라 시행되기를 원할 수도 있다. 반면에 근로자나 조세당국(tax authorities)과 같은 다른 채권자들은 현지 자산에 대해 그들 본국의 우선권(home priorities)을 주장하기를 원할 수도 있다. 채무자의 주된 이익 중심지(debtor's centre of main interests)의 도산관리인은 현지도산절차를 통해 도산 중지명령(insolvency stay)을 발함으로써 현지 자산을 회수하려는 채권자들의 시도를 무력화하기를 원할 수도 있다.

일반 채권계약과 도산사건의 가장 큰 차이점 중의 하나가 채권계약사건에서는 계약상의 선택조항(contract selection clauses)에 의해 법정지(forum)를 선택하는 데 있어 높은 수준의 자율성이 보장되나, 도산사건의 경우에는 채무자의 주된 이익의 중심지나 주절차에서의 회사설립지 또는 보조적, 2차적 또는 종절차에서 자산이나 지점 소재지의 법원이 전속적(배타적) 관할권을 가지고, 당사자들은 법정지(forum)를 선택할 수 없다는 것이다. 당사자들은 상업적 이유(고객 및 시장에 대한 접근성, 노동비용, 세금)로 주된 사무소 소재지와 회사 설립지를 선택할 수 있지만, 도산 체제가 채권의 비용에 영향을 미칠 수 있음에도 불구하고 이를 고려하지는 않는다.

확대 관할권(long-arm jurisdiction): **요약**   사실상 모든 선진국들은 채무자의 주된 이   33-39
익의 중심지나 회사설립지 또는 사무소 소재지에서의 현지 도산절차를 승인한다.
따라서 문제는, 법원들이 법정지(forum)와의 사소한 연관을 근거로 하여 확대 관할
권, 즉 지나치게 과잉된 관할권을 행사하는지 여부이다. 아래의 원칙들은 2000년
EU 도산 규정과 그들이 적용하는 다른 조약들에 의해 무효화(overridden)된다.

   도산에 관한 확대 관할권(long-arm bankruptcy jurisdiction)의 주요 요인은 다음과 같다.

- **자산의 소재지**(assets). "자산"("assets")에 근거한 도산관할권은 (그 자산이 아
  무리 작아도) 거의 보편적으로 인정되고, 아르헨티나, 영국, 핀란드, 프랑스, 독
  일, 스웨덴 그리고 미국 등 다양한 국가에서 적용된다. 하지만 일부 예외적인
  국가들, 예를 들어 덴마크, 노르웨이 그리고 일부 라틴아메리카 국가에서는 현
  지의 지점이나 사무소 소재지가 요구된다. EU 도산 규정에는 자산이 충분하지
  않더라도 채무자의 주된 이익의 중심지가 EU 안에 있다면 관할권이 있다고 정
  의된다.

- **물리적인 소재지**(개인(individuals)).

- **신청하는 채권자의 국적**(nationality)**과 거소**(residence). 현지 채권자(creditor)
  의 국적에 기초한 확대 관할권(long-arm jurisdiction)은 프랑스에서 적용된다. 프
  랑스 법계의 다른 국가들에게도 적용되는지 여부는 더 조사가 이루어져야 한
  다. *채권자*(creditor)의 국적이나 거소(residence)는 아마 영국이나 독일, 미국 등의
  다른 국가들과는 관련이 없다.

   때때로 이러한 관할권의 근거들은 현지 자산을 관리하거나 보존하기 위해서(통
상의 이유)가 아니라, 채무자에 대한 도산관할권을 확보하기 위하여 활용된다. 즉,
① 특히 사기 사건의 경우 도산 시 이용 가능한 광범위한 조사권한으로 그들의 사
건을 조사해 보기 위해서, ② 사기적인 편파행위를 회복, 복구하기 위해서, ③ 주절
차에서 외국의 압류나 환매 명목의 채권자의 초과 인수(배당)를 회복, 복구하기 위
해서, ④ 대표이사에게 사기 내지 잘못된 거래에 대한 책임을 묻기 위해서, ⑤ 이사
에 의해 분리된 재산을 회복, 복구하기 위해서 활용된다. 이러한 구제제도는 도산관
할이 흠결된 경우 이용할 수 없거나 약화된다.

   때때로 단일한 요소만으로는 관할을 인정하기에 충분하지 않고, 추가적으로 몇   33-40

가지 관련된 요소들이 요구되며, 이러한 점에 대하여 대개 법원이 재량권(discretion)을 가진다.

　영국과 영국법계 국가들의 법원은 도산한 회사 그 자체의 현지 자산이 없더라도, 현지 자산이 있고 또한 파산명령으로 이익을 보는 자(내국인이나 외국인)가 있는 경우 도산한 외국 회사를 파산할 수 있는 확대 관할권(long−arm jurisdiction)을 가진다. 청산할 것이 없는 경우 또는 채권자가 현지에서 이익을 얻는 것이 없을 경우에는 파산명령(winding−up order)을 내리는 것은 무의미하다. 관할권의 확대(과잉관할권)는 재량적(discretionary)이다. 따라서 회사가 영국에서 사업을 수행하지 않거나 채권자의 이익이 외국에 있다는 점은 중요한 문제가 되지 않는다.

　　Re A Company (No 00359 of 1987) [1987] 3 WLR 339 판례는, 은행이 1억 3천만 달러를 그리스인에 의해 관리되는 라이베리아 회사(Liberian company)에게 대출해 주었는데, 이는 라이베리아 회사가 새로운 선박 인수를 위한 자금을 마련하기 위한 목적이었다. 대출계약에 따른 지급에 대해 채무불이행이 있은 후, 대출이 회수되었다. 그 다음 은행은 영국법원에서 대출에 대한 판결을 받았다. 그 회사는 영국에 아무 재산이 없었다. 파산명령만 있었다면, 파산인은 회사의 이사들(일부는 영국에 거주했음)로부터 사기나 잘못된 거래를 이유로 회복을 구할 수 있었다. 이러한 소송금액은 은행을 포함한 채권자들에게 돌아갈 수 있었다. *판결*: 그 사건과 영국 사이에 충분한 관련성이 있다면, 채권자가 파산 절차로부터 이익을 받을 수 있는 합리적인 가능성이 있는 경우에 그 법원은 관할권을 가진다. 영국과의 관련성은 존재했는데, 왜냐하면 그 대출계약은 영국에서 체결되고 이행되었으며 그 회사는 영국에서 직접적으로 또는 대리인을 통해 사업을 운영하고 있었기 때문이다.

　　Stocznia Gdanska v Latreefers [2001] BCC 174, CA 판례에서, 라이베리아 회사는 폴란드 조선소와 특정선박제작계약을 체결했다. 그 후 그 라이베리아 회사는 채무불이행 상태에 빠졌다. 항소법원은, 영국법원이 라이베리아 회사를 파산할 수 있는 관할권을 가정하는데 충분한 요소들이 있다고 판시했다. 영국법에 의해 체결된 계약의 채무불이행이었고, 런던에 있는 대리인들을 통해 회사가 운영되어왔다. 도산절차들의 기초가 된 금전 채무에 대한 판단은 영국법원의 판단에 의해 결정되었다.

　　텍사스의 *Re Yukos Oil Co* (Southern District of Texas, February 24, 2005) 판례에서, Yukos는 거대한 러시아 석유·가스회사였고, 그 회사의 유일한 미국 내 자산은 도산 신청 일주일 선에 관할을 확보하기 위해 미국으로 이체한 은행예금뿐이었다. 텍사스에 도산신청을 한 이유는, 러시아에서 진행 중인, 세금을 체납한 Yukos 자회사의 강제매각을 중지시키기 위함이었다. *판결*: 법원은 러시아 회사에 대해 관할권을 행사할 수 없다. 왜냐하면 채무자가 신청한 자발적인 도산사건에 대해 미국의 관련성은 너무 적기 때문이다. 그 자산은 관할권을 확보하기 위해 이전되었던 것이다.

국가 내 관할권(internal jurisdiction)

국가 관할권과 별도로, 한 국가 내에서 어느 법원이 재판을 관할하는지도 정해야 **33-41** 할 필요성이 있다. 연방국가에서는 전형적으로 국내재판관할(internal jurisdiction)에 대한 조항을 두고 있다. 미국에서는 상장회사의 상당수가 델라웨어 주에서 설립되었다. 그 뿐만 아니라 주요 사업(principal business)이 이루어지는 주 대신 델라웨어 주에서 많은 소송이 제기된다. 미국에서 회사들은 사업의 주된 영업활동지 또는 주요한 자산소재지나 주소지 또는 계열사가 이미 도산을 신청한 지역 어디에서나 도산을 신청할 수 있다(28 USC 제1408조 참조). 캐나다에서는 사건에 관련된 여러 지역의 법원 사이의 협조(co-operation)를 규정하고 있다.

외국 도산관리인(foreign insolvency representatives) 및 중지(stays)의 승인(recognition)

도입(introduction)

외국 도산관리인(foreign administrator)은 때때로 현지의 도산절차를 통하지 않고 현 **33-42** 지 재산을 외국에서 관리할 수 있으나, 대부분 현지 법원의 승인명령이 필요하다. 외국 도산관리인은 도산절차를 현지에서 개시하는 것을 대안으로 한다. 이러한 도산절차는 중심적(main) 절차와 부수적(non-main) 절차를 모두 포함한다.

국제적으로, 도산의 주된 법정지(bankrupt's main forum)로부터 현지 자산을 관리할 수 있는 외국 도산관리인의 권리를 승인하는 경향이 증가하고 있고, 비록 현지 승인절차가 이루어질 때까지 연기되기는 하지만, 채권자의 집행에 대한 금지(freeze)를 승인하는 경향도 증가하고 있다. 그러나 다른 중지(stay)들, 특히 상계, 담보권 및 계약취소에 대한 중지가 승인되는 경우는 흔하지 않다. 대부분의 국가들은 병행도산절차의 개시를 허용하므로, 실무적으로 외국 도산관리인의 일방적 노력은 채권자의 압류 및 채무자의 자산양도행위를 종결시키는 현지도산절차에 의해 회복된다. 현지 도산절차들의 효과는, 현지 국가에게 고유의 도산법에 효과를 부여하는 것을 허용하는 것이다.

외국 절차의 중지(foreign stays) 및 외국 관리인(foreign representative)의 승인 요약

33-43   다음은 국제적 접근 방식에 대한 폭넓은 요약으로, 외국의 절차 중지의 승인과 외국 도산절차대표자의 현지 자산 관리권에 대해 이야기해 보기로 한다.

33-44   **완전한 승인 거부**(total non-recognition)   일부 국가에서는, 조약이 없는 한 주된 외국 법정지(forum)에서의 도산절차 또는 그 현지 자산에 대한 효과를 전부 승인하지 않는다. 에스토니아와 핀란드가 그러하다. 그러한 국가들에서는 현지 도산 절차(local proceeding)만 인정된다.

33-45   **완전한(full) 승인 또는 일부(partial) 승인**   대부분의 국가에서는, 외국 법정지(forum)의 도산절차는 외국 관리인의 회수(collection), 채권자의 집행과 채무자의 처분의 동결(freeze)(그 이외의 중지(stays)는 제외)이라는 점에서, 현지 승인절차(local recognition proceedings)에 의하여 또는 승인절차 없이, 현지승인(local recognition)을 달성한다. 이러한 승인(recognition)을 달성하기 위해서는 특정한 요건들을 충족해야 한다.

- 외국의 법정지(forum)가 현지 법정지(forum)의 입장에서 볼 때 도산의 관할권을 가져야 한다. 이것은 일반적으로 채무자의 주된 이익의 중심지나 이에 상당한 지역에서 외국도산절차가 개시되어야 한다는 것을 의미하므로, 따라서 외국의 종절차는 통상적으로 승인되지 않는다.

- 외국 재판(foreign decree)은 최종적이고 확정적이어야 한다.

- 외국 재판(foreign decree)은 현지 법정지(local forum)의 사회적 정서 등 공공질서에 어긋나지 않아야 한다. 외국의 조세와 벌금의 회수(collection)를 위한 재판은 해당되지 않는다.

- 외국 재판(foreign decree)은 역외적 효력(extraterritorial effect)을 가져야 한다. 전 세계의 재산을 대상으로 해야 한다.

- 현지 도산 절차가 아직 개시되지 않아야 한다.

- (때때로) 상호주의가 증명되어야 한다.

회사에 대한 외국 도산절차의 관리인을 승인하는 근본적인 이유는, 그가 현재 회사를 통제하고 관리하기 때문이다. 관할(국가)들은 적법한 경영자(rightful manager)인지 여부를 판단하기 위해 채무자 회사 설립지 법(place of incorporation)을 검토해야 한다. 만약 현지의 승인 요건이 충족되는 경우, 채무자 운영의 중심지에서 개시된 초기 도산절차를 관할한 이러한 유형의 국가에서는 넓게 봤을 때 3단계의 승인 제도가 있다.

- **절차 없는 즉각적인 승인**(immediate recognition without proceedings). 국내 법정지(local forum)에서 현지의 형식적인 승인절차 없이 즉각적으로 외국 도산절차(foreign bankruptcy)를 승인한다. 외국 도산절차의 대표자에게 현지 자산을 관리할 수 있는 자격을 부여하고, 현지 자산에 대한 채권자의 압류(attachment) 및 채무자의 현지 재산 처분권을 금지, 동결(freeze)시킬 수 있는 자격(권한)을 부여한다. 재산에 관한 한 즉시 외국의 주절차의 보편성을 승인하는 것이다. 이것은 자격(qualification)에 대한 영국법계 국가들의 일반적인 원칙이다. 또한 이러한 원리는 채무자의 주된 이익의 중심지가 EU 안에 있는 경우 적용되는 EU 도산 규정에 의해 실행된다(단, 덴마크 제외).

- **승인절차가 필요한 경우**(recognition proceedings required). 현지 법정지(local forum)에서 외국 도산절차의 대표자가 현지 자산을 관리하기 전에 형식적인 승인절차를 필요로 하고, 채권자가 외국 법정지의 처분금지 동결(foreign forum's freeze)에 대항하기 위해 승인명령 이전에 현지 자산에 설정한 압류와, 승인명령 이전에 이루어진 채무자의 자산 처분행위의 효력을 인정하기 위한 승인명령에는 소급효가 인정되지 않는다. 이는 때때로 심각한 부작용을 초래하는데, 왜냐하면 대체로 인가, 승인(exequatur) 절차에는 비용이 많이 들고, 6개월가량의 긴 시간이 소요되므로 그 사이에 자산이 탕진될 수도 있기 때문이다.

33-46

이것이 국제연합국제거래위원회의 모델법의 대략적인 입장이고 라틴아메리카 대다수의 국가들의 사건에서도 동일하다. 그 효과는 주된 도산의 보편성을 승인하는 것인데, 단 형식적인 현지 승인 명령이 내려진 때부터이다. 프랑스에서는 현지 승인명령에 소급효가 인정된다.

> *Société Klever v Frics Hansen* (Cass civ Ire, February 25, 1986) 판례에서, 프랑스 채권자 Société Klever는 덴마크 회사를 대상으로 한 덴마크 도산절차에서 채권(claims)을 신고했고, 이와 동시에 프랑스에 소재한 재산을 가압류(seizing)하고 부동산 담보가등기(interim mortgage registered)를 함으로써 채권의 회수를 확실하게 보장받고자 했다. 이는 프랑스에서 덴마크 회사를 상대로 채무의 지급, 변제 및 부동산 가등기의 유효성에 관한 소송으로 이어졌다. *판결*: 프랑스 법원에서 승인된 외국 판결은 외국 법원이 선고(rendered)한 때부터 효력을 가지나, 법원은 사회적 정서 및 공공질서를 고려하여 기각(rejected)했다. Cour de Cassation은 개별 절차와 등기된 담보권의 종료 그리고 선행채무의 지급을 위한 청구기각은 프랑스에서 승인이 이루어지기 전인 외국 판결 선고일로부터 프랑스에서 유효하다고 판시했다.

33-47
- **자산 회수**(asset collection)**에 한정하는 승인**(recognition). 외국의 법정지(foreign forum)가 외국의 주된 법정지(foreign main forum)에서의 도산을 승인하는 규정을 두지 않는다. 채무자의 자산 양도(transfer) 및 채권자의 압류(attachments)가 중지되지 않도록 하기 위해 현지 자산에 대한 어떠한 효력도 부여하지 않도록 입법을 했다. 외국의 법정지(foreign forum)는 도산관재인(insolvency representative)에게 현지 재산을 회수할 수 있는 권한을 부여할 수도 있는데, 이는 특히 회사의 이사들이 회사를 더 이상 통제할 수 있는 권한을 가지지 않는 경우에 그러하다. 스칸디나비아반도의 국가들과 네덜란드 법의 태도이다.

승인(recognition)**에 대한 더 상세한 내용**: LPIF 시리즈 제6권 제20장 참조.

질문이나 세미나 주제들에 대해서는, 제34장 마지막 부분 참조.

도산법의 국제사법: 개별 쟁점들

도입(introduction)

이 장은 도산의 선별된(selected) 쟁점들에 대하여 어떤 법이 적용될 것인지의 문 34-01
제를 다루고 있다.

도산과 관련한 개별 문제에 대하여 준거법(applicable law)이 무엇인가는 EU 도산
규정(EU Insolvency Regulation)에 성문화되어 있다. 단락 33-08 참조. 한편 UNCITRAL
모델법은 (대체로) 외국 도산관리인(foreign representative)의 자산관리 권한 및 일정한
중지(stay)의 승인 이외에 실질법(substantive)의 선택에 대하여는 성문화된 조문을 갖
고 있지 않다.

오스트리아, 벨기에, 독일과 스페인은 규율의 통일(unified set of rules)을 위하여,
UNCITRAL 모델법이 아니라 EU 이외의 국가에 적용되는 국제사법 제도(extra-EU
conflicts regime)의 기초인 EU 도산규정(Insolvency Regulation)을 사용한다. 이는 EU 회
원국에는 EU 도산규정, EU 이외의 국가에는 UNCITRAL 모델법을 이원적으로 적용
하는 것을 피하기 위해서이다. 반면 영국은 EU 회원국에 대하여는 EU 규정을, 그
외의 국가에 대하여는 UNCITRAL 모델법을 각각 적용하는 체제를 갖고 있다.

상계(set-off): 국제사법(conflict of laws)

도산절차 밖에서의 상계(solvent set-off)

34-02   도산하지 않은 당사자들 사이에 상계(set–off)로 채권이 소멸(discharge)될 수 있는지 여부의 문제는 채무자가 소멸되었다고 주장하는 채권의 법을 준거법으로 하여 규율해야 한다. 영국의 사례로는 *Allen v Kemble* (1848) 6 Moo PPC 314, PC 판례 참조. 따라서 은행에 예금채권의 반환을 청구한 예금채권자가 해당 은행에 대하여 대출채무를 부담하고 있는 경우에 은행이 상계권을 행사할 수 있는지 여부, 즉 은행이 그 대출채권을 이용하여 예금채무를 변제할 수 있는지 여부는 해당 예금채권에 대하여 적용되는 법률에 따라 결정되어야 한다. 채무자로서 은행이 보유하고 있는 대출채권(loan)과 상계(setting off)에 의하여 소멸되어야 한다고 주장하고 있는 채권이 예금채권(deposit)이기 때문이다.

준거법을 이와 같이 결정하는 이유는 계약에 따라 발생하는 채권의 소멸 여부는 보통 그 채권에 대하여 적용되는 법률에 의하여 규율되기(governed) 때문이다. 상계는 채권에 대한 변제의 한 방법이기 때문에 채권자가 채무자에게 부담하고 있는 채무를 이용하여 채무자가 채권을 변제할 수 있는지 여부는 기본적으로 채무자가 상계에 의하여 변제하고자 하는 해당 채권을 규율하는 법률에 따라 결정되어야 한다.

1980년 계약준거법에 관한 로마 협약(Rome Convention on Contract Applicable Law)을 대체하기 위하여 2007년 초반에 제안되었던 계약 준거법에 관한 EU 규정(EU Regulation on Contract Applicable Law) 제16조에 따르면, "법령에 의한 상계는 해당 상계권을 주장 당하고 있는 채무(수동채권)의 준거법에 의하여 규율되어야 한다"라고 규정하여 위와 같은 원칙을 채택했다. 한편, 이는 도산법상의 상계(insolvency set–off)와 관련하여 2000년 EU 도산 규정 제6조에서 채택한 원칙과도 일맥상통한다. 다음 참조.

34-03   도산법상의 상계(insolvency set-off)

제14장에서 언급된 바와 같이, 일부 국가들은 도산법상의 상계(insolvency set–off)를 허용하는 반면, 다른 일부 국가들은 상호 간에 관련되어 있는 경우(connexity) 또는 당좌계좌(current accounts)에 의한 경우를 제외하고는 도산법상의 상계(insolvency set-off)를 허용하지 않는다.

2000년 EU 도산 규정(EU Insolvency Regulation 2000)에 따르면 "상계 허용 요건(conditions under which set-off may be invoked)"은 해당 절차개시국법에 의하여 규율된다. 제4조 제2항 제(d)호 참조. 따라서 도산채무자의 채권의 준거법(law applicable to the insolvent debtor's claim)에 따라 상계가 허용되지 않으면 상계가 불가능하게 된다. 그러나 만약 그 관할법원이 상계를 허용하지 않는 경우라도 채권자는 "그 상계가 도산상태에 있는 채무자가 채권자에 대하여 보유하고 있는 채권(채권자의 입장에서 수동채권)에 대한 준거법에 의하여 허용되는 경우"에는 도산절차에도 불구하고 상계를 할 수 있다. 제6조 제1항 참조. 따라서 만약 영국법이 도산채무자의 부담채무에 대한 준거법으로 적용된다면, 도산법상의 상계(insolvency set-off)는 허용된다. 대부분의 선진국에서는 당사자들은 준거법을 선택할 수 있으므로 이는 결국 당사자들이 상계를 허용하는 국가의 법률을 선택함으로써 합의에 따라 자유롭게 도산 시에 상계권을 행사할 수 있다는 것을 의미한다. 일반적으로 이때 선택한 법률이 반드시 EU 회원국의 법률일 필요는 없다. 도산법상의 상계(insolvency set-off) 허용 여부를 좌우하는 준거법(governing law)[1]은 해당 法域(jurisdiction)의 실질법(substantive law)이지, 국제사법(conflicts rules)이 아니다.

지급 또는 결제 시스템(payment or settlement system) 또는 금융시장에 있어서 당사자들의 권리와 의무는 해당 시스템이나 시장에 대하여 적용되는 회원국의 법률에 의하여 규율된다. 제9조 참조.

국제도산에 관한 UNCITRAL 모델법(UNCITRAL Model Law on Cross-Border Insolvency)에 의하면, 일정한 경우 절차의 중지(stay) 효과는 자동적으로 발생하고 법원은 재량에 의하여 중지명령을 내릴 수도 있다. 상계권은 바로 이러한 조항에 의하여 영향을 받을 수 있지만 자세한 사항은 해당 국가의 법률에 따르도록 하고 있다. 영국의 이행법률(British implementation)은 상계에 영향을 미치는 절차의 중지를 허용하지 않고 있고, 미국의 이행법률은 미국의 자동중지와 그에 대한 예외를 사실상 도입하고 있다.

EU 도산 규정(EU Insolvency Regulation)과 UNCITRAL 모델법 이외에서는, 일반적으

34-04

---

1) 역자 주) 원문에는 "governing line"라고 나와 있는데, 이는 아마도 "governing law"의 오타인 것으로 보인다.

로 도산 법정지(bankruptcy forum)는 도산 시 상계의 이용가능성 기타 편파적인 채권의 적립(preferential build-ups)과 상계의 중지에 관하여 자신의 규칙을 적용하고 있는 것으로 보인다. 영국이 그러하다. *Re Hett, Maylor & Co Ltd* (1894) 10 TLR 412 판례, *Re Bank of Credit and Commerce International SA (No 10)* [1996] 4 All ER 796 판례 참조. 독일 등의 국가에서는 주절차에 적용되는 법을 따르거나 EU 도산 규정(EU Insolvency Regulation)의 원칙을 채택할 수 있다.

34-05   **네팅(Netting)과 계약의 해제(cancellation of contracts)**   제14장에서 살펴본 바와 같이, 계속적인 미이행 쌍무계약(open, executory or unperformed contract)의 네팅(netting)을 위하여는 세 가지 단계를 거쳐야 한다. ① 계약상대방의 도산 시 계약 해제, ② 어느 쪽이든(예외가 있음) 손실과 수익의 정산, 그리고 ③ 이러한 손실과 수익의 상계(set-off)이다. 따라서 계약상대방이 도산한 경우, 예컨대 계약의 해제·무효와 관련된 조항을 무효화하지 않는 등 도산하지 않은 상대방이 도산법에 따라 어떠한 장애 없이 계약을 해제하는 것이 가능해야 한다. 계약 해제(cancellation of contracts)에 관한 도산 저촉법의 입장에 관한 논의는 단락 34-33 참조.

   상계의 저촉법(set-off conflicts)에 관한 더 상세한 내용 : LPIF 시리즈 제6권 단락 13-021.

담보권(security interests)과 소유권이전형 금융(title finance)

개요(general)

34-06   담보권과 소유권이전형 금융(title finance)과 관련한 준거법의 충돌 문제는 매우 많은 쟁점을 포함하고 있는데, 그 예로 담보권을 설정하는 채무자의 지위, 권능, 권한(authorisation), 형식요건(formality), 담보권의 계약적 측면, 양도의 성질결정(characterisation), 필요한 공시(publicity)의 정도와 그 효과, 피담보채무의 범위, 소유권(title)과 우선순위(priority), 무담보채권자의 집행에 대한 우선권, 그리고 재산 매각, 담보관리(receivership), 법원의 경매(judicial public auction) 등과 같은 집행방법 등을 들 수 있다. 또한 우선권이 있는 채권자(preferential creditors)의 우선순위, 담보권설정에

대한 편파행위 부인, 계약에 관한 관할권 및 담보실행에 관한 관할권 등의 논점도 있다.

위 분야를 대략 다음과 같이 구별하는 것이 유용하다.

- **회사**(corporate)법적 측면. 채무자의 지위, 권능, 권한(authorisation). 이러한 사항들은 통상 설립지의 법률에 의하여 규율된다.

- 담보권 설정 **계약**(contract)의 측면. 특히 담보부채권의 내용. 이러한 점은 통상 계약에 관한 준거법, 즉 담보계약의 준거법에 의하여 규율된다.

- 담보권의 **물권적**(proprietary) 측면. 특히 채권자에 의한 등기(filing) 또는 점유(possession) 등에 필요한 공시방법. 이는 통상 담보물의 소재지법에 의하여 규율 되나, (미국과 같이 때때로 계좌 소재지 준거법에 의한) 계좌대체기재 증권(book-entry securities)과 (채권 준거법에 의한) 계약상의 채권 등과 같은 여러 예외가 있다.

- **도산**(insolvency)법적 측면. 일반적으로는 도산절차를 진행하는 법원 소재지(place of the bankruptcy court)의 법에 의하여 규율된다. 이는 담보물의 소재지법으로 되는 것이 일반적이다.

자산 소재지의 법(law of the location of assets): 원칙들(principles)

전통적으로, 담보권의 물권적 측면(proprietary aspect)을 결정할 때는 근본적으로 담보물 소재지법에 따른다. 담보물 소재지는 특히 담보물이 채권자에게 유효하게 양도(transfer)되었는시, 그 권리의 이전이 무담보채권자들 또는 매수인이나 자산에 대한 보증인과 같이 자산과 관련 있는 제3자들에게 적절하게 공시되었는지를 결정하는 데 의미가 있다. 공시방법(publication)은 종종 유효성과 우선권 여부를 결정하기도 하는데 이러한 원칙은 매우 간명(comfortable)하기는 하지만 이에 대하여는 몇 가지 예외(erosions)가 있다.

34-07

담보물 소재지법의 연원(origins of law of location of the collateral)　소재지법은 궁극적으로 ① 공시(publicity)의 필요성과 ② 국가주권(national sovereignty)에 기초한다. 만약

34-08

해당 자산이 어떠한 국가 내에 존재(local)한다면, 국가의 주권(national power)에 따라 해당 자산에 대하여 과세, 규제, 통제 및 압류, 수용하고 상속에 관한 그 자신의 관념을 적용할 수 있다. 만일 어떠한 국가가 다른 국가의 영토 내에 위치하고 있는 재산의 양도(transfers of property)에 대하여 자국의 법률을 적용한다면 이는 국가 주권을 침해(infringe)하는 것이 된다. 해당 국가는 그 국가 내에 위치한 자산에 대하여 통제와 권한(control and power)을 가지기 때문에 외국의 법원이 해당 자산에 대하여 실질적인 집행이 불가능한 다른 규정을 적용하는 것은 무의미하다고 할 수 있다. 다시 말해, 외국 법원은 소를 제기한 자들을 개별적으로 구속하는 명령을 내릴 수는 있지만 이러한 명령은 통제하는 해당 국가에 의하여 취소될 수 있다(countermanded).

공시(publicity)는, 현재 그 근본적인 이념에 대하여 의문이 제기되고 있기는 하지만, 담보권과 모든 자산의 양도에 있어 전형적이자 필수적인 것으로 받아들여지고 있다. 공시의 목적은 허위의 富(false wealth)를 허용하고 공시되지 않은 담보권에 대항한 시장의 우선순위(market priority) 보호에 있었다. 단락 17-01 참조. 그럼에도 불구하고, 공시정책은 확실히 정착이 되어 통상 자산(assets) 소재지법이 유효성과 우선권을 결정하는데 핵심적인 근거가 되고 있다.

과거에는 담보권에 의하여 영향을 가장 많이 받는 사람들—즉, 무담보채권자들(unsecured creditors)과 토지와 재화를 구매하거나 저당권(mortgage) 또는 질권(pledge)을 취득하기를 원했던 사람들—은 통상적으로 해당 자산이 소재하는 지역에 있는 것(on the spot)이 보통이었다. 재무제표(financial statements)나 중앙 등기시스템(central registration)이 없는 경우 해당 자산과 이해관계가 있는 사람이 누구인지를 알아내는 유일한 방법은 실제로 직접 그 자산의 유무를 조사하고 그 지역이나 시장에 거주하는 이웃들에게 물어보는 것이었다. 따라서 이러한 제3자들이 그들의 재산권(property rights)을 결정하기 위해서 해당 자산의 소재지법 또는 자산의 위치를 살펴봐야만 했던 것은 충분히 말이 된다.

34-09 한편 무담보채권자들이 우선하는 것(trumping)이나 매수인과 저당권자(mortgagee)들이 하자 없는 소유권(good title)을 가지는지 여부와 같은 우선권(priority)과 관련하여, 중요한 것은 누가 실질적으로 해당 자산을 소유하고 있었는지보다 외관상 소유권(apparent ownership)을 누가 보유하고 있었는지였다. 이는 해당 자산을 조사하는 제3자들로서는 그들이 직접 목격한 것, 즉 점유(possession)나 외관상의 수유권(apparent title)에 의존할 수밖에 없었기 때문이었다. 그리고 이때 만일 소유권자가 실제 권리관계를 드러내지 않으려고 했다면 그 결과를 감수해야만 했다. 쉽게 말해 이해관계

인들이 목격한 자산은 그들이 해당 자산을 본 곳에 있었다는 말로서, 해당 자산의 소재지가 중요하다는 것을 의미하는 것이다.

한편 담보대출이 실행이 되었을 때(came to be enforced) 구제수단을 결정하는 것은 해당 지역의 법원(local courts)이었다. 만일 채무자가 도산하게 되면, 그 지역 법원(local court)의 관할하에 해당 자산을 관리하고 명령을 발령하는 등으로 처리되었다.

자산소재지법 원칙의 문제점(problems with the location rule)　　이상적이고 안전한(golden world of safe unity) 자산소재지법에 따른 원칙은 현대에 접어들면서 다음과 같은 복잡한 문제에 직면하게 되었다.

34-10

- 무형자산(intangible assets)에 대한 문제이다. 무형자산은 형태가 없기 때문에 그 소재지를 규율하기 어려운 한계가 있고 이러한 경우에는 그 개념이 허구적(fictitious)이어야만 하는 문제가 있다. 쉬운 예를 들어, 누군가가 무형자산을 포장한 종이를 벗겨 낸다면, 해당 자산은 눈에 보이지 않게 되고 그 자산에는 가공적인 소재지를 부여해야 할 필요가 있다. 통상적으로 무형자산에 관한 국제적인 합의(international consensus)는 채무자 소재지나 소송 상대방이 있는 곳에 해당 무형자산이 소재하는 것으로 본다. 이는 채무자는 보통 자산(asset)을 인도하기(deliver) 위해서는 금전(money)을 인도(hand over)해야 하고, 이로 인해 자산의 실제 소유자가 채권자나 주주임에도 불구하고 마치 채무자가 그 자산을 보유하는 것처럼 보이기 때문이다. 동산화된 무형자산(chattelised intangibles)에 있어서는 때때로 포장된 서류가 있는 곳에 위치하고, 등기된 무형자산(registered intangibles)은 등기소(register)가 있는 곳에 소재하게 된다. 이러한 소재지들은 통상 채무자 소재지와 동일한 관할(same jurisdiction)에 있다.

- 꽤 많은 종류의 자산은 상시적으로 이동하는 성질(constantly on the move)을 갖고 있다 — 이동 가능한 동산(선박, 수출 물품, 은행에 대한 소송, 투자 등). 이러한 물건들은 하나의 *法域*(jurisdiction)에서 다른 *法域*으로 빠른 속도로 이동할 수 있다.

- 포괄적 담보권(universal security)이나 집합적 담보물의 문제이다. 이러한 물건들은 개별 품목의 소재지법을 모두 조사하는 것이 실질적으로 불가능(impracticable)

하다. 이는 계좌대체기재 증권(book-entry securities)에 의한 증권 계좌에 있어서도 그대로 적용된다.

이러한 문제를 해결하기 위한 하나의 방법은 그 소재지를 등기, 등록소가 있는 곳으로 특정(fix)하는 것이었다. 이는 토지뿐만 아니라 지식재산권, 선박, 항공기, (가끔씩) 자동차(automobile)와 등록 투자 등등에 대하여 적용되는 방법이었다. 다른 방법은 채무기업의 소재지 같은, 담보권에 대하여 인적편성주의 등기제도(debtor-indexed filing system)를 도입하는 것이었다. 이에 따르면 공시는 중앙에 집중(central)이 되고 하나의 소재지에만 신경을 쓰면 되는 결과가 된다. 세 번째 방법은 계약상의 채무에 적용 가능한 것으로서, 채무자 소재지를 계약채무의 준거법으로 대체하는 것이었다. 이는 당사자들이 이제는 자유롭게 자산 이전에 대한 공시여부를 결정할 수 있다는 근거하에 일정한 자유를 부여하는 것이다.

담보권설정(creation), 대항력(perfection) 및 우선순위(priorities)의 준거법(governing law)

34-11   **요약**(summary)   일반적인 원칙(general rule)은, 설정(creation)(담보권의 성립), 대항력(perfection)(점유, 지배, 소유권등기, 또는 채무자에 대한 통지 등에 의한 공시) 그리고 경합하는 두 개 이상의 재산의 양도에 있어 발생하는 우선순위(priorities)는, 재산법의 문제(matters of property)로서, 해당 담보물이 소재하고 있는 곳의 법률에 의하여 규율된다는 것이다.

먼저 우선권은 소유권자, 다른 담보권자 및 담보부자산의 매수인과 사이에서 발생하는 문제이다. 이때 채무자가 도산한 경우에 우선권을 보유한 채권자들이 우선특권을 보유하는지 여부와 같은 쟁점은 대개 도산 법정지(forum of the bankruptcy)의 법에 따라 규율되는 도산 저촉법(bankruptcy conflicts)의 문제이다.

인적편성주의 등기부(debtor register)의 등기에 의하여 대항력(perfection)이 구비된 경우에, 대항요건과 몇몇 우선순위는 등기가 된 지역의 법률이 준거법이 되고, 이는 통상 채무자 소재지법이다. 이러한 등기시스템의 문제는, 자산(asset)이 등기된 법역(filing jurisdiction)에 있고 담보권설정자(chargor)가 그 지역에서 사업을 계속하는 경우에는, 반드시 그 법역이 설립지가 아니라고 하더라도, 또한 해당 자산이 나중에 그 법역으로 이동했을 경우에도 그 법역에서의 등기가 필요하게 된다는 점이다.

이러한 시스템의 목적은 자국의 채권자를 보호하기 위한 것이다. 그 결과, 정부 **34-12**
가 자국의 채권자를 은밀하게 설정된 담보권(secret security interests)으로부터 보호하
는 임무가 있다는 사고방식을 배경으로, 복수의 등기(multiple filing)가 필요하게 되
거나 또는 장소(location)에 따라서 다른 대항력(perfection)이 추가로 필요하게 되는 것
이다.

Luckins v Highway Motel (Caernarvon) Pty Ltd (1975) 133 CLR 164 판례에서, 호
주 빅토리아에 위치한 한 회사가 빅토리아에서 빅토리아 등기 법규에 따라 채무자 버스
회사의 버스에 대하여 담보권을 설정하고 이를 등기하였다. 한편 다른 확정판결을 받은
무담보채권자는 웨스턴 호주에서 그 버스를 압류했는데, 웨스턴 호주 또한 그 주에서 사
업을 수행하는 외국 회사의 재산에 대하여 설정한 담보권은 그 주 내에서 등기해야 한다
는 등기 법규를 가지고 있었고, 해당 버스 회사는 웨스턴 호주 주에서 사업을 계속하고
있었다. 이에 대하여 법원은 강행적인 주법을 적용하여 웨스턴 호주에서 요구되는 등기
법규를 따르지 아니했다는 이유로 빅토리아 주에서 설정된 담보권(charge)이 무효라고 판
시했다.

스위스 판례에서는 매도인이 독일에 있는 매수인에게 물건에 대한 소유권을 유보한 채
로 이를 양도했다. 독일에서는 소유권 유보가 유효했고, 매수인은 해당 물건을 스위스로
이동했는데, 이에 대하여 스위스 법원은, 소유권 유보가 스위스의 등록부에는 등록되지
않았기 때문에 스위스에서는 소유권 유보조항이 무효라고 판시했다(BFE 106 II 198).

NV Slavenburg's Bank v Intercontinental Natural Resources Inc., [1980] 1 WLR
1076 판례에서, 버뮤다에 위치한 한 회사가 영국에 위치한 유류 저장탱크 안에 있는 유
류(oil)에 대하여 네덜란드 은행에 담보를 설정하였다. 그 회사는 영국에 지점을 갖고 있
었다. 영국 등기 법규에 의하면, 회사는 영국에 그 지점이 등록되었는지 여부와 관계없이
영국에서 자산에 대하여 등기(filing)를 해야 한다고 규정하고 있었다. 이에 따라 법원은
해당 담보(charge)가 무효라고 판시하였다.

이와 상반되는 판결로는 *Century Credit Corpn v Richard* (1962) 34 DLR (2d) 291
판례가 있다. 매도인은 퀘벡에 있는 매수인에게 소유권을 유보한 채로 자동차를 양도했
는데 퀘벡주법에 의하면 이는 유효했다. 매수인은 소유권 유보사항에 대하여 등록을 해
야 하는 온타리오 주로 차를 이동했는데 이에 대하여 법원은 계약 자체는 퀘벡 주에서

이루어졌기 때문에 소유권 유보 조항은 유효하다고 판시했다.

　보통 재판관할 확대 법칙(long-arm rule)은 불만족스럽고 보호주의적이라고 받아들여지고 있다. 재판관할을 확대하여 자국의 채권자를 보호하고자 하는 것은 결국 기업의 자산이 소재하고 있는 모든 국가에서 해당 자산이 등록되어 있는지 여부와 소제기 사항을 확인할 필요가 있다는 것을 의미한다. 그러나 이는 상시적으로 이동하는 항공기나 선박의 경우에는 매우 불합리하고 다른 국가에 다양하게 흩어져 있는 자산에 대한 압류에 있어서는 실행 불가능한 것이다. 이는 개별적인 모든 경우에 해당 기업이 해당 국가 내에서 충분한 정도의 사업을 영위하고 있는지를 확인해야 한다는 결론이 된다. 더불어 많은 수의 자산의 소재지는 지속적으로 변동하기도 한다. 외국 회사와 거래하는 무담보채권자들의 입장에서는 해당 기업의 소재지에서 담보권이 설정되었는지(charges are filed)를 쉽게 확인할 수 있는 한편, 채권자들이 그들의 국가에서만 이를 검색할 것으로 기대될 수 있다는 생각은 더 이상 유지될 수 없는 것이다.

　일부 국가에서는 채무와 다른 계약 채권과 관련한 공시와 우선권의 문제는 그 채무와 계약을 규율하는 준거법에 의하여 결정된다. 계좌대체기재 투자상품(book-entry investments)과 관련하여서는 때때로 중개기관의 계좌(intermediary's account)의 준거법에 의한다.

　이상과 같은 점을 종합하면 다음과 같이 세 개의 경합하는 원칙을 정리할 수 있다.

- 자산 소재지
- 채무자 소재지(등기 법규) 그리고
- 자산 준거법(때때론 계약상 채무(contract debts)와 계좌대체기재 증권(book-entry securities))

34-13　**소재지법 원칙(location rules)의 요약**　소재지법 원칙(location rules)의 개요는 다음과 같다.

- 토지의 소재지는 보편적으로 그것이 현재 있는 곳으로 일치된다.

- (거의 보편적으로) 등록된 선박과 항공기의 소재지는 자산의 소유권 등록지이다.

- (보편적으로) 물품(goods)은 그것이 현존하는 곳에 소재한다. 단, 운송 중인 물품(transitory goods)에는 예외가 있다. 이는 또한 유통증권(negotiable instrument) 같이 동산화된 무형자산(chattelised intangible)에도 적용된다.

- 무형자산(intangibles)은 등기부(register) 또는 주식등기부(share register) 또는 무권화 청산시스템(dematerialised clearing system)의 대체기재 계좌(book entry account)와 같은 시스템이 있는 경우에는, 그 자산의 등기소 또는 계좌가 있는 곳을 소재지로 보는 경향이 있다. 이는 등기된 지식재산권(intellectual property)에 대해서도 똑같다.

- 통상적인 계약, 금전채권 및 은행계좌에 있어서는 대개 채무자의 거소(residence)에 소재하는 것으로 본다. 예컨대 은행계좌는 해당 계좌를 보유하고 있는 은행 지점에, 금전채권은 채무자가 그 금전채권과 관련한 영업활동을 수행하고 있는 곳에 각각 소재하고 있는 것으로 본다.

그러나 이러한 준거법 결정 기준으로서 소재지원칙에 대하여는 세부적으로 상당한 국제적 변형(variation)이 있다. 특히 계약상의 금전채권(contract receivable)과 계좌대체기재 증권(book-entry securities)에 대하여는 특별한 기준이 있다.

여기에는 금전채권, 계약, 양허(concessions), 주식 등의 투자상품(investments), 계좌대체기재 시스템(book-entry systems)상의 투자상품(investments), 용선계약(charterparties), 보험, 은행예금, 지식재산권 등을 포함한다.

계약상 채무(contract debts)의 대항력 취득(perfection)   압류 채권자와 도산절차에서   34-14
채무를 변제할 책임이 있는 채무자의 대표자(관리인 등)에 대항하여, 약정 담보권이나 채권 양도(assignment of debt)를 입증하는 데 요구되는 공시(publicity)의 정도에는 큰 차이점이 있다. 대부분의 나폴레옹계 국가와 일본, 한국과 스칸디나비아 반도 국가 등에서 담보권은 그 금전채권의 채무자에게 통지(규정된 양식이 필요한 경우도 있음)되지 않으면 채권자들에게 대항할 수 없다. 대부분의 영국법계 국가에서는, 양도인의 채권자에 대항하여 채권양도의 효력을 주장하기 위한 채무자에 대한 통지는 필요하지 않다. 그러나 "장부상의 채무(book debts)"에 대한 기업의 압류가 도산절차에서 유효하기 위하여는 회사 등기소 소재지에서 등기되어야 한다. 반면 독일에서는 어떠한 요건도 필요하지 않다.

2000년 EU 도산 규정에 따르면, 도산 관할의 목적상 청구권은 채무를 이행해야 하는 제3자가 주된 이익의 중심지를 두고 있는 회원국에 있는 것으로 간주된다. 제2조 제(g)호 참조. 미국 UCC Article 9에 의하면 은행계좌의 소재지를 결정하는 데 존재하는 5가지 규칙의 순위 중 하나는 계좌약정의 준거법으로서 이는 양도되는 채무의 준거법에 의하여 공시와 우선권이 결정되는 영국법 원칙과 부합한다.

이하에서 제시되는 원칙들은 등기 법규(filing statute)가 있는지에 따라 영향을 받을 수 있다. 미국 UCC Article 9에 따르면 무형자산 관련 담보권의 대항력(perfection)에 대한 준거법에는 혼합된 시스템이 있는데, 이는 채무자 소재지(등기(filing))나 담보물 소재지(최고의 권원(best title) 또는 지배(control))이다.

34-15 등기 법규에 따르는 경우에는 "채무자에 대한 통지"("notice to the obligor")에 의한 공시방법이 담보부 채무에 대한 준거법이나 통상 채무자 소재지 법(law of the obligor's location)이 되는 가공의 채무 소재지법 중 어느 것에 의하여 결정되어야 하는지에 대한 국제적인 합의가 거의 없다.

도산 이외에 있어서, 1980년 로마 계약협약(Rome Contracts Convention of 1980) 제12조 제2항은 다음과 같이 규정하고 있다. "양도 채권에 대한 준거법은 채권의 양도가능성, 양수인과 채무자 간의 관계, 채무자에게 채권양도를 주장하기 위하여 필요한 요건과 채무자의 채무가 소멸했는가를 규율한다."

로마 계약협약 제12조를 적용함에 있어서 영국법은 채권양도의 유효성을 위하여 채무자에 대한 통지가 이루어져야 하는지 여부에 있어서 채권의 준거법(governing law of the claim)을 적용한다.

Raffeisen Zentralbank Oesterreich AG v Five Star General Trading LLC [2001] QB 825, CA 판례에서, 선박소유자는 선박과 그에 대한 보험을 담보로 제공했다. 화물소유자는 보험회사에게 양도 통지가 이루어지지 아니했다는 점에 근거하여 프랑스에서 보험의 보험금(proceeds of the insurances)을 압류했다. 그 보험은 영국법에 의한 것이었다. *판결*: 이에 대하여 법원은 양도의 유효성을 위하여 통지가 필요한지 여부의 문제는 양도된 계약의 준거법에 따라 결정되어야 한다는 전제 하에 영국법에 따른 것인데 영국법은 채권양도의 유효성을 위하여 채무자에 대한 통지를 요건으로 하지 않으므로 담보채권자(mortgagee)는 해당 보험에 대한 권리가 있다고 판시했다.

로마 계약협약 이외에 보통법의 태도도 이와 동일한 것으로 간주되고 있다.

로마 계약협약은 EU 규정에 의하여 대체되도록 만들어졌는데, 2007년 EU 규정에 **34-16** 서 채무자에 대한 통지요건은 해당 채무(채권)를 규율하는 준거법에 따라 결정된다. 따라서 해당 채무자가 영국법에 의하여 규율된다면 통지는 필요하지 않으나, 예컨 대 이탈리아법에 의하여 규율된다면 통지가 필요하다는 *Raffeisen* 원칙을 채택했다.

한편 채무자에 대한 공식적인 양도통지를 필요로 하는 프랑스의 규칙과 관련한 사건에 있어서, 독일과 스위스에서는 영국의 예와 마찬가지로 해당 양도 채권에 대한 준거법에 따른 요건이 적용된다고 결정되었다. 그러나 프랑스법하에서 만약에 양도 채권의 채무자가 프랑스에 있고 양도인이 도산한 경우에는, 로마 협약 이전 프랑스 법원은 공식적인 통지가 필요하다고 판시하면서, 따라서 유효한 통지가 없 었다면 양도인(구채권자)의 도산절차에 있어 해당 채권양도는 무효로서 자국의 제3 채권자(양도인의 채권자)는 채권양도를 무시하고 해당 채권을 압류할 수 있다고 판 시했다. 따라서 프랑스 법원은 채무자의 영업지의 법을 적용했고, 이것은 다른 프랑 스식 *法域*의 국가에서도 따를 수 있다. 이러한 프랑스의 입장은 통지 원칙은 허위 의 富(false wealth)에 대항하여 무담보채권자를 보호하기 위한 것일 뿐만 아니라 또 한 금전채권 채무자(the obligator who owes the receivable)를 보호하기 위하여 고안된 것 이라는 사실에서 유래되었다. 한편 일본은 현재 이러한 문제를 규율하는 데 있어서 양도된 채권의 준거법(the law of claim)을 채택한 것으로 이해되고 있다.

영국 보통법 국가 이외의 많은 국가에서는, 만약에 양도된 대출채권이나 다른 채 권(loan or other debt)을 담보하기 위하여 토지, 선박, 항공기, 주식 또는 지식재산권 과 같이 소유권이 등기부에 등기되는 자산이 담보로 제공되어 있는 경우에는, 양도 인의 채권자(creditors of the seller)에게 대항하기 위하여는 그 담보의 이전 또한 동일 한 등기부에 등기되어야 한다. 원칙적으로 이러한 문제는 최소한 토지 관련 사건에 있어서는 관련 등기소 소재지법에 의하여 결정되어야 한다고 제시된다.

계약상 채무의 우선순위(priorities for contract debts) 채무에 연속적으로 담보권이 유 **34-17** 보되거나 양도된 경우에는 경합하는 양수인들 사이에 우선권은 채무의 소재지 (location of the debt) - 채무자의 영업지 - 의 법이 아니라 해당 채권(the debt assigned)의 준거법에 의하여 결정되어야 한다. 1980년 로마 계약 협약 제12조는 이 점에 대하 여 침묵을 지키고 있지만, 이후의 EU 규정의 조항을 확인할 필요가 있다. 채권 소 재지법을 적용하는 것은 모든 당사자들에게 동일한 답을 줄 수 있고, 당사자들이 이를 자연스럽게 살펴볼 수 있다. 따라서 만일 어떠한 채무가 영국법에 의하여 규율되는 경우에는 연속적인 양수인들 사이의 우선권은, 두 번째 양수인이 채권 양수를 했을 때 이전의 채권양도를 알지 못했다는 가정하에, 채무자에게 제일 먼저 통지를 했는지의 여부에 달려 있다.

미국 UCC Article 9는, 금전채권(accounts)(즉 금전채권(receivables))과 일반 무형자산(계약 포함)의 경우에 있어서, 일반적으로 대항력(perfection)이 갖추어졌는지 여부를 규율하는 *法域*이 우선순위(priority)와 대항력을 취득한 경우(perfection)와 대항력을 취득하지 못한 경우(non-perfection)의 효과 또한 규율한다고 규정하고 있다. 언급된 바와 같이, 이는 이러한 자산에 대한 등기 관할(filing jurisdiction)이고, 예금계좌(deposit account)를 위한 담보물의 소재지는 다를 수 있다.

34-18   **투자증권**(investment securities)   여기에서는 상장주식(listed equities)과 채무증권(debt securities)과 같은 주식 및 다른 투자상품을 포함한다. 이때 교부에 의하여 양도 가능한 약속어음(promissory note)이나 무기명채권(bearer bond)과 같은 양도증서는 전적으로 제외될 수 있는데, 이들은 동산화된 무형자산으로 그 준거지는 일반적으로 그것이 있는 곳이다. 대체결제 투자증권(book-entry investments)은 특별한 경우이다. 다음의 논의 참조.

채무자의 소재지에서 등기 또는 등록을 규정하는 등기 법규가 없는 경우, 대항력(perfection)과 우선순위(priorities)는 담보물 소재지법을 준거법으로 규율되어야 한다는 컨센서스(consensus)가 있다.

영국의 판례법에 의하면, 계좌대체기재 시스템(book-entry system)에서 무권화(dematerialised)되지 않은 양도 가능한 주식의 소재지는 통상적으로 권리의 이전이 등록되는 그 회사의 주주 등기소가 소재하고 있는 곳이거나, 만일 여러 개의 등기소가 있다면 등록된 주주가 통상적인 과정으로 권리를 이전한 등기소라고 한다. (캐나다 당국의 지지를 받고 있는) 보다 나은 견해(better view)는 발행인이 설립된 장소가 우선한다는 것이다. 실무적으로는 이것들은 많은 경우 차이가 없다. 예를 들어, 무기명 주식(bearer share)이나 지시 주식(order shares) 등, 등록 없이 양도가 가능한 주식이 증서의 교부에 의해서 양도되었을 경우, 영국의 학설 중에는 동산화한 무형자산(chattelised intangibles)의 경우와 같이, 해당 증서가 있는 곳이 소재지라고 하는 견해도 있다.

미국 UCC Article 9에 의하면 "투자재산(investment property)"의 경우에 그에 대한 담보권이 (예컨대, 최고의 권원(best title) 취득을 통해 주장되기 때문에) 등기(filing)에 의하여 대항력을 취득하는지(perfected) 여부는 채무자 소재지(일반적으로 설립지)법에 의하여 규율된다고 규정하고 있다. 제9-305조 제(c)항 제1호 참조. 담보증서(이는 일반적으로 유통증권(negotiable instrument)이다)에 의한 담보권이 대항력을 취득했는지 여부는 담보증권 소재지법에 따라 규율된다. 증권화되지 않은 담보권의 대항력(perfection)은 발행인의 법역의 법률에 의하게 된다. 이러한 동일 국가의 법률이 우선순위(priority) 및 대항력을 취득한 경우(perfection) 또는 대항력을 취득하지 못한 경우(non-perfection)의 효과도 규율한다.

계좌대체기재 투자증권(book-entry investment)　　　계좌대체기재 시스템(book-entry　　　**34-19** system)에 보관된 무권화(dematerialised) 또는 부동화(immobilised)된 투자증권(investment)의 소재지에 관하여 *法域*마다 매우 다양하다. 영국에서 선호되는 의견은 그러한 투자상품들은 목적 계좌(destination account) 소재지법에 따른 공시방법과 대항력에 따른다는 점이다. 따라서 만약에 중개업자가 싱가포르에 있는 결제시스템에 **계좌대체기재** 계좌(book-entry accounts)를 갖고 있는 은행을 위하여 벨기에에 소재하는 유로클리어(Euroclear) 시스템에 있는 자신의 계좌에 **계좌대체기재** 증권(book-entry securities)을 위한 질권(pledge)을 설정하게 되면, 싱가포르 법에 따른 공시 요건을 준수해야 한다.

발행인의 소재지나 커스터디 은행(custodian)에 의한 포괄 무기명채권(global bearer bond)의 실제 소재지가 아니라 대상 계좌(destination account)가 있는 곳의 법률을 살펴보아야 한다는 원칙은 "관련 중개기관 소재지 접근방법"("place of the relevant intermediary approach")이라고 불린다. 이러한 방법의 장점은 다음과 같다.

- 각각의 투자상품(investment)에 대하여 발행인의 소재지에 따라 다른 법률이 적용되는 대신에 계좌 보유자의 전체 포트폴리오나 증권을 규율하는 단일한 법률이 있다는 점이다.

- 상대적 확실성을 부여한다.

- 실무적인 관점에서, 예컨대 유통이 금지된 무기명 채권이나 증서가 실제로 보관되고 있는지 등 그 소재지를 확인하는 것은 시간이나 결제시스템에서 계좌 보유자들 사이의 비밀유지 필요성 등의 이유로 실행이 거의 불가능하다.

이러한 원칙(prima)은 EU 결제 완결성 지침(EU Settlement Finality Directive 1998), EU 금융담보지침(EU Financial Collateral Directive 2002), EU 신용기관의 회생 및 파산에 관한 지침(EU Directive on the Reorganisation and Winding up of Credit Institutions 2001), 미국 UCC (US Uniform Commercial Code) 제8조(Article 8)와 Hague Convention on Intermediary Securities 2002에 의하여 확인되었다. 두 개의 EU 지침은 17－55 단락에 요약되어 있다.

34-20   미국 UCC Article 8와 헤이그 조약은 만약 당사자가 계좌에 대한 준거법을 명시적으로 선택하면 그 "소재지(location)"가 준거법의 法域이 되는 것으로 규정한다. 다시 말해, 대항력과 우선순위를 어떤 확정된 소재지에 따라 결정하는 것에서, 이러한 사항을 커스터디 은행(custodian)과 계좌 소유자 간의 준거법에 따라 결정하는 것으로의 변경이 있다.

이는 계약상 채무(contact debts)와 관련하여 영국이 관련 채무를 규율할 때 대항력(perfection)의 문제에 적용하는 것과 동일한 추세이다.

논리적으로도 관련 준거법은 이체의 출발점인 계좌가 아니라 목적 계좌(destination account)가 되어야 한다. 왜냐하면 필요할 경우에 양도가 공시되었다는 사실을 보여주어야 하는 자는 양수인(transferee)이기 때문이다.

그러나 이 원칙(Prima)의 채택은 결코 보편적인 것이 아니다. 대부분의 국가에서 법이 유동적으로 적용되므로 국가들은 여전히 이 문제에 대하여 발행인, 발행인의 등록기관(issuer's registrar) 또는 유통성 증서(negotiable certificate)의 소재지법을 적용하기도 한다.

도산 저촉법(Insolvency conflicts): 주요한 쟁점들

34-21   여기에는 도산 국제사법(insolvency conflicts)과 부합되게 결정되어야 하는 여러 가지 관련 이슈가 있다. 쟁점들이 있는데 이는 다음을 포함한다.

- 채무자의 갱생을 지원하기 위해 집행에서의 도산 시 동결(bankruptcy freezes) 문제

- 담보물을 매각하거나 사용할 도산관리인(insolvency administrator)의 권한

- 담보권에 대한 우선권 있는 무담보채권자들의 우선순위

- 도산관리인이 담보물을 대체할 권한

- 재무적 곤경에 빠진 회사(distressed company)가 최우선순위 신규자금을 유치하여 기존의 담보권을 대신할 권리

- 담보채권자가 회생계획에 대한 결의결과에 구속되는지 여부, 담보권자가 회생계획에 대한 투표권이 있는지 여부 및 결의를 위한 별도의 조로 편성되는지 여부(대개의 경우 그러하다).

원칙적으로 위의 쟁점들은 담보물 소재지법에 의하여 결정되어야 한다. 따라서 담보물이 도산법원의 관할영역 내에 있다면 도산법원은 그 규정을 적용하게 되고, 만일 담보물이 다른 곳에 위치한다면 해당 도산법상 규정은 그 담보물에는 적용되지 않는다.

> *Banque Indosuez v Ferromet* [1993] BCLC 112 판례에서, 미국 기업은 미국 도산법에 따른 회생절차(US Chapter 11 proceedings) 진행 중에 있었다. 영국 법원은, 은행이 담보권을 주장하는 영국에 있는 재산에 대하여 미국 도산법원이 내린 중지(stay)의 효력을 부인했다. 네덜란드의 판례법도 이와 동일한 효과가 있다.

이 사례의 결과에서 추단할 수 있는 바와 같이 결국 EU 도산 규정이 적용되지 않을 때, 만약 영국 도산절차와 같은 경우에 해외에 있는 담보물은 그 도산절차에서의 효과가 절연되어 담보채권자는 그 담보물에 대한 강제집행을 할 수 있게 된다. *Moor v Anglo Italian Bank* [1879] 10 ChD 681 판례, *Minna Craig SS Co v Chartered etx Bank* [1897] 1 QB 460, 470, CA 판례 참조.

만약 외국의 관할권이 도산법원의 집행 중지 결정에 대한 효력을 부인하는 경우에는 도산법원은 다른 채권자와의 동등화 조치(equalisation) (채권지는 이미 수령한 만큼(existing receipts)을 계산(account)에 넣어야만 채권 신청을 할 수 있음), 해당 도산관할의 규율하에 있는 채권자에 대한 금지명령(injunction), 권리실현 절차의 회복에 관한 조치 및 법원 모독(contempt of court)에 따른 처벌 부과 등과 같은 별도의 간접적 구제방법을 활용하게 된다. 그러나 채권자가 해당 자산이 소재하고 있는 곳의 담보권을 적법하게 집행한 경우에 있어서 이중 동등화와 구제조치를 내리는 것은 통상 이례적인 것으로 받아들여지고 있다.

34-22 **EU 도산 규정**(EU Insolvency Regulation)   채무자의 주된 이익의 중심지(centre of main interests)가 EU 영역 내에 있는 경우에 적용되는 2000년 EU 도산 규정에 따르면, 어느 한 회원국 (주요국이든 부차적 국가이든) 내에서 도산절차가 개시되더라도 이는 도산절차 개시시점에 그 이외의 다른 회원국의 영역 내에 위치하는 채무자 소유의 모든 자산에 대하여 채권자나 제3자의 담보물권을 포함한 대물적인 권리에 영향을 미치지 아니한다. 제5조 참조. 따라서 다른 곳에 위치하는 담보물은 그 도산절차가 개시된 회원국의 도산절차의 영향을 받지 아니하게 된다. 만약에 해당 담보물이 관련 회원국 내에 있는 경우에는 EU 도산 규정 제4조 제1항의 일반규정에 따라 해당 회원국의 법률이 적용된다. 제2조 제g항에 담보물 소재지에 대한 규칙들이 있다.

따라서 절차 개시 전에 부여된(granted pre-commencement) 외국의 담보권은 도산절차에 의하여 전혀 영향을 받지 않는 결과가 된다. 이에 따라 강제집행의 중지(freezes on enforcement), 도산관리인이 담보물을 사용할 권리나 담보물을 매각할 전속적인 권리, 도산관리인이 담보물을 대체하거나, 해당 담보물보다 우선순위에 있는 신규 자금을 대출받는 권리나, 회생계획안에 대한 투표권 등과 같이 도산 법정지의 원칙들은 적용되지 않는 결과가 될 것이다. 담보권은 해당 도산 법정지(bankruptcy forum)에서 조세채권과 임금채권, 도산절차 소요비용과 같이 우선권이 있는 선순위 채권자(prior preferential creditor)에도 영향을 받지 않아야 한다. 그 결과, 제도의 분리(split regime)가 발생한다. 그러나 외국의 거래를 보호하는 EU 도산 규정 제13조가 적용되는 경우가 아닌 한, 담보권은 도산절차가 개시된 국가의 규정에 따라 편파행위의 否認(avoidance as a preference)에는 적용을 받는다(제5조 제4항 참조).

금융리스(finance leases)나 레포(repo)와 같은 **소유권이전형 금융**(title finance)과 관련하여서도 일반적인 담보권과 법적인 지위가 유사한데, 소유권 유보(retention of title)에 관하여는 제7조의 특별규칙에 의해 규율된다.

34-23   또한 제5조는 다른 회원국에 위치한 담보물에 대한 적용을 배제하고 있는데 이 규정은 미국이나 일본과 같이 EU 비회원국에 소재하는 재산에는 적용되지 않고, 이 경우 회원국은 개별 自國法을 적용하게 된다. 만약 채무자의 주된 이익의 중심지가 EU 내에 소재하고 있지 않는 경우에도 회원국은 自國法을 적용하게 된다.

한편 지급 및 결제 시스템(payment and settlement systems)이나 금융시장에 있어서는, 해당 시스템이나 시장이 위치한 회원국의 법이 적용된디(제9조). 또한 EU Settlement Finality Directive 1998과 EU Financial Collateral Directive 2002에 의해 강제되는 도산법으로부터의 면책특권도 주목해야 한다. 단락 17-55 참조.

UNCITRAL 모델법   UNCITRAL 모델법은 담보권이나 다른 재산양도에 관련한 준거   34-24
법에 대하여는 아무런 규정을 두고 있지 않다. 그러나 만약 외국의 절차가 관련 국
가에서 승인된 경우에는 해당 외국 절차에서 내려진 집행 중지 효력이 자동적으로
유효하게 되고 다른 명령도 해당 법원의 재량에 따라 부과될 수가 있다. 다른 구제
방안도 가능하다. 이러한 점들은 담보권의 실행에도 영향을 미치게 된다. 이러한 적
용(intrusion)의 범위는 해당 국가의 국내법적 이행(implementation)에 달려 있다.

   담보권의 저촉법에 관한 더 상세한 내용: LPIF 시리즈 제6권 제14장 참조.

신탁(trust)과 다른 물권적 권리(in rem claims)

신탁(trusts)의 계약적 측면(contract aspects)과 물권적 측면 (property aspects)

   신탁에 있어서 준거법은 신탁계약의 측면과 신탁재산의 측면에서 살펴볼 수 있   34-25
는데 양자는 엄격히 구분되어야 한다. 먼저 신탁계약의 측면에서는 가장 먼저 수탁
자의 권리와 의무 및 담보권 투자, 차용, 설정이나 신탁자산 매각 권한과 같은 수탁
자의 권한, 수익자에 대한 신탁자의 의무와 책임, 책임면책조항 등의 쟁점을 포괄한
다. 이러한 쟁점들은 해당 신탁에 대한 준거법에 의하거나, 또는 명시적인 규정이
없는 경우에는 중심지(centre of gravity)와 같이 선택이 없는 경우의 준거법과 관련한
규칙에 따라 규율되어야 한다.
   한편 신탁재산에 대한 권리 양도의 효력과 우선순위와 관련한 문제들은 재산의
양도에 적용될 수 있는 규정들에 의하여 규율되어야 하는데, ㄱ 규정은 통상 재산
이전 시점의 해당 재산 소재지법에 의하게 된다. 재산의 양도(transfer)는 매각과 같
은 완전한 양도(outright transfer) 그리고 담보권과 같은 다른 형태의 양도도 포함한다.
재산의 양도(transfer)는 통상적으로 확약(covenant), 보장(warranties), 변제와 같은 계약
준거법에 따라 결정되는 계약법적 요소를 또한 포함하고 있다.
   이러한 신탁재산에 대한 기준은 예컨대 수탁자에 대한 재산의 양도, 이를테면 제
3자가 악의인 경우 우선권을 보유하는지와 같은 수탁자에 의한 제3자로의 재산양
도의 문제나 신탁재산에 대하여 수탁자가 설정한 담보권 등이 어떠한 규정에 의하

게 되는지에 대하여 적용되게 된다.

34-26   또한 물권법(property rules)은 신탁재산이 횡령된 경우에 다른 채권자들에 대하여 최우선순위 수단으로서 횡령된 신탁재산을 추급(tracing)할 수 있는지에 대하여도 적용된다.

신탁과 관련하여 가장 중요한 쟁점은 신탁재산이 수익자(beneficiary)의 소유인 것으로 취급되는지의 문제와 수탁자가 도산한 경우에 수탁자(trustee)의 개인적인 채권자들이 수탁자에 대한 채권에 기하여 신탁재산에 대하여 집행할 수 있는지의 문제이다. 여기서의 채권자들은 수탁자의 압류채권자(execution creditor)들과 수탁자의 도산 채권자들을 포함한다. 제19장 참조.

헤이그 신탁 협약(Hague Trusts Convention)

34-27   1986년 1월 10일 신탁에 대한 준거법과 그 승인에 관한 헤이그 협약을 수용한 국가의 경우 수탁자의 사적 채권자들로부터 신탁재산의 책임이 면제될 수 있는지 여부는 해당 신탁의 준거법에 의하여 결정하게 된다. 신탁자(settler)는 준거법을 선택할 수 있다. 이에 대하여 예외가 있다. ― LPIF 제5권 단락 12-013 참조.

비교적 작은 차이는 있지만, 헤이그 신탁 협약(Hague Trust Convention)은 영국(잉글랜드, 스코틀랜드 및 노던 아일랜드)의 1987년 신탁법(1987 Trust Act)에 의하여 적용된다. 또한 보통법 국가 중에서는 (특히) 호주, 홍콩, 지부롤타(Gibraltar), 맨 섬(Isle of Man), 캐나다, 버뮤다, 영국령의 버진 아일랜드, 터크스 카이코스 제도, 몬트세라트 섬에서 헤이그 협약(Hague Convention)이 도입되었다. 그리고 대륙법(civil code)과 비보통법(non-common law) 국가들 가운데에는 중국, 이탈리아, 리히텐슈타인, 룩셈부르크, 몰타, 네덜란드, 산 마리노, 저지(Jersey), 건지(Guernsey)에서 그 협약이 도입되었다. 이를 볼 때, 대륙법계 국가에서 도입 비율(take-up)은 저조하다.

EU 도산 규정(EU Insolvency Regulation)

34-28   2000년 EU 도산 규정 제5조 제1항에 따르면 "도산절차의 개시는 도산절차 개시 시점에 다른 회원국의 영역 내에 위치한 채무자 소유의 유무형 또는 권리이전이 가능하거나 불가능한 재산 ― 특정한 재산 및 수시로 그 범위가 변동되는 불특정한 재산의 집합을 포함하여 ― 과 관련하여 채권자나 제3자의 물권적인 권리에 영향을

미치지 않는다". 이 조항의 적용을 받는 물권적 권리의 하나의 예는 "재산을 수익적으로 사용할 수 있는 물권적 권리(a right in rem to the beneficial use of assets)"를 들 수 있다. 제5조 제2항 제(d)호 참조. 이 조항은 신탁도 포함해야 한다. 재산 소재지와 관련하여 제2조 제g항에 자세히 규정하고 있다.

제5조 제1항은 도산절차의 개시는 이러한 물권적인 권리에는 전혀 영향을 미치지 않는다는 것으로, 이는 관련 재산이 절차가 개시된 이외의 다른 회원국에 소재하는 경우에는 수익자의 권리에 영향을 미치지 않는다는 의미가 된다.

만약 소재지법 규칙에 따라 EU 규정하에 해당 도산절차가 개시된 국가에 관련 신탁재산이 위치하게 되는 경우에는, 그 국가는 自國法을 적용하게 되는데, 이때 절차 개시국의 법에 따라 도산재단을 구성하는 재산의 범위를 결정하게 된다. 제4조 제2항 제(b)호 참조. 이는 절차개시국의 실질법(substantive law)을 의미하는 것이지 국제사법(conflict rules)이 아니다.

신탁(trust)에서 수익자의 자산의 책임면제 여부는 그 준거법에 따라 결정되어야   34-29
한다는 원칙은 2003년 간접보유증권에 관한 헤이그 협약(Hague Convention on Indirectly Held Securities 2003)과 미국 UCC Article 8에 의하여 강조되고 있다. 두 가지 모두 실질적으로 신탁에 해당하는 결제시스템(settlement systems)에 의하여 운용되는 계좌대체기재 증권(book−entry securities)에 대하여 규율하고 있는데, 양자 모두 권리 양도의 유효성(validity)과 같은 문제를 결정함에 있어 모두 관련 계좌 소재지법에 따르고 있고, 당사자는 계좌의 준거법에 따라 소재지를 결정할 수 있다.

그러나 EU 규정 제5조에 따른 적용배제는 비회원국에 소재하는 재산에 대하여는 적용되지 않는다. 이러한 재산은 완전히 EU 규정의 적용범위 밖에 있어서 도산절차가 개시된 국가는 EU 규정 대신에 自國法에 따라 도산의 효력 여부를 결정해야 한다. 그러나 신탁재산과 관련한 문제 있어서는 대부분의 국가에 있어서도 소재지법 기준이 적용되기 때문에 실무에 있어서 큰 차이는 없다고 할 수 있다.

지급 및 결제 시스템(payment and settlement systems)은 그 시스템 또는 시장이 있는 회원국 법을 준거법으로 하여 규율된다. ― 제9조 참조.

신탁재산의 소재지(location of trust assets)

신탁(trust)에서의 권리를 포함한 물권(in rem right)은 그 재산의 소재지법에 따라   34-30
결정된다. 이러한 고전적인 시각은 많은 法域(jurisdictions)에서 채택되었다. 예를 들어, 토지는 그 소재지, 물품(goods)에 대하여도 실재하는 장소, 무형의 채권(intangible claim)에 대하여는 채무자의 소재지 등이다.

이러한 법칙은 수탁자에게는 그대로 적용되기 어려운 면이 있다. 왜냐하면, 다수의 재산을 가지고 있는 대규모 신탁의 경우 여러 국가에 산재해 있는 모든 자산의 소재지를 개별적으로 확인하는 것이 현실적으로 불가능하기 때문이다. 만일 이러한 확인 자체는 가능하다 할지라도, 준거법을 확인하는 데 소요되는 비용과 시간을 고려하면 매우 비효율적(prohibitive)이라고 할 수 있다.

거의 틀림없이(arguably) 소재지법 원칙을 따르는 法域에서도 수탁자의 사무소 소재지를 신탁재산의 소재지로 취급한다. ― 그리고 이는 영미법계 국가(common law country)에 있을 가능성이 있다. 이는 은행 예금계좌의 소재지에 관한 원칙 그리고 무형자산(intangible)이 그것에 대한 강제집행이 이루어지는 곳에 소재한다고 하는 국제적인 합의(consensus)와도 일치한다. 또한 이는 채권 채무 관계의 청구권(claim)에서 적용되는 것과 같이 물권적 무형재산(proprietary intangible)에 대하여도 적용되어야 한다. 신탁의 법률관계하에서 수익자의 청구권은 실제 자산과는 별개의 자산(asset)이고, 심지어 신탁된 것이 토지라고 하더라도 대체로 현금화되기 때문에 동산(movable)으로 분류된다. 그러나 이 쟁점이 해결(settle)되지는 않았다.

가장 적절한 접근방법(sensible approach)은 신탁의 준거법을 적용하는 것이다.

UNCITRAL 모델법(Uncitral Model Law)

34-31   모델법(Model Law)은 신탁이나 추급권과 관련한 준거법(applicable law)에 대해서 아무런 규정을 두고 있지 않다.

추급(tracing)

34-32   영국계 法域에서는, 수탁자(trustee)의 횡령(embezzlement), 이사 및 다른 자금수탁자(fiduciary)의 부정 유용(misappropriation), 뇌물 또는 잘못된 계좌이체 등으로 인하여 혼입된 금전이나 다른 재산이 있는 경우에는 통상 이를 추급하는 것이 가능하다. 만약이 현금이 추급 가능하다면, 빼앗긴 피해자는 그 현금이 혼입된 재산 또는 다른 사산을 보유하고 있는 자가 도산상태에 빠지게 된 경우에 우선청구권(priority property claim)을 가지고 그 현금이나 다른 자산을 청구할 수 있다. 단락 19-13 참조.

국제사법(conflicts of laws)의 태도는, 1985년 헤이그 신탁 협약(Hague Trusts Convention)은 자발적으로 설정된 신탁에만 적용되고, 의제신탁(constructive trust)에는 적용되지 않는다는 것을 제외하고는, 거의 통상적인 합의에 따라 설정된 신탁(consensual trust)에 적용되는 것과 유사하다. 제3조 참조.

EU 도산 규정(EU Insolvency Regulation)에 따르면, 물권(rights in rem)은 "해당 자산(asset)을 점유하거나 사용할 권한이 있는 당사자의 의사에 반하여 그 자산을 점유하거나 사용하고 있는 자로부터 그 재산을 요구하거나 그리고/또는 반환(restitution)을 요구할 권리"를 포함한다. 짐작하건대(presumably) 이는 물권적 추급 청구권(proprietary tracing claim)을 포함한다. 제5조 제2항 제(c)호 참조.

신탁(trusts)과 추급권(tracing)의 준거법에 관한 더 상세한 내용: LPIF 시리즈 제6권 제12장 참조.

계약(contracts)과 임대차(leases)

주요한 쟁점

계약 그리고 임대차와 관련한 주요 쟁점으로는, 관리인(administrator)이 계약이나 임대차를 포기 또는 부인할 권리, (계약해지조항(contract termination clauses)을 무시한 채) 계약을 그대로 유지(keep alive)할 권리, 저당권자(mortgagees)나 전차인(underleases)이 포기된 재산(disclaimed property)을 넘겨받을 권리, 그리고 피고용인의 보수(compensation)에 대한 권리와 매수인이 영업 양도(transfer of the business)를 따를 권리를 포함한다. 　　34-33

EU 도산 규정(EU Insolvency Regulation)

2002년 EU 도산 규정에 따르면, "채무자가 당사자인 미이행쌍무계약(current contract)에 대한 도산절차의 효과"는 (주절차든 종절차든) 절차개시국법이 결정한다. 보통 오직 청산[2](winding−up) 절차이여야 하는—회원국 내에 영업소(establishment)에서의 종절차의 경우에는—도산(insolvency)의 효과는 모든 경우에 해당 국가에 소 　　34-3

재한 자산(asset)에 한정된다. 제4조 제2항 제(e)호 참조.

절차개시국법 원칙에는 예외가 있다. 따라서 "부동산(immoveable property)을 획득하거나 사용할 수 있는 권리를 부여하는 계약에 대한 도산 절차의 효과는 전적으로 해당 부동산이 소재하는 회원국의 법에 의하여 규율된다." 제8조 참조. 도산절차가 근로계약 및 근로관계에 미치는 영향은 전적으로 당해 근로계약의 준거법인 회원국의 법에 의하여 규율된다. 제10조 참조.

제9조에 의하면, 지급결제 제도나 금융시장의 당사자의 권리 및 의무에 대한 도산절차의 효력은 전적으로 그 제도 또는 시장에 적용되는 회원국 법에 의하여 규율된다.

34-35   금융 리스(financial lease) 또는 레포(sale and repurchase)와 같은 소유권이전형 금융(title finance)과 관련해서는, 제18장 참조.

이와 관련해 네덜란드의 *Trim/Essent* (JOR 2006/56, Court of Hertogenbosch, October 31, 2005) 판례가 있다. 네덜란드에 등기된(Dutch registered) 한 회사는 영국에서 회생절차에 들어가게 되었다(placed into administration). 네덜란드 공익기업체(public utility)인 공급자는 이 회사의 가스와 전력공급을 중단(disconnect)하겠다고 엄포를 놓았다(threatened). 규정(Regulation)의 제4조 제2항 제(e)호에서 현행 계약에 대한 영국 회생절차의 효과로서는 영국법이 적용되나, 가스와 전력 같은 utility의 공급 차단(cutting off)의 동결은 영국 내 영국 공익기업체가 공급자일 경우에만 가능하다. 네덜란드 법원은 네덜란드 공익시설 공급자(Dutch utility)가 영국법하에서 해당 회사에 대해 공급을 중단할 권리가 없다고 판결했는데, 이것이 회생의 목적을 방해하고(frustrate) 권력을 남용하는 것이라 보았기 때문이다. 해당 규정(Regulation)의 목적은 효율적이고 효과적인 도산절차의 종결(conclusion of insolvency proceedings)을 촉진하는 것으로, 이 경우에는 회사의 계속기업가치(going concern)를 유지시키는 것이었다.

1998년 EU 결제 완결성 지침(EU Settlement Finality Directive 1998)과 2002년 EU 담보 지침(EU Collateral Directive 2002)은 계약을 그 범위 안에서(within their ambit) 보호한다. 예를 들어, 네팅(netting)을 허용하기 위하여 해제조항을 무효화시키는 것은 인정하지 않는다.

---

2) 역자 주) EU규정 내에서는 파산이 아니라 청산.

UNCITRAL 모델법(Uncitral Model Law)

UNCITRAL 모델법은 쌍무계약과 관련한 법률 적용 문제에 대하여 아무런 규정 34-36
을 두고 있지 않다. 그러나 외국 도산절차가 승인된 경우에는 중지명령 등은 효
력이 발생될 수 있고, 여기의 중지명령 등에는 쌍무계약이나 임대차계약의 해제
도 포함된다. 물론 이 경우에도 적용여부는 개별 국가의 모델법 채택 여부에 달
려 있다.

기타 원칙들(other principles)

도산 법정지(bankruptcy forum)는 계약과 임대차에 대하여 보통 해당국의 법률을 적 34-37
용할 것이다. 한 가지 쟁점사항은 주절차가 아닌 즉, 종절차 진행 법정지(non-main
or ancillary forum)에 대하여 주절차 법정지(main forum)의 법률을 따를지 여부이다.

만일 한 지역 법원(local forum)이 외국 법원의 도산판결을 승인한 경우에, 만일 그
지역법원이 영국 법원이라면, EU 이외의 사건에서(outside an EU case), 영국 법원은
외국 법원의 도산법이 아니라 계약 해제, 그 해제의 무효 또는 몰수 조항, 그리고
권리포기(disclaimer)의 문제에 대하여 그 계약의 준거법을 적용한다. 이는 영국의 도
산 면책(bankruptcy discharge)에 대한 태도와 일맥상통하다. 단락 34-49 참조. 따라서
외국 관할법원의 법(foreign forum law)이 해당 계약의 강제해제를 규정하는 경우에,
영국 법원은 그 계약의 준거법이 외국 관할법원의 법(foreign forum's law)인 경우에 한
하여 이를 승인하고, 어떤 다른 법이 준거법인 경우에는 승인하지 않는다. 만일 계
약상대방의 해제권이 규정되어 있는 조항을 근거로 계약상대방이 해제(rescission)를
할 때 외국 법원(foreign forum)이 해제권에 대하여 중지(freeze)하면서 이를 무효화한
다면, 그 계약의 준거법(governing law)이 적용되어야 한다. 이러한 원칙들이 재고될
(reconsidered) 것인지 여부 그리고 영국의 UNCITRAL 모델법 도입의 관점에서 어떠
한 상황 속에서 재고될 것인지는 두고 보아야 할 것이다.

우선순위 무담보채권자(priority unsecured creditors)

대부분의 法域(jurisdictions)에서 특정한 무담보채권자는 다른 통상의 무담보채권자 34-38

보다 우선권을 갖는 경우가 있다. 그 예로는 주로 절차비용채권, 조세채권, 임금채권뿐만 아니라 행정비용, 절차개시 후에 투입된 신규차입자금(new money) 등도 포함한다.

일반적으로, 도산 법정지(bankruptcy forum)는 우선권이 있는 채권자(preferential creditors)에 대하여는 자국의 도산법을 적용한다. 이는 영국과 미국에서도 마찬가지로 적용된다. 따라서 미국 *Re Florida Peach Corpn*, 87 BR 700 (B Ct MD Fla 1988) 판례에서 미국 법원은 파나마에서 행해진 도산결정에 대한 변호사비용 우선순위의 문제도 미국 1978년 도산법(BC 1978) 제507조에 의해야 한다고 판시했다.

임금채권과 관련하여, 외국인 근로자는 채권액에 안분비례로 배당을 받는 동순위의(pari passu) 채권자 지위로 격하될(relegated) 수 있다. 그러나 해당국의 현지 법률 내용을 고려해야 한다. 한편, 외국의 조세채권이 많은 경우 회수는 불가능하다. 만일 이러한 경우, 외국 조세당국은 자신의 관할 지역(own forum)에 존재하는 현지 자산(asset)으로부터 회수(recover)하도록 남겨지게 된다. 이에 대하여 EU 도산 규정(EU Insolvency Regulation)은 회원국의 조세 및 사회보장 제도에 관한 청구를 허용하고 있다. 제39조 참조.

34-39 　EU 도산 규정(EU Insolvency Regulation)에 따르면, 물권이나 상계에 의한 자산의 환가금 분배, 권리의 순위 및 도산절차개시 후에 물권 또는 상계에 의하여 일부변제를 받은 채권자의 권리 등에 관한 사항은 절차개시국법에 따른다. 제4조 제2항 제(i)호 참조. 일반적으로 이 때에는 제4조 제1항에 따라 다른 규정이 있는 경우를 제외하고는 그 절차가 개시된 회원국의 법이 적용되게 된다. 제4조 제1항 참조.

UNCITRAL 모델법(Uncitral Model Law)은 우선순위에 관한 사항을 규정하고 있지는 않다. 그러나 제13조 제1항에 의하면 외국의 채권자는 해당국의 채권자와 동일한 권리를 보유하고, 이는 청구권의 순위에 영향을 미치지는 아니하나(예컨대, 외국 채권자가 그 해당국에서는 우선순위에 있다고 하더라도 우선권을 부여받지는 못한다), 동순위의 해당국의 청구권이 후순위화(subordinated)되지 않는 한 일반적인 우선권이 없는 청구권보다 낮은 순위에 위치하지는 아니하게 된다. 제13조 제2항 참조.

또한 제21조 제2항은, 외국의 대표자가 자산의 분배를 담당하는 경우에, 법원은 우선권을 가진 채권자와 같은 해당국 채권자의 이익이 적절하게 보호될 수 있도록 조치해야 한다고 규정하고 있다. 따라서 현지 법원은 해당국의 채권자가 적절히 보호되지 않는다면 외국 주절차로의 재산의 이전(turnover)을 허용하지 않을 것이다.

편파행위의 否認(avoidance of preferences)

주요 쟁점

여기서의 쟁점은 사해적 편파행위(fraudulent preference) 또는 채권자 침해(prejudicial to creditors) 등 절차개시 전 거래에 대한 否認(avoidance)과 관련한 사항을 규율하는 규칙(rules)이다. 주요 쟁점으로는 다음과 같은 사항을 포함한다. ① 해당 법률행위가 채권자에게 편파적인 것인지 여부(여기에는 상당한 정도의 국제적인 합의(consensus)가 형성되어 있다), ② 의심기간(suspect period)의 길이 및 도산상태가 입증되어야 하는지 여부 (이에 대해서는 아직 국제적으로 공통적 견해가 형성되어 있지 않다(little agreement)), ③ 예컨대 도산상태를 인식하지 못한 선의의 채권자의 측면에서 또는 채무자의 법률행위의 상대방이 되지 아니한 경우에 채권자를 보호하기 위한 항변(defences) (이것 또한 아직 국제적인 합의가 없다.), ④ 위 규칙의 내부자(insiders)에 대한 적용. 단락 6-09 참조.

34-40

외국에서의 편파행위(foreign preferences)

많은 국가에서 편파행위 否認 법칙(preference rule)은 한 국가 내의 권리의 이전에만 국한되지 않으며, 그 권리의 이전이 이루어진 장소와는 관계없이 적용된다. 예를 들어, 도산절차지에서 정한 의심기간(suspect period)에 채무자가 외국에 있는 채권자에게 외국송금 하는 경우 등에도 적용되게 된다. 이는 편파적인 권리의 양도(preferential transfer)가 상대방이 국가 내의 채권자이거나 외국 채권자인지와 관계없이 이루어지기 때문이다. 권리의 이전이 외국에서 이루어진 경우 관리인은 외국에 소재하거나 외국에 있는 권리양수인에게 이전된 자산을 회복해야 하는 임무를 갖게 된다.

34-41

만일 외국 관할법원이 도산법원의 규칙(bankruptcy forum's rules)을 준수하지 않는 경우, 도산법원(bankruptcy forum)은 동등화 조치, 관할권이 미치는 채권자에 대한 금지 또는 회수 조치, 법원 모독 등과 같은 간접적인 집행수단을 통해 이를 관철하게 된다.

EU 도산 규정(EU Insolvency Regulation)

34-42   (덴마크를 제외하고 채무자의 주된 이익의 중심지가 EU에 있는 경우에 적용되는) EU 도산 규정(EU Insolvency Regulation)에 따르면, (주절차이든 종절차이든) 절차 개시 국이 "모든 채권자들을 해치는 법률행위의 무효(voidness), 취소가능성(voidability) 또 는 집행불가능성(unenforceability)과 관련되는 규칙들"을 결정한다. 제4조 제2항 제 (m)호 참조. 이때 만일 해당 절차가 이차적 절차(secondary proceeding)(EU에 있는 영 업소(establishment))인 경우에는, "그 절차의 효과는 회원국의 영역 내에 소재하는 채 무자의 재산에 한정된다." 제3조 제2항 참조. 이차적 절차(secondary proceedings)는 통 상 청산절차(winding-up)만 해당된다. 모든 경우에, 준거법인 회원국 법에 의하여 편파행위(preference)가 되는 것이 아니라면, 외국법에 의한 편파행위(preference)는 면 제된다. 제13조 참조.

1998년 EU 결제 완결성 지침(EU Settlement Finality Directive 1998)과 2002년 EU 담보 지침(EU Collateral Directive 2002)은 편파행위 규정을 완화(relax)하고 있다. 단락 17−55 참조.

UNCITRAL 모델법(Uncitral Model Law)

34-43   모델법은 편파행위의 부인에 관한 국제사법(conflict of law) 규정을 두고 있지 않다. 다만, 모델법 제23조 제1항은 승인의 결과, 주절차 또는 종절차에서 외국 도산관리 인의 부인권 행사에 관한 당사자적격을 인정하는 것으로 규정하고 있다.

기타 원칙들(other principles)

34-44   EU 도산 규정과는 별도로, 영국 법원은 영국에서 도산한 자가 영국 내에 보유하 는 재산(property)에 대하여 영국의 편파행위 否認 규칙(preference rule)을 적용하게 되 는데 이를 통해 영국에서 도산절차를 진행하는 것이 이점을 갖게 된다.

영국 법원은, 채무자가 외국에 소재한 은행에 변제하는 것과 같이 외부의 거래에 영국의 편파행위 否認 규칙(avoidance rule)을 적용함에 있어 재량권을 가지고 있다. *Powdrill v Hambros Bank* (Jersey) [1992] 3 WLR 690, CA 판례(Jersey에 있는 은행 에 당좌대월(overdraft)을 변제하기 위한 영국 회사의 지급) 참조. *Jyske Bank (Gibraltar)*

Ltd v Spjeldnaes [1992] 2 BCLC 101 판례에서, 영국 법원은, 관련 회사가 외국에 소재하고, 채권자를 기망하는(defrauding) 거래행위가 외국 법률에 의하여 규율되며, 그 거래행위가 외국의 토지와 관련이 있는 경우에도, 피해자가 제기한 소송에서 그 거래행위를 취소(set aside)할 수 있는 관할권을 가진다고 판시한 바 있다. 이때 피고가 영국 관할에 속하면 충분하고 그 이외의 추가적인 관련성은 필요로 하지 않았다.

호주 법원의 경우에도, *Re Merchant & Industrial Finance Ltd* [1975] (Qd R 46) 판례에서 보듯이(Queensland 파산관재인(liquidator)은 New South Wales에서 우선적으로 지급한 금액을 회수할 수 있었다), 우선순위에 관한 규정은 관할 내의 거래에 국한되지 않는다고 판시한 바 있다.

미국의 판례도 이런 추세를 보인다.

미국에서도 *Re Betty French* [2006] WL 328 392, 2006년 2월 14일 (제4순회법원) 사건에서 관련된 판결이 내려진 바 있다. 메릴랜드 주에 사는 Betty French는 1976년 바하마에 소재하는 주택을 구입한 후 1981년 미국에 거주하는 그녀의 자녀들에게 이를 증여했다. 그러나 자녀들은 바하마의 부동산 양도세를 피하기 위하여 증여 당시 이를 등기하지 않았고 Betty French가 파산(insolvent)한 때인 2000년에야 이를 등기했다. 수개월 후 Betty French는 Chapter 7에 따른 파산(liquidation)을 신청했다. 미국법에 따르면 2000년에야 이루어진 증여 등기는 사기적 양도(fraudulent transfer)에 해당했지만 부동산이 소재하는 바하마 법에 의하면 그렇지 않은 상태였다. *판결*: 미국의 사해적 편파행위(fraudulent preference) 법률이 적용된다. 왜냐하면 미국 도산법(Bankruptcy Code)은 도산재단의 재산은 그 소재지에 관계없이 도산재단에 속한다고 명확하게 규정하고 있으므로, 따라서 만약에 사기적 양도(fraudulent transfer)가 없었다면, 바하마의 토지는 채무자의 도산재단에 속했을 것이기 때문이다. 그뿐만 아니라, 채무자와 양수인 및 한 사람을 제외한 모든 채권자들이 미국에 근거를 두고 있고, 바하마에서 진행 중인 도산절차가 없었기 때문에, 미국은 해당 거래를 규율함에 있어서 바하마보다 더 큰 이해관계를 갖고 있다. 바하마는 비거주자를 보호하는 데 있어 상대적으로 이해관계가 없기 때문에, 바하마 법을 적용하는 것은 미국 도산법이 보호하고자 하는 자들의 보호를 빼앗는 결과가 되고, 동시에 바하마 거주자의 보호에도 부족하다.

도산절차(bankruptcy procedure)

34-45   절차와 관련된 사항은 항상 해당 도산절차가 개시된 국가의 법률이 적용되어야 한다. 여기의 절차 관련 사항에는 관리인의 선임(appointment), 자격 및 권한에 관한 사항, 기존 경영자가 관리인이 될 가능성(the ability of management to stay in possession), 신청(petitioning)의 방식과 장소, 증거 제출기한, 채권자협의회(creditors committee)의 구성과 권한 및 소송비용 등을 포함한다.

한편 소송을 제기할 수 있는 당사자적격과 범위에 관한 사항은 해당 도산 법정지(bankruptcy forum)에 달려 있다. EU 도산 규정(EU Insolvency Regulation)에 따르면 이러한 사항들은 절차개시국의 법에 따르게 된다. 제4조 참조.

회생계획(reorganisation plans)과 채무면제(discharges)

주요 쟁점

34-46   회생계획 및 면책과 관련된 주요 쟁점은 외국 도산절차에서 회생계획 등에 따라 영향을 받게 되는 화의(composition)나 지불유예(moratorium) 또는 면제 등이 다른 지역에 있는 채권자들의 청구권에 영향을 미치도록 승인될 것인지의 문제이다. 또 하나의 쟁점은 여러 도산절차가 진행 중에 있는 경우 회생계획의 조정(co-ordination) 문제도 있다.

이와 관련한 다른 절차적인 사항들로는 보통 회생계획이 인정되는 범위, 채권자의 분류, 결의방법(voting), 법원의 인가결정 및 경우에 따라서는 채무자의 회생계획 불이행(non-compliance)의 효과 등과 같은 도산 법정지(bankruptcy forum)의 절차법에 관한 사항을 포함한다.

이러한 사항 이외에 통상적으로 출자전환(debt/equity conversion), 채무자의 관리처분권 문제는 주로 회사법이나 규제법에 의하여 규율된다.

도산 법정지(bankruptcy forum)

일반적으로 도산 법정지(bankruptcy forum)는 면책(discharge), 지불유예(moratorium) 또는 채무면제(remission)에 대하여 해당 금전채권(debt)의 준거법이 自國法이든 외국법이든 그리고 채권자(creditor)가 국내 채권자이든 해외 채권자이든 관계없이 강행법규적인 도산 정책으로서 그 국가의 규칙을 적용한다.

34-47

그러므로 영국에서 해당 채무의 준거법이 외국법이라고 하더라도 도산면책(bankruptcy discharge)은 유효하다. 이와 유사하게 기업의 자발적인 조정 또는 법원의 승인을 받은 기업 구조조정에 따른 영국의 지불유예(English moratorium)의 경우에 유예된 채무(postponed debts)의 준거법이 외국법이라고 하더라도, 영국에서 유효할 것이다.

외국에서의 채무면제(foreign discharge)의 국내 승인(local recognition)

2000년 EU 도산 규정(EU Insolvency Regulation 2000)에 의하면, (주절차든 종절차든) 절차개시국법이 "특히 화의(composition)에 의한 도산절차 종결(closure)의 요건과 효과" 그리고 "도산절차 종결(closure) 후 채권자의 권리"를 결정한다. 일반적으로, 도산 규정(Insolvency Regulation)에 그렇지 않다고 규정된 경우를 제외하고는, "도산절차와 그 효력에 적용되는 준거법은 그 절차가 개시된 영토 내의 회원국(Member State)의 법이다." 제4조 제1항 참조. 채무의 준거법이 도산절차가 진행되는 국가(bankruptcy state)의 법인 경우에 이러한 규정들은 외국에서 이루어진 채무의 지불유예(moratorium) 또는 면책(discharge)이 다른 곳(예를 들어 영국)에서도 유효하다는 그 어떤 규칙보다 우선한다(override).

34-48

한편 UNCITRAL 모델법은 회생계획의 승인이나 회생계획 인가에 따른 채무자의 의무 변경(modification) 또는 면제 등의 사항에 대하여 명시적으로 다루고 있지 않다.

외국에서의 회생계획(foreign reorganisation plans)의 승인 (recognition) 일반

34-49   영국에서의 최근 판례는 외국의 회생계획의 승인에 대하여 국제적인 관례를 따르고 있는데 이와 관련한 사례를 살펴보면 다음과 같다.

> *Re Cambridge Gas Transport Corporation*, 2006년 5월 16일, Privy Council(추밀원) Appeal No.46 of 2005 판례에서, Isle of Man에 등록된 선박회사 그룹이 지급불능상태(insolvent)에 처하자 미국 1978년 도산법(BC 1978)의 Chapter 11에 따라서 뉴욕에서 구제(relief)를 신청한 사건이다. 이 판례에서 뉴욕법원은 해당 그룹의 자산을 채권자에게 귀속시키는 내용의 회생계획을 승인했는데, 해당 그룹은 Navigator라는 모회사 산하에 있는 5개의 회사가 소유하는 5척의 운반용 선박이 유일한 자산이었다. 채권자가 제출한 회생계획에 따르면 채권자로 하여금 Navigator 그룹과 자회사를 통해 보유하고 있는 자산을 관리하도록 하기 위하여 Navigator의 주식은 자동적으로 임시 주주로서 채권자집회에 귀속된다는 내용이었다. 이에 대하여 뉴욕 도산법원은 채권자 집회가 Isle of Man의 High Court에 Navigator 주식을 채권자 집회 대표자에게 귀속시키라는 명령을 신청하는 내용을 포함하여 채권자들의 회생계획에 효력을 부여하는 데에 Isle of Man High Court의 협조를 요청했다. 이에 대하여 Navigator사 주주의 70%는, 주주들은 뉴욕 법원 관할에 복종한 바 없으므로 뉴욕 법원의 명령에 따라 주주의 권리를 타에 귀속시킬 수 없다는 근거로 반대했다. 이에 대하여 영국 추밀원은 영국 법원은 뉴욕법원의 요청에 따라 협조를 제공할 수 있고 Navigator의 주식을 채권자 대표자에게 귀속시킬 수 있다고 판시했다. 이는 Isle of Man의 1931년 회사법에 따른 정리계획(scheme of arrangement)에 의하는 경우에도 정확히 동일한 결과를 달성할 수 있었을 것이다. 만일 정리계획(scheme of arrangement)이 있었다면 지급불능상태의 회사의 주주들이 아무런 이해관계도 갖지 않고, 그렇기 때문에 그들에게 아무런 권리도 부여하지 않는 정리계획을 작성할 수도 있는 경우에, 만일 그러한 내용의 정리계획안이 있었다면, 법원은 그 지급불능상태의 회사(insolvent company)와 관련한 정리계획을 승인할 수 있었을 것이다. 반대 주주는 절차에서 아무런 이해관계도 갖고 있지 않기 때문에 정리계획을 승인하더라도 이는 주주에게 불공평한 것은 아니라는 것이다.

또한 영국에서는 (특별한 EU 도산 규정을 제외하면) 외국에서 이루어진 채무면제(foreign bankruptcy discharge)는 그 금전채권(debt)의 준거법에 따른 경우에만 유효하다.

따라서 만약 금전채권(debt)이 그 면제에 영향을 미치는 도산 법정지(bankruptcy forum)의 법을 준거법으로 하는 경우에는, 영국은 그 채무면제를 승인할 것이다. 만약 그 금전채권(debt)이 영국법을 준거법으로 하는 경우에는, 영국법원은 그 채무면제를 승인하지 않을 것이다. 따라서 채무면제를 받은 채무자(discharged debtor)는 자국 법정지(home forum)에서의 도산절차에서 채권자들에게 지급하기 위하여 자신의 자산(assets)을 잃었다 하더라도 영국법원에서는 여전히 변제할 책임을 지게 된다. 이러한 원칙은 영국이 UNCITRAL 모델법을 시행(implementation)함으로써 이제 달라질 수도 있겠으나, 여전히 시행 이전의 영국법에 영향을 받는 法域(jurisdiction)에서는 이 원칙이 그대로 적용될 수도 있다.

Gardiner v Houghton (1862) 2 B&S 743 판례에서, 채무자는 준거법이 호주의 빅토리아 주 법인 계약에 근거하여 채권자에게 채무를 지게 되었다. 채무자는 호주에서 도산했고 호주 도산법에 따라 채무면제 결정(order of discharge)을 받았다. 판결: 그 채무면제(discharge)는 채권자가 영국에 있는 채무자를 상대로 변제할 것을 청구하는 소송에 대하여 유효한 항변(good defence)이었다.

Bartley v Hodges (1861) 1 CBNS 375 판례에서는, 채무자는 준거법이 영국법인 계약에 근거하여 채권자에게 채무를 지게 되었다. 채무자는 호주에서 도산했고 호주 도산법에 따라 채무면제 결정(order for discharge)을 받았다. 판결: 그 채무면제(discharge)는 채권자가 채무자를 상대로 영국에서 제기한 지급청구소송에 대하여 유효한 항변이 아니었다.

이와 같은 원칙은 외국에서 내려진 변제기 유예에도 적용된다. 이 사항은 계약준거법에 의하여 규율되고 따라서 변제기 유예는 계약 준거법에 따라 효력이 있는 경우에만 유효하게 된다.

이와 관련하여, Gibbs v SociétéIndustrielle des Metaux (1890) 25 QBD 399, CA 판례에서 영국에서 사업을 수행했던 채권자는 프랑스에서 사업을 수행한 프랑스 회사 채무자에게 구리를 매각하는 내용의 영국법에 따른 계약에 동의했다. 그러나 프랑스 채무자는 계약내용에 따라 영국 채권자가 제공한 구리대금을 변제하는 것을 거부했다. 그 후 채무자는 프랑스에서 파산결정을 받았고 그에 따라 프랑스법에 따른 채무는 면제되었다. 이에 대하여 법원은 프랑스에서 내려진 채무면제는 영국에서 이루어진 계약의 준거법에 의한 것이 아니기 때문에 프랑스 채무자는 여전히 영국 채권자에게 변제할 책임이 있다고 판시했다.

영국이 UNCITRAL 모델법을 채택함에 따라 영국 법원은 현재 적용하고 있는 예양(comity)을 적절한 경우 외국법원에서 인가된 회생계획에 대하여도 확장하여 적용하는 기회로 삼을 수 있을 것이다.

34-50   그러나 화의나 재건계획과 관련하여 도산절차에 채권을 신고하거나 결의에 참여한 채권자들은 도산절차상의 화의는 모든 채권자들을 구속하기 위한 것이라는 점을 알고 있기 때문에 그것에 찬성하지 않았더라도 도산절차상의 화의에 구속된다.

한편 독일에서는 스위스 회사에 대한 채무면제(discharge)에 대하여 독일 내의 효력을 인정한 판례가 있다. Decision of May 27, 1993, IX ZR 254/92 판결 참조.

이사의 책임(director's liability)과 법인격의 장막(veil of incorporation)

34-51   이 주제는 여러 문제 중에서 다음 문제들과 연관되어 있다.

- 이사와 그림자 이사(shadow director)가 사기적 거래 또는 부당한 거래를 한 경우에 도산재단(the assets)에 납입해야 하는 책임

- 자본의 1/2 이상이 잠식된 경우에 주주총회를 소집하지 않았거나 회사가 지급불능상태(insolvent)에 빠진 경우에 도산절차 신청을 하지 않은 데 대한 경영진의 책임

- 법인격이 부인된 경우 또는 기업 합병(실질적 합병)의 경우에 회사의 채무에 대한 주주의 책임

단락 5-23 참조.

EU 도산 규정(EU Insolvency Regulation)은 이사의 책임이나 회사의 실질적 합병에 대한 준거법에 대하여 특별히 규정하고 있지 않다. 그러나 제41조 제1항은 "도산설차와 그 효력에 대한 준거법은 그 절차가 개시된 영역 안에 해당 회원국의 법이 적용된다"고 규정하고 있다.

이와 관련한 독일의 판례(10 S 44/05, Regional Court of Kiel, April 20, 2005)가 있다. 이 사건의 관련 회사는 영국에 등기되어 독일에서 사업을 수행하는 회사인데, 채권자는 회사의 1인 이사가 회사가 지급불능상태(insolvent)에 빠졌을 경우에는 도산절차를 신청해야 한다는 독일 회사법을 준수하지 않았다는 이유로 그 이사를 상대로 소송을 제기했다. *판결*: 영국 회사의 주된 이익의 중심지(centre of main interests)는 독일에 소재하고 따라서 도산절차와 그 효력에 대하여는 독일법이 준거법이다. 회사가 도산상태에 빠졌을 때에는 이사로 하여금 의무적으로 도산절차를 신청할 것을 요구하는 독일 회사법 규정은 도산상태에 빠진 회사의 채권자를 보호하기 위한 것이므로 이는 EU 도산 규정에 따르는 도산에 관한 사항이고 단지 회사법 관련 사항만은 아니다. 따라서 독일법에 따른 이사의 책임에 관한 규정이 영국 회사의 이사에게도 적용되었다.

독일의 *Collins & Aikman* (71 IN 416/05, Local Court of Cologne, August 10, 2005) 판례에서, 영국 법원은 독일에 등기한 회사로 하여금 영국에서 주절차를 개시할 것을 명령했다. 이에 대하여 독일 법원은 독일에 등기한 자회사의 독일인 이사는 독일 회사가 도산한 경우에 독일에서 부수적인 절차를 개시하기 위하여 이사가 의무적으로 도산절차를 신청해야 하는 의무 규정을 준수할 필요가 없다고 판시했다. 다른 회원국에서 도산절차가 개시되었으면 그것으로 충분하다고 판시했다. 의무적인 도산 신청 책임(compulsory filing liability)의 주요 목적은 지급불능상태(insolvent)에 빠진 기업과의 거래로부터 채권자와 일반투자자(the public)를 보호하기 위한 것이고, 이러한 목적은 다른 회원국에서 도산절차를 개시하는 것으로도 달성될 수 있다.

UNCITRAL 모델법은 이 쟁점에 대한 언급이 없다.

사기적 또는 부당한 거래, 도산절차 미신청이나 도산상태에 빠뜨린 경영상의 실패에 대한 이사 개인의 책임은 도산 저촉법에 의하여 결정되어야 한다. 통상적으로 信認의무(fiduciary duties), 경영판단의 원칙, 이해상반 행위의 회피 등과 같은 이사의 의무는 회사의 설립준거법(law of the place of incorporation)에 의하여 결정된다. *Base Metal Trading Ltd v Shamurin* [2004] EWCA Civ 1316, [2005] 1 WLR 1157 판례 참조 (사실관계는 단락 31-31 참조). 이러한 기준은 법률상의 지위, 권리, 경영상의 권한, 자본조달, 경영진의 信認의무(fiduciary duties) 등을 포괄하지만, 회사법과 도산법의 정확한 경계선은 여전히 결정될 필요가 있다. 따라서 자회사가 모회사의 채무에 대한 보증을 제공하는 것은, 이사의 권한이나 이사의 信認의무(fiduciary duty)의 문제이므로 내부적인 문제의 원리(internal affairs doctrine)에 따라서 회사설립지의 법

888 제 7 편 국제사법

에 따라 결정할 문제라고 볼 수도 있고 또는 오히려 否認될 수 있는 편파행위 (voidable preference) 또는 채권자 보호와 관련하므로 도산 저촉법(bankruptcy conflicts)에 의하여 결정되는 쟁점이라고 볼 수도 있다.

34-52   아마도 최근에는 채권자들에게 영향을 미치는 이러한 쟁점들이 내부적인 문제 (internal affairs)라기보다는 도산 저촉법(bankruptcy conflicts)의 쟁점들로 간주되는 경향 이 있다.

영국에서는 (비록 회사 소재지법(law of the place of incorporation)에 그러한 책임은 없 지만) 부당한 거래(wrongful trading)에 대한 책임이 외국 회사의 이사들에 대하여도 적용 된다. *Re A Company (NO 00359 of 1987)* [1988] Ch 210 판례(라이베리아 회사), *Re Howard Holdings Inc* [1998] BVV 549 판례 참조. 법원은 또한 외국 회사의 외국인 이사에 대해서도 이사의 자격을 박탈(disqualify)하고 해외 근무를 명령할 수도 있다. *Re Seagull Manufacturing Co Ltd (No 2)* [1994] Ch 91 판례 참조.

질문과 세미나 주제

제31장~제34장

(1) 당신의 고객은 Sealandia 공화국의 중앙은행에 대해서 신디케이티드 대출을 주선하고 있는 은행이다. 신디케이티드 대출의 목적은 Sealandia가 타국의 통화위기의 타격을 받을 경우에 대한 준비(standby)이며, '자국 통화에 대한 투기 세력의 공격을 배제하는 것'이었다. 차주는 은행에 대해 준거법을 영국법으로 하는 조항, 영국 법원을 관할 법원으로 하는 조항, 주권면제 포기 조항의 삭제를 요구하며, 이들 조항은 차주의 지위에서 보면 부적절하다고 주장했다. 또한 차주는 대출계약(loan agreement)에서 발생하는 모든 분쟁을 중립지에서의 중재로 해결할 것을 제안했다. Sealandia 공화국은 재정난의 역사가 있지만 지금은 건전한 경제 운영을 하고 있다. Sealandia는 IMF의 회원국이다. 대출은 런던의 대형 국제적인 은행에 의해 신디케이티드 대출이 된다. 차주의 요구에 관해 고객 은행에 대해 자문해 보자.

(2) EU Judgement Regulation 2000에 규정되어 있는 원칙은 세계 규모로 채택되기에 적합한 모델인지 금융법과의 관계에서 분석해 보자.

(3) 어떤 주요국이 금융계약의 합의 준거법이 거의 영국법과 뉴욕법에 의해서 독점되고 있는 현실을 어떻게든 바꾸고 싶다고 생각하고 있다. 당신은 국제적인 법률 컨설턴트이다. 이 독점 상태를 타개하기 위해서 그 국가의 법제도가 어떠한 요소를 갖춰야 하는지 자문해 보자.

(4) 도산 저촉법은 예를 들어 계약의 준거법 결정의 법칙에 비해 왜 더 격렬한 논의를 부르는가?

(5) 회사의 주된 이익의 중심지를 배타적인 도산관할로 하고 그 法域의 법을 모든 도산관련사항에 적용하는 것의 장점과 단점을 논해 보자.

(6) 국제 도산에 대해 EU Insolvency Regulation과 Uncitral Model Law를 비교해
보자.

(7) 담보권에 관한 저촉법에서 담보물 소재지의 법의 범위는 무엇인가? 담보물
소재지의 법에 의하여 규율되지 않는 것은 어떤 사항이라고 생각하는가?

(8) 다음의 도산법 문제에 대해 어떤 법이 적용되는지 국제적인 예를 들어 논해
보자.

- 도산한 중개업자(insolvent broker)가 보유하고 있는 고객 증권의 신탁
- 도산한 상대방(the insolvent)과 미이행의 계약을 갖는 것이 단순히 상대방이
  도산(insolvency)했다는 것만을 이유로는 해제(cancel)가 불가능하다는 도산법
  의 법칙
- 도산한 자(an insolvent)에 의한, 특정 채권자를 위한 사해적 편파행위(fraudulent
  preference)
- 회사 도산의 원인이 된 경영상 실수에 관한 이사의 책임

찾아보기

단락 번호로 색인을 표시하였습니다.

담보제공금지 조항	Negative pledges	
신디케이티드론 참조	*see* Syndiated loans	
담보채권자	Secured creditors	
우선권, 우선순위	priorities	5–07~5–08
당좌 예금 상계	Current account set–off	
일반론	generally	14–07
대륙법 法域	Civil law jurisdictions	
대륙법/영미법 혼합 法域, 나폴레옹계 法域, 로마–게르만계 法域 참조	*see* Mixed civil/common law jurisdictions; Napoleonic jurisdictions; Roman–Germanic jurisdictions	
대륙법/영미법 혼합 法域	Mixed civil/common law jurisdiction	
일반론	generally	3–24~3–26
대리인	Agents	
채권 발행	bond issues	11–37
상계 및 네팅	set–off and netting	15–10, 15–17~15–18
신디케이티드론	syndicated loans	9–17~9–18
대물적 청구권	In rem claims	
추적, 신탁 참조	*see* Tracing; Trusts	
대주단모집안내서	Information memorandums	
신디케이티드론	syndicated loans	7–15
대출참가	Sub–participation	
신디케이티드론 참조	*see also* Syndicated loans	
자산유동화, 금융증권화	securitisation	28–22
대출채권 양도	Transfer of loans	
신디케이티드론 참조	*see* Syndicated loans	
도매 금융 시장	Wholesale financial markets	
담보 금융	secured finance	16–16
일반론	generally	2–28
도박 계약	Gaming contracts	
파생상품	derivatives	27–17

.

내부고발	whistleblowing	24-03
도입	introduction	24-01
매점	corners	24-11
면제	exemptions	
바이 백	buy-backs	24-16
안정화	stabilisation	24-15
법원(法源)	sources of law	24-02
시장 (거래) 타이밍	market timing	24-12
예시	example	24-05~24-09
정의	definition	24-04
허위시장	false markets	24-14
신디케이티드론	**Syndicated loans**	
특수 목적 금융 *참조*	*see also* Special purpose finance	
거래, 이체	transfer	
경개	novation	10-30~10-32
내부자 거래	insider dealing	10-10
대출참가	sub-participation	10-19~10-29
도입	introduction	10-01
목적	purpose	10-02
방법들	methods	10-05~10-06
비밀, 기밀 유지	confidentiality	10-09
양도	assignment	10-12~10-18
위험, 리스크 참여	risk participation	10-06
자기자본비율	capital adequacy	10-33~10-34
조항들	terms	10-03
주요 포인트, 핵심사항들 요약	summary of main points	10-07~10-08
차용인 보호	borrower protection	10-04
참가의 권유	solicitation of participants	10-11
회계 처리	accounting treatment	10-35
경개	novation	
담보, 보증	security	10-32
보증	guarantees	10-32
상계	set-off	10-31
일반론	generally	10-30

유러피안 옵션	European options	
일반	generally	26-20
유엔 국제상거래법위원회 국제 도산에 관한 모델법	UNCITRAL Model Law on Cross-Border Insolvency	
도산 (국제사법) 참조	*see also* Insolvency (conflict of laws)	
계약 및 리스	contracts and leases	34-36
공공 정책	public policy	33-33
국내 절차	local proceedings	33-27
기업집단	groups of companies	33-36
담보권	security interests	34-24
도입	introduction	33-23~33-24
동등화	equalisation	33-32
승인	recognition	33-28
신탁	trusts	34-31
절차	procedure	33-37
조약	treaties	33-34
주절차/종절차	main/non-main proceedings	33-26
준거법	governing law	33-35
편파행위	preferences	33-31, 34-43
포함된 절차	proceedings covered	33-25
협조	co-operation	33-30
유예기간	Grace periods	
담보권 집행	enforcement of security interests	17-33~17-35
유통시장	Secondary markets	
일반론	generally	2-27
윤리차단벽	Ethical walls	
정보교류차단벽 참조	*see* Chinese walls	
은행	Banks	
자본적정성; 지급시스템; 결제시스템; 신디케이티드론 참조	*see also* Capital Adequacy; Payment systems; Settlement systems; Syndicated loans	
EU 은행 도산 지침	EU Bank Insolvency Directive	33-21~33-22

원저자 Philip R Wood CBE, QC (Hon)

BA (Cape Town), MA (Oxford), LLD (Hon, Lund)
Formerly Head of Allen & Overy Banking Department and Head of Global Law
Intelligence Unit
Formerly Visiting Professor at the University of Oxford, London School of
Economics & Political Science and Queen Mary University, London
Currently Yorke Distinguished Visiting Fellow, University of Cambridge

번역 전우정

서울대학교 법과대학 사법학과 학사
서울대학교 법과대학원 법학과 석사
고려대학교 법학전문대학원 석사
중국 北京大學 法學院 석사
중국 淸華大學 法學院 석사
일본 東京大學 法學大學院 연구생
영국 University of Oxford, Faculty of Law 석사
영국 University of Oxford, Faculty of Law 박사
유엔 국제상거래법위원회(UNCITRAL) 인턴(前)
사법통일국제연구소(UNIDROIT) 방문연구원(前)
독일 막스플랑크(Max Planck) 국제사법연구소 방문연구원(前)
연세대학교 언더우드국제대학 강사(前)
대한변호사협회 이사
대한상사중재원 중재인
변호사, 투자자산운용사

저서: 『Cross-border Transfer and Collateralisation of Receivables - A Comparative Analysis
of Multiple Legal Systems』 (Hart Publishing, 2018)
『전우정의 희망스케치』 (박영사, 2020)

이메일 jonwoojung@gmail.com

국제금융의 법과 실무

1판발행	2019년 10월 10일
1판2쇄발행	2020년 10월 30일
지은이	Philip R Wood
옮긴이	전우정
감 수	정순섭 · 김용재
펴낸이	안종만 · 안상준
편 집	우석진
기획/마케팅	조성호
표지디자인	조아라
제 작	고철민 · 조영환
펴낸곳	(주) **박영사**
	서울특별시 금천구 가산디지털2로 53, 210호(가산동, 한라시그마밸리)
	등록 1959. 3. 11. 제300-1959-1호(倫)
전 화	02)733-6771
f a x	02)736-4818
e-mail	pys@pybook.co.kr
homepage	www.pybook.co.kr
ISBN	979-11-303-3221-5 93360

* 파본은 구입하신 곳에서 교환해 드립니다. 본서의 무단복제행위를 금합니다.
* 역자와 협의하여 인지첩부를 생략합니다.

정 가	60,000원